AUTEURS ET DIRECTEURS DES COLLECTIONS
Dominique AUZIAS & J[illegible]

DIRECTEUR DES ÉDIT[illegible]
Stéphan SZEREMETA

RESPONSABLES ÉDIT[illegible]
Patrick MARINGE et M[illegible]

ÉDITION ✆ 01 72 69 [illegible]
Julien BERNARD, Carol[illegible]
SOUCHET et Baptiste T[illegible]

ENQUÊTE ET RÉDACTI[illegible]
Valérie FORTIER, Johann CHABERT,
Jonathan CHODJAI, les éditions NEOPOL et alter

SERVICE STUDIO
Sophie LECHERTIER et Romain AUDREN

MAQUETTE & MONTAGE
Julie BORDES, Élodie CARY, Élodie CLAVIER,
Sandrine MECKING, Delphine PAGANO,
Laurie PILLOIS et Evelyne AMRI

CARTOGRAPHIE
Philippe PARAIRE et Thomas TISSIER

PHOTOTHÈQUE ✆ 01 72 69 08 07
Robin BEDDAR

REGIE PUBLICITAIRE
ÉDITIONS NÉOPOL, INC –
BUREAU CANADIEN DU PETIT FUTÉ
300 rue St-Sacrement, suite 415
Montréal (Qc) H2Y 1X4

REGIE PUBLICITAIRE INTERNATIONALE
Anne MOY, Audrey LORANS-GARBAY,
Jonathan CHODJAI, Karine VIROT, Camille ESMIEU,
Guillaume LABOUREUR, Romain COLLYER
et Elise CADIOU

DIRECTEUR COMMERCIAL
Olivier AZPIROZ assisté de Michel GRANSEIGNE,
Victor CORREIA, Nathalie GONCALVES
et Vimla MEETTOO

RESPONSABLE RÉGIE NATIONALE
Aurélien MILTENBERGER

PUBLICITÉ ✆ 01 53 69 70 66
Stéphanie MORRIS, Perrine DE CARNE MARCEIN,
Caroline AUBRY, Caroline GENTELET,
Virginie SMADJA, Orianne BRIZE
et Sacha GOURAND assistés de Sandra RUFFIEUX

INTERNET
Lionel CAZAUMAYOU, Jean-Marc REYMUND,
Cédric MAILLOUX, Anthony GUYOT,
Caroline LOLLIEROU, Florian FAZER
et Christophe PERREAU

RELATIONS PRESSE ✆ 01 53 69 70 19
Jean-Mary MARCHAL

DIFFUSION ✆ 01 53 69 70 68
Eric MARTIN, Bénédicte MOULET
assistés d'Aissatou DIOP et Alicia FILANKEMBO

RESPONSABLE DES VENTES
Jean-Pierre GHEZ

DIRECTEUR ADMINISTRATIF ET FINANCIER
Gérard BRODIN

RESPONSABLE COMPTABILITÉ
Isabelle BAFOURD assistée de Christelle MANEBARD,
Oumy DIOUF et Jeannine DEMIRDJIAN

DIRECTRICE DES RESSOURCES HUMAINES
Dina BOURDEAU assistée de Sandra MORAIS
Claudia MARROT

LE PETIT FUTÉ QUÉBEC 2013-2014
■ 13e édition ■
NOUVELLES ÉDITIONS DE L'UNIVERSITÉ©
Dominique AUZIAS & Associés©
18, rue des Volontaires - 75015 Paris
Tél. : 33 1 53 69 70 00 - Fax : 33 1 53 69 70 62
Petit Futé, Petit Malin, Globe Trotter, Country Guides
et City Guides sont des marques déposées ™®©
© Photo de couverture : Moose © iStockphoto.com/PaulTessier
ISBN - 9782746962477
Imprimé en France par GROUPE CORLET IMPRIMEUR
14110 Condé-sur-Noireau
Dépôt légal : mars 2013
Date d'achèvement : mars 2013
Pour nous contacter par email,
indiquez le nom de famille en minuscule
suivi de @petitfute.com
Pour le courrier des lecteurs : country@petitfute.com

[illegible] !

[illegible] d'un pays moderne et ouvert. Le visiteur ne manquera pas d'être surpris par l'immensité de ce territoire, trois fois plus grand que la France pour neuf fois moins d'habitants. Une fois écartée l'image d'un pays parsemé d'Indiens et d'Esquimaux, on s'ouvre à une réalité complexe et passionnante. Certes, les bûcherons et le sirop d'érable restent présents dans la culture québécoise. Et l'hiver est aussi impressionnant qu'on le dit. Mais la culture québécoise est avant tout celle du Français d'Amérique. La langue joue un rôle primordial dans l'identité des Québécois, cernés par des millions d'anglophones. Ainsi, d'un bout à l'autre de ce vaste territoire, on appréciera l'hospitalité légendaire des cousins québécois. Autre plaisir du Québec : la grande nature. Les parcs nationaux et les réserves naturelles invitent le visiteur à s'imprégner de la beauté majestueuse des étendues d'eau qui enlacent la forêt dense et mystérieuse. La faune et la flore sont diversifiées et les activités pratiquées en toutes saisons combleront les amoureux du plein air et des grands espaces. Les plages de sable séduisent : blanc, ocre, rose ou rouge. Les baleines s'épanouissent dans le fjord du Saguenay et le golfe du Saint-Laurent, les phoques du Groenland mettent bas sur les îles de la Madeleine, les orignaux et les caribous se nichent dans l'immensité de la forêt. Une province haute en couleur, riche de diversités humaines, historiques et territoriales, qui promet à la fois un dépaysement total et une impression de « chez soi » pour les Européens.

L'équipe de rédaction

REMERCIEMENTS. *Merci à tous les Québécois pour leur accueil chaleureux envers les visiteurs. À ceux et celles qui ont rendu ces milliers de kilomètres aussi riches d'expériences et de beauté. À tous les collaborateurs qui ont apporté leur contribution à ce guide.*

Retrouvez cette offre en page 91

Sommaire

LANAUDIÈRE ET MAURICIE

QUÉBEC ET CHARLEVOIX

SAGUENAY – LAC-SAINT-JEAN

TADOUSSAC ET LE NORD

ORGANISER SON SÉJOUR

Québec
DETROIT D'HUDSON
MER DU LABRADOR
Baie d'Ungava
Port Burwell
Akpatok Island
Salluit
Ivrujivik
Chukotat
Kangrisuk
Aupaluk
Arnaud
Akulivik
Povungnituk
George
Feuilles
Mélèze
Inujjuak
Nunavik
LABRADOR
Eagle
Lac Minto
Caniapiscau
Smallwood Réservoir
Nastapoca
Lacs des Loups Marins
Churchill
Middle Bay
Dyke Lake
Caniapiscau
Réservoir Canjapiscau
Saint-Augustin
Belcher Islands
Lac Bienville
Petit-Mécatina
Grande-Baleine
Labrador City
Joseph Lake
Kuujjuarapik
Laforge
Lac d'Auteuil
Réservoir LG-4
Roundeyed Lake
Mont-Wright
Duplessis
CANADA
Québec

BAIE JAMES
Akiniski Island
Charlton Island
Chisasibi
Radisson
Sakami
Eastmain
Réservoir Opinaca
Baie-James-Eeyou Istchee
Lac Evans
Lac Matagami
Matagami
Kesagami Lake
Moose
Val-Paradis
Amos
Senneterre
Rouyn-Noranda
Val-d'Or
ONTARIO
Abitibi-Témiscamingue
Ottawa
Lac Kipawa
Ramsay Lake
Sudbury
North Bay
Sault-Ste-Marie
Lake Nipissing
Baie Géorgienne
Chibougamau
Chapais
Réservoir Gouin
Lac Mistassini
Lac Manouane
Chutes-des-Passes
Saguenay-Lac St-Jean
Notre-Dame-de-Lorette
Lac St-Jean
Roberval
Chicoutimi
Saguenay
Réservoir Outardes quatre
Réservoir Pipmuacan
Outardes
Manicouagan
Réservoir Manicouagan
Gagnon
Baie-Comeau
Forestville
Tadoussac
St-Maurice
Mauricie
La Tuque
Québec
Montmagny
QUEBEC
Lanaudière
Saint-Michel-des-Saints
Shawinigan
Trois-Rivières
Sainte-Anne-du-Lac
Réservoir Baskatong
Laurentides
Mont-Laurier
Outaouais
Gracefield
Chapeau
Gatineau
OTTAWA
Laval
Lachute
Joliette
MONTREAL
Montréal
Montérégie
Sorel-Tracy
Drummondville
Thetford Mines
St-Georges
Sherbrooke
Cantons-de-l'Est
Centre-du-Québec
Chaudière-Appalaches
Lac Champlain
St-Laurent
ÉTATS-UNIS
PORTLAND
Rivière-du-Loup
Bas-Saint-Laurent
Charlevoix
Fleuve St-Laurent
Rimouski
Matane
Mont-Louis
Gaspé
Gaspésie
Bonaventure
Campbellton
Edmundston
NOUVEAU-BRUNSWICK
FREDERICTON
Saint-Jean
Moncton
ÎLE-DU-PRINCE-ÉDOUARD
Charlottetown
Îles-de-la-Madeleine
HALIFAX
NOUVELLE-ÉCOSSE
Sept-Iles
Rivière-au-Tonnerre
Havre-St-Pierre
Baie-Sainte-Claire
Île d'Anticosti
Rivière de la Chaloupe
Détroit d'Honguedo
GOLFE DU ST-LAURENT
OCEAN ATLANTIQUE
N
0 km
90
180
270
360 km

Huskies, station écotouristique Duchesnay.

Pêche sur glace.

Concert lors des pauses déjeuner dans le quartier international, à Montréal.

Drapeau canadien.

Les plus du Québec

Un accueil chaleureux

Que l'on se trouve à Montréal, à Québec ou dans les villages plus retirés en région, les Québécois réservent au visiteur un accueil des plus chaleureux et des plus cordiaux. Leur hospitalité légendaire et leur disponibilité font partie d'eux.

De grands espaces

Le Québec occupe une superficie de près de 1,7 million de km², soit trois fois la France. L'immensité des forêts et des territoires sauvages séduit, couverture rouge, verte ou blanche selon les saisons. On découvre ces immenses espaces en voiture, en hydravion ou en hydraski, ou encore en motoneige. La nature québécoise est sauvage et harmonieuse. Sa beauté attire et fascine en été comme en hiver. Une multitude de lacs, de rivières à saumons, de chutes d'eau, d'étangs, de fjords viennent se glisser au cœur des forêts qui s'étendent à perte de vue. Celles-ci, rouges en automne, abritent une flore et une faune riches et diversifiées, dont les ours noirs, les caribous et les orignaux. Les baleines et les bélugas nagent dans le ruban bleu, le fleuve Saint-Laurent.

Des activités de plein air

Les grands espaces naturels, les lacs et rivières, les côtes, les parcs nationaux et les réserves fauniques sont propices aux nombreuses activités de plein air. En effet, le Québec est la destination par excellence pour la pratique de celles-ci en toute saison, et les sensations fortes sont à l'honneur sur cette terre d'aventure. En été, on apprécie le camping, le canot-camping (canoë-camping), la chasse et la pêche, la randonnée pédestre, le vélo de montagne, l'équitation, l'escalade, le kayak, le canot, le rafting, la plongée sous-marine, la planche à voile, la voile, les raids en 4x4 ou en quad. En hiver, on s'adonne aux plaisirs du ski alpin, du ski de fond et du ski nordique, de la balade à raquettes, de l'escalade sur glace, des randonnées en traîneau à chiens et de la motoneige.

Un grand confort

Les formules d'hébergement sont nombreuses et de bonne qualité. L'hôtel et le B&B (souvent appelé Couette & Café) ressemblent à ce que l'on trouve en France. Ce qui est désigné par le terme « chalet » représente généralement une maison très bien équipée (barbecue, lecteur DVD, etc.). Pour un séjour original, choisissez la pourvoirie : il s'agit d'un grand domaine de chasse et de pêche avec hébergement dans une grande demeure, plus ou moins luxueuse.

Une destination culturelle

La culture québécoise est riche et diversifiée. Les festivals sont nombreux et de réputation internationale. En hiver, le Carnaval de Québec, la Fête des Neiges de Montréal et le festival Montréal en Lumière attirent beaucoup de monde. En été, l'International des Feux Loto-Québec (concours international de pyrotechnie), le Festival international de jazz de Montréal, le festival Juste pour rire et le Festival d'été de Québec réunissent également des milliers de personnes. Les musées, les économusées (diffusion des métiers artisanaux), les théâtres, les galeries d'art, les centres d'interprétation en région ainsi que les espaces émergents à vocation artistique et musicale offrent une dimension culturelle fortement présente dans tous les coins de la province.

Vue aérienne de la forêt québécoise.

Fiche technique

Argent

Monnaie

La monnaie s'exprime en dollars canadiens (CAD, $ CA, CAN $), à ne pas confondre avec le dollar US (US $).
Pièces de 1 et 2 CAN $, et 1, 5, 10 et 25 ¢ (cents) ; billets de 5, 10, 20, 50 et 100 CAN $.

Taux de change

En mars 2013 : 1 CAN $ = 0,74 € ; 1 € = 1,34 CAN $.

Idées de budget

- **Petit budget :** 70 CAN $ par jour et par personne (hébergement en camping/auberge de jeunesse, repas sur le pouce ou épicerie, transports en commun ou auto-stop, activités gratuites ou à moins de 10 CAN $).
- **Budget moyen :** 200 CAN $ par jour et par personne (hébergement en chambre d'hôtes ou hôtel, bonnes tables, transports en commun ou voiture, activités payantes ou en forfait).
- **Gros budget :** à partir de 400 CAN $ par jour et par personne (hébergement en hôtel plus luxueux ou condo/chalet, bonnes tables, transports en voiture, activités en forfait/expéditions).

Le drapeau québécois

Bleu, à fleurs de lys et croix blanches, adopté en 1948 par le Québec, il témoigne de la souche française de la majorité des Québécois. Certains aimeraient bien troquer la fleur de lys (inexistante au Québec) contre l'iris versicolore, beaucoup plus représentatif de la flore locale. La feuille d'érable, qui avait été l'emblème du Canada français au XIXe siècle, est devenue l'élément central du drapeau canadien en 1965.

Le Québec en bref

La province

- **Capitale :** Québec.
- **Superficie :** 1 667 441 km².
- **Langue officielle :** français.

La population

- **Population :** 8 080 555 habitants (2012).
- **Densité :** 4,8 hab./km² (2011).
- **Espérance de vie :** 79,7 ans (hommes) et 83,7 ans (femmes).

L'économie

- **PIB au prix du marché** (en millions de dollars) **:** 345 842 en 2011 (Canada : 1 762 432 en 2011).
- **PIB au prix du marché par habitant :** 34 342 CAN $ en 2011 (Canada : 40 489 CAN $ en 2011).
- **Taux de chômage :** 7,8 % (2012).

Téléphone

Indicatifs téléphoniques

- **Code international :** 00.
- **Code Canada :** 1.

Codes régionaux

- **Montréal :** 438 et 514.
- **Montérégie**, une partie des Cantons-de-l'Est, Laval, Basses-Laurentides, Lanaudière : 450 et 579.
- **L'Est de la province,** à partir de Chaudière-Appalaches sur la rive-sud et de Québec sur la rive-nord, et une partie de la Baie-James : 418 et 581.
- **Outaouais**, Abitibi-Témiscamingue, Laurentides, Mauricie, une partie des Cantons-de-l'Est, Centre-du-Québec, une partie de la Baie-James et Nunavik : 819.

Comment téléphoner ?

- **De la France vers le Québec :** 00 + 1 + code régional + les 7 chiffres du numéro local.
- **Du Québec vers la France :** 011 + 33 + le numéro du correspondant sans le 0.
- **D'une région à l'autre au Québec ou depuis/vers le Canada et les États-Unis :**

1 + code régional + les 7 chiffres du numéro local.

- **En local au Québec :** les 10 chiffres du numéro local.
- **Les numéros de téléphone** débutant par 1 800, 1 855, 1 866, 1 877 et 1 888 sont l'équivalent des numéros verts en France, donc gratuits.

Coût du téléphone

- **Gratuité des appels locaux :** les appels au sein d'une même ville sont gratuits. Certains hôtels les font payer. Depuis une cabine téléphonique, 50 ¢ permet une conversation locale d'une durée illimitée.
- **Carte téléphonique locale :** 60 minutes de communication au Québec pour 5 CAN $. Une minute de communication à l'international depuis une cabine téléphonique : 2 CAN $. Une heure de connexion Internet dans un cybercafé : 3 à 5 CAN $. Notez que si vous avez votre ordinateur portable, l'Internet sans fil est offert gratuitement dans de nombreux lieux publics.
- **Cartes prépayées (ex : Telus, Eureka...).** À acheter dans les dépanneurs. Pour 5, 10 ou 20 CAN $, elles donnent droit à plus de minutes pour les appels interurbains et internationaux que les autres cartes.

Numéro utiles

- **Urgences :** 911.
- **Police :** 911 ou 310 4141 (pas de code régional).
- **Centre antipoison :** 1 800 463 5060.
- **Info-Santé :** 811.
- **Assistance-annuaire :** 411.
- **État des routes :** 511/1 888 355 0511.

Décalage horaire

- **Québec :** moins 6 heures en été comme en hiver.
- **À noter que pour les îles de la Madeleine**, une partie de l'île d'Anticosti et de la Côte-Nord (à partir de Baie-Johan-Beetz), le décalage horaire n'est que de 5 heures.

Formalités

Les voyageurs français, belges et suisses sont acceptés pour trois mois sans visa. Ils doivent être en possession d'un passeport encore valable six mois après le retour, d'un billet de retour et disposer d'une somme suffisante en argent pour assurer leur séjour.

Climat

La température et les précipitations varient d'une région à l'autre. Si l'hiver est légèrement plus doux dans le Sud-Ouest de la province, un froid mordant s'empare du Grand Nord. Il faut également tenir compte des grands vents dans l'est du Québec qui influencent le facteur de refroidissement éolien. En été, le Centre et l'Est sont relativement plus tempérés, les canicules affectent le Sud-Ouest, et les précipitations sont plus fréquentes dans les régions du golfe. Le Grand Nord a un été très court mais les températures grimpent tout de même à 20 °C. Selon votre destination, il est conseillé de vous informer sur le climat afin d'être bien préparé.

Saisonnalité

- **Haute saison touristique :** de mi-mai à mi-octobre, de mi-décembre à janvier, et février.
- **Basse saison touristique :** de mi-octobre à mi-décembre, janvier, mars et d'avril à mi-mai.

Montréal

Janvier	Février	Mars	Avril	Mai	Juin	Juillet	Août	Sept.	Octobre	Nov.	Déc.
-13°/-6°	-11°/-4°	-5°/2°	2°/11°	9°/18°	14°/23°	17°/26°	16°/25°	10°/20°	6°/14°	0°/5°	-9°/-3°

Idées de séjour

Séjours courts

Montréal (3 jours/2 nuits)

Jour 1. Arrivée à Montréal. Monter au mont Royal (à pied, en bus ou en taxi, suivant sa forme et ses moyens) afin de découvrir la géographie de la ville. Aller prendre un verre sur le boulevard Saint-Laurent (La Main) ou sur l'avenue du Mont-Royal (Le Plateau).

Jour 2. Visite du Vieux-Montréal. En partant du métro Champ-de-Mars, se rendre au marché Bonsecours, continuer vers l'ouest sur la rue Saint-Paul, passer la place Jacques-Cartier. Se rendre ensuite au musée Pointe-à-Callière ou au Centre d'histoire de Montréal (place d'Youville). Terminer avec la basilique Notre-Dame.

Jour 3. Visite du centre-ville de Montréal, des rues Sherbrooke et Sainte-Catherine. Arrêt au musée des beaux-arts ou au musée d'art contemporain. Sortir sur Crescent.

Québec (3 jours/2 nuits)

Jour 1. A l'arrivée à Québec, promenade dans le Vieux-Québec et sur les Plaines d'Abraham. Balade dans la Haute-Ville, du château Frontenac à Grande Allée, en passant par la rue Saint-Louis. Pour la vue panoramique, apéritif ou repas à l'Astral ou encore visite de l'Observatoire de la Capitale (point le plus haut de la ville). En hiver, visitez le nouveau site de l'Hôtel de Glace.

Jour 2. Journée à la station touristique Duchesnay. En hiver, nombreuses activités de plein air comme la raquette, le patin à glace, le ski de fond, la pêche blanche ou le traîneau à chiens. En été, randonnée pédestre, escalade, parcours aérien, baignade, etc. Le soir, dîner à Québec sur la rue Saint-Jean.

Jour 3. Visite du musée de la Civilisation et du quartier Petit Champlain – Place Royale. Retour à Montréal.

Laurentides (4 jours/3 nuits)

Jour 1. Montréal – Saint-Hippolyte. Route vers les Laurentides. Arrêt à Saint-Hippolyte. Partir en motoneige avec un guide pour une balade guidée entre lacs et collines (en été, profiter du lac et des activités nautiques). Dîner et nuit sur place.

Jour 2. Saint-Hippolyte – Saint-Sauveur. Départ pour Saint-Sauveur, petit village haut en couleur et toujours en fête. En été, le parc aquatique est un lieu idéal pour s'amuser en famille. En hiver, les pistes éclairées la nuit vous surprendront. Nous vous recommandons d'essayer un des spas des alentours (Saint-Sauveur, Morin-Heights ou Sainte-Adèle). Dîner et nuit à Saint-Sauveur.

Jour 3. Saint-Sauveur – Mont-Tremblant. Départ pour Mont-Tremblant. Visite du vieux village et de la station (moderne, multicolore et bien équipée). Déjeuner sur place. Survol en hydravion du majestueux mont Tremblant. Dîner et nuit sur place.

Jour 4. Mont-Tremblant – Montréal. Visite du parc national qui offre de nombreuses possibilités de découverte en toute saison. Retour à Montréal en soirée.

Autre possibilité : retour sur Montréal par la route de l'Outaouais. Prendre la direction de Maniwaki et Gatineau. Une route un peu plus longue, pour les amoureux des beaux paysages et de la nature. Longer la rivière qui sépare le Québec de l'Ontario jusqu'à Montréal est une expérience très agréable. On peut même utiliser les services d'un traversier (bac, ferry-boat) pour passer de l'autre côté de la rivière et arriver en Ontario. Le retour sur Montréal se fait tout aussi facilement.

Séjour long

À la découverte du Québec (15 jours/14 nuits)

Outaouais, Laurentides, Mauricie, Saguenay-Lac-Saint-Jean, Charlevoix, Tadoussac et Québec.

Jour 1. Montréal – Montebello. Route en direction de Montebello, sur la route vers Gatineau. Visite du Manoir-Papineau. Déjeuner en ville. Visite du parc Oméga où vous partirez à la découverte de la faune d'Amérique du Nord. Un sentier de plus de 10 km pour découvrir les différentes espèces qui peuplent ce paradis de nature. Nuit à Montebello.

▶ **Jour 2. Montebello – Gatineau.** Visite du musée des Civilisations. Dîner dans le Vieux-Hull et nuit à Gatineau.

▶ **Jour 3. Gatineau – Maniwaki.** Départ pour Maniwaki. Visite de la réserve et du centre d'interprétation.

▶ **Jour 4. Maniwaki – Mont-Tremblant.** Monter un peu plus en direction de Mont-Laurier et redescendre jusqu'à Mont-Tremblant. Visite du vieux village et de la station (moderne, multicolore et bien équipée). Dîner et nuit sur place.

▶ **Jour 5. Mont-Tremblant.** Visite du parc national du Mont-Tremblant qui offre de nombreuses possibilités de découverte en toute saison. Dîner et nuit dans les alentours (à Lac-Supérieur, par exemple).

▶ **Jour 6. Mont-Tremblant – Saint-Sauveur.** Départ pour Saint-Sauveur, petit village haut en couleur et toujours en fête. En été, le parc aquatique vous accueille. En hiver, les pistes de ski éclairées la nuit vous surprendront. Dîner et nuit à Saint-Sauveur.

▶ **Jour 7. Saint-Sauveur – Trois-Rivières.** Départ pour Trois-Rivières, ville dynamique et agréable. En chemin, quitter l'autoroute 40 et suivre le Chemin du Roy. Visite du Musée québécois de culture populaire et de la vieille prison. Dîner et nuit à Trois-Rivières.

▶ **Jour 8. Trois-Rivières – Saint-Félicien.** Départ pour Saint-Félicien (en remontant la route 155 vers le lac Saint-Jean). Arrêt à Val-Jalbert en chemin (village historique, chutes d'eau et téléphérique). Dîner et nuit à Saint-Félicien.

▶ **Jour 9. Saint-Félicien – Ville de Saguenay.** Visite du zoo sauvage de Saint-Félicien. Départ pour la ville de Saguenay en après-midi (en suivant la rive sud du lac Saint-Jean). Dîner, spectacle (La Fabuleuse Histoire d'un royaume), et nuit dans l'arrondissement Chicoutimi ou La Baie.

▶ **Jour 10. Ville de Saguenay – L'Anse-Saint-Jean.** Route vers le site de la Nouvelle-France à Saint-Félix-d'Otis, un fascinant voyage dans le temps qui vous transportera au XVIIe siècle en Nouvelle-France. Route vers L'Anse-Saint-Jean, membre de l'Association des plus beaux villages du Québec. Repas et nuit sur place.

▶ **Jour 11. L'Anse-Saint-Jean – La Malbaie.** Profiter du village de l'Anse-Saint-Jean et des possibilités d'activités de plein air : kayak de mer, croisière sur le fjord, randonnée au parc national Fjord-du-Saguenay. Emprunter ensuite la route qui mène jusqu'à Saint-Siméon. Longer le fleuve vers le sud-ouest jusqu'à La Malbaie. Repas et nuit sur place.

▶ **Jour 12. La Malbaie – Tadoussac.** En continuant vers l'est, vous arriverez à Tadoussac (à noter, vous emprunterez un traversier – traversée gratuite de 10 minutes – pour rejoindre le village depuis la pointe de Charlevoix). Promenade dans les jolies rues et observation des baleines depuis la grève. Repas et nuit sur place.

▶ **Jour 13. Tadoussac – Baie-Saint-Paul.** Croisière d'observation des baleines le matin, puis départ vers Baie-Saint-Paul en empruntant la route des Éboulements (à gauche au centre-ville de La Malbaie). Repas et nuit sur place.

▶ **Jour 14. Baie-Saint-Paul – Québec.** Départ pour Québec. A l'arrivée, promenade dans le Vieux-Québec et sur les Plaines d'Abraham. Balade dans la Haute-Ville, du château Frontenac à Grande Allée, en passant par la rue Saint-Louis. Repas et nuit sur place.

▶ **Jour 15. Québec – Montréal.** Visite du musée de la Civilisation et du quartier Petit Champlain – place Royale. Retour à Montréal.

Séjours thématiques

Découverte des paysages marins : Tadoussac et le fjord du Saguenay (7 jours/6 nuits)

À réaliser entre les mois de juin et d'octobre. Ce séjour offre un aperçu intéressant de la diversité des attraits du Québec. Tadoussac se trouve à un peu plus de 200 km au nord-est de la ville de Québec.

▶ **Jour 1.** Arrivée à Tadoussac (vous emprunterez un traversier gratuit – 10 minutes – pour rejoindre le village depuis la pointe de Charlevoix). Promenade dans les jolies rues et observation des baleines depuis la grève. Repas et nuit sur place.

▶ **Jour 2.** Croisière d'observation des baleines en Zodiac ou bateau. En après-midi, visite du Centre de découverte du milieu marin aux Escoumins. Vous resterez étonné devant les si nombreuses couleurs dissimulées au fond du fleuve Saint-Laurent. Nuit à Tadoussac ou aux Escoumins.

- **Jour 3.** Départ pour Sainte-Rose-du-Nord, village pittoresque construit sur une baie. Plusieurs activités possibles : randonnée, croisière, musée de la nature. Nous vous conseillons également le Parc Aventures Cap Jaseux situé tout près, à Saint-Fulgence. Repas et nuit à Sainte-Rose-du-Nord.
- **Jour 4.** Départ pour la rive sud du fjord. Visite de Chicoutimi et La Baie. Arrêt au musée du Fjord qui est simultanément un laboratoire et un lieu d'apprentissage, d'observation et de découverte. Nuit à Ville de Saguenay (arr. Chicoutimi ou La Baie).
- **Jour 5.** Départ pour le site de la Nouvelle-France à Saint-Félix-d'Otis, un fascinant voyage dans le temps qui vous transporte au XVIIe siècle en Nouvelle-France. Route vers L'Anse-Saint-Jean. Repas et nuit sur place.
- **Jour 6.** Randonnée dans le parc national Fjord-du-Saguenay, au départ de Rivière-Éternité. Hébergement dans le parc ou à L'Anse-Saint-Jean.
- **Jour 7.** Retour à Montréal.

Un grand classique estival : le tour de la Gaspésie (8 jours/7 nuits)

Ce tour est à réaliser de juin à septembre, la plupart des attraits touristiques fermant hors saison. Sainte-Flavie se trouve à environ 350 km de Québec (par l'autoroute 20). Percé à environ 400 km de Sainte-Flavie (par la route 132).

- **Jour 1.** Départ de Sainte-Flavie. Visite des Jardins de Métis à Grand-Métis et route jusqu'à Sainte-Anne-des-Monts. Repas et nuit sur place.
- **Jour 2.** Journée consacrée à l'exploration du parc national de la Gaspésie. Nuit à Sainte-Anne-des-Monts.
- **Jour 3.** Route pour Gaspé avec quelques arrêts à Mont-Saint-Pierre, Mont-Louis et Petite-Vallée. Arrivée à Gaspé et visite du musée de la Gaspésie ou du Site d'interprétation de la culture micmac de Gespeg. Repas et nuit à Gaspé.
- **Jour 4.** Visite du parc national du Canada Forillon. Départ pour Percé. Arrêt à Barachois pour voir les œuvres de Gilles Côté. Repas et nuit à Percé.
- **Jour 5.** Visite du Musée Le Chafaud et du secteur historique Charles-Robin. Tour du Rocher-Percé en bateau et randonnée sur l'île Bonaventure. En soirée, conférence de Parcs Québec à La Saline ou spectacle à la place publique, ou encore concert à la Vieille Usine de l'Anse-à-Beaufils. Nuit à Percé.
- **Jour 6.** Départ pour la baie des Chaleurs. En route, arrêt à l'Anse-à-Beaufils pour le Magasin général historique et la Vieille Usine. Route jusqu'à Paspébiac et visite du site historique du Banc-de-Pêche. Arrêt ensuite salon de thé et la galerie d'art du Manoir Hamilton, à New Carlisle. Route vers Bonaventure. Repas et nuit sur place.
- **Jour 7.** Visite du Bioparc de la Gaspésie ou du Musée acadien du Québec. Autres possibilités : pêche en haute mer, activités de plein air à CIME Aventure. Départ pour Nouvelle et la visite du parc national de Miguasha et son lieu fossilifère, classé site naturel au patrimoine mondial de l'Unesco. Nuit dans les environs.
- **Jour 8.** Traversée de la vallée de la Matapédia.

Escapade automnale : Montérégie – Cantons de l'Est (5 jours/4 nuits)

Cette escapade est particulièrement conseillée si vous séjournez au Québec en automne car les couleurs changeantes des feuilles des arbres y sont spectaculaires. Si en plus vous y séjournez début septembre, vous aurez la chance d'assister à la fête des vendanges à Magog.

- **Jour 1. Montréal – Chambly – Mont-Saint-Grégoire – Dunham.** Route en direction de Chambly dans la Vallée du Richelieu surnommée «la Vallée Jardin». Déjeuner au restaurant Fourquet Fourchette. Dans une ambiance d'antan, découverte des bières artisanales de dégustation et de la gastronomie régionale à base de bière. Visite du Fort-Chambly où vous est donnée l'occasion de revivre une page d'histoire de la Nouvelle-France. Départ pour Mont-Saint-Grégoire pour la visite d'une cidrerie avec dégustation de cidres du Québec. Dîner champêtre dans un vignoble avec dégustation de vins. Nuit à Dunham.
- **Jour 2. Dunham – Lac-Brome (Knowlton).** Petit déjeuner et première journée dans les Cantons-de-l'Est, conjugaison harmonieuse du charme anglo-saxon et de la joie de vivre québécoise. Visite d'Union Libre Cidre & Vin à Dunham. Il produit notamment le cidre de feu, un véritable délice. Déjeuner champêtre au Vignoble de l'Orpailleur. Ce vignoble reconnu est une halte quasi obligatoire pour

les amoureux de la boisson de Bacchus. Visite et dégustation de vins. Route en direction de Lac-Brome. Dîner et nuit dans une auberge à Lac-Brome.

Jour 3. Lac-Brome – Magog. Petit déjeuner et départ pour Saint-Benoît-du-Lac. Visite de l'abbaye bénédictine de Saint-Benoît-du-Lac, œuvre néogothique et monastère de vie contemplative où vivent une soixantaine de moines. C'est ici que sont fabriqués de fameux fromages et cidres réputés au Québec. Déjeuner à Magog, en bordure du lac Memphrémagog. Temps libre pour profiter de la fête des vendanges si vous y êtes le premier ou deuxième week-end de septembre. Sinon, vous pouvez faire une randonnée dans le parc national d'Orford. Ambiance champêtre aux abords du majestueux lac Memphrémagog. Dîner et nuit à Magog.

Jour 4. Magog – North Hatley. Petit déjeuner. Visite du vignoble Le Cep d'Argent à Magog. Ses vins sont issus de cinq cépages qui se sont adaptés au climat québécois et ses productions vont de l'apéritif au mousseux, en passant par le digestif et le vin. Dégustation de vins et déjeuner. Départ pour North Hatley, où passer la nuit. En journée, vous pouvez faire un petit détour par Georgeville, petit village paisible en bordure du lac, ou plus au sud à Stanstead pour découvrir Bleu Lavande.

Jour 5. North Hatley – Notre-Dame-des-Bois – Montréal. En route pour le mont Mégantic, vous pouvez marquer un arrêt à Lennoxville pour visiter la magnifique chapelle de l'Université Bishop. Au parc national du Mont-Mégantic, randonnée en forêt et visite de l'ASTROLab, le Centre de découverte en astronomie dédié au grand public. Retour à Montréal.

Escapade hivernale : Région de Québec – Mauricie – Lanaudière (7 jours/6 nuits)

Jour 1. Montréal – Sainte-Catherine-de-la-Jacques-Cartier. Route vers Sainte-Catherine-de-la-Jacques-Cartier et arrivée à la station touristique Duchesnay. Plusieurs activités offertes à la station. Repas et nuit sur place.

Jour 2. Sainte-Catherine-de-la-Jacques-Cartier – Portneuf – Tawachiche. Départ pour un raid en motoneige de trois jours. Une randonnée sous le signe de l'aventure pour ceux qui désirent s'initier aux sensations de la motoneige à l'état pur. Une découverte de décors pittoresques aux confins de la forêt québécoise et le privilège de côtoyer une nature exotique. Départ en motoneige en direction du lac Saint-Joseph en empruntant les sentiers de la région de Portneuf. Traversée de lac en lac. Déjeuner dans un relais. L'après-midi vous offre les joies du coureur des bois. Les sentiers boisés et enneigés mènent à un magnifique domaine rustique. Lac gelé, neige poudreuse, paysages enivrants. Arrivée au relais en rondins de bois. Dîner, détente autour d'un feu et nuit sur place.

Jour 3. Tawachiche – Lac Édouard. Petit déjeuner. Départ en direction de la Haute-Mauricie. Vous traverserez un paysage de montagnes en empruntant des sentiers enneigés et vallonnés. Les panoramas offrent une beauté hivernale sans pareil, digne des grands espaces québécois. Déjeuner à La Tuque. Empruntez à nouveau des sentiers à travers des territoires sauvages en direction de Lac Édouard. Arrivée à la pourvoirie située dans un décor empreint de charme au bord d'un lac. Dîner et nuit sur place.

Jour 4. Lac Édouard – Portneuf – Sainte-Catherine-de-la-Jacques-Cartier. Petit déjeuner. Départ en direction de Portneuf en passant par Rivière-à-Pierre. Pistes vierges, larges, sinueuses à travers les forêts couvertes d'un manteau blanc. Déjeuner dans un relais. Poursuite du périple jusqu'à Portneuf et Sainte-Catherine-de-la-Jacques-Cartier. Dîner et nuit à l'auberge.

Jour 5. Sainte-Catherine-de-la-Jacques-Cartier – Québec – Saint-Michel-des-Saints. Petit déjeuner. Départ en direction de Québec. Visite de la ville, berceau de la civilisation française en Amérique du Nord. Déjeuner dans le Vieux-Québec et temps libre sur place. Route pour Saint-Michel-des-Saints dans la région de Lanaudière. Arrivée à l'auberge située dans un site des plus pittoresques, au cœur de la forêt et au bord d'un lac majestueux. Dîner et nuit à l'auberge.

Jour 6. Saint-Michel-des-Saints. Petit déjeuner. Journée à l'auberge avec activités. Balade à raquettes à neige avec un trappeur sur une ligne de trappe. Déjeuner à l'auberge. Randonnée en traîneau à chiens. Vous n'oublierez pas la fougue d'un équipage de huskies ou de malamuts, leurs aboiements, leur fierté et leurs règles de clan. Dîner et nuit à l'auberge.

Jour 7. Saint-Michel-des-Saints – Montréal.

DÉCOUVERTE

Immeubles BNP Paribas dans le centre de Montréal.

© STÉPHANE SAVIGNARD

Le Québec en 20 mots-clés

Accent

Attention, sujet hautement sensible ! Les Québécois considèrent que ce sont les Français qui ont un accent. Pour découvrir la gentillesse locale, la règle est simple : on laisse ses préjugés sur le parler québécois quand on récupère sa valise à l'aéroport !

Alcools nationaux

La bière, bien sûr ! Quoique les Québécois apprécient tout autant le vin (plusieurs routes des vins dans la province). Les bières de microbrasserie québécoise sont très appréciées (bières naturelles de dégustation) : Microbrasserie Charlevoix, Les Brasseurs du Temps, La Barberie, Dieu du Ciel ! , Trou du Diable, Boquébière, Le Naufrageur, A l'Abri de la Tempête... Sans oublier les brasseries artisanales qui vous feront déguster leur divin nectar sur les lieux mêmes de brassage.

Les pommes sont utilisées pour faire du cidre et du cidre de glace (une liqueur faite à base de pommes cueillies après les premiers gels). Il y a aussi des boissons plus exotiques (mais plus fortes), comme le vin de bleuet ou le caribou (vin rouge, whisky et un trait de sirop d'érable), ou encore le Sortilège (whisky canadien et sirop d'érable). Attention, si vous conduisez, une alcoolémie supérieure à 0,08 g/l de sang est un délit.

Aurore boréale

Les aurores polaires sont des phénomènes lumineux provoqués par le rejet de particules électriques solaires dans la haute atmosphère. Au contact de l'oxygène et de l'azote, ces particules se colorent et créent un effet visuel spectaculaire que l'on peut observer sous forme d'aurores boréales dans le Grand Nord ou d'aurores australes dans l'hémisphère sud.

Autochtones (Amérindiens et Inuits)

On retrouve onze nations au Québec : les Inuits (Nunavik), les Cris (Baie-James et Eeyou Istchee), les Algonquins (Outaouais et Abitibi-Témiscamingue), les Mohawks (grande région de Montréal), les Abénakis (région du lac Saint-Pierre), les Atikamekw (Lanaudière et Mauricie), les Hurons-Wendat (à Wendake, près de Québec), les Innus (Lac-Saint-Jean, Côte-Nord, et près du Labrador et de Schefferville), les Naskapis (près du Labrador et de Schefferville), les Malécites (Bas-Saint-Laurent), et les Micmacs (Gaspésie).

Bleuet

Fruit local produit par l'airelle à feuilles étroites qui ressemble à notre myrtille. Il a longtemps marqué le mode de vie de la campagne, poussant sur des terrains qu'il fallait déboiser par brûlis, ceci restant exceptionnel dans des régions peu fertiles comme celle du Lac-Saint-Jean. Il est l'emblème de cette région.

Boîte à chansons

Typiquement québécoises, les boîtes à chansons sont de petites salles de spectacles aux allures de cafés où se produisent des chanteurs. Félix Leclerc, Gilles Vigneault et Robert Charlebois y ont fait leurs premiers pas.

Contes

Les performances de conteurs Québécois sauront divertir petits et grands. Que ce soit dans un bar à Montréal ou dans un festival en région, les conteurs drôles ou engagés partagent leurs histoires avec brio.

- **Regroupement du conte au Québec** : www.conte-quebec.com

Dépanneurs

Ces petits commerces québécois ouvrent très tard le soir et tous les jours de la semaine. Certains fonctionnent jour et nuit. On y achète le journal, les cigarettes, la bière (vente d'alcool interdite aux moins de 18 ans et après 23h), du lait, des conserves, quelques produits frais, de la confiserie et parfois des fleurs. Les tarifs y sont plus élevés qu'au supermarché mais, comme leur nom l'indique, cela dépanne.

Été indien

Il survient après les premiers gels qui suivent la période estivale, généralement vers la mi-octobre, et résulte des bouffées de chaleur qui remontent du golfe du Mexique en direction du Québec. Cette expression provient du fait que cette période de réchauffement était mise à profit par les Amérindiens pour parfaire les réserves avant l'hiver.

Hiver

« *Mon pays, ce n'est pas un pays, c'est l'hiver* », chantait Gilles Vigneault. D'une durée d'environ 120 jours par an, l'hiver est rigoureux dans l'est du pays. Plusieurs tempêtes majeures jalonnent ces mois blancs qui voient s'accumuler quelques mètres de neige. Par contre, le Québec vit un véritable réchauffement climatique depuis quelques années et la pluie fait dorénavant aussi partie de l'hiver...

Hockey

Le hockey est le sport national par excellence. Si vous êtes de ceux qui aimeraient voir jouer l'équipe des Canadiens de Montréal, armez-vous de patience pour trouver des billets. Ils sont pratiquement tous vendus avant même le début de la saison. Cela dit, certains établissements hôteliers offrent des forfaits incluant des billets pour un match. Les revendeurs sont également nombreux aux alentours du Centre Bell (domicile des Canadiens) les soirs de match. Vous pouvez également opter pour un match de la Ligue de hockey junior majeur du Québec (LHJMQ). Vous y verrez sûrement de futures recrues de la ligue nationale ! A surveiller : le possible retour d'une équipe professionnelle à Québec !

Inukshuk

Inukshuk, mot signifiant « à l'image de l'homme » ou « forme humaine », est un amas de pierres ressemblant à un épouvantail positionné généralement au haut d'une colline et qui servait, entre autres, à attirer le caribou dans la chasse traditionnelle. Les *inuksuit* (forme plurielle) servaient aussi de points de repère pour se diriger, signaler la position d'une cache de nourriture, ou encore pour marquer les limites d'un territoire. Certains dateraient de plus de dix siècles.

Joual

Langage populaire émaillé d'anglicismes. Son nom illustre la prononciation particulière qui le caractérise, « cheval » se prononçant « joual ». Dans les années 1970, alors qu'on redécouvrait et valorisait une certaine culture populaire, le joual devint pour certains un mode d'affirmation par rapport au français de France. Une quarantaine d'années plus tard, le joual, même encore parlé, a perdu presque toute sa charge symbolique.

Faire – Ne pas faire

- **L'accent** et les expressions diffèrent entre la France et le Québec, et c'est tant mieux ! N'oubliez pas que chacun trouve que c'est l'autre qui a un accent.
- **N'oubliez pas** le service au restaurant, dans les bars ou les taxis. Si on l'appelle « tip », le pourboire fait ici partie intégrante du salaire. Un service correct mérite environ 15 % de pourboire, soit à peine plus que le montant des deux taxes cumulées qui est de 14,5 %.
- **Pensez** à laisser un espace entre vous et la personne qui vous précède dans une file d'attente.
- **Comme partout,** certains sujets déchaînent les passions. Prenez donc garde aux discussions concernant la langue anglaise, le séparatisme, les Amérindiens et surtout, le catalogue de ce qui est mieux en France ou au Québec... A moins bien sûr d'être disposé à en débattre.

Marchés

Lors de la belle saison, les marchés fleurissent un peu partout dans la province, sans oublier les kiosques fermiers, surtout en région, qui proposent toutes sortes de spécialités (produits maraîchers, viandes, produits fins, etc.). En ville, les marchés publics ont généralement un pied-à-terre permanent, quoique la partie extérieure ferme hors saison.

Pourvoirie

Domaine forestier, constitué de lacs et de rivières, que l'État québécois alloue à un particulier ou à une société en vue d'une exploitation commerciale et touristique. Chasse et pêche y sont pratiquées traditionnellement. On vient y passer la semaine ou le week-end. Les pourvoiries (on en dénombre des centaines) possèdent toute l'infrastructure pour accueillir les chasseurs et pêcheurs, mais aussi les simples amoureux de la nature.

Tempérament

Latin d'Amérique, c'est-à-dire bouillant sous un calme apparent, le Québécois a aussi le cœur sur la main. Son humeur change avec les saisons qui sont très marquées. A la fin de l'hiver, le Québécois boude, rage et prie pour que le printemps arrive enfin, et il grognera jusqu'aux premiers rayons chauds du soleil. En été, il est bon enfant, surtout s'il est près de l'eau. Le Québécois sait rester calme et discipliné : dans les embouteillages, klaxonner est très mal vu. Enfin, le Québécois ne s'obstine jamais, contrairement à d'autres...

Toundra

Elle se compose d'un tapis de lichens et de mousses, sans arbres ni arbustes, et couvre 17 % du territoire, soit tout le Nord du Québec à partir du 58e parallèle jusqu'au sud de la baie d'Ungava. On y trouve renards, lièvres arctiques, caribous, bœufs musqués, sans oublier, en mer et le long des côtes, l'ours blanc et des mammifères marins comme le phoque et le morse.

Tutoiement

Il fait partie des mœurs du Québec. Il s'établit en fonction de l'âge : les personnes de moins de 30 ans sont généralement tutoyées. Les gens de même génération se tutoient. Il n'est pas rare qu'un employé du service public tutoie son interlocuteur de même qu'un employé son employeur.

Vente de garage

Lors des beaux jours, le week-end généralement, les ventes de débarras (braderies ou vide-greniers) fleurissent sur les trottoirs. Une occasion pour dénicher une bonne affaire (bibelots, objets démodés... disposés à même le sol), rencontrer le voisinage ou jeter un coup d'œil instructif qui donnera l'occasion au voyageur d'observer les goûts des Québécois et les modes passées.

Vice national

Les clubs de danseuses nues sont implantés dans les villes comme dans les campagnes. Ces établissements licenciés offrent des spectacles de filles qui se déshabillent, en quelques chansons. Le client peut choisir de voir la fille danser de sa table, sur un tabouret, près de lui, pour un peu moins de 10 CAN $ la chanson, ou encore dans une cabine, où il peut la toucher, pour 10 à 20 CAN $ la chanson. Les femmes ne sont pas en reste : sur le même principe, les gogo boys se déshabillent pour elles !

Survol du Québec

Bastion de la culture francophone, le Québec est la plus vaste province du Canada, dont elle occupe 15 % du territoire. Trois fois plus grande que la France et aussi étendue que l'Alaska, la Belle Province atteint 1 500 km d'est en ouest et 2 000 km du nord au sud. Outre une gamme variée de paysages allant des vastes espaces du Bouclier canadien aux montagnes appalachiennes, en passant par la grande plaine du Saint-Laurent où se concentre la majorité de la population, le Québec offre une déclinaison de climats, une mosaïque de populations ainsi qu'une flore et une faune particulières.

GÉOGRAPHIE

Bouclier canadien

Au nord du Québec, autour de la baie James et de la baie d'Hudson, le Bouclier canadien occupe 80 % de la superficie totale de la province du Québec. Composée de granite et de gneiss, ayant subi pendant des milliards d'années un intense et constant travail d'érosion, cette immense surface a été recouverte d'eau, ensevelie sous d'épaisses couches de sédiments marins puis soumise à l'érosion glaciaire. La fonte de la calotte glaciaire a créé, dans le fond des vallées, des myriades de lacs qui occupent 16 % de la surface du Québec. Les paysages du Bouclier sont constitués essentiellement de plateaux profondément entaillés de rivières et interrompus, par endroits, de massifs montagneux de 1 000 m à 1 500 m d'altitude : monts Otish au centre, chaîne des monts Torngat à l'ouest, à la limite du Labrador, dont le mont Iberville (1 652 m) est le point culminant du Québec. Très peu peuplé, le Bouclier recèle d'énormes ressources naturelles. Il est recouvert d'une forêt gigantesque et possède un réseau hydrographique exceptionnel constituant un énorme potentiel hydroélectrique : réservoirs Caniapiscau, La Grande, Eastmain, Manicouagan (ancien cratère de météore). Tout au nord, la péninsule d'Ungava, territoire des Inuits (Nunavik), est le domaine de l'Arctique, des aurores boréales et du sol gelé en permanence (pergélisol).

Plateau d'Abitibi

Au sud de la baie James, ce plateau s'étend le long de la frontière avec l'Ontario, entre la rivière des Outaouais et la plaine d'Eastmain. Il est parcouru par de grands fleuves (Abitibi, Harricana). L'érosion glaciaire y a créé un paysage plat ponctué de collines témoignant d'une activité volcanique à l'époque précambrienne. Au sud, la boucle de la rivière des Outaouais délimite la région du Témiscamingue, où sont installées des fermes laitières au creux de collines couvertes d'épinettes. Les immenses forêts boréales d'Abitibi ont attiré jadis les marchands de fourrures, puis les compagnies forestières et les industries papetières. Au XXe siècle, l'exploitation des mines de cuivre et d'or a été à l'origine de la naissance de villes pionnières comme Val-d'Or, Rouyn-Noranda et Témiscaming.

Laurentides

Au sud du plateau d'Abitibi, les Laurentides s'étendent entre la rivière des Outaouais et celle du Saguenay. Constituées de crêtes arrondies s'élevant de 600 à 800 m et de vallées parcourues par des rivières d'orientation nord-sud se jetant dans le Saint-Laurent, elles offrent cependant quelques sommets plus élevés, tels le mont Tremblant (968 m) au nord de Montréal et le mont Raoul-Blanchard (1 161 m) dans le massif des Grands-Jardins. Les Laurentides finissent à l'estuaire du Saint-Laurent en un spectaculaire escarpement appelé la côte de Charlevoix.

Fjord du Saguenay et lac Saint-Jean

Dû à un affaissement tectonique, le lac Saint-Jean occupe une cuvette reliée à l'estuaire du Saint-Laurent par la rivière Saguenay. La basse vallée du Saguenay forme, à la hauteur de Tadoussac, un magnifique fjord qui a été creusé par les glaciers, le long de la zone de fracture des Laurentides. Les bateaux de haute mer peuvent remonter le fjord jusqu'à la ville de Chicoutimi. Les parois rocheuses forment de véritables canyons à certains endroits (cap Éternité, cap Trinité).

Les effets des marées du Saint-Laurent se font ressentir jusqu'à Chicoutimi. Des centaines de baleines à fanons – notamment le rorqual commun, le rorqual à bosse et le petit rorqual – et à dents, comme le béluga, reviennent chaque été à l'entrée du fjord, à Tadoussac, pour faire leur plein de krills, particulièrement abondants dans cette zone.

Côte nord

De l'autre côté du fjord du Saguenay s'étend la Côte nord, rive nord du Saint-Laurent. Peu peuplée, battue par les vents, cette plaine côtière s'étire sur plus de 1 000 km jusqu'au Labrador, entaillée d'étroites vallées où s'engouffrent de puissantes rivières. De nombreux ouvrages hydrauliques s'y succèdent (complexe Manic-Outardes, au nord de Baie-Comeau). Au large d'Havre-Saint-Pierre, l'archipel de Mingan (parc national) offre des paysages spectaculaires de rochers rouges, tout comme l'île sauvage d'Anticosti, importante réserve de chasse.

Plaine du Saint-Laurent

Elle est comprise entre le Bouclier canadien au nord et les Appalaches au sud-est, entre Montréal et Québec, et s'élève progressivement vers le nord-est et la péninsule gaspésienne. A l'est, entre Montréal et les Appalaches, les collines montérégiennes ont une altitude inférieure à 500 m. Ce sont d'anciens culots volcaniques constitués de lave solidifiée. La forêt se compose de conifères et de feuillus (bouleaux, érables, trembles). Les Basses Terres bénéficient d'un sol fertile et d'un climat plus clément : on y cultive le maïs, l'avoine, l'orge et le blé et on y pratique l'élevage laitier. La population urbaine se concentre essentiellement autour des deux grandes villes de

10 faits remarquables sur le Québec

Le Québec surprend et séduit par sa démesure, son côté sauvage et authentique, et sa nature abondante. Voici donc quelques faits intéressants sur la Belle Province :

- **La municipalité de la Baie-James est la plus grande de la province,** avec un territoire couvrant une superficie de 350 000 km^2, soit plus grand que l'Italie !
- **Malgré la croyance** qui dit que la baie de Fundy aurait les plus grandes marées au monde, plusieurs experts s'entendent pour dire qu'elles se trouvent à l'estuaire de la rivière aux Feuilles dans la baie d'Ungava (17 m d'amplitude).
- **Le plus grand parc national se trouve au Nunavik,** dans l'extrême nord du Québec. Le parc Kuururjuaq couvre une superficie de 4 460 km^2.
- **La route la plus septentrionale se trouve à la Baie-James :** la Transtaïga, d'une longueur de 700 km, fut construite pour exploiter le potentiel hydraulique de la Grande Rivière. Cependant, pour s'y aventurer, il faut être bien préparé car on n'y trouve aucun village et que très peu de services.
- **Le nom le plus long d'un lac comporte 34 lettres :** Kaachiskamichischeuwachisina anuuch. Il se trouve au nord de la rivière Eastman et son nom cri signifie « un raccourci à travers la tourbière ».
- **Le plus haut sommet de la province culmine à 1 652 m.** Le mont d'Iberville, compris dans la chaîne des Torngat et connu de nombreux aventuriers, se trouve à cheval sur la frontière séparant le Québec du Labrador dans le Grand Nord.
- **Les plus hautes parois rocheuses** se trouvent dans le parc national des Hautes-Gorges-de-la-Rivière-Malbaie dans la région de Charlevoix. Des paysages à couper le souffle !
- **Avis ici aux amateurs de pêche :** le plus grand lac naturel au Québec, situé à quelque 70 km au nord de Chibougamau, le lac Mistassini, couvre une superficie de 2 336 km^2.
- **Certains randonneurs aguerris** parcourent le Sentier international des Appalaches chaque année. D'une distance totale de 650 km en Gaspésie au Québec, il traverse la vallée de la Matapédia, sillonne les Chic-Chocs, et termine à Cap-Gaspé dans le Golfe du Saint-Laurent.
- **Dans la région de Québec,** face à l'île d'Orléans, se trouve la plus haute chute de la province : Montmorency. Moins large que celle de Niagara, elle la surpasse de 30 m en hauteur.

Montréal et Québec, situées toutes deux sur la rive gauche du Saint-Laurent.

Appalaches et Basses Terres (Cantons-de-l'Est, Beauce)

Séparées du Saint-Laurent par la faille Champlain, les Appalaches s'étendent au nord-est le long de la frontière américaine, où les états du Vermont, du New Hampshire et du Maine séparent la province canadienne du Nouveau-Brunswick de celle du Québec. Ces montagnes, de formation plus récente que le Bouclier canadien, ne dépassent pas une altitude moyenne de 500 m, les plus hauts sommets atteignent toutefois 1 200 m. Cette chaîne résulte du choc des plaques continentales américaines et eurasiennes. Les sommets rabotés par l'érosion ont engendré un paysage ondulé où alternent crêtes et vallées creusées par les rivières. Les hauteurs sont couvertes de feuillus (érables à sucre, chênes, hêtres), tandis que les plaines sont le domaine de l'agriculture mixte. Les Cantons-de-l'Est occupent la partie sud-ouest des Appalaches, le long de la frontière des États-Unis, à l'est de Montréal, et offrent des montagnes verdoyantes entaillées de vallées profondes. C'est le lieu de villégiature des Montréalais (sports nautiques en été, ski en hiver). La Beauce s'étend de part et d'autre de la rivière Chaudière qui débouche du lac Mégantic pour se jeter dans le Saint-Laurent. Tout comme son homonyme français, la Beauce québécoise est une vaste étendue, plate et monotone, de terres fertiles. Vergers, vignobles, pâturages, fermes laitières caractérisent sa partie ouest, tandis que le reste du pays beauceron est occupé par la plus forte concentration d'érablières du Québec (fabrication du sirop d'érable).

Bas-Saint-Laurent et Gaspésie

Au nord des Basses Terres et des Appalaches, la chaîne des monts Sutton se prolonge par les monts Notre-Dame, dont les versants nord descendent sur une étroite bande de terre le long du Saint-Laurent, appelée Bas-Saint-Laurent, où l'on cultive l'avoine et l'orge. De l'autre côté de la rivière Matapédia débute la péninsule gaspésienne, comprise entre l'estuaire du Saint-Laurent, le Nouveau-Brunswick et le golfe du Saint-Laurent. Elle est dominée, au nord, par les monts Chic-Chocs, culminant au mont Jacques-Cartier (1 268 m) dont les versants sont couverts d'épaisses forêts boréales. La péninsule abrite plusieurs parcs naturels (parc national de la Gaspésie, parc national Forillon) et réserves fauniques. A l'estuaire du Saint-Laurent, le littoral nord de la Gaspésie est parsemé de charmants villages de pêcheurs tandis que la pointe gaspésienne, tournée vers le golfe du Saint-Laurent, brossée par les vagues, est particulièrement sauvage et spectaculaire, notamment à Forillon et à Percé. Au sud de la péninsule, les Hautes Terres sont profondément entaillées par de nombreuses rivières qui se jettent toutes dans la baie des Chaleurs. Protégée des vents polaires, cette région bénéficie d'un microclimat qui lui a valu le nom de Québec méridional. Au large de la Gaspésie, dans le golfe du Saint-Laurent, on retrouve les îles de la Madeleine, archipel isolé et battu par les vents polaires, domaine de la banquise en hiver.

CLIMAT

De par son étendue, sa latitude et sa position à l'extrémité orientale du continent nord-américain, le Québec est soumis à d'importants écarts de température : longs hivers rigoureux (de 0 à -25 °C en moyenne) et courts étés chauds (de 11 à 30 °C), caractéristiques d'un climat continental à forte amplitude thermique (Montréal : moyenne estivale 22 °C, moyenne hivernale -9 °C). Cependant les variations climatiques sont notables : les régions proches du Saint-Laurent jouissent d'un climat plus tempéré et plus humide mais, à mesure que l'on remonte vers le nord, les hivers deviennent glacés et les étés se rafraîchissent (climats subarctique et arctique), l'écart des températures entre les saisons subsistant toutefois (en territoire inuit : 11 °C de moyenne estivale, -24 °C de moyenne hivernale). L'hiver s'annonce dès le mois de novembre et dure jusqu'en avril. Il tombe environ 2,50 m de neige entre novembre et avril. Quand il neige, la température s'adoucit. Le vent, facteur prépondérant, joue un rôle capital dans le phénomène du froid car il soulève la neige poudreuse, créant des poudreries et formant des congères. La pluie et le verglas sont fréquents. On passe tout aussi brutalement de l'hiver à l'été que de l'été à l'hiver, le printemps et l'automne étant des saisons intermédiaires brèves.

Le printemps (avril et mai) est la période du dégel. La saison estivale est courte (de juin à mi-septembre) mais chaude et humide, surtout dans la région de Montréal et le sud du Québec où il peut faire plus de 30 °C. Pendant le mois d'octobre, l'été indien offre parfois, après les premières gelées, quelques jours de répit et de beau temps chaud. C'est le dernier clin d'œil du soleil, une ambassade de l'été venue pavoiser avant l'arrivée des grands froids. Jadis, les Amérindiens profitaient de ces beaux jours pour aller à leurs dernières chasses en forêt avant l'hiver. C'était aussi l'époque où les premiers colons subissaient les ultimes attaques des Amérindiens avant les grands froids. Les précipitations sont particulièrement abondantes dans les régions bordant l'océan Atlantique et la baie d'Hudson (jusqu'à 1,10 m par an) mais diminuent vers le nord. Le climat humide du sud du Saint-Laurent et de la frange atlantique se traduit, l'été, par une atmosphère lourde et moite et, l'hiver, par un fort enneigement, des brouillards et des tempêtes.

ENVIRONNEMENT – ÉCOLOGIE

Le Québec, comme le reste du Canada, doit actuellement faire face à la disparition de certains milieux naturels, comme la forêt de feuillus et les milieux humides, sous la pression de l'urbanisation, de l'industrie et de l'agriculture. Cela provoque une diminution de nombreuses espèces. Si l'utilisation de DDT est à présent interdite, l'industrie et l'agriculture emploient toujours divers pesticides et autres produits chimiques qui nuisent à certaines espèces, comme les oiseaux chanteurs. L'industrie est aussi responsable de pluies acides qui contaminent les sols, les forêts et les eaux douces.Comme tous les pays industrialisés, le Canada est aujourd'hui confronté à la difficile conciliation du développement économique et des exigences écologiques. Le pays a sauvegardé de nombreux espaces naturels par la création de parcs nationaux et provinciaux, ainsi que de réserves de conservation. Cette protection est efficace, mais implique toutefois le choix de zones à protéger et l'abandon d'autres qui ne le seront pas. Le Canada a aussi prouvé qu'il pouvait résoudre certains problèmes écologiques par des mesures peu coûteuses en comparaison du gain à long terme. Quand une espèce est atteinte par la chasse, il n'est pas difficile de la sauver en cessant de chasser : des espèces comme le castor ont été mises ainsi hors de danger.

De nos jours, compte tenu de la multiplication et de l'internationalisation des atteintes, les effets des pollutions sont durables, la reconstitution des milieux et des équilibres naturels est difficile, et les bonnes volontés doivent affronter les pouvoirs politico-économiques. Le gouvernement actuel au pouvoir, le parti conservateur, se détache d'ailleurs des objectifs de Kyoto et ne semble plus avoir fait de ses priorités la protection de l'environnement. A Copenhague, en décembre 2009, son inaction lui a d'ailleurs valu le « Prix fossile de l'année », mention décernée par un regroupement d'organisations non gouvernementales réunies à l'occasion de cette conférence internationale. Loin d'être en passe de réduire ses émissions de gaz à effet de serre d'ici à 2020, le Canada les a plutôt augmentées d'au moins 25 % entre 1990 et 2006, et la tendance ne s'est pas inversée depuis lors. Le Canada vient d'ailleurs de se retirer du protocole de Kyoto, une annonce faite en décembre 2011 lors de la conférence de Durban sur le climat et qui est loin de faire l'unanimité au pays. Le gouvernement fédéral, dorénavant majoritaire à la chambre, a fait d'autres annonces tout aussi critiques lors de la sortie de son budget au printemps 2012 et son projet de loi fédérale omnibus C-45 qui touche drastiquement à l'environnement. Par exemple, jusqu'ici, la loi sur la protection des eaux navigables protégeait environ 40 000 lacs et 2,5 millions de rivières au pays. Suite aux réformes proposées dans le projet de loi C-45, ce ne sont plus que 97 lacs et 62 rivières qui seront protégés...

Si le Québec s'en tire un peu mieux, il reste que certains projets font réagir fortement les environnementalistes ainsi que le peuple et certains élus : l'exploitation du gaz de schiste dans la vallée du Saint-Laurent et dans le golfe près des Îles de la Madeleine ; le Plan Nord de l'ancien gouvernement libéral qui touche le secteur minier et les énergies renouvelables (hydroélectricité, éoliennes, etc.). En revanche, avec l'arrivée au pouvoir du gouvernement minoritaire péquiste à l'automne 2012, la donne pourrait bien changer. Dès les premiers jours de son mandat, le parti a notamment annoncé la fermeture définitive de la seule centrale nucléaire de la province. À suivre...

PARCS NATIONAUX

Parcs nationaux et réserves fauniques du Québec

Les parcs du Québec ont pour mission la protection permanente et la mise en valeur de milieux naturels représentatifs de l'une ou l'autre des 43 régions naturelles du Québec, ou de lieux qui possèdent des caractéristiques naturelles exceptionnelles. Les parcs nationaux du Québec sont établis et gérés en vertu des mêmes standards que les parcs nationaux implantés partout dans le monde. Ils doivent ainsi répondre à deux grands objectifs : la protection permanente de milieux naturels et l'accessibilité du public à des fins éducatives et de pratique d'activités de plein air.

Les 22 parcs nationaux du Québec (plus deux situés au Nunavik, et le parc marin du Saguenay-Saint-Laurent géré conjointement avec Parcs Canada) sont gérés par la Société des établissements de plein air du Québec (Sépaq). Ils offrent également une multitude d'activités de découverte de la nature déclinées le long des quatre saisons : baignade, canot, chaloupe, kayak, pêche, randonnée pédestre, vélo, plongée sous-marine, ski de fond, randonnée pédestre sur neige, raquettes, etc. Depuis quelques années, on peut louer, dans de nombreux parcs, des tentes Huttopia/Hékipia et des tentes roulottes entièrement équipées. Très pratiques pour ceux qui veulent camper sans se préoccuper de se déplacer avec tout leur équipement. Notez que depuis 2011, l'accès à ces parcs est gratuit le 2e dimanche de juin, et ce chaque année. Une programmation spéciale est également offerte.

Les réserves fauniques du Québec forment un territoire de 67 000 km² de nature sauvage où la pêche et la chasse sont à l'honneur. Au nombre de 16, ces réserves gouvernementales sont également gérées par la Sépaq. Elles offrent, outre les nombreuses activités de plein air proposées, la possibilité de pêcher et de chasser, au petit gibier ou au gros gibier (ours, orignal).

La Sépaq gère également une dizaine de centres touristiques à travers la province et tous les établissements hôteliers du réseau sont maintenant certifiés Réservert, un outil de planification et de gestion pour le développement durable.

Pour tous renseignements sur les parcs provinciaux, les réserves fauniques et les centres touristiques :

■ **SÉPAQ**
Place de la Cité, Tour Cominar
2640, boulevard Laurier
Bureau 250, 2e étage
QUÉBEC
✆ +1 418 890 6527
✆ +1 800 665 6527
www.sepaq.com

Parcs nationaux du Canada

Les quatre parcs nationaux (Mauricie, parc marin du Saguenay-Saint-Laurent – géré conjointement par Parcs Canada et Parcs Québec –, Forillon et Archipel-de-Mingan) sont gérés par Parcs Canada (gouvernement du Canada). Ils ont été créés pour préserver des sites naturels exceptionnels tout en les rendant accessibles au public. Randonnées, diaporamas, vidéos, expositions, conférences permettent de découvrir leur environnement naturel. Chaque parc possède un bureau d'information. Ils sont en général équipés de terrains de camping et proposent des activités selon la saison : baignade, canot, kayak, pêche, randonnée pédestre, vélo, équitation, exploration sous-marine, escalade, ski de fond, raquette, etc.

■ **PARCS CANADA – BUREAU NATIONAL**
25-7-N, rue Eddy
GATINEAU
✆ +1 613 860 1251 – +1 888 773 8888
www.pc.gc.ca

DÉCOUVERTE

Pêche à la journée

Vous souhaitez organiser une journée de pêche en famille ou entre amis ? Les réserves fauniques de la Sépaq offrent de nombreux plans d'eau d'une grande beauté et la possibilité de louer des embarcations et tout le matériel. Nous vous conseillons de réserver à l'avance (jusqu'à 4 mois avant). Vous pouvez combiner la pêche avec une nuit dans une des auberges de la Sépaq.

FAUNE ET FLORE

Une faune préservée

Le territoire du Québec abrite une faune particulière dont la variété diminue à mesure que l'on remonte vers le nord. On y dénombre 50 espèces de mammifères, 350 espèces d'oiseaux et 120 espèces de poissons.

Au nord, dans la toundra, vivent l'ours polaire, le lièvre arctique, le renard blanc, le faucon gerfaut, le harfang des neiges. La taïga abrite d'importants troupeaux de caribous (rennes du Canada) comptant plus de 500 000 têtes. Le Centre et le Sud du Québec sont riches en réserves fauniques où se côtoient l'orignal (sorte d'élan), le caribou, le cerf de Virginie, le carcajou, le porc-épic, la mouffette rayée, les petits animaux à fourrure (marmotte, martre, loutre, castor, hermine, renard roux, lynx, raton laveur), l'ours noir, le loup, les oiseaux (geai bleu, grand pic), ceux de proie (grand duc d'Amérique, aigle à tête blanche, faucon émerillon, buse...) et toutes sortes de canards, comme le huard à collier, et d'échassiers, comme le grand héron. Signalons aussi que le Québec se situe sur la route migratoire des bernaches du Canada et des oies des neiges. Les rives du Saint-Laurent permettent l'observation des oiseaux mais aussi celle des baleines (région du Saguenay, Côte-Nord, île d'Anticosti, Bas-Saint-Laurent, Gaspésie). En effet, de nombreux mammifères marins fréquentent les eaux du Saint-Laurent et du golfe lors de leurs migrations saisonnières : phoque, béluga, rorqual à bosse, rorqual commun et petit rorqual. Les eaux du golfe sont également riches en homards (îles de la Madeleine). Les myriades de lacs et de cours d'eau abondent en saumons mais aussi en éperlans, brochets, truites mouchetées et perches.

Baleine.

Le domaine de l'épinette et de l'érable

La couverture végétale dépend d'un ensemble de facteurs : la latitude, l'altitude, l'influence océanique et les microclimats particuliers. Ainsi, le vaste plateau d'Abitibi, la région du Saguenay-Lac-Saint-Jean et la Côte-Nord sont le domaine de l'épaisse forêt boréale, dominée par les résineux aux fûts droits et élancés, adaptés à une courte saison de croissance dont les principales espèces à bois tendre sont représentées par l'épinette noire, le sapin baumier, le pin gris et le pin de Banks, auxquels s'ajoutent de rares bouleaux. La forêt boréale occupe toute la partie sud du Bouclier canadien jusqu'au massif des Laurentides. Plus au nord (entre le 49e et le 58e parallèle) commence la taïga, formation boisée soumise au climat subarctique composée de bouquets d'épinettes noires, de mélèzes laricin et de bouleaux blancs, s'éclaircissant au nord pour céder la place à une végétation rabougrie puis rampante de lichens et de mousses, adaptée au climat arctique : c'est la toundra (péninsule d'Ungava). Le dégel de l'été reste ici superficiel, car le sol, gelé en permanence (pergélisol), empêche les maigres précipitations de s'y infiltrer, créant une couche de terre mal drainée appelée « muskeg ». Les étés trop courts et trop froids empêchent la croissance des arbres. Durant les longs jours de la brève saison estivale, la toundra herbeuse se pare de fleurs aux couleurs intenses de jaune et de rose et offre la cueillette de ses nombreuses baies : camarine noire, chicoutai... Dans le Sud du Québec, des Laurentides méridionales aux régions côtières de la Gaspésie, règne la forêt à feuilles caduques dominée par de nombreuses variétés d'érables, mais qui comprend aussi d'autres feuillus à bois dur comme le hêtre, le chêne, le frêne, le caryer, le tilleul d'Amérique auxquels s'ajoutent, plus au nord ou en altitude, le sapin baumier, le bouleau blanc et jaune. Au moment de l'été indien, les arbres des forêts, et notamment les érables, se parent de merveilleuses couleurs chatoyantes : jaune, rouge, orangé et ocre.

Des premiers peuplements à l'arrivée des Européens

Le peuplement du continent nord-américain s'est effectué il y a plus de 12 000 ans, à la fin de la période glaciaire, par des peuplades de chasseurs venues de Sibérie. Par vagues successives, elles franchirent le détroit de Béring (séparant la Sibérie de l'Alaska), alors gelé, à la poursuite de gibier (bisons, caribous, élans, mammouths). Elles se dispersèrent ensuite sur l'ensemble des terres habitables du continent américain, développant des modes de vie spécifiques adaptés à leur milieu : ce sont ces indigènes que les premiers Européens, croyant être parvenus aux Indes, baptisèrent Indiens. Nous les nommons aujourd'hui Amérindiens. Avec le recul des glaciers, certains peuples remontèrent ensuite vers la baie d'Hudson. Dans les forêts de l'Est du Canada, les Algonquins, nomades, vivaient de la chasse et de la pêche. Dans le Sud, autour des Grands Lacs, les Hurons et Iroquois étaient déjà sédentarisés. La Gaspésie était habitée par les Micmacs. Dans les régions subarctiques du Nord et la Côte-Nord, les Montagnais menaient une existence nomade de chasseurs de caribous. Dans les régions polaires du Nord du Québec vivaient les Thulé, ancêtres des Inuits, qui auraient traversé le détroit de Béring dans des *umiaks*, bateaux collectifs, entre 6 000 et 5 000 ans avant J.-C., avant de se fixer le long des côtes arctiques de la péninsule d'Ungava. Habitant l'hiver dans des igloos, l'été dans des tentes de peau ou des huttes de tourbe, ils subsistaient essentiellement grâce à la chasse au phoque, au morse, à la baleine, au bœuf musqué et au caribou.

Vers l'an mille, les Vikings visitèrent la Terre de Baffin et la côte du Labrador, pénétrèrent dans le détroit de Belle-Isle et s'installèrent sur la côte nord-ouest de Terre-Neuve. Cependant, le climat polaire et les attaques esquimaudes abrégèrent leur séjour dans cette contrée riche en bois, en pâturages et en saumons, qu'ils avaient nommée Vinland après y avoir découvert de la vigne sauvage. L'installation viking est attestée par les sagas, ces récits héroïques (le plus célèbre étant celui de l'hivernage de Leif Eriksson) qui racontent leurs voyages en Amérique du Nord à partir de leur établissement au Groenland, et par les récentes fouilles archéologiques de l'Anse aux Meadows, à Terre-Neuve. Ensuite, le continent américain retomba dans l'oubli. Il faudra attendre le XVe siècle et les progrès de la navigation pour que les grands navigateurs européens se lancent à la conquête des océans, à la recherche d'une nouvelle route vers les Indes. Dès 1497, Jean Cabot, navigateur italien à la solde du roi d'Angleterre, aborde la terre canadienne, au nord-ouest de Terre-Neuve. Les pêcheurs de morue (Portugais, Français et Anglais) fréquentaient déjà les eaux poissonneuses de Terre-Neuve et de la Nouvelle-Écosse, de même que les chasseurs de baleine (Basques), concentrés dans le détroit de Belle-Isle, s'aventuraient jusque dans l'estuaire du Saint-Laurent. Ce furent les premiers qui entrèrent en contact avec les indigènes. Puis, le 24 juillet 1534, le Malouin Jacques Cartier quitte Saint-Malo avec trois bateaux : la *Grande Hermine, la Petite Hermine* et *l'Emerillon*. Il débarque à Gaspé, explore le golfe du Saint-Laurent, remonte le fleuve jusqu'à Hochelaga (Montréal) après s'être arrêté au village de Stadaconé (Québec), entre en contact avec les Iroquois, au cours de trois expéditions qui s'échelonnent jusqu'en 1542, et prend possession de tous ces territoires au nom du roi de France, François 1er. C'est lui qui donne son nom au Canada (de *Kanata*, signifiant « village »). Mais il est vite déçu par cette terre qu'il juge inhospitalière, glacée et dénuée d'intérêt. La France délaissera le Canada jusqu'à la fin du XVIe siècle. A défaut d'épices, les Européens découvrent une autre richesse, celle des fourrures. La France décide alors de créer un vaste réseau de postes de traite (endroits où les Français faisaient du commerce avec les Amérindiens) sur les rives du Saint-Laurent. En 1599, le premier comptoir de commerce provisoire, dit tabagie, est installé à Tadoussac. Puis, en 1605, Pierre du Gua de Monts fonde Port-Royal en Nouvelle-Écosse : l'Acadie vient de naître. Pour organiser le commerce français des peaux, Samuel de Champlain accoste, le 3 juillet 1608, sur la rive nord du Saint-Laurent et fonde le premier poste de trait permanent, à *Kebek*, mot algonquin signifiant « endroit où le fleuve se rétrécit ». Il explore tout l'Est du Canada jusqu'au lac Huron (1616), tandis que les Anglais Hudson et James explorent la baie d'Hudson.

Chronologie

La Nouvelle-France (1534-1763)

- **1534 >** le Malouin Jacques Cartier débarque à Gaspé et prend possession du Canada au nom de François 1er.
- **1604 >** première exploration de Samuel de Champlain sur le fleuve Saint-Laurent.
- **1608 >** Samuel de Champlain fonde la ville de Québec.
- **1627 >** pour favoriser la colonisation, Richelieu fonde la Compagnie de la Nouvelle-France qui détient le monopole du commerce des fourrures.
- **1629-1632 >** les Anglais occupent le Québec.
- **1642 >** Paul de Chomedey, sieur de Maisonneuve, fonde Ville-Marie (Montréal).
- **1648-1650 >** la Confédération huronne, alliée de la France, est anéantie par les Iroquois qui contrôlent la vallée du Saint-Laurent.
- **1654-1667 >** les Anglais occupent l'Acadie (Nouvelle-Écosse).
- **1663 >** avec l'intégration par Colbert de la Nouvelle-France dans le domaine royal, le système administratif des provinces françaises régit la colonie.
- **1670 >** fondation de la Compagnie britannique de la baie d'Hudson qui devient une importante rivale des trappeurs de la Nouvelle-France.
- **1713 >** les conflits franco-britanniques en Europe ont des répercussions sur les colonies : le traité d'Utrecht, qui met fin à la guerre de Succession d'Espagne, permet aux Anglais d'annexer les territoires de la baie d'Hudson, de Terre-Neuve et de l'Acadie rebaptisée Nouvelle-Écosse par les Anglais.
- **1741-1748 >** guerre franco-britannique qui se termine avec le traité d'Aix-la-Chapelle par le rétablissement du statu quo.
- **1755 >** le Grand Dérangement : les Anglais procèdent à la déportation de plusieurs milliers de francophones d'Acadie.
- **1759 >** défaite française à la bataille des Plaines d'Abraham. Reddition de la ville de Québec aux Anglais.
- **8 septembre 1760 >** la capitulation du dernier gouverneur général français, le marquis de Vaudreuil, à Montréal, marque la fin de la Nouvelle-France. Les Anglais dominent désormais l'Amérique du Nord.
- **10 février 1763 >** conformément au traité de Paris, la France cède toutes ses possessions canadiennes aux Anglais, sauf l'archipel de Saint-Pierre-et-Miquelon.

Le régime anglais (1763-1867)

- **1774 >** l'Acte de Québec organise la nouvelle colonie anglaise, le Québec. Il maintient les lois criminelles anglaises et rétablit les lois civiles françaises.
- **1783 >** à la suite de l'indépendance des États-Unis, 40 000 loyalistes demeurés fidèles à la couronne britannique se réfugient au Canada, notamment dans les Cantons de l'Est.
- **1791 >** l'Acte constitutionnel instituant un gouvernement représentatif partage le pays en deux provinces : le Haut-Canada (Ontario) anglophone et le Bas-Canada (Québec) francophone.
- **1837-1838 >** révolte des Patriotes.
- **1841 >** l'Acte d'union institue un seul gouvernement pour le Haut-Canada et le Bas-Canada : le Canada-Uni.

La Confédération canadienne

- **24 mai 1867 >** l'Acte de l'Amérique du Nord britannique crée la Confédération canadienne qui regroupe les provinces de Québec, de l'Ontario, du Nouveau-Brunswick et de la Nouvelle-Écosse. Le nouvel Etat, appelé aussi *dominion canadien*, obtient la totale maîtrise de ses affaires étrangères, mais la couronne britannique reste représentée. La province de Québec se voit garantir le maintien de sa particularité française et catholique.
- **1874 >** adoption d'une loi sur les Indiens qui définit les devoirs de l'Etat envers eux. Création des Réserves indiennes.
- **1887 >** la construction du premier chemin de fer transcontinental, le Canadian Pacific Railway, déclenche un immense mouvement d'immigration vers l'ouest.
- **1871-1911 >** le pays est alternativement gouverné par les conservateurs et les libéraux.

Le Québec moderne

- **1948 >** le Québec adopte son drapeau provincial doté de fleurs de lys.

1960 > début de la Révolution tranquille : le gouvernement du Québec prend d'importantes mesures économiques et sociales.

1967 > visite du général de Gaulle, qui lance « Vive le Québec libre ! ». Les états généraux du Canada français, tenus à Montréal, décident d'une orientation vers l'indépendance du Québec et le rejet catégorique du fédéralisme canadien.
Exposition universelle de Montréal.

1968 > fondation du Parti québécois (PQ, indépendantiste) par René Lévesque.
Le dynamique Canadien français, Pierre-Elliott Trudeau, résolument hostile au séparatisme, arrive à la tête du gouvernement libéral du Canada, qu'il quittera en mai 1984, la volonté d'indépendance du Québec et la crise économique posant des problèmes majeurs.

1969 > les Amérindiens et les Inuits acquièrent le droit de vote au Québec.

1970 > Front de libération du Québec (prises d'otages).
Projet de construction de centrales hydroélectriques à la Baie-James.
Création de l'Association des Indiens et Inuits du Québec.

1975 > la Convention de la baie James et du Nord québécois est signée entre les Cris et les gouvernements québécois et canadien.

1976 > Jeux olympiques d'été de Montréal. René Lévesque chef du Parti québécois devient Premier ministre.

1977 > la loi 101 (charte de la langue française) est votée.

1980 > référendum sur la souveraineté du Québec : 60 % non, 40 % oui.

1982 > le Québec refuse de signer l'Acte de Constitution de 1982.

1985 > Robert Bourassa (Parti libéral du Québec) devient Premier ministre du Québec. Le Vieux-Québec devient le premier centre urbain nord-américain à être inscrit au patrimoine mondial de l'Unesco.

1987 > 2e Sommet de la francophonie tenu à Québec.

1987-1990 > échec des accords du lac Meech : les provinces canadiennes refusant l'attribution d'un statut distinct pour le Québec, ce dernier maintient son refus d'adhérer à la Constitution de 1982.

1988 > création officielle du Nunavik, patrie des Inuits, à l'extrême nord de la province du Québec.

1990 > la Crise d'Oka, qui oppose les Mohawks aux gouvernements québécois et canadien, rallume le délicat problème du statut des Amérindiens.

Juin 1991 > émergence du Parti nationaliste fédéral : le Bloc québécois.

1992 > échec du référendum national sur l'attribution d'un statut spécial pour le Québec. Montréal fête le 350e anniversaire de sa fondation.

1993 > le Bloc québécois devient l'opposition officielle à la Chambre des communes.

Septembre 1993 > Robert Bourassa annonce qu'il quittera la tête du Parti libéral du Québec en janvier 1994.

Octobre 1993 > élections générales. Jean Chrétien est élu Premier ministre du Canada.

Septembre 1994 > le Parti québécois remporte les élections législatives. Jacques Parizeau devient Premier ministre du Québec. Entrée en vigueur de l'ALENA : accord de libre-échange nord-américain entre le Canada, les États-Unis et le Mexique.

Novembre 1995 > second référendum sur la souveraineté du Québec : le non l'emporte de quelques milliers de voix (50,5 % non, 49,5 % oui). Jacques Parizeau démissionne. Lucien Bouchard le remplace.

1996 > la Commission royale d'enquête sur les autochtones du Canada préconise la création d'un gouvernement autochtone.

1998 > Lucien Bouchard et le Parti québécois sont reconduits au pouvoir.

1999 > en septembre, le 8e Sommet de la francophonie réunit à Moncton (Nouveau-Brunswick) 52 chefs d'Etat et gouvernements de pays où le français est parlé. Thème central : la jeunesse et sa contribution à l'avenir de la francophonie.
Entrée en fonction du gouvernement du nouveau territoire inuit : le Nunavut.
En automne : élections législatives au Québec.

2001 > Lucien Bouchard démissionne. Bernard Landry le remplace.

Avril 2003 > élections législatives. Jean Charest (Parti libéral du Québec) devient Premier ministre du Québec.

2004 > le scandale des commandites éclate au niveau du gouvernement fédéral. L'ancien et l'actuel gouvernement libéral sont accusés d'avoir détourné des fonds en vue de financer leur parti. Pour ce faire, ils se sont entendus avec des agences de communication.

Elles étaient chargées de redorer l'image du gouvernement fédéral au Québec, ce qui rend l'affaire doublement douloureuse pour les Québécois. La commission parlementaire dite « commission Gomery » interroge les principaux responsables. C'est probablement la plus grande affaire de corruption de l'histoire du Canada.

- **Juin 2005 >** Bernard Landry démissionne de la tête du Parti québécois et sera remplacé par André Boisclair.

- **2006 >** les conservateurs prennent le pouvoir du pays, à la tête d'un gouvernement minoritaire dirigé par Stephen Harper.

- **26 mars 2007 >** le gouvernement libéral est reconduit au pouvoir au Québec et l'Action démocratique du Québec (ADQ) prend la place officielle de l'opposition.
Peu de temps après, André Boisclair démissionne de la tête du Parti québécois pour être remplacé par Pauline Marois.

- **2008 >** Le 14 octobre, Stephen Harper et son Parti conservateur sont réélus à la tête du gouvernement canadien, toujours minoritaires mais avec plus de députés qu'en 2006. Les élections provinciales du Québec suivent le 8 décembre.
La ville de Québec célèbre son 400e anniversaire avec une programmation spéciale tout au long de l'année.

- **6 mars 2009 >** Suite à la cuisante défaite de son parti d'opposition en décembre 2008, Mario Dumont, cofondateur et chef de l'Action démocratique du Québec (ADQ), quitte officiellement ses fonctions. Un départ difficile pour un parti affaibli qui ne cesse de se déchirer dans une course à la chefferie qui dure et perdure... Sept mois plus tard, un nouveau chef est élu : Gérard Deltell.

© STÉPHANE SAVIGNARD

Blason du Québec.

- **2 mai 2011 >** La 41e élection générale du Canada reporte Stephen Harper au pouvoir mais, cette fois-ci, il obtient un gouvernement majoritaire.

- **22 août 2011 >** Jack Layton, chef du Nouveau parti démocratique et chef de l'opposition officielle à la Chambre des communes, est décédé des suites du cancer. Québécois d'origine, il fut probablement l'homme politique le plus apprécié au pays en raison de sa proximité avec les Canadiens et de ses valeurs humaines et sociales qui transcendent les opinions politiques. Un pays tout entier est en deuil...

- **Printemps 2012 >** Le Québec vit une véritable crise sociale qui a débuté avec la grève étudiante contre la hausse faramineuse des frais de scolarité. On la surnomme le « Printemps érable ». Les images des manifestations feront le tour du monde pendant plusieurs mois. S'ensuit, en mai 2012, l'établissement du projet de loi 78 (devenu depuis la loi 12), une loi jugée répressive pour l'ensemble de la population (encadrement des manifestations, amendes, etc.), décriée par de nombreux organismes internationaux dont l'ONU.

- **1er août 2012 >** Des élections générales provinciales sont déclenchées pour un scrutin le 4 septembre. La population québécoise vit un ras-le-bol collectif face à un gouvernement libéral entaché de corruption, de financement illégal, de vente à rabais des ressources naturelles du pays, et la liste est encore longue... Le néo-libéralisme serait-il en perte de vitesse ?

- **4 septembre 2012 >** Un scrutin fort serré mène au pouvoir le Parti québécois, toutefois minoritaire avec 54 sièges, contre 50 pour le Parti libéral du Québec, 19 pour la Coalition avenir Québec et 2 pour Québec solidaire. Pauline Marois devient ainsi la première femme Premier ministre de la province, mais combien de temps restera-t-elle au pouvoir avec un gouvernement minoritaire ? La soirée électorale se termine mal quand une fusillade et un incendie éclatent au Métropolis de Montréal, lieu de rassemblement des partisans du Parti québécois. Bilan : un mort et un blessé grave. La province toute entière est en état de choc.

Un lent processus de colonisation commence alors. Avec l'arrivée des jésuites en 1625 puis des trappeurs, le mode de vie des Indiens va se trouver sensiblement modifié. S'ils parviennent à résister aux missionnaires jésuites cherchant à les convertir à la religion catholique, les indigènes sont rapidement décimés par des guerres meurtrières, les maladies endémiques venues d'Europe et les méfaits de la colonisation. Le commerce des fourrures restera, durant tout le XVIIe siècle, la principale activité économique de la colonie, le monopole de ce commerce étant détenu par plusieurs compagnies qui, en échange, promettent au roi de France de peupler le pays, d'entretenir les missionnaires et d'assurer la défense du territoire.

La Nouvelle-France

A la suite des expéditions de Jacques Cartier, c'est la France qui, la première, établit au Canada des colonies le long du Saint-Laurent. Après la ville de Québec, fondée en 1608 par Samuel de Champlain, ce sera Trois-Rivières en 1634 et Ville-Marie (Montréal) en 1642. Les colons français défrichent les forêts pour cultiver les sols tandis que le négoce des fourrures s'organise. Attirés par ce commerce lucratif, les Français entreprennent d'explorer le nouveau continent à la recherche de peaux d'ours, de loup, de fourrures de martre, de vison, la plus prisée étant celle du castor : c'est de là que vient le feutre servant à confectionner les chapeaux, les manteaux et les chaussures, pour lesquels la demande est très forte en Europe. C'est ce qui amène les Français à nouer des relations commerciales avec les Hurons, les Montagnais et les Micmacs, tous d'excellents chasseurs qui deviennent des partenaires économiques indispensables. En échange des fourrures, ces derniers reçoivent des chaudrons en cuivre ou en fer, des outils, de l'alcool et des fusils : il s'agit d'un commerce de troc. Intermédiaires entre les trappeurs indiens et les représentants des grandes compagnies, les coureurs des bois (Français qui voyageaient partout à l'intérieur du continent afin d'encourager les Amérindiens à commercer) ouvrent des voies de pénétration. Les Français vont se heurter à la concurrence des Anglais établis plus au sud, le long de la côte Atlantique. Bientôt, les deux communautés s'affrontent. Les tribus indiennes s'engagent, elles aussi, dans la lutte lorsque Champlain devient l'ennemi des Iroquois, partenaires commerciaux des Anglais. Entre 1648 et 1660, la rivalité entre Français et Anglais va accentuer l'inimitié entre Hurons et Iroquois, tribus établies autour des Grands Lacs. Regroupés en une puissante confédération des Cinq Nations, les Iroquois attaquent les Hurons, Montagnais, Algonquins, tous alliés des Français. Les Iroquois finissent par écraser les Hurons, qui s'enfuient vers Québec, avant de se retourner contre les Français, ruinant leurs récoltes, entraînant le déclin du commerce des fourrures et celui de la jeune colonie française. En 1663, sur décision de Louis XIV, la Neuve France, ou Nouvelle-France, devient province française rattachée au domaine royal : elle est administrée par un gouverneur, responsable des affaires militaires, un intendant, chargé de la justice et des finances, et des propriétaires terriens. Les paysans représentent alors 80 % de la population.

DÉCOUVERTE

Personnages marquants de l'histoire du Québec

- **Jacques Cartier (vers 1494-1554).** Né à Saint-Malo, ce navigateur, surnommé « le découvreur du Canada », parti à la recherche d'une nouvelle route vers les Indes, atteint, en 1534, Terre-Neuve et la côte du Labrador (déjà découvertes par Jean Cabot en 1497), avant de débarquer à Gaspé pour prendre possession du Canada au nom du roi de France, François 1er. Il entreprendra encore deux ou trois autres voyages (1535, 1541 et peut-être 1543) au Canada.
- **Samuel de Champlain (vers 1567-1635).** Né à Brouage, en Saintonge, cet explorateur et colonisateur est envoyé par Louis XIII, en 1603, en mission de reconnaissance au Canada où il explore le Saint-Laurent jusqu'aux rapides de Lachine. Lors d'un second voyage, il explore la côte Atlantique du Canada (1604-1607), avant d'établir une colonie française à Québec en 1608, s'alliant aux Algonquins et aux Hurons contre les Iroquois. Durant son séjour au Canada, il explore une partie des Grands Lacs (lacs Nipissing, Huron, Ontario et Champlain) en 1615-1616 mais se consacre surtout à l'organisation de la colonie dont il est nommé lieutenant-gouverneur par le duc de Montmorency en 1619.

La conquête anglaise

Les conflits d'intérêts entre la France et l'Angleterre vont entraîner une succession de guerres et de traités. En 1713, le traité d'Utrecht cède Terre-Neuve à l'Angleterre, ainsi que la baie d'Hudson et l'Acadie. En 1755, le colonel britannique, Sir Charles Lawrence, ordonne la déportation des Acadiens, agriculteurs venus du Poitou, de Touraine et du Berry, implantés depuis 1604 autour de la baie de Fundy (Nouvelle-Écosse actuelle). A leur place, il a pour projet d'installer des fermiers anglais : le Grand Dérangement, qui a lieu de 1755 à 1763, touchera plus de 10 000 Acadiens. Beaucoup d'entre eux s'enfuiront en Louisiane et se disperseront un peu partout. La France conserve cependant l'île Saint-Jean (île du Prince-Édouard) et l'île Royale (île du Cap-Breton) où elle a érigé la puissante forteresse de Louisbourg pour contrôler l'accès au golfe du Saint-Laurent. Mais, à partir du Grand Dérangement, l'étau va se resserrer autour des Français : en juillet 1758, Louisbourg tombe aux mains des Anglais puis, l'année suivante, les Français, conduits par le général Montcalm, sont défaits devant Québec par les Anglais du général Wolfe, à la bataille des Plaines d'Abraham (1759), ce qui entraînera la reddition de la ville de Québec puis, en 1760, la capitulation de Montréal. La Nouvelle-France ne compte alors que 80 000 habitants de souche française, tandis que les Anglais, au nombre de deux millions, n'ont qu'une idée : chasser les Français. En 1763, le traité de Paris cède la Nouvelle-France à l'Angleterre. La France a définitivement perdu ses possessions canadiennes. Le résultat de cette conquête militaire est que les Français, catholiques et sujets d'une monarchie absolue, se voient contraints de cohabiter avec les Anglais, protestants et sujets d'une monarchie constitutionnelle. En 1774, l'Acte de Québec organise la nouvelle colonie anglaise, appelée désormais Québec. Toutefois il reconnaît les lois civiles françaises et garantit aux Canadiens le libre exercice de leur religion. En 1783, la Grande-Bretagne reconnaît l'indépendance des États-Unis, ses anciennes colonies américaines. Les premiers loyalistes américains, restés fidèles à la couronne britannique, arrivent au Canada et se réfugient dans les Cantons de l'Est (Québec). En 1791, une nouvelle Constitution crée le Bas-Canada (Québec) et le Haut-Canada (Ontario), octroyant à chacun une Assemblée législative.

La Confédération canadienne

Durant le XIXe siècle, le Parti des Canadiens français, dirigé par Louis-Joseph Papineau, est constamment confronté à l'autorité d'un gouverneur anglais et d'un Conseil législatif qui rejette, la plupart du temps, les lois présentées à la Chambre. La politique des Anglais, aggravée par la crise sociale et l'exaspération des Canadiens français nationalistes, aboutit, en 1837-1838, à la Rébellion des Patriotes de la région de Montréal : la Constitution de 1791 est alors suspendue. Pour tenter de rétablir la situation, le gouverneur général anglais Lord Durham propose l'union du Bas et du Haut-Canada, connue sous le nom d'Acte d'Union (1841), créant le Canada-Uni. Au libéralisme des débuts succède un conservatisme engendrant des crises qui ébranlent périodiquement le gouvernement. C'est dans ce climat agité que naît l'idée d'une confédération : l'Acte de Constitution de 1867 établit la Confédération canadienne qui comprend le Québec, la Nouvelle-Écosse, le Nouveau-Brunswick et l'Ontario. Cette Constitution institue la séparation des pouvoirs entre celui du gouvernement fédéral et ceux des provinces chargées notamment de l'instruction. Afin de garantir le droit des minorités (protestante au Québec, catholique dans les autres provinces), le système scolaire reposera plus sur la religion que sur la langue, système très controversé. La Constitution utilisera dès lors le terme de Canada français s'appliquant à l'ensemble des provinces francophones du Québec, du Nouveau-Brunswick, de l'Ontario et du Manitoba. Sir Wilfrid Laurier sera le premier Canadien français à occuper le poste de Premier ministre (1896-1911). Au début des années 1900, le débat sur l'autonomie du Canada et sur la langue française menacée de régression (effective hors du Québec) par le développement commercial et l'industrialisation du pays suscite un nouvel élan nationaliste, sous l'impulsion du journaliste francophone Henri Bourassa. Celui-ci réclame une plus large autonomie à la fois du Canada à l'intérieur de l'Empire britannique et aussi des provinces au sein de la Confédération canadienne. De son côté, Lionel Groulx défend la triple identité du Canadien français : catholique, francophone et rural.

Le Québec moderne

Après une période de centralisation fédérale et de conservatisme auxquels s'oppose le Premier ministre du Québec, Maurice Duplessis (1944-

1959), le gouvernement du Québec prend, dans les années 1960, d'importantes mesures économiques, sociales et culturelles (régime de retraite, système de santé, éducation). C'est ce qu'on a appelé la Révolution tranquille : elle a lieu sous Jean Lesage, Premier ministre libéral de 1960 à 1966. Désormais, l'Etat prend la relève de l'Eglise et de la famille. Jusque-là, le Québec était régi par un clergé omniprésent (la religion était le pivot de la société) et par l'élite britannique qui contrôlait financièrement sa vie économique : « Maîtres chez nous », proclamaient les affiches. Cependant la montée du nationalisme se fait parallèlement au renforcement de l'Etat fédéral. Bientôt la souveraineté du Québec occupe le cœur des débats. Les partisans du fédéralisme représentés par Pierre Elliott Trudeau, Premier ministre du Canada de 1968 à 1979 et de 1980 à 1984, s'opposent aux partisans de la souveraineté conduits par René Lévesque, chef du Parti québécois (fondé en 1968) et Premier ministre du Québec de 1976 à 1985. Mais le référendum de 1980 sur l'indépendance du Québec est un échec, la majorité des Québécois s'étant prononcée contre la séparation. Les tensions entre la province du Québec et le gouvernement fédéral vont encore s'aggraver avec le refus du Québec de signer la Constitution canadienne de 1982. En 1987, les accords du Lac-Meech qui prévoient, pour le Québec, un statut spécial de société distincte n'aboutiront pas, en raison de l'opposition du Manitoba et de Terre-Neuve. Le second référendum de 1995 sur la souveraineté du Québec, se soldant par un non à très faible majorité, est un nouvel échec pour les indépendantistes. Au printemps 1998, le Premier ministre Lucien Bouchard a renouvelé son engagement de tenir un référendum gagnant. La déclaration de Calgary reconnaît « le caractère unique de la société québécoise au sein du Canada », mais pas le Québec en tant que société distincte. En 1998, la question autochtone a porté sur l'idée d'une autonomie gouvernementale accordée aux Premières nations. C'est ainsi que, fin 1999, entre en fonction le gouvernement d'un nouveau territoire administré par ses habitants, les Inuits : le Nunavut (« notre pays ») qui rassemblera les territoires de l'Arctique du Centre et de l'Ouest autour de la baie d'Hudson, soit une zone de 2 millions de km². La question de la souveraineté du Québec ne semble plus au goût du jour depuis les élections législatives d'avril 2003. Jean Charest et son Parti libéral, à la tête de la Belle Province jusqu'en septembre 2012, se veulent favorables au fédéralisme canadien. Suite aux élections de 2012, c'est le Parti québécois qui a repris le pouvoir, en étant toutefois minoritaire. Si ce parti se veut souverainiste, il doit par contre mettre cette question au frigo pour quelque temps. En effet, suite au ras-le-bol collectif face à un gouvernement libéral entaché de corruption, de financement illégal, de vente au rabais des ressources naturelles du pays, etc., le PQ doit d'abord regagner la confiance des électeurs face au gouvernement québécois. N'oublions pas non plus le «Printemps érable» de 2012 qui, débutant avec la grève étudiante contre la hausse des frais de scolarité, s'est transformée en véritable crise sociale, crise fortement apaisée avec l'arrivée du PQ au pouvoir et les mesures prises dès le début de son mandat (annulation de la hausse de frais de scolarité, fermeture de la centrale nucléaire Gentilly, révision des redevances des compagnies minières impliquées dans le Plan Nord, etc.).

Pour en savoir plus sur l'histoire du Québec

- **Hamelin (Jean) et Provencher (Jean),** *Brève histoire du Québec*, 1997, Editions Boréal.
- **Tétu de Labsade (Françoise),** *Le Québec, un pays, une culture*, 2000, Editions Boréal.
- **Lacoursière (Jacques),** *Une histoire du Québec*, 2002, Editions Renouveau Pédagogique. Portrait historique de l'évolution de la société québécoise, du début de la colonie jusqu'à nos jours.
- **Bizier (Hélène-Andrée),** *Une histoire du Québec en photos*, 2006, Editions Fides.
- **Trudel (Marcel),** *Mythes et réalités dans l'histoire du Québec*, 2009, Hurtubise, t. 4.
- **Musée de la civilisation de Québec,** *Objets de référence, 122 témoins de l'histoire*, 2011, Editions de l'Homme.
- **Bédard (Éric),** *L'Histoire du Québec pour les nuls*, 2012, Editions First.

Politique et économie

POLITIQUE

Structure étatique

Une démocratie parlementaire et fédérale

Le système politique du Canada est très proche du modèle britannique. Cependant, deux points majeurs les différencient : le Canada dispose d'une Constitution écrite et son organisation est fédérale. La reine d'Angleterre est reine du Canada.

L'État fédéral

Membre du Commonwealth, le Canada est un État confédéral de régime parlementaire, composé de dix provinces et de trois territoires. Le système politique de la province du Québec s'inscrit dans le cadre de la Constitution de 1982 qui répartit les compétences législatives entre le gouvernement provincial et le gouvernement fédéral.

Le pouvoir législatif

Les lois s'appliquant au Québec sont votées par le Parlement provincial ou le Parlement fédéral, en fonction du sujet (provincial ou fédéral). En ce qui concerne le Québec, le Parlement est constitué de l'Assemblée nationale et du lieutenant-gouverneur. Les 125 députés de l'Assemblée nationale sont élus pour cinq ans maximum. Le lieutenant-gouverneur, nommé par le gouverneur général (qui sanctionne les lois) constitue, avec l'Assemblée nationale, le Parlement.

Le Parlement fédéral est constitué d'une Chambre des communes et d'un Sénat. Les Canadiens élisent des représentants à la Chambre des communes d'Ottawa (308 députés élus au suffrage universel pour cinq ans maximum). Ils sont également représentés au Sénat (105 sénateurs nommés par le gouvernement fédéral sur recommandation du Premier ministre).

Le gouvernement

Chaque province possède son propre gouvernement qui dispose de compétences complémentaires à celles de l'État fédéral. Les gouvernements provinciaux et le gouvernement fédéral sont formés de façon identique : à chaque élection parlementaire, le chef de la majorité devient Premier ministre et forme son Conseil des ministres parmi les députés élus. Le suffrage est universel pour les citoyens, à partir de 18 ans. Le scrutin est uninominal et majoritaire à un tour, fondé sur le concept de la représentation territoriale. Chacun des 125 députés du Québec représente la population d'un comté. Le Québec est divisé en 17 régions administratives.

Le pouvoir judiciaire

Il comprend deux cours : la Cour du Québec, dont les juges sont nommés par le gouvernement du Québec, traite des affaires civiles, criminelles et pénales, tandis que la Cour supérieure a compétence en toute matière. La Cour d'appel est le tribunal général pour toute la province, tandis que la Cour suprême (9 juges nommés par le gouvernement fédéral) est le plus haut tribunal du Canada. Elle constitue l'ultime recours juridique pour toutes les décisions judiciaires en matière civile, criminelle ou administrative.

Relations internationales et francophonie

Selon la Constitution, seul le gouvernement fédéral a compétence en la matière. Toutefois, afin de mieux assumer ses responsabilités en matière d'immigration, d'emprunts financiers internationaux, d'environnement mais surtout de culture, le Québec s'est doté d'un ministère des Affaires internationales et d'un ministère des Affaires culturelles qui ont permis la création de délégations (dont celle de Paris) et de bureaux à l'étranger. Le Québec joue un rôle de plus en plus actif au sein de la francophonie. Depuis 1988, la province participe à TV5, la télévision internationale de langue française. La ville de Québec a accueilli, à deux reprises, le Sommet de la Francophonie, en 1987 et en 2008.

Partis

La vie politique québécoise est rythmée par le bipartisme dans la mesure où seuls deux partis sont, en général, en mesure d'obtenir suffisamment de voix pour constituer un gouvernement : le Parti libéral du Québec (PLQ, parti de centre-droite) et le Parti québécois (PQ, parti de centre gauche). Ce dernier ayant été créé à la fin des années 1960, le Parti conservateur puis l'Union nationale constituaient les autres grands partis auparavant.

Les autres partis ayant, en date du 1er août 2012, des sièges à l'Assemblée nationale sont la Coalition Avenir Québec (CAQ), parti de centre-droite, formé récemment avec d'anciens députés du Parti québécois et des députés du défunt parti Action démocratique du Québec (ADQ) ; Québec solidaire (parti de gauche), créé en 2006 suite à la fusion de l'Union des forces progressistes et d'Option citoyenne ; et Option nationale (progressiste de centre gauche). Lors des dernières élections en 2008, Québec solidaire a fait élire son premier député à l'Assemblée : Amir Khadir, un des deux porte-parole du parti et député de la circonscription Mercier.

Suite aux élections générales du 4 septembre 2012, le Parti québécois a pris le pouvoir avec 54 sièges, suivi du Parti libéral du Québec avec 50 sièges, 19 pour la Coalition Avenir Québec et 2 pour Québec solidaire qui a réussi à faire élire un 2e député, Françoise David, présidente et porte-parole du parti.

Depuis la Confédération canadienne de 1867, le Québec s'est retrouvé seulement trois fois avec un gouvernement minoritaire au pouvoir : en 1878, en 2007 (déconfiture du PLQ et du PQ, montée fulgurante de l'ADQ) et, plus récemment, en 2012, alors que le PQ n'a pas obtenu la majorité escomptée. Reste à voir combien de temps s'écoulera avant les prochaines élections qui risquent fort d'être anticipées...

Enjeux actuels

Après un printemps 2012 agité, alimenté par le mouvement étudiant contre la hausse des frais de scolarité et la crise sociale qui s'en est suivie, des élections générales ont été déclenchées le 1er août 2012. Suite aux résultats de l'élection du 4 septembre, le Parti libéral du Québec a perdu son pouvoir majoritaire au profit du Parti québécois. Jean Charest, chef du Parti libéral et ancien Premier ministre, a été défait dans sa propre circonscription et a annoncé son retrait de la vie politique dès le lendemain. Le parti de Pauline Marois (Parti québécois) est néanmoins minoritaire, ce qui veut dire qu'il se retrouve pieds et poings liés sur certains sujets. En revanche, le parti a tenu à remplir plusieurs de ses promesses dès les premiers jours de son mandat : remplacement de la hausse drastique des frais de scolarité par une indexation au coût de la vie, annonce de la fermeture définitive de la centrale nucléaire Gentilly, abrogation en majeure partie de la fameuse loi 12 jugée répressive (obligation de dispenser l'enseignement et interdiction de l'entraver, encadrement stricte du droit de manifester, amendes, etc.), etc. Par contre, la durée du mandat du parti pourrait bien être écourtée si les députés libéraux et caquistes (parti Coalition Avenir Québec) s'associent pour faire tomber le nouveau gouvernement.

ÉCONOMIE

Principales ressources

C'est l'abondance de ses richesses naturelles qui fait la force de l'économie québécoise. Le Québec dispose de vastes forêts, de terres agricoles riches, d'industries extractives et, surtout, d'un énorme potentiel hydroélectrique. Aujourd'hui, l'essentiel de ses activités économiques repose sur le secteur secondaire (25 % du produit intérieur brut) et sur le secteur tertiaire, c'est-à-dire les services (70 %), le secteur primaire (agriculture) représentant moins de 5 %.

Le commerce des fourrures

Jusqu'au XIXe siècle, il a joué un rôle majeur dans le développement des postes de traite, a permis la colonisation de régions éloignées et a fait de Montréal la capitale nord-américaine du commerce des peaux. Aujourd'hui, le piégeage des animaux à fourrure, activité héritée des Amérindiens et exercée par les trappeurs regroupés en coopératives, occupe une place négligeable dans l'économie du pays, bien que le Canada soit, avec la Russie, le principal fournisseur de fourrures au monde.

L'industrie du bois

Elle a pris le relais des fourrures en jouant, à partir du XIXe siècle, un rôle économique vital dans certaines régions comme l'Abitibi, la Côte-Nord, la Mauricie et le Saguenay-Lac-Saint-Jean.

Pour en savoir plus sur l'économie québécoise

- **Gérard Bélanger :** *L'économie du Québec, mythes et réalités*, 2007, Editions Varia.
- **Martin Petitclerc :** *Nous protégeons l'infortune : les origines populaires de l'économie sociale au Québec*, 2007, Editions VLB.
- **Marie-Hélène Methe :** *Oser la solidarité !*, 2008, Editions Fides, Collection Chantier de l'Économie Sociale.
- **Luc Godbout, Marcelin Joanis et Nathalie Marcellis-Warin :** *Le Québec économique 2011*, 2011, Presses de l'Université Laval (PUL).

INSTITUT DE LA STATISTIQUE DU QUÉBEC
Centre d'information et de documentation
200, chemin Sainte-Foy 3e étage
QUÉBEC
✆ +1 418 691 2401 / +1 800 463 4090
www.stat.gouv.qc.ca

L'exploitation des immenses forêts a été source de revenus importants. La consommation intérieure était en effet considérable : non seulement le bois servait à la construction des navires et à celle des maisons, mais il était également utilisé pour le chauffage des maisons, indispensable pour affronter les froids rigoureux de l'hiver. Ce bois était en partie exporté vers l'Angleterre. Au XXe siècle, il servait essentiellement à la fabrication de la pâte à papier dont la demande grandissait avec le développement de la presse à grand tirage. La pâte à papier était exportée brute pour être transformée ensuite en papier journal. Aujourd'hui, le tiers de la production canadienne de pâte à papier provient du Québec, qui en exporte la moitié aux États-Unis. Par contre, depuis quelques années, ce secteur connaît plusieurs difficultés et des usines, notamment AbitibiBowater, ont dû fermer leurs portes, mettant ainsi à pied des milliers de travailleurs dans la province.

L'agriculture et l'élevage

Jusqu'au début du XXe siècle, le Québec était une province essentiellement agricole, les produits laitiers représentant une part importante du marché. Aujourd'hui, l'agriculture représente peu (moins de 5 %). Les principales régions agricoles se situent à proximité du Saint-Laurent, sur les deux rives, et produisent lait, porcs, bovins, volailles, céréales (maïs, orge, blé, avoine), cultures maraîchère et fruitière (bleuets, pommes, fraises et framboises).

La pêche

Elle se pratique essentiellement en Gaspésie, sur la Côte-Nord et aux Îles de la Madeleine, mais contribue peu au produit intérieur brut (moins de 5 %). On pêche essentiellement la morue, le flétan, le hareng, le maquereau, le sébaste, le saumon et les crustacés (crabe, homard, crevette).

L'exploitation minière

Le sous-sol du Québec est particulièrement riche en minéraux métalliques : or, argent, fer, cuivre, zinc, plomb et nickel. L'industrie extractive a connu, au Québec, trois grandes périodes : celle de l'amiante dans les Cantons-de-l'Est à la fin du XIXe siècle, celle de l'or et du cuivre en Abitibi au début du XXe siècle et, après 1945, celle du fer sur la Côte-Nord et dans le Nord-Est du Québec (Schefferville). Elle représente aujourd'hui moins de 10 % de la production canadienne, ce qui devrait changer au cours des prochaines années avec l'implantation du Plan Nord de l'ancien gouvernement libéral provincial qui touche le secteur minier et les énergies renouvelables (hydroélectricité, éoliennes, etc.).

L'hydroélectricité

C'est la principale ressource du Québec, qui en exporte environ 15 %. Elle fournit l'énergie nécessaire à l'industrie du bois, à la pétrochimie et à l'électrométallurgie (ex : Rio Tinto Alcan). C'est dans les années 1960 que le gouvernement provincial, à l'instigation de René Lévesque alors ministre, décide que l'expansion économique du Québec passe nécessairement par la nationalisation de l'électricité et l'exploitation de l'immense potentiel hydroélectrique des régions nordiques dont il confie l'aménagement à la société d'État Hydro-Québec, créée en 1963. Le plus récent projet d'Hydro-Québec, La Romaine, s'échelonnera de 2009 à 2020.

Composé de quatre centrales alimentées par des réservoirs, ce complexe offrira une production annuelle moyenne de 8 TWh. Une route permanente de 150 km reliera la route 138 à la zone d'implantation des ouvrages, située dans la région de la Côte-Nord, au nord d'Havre-Saint-Pierre.

▸ **Première réalisation : le complexe Manic-Outardes.** Dans les années 1960, les premières grandes centrales électriques, qui ont été créées par la société Hydro-Québec sur la rivière aux Outardes et la rivière Manicouagan, ont symbolisé la volonté des Québécois de prendre en main leur développement économique. Ce fut, au nord de Baie-Comeau, la réalisation du gigantesque complexe Manic-Outardes, où ont été mises au point de nouvelles technologies défiant tout ce qui avait été accompli auparavant en matière d'ingénierie. Réalisé dans une vaste région sauvage, ce complexe comporte sept centrales et a nécessité l'édification de digues, réservoirs et barrages.

▸ **La Convention de la Baie-James et du Nord québécois.** Toutefois, l'implantation et l'exploitation de ces gigantesques centrales ne se sont pas réalisées sans avoir d'impact sur l'environnement des populations autochtones des régions nordiques, ce qui a alimenté nombre de controverses. Ce fut le cas des Cris, population amérindienne établie autour de la baie James appartenant à la famille linguistique algonquienne, scolarisée en anglais dès 1950 par le gouvernement fédéral et ayant accédé à un degré élevé d'autonomie dans les années 1970. Les Cris dirigent aujourd'hui de nombreuses sociétés et possèdent même leur propre compagnie aérienne, Air Creebec.

Ce sont eux qui, les premiers, se sont dressés contre Hydro-Québec, chargé en 1971 par le Premier ministre libéral, Robert Bourassa, de l'ambitieux projet de la baie James. Celui-ci prévoyait le détournement, vers la rivière La Grande, des rivières Eastmain et Opinaca au sud, et de la rivière Caniapiscau à l'est, de manière à créer cinq réservoirs. Pour ce faire, le gouvernement du Québec a créé la Société de développement de la Baie-James (SDBJ) pour l'exploitation des richesses naturelles de la région, et la Société d'énergie de la Baie-James (SEBJ) pour la coordination technique du projet. Dès le début s'est posée la question juridique des droits des autochtones. Les populations locales, Cris et Inuits, ont obtenu l'arrêt des travaux. Il s'en est suivi des négociations avec le gouvernement fédéral et le gouvernement québécois sur leurs revendications territoriales. C'est ainsi qu'en novembre 1975 a été signée la Convention de la Baie-James et du Nord québécois. C'était la première fois qu'un accord portait sur le règlement des revendications territoriales des autochtones au Canada. Par cette convention, les Amérindiens et Inuits ont renoncé à certains de leurs droits en échange d'avantages : droits exclusifs de chasse, pêche et piégeage dans des zones strictement délimitées, constitution de conseils autonomes de gestion dans les administrations régionales et municipales, participation aux décisions du projet d'aménagement hydroélectrique, sans oublier une substantielle compensation financière versée par les gouvernements du Canada et du Québec.

Ramassage du bois.

▸ **Le projet de la Baie-James.** Il prévoyait à long terme la réalisation d'une vingtaine de centrales regroupées en trois complexes. Aujourd'hui, seule la première phase des travaux a été réalisée avec la mise en service du complexe de La Grande. Les deux autres phases de ce projet colossal ne verront peut-être jamais le jour. Dès 1980, les problèmes de surproduction d'énergie et d'écoulement des excédents, résultant de la saturation du marché intérieur québécois et d'une croissance de la demande inférieure aux prévisions, ont freiné l'ambitieux programme de construction. Aujourd'hui Hydro-Québec exporte ses surplus vers les États-Unis (Nouvelle-Angleterre) et les provinces canadiennes de l'Ontario et du Nouveau-Brunswick. En 1979, la centrale souterraine (137 m sous terre) de LG2 (plus celle additionnelle de LG2A), la plus puissante du Québec, a été la première ouverte, suivie de LG3 en 1982, de LG4 en 1984. La construction de LG1 (1995) constitue la première tranche de la phase 2 du projet. A lui seul, le complexe de La Grande représente une puissance de 15 698 000 kW. Il a nécessité l'ouverture de 1 500 km de routes, la création de 5 aéroports, 5 villages (dont celui de Radisson) et la construction de 215 barrages et digues. Il a employé 20 000 ouvriers et a coûté plus de 14 milliards de dollars.

Quais du Vieux-Port, Montréal.

Technologies de pointe

En plus des secteurs industriels, le Québec fonde sa croissance sur le développement de technologies de pointe sur les marchés internationaux. Il excelle dans les domaines comme l'aéronautique avec, notamment, Bombardier, les produits pharmaceutiques, le multimédia, les technologies de l'information, les télécommunications. L'un des axes les plus développés au cours des dernières décennies est celui des médias numériques interactifs, incluant particulièrement les jeux vidéo, secteur qui emploie plus de 5 000 personnes à Montréal. Ubisoft, Gameloft, THQ, Electronic Arts et Eidos sont des acteurs majeurs de cette industrie en plein essor.

Place du tourisme

Même si le pays a subi un recul des arrivées internationales en 2009, principalement causé par la récession économique en Amérique du Nord et la grippe A (H1N1), près de 16 millions de visiteurs internationaux ont visité le Canada en 2011 (États-Unis inclus), soit une légère baisse de 0,8 % par rapport à l'année précédente. La province de Québec, quant à elle, a reçu 3,6 millions de visiteurs internationaux en 2011. Par rapport à 2010, c'est une baisse de 1,5 % de visiteurs américains et une hausse de 8,6 % pour les autres pays.

Quelques faits saillants

▸ **Les derniers chiffres du classement mondial** des arrivées internationales par destination, établi en 2010 par l'OMT, portent le Canada au 15e rang. Et dire que le pays occupait le 2e rang en 1970 et le 8e rang en 2000... Il fut en effet détrôné du top 10 des principales destinations en 2004. Depuis l'an 2000, c'est une chute de 18 % des arrivées internationales au pays.

▸ **En 2011, le Québec a connu les meilleurs résultats** des cinq dernières années en terme d'arrivées de voyageurs d'outre-mer (États-Unis exclus). Ainsi ce sont 1 137 000 touristes d'outre-mer qui ont été accueillis, soit une augmentation de 9 % par rapport à 2010. A noter que les Français représentent 30 % de ces arrivées, soit le nombre le plus important.

▸ **On compte 11 milliards de dollars de recettes touristiques** faites au Québec en 2010.

▸ **Près de 30 000 entreprises** œuvrent dans l'industrie du tourisme (hôtellerie, restauration, transport, etc.) pour un total d'environ 400 000 emplois, dont 135 000 emplois directs.

Population et langues

Les peuples des Premières nations

1 % de la population québécoise est d'origine autochtone, soit 85 084 (2010) personnes d'ascendance amérindienne ou inuite enregistrées auprès du gouvernenement (résidents et non-résidents) : ce sont les peuples des Premières nations.Les Amérindiens du Québec comptent onze nations divisées en trois grandes familles linguistiques : les Algonquiens de la forêt boréale, les Iroquois de la plaine du Saint-Laurent et les Inuits du Nunavik. Les Algonquiens, les plus nombreux, regroupent les Algonquins, les Cris, les Micmacs, les Malécites, les Montagnais (ou Innus, Innuat), les Naskapis, les Abénakis et les Atikamekw. Les Iroquois sont représentés par les Hurons-Wendats et les Mohawks. Ces 11 nations autochtones se répartissent dans une soixantaine de communautés dispersées sur l'ensemble du territoire du Québec, certaines d'entre elles comptant moins de 200 habitants, d'autres plus de 5 000, situées près des grands centres urbains ou bien en milieu éloigné, une quinzaine de villages inuits se trouvant au nord du 55e parallèle.Les Inuits habitent la toundra arctique des espaces nordiques. Ils ont fait récemment reconnaître l'autonomie de leur territoire, le Nunavut, et ont leur propre langue, l'inuktitut. Les Inuits du Québec peuplent la péninsule d'Ungava, le Nunavik.

Les Amérindiens

On réduit trop souvent l'histoire de ce qu'on appelle le Nouveau Monde à celle de sa colonisation par l'Ancien Monde, épisode récent au regard à la longue présence de l'homme sur le continent. Les premiers occupants de l'Amérique furent les Amérindiens qui, venus d'Asie en franchissant le détroit de Béring par vagues successives, ont fait preuve d'une certaine ingéniosité pour subsister dans un environnement souvent hostile. Aujourd'hui, le Canada compte un peu plus d'un million d'Amérindiens et d'Inuits divisés en différentes nations dispersées sur l'immensité du territoire, dont 85 084 vivent au Québec. De part et d'autre du Saint-Laurent et des lacs Ontario et Érié, les fameux Iroquois deviennent l'ethnie la plus puissante en formant, au XVIe siècle, la Confédération des Cinq Nations qui s'allie aux Anglais pour combattre les Algonquins et un groupe iroquois dissident, les Hurons (nom donné par les Français aux Wendats, en raison de leur coiffure en forme de hure), tous alliés des Français. Les Hurons-Wendats, qui constituent alors un groupe important, seront décimés par les maladies apportées par les Européens. Sédentaires, les Iroquois (Mohawks) cultivent le maïs ainsi que la fève et la courge. Ils vivent dans de longues maisons communes en écorce et sont organisés en une société matriarcale et démocratique. Plus à l'est, les Provinces atlantiques (Nouveau-Brunswick, Nouvelle-Écosse) et la Gaspésie sont occupées par une autre confédération comprenant notamment les Abénaquis, les Malécites et les Micmacs, remarquables navigateurs qui, à bord de leurs frêles canoës d'écorce, ont traversé le golfe du Saint-Laurent pour gagner les îles de la Madeleine, Anticosti, la Côte-Nord et Terre-Neuve. A Terre-Neuve vivaient les Béothuks, disparus dès 1829, exterminés par les colons. Plus au nord, plusieurs groupes nomades de langue algonquine mènent dans la forêt de conifères une existence nomade assez semblable : les Montagnais-Naskapis et les Atikamekw de la Côte-Nord et du Labrador, les Algonquins au nord des Grands Lacs, et les Cris de la baie d'Hudson, tirent leur subsistance de la chasse, notamment au caribou, de la pêche et de la cueillette. Comme les Iroquois, ils se déplacent au moyen du canoë l'été, de raquettes et du traîneau l'hiver.

Autres temps, autres termes. A la recherche d'un passage vers les Indes, les premiers explorateurs européens croient fouler le sol du continent asiatique. C'est la raison pour laquelle, à tort, ils appelleront « Indiens » les habitants du Nouveau Monde. Cela durera jusqu'au XXe siècle où l'on préférera le terme d'Amérindien à celui d'Indien. Le terme Amérindiens désigne tous les Indiens des Amériques (venus d'Asie par le détroit de Béring, à la fin de l'époque glaciaire), dont l'habitat et le mode de vie se seraient étendus à l'ensemble du continent, exception faite des régions arctiques.

Le mot « indien » portant à confusion n'est plus guère utilisé au Québec. Il en va de même des appellations : tribu, indigène ou sauvage. On parle désormais de Premières nations ou de peuples autochtones. La loi constitutionnelle de 1982 reconnaît les Amérindiens et les Inuits comme étant des autochtones, c'est-à-dire, des personnes vivant sur un territoire habité par leurs ancêtres depuis des temps immémoriaux. Les Inuits se distinguent nettement des Amérindiens par leur culture, leur langue, leur mode de vie et la date de leur arrivée sur le continent. Le terme « Inuit » est, lui aussi, récent – on disait autrefois Esquimau – et désigne l'ensemble des peuples vivant dans les régions polaires. En effet, inuit signifie « être humain » en langue inuite, tandis qu'esquimau signifie « mangeur de viande crue » en algonquien. On comprend donc l'origine de la connotation péjorative du terme esquimau.

► **Les Amérindiens aujourd'hui.** Le lien des Amérindiens avec la nature est très étroit. Il ne se borne pas à l'exploitation pure et simple de cette dernière. Il s'agit au contraire de l'utilisation intelligente d'un potentiel limité de ressources écologiques. Que reste-t-il de ce mode de vie après l'arrivée des Européens ?

► **Mode de vie traditionnel.** C'est lentement que l'influence européenne a eu des répercussions, si bien que certaines nations comme les Cris et les Montagnais ont pu préserver jusqu'à maintenant une partie de leur culture. Le christianisme a cherché à en éliminer tout ce qui lui faisait concurrence, à commencer par la religion et la mythologie.

Pour en savoir plus sur les Amérindiens du Québec

Le Québec regorge de salles d'exposition et de sites consacrés à l'histoire des Amérindiens et des Inuits. Nous conseillons en particulier le Musée des civilisations à Gatineau (en face d'Ottawa), le Musée de la civilisation de Québec et le Musée McCord à Montréal. Les plus aventureux se rendront jusqu'au Musée Daniel Weetaluktuk, à Inukjuak, au Nunavik.

► **Le site Internet du Secrétariat aux affaires autochtones** est bien fait : www.autochtones.gouv.qc.ca

► **C. Saucier :** *Image inuit du Nouveau-Québec,* 1988, Musée canadien des Civilisations.

► **René Dupuis :** *La Question indienne au Canada,* 1991, Editions du Boréal.

► **Denis Vaugeois :** *L'Indien généreux, ce que le monde doit aux Amériques,* 1992, Editions du Boréal/Septentrion.

► **Jean-Claude Dupont :** *Légendes amérindiennes,* 1993, Editions Dupont.

► **F. Dallaire :** *Mon sauvage au Canada, Indiens et réserves,* 1995, Paris, Editions L'Harmattan.

► **A. Beaulieu :** *Les Autochtones du Québec : des premières alliances aux revendications contemporaines,* 2001, Editions Fides.

► **Zacharias Kunuk :** *Atanarjuat, la légende de l'homme rapide* (2001). Ce film relate à merveille une légende inuite.

► **Ghislain Otis :** *Droit, territoire et gouvernance des peuples autochtones,* 2004, Les Presses de l'Université Laval.

► **Béatrice Kasbarian-Bricout :** *Amérindiens du Québec : les héritiers de la Terre-Mère,* 2004, Editions L'Harmattan, Collection Inter-National.

► **Maurizio Gatti :** *Littérature amérindienne du Québec,* 2005, Editions Hurtubise HMH, Collection Cahiers du Québec.

► **Claude Gélinas :** *Les Autochtones dans le Québec post-confédéral 1867-1960,* 2007, Editions du Septentrion.

► **Pierre Lepage (Commission des droits de la personne et des droits de la jeunesse) :** *Mythes et réalités sur les peuples autochtones,* 2009, 2e édition, Québec. Livre disponible en ligne sur le site du Secrétariat aux affaires autochtones.

Les missionnaires, qui ont toujours un certain pouvoir auprès des autochtones, ne sont pas étrangers à leur sédentarisation, datant parfois d'il y a moins de cinquante ans. La création de réserves n'a pas systématiquement pour but – comme aux États-Unis – d'isoler les Amérindiens, mais plutôt de les protéger. A La Romaine, sur la Basse-Côte-Nord, ce sont les Amérindiens eux-mêmes qui, dans les années 1950, ont choisi l'emplacement sur lequel le gouvernement a fait construire leur village, à l'embouchure de la rivière Olomane. La réserve regroupe 750 Montagnais qui voisinent avec 170 Québécois francophones. Certaines nations, notamment les Montagnais, continuent de faire de longs séjours dans la nature et d'y mener des activités de chasse, de pêche et de cueillette qui restent essentielles. De nombreux Amérindiens ont surtout su garder une réelle connaissance d'un milieu difficile auquel ils se sont adaptés de manière spécifique.

▶ **Une adaptation à l'arrivée de l'homme blanc.** Etant donné le peu de ressources dispersé sur de grands espaces et l'alternance particulière des saisons, cette adaptation repose principalement sur le nomadisme, aujourd'hui éteint, mais dont la vie dans les bois conserve de nombreux traits, à commencer par des moyens de déplacement parfaitement adaptés au terrain. Compte tenu du nombre infini de rivières et de lacs, le canoë est le moyen de déplacement idéal dans la forêt, et ce type de bateau se retrouve fréquemment utilisé par de nombreuses nations. C'est une embarcation non pontée, longue et mince, qui passe dans les endroits les plus étroits et les moins profonds. Grâce à sa légèreté, elle peut être portée sur le dos d'un seul homme : les Amérindiens utilisent ainsi de nombreux sentiers de portage pour relier les lacs et contourner les chutes. En effet, le canoë est fait d'un matériau très léger : la charpente est en bois de bouleau savamment courbé et longuement travaillée. Elle était autrefois recouverte d'écorce de bouleau qui, gorgée d'eau, devenait étanche, mais l'écorce est aujourd'hui remplacée par de la toile imperméable. Le bateau, très maniable, est propulsé par un ou deux hommes au moyen de pagaies simples, la pagaie arrière faisant en même temps office de gouvernail. On peut aussi ajouter une voile carrée.

▶ **Chasse et pêche.** Les Amérindiens chassent toutes sortes d'animaux, des plus grands aux plus petits. Parmi les mammifères les plus appréciés : le caribou, l'orignal, le castor, le porc-épic. Sur les côtes, les mammifères marins sont aussi chassés, notamment les phoques. Beaucoup d'oiseaux sont consommés : oies et canards, plongeons, gallinacés mais aussi, oiseaux de mer, limicoles, rapaces. Les armes traditionnelles, comme l'arc ou le lance-pierres, ne sont plus utilisées que par les enfants. Depuis longtemps, l'arme principale est le fusil. Les Amérindiens posent en outre des collets pour les lièvres et les gallinacés, et des pièges pour le gibier à fourrure comme la martre et le vison. Ils possèdent aussi des chiens de chasse capables de se glisser partout dans la forêt touffue et dont ils se servent pour débusquer le gibier. Les Amérindiens pêchent une part importante de leur nourriture. Ils posent de petits filets, principalement pour la truite, et ont conservé le harpon pour le saumon. Enfin, ils complètent ce régime majoritairement carnivore par une importante cueillette. Ils consomment de nombreuses sortes de baies : bleuets, framboises, groseilles, chicoutais, anisette, graines rouges, camarine noire. Signalons que ce sont eux qui ont appris aux Européens à exploiter la sève d'érable pour la fabrication du sirop. Les Européens ont introduit la farine de blé : les Amérindiens confectionnent du pain qu'ils font cuire sur le poêle ou dans du sable chaud, ainsi que des pâtisseries comme des beignets et des crêpes. Le pain, ou bannique, est consommé à tous les repas en grande quantité et accompagne les produits de la chasse et de la pêche. La viande et le poisson se mangent le plus souvent bouillis, et l'on ne perd alors rien de la soupe nourrissante dans laquelle on les a fait cuire. Le poisson est très souvent fumé, ce qui permet sa conservation, et on le mange ensuite réchauffé sur le poêle. Le lien entre les populations autochtones et le milieu naturel, perturbé par l'arrivée de l'homme blanc, s'est pourtant partiellement maintenu. Il est certain que la chasse actuelle, notamment en raison de l'usage du fusil, a plus d'impact sur l'environnement que le mode de vie d'antan.

▶ **Un statut à part.** Le clivage perdure entre les Amérindiens et les Blancs, accentué par une méconnaissance réciproque. Les Amérindiens ont un statut fiscal privilégié mais bénéficient des mêmes avantages sociaux que les Blancs, et même d'autres avantages particuliers. Ils bénéficient entre autres d'un statut dérogatoire pour la chasse et la pêche.

La question amérindienne au Canada. Le Canada actuel s'efforce, plus que par le passé, de se préoccuper de ses minorités, mais la communication reste difficile. Les questions autochtones sont confiées à la fois au gouvernement fédéral et aux gouvernements provinciaux, entre lesquels les pouvoirs ne sont pas toujours bien répartis. Mais, depuis que les Amérindiens commencent à s'unir, leurs revendications politiques sont de plus en plus écoutées. Au Québec, la question amérindienne reste épineuse, son poids étant sans commune mesure avec le petit nombre que représentent les autochtones. Descendants des Iroquois, les Mohawks des réserves d'Oka, de Kanesatake et de Kahnawake (près de Montréal) sont aujourd'hui l'un des groupes les plus actifs dans les revendications autonomistes, comme l'a démontré la crise d'Oka de 1990. Ils font aussi de la contrebande de cigarettes et d'armes avec les États-Unis, juste en face, trafic que le gouvernement provincial du Québec n'ose réprimer, de peur de mettre le feu aux poudres. Par ailleurs, les Cris de la Baie-James, qui ont contribué à leur propre essor économique en signant, en 1975, la Convention de la Baie-James et du Nord québécois, négocient avec brio avec Hydro-Québec qui se trouve sur leurs terres, en exigeant de cette compagnie des sommes rondelettes. Quant aux Micmacs de Restigouche, jadis fidèles alliés des Français, ils ont adopté la langue anglaise et se sont mis à l'heure des Provinces atlantiques, alors que leur réserve se situe en terre québécoise. Si les Amérindiens du Québec ont le sentiment d'être les laissés-pour-compte du développement économique de la province (ce qui change peu à peu avec la mise en chantier du nouveau Plan Nord du gouvernement québécois), les Québécois, quant à eux, trouvent curieux que les revendications des 93 065 Amérindiens et Métis s'exercent plus violemment au Québec que dans le reste du Canada, d'autant plus que ces derniers ont un niveau de vie supérieur à ceux vivant dans le reste du pays. En conséquence, ils se demandent si la crise amérindienne n'est pas le résultat des tensions qui s'exercent entre le gouvernement fédéral anglophone et le gouvernement provincial québécois, et sont tentés de rendre Ottawa responsable de cette agitation...

Tourisme autochtone. À la fin des années 1980, certaines nations ont commencé à accueillir des touristes sur leurs territoires, dans le but de leur faire connaître leur environnement, leur habitat et leur culture. Elles organisent aussi des expéditions en motoneige et des randonnées pédestres. Les Hurons-Wendats ont recréé un village traditionnel à Wendake, près de Québec, et vivent en partie du tourisme. Quant aux Montagnais-Innuats, ils ont su développer le tourisme d'aventure qui correspondait le mieux à leur mode de vie traditionnel en utilisant leurs territoires de chasse ancestraux. Les Micmacs, quant à eux, ont élaboré un plan important de développement touristique en aménageant des centres d'interprétation de l'environnement, en créant un musée de la culture micmac et en reconstituant des villages. Les Naskapis du Grand Nord, à la frontière du Labrador, organisent, depuis 1988, des expéditions nordiques en motoneige. Pour plus d'info sur le tourisme autochtone au Québec : www.staq.net

Toponymie amérindienne. Beaucoup de noms de lieux d'origine autochtone sont descriptifs : ils permettaient aux Amérindiens de se repérer lors de leurs migrations.

Les Inuits

L'Arctique canadien est habité par les Inuits qui peuplent aussi le Groenland, l'Alaska et l'extrémité orientale de la presqu'île des Tchouktches en Sibérie. Cette population d'une densité extrêmement faible ne compte, au total, qu'une centaine de milliers d'individus. Au Canada, ils vivent essentiellement sur les côtes et les îles des Territoires du Nord-Ouest, et sur la Terre de Baffin. Au Québec, ils vivent dans une quinzaine de villages situés sur les littoraux de la baie d'Hudson, du détroit d'Hudson, et de la péninsule d'Ungava, devenue le Nunavik, qui signifie, dans la langue des Inuits, « la terre où nous vivons ». Inuk (singulier d'Inuit), signifie « être humain ». Le mot Eskimo provient de la langue algonquienne, où il signifie « mangeur de viande crue », expression à connotation péjorative par laquelle les Amérindiens désignaient ce peuple ennemi. Les missionnaires français l'orthographièrent Esquimau, féminin Esquimaude, pluriel Esquimaux. Il devint Eskimo en anglais.

Venus comme les Amérindiens d'Asie par le détroit de Béring, mais plus tardivement, les Inuits présentent des caractéristiques nettement mongoloïdes. Toujours installés près des côtes, ils vivent principalement de la chasse aux mammifères marins (essentiellement le phoque mais aussi le morse, le narval et les baleines) et aux mammifères terrestres (caribou, ours polaire, bœuf musqué, renard polaire, lièvre arctique), ainsi qu'à certains oiseaux (canards, lagopèdes, harfangs des neiges).

Les techniques de chasse restent très diverses, mais le fusil s'est substitué aux armes traditionnelles, le harpon demeurant toutefois un complément efficace. Les Inuits pratiquent aussi la pêche, principalement aux poissons de mer (requin, morue, flétan, truite saumonée, saumon, omble arctique, capelan) et, pour certaines ethnies localisées, aux poissons d'eau douce. La pêche se pratique généralement sur – ou plutôt sous – la banquise (couche de glace formée par la congélation de l'eau de mer), au moyen d'un éventail d'outils variant selon les ethnies et les poissons recherchés : hameçons, filets, nasses, harpons à poissons. Les Inuits pratiquent en outre la cueillette pendant le bref été arctique, mais leur régime alimentaire reste essentiellement carnivore. Ils dépendent, selon leur milieu de vie, du phoque et/ou du caribou. C'est aussi la fourrure et la peau de ces animaux qui leur procurent des vêtements pour supporter le froid. Pour ce qui est de l'habitat, le stéréotype veut qu'ils habitent dans une maison de briques de neige disposées en forme de coupole : l'igloo. Cependant le mot igloo ne désigne pas seulement cette maison de neige mais toute forme d'habitat, lequel varie selon les saisons : l'été, les Inuits vivent dans des tentes de peaux, l'hiver dans la maison de neige ou dans une maison de pierres et de mottes d'herbe.Le nomadisme est également à l'origine de moyens de déplacement aussi aboutis que le traîneau à chiens, qui existe également chez les Amérindiens, et le kayak. Contrairement au canoë, ce dernier est une embarcation généralement monoplace, propulsée par une pagaie double qui, avec l'étroitesse de sa coque, lui assure une grande maniabilité, tant dans les glaces qu'en haute mer, les plus performants étant ceux de la baie d'Ungava. Cependant, chez les Inuits comme chez les Amérindiens, suite à la disparition du nomadisme, la réserve s'est substituée au campement et la motoneige au traîneau, de nos jours. Ce véhicule utilitaire est devenu indispensable aux autochtones dans toutes leurs activités quotidiennes, remplaçant les traîneaux qui jusque-là assuraient leur survie. Les chiens de traîneau sont les seuls animaux qu'ils aient domestiqués. On croit même que ceux-ci les accompagnaient déjà, il y a des milliers d'années, lorsqu'ils franchirent le détroit de Béring, indispensables à la fois pour chasser et se protéger des prédateurs. Depuis peu, les traîneaux à chiens font une réapparition dans les communautés inuites du Nunavik. Cela tient au fait que ces attelages font partie de leur patrimoine et qu'un chien retrouvera toujours le chemin de la maison, tandis qu'une motoneige peut tomber en panne...

Population et francophonie

À la fin du XVIIIe siècle, les francophones, sentant leur identité en danger devant l'afflux d'immigrants britanniques, déclenchèrent la Revanche des berceaux. Durant deux cents ans, la population va croître à un rythme accéléré : jusqu'à 15 enfants par famille. Les six millions de Québécois des années 1950 descendent des 65 000 Canadiens français de 1760. Le début de la Révolution tranquille des années 1960 marque un coup d'arrêt brutal à cette politique nataliste. Aujourd'hui, le Québec a un taux de fécondité parmi les plus bas du monde.

Une mosaïque ethnique. Le Québec est, après l'Ontario, la province canadienne la plus peuplée avec près de 8 millions d'habitants, soit le quart de la population du Canada. Quatre Québécois sur cinq résident en zone urbaine dans le sud de la province. L'agglomération de Montréal regroupe à elle seule 45 % de la population. La communauté anglophone qui s'était installée à Montréal, à Québec et dans les Cantons-de-l'Est après 1815 s'est fortement réduite au lendemain de la Seconde Guerre mondiale, remplacée par un afflux d'immigrants venus du Bassin méditerranéen (Italiens, Grecs, Portugais) et d'Europe centrale suivi dans les années 1970 d'un important groupe d'Asie du Sud-est (Vietnamiens, Cambodgiens) et, dans les années 1980, de Latino-Américains, notamment Chiliens et Haïtiens, de Libanais et, plus récemment, de ressortissants de l'ex-Yougoslavie. Ces nouveaux immigrants contribuent à donner au Québec un caractère cosmopolite, multiethnique. En cinquante ans, le Québec a accueilli 500 000 personnes de 80 nations différentes. Depuis quelques années, environ 45 000 personnes immigrent annuellement au Québec, dont plusieurs milliers de Français. Ces nouveaux Québécois contribuent à freiner le vieillissement de la population et à réduire le coût social engendré.

La question linguistique. La grande majorité des habitants du Québec se déclarant de langue maternelle française, la question linguistique est apparue dans les années 1960, avec la prise de conscience par les francophones de la fragilité de leur langue et de leur culture au sein d'un Canada anglophone. En effet, deux facteurs nouveaux étaient apparus : une forte poussée d'immigration internationale tendant à rejoindre la communauté anglophone, et la baisse du taux de natalité chez les francophones.

La question linguistique se posait surtout en matière d'enseignement, à propos du rôle de l'école dans la transmission de la culture. C'est ainsi que le Parti québécois, élu en 1976, fit passer la fameuse loi 101, véritable charte définissant le statut de la langue française et son utilisation dans les domaines de la législation, de la justice, de l'administration, du commerce et de l'enseignement. Depuis les années 1980, l'application de la loi 101 et les accords conclus avec le gouvernement fédéral, permettant au Québec de sélectionner la moitié de ses immigrants, ont infléchi la tendance en faveur de la francophonie. Les anglophones, au nombre de près de 600 000, ne représentent plus aujourd'hui que 8 % de la population du Québec. Reste le problème d'assimilation des nouveaux Québécois.

Le pays et ses habitants

- **Acadien :** nom donné aux descendants des colons français, venus du Poitou et de Touraine, qui peuplaient l'Acadie (ancien nom de la Nouvelle-Écosse, du temps où ce pays était une colonie française) avant d'en être chassés par les Anglais en 1755, lors du Grand Dérangement. Les Acadiens sont aujourd'hui dispersés non seulement à travers tout le Canada (nombreux au Nouveau-Brunswick et aux îles de la Madeleine), mais aussi en Louisiane et dans l'État du Maine (États-Unis).
- **Allophone :** Canadien dont la langue maternelle n'est ni le français ni l'anglais.
- **La Belle Province :** c'est le Québec, bien sûr ! Cette appellation figurait sur les plaques d'immatriculation des voitures du Québec. Elle est aujourd'hui remplacée par « Je me souviens », dont la signification exacte reste imprécise, mais fait référence à plusieurs événements et sujets.
- **Bleuets grandeur nature :** surnom donné aux habitants de la région du Saguenay-Lac-Saint-Jean, célèbre pour ses cultures de bleuets.
- **Canada français :** c'est une formule générale qui désigne l'ensemble des parties ou enclaves francophones de toutes les provinces canadiennes – Québec, Nouveau-Brunswick, Nouvelle-Écosse, Labrador, Ontario, Manitoba, Saskatchewan, Colombie britannique. Le Canada francophone s'étend donc bien au-delà des frontières de la seule province de Québec : 1 million de Franco-canadiens vit à l'extérieur du Québec. Pour des raisons linguistiques et historiques, l'origine géographique du francophone s'avère donc très importante : on est Montréalais ou Acadien ou originaire de Gaspésie, du Manitoba...
- **Chiac :** curieux mélange d'anglais et de français parlé par certains Acadiens.
- **Francophonie :** définition d'Antonine Maillet, romancière acadienne du Nouveau-Brunswick et prix Goncourt 1979. « *La francophonie n'est pas un mot mais une mémoire de mille ans, dispersée sur cinq continents, reproduisant à même le sable du Sahara, les bayous de Louisiane, la brousse du Cameroun, les neiges du Québec et de l'Acadie, des sons tirés d'un savant alliage de consonnes et de voyelles pour capturer l'âme d'un peuple appelé à ajouter sa note à la symphonie universelle.* »
- **Grenouilles :** traduction du terme péjoratif anglais *frogs* qui désigne les Franco-canadiens.
- **Maudits Français :** expression désignant l'attitude paternaliste et arrogante des immigrants français des années 1950 et 1960.
- **Newfies :** habitants de Terre-Neuve (Newfoundland en anglais), que les Québécois ne cessent de railler.
- **Québécois « pure laine » :** « vrais » Québécois, descendants des premières familles françaises qui se sont établies en Nouvelle-France. Cette expression a pris aujourd'hui un sens raciste, s'opposant à Québécois « rapportés », c'est-à-dire immigrés.
- **Têtes carrées :** surnom péjoratif donné aux anglophones.
- **Wop :** surnom péjoratif donné aux Canadiens d'origine italienne.

Mode de vie

VIE SOCIALE

Le mode de vie au Québec présente de nombreuses similitudes avec celui des autres pays occidentaux. Il en va de même pour la vie sociale (éducation, travail/retraite, famille, habitat, hobbies) qui s'apparente à celle que l'on retrouve en Europe de l'Ouest, à quelques exceptions près (notamment les couvertures sociales !). Nous avons donc décidé de ne pas trop nous attarder sur le sujet. Voici toutefois quelques faits intéressants :

Démographie

Selon Statistique Canada, on note une légère hausse du taux de natalité en 2010-11 (150 naissances de plus qu'en 2009-10), mais il reste que ce taux est l'un des plus bas au monde. L'espérance de vie se situe à 79,7 ans pour les hommes et 83,7 ans pour les femmes. La croissance annuelle moyenne est d'environ 1,2 %, taux semblable à celui des Etats-Unis mais supérieur à celui observé dans l'ensemble des pays de l'Europe des 15. Ce taux devrait augmenter au cours des prochaines années.

Education

Excepté pour les écoles privées, fréquentées par une minorité de Québécois, l'instruction est gratuite pour l'école primaire et secondaire, de façon générale, jusqu'à l'âge de 17 ans. Ensuite, les élèves ou leurs parents doivent subvenir aux frais qui varient selon le programme d'études et le type d'établissement scolaire. C'est le CÉGEP au Québec qui fait le pont entre l'école secondaire et l'université. Cette période dure normalement 2 ou 3 ans ; mais parce que les étudiants sont libres de faire leurs horaires, elle peut se prolonger sur plusieurs années. Le phénomène de décrochage ou d'abandon scolaire n'est pas indépendant du fait que plusieurs étudiants doivent payer eux-mêmes leurs études post-secondaires. Chez certains étudiants qui doivent travailler tout en poursuivant leurs études, l'argent gagné facilement au travail peut leur paraître plus gratifiant qu'un diplôme universitaire.

Coutumes et traditions

- **Célébrer la fête nationale** (Saint-Jean-Baptiste, le 24 juin) en groupe : les années fastes, 300 000 personnes se rassemblent dans les rues de Montréal et au Parc Maisonneuve. Sur les plaines d'Abraham à Québec, où se déroule le plus grand « party » de la Saint-Jean, l'ambiance est garantie. Notez toutefois que, suite à de nouveaux règlements municipaux, notamment en matière d'alcool, la fête a pris une tournure plus familiale et plus sobre.
- **Fêter Halloween :** fin octobre.
- **Commencer la journée par un copieux déjeuner** (petit déjeuner) **:** composé de rôties (toasts) ou de pains dorés à la française (pain perdu) arrosés de sirop d'érable, d'œufs miroir, brouillés ou retournés, accompagnés de bacon ou de saucisses, sans oublier les incontournables patates sautées et le café allongé.
- **Manger du beurre de cacahuètes :** à toute heure de la journée (et surtout au petit déjeuner).
- **Commencer le repas de midi :** par une bonne soupe de pois ou de légumes.
- **Jurer, blasphémer :** tout le monde le fait, un jour ou l'autre.
- **Aller à la cabane à sucre,** à l'arrivée du printemps.
- **Participer, en famille et entre amis,** aux « épluchettes de blé d'Inde » au mois d'août, une fête autour de la récolte du maïs.
- **Aller aux pommes**, en automne (autocueillette).
- **Se rendre au moins une fois au théâtre d'été** (théâtre en plein air) **:** on en trouve au moins une trentaine au Québec.

Le coût des études universitaires varie selon les provinces : au Québec, un étudiant paye en moyenne un peu plus de 2 000 CAN $ de frais de scolarité par an (deux trimestres pour un total de 30 crédits). C'est peu comparativement aux Etats-Unis, mais trop selon les associations étudiantes de la province qui se battent continuellement contre les institutions gouvernementales pour le gel des frais de scolarité. Au printemps 2012, de très grandes manifestations (on a même parlé de « Printemps érable ») se sont déroulées contre une hausse prévue de 82 % des frais de scolarité sur 5 ans.

Emploi

Selon les données de l'Enquête sur la population active de l'Institut de la statistique du Québec pour juillet 2012, la population active au Québec se composait de 4 281 400 personnes. C'est ainsi que 64,5 % de la population en âge de travailler au Québec étaient soit employés soit à la recherche d'un emploi de façon active. Ce pourcentage est également connu sous le nom de taux d'activité. Toujours en juillet 2012, 3 956 800 personnes exerçaient un emploi au Québec, dont près de 82 % à plein temps. Depuis décembre 2011, la croissance de l'emploi a été de 1,3 % dans la province pour un taux de chômage de 7,6 % en date de juillet 2012.

Santé

Au Québec, c'est la Régie de l'assurance maladie du Québec (RAMQ) qui vise à maintenir et à améliorer la santé de la population en assurant à tous la possibilité d'être soignés gratuitement (au moyen de différentes taxes et impôts) en facilitant l'accès à tous aux soins de santé. La «carte soleil» (l'équivalent de la «carte vitale») permet d'avoir accès à ces soins.
Toutefois, tout n'est pas couvert (dentiste, optométriste, prothésiste, frais d'ambulance, etc.) et une assurance médicale privée ou collective (pour les travailleurs) s'avère fort utile. Il existe également un régime public d'assurance médicaments auquel cotisent les citoyens afin d'obtenir un remboursement partiel sur les prescriptions (non-applicable à ceux ayant une assurance privée). Le Québec est donc beaucoup plus près du système français que de celui de son voisin américain.

Retraite

Au Canada, si on veut une retraite la plus confortable possible, mieux vaut ne pas se fier à la pension de retraite du gouvernement. Même si les Canadiens y cotisent toute leur vie active, les prestations versées dès l'âge de 65 ans sont minimes. Il faut donc cotiser à des fonds de pension privés, à des fonds communs de placement, ou encore au Régime enregistré d'épargne-retraite (REER) qui est un outil financier visant à faire croître un actif financier à l'abri de l'impôt, et ce jusqu'au moment de la retraite.

MŒURS ET FAITS DE SOCIÉTÉ

Tout comme pour la vie sociale, les mœurs et faits de société au Québec sont très semblables à ceux d'Europe de l'Ouest (sexualité, relations hommes/femmes, place de la femme, droits de l'homme, etc.). Quelques faits à noter :

Centre d'histoire de Montréal, place d'Youville.

Mariage

Le gouvernement canadien a redéfini la notion de famille pendant le dernier mandat du Premier ministre Jean Chrétien. En 2000, se basant sur la Charte des droits et des libertés canadiennes, le Parlement étendait les obligations des couples et les avantages dont ils peuvent bénéficier à tous les couples, y compris ceux de même sexe. Cette ouverture d'esprit s'est confirmée en juin 2003 lorsque le gouvernement fédéral a légiféré sur le mariage des couples de même sexe. Ce geste a provoqué de vives réactions venant de Rome, entre autres, par la voix d'un communiqué émis par le pape lui-même, sans toutefois trouver d'écho dans l'administration canadienne. En résumé, les concubins, de même sexe ou non, ont les mêmes droits que les époux mariés. Une grande majorité d'entre eux vivent donc en union libre (union de fait). Mis à part chez les gays, qui viennent même des Etats-Unis pour se marier, l'institution du mariage est en baisse.

Homosexualité

Le Canada est l'un des rares pays au monde à permettre le mariage entre conjoints de même sexe. Le Village gai de Montréal, situé à l'est de la rue Saint-Denis, fait partie des quartiers gays les plus importants en Amérique du Nord. Ses activités nocturnes et ses festivals en ont fait le quartier de prédilection des homosexuels. Montréal a d'ailleurs été l'hôte des Jeux gays en 2006. On trouve également plusieurs établissements en région pour la communauté gay.

RELIGION

Avant l'arrivée des premiers colons français au XVIe siècle, différentes communautés amérindiennes qui peuplaient déjà le territoire pratiquent leur propre spiritualité. Puis le catholicisme s'installe, pendant de longues années, comme le protestantisme avec l'immigration britannique vers la fin du XVIIIe siècle. A partir des années 1960, on parle d'ouverture et de pluralisme. L'immigration contribue à diversifier le paysage religieux : l'islam, l'hindouisme, le bouddhisme, le judaïsme, le sikhisme. La confession catholique demeure toutefois largement dominante avec environ 80 % de la population (mais seulement 10 % de pratiquants !). On favorise le spirituel, on dénigre le rituel. L'Eglise catholique ne fait pas bonne figure depuis les années 1970. Les scandales de ces dernières années, impliquant des prêtres et des enfants, n'incitent pas à la ferveur. Les églises sont vides...

Arts et culture

ARCHITECTURE

Elle a considérablement évolué du XVIIe siècle à nos jours, que ce soit l'architecture religieuse, domestique ou urbaine.

Architecture autochtone

Les peuples des Premières nations produisent une architecture unique, tant temporaire que permanente. Dans la première catégorie, on retrouve des constructions éphémères telles que les igloos, les wigwams et les tipis. Ensuite figurent les maisons semi-souterraines et les maisons longues en bois (*longhouses*). Ces bâtiments sont non seulement ingénieux et originaux sur le plan technique, mais ils révèlent des systèmes de croyances culturelles profondément enracinées qui en font les dépositaires d'un sens religieux et spirituel riche. Bien entendu, l'architecture autochtone créée avant les premiers contacts avec les Européens changera à la suite de ces contacts. Toutefois, l'architecture indigène contemporaine se pratique toujours, et elle englobe les formes et les matériaux traditionnels et contemporains. Un bel exemple est l'Hôtel-Musée Premières Nations de Wendake.

Le modèle français

Il ne subsiste au Québec aucun vestige antérieur aux premiers établissements du XVIIe siècle. Construits par des artisans venus de France, les édifices simples de cette époque sont inspirés des styles régionaux, en particulier bretons et normands. Des fortifications protégeaient les bourgs stratégiques de Montréal, Québec et Trois-Rivières. La Citadelle de Québec constitue à cet égard le meilleur exemple d'architecture militaire française de la province. La Maison Jacquet, rue Saint-Louis à Québec, en pierre et à un étage surmonté d'une haute toiture rouge percée de lucarnes, demeure un des rares témoignages du XVIIe siècle. A la fin de ce siècle, l'architecte Claude Baillif élève des bâtiments monumentaux, d'abord administratifs puis religieux, à la suite de l'installation au Québec de plusieurs ordres : ceux des Ursulines, des Augustines et des Jésuites. L'architecture s'inspire alors du classicisme français : Monastère des Ursulines de Québec et de Trois-Rivières, Vieux Séminaire de Québec et de Saint-Sulpice à Montréal. Une série d'incendies ayant ravagé la Basse-Ville de Québec, de nouvelles réglementations incitent désormais à la construction d'édifices mieux adaptés au climat nord-américain : c'est la naissance d'une architecture québécoise, caractérisée par un toit d'ardoise à deux pentes sans chiens-assis, des murs en pierre sans décor de bois susceptible de s'enflammer, de hautes cheminées toujours installées sur les larges pignons des côtés afin d'éviter les incendies. Le meilleur exemple en est la maison de Pierre Calvet (1725) à Montréal.

L'influence anglaise

Après la conquête anglaise, l'influence de l'Angleterre se fait prépondérante et va progressivement modifier le paysage architectural du Québec. Le modèle est désormais la maison anglo-saxonne, à cheminées massives et toit à quatre pentes peu inclinées. Les rives du Saint-Laurent deviennent les lieux de villégiature d'une bourgeoisie aisée. Le Château Ramezay, à Montréal, est à ce titre représentatif d'une demeure du début du XVIIIe siècle. Très prisé des Anglais, le style palladien, emprunté à Palladio, architecte italien du XVIe siècle, domine l'architecture québécoise pendant le premier quart du XIXe siècle. Inspiré du modèle antique, il affectionne frontons, pilastres, colonnes doriques ou ioniques et corniches moulurées. Les meilleurs exemples en sont la cathédrale anglicane de la Sainte-Trinité à Québec et le Marché Bonsecours à Montréal.

La famille Baillairgé

En matière d'édifices religieux, le XVIIIe siècle est dominé par cette famille d'architectes, de peintres et de sculpteurs d'origine française, installés à Québec : Jean, son fils François, son petit-fils Thomas, et le neveu de ce dernier, Charles. On doit aux Baillairgé la construction de la cathédrale Notre-Dame de Québec et de la plupart des églises québécoises, bâties dans un style classique européen, jusqu'au milieu du XIXe siècle.

L'éclectisme

Dans la première moitié du XIXe siècle apparaît la maison québécoise, synthèse heureuse du modèle français et du cottage anglais. A l'époque de Viollet-le-Duc, le style néogothique s'impose, lui aussi, au Québec, dans l'architecture des églises, qu'elles soient catholiques ou protestantes (Christ Church, à Montréal).

Victor Bourgeau réalise l'intérieur de Notre-Dame de Montréal, de style néogothique, afin de répondre à la tradition de l'Eglise catholique du Québec qui affectionne les sculptures, les boiseries et les dorures. Il adopte aussi un style néobaroque qui trouve sa meilleure expression dans la basilique-cathédrale Marie-Reine-du-Monde, à Montréal, caractérisée par des proportions massives et un énorme dôme.

La bourgeoisie aisée adopte le style néo-Renaissance, inspiré des villas italiennes (Hôtel Ritz-Carlton, à Montréal). L'architecte Eugène-Etienne Taché élève, dans le style second Empire, d'imposants édifices gouvernementaux reconnaissables à leur toit mansardé, leurs fenêtres à linteaux cintrés et leurs crêtes faîtières en fer forgé, dont les meilleurs spécimens sont l'Hôtel du Parlement de Québec et la Maison Shaughnessy à Montréal.

A la même époque, on aime également le style château du Moyen Âge, agrémenté de tours, tourelles, mâchicoulis et toits coniques : la représentation la plus célèbre en est le Château Frontenac (1892) à Québec, construit par l'Américain Bruce Price. Le style néo-roman se retrouve aussi dans les églises ou les gares comme la Gare Windsor, à Montréal, elle aussi due à ce même architecte. En vogue en Amérique du Nord, le monumental style Beaux-Arts, caractérisé par le mélange hétéroclite des styles (gothique, Renaissance, élisabéthain, Louis XV, Louis XVI) trouve sa meilleure illustration dans le Château Dufresne, à Montréal, qui symbolise la réussite de la nouvelle bourgeoisie canadienne française.

Courants modernes et postmodernisme

L'architecture métallique qui triomphe aux États-Unis avec l'école de Chicago conquiert à son tour le Québec, annonçant l'ère des gratte-ciel. Lui succède le style Art déco (Bruce Price) dans les années 1920.

Après la Seconde Guerre mondiale, on revient à des volumes simples et géométriques inspirés de Le Corbusier et de Gropius. Les tours de verre et de métal noir font leur apparition à Montréal.

La Place Ville-Marie, due à l'architecte Pei, illustre le renouveau du centre-ville de Montréal dans les années 1960 et 1970. De superbes complexes lui succèdent dans les années 1980 : Place des Arts, Desjardins, Guy-Favreau, Palais des congrès, Place Montréal-Trust... A Montréal, à la fin des années 1980, le postmodernisme tente de rompre la monotonie de l'architecture par l'emploi d'arcs en ogive et de verre cuivré (Place de la Cathédrale), d'aluminium (Maison Alcan) ou de verre bleuté réfléchissant (tour de BNP Paribas).

Le Centre canadien d'architecture, de Peter Rose, à Montréal, est une autre remarquable réalisation contemporaine, de même que le Musée canadien des Civilisations, à Gatineau. L'architecture vise désormais à intégrer d'anciens bâtiments du XIXe siècle dans une structure ultramoderne.

ARTISANAT

Les traditions québécoises sont celles d'un peuple rural longtemps soumis à la domination de l'Eglise catholique et confronté à un climat rude aux hivers interminables. Aujourd'hui, le paysage québécois a conservé l'empreinte d'innombrables églises, chapelles et chemins de croix.

Par ailleurs, l'artisanat est demeuré très vivace. C'est celui d'une société rurale qui privilégie le travail du bois et la ferronnerie pour créer des objets utilitaires : ustensiles de cuisine, moules de bois pour le sucre d'érable (feuilles ou cœurs), girouettes, meubles.Dès les débuts de la colonisation, la nécessité de se protéger des grands froids de l'hiver a contribué au développement du tissage et de la broderie, pour la confection de couvre-lits en patchwork (assemblage de bouts de tissu de diverses couleurs), de châles, d'écharpes de laine, de mitaines (gants), de tuques (bonnets) et de chaussons. De nos jours, la création de bijoux modernes a pris le relais de cet artisanat traditionnel.

Que ramener de son voyage ?

- **Alimentation :** sirop et sucre d'érable, soupe, liqueur de Chicoutai (liqueur de mûre de la Côte-Nord) ou liqueur de Minaki (apéritif de bleuet).
- **Artisanat amérindien :** objets en vannerie et en écorce de bouleau, mocassins. Inuit : sculptures et gravures. Traditionnel : tissage de coton (Bas-Saint-Laurent), sculpture de bois (Saint-Jean-Port-Joli), une paire de raquettes tressées et taillées à la main.
- **Vêtements :** plein air, sport et jeans (moins chers) ou manteau de fourrure.

L'art amérindien

Art traditionnel. Les peuples nomades de langue algonquienne (Algonquins, Micmacs, Montagnais, Cris), qui vivent dans la forêt boréale, s'étaient spécialisés dans le travail des perles d'os, de pierre, de coquillages ou de graines, ainsi que dans la broderie au poil d'orignal et de caribou ou aux piquants de porcs-épics. Autrefois, ils s'échangeaient des ceintures de wam-pum, ornées de perles de coquillages, pour conclure des traités ou lors des cérémonies de paix. Ils continuent à décorer leurs vestes et leurs mocassins, en peau de caribou ou d'orignal, de motifs perlés et à fabriquer des objets usuels en écorce de bouleau, décorés de motifs géométriques incisés et peints où domine la couleur rouge. Les femmes huronnes, sédentarisées depuis toujours, consacrent beaucoup de temps à la confection des broderies en poil d'orignal dont on peut admirer de superbes exemplaires, tandis que les hommes sculptent des masques en bois, confectionnent des raquettes à neige, des canots et de la corde. Les Mohawks créent des bijoux en argent ornés de perles et des sculptures traditionnelles en pierre. Les Abénakis sont passés maîtres dans l'art de la vannerie de frêne. Ils fabriquent aussi des masques en cosses de maïs, des bijoux perlés et des totems. Dans le Grand Nord, entre toundra et taïga, les Naskapis, proches voisins des Inuits, ont développé un artisanat particulier fondé exclusivement sur le caribou, transformant les peaux, les bois, la corne et les os en vêtements, outils, bijoux et sculptures.

Art contemporain. Les artistes amérindiens ont su renouveler l'art traditionnel en employant d'autres matériaux et de nouveaux procédés artistiques, tout en continuant à puiser leur inspiration dans leur patrimoine culturel, inventant un nouveau langage dans la tradition des chamans. On assiste aujourd'hui à l'émergence d'un art amérindien d'avant-garde.

EXPRESSIONS MODERNES

Le « nouveau cirque québécois ». Si certains spectacles de cirque semblent parfois désuets, les représentations du Cirque du Soleil ont démontré qu'une réconciliation immédiate avec le genre est possible. Modernes, d'une créativité étonnante, d'un raffinement certain, les numéros s'enchaînent avec une grâce incroyable et surprennent par leur hardiesse. Les formes des objets, la beauté des costumes, le décor, la chorégraphie, tout vous incite à revenir au prochain spectacle. A voir absolument, même pour les plus réticents au genre ! Fondé en 1984 au Québec par Guy Laliberté, le Cirque du Soleil a complètement bouleversé l'approche traditionnelle du cirque et propose des spectacles à travers le monde, à Las Vegas notamment ou plusieurs de leurs shows grandiloquents sont à l'affiche des plus grands casinos. Ses nombreux spectacles, connus de tous, ont bourlingué de par les mers et océans, mais ils ont tendance à déposer leurs valises au Québec quelques semaines chaque année. Pensez à réserver vos billets à l'avance ! A noter que début 2013, la compagnie annonçait de nombreux licenciements liés à la crise économique et à l'augmentation de coûts de ses représentations.

D'autres compagnies québecoises, comme le Cirque Eloize ou Les 7 Doigts de la Main, très originales et multidisciplinaires elles-aussi, sont reconnues dans le monde entier.

Retrouvez le sommaire en début de guide

CINÉMA

C'est à la fin des années 1950, à l'aube de la Révolution tranquille, que le cinéma québécois commence à se détacher du cinéma canadien anglophone, à la recherche de son identité propre. Aidé par les financements publics, il a acquis une reconnaissance locale, mais aussi un rayonnement international grâce à la qualité de ses productions. Le film *Les Raquetteurs* (1958), de Michel Brault et Gilles Groulx, est considéré comme la première œuvre majeure de la filmographie québécoise.

On compte parmi les films importants de la cinémathèque québécoise :

- ***Pour la suite du monde*** (1963, film documentaire s'appuyant sur les témoignages de deux ancêtres de l'île aux Coudres sur la vie des insulaires) et *Un pays sans bon sens* (1970, film traitant de la question nationale en l'abordant de manière large et en la situant comme une question planétaire), de Pierre Perrault. Dans les années 1960, il représente le cinéma vérité.
- ***Les Ordres*** (1974, film sur l'emprisonnement et le mauvais traitement de citoyens innocents durant la Crise d'octobre 1970 au Québec) et *Mon amie Max* (1994, la quête d'une mère pour son fils, d'une amie d'enfance pour son enfance et son amie), de Michel Brault. Il a réalisé plusieurs films avec Pierre Perrault.
- **Les Mâles** (1970), *La Vraie Nature de Bernadette* (1972), *La Mort d'un bûcheron* et *Maria Chapdelaine* (1983), de Gilles Carle. Dans les années 1970, où la tendance est aux films documentaires mettant en scène les milieux ouvriers et les gens ordinaires, il réalise des films populaires.
- ***Mon oncle Antoine*** (1971, atmosphère d'une petite ville minière du Québec des années 1940, la veille de Noël)) et *Kamouraska* (1973, histoire basée sur un triangle amoureux du Québec rural du XIXe siècle), tiré du roman d'Anne Hébert, de Claude Jutra. Ce réalisateur a acquis une renommée internationale grâce à ces deux films.
- ***J.-A. Martin, photographe*** (1976, histoire d'un photographe qui part seul chaque été sillonner le Québec du début du XXe siècle pour prendre et vendre des photos), de Jean Beaudin. Son film a été primé au festival de Cannes.
- ***Un zoo la nuit*** (1987) et *Léolo* (1992), de Jean-Claude Lauzon. Il aborde les thèmes de la ville, la nuit, la violence.
- ***Trente-deux films brefs sur Glenn Gould*** (1993, film alignant une trentaine de séquences autonomes – de la fiction à l'entrevue – qui retracent la vie du pianiste Glenn Gould) et *Le Violon rouge* (1998, histoire d'un violon rouge qui traversera les siècles, provoquant l'adoration, la folie ou la mort des personnes en sa possession), de François Girard. Cinéma d'auteur. Reconnaissance internationale pour ces deux films.
- ***Un 32 août sur Terre*** (1998, film racontant l'histoire de Simone, une jeune femme qui décide de changer de vie après un accident de voiture), *Maelström* (2000, film racontant les déboires soudains d'une enfant gâtée) et *Incendies* (2010, à la suite du décès de leur mère Nawal Marwan, les jumeaux Jeanne et Simon commencent alors une longue quête vers leurs origines), de Denis Villeneuve. Nombreuses distinctions reçues pour ce réalisateur entre 1991 et 2011.
- ***Un crabe dans la tête*** (2001, portrait inusité d'un homme caméléon qui fuit tous les engagements), d'André Turpin. Il a reçu trois prix Jutra et deux prix Génie pour ce film.
- ***Atanarjuat, la légende de l'homme rapide*** (2001), de Zacharias Kunuk. Une histoire typiquement inuk, racontée et interprétée par les Inuits (vie traditionnelle d'autrefois dans le Grand Nord). Caméra d'or, Festival de Cannes.
- ***Les Invasions barbares*** (2003), de Denys Arcand. Ce film forme un triptyque avec le *Déclin de l'empire américain* (1986) et *L'Âge des ténèbres* (2007). Le réalisateur s'était également illustré avec le film *Jésus de Montréal*, lauréat du prix du jury au festival de Cannes 1989.

Denys Arcand

Il conquiert le public européen et américain avec, entre autres, *Le Crime d'Ovide Plouffe* (1984), *Le Déclin de l'Empire américain* (1986), comédie couverte de récompenses, *Jésus de Montréal* (1989), nominé à Cannes et à Hollywood, et enfin *Les Invasions Barbares* (2003), qui a obtenu une panoplie de récompenses internationales : le prix de la meilleure actrice pour Marie-José Croze et du meilleur scénario au festival de Cannes 2003 ; trois césars pour meilleur film, meilleur scénario et meilleur réalisateur ; et l'oscar du meilleur film en langue étrangère 2004. Son dernier film, *L'Âge des Ténèbres* (2007), fut bien moins apprécié que les précédents.

▸ ***La Grande Séduction*** (2003), de Jean-François Pouliot, comédie romantique se déroulant dans un village isolé de la Basse-Côte-Nord et grand succès populaire. Sélectionné à la Quinzaine des Réalisateurs à Cannes en 2003.

▸ ***Mambo Italiano*** (2003), d'Émile Gaudreault. Comédie racontant les mésaventures de familles italiennes à Montréal, dont un personnage qui devra avouer son homosexualité à son entourage.

▸ ***C.R.A.Z.Y.*** (2005), de Jean-Marc Vallée. Ce film retraçant la vie d'une famille québécoise confrontée à l'homosexualité d'un des fils dépeint à merveille le quotidien du pays dans les années 1960 et 1970. En 2011, *Café de Flore*, 4e long métrage de Jean-Marc Vallée, a également connu un immense succès. Ce film met en parallèle deux histoires d'amour séparées par plusieurs décennies.

▸ ***Bon Cop, Bad Cop*** (2006), d'Erik Canuel. Comédie policière où les relations franco-ontariennes sont mises à l'épreuve lors d'une enquête commune. Les préjugés et la dualité nationale canadienne sont soulignés ici avec brio et humour. Il a réalisé de nombreux autres films comme *La loi du cochon* (2001, premier film québécois à s'inscrire dans le courant du film de gangsters nouveau genre lancé par Tarantino et Ritchie), *Le Survenant* (2005, version moderne recréant le mode de vie austère et exigeant dépeint par Mme Guèvremont dans son roman paru en 1945) et, plus récemment, *Cadavres* (2009, film racontant, sous la forme d'une comédie cynique, l'éternelle histoire du péché originel).

▸ ***Babine*** (2008), de Luc Picard. Premier film nous transportant dans l'univers des contes de Fred Pellerin. Inspiré entre autres du conte *Il faut prendre le taureau par les contes !* Un 2e film basé sur les contes de Fred Pellerin est sorti à l'automne 2012 : *Esimésac*.

▸ ***Polytechnique*** (2008), de Denis Villeneuve. Ce film choc est basé sur les témoignages des survivants de la tuerie de l'Ecole polytechnique de Montréal en 1989. Il récolta 5 prix Jutra lors du gala de 2010.

▸ ***De père en flic*** (2009), d'Émile Gaudreault. Une comédie policière mettant en vedette un couple dysfonctionnel père-fils, tous deux policiers. Il vient aussi de réaliser la comédie *Le sens de l'humour* (2011).

▸ ***J'ai tué ma mère*** (2009), de Xavier Dolan. Premier long métrage de ce jeune réalisateur de 20 ans. En plus d'avoir été sélectionné et d'avoir remporté des prix à la Quinzaine des Réalisateurs de Cannes, ce film s'est vu attribuer d'autres distinctions, notamment à Rotterdam et au Québec. Il a également réalisé *Les Amours Imaginaires* qui a pris l'affiche à l'été 2010 et a été vivement salué par la critique. Son tout dernier film, *Laurence Anyways* (2012), raconte l'histoire d'un impossible amour entre un homme et une femme après que l'homme a décidé de changer de sexe. Ce film a reçu le prix de meilleur film canadien au Festival international du film de Toronto et le grand prix au Festival du film de Cabourg.

▸ ***Gerry*** (2011), d'Alain DesRochers. Un des films les plus attendus de l'année 2011 retracant la vie de Gerry Boulet, pionnier du rock'n'roll québécois.

▸ ***Monsieur Lazhar*** (2011), de Philippe Falardeau. Ce long-métrage raconte l'histoire d'un réfugié politique algérien (interprété par le célèbre humoriste Fellag), nouvellement engagé comme professeur dans une école dévastée par le suicide d'une enseignante. Un pur bijou ! Ce film a notamment remporté deux prix à Locarno, le prix du meilleur film canadien au TIFF 2011 et a été choisi par Téléfilm Canada pour représenter le Canada dans la course à l'Oscar du meilleur film en langue étrangère.

▸ ***Starbuck*** (2011), de Ken Scott. Une comédie mettant en vedette David Wozniak, un éternel ado qui découvre, ayant été donneur de sperme, qu'il est le géniteur de 533 enfants qui veulent savoir qui est leur père. A noter que le titre du film fait référence au taureau canadien de race Holstein qui a produit des centaines de milliers de veaux par insémination artificielle dans les années 1980 et 1990.

▸ ***Omertà*** (2012), de Luc Dionne. Suspense policier qui se veut la suite cinématographique de la très populaire série de la fin des années 1990.

LITTÉRATURE

Voici quelques grands noms de la littérature québécoise :

▸ **Gabrielle Roy.** Née au Manitoba en 1909, elle y a été institutrice avant de partir en Europe puis de s'établir à Québec où elle demeurera jusqu'à sa mort en 1983. Ses romans ont pour thème la vie urbaine, les milieux modestes et leurs destinées obscures (*Bonheur d'occasion*, prix Femina, 1947). D'autres romans ont suivi dont *La Montagne secrète* (1961) et *La Rivière sans repos* (1970).

▸ **Michel Tremblay.** Cet enfant du Plateau, homosexuel notoire, aimé de tous les Québécois, est un écrivain prolifique qui défend l'âme et le patois de sa région. Le premier, il ose porter à la scène cette langue populaire qu'est le joual dans *Les Belles-Sœurs*. Ses pièces nourries de culture populaire québécoise sont devenues de véritables classiques, traduites dans toutes les langues : *Albertine en cinq temps* (1984), *Le Vrai Monde* (1987), et toutes racontent la détresse et la rage de son univers.

Bibliographie sélective

▸ **Hémon (Louis),** *Maria Chapdelaine*, Presses Pocket, 1914. Roman phare de la littérature sur le Canada qui décrit la dureté de la vie des paysans, soumis aux terribles conditions climatiques.

▸ **Grignon (Claude-Henri),** *Un homme et son péché*, Les Editions du Totem, 1933. La vie de Séraphin Poudrier, paysan avare qui mène une double activité d'agriculteur et d'usurier dans les Laurentides. Adaptation récente au cinéma, immense succès.

▸ **Malaurie (Jean),** *Les Derniers Rois de Thulé*, Presses Pocket, 1955. Témoignage ethnographique sur la vie des derniers Esquimaux.

▸ **Clavel (Bernard),** *Harricana*, 1983. Une fiction située dans le Nord du Québec, chez les trappeurs d'Abitibi.

▸ **Hébert (Anne),** *Les Fous de Bassan*, 1984. L'émigration au Québec de loyalistes restés fidèles au gouvernement anglais, pendant la guerre d'Indépendance américaine.

▸ **Bombardier (Denise),** *Une enfance à l'eau bénite*, 1985. Une autobiographie racontant l'enfance de l'auteur entre 1940 et 1960.

▸ **Laferrière (Dany),** *Comment faire l'amour avec un nègre sans se fatiguer*, VLB Éditeur (1985), *Vers le sud*, Boréal (2006), *L'Énigme du retour*, Boréal (2009). Dany Laferrière a publié de nombreuses œuvres, pour la plupart en lien avec l'histoire, la politique et la réalité de son pays d'origine, Haïti. Il a remporté quelques distinctions dont celle de la Personnalité de l'année 2009 La Presse/Radio-Canada.

▸ **Vanier (Nicolas),** *L'Enfant des neiges*, Collection J'ai lu, 1995. Récit qui narre l'expédition en traîneau à chiens d'une famille dans le Grand Nord canadien.

▸ **Laberge (Marie),** la trilogie *Le Goût du Bonheur* : *Gabrielle* (2000), *Adélaide* (2001), *Florent* (2001). Dramaturge, romancière, comédienne, scénariste et metteur en scène, Marie Laberge fut récompensée à de multiples reprises, tant pour ses œuvres littéraires que ses pièces de théâtre. En 1995, elle a rédigé le préambule de la Déclaration d'indépendance du Québec en collaboration avec Gilles Vigneault, Fernand Dumont et Jean-François Lisée, entre autres.

▸ **Plamondon (Éric),** la trilogie *1984* où l'on suit les destins de Johnny Weissmuller (*Hongrie-Hollywood Express*, 2011), Richard Brautigan (*Mayonnaise*, 2012) et Steve Jobs (*Pomme S*, 2013). Le roman *Mayonnaise* fait partie de la sélection 2013 des Prix des Libraires du Québec.

MÉDIAS

Presse

▸ ***Le Devoir.*** Ce quotidien se veut un organe de réflexion. Très attaché à la liberté d'expression, *Le Devoir* a gagné le respect des élites (www.ledevoir.com).

▸ ***Le Journal de Montréal / de Québec.*** Quotidien dans lequel les nouvelles locales, les scandales et les sports tiennent la vedette. L'actualité internationale, les nouvelles économiques et la culture se glissent dans les interstices de la publicité. On lui reproche souvent ses accents sensationnalistes et son style relâché (www.journaldemontreal.com – www.journaldequebec.com).

- ***La Presse.*** *La Presse* jouit d'une grande crédibilité. Les idées exprimées dans ses pages ont une grande influence sur la vie politique et sociale du pays. Sa pluralité fait sa force (www.lapresse.ca).
- ***The Gazette.*** Le quotidien des anglophones de Montréal (www.montrealgazette.com).
- ***The Globe and Mail.*** Journal canadien dont le siège est à Toronto et qui diffuse les informations générales nationales et internationales en anglais (www.theglobeandmail.com).
- **Le journal *Voir*** (Montréal, Québec, Gatineau/Ottawa, Mauricie, Saguenay/Alma, Estrie). Hebdomadaire culturel indispensable. Prenez-en un sur les présentoirs, c'est gratuit ! Notez que depuis le printemps 2012 les versions imprimées de la Mauricie et de Saguenay/Alma ont disparu. Elles sont toutefois encore sur le web (www.voir.ca).
- ***L'Actualité.*** Le plus grand mensuel francophone d'information générale hors de France. *L'Actualité* semble faire le bonheur de ses lecteurs qui y trouvent un complément indispensable à l'analyse des événements locaux et internationaux (www.lactualite.com).

Radio

- **Radio-Canada** (FM 95.1), Montréal. Radio-Canada, première chaîne. Intéressant, un monument incontournable des ondes canadiennes.
- **CIBL** (FM 101.5), Montréal. Radio communautaire qui se tisse de diverses tendances. Chacun y trouvera son style. Une écoute toujours intéressante.
- **NRJ** (FM 94.3), Montréal. Musique commerciale, animation et humour. Diffuse dans plusieurs régions du Québec. Devenue NRJ (mêmes propriétaires qu'en France) en août 2009.
- **CKOI** (FM 96.9), Montréal. «Mes hits, mon fun». Musique commerciale, animation et humour.
- **Rouge FM** (FM 107.3), Montréal. «Toute la musique, une couleur». Anciennement connue sous le nom de Rock Détente.
- **CHOM** (FM 97.7), Montréal. LA station rock anglophone dans la grande région de Montréal. Les nostalgiques du rock des années 1970 et 1980 se donnent rendez-vous tous les midis en semaine pour l'incontournable *Electric Lunch Hour.*
- **Radios universitaires à programmation variée :** CISM (FM 89.3 – Université de Montréal) et CKUT (FM 90.3 – McGill University).

Télévision

Le câble permet de visualiser des centaines de chaînes différentes, de jouer à des jeux à l'écran, de commander son menu de la soirée (émissions, films) ou de bénéficier de la télévision dite interactive. On y retrouve les chaînes anglophone et francophone de Radio-Canada, des stations privées/publiques provenant du Canada et des Etats-Unis. Les chaînes de service présentent la météo, l'état des routes et les petites annonces. La chaîne TV5 retransmet une partie des émissions françaises, belges et suisses. Les journaux de France 2 y sont retransmis.

MUSIQUE

Les Québécois adorent la musique tout autant que la danse, le théâtre et les fêtes. Les chansonniers du Québec et de France sont restés très populaires.

Au niveau de la musique anglophone, Montréal est très dynamique en matière de musique indépendante, avec quelques grands groupes comme Godspeed You ! Black Emperor, Arcade Fire, Patrick Watson, etc.

Parmi les groupes québécois à découvrir, citons Beau Dommage, Harmonium, Cœur de Pirate, La Bottine Souriante, Les Cowboys Fringants, Les Trois Accords, Loco Locass, Mes Aïeux, Omnikrom, Simple Plan, The Lost Fingers...

Les lieux de rencontre et les occasions de divertissement ne manquent pas. Le Québec possède deux grands orchestres symphoniques : l'Orchestre symphonique de Montréal et l'Orchestre symphonique du Québec, le plus ancien du Canada. L'université McGill (Montréal) dispose d'un orchestre de chambre réputé et propose des concerts de musique classique, de musique de chambre et de jazz. Le Centre Bell présente toute l'année des concerts de rock et de pop. Enfin, le Festival international de Jazz de Montréal (fin juin – début juillet), les FrancoFolies de Montréal (juin), et le Festival d'été de Québec (juillet) sont des événements musicaux majeurs.

Quelques grands noms de la chanson québécoise

- **Robert Charlebois,** sans qui la langue musicale québécoise ne serait pas. Il révolutionne la chanson québécoise, dans les années 1960, en élargissant sa palette musicale : il introduit la guitare électrique et colle, sur des textes en joual, de la musique rock, des arrangements jazzy ou des rythmes sud-américains. Ce talentueux showman fait entrer la chanson québécoise dans le monde du spectacle et de l'industrie du disque. Il a su gagner tous les publics, y compris les intellectuels.
- **Céline Dion.** Qui ne connaît pas les performances vocales et le sens du spectacle à l'américaine de cette célèbre québecoise ? On aime ou on n'aime pas, mais Céline Dion reste incontestablement une figure phare de la variété francophone.
- **Félix Leclerc.** LA référence québécoise en Europe. Chansonnier (c'est-à-dire auteur-compositeur-interprète) très apprécié des milieux intellectuels français, disparu en 1988, mais qui chante toujours dans nos cœurs. Il a renouvelé le genre de la chanson québécoise en la rendant à ses origines populaires et plus conscientes des problèmes spécifiques du Québec, dans le contexte de la Révolution tranquille. Il a aussi écrit des contes, des fables et des romans. Il a inspiré Brassens et Brel.
- **Gilles Vigneault.** On doit à ce chansonnier, poète et musicien québécois le célèbre refrain « Mon pays, ce n'est pas un pays, c'est l'hiver ». Ardent défenseur de la souveraineté du Québec, il a fait connaître la culture des gens de son pays dans le monde entier.

PEINTURE ET ARTS GRAPHIQUES

Aux XVIIe et XVIIIe siècles, la religion étant le fondement de la société québécoise, l'art est essentiellement religieux. Chaque village possède son église qui fait l'objet de grands efforts de décoration (sculptures, dorures, autels, retables, baldaquins, orfèvrerie) dans le style baroque.

C'est ainsi que la famille Baillairgé a acquis sa renommée en embellissant bon nombre d'églises québécoises au XVIIIe siècle.

Il faut attendre le XIXe siècle, époque où l'économie de la province est devenue florissante, pour que se dégage un art profane. Les artistes, pour la plupart formés en Europe, exécutent des portraits et des paysages que leur commande la nouvelle bourgeoisie canadienne française. Le plus connu est sans conteste Antoine Plamondon (1804-1895), suivi de Théophile Hamel (1817-1870) et de Joseph Légaré (1795-1855), le premier à se lancer dans la peinture événementielle. Durant tout le XIXe siècle, l'influence européenne reste dominante du fait de l'arrivée au Québec d'artistes d'outre-Atlantique comme l'Irlandais Paul Kane (1810-1871), célèbre pour l'intérêt ethnologique de ses tableaux d'Amérindiens, ou Cornélius Krieghoff (1815-1872), d'origine hollandaise, peintre de la vie quotidienne des nouveaux habitants du continent.

Au XXe siècle, l'influence de l'Ecole de Paris continue de se faire sentir chez les peintres québécois d'inspiration impressionniste comme Suzor-Côté (1869-1937), auteur de belles natures mortes, chez le fauve James Wilson Morrice (1865-1924) et chez le pointilliste Ozias Leduc (1864-1955), originaire de Mont-Saint-Hilaire. Après la Seconde Guerre mondiale, la peinture est dominée par le groupe des automatistes (Riopelle) puis des plasticiens.

Marc-Aurèle Fortin

Pour faire pendant au Groupe des Sept, composé de paysagistes de Toronto (Harris, Jackson, Macdonald, Carmichael, Lismer, Varley, Johnston, Thompson – ce dernier est mort noyé en 1917) – qui se voulaient les seuls représentants d'un art véritablement canadien, les artistes montréalais se rassemblent autour de Marc-Aurèle Fortin (1888-1970) pour créer une école d'art paysager purement québécois, complètement dégagée de l'influence européenne. Fortin peint des tableaux ayant pour sujets son Québec natal, en particulier le Saint-Laurent, la faune et la flore de la province, dans un style personnel influencé par l'Art déco.

SCULPTURE

Au XIXe siècle, la sculpture perd son caractère exclusivement religieux. Louis-Philippe Hébert (1850-1917) a exécuté, à Montréal, maintes statues historiques de caractère commémoratif : Maisonneuve, Jeanne Mance, Mgr Ignace Bourget. Autre sculpteur célèbre, Alfred Laliberté (1878-1953), qui sera inspiré par l'Art nouveau.

L'art inuit

Les témoignages les plus anciens sont des pétroglyphes, gravés sur le roc des collines de stéatite, trouvés à Kangiqsujuaq, dans le détroit d'Hudson. Déjà, le peuple de Thulé, ancêtre des Inuits, venu du Groenland, fabriquait des peignes et des statuettes, supports de ses croyances et pratiques religieuses. Au début du XIXe siècle, les Inuits sculptaient de nombreux objets miniaturisés, en stéatite mais aussi en ivoire de morse et en os de baleine, en échange de produits de base, comme le sel et les armes que leur fournissaient les Européens. Ayant perdu leur signification religieuse ou magique, ces objets sont devenus sources de revenus. Aujourd'hui, l'art inuit contemporain est essentiellement représenté par les sculptures en stéatite ou pierre à savon, roche tendre, facile à travailler et très abondante dans les régions septentrionales du Canada. Mais d'autres roches, plus dures, sont également à l'honneur, comme la serpentine verte, la dolomite ou le quartz. Les sculptures modernes, qui peuvent atteindre des tailles impressionnantes, représentent presque toujours la faune et les hommes du Grand Nord. Les Inuits pratiquent aussi la sculpture sur bois de caribou, la gravure sur pierre et la broderie. Afin de protéger les artistes inuits des revendeurs, des coopératives locales se sont créées dans les années 1960, regroupées depuis 1967 en Fédération des coopératives du Nouveau-Québec. Les centres artistiques les plus réputés sont les villages de Povungnituk et Inukjuak sur la baie d'Hudson. La galerie d'art inuit Brousseau, située à Québec, joue un rôle important dans la qualité de la commercialisation de l'art inuit au Québec.

TRADITIONS

Les diverses communautés autochtones se sont efforcées de mettre en valeur leur patrimoine culturel. Celui-ci est avant tout un patrimoine vivant détenu par les anciens, un héritage spirituel reposant sur le respect des coutumes ancestrales ainsi que des lieux sacrés ou profanes.

Ces communautés ont créé des musées, des boutiques d'artisanat, des galeries d'art, des centres d'interprétation, des reconstitutions de villages traditionnels.

Elles organisent aussi, en juillet et en août, une grande fête culturelle (ouverte au public) appelée « pow wow », consistant en mets traditionnels, folklore, chants au tambour, danses, musiques, contes et légendes, rites et cérémonies, et diverses activités comme le montage d'une tente, l'allumage d'un feu, la préparation de la bannique, etc. L'art de cuisiner sur un feu de bois fait partie des traditions amérindiennes. Les autochtones font la distinction entre la nourriture de bois qui est à la base de leur régime alimentaire traditionnel et celle des Blancs, achetée au supermarché. La nourriture de bois se compose essentiellement de produits frais tirés de leur environnement. Selon la saison ou le lieu, il s'agit de saumon, phoque, caribou, orignal, porc-épic, ours, et de baies (framboises, bleuets, atocas...).Ces mets sont servis rôtis, bouillis ou cuits, accompagnés de thé et de la fameuse bannique amérindienne, sorte de pain ayant la consistance d'un gâteau.

Traditionnellement, la nourriture, qui était considérée comme un cadeau offert par l'esprit des animaux, revêtait un caractère sacré.Aussi les repas étaient-ils accompagnés de rituels, de chants et de battements de tambour. Ils se terminaient par une danse d'action de grâces appelée « makoucham ». Aujourd'hui, il est possible au visiteur de déguster la nourriture de bois assis, dans une tente, sur un matelas de sapinage. Par ailleurs, de plus en plus de restaurants proposent, à leur menu, des mets autochtones.

Au Québec, comme ailleurs au pays, c'est surtout dans les domaines de la musique, du spectacle, du théâtre, de la sculpture et de la peinture que l'expression artistique des Amérindiens et des Inuits connaît aujourd'hui une véritable explosion.

Festivités

Il se tient environ 1 000 festivals par an au Québec, avec des thématiques aussi variées que le western, la bière ou les montgolfières. Vous avez donc l'embarras du choix. Parmi les principaux et les plus grands au monde, notons en février, le Carnaval de Québec (dans la ville de Québec) qui est l'un des plus grands carnavals d'hiver. En été, le Festival international de jazz de Montréal et le Festival d'été de Québec attirent les plus grands musiciens du globe. En effet, Paul McCartney s'est produit sur les plaines à Québec en 2008, ainsi que Metallica en 2011 et Johnny Hallyday en 2012, alors que Stevie Wonder a ouvert en grandes pompes le volet des spectacles extérieurs à Montréal pour les 30 ans du Festival de jazz en 2009. Notez aussi que la course de Formule 1, se déroulant au circuit Gilles-Villeneuve à Montréal, est l'étape la plus suivie du calendrier avec celle de Monaco. Après avoir été retirée du calendrier en 2009, au grand dam des amateurs (et de l'industrie touristique !), l'épreuve fut de retour dans la métropole en 2010 et compte bien y rester pour plusieurs années encore.

Janvier

CARNAVAL DE QUÉBEC

Divers endroits à Québec
QUÉBEC
✆ +1 418 626 3716 / +1 866 422 7628
www.carnaval.qc.ca
De fin janvier ou début février à mi-février. Une effigie vendue au coût de 15 CAN $ est obligatoire pour plusieurs activités et est valide pour toute la durée du carnaval.
Au moment où il fait bien froid et où n'importe qui resterait chez soi, une fièvre hivernale s'empare de la ville. Anciennement, le Carnaval de Québec était synonyme d'une fête plutôt réservée aux adultes. Aujourd'hui, la programmation du plus gros carnaval d'hiver au monde s'adresse également aux petits. Bonhomme Carnaval, défilés, bain de neige, découverte des cultures nordiques, activités hivernales et culturelles, et animations de tous genres se réunissent pour vous faire découvrir les joies de l'hiver. Un incontournable !

IGLOOFEST

Quais du Vieux-Port
Quai Jacques-Cartier
MONTRÉAL
✆ +1 514 496 7678
www.igloofest.ca
En janvier et février, de 18h30 à minuit. 18 ans et plus. Billet à la soirée, Igloopasse disponible pour tout l'événement. Plusieurs points de vente et en ligne sur le site d'Igloofest.
Sortez vos *moonboots* et votre habit de neige « une pièce » et venez vivre les soirées les plus électrisantes de l'hiver ! Douze soirs durant, sur quatre week-ends, les meilleurs artistes de la scène électronique se rassemblent sur un site extérieur époustouflant, devant des milliers de festivaliers le sourire aux lèvres : c'est ça Igloofest. De quoi vous faire oublier les rigueurs de l'hiver !

Février

BAL DE NEIGE / WINTERLUDE

Parc Jacques-Cartier
GATINEAU
✆ +1 613 239 5000 / +1800 465 1867
info@ncc-ccn.ca
Début à mi-février. Accès gratuit à la plupart des activités.
L'événement hivernal à ne pas manquer à quelques minutes du centre-ville de Gatineau et à Ottawa. Activités extérieures, spectacles, sculptures de glace, et bien plus encore. Notez qu'un site avec glissoires et activités familiales vous attend au parc Jacques-Cartier à Gatineau.

Autre adresse : A Ottawa : parc de la Confédération, patinoire du Canal Rideau, et Place Marion-Dewar.

LA GRANDE TRAVERSÉE CASINO DE CHARLEVOIX

Départ de la marina de l'Isle-aux-Coudres
ISLE-AUX-COUDRES
✆ +1 418 438 2568
www.grandetraversee.com
En février (parfois vers la fin janvier). Nombreuses activités parallèles organisées pendant le week-end.
Servant de prologue à la course du Carnaval de Québec, cet événement consiste en une course de canots sur glace composée d'équipes du Québec, de la France et d'autres villes en Amérique du Nord. Ce parcours de 8 km entre l'île et la rive nord est parsemé de courants, marées, glace et frasil. A voir !

Carnaval de Québec, scultpure sur neige.

■ **MONTRÉAL EN LUMIÈRE**
Divers endroits à Montréal
MONTRÉAL
✆ +1 514 288 9955 / +1 855 864 3737
www.montrealenlumiere.com
Mi-février à début mars.
Trois festivals en un qui réunissent les meilleurs talents d'ici et d'ailleurs dans des domaines aussi variés que la danse, le théâtre, la musique et les arts de la table. Site extérieur gratuit à la Place des Festivals pour La Fête de la Lumière. Nuit Blanche le dernier samedi du festival.

Mars

■ **INTERNATIONAUX DE TRAINEAUX À CHIENS DU CANADA**
Villégiature & Pourvoirie Daaquam
47, rue des Moulins
SAINT-JUST-DE-BRETENIERES
✆ +1 418 244 3699
www.daaquam.org
Vers la mi-mars. Entrée sur le site : adulte 6 CAN $, 6-17 ans 3 CAN $. Promenade en traineau à chiens : 8 CAN $ par personne, pêche blanche : 4 CAN $ par truite. Autres activités pendant le week-end également.
Une rencontre mythique : des sapins sous la neige, des lacs sous la glace, de la poudreuse sur les pistes... C'est le plus grand rassemblement de mushers et de chiens des neiges du pays. Les amoureux d'ambiance «Grand Nord» sont à la fête. Vous pouvez participer avec vos propres chiens, mais si vous n'êtes pas inscrits à la course, venez sans votre chien qui ne sera pas accepté dans l'enceinte de la compétition. Un spectacle magnifique et un paradis pour les amoureux de chiens de traineaux toutes races confondues. De nombreuses épreuves, allant du ski jorring à 1 chien sur une boucle de 10 km aux attelages de 6 chiens sur des parcours de 25 km.

■ **RED BULL CRASHED ICE**
Dans les rues du Vieux-Québec
QUÉBEC
www.redbullcrashedice.com
Vers la mi-mars. Admission gratuite pour les spectateurs.
Soyez témoin d'une descente infernale de plus de 500 mètres à travers les rues du Vieux-Québec. Alliant à la fois les sports du hockey, du ski de descente et le snowboardcross, ce parcours glacé rempli d'obstacles est le rendez-vous d'athlètes provenant du Canada, de la Russie et des quatre coins de l'Europe et ayant un objectif en commun : arriver en bas le premier. Adrénaline garantie !

Avril

■ **RIDE SHAKEDOWN**
Au Mont Saint-Sauveur
350, avenue Saint-Denis
SAINT-SAUVEUR
✆ +1 438 393 4837
www.rideshakedown.com

Fin mars/début avril selon l'année. Accès gratuit au site, places payantes dans les estrades disponibles pour les finales (10 CAN $ en prévente, 15 CAN $ sur place s'il reste des billets).
L'événement à ne pas manquer pour tous les amateurs de snowboard avec au programme le Big Air et le module de rampes. Son format de compétition, soit un happening décontracté et festif, où les contraintes imposées aux athlètes sont minimales, plonge les spectateurs au cœur même de l'action. En marge de l'événement, des *afterpartys* sont organisées chaque soir. À surveiller également : la tournée des bars Ride Shakedown à travers la province (dès janvier).

Mai

■ MONDIAL DE LA BIÈRE

Palais des congrès
1001, Place Jean-Paul-Riopelle
MONTRÉAL
✆ +1 514 722 9640
www.festivalmondialbiere.qc.ca
Fin mai à début juin. Depuis 2009, le Mondial se tient également en France (à Mulhouse depuis 2012).
Amateurs de bières, inscrivez ces dates dans votre agenda à l'aide d'un stylo indélébile, et rangez le tout précieusement sous clé. C'est l'événement bièrophile de l'année à ne pas manquer ! Comment résister à l'appel de plus de 600 bières différentes d'ici et d'ailleurs, de cidres, d'hydromels, le tout agrémenté de délices du terroir québécois. Novice en la matière ou bièrophile accompli, les kiosques et événements de dégustation, les ateliers, les conférences et les débats sauront satisfaire les plus exigeants. Nouveautés lors de l'édition 2012 : le développement d'une application mobile pour les téléphones intelligents, l'ajout d'un 3e Petit Pub, et des démonstrations de brassage en direct. Sachez que l'année 2013 marquera le 20e anniversaire de l'événement. Le tout sera souligné dignement !

Juin

■ CIRQUE DU SOLEIL – ÉVÉNEMENT DE RUE

Parc de l'Ilot Fleurie
QUÉBEC
www.cirquedusoleil.com
Le parc se trouve sous les bretelles de l'autoroute Dufferin-Montmorency. Fin juin à début septembre (événement à confirmer pour 2013). Représentations du mardi au samedi à 21h30 (21h en août et début septembre). Gratuit.
« Les Chemins Invisibles » est un événement de grande envergure dans le quartier Saint-Roch. L'année 2012 a marqué le 4e chapitre de ce spectacle proposant un alliage singulier de performances acrobatiques, de danses, de musique et de multimédia portant la signature distinctive du Cirque du Soleil.

■ FESTIVAL DE LA CHANSON DE TADOUSSAC

Au cœur du village
TADOUSSAC
✆ +1 418 235 2002 / +1 800 861 4108
www.chansontadoussac.com
Vers la mi-juin. Spectacles payants, forfaits disponibles. Camping temporaire près des dunes (30 CAN$ peu importe la durée du séjour) avec service de navettes.
Le plus grand des petits festivals ! Durant quatre jours, auteurs, compositeurs, interprètes et musiciens de toute la francophonie se donnent rendez-vous à Tadoussac pour célébrer la chanson.

■ FESTIVAL DES FROMAGES FINS DE VICTORIAVILLE

Pavillon Agri-Sports
400, boulevard Jutras Est
VICTORIAVILLE
✆ +1 819 751 9990 / +1 855 751 9990
www.festivaldesfromages.qc.ca
Vers la mi-juin. Entrée journalière adulte : 10 à 25 CAN$. Passeport week-end : 35 CAN$ (30 CAN$ en prévente). Coupons de dégustation : 5 CAN$ pour 10 coupons. Campings à proximité avec service de navettes.
Autrefois tenu à Warwick, c'est le plus important événement canadien consacré principalement aux fromages fins avec une centaine de variétés différentes provenant de tout le Québec. Egalement au menu : produits régionaux, dégustations, animations culinaires, conférences, circuits découvertes guidées, spectacles musicaux, activités pour les enfants et les familles, etc.

■ FESTIVAL EN CHANSON DE PETITE-VALLÉE

Divers endroits à Petite-Vallée et Grande-Vallée
PETITE-VALLÉE
✆ +1 418 393 2222
www.festivalenchanson.com
Fin juin à début juillet. Certains spectacles gratuits, d'autres payants.

On se plonge au cœur de la chanson francophone grâce à cet événement artistique d'envergure qui présente une quinzaine de concerts de qualité et des ateliers de formation. Artistes de la relève et professionnels, ambiance excellente.

■ FESTIVAL INTERNATIONAL DE JAZZ DE MONTRÉAL
Quartier des Spectacles
MONTRÉAL
✆ +1 514 871 1881
✆ +1 855 299 3378
www.montrealjazzfest.com
Fin juin à début juillet. Programmation annuelle en salle (voir site Internet).
Festival de renommée mondiale regroupant les grands noms du Jazz. Au programme : 3 000 musiciens et amuseurs publics, 1 000 concerts et activités dont les 2/3 présentés gratuitement, plus d'une vingtaine de scènes intérieures et extérieures... Bref, la plus grande célébration musicale de l'été !

■ FESTIVAL ORFORD
Centre d'arts d'Orford
3165, chemin du Parc
ORFORD
✆ +1 819 843 3981
✆ +1 800 567 6155
www.arts-orford.org/festival/
Fin juin à mi-août. Quelques concerts gratuits, la plupart payants.
Organisé par le Centre d'arts Orford, ce festival de musique présente une quarantaine de spectacles d'artistes de renommée internationale et d'étudiants de haut niveau. Une académie de musique s'y déroule en même temps pour aider au perfectionnement des étudiants en musique. Forfaits souper-concert disponibles.

■ LES FRANCOFOLIES DE MONTRÉAL
Quartier des Spectacles
MONTRÉAL
✆ +1 514 876 8989
✆ +1 855 372 6267
www.francofolies.com
Mi à fin juin. Spectacles en salle payants, gratuits à l'extérieur.
La grande fête musicale de la francophonie avec des artistes provenant d'Europe, d'Afrique, des Amériques, des Antilles... Dix jours bien remplis avec plus de 250 spectacles, dont 180 à l'extérieur et gratuits. Belle place réservée aux artistes de la relève !

■ GRAND PRIX DU CANADA
Parc Jean-Drapeau
Circuit Gilles-Villeneuve
MONTRÉAL
✆ +1 514 350 0000
www.circuitgillesvilleneuve.ca
Vers la mi-juin.
Les meilleurs pilotes du monde se disputent une des étapes du championnat du monde de Formule 1. Surveillez les différents événements entourant le week-end, dont la journée « portes ouvertes ».

■ MES ÎLES, MON PAYS
Centre culturel
316, chemin d'en Haut
Havre-Aubert
ÎLE DU HAVRE AUBERT ET ÎLE D'ENTRÉE
✆ +1 418 937 2588
www.mesilesmonpays.com
De fin juin à mi-septembre, représentation à 20h30 plusieurs soirs par semaine (durée : 2h). Aussi : exposition de peintures, sculptures, objets anciens et personnages historiques grandeur nature.
L'Association culturelle du Havre-Aubert présente le spectacle historique « *Mes Îles, Mon Pays* » en saison estivale. Il vous fera revivre l'arrivée aux Îles de Jacques Cartier, de François Doublet et des premières familles, ainsi que l'évolution de la vie aux îles depuis cette époque. Le tout est interprété par une quarantaine de comédiens sur scène. Vous y découvrirez en outre une exposition de peintures, sculptures et objets anciens.

■ JONQUIÈRE EN MUSIQUE
Parc de la Rivière-aux-Sables
Jonquière
VILLE DE SAGUENAY
✆ +1 418 542 2101
www.jonquiereenmusique.com
Fin juin à mi-juillet. Gratuit.
Près d'une quinzaine de soirées musicales gratuites sur un site extérieur. De la relève aux artistes de renom, une programmation où les styles différents se succèdent pour de belles découvertes en perspective.

■ LE MOULIN À IMAGES
Silos de la Bunge
Bassin Louise
QUÉBEC
www.lacaserne.net
Fin juin à début septembre. Représentation du mardi au samedi à 22h (21h30 en août, 21h en septembre). Gratuit.

Le Moulin à Images est la plus grande projection architecturale existant à ce jour. Un média qui a su rassembler différents arts de la scène (musique, cinéma, théâtre) et former un seul langage. 400 ans d'images qui défilent avec une technologie telle que, pour un instant, on a l'impression que les silos qui nous font face prennent vie. Tel un livre, Robert Lepage et Ex Machina nous racontent l'histoire de Québec à travers différents tomes représentant les grandes époques de la ville. Il est possible d'écouter la trame du spectacle sur la fréquence 97.5 FM.

■ WOODSTOCK EN BEAUCE

Rang 8 Nord
SAINT-ÉPHREM-DE-BEAUCE
✆ +1 877 411 5151
www.woodstockenbeauce.qc.ca
Fin juin à début juillet. Billets à la journée et passeport 5 jours disponibles. Camping sur place.
L'un des plus grands festivals de musique au Canada, Woodstock en Beauce présente des dizaines d'artistes de calibre international ainsi que de nombreux artistes locaux sur des scènes extérieures et dans la Grange Woodstock. Près de 80 000 personnes sont présentes chaque année pour cet événement tant attendu.

Juillet

■ 1001 POTS

2435, rue de l'Église
VAL-DAVID
✆ +1 819 322 6868
www.1001pots.com
Mi-juillet à mi-août : lundi-dimanche, 10h-18h. Droits d'entrée : 2 CAN $.
Il s'agit de la plus grande exposition d'objets en céramique en Amérique du Nord. Le site, en plein air, regroupe les œuvres de plus d'une centaine d'artisans québécois, accomplis ou de la relève. Au détour de l'exposition, vous admirerez des objets décoratifs, des vases, tirelires, bijoux, tableaux, pots et bien d'autres. A découvrir absolument.

■ ANIMATION BAIE-SAINT-PAUL

Divers endroits à Baie-Saint-Paul
BAIE-SAINT-PAUL
✆ +1 418 435 2540
animation@baiesaintpaul.com
Début juillet à mi-août. Gratuit.
Explosion d'activités culturelles de toutes sortes où artistes, musiciens, conteurs et comédiens vous en donnent à voir et à entendre. Spectacles extérieurs tous les vendredis et samedis pendant l'été.

■ LA FABULEUSE HISTOIRE D'UN ROYAUME – L'ORIGINAL

Théâtre du Palais municipal
1831, 6e Avenue
La Baie
VILLE DE SAGUENAY
✆ +1 418 698 3333
✆ +1 888 873 3333
www.fabuleuse.com
Représentation en juillet et août à 19h30 au Théâtre du Palais municipal. Adulte : 42 CAN$, étudiant : 22 CAN$, 12 ans et moins : 7 CAN$. Forfaits avec hébergement et repas disponibles.
Depuis 25 ans, ce spectacle grandiose rassemble des milliers de spectateurs venus découvrir l'histoire du Saguenay – Lac-Saint-Jean, de sa fondation en 1603 à nos jours. Après quatre ans d'absence, le spectacle original fut de retour en 2011 à la demande générale. Sur scène, plus d'une centaine de comédiens passionnés campent 1 600 personnages dans un déploiement visuel et sonore à couper le souffle. Un magnifique hommage à la région et une très bonne soirée en perspective.

■ FESTIVAL DE LA GIBELOTTE DE SOREL-TRACY

Divers endroits à Sorel-Tracy
SOREL-TRACY
✆ +1 450 746 0283 / +1 877 746 0283
www.festivalgibelotte.qc.ca
Début à mi-juillet. Accès au centre-ville gratuit, accès payant aux autres sites.
La gibelotte des îles, un poisson connu dans la région, est au centre des festivités de ce grand événement. Dégustations, spectacles d'envergure, village des artisans, vente-trottoir et animations pour jeunes et moins jeunes. Bref, un rendez-vous familial à ne pas manquer !

■ FESTIVAL DE LANAUDIÈRE

Amphithéâtre Fernand-Lindsay
1655, boulevard Base-de-Roc
JOLIETTE
✆ +1 450 759 4343 / +1 800 561 4343
www.lanaudiere.org
Début juillet à début août. Forfaits disponibles.
Un des événements les plus prestigieux d'Amérique du Nord dans le domaine de la musique classique. Ce festival vous assure la participation de solistes de grand renom de la scène nationale et internationale. Les concerts et récitals ont lieu à l'amphithéâtre ainsi que dans plusieurs églises de la région.

FESTIVAL DES ARTS DE SAINT-SAUVEUR

Parc Georges-Filion (site extérieur) et en salle
SAINT-SAUVEUR
✆ +1 450 227 0427
www.fass.ca
Fin juillet à début août.
Ce festival international présente les meilleurs artistes de danse et de musique dans un cadre champêtre. A noter : le camp de danse (initiation pour les jeunes de 12 à 18 ans) et des spectacles gratuits. Un grand événement à ne pas rater !

FESTIVAL DES BIÈRES DU MONDE

Zone portuaire
Chicoutimi
VILLE DE SAGUENAY
www.bieresdumonde.ca
Vers la mi/fin juillet. Coupons de dégustation et forfaits en vente sur place.
Près d'une soixantaine de kiosques vous feront découvrir nos petits bijoux québécois mais également des bières des quatre coins du monde et de savoureux produits régionaux. Comme valeur ajoutée à l'événement, des ateliers de cuisine, animés par de grands chefs de la région, mettent en vedette les produits du terroir du Saguenay – Lac-Saint-Jean. La programmation culturelle comprend des spectacles musicaux ainsi que des animations et ateliers sur la bière présentés par des sommités dans le domaine, notamment Philippe Wouter de Bières et Plaisirs.

FESTIVAL D'ÉTÉ DE QUÉBEC

Divers endroits à Québec
QUÉBEC
✆ +1 418 529 5200
✆ +1 888 992 5200
www.infofestival.com
Début à mi-juillet. Passeport festival et billet un jour disponibles. Spectacles extérieurs et en salle.
Ce festival de musique de grande renommée convie annuellement les artistes du monde francophone et d'ailleurs. Musique et arts de la rue sur 11 jours de festivités et d'effervescence. Des grandes pointures, tels Metallica, Elton John et Paul McCartney y ont donné des spectacles mémorables.

FESTIVAL DIVERS/CITÉ

Quais du Vieux-Port et Village gai
MONTRÉAL
✆ +1 514 285 4011
www.diverscite.org
Fin juillet à début août. Certaines activités gratuites, d'autres payantes.
Un des plus importants événements de la fierté gay et lesbienne en Amérique du Nord, qui attire plus d'un million de festivaliers. Communauté, party, culture, folie, insomnie... Depuis 2012, question de souligner la 20e édition du festival, le site extérieur a été déplacé au quai Jacques-Cartier des quais du Vieux-Port. Autres sites des événements : Village gai, Parc Lafontaine, Mile-End.

FESTIVAL DU DOCUMENTEUR DE L'ABITIBI-TÉMISCAMINGUE

Site extérieur au lac Osisko
ROUYN-NORANDA
✆ +1 819 764 4435
www.documenteur.com
Vers la fin juillet. Billet à l'unité : 10 à 15 CAN$. Passeport 3 soirées disponible également.
Un festival hallucinant, très humoristique, qui présente des documentaires sur des faits qui n'ont jamais eu lieu ! Programmation en salle également.

FESTIVAL INTERNATIONAL DES RYTHMES DU MONDE

Zone Portuaire et rue Racine
Chicoutimi
VILLE DE SAGUENAY
✆ +1 418 545 1115
✆ +1 866 922 3476
www.rythmesdumonde.com
Fin juillet/début août à mi-août.
Ce grand événement multiethnique réunit, au-delà de 950 artistes, artisans, musiciens et danseurs en provenance d'une vingtaine de pays. La musique et la danse habitent la zone portuaire et le centre-ville en colorant les lieux d'une ambiance cosmopolite où la foule se presse aux spectacles gratuits, présentés sur les scènes extérieures.

FESTIVAL INTERNATIONAL NUITS D'AFRIQUE DE MONTRÉAL

Parterre du Quartier des Spectacles et différentes salles en ville
MONTRÉAL
✆ +1 514 499 9239
www.festivalnuitsdafrique.com
En juillet. Spectacles en salle payants, gratuits en extérieur. Programmation annuelle en salle (voir site Internet).
Un festival d'été unique en Amérique du Nord, regroupant les meilleures formations de la scène africaine, antillaise et sud-américaine.

Parmi les artistes ayant participé au festival depuis ses débuts, notons Youssou N'Dour (Sénégal), Alpha Blondy (Côte d'Ivoire), Les Ballets Africains (Guinée), Fémi Kuti (Nigéria), Habib Koité (Mali), Cheb Mami (Algérie), Funk'N'Lata (Brésil), Amadou et Mariam (Mali), Orquesta Sensacion (Cuba), Tiken Jah Fakoly (Côte d'Ivoire)... Spectacles gratuits sur le site extérieur le dernier week-end.

FESTIVAL JUSTE POUR RIRE

Quartier des Spectacles
MONTRÉAL
✆ +1 514 845 2322 / +1 888 244 3155
www.hahaha.com

En juillet. Spectacles en salle payants, gratuits à l'extérieur. Programmation annuelle en salle (voir site Internet). Autres festivals JPR dans le monde : Toronto (Canada), Chicago (Etats-Unis) et Sydney (Australie).

L'un des festivals les plus populaires de Montréal qui fait vibrer le Quartier des Spectacles avec humoristes, amuseurs publics, troupes de théâtre de rue du monde entier… Rires garantis !

FESTIVAL MÉMOIRE ET RACINES

Parc Saint-Jean-Bosco
249, chemin du Golf Est
Saint-Charles-Borromée
JOLIETTE
✆ +1 450 752 6798 / +1 888 810 6798
www.memoireracines.org

Fin juillet. Passeport week-end : 55 CAN$ en prévente, 65 CAN$ régulier. Tarifs à la journée et forfaits disponibles. Événements au centre-ville de Joliette les deux premiers jours du festival.

Ce festival célèbre chaque année les arts traditionnels de la scène du Québec et d'ailleurs. Musiciens, chanteurs, danseurs et conteurs vous font vivre pendant cinq jours des moments inoubliables, dans une atmosphère conviviale et festive.

LA FÊTE DU LAC DES NATIONS

Parc Jacques-Cartier
220, rue Marchant
SHERBROOKE
✆ +1 819 569 5888
www.fetedulacdesnations.com

Vers la mi-juillet. Billet à la journée et passeport festival disponibles. Parc des manèges : coupons à l'unité, en lisière ou bracelet passeport.

Pendant près d'une semaine, les abords du lac des Nations prend des airs de fête perpétuelle alors que plus de 40 spectacles de musique en tous genres prennent d'assaut les trois scènes, sans oublier les spectacles et animations pour enfants, le parc des manèges, le quartier des artisans, les activités pour tous... A voir : le spectacle de pyrotechnie se déroulant chaque soir, où des firmes de différentes provinces canadiennes se disputent les honneurs pour remporter la Coupe des Dieux.

FÊTE DU VOL LIBRE

Au centre du village
MONT-SAINT-PIERRE
✆ +1 418 797 2222
www.vol-libre.ca

Fin juillet. Certaines activités gratuites, d'autres payantes.

Spectacle aérien de pilotes de deltaplane et de parapente provenant de partout en Amérique. Egalement au menu : kayak de mer, ULM, randonnée panoramique en quad, vélo de montagne, randonnée pédestre, spectacle et animation sur la plage, feu de grève, dégustation de produits du terroir. Vous pourrez tenter un premier vol si votre budget vous le permet.

LES GRANDES FÊTES DU SAINT-LAURENT

Parc Beauséjour
Boulevard de la Rivière
RIMOUSKI
✆ +1 877 886 4375
www.lesgrandesfetes.com

Vers la fin juillet. Laissez-passer pour le festival : 45 CAN$ à la porte (rabais en prévente).

C'est un des plus gros événements de musique populaire de l'Est de la province. Il est dédié aux artistes de la relève québécoise et comprend également un volet international. Depuis 2011, une 5e journée a été ajoutée pour les familles avec de nombreuses activités et animations.

H2O LE FESTIVAL

Divers endroits à Amos
AMOS
✆ +1 819 727 1242 / +1 800 670 0499
www.h2olefestival.com

Vers la mi-juillet. Certaines activités gratuites, d'autres payantes.

Un événement pour toute la famille avec au menu des activités à caractère participatif, un spectacle eau, son et lumière unique, des spectacles musicaux, une course de bateaux-dragons sur la rivière Harricana, des activités en tous genres, des amuseurs de rue, des jeux gonflables et de l'animation pour les enfants, et bien plus encore.

■ **MONDIAL DES CULTURES**
Parc Woodyatt
53, rue du Pont
DRUMMONDVILLE
✆ +1 819 477 5412 / +1 800 265 5412
www.mondialdescultures.com
Début à mi-juillet. Macaron valide pour 10 jours : 38 CAN $ (32 CAN $ en prévente). Bracelet 2, 3 et 4 jours : 13 à 17 CAN $ (gratuit pour les 12 ans et moins). Forfaits disponibles.
Voué au folklore mondial, le festival est une invitation à la découverte des peuples du monde avec une programmation variée de centaines de spectacles présentés par des compagnies de danse venant des quatre coins du globe, sans oublier le Québec. Le festival se met en branle par un défilé dans les rues de Drummondville. Sur le site, un marché international offre de l'artisanat exotique, alors que les divers restos proposent des arômes pour le moins ensorcelants. Une organisation du tonnerre, un coût minime et de la couleur, de la danse, de la musique, des activités : tout est mis en œuvre pour vous faire rêver.

■ **OZALIK**
Amphithéâtre extérieur de Wendake
100 boulevard Bastien
WENDAKE
✆ +1 418 265 9037
www.ozalik.com
Mi-juillet à fin août/début septembre. Représentation du mercredi au samedi à 20h30. Admission générale : 30 CAN $ par personne. Stationnement gratuit à côté de Tourisme Wendake.
Un spectacle haut en couleur et en émotion, des Productions Nionwentsïo, qui ravira petits et grands. Conçu et mis en scène par Gaëtan Sioui « Sondaky », ce magnifique spectacle est basé sur la mythologie de la Nation Huronne-Wendat, fière descendante du peuple Maya. Le thème : « La prophétie de la 7e génération, le feu sacré pour la sauvegarde de la planète et pour l'humanité ». Le tout adapté sur scène, en musique, danse, cirque et théâtre. A voir !

■ **TOUR DE L'ABITIBI & TOUR DE LA RELÈVE**
ROUYN-NORANDA
www.tourabitibi.qc.ca
Vers la mi-juillet.
Course internationale en cyclisme sur route, la seule en Amérique du Nord de niveau junior, avec plus de 160 coureurs parmi les meilleurs au monde. A cet événement est jumelé le Tour de la relève (200 cyclistes filles et garçons âgés de 6 à 16 ans). Un bel événement pour la relève ! Notez que la ville hôtesse peut changer d'une année à l'autre.

■ **TRAVERSÉE INTERNATIONALE DU LAC-SAINT-JEAN**
1130, boulevard Saint-Joseph
ROBERVAL
✆ +1 418 275 2851
www.traversee.qc.ca
Fin juillet. Passeport pour 3 soirs de spectacles et un feux d'artifice : 15 CAN$. Admission soirée sans passeport : 10 CAN$ par soir.
Depuis 1955, cet événement attire l'élite mondiale de la nage en eau libre. Roberval vous invite pour cette fête ponctuée d'activités spéciales, de spectacles traditionnels en plein air, de feux d'artifice et du marathon de la relève, sans oublier le fameux souper dans les rues réunissant 10 000 convives autour d'une table de 1 km de long.

Août

■ **CONCERTS AUX ÎLES DU BIC – FESTIVAL DE MUSIQUE DE CHAMBRE**
LE BIC
✆ +1 418 736 0036
www.bicmusique.com
Début à mi-août. Billets à l'unité (concert, apéro, cabaret) et passeport festival disponibles. Service de navettes entre Rimouski et le lieu de concert (gratuit sur présentation du billet de concert, réservation conseillée).
Pendant près d'une semaine, la région des îles du Bic s'anime de concerts de musique de chambre où les chefs-d'oeuvre historiques côtoient les œuvres marquantes de notre époque. De Saint-Fabien à Grand-Métis, en salle ou en plein air, c'est un événement à ne pas manquer pour tous les mélomanes, amateurs ou aguerris !

■ **CONCOURS DE CHÂTEAUX DE SABLE DES ÎLES**
Plage de Havre-Aubert
Chemin du Sable
Havre-Aubert
ÎLE DU HAVRE AUBERT ET ÎLE D'ENTRÉE
✆ +1 418 986 6863
www.chateauxdesable.com
Vers la mi-août. Gratuit. Service de navettes le samedi.
Un concours de châteaux de sable très impressionnant et convivial ! Ateliers de construction de châteaux dans les semaines qui précèdent l'événement.

■ LES CORRESPONDANCES D'EASTMAN
Théâtre La Marjolaine
55, chemin du Théâtre
EASTMAN
✆ +1 450 297 2265 / +1 888 297 3449
www.lescorrespondances.ca
Début août. Billet à l'unité et passeport disponibles. D'autres lieux accueillent les activités de ce festival.
La grande fête de la littérature encourage la participation de tous, écrivains confirmés, amateurs et néophytes. En effet, vous êtes invité à écrire des lettres qui seront envoyées gratuitement à travers le monde. Expositions, lectures, ateliers d'écriture rythment cet événement unique en Amérique du Nord.

■ FESTIVAL BLUEGRASS DE NEW RICHMOND
Au Village gaspésien de l'héritage britannique
351, boulevard Perron Ouest
NEW RICHMOND
✆ +1 418 392 4487
www.newrichmondbluegrass.com
Fin août à début septembre. Billet à la journée et laissez-passer disponibles.
Un des plus importants festivals de la région où, chaque année, des milliers de personnes assistent à une semaine de musique bluegrass. Camping disponible sur place.

■ FESTIVAL DE LA POUTINE DE DRUMMONDVILLE
Parc Woodyatt
19, rue du Pont
DRUMMONDVILLE
✆ +1 819 477 5412
www.festivaldelapoutine.com
Fin août. Billets : 20 CAN $ par soir, 30 CAN $ pour le week-end. Gratuit pour les 12 ans et moins.
Lieu de naissance de la fameuse poutine, le Centre-du-Québec, et plus particulièrement Drummondville, la célèbre en grandes pompes depuis quelques années. Au programme, trois jours d'activités, de spectacles musicaux en plein air et, bien évidemment, des poutiniers qui vous feront goûter la grande spécialité régionale.

■ FESTIVAL DES VINS DE TERREBONNE
Site historique de l'Ile-des-Moulins
TERREBONNE
✆ +1 450 471 0619
www.festivaldesvins.ca
Vers la mi-août. Accès au site pour les spectacles et les conférences : 5 CAN$. Forfait de base : 10 CAN$ (incluant l'entrée sur le site pour un jour, un verre et trois coupons de dégustations). Autres forfaits disponibles.
Dans le cadre enchanteur du site historique de l'Ile-des-Moulins, cet événement regroupe près d'une trentaine d'agences de vins et spiritueux ainsi que des producteurs locaux, tant des domaines viticoles qu'agroalimentaires. Des conférences, des spectacles en plein air et des animations culturelles sont également au programme, sans oublier la grande soirée gastronomique.

■ FESTIVAL DU BLEUET
Avenue de l'Église
DOLBEAU-MISTASSINI ✆ +1 418 276 1241
www.festivaldubleuet.com
Début août. Tarifs de jour, de soir, et passeport festival disponibles.
Festival populaire sous le thème du bleuet, emblème des Jeannois par excellence. Activités et spectacles, jeux gonflables, concours, dégustation d'une tarte géante aux bleuets et grand défilé de nuit, etc.

■ FESTIVAL DU COCHON DE SAINTE-PERPÉTUE
113, rue Saint-Charles
SAINTE-PERPÉTUE
✆ +1 819 336 6190 / +1 888 926 2466
www.festivalducochon.com
Début août. Admission quotidienne et «Passeporc» 5 jours.
Un festival unique au monde où vous pourrez assister à des compétitions hors du commun. La course au cochon, dont le but est d'attraper un cochon qui court dans une marre de boue, est un must ! Ferme, kiosques d'artisans, bistro, parc d'attractions avec gonflables et bungee trampoline, spectacles musicaux extérieurs avec écrans géants, bref, une expérience bien amusante.

■ FESTIVAL MUSIQUE DU BOUT DU MONDE
Au centre-ville de Gaspé
GASPÉ
✆ +1 418 368 5405 / +1 866 313 3626
www.musiqueduboutdumonde.com
Vers la mi-août. Certains spectacles gratuits, d'autres payants.
Autour de nombreux concerts de musique venue du monde entier se greffent des activités et spectacles comme de la danse, du théâtre, des ateliers d'éveil musical et de danse, du cirque et des arts de la rue, etc. Un immanquable si vous êtes de passage à Gaspé en août !

■ FESTIVAL URBAIN

TROIS-RIVIÈRES
✆ +1 819 841 3104
www.festivalurbain.com
Vers la mi-août. Certains événements gratuits, d'autres payants (10 CAN$ et moins). Programmation en salle également.
Ce nouveau festival est dédié à la culture urbaine sous toutes ses formes : graff, spectacles musicaux et de DJs, battles de danse, de skateboard et de BMX, parkour et tournois de sports de rue.

■ LES FÊTES DE LA NOUVELLE-FRANCE SAQ

Dans le Vieux-Québec
QUÉBEC
✆ +1 418 694 3311 / +1 866 391 3383
www.nouvellefrance.qc.ca
Début août. Laissez-passer officiel : 10 CAN$, 8 CAN$ en prévente.
Le Québec du XVIIe siècle renaît ! Pendant une semaine, les filles du roi, coureurs des bois et autres personnages de l'époque envahissent les rues. Reconstitutions, théâtres, animateurs, costumes, musiques, arts, rien n'est laissé au hasard pour remonter au temps du Régime français.

■ FOIRE GOURMANDE DE L'ABITIBI-TÉMISCAMINGUE ET DU NORD-EST ONTARIEN

Site extérieur aux abords du lac Témiscamingue
18, rue Notre-Dame Nord
VILLE-MARIE
✆ +1 819 622 0199
www.foiregourmande.ca
Vers la mi-août.
Bien plus qu'un simple événement de dégustation, cette grande foire annuelle met en valeur les produits agroalimentaires de ces deux régions. Elle mise sur une ambiance familiale où le public, tant gourmand que gourmet, pourra rencontrer les artisans du terroir régional et découvrir leur savoir-faire.

■ GRAND PRIX DE TROIS-RIVIÈRES

1760, avenue Gilles-Villeneuve
TROIS-RIVIÈRES
✆ +1 819 370 4787
✆ +1 866 866 4787
www.gp3r.com
Début août. Camping disponible sur place.
Un événement que ne manqueront pas les amateurs de course automobile. Formula Tour 1600, NASCAR, Touring et bien plus encore, en plein cœur de la ville. Spectacle pyromusical, animation de piste, festival GP3R au centre-ville, journée portes ouvertes, accès illimité aux enclos.

■ INTERNATIONAL DE MONTGOLFIÈRES DE SAINT-JEAN-SUR-RICHELIEU

5, chemin de l'Aéroport
SAINT-JEAN-SUR-RICHELIEU
✆ +1 450 347 9555
www.montgolfieres.com
Vers la mi-août. Ouverture du site à 13h30 en semaine et midi le week-end. Adulte : 20 à 25 CAN $ par jour, 59 CAN $ pour le passeport 9 jours. Tarifs enfants et forfait famille disponibles. Tarifs réduits en prévente. Stationnement : 7 CAN $ par jour. Restauration, bars, promenade des artisans, manèges, jeux gonflables, etc.
Le plus grand événement du genre du pays avec plus d'une centaine de montgolfières, dont plusieurs aux formes étonnantes. Petits et grands ne pourront qu'être émerveillés lors des envolées qui ont lieu matin (à 6h dans les parcs de la ville) et soir (à 18h sur le site du festival). Et que dire du spectacle nocturne où les montgolfières s'illuminent dans un ballet de couleurs époustoufflant ! D'ailleurs, pour 170 à 210 CAN $ par personne, vous pouvez vous-même vous envoler ! Spectacles d'envergure tous les soirs, activités d'animation pour tous, un incontournable qui célébrera ses 30 ans en 2013.

■ INTERNATIONAUX DE TENNIS JUNIOR BANQUE NATIONALE

Parc Larochelle
366, rue Marquis
REPENTIGNY
✆ +1 450 581 8470
www.tennis-junior-repentigny.com
Fin août à début septembre. Admission générale gratuite. Loge : 20 à 25 CAN $ par jour.
Compétition sportive de niveau international sanctionnée par Tennis Canada et la Fédération internationale de tennis. Il s'agit de l'un des plus importants tournois du genre au monde où participent une trentaine de pays.

■ OSHEAGA FESTIVAL MUSIQUE ET ARTS

Parc Jean-Drapeau
Ile Sainte-Hélène
MONTRÉAL
✆ +1 514 790 2525 / +1 877 668 8269
www.osheaga.com
Début août. Billets pour une journée, passes pour 2 ou 3 jours.

Osheaga regroupe les grands noms de la musique, en plein air, au cœur du Parc Jean-Drapeau. Un volet en salle se tient en parallèle de l'événement extérieur de 3 jours, histoire de multiplier le plaisir. Probablement l'événement musical le plus cool au pays, un peu l'équivalent du Lollapalooza aux Etats-Unis.

■ LES PERCÉIDES
343, route d'Irlande
PERCÉ
✆ +1 418 782 1495
www.perceides.ca
Vers la mi ou fin août. Lieux de projection : Salle d'Irlande, La Vieille Usine, plage de Percé. Projections des films en salle : 7 CAN $, 40 CAN $ pour le passeport festival. Autres activités et projections du festival sur la plage de Percé : gratuit.
Le Festival international de Cinéma et d'Art de Percé, qui en était à sa 4e édition en 2012, désire devenir un carrefour du cinéma d'auteur en région, en présentant des œuvres contemporaines d'ici ou d'ailleurs.

Septembre

■ FESTI JAZZ INTERNATIONAL DE RIMOUSKI
Divers endroits à Rimouski
RIMOUSKI
✆ +1 418 724 7844
✆ +1 866 337 8452
www.festijazzrimouski.com
Début septembre (peut débuter à la fin août). Certains événements gratuits, d'autres payants.
Pendant plusieurs jours, la ville entière accueille des musiciens d'ici et d'ailleurs, des grandes pointures aux jeunes artistes. Spectacles de jazz, blues et musiques du monde dans les salles, les bars et dans la rue.

■ FESTIVAL DE MONTGOLFIÈRES DE GATINEAU
Parc de la Baie
988, rue Saint-Louis
GATINEAU
✆ +1 819 243 2331
✆ +1 800 668 8383
www.montgolfieresgatineau.com
Début septembre. Bracelet quotidien : 22-26 CAN$. Bracelet-passeport 4 jours et bracelet duo passeport-manèges aussi disponibles. Tarif individuel pour un tour en montgolfière : 200 CAN$.
Au programme : envolées de ballons géants en provenance des quatre coins du monde, feux d'artifice, manèges, concerts, etc. De belles festivités pour clore doucement l'été.

■ FESTIVAL DE MUSIQUE ÉMERGENTE
Divers endroits à Rouyn-Noranda
ROUYN-NORANDA
✆ +1 819 797 0888 /+1 877 797 0889
www.fmeat.org
Début septembre. Moins de 30 CAN$ par billet.
Vous êtes friand de la scène musicale alternative ? Cet événement est pour vous ! Pendant quatre jours, une cinquantaine de projets musicaux envahissent les lieux, allant du hip-hop à l'électro en passant par le folk. A ne pas manquer !

■ FESTIVAL INTERNATIONAL CONTES EN ÎLES
ÎLE DU CAP AUX MEULES
✆ +1 418 986 5281
www.conteseniles.com
Début à mi-septembre. Certains événements gratuits, d'autres payants. Passeports pour 2, 4 ou 7 spectacles disponibles.
L'événement, qui en était déjà à sa 11e édition en 2012, célèbre en grandes pompes la tradition orale par le biais de spectacles, concerts, causeries, ateliers, concours, etc. Les conteurs viennent des quatre coins de la planète. Un événement à ne pas manquer !

■ FESTIVAL INTERNATIONAL DE LA CHANSON DE GRANBY
Divers endroits à Granby
GRANBY
✆ +1 450 375 7555
www.ficg.qc.ca
Début à mi-septembre. Billet à l'unité : 40 CAN$ et moins. Forfait 5 soirées : 100 CAN$, 6 soirée : 107 CAN$. Certains spectacles sont gratuits.
Un des plus prestigieux concours du genre au Canada. Le Festival international de la chanson de Granby s'adresse aux amateurs et a servi de tremplin à bon nombre d'artistes québécois aujourd'hui fort réputés.

■ FESTIVAL WESTERN DE SAINT-TITE
Dans tout le village de Saint-Tite
SAINT-TITE
✆ +1 418 365 7524 / +1 877 493 7837
www.festivalwestern.com
Début à mi-septembre. Certaines activités gratuites, d'autres payantes. Pensez à réserver à l'avance votre hébergement et vos places pour les épreuves des rodéos.

Le Festival Western de Saint-Tite en Mauricie, qui en était à sa 45e édition en 2012, est de renommée internationale : la plus grande attraction western de l'est du Canada crée une ambiance exceptionnelle à travers tout le cœur du village. Rodéos professionnels, défilé à traction animale, danse country, spectacles de musique country, place des marchands et animation permanente. A vivre, c'est un must !

FÊTE BIÈRES ET SAVEURS

Lieu historique national du Fort-Chambly
CHAMBLY
✆ +1 450 447 2096
www.bieresetsaveurs.com
Début septembre. Admission adulte : 12 CAN$, 10 CAN$ en prévente. Passeport 4 jours : 28 CAN$, 20 CAN$ en prévente.

Cet événement, qui a célébré ses 10 ans en 2011, convie chaque année les bièrophiles, du simple amateur au plus aguerri, à une grande fête aux airs de marché du terroir à l'époque de la Nouvelle-France. Pendant quatre jours, les amateurs de saveurs sont invités à déguster des produits brassicoles québécois et importés, en plus de pouvoir découvrir de nouveaux menus associés à la bière. Une centaine de kiosques de produits de dégustation, de l'animation, des conférences, des spectacles, de grandes terrasses pour se relaxer entre amis, tout y est pour une expérience mémorable dans le cadre enchanteur de la Vallée du Richelieu.

FÊTE DES VENDANGES MAGOG-ORFORD

Pointe Merry de Magog
MAGOG
✆ +1 819 847 2022
✆ +1 888 847 2050
www.fetedesvendanges.com
Les deux premiers week-ends de septembre. Certaines activités gratuites, d'autres payantes.

Dans une ambiance de marché public, aux abords du lac Memphrémagog, viticulteurs, cidriculteurs, producteurs agroalimentaires et artisans célèbrent les vendanges. Une cuisine, spécialement aménagée sous le chapiteau, devient le théâtre de spectacles culinaires animés par des chefs de la région. Des dégustations de plats et de bouchées faits à partir de produits régionaux sont également au menu. Nombreuses autres activités organisées sur le site ou en ville.

RÊVES D'AUTOMNE

Divers endroits à Baie-Saint-Paul
BAIE-SAINT-PAUL
✆ +1 418 435 5875 / +1 800 761 5150
www.revesdautomne.com
Fin septembre. Macaron : 5 CAN$ (pour toute la durée du festival), gratuit pour les enfants de 12 ans et moins.

Depuis plus de 20 ans, ce festival « haut en couleur » met en lumière le talent des artistes d'ici et d'ailleurs qui peignent les magnifiques paysages de la région. Démonstrations, ateliers de perfectionnement, créations d'œuvres uniques, concours et plus encore.

SACRÉ BLUES MOLSON EX

Au centre-ville d'Alma
ALMA ✆ +1 418 662 8332
www.centrevillealma.com
Début septembre. Spectacles gratuits sur la scène extérieure.

Les grands noms du blues se produisent sur une scène extérieure alors que plus d'une vingtaine de spectacles sont présentés dans différents bars et restaurants du centre-ville. Un incontournable pour les amoureux du style !

▶ **A noter :** des spectacles ont lieu dès la mi-juin au centre-ville d'Alma. Un événement artistique, «Place aux Artistes», se tient également pendant le week-end de la fête du Travail.

Octobre

FESTIVAL DU CINÉMA INTERNATIONAL EN ABITIBI-TÉMISCAMINGUE

Projections au Théâtre du Cuivre
145, rue Taschereau Ouest
ROUYN-NORANDA ✆ +1 819 762 6212
www.festivalcinema.ca
Fin octobre à début novembre. Forfaits disponibles.

Cinéphiles et invités de marque se rencontrent pendant six jours pour visionner courts, moyens et longs-métrages de fiction et des documentaires, ainsi que des films d'animation. Les films à l'affiche proviennent d'une vingtaine de pays et certains sont présentés en première mondiale et nord-américaine.

FESTIVAL DU NOUVEAU CINÉMA DE MONTRÉAL

Divers endroits à Montréal
MONTRÉAL
✆ +1 514 844 2172 / +1 866 844 2172
www.nouveaucinema.ca

En octobre. Billets individuels et différents types de passes festival offerts.
Ce festival, qui en est à sa 42e édition en 2013, est dédié à la diffusion et au développement des nouvelles tendances dans le domaine du cinéma d'auteur, de la vidéo indépendante et des nouveaux médias. Véritable tremplin pour les œuvres originales et inédites, vous aurez droit à une programmation diversifiée et ouverte à tous, créant un lieu privilégié d'échanges et de découvertes entre le public et les créateurs.

■ FESTIVAL INTERNATIONAL DE LA POÉSIE

Divers endroits à Trois-Rivières
TROIS-RIVIÈRES
✆ +1 819 379 9813
www.fiptr.com
Fin septembre/début octobre. Certaines activités gratuites, d'autres payantes.
Dans plus de 70 lieux différents (cafés, restaurants, musées, galeries d'art...) se retrouvent une centaine de poètes venus d'environ 30 pays. Plus de 350 activités sont donc offertes pendant 10 jours consécutifs dédiés à la poésie.

Novembre

■ M POUR MONTRÉAL

Divers endroits à Montréal
MONTRÉAL ✆ +1 514 925 0050
www.mpourmontreal.com
Vers la mi-novembre.
Un festival dédié aux musiques émergentes et indépendantes. Créé en 2006, en premier lieu à l'intention des professionnels de la musique pour promouvoir les talents locaux et nationaux, ce festival a su trouver son public.

Décembre

■ SALON DES MÉTIERS D'ART DU QUÉBEC

Place Bonaventure
800, rue de la Gauchetière Ouest
MONTRÉAL ✆ +1 514 861 2787
✆ +1 514 397 4807 / +1 855 515 2787
www.salondesmetiersdart.com
Les 3 premières semaines de décembre. Entrée libre.
Exposition-vente d'objets d'art de toutes sortes avec plus de 400 exposants présentant leurs créations. Une foule d'idées originales pour les cadeaux de Noël.

Cuisine québécoise

PRODUITS CARACTÉRISTIQUES

Mets populaires

- **La poutine,** frites garnies de fromage en grains, le tout nappé d'une sauce *gravy* (poutine régulière) ou de sauce tomate à la viande (poutine italienne). Au cours des dernières années, la poutine est revisitée avec des déclinaisons parfois surprenantes : au foie gras, à la dinde et pois, au jambon et ananas... À Montréal, les restaurants La Banquise et Poutineville sont une référence en la matière !
- **Le pâté chinois** est constitué de bœuf haché cuit à la poêle, sur lequel on étend une couche de maïs en grains ou en crème couronnée, à son tour, d'une couche de pommes de terre écrasées. On met ensuite la préparation au four jusqu'à l'obtention d'une croûte dorée : c'est le plat énergétique par excellence, celui que l'on donnait aux ouvriers asiatiques lors de la construction de la célèbre ligne de chemin de fer Transcanadienne.
- **Le *smoked meat*** est une viande de bœuf fumée sur du pain de seigle (ou en sandwich), accompagnée de cornichons à l'aneth. On peut la demander maigre, mi-maigre ou grasse. La viande fumée du Québec est très renommée dans toute l'Amérique du Nord. Ne manquez pas de faire un arrêt chez Schwartz's à Montréal, l'endroit parfait pour un smoked meat au Québec !
- **Les sous-marins** sont de gros sandwichs bien garnis.

> **Poutine War**
>
> Haaaa, la poutine ! Elle fait rêver tout voyageur qui découvre la province. Le plat le plus associé à la culture gourmande québécoise a dorénavant un site web entièrement dédié à la cause. Vous y trouverez toutes les bonnes adresses classées par région afin de pouvoir déguster ce fer de lance de la cuisine du Québec. De plus, étant un site interactif, vous pourrez ajouter votre opinion sur un resto ou même en suggérer un. Le site comprend aussi d'autres rubriques intéressantes : des recettes de poutine, de l'art inspiré de la poutine (et oui !), des critiques sur la poutine, et beaucoup plus. Incontournable !
>
> - **www.poutinewar.com**

Plats traditionnels

Ils remontent à l'époque des premiers colons et font désormais partie du folklore. On les consomme essentiellement sur les tables familiales lors des réunions de famille et dans certains restaurants spécialisés dans la cuisine traditionnelle. Ce sont toujours des plats caloriques : soupe de gourganes (grosses fèves), crêtons (terrine de porc haché ressemblant aux rillettes), fèves au lard, canard au sirop d'érable, gibelotte de lapin au cidre, cipaille (sipaille, cipâte), pâté de viande aux pommes de terre, et diverses tourtières, à l'origine à base de gibiers, aujourd'hui confectionnées avec des viandes de porc et de veau mélangées, dont les recettes varient d'une région à l'autre (la plus connue : la tourtière du Lac-Saint-Jean).

Poissons et crustacés

Sur la Côte-Nord on dégustera le saumon frais ou fumé, en Gaspésie la morue fraîche ou séchée, aux îles de la Madeleine le homard chaud accompagné d'un beurre d'ail fondu ou même en morceaux sur des pizzas nappées de fromage. Quant au Surf & Turf, ce sont des plats mixtes de fruits de mer et de viande. Les huîtres se dégustent crues ou cuites, entre amis, lors de « parties d'huîtres » accompagnées de bière. Les pétoncles se mangent souvent panés et frits. Une chose est certaine : la fraîcheur des produits est garantie !

Desserts

On goûtera la tarte au sucre avec des noix, le pudding chômeur au sirop d'érable, les muffins aux carottes parfumés au chocolat ou fourrés aux bleuets et autres fruits (à consommer

Pour en savoir plus sur la cuisine québécoise

Quelques bons sites de recettes :

- **www.cuisineduquebec.com**
- **www.recettes.qc.ca**
- **www.lucieleduc.com/recetteintro1.htm**
- **www.abc-cuisine.com**
- **www.grandquebec.com/cuisine-quebecoise/**

au petit déjeuner ou au goûter), sans oublier les incontournables crèmes glacées, dures ou molles (à l'italienne), fourrées au sucre d'érable, etc.

Spécialités à base d'érable

À goûter absolument ! Ce sont tous les produits dérivés de l'érable sucrier, une des très nombreuses variétés d'érable : sirop, sucre, beurre, tire, tarte au sucre... C'est au printemps, le temps des sucres, que les érables sucriers sortent de la torpeur de l'hiver pour sécréter une sève abondante, à haute teneur en sucre comestible, que l'on recueille dans des seaux suspendus aux becs verseurs fichés dans les troncs. On fait ensuite bouillir l'eau d'érable (sève naturelle) pour obtenir le fameux sirop d'érable (sève bouillie débarrassée de son eau). Aujourd'hui, les seaux ont été, pour la plupart, remplacés par des tuyaux en plastique reliés à un évaporateur central. Pour fêter la récolte ont lieu des parties de sucres qui rassemblent parents et amis. On déguste alors toutes sortes de mets cuits dans le sirop d'érable, on en arrose les crêpes et on verse du sirop très épaissi, encore bouillant, sur la neige, qui se transforme en une sorte de caramel que l'on enroule sur un bâtonnet : c'est la tire d'érable. On profite de l'occasion pour faire un repas de jambon, d'omelette, de fèves au lard (haricots cuits au four avec des lardons et de la mélasse) et d'oreilles de crisse (grillades de lard très salées), mets que l'on arrose généreusement de sirop d'érable. Ce que l'on appelle péjorativement « sirop de poteau » est un sirop d'érable de piètre qualité, quelquefois même un succédané aromatisé à l'érable.

La poutine et le sandwich à la viande fumée sont des incontournables à Montréal.

Baies et maïs

Dans la région du Lac-Saint-Jean poussent les bleuets, qu'il convient de distinguer de la myrtille commune, dont les baies de couleur bleutée sont plus fermes et de grosseur pouvant varier de la taille du petit pois (bleuets sauvages) à celle de la framboise (bleuets cultivés). Ils entrent dans la composition de nombreux desserts. La récolte a lieu en août (festival du Bleuet). Ils servent aussi à la fabrication du vin de bleuet qui rappelle le porto. Un autre fruit de la même famille, l'atoca ou canneberge, airelle des marais d'Amérique, sert à la préparation d'une gelée rouge, légèrement acidulée, qui accompagne bien la dinde et le gibier. Au mois d'août, lors de la cueillette du blé d'Inde (maïs doux pour l'homme, par opposition au maïs que l'on donne aux animaux), a lieu « l'épluchette de blé d'Inde », réunion de famille typiquement québécoise pendant laquelle on épluche des épis de maïs. Les convives dégustent le maïs directement sur l'épi, bouilli ou grillé, simplement tartiné de beurre et de sel, accompagné d'une bonne bière fraîche.

Boissons

Bières. La bière est la boisson par excellence qui accompagne tous les plats. Le Québec en est un gros producteur. En plus des grandes compagnies dominant le marché (Molson-Coors, InBev-Labatt...), les microbrasseries et brasseries artisanales se multiplient au Québec, produisant de nombreuses et excellentes bières : McAuslan, La Barberie, Les Brasseurs du Temps, Boquébière, Le Trou du Diable, Les Trois Mousquetaires, Microbrasserie Charlevoix, Dieu du Ciel ! , Brutopia, Pit Caribou, pour ne nommer que celles-ci.
Pour en savoir plus sur les bières au Québec, procurez-vous le guide *Bières au Québec* des Éditions Néopol (filiale canadienne du Petit Futé), en vente partout au Québec : lexique, histoire de la bière, classification, adresses pour la déguster et suggestions de bières, etc.

Vins. Le Canada produit aussi du vin. Au Québec, la principale région vinicole se trouve dans Brome-Missisquoi dans les Cantons-de-l'Est, mais on retrouve également des vignobles dans les régions de la Montérégie, de Chaudière-Appalaches, de Québec, de l'Outaouais ou encore des Laurentides, par exemple. Les vins californiens, tout comme les vins sud-américains (chiliens et argentins), ou même australiens, sont beaucoup moins chers que les vins français. Signalons deux spécialités : le caribou, mélange détonant d'alcool fort, de vin rouge et sirop d'érable, et le vin de pissenlit, un vin blanc sec.

HABITUDES ALIMENTAIRES

On déjeune le matin. On dîne à midi. On soupe le soir, vers 17h ou 18h, surtout en région.
Le déjeuner (petit déjeuner) est composé de rôties (toasts) ou de pains dorés à la française (pain perdu) arrosés de sirop d'érable, d'oeufs miroir, brouillés ou retournés, accompagnés de bacon ou de saucisses, sans oublier les incontournables patates sautées et la café allongé. Certains restaurants en font d'ailleurs leur spécialité, comme la chaîne pancanadienne Chez Cora. Le midi et le soir, ce sont des plats plus consistants, qui varient selon les saisons : l'hiver on opte pour des plats chauds et caloriques alors que l'été, on se laisse tenter par les saveurs du monde, les salades-repas, les poissons et fruits de mer, sans oublier les BBQ. Midi et soir, la table d'hôte (souvent appelée « menu du jour » le midi) désigne le menu accompagné généralement d'une entrée et parfois d'un dessert et du café. Il faut compter au minimum de 6 à 10 CAN $ pour un snack, de 8 à 15 CAN $ en moyenne pour une assiette chaude garnie

accompagnée d'une salade. Les menus vont de 10 à 25 CAN $ et les tables d'hôtes de 10 à 40 CAN $. Attention, pour les repas, il faut ajouter les taxes (14,5 %) et le service de 15 %. Pour savoir ce que vous devez payer, il faut donc majorer les prix de près de 30 % !

RECETTES

Rôti de caribou

Ingrédients. Une pièce de viande de caribou (partie tendre) de 1,8 kg • 4 c. à soupe de beurre ramolli (60 ml) • 1 c. à thé de moutarde sèche (5 ml) • 1 c. à soupe de farine (15 ml) • 1,5 tasse d'eau (325 ml) • sel • poivre.

Préparation. Préchauffer le four à 230 °C. Faire une pâte avec le beurre, la moutarde, la farine, le sel et le poivre. Badigeonner la viande avec ce mélange. Mettre au four avec les tranches d'oignon et l'eau dans la rôtissoire. Laisser cuire 20 minutes. Réduire ensuite le feu à 180 °C et laisser cuire 2 heures.

Accompagnement : pommes de terre et légumes de votre choix.

Chaudrée de palourdes et de pétoncles

Ingrédients. 4 cuillères à soupe de lard dégraissé et haché (60 ml) • 1 boîte de palourdes égouttées (250 ml, conserver le jus) • 1 demi-oignon haché • 4 échalotes hachées • 1 grosse pomme de terre épluchée et coupée en petits cubes • 1 demi-tasse d'eau (125 ml) • 1 tasse de jus de palourdes (250 ml) • 1 boîte de concentré de soupe aux champignons (284 ml) • 1 tasse de lait (250 ml) • 8 gros pétoncles coupés en 2 • 1 demi-tasse de maïs en grains égouttés (125 ml) • sel • poivre.

Préparation. Dans une grande casserole, faire revenir le lard pendant une minute. Ajouter les palourdes, l'oignon, les échalotes et les cubes de pommes de terre. Cuire 2 minutes en remuant. Incorporer l'eau, le jus de palourdes, le concentré de soupe aux champignons et le lait. Mélanger avec un fouet. Saler et poivrer. Porter la soupe à une légère ébullition. Baisser le feu et laisser mijoter 10 minutes en brassant régulièrement. Saler et poivrer de nouveau, si nécessaire. Ajouter les pétoncles et le maïs en grains. Mélanger et laisser mijoter 10 minutes de plus. Servir immédiatement garni de persil frais haché.

Pâté à la viande

Ingrédients. 350 g de pâte brisée • 700 g de porc haché (échine) • 250 g d'oignons • 4 gousses d'ail • 2 cuillères à soupe de persil ciselé • 2 cuillères à soupe d'huile d'arachide • 1 noix de beurre • 1 jaune d'œuf • sel • poivre.

Préparation. Peler et émincer les oignons, peler et hacher les gousses d'ail. Verser l'huile dans une grande casserole et les faire fondre pendant 3 minutes. Ajouter la viande et l'ail, saler, poivrer et faire cuire 4 minutes à feu vif en mélangeant sans cesse. Puis retirer du feu, ajouter le persil et mélanger. Préchauffer le four à 210 °C. Partager la pâte en deux, dont une part plus grosse, et étaler chaque moitié en forme de disque. Beurrer un moule de 25 cm de haut. Poser le plus grand disque de pâte dans le moule en laissant dépasser les bords, verser la préparation à la viande, couvrir avec le second disque et souder les deux côtés. Faire une petite ouverture au centre du pâté. Battre le jaune d'œuf avec une cuillère à soupe d'eau et badigeonner la surface de la pâte. Glisser au four et laisser cuire à 210 C° pendant 45 minutes. Le pâté à la viande doit être bien doré. Servir chaud. Il est possible de remplacer la viande de porc par de la viande de bœuf, poulet ou lapin, en ajoutant du lard frais.

Tarte au sucre de Chicoutimi

Ingrédients. 1 tasse et demie de cassonade (375 ml) • 2 cuillères à soupe de farine (30 ml) • 1 tasse de lait évaporé non dilué (250 ml) • 1 œuf bien battu • 1/3 de tasse de noix de pécan ou de noix de coco râpée (82,5 ml) • 1 fond de tarte non cuit de 20 cm.

Préparation. Préchauffer le four à 200 °C. Bien mélanger le sucre et la farine dans une casserole. Ajouter le lait évaporé. Faire cuire pendant environ 5 minutes à feu doux en remuant constamment jusqu'à ce que le tout soit dissous. Retirer du feu. Ajouter ce mélange lentement à l'œuf battu en remuant sans cesse. Ajouter les noix de pécan ou la noix de coco si désiré. Verser ce mélange dans le fond de tarte non cuit. Cuire au four pendant 10 minutes. Réduire la température à 150 °C et continuer à faire cuire pendant environ 30 minutes ou jusqu'à ce que le mélange épaississe. Garnir de noix de pécan ou de noix de coco si vous le désirez.

Jeux, loisirs et sports

DISCIPLINES NATIONALES

Course automobile

Gilles Villeneuve et son fils, Jacques, ont été toud deux pilotes de Formule 1. Jacques a remporté le titre de champion du monde en 1997 avec l'écurie Williams-Renault. Son père, coureur pour Ferrari à la fin des années 1970 et début des années 1980, n'a jamais remporté de titres et est décédé lors des qualifications du Grand Prix de Belgique en 1982. Notez que même si Jacques a arrêté la Formule 1 en 2006, il a participé à d'autres types de courses depuis : 24h du Mans, 1 000 km de Spa, NASCAR... Circuit de Formule 1 à Montréal : www.circuitgillesvilleneuve.ca

Football canadien

Ce sport est très proche du football américain, à quelques règles près, et partage plusieurs affinités avec le rugby. Membre de la Ligue canadienne de football (LCF), l'équipe des Alouettes de Montréal fut fondée en 1946. Après avoir changé de nom en 1983 (Concordes) et avoir cessé ses activités en 1987, l'équipe revient à Montréal en 1996. Leur domicile, le Stade Percival-Molson, est toujours plein à craquer, et une ambiance du tonnerre y règne à chaque match. La saison régulière s'étend de début juillet à début novembre, suivie des demi-finales et finales pour le championnat. Les Alouettes ont d'ailleurs remporté sept Coupe Grey, dont celles de 2009 et de 2010. www.montrealalouettes.com

Hockey sur glace

Véritable phénomène de société, le hockey sur glace est demeuré longtemps le seul sport pratiqué par les francophones du Québec. Aujourd'hui les choses ont bien changé, mais le hockey reste la grande passion des Québécois qui deviennent virulents lorsqu'il s'agit de défendre leur équipe préférée. Le hockey a, bien sûr, ses stars auxquelles s'identifient les enfants qui chaussent des patins à glace dès l'âge de 3 ans. Ces héros s'appelaient Maurice Richard, Jean Béliveau, Guy Lafleur... D'autres aujourd'hui ont pris la relève. La Ligue National de Hockey (LNH), fondée à Montréal, est la plus compétitive au monde. Le club montréalais, le Canadien (www.canadiens.com), est le plus prestigieux avec 24 Coupes Stanley (championnats) remportées. La ville de Québec de son côté pourrait bien voir sous peu le retour d'une équipe locale (anciennement les Nordiques), au grand bonheur des amateurs. Et pour prouver une nouvelle fois au monde entier que le hockey sur glace est bel et bien un sport historiquement canadien, et que seul le pays sait le pratiquer avec autant de panache, l'équipe masculine a remporté la médaille d'or aux Jeux olympiques de 2010 à Vancouver, en battant (3 buts à 2) chez elle un de ses plus grands adversaires : les Etats-Unis. L'équipe féminine a elle aussi remporté l'or à Vancouver. Et puis les équipes féminine et masculine montent pratiquement chaque année sur le podium depuis la création des championnats mondiaux. L'équipe junior canadienne U20 se démarque aussi et vient de conquérir en 2009 son cinquième titre consécutif en plus d'avoir remporté la médaille d'argent en 2010 et 2011. Notez que la LNH était en *lock-out* (un *lock* ou grève patronale est une fermeture provisoire d'une entreprise, décidée par l'employeur pour répondre à un conflit collectif) les quatre premiers mois de la saison, mais une entente de principe est survenue et la saison a repris à la mi-janvier 2013.

Patin à glace (vitesse/artistique)

Dès leur plus jeune âge, les Québécois patinent. On dit même qu'ils apprennent le patin à glace avant de savoir marcher ! Au fil des décennies, quelques patineurs se sont démarqués, notamment Gaétan Boucher qui remporta trois médailles en patinage de vitesse aux Olympiques de Sarajevo en 1984. Plus récemment, lors des Olympiques de Vancouver en 2010, les Québécois remportèrent un grand nombre de médailles en patin sur courte et longue pistes, ainsi qu'en patin artistique, une première depuis 1988. Quelques noms à retenir : Charles Hamelin, François-Louis Tremblay et Marianne St-Gelais (patinage de vitesse), Joannie Rochette (patin artistique).

Plongeon

Annie Pelletier, Alexandre Despatie et Emilie Heymans ont remporté de nombreuses médailles dans les championnats de tous niveaux et les Jeux olympiques. Lors des Jeux de 2012 à Londres, les Québécoises Jennifer Abel et Emilie Heymans ont remporté le bronze au tremplin 3m synchronisé alors que Meaghan Benfeito et Roseline Filion ont accompli le même exploit mais au 10m.

Ski

Jean-Luc Brassard, grand champion de ski acrobatique, a remporté de nombreux titres dont la médaille d'or aux Jeux olympiques de Lillehammer en 1994. Mélanie Turgeon a été championne de ski alpin en descente à l'hiver 2002-2003. Aux Jeux olympiques de Vancouver en 2010, Alexandre Bilodeau remporta l'or en ski acrobatique, la première médaille d'or du Canada lors de jeux tenus en son sol. Jennifer Heil, qui demeure à Montréal depuis plusieurs années, a remporté l'argent dans la même discipline à Vancouver.

Soccer

L'équipe locale de soccer professionnel (football), l'Impact de Montréal (www.montrealimpact.com), la seule au Québec, a remporté le titre de champion de la ligue USL-1 en octobre 2009. Cet exploit avait également été accompli en 1994 et en 2004. En 2012, l'équipe accédera à la Ligue Majeure de Soccer (MLS), le niveau le plus élevé en Amérique du Nord. Si vous désirez assister à un match, rendez-vous au Stade Saputo situé au Parc olympique dans l'est de la ville. Notez que lors des Jeux olympiques de Londres en 2012, l'équipe féminine de soccer a remporté le bronze en battant l'équipe de France...

ACTIVITÉS À FAIRE SUR PLACE

Le Québec offre de nombreux circuits. Tout est parfaitement organisé, que vous vouliez faire du ski de piste ou de fond, entreprendre une expédition en traîneau à chiens, escalader des glaciers, faire du canot-camping ou du cyclotourisme, descendre des rivières en rafting, pêcher la truite géante dans le Grand Nord ou chasser la gélinotte, partir pour un raid en 4x4, faire des randonnées en motoneige, etc. Tout est possible et dépend des cordons de votre bourse. Ces expéditions nécessitent cependant une bonne condition physique et un accompagnement spécialisé.

Raid en motoneige.

En été

Les grands espaces naturels, les innombrables lacs et rivières, les parcs et réserves sont propices à de nombreuses activités de plein air.

- **Canot/cayak de mer.** Se pratique sur les lacs et rivières. Possibilité de canot-camping avec portage. La Fédération québécoise du canot et du kayak (www.canot-kayak.qc.ca) organise des descentes en canot. Le sentier maritime du Saint-Laurent (cartographié mais non balisé) offre un réseau de mises à l'eau, d'abris sécuritaires, d'aires de repos, de services d'hébergement (dont le camping) et d'alimentation. Cette voie navigable est conçue pour les petites embarcations comme le kayak de mer. Plus de renseignements sur www.sentiermaritime.ca

- **Chasse et pêche.** Les régions les plus réputées sont l'Abitibi-Témiscamingue, la Côte-Nord, la Gaspésie, l'île d'Anticosti, la Mauricie, l'Outaouais, le Saguenay – Lac-Saint-Jean et le Nunavik. Les pourvoiries exploitent un territoire tout en offrant leurs services. Ainsi elles proposent des forfaits pour des expéditions assez coûteuses et qu'il faut réserver longtemps à l'avance, mais elles se chargent de tout : transport, hébergement, équipement et accompagnement avec guides qualifiés. On peut se procurer le répertoire des pourvoiries dans les kiosques à journaux. La chasse est interdite dans les parcs mais permise dans les réserves, à condition d'être en possession d'un permis (sauf dans certaines régions où la chasse est réservée à la population locale). Le gibier doit être enregistré et il faut respecter les règlements de sécurité. La pêche est autorisée dans de nombreux parcs, à condition d'avoir un permis. Les permis de chasse et de pêche s'obtiennent dans les magasins de sport ou auprès des pourvoiries. Leur prix varie en fonction de la saison, du territoire, du type de gibier ou de poisson.

- **Cyclisme.** La Route Verte a été inaugurée officiellement en 2007. Elle traverse les plaines, longe les rivières, serpente dans les villages. Plus de 4 900 km de voies cyclables relient 18 régions du Québec, d'ouest en est et du nord au sud, du Témiscamingue jusqu'à la Gaspésie et de l'Abitibi aux Cantons-de-l'Est. Une magnifique façon de découvrir le Québec ! Plus de renseignements sur www.routeverte.com

Pêcher et chasser au Québec

Ces deux activités sont soumises à des règlements spécifiques. On obtiendra tous les détails en consultant le site Internet du ministère des Ressources naturelles et de la Faune. Pour de plus amples informations sur les pouvoiries au Québec, contactez la Fédération des pourvoiries du Québec.

- **Pour pêcher,** il faut un permis qui s'achète chez les agents de vente autorisés (magasins de sports, quincailleries, dépanneurs, pourvoiries) ou sur place. La pêche au saumon requiert un permis spécial. Sauf exception, les saumons, contrairement aux autres poissons, doivent être relâchés.

- **En ce qui concerne la chasse,** il faut bien évidemment un permis, que l'on acquiert après une formation. Pour chasser certaines espèces, comme l'ours noir, l'orignal, le cerf de virginie ou le caribou, un permis spécifique est requis. Les détails sur les périodes de chasse et les limites de prises sont disponibles sur le site Internet du ministère : www.mrn.gouv.qc.ca/faune/index.jsp

■ **FÉDÉRATION DES POURVOIRIES DU QUÉBEC**
5237, boulevard Wilfrid-Hamel, Bureau 270
QUÉBEC
✆ +1 418 877 5191 / +1 800 567 9009
www.pourvoiries.com
Le portail web de la FPQ est une mine d'informations et constitue l'outil parfait pour planifier votre séjour en pourvoirie (et démystifier ce que c'est !). Ce vaste réseau d'hébergement en milieu naturel représente plus de 350 pourvoiries qui vous invitent à vivre l'expérience « Grande Nature » en toute saison dans la Belle Province. L'outil de recherche «Planificateur de vacances» vous permet de sélectionner vos critères parmi les options suivantes : pêche, chasse, activités, hébergement, et options. Un réseau de grande qualité à découvrir pour une expérience des plus authentiques !

▶ **Equitation.** Nombreux centres équestres à travers la province. Plus de renseignements sur www.cheval.qc.ca

▶ **Escalade.** On peut la pratiquer de mai à octobre et également en hiver sur quelques sites. Plus de renseignements sur www.fqme.qc.ca

▶ **Golf.** Des centaines de terrains situés pour la plupart dans les Cantons-de-l'Est, les Laurentides, en Montérégie et en Outaouais. Certains sont privés. Plus de renseignements sur www.golfquebec.org

▶ **Kayak d'eau vive/rafting.** La descente des rivières se pratique beaucoup dans plusieurs régions. Des expéditions de plusieurs jours sont organisées. Plus de renseignements sur www.canot-kayak.qc.ca

▶ **Planche à voile.** Se pratique de la mi-juin à septembre. Plus de renseignements sur www.voile.qc.ca

▶ **Plongée sous-marine.** L'île Bonaventure, les îles de la Madeleine, la Gaspésie, le Bas-Saint-Laurent et la Côte-Nord offrent d'excellents spots. Plus de renseignements sur www.fqas.qc.ca

▶ **Randonnée pédestre.** Les sentiers sont très nombreux et bien balisés dans les parcs.

▶ **Voile.** Les nombreux lacs du Québec permettent la pratique de ce sport. Mais la navigation sur le Saint-Laurent s'adresse aux initiés. Plus de renseignements sur www. voile.qc.ca

Hockey.

En hiver

Grâce aux conditions d'enneigement exceptionnelles (de 3 à 3,75 m de neige en moyenne annuelle), la pratique des sports d'hiver s'étale de décembre à mars ou avril. La pêche sur glace et la randonnée en traîneau à chiens sont des activités très populaires. Les nombreuses patinoires des villes attirent les patineurs et les joueurs de hockey. Montréal et Québec sont situées à proximité de plusieurs stations de ski, où l'on peut pratiquer le ski de piste ou de fond et les randonnées à raquettes. Les principales stations se trouvent dans les Laurentides, la région de Québec, dans les Cantons-de-l'Est et les Appalaches (www.maneige.com). Les parcs nationaux du Québec et du Canada proposent, eux aussi, des activités hivernales.

▶ **Motoneige.** On peut louer sur place les équipements nécessaires (vêtements et motoneige) auprès d'un loueur spécialisé, un hôtel ou un centre de villégiature, lesquels doivent être inscrits à la Fédération des clubs de motoneigistes du Québec (FCMQ). Cette dernière chapeaute un peu plus de 200 clubs de motoneigistes qui gèrent 33 000 km de sentiers balisés, des refuges chauffés et différents services. Permis de conduire obligatoire, carte de crédit pour caution. Il faut également se pourvoir d'une assurance spéciale et savoir respecter certaines règles de sécurité. Plus de renseignements sur www. fcmq.qc.ca. Vous pouvez aussi vous procurer le guide «Motoneige au Québec» du Petit Futé. Fort utile, il contient tout ce qu'il y a à savoir sur le monde de la motoneige ainsi que des bonnes adresses pour toutes les régions du Québec.

▶ **Traîneau à chiens.** Plusieurs compagnies d'aventure ainsi que des hôteliers offrent cette activité fort plaisante. Vous trouverez bon nombre d'excellentes références dans les différentes régions de ce guide.

Enfants du pays

Arcade Fire

Originaire de Montréal, ce groupe de rock indépendant connaît un succès fulgurant depuis quelques années. Composé de Win Butler, Régine Chassagne, Richard Parry, Tim Kingsbury, William Butler, Sarah Neufeld et Jeremy Gara, il a été formé au début des années 2000. En 2011, à Los Angeles, Arcade Fire a remporté le Grammy Award de l'album de l'année, devançant alors d'importantes vedettes de la pop américaine.

Marie-France Bazzo

Elle animait l'émission *Indicatif présent* à la radio de Radio-Canada, avant de rejoindre la télévision. Sur les ondes de Télé-Québec, elle anime désormais *Bazzo.TV*, une émission de débats fort intéressante. Au fil des ans, elle a collaboré à diverses publications tels *Le Devoir* et *Elle Québec*, et est de retour sur les ondes de la radio au 98.5 pour l'émission quotidienne matinale de Paul Arcand.

Marie-Claire Blais

Née à Québec en 1939, elle occupe une place primordiale dans la littérature québécoise. Elle dépeint des univers sombres et tourmentés et développe les thèmes de la solitude et de la marginalité. *Une saison dans la vie d'Emmanuel* a obtenu le prix Médicis en 1966 et a été portée à l'écran. Son roman *Visions d'Anna* a remporté le prix de l'Académie française en 1983. En 1994, elle a rejoint l'Académie des lettres du Québec et en 1999 elle a été faite chevalier des Arts et des Lettres. Plus récemment, elle a publié *Dans la foudre et la lumière* (2001) et *Naissance de Rebecca à l'ère des tourments* (2008), livre qui a reçu le Prix du Gouverneur général du Canada la même année. En 2005, elle a obtenu le prix Gilles-Corbeil pour l'ensemble de son œuvre.

Denise Bombardier

Née à Montréal en 1941, elle anime plusieurs émissions politiques et culturelles à la télévision canadienne et sur Radio-Canada. Elle est aussi l'auteur de nombreux livres à succès. Elle a publié chez Robert Laffont deux essais : *La Voix de la France* (1975) et *Le Mal de l'âme* (1989). Son roman le plus connu en France, *Une enfance à l'eau bénite*, a été publié au Seuil en 1985 : elle y évoque son enfance de petite Canadienne-française dans un milieu culturellement défavorisé et un monde dominé par les Anglais et la toute-puissance de l'Église catholique.

Immeubles d'habitations au bord du Saint-Laurent, Montréal.

Gilles Carle

Réalisateur, scénariste, monteur et producteur, Gilles Carle est une icône dans l'industrie du cinéma québécois. On lui doit entre autres les grands succès que sont *La vraie nature de Bernadette*, *Les Plouffe* et *Maria Chapdelaine*. Parmi les honneurs remportés, il a été nommé Chevalier de l'Ordre de la Pléiade en 2004 et Grand Officier de l'Ordre national du Québec en 2007. Il décède en 2009 des suites de la maladie de Parkinson. Des funérailles nationales sont alors organisées à la basilique Notre-Dame-de-Montréal.

Jean Chrétien

Vieux loup francophone et fédéraliste de la politique, l'ancien Premier ministre du Canada (de 1993 à 2003) est en faveur auprès des caricaturistes de tout acabit. Ce libéral très conservateur n'est pas aimé chez lui au Québec. Le récent scandale des commandites l'a rendu encore plus impopulaire. Mais notons quand même quelques faits : pendant qu'il était premier ministre, il a éliminé un déficit budgétaire de 42 milliards de dollars, 5 budgets de surplus budgétaires ont été enregistrés, 36 milliards de dollars ont été remboursés sur la dette nationale du Canada et les impôts des particuliers et des entreprises ont été réduites de 100 milliards de dollars sur 5 ans, la plus grande réduction d'impôt de l'histoire canadienne. Il a également ratifié le protocole de Kyoto et a refusé de s'engager dans la guerre contre l'Irak.

Michel Côté

Ce grand acteur de télévision et cinéma québécois est aussi comédien au théâtre. On le connaît surtout pour son rôle dans la pièce *Broue*, un succès joué depuis plus d'une trentaine d'années. Cette pièce a d'ailleurs obtenu le prix Guinness : Record mondial de longévité ! Des films comme *Cruising Bar* ou *C.R.A.Z.Y.*, en passant par des séries télé comme *La Petite Vie* et *Omertà*, Michel Côté est un incontournable de la scène artistique d'ici.

Cowboys Fringants

Ce groupe de musique folk aux accents rock et country fait fureur depuis plus d'une dizaine d'années. Les salles sont pleines à craquer, tout le monde danse et chante, bref, ils mettent une ambiance hors du commun partout où ils passent. Pourvu que ça dure encore longtemps !

Calèche au coin de l'hôtel de ville, Montréal.

Richard Desjardins

Le Brel du Québec, originaire d'Abitibi, est sorti de l'ombre en 1990 avec des chansons engagées, aux textes percutants pleins d'humour cynique, et de tendresse écorchée. On lui doit plusieurs documentaires dont *L'Erreur Boréale*, en 1999, abordant les dysfonctionnements de la gestion forestière québécoise, et plus récemment *Trou Story*, qui dénonce l'exploitation « éhontée » des ressources minières de sa région par les compagnies minières..

Jean Drapeau

Avocat et homme politique canadien, il fut maire de Montréal de 1954 à 1957, puis de 1960 à 1986. Les réalisations les plus connues de son administration sont la construction du métro et de la Place des Arts, la création du club de baseball Les Expos, la tenue de l'exposition universelle en 1967 et des Jeux olympiques d'été en 1976 (à noter : la dette contractée lors de la construction du stade olympique sera remboursée 30 ans plus tard...).

Pierre Foglia

Avec son langage cru, chroniqueur d'opinion italo-québécois, il se déchaîne dans le quotidien *La Presse* depuis 1972. Toujours très intéressant à lire !

Rémy Girard

Il serait long d'énumérer tous les films, séries télévisées et pièces de théâtre dans lesquels a joué Rémy Girard. La liste des prix est impressionnante et notons qu'il a été récompensé aussi à l'international comme au Festival de Cannes. Un très grand comédien !

Marc-André Grondin

Il apparaît pour la première fois devant les caméras à l'âge de 3 ans. Après plusieurs apparitions dans des séries télévisées, il interprète le rôle principal de Zachary Beaulieu dans *C.R.A.Z.Y.*, personnage qui le révèle au grand public. En 2009, il obtient le « César du meilleur espoir masculin 2009 » pour son rôle dans le film français *Le Premier jour du reste de ta vie.*

John Gilbert « Jack » Layton

Ce grand homme politique canadien, né à Montréal en 1950, a dirigé le Nouveau parti démocratique du Canada (NPD) de 2003 à sa mort en août 2011. Il fut probablement l'homme politique le plus apprécié au pays en raison de sa proximité avec les Canadiens et de ses valeurs humaines et sociales qui transcendent les opinions politiques. Il a eu droit à des funérailles d'État, même s'il n'était pas le Premier ministre du pays, un moment très touchant et diffusé sur toutes les chaînes nationales.

Félix Leclerc

Une icône au Québec, cet auteur-compositeur-interprète, poète, écrivain et acteur québécois est l'instigateur de la tradition des chansonniers québécois et fut une voix très puissante du nationalisme au Québec.

Guy A. Lepage

Créateur de la série *Un gars, une fille*, reprise dans plusieurs pays, il est aujourd'hui l'animateur de la version québécoise de l'émission *Tout le monde en parle*, qui bat des records d'audience tous les dimanches soir. Mais la plupart des Québécois se souviennent de lui en tant que membre de la bande humoristique des années 1980 : *Rock et Belles Oreilles*.

Robert Lepage

Metteur en scène, scénographe, auteur dramatique, acteur et cinéaste québécois, Robert Lepage puise dans l'histoire contemporaine et son œuvre transcende les frontières. Il est entre autres le créateur du *Moulin à images*, œuvre projetée à Québec depuis le 400e anniversaire de la ville.

René Lévesque

Il fait ses débuts en tant que journaliste, correspondant de guerre et animateur de radio et de télévision. Ensuite, il se hisse sur la scène politique québécoise comme député, ministre et chef politique. Il fonde le Parti québécois (PQ) en 1968 et prend la tête du gouvernement de 1976 à 1985. C'est à lui que l'on doit la nationalisation de l'électricité dans les années 1960 et le référendum de 1980 sur la souveraineté du Québec. Il décède en novembre 1987 d'une crise cardiaque.

Pierre Péladeau

Hommes d'affaires parmi les plus fortunés du pays, il a bâti son empire dans l'édition, avec notamment le *Journal de Montréal*. Quebecor, c'est lui. Son fils, Pierre Karl Péladeau, est à la tête de ce qui est dorénavant un empire des médias à travers le monde.

Luc Plamondon

Vieux copain du regretté Michel Berger, il est l'un des paroliers les plus célèbres du Québec. Il a collaboré aux comédies musicales *Starmania*, *Roméo et Juliette*, *Cindy* ou encore *Notre-Dame de Paris*. Auteur habile et doté d'une capacité à découvrir les talents, ses textes sont chantés par les plus grands artistes français et québécois.

Michel Tremblay

Écrivain reconnu et apprécié de tous les Québécois, Michel Tremblay a mené la dramaturgie québécoise à son apogée. Depuis *Les Belles-Sœurs* (1968), il a donné naissance à un théâtre totalement libre. Ses pièces de théâtre (plus de 20) sont devenues de véritables classiques : *Demain matin Montréal m'attend*, *Les Héros de mon enfance*, *La Maison suspendue*, etc.

Pierre Elliott Trudeau

Chef politique fédéral très connu, il est Premier ministre du Canada de 1968 à 1979 et de 1980 à 1984. Grand fédéraliste prônant l'unité canadienne, il demeurera, tout au long de sa carrière, opposé à la souveraineté du Québec. Son plus grand héritage politique en faveur du peuple restera la Charte canadienne des droits et libertés.

MONTRÉAL

Eglise anglicane Christ Church sur Sainte-Catherine.

Montréal

Deuxième ville du Canada après Toronto, place financière et commerciale particulièrement dynamique, centre portuaire de tout premier ordre sur la voie fluviale reliant les Grands Lacs à l'Atlantique, Montréal est la seconde ville francophone du monde après Paris. Elle est la seule ville du Canada à avoir su concilier les influences du Vieux Continent et la modernité nord-américaine, à avoir pu réunir les communautés anglophone et francophone que l'histoire a longtemps opposées, et à avoir réussi à intégrer une mosaïque ethnique issue de l'immigration. C'est aussi un agglomérat de villes et villages jadis distincts et une métropole culturelle d'une grande vitalité.

Histoire

Hochelaga, Ville-Marie, Mont-Royal. Avant l'arrivée des Français au Canada, la plupart des sites qui allaient devenir des lieux de colonisation étaient occupés par les Amérindiens, longtemps nommés Indiens puisque les découvreurs du Nouveau Monde s'étaient fixé comme objectif la découverte d'un passage vers les Indes. Premiers habitants de l'île de Montréal, établis dans le village d'Hochelaga, au pied du mont Royal, les Mohawks, appartenant à la nation iroquoise, étaient les alliés des colons français, quand ils ne choisissaient pas le camp des Anglais. Exemple de ces revirements d'alliances, l'incident qui eut lieu à Lachine et qui fut le plus sanglant qui ait marqué l'histoire du Québec : dans la nuit du 4 au 5 août 1689, les Iroquois détruisirent le village, brûlant la plupart de ses maisons et tuant, semble-t-il, 200 habitants.

À l'arrivée des Blancs se trouvait sur l'île une bourgade indienne, Hochelaga. Jacques Cartier, découvreur de la Nouvelle-France, visita l'endroit en 1535. Par ailleurs, un campement indien aurait été établi sur l'actuel campus de l'université McGill. C'est à Jacques Cartier que le mont Royal doit son nom. L'ayant gravi, il se serait exclamé, émerveillé par le panorama : « C'est un mont réal ! », alors que le baptême de l'île Sainte-Hélène, située juste en face de l'actuel centre-ville de Montréal, revient à Samuel de Champlain, fondateur de la ville de Québec. Le mont Royal, seule éminence visible à des kilomètres à la ronde, était déjà, et demeure le pôle d'attraction, l'élément qui caractérise le mieux Montréal. Une première croix y fut plantée par Maisonneuve en 1643, en remerciement pour le sauvetage de la colonie menacée d'inondation.C'est à titre de mandataire de la Société de Notre-Dame que Paul de Chomedey, sieur de Maisonneuve, établit le 17 mai 1642 une première poignée de Français sur l'île de Montréal. Ce premier établissement, nommé Ville-Marie, était créé dans le but avoué de convertir les Indiens ou « sauvages », comme on avait alors l'habitude de les appeler. Ce qui allait devenir bien plus tard la métropole du Canada comptait, à ses débuts, une quarantaine de colons, parmi lesquels se trouvaient Marguerite Bourgeoys et Jeanne Mance. Cette dernière allait, la même année, créer un premier hôpital, l'Hôtel-Dieu. L'institution a perduré mais changé de site. Marguerite Bourgeoys, devenue il y a plusieurs années la première sainte québécoise, ouvrit une école de jeunes filles en 1658. C'est ainsi que les femmes imprimeront très tôt leur marque dans l'histoire de Montréal. En 1731, Marguerite d'Youville fonda la congrégation des Sœurs de la Charité. Mieux connues sous le nom de Sœurs grises, celles-ci prirent en charge l'hôpital des frères Charron et bien d'autres œuvres.Mais les femmes furent surtout les génitrices responsables du peuplement du pays, car le taux de natalité était très élevé au Canada. Ainsi, en 1660, Montréal comptait 400 habitants ; vingt ans plus tard, on en dénombrait 1 300, majoritairement canadiens. Vers 1700, la population atteignait 3 000 personnes.En 1860, Montréal, communauté de 90 000 habitants, se concentrait autour de la Place d'Armes et ne débordait pas de la rue Sherbrooke. Un siècle plus tard, le Square Dominion (Dorchester) devenait le cœur de l'activité urbaine.La Société de Notre-Dame, à l'origine de la fondation de Montréal, allait vite se ruiner dans cette entreprise mystique de conversion des Indiens : elle devra vendre la seigneurie de l'île de Montréal au séminaire de Saint-Sulpice, à Paris. Ce changement de propriétaire s'accompagnera d'un changement de statut instauré par le nouveau roi de France, Louis XIV. Montréal deviendra ainsi un comptoir commercial. Des conflits avec Québec, le chef-lieu, ayant éclaté, Maisonneuve, gouverneur de Montréal, devra rentrer en France où il finira ses jours.

La foi et la France. Les premières rues de Montréal sont tracées en 1672 par le supérieur du séminaire, Dollier de Casson, un fort gaillard de près de 1,92 mètre qui avait été d'abord soldat. Si le clergé et les communautés religieuses jouaient un rôle important dans le développement de la ville, créant des établissements hospitaliers et scolaires, la foi aidait à préserver la langue et la culture françaises face aux différentes vagues d'immigration et tentatives d'assimilation du Canada anglais.

Les guerres, menées à la fois contre les Indiens (en 1644, Maisonneuve avait dû tuer d'un coup de pistolet un Iroquois lors d'une confrontation à Pointe-à-Callière) et contre les Anglais, contraindront les autorités à fortifier la ville et ce, malgré la signature en 1701 par les Sulpiciens, seigneurs de l'île, d'un traité de paix avec les Iroquois. Les vestiges d'un mur de pierre ont été mis au jour, derrière l'hôtel de ville, pour les célébrations du 350e anniversaire de la fondation de Montréal, en 1992. La ruelle des Fortifications témoigne encore de l'emplacement des murs du côté nord. Ces mesures de protection ne freineront cependant les convoitises ni des Anglais (signature de la capitulation de la Nouvelle-France à Montréal, en 1760), ni des Américains qui s'installeront à Montréal pour une brève période en 1775 et 1776. En fait, ces murs ne protégeaient pas vraiment dans la mesure où les maisons, construites sur un terrain en dos d'âne, les surplombaient.C'est un Français, ami des Américains, Fleury Mesplet, qui créera, en 1778, le tout premier journal du Québec, *la Gazette* du commerce et littéraire pour la ville et le district de Montréal. Imprimé au Château Ramezay, ancienne résidence du gouverneur de Montréal et aujourd'hui Musée historique, cet hebdomadaire bilingue est devenu *The Gazette*. Ainsi, le plus vieux journal de Montréal est aujourd'hui le seul quotidien anglophone de la ville.Située à l'extrémité navigable du fleuve Saint-Laurent et au confluent des voies fluviales donnant accès à l'intérieur du continent et menant jusqu'à la Louisiane et au Pacifique, Montréal fut longtemps le centre économique, militaire et administratif du nouveau pays. Les premières institutions parlementaires y ont vu le jour. La première activité commerciale florissante fut celle de la fourrure.

Le deuxième port des Amériques. La situation insulaire de Montréal sur ce grand fleuve s'ouvrant sur une riche portion de l'Amérique industrielle contribuera au développement économique de la ville. L'année 1824 sera, à cet égard, une date importante : l'ouverture du canal de Lachine permettant en effet de contourner les tumultueuses rapides du même nom. Des industries s'implantent aux abords de cette voie de navigation, qui lance l'ère de l'industrialisation. Sur le site aujourd'hui abandonné, on a aménagé des sentiers pédestres et une piste cyclable. Le développement immobilier actuel s'affaire également à convertir en condos luxueux les nombreux entrepôts en bordure du canal.

Quelques dates importantes

- **1535 >** Jacques Cartier explore le Saint-Laurent jusqu'à l'île de Montréal.
- **1642 >** Ville-Marie, la future Montréal, est fondée par Paul de Chomedey. Une petite colonie s'établit sur les berges du Saint-Laurent.
- **1701 >** Les Amérindiens signent la paix, et les colons se lancent dans la traite de la fourrure.
- **1760 >** Les troupes britanniques s'emparent de la colonie. La Nouvelle-France passe sous contrôle anglais.
- **1775 >** Le vent de la révolution passe par Montréal, les insurgés américains gagnent l'adhésion des colons.
- **1801 >** La vieille ville déborde de ses remparts que l'on doit démolir.
- **1945 >** Emergence de la communauté francophone de Montréal dans le domaine des arts, des sciences et du commerce.
- **1967 >** Exposition universelle
- **1976 >** Jeux olympiques d'été.
- **1992 >** 350e anniversaire de la fondation de Montréal.

Avenue Papineau
Avenue Christophe Colomb
Rue Saint-Hubert
Rue Berri
Rue Lajeunesse
Boulevard Saint-Laurent
Rue Henri Bourassa
Rue Sauvé
Chabanel
Rue Chabanel
Rue Beaubien
ROSEMONT-
LA PETITE-PATRIE
Avenue de Lorimier
Talon Est
Rue Bélanger
Rue Beaubien Est
Boulevard Rosemont
LE PLA
MONT
NORD
Parc Jarry
Gare Chabanel
Gare du Parc
Rue Jarry
Rue Jean
Rue Saint-Denis
PLATE
Boulevard de la Côte Vertu
Boulevard de l'Acadie
Blvd Lebeau
Gare Montpellier
Avenue du Parc
Boulevard Saint-Laurent
Rue Saint-Urbain
Chemin Rockland
Boulevard Laird
OUTREMONT
Bd
Av du Mont-Royal
Saint-
Gare Mont-Royal
Graham
40
Parc J. Mance
Gare Canora
Boulevard
PARC DU MONT-ROYAL
Chemin Lucerne
MONT-ROYAL
Rue Jean Talon Ouest
Avenue Van Horne
Chemin de la Côte Sainte-Catherine
Cimetière du Mont-Royal
Voie Camillien Houde
Parc du Mont-Royal
Rue de la Savanne
15
Avenue Victoria
Chemin de la Côte des Neiges
CE
Oratoire Saint-Joseph du Mont-Royal
WESTMOUNT
Avenue Atwater
Bd de
Chemin Queen Mary
The Boulevard
Rue Sherbrooke Ouest
Rue Sainte-Catherine
720
Avenue Van Horne
Gare Vendôme
Bd Décarie
Rue Saint-Ant
Rue Notre-Da
Avenue de Monkland
15
Rue Saint-Jacques
Rue Saint-Rémi
CÔTE ST-LUC
Chemin de la Côte Saint-Luc
Rue Sherbrooke Ouest
SU
Avenue Fielding
Avenue de l
Boulevard Monk
Rue Saint-Jacques
20
Rue Saint-Patrick
Vers Aéroport International P.E. Trudeau
Gare de Montréal-Ouest
Boulevard des Trinitaires
Avenue Newman
Boulvard de Verdun
Boulevard Champlain
Parc Angrignon
LASALL

Les quartiers de Montréal

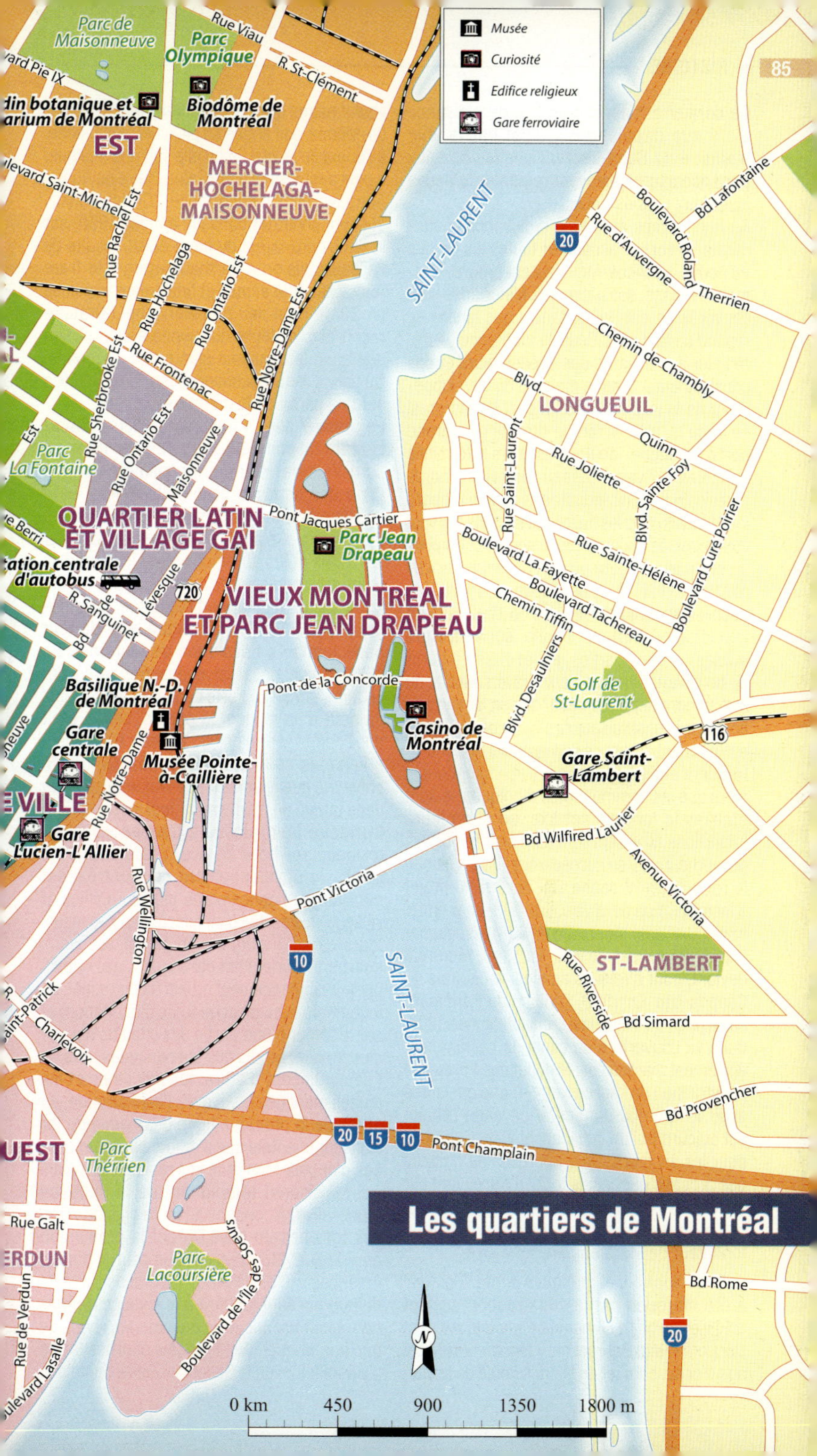

Ce dernier est devenu un lieu de plaisance alors que depuis 1959, c'est par la voie maritime du Saint-Laurent que les bateaux transocéaniques peuvent remonter le fleuve jusqu'aux Grands Lacs.
Au fil du temps et avec la croissance économique, le port va accaparer toutes les berges du fleuve. Le Vieux-Montréal est progressivement délaissé, ses bâtiments historiques sont convertis en entrepôts, tandis que la ville se répand de tout côté. Seule la montagne pourra résister aux assauts des spéculateurs et des constructeurs. Source majeure du développement de la ville en 1880, le port de Montréal ne cède qu'à New York le titre de plus grand port d'Amérique. Montréal est alors le terminus canadien du vaste réseau ferroviaire nord-américain. L'essor industriel a amené d'abord les Irlandais, puis les Italiens et les Juifs qui vont composer les importantes minorités culturelles de cette jeune métropole, redevenue francophone de plein droit beaucoup plus tard.Une décision administrative prise en 1792 aura un impact important sur la ville, qui sera alors divisée en deux parties, est et ouest, à partir du boulevard Saint-Laurent. Traversant l'île du sud au nord depuis le début de son histoire, ce boulevard constitue aujourd'hui la démarcation entre l'ouest et l'est de la ville, et sert un peu de frontière entre francophones et anglophones, alors que les communautés ethniques se sont établies le long de cet axe, au fil de leurs migrations.Montréal sera administrée par des gouverneurs qui se succéderont jusqu'à ce que le roi William IV donne son accord au projet d'incorporation de la ville. En 1833, un premier maire, Jacques Viger (1787-1858), est élu par le premier conseil de ville. En 1844, Montréal devient, pour quelques années, la capitale du Canada-Uni. En 1849, l'édifice du Parlement est la proie d'un incendie criminel.L'année 1824, qui a vu l'ouverture du canal de Lachine, est également marquée par le début des travaux de construction de l'église Notre-Dame qui, après avoir longtemps dominé le paysage urbain, est aujourd'hui un indispensable rendez-vous pour les visiteurs. On y apprécie les qualités des artisans québécois tout en retrouvant sur les vitraux l'histoire de la ville. En face, sur la place d'Armes, un monument représente le fondateur de Montréal, Maisonneuve.

▶ **Cent clochers et quelques ponts.** Montréal a été marquée par la construction de tant d'églises qu'on l'a surnommée « la ville aux cent clochers ». Mgr Bourget qui « régna » durant cet âge d'or de la foi (et de la croissance de la cité) voulut même que sa cathédrale, Marie-Reine-du-Monde, soit érigée en plein fief anglophone, à l'ouest de la ville, et qu'elle soit une réplique, à plus petite échelle, de Saint-Pierre de Rome. Autre lieu culte d'importance, l'Oratoire Saint-Joseph, construit dans les années 1930, sur le flanc nord-ouest du mont Royal, résulte de l'ardente vision d'un thaumaturge, le frère André, béatifié depuis et finalement canonisé en 2010. Haut lieu de pèlerinage, l'Oratoire reçoit des visiteurs du monde entier, et son dôme est le troisième plus grand au monde. Du parvis, vous découvrirez une vue grandiose sur une partie de la métropole.
Le premier pont à traverser le fleuve Saint-Laurent fut construit entre 1854 et 1859. Le pont Victoria était alors considéré comme l'une des sept merveilles du monde. Bien des immigrants irlandais sont morts au cours des travaux. Ce pont est encore parcouru par les trains et les automobiles, et les Irlandais forment toujours une communauté locale importante. Récemment restaurée, la cathédrale Saint-Patrick témoigne bien de leur participation à l'évolution de Montréal. En 1876, le mont Royal est aménagé en parc. Pour ce faire, la ville se porte acquéreur de terrains au coût d'un million de dollars, ce qui était une somme énorme pour l'époque. De l'aspect original de ce haut lieu montréalais, on n'a conservé que le sommet de Westmount, situé dans la ville du même nom, tout juste derrière l'Oratoire Saint-Joseph. L'année suivante, on inaugure l'hôtel de ville.Vers la fin du XIXe siècle, le développement de Montréal est marqué par l'annexion de plusieurs villes et villages voisins, qui n'en conservent pas moins leurs caractéristiques. Toutefois, les vieux quartiers ouvriers ont été transformés depuis par le réaménagement urbain (construction de logements sociaux et de tours d'habitation) et par le retour d'une partie des citadins dans le centre-ville, tandis que les banlieues hors de l'île continuent d'attirer les industries et les jeunes ménages.C'est avec l'inauguration, en 1887, de la première ligne de chemin de fer transcontinentale que s'amorce le début d'un âge d'or pour Montréal. Les résidences-palais qui surgissent témoignent de la richesse d'une ville qui concentrait alors plus de 70 % des fortunes du pays.Durant la prohibition américaine, Montréal est très courue par les Américains. C'est le début des grands cabarets de nuit qui vont lui faire une joyeuse réputation. Montréal accueille des artistes venus de partout, et quelques Français choisissent de s'y établir lors de la Seconde Guerre mondiale.

Plus tard, le développement d'un authentique show business québécois amènera la consécration de vedettes telles que Félix Leclerc, indéniablement le père de la chanson québécoise (un monument lui est dédié dans le parc Lafontaine), et, plus récemment, Roch Voisine, Céline Dion, Isabelle Boulay et Garou, pour ne nommer que ceux-ci.En 1967, Montréal accueille l'exposition internationale Terre des Hommes, ce qui lui permet de marquer à nouveau sa vocation internationale, alors qu'elle est en passe de perdre son titre de métropole du Canada. À la faveur d'un renouveau nationaliste, les francophones occupent plus de place dans les administrations ; on se bat (les débats se poursuivent encore) pour le fait français. On ira jusqu'à légiférer sur la langue d'affichage des commerces. La montée du nationalisme est marquée par des attentats terroristes, culminant avec l'enlèvement d'un diplomate britannique et l'assassinat d'un ministre québécois lors de ce qu'il est convenu d'appeler la Crise d'octobre. Cela se passe en 1970, au lendemain de la commission d'enquête sur le biculturalisme et le bilinguisme, commission qui a constaté la situation d'infériorité économique des francophones, et au début de la réforme de l'enseignement collégial.Résultat : le Québec va changer d'allure avec la venue au pouvoir à Québec du Parti québécois. Aux réformes sociales qui aboutissent à la nationalisation de l'électricité et de l'assurance-santé s'ajoute une loi sur la langue qui fait encore parler. Le visage de Montréal devient de plus en plus français ; les francophones accèdent à des postes de direction dans les grandes entreprises et les anglophones sont de plus en plus nombreux à quitter la ville pour l'ouest du Canada. Tel est le résultat de la Révolution tranquille amorcée dans les années 1960. Mais les enfants de l'après-guerre n'ont pas suivi les traces de leurs parents en matière de naissances et, depuis les années 1970, ce sont les immigrants qui font croître la population. Les statistiques concluent à une baisse de la population anglophone et à une augmentation des allophones (du grec allos = autres), principalement à Montréal.Deuxième ville francophone au monde, Montréal a longtemps été la deuxième plus grande ville anglophone du Canada. Elle était administrée par des anglophones qui tenaient les commerces et les industries, et c'est en anglais qu'on affichait partout en ville. Autour du mont Royal, on avait vu s'implanter, d'un côté, l'université McGill (anglophone) et de l'autre, l'université de Montréal (francophone). Parallèlement, les riches résidences des anglophones se concentraient à Westmount et celles des riches francophones à Outremont. Les choses ont bien changé depuis. Aujourd'hui, des francophones habitent dans le bastion anglophone de Westmount, tout comme dans les villes de l'ouest de l'île, longtemps désigné comme le West Island.

La ville aujourd'hui

Une montagne dans une ville sur une île dans un fleuve. Montréal occupe une superficie de 500 km2. Sa population est majoritairement francophone, mais aux importantes communautés anglo-saxonne, chinoise, italienne, irlandaise et juive sont venus s'ajouter des immigrants grecs et portugais ; plus récemment, les communautés haïtienne, vietnamienne et cambodgienne ont enrichi cette mosaïque qui forme le caractère multiethnique du Montréal d'aujourd'hui. On compte près de 80 ethnies.

La ville de Montréal regroupe 19 arrondissements et des villes autonomes où vivent, en tout, près de 2 millions d'habitants. Toutefois, Montréal rayonne hors de l'île : sa sphère d'influence s'étend sur un rayon d'environ 100 km, pour former la région métropolitaine de Montréal qui couvre 4 047 km^2 et compte 3,8 millions d'habitants.

Les immanquables de Montréal

- **Une promenade** dans les rues du Vieux-Montréal.
- **Une photo** depuis le sommet du mont Royal, une forêt en plein cœur de la ville.
- **La visite** du musée des Beaux-arts et du musée d'Art contemporain.
- **Une sortie** dans les innombrables théâtres ou cinémas. Certains préféreront, toutefois, se rendre à un match de hockey ou de football américain.
- **La découverte** du quartier du Plateau Mont-Royal, très coloré, ou du Quartier latin, lieu par excellence pour flâner en terrasse.
- **Un déjeuner** au marché Jean-Talon, dans « la Petite Italie ».

Montréal est desservie par un aéroport qui accueille le trafic aérien, tant national qu'international : l'aéroport Pierre Elliott Trudeau situé à quelques kilomètres du centre-ville. Situé à 1 600 km de la côte atlantique, le port de Montréal, toujours très actif, s'étend sur 6 353 686 m². Le trafic maritime y est assuré toute l'année, même en hiver. Parmi les 5 000 navires qui y passent chaque année, un bon nombre fait la navette entre Montréal et les ports des Grands Lacs.Faisant partie d'un archipel, l'île de Montréal est la plus grande, suivie de l'île Jésus, sur laquelle est bâtie la deuxième plus grande ville du Québec, Laval, née de la fusion de tous les villages égrainés autour de cette île. Ces deux îles divisent le fleuve Saint-Laurent en trois embranchements qui vont du nord au sud : la rivière des Mille-Iles (entre l'île Jésus et la rive nord) ; la rivière des Prairies (entre les îles de Montréal et Jésus) ; le fleuve Saint-Laurent, qui coule impétueusement sur une partie de son parcours entre l'île de Montréal et la rive sud.Des ponts enjambant ces fleuves et rivières constituent les grandes voies d'accès où se bousculent les banlieusards, matin et soir. Le développement urbain à l'extérieur de l'île a d'ailleurs suivi la construction des différents ponts.

QUARTIERS

La ville est divisée en deux parties, est et ouest, par le boulevard Saint-Laurent (La Main), qui traverse l'île du sud au nord, frontière entre les anglophones et les francophones. Mais attention, l'est et l'ouest ne se définissent pas par rapport aux points cardinaux mais bien par rapport au boulevard Saint-Laurent. Ainsi, vous verrez le soleil se coucher au nord selon la définition montréalaise de l'est et de l'ouest ! Les numéros se correspondent exactement d'une rue à l'autre (le 1110 Sainte-Catherine Est équivaut au 1110 Sherbrooke Est).

Difficile de se perdre dans Montréal, la ville étant construite en damier, comme tous ses homologues nord-américains. En revanche, il faut faire attention aux coupures de certaines rues qui reprennent un pâté de maisons plus loin.

Les quartiers de Montréal ne sont pas toujours clairement délimités. Les arrondissements, qui sont des subdivisions électorales, comprennent quelques quartiers (ou districts). Pour s'y retrouver, on doit se représenter la ville en damier, quadrillée de rues qui, pour les unes, vont dans la direction nord-sud, pour les autres dans la direction est-ouest. Font exception les rues qui serpentent autour et dans la montagne, notamment le chemin de la Côte-Sainte-Catherine et le chemin de la Côte-des-Neiges, qui contournent le mont Royal.Quant aux adresses, la numérotation des rues dans le sens est-ouest commence au boulevard Saint-Laurent. Pour les rues perpendiculaires dans la direction nord-sud, la numérotation débute à partir du fleuve.

Vieux Montréal et Parc Jean Drapeau

▶ **Vieux-Montréal.** Le Vieux-Montréal, c'est l'histoire même de la ville, lieu de fondation de Ville-Marie en 1642 par Paul de Chomedey. Malgré les nombreux incendies ayant fait disparaître les plus anciens bâtiments, plusieurs travaux de restauration et d'aménagement ont donné un nouveau souffle à la vieille ville et au port qui accueillent dorénavant des milliers de touristes charmés par ce style européen et historique. Boutiques, restaurants, musées et galeries d'art, places et promenades, bref, vous aurez amplement de quoi remplir une journée. Situé au sud du centre-ville, le Vieux-Montréal longe le fleuve, ou plutôt le port, car l'ancienne rive a été comblée par la construction du port actuel. La rue de la Commune, qui constitue la limite sud du Vieux-Montréal, correspond aux délimitations de l'enceinte des anciennes fortifications. Quelques rues, et parmi elles la plus ancienne, la rue Saint-Paul, ont conservé leur pavement ancien sur une partie de leur parcours. Ces fortifications n'ont guère servi, les édifices étant construits sur une hauteur qui leur permettait de les dominer. Les murs d'enceinte, assez fragiles, se sont avérés encombrants pour les commerçants et ont été détruits.Le Vieux-Port (dorénavant appelé « Quais du Vieux-Port ») a été converti en parc récréo-touristique s'étendant sur 2,5 km et offrant une vue imprenable sur le majestueux fleuve Saint-Laurent. Le projet de réaménagement du canal de Lachine a permis la revitalisation des berges qui servent maintenant de terrain de jeux aux Montréalais (kayak, vélo, etc.).

Le Vieux Montréal
Edifice religieux
Curiosité et monument
Musée
Théâtre
Gare maritime
0
200 m
Square Victoria
SQUARE VICTORIA
PLACE-D'ARMES
DE-MARS
Place du Commerce
Bourse
Centre de commerce Mondial
Banque Royale
Palais des Congres
Banque de Montréal
Place d'Armes
Séminaire St-Sulpice
Basilique Notre-Dame
Théâtre Centaur
Palais de Justice
Vieux Palais de Justice
Champ de Mars
Hôtel de Ville
Info-Touriste
Place J. Cartier
Musée du Château de Ramezay
Auberge St-Gabriel
Marché Bonsecours
Cour Municipale
Place V. Morin
Eglise Jacques-Viger
Lieu Historique National Sir G.E. Cartier
Chapelle Notre-Dame de Bon-Secours
Faubourg des Récollets
Centre d'Histoire de Montréal
Place Royale
Musée Pointe-à-Caillère
Maison de Mère d'Youville
Ecuries d'Youville
Musée Marc-Aurèle Fortin
Centre des sciences
Cinéma Imax
Port d'Escale
Pavillon J. Cartier
Bateau-Mouche
Bassin Bonsecours
Parc du Bassin
Place des Jeux
Quai de l'Horloge
Bassin de l'Horloge
Tour de l'Horloge
Bassin Jacques Cartier
Belvédère sur le Fleuve
Bassin King-Edward
Quai King-Edward
Bassin Alexandra
Gare Maritime Iberville
Quai Alexandra
Parc des Ecluses
Rue Saint-Antoine
Rue Saint-Pierre
Rue Saint-Jacques
Rue Notre-Dame
Rue Mc Gill
Rue des Recollets
Rue de l'Hôpital
Rue du St-Sacrement
Rue St-François-Xavier
Rue Saint-Maurice
Rue Lemoyne
Rue St-Henry
Rue de Longueil
Rue St-Nicolas
Rue Saint-Paul
Rue St-Paul
Rue Saint-Sulpice
Rue St-Dizier
Rue de la Commune
Promenade du Vieux-Port
Rue William
Place d'Youville
Rue King
Rue Wellington
Rue des Soeurs-Grises
Rue d'Youville
Rue Queen
Urbain
Boulevard Saint-Laurent
Rue Saint-Jean
Rue Saint-Gabriel
Baptiste
Saint-Vincent
Rue Gosford
Rue St-Louis
Rue du Champs-de-Mars
Rue Bonsecours
Rue Berri

La piste cyclable qui se rend du Vieux-Montréal au Lac Saint-Louis suit le canal et est agréablement aménagée.
Depuis l'été 2012, une plage urbaine a installé ses pénates sur le quai de l'Horloge, à l'extrémité est des Quais du Vieux-Port. Autre projet à venir : un jardin aérien, inspiré de la High Line de New York City, sera situé à l'extrémité est de la rue de la Commune et s'étendra entre les rues Berri et Amherst. Cet aménagement comprendra l'installation de bancs sur une terrasse en bois et de plantes indigènes, et offrira une superbe vue sur tout le quartier, le fleuve et l'île Sainte-Hélène.

Les Îles Sainte-Hélène et Notre-Dame (Parc Jean-Drapeau). Toutes deux situées en face des Quais du Vieux-Port, elles sont aujourd'hui un important lieu de villégiature pour les Montréalais. La Ronde (parc d'attractions, propriété du groupe Six Flags), les grands parcs, la Biosphère, la plage de l'île Notre-Dame, le Casino, et le circuit de Formule 1 / Nascar sont très populaires. L'île Sainte-Hélène porte le nom de la femme de Samuel de Champlain, qui se posa sur l'île en 1611. L'Exposition universelle de 1967 ainsi que les jeux Olympiques de 1976 ont eu de fortes répercussions sur les îles. De nombreuses structures actuelles comme la Biosphère (musée de l'Environnement) et le Casino ont été construites pendant l'Expo. Le bassin d'aviron a été édifié pour les jeux Olympiques.

Centre-ville et Westmount

Le centre-ville. Enserré par la montagne et le fleuve, le centre-ville de Montréal est le lieu par excellence des affaires et du « shopping ». La rue Sainte-Catherine, qui le traverse d'est en ouest (portion piétionne entre les rues de Bleury et Saint-Laurent), est l'artère principale du centre où se concentrent les grands noms de la mode, les restaurants et bars ainsi que les boutiques en tous genres. L'architecture y est aussi bien diversifiée : les gratte-ciel imposants côtoient les bâtiments d'époque. Le centre-ville englobe plusieurs « sous-quartiers » : le Centre des affaires, le Quartier du Musée (au nord-ouest et on y trouve également de nombreuses galeries d'art), le Quartier International et Chinatown (qui côtoient le Vieux-Montréal), et le Quartier des spectacles (qui englobe de nombreuses salles autour de la place des Arts). Mais le centre-ville ne se trouve pas qu'en surface... Une ville souterraine s'étend sous nos pieds avec plus de 30 km de couloirs et passages piétonniers empruntés chaque jour par pas moins de 500 000 personnes !

Westmount. C'est sur l'un des trois sommets voisins qui forment le mont Royal, à l'ouest comme son nom l'indique bien, que s'est établie cette ville à majorité anglophone dont la population est la plus riche du pays.

La ville souterraine en chiffres

31,5 km de corridors, places intérieures et tunnels reliant :

- **10** stations de métro.
- **2** gares ferroviaires.
- **2** gares régionales d'autobus.
- **63** complexes à bureaux.
- **9** grands hôtels.
- **1 615** logements.
- **293** restaurants.
- **1 550** commerces.
- **30** salles de cinéma, d'exposition et de concert/théâtre.
- **2** universités.
- **1** collège.
- **14 500** espaces de stationnement intérieur public.
- **178** points d'entrée sur rue.
- **500 000** personnes y circulent chaque jour.

Source : Ville de Montréal.

La version numérique de ce guide offerte !

1. Rendez vous sur http://boutique.petitfute.com.
2. «Ajouter au panier» la version numérique de votre guide papier, puis «Valider».
3. Entrez le code de remise ci-dessous et cliquez sur « Utiliser un bon de réduction ».

8V467MVJMSVP

Le code ne peut être utilisé qu'une seule fois.

4. Cliquez sur « Passez la commande ».
5. Créez votre compte en cliquant sur le lien « S'enregistrer » ou connectez-vous à votre compte existant.
6. Sélectionnez le mode de paiement « Valider ma commande offerte », cliquez sur « Poursuivre » puis « Valider la commande ».
7. Cliquez sur « Mes produits téléchargeables » et sélectionnez votre version numérique.

Formats disponibles* pour smartphones, tablettes, liseuses et ordinateurs PC ou MAC. Offre valable jusqu'au 31/12/2014 sous réserve de l'arrêt de commercialisation de certains titres en France métropolitaine et dans le monde et sous réserve que le nombre de téléchargements soit inférieur ou égal au nombre d'exemplaires de guides papier imprimés.

Connexion internet et espace disque disponible suffisant

Il faut respecter la taille des caractères lorsque l'on rentre le code dans le champ « Code de remise ».

*** Formats disponibles :**

PDF : format lisible avec un lecteur compatible PDF, tel Adobe Acrobat Reader®, dont la dernière version, entièrement gratuite, est accessible sur le site Adobe.

EPUB : Format basé sur XHTML (le format de texte majoritairement utilisé sur le Web), et donc théoriquement lisible sur tous types de périphériques, grâces à de nombreux logiciels de lecture, souvent disponibles gratuitement.

Mobipocket : format lisible avec le lecteur Mobipocket®, particulièrement pratique pour les appareils mobiles (téléphone), et certains e-reader (cybook et Kindle). Voir le site mobipocket pour plus d'informations.

Streaming : format vous permettant d'accéder en streaming aux ouvrages via notre liseuse web. Pour accéder à ce format, vous devez impérativement disposer d'une connexion à l'Internet et d'une largeur d'écran supérieure à 800 pixels. Actuellement compatible avec Firefox 3 ou supérieur, Safari 4 et Internet Explorer 7 ou supérieur.

Maisons victoriennes colorées du Square Saint-Louis.

Ratons-laveurs quémandeurs sur le mont Royal.

Restaurant dans le quartier international.

Vue sur le centre-ville depuis le mont Royal.

Aujourd'hui, entièrement entourée par la ville de Montréal, elle devient de plus en plus francophone. On y trouve, à flanc de montagne, de riches propriétés (l'ex-Premier ministre Brian Mulroney y a acheté une résidence de 2 millions de dollars pour prendre sa retraite politique). Au sommet, un bois a été conservé dans son état sauvage pour rappeler l'aspect du site originel. Pour visiter Westmount, il faut être bon marcheur, car plusieurs rues sont en pente raide : n'oublions pas, nous sommes à flanc de montagne.

Quartier latin et Village gai

▶ **Quartier latin.** Le Quartier latin, délimité par la rue Sherbrooke et le boulevard de Maisonneuve (nord-sud) et par les rues Berri et Sanguinet (est-ouest), est un concentré de lieux de culture et de savoir. Les étudiants de l'Université du Québec à Montréal (UQÀM) et du CÉGEP du Vieux-Montréal donnent au quartier un ton jeune et festif. D'importantes institutions culturelles comme le Théâtre Saint-Denis, la Grande Bibliothèque et la Cinémathèque québécoise attirent un public averti. Résultat : un quartier renommé pour sa vie culturelle, ses cafés, bistros, brasseries artisanales, et de belles terrasses.

▶ **Village gai.** Situé en plein cœur de la Terrasse Ontario, le Village gai se veut un lieu d'ouverture d'esprit et de joie de vivre dans la métropole. La station de métro Beaudry affiche fièrement les couleurs du quartier. Jouissant d'une excellente notoriété auprès de la communauté gay à travers le monde, il accueille chaque année de milliers de touristes. Et pour cause ! La rue Sainte-Catherine, principale artère du Village et transformée en rue piétonne l'été, réunit de nombreux cafés, bars, restaurants et boîtes de nuit. La communauté gay est aussi à la tête de la tenue de plusieurs événements festifs tels que le Black & Blue, Divers/Cité, Montréal en Arts et le Week-end Red. Un quartier haut en couleur où la liberté d'être prime avant tout.

Plateau Mont-Royal

Composé de quatre villages autonomes (Saint-Jean-Baptiste, Saint-Louis du Mile End, Coteau-Saint-Louis et Côte-de-la-Visitation), ce quartier de Montréal – le *Plateau* comme on l'appelle familièrement – a connu un développement rapide au début du siècle. Il est aujourd'hui habité par une population assez jeune et très branchée. Beaucoup de ses vieilles résidences ont été rénovées ou sont en passe de l'être.La rue Saint-Denis et l'avenue Mont-Royal qui la croise en sont les principales artères. Le quartier touche au Quartier latin au sud et au quartier Saint-Louis à l'ouest. Près du Carré Saint-Louis, on retrouve la rue Cherrier qui mène au parc Lafontaine et à la bibliothèque municipale.

▶ **La Main.** Le boulevard Saint-Laurent, baptisé familièrement *La Main* (pour Main Street), est l'une des vieilles rues de Montréal. D'abord chemin, elle fut ouverte au XIXe siècle sous le régime français. L'arrivée massive de juifs russes, qui s'y installèrent à partir de 1881, fera du yiddish la langue d'usage dans cette zone. D'autres groupes ethniques s'installeront sur ce boulevard qui comporte une section portugaise, espagnole, juive, italienne, etc. Elle reste l'artère la plus cosmopolite de Montréal, avec ses boîtes de nuit, bars, restaurants et commerces ethniques, et la rue Prince-Arthur, transformée en zone piétonne, est bordée de restaurants et terrasses. Jour et nuit, ces deux rues sont envahies par une foule bigarrée.

Sud-Ouest et Ouest

▶ **Le Sud-Ouest,** situé comme son nom l'indique au sud-ouest du centre-ville, englobe plusieurs quartiers regroupés autour du canal de Lachine et du fleuve Saint-Laurent : Petite Bourgogne, Saint-Henri, Pointe Saint-Charles, Verdun, LaSalle et Lachine.
La plupart de ces quartiers se sont développés avec l'essor industriel favorisé par l'ouverture du canal de Lachine mais ils sont par la suite tombés en désuétude : les industries ont abandonné les lieux et les résidents se sont appauvris de concert avec l'habitat. Des nos jours, ce sont des quartiers résidentiels florissants de plus en plus dynamiques, notamment Saint-Henri et Verdun, où beaucoup de jeunes vont s'installer.

▶ **Quant à l'Ouest,** appelé aussi West Island, ce sont des villes autonomes comme Dorval, Pointe-Claire, Pierrefonds, Beaconsfield, Baie d'Urfé, l'Île Bizard, etc., où l'on retrouve une grande majorité d'anglophones. La pointe ouest de l'île mène à la région du Suroît en Montérégie avant d'arriver en Ontario.

Est

L'est de la ville, qui s'étend jusqu'au bout de l'île, est principalement composé de quartiers résidentiels et industriels. Toutefois, le quartier Hochelaga-Maisonneuve, qui longe la ligne verte de métro entre les stations Préfontaine et Viau, est l'hôte de nombreux attraits d'importance.

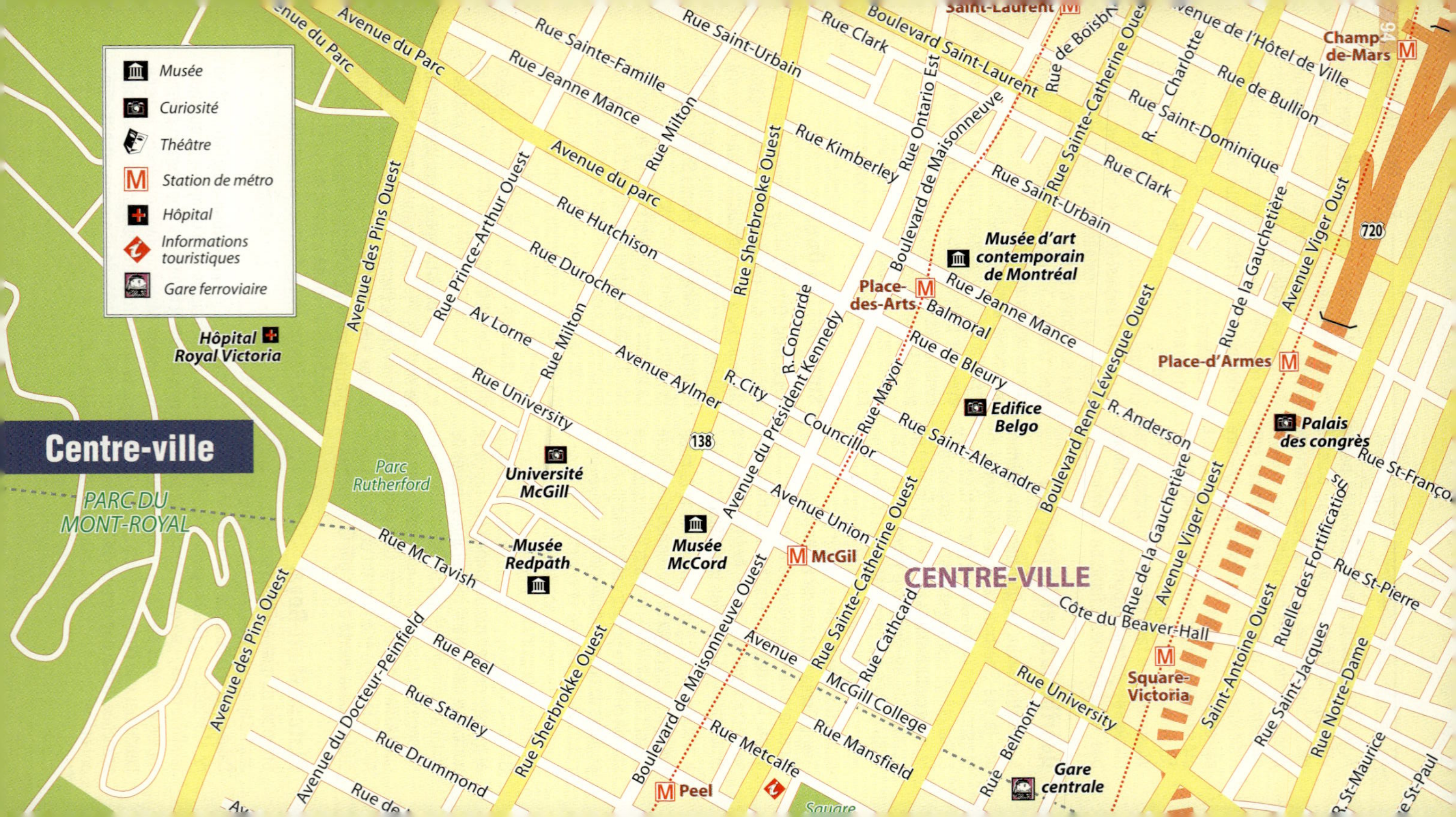
Centre-ville
Musée
Curiosité
Théâtre
Station de métro
Hôpital
Informations touristiques
Gare ferroviaire
Hôpital Royal Victoria
PARC DU MONT-ROYAL
Parc Rutherford
CENTRE-VILLE
Musée d'art contemporain de Montréal
Edifice Belgo
Palais des congrès
Université McGill
Musée Redpath
Musée McCord
Gare centrale
Champ-de-Mars
Place-d'Armes
Place-des-Arts
McGil
Square-Victoria
Peel
Saint-Laurent
Avenue des Pins Ouest
Avenue du Parc
Avenue du parc
Rue Sainte-Famille
Rue Jeanne Mance
Rue Milton
Rue Saint-Urbain
Rue Clark
Boulevard Saint-Laurent
Rue Ontario Est
Boulevard de Maisonneuve
Rue Kimberley
Rue Sherbrooke Ouest
Rue Prince-Arthur Ouest
Rue Hutchison
Rue Durocher
Av Lorne
Avenue Aylmer
Rue University
R. City
R. Concorde
Avenue du Président Kennedy
Balmoral
Rue de Bleury
Rue Mayor
Councillor
Rue Saint-Alexandre
Avenue Union
Rue Sainte-Catherine Ouest
Boulevard René Lévesque Ouest
R. Anderson
Rue de la Gauchetière
Avenue Viger Ouest
Côte du Beaver-Hall
Rue Cathcard
McGill College
Avenue
Rue Mansfield
Rue Metcalfe
Boulevard de Maisonneuve Ouest
Rue Mc Tavish
Avenue du Docteur-Peinfield
Rue Peel
Rue Stanley
Rue Drummond
Rue Belmont
Saint-Antoine Ouest
Ruelle des Fortifications
Rue Saint-Jacques
Rue Notre-Dame
Rue St-Pierre
Rue St-François
Rue St-Maurice
Rue St-Paul
Rue de Boisbriand
Charlotte
Rue de Bullion
Rue Saint-Dominique
Avenue de l'Hôtel de Ville
720
138
Square

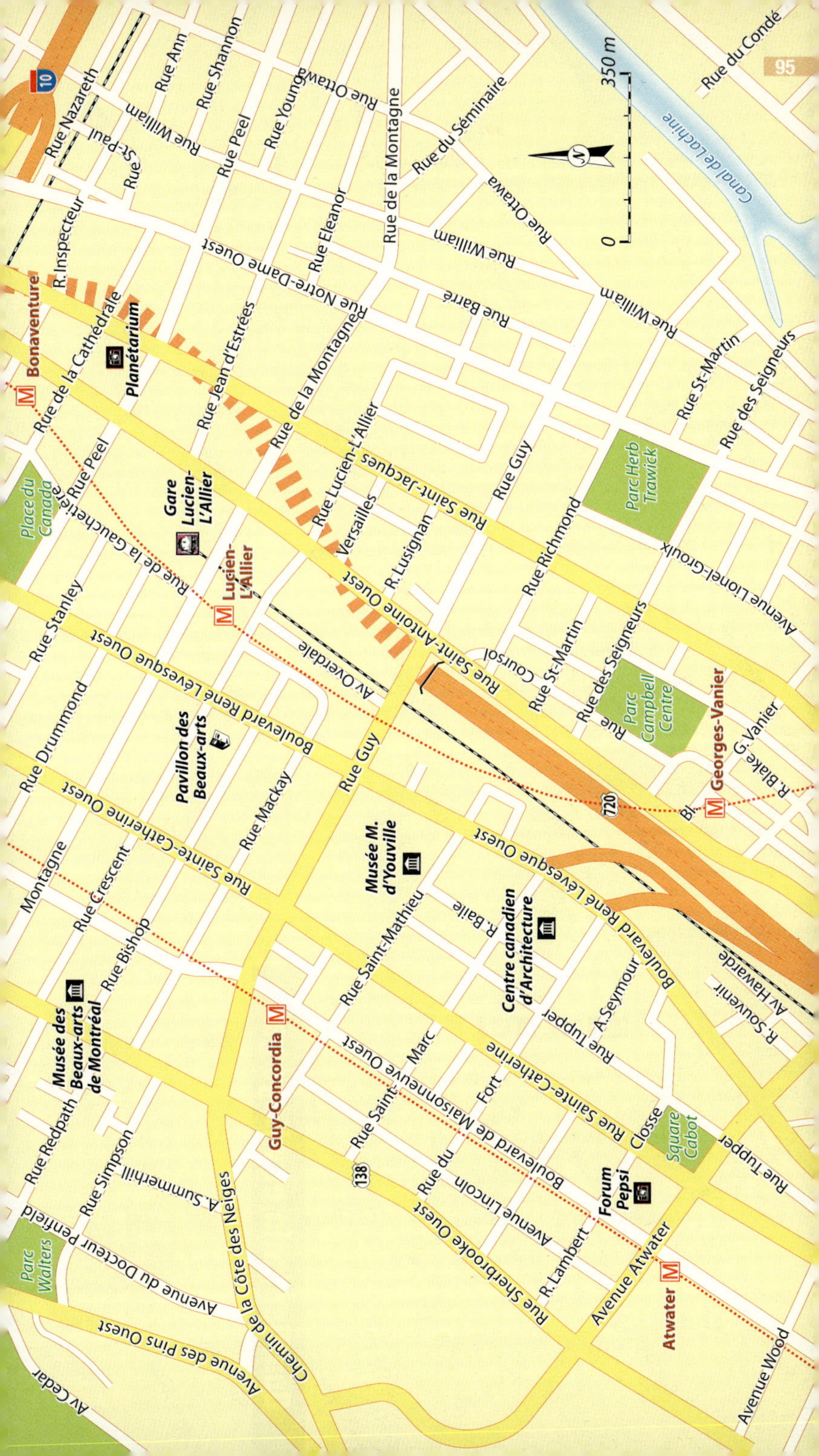

10
Rue Nazareth
Rue Ann
Rue Shannon
Rue William
Rue St-Paul
Rue Peel
Rue Young
Rue Ottawa
Rue de la Montagne
Rue du Séminaire
Rue du Condé
350 m
0
N
Canal de Lachine
R. Inspecteur
Rue Eleanor
Rue Notre-Dame Ouest
Rue William
Rue Ottawa
Rue Barré
Rue William
Bonaventure
Rue de la Cathédrale
Planétarium
Rue Jean d'Estrées
Rue de la Montagne
Rue Lucien-L'Allier
Rue Saint-Jacques
Rue Guy
Rue St-Martin
Rue des Seigneurs
Parc Herb Trawick
Place du Canada
Rue Peel
Rue de la Gauchetière
Gare Lucien-L'Allier
Lucien-L'Allier
Versailles
R. Lusignan
Rue Richmond
Avenue Lionel-Groulx
Rue Stanley
Boulevard René Lévesque Ouest
Av Overdale
Rue Saint-Antoine Ouest
Coursol
Rue St-Martin
Rue des Seigneurs
Parc Campbell Centre
Georges-Vanier
R. Blake
G. Vanier
Bl.
720
Rue Drummond
Pavillon des Beaux-arts
Rue Mackay
Rue Guy
Musée M. d'Youville
Boulevard René Lévesque Ouest
Rue Sainte-Catherine Ouest
Montagne
Rue Crescent
Rue Bishop
Rue Saint-Mathieu
R. Baile
Centre canadien d'Architecture
Av. Hawarde
R. Souvenir
Musée des Beaux-arts de Montréal
Guy-Concordia
Boulevard de Maisonneuve Ouest
Rue Saint-Marc
Rue du Fort
Rue Tupper
A. Seymour
Rue Sainte-Catherine
Closse
Square Cabot
Rue Tupper
Rue Redpath
Rue Simpson
A. Summerhill
138
Avenue Lincoln
Forum Pepsi
Parc Walters
Avenue du Docteur Penfield
Chemin de la Côte des Neiges
Rue Sherbrooke Ouest
R. Lambert
Avenue Atwater
Atwater
Avenue des Pins Ouest
Av Cedar
Avenue Wood

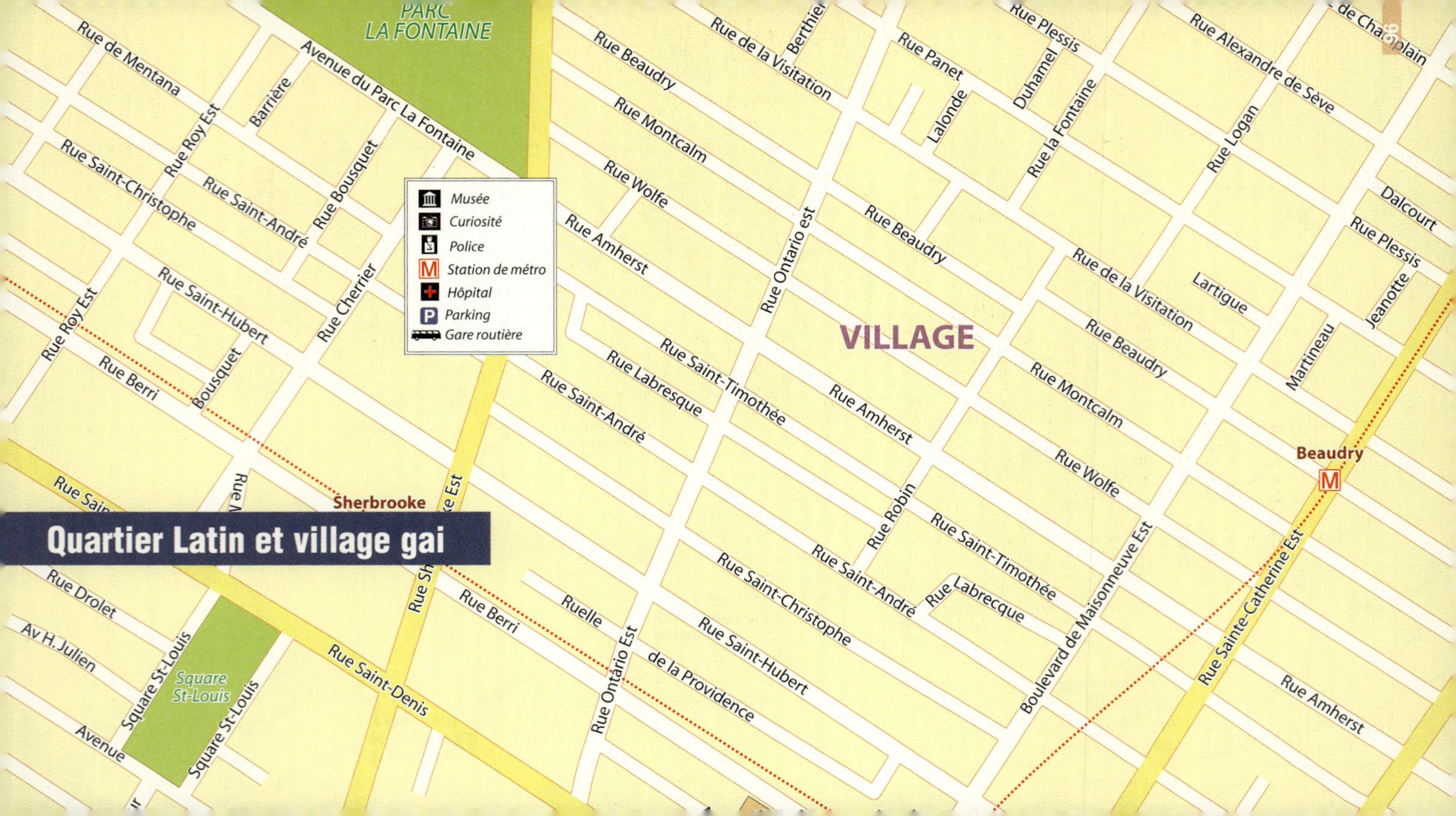
Quartier Latin et village gai
VILLAGE
PARC LA FONTAINE
Square St-Louis
Musée
Curiosité
Police
Station de métro
Hôpital
Parking
Gare routière
Beaudry
Sherbrooke
Rue de Mentana
Rue Roy Est
Barrière
Avenue du Parc La Fontaine
Rue Saint-Christophe
Rue Saint-André
Rue Bousquet
Rue Saint-Hubert
Rue Cherrier
Bousquet
Rue Berri
Rue Drolet
Av H.Julien
Avenue
Square St-Louis
Rue Saint-Denis
Ruelle
Rue Ontario Est
de la Providence
Rue Beaudry
Rue de la Visitation
Berthie
Rue Montcalm
Rue Wolfe
Rue Amherst
Rue Ontario est
Rue Labresque
Rue Saint-Timothée
Rue Panet
Lalonde
Rue Plessis
Duhamel
Rue la Fontaine
Rue Alexandre de Sève
Rue Logan
Dalcourt
Lartigue
Jeanotte
Martineau
Rue Robin
Rue Labrecque
Boulevard de Maisonneuve Est
Rue Sainte-Catherine Est
de Champlain

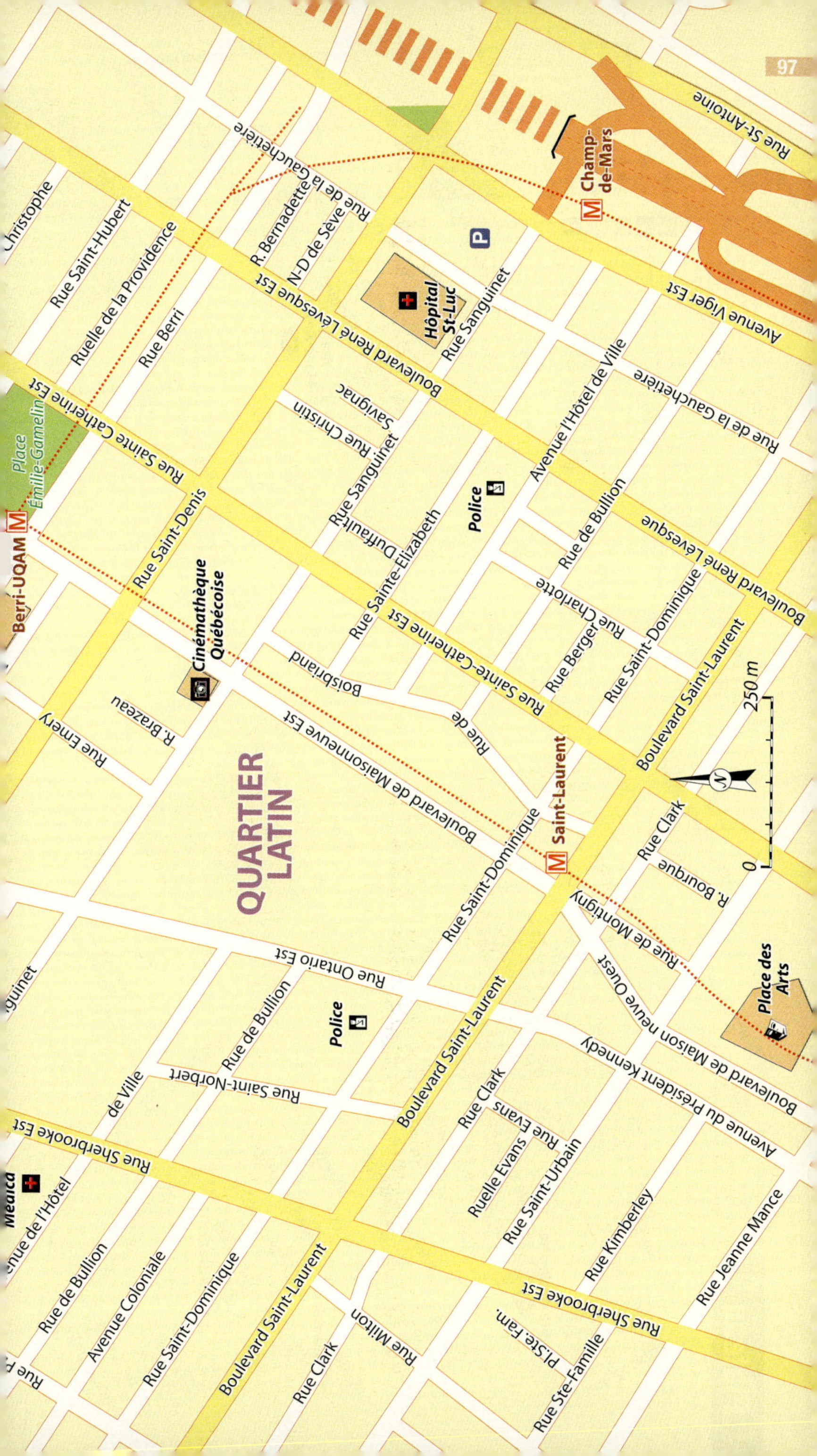

Rue St-Antoine
Champ-de-Mars
Avenue Viger Est
Rue de la Gauchetière
Boulevard René Lévesque Est
Hôpital St-Luc
Rue Sanguinet
R. Bernadette
N-D de Sève
Christophe
Rue Saint-Hubert
Ruelle de la Providence
Rue Berri
Rue Sainte Catherine Est
Place Émilie-Gamelin
Berri-UQAM
Savignac
Rue Christin
Rue Sanguinet
Rue Saint-Denis
Cinémathèque Québécoise
Duffault
Rue Sainte-Elizabeth
Police
Avenue l'Hôtel de Ville
Rue de la Gauchetière
Rue de Bullion
Boulevard René Lévesque
Rue Charlotte
Rue Berger
Rue Saint-Dominique
Boulevard Saint-Laurent
Rue Sainte-Catherine Est
Boisbriand
Rue de
R. Brazeau
Rue Emery
QUARTIER LATIN
Boulevard de Maisonneuve Est
Saint-Laurent
Rue Saint-Dominique
Rue Clark
R. Bourgue
Rue de Montigny
250 m
0
N
Place des Arts
Boulevard de Maison neuve Ouest
Avenue du Président Kennedy
Rue Ontario Est
Rue de Bullion
Police
Rue Saint-Norbert
Boulevard Saint-Laurent
Rue Clark
Rue Evans
Ruelle Evans
Rue Saint-Urbain
Rue Kimberley
Rue Jeanne Mance
guinet
de Ville
Rue Sherbrooke Est
Medica
enue de l'Hôtel
Rue de Bullion
Avenue Coloniale
Rue Saint-Dominique
Boulevard Saint-Laurent
Rue Clark
Rue Milton
Pl.Ste.Fam.
Rue Ste-Famille
Rue Sherbrooke Est

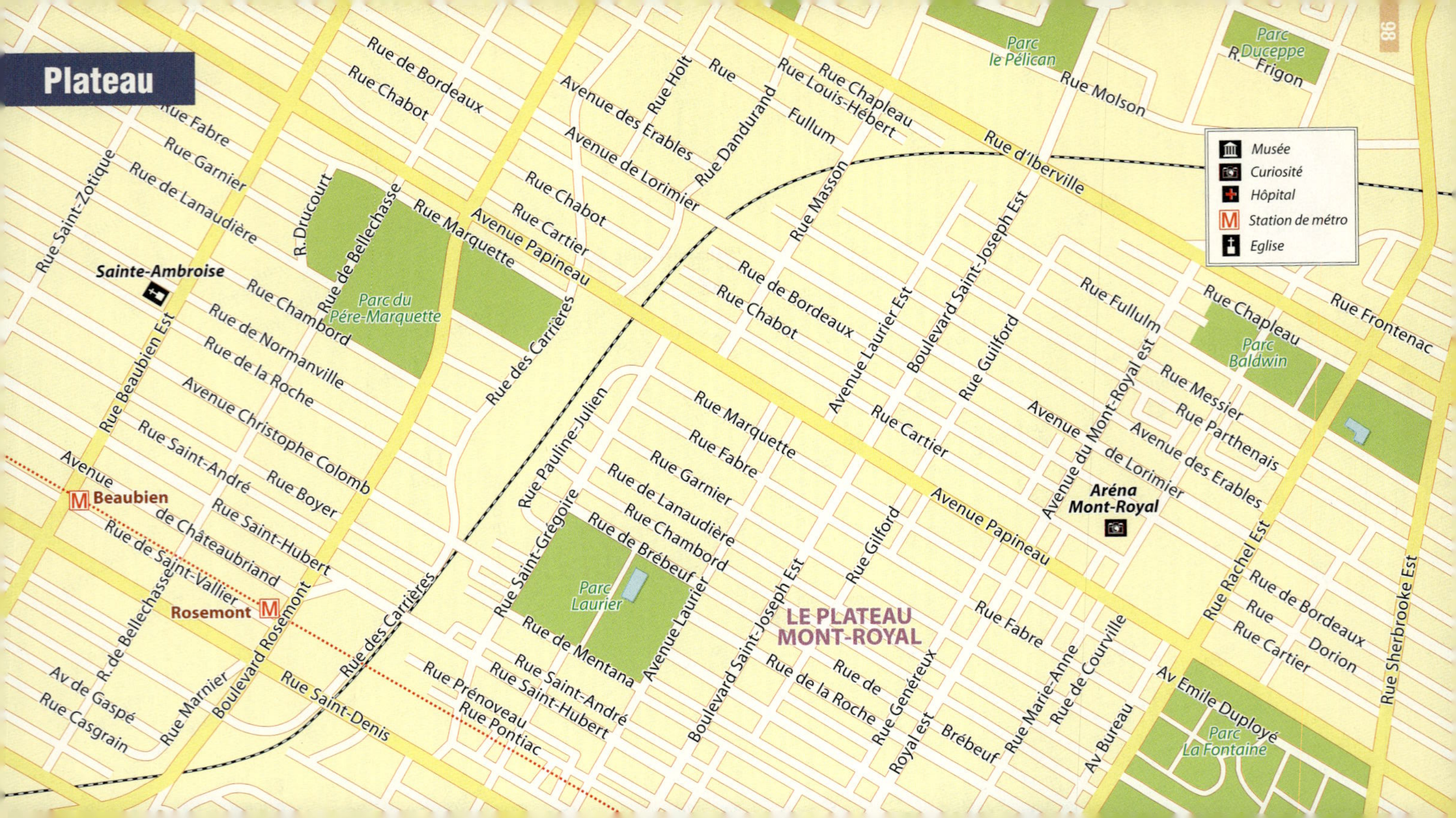
Plateau
Musée
Curiosité
Hôpital
Station de métro
Eglise
LE PLATEAU MONT-ROYAL
Aréna Mont-Royal
Sainte-Ambroise
Beaubien
Rosemont
Parc le Pélican
Parc Duceppe
Parc Baldwin
Parc du Pére-Marquette
Parc Laurier
Parc La Fontaine
Rue Sherbrooke Est
Rue Rachel Est
Avenue du Mont-Royal est
Avenue Laurier Est
Boulevard Saint-Joseph Est
Rue Masson
Rue Beaubien Est
Boulevard Rosemont
Rue d'Iberville
Avenue Papineau
Rue des Carrières
Rue Saint-Denis
Rue Frontenac
Rue Molson
R. Frigon
Rue Chapleau
Rue Louis-Hébert
Fullum
Rue Dandurand
Rue
Rue Holt
Avenue des Erables
Avenue de Lorimier
Rue Chabot
Rue Cartier
Rue de Bordeaux
Rue Fabre
Rue Garnier
Rue de Lanaudière
Rue Saint-Zotique
R. Drucourt
Rue de Bellechasse
Rue Marquette
Rue Chambord
Rue de Normanville
Rue de la Roche
Avenue Christophe Colomb
Rue Saint-André
Rue Boyer
Rue Saint-Hubert
Avenue de Châteaubriand
Rue de Saint-Vallier
R. de Bellechasse
Av de Gaspé
Rue Casgrain
Rue Marnier
Rue Pauline-Julien
Rue Saint-Grégoire
Rue de Brébeuf
Rue de Mentana
Avenue Laurier
Rue Prénoveau
Rue Pontiac
Rue Gilford
Rue Guilford
Rue Fullulm
Rue Messier
Rue Parthenais
Rue de Genéreux
Royal est
Brébeuf
Rue Marie-Anne
Rue de Courville
Av Bureau
Av Emile Duployé
Rue Dorion

OUTREMONT
MONT-ROYAL
Parc La Fontaine
Université du Québec-Montréal
Mont-Royal
Sherbrooke
Saint-Laurent
Théâtre d'Aujourd'hui
Hôpital Hôtel-Dieu de Montréal
Musée des Hospitaliers de l'Hôtel-Dieu
Monument G. E. Cartier
Parc Jeanne Mance
Parc du Mont-Royal
Belvédère Camilien Houde
La Croix du Mont-Royal
Cimetière du Mont-Royal
Parc Outremont
Musée d'art contemporain
Square St-Louis
Rue Bernard Est
Rue Saint-Urbain
Rue Wawerly
Avenue de l'Esplanade
Avenue Jeanne Mance
Avenue du Parc
Avenue Saint-Viateur
Rue Hutchison
Rue Clark
Boulevard Saint-Laurent
Rue Groll
Av Fairmount
Avenue Laurier
Boulevard Saint-Joseph Ouest
Av Durocher
Avenue Querbes
Avenue de l'Épée
Avenue Bloomfield
Mc Dougall
Av Outremont
Chemin de la Côte Sainte-Catherine
Avenue Maplewood
Spring Grove
Av. Duchastel
Roskilde
Boulevard Mont-Royal
Voie Camillien Houde
Avenue du Mont-Royal Ouest
Rue Villeneuve
Rue Saint-Dominique
Avenue de l'Hôtel de Ville
Rue de Bullion
Avenue Henri-Julien
R. Grand-Pré
Rue Saint-Denis
Rue Marie-Anne Est
Rue Rachel Est
Rue Rachel
Avenue Coloniale
Avenue de l'Hôtel-de-Ville
Av Henri-Julien
Rue Drolet
Rue Rivard
Rue Berri
Avenue de Châteaubriand
Rue Saint-Hubert
Rue Saint-Christophe
Rue Saint-André
Rue de Mentana
Christophe Colomb
Rue Roy Est
Rue Cherrier
Rue Sherbrooke Est
Rue Montcalm
Rue Wolfe
Rue Ontario Est
Av Savoie
Rue Saguinet
Avenue Laval
Napoléon
Avenue Duluth
Avenue des Pins Est
Avenue des Pins Ouest
R. Guilbaut
Rue Saint-Dominique
Rue Saint-Urbain
R. Ste-Famille
Arthur
Rue Jeanne Mance
Rue Prince
Rue Hutchison
Rue Sherbrooke Ouest
Rue Ontario Ouest
Bd de Maisonneuve
R. Boisbriand
Place des Arts
0
400 m
N

Hochelaga-Maisonneuve. Autrefois quartier ouvrier et populaire, Hochelaga-Maisonneuve garde les traces de ce passé. D'ailleurs, de nombreuses visites guidées permettent de mettre en valeur ce patrimoine et cette page d'histoire fort importante dans l'essor industriel de Montréal.

Une des principales attractions du quartier est le Jardin botanique avec ses 22 000 espèces et cultivars de plantes, ses dix serres d'exposition et sa trentaine de jardins thématiques. Il est d'ailleurs classé parmi les plus importants et les plus beaux jardins au monde ! Autres attraits : l'Insectarium, le Biodôme, le Château Dufresne et le Parc Olympique qui a accueilli les jeux d'été en 1976.

Nord

Il englobe plusieurs quartiers au nord du mont Royal et du Plateau, dont certains valent le détour :

Outremont. Située, comme son nom l'indique, sur l'autre versant (nord) de Montréal, Outremont se caractérise par ses imposantes résidences, tout particulièrement le long du chemin de la Côte-Sainte-Catherine qui longe le flanc de la montagne. Ville résidentielle, Outremont compte plusieurs beaux parcs et peu de commerces. Elle est délimitée par le chemin de la Côte-Sainte-Catherine, l'avenue du Parc et par une voie de chemin de fer. Parmi les édifices dignes d'intérêt, on notera la façade Beaux-arts de l'académie Querbes (215, rue Bloomfield) ; l'église Saint-Viateur (rue Laurier) dont la façade sculptée est considérée comme insurpassable à Montréal ; et le pensionnat du Saint-Nom-de-Marie qui abrite l'école de musique Vincent-d'Indy. L'immeuble se caractérise par une colonnade surmontée d'un fronton et d'un dôme.

La Petite Italie. Bien nommée, la Petite Italie accueille de nombreux immigrants d'origine italienne. Les premières vagues d'immigration italienne du début du XIXe siècle ont été suivies d'autres à la fin du même siècle. Mais les arrivées les plus importantes se sont succédé après la Seconde Guerre mondiale. C'est alors que des milliers d'ouvriers et de paysans se sont établis à Montréal et notamment dans ce quartier.

De nos jours, la population tend à s'y mélanger : Maghrébins, Sud-américains, Africains s'y installent. Au cours d'une promenade, on ne manquera pas de faire une halte au Marché Jean-Talon, le plus vaste marché d'alimentation de Montréal. Il est ouvert en été comme en hiver et on y trouve des spécialités québécoises, des produits bio et toutes sortes de fruits et légumes exotiques. Un arrêt s'impose également dans un des nombreux cafés, trattorias et commerces des rues Saint-Laurent et Dante.

SE DÉPLACER

L'arrivée

Avion

AÉROPORT PIERRE-ELLIOT-TRUDEAU
975, boulevard Roméo Vachon Nord
✆ +1 514 394 7377
✆ +1 800 465 1213
www.admtl.com
Anciennement appelé Dorval, l'aéroport a subi d'importants travaux d'agrandissement afin de doubler sa capacité d'accueil et de moderniser ses installations. Une quarantaine de compagnies aériennes y opèrent des vols nationaux et internationaux.
Pour aller de l'aéroport au centre-ville :

Express Bus 747. La Société de transport de Montréal (STM) exploite une ligne d'autobus express entre l'aéroport et le centre-ville. Ce service est en opération 24h/24, 7j/7. Le trajet entre Montréal-Trudeau et la gare d'autocars de Montréal (Berri-UQAM) prend environ 35 minutes hors des périodes de pointe. Des arrêts ont lieu à la station de métro Lionel-Groulx ainsi que sur le boulevard René-Lévesque à plusieurs intersections (info : www.stm.info). Aucun frais additionnels aux détenteurs des cartes mensuelles CAM et TRAM ainsi que des cartes touristiques 1 jour et 3 jours. Le prix des billets individuels est de 9 CAN $ pour un aller simple, valide 24h sur tout le réseau de la STM. À l'aéroport, les titres sont en vente au bureau de change (ICE), au niveau des arrivées internationales.

Taxis disponibles à l'aéroport, aucune réservation nécessaire. Coût d'un taxi : 40 CAN $ vers le centre-ville (le prix est fixe). À partir de 49,50 CAN $ en limousine. Service additionnel de minibus offert vers certains hôtels (contactez votre hôtel pour savoir si ce service y est offert).

Train

■ AGENCE MÉTROPOLITAINE DE TRANSPORT (AMT)
Plusieurs gares à Montréal
✆ +1 514 287 8726 / +1 888 702 8726
www.amt.qc.ca
Renseignements sur les trains de banlieue. Cinq lignes reliant Montréal à Vaudreuil/Hudson, Deux-Montagnes, Blainville/Saint-Jérôme, Mont-Saint-Hilaire, et Candiac. Une 6e ligne est projetée afin de relier Mascouche à Montréal.

■ AMTRAK – GARE DE MONTRÉAL
Gare centrale de Montréal
895, rue de la Gauchetière Ouest
✆ +1 800 842 7245
www.amtrak.com
M° Bonaventure. Billetterie ouverte du lundi au dimanche de 7h à 17h.
Compagnie ferroviaire américaine assurant notamment les liaisons entre les États-Unis et le Canada. Il faut réserver à l'avance. Un départ par jour pour New York.

■ VIA RAIL – GARE DE MONTRÉAL
Gare centrale de Montréal
895, rue de la Gauchetière Ouest
✆ +1 514 989 2626 / +1 888 842 7245
www.viarail.ca
M° Bonaventure. Heures d'ouverture de la gare : lundi-dimanche : 5h30-0h15. Heures d'ouverture de la billetterie : lundi-vendredi, 6h-19h15 ; samedi, 6h-18h30 ; dimanche, 7h-18h30.
Le temps d'attente au guichet peut être assez long. Prévoir d'arriver bien à l'avance. Néanmoins, certains départs sont possibles de la gare de Dorval pour les destinations de l'Ouest, comme Toronto et Ottawa. Le train dessert notamment l'Abitibi, la Gaspésie et le lac Saint-Jean, Québec, Ottawa, Toronto et Halifax. Se déplacer en train permet de voir de beaux paysages, mais les trajets sont souvent assez lents et coûtent plus chers que le bus (qui lui coûte plus cher que la voiture).

Bus

■ STATION CENTRALE D'AUTOBUS DE MONTRÉAL
505, boulevard de Maisonneuve Est
✆ +1 514 842 2281
M° Berri-UQÀM. Renseignements tarifs et horaires au numéro indiqué. Service téléphonique et gare routière : 7j/7, 24h/24.
Pour toutes les destinations d'Amérique du Nord situées à plus de 35 km de Montréal. Possibilité d'acheter un RoutPass (www.routpass.com), donnant droit à des trajets illimités, pendant une période de 7, 14 ou 18 jours. Il est valable au Québec et en Ontario (mais pas pour se rendre à l'aéroport Montréal-Trudeau). Le forfait de 18 jours comprend le Québec, l'Ontario et New York (412 CAN $).

Bateau

■ NAVETTES MARITIMES DU SAINT-LAURENT
Quais du Vieux-Port
Embarquement au quai Jacques-Cartier
✆ +1 514 281 8000 / +1 800 563 4648
www.navettesmaritimes.com
En opération de mi-mai à mi-septembre. 7,50 CAN $ par personne, gratuit pour les 5 ans et moins. Départ à toutes les heures de 9h30 à 18h30 depuis Montréal, et de 10h à 19h depuis Longueuil.
Service de navette fluviale reliant les Quais du Vieux-Port de Montréal au parc Jean-Drapeau (Île Sainte-Hélène) et à Longueuil (Montérégie).

Voiture

L'autoroute 40, aussi appelée autoroute métropolitaine, traverse la ville d'est en ouest (la partie la plus longue de l'île). L'autoroute 20, prolongée par l'autoroute Ville-Marie, permet d'effectuer le même trajet en longeant le fleuve. Il est plus facile de franchir l'île du sud au nord via plusieurs boulevards (Saint-Laurent, Pie-IX), l'avenue Papineau et la rue Saint-Denis. Pour quitter l'île, empruntez les mêmes artères qui conduisent aux ponts reliant Laval au nord et la rive sud.

Location de voitures. Il faut compter au moins 50 CAN $ la journée pour la location d'un véhicule de catégorie A, tarif variable selon les promotions en vigueur, les saisons et la distance parcourue, le kilométrage étant souvent illimité. Nous indiquons ci-après les principales succursales des grandes chaînes, charge à vous de les contacter pour avoir l'adresse de l'agence la plus proche. Notez que certaines de ces compagnies ont des comptoirs de location à l'aéroport ainsi qu'à la gare centrale.

■ AUTHENTIK CANADA
352, rue Émery
✆ +1 514 769 0101 / +1 877 769 0101
www.authentikcanada.com
Agence de voyage locale qui loue également des voitures.

AVIS
1225, rue Metcalfe
✆ +1 514 866 2847
✆ +1 800 879 2847
www.avis.ca
Agence de location de voitures.

BUDGET
895, rue de la Gauchetiere Ouest
✆ +1 514 866 7675
✆ +1 800 268 8970
www.budget.ca
Agence de location de voitures.

DISCOUNT
607, boulevard de Maisonneuve Ouest
✆ +1 514 286 1929 / +1 800 263 2355
www.discountcar.com
Agence de location de voitures.

ENTERPRISE
1005, rue Guy
✆ +1 514 931 3722 / +1 800 261 7331
www.enterpriserentacar.ca
Agence de location de voitures.

GLOBE-TROTTER AVENTURE CANADA
1142, rue Notre-Dame
Secteur Lachine
✆ +1 514 634 5000 / +1 888 598 7688
www.aventurecanada.com
Agence de voyage locale qui loue également des voitures.

HERTZ
1073, rue Drummond
✆ +1 514 938 1717 / +1 800 263 0678
www.hertz.ca
Agence de location de voitures.

THRIFTY
1155, rue Guy
✆ +1 514 989 7100 / +1 800 847 4389
www.thrifty.com
Agence de location de voitures.

VIA ROUTE
5180, rue Papineau
✆ +1 514 521 5221 / +1 888 842 7688
www.viaroute.com
Agence de location de voitures.

En ville

La façon de se déplacer varie beaucoup en fonction des saisons. En été, il est très agréable de parcourir la ville à pied ou à vélo. En hiver, surtout par les jours de grand froid ou lors d'une tempête de neige, nous recommandons le taxi ou le métro. Le bus peut également être une option, mais il faut parfois l'attendre longtemps (15-20 minutes).

Métro

SOCIÉTÉ DE TRANSPORT DE MONTRÉAL (STM)
✆ +1 514 786 4636
www.stm.info
Le réseau de transport de la métropole (métro et autobus). Renseignements sur les trajets et tarifs, les bus, le métro, le transport adapté et le taxi collectif.
Montréal offre un bon service de transports en commun, dont quatre lignes de métro qui relient entre elles les grandes places publiques et commerçantes. Le métro part de la rive sud et se rend jusqu'à Laval, la banlieue nord de l'île. Le réseau est relié à la ville souterraine et ses nombreux commerces. Les autobus prennent la relève du réseau pour vous conduire aux quatre coins de Montréal. Pour utiliser le métro et le bus, il faut se procurer la carte à puce rechargeable Opus (6 CAN $) ou payer comptant (montant exact). Le coût : 25 CAN $ pour 10 billets ; 24,25 CAN$ pour une semaine (lundi au dimanche) ; 77,75 CAN$ pour le mois ; soirée illimitée de 18h à 5h pour 4 CAN $; week-end illimité du vendredi 18h au lundi 5h pour 12 CAN $. Le coût d'un passage à l'unité est fixé à 3 CAN $ (5,50 CAN $ pour 2 billets) et il est également possible de se procurer une carte touristique (1 jour/24h 9 CAN $, 3 jours consécutifs 18 CAN $). Notez que plusieurs titres ne sont pas acceptés aux stations de Laval et de Longueuil. Il existe un droit à la correspondance valable 90 minutes à compter de l'heure de votre passage initial.

▶ **Métro.** Ouvert dès 5h30 pour les quatre lignes. Le dernier départ s'effectue à chaque extrémité des lignes de métro. Lignes verte et orange : 0h39 en semaine et le dimanche, 1h09 le samedi. Ligne jaune : 1h en semaine et le dimanche, 1h30 le samedi. Ligne bleue : dernier départ à 0h15 tous les soirs. Il existe un droit à la correspondance métro ou bus, valable 120 minutes à compter de l'heure de votre passage initial.

Taxi

Il suffit de téléphoner pour qu'il en surgisse un, après un délai maximum de 5 à 10 min. Il existe de nombreux stands un peu partout, et vous pouvez les héler dans la rue. Le pourboire est conseillé (15 %). Certains taxis acceptent le paiement par carte, demandez avant de monter !

■ **CHAMPLAIN**
✆ +1 514 273 2435 / +1 514 271 1111
www.taxichamplain.qc.ca
Compagnie de taxis.

■ **CO-OP**
✆ +1 514 725 9885
www.taxi-coop.com
Compagnie de taxis.

■ **DIAMOND**
✆ +1 514 273 6331
www.taxidiamond.com
Compagnie de taxis. Nouveau : application mobile pour commander un taxi disponible en téléchargement sur le AppStore et Google Play (application directement intégrée au système de répartition par GPS).

■ **HOCHELAGA**
✆ +1 514 322 2121
www.taxihochelaga.com
Compagnie de taxis.

Vélo

Selon le magazine américain *Bicycling*, Montréal se classe comme meilleure ville cyclable en Amérique du Nord. La métropole regorge de pistes cyclables qui la relient à la Route Verte (www.routeverte.com), et la plus populaire reste sans conteste celle du Canal de Lachine qui s'étend sur 11 km, des Quais du Vieux-Port au lac Saint-Louis à l'ouest. Procurez-vous un plan des pistes dans une de ces boutiques ou auprès de Vélo Québec (www.velo.qc.ca).

■ **BIXI**
✆ +1 514 789 2494 / +1 877 820 2453
www.bixi.com
Depuis avril 2009, le BIXI (contraction de BIcyclette et de taXI), un système libre-service, est proposé dans plusieurs zones de la ville. Il permet d'emprunter un vélo à l'une des quelque 400 stations installées pour la belle saison, pour quelques heures ou pour la journée.Le service BIXI est offert d'avril à fin novembre et est accessible 24h par jour. L'abonnement annuel est disponible au coût de 80,50 CAN $ (30,25 CAN $ pour 30 jours). Il est possible d'avoir accès pendant 24h moyennant un paiement de 7 CAN $ (aussi 72h pour 15 CAN $) par cartes Visa ou MasterCard avec dépôt de sécurité de 250 CAN $. Peu importe l'abonnement choisi, les 30 premières minutes sont toujours gratuites et un tarif s'applique alors à chaque tranche de 30 min subséquentes.Le BIXI est extrêmement avantageux pour les personnes effectuant des petits trajets à chaque fois. Si vous désirez avoir un vélo pour vos loisirs, nous vous conseillons de faire affaire avec un loueur.

■ **ÇA ROULE MONTRÉAL**
27, rue de la Commune Est
✆ +1 514 866 0633 / +1 877 866 0633
www.caroulemontreal.com
M° Place-d'Armes. Heures d'ouverture variables selon la saison et les conditions climatiques. Tarifs vélo régulier : 8-9 CAN $ pour une heure, 20-25 CAN $ la demi-journée, 25-30 CAN $ la journée, 35 CAN $ pour 24h. Tarifs rollers : 9 CAN $ pour une heure, 16-20 CAN $ la demi-journée, 20-25 CAN $ la journée, 28 CAN $ pour 24h. Tandem et vélo de route/touring et vélo enfant aussi disponibles. Possibilité de louer à plus long terme. Dépôt ou pièce d'identité avec photo obligatoire. Antivol, casque, trousse de réparation et carte géo fournis avec le vélo. Cadenas, casque, équipement de protection et carte géo fournis avec les rollers.
Personnel courtois qui prodigue les informations touristiques indispensables. Les commis aident avec sourire les candidats empêtrés avec leurs chaussures à roulettes et leur indiquent les meilleurs circuits. Si l'aventure s'avère impossible, les débutants peuvent suivre une leçon d'une heure. Tours guidés à vélo, service d'entretien et de vente aussi disponibles.

■ **LA MAISON DES CYCLISTES**
1251, rue Rachel Est
✆ +1 514 521 8356
✆ +1 800 567 8356
www.velo.qc.ca
Angle de Brébeuf. Café et terrasse ouvert lundi-vendredi, 8h30-20h ; samedi-dimanche, 9h-20h. Horaire restreint hors saison. Boutique ouverte tous les jours de 10h à 18h.
Située au carrefour de deux axes cyclables majeurs, elle jouit de la présence verdoyante du parc Lafontaine adjacent. Visites guidées, location de vélos, séances de formation en mécanique, et restauration légère vous sont proposées. Un petit paradis pour les cyclistes car tout est regroupé au même endroit : une boutique, une agence de voyage dédiée aux circuits cyclistes, l'Association Vélo Québec et même un café convivial vous accueillent toute l'année. Les lundis soir, des conférenciers passionnés de randonnées cyclistes sauront vous faire partager leurs aventures (10 CAN $ grand public, 8 CAN $ membres Vélo Québec).

Le métro de Montréal

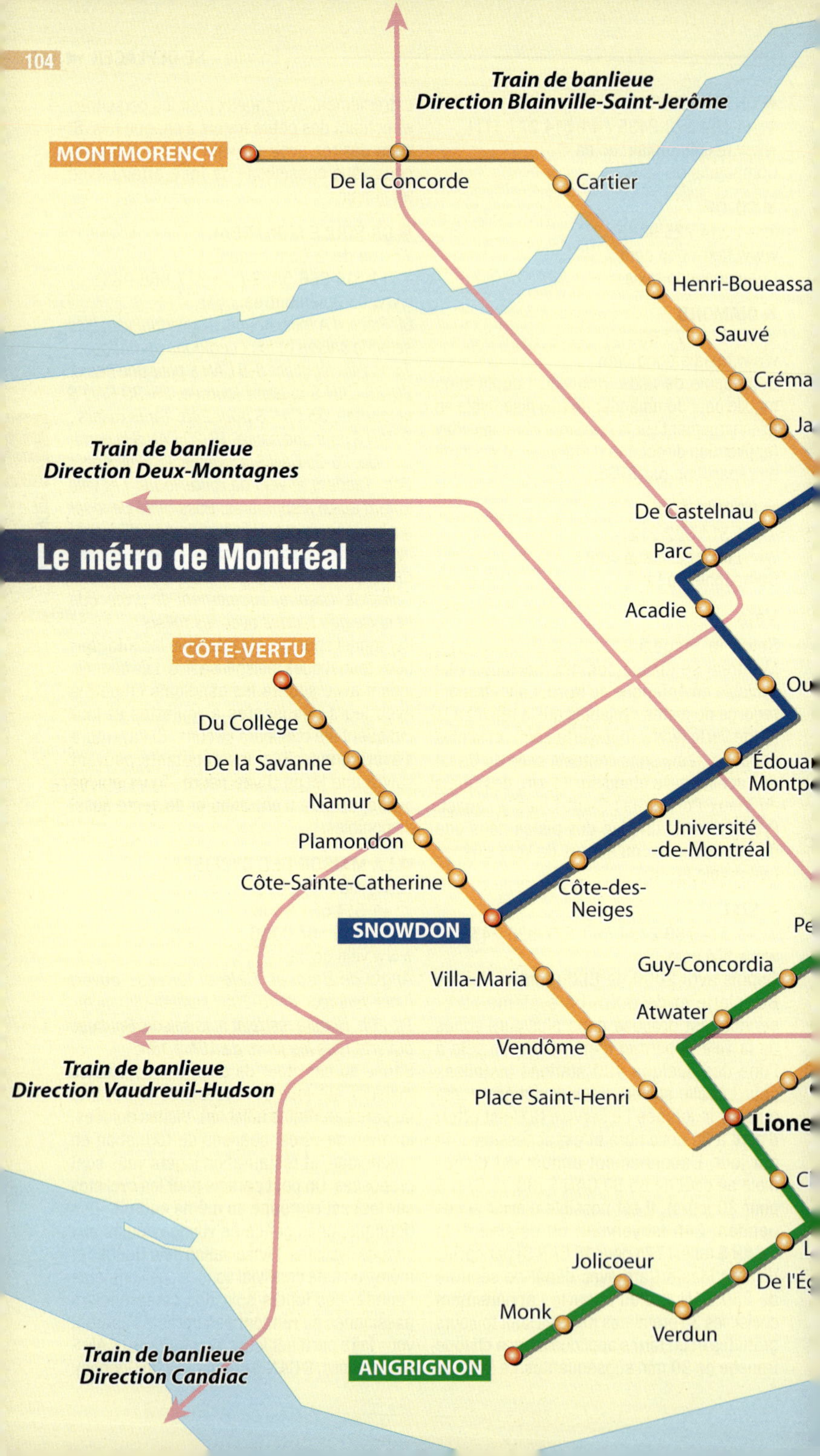

HONORÉ-BEAUGRAND
Radisson
Langelier
Cadillac
Assomption
Viau
Pie-IX
Joliette
Préfontaine
Frontenac
Papineau
Beaudry
SAINT-MICHEL
D'Iberville
Fabre
-Talon
Beaubien
Rosemont
Laurier
Mont-Royal
Sherbrooke
BERRI-UQAM
Saint-Laurent
des-Arts
Champ-de-Mars
Place-d'Armes
Square-Victoria
Bonaventure
cien-L'Allier
Vanier
Jean-Drapeau
LONGUEUIL- UNIVERSITÉ DE SHERBROOKE
Train de banlieue
Direction Mont-St-Hialaire
Ligne de métro
Station intermodale
Station de métro
Train de banlieue

PRATIQUE

Tourisme – Culture

Les offices de tourisme sont signalés par un panneau figurant un « ? ».

■ BUREAU D'INFORMATION TOURISTIQUE DU VIEUX-MONTRÉAL

174, rue Notre-Dame Est
www.tourisme-montreal.org
M° Champ-de-Mars, au coin de la Place Jacques-Cartier. Avril et mai : lundi-dimanche, 10h-18h. Juin à fin septembre : lundi-dimanche, 9h-19h. Octobre et novembre : lundi-dimanche, 9h-17h. Fermé le reste de l'année. Informations uniquement sur Montréal.
On peut s'y procurer des cartes routières et cartes téléphoniques, la carte des musées et la carte des pistes cyclables.

■ CENTRE INFOTOURISTE DE MONTRÉAL

1255, rue Peel
✆ +1 514 873 2015 / +1 877 266 5687
www.bonjourquebec.com
M° Peel, angle Peel et Sainte-Catherine. Ouvert tous les jours à l'année.
N'hésitez pas à y passer un moment pour planifier l'ensemble de votre séjour. L'accueil est très professionnel et le fonds documentaire impressionnant. On y trouve de nombreux intervenants touristiques sur place : Exploratours (agence de voyages), Gray Line/Coach Canada (tours de ville, excursions touristiques commentées), Sépaq (parcs nationaux et réserves fauniques), etc.

▶ **Autre adresse :** numéro vert en France : ✆ 0 800 90 77 77 ; numéro vert en Belgique : ✆ 0 800 78 532.

Représentations – Présence française

■ CONSULAT DE FRANCE À MONTRÉAL

1501, avenue McGill College
10e étage, bureau 1000
✆ +1 514 878 4385
Fax : +1 514 878 3981
www.consulfrance-montreal.org
Accueil du public : lundi-vendredi, 8h30-12h.

▶ **Autre adresse :** numéro d'urgence en dehors des heures d'ouverture : ✆ +1 514 296 3736.

■ CONSULAT GÉNÉRAL DE BELGIQUE À MONTRÉAL

999, boulevard de Maisonneuve Ouest
Suite 1600
✆ +1 514 849 7394
www.diplomatie.be/montrealfr/
Accueil du public du lundi au vendredi de 9h à 13h, jusqu'à 16h30 par téléphone.

▶ **Autre adresse :** numéro d'urgence en dehors des heures d'ouverture : ✆ +1 514 236 5402.

■ CONSULAT GÉNÉRAL DE SUISSE À MONTRÉAL

1572, avenue Docteur-Penfield
✆ +1 514 932 7181
www.eda.admin.ch/canada
Accueil du public du lundi au vendredi de 10h à 13h (jusqu'à 12h le vendredi).

Argent

▶ **Banques.** Il y en a partout (ou presque !). Les agences disposent en général des distributeurs automatiques, qui acceptent pour la plupart Visa ou MasterCard (jamais les deux !). Vérifiez les symboles avant d'effectuer un retrait.

▶ **Bureaux de change.** Vous trouverez des bureaux à l'aéroport, aux gares ferroviaires et routières, au centre-ville (notamment le long de la rue Saint-Catherine), dans les centres commerciaux comme les Ailes de la Mode et le Centre Eaton, au Centre Infotouriste, et dans le Vieux-Montréal. Les banques offrent également un service de bureau de change. Les taux de changent varient un peu d'un endroit à l'autre, et l'on vous donnera souvent un meilleur taux pour un montant à échanger élevé.

Moyens de communication

▶ **Poste.** Les bureaux de poste se trouvent en général dans les pharmacies (Jean Coutu, Pharmaprix...). Cherchez le logo (rouge) Postes Canada. On trouve des boîtes à lettres un peu partout dans les rues (les rouges et non les grises).

▶ **Téléphone.** Les cabines sont encore relativement nombreuses dans les rues. Pas besoin d'acheter de cartes : avec 50 cents, on peut passer des appels locaux d'une durée illimitée. Les appels vers d'autres provinces sont coûteux. Pour appeler à l'étranger, mieux vaut acheter une carte prépayée (avec un code à gratter), dans une pharmacie ou chez un « dépanneur ».

Santé – Urgences

Pour joindre la police, les pompiers ou l'ambulance, composez le 911.Pour obtenir des infos santé, composez le 811.

■ **HÔPITAL HÔTEL-DIEU DU CHUM**
3840, rue Saint-Urbain ✆ +1 514 890 8000
www.chumtl.qc.ca

■ **HÔPITAL SAINT-LUC DU CHUM**
1058, rue Saint-Denis
✆ +1 514 890 8000
www.chumtl.qc.ca

■ **SERVICE DE POLICE DE LA VILLE DE MONTRÉAL**
Quartier général
1441, rue Saint-Urbain
✆ +1 514 280 2121
www.spvm.qc.ca
La ville compte 33 postes de quartier.

SE LOGER

Capitale économique de la province, ville cosmopolite, grand centre culturel... Avec toutes ces caractéristiques, Montréal a sans surprise développé un tissu hôtelier d'une grande variété. Que ce soit pour la clientèle d'affaires ou pour les touristes de passage, pour les amateurs d'étape confort ou les voyageurs sans le sou, on y trouve des solutions d'hébergement pour tous les goûts. Une réservation en dernière minute n'est pas un souci la majeure partie de l'année, mais attention, les nombreux festivals et les événements culturels et sportifs de tous ordres attirent de nombreux visiteurs et pourraient obliger les voyageurs les moins prévoyants à se porter sur un second choix...

Vieux Montréal et Parc Jean Drapeau

Loger au cœur du Vieux-Montréal est bien entendu la manière la plus confortable de limiter vos déplacements pour visiter les principaux attraits de la ville. Si les petits budgets auront ici du mal à trouver chaussure à leur pied, les amateurs d'adresses de charme et de petits hôtels-boutiques dans des bâtiments historiques et à l'architecture particulière seront comblés. Agité la journée, le Vieux-Montréal offre en outre une atmosphère d'un calme olympien dès la nuit tombée.

Bien et pas cher

■ **AUBERGE ALTERNATIVE DU VIEUX-MONTRÉAL**
358, rue Saint-Pierre ✆ +1 514 282 8069
www.auberge-alternative.qc.ca
M° Place-d'Armes. À partir de 25 CAN $ la nuit en chambre partagée, et 75 CAN $ en chambre privée. Compter 5 CAN $ le petit déjeuner bio et copieux, compris dans le prix des chambres privées.

Une auberge charmante, au cœur du quartier historique de Montréal, ça ne se refuse pas ! Le lieu est idéal pour se faire des compagnons de voyage. L'auberge, ouverte depuis près de 15 ans, adopte une philosophie alternative : pas de télévision ni de distributeur de sodas. Par contre, le café et le thé équitables sont offerts. Les employés de l'auberge et les voyageurs sont encouragés à s'exprimer sur des panneaux muraux et à échanger sur leurs expériences de vie. Résidence d'artistes, vernissages et autres activités culturelles sur place.

Confort ou charme

■ **AUBERGE BONSECOURS**
353, rue Saint-Paul Est
✆ +1 514 396 2662
www.aubergebonsecours.com
M° Champ-de-Mars. Occupation simple ou double : à partir de 150 CAN $ en basse saison et 180 CAN $ en haute saison. Petit déjeuner buffet inclus. 20 CAN $ de plus par personne (jusqu'à 4 personnes par chambre). Gratuit pour les enfants de moins de 12 ans. Forfaits disponibles. Fermeture annuelle en janvier et février.
Située dans le Vieux-Montréal, et à proximité de toutes les activités du centre-ville, l'Auberge Bonsecours est une ancienne écurie réaménagée en hôtel-boutique, qui vous propose sept chambres alliant confort et tranquillité dans un cadre chaleureux : murs de briques apparentes et boiseries, ainsi qu'une cour intérieure pour se relaxer. Une jolie petite adresse !

■ **LHOTEL MONTRÉAL**
262, rue Saint-Jacques Ouest
✆ +1 514 985 0019
✆ +1 877 553 0019
www.lhotelmontreal.com

M° Place-d'Armes ou Square-Victoria. Occupation double : à partir de 150 CAN $. Forfaits disponibles. Espace bar et salon, verrière, salle d'exercices, service de massothérapie, stationnement intérieur avec service de valet.

Ouvert depuis une dizaine d'années, LHotel, qui fut au XIXe siècle le siège de la Banque d'Épargne de Montréal, est depuis peu la propriété de M. Marciano, fondateur de la célèbre marque Guess. En plus d'en faire sa résidence montréalaise, le propriétaire des lieux est un passionné d'art contemporain et ses œuvres, toutes originales, trônent aux quatre coins de l'hôtel, jusqu'à l'extérieur : Robert Indiana, Andy Warhol, Javacheff Christo, Marc Chagall, Frank Stella... Ce n'est pas tous les jours que vous dormirez dans un « musée » ! De plus, le cachet de l'immeuble, renforcé par des antiquités singulières et un superbe mobilier classique, a bien été conservé. Une adresse hautement recommandée !

LE PETIT HÔTEL

168, rue Saint-Paul Ouest
✆ +1 514 940 0360 / +1 877 530 0360
www.petithotelmontreal.com

M° Square-Victoria. Tarif par nuit à partir de 159 CAN $. 24 chambres. Petit déjeuner et wifi inclus.

Charmant hôtel très tendance au cœur de la vieille ville. Les chambres sont réparties sur quatre étages de cet édifice historique et sont dotées de plusieurs commodités : lit plateforme luxueux avec duvet d'oie, téléviseur LCD, station iPod avec haut-parleur, minibar, etc. Les unités plus spacieuses offrent un espace salon et peuvent accueillir en tout confort trois ou quatre personnes. Sur place, un café-lobby est ouvert tous les jours et sert des viennoiseries, des repas légers et des cafés de spécialité, avec un service de bar élaboré.

Luxe

HÔTEL GAULT

449, rue Sainte-Hélène
✆ +1 514 904 1616 / +1 866 904 1616
www.hotelgault.com

M° Square-Victoria. Occupation double : à partir de 235 CAN $, petit déjeuner, location de deux films et départ tardif (13h) inclus. 30 suites de style loft. Forfaits disponibles. Centre de santé Spa adjacent. Restaurant-bar sur place (ouvert le matin et midi en semaine, pour le brunch le week-end).

Dans cet imposant bâtiment se cache un hôtel-boutique des plus charmants. De style contemporain, le mobilier des chambres et du bar-salon en fait un endroit convivial et intime. L'hôtel propose plusieurs catégories de chambres, toutes aussi confortables et lumineuses les unes que les autres. Certaines disposent d'une terrasse privée et aménagée, et toutes d'une connexion Internet haute vitesse, d'un téléviseur à écran plat LED, d'un lecteur CD, d'un poste de travail pour les gens d'affaires et d'un lit Queen ou King. De plus, une salle d'exercices est à disposition de la clientèle. À proximité du centre-ville et du Vieux-Montréal, l'Hôtel Gault est un choix de qualité et des plus agréables.

HÔTEL NELLIGAN

106, rue Saint-Paul Ouest
✆ +1 514 788 2040
✆ +1 877 788 2040
www.hotelnelligan.com

M° Place-d'Armes. Occupation double : à partir de 235 CAN $. 105 chambres, suites et penthouses. Petit déjeuner continental et cocktail inclus, ainsi que tous les services d'un grand hôtel. Restaurants, bar, stationnement intérieur payant, salle de conditionnement physique, salle de massage.

Cet hôtel est à deux pas de la basilique Notre-Dame, du palais de Justice et du palais des Congrès. Il a vu le jour en juin 2002 et porte le nom du célèbre poète québécois Émile Nelligan. Dans les chambres règne une ambiance poétique, mêlant coin lecture, foyers et vers d'Émile. Les couleurs orangées, les murs de pierres et les plantes font du hall d'entrée l'endroit de détente idéal après une longue journée de travail. La soirée commencera par un cocktail offert par la maison dans son magnifique bar à ciel ouvert, la Terrasse Nelligan, et se terminera par un dîner dans l'un des deux restaurants, dont le fameux Verses ou le Méchant Bœuf bar-brasserie. Un séjour mémorable !

W MONTRÉAL

901, Square Victoria
✆ +1 514 395 3100
✆ +1 888 627 7081
www.whotels.com/montreal

M° Square-Victoria. Occupation double : à partir de 220 CAN $. Nombreux forfaits disponibles. 152 chambres et suites, et 5 studios pour événements. Deux bars, un lounge, une terrasse et un restaurant italien. Centre de santé Spa Away.

Le W est un de ces hôtels qui charment, à la fois par sa classe et son côté contemporain. Lignes épurées et intérieur design, formes originales et couleurs bleu électrique, rouge vif. Téléviseur à écran plat, accès Internet haut débit et lecteur DVD, ne sont que quelques-unes des commodités offertes par l'hôtel. Il regorge de lieux agréables, voués à la détente et à la rencontre, comme le living-room avec ses lumières tamisées et ses chutes d'eau ou encore le Wunder bar avec fauteuils et banquettes relaxants, jeu de lumières et bar en verre poli. Le restaurant Otto propose une cuisine fusion à tendance italienne. Services de massage dans les chambres disponibles 24h/24.

Centre-ville et Westmount

Vous cherchez à vous rapprocher du quartier commerçant pour ne pas avoir à transporter vos achats dans toute la ville avant de rejoindre votre chambre le soir ? Le centre-ville est idéal ! Il fait également le bonheur des porte-monnaie à contenance limitée, car c'est ici que l'on trouve la majeure partie des auberges de jeunesse et autres *hostels*. Le choix de bars et clubs à proximité est également un atout pour les fêtards... moins pour les amateurs de tranquillité... Quant aux hôtels de luxe, indépendants et grandes chaînes, ils sont aussi présents dans ce quartier parmi les plus fournis en hôtellerie.

Bien et pas cher

■ AUBERGE DE JEUNESSE DE MONTRÉAL HI

1030, rue Mackay
✆ +1 514 843 3317
✆ +1 866 843 3317
www.hostellingmontreal.com

M° Lucien-L'Allier. Chambre partagée (3 à 10 lits) : à partir de 21 CAN $, chambre privée (simple ou double) : à partir de 80 CAN $, chambre privée (4 à 6 lits) : à partir de 116 CAN $. Promotions et forfaits disponibles. Café-bistro-bar, buanderie, Internet, cuisine, table de billard, programme d'activités, billetterie pour spectacles, hockey et événements, etc. Membre du réseau Hostelling International.

Située à quelques mètres de l'Université Concordia et du Centre Bell (domicile de l'équipe de hockey Canadien), au cœur du centre-ville, cette grande auberge accueille des visiteurs du monde entier et de tous les âges. Toutes les chambres ont une salle de bain privée, ce qui n'est pas à négliger. Côté ambiance, on peut rester anonyme ou socialiser en participant aux diverses activités dont la réputée tournée des bars, un incontournable. Matin et soir, un café-bistro-bar prépare un excellent menu à des prix très raisonnables. Une cuisine est également à la disposition de ceux qui souhaitent concocter leurs propres repas. En été, une seconde auberge est ouverte dans la rue voisine, au 1320, rue St-Antoine Ouest. L'ambiance et les prix sont similaires.

◗ **Autre adresse :** auberge estivale : 1320 rue St-Antoine Ouest, ✆ + 1 514 908 3281 ou sans frais au ✆ +1 855 908 3281.

■ HÔTEL Y MONTRÉAL & AUBERGE YWCA

1355, boulevard René-Lévesque Ouest
✆ +1 514 866 9942
www.ydesfemmesmtl.org

M° Lucien-L'Allier ou Guy-Concordia. Occupation simple : à partir de 50 CAN $, double : à partir de 60 CAN $, quadruple : 80 CAN $. 30 chambres à l'hôtel et 32 à l'auberge.

Cet hôtel 3-étoiles, avec une section auberge 4-étoiles, jouit d'une situation idéale, en plein cœur du centre-ville et à proximité des restaurants, boutiques, attraits et activités. Des chambres confortables, agréables et accueillantes, ainsi que l'accès à divers services tels que l'Internet sans fil gratuit, une salle informatique, une cuisine commune et une buanderie, rendront votre séjour des plus agréables. Un excellent rapport qualité-prix.

Confort ou charme

■ ARMOR MANOIR SHERBROOKE

157, rue Sherbrooke Est
✆ +1 514 845 0915
✆ +1 514 285 0895
✆ +1 800 203 5485
www.armormanoir.com
M° Sherbrooke. Occupation simple ou double : à partir de 109 CAN $. 22 chambres et suites. Petit déjeuner inclus.
Dans une vieille demeure de la rue Sherbrooke, une vingtaine de chambres offrent un cachet unique. Les suites disposent d'un bain à remous. La convivialité du lieu est indéniable, avec son magnifique escalier en bois et le soin accordé aux détails de chaque pièce. Accueil courtois, recommandé par beaucoup de voyageurs.

■ HÔTEL CHEZ SWANN

1444, rue Drummond
✆ +1 514 842 7070 / +1 877 568 7070
www.hotelchezswann.com
M° Peel. Occupation double : à partir de 120 CAN $, petit-déjeuner inclus. Promotions sur Internet. Salle d'exercices sur place.
A mi-chemin entre les catégories charme/confort et luxe, Chez Swann fait preuve d'une imagination débordante pour la décoration de ses chambres. Coloré, acidulé, design... Un bon goût certain, quoique ceux qui sont des adeptes des grands classiques de l'hôtellerie risquent de se trouver un peu déstabilisés. La direction de l'hôtel insiste : on est plus proche de l'art que du design. L'idée de cet hôtel de taille modeste (23 chambres) est de vous faire vivre une expérience au cœur de la culture montréalaise, plutôt que de simplement passer une nuit dans un hôtel. On aime !

■ PETITE AUBERGE LES BONS MATINS

1401, avenue Argyle
✆ +1 514 931 9167 / +1 800 588 5280
www.bonsmatins.com
M° Lucien-L'Allier. Occupation double : à partir de 119 CAN $, petit déjeuner copieux inclus. Hébergement en chambre, suite et appartement. Forfaits disponibles. Stationnement (11 places) : 12 CAN $ par nuit.
Séjourner dans cette auberge absolument charmante plaira tant aux familles (possibilité de louer une maison) qu'aux jeunes mariés (suites magnifiques, parfaites pour les nuits de noce). Située dans une rue calme, à la sortie d'une bouche de métro et à deux pas du centre-ville, l'emplacement est idéal pour les touristes et les gens d'affaire. Les chambres, aux couleurs chaudes, décorées avec de beaux tissus et carrelages, sont très confortables et raffinées. Certaines possèdent même une cheminée en état de fonctionnement. Le personnel se met en quatre pour ses hôtes. Des petites attentions égayent le séjour : apéritif offert tous les soirs, biscuits, thé et café à disposition dans des petites cuisines situées à plusieurs endroits de l'auberge. Le petit déjeuner servi dans une salle très chaleureuse, aux connotations orientales, est copieux et délicieux. Aux murs des chambres et des parties communes, admirez les toiles de Benoît A. Côté, frère du propriétaire.

■ ZERO 1 MONTRÉAL

1 boulevard René-Lévesque Est
✆ +1 514 871 9696
✆ +1 855 301 0001
www.zero1-mtl.com
M° Saint-Laurent ou Champ-de-Mars. Occupation double : à partir de 109 CAN $. Tarifs promotionnels pour les séjours prolongés. Service de valet (23 CAN $ par jour), restaurant, bar et lounge (ouverture à l'été 2013), terrasse panoramique, salle d'exercices, service de spa Appia à la chambre sur réservation.
Un nouvel hôtel-boutique à deux pas du Quartier des spectacles et du quartier commerçant du centre-ville. 120 chambres et 43 suites dans lesquels la décoration a su allier chic et simplicité, design et chaleur. Idéal si vous avez l'opportunité de visiter la ville lors de l'un des nombreux festivals de l'été. La vue depuis les chambres standard est déjà belle, elle est incroyable depuis les suites les plus luxueuses. Si vous avez le budget, n'hésitez pas une seule seconde à monter en gamme !

Luxe

■ HÔTEL LE GERMAIN

2050, rue Mansfield
✆ +1 514 849 2050 / +1 877 333 2050
www.germainmontreal.com
M° Peel. Occupation double : à partir de 229 CAN $, petit déjeuner continental de luxe inclus. Forfaits disponibles. Espace détente avec foyer et bar, bar à espresso/cappuccino gratuit, salle d'exercices, services de massothérapie et de Spa disponibles à la chambre, service de voiturier, véhicule de courtoisie Audi pour déplacements au centre-ville (selon les disponibilités), boutique et restaurant Laurie Raphaël.

L'originalité de cet hôtel est sa merveilleuse simplicité. Le concept : un hôtel design qui s'adapte aux nouvelles tendances, beau, zen, tout confort. Le luxe à l'état pur, mais pas clinquant. Trois pommes vertes à chaque étage vous rappellent que vous êtes bien dans un hôtel Germain. Les deux suites appartements sont de toute beauté, la classe et le confort deux en un, elles laissent rêveur. Notez d'ailleurs que toutes les chambres et suites ont été rénovées au printemps 2009. Pour ce qui est de la table, le réputé chef Daniel Vézina est aux commandes du restaurant Laurie Raphaël qui fait honneur aux produits québécois. Si vous ne savez quoi choisir, il est possible de prendre plusieurs spécialités en format « entrée » dans un même repas.

Quartier latin et Village gai

Comme dans toutes les villes du monde, le quartier gay est l'un des plus vivants de Montréal. Loger à proximité vous garantit de ne jamais avoir à chercher très longtemps pour un lieu de sortie (gay ou non). Le Quartier latin, quant à lui, offre également une atmosphère festive, mais plus par la profusion de restaurants et bars qui le jalonnent, dont plusieurs destinés aux touristes.

■ ALEXANDRE LOGAN

1631, rue Alexandre de Sève
✆ +1 514 598 0555
✆ +1 866 895 0555
www.alexandrelogan.com
M° Beaudry. Occupation double : à partir de 90 CAN $, petit déjeuner inclus. 5 chambres. Un minimum de deux nuits est exigé.

Un peu à l'écart de la turbulente Sainte-Catherine, cette maison centenaire, entièrement rénovée dans le style de l'époque, offre aux visiteurs des chambres au charme indéniable. Beaux parquets, boiseries et moulures s'unissent pour un voyage dans le temps avec tout le confort moderne. La décoration, sans surcharge aucune, à la fois élégante et sobre, reste très chaleureuse. Les chambres, toutes climatisées, équipées de téléviseurs et d'un accès Internet gratuit, sont grandes, agrémentées de lourds meubles en bois et de teintes claires qui relèvent la chaleur des boiseries. Les salles de bains arborent le style épuré des années 1930. Et pour couronner le tout, les petits déjeuners, dont le menu varie tous les jours, sont concoctés par un chef français alternant les saveurs de son pays et celles du Québec. Un classique !

■ GÎTE ATMOSPHÈRE

1933, rue Panet
✆ +1 514 510 7976
www.atmospherebb.com
M° Beaudry. Tarif par nuit à partir de 95 CAN $. 3 chambres. Petit déjeuner gourmet 3 services inclus. Forfaits disponibles.

Ce gîte touristique urbain fait beaucoup jaser et avec raison ! Récipiendaire du Lauréat Or national aux Grands Prix du tourisme québécois, il a également été reconnu comme un des meilleurs gîtes au Canada pour l'année 2009-10 par le site BedandBreakfast.com. Les lieux sont en effet charmants, dans une demeure datant de 1875, et tout le cachet a été restauré avec grands soins. L'aménagement est de type urbain et artistique, très soigné, invitant à la détente.

■ LA LOGGIA ART & BREAKFAST

1637, rue Amherst
✆ +1 514 524 2493
✆ +1 866 520 2493
www.laloggia.ca
M° Beaudry. Occupation double : à partir de 105 CAN $, petit déjeuner inclus. 4 chambres et 1 studio. Forfaits disponibles. Un minimum de deux nuits est requis de mai à octobre. Atelier galerie sur place.

Un petit gîte chaleureux et douillet fusionnant croissance personnelle, formation et diffusion artistique. Les lieux arborent fièrement des œuvres d'artistes canadiens. En été, le petit déjeuner, composé de produits locaux, est servi dans le magnifique jardin-terrasse fleuri du gîte. Une cuisine est également à votre disposition sur place. Une excellente adresse pour relaxer.

■ MONTRÉAL ESPACE CONFORT

2050, rue Saint-Denis
✆ +1 514 849 0505
www.montrealespaceconfort.com
M° Berri-UQÀM ou Sherbrooke. Occupation double : à partir de 75 CAN $ (salle de bain partagée) et 95 CAN $ (salle de bain privée), petit déjeuner inclus. 24 chambres réparties en section auberge et hôtel.

Située en plein cœur du Quartier latin, cette belle auberge mise sur le confort, le cachet et la convivialité. Toutes les chambres sont très bien équipées et douillettes à souhait, et celles de la section hôtel ont en plus une cuisinette et une aire de travail. On s'y sent comme à la maison ! Autres services offerts sur place : petite cuisine commune, buanderie, réservation pour tour de ville et location de voiture, centre d'affaires, etc.

Plateau Mont-Royal

Selon le point de vue, on peut penser que le Plateau est un brin excentré ou, au contraire, apprécier de loger dans un quartier plus proche de la vie des Montréalais qui y résident, plutôt que de ceux qui ne font qu'y passer. Quoi qu'il en soit, l'offre en hébergement y est beaucoup moins large, mais on y trouve de petites adresses qui valent le détour. Le tout à quelques minutes de métro du centre.

Bien et pas cher

■ HÔTEL DE PARIS

901, rue Sherbrooke Est
© +1 514 522 6861 / +1 800 567 7217
www.hotel-montreal.com
M° Sherbrooke. Occupation double : à partir de 69 CAN $, petit déjeuner continental et Internet sans fil inclus. 34 chambres et suites avec salle de bain privée, climatisation et télévision câblée.
Ce manoir historique, transformé en hôtel en 1985, se situe à deux pas du parc Lafontaine, et des attraits du centre-ville et du Plateau. Suite au changement de propriétaire, toutes les chambres ont été rénovées et redécorées, et le résultat est vraiment superbe. Face à l'édifice principal se trouve l'Annexe et ses magnifiques chambres exécutives de style hôtel-boutique. Le petit bistro dans lequel est servi le petit déjeuner (tous les jours) et le déjeuner (en semaine) est charmant et bénéficie d'un bon ensoleillement. En été, la terrasse est très agréable. Une adresse au rapport qualité-prix des plus séduisants.

Confort ou charme

■ ANNE MA SŒUR ANNE HÔTEL STUDIO

4119, rue Saint-Denis
© +1 514 281 3187 / +1 877 281 3187
www.annemasoeuranne.com
M° Mont-Royal. Entre Rachel et Duluth. Occupation double : à partir de 72 CAN $. Suite avec terrasse privée : à partir de 155 CAN $ (1 à 4 personnes). Petit déjeuner continental inclus.
Situé au cœur du Plateau Mont-Royal, cet hôtel, dont l'édifice date de la fin du XIXe siècle, dispose de 17 chambres-studios et suites modernes, avec cuisinette et salle de bain privée. Les chambres aux couleurs chaudes sont très agréables. Certaines d'entre elles ont une terrasse privée, pour les autres, vous pourrez profiter de la cour intérieure ombragée. L'hôtel a l'immense avantage de donner sur l'une des rues les plus animées de la ville, à proximité du centre-ville, tout en étant remarquablement insonorisé. Stationnement extérieur disponible.

■ AUBERGE DE LA FONTAINE

1301, rue Rachel Est
© +1 514 597 0166 / +1 800 597 0597
www.aubergedelafontaine.com
Angle Chambord. Occupation double : à partir de 119 CAN $ en basse saison et de 153 CAN $ en haute saison. 21 chambres et suites (une chambre est adaptée aux personnes à mobilité restreinte). Petit déjeuner buffet santé inclus. Forfaits disponibles. Service de bar, Internet sans fil, stationnement gratuit à l'arrière de l'auberge (3 places), billetterie (musées, croisières, visites guidées).
Située en face du magnifique Parc Lafontaine, cette auberge largement primée offre un décor et un service dignes des grands hôtels. L'aspect victorien de la maison, datant de 1908, contraste avec sa décoration moderne, différente d'une chambre à l'autre et dont les couleurs chaudes et les murs en briques créent une ambiance montréalaise. Qu'elles soient régulières, supérieures ou suites, toutes les chambres sont très bien équipées avec air climatisé.

À votre disposition : une terrasse accessible à tous au troisième étage, un libre accès à la cuisine pour collation gratuite (fromages, fruits, pâtés) de midi à minuit et une piste cyclable passant en face de l'Auberge, pour les sportifs. Sans aucun doute la plus futée des auberges en ville !

■ BOULANGER BASSIN B&B

4293, rue de Brébeuf
✆ +1 514 525 0854 / +1 866 525 0854
www.bbassin.com
M° Mont-Royal. Entre Marie-Anne et Rachel. Fermé en septembre et octobre. Occupation double : à partir de 89 CAN $ en basse saison et 109 CAN $ en haute saison. Trois chambres. Petit déjeuner inclus. Enfants de 6 ans et plus sont les bienvenus. Internet sans fil.

Venez découvrir la vie du Plateau Mont-Royal, le quartier résidentiel à la mode de Montréal. Ken Ilasz vous accueille dans sa charmante demeure. Le grand soin qu'il apporte à ses invités rivalise avec sa discrétion. Le matin, il se met au fourneau pour vous confectionner un incroyable petit déjeuner. Même les succulentes viennoiseries et les gâteaux aux fruits sont faits maison. Mais n'oubliez pas de goûter à la salade de fruits frais, aux jus pressés, aux œufs… Après ce copieux petit déjeuner, vous aurez sûrement envie d'aller courir au parc Lafontaine, situé à deux pas de l'auberge. Les trois chambres sont décorées avec goût. Vous choisirez entre Sunrise, Sunset et Sunshine (grande chambre style loft). Elles disposent toutes de l'air climatisé et d'une salle de bain privée avec douche et bain.

■ CHÂTEAU DE L'ARGOAT

524, rue Sherbrooke Est
✆ +1 514 842 2046
www.hotel-chateau-argoat.qc.ca
M° Sherbrooke. Occupation double : à partir de 90 CAN $, petit déjeuner continental inclus et stationnement gratuit.

En plein cœur de Montréal, à la frontière du Quartier latin et du Plateau Mont-Royal, la façade victorienne de ce charmant hôtel accroche le regard. On y trouve un excellent accueil ainsi que 24 chambres et une suite double, toutes d'un grand confort. Outre leur jolie décoration, certaines chambres sont équipées de bains à remous et de lecteurs DVD. Chacune a son cachet particulier. Un hôtel qui ressemble au quartier, coloré et convivial avec un décor un brin original. Un excellent rapport qualité-prix, et une des adresses préférées des petits futés !

Luxe

■ **HÔTEL 10**

10, rue Sherbrooke Ouest

✆ +1 514 843 6000 / +1 855 390 6787

www.hotel10montreal.com

M° Sherbrooke. Occupation double : à partir de 190 CAN $. Forfaits disponibles. Centre de conditionnement physique 24h, service de massage aux chambres, service de voiturier VIP.

Anciennement connu sous le nom d'Hôtel Opus et idéalement situé entre le Plateau et le Quartier des spectacles, cet hôtel aux lignes épurées saura séduire ses invités. Sur place, le restaurant-bar KOKO propose une cuisine inspirée d'Asie aux accents contemporains. Les lieux sont ultra tendance et des DJ de renom y mettent une ambiance du tonnerre. Lors des beaux jours, sa magnifique terrasse est très prisée. Un hôtel définitivement très branché !

SE RESTAURER

Les gastronomes seront comblés à Montréal, quelle que soit la taille de leur estomac et de leur portefeuille. Les Montréalais aiment bien manger, et chaque quartier, qu'il soit touristique, résidentiel, commercial, ou rien de tout cela, est équipé de son lot de restaurants. Vous ne mourrez donc pas de faim où que vous vous trouviez. Selon ce que vous dictent vos envies du moment, vous pourrez choisir votre destination en fonction des styles de cuisine qui prédominent. La Petite Italie pour une pizza, le Plateau pour un restaurant gastronomique à influence française, les environs du Marché Jean-Talon pour un plat de nouilles asiatiques... Les restaurants les plus en vogue nécessitent une réservation préalable, et un brunch le dimanche matin peut vous amener à patienter quelques dizaines de minutes avant que l'on vous assigne une table. La rançon du succès, qui n'entame en rien la qualité !

Vieux Montréal et Parc Jean Drapeau

Le Vieux-Montréal ne manque pas de bonnes adresses. C'est ici que se trouvent la plupart des restaurants destinés aux touristes, ce qui n'est pas forcément un signe de qualité baclée. Vous rencontrerez d'ailleurs dans ces établissements un grand nombre de Québécois qui n'ont pas peur de fréquenter des touristes pour bien manger ! Le quartier compte également quelques tables très haut de gamme.

Sur le pouce

■ **OLIVE + GOURMANDO**

351, rue Saint-Paul Ouest

✆ +1 514 350 1083

www.oliveetgourmando.com

M° Square-Victoria. Mardi-samedi, 8h-18h. Compter moins de 20 CAN $. Beaucoup de monde le midi.

Une des boulangeries les plus branchées de Montréal. Pour le cadre, la musique lounge, les murs colorés, les belles tables en bois et les menus écrits à la craie sur des ardoises attirent les jeunes professionnels du quartier. À l'entrée, un comptoir boulangerie vend un assortiment de pains, dont des grosses miches au levain et des pains ronds grillés. Au fond, le comptoir de sandwichs et de salades confectionne de délicieux repas santé à base de produits biologiques pour la plupart.

Le choix des mets varie régulièrement : leur qualité et leur originalité ne déçoivent jamais. Un délicieux café ou un thé concluent admirablement un bon repas. Les fans repartiront avec de la confiture maison, des mélanges de noix, une bouteille d'huile d'olive ou une pâtisserie. Les prix sont raisonnables, vu la qualité supérieure des produits.

Bien et pas cher

■ BORIS BISTRO

465, rue McGill
✆ +1 514 848 9575
www.borisbistro.com
M° Square-Victoria. Mai à août : ouvert tous les jours midi et soir. Le reste de l'année : lundi-vendredi, 11h30-14h ; mardi-samedi, dès 17h. Terrasse. Plats principaux à la carte : moins de 30 CAN $.

On va chez Boris Bistro pour l'ambiance de sa terrasse ombragée en plein cœur de la ville, mais aussi pour son intérieur chaleureux, son accueil et ses petits plats bistro remaniés tels la caponata sur chèvre doux, le lapin braisé à la moutarde brune et aux 8 poivres, ou encore le risotto au canard. Des fraises du Québec servies avec une mousse Mascarpone et un sirop de rhubarbe, ou des fromages du terroir pourront compléter ce repas. La carte des vins en importation privée est étoffée, les bières servies bien fraîches et les cocktails variés. Ajoutez à cela un service aussi courtois qu'attentionné, et vous comprendrez pourquoi le Boris Bistro est une des adresses les plus futées du Vieux-Montréal.

Bonnes tables

■ LES 400 COUPS

400, rue Notre-Dame Est
✆ +1 514 985 0400
www.les400coups.ca
M° Champ-de-Mars. Le soir : mardi-mercredi, 17h30-22h30 ; jeudi-samedi, 17h30-23h. Le midi : uniquement le vendredi de 11h30 à 13h30. Fermé dimanche et lundi. Vendredi midi : Tables d'hôte à 22 et 28 CAN $, plats principaux le soir : 30 CAN $ et moins, menu dégustation 5 services : 70 CAN $.

Les 400 coups est l'une des nouvelles adresses immanquables de Montréal. Non seulement le resto accueille les touristes de passage, mais surtout de nombreux Montréalais s'y pressent. Et on ne peut que leur donner raison ! Le restaurant est né de la rencontre de trois passionnés de cuisine et de bons vins. Et comme souvent, la réussite vient quand on a une passion à partager. Du magret de canard de la ferme La Canardière au maquereau espagnol, les ingrédients sont sélectionnés avec soin et mêlés avec art pour offrir un mélange de saveurs d'une rare finesse. Réservation absolument indispensable plusieurs jours à l'avance.

■ CHEZ DELMO

275, rue Notre-Dame Ouest
✆ +1 514 288 4288
www.chezdelmo.com
M° Square-Victoria. Lundi-vendredi, 11h30-14h45 & 17h30-22h ; samedi, 17h30-23h30 ; dimanche, fermé. Table d'hôte fin de soirée du jeudi au samedi à partir de 21h30. Table d'hôte midi : 24,75 CAN $. Plats principaux à la carte : 20-55 CAN $. Table d'hôte fin de soirée : 25-30 CAN $.

Une véritable institution dans la vieille ville, ce restaurant a su garder son cachet avec une touche plus actuelle, son équipe et même une bonne partie de son menu. A l'ardoise, sous la gouverne du chef Patrick Vandal, poissons et fruits de mer règnent en maîtres des lieux et le choix est vaste. Les carnivores ne sont pas en reste, avec une petite sélection comprenant le filet mignon, la bavette de bœuf ou encore le tartare de bœuf. Les entrées sont tout aussi alléchantes et se feront le parfait compagnon de vos 5 à 7 (*happy hours*). La carte des vins et des digestifs qui accompagne le tout en séduira plus d'un ! Une adresse chouchou, savoureuse, abordable et tout en fraîcheur !

Luxe

■ AUBERGE LE SAINT-GABRIEL

426, rue Saint-Gabriel
✆ +1 514 878 3561
www.lesaint-gabriel.com
M° Place-d'Armes. Mardi-vendredi, 11h30-14h30 ; mardi-samedi, 18h-22h. Fermé dimanche-lundi. Menu midi : 30 CAN $ et moins. Plats principaux à la carte : à partir de 28 CAN $. Menu 8 services : 95 CAN $.

Situé dans le Vieux-Montréal, c'est l'un des rares restaurants où l'on peut admirer une décoration si surprenante. À l'entrée, une colonne vertébrale de baleine flotte dans les airs. Au bar, certains tabourets sont recouverts de vestes de chasse dont une touffe de poil sort du col. Puis, plus loin, une lampe est décorée par deux orignaux empaillés, sans têtes et fusionnés par le cou.

Dans la salle, on peut voir un immense frigo où sont suspendues des pièces de viande en processus de vieillissement contrôlé. Les poissons et les viandes sont cuits à la braise. Côté entrée, vous serez séduit par le prosciutto « poivrésel », tartine de paillot / pacanes (noix de pécan) / miel, marmelade aux figues. Côté braise, l'entrecôte 350 g veillie 30 jours vous charmera assurément et côté cuisine, l'épaule d'agneau confite est confectionnée avec soin. Pour finir, un incroyable dessert dont vous ne ferez qu'une bouchée : le clafoutis « rustique » aux poires caramélisées, dragées, crème glacée cardamone. Un parfait équilibre entre rusticité et raffinement.

■ TOQUÉ !

900, Place Jean-Paul-Riopelle
✆ +1 514 499 2084
www.restaurant-toque.com
M° Square-Victoria. Mardi-vendredi, 11h30-14h ; mardi-samedi, 17h30-22h30. Menu midi : à partir de 25 CAN $, plats principaux le soir : à partir de 40 CAN $.

Le *nec plus ultra* en matière de cuisine française. Normand Laprise, grand chef Relais & Châteaux, est au gouvernail et veille à ce que la réputation du Toqué ! soit irréprochable. Le menu est d'une rigueur incroyable, mettant en valeur une cuisine de marché fraîche et raffinée. Pas de faux-fuyants, les plats sont confectionnés tels des œuvres d'art, combinés à une carte des vins époustouflante. Tout est démesuré, chez Toqué ! , le décor est raffiné et le service tout simplement parfait. Il est recommandé de réserver longtemps à l'avance.

Centre-ville et Westmount

Le centre-ville se concentre plutôt sur une clientèle d'affaires, de sorte que les adresses pour le déjeuner de midi en semaine sont assez nombreuses. Ce qui n'empêche pas que des tables de renom accueillent également les amateurs de gastronomie. Le quartier étant l'un des plus vivants de la ville, on y trouve donc de quoi satisfaire tous les types de gourmets et de gourmands.

Sur le pouce

■ CAFÉ HOLT

1300, rue Sherbrooke Ouest
✆ +1 514 842 5111
www.holtrenfrew.com
M° Peel. Lundi-mercredi, 10h-18h ; jeudi-vendredi, 10h-21h ; samedi, 9h30-17h30 ; dimanche, 12h-17h. Salades et plats principaux : 20 CAN $ et moins.

Le Café Holt est un concentré de raffinement et de bon goût. Branché mais pas trop, le cadre en fait un lieu agréable pour boire un cocktail ou un jus au cours d'une pause dans sa journée de magasinage. Pour une halte plus consistante, demandez la tartine poulet grillé, chèvre, poivrons rouges, roquette et miel à la truffe. Sur un pain venu directement de Paris, s'assemblent avec délicatesse divers produits de luxe et de saison. La carte des desserts est elle aussi alléchante. Parfait pour une pause gourmande !

Bien et pas cher

■ BRASSERIE T !

1425, rue Jeanne-Mance
✆ +1 514 282 0808
www.brasserie-t.com
M° Place-des-Arts. Ouvert tous les jours dès 11h30. Menu à la carte : 10-30 CAN $.

La petite sœur du réputé restaurant Toqué ! du chef Normand Laprise a ouvert ses portes il y a quelques années en plein cœur du Quartier des spectacles. L'endroit connaît un franc succès et offre un menu typique des brasseries françaises avec une touche québécoise.

L'architecture du restaurant vaut à elle seule le déplacement : un lieu au design résolument urbain qui ressemble à un long abri de bus moderne... Vous vous retrouvez donc en plein cœur de l'action du quartier avec une vue directe sur la place des Festivals.

Bonnes tables

■ CHEZ ALEXANDRE ET FILS

1454, rue Peel
✆ +1 514 288 5105
www.chezalexandre.com
M° Peel. Lundi-dimanche, 12h-2h. Menu midi : moins de 30 CAN $, plats le soir : 20-40 CAN $, brunch 26,50 CAN $. Très belle carte des vins. Pub au 2e étage jusqu'à 3h. Terrasse.

Cette magnifique brasserie parisienne nous transporte littéralement vers les beaux quartiers de la ville lumière : service stylé, banquettes en cuir, boiseries, tables en granit et chaises en rotin importées de France. Le distingué Alain Creton illumine de sa présence les deux salles luxueuses, où l'on apprécie os à moelle au sel de Guérande, escargots de bourgogne, choucroutes au champagne Moët & Chandon, cassoulets toulousains et confits de canard à la périgourdine, sans oublier la traditionnelle bavette à l'échalote avec ses frites maison, épluchées à la main pour plus de croquant ! Suprême audace, la maison abrite au deuxième étage un authentique pub anglais le « John Sleeman Pub » avec foyer et *cigar lounge*. Tout simplement le meilleur des deux mondes à la même adresse.

■ DEVILLE DINERBAR

1425, rue Stanley
✆ +1 514 281 6556
www.devilledinerbar.com
M° Peel. Dimanche-jeudi, 11h-23h ; vendredi-samedi, 11h-minuit. Plats à la carte : 20-40 CAN $.

Prenez un classique « diner » américain, l'un de ces restaurants aux confortables banquettes en faux cuir, ses juke-box et ses burgers. Remettez-le au goût du jour, en rehaussant les couleurs, en retravaillant le design, en modernisant l'ambiance... Vous obtiendrez le Deville Dinerbar, qui s'appuie sur le passé de l'Amérique pour le transformer en l'un des restaurants branchés de Montréal. Pour un burger ou un brunch géant, ou pour un cocktail à la lueur des néons violets, en tout cas une adresse qui vaut le déplacement.

■ L'AUTRE SAISON

2137, rue Crescent
✆ +1 514 845 0058
lautresaison.com
M° Peel. Lundi-vendredi, 12h-16h ; lundi-samedi, 17h-23h ; dimanche, fermé. Menu midi : moins de 25 CAN $, table d'hôte le soir : à partir de 25 CAN $, plats principaux à la carte : 25-40 CAN $.

Sis dans une belle maison victorienne avec façade de pierre, en plein cœur du centre-ville, ce restaurant mise sur une fine cuisine française. Le cadre est romantique à souhait, et le service tout à fait impeccable. Le chef, Alain Boucher, et sa brigade concoctent de petits bijoux en cuisine, simples mais efficaces : crevettes Rockefeller flambées au Pernod, aiguillettes de canard avec sauce bigarade, carré d'agneau à la provençale, filet mignon aux champignons sauvages... De quoi creuser l'appétit ! Le tout est accompagné d'une très belle carte des vins où la France et la Californie occupent une place de choix. Bref le mot d'ordre est d'offrir la meilleure combinaison possible de nourriture, vin, ambiance et service. Et c'est réussi !

Luxe

■ EUROPEA

1227, rue de la Montagne
✆ +1 514 398 9229
www.europea.ca
M° Peel. Mardi-vendredi, ouvert le midi ; lundi-dimanche, ouvert tous les soirs. Le midi, menus à partir de 27,50 CAN $. Table gourmande 49,50 CAN $. Le soir, menu découverte 69,50 CAN $, menu dégustation 99,50 CAN $. Plats à la carte entre 40 et 50 CAN $.

La réputation du chef Jérôme Ferrer n'est plus à faire et la qualité de ses nombreuses autres tables (Beaver Hall, Andiamo et Birks Café) non plus ! L'Europea, c'est la finesse de l'art culinaire avec une cuisine inventive et intuitive qui fait voyager tous nos sens. Coté 4 diamants (l'équivalent de nos étoiles Michelin), c'est une des meilleures tables en ville et l'expérience gustative est franchement à la hauteur. En soirée, laissez-vous tenter par le menu dégustation ou découverte, des incontournables et savoureux classiques de l'Europea. La carte des vins qui accompagne le tout est un hymne au bonheur. Pour pousser plus loin l'expérience, réservez la Table du Chef afin de vivre l'arrière-scène des cuisines et de voir le chef à l'œuvre !

■ **MAISON BOULUD**
Hôtel Ritz-Carlton
1228, rue Sherbrooke Ouest
✆ +1 514 842 4224
M° Peel. Petit-déjeuner à partir de 7h tous les jours, déjeuner lundi-samedi midi-14h30, dîner à partir de 17h30 tous les jours, et brunch le dimanche 11h30-14h30.
Le Chef Daniel Boulud n'en est pas à son coup d'essai avec le restaurant du Ritz-Carlton, célébré parmi les meilleures tables de la ville. Son restaurant Daniel, à New-York, est triplement étoilé et mondialement connu. Avec la Maison Boulud, il a voulu profiter de la fusion de deux cuisines, nord-américaine et européenne. Une belle réussite. Le raffinement est dans les assiettes comme dans la salle, et le service est digne de grands restaurants étoilés. Une belle expérience de gastronome.

Quartier latin et Village gai

Le Village, l'été, interdit aux voitures, voit fleurir les terrasses de bars et de restaurants. Un large choix vous est proposé pour une pause rapide à midi ou une découverte culinaire d'un soir. Notez que vous trouverez également de bonnes adresses dans la section «Gay et lesbien». Le Quartier latin, quant à lui, s'adresse plus aux touristes, mais propose également de belles tables.

Pause gourmande

■ **JULIETTE & CHOCOLAT**
1615, rue Saint-Denis ✆ +1 514 287 3555
www.julietteetchocolat.com
M° Berri-UQÀM. Dimanche-jeudi, 11h-23h ; vendredi-samedi, 11h-minuit. Menu à la carte : moins de 20 CAN $.
Juliette et chocolat, c'est l'histoire d'un succès basé sur le chocolat. Né sur la rue Saint-Denis, le premier bar à chocolat-crêperie très Art déco avec ses boiseries, ses briques apparentes et ses chaises en rotin a eu un succès monstre. À tel point que Juliette a ouvert deux autres adresses. C'est le choix de chocolat, sous toutes ses formes, qui fait la réputation de Juliette : chocolat chaud ou froid, chocolat à boire alcoolisé, chocolat dans les crêpes, dans les glaces ou en fondues. Le Petit Futé s'engage : Juliette et chocolat fabrique sans doute le meilleur milk-shake au chocolat du monde ! On vous propose en plus tout un choix d'appétissantes salades et crêpes salées. En partant, vous pourrez acheter quelques chocolats faits maison, c'est une recommandation.

▶ **Autres adresses :** 3600, boulevard Saint-Laurent, ✆ +1 514 380 1090 • 377, rue Laurier Ouest, ✆ +1 514 510 5651

Bien et pas cher

■ **AMBASSADE BORIS**
1641, rue Saint-Denis ✆ +1 514 508 5979
www.ambassadeboris.com
M° Berri-UQÀM. Lundi-vendredi, 11h30-14h30 & 17h-22h30 (23h jeudi-vendredi) ; samedi, 17h-23h ; fermé le dimanche. Plats principaux à la carte : moins de 15 CAN $. Terrasse.
Inspirée des restaurants nomades des rues des grandes-villes des Etats-Unis, l'Ambassade Boris propose un mélange d'ambiances et de saveurs d'Amérique, d'Asie et d'Europe, dans une cuisine simple et une décoration engageante. Burgers ou *Fish and Chips*, crevettes en croûte de *Kataifi*, *hot-dogs*, une restauration rapide à consommer sur place, à emporter, ou à se faire livrer.

Bonnes tables

■ **CONFUSION TAPAS DU MONDE**
1635, rue Saint-Denis
✆ +1 514 288 2225
www.restaurantconfusion.com
M° Berri-UQÀM. Dimanche-lundi, 17h30-22h ; mardi-samedi, 17h30-minuit. Tapas : moins de 25 CAN $, plats : 20-45 CAN $. Menu découverte pour deux : 120 CAN $. Carte des vins recherchée. Deux salles privées pour groupe. Terrasse.
Convivialité et partage sont ici à l'honneur. Un vaste choix de tapas à partager, d'inspiration française et du monde. On pioche dans la Thalassa (succulents pétoncles poêlés et tendrissime pieuvre grillée au naturel), la Bouffe snob et ses déclinaisons de foie gras, les Grand crus de tartares et carpaccio de bœuf à l'huile de truffe. Les carnivores opteront pour le surprenant mini-burger de canard Rossini, ou pour le jarret de porcelet de Gaspor servi entier, aussi gargantuesque que délicieux, et les végétariens pour le crumble de chèvre aux tomates et romarin. Les menus pour deux sont une aubaine et les solitaires pourront profiter du bar ou des tables... avec balançoires ! Très belle décoration, section lounge, service qualifié, courtois et efficace. Le meilleur restaurant du quartier Latin.

■ **CHEZ MA GROSSE TRUIE CHÉRIE**
1801, rue Ontario Est
✆ +1 514 522 8784
www.chezmagrossetruiecherie.com

M° Papineau. Dimanche-lundi, fermé ; mardi-samedi, dès 17h30. Table d'hôte : 24-32 CAN $; plats principaux à la carte : à partir de 25 CAN $. Terrasses.

Difficile de manquer ce restaurant tout de rouge vêtu, avec sa cochonne (pardon, sa truie !) qui déborde du mur... Et pourtant, il serait dommage d'en rester là, tant vous serez bien reçu à l'intérieur. Service courtois et carte maîtrisée sur le bout des doigts par une équipe qui sait recevoir. Des produits du terroir, travaillés de façon moderne et rigoureuse, et qui sauront régaler tous les gourmets. On y sert bien d'autres choses que du cochon, mais ça reste la spécialité de la maison : le « Méga tout cochon » à partager vous permettra de vous régaler de côtes levées, de côtes de porc mi-fumé grillées, de jarrets braisés... Une découverte des plus savoureuses, surtout si vous l'agrémentez d'une option « encore plus cochonne » de foie gras poêlé. Vous l'aurez compris, on parle ici d'un paradis pour les gourmands, qui ne manqueront pas de revenir.

■ NÜVÜ BISTRO – EXPÉRIENCES

1336, rue Sainte-Catherine Est
✆ +1 514 940 6888
www.bistronuvu.com

M° Beaudry. Dimanche-lundi, fermé ; mardi-jeudi, 11h30-22h30 ; vendredi, 11h30-23h ; samedi, 17h-23h. Menu midi : moins de 20 CAN $, à la carte le midi : 25 CAN $ et moins, plats à la carte le soir : 15-30 CAN $, petite table d'hôte : 32 CAN $, table d'hôte : 40-50 CAN $. Belle sélection de tapas.

Ce bistro tendance a décidément de quoi plaire à un public en quête d'une expérience éclectique. Niveau déco, c'est franchement épuré et à la fine pointe avec les immenses écrans ACL et les projecteurs HD qui permettent au bistro de changer d'ambiance en un clin d'œil. Côté menu, le chef Bernard L'Hôte nous gâte : des savoureux classiques allant aux plats de bistronomie, sans oublier une bonne dose de produits québécois et d'originalité. Rien n'est laissé au hasard ! L'endroit pour tout voir et être vu !

■ LA PIAZZETTA

1101, rue Sainte-Catherine Est
✆ +1 514 526 2244
www.lapiazzetta.ca

Ouvert tous les jours. Plats à la carte : environ 10-30 CAN $. Belle carte des vins. Nombreuses autre succursales dans la grande région de Montréal.

Oubliez ici les pizzas de type américain ! La Piazzetta mise en effet sur une très large sélection de fines pizzas à croûte mince où la qualité et le raffinement des ingrédients riment avec saveurs et originalité. Comme vous pourriez prendre un certain temps à vous décider, vous pouvez opter pour une pizza « moitié-moitié », un choix décidément judicieux. Des focaccias, des roulés à l'italienne et des pâtes figurent également au menu, sans oublier les desserts gourmands. Une adresse toujours aussi populaire d'où vous ne sortirez pas déçu !

▸ **Autres adresses :** 1105, avenue Bernard Ouest, ✆ +1 514 278 6465 • 4 Place du Commerce, suite 110, Île-des-Soeurs, ✆ +1 514 767 5550 • 4097, rue Saint-Denis, ✆ +1 514 847 0184 • 6770, rue Sherbrooke Est, ✆ +1 514 254 2535

Plateau Mont-Royal

Le Plateau est un quartier de gourmets noctambules et de bons vivants. Il abrite probablement la plus grande diversité de tables de la métropole, de toutes les tendances et de toutes les saveurs. Il est souvent nécessaire de réserver plusieurs jours à l'avance pour les adresses les plus prisées.

Sur le pouce

■ LA BANQUISE

994, rue Rachel Est ✆ +1 514 525 2415
www.restolabanquise.com
M° Mont-Royal, entre les rues Boyer et Christophe-Colomb. Ouvert 24h/24, 7j/7. Menu à la carte : moins de 20 CAN $. Terrasse.
La Banquise n'a plus besoin de présentation ! À toute heure du jour ou de la nuit (fort achalandage à la fermeture des bars), on y vient surtout pour déguster une des 28 sortes de poutine figurant au menu. Plus que des frites, du fromage et de la sauce gravy, ici la créativité donne des résultats parfois surprenants, comme la Elvis au steak haché, poivrons et champignons sautés. On y trouve aussi une sélection de sandwichs, clubs sandwichs, omelettes, burgers et autres petits plats, à accompagner d'une bière de microbrasserie. Bon choix également de petits déjeuners copieux à prix dérisoires. Un passage obligé dans la métropole !

■ SCHWARTZ'S

3895, boulevard Saint-Laurent
✆ +1 514 842 4813
www.schwartzsdeli.com
Angle Napoléon. Dimanche-jeudi 8h-0h30 ; vendredi 8h-1h30 ; samedi 8h-2h30. Menu à la carte : moins de 20 CAN $. Comptant seulement. Ventes à emporter également. Service de traiteur.
Connu et reconnu pour le goût unique de leur *smoked meat*, un pastrami spécialement préparé de façon traditionnelle avec un mélange d'épices et d'herbes, Schwartz's fait profiter sa clientèle de l'ambiance de *La Main*, avec ses longues files d'attente. En le prenant avec un brin d'humour, on finit par s'y habituer et cela en vaut vraiment la peine. La viande fumée est servie en version maigre, mi-maigre ou pas maigre du tout ! Une telle institution à Montréal qu'une comédie musicale consacrée à son histoire a été créée.

Bien et pas cher

■ LAÏKA

4040, boulevard Saint-Laurent
✆ +1 514 842 8088
www.laikamontreal.com
Angle Duluth. Ouvert tous les jours de 9h à 3h. Les brunchs sont servis le week-end de 9h à 16h.
Son originalité est entière, niveau déco, ambiance et menu. Le Laïka est un bar de quartier aux prix très raisonnables qui a aussi une vocation de café-resto. Une excellente cuisine créative et santé, à toute heure du jour ou de la soirée. La question est posée : pourquoi aller ailleurs ? Surtout quand les meilleurs DJ en ville viennent y faire leur tour pour mettre un peu d'ambiance et que ça ne nous coûte rien du tout. Le programme des soirées se trouve sur le site web.

■ COMPTOIR CHARCUTERIES ET VINS

4807, boulevard Saint-Laurent
✆ +1 514 844 8467
www.comptoircharcuteriesetvins.ca
Angle Villeneuve. Ouvert tous les soirs 17h-minuit. Le midi, mardi-vendredi 12h-14h. Brunch le dimanche 10h30-14h. Menu midi et plats principaux à la carte le soir : moins de 20 CAN $.
On s'en serait douté en lisant son nom, ce restaurant est spécialisé dans la charcuterie et... le vin. La carte des vins est d'ailleurs assez impressionnante, proposant des saveurs du monde entier, en rouge, blanc, rosé, en bulles, en doux ou en magnum... Côté charcuterie, la qualité est au rendez-vous, et la quantité est elle-même très honorable. À noter que toutes les charcuteries du comptoir sont disponibles également à emporter. Mais la carte ne s'arrête pas à ces deux composantes, et les plats, entrées et desserts font défiler une farandole de goûts et de couleurs.

Et pour ne rien gâcher, une ambiance bistro haut de gamme sans chichis mais où on s'occupe de vous à merveille. Une belle adresse qui a le bon goût d'être à la portée de toutes les bourses.

ROBIN DES BOIS

4653, boulevard Saint-Laurent
✆ +1 514 288 1010
www.robindesbois.ca
Angle Villeneuve. Lundi-vendredi, 11h30-22h ; samedi, 17h-22h. Plats principaux : moins de 25 CAN $.

Un restaurant pas tout à fait comme les autres. Un cadre grandiose, décoré avec subtilité, dans lequel on ressent une ambiance à la fois sereine et animée. Serait-ce dû aux couleurs chatoyantes et apaisantes ? À ce grand tableau blanc sur lequel des dessins et témoignages d'enfants ont pris vie ? À cet accueil chaleureux et si particulier ? C'est probablement tout cela à la fois puisqu'en fait, nous sommes dans un restaurant au concept noble : des bénévoles viennent s'unir au personnel pour que les profits de la vente des repas soient reversés à des œuvres caritatives. Mais qu'en est-il de la carte ? Là aussi, c'est une belle surprise. Concoctée à partir de produits de saison et, si possible bio, c'est une cuisine de création, généreuse et parfumée que proposent les chefs Sébastien Courville et Mathieu Duchamp. Alors, pourquoi s'en priver ?

Bonnes tables

CASA TAPAS

266, rue Rachel Est
✆ +1 514 848 1063
www.casatapas.com
Angle Henri Julien. Mardi-samedi, 17h-fermeture (variable selon l'affluence). Fermé dimanche-lundi. Tapas : moins de 15 CAN $.

Un antre intimiste entièrement dédié, vous l'aurez deviné, aux tapas, ces petites merveilles de la gastronomie espagnole. Un menu on ne peut plus simple où ces perles jettent tous leurs feux. Les portions sont plus que généreuses, les goûts assez dynamités pour éveiller la nostalgie de l'Ibérie... Avec une carte des vins où domine le xérès, on sirote son spleen délicieusement. Il vaut mieux songer à réserver, on ne sait jamais.

CONTINENTAL BISTRO

4007, rue Saint-Denis
✆ +1 514 845 6842
www.lecontinental.ca
M° Mont-Royal. Mercredi-samedi, 17h30-1h ; dimanche-mardi, 17h30-minuit. Plats principaux à la carte : moins de 30 CAN $. Terrasse.

Digne héritier du Continental, toujours sur la rue Saint-Denis, ce nouvel emplacement jouit d'un succès mérité. Un plus considérable pour la nouvelle adresse : une belle terrasse ! Une excellente nouvelle pour les habitués qui apprécient les mélanges sucrés-salés tels le carpaccio de figues et fromage de chèvre rôtis, ou encore la bavette de bœuf et échalotes confites. Les classiques sont toujours fidèles à l'appel, et le tartare comme les calmars sauront satisfaire les plus exigeants. Le tout accompagné d'un beau choix de vins, dont plusieurs importations privées de qualité. Un restaurant qui plaît autant pour l'ambiance qui y règne que pour sa cuisine toujours bien exécutée, sans se prendre au sérieux. Réservez et tentez l'expérience, ça vaut le coup !

LA FABRIQUE BISTROT

3609, rue Saint-Denis
✆ +1 514 544 5038
www.bistrotlafabrique.com
M° Sherbrooke. Ouvert tous les soirs 17h30-22h30. Brunch le dimanche 10h30-14h30. Plats principaux : 15-45 CAN $.

C'est un lieu d'ambiance fait de bois clair, de pierre et de brique, dans lequel on se sent bien. L'accueil y est chaleureux et donne l'impression d'être attendu comme un hôte. La cuisine, située au centre du restaurant, est délimitée par des bocaux à conserves. Tout est montré, tout est vu, tout est révélé. Ainsi, on voit les plats se constituer et nos papilles commencent à s'éveiller. Ce mélange de couleurs et d'odeurs, on l'appréciera dans notre assiette avec de multiples mélanges de saveurs autour de la viande comme des accompagnements. Quel plaisir ! Les desserts, comme le Jean Louis (fondant au chocolat) et le pain perdu recouvert de caramel à la girofle, sont à tomber. Une adresse à laquelle on revient volontiers ! L'été, l'Annexe, appartenant aux mêmes propriétaires et proposant des plats dans la même veine créative, ouvre juste à côté.

▸ **Autre adresse :** La Fabrique Annexe : 3625, rue Saint-Denis.

MISTO

929, avenue Mont-Royal Est
✆ +1 514 526 5043
www.restomisto.com

M° Mont-Royal. Mercredi-vendredi, 11h30-15h & 17h30-minuit ; samedi-mardi, 17h30-minuit. L'horaire peut varier selon la saison. Menu midi : moins de 20 CAN $ (jusqu'à 16h). Focaccia : à partir de 12,25 CAN $, plats principaux : moins de 35 CAN $.
La *trattoria* du Plateau ! Décor design : acier et bois, briques apparentes, beau comptoir animé. À midi, intellos et jeunes professionnels se retrouvent pour savourer de très bons focaccias. Le soir, l'ambiance est plus festive, voire électrique les week-ends. La place est branchée, décontractée, le personnel très avenant et d'une bonne humeur contagieuse. De quoi oublier tous vos soucis ! Au menu, une bonne cuisine italienne et méditerranéenne, très abordable. La très belle carte des vins accompagne merveilleusement le tout.

Luxe

■ AU PIED DE COCHON

536, rue Duluth Est
✆ +1 514 281 1114
www.restaurantaupieddecochon.ca
Angle Saint-Hubert. Mardi-dimanche, 17h-minuit. Plats principaux à la carte : 20-50 CAN $. Ventes à emporter également.
Ça c'est de la cuisine généreuse ! Martin Picard ne lésine pas sur les bons produits frais et les accompagnements qui nourrissent son homme. Ici, on vient ripailler entre gastronomes à la bonne franquette, et dans la bonne humeur. En hiver, les plats mijotés et les « heureuses » cochonnailles vous feront renier toute envie de végétarisme, sans parler de la fameuse poutine au foie gras. On ne fera pas régime, mais quel délice ! Pour ne pas faiblir durant l'été, cette joyeuse institution propose de magnifiques plateaux de fruits de mer.

Est

■ RESTAURANT CABOTINS

4821, rue Sainte-Catherine Est
✆ +1 514 251 8817
www.restaurantcabotins.wordpress.com
Angle Théodore. Dimanche & mardi-jeudi, 17h30-21h ; vendredi-samedi, 17h30-22h. Brunch le dimanche de 10h30 à 14h30. Ouvert le midi et lundi soir sur réservation. Plats principaux et brunch : 20 CAN $ et moins, table d'hôte : 20-30 CAN $. Terrasse. Service de traiteur.
Un des endroits les plus fous à Montréal ! Il suffit de voir les lampes à l'envers suspendues au plafond pour comprendre qu'ici, tout est possible, tant au niveau de la déco, que du service ou de l'assiette. Occupant une ancienne mercerie, les proprios ont décidé d'en garder les traces : ici on trouve de vieux mannequins, des murs décorés de boutons et des T-shirts d'enfants... sur la tête des serveurs ! Une grande majorité du personnel est liée au monde du théâtre, ce qui explique leur sens de l'humour et du jeu. Côté assiette, la créativité n'est pas en reste. Les subtiles alliances de sucré-salé, l'utilisation du foie gras, du canard, du gibier, raviront les gourmets.

SORTIR

Les soirées montréalaises offrent une multitude de possibilités. Entre les grandes salles de concert, les festivals, les cafés-concerts et les brasseries artisanales, la liste est longue. En général, les concerts et pièces de théâtre commencent vers 20h. On peut facilement aller voir un petit concert dans un bar pour 5 ou 10 CAN $. Les spectacles de la Place des Arts, le plus grand complexe culturel de la ville, sont bien plus chers, surtout si vous allez voir un opéra ou l'Orchestre symphonique de Montréal. Du point de vue vestimentaire, les Montréalais sont très décontractés. Vous n'aurez donc pas besoin de vous mettre sur votre trente-et-un pour sortir.
Capitale nord-américaine des festivals et événements, Montréal accueille des grands événements de renom à longueur d'année. En hiver, ne ratez pas le festival Montréal en Lumières (février-mars) qui propose 4 volets (gastronomie, danse, musique et théâtre) en plus de la Nuit Blanche. L'été, les événements se succèdent : festival de Jazz, festival Juste pour Rire, Nuits d'Afrique, Gay Pride, Francofolies, etc. Montréal est également réputée pour ses nombreux spectacles au cours d'année. Pour acheter vos billets, commencer par voir s'ils sont disponibles en prix réduits à La Vitrine. Sinon, passez par le Réseau Admission ou Ticketpro. Vous achèterez les billets en ligne ou par téléphone et pourrez les récupérer au guichet juste avant le spectacle. Notez que certaines salles ont leur propre billetterie.

▶ **Journaux.** *Montréal Scope*, une publication mensuelle détaillant toutes les sorties à Montréal, est disponible dans de nombreux commerces. Vous trouverez aussi *Le Devoir*, *Le Journal de Montréal* et *La Presse*, tous des quotidiens. Sans oublier l'hebdomadaire *Voir*, gratuit, axé sur la culture, musique et sorties montréalaises. Aussi, les mensuels gratuits *Fugues*, pour les sorties et les activités de la communauté gay, et *Nightlife*, pour les activités nocturnes.

■ **NIGHTLIFE**
www.nightlife.ca
Le site du magazine *Nightlife*. Sorties, répertoires des établissements, mode et design, blogs, etc.

■ **TOURISME-MONTRÉAL**
info@tourisme-montreal.org
Le site de l'office du tourisme recense une grande partie des expositions et des spectacles.

■ **VOIR**
www.voir.ca
Le site du journal *Voir*. Bien fait et complet.

Cafés – Bars

Vieux Montréal et Parc Jean Drapeau

Si vous êtes du type bar branché et *clubbing*, ce n'est pas dans ce quartier que vous pourrez assouvir votre passion. Toutefois, il y a toujours de quoi faire dans la vieille ville, que ce soit un festival musical ou un spectacle de cirque, ou encore un happy hour sur une belle terrasse de la Place Jacques-Cartier. La nuit tombée, le Vieux-Montréal et les Quais s'illuminent avec une touche de romantisme, parfait pour une balade de fin de soirée.

■ **GRANGE VIN + BOUFFE**
120, rue McGill ✆ +1 514 394 9463
www.grangeresto.ca
Angle Wellington. Lundi-mercredi, 16h30-23h ; jeudi-samedi, 16h30-1h ; dimanche, 10h30-23h. Ouvert le midi en été du mardi au vendredi. Horaire sujet à changement.
Les murs blancs, faits de pierres et de briques parfois cassées, apportent à ce lieu un côté urbain, tandis que le bois, largement utilisé, et dont une partie vient d'une vieille grange, apporte le côté rustique. Le bar central, fait de planches épaisses et entouré de hauts tabourets, accentue cette tendance. Et la cave à vins, toute de verre vêtue, dévoile une réserve à découvrir. Le ton est donné. La Grange est un lieu convivial où bouffe rime avec vin. Parce que la cuisine n'est pas oubliée. Elle est originale et généreuse et c'est d'abord avec les yeux qu'on l'apprécie. Ensuite, les mélanges de textures et des saveurs suivront. L'éclairage tamisé et la disposition des lieux, séparée en trois petites salles ouvertes (dont une avec coin lounge), facilitent les rencontres. Un lieu que les gourmets apprécieront même si la musique est parfois un peu envahissante.

■ **PHILÉMON BAR**
111 rue Saint-Paul Ouest
✆ +1 514 289 3777
www.philemonbar.com
M° Place-d'Armes. Ouvert tous les soirs.
À la sortie des bureaux, pour le 5 à 7 (*happy hour*), ce bar du Vieux-Montréal au style épuré ne désemplit pas. On vient y boire une bière, y grignoter quelques rillettes de canard ou une assiette de gravlax. On refait le monde après une rude journée de travail. Ou bien on revient le soir, entre amis, boire un cocktail ou un verre de vin accoudé au bar ou assis dans un canapé, et on refait à nouveau le monde.

Douteux avez-vous dit ?

« Les Lundis Douteux », un concept grandissant dans la province, réunit chaque semaine des cinéphiles amateurs ou accomplis dans un exercice pédagogique hors du commun. Ces soirées, gérées par un organisme sans but lucratif, vous mettent face à ce que le cinéma a de plus facultatif à offrir. Des films plus curieux et questionnables les uns que les autres ! Un des objectifs de l'exercice est de développer le réflexe du questionnement par rapport à la culture de masse et éliminer l'acceptation automatique des idées reçues. Pour ajouter à l'expérience, vous êtes invité à lancer des projectiles à l'écran en guise de protestation ou pour souligner le goût douteux de la scène. À l'automne 2012, six établissements participaient au concept hebdomadaire : Broue-Pub Brouhaha à Montréal, Le Saint-Graal à Sainte-Thérèse, La Ninkasi du Faubourg à Québec, Boquébière à Sherbrooke, Le Trou du Diable à Shawinigan et Le Filmographe à Rouyn-Noranda. D'autres villes devraient s'ajouter au cours des prochains mois, dont certaines de la région de Gaspé à l'été 2013.

▶ **www.douteux.org**

Une atmosphère conviviale et détendue, et un service enjoué. Une fois la soirée avancée, le DJ ne s'économise pas.

Centre-ville et Westmount

Les salles de spectacles, les théâtres et les festivités extérieures se concentrent davantage à l'est du centre-ville. A l'ouest, les bars, les pubs et les boîtes de nuit sont regroupés en grande partie autour de la rue Crescent. La clientèle y est majoritairement anglophone, les francophones fréquentant davantage le Quartier latin et le Plateau.

■ BENELUX

245, rue Sherbrooke Ouest
✆ +1 514 543 9750
www.brasseriebenelux.com
Mº Place-des-Arts. Samedi-mercredi, 14h-3h ; jeudi-vendredi, 11h-3h. Grande terrasse avant de plus de 100 places assises.

Le menu est axé autour de bières d'inspiration américaine, dominées par le houblon et bien sûr, de quelques spécialités belges. Près d'une trentaine de recettes sont brassées de façon cyclique et quotidiennement, douze bières maison figurent au tableau, avec une rotation selon les saisons et l'humeur des brasseurs. Avec une adresse aussi stratégique, entre le campus de l'UQÀM et celui de l'Université McGill, à deux pas du Quartier des Spectacles, le Benelux est vite devenu le port d'attache des étudiants et professionnels du secteur. Ses atouts : design et décoration innovateurs, Internet sans fil gratuit, repas de style bistro (ses hot-dogs européens sont classés parmi les meilleurs en ville selon le site UrbanSpoon) et bien sûr, de la bière de première qualité brassée sur place. Les amateurs des bières Benelux peuvent se réjouir car une deuxième adresse ouvrira dans l'ancienne Banque de Montréal sur la rue Wellington à Verdun, avec en prime, un superbe « biergarten ». Le tout devait voir le jour en 2013. Une histoire à suivre sur leur page Facebook « Amis du Benelux ».

■ PLACE DESCHAMPS

Place des Arts
175 rue Sainte-Catherine Ouest
✆ +1 514 564 3155
www.placedeschamps.com
Mº Place-des-Arts. Ouvert tous les jours à partir de 11h.

Situé à l'intérieur du Grand Foyer Culturel de la Place des Arts, ce bar à vins est dédié à l'humoriste québécois Yvon Deschamps. Le cadre est distingué, et la carte des vins fait honneur à toutes les régions vinicoles du monde. On y sert également de delicieux plats inspirés de spécialités bistro. C'est le lieu idéal pour boire un verre ou dîner avant un spectacle, mais aussi pour se détendre à tout moment de la journée.

■ BRUTOPIA

1219, rue Crescent
✆ +1 514 393 9277
www.brutopia.net
Mº Lucien-L'Allier. Samedi-jeudi, 15h-3h ; vendredi, 12h-3h. Programmation culturelle et musicale à l'année. Trois terrasses.

Brutopia est devenue une petite institution de la populaire rue Crescent. On y vient pour sa IPA, sa blonde aux framboises, sa Chocolate Stout, mais surtout pour cette si agréable atmosphère, un endroit où il fait tout simplement bon déguster une bière maison entre amis. Pour les petits creux, jetez un coup d'œil au menu de Brutapas, de quoi faire gronder votre estomac ! Avons-nous besoin de mentionner les nombreux spectacles gratuits, les dimanches « open mic », les lundis « trivia night » (en anglais seulement), les fêtes et soirées bénéfices, et la terrasse chauffée à l'arrière !

Quartier latin et Village gai

Le Quartier latin attire une foule d'étudiants et de touristes. L'université du Québec à Montréal (UQÀM) et le Cégep du Vieux-Montréal (établissement pré-universitaire) y sont établis, et l'ambiance est festive dès la nuit tombée. Pour les bars du Village gai, référez-vous à la rubrique « Gay et lesbien » – « Sortir ».

■ LES 3 BRASSEURS

1658, rue Saint-Denis ✆ +1 514 845 1660
www.les3brasseurs.ca
M° Berri-UQÀM. Dimanche-mercredi, 11h30-minuit ; jeudi, 11h30-1h ; vendredi-samedi, 11h30-2h. Horaire variable selon l'affluence et la saison.

L'histoire des 3 brasseurs au Québec a débuté le 21 juin 2002, à 20h30. Les employés étaient encore affairés à nettoyer et frotter murs et escaliers, lorsque le patron décida d'ouvrir les portes du 1658 Saint-Denis à Montréal, premier restaurant de la chaine française en Amérique. À 21h45, le patron refusait déjà les clients à l'entrée. La brasserie fonctionne à plein régime depuis. Il n'est pas rare de voir des clients debout à attendre une place pour les 5 à 7, où la pinte de bière brassée sur place est offerte au prix de la demie (Blonde et Ambrée). En été, ne ratez pas l'occasion de prendre l'apéro sur l'une de leurs terrasses bondées, rue Saint-Denis, Saint-Paul Est, Sainte-Catherine Ouest (coin McGill College), Anjou, Quartier Dix 30 à Brossard et Centropolis à Laval.Au menu des bières, choisissez parmi la Blonde, l'Ambrée, la Brune ou la Blanche, brassées devant vos yeux et si vous hésitez, optez pour l'Etcetera : une palette de saveurs parmi lesquelles vous trouverez votre préférée ! En groupe, vous préfèrerez le spectaculaire « mètre de bières » vous offrant dix verres de bières variées, accompagnés d'une Flamm, spécialité culinaire des 3 brasseurs. La diversité est au menu, avec des plats comme les moules et les hamburgers à la bière maison, la choucroute, des salades et grillades, mais surtout les Flammekueches, spécialité des 3 brasseurs. On les apprécie en plat principal, nappées de crème et d'une variété de garnitures : lardons, poulet, légumes variés et fromages du Québec, ou en dessert, garnies de pommes, bananes et chocolat.Comme vous l'aurez compris, le concept fonctionne fort bien et la région de Montréal compte maintenant sept établissements plus à un à Québec, un à Toronto et à Ottawa (Ontario)

▶ **Autres adresses :** 105 rue Saint-Paul Est, ✆ +1 514 788 6100. • 1356 rue Sainte-Catherine Ouest, +1 514 788 9788. • 7225 boulevard des Galeries d'Anjou, ✆ +1 514 351 5591. • 732 rue Sainte-Catherine Ouest, ✆ +1 514 788 6333. • 9316 boulevard Leduc, Brossard, ✆ +1 450 676 7215. • Centropolis, 2900 avenue Pierre-Péladeau, Laval, ✆ +1 450 988 4848.

■ LA DISTILLERIE

300, rue Ontario Est
✆ +1 514 288 7915
www.pubdistillerie.com

Les rues les plus animées de Montréal

▶ **La rue Sainte-Catherine,** surtout entre les rues Papineau et Atwater.

▶ **La petite rue Crescent,** dans l'ouest, entre les rues René-Lévesque et Maisonneuve, avec ses pubs, bars et restaurants pour fins de soirée surtout.

▶ **La rue Saint-Paul,** dans le Vieux-Montréal, qui va de la place Royale au marché Bonsecours, en passant par la place Jacques-Cartier, quartier très apprécié des visiteurs étrangers, où se succèdent les restaurants pour touristes et les boutiques.

▶ **La rue de la Gauchetière,** dans le Quartier chinois.

▶ **La rue Prince-Arthur,** à deux pas du ravissant Carré Saint-Louis, entre le boulevard Saint-Laurent et la rue Saint-Denis, pour ses restaurants et la vie nocturne piétonne.

▶ **Le boulevard Saint-Laurent (ou *La Main*),** depuis le Vieux-Montréal jusqu'à la rue Mont-Royal. Notez que les quartiers ethniques s'étirent jusqu'à la rue Jean-Talon.

▶ **La rue Saint-Denis,** depuis l'Université du Québec à Montréal, à l'angle de la rue Sainte-Catherine, jusqu'à la rue Laurier.

▶ **L'avenue du Mont-Royal,** entre Saint-Laurent et Papineau, où se succèdent boutiques, restaurants et bars branchés.

M° Berri-UQÀM. Les trois adresses sont ouvertes tous les jours de 16h à 3h.

Les lieux n'ont plus besoin de présentation ! Véritable laboratoire à cocktails, chacun trouvera ici son bonheur. La liste est longue mais le personnel se fera un plaisir de vous guider dans votre choix, selon vos goûts et votre humeur. Pour notre part, nous avons adoré Le Hurricane, mélange de Canadian Club Premium, pamplemousse rose en cubes, purée de pêche blanche, jus de citron, sirop simple, 7-up... Délicieux et pas trop sucré. Pour les grandes soifs, demandez votre cocktail dans un pot Masson, question de doubler le plaisir. Pendant que vous y êtes, jetez un œil aux dix règlements du bar affichés sur le mur... Bref, un endroit convivial et bien apprécié de la clientèle !

▸ **Autres adresses :** 2047, avenue Mont-Royal Est, ✆ +1 514 523 8166. • 2656, rue Masson, ✆ +1 514 528 9846

■ PUB L'ÎLE NOIRE

1649, rue Saint-Denis ✆ +1 514 982 0866
www.ilenoire.com

M° Berri-UQÀM. Ouvert tous les jours de 15h à 3h. Informez-vous sur les soirées mensuelles de dégustation de scotchs.

L'Île Noire est la Mecque des scotchs, des scotchs rares, pouvant atteindre les 500 CAN $ le verre ! Mais les amateurs d'un houblon plus doux ne sont pas en reste et n'ont qu'à choisir parmi la Blanche de Cheval Blanc, la Guinness ou les bières des Brasseurs de Montréal pour ne nommer que celles-ci. À noter que le pub développe une large sélection de gin. L'ambiance est chaleureuse et nous invite à y retourner souvent. Se la couler douce par quelques beaux après-midi et profiter du décor rappelant le pays du chardon avec en main, sa boisson alcoolisée préférée, l'Île Noire est réellement une destination idéale. Pour les soirées, il faut soit arriver tôt et se cramponner à sa chaise, soit accepter de jouer du coude pour se tailler une place sur cet îlot de qualité suprême.

■ LE SAINT-BOCK

1749, rue Saint-Denis ✆ +1 514 680 8052
www.lesaintbock.com

M° Berri-UQÀM. Lundi-vendredi, 11h-fermeture ; samedi-dimanche, 13h-fermeture (selon l'affluence). Terrasse.

Cette brasserie artisanale a vu le jour en octobre 2006, en plein cœur du réputé Quartier latin. Depuis, sa popularité grandissante ne se dément pas. En plus d'offrir d'excellentes bières brassées sur place, Le Saint-Bock se fait également fier représentant des microbrasseries québécoises avec une constance de 20 lignes de fûts, sans compter sa carte exhaustive de bières importées. C'est en tout plus de 700 bières qui figurent au menu alors il se pourrait que vous mettiez un certain temps à vous décider... Renseignez-vous également sur les importations privées. Pour les fringales, vous dénicherez sans aucun doute votre plaisir gourmand dans une des douze pages composant le menu et prenez note que la cuisine reste ouverte tous les soirs jusqu'à 2h du matin ! À ce fait, la brasserie organise maintenant un événement gourmand annuel : La Cabane à Bière, une version bien houblonnée de la cabane à sucre traditionnelle. Bref, un incontournable du Quartier latin qui allie bière artisanale, de microbrasseries québécoises et d'importation, un concept grandissant au Canada.

■ SAINTE-ÉLISABETH

1412, rue Sainte-Élisabeth
✆ +1 514 286 4302
www.ste-elisabeth.com

M° Berri-UQÀM. En été : lundi-dimanche 15h-3h. Le reste de l'année : lundi-vendredi, 16h-3h ; samedi-dimanche, 18h-3h.

Sa superbe terrasse emmurée, couverte de plantes grimpantes et parsemée d'arbres, fait la réputation de ce bar. Les bières de la microbrasserie Boréale sont en vedette, particulièrement les lundis et mardis où le prix de la pinte chute à 3,75 CAN $! Pour ce qui est des bières importées, l'Irlande et la Belgique sont rois et maîtres. En bouteille, certains amateurs seront ravis d'apprendre que la Délirium Tremens figure au menu, une bière corsée aux arômes d'abricot.

■ LE SAINT-SULPICE

1680, rue Saint-Denis
✆ +1 514 844 9458
www.lesaintsulpice.ca

M° Berri-UQÀM. Ouvert tous les jours de 12h à 3h. Programmation culturelle et musicale. Offres spéciales sur l'alcool tous les jours.

Avec ses huit bars répartis sur quatre étages, son restaurant, sa terrasse avant, son jardin-terrasse arrière et sa musique pour tous les goûts, le Saint-Sulpice est le plus grand bar en ville. L'endroit est pratiquement bondé tous les week-ends. Chaque jour, l'ambiance est à la fête, mais pour ceux qui se sentent l'âme plus philosophe, il y a toujours un petit coin pour discuter dans un des salons.

Acheter des billets pour un spectacle

■ **RÉSEAU ADMISSION**
✆ +1 514 790 1245 / +1 855 790 1245
www.admission.com
Ouvert tous les jours de 9h à 20h.
Incontournable, la façon la plus simple de réserver sa place pour plusieurs spectacles et événements en tous genres au Québec. Suivez la page Facebook officielle pour des rabais, des billets de dernière minute et plus encore.

■ **TICKETPRO**
✆ +1 514 790 1111 / +1 866 908 9090
www.ticketpro.ca
Ouvert tous les jours de 9h à 22h.
Quelques salles montréalaises se sont associées à ce système de réservation de spectacles, dont le Théâtre St-Denis. Les abonnés à l'infolettre pourront profiter de certains avantages comme des primeurs et des préventes exclusives.

■ **VITRINE CULTURELLE**
2, rue Sainte-Catherine Est
✆ +1 514 285 4545 / +1 866 924 5538
www.lavitrine.com
Dimanche-lundi, 11h-18h ; mardi-samedi, 11h-20h.
Plus qu'une simple billetterie, elle présente la diversité de l'offre culturelle de la grande région de Montréal. Son site Internet permet en quelques clics de connaître l'ensemble de l'offre, tant payante que gratuite, et d'acheter vos billets en ligne. Un moteur de recherche avancée vous permettra de filtrer les offres qui vous conviennent davantage. Sinon, vous pouvez également vous rendre sur place. Futé : profitez des tarifs avantageux sur les offres de dernière minute.

Sans oublier l'attrait principal en été que constitue son jardin-terrasse (avec bars !), le plus grand à Montréal !

Plateau Mont-Royal

L'avenue du Mont-Royal, la rue Saint-Denis et *La Main* (c'est-à-dire le boulevard Saint-Laurent) regroupent un vaste choix de bars.

■ **BARRACA**
1134, avenue Mont-Royal Est
✆ +1 514 525 7741
www.barraca.ca
M° Mont-Royal. Ouvert tous les jours de 15h à 3h. Petite terrasse arrière.
Le concept « rhum et tapas dans une ambiance électro-jazz » du Barraca attire la clientèle de jeunes branchés du Plateau Mont-Royal. Ses propriétaires ont développé à la fois une carte effarante de rhums (plus d'une cinquantaine) et un menu digne des bars à tapas barcelonais. Pour accompagner votre Mojito ou Margarita, nous vous conseillons de goûter les assiettes combinées de tapas (à partager sur la table : 17,50-55 CAN $). Tous les soirs, des DJs s'occupent de l'ambiance musicale dès 22h.

■ **BILY KUN**
354, avenue Mont-Royal Est
✆ +1 514 845 5392 – www.bilykun.com
M° Mont-Royal. Ouvert tous les jours de 15h à 3h.
Bily Kun signifie « cheval blanc » en tchèque. L'idée vient de l'un des patrons du bistro qui, auparavant, œuvrait rue Ontario au Cheval Blanc. Seuls le nom et le style du bistro du Centre-Sud ont été importés, le reste ayant subi les modifications indispensables pour s'adapter au standing de l'avenue Mont-Royal, essentiellement, l'espace requis pour assouvir de grandes ambitions. Mission accomplie : presque tous les soirs, les gens sont debout. Un DJ est sur place du mardi au samedi dès 22h, et des musiciens de jazz et de classique s'exécutent cinq fois par semaine pour le 6 à 8. Côté boisson, laissez-vous tenter par les produits de la République Tchèque !

■ **BUVETTE CHEZ SIMONE**
4869, avenue du Parc ✆ +1 514 750 6577
www.buvettechezsimone.com
Angle Villeneuve. Ouvert tous les jours à partir de 16h, cuisine ouverte à partir de 17h.

ENTREZ DANS L'UNIVERS CULTUREL DE MONTRÉAL!
Planifiez vos escapades culturelles et réservez tous vos spectacles avec l'application mobile de La Vitrine!
LA VITRINE .COM
INFORMATION CULTURELLE
BILLETS AU TARIF RÉGULIER ET DE DERNIÈRE MINUTE
2, RUE SAINTE-CATHERINE EST
Saint-Laurent | 514.285.4545
vitrineculturelle
la_vitrine
Québec
Montréal
Tourisme Montréal
CRÉ de Montréal
Patrimoine canadien
telequebec.tv
Quartier des spectacles Montréal
LA PRESSE

Son nom fait penser à un petit troquet de quartier, mais qu'on ne s'y trompe pas, la Buvette Chez Simone est à la toute dernière mode. Ce petit nom désuet plait à une clientèle de jeunes professionnels qui aiment à s'y retrouver à la sortie des bureaux pour un 5 à 7 convivial, un bon verre de vin à la main, et quelques en-cas à grignotter sur la table. Le soir, l'ambiance est résolument bistro-resto, avec des assiettes pour tous les goûts, et une engageante agitation.

■ **DIEU DU CIEL !**
29, rue Laurier Ouest
✆ +1 514 490 9555
www.dieuduciel.com
Angle Clark. Lundi-vendredi, 15h-3h ; samedi-dimanche, 13h-3h. Terrasse.
En mars 1993 naissait la bière Dieu du Ciel, produit mûri et brassé à la maison par Jean-François Gravel. Puis en septembre 1998, c'est l'ouverture de la brasserie artisanale portant le même nom et plus de 300 personnes sont présentes sans qu'aucune publicité n'ait été faite. Faute de place à l'intérieur, la police doit même tolérer les gens qui boivent sur le trottoir ! Sur les 70 recettes différentes élaborées depuis les débuts de la brasserie, une quinzaine de bières sont au menu dont une en cask. Notre recommandation : l'assiette de fromages québécois accompagnée d'une de leurs excellentes bières blanches. Un pur délice ! La réputation de Dieu du Ciel ! n'est plus à faire ! C'est ce gage de qualité et de diversité qui attire les amateurs de bières, venant parfois même de très loin.

► **Autre adresse :** 259 rue de Villemure, Saint-Jérôme, ✆ +1 450 436 3438.

■ **LAÏKA**
4040, boulevard Saint-Laurent
✆ +1 514 842 8088
Voir page 121.

Clubs et discothèques

Pour ceux et celles qui veulent découvrir les clubs de Montréal, la ville regorge d'ambiances et de styles différents. De la Main jusqu'à Cresent, nul doute que vous trouverez de quoi passer des nuits endiablées. Un bon plan pour ceux qui veulent en profiter comme des habitués : se faire mettre sur la guest list du club. Ainsi, vous attendrez moins longtemps et n'aurez bien souvent pas à payer l'entrée. Contactez le club en question par téléphone ou visitez son site Internet afin de voir si une guest list est offerte.

Vieux Montréal et Parc Jean Drapeau

■ **BAINS DOUCHES**
390, rue Saint-Jacques Ouest
✆ +1 514 845 3066
www.bainsdouches.ca
M° Square-Victoria. Ouvert les vendredis et samedis soirs, et lors d'évènements spéciaux.
Un décor somptueux créé par des designers italiens, mêlant cuir et verre, trois immenses bars, et une sélection musicale soignée... Les Bains Douches se sont rapidement hissés au rang des lieux incontournables de la nuit montréalaise. Ils sont également l'unique discothèque logée dans le Vieux-Montréal. Une ambiance chaude mais détendue, de quoi passer une nuit blanche une fois passée la file d'attente. Pour éviter la file, pensez à réserver une table.

Centre-ville et Westmount

■ **CLUB 1234**
1234, rue de la Montagne
✆ +1 514 395 1111
www.1234montreal.com
M° Lucien-L'Allier. Jeudi-dimanche, 22h-3h plus événements spéciaux.
Ce très beau club peut accueillir, paraît-il, environ 1 500 personnes ! Il faut avoir 21 ans et plus pour y être admis et, surtout, arborer une belle tenue vestimentaire. Le club s'étend sur trois niveaux : salle principale au premier étage avec piste de danse, mezzanine avec lounge (la Salle rouge) et un autre lounge au rez-de-chaussée, près de l'entrée. Non seulement vous y écoutez un son super (Hip-hop, R&B, House et hits du moment), mais les effets visuels créent aussi une atmosphère des plus électrisantes. Le Club 1234 organise régulièrement des soirées à thèmes et des DJ de renom, tels Bob Sinclair, Carl Cox et Manny Ward, y ont fait escale.

■ **ELECTRIC AVENUE**
1469, rue Crescent ✆ +1 514 285 8885
www.clubsmontreal.com
M° Guy-Concordia. Jeudi-samedi, 22h-3h.
La clientèle du club Electric Avenue se distingue de celle des autres clubs de la rue Crescent : elle est majoritairement francophone, pas trop snob, plutôt jeune. La foule s'y presse chacun des trois soirs d'ouverture. Le secret est probablement la musique des années 1980 qui a conservé ses fans. Une fois l'endroit bien rempli, on s'amuse franchement dans cette belle salle aux reflets bleu électrique.

Quartier latin et Village gai

Pour les clubs et afters situés dans le Village gai, référez-vous à la rubrique « Gay et Lesbien » – « Sortir ».

■ FOUFOUNES ÉLECTRIQUES

87, rue Sainte-Catherine Est
✆ +1 514 844 5539 – www.foufounes.qc.ca
M° Saint-Laurent. Ouvert tous les jours de 16h à 3h. Entrée au 2e étage : mardi : 3 CAN $, jeudi-vendredi : 5 CAN $, samedi : 8 CAN $. Spectacles plusieurs fois par semaine (gratuit ou payant).

Bienvenue dans ce temple de la musique underground qui a su attirer avec le temps les plus marginaux des Montréalais. Les Foufounes demeurent l'un des endroits où l'originalité domine sur tous les plans. Soirées thématiques : les mardis à GoGo (rock'n'roll, old-school, 80's), les jeudis Foufs, les vendredis F***'k up (punk, métal, hardcore, alternatif, rock'n'roll) et les samedis Éclectiques (mêmes styles musicaux que le vendredi). Les Foufounes sont également synonymes de spectacles. Les contacter ou visiter le site Internet pour le calendrier.

Plateau Mont-Royal

■ CAFÉ CAMPUS

57, rue Prince-Arthur Est
✆ +1 514 844 1010 – www.cafecampus.com
M° Sherbrooke. Mardi & jeudi-samedi, 20h30-3h ; dimanche, 22h-3h. Droits d'entrée, admission gratuite avant 22h (23h le dimanche). Concerts fréquents les autres soirs. 500-600 places.

Fréquenté par de jeunes étudiants friands de nouveautés, le Café Campus est un des lieux ultra connus à Montréal ! On parle sans arrêt de son ambiance et de la qualité de sa programmation musicale. Le Café Campus se divise en deux parties : le Petit Campus, en bas, salle de taille moyenne et le Campus du haut, un grand espace équipé d'une scène et d'une mezzanine. Quand ce n'est pas une salle de concert, c'est un bar-discothèque à l'ambiance survoltée qui fait la joie d'une clientèle jeune et dynamique. Certains soirs de la semaine ont un thème ; mardi : « rétro » (musique des années 1950 à 1980), jeudi : « Hits-moi » (les hits des années 1990 à aujourd'hui), vendredi et samedi : week-ends X-Large (bonne musique pour danser), dimanche : Massive (électro, trash, dubstep). Si vous n'avez pas peur de bouger, essayez les mardis rétro et vous comprendrez l'ambiance du Café Campus !

■ CLUB BALATTOU

4372, boulevard Saint-Laurent
✆ +1 514 845 5447 – www.balattou.com
Angle Marie-Anne. Mardi-dimanche, 21h à 3h. Soirée dansante vendredi et samedi, spectacles les autres soirs. Droits d'entrée.

Lamine Touré a eu la bonne idée de conquérir une petite partie de *La Main* avec des rythmes tropicaux. Le Balattou est donc vite devenu le pionnier des musiques du monde et merci à tous ceux qui ont contribué au succès de cet endroit exotique qui compte maintenant 25 ans d'existence. Le Balattou, c'est la diversité culturelle par la musique, l'enchantement des découvertes, l'abolition des frontières. « Le tour du monde en une soirée. »

■ IVY NIGHT CLUB

3556, boulevard Saint-Laurent
✆ +1 514 439 1222
www.ivynightclub.com
Entre Prince-Arthur et Sherbrooke. Vendredi-samedi, 22h-3h. Entrée payante selon la soirée. Tenue de ville requise.

L'un des derniers-nés du milieu de la nuit montréalaise, et déjà une référence pour la jeunesse dorée de la métropole. Idéalement localisé, en plein cœur de *La Main* et à deux pas de l'Ex-Centris, ce club a tout pour séduire la clientèle nocturne. Un bel établissement aux vastes proportions, parfait pour les jeunes branchés. D'excellents DJ, un cadre agréable, 4 bars et une belle clientèle, tout ce qu'il faut pour profiter de sa soirée !

■ LE ROUGE BAR

7 rue Prince Arthur Ouest
✆ +1 514 282 9944
www.lerougebar.com
Angle Saint-Laurent. Vendredi-samedi 22h-3h, plus soirées spéciales.

Nous ne vous ferons pas l'affront de vous faire deviner la couleur dominante des lieux... Une couleur qui ajoute à l'ambiance électrique une composante quelque peu... diabolique. Le mélange de cet atmosphère et d'une musique éclectique, quoiqu'assez largement portée vers le hip-hop, attire le chaland. Que se soit pour les week-ends ou les soirées spéciales, le lieu est toujours bondé. Une affluence qui invite au collé-serré !

■ LE SALON DAOMÉ

1141, avenue Mont-Royal Est
✆ +1 514 982 7070
www.lesalondaome.com
Angle de la Roche. Consultez le site Internet pour connaître l'horaire et le coût des soirées.

Sans conteste l'une des meilleures discothèques de Montréal pour la musique électro. Des DJs d'envergure internationale s'y produisent parfois, mais les résidents connaissent également très bien leur affaire. Le tout dans une ambiance décontractée et une décoration assez étonnante, mélange de modernité et de kitsch.

Spectacles

Vieux Montréal et Parc Jean Drapeau

■ LE 2 PIERROTS

104, rue Saint-Paul Est ✆ +1 514 861 1270
www.2pierrots.com
M° Champ-de-Mars. Ouvert vendredi-samedi (et la veille des fêtes, histoire de bien débuter un long congé !), 20h30-3h.
Le 2 Pierrots est incontournable si vous voulez plonger dans une atmosphère enivrante et joyeuse, sur fond de standards québécois comme de tubes internationaux. Pour avoir une chance de vous asseoir, prévoyez de venir en avance tellement l'endroit grouille de monde : jeunes et moins jeunes, Québécois et touristes à la recherche de spectacles « pure souche ». Les serveurs font un travail impressionnant pour satisfaire tout le monde, du grand sport avec un sourire omniprésent. Une référence pour les éternels fêtards. Toujours d'actualité !

Centre-ville et Westmount

■ CENTRE BELL

1909, avenue des Canadiens-de-Montréal
✆ +1 514 790 2525 / +1 877 668 8269
www.centrebell.ca
M° Bonaventure ou Lucien-L'Allier. Achat de billets sur place, par téléphone ou via www.evenko.ca.
Le Centre Bell est le plus vaste complexe de la grande région montréalaise d'une capacité totale de 21 000 sièges pour le hockey et 15 000 pour les spectacles. Lieu de rassemblements de masse lors des matchs de hockey des Canadiens de Montréal, mais aussi des spectacles à grand déploiement comme ceux de Céline Dion, des tournées des stars du rock, des divers cirques ou ballets sur glace. Pour les aventuriers, il est toujours possible de se procurer des billets de dernière minute à la porte auprès de revendeurs à la sauvette. Pour les puristes, le Temple de la Renommée présente à travers une exposition permanente de plus de 1000 mètres carré l'histoire du club des Canadiens à travers des photos, objets ou écrans interactifs (ouvert mardi-samedi 10h-18h, dimanche 12h-17h, entrée 11 CAN $).

■ LES GRANDS BALLETS CANADIENS

Représentations à la Place des Arts
260, boulevard de Maisonneuve Ouest
✆ +1 514 849 8681
www.grandsballets.qc.ca
M° Place-des-Arts. Les spectacles ont lieu à la Salle Wilfrid-Pelletier ou au Théâtre Maisonneuve de la Place des Arts. Billetterie sur place : lundi-samedi, 12h-20h30 ou une demi-heure après la levée du rideau. Dimanche et jours fériés, selon l'horaire des spectacles en salle. Billetterie par téléphone : lundi-samedi, 9h-20h.
L'arrivée du directeur artistique Gradimir Pankov en 2000 a orienté davantage la compagnie vers la création et l'innovation. On peut assister à des représentations de grands classiques tels que « Casse-noisettes » ou « Giselle ».

▸ **Autre adresse :** billetterie de la Place des Arts : 175 rue Sainte-Catherine Ouest, ✆ +1 514 842 2112 ou + 1 866 842 2112.

■ HOUSE OF JAZZ

2060, rue Aylmer
✆ +1 514 842 8656
www.houseofjazz.ca
M° McGill. Lundi-mercredi, 11h30-00h30 (jusqu'à 1h30 le jeudi et 2h30 le vendredi) ; samedi, 18h-2h30 ; dimanche, 18h-00h30. Des frais de 5 CAN $ sont applicables les soirs de spectacles.
House of Jazz, connu sous d'autres noms à l'époque, est depuis plus de 40 ans La Mecque du jazz dans la métropole. Des spectacles tous les soirs avec les grands du jazz mais aussi les artistes de la relève. Pour ceux qui veillent tard, le menu « faim de soirée » viendra combler les petits creux.

■ PLACE DES ARTS

260, boulevard de Maisonneuve Ouest
✆ +1 514 842 2112 / +1 866 842 2112
www.pda.qc.ca
M° Place-des-Arts. Billetterie ouverte : lundi-samedi, 12h-20h30 ou une demi-heure après la levée du rideau. Dimanches et jours fériés, selon l'horaire des spectacles en salle. Billetterie par téléphone : lundi-samedi, 9h-20h.
Le plus grand complexe culturel de la métropole. Plusieurs salles sont réunies à la Place des Arts : le Théâtre Maisonneuve (grand

théâtre), le Studio-théâtre (petit théâtre), la salle Wilfrid-Pelletier (salle immense qui reçoit entre autres les orchestres symphoniques et les opéras), le Théâtre Jean-Duceppe (grand théâtre) et la Cinquième Salle (plus petite salle avec les spectacles de la relève). Musiciens, chanteurs, comédiens ou humoristes se retrouvent dans un formidable complexe culturel où les salles sont toutes reliées entre elles par un réseau souterrain. Des travaux ont eu lieu au cours des dernières années pour y aménager la salle de concert Maison symphonique, résidence de l'Orchestre symphonique de Montréal. Un nouvel espace de détente et de rencontre, le Salon Urbain, a été récemment créé au sein même de la Place des Arts.

▶ **Autre adresse :** billetterie : 175, rue Sainte-Catherine Ouest.

■ THÉÂTRE DU NOUVEAU MONDE

84, rue Sainte-Catherine Ouest
✆ +1 514 866 8668 – www.tnm.qc.ca
M° Place-des-Arts. Billetterie ouverte : lundi, 10h-18h ; mardi-samedi, 12h-20h. En période de relâche : lundi-samedi, 12h-18h. Café du Nouveau Monde sur place.

Les classiques deviennent de superbes productions dans cette salle de 846 places. Le plancher de la scène peut se démonter et s'ouvrir dans tous les sens, permettant ainsi les mises en scène les plus ambitieuses. Par leur envergure, les classiques comme *Tristan et Yseult*, *Un tramway nommé Désir* et *Homère* prennent des allures de blockbusters. Les abonnés de la saison bénéficient même de rencontres avec les metteurs en scène et l'équipe de production après le spectacle.

Quartier latin et Village gai

■ CINÉMATHÈQUE QUÉBÉCOISE

335, boulevard de Maisonneuve Est
✆ +1 514 842 9763
www.cinematheque.qc.ca
M° Berri-UQÀM. Billetterie : lundi-vendredi, dès 10h ; samedi-dimanche, dès 16h. Expositions (gratuit) : mardi, 12h-18h ; mercredi-vendredi, 12h-20h ; samedi-dimanche, 16h-20h. Médiathèque : mercredi-vendredi, 13h-20h. Adulte : 8 CAN $, étudiant et aîné : 7 CAN $, 6-15 ans : 5 CAN $, gratuit pour les 5 ans et moins. Café bar sur place. Il est préférable de consulter le site Internet pour les séances et films proposés.

La Cinémathèque Québécoise abrite en son sein plus de 70 000 titres d'archives cinématographiques et télévisuelles ainsi que des nouveautés expérimentales dans le domaine du multimédia, sans compter les livres, affiches, photos, documents de production, etc. Elle projette chaque année plus de 1 500 films, émissions de télévision ou vidéos. Beaucoup d'hommages, de rétrospectives, de festivals divers (Rendez-vous du cinéma québécois, Festival du film sur l'Art, etc.) et d'expositions sont organisés dans ce lieu dédié au patrimoine cinématographique et télévisuel.

■ L'OLYMPIA

1004, rue St-Catherine Est
✆ +1 514 845 3524
www.olympiamontreal.com
M° Beaudry. Billetterie ouverte lundi-vendredi 12h-18h, samedi 12h-17h.

Au centre du Village, une superbe salle de concert installée dans un théâtre des années 1920, et qui a conservé toute son cachet. Cette salle polyvalente à l'accoustique chaude accueille des représentations de tous ordres, de l'humour au concert de rock.

■ MÉTROPOLIS

59, rue Sainte-Catherine Est
✆ +1 514 844 3500
www.metropolismontreal.ca
M° Saint-Laurent. Billetterie ouverte : lundi-mercredi, 12h-18h ; jeudi-vendredi, 12h-21h ; samedi, 12h-17h. Billetterie ouverte jusqu'à 21h les soirs de spectacles. Achat possible avec Réseau Admission.

Situé en plein cœur de la ville, le Métropolis est une salle immense qui peut accueillir 2 300 personnes. Les travaux de rénovations en 2002 et 2003 ont inclus entre autres la reconstruction du balcon en gradins afin d'avoir une meilleure vue sur la scène, l'achat d'un nouveau système de son, la construction de nouveaux bars et points de services et la rénovation des loges. Les grands noms de la chanson tels que David Bowie, The Wailers, Ben Harper, Manu Chao, Les Rita Mitsouko, INXS, ou encore Björk s'y sont produits.

■ THÉÂTRE ST-DENIS

1594, rue Saint-Denis ✆ +1 514 849 4211
www.theatrestdenis.com
M° Berri-UQÀM. Billetterie ouverte : lundi-samedi, 12h-18h. Pour les jours de spectacle, la billetterie est ouverte à partir de 12h jusqu'à 30 minutes après le début du spectacle.

Avec ses deux salles, le Saint-Denis est un des théâtres les plus beaux et les plus populaires de la ville, qui accueille bon nombre d'humoristes, d'artistes de la musique d'ici et d'ailleurs et de comédies musicales.

Plateau Mont-Royal

■ CASA DEL POPOLO & SALA ROSSA
4873, boulevard Saint-Laurent
✆ +1 514 284 3804 – www.casadelpopolo.com
Angle Saint-Joseph. Les heures d'ouverture varient d'un endroit à l'autre ainsi que les tarifs pour les spectacles.
Deux excellentes adresses de la scène musicale et culturelle à Montréal ! La programmation musicale de la Casa del Popolo et de la Sala Rossa marque la diversité car tous les genres ou presque viennent se mêler : Pop, Rock, Jazz, Rock alternatif, Folk ou Électro. La Casa del Popolo propose une cuisine végétarienne à des prix tout à fait abordables pour ceux qui souhaitent y manger, tandis que la Sala Rossa offre un menu tapas et paella (spectacle de flamenco les jeudis).

▶ **Autre adresse :** Sala Rossa : 4848 boulevard Saint-Laurent, ✆ +1 514 284 0122 (salle de spectacles), ✆ +1 514 844 4227 (resto Sala Rosa).

■ CINÉMA DU PARC
3575, avenue du Parc
✆ +1 514 281 1900
www.cinemaduparc.com
Angle Prince-Arthur. Adulte : 11,50 CAN $ (mardi 8 CAN $), 13-25 ans et aîné : 8,50 CAN $, enfant : 5 CAN $. Stationnement (entrée Jeanne-Mance) 2 CAN $ pour 3 heures sur présentation du coupon.
Le Cinéma du Parc est un lieu de diffusion de films étrangers sous-titrés, indépendants, de répertoire, et de rétrospectives. Il participe activement aux nombreux festivals de cinéma et de documentaires. Avec des billets à des prix très abordables, un stationnement à prix dérisoire pour les spectateurs, des coupures de presse sur tous les films projetés, la nouvelle direction donne toute satisfaction.

■ LE DIVAN ORANGE
4234, boulevard Saint Laurent
✆ +1 514 840 9090
www.divanorange.org
Angle Rachel. Mardi-dimanche, 16h-3h. Comptant seulement. Coût des spectacles : gratuit ou moins de 20 CAN $.
Ce sympathique bar à concerts-expos-festivals-contes-etc. invite le monde à s'affaler dans l'un de ses divans au vécu bien entamé pour se détendre ou écouter de la musique. Chaque soir est différent, des musiciens tziganes, folk, jazz, rock, en passant par le reggae, se partagent ce chaleureux endroit. Cela fait plusieurs bonnes raisons pour s'y retrouver entre amis !

■ THÉÂTRE DE VERDURE
Parc Lafontaine ✆ +1 514 872 4545
accesculture@ville.montreal.qc.ca
M° Sherbrooke. Ouvert selon le programme des représentations.
En plein cœur du parc Lafontaine, le grand amphithéâtre de 2 500 places présente des spectacles de qualité tout l'été. Gérées par le service culturel de la ville de Montréal, toutes les activités du Théâtre de Verdure sont gratuites. Un programme à saveurs multiples où tout le monde trouvera son bonheur : des spectacles de danse (Grands ballets canadiens), de la musique classique (Orchestre de Montréal, Orchestre de chambre I Musici), du cinéma et des événements multiculturels (Vues d'Afrique, longs-métrages canadiens...). Certains spectacles sont si populaires qu'il faudra s'attendre à faire la queue. Prévoir chaise pliante et citronnelle en juillet.

■ THÉÂTRE DU RIDEAU VERT
4664, rue Saint-Denis ✆ +1 514 844 1793
www.rideauvert.qc.ca
M° Laurier. Billetterie ouverte : lundi, 10h-18h ; mardi-vendredi, 10h-20h ; samedi, 10h-20h30. En période de relâche : lundi, 10h-18h ; mardi-vendredi, 10h-19h ; samedi, 10h-17h.
Confortablement installé dans son quartier depuis plus de 60 ans, ce théâtre a vécu de grands moments qui l'ont fait connaître jusqu'à l'étranger. Antonine Maillet, Michel Tremblay, Gratien Gélinas, Marie-Claire Blais et plusieurs autres grands noms ont fait leurs classes sur les planches de cette scène. Encore aujourd'hui, ce théâtre attire un grand auditoire avec son répertoire classique et sa filière contemporaine.

Sud-Ouest et Ouest

■ NEW CITY GAS
950, rue Ottawa
✆ +1 514 879 1166
www.newcitygas.com
Angle Dalhousie. Voir site Internet pour les horaires et tarifs, en fonction des spectacles.
Un nouveau venu en ville, dans le quartier de Griffintown, un quartier qui monte. Cette salle de spectacle est d'ores et déjà le chouchou de grands noms de la musique électronique internationale. L'équipement sonore est à la pointe de la technologie, et l'ambiance bat son plein dès l'ouverture des portes.

Nord

■ TOHU, LA CITÉ DES ARTS DU CIRQUE
2345, rue Jarry Est ✆ +1 514 376 8648
✆ +1 888 376 8648
www.tohu.ca

Angle d'Iberville. Billetterie ouverte tous les jours de 9h à 17h et jusqu'à 30 minutes après le début des représentations.
La TOHU, regroupement national des arts du cirque, a été fondée par les trois principaux acteurs de ce milieu : Le Cirque du Soleil, l'École nationale de cirque et En Piste. Souhaitant réhabiliter le Quartier St-Michel, la TOHU propose dans son pavillon, au centre de la cité, des spectacles mêlant toutes les disciplines du cirque : équilibrisme, contorsionnisme, jonglage, trapèze ainsi que des expositions, des conférences, et même des événements indépendants. Riche programme alternant spectacles de troupes venues de tous les horizons et démonstrations des élèves de l'école du cirque.

Activités entre amis

■ **CASINO DE MONTRÉAL**
Île Notre-Dame
1, avenue du Casino
✆ +1 514 392 2746 / +1 800 665 2274
www.casino-de-montreal.com
M° Jean-Drapeau. Ouvert tous les jours, 24h/24. Entrée gratuite. Forfaits disponibles. Restaurants, bars et salons à votre disposition.
Plus de 3 000 machines à sous, des jeux de tables, du Poker, du Black Jack, du Keno... tout y est ! Quelques heureux en sortiront gagnants, mais si l'on se fie aux lois statistiques, les chances sont plutôt faibles. Cependant, le casino remplit admirablement bien sa fonction de lieu de divertissement. L'établissement est tenu avec classe (code vestimentaire à l'appui). Notez que le casino subit des travaux de modernisation et de nouveaux restaurants ont notamment ouvert leurs portes en 2012. La salle de spectacles, quant à elle, serait opérationnelle en 2014. Pour suivre l'avancée de travaux et connaître les nouveaux services : www.casinodemontrealsedevoile.com

À VOIR – À FAIRE

Pour vous promener à votre guise dans Montréal et sortir des sentiers battus, nous vous invitons à utiliser le descriptif des quartiers montréalais, se trouvant en ouverture de ce chapitre. Les descriptifs ont été écrits pour vous aider à vous orienter dans Montréal et vous y promener en découvrant les recoins secrets de la ville.

Visites guidées

Montréal recèle de petits trésors, d'histoires insolites et surprenantes, de bijoux architecturaux, bref, c'est une ville à découvrir ou redécouvrir. À pied, à vélo, en bus ou en bateau, ces entreprises spécialisées en guidage sauront vous faire voir la ville autrement.

■ **CROISIÈRES AML**
Quai King-Edward
Quais du Vieux-Port
✆ +1 866 856 6668 – www.croisieresaml.com
M° Place-d'Armes. Coûts : circuits à prix variables. Forfaits-croisières disponibles (croisière guidée, repas, hébergement au Fairmont).
Embarquez à bord du Cavalier Maxim pour une découverte du majestueux fleuve Saint-Laurent. Des croisières de jour, de soir et même de nuit, sont offertes avec des thématiques convenant à chaque groupe d'âge. AML organise également des soupers-croisières, des brunchs en plus des nombreux forfaits adaptés aux groupes. L'entreprise opère aussi à Rivière-du-Loup, à Québec/Lévis et au fjord du Saguenay avec notamment des sorties en zodiac pour l'observation des baleines à Baie-Sainte-Catherine et à Tadoussac.

■ **FITZ & FOLLWELL CO.**
115, avenue du Mont-Royal Ouest
✆ +1 514 840 0739
www.fitzandfollwell.co
Angle Saint-Urbain. Boutique ouverte : lundi, fermé (visites disponibles) ; mardi-mercredi, 11h-18h ; jeudi-vendredi, 12h-19h ; samedi-dimanche, 11h-17h. Horaire prolongé en été. Excursions possibles en dehors des horaires d'ouverture. Tarifs selon l'excursion choisie. Service de location de vélos. Forfaits disponibles.
Fitz and Follwell est à la fois un magasin de vélos comme il en existe des centaines à Montréal, mais peut-être l'un des plus agréables à visiter, et un prestataire proposant des excursions à vélo, à pied et à raquettes. Renseignez-vous par téléphone ou sur leur site internet pour choisir un des parcours déjà existants, ou personnaliser votre balade.

■ **GUIDATOUR**
360, rue Saint-Francois-Xavier
✆ +1 514 844 4021
✆ +1 800 363 4021
www.guidatour.qc.ca
M° Place-d'Armes. Visites guidées en toutes saisons. Coûts : circuits à prix variable. Forfaits sur mesure pour les groupes aussi disponibles.

La réputation de Guidatour n'est plus à faire et ses guides professionnels vous transporteront dans l'histoire de Montréal, son développement, sa vie culturelle. À pied, à vélo ou en autobus, le choix de visites est vaste et la qualité, omniprésente. Pour les plus jeunes, des rallyes et des visites éducatives leur feront découvrir l'histoire et le patrimoine d'une manière plus qu'originale. Guidatour, c'est également les Fantômes du Vieux-Montréal avec trois visites nocturnes qui vous feront frissonner tout au long de l'été, sans oublier le spécial Halloween (voir «Les Fantômes de Montréal danscette rubrique pour plus d'info).

■ **KALÉIDOSCOPE**
✆ +1 514 990 1872
www.tourskaleidoscope.com
Visite à pied : 15-20 CAN $ (rabais avec carte étudiante), autres circuits à prix variable. Plus de 70 possibilités de visite.
Cette entreprise, spécialisée dans les visites guidées des quartiers de Montréal, propose des visites à pied, en vélo ou des circuits en autocar pour les particuliers et les groupes. Vous pouvez découvrir les plus beaux quartiers de la ville (la Petite Italie, Quartier chinois, Plateau Mont-Royal, Mille Carré Doré), visiter les lieux de culte (mosquée, église sikh, bouddhiste, synagogue, temple hindouiste, etc.), et faire le tour de l'île selon des thèmes variés en circuit d'une durée de quatre heures à une journée.

■ **L'AUTRE MONTRÉAL**
Billetterie à la Librairie du Square
3453, rue Saint-Denis ✆ +1 514 521 7802
www.autremontreal.com
Circuits grand public en saison estivale : 15-20 CAN $.
Collectif d'animation urbaine qui se différencie de par son approche et par les thèmes abordés. L'histoire et le patrimoine côtoient les grands enjeux urbains et sociaux de la ville. Vie urbaine et environnement, le Montréal des plaisirs, et les ruelles des quartiers, ne sont que quelques-uns des thèmes proposés aux groupes à l'année et aux particuliers en été. Des circuits en autocar ou à pied retracent l'histoire et l'évolution des différents quartiers de la métropole (grand public). Visites sur mesure et activités de formation adaptées aux écoles, entreprises et organismes sociaux et communautaires aussi disponibles.

Vieux Montréal et Parc Jean Drapeau

Le quartier historique concentre un grand nombre de musées et de sites intéressants à visiter. Il se parcourt aisément à pied. Les Quais du Vieux-Port, situés dans ce quartier, sont devenus une place publique fort courue, été comme hiver. Différentes activités s'y tiennent : roller, vélo, patinoire, expositions, cinéma IMAX à écran géant (le plus fréquenté du pays), croisières sur le fleuve, excursions en bateau dans les rapides de Lachine (Saute-Moutons), etc. Là aussi, la vue est saisissante sur le fleuve et l'île Sainte-Hélène. L'aménagement du site se poursuit. On a ainsi reconstruit l'une des écluses du canal de Lachine et ouvert la tour de l'Horloge qui faisait office de phare pour les navires : c'est aujourd'hui un observatoire

Pour une expérience authentique

■ **AVEC UN QUÉBÉCOIS**
✆ +1 514 594 3587
www.avecunquebecois.com
La compagnie *Avec un Québécois* vous propose de découvrir un Montréal authentique, avec des Québécois habitant le quartier le plus « in » de la ville, le Plateau Mont-Royal. Vous êtes convié à partager un repas dans une maison victorienne et à goûter les vins et les fromages du terroir, le tout en bonne compagnie. Si le temps s'y prête, le repas sera servi dans le jardin, sur une note bucolique. Une belle occasion pour poser toutes les questions que vous voulez sur la métropole, et trouver des réponses ! Vos hôtes, Sylvie et Steve, habitent le Plateau depuis 25 ans. Possédant aussi une agence de voyages, la Boutique Aventure Voyages, ils sont donc en mesure de vous conseiller sur l'ensemble de votre séjour dans la province. Un « must » pour se souvenir du Québec, et avoir le goût d'y revenir.Vous voulez rencontrer Sylvie et ses copines ? Faire les boutiques de designers avec une styliste ? Découvrir quelques artistes montréalais (créateurs de bijoux, pâtissiers-chocolatiers, comédiens...) ? Vous n'avez qu'à demander, car le réseau de Sylvie n'a pas de limites. Attention, vous pourriez aimer l'expérience, passionnément !

pour qui sait gravir ses 192 marches. Plein sud, les Quais du Vieux-Port sont longés par la rue de la Commune sur laquelle donnent le Marché Bonsecours et le chevet de Notre-Dame-de-Bon-Secours. Nous vous conseillons de consacrer une journée entière de visite à ce coin de la ville.

■ BASILIQUE NOTRE-DAME DE MONTRÉAL

110, rue Notre-Dame Ouest
✆ +1 514 842 2925 / +1 866 842 2925
www.basiliquenddm.org
M° Place-d'Armes. Lundi-vendredi, 8h-16h30 ; samedi, 8h-16h ; dimanche, 12h30-16h. Ouvert tous les jours dès 7h30 pour la prière. Adulte : 5 CAN $, 7-17 ans : 4 CAN $. Différentes visites guidées tarifées sont offertes.
La basilique a été construite entre 1824 et 1829 pour remplacer la précédente église Notre-Dame. Son majestueux décor intérieur ne fut rajouté qu'à la fin du XIXe siècle. Elle a été le théâtre de grands événements, des funérailles de sir Georges Etienne Cartier en 1873, l'un des pères de la Confédération et ancien Premier ministre du Canada, jusqu'à celles de Pierre-Elliot Trudeau en octobre 2000, en passant par les funérailles de Maurice Richard, un des plus grands joueurs de hockey, celles du cinéaste Gille Carle et le mariage de Céline Dion. Le grand Congrès eucharistique international de 1910 s'y est tenu et le pape Jean-Paul II y a reçu les enfants en 1984.
Pour une expérience Son et lumière hors du commun, ne ratez pas le spectacle multimédia, Et la lumière fut. Grâce à des éclairages animés et des projections dynamiques sur d'immenses toiles suspendues à la voûte, l'histoire de Montréal et de la basilique vous est racontée. Les représentations ont lieu du mardi au samedi à l'année (adulte : 10 CAN $).

■ CENTRE DES SCIENCES DE MONTRÉAL

Quai King-Edward
Quais du Vieux-Port
✆ +1 514 496 4724
✆ +1 877 496 4724
www.centredessciencesdemontreal.com
M° Place-d'Armes. Lundi-vendredi, 9h-16h ; samedi-dimanche, 10h-17h (salles d'exposition). Pour les expositions régulières et 1 film Imax ou 2 films IMAX seulement : adulte : 19 CAN $, 13-17 ans et aîné : 17 CAN $, 4-12 ans : 14 CAN $, famille : 60,50 CAN $. Autres tarifs pour les expositions ou un film seulement. Consultez leur site Internet pour les horaires du cinéma IMAX.
Les mordus de sciences et de technologies apprécieront l'exploration du Centre des sciences. Par des expositions interactives amusantes et étonnantes, la visite vous permettra d'en apprendre un peu plus sur la culture scientifique et technique, et l'impact de ses applications dans notre vie individuelle et collective. Cinéma IMAX, restaurants et boutiques sur place.

■ CENTRE D'HISTOIRE DE MONTRÉAL

335, Place d'Youville
✆ +1 514 872 3207
www.ville.montreal.qc.ca/chm
M° Square-Victoria. Mardi-dimanche, 10h-17h (horaire restreint du 23 décembre à mi-janvier). Adulte : 6 CAN $, aîné : 5 CAN $, étudiant et 6-17 ans : 4 CAN $, famille : 15 CAN $, gratuit pour les moins de 6 ans.
L'exposition permanente du Centre d'histoire, « Montréal en cinq temps », nous fait revivre cinq époques mouvementées de la ville, de 1535 au boom culturel des années 1960 et 1970, tout en mettant en relief le XXe siècle. L'accent est mis sur l'histoire sociale de Montréal, celle des hommes et des femmes qui y ont vécu et qui à travers des évènements divers l'ont créée. Des expositions temporaires ainsi que des visites guidées sont aussi proposées.

■ CHÂTEAU RAMEZAY – MUSÉE ET SITE HISTORIQUE DE MONTRÉAL

280, rue Notre-Dame Est
✆ +1 514 861 3708
www.chateauramezay.qc.ca
M° Champ-de-Mars. Juin à mi-octobre : lundi-dimanche, 10h-18h. Le reste de l'année : mardi-dimanche, 10h-16h30. Adulte : 10 CAN $, étudiant : 8 CAN $, aîné : 9 CAN $, 5-17 ans : 5 CAN $, famille : 22 CAN $, gratuit pour les moins de 5 ans.
Le musée du Château Ramezay est le premier édifice classé monument historique et le plus ancien musée d'histoire privé au Québec. Depuis plus de 115 ans, il présente des expositions à caractère historique et un parcours multimédia en six langues, et organise des activités culturelles, scientifiques et muséologiques. Ne quittez pas les lieux sans avoir visité le magnifique jardin de la Nouvelle-France.

■ MUSÉE MARGUERITE-BOURGEOYS ET CHAPELLE NOTRE-DAME-DE-BONSECOURS

400, rue Saint-Paul Est
✆ +1 514 282 8670
www.marguerite-bourgeoys.com

M° Champ-de-Mars. Fermé de mi-janvier à fin février. Toujours ouvert du mardi au dimanche. Mai à mi-octobre : 10h-18h. Mi-octobre à mi-janvier et mars-avril : 11h-16h. Entrée libre dans la chapelle. Adulte : 10 CAN $, étudiant et aîné : 7 CAN $, 6-12 ans, 5 CAN $, famille : 20 CAN $. Ces tarifs incluent aussi l'entrée au site archéologique.

Ancien lieu de campement des Amérindiens, cet emplacement est maintenant l'hôte d'une chapelle tricentenaire, d'un musée d'histoire et d'un site archéologique. C'est d'ailleurs autour de cette chapelle que s'est développé le premier faubourg de la ville. Le musée est dédié à Marguerite Bourgeoys, une femme d'exception qui joua un grand rôle dans l'administration de la colonie au XVIIe siècle.

■ MUSÉE POINTE-À-CALLIÈRE

350, Place Royale © +1 514 872 9150

www.pacmusee.qc.ca

M° Place-d'Armes. Mardi-vendredi, 10h-17h ; samedi-dimanche, 11h-17h. Adulte : 18 CAN $, étudiant 18-25 ans : 10,50 CAN $, aîné : 14 CAN $, 13-17 ans : 9,50 CAN $, 6-12 ans : 7 CAN $, famille : 38 CAN $, gratuit pour les moins de 5 ans. Boutique et restaurant L'Arrivage sur place.

Sur les lieux mêmes de la fondation de Montréal, ce musée met en valeur d'importants vestiges architecturaux et une collection unique d'objets et d'artefacts. Le site a fait l'objet de nombreuses fouilles dans les années 1980 menant à la découverte de 1 000 ans d'activité humaine et à la fondation du musée en 1992, lors des célébrations du 350e anniversaire de Montréal. Le complexe muséal est composé de six bâtiments, dont la place Royale et la crypte archéologique, l'Ancienne-Douane, la station de pompage D'Youville et la toute nouvelle acquisition, la Maison-des-Marins. Parmi les expositions permanentes, « Ici naquit Montréal » est un must, et vous permettra de passer sous terre pour découvrir les premières fondations de la ville. Cette visite se complète à merveille avec le spectacle multimédia sur l'histoire de la ville. Le musée abrite également des expositions temporaires des plus intéressantes. Un immanquable !

■ MUSÉE STEWART

Île Sainte-Hélène

20, chemin Tour-de-l'Isle

© +1 514 861 6701

www.stewart-museum.org

M° Jean-Drapeau. Mercredi-dimanche, 11h-17h. Groupes en tout temps sur réservation. Adulte : 13 CAN $, aîné-étudiant-enfant : 10 CAN $, 6 ans et moins : gratuit, famille : 26 CAN $. Programmation d'activités scolaires, éducatives et d'actions culturelles.

Situé dans l'ancien fort de l'Île Sainte-Hélène, ce musée accueille des expositions de qualité à caractère historique. La collection contient entre autres des pièces militaires, des artéfacts, des objets d'art et de la vie quotidienne, des documents d'archive, des livres ainsi que des objets scientifiques (navigation, astronomie, arpentage, cartographie, etc.) qui rappellent la présence et l'influence des civilisations européennes en Nouvelle-France et en Amérique du Nord, jusqu'à nos jours. La nouvelle exposition permanente, *Histoires et Mémoires,* forme une ligne du temps remontant aussi loin que l'époque amérindienne. Une nouvelle tour de verre et d'acier de quatre étages donne accès à un belvédère offrant une remarquable vue d'ensemble du dépôt militaire de l'Île Sainte-Hélène et de Montréal.

■ PARC JEAN-DRAPEAU

Îles Sainte-Hélène et Notre-Dame

© +1 514 872 6120

www.parcjeandrapeau.com

M° Jean-Drapeau. En voiture, vous y accédez par le pont Jacques-Cartier ou par l'autoroute Bonaventure. L'été, vous pouvez emprunter, depuis les Quais du Vieux-Port, la navette fluviale.

L'île Sainte-Hélène est le joyau le plus complet de Montréal, accessible par vélo, bateau, bus, métro ou auto. Un peu à l'écart et épousée par le Saint-Laurent, elle offre une foule d'activités sur une surface particulièrement privilégiée. Ainsi, vous y trouverez un important belvédère pour admirer le la ville et le fleuve (il est fort à parier que même les Montréalais l'ignorent), sans oublier la piscine extérieure, la Biosphère (musée de l'Environnement), le Musée Stewart (musée d'Histoire), les lacs (lac des Cygnes, au sud, et lac des Dauphins, au nord), la marina et le parc d'attractions réputé La Ronde. De fin juin à début août s'y déroule une des plus grandes compétitions d'art pyrotechnique du monde, l'International des feux Loto-Québec. C'est aussi le lieu du fameux rendez-vous dominical du Piknic Électronik (mi-mai à début octobre).Sur l'île Notre-Dame, créée artificiellement à l'occasion de l'Expo 67 et accessible par le pont des Îles prolongeant le pont de la Concorde, se trouvent le bassin olympique, le circuit automobile Gilles-Villeneuve, sur lequel se disputent le grand prix de Formule 1 en juin, les superbes jardins des Floralies, l'agréable plage pour la baignade (avec son système de filtrage naturel totalement inédit), sans oublier le fameux casino. Le parc offre également pistes de ski de fond, patinoires, championnats d'aviron et événements extérieurs, été comme hiver.

■ VILLAGE DES NEIGES

Parc Jean-Drapeau
Île Sainte-Hélène
✆ +1 514 788 2181 / +1 855 788 2181
www.villagedesneiges.com
M° Jean-Drapeau. En opération de début janvier à fin mars. Forfaits disponibles.
Tout comme la Norvège et la Finlande, le Canada s'est doté de son propre Village des Neiges depuis l'hiver 2012. Chaque année une ville différente est reproduite et, pour l'édition 2013, la magnifique ville de New York est à l'honneur, faite entièrement de glace et de neige. Ce concept unique est composé d'un hôtel de glace comprenant 10 chambres standards et 15 suites thématiques Prestige, des igloos de neige, un restaurant de glace, un bar de glace avec terrasse, sans oublier la chapelle de glace qui unira la destinée de nombreux amoureux. De jour comme de soir, vous vivrez une expérience totalement différente et unique. A découvrir absolument !

Centre-ville et Westmount

■ MUSÉE D'ART CONTEMPORAIN DE MONTRÉAL

185, rue Sainte-Catherine Ouest
✆ +1 514 847 6226 – www.macm.org
M° Place-des-Arts. Mardi-dimanche, 11h-18h (21h le mercredi). Adulte : 12 CAN $, aîné : 10 CAN $, étudiant : 8 CAN $, famille : 24 CAN $, gratuit pour les moins de 12 ans. Entrée libre le mercredi de 17h à 21h. Nocturne tous les premiers vendredis soir du mois (sauf en janvier et août), de 17h à 21h, la visite se fait avec musique live, visite-clip des expositions et bar. Tarif d'admission général. Bistro Le Contemporain sur place.
Le musée d'Art contemporain fait la promotion de l'art d'aujourd'hui en exposant des œuvres québécoises, canadiennes et étrangères. La collection permanente regroupe plus de 7 000 œuvres datant de 1939 à nos jours, dont la plus importante collection d'œuvres de Paul-Émile Borduas. Dans les autres salles, des artistes invités se partagent temporairement la vitrine. Vous pouvez rapporter un peu du musée avec vous en flânant à la boutique qui offre un choix intéressant d'objets dérivés.

■ MUSÉE DES BEAUX-ARTS DE MONTRÉAL

1380, rue Sherbrooke Ouest
✆ +1 514 285 2000 / +1 800 899 6873
www.mbam.qc.ca
M° Peel ou Guy-Concordia. Collections permanentes ouvertes mardi-vendredi 11h-17h, samedi-dimanche 10h-17h. Expositions temporaires ouvertes aux mêmes horaires avec en plus le mercredi jusqu'à 21h, le jeudi-vendredi jusqu'à 19h. Entrée libre pour les collections permanentes. Pour les expos temporaires : tarif variable. Réductions le mercredi à partir de 17h. Boutique et café sur place.
Ce musée est réputé pour ses expositions au succès international telles que « Picasso érotique », « Hitchcock et l'art », « de Dürer à Rembrandt », « Riopelle », « Egypte éternelle », ou encore « Imagine ». La collection permanente recèle de pièces des plus intéressantes. Plus de 30 000 objets forment une des collections les plus riches d'Amérique du Nord : antiquités, collection d'objets précolombiens et asiatiques, tableaux de maîtres européens du Moyen-Âge à nos jours (Memling, Mantegna, Rembrandt, Monet, Cézanne, Matisse, Picasso, Dali...), art contemporain (Robert Rauschenberg, Alexander Calder, Riopelle…).

MONTRÉAL

Carte Musées Montréal

C'est un passeport offrant aux visiteurs un choix de 38 musées et attraits montréalais avec quelques bonus en prime : magazine Musées Montréal, séance gratuite à la cinémathèque, etc. On peut acheter le passeport seulement (60 CAN $, valide pour 3 jours au choix à l'intérieur de 21 jours) ou choisir de le combiner avec un abonnement au transport en commun (65 CAN $, valide pour 3 jours consécutifs). Si vous restez plusieurs mois à Montréal, renseignez-vous sur la nouvelle carte Prestige, valide un an à compter de la date d'achat.

- **Points de vente.** La carte est disponible en ligne, dans les bureaux d'information touristique, les musées et sites touristiques participants ainsi que dans certaines auberges et hôtels de la ville.
- **Renseignements** sur le site www.museesmontreal.org

Vous verrez également une collection d'art canadien exceptionnelle, peintures, sculptures, art décoratif retraçant l'histoire du Canada, de la Nouvelle-France à nos jours. Enfin, à ne pas manquer, la collection d'art décoratif regroupant 700 objets et couvrant plus de six siècles de design. Ajouts récents : pavillon d'art québécois et canadien, salle de concert de 450 places.

■ **MUSÉE MCCORD**
690, rue Sherbrooke Ouest
✆ +1 514 398 7100
www.musee-mccord.qc.ca
M° McGill. Mardi-vendredi, 10h-18h (21h le mercredi) ; samedi-dimanche, 10h-17h. Ouvert le lundi de 10h à 18h de fin juin à début septembre. Adulte : 14 CAN $, étudiant : 8 CAN $, aîné : 10 CAN $, famille, 28 CAN $, gratuit pour les moins de 13 ans. Entrée gratuite tous les premiers samedis du mois de 10h à 17h et les mercredis dès 17h.
Le musée raconte l'histoire à travers les objets, héritage du collectionneur David Ross McCord. L'histoire canadienne se ranime à travers les objets des Premières nations, des photographies, des jouets, des robes et des tableaux. La nouvelle exposition permanente « Montréal – Points de vue » présente dix facettes différentes de l'histoire de la Ville, allant de ses premiers occupants avant l'arrivée des Européens jusqu'à la ville moderne avec son métro et ses gratte-ciel. Les autochtones et les premiers colons sont des sujets récurrents. À la boutique, on peut trouver des objets souvenirs intéressants.

Plateau Mont-Royal

■ **PARC DU MONT-ROYAL**
Maison Smith
1260, chemin Remembrance
✆ +1 514 843 8240
www.lemontroyal.qc.ca
Accès en voiture ou bus (ligne 11) par la voie Camilien-Houde prenant sur l'avenue du Mont-Royal ou accès direct à pied depuis l'avenue des Pins par une série d'escaliers assez impressionnante.
Le poumon vert de Montréal où se côtoient marcheurs et cyclistes durant la belle saison. En hiver, les sentiers se métamorphosent en pistes de ski de fond et l'étang, en patinoire, sans compter les pistes de luge. Deux belvédères offrent une vue exceptionnelle sur la ville. Location d'équipement en toutes saisons au Pavillon du lac aux Castors ; expositions, boutique, café et service d'accueil à la Maison Smith. Activités pour groupes scolaires, associatifs, corporatifs et grand public. Activités de conservation et événements spéciaux. Parc Jeanne-Mance adjacent avec de nombreux terrains de sports aménagés.

■ **PARC LA FONTAINE**
✆ 311
www.ville.montreal.qc.ca
M° Sherbrooke. Délimité par le quadrilatère de Sherbrooke Est, Rachel, Papineau et Parc Lafontaine.
Ce parc est le principal espace de verdure du Plateau Mont-Royal. Des terrains de pétanque, de balle, de mini-soccer, de volleyball et de tennis sont mis à la disposition des amateurs, de même que la patinoire extérieure durant la froide saison. On y trouve également le Théâtre de Verdure où sont présentés des concerts, des pièces de théâtre, des films, etc., ainsi que le café culturel Espace La Fontaine.

Est

Autour du Stade olympique (métro Pie-IX) sont implantés les muséums nature, proches les uns des autres.

■ **BIODÔME DE MONTRÉAL**
4777, avenue Pierre-De Coubertin
✆ +1 514 868 3000
www.espacepourlavie.ca/biodome
M° Viau. Lundi-dimanche, 9h-17h (jusqu'à 18h en été). Fermé le lundi de mi-septembre à mi-février. Adulte : 17,75 CAN $, aîné : 16,75 CAN $, étudiant 18 ans et plus : 13,50 CAN $, 5-17 ans : 9 CAN $, 0-4 ans : gratuit, famille : 50 CAN $. Tarification réduite pour les résidents de Montréal. Possibilité d'acheter des forfaits combinés avec l'Insectarium, le Jardin Botanique et/ou la Tour olympique.
Dans ce muséum nature, les écosystèmes les plus extraordinaires des Amériques ont été reconstitués : le golfe et l'estuaire du Saint-Laurent, l'érablière des Laurentides, la forêt tropicale, et même les régions subpolaires des côtes du Labrador et des îles subantarctiques. L'idée est de sensibiliser la population à la précarité de notre environnement dans une optique de préservation de la biodiversité et d'adoption de comportements responsables. Hautement apprécié en toutes saisons, nous vous recommandons « l'expérience » d'une visite de la forêt tropicale en plein hiver. Cet écosystème truffé d'amphibiens, de reptiles, d'oiseaux et de poissons aux couleurs paradisiaques provoque un véritable choc culturel, en plus de vous faire oublier le froid qui sévit à l'extérieur. Pour ceux et celles qui désirent voir un castor ou un pingouin, c'est aussi le meilleur (sinon le seul) endroit à Montréal.

JARDIN BOTANIQUE ET INSECTARIUM DE MONTRÉAL
4101, rue Sherbrooke Est
✆ +1 514 872 1400
www.espacepourlavie.ca/insectarium
M° Pie-IX. Horaire variable selon la saison. Tarifs réguliers pour les deux muséums (variables selon la saison) : adulte 15,75-17,75 CAN $, aîné 14,75-16,75 CAN $, étudiant 12-13,50 CAN $, 5-17 ans 8-9 CAN $, 0-4 ans gratuit, famille 43-50 CAN $. Forfaits disponibles. Service de navette gratuite sur le site. Restaurant saisonnier et boutiques sur place.

Jardin botanique. Les citadins viennent s'y ressourcer à coup d'air pur et de verdure. Grâce à ses 75 hectares, ce vaste poumon de la métropole procure un dépaysement tel que le visiteur a l'impression de flâner au cœur de la Chine, ou encore, dans un délicat jardin japonais. À la Maison de l'arbre, le grand végétal est mis à l'honneur au cœur d'un arboretum de 40 hectares. Au jardin des Premières Nations, tout végétal a son importance utilitaire, alimentaire et médicinale. Prévoyez quelques heures pour l'ensemble du site. Nombreuses activités et expositions proposées au fil du changement de saisons. À faire : les 4 à 8 estivaux du jardin avec cocktails botaniques et tapas à saveurs du terroir (jeudi-dimanche, 16h-20h).

Insectarium. L'expérience ne serait pas complète sans une visite de l'Insectarium. Lieu d'éveil et de sensibilisation au monde des insectes, vous y verrez les plus beaux spécimens des cinq continents, dont plusieurs vivants...

Autre adresse : Insectarium, 4581 rue Sherbrooke Est (sur le même site que le Jardin botanique).

PLANÉTARIUM RIO TINTO ALCAN
Parc olympique ✆ +1 514 872 4530
www.espacepourlavie.ca/planetarium
Le Planétarium est actuellement fermé et la construction se poursuit sur le site du Parc olympique. Ouverture prévue au printemps 2013. Surveillez le site internet pour plus de détails.
Un tout nouveau Planétarium verra le jour en 2013, dans un bâtiment créé spécialement à cet effet au cœur du Parc olympique, annexé au Biodôme. De ce fait, tous les muséums nature de Montréal seront réunis à quelques pas l'un de l'autre. Son concept novateur fera corps avec son approche réinventée, qui le distingue nettement des autres planétariums dans le monde. Dans le vaste hall seront situés tous les services : la billetterie, le vestiaire, la boutique et le café. Un deuxième espace, partagé avec le Biodôme, permettra d'accueillir les groupes. On y trouvera aussi trois salles d'animation, deux théâtres et la nouvelle exposition permanente « Apprendre l'Univers ».

Nord

ORATOIRE SAINT-JOSEPH DU MONT-ROYAL
3800, chemin Queen Mary
✆ +1 514 733 8211 / +1 877 672 8647
www.saint-joseph.org
M° Côte-des-Neiges. Horaires variables selon le service. Entrée libre sur le site et aux services religieux. Musée ouvert tous les jours de 10h à 16h30 : adulte 4 CAN $, étudiant et aîné 3 CAN $, 6-17 ans 2 CAN $, famille 9,50 CAN $. Boutiques, restaurant et hébergement sur place.
S'élevant sur le flanc nord-ouest du mont Royal, ce monument est, sans conteste, l'un des sites les plus visités de Montréal, en partie pour la magnifique vue qu'il offre depuis sa terrasse. Lieu de recueillement, cette impressionnante basilique de style néo-Renaissance, coiffée d'un gigantesque dôme octogonal en cuivre, accueille des pèlerins venus de tous les coins du monde faire leurs dévotions à saint Joseph.

SHOPPING

Vieux Montréal et Parc Jean Drapeau

Principalement regroupées sur les rues Notre-Dame et Saint-Paul, les boutiques de souvenirs saturent la vue des passants. Qui pourrait les blâmer ? Les T-shirts *I love Montréal* ou *Québec/Canada* se vendent comme des petits pains. Voici donc quelques adresses alternatives et originales.

BOUTIQUE DU CONSEIL DES MÉTIERS D'ART DU QUÉBEC
350, rue Saint-Paul Est
✆ +1 514 878 2787
www.metiers-d-art.qc.ca
M° Champ-de-Mars. Ouvert tous les jours dès 10h, fermeture entre 18h et 21h selon la saison.
Cette galerie, entièrement dédiée à la création contemporaine dans les différents métiers d'art, bénéficie d'un emplacement idéal.

Située au cœur du Marché Bonsecours, l'un des bâtiments les plus représentatifs de l'histoire du Vieux-Montréal, elle fait la promotion de l'art de plus de 200 artistes québécois. Leurs œuvres sont réalisées dans des matériaux aussi divers que la céramique, le verre, le textile, le bois ou encore l'or et l'argent pour la joaillerie. Un grand choix pour faire ou se faire plaisir !

Centre-ville et Westmount

Boutiques de souvenirs, de fripes, fashion, de designers, grands magasins et enseignes... Peu importent vos goûts et votre budget, le centre-ville est sans l'ombre d'un doute La Mecque du shopping. Tentez seulement de ne pas trop vous laisser emporter par cette frénésie !

■ EVA B. CAFÉ-BOUTIQUE

2015, boulevard Saint-Laurent
✆ +1 514 849 8246
www.eva-b.ca
M° Saint-Laurent. Lundi-samedi, 10h-22h ; dimanche, 12h-20h.
La boutique Eva B. ravira les gens qui adorent trouver dans un seul lieu plusieurs services. On y retrouve des vêtements de plusieurs collections de designers québécois. Divers accessoires comme des sacs à main, des bijoux, lunettes, etc. Certains des morceaux exposés sont même fabriqués sur place. On retrouve également une gamme imposante de costumes d'époque, contemporains, modernes ou délurés. Un vrai paradis pour les costumiers ! Il est possible de louer, d'acheter ou de vendre. On trouve aussi une friperie, avec un mélange de vêtements usagés et neufs qui ravira les amateurs de petits prix ! De plus, une galerie d'art expose les artistes de la relève et pour combler le tout, un bistro-bar propose des bons petits plats sur le pouce (sandwichs, salades...) et des boissons (café équitable, thé...). Finalement, vous désirez louer un espace pour une fête, une exposition, un événement quelconque ? La boutique Eva B. vous offre aussi ce service !

■ URBAN OUTFITTERS

1246, rue Sainte-Catherine Ouest
✆ +1 514 874 0063
www.urbanoutfitters.com
M° Peel. Lundi-vendredi, 10h-21h ; samedi, 10h-19h ; dimanche, 11h-18h.
Une boutique qui suit les dernières tendances de la mode pour les habits homme et femme plutôt décontractés. La marque américaine, qui se développe petit à petit dans le monde entier, base sa philosophie sur la conciliation entre la mode et le respect de l'environnement. Urban Outfitters utilise beaucoup de vêtements vintage, du tissu recyclé, des surplus transformés, etc. Les boutiques proposent également quelques objets pour la maison.

▸ **Autre adresse :** pour femme seulement : 4301, rue Saint-Denis, ✆ +1 514 844 5944.

Plateau Mont-Royal

Les *fashionistas* viennent ici dénicher leurs plus beaux atours. Boutiques de designers, fripes, vêtements et accessoires branchés, tout y est, principalement sur les rues Saint-Denis, Mont-Royal et Saint-Laurent. Voici donc quelques bonnes adresses, certaines incontournables, d'autres plutôt originales mais, chose certaine, si vous aimez le shopping, le Plateau est votre destination.

Bon plans

■ L'ÉCHANGE

713, avenue Mont-Royal Est
✆ +1 514 523 6389
www.librairielechange.com
M° Mont-Royal. Ouvert tous les jours de 10h à 22h (horaire de rachat : lundi-samedi, 10h-20h ; dimanche, 10h-18h).
Une référence du livre et du disque de seconde main. On vend une myriade de titres, classés selon le sujet, en bon état, à des fractions du prix d'origine (bien entendu). Les mélomanes ne sont pas oubliés avec un choix de musique de toutes les origines sur CD. Au gré des arrivages, les découvertes peuvent être de taille. La politique de la maison veut que tous les disques soient garantis, donc pas de mauvaise surprise de ce côté. Une section DVD et jeux est disponible.

Mode – Sport

■ BLO

171, avenue Mont-Royal Est
✆ +1 514 849 6181
www.boutiqueblo.com
M° Mont-Royal. Samedi-mercredi, 11h-19h ; jeudi-vendredi, 11h-21h.
Attention : ici, on pénètre sur le territoire des marques très mode (Bench, Lady Dutch, Lucky 7, Foxy Jeans...), mais on pourra dénicher des modèles très bon marché. La deuxième idée qu'on aime beaucoup : les choix de stickers (musique, série TV, humour) que l'on peut incruster dans les fibres de son T-shirt American Apparel, pour une trentaine

de dollars, tout inclus ! Achat et livraison possible à partir du site internet.

■ LA GODASSE

4419, rue Saint-Denis
✆ +1 514 843 0909
www.lagodasse.ca
M° Mont-Royal. Lundi-mercredi, 11h-18h ; jeudi-vendredi, 11h-21h ; samedi, 11h-17h ; dimanche, 12h-17h.

Une boutique pour les amateurs de chaussures très tendances. Les nouveaux modèles de Puma, Nike, Converse, Adidas, sont fraîchement arrivés sur les présentoirs. La décoration des boutiques va de pair avec les modèles présentés : une ambiance aérée, des éléments visuels qui s'inscrivent dans l'air du temps. Le service est d'une précision incroyable, en moins de temps qu'il ne faut pour le dire, le personnel revient avec LA chaussure. Pas d'ampoules, pas de souffrance, ce sont des chaussures de pro que l'on vend.

■ L'APPARTEMENT BOUTIQUE

1871, avenue Mont-Royal Est
✆ +1 514 658 2500
www.appartementboutique.com
Angle Cartier. Lundi-mercredi, 10h-18h ; jeudi-vendredi ; 10h-21h, samedi, 10h-17h ; dimanche, 11h-17h.

Cette petite boutique de mode de l'avenue Mont-Royal propose les créations d'une soixantaine de créateurs québécois, ainsi qu'une sélection d'importations exclusives. Des vêtements pour toutes les occasions pour hommes et femmes, originaux, le tout avec un accueil en boutique des plus souriants.

Panier gourmand

■ LA VIEILLE EUROPE

3855, boulevard Saint-Laurent
✆ +1 514 842 5773
Angle Saint-Cuthbert. Lundi-mercredi et samedi, 7h30-18h ; jeudi-vendredi, 7h30-21h ; dimanche, 9h-17h.

On adore le côté vieillot de cette épicerie, avec ses longues allées de fromages fins, de saucissons, de pâtes, de chocolats, de cafés frais moulus, de confitures et de moutardes à n'en plus finir. Et puis, toutes ces odeurs... Ça ouvre l'appétit ! Le genre de boutique qui donne envie de recevoir ses amis et de leur préparer une bonne choucroute et plein d'autres spécialités d'ici ou d'ailleurs. Cette épicerie, en plus d'offrir de bons produits, est un vrai spectacle quand on voit le personnel en action, toujours prêt à répondre promptement aux exigences des uns et des autres.

Nord

■ LES DÉLIRES DU TERROIR

6406, rue Saint-Hubert
✆ +1 514 678 6406
www.lesdeliresduterroir.com
M° Beaubien.
M° Beaubien. Lundi-mercredi, 11h-18h30 ; jeudi-vendredi, 11h-21h ; samedi, 11h-18h ; dimanche, 11h-17h30.

Les Délires du terroir, comme son nom l'indique, est une boutique qui vend uniquement des produits faits au Québec. La sélection de bières est si vaste qu'on se dit que de rassembler une telle collection, c'est plutôt délirant ! Triés sur le volet, les produits de microbrasserie ici représentés sauront satisfaire tant les amateurs en quête de découverte que les bièrophiles aguerris. Niveau délices, on trouve des chocolats, des produits à l'érable, des vinaigrettes, des tartinades, des confits, etc. La sélection d'une trentaine de fromages québécois est elle aussi inspirante. Les bières, gourmandises et fromages en font une bonne place pour acheter des cadeaux, et les proprios l'ont bien compris : ils vous proposent des paniers-cadeaux, mêlant bières et saveurs. N'hésitez pas à vous renseignez sur les différentes combinaisons bières et fromages que l'on vous propose en boutique.

■ LA MAISON DU CHEDDAR

1311, avenue Van Horne
✆ +1 514 904 0011
www.maisonducheddar.com
M° Outremont. Lundi-vendredi, 9h-19h ; samedi, 9h-18h ; dimanche, 12h-17h. Fermé le lundi en janvier.

Située à Outremont, cette adresse est un incontournable pour les amoureux du fromage, à commencer par le fleuron québécois, le cheddar, servi frais du jour, en grains dans un beau cornet, nature ou garni de succulent pesto.

Dans cette belle boutique à la décoration soignée, vous trouverez également une sélection de fromages provenant des quatre coins de la province et même aussi loin que les Iles de la Madeleine. Des fromages d'importation sont également en vente ainsi que des produits de notre bon terroir comme des charcuteries, des miels aromatisés et des cafés bio-équitable. Pour les petits creux, essayez leur délicieux *grilled cheese*, dont le succulent Ched'œuf jambon matinal ou encore le cheddar-fruit-érable, et concluez le tout par un de leur café allongé.

■ **MARCHÉ JEAN-TALON**
7070, avenue Henri-Julien
✆ +1 514 277 1588
www.marchespublics-mtl.com
M° Jean-Talon. Lundi-mercredi et samedi, 7h-18h ; jeudi-vendredi, 7h-20h ; dimanche, 7h-17h. Stationnement intérieur sur place.
On le dit ouvert à toutes les cultures et il suffit de se rendre sur place pour constater que c'est vrai. Sans nul doute le marché le plus populaire de Montréal avec des allées impressionnantes et richement achalandées. Outre les boutiques présentes tout au long de l'année, les producteurs s'installent à l'extérieur de mai à octobre. Le marché est toujours en pleine effervescence. Les boutiques de spécialités italiennes et orientales sont nombreuses, et nous vous suggérons vivement le Marché des Saveurs, sans doute la boutique la plus complète en ce qui concerne les produits régionaux du terroir québécois.

SPORTS – DÉTENTE – LOISIRS

Sports – Loisirs

■ **JET BOATING MONTRÉAL / SAUTE-MOUTONS**
Bureau
47, rue de la Commune Ouest
✆ +1 514 284 9607
www.sautemoutons.com
M° Champ-de-Mars. Ouvert de mai à mi-octobre, tous les jours, 10h-18h (dernier départ). Jet boating : adulte 26 CAN $, 13-18 ans 21 CAN $, 6-12 ans 19 CAN $. Saute-moutons : adulte 67 CAN $, 13-18 ans 57 CAN $, 6-12 ans 47 CAN $. Forfaits avec repas disponibles. Embarquement au Quai de l'Horloge pour Saute-Moutons et Quai Jacques-Cartier pour le Jet Boating.
Jet St-Laurent : la balade consiste en une poursuite riche en émotions dans de petits bateaux à haute vitesse capables d'effectuer des virages à 360°. Saute-moutons : pour ceux qui veulent encore plus se mouiller avec un tour dans les rapides turbulents de Lachine. Les combinaisons étanches (fournies) ne sont pas un luxe superflu.

Patinoire de Montréal.

■ **PLAGE DE L'HORLOGE**
Quai de l'Horloge
Quais du Vieux-Port
✆ +1 514 496 7678
✆ +1 800 971 7678
www.vieuxportdemontreal.com
M° Champ-de-Mars. Au pied de la Tour de l'horloge. Mi-juin à début septembre : lundi-dimanche, 10h30-19h30 (fermeture à 23h les soirs de feux d'artifice ou d'événements spéciaux). En septembre : ouvert uniquement le week-end. Adulte : 6 CAN $, ainé : 5 CAN $, 6-12 ans : 3 CAN $, famille : 15 CAN $. Abonnements disponibles. Buvette sur place.
Dans la même optique que Paris-Plages, les Quais du Vieux-Port ont enfin leur plage, ouverte depuis l'été 2012, sur laquelle se prélassent touristes et locaux en quête d'un bain de soleil, d'un transat et d'un peu de sable fin. Bien évidemment, il n'y a pas de baignade dans le fleuve !

Détente – Bien-être

■ **BOTA BOTA**
Quais du Vieux-Port
358, rue de la Commune Ouest
✆ +1 514 283 0333
www.botabota.ca
M° Square-Victoria. Ouvert tous les jours de 10h à 22h. 3h et moins : 45 CAN $ (50 CAN $ le week-end), plus de 3h : 55 CAN $ (65 CAN $ le week-end). Matinée avant 11h : 30 CAN $, mardi spécial pour 2 à 60 CAN $. Rabais sur l'entrée si jumelée à un soin (sauf les soins du Bota Chic). Comptoir gourmand, terrasses et jardin.
Inauguré au début décembre 2010, ce dernier-né des spas propose une expérience hors du commun. En effet, les installations occupent les locaux d'un ancien traversier qui fut également un bateau théâtre. Afin de donner un look plus contemporain et tendance, la nouvelle entreprise a fait appel aux services de l'architecte Jean Pelland, et le résultat est franchement réussi, malgré quelques complexités mécaniques et architecturales. Avec ses 678 hublots et ses 5 étages, c'est le plus gros bateau-Spa au monde. Sur place, vous trouverez deux bains à remous extérieurs (vue panoramique à couper le souffle !), deux bains froids (intérieur et extérieur), un sauna, un bain vapeur, une dizaine de salles de soins, des aires de repos (dont une salle avec canapés et hublots géants), une salle de yoga et une terrasse sur l'eau. Une adresse qui vaut vraiment le détour !

GAY ET LESBIEN

Ville de métissage et de tolérance, Montréal accueille une des communautés gay et lesbienne les plus dynamiques d'Amérique du Nord. Le Village gai, dans la partie francophone de Montréal, figure parmi les Villages les plus animés du monde. En 2006, la métropole a même accueilli les Outgames (jeux olympiques gays) où 12 000 athlètes de 35 disciplines se sont donné rendez-vous. Une animation d'autant plus importante que depuis maintenant quelques années, la rue Sainte-Catherine, une des artères principales de la zone, est piétonne durant la belle saison. Cela rend les terrasses et les balades dans ce quartier encore plus agréables. Pour vous tenir au courant de l'actu et de la vie nocturne gay et lesbienne, procurez-vous le mensuel gratuit *Fugues* disponible en kiosque aux quatre coins de la ville.

Se loger

De nombreux établissements hôteliers de la métropole sont *gay-friendly*. Nous avons plutôt choisi ici de vous donner quelques bonnes adresses bien connues du Village.

■ NUZONE

1729, rue Saint-Hubert
✆ +1 514 524 5292 – www.nuzone.ca
M° Berri-UQÀM. Chambre à partir de 85 CAN $. 4 chambres. Petit déjeuner inclus. Salles de bain partagées. Pour hommes seulement.

Le tout premier gîte gay-naturiste a ouvert ses portes à Montréal en 2007. Pierre et son conjoint, Trevor, se feront un plaisir de vous accueillir dans leur propre maison. La décoration y est soignée : canapés de cuir, chambres douillettes, salles de bain très bien équipées. Tout est prévu pour agrémenter le séjour : un salon, une petite salle de sport et un sauna sec 3 places. Les clients ont accès à l'agréable cuisine qui est équipée d'un frigo, cuisinière, etc.

© STÉPHANE SAVIGNARD

Mado dans son Cabaret Mado, sur Sainte-Catherine dans le Village.

■ SIR MONTCALM

1453, rue Montcalm
✆ +1 514 522 7747
www.sirmontcalm.com
M° Beaudry. Occupation double : à partir de 139 CAN $. Tarifs basse saison disponibles. Petit déjeuner inclus. 3 chambres, une suite et une suite-appartement. Terrasse-jardin, BBQ, service de limousine pour le retour à l'aéroport, service de massothérapie sur demande. Stationnement privé : 20 CAN $ par jour.

Ce gîte 4-soleils est un must ! Les chambres et les espaces communs réussissent l'exploit d'allier design et chaleur. Les murs de pierre et les draps d'un blanc immaculé sont rehaussés de tons chauds, aussi discrets qu'élégants, et servis par des éclairages intimistes. Des meubles en bois sombre aux lignes épurées donnent à l'ensemble une touche chaleureuse. C'est chic, sobre et on s'y sent comme chez soi. Chaque objet, chaque meuble révèle un grand souci du beau et du confort. En été, savourer son petit déjeuner sur la terrasse est une excellente façon de commencer sa journée ! Pour ceux qui prévoient un long séjour à Montréal, la suite-appartement s'avère un choix judicieux et les tarifs sont très intéressants si vous voyagez à plusieurs.

Se restaurer

■ LA PIAZZETTA

1101, rue Sainte-Catherine Est
✆ +1 514 526 2244
Voir page 120.

■ SALOON

1333, rue Sainte-Catherine Est
✆ +1 514 522 1333 – www.lesaloon.ca
M° Beaudry. Ouvert tous les jours dès 11h30, 10h le week-end (les heures de fermeture dépendent de la fréquentation). Menu midi en semaine et table d'hôte tous les soirs, brunch le week-end jusqu'à 15h.

Le Saloon est un des hauts lieux du Village depuis une vingtaine d'années. Restaurant branché très fréquenté, on y vient avant tout pour sa cuisine créative, aux portions généreuses, mêlant accents asiatiques et latins, une cuisine fusion western tel que décrite par le resto. Le service est toujours courtois et efficace. Question de satisfaire tous vos sens, des DJ s'emparent des platines en soirée (jeudi au samedi) et vous promettent de vous faire veiller tard !

Sortir

■ CABARET MADO

1115, rue Sainte-Catherine Est
✆ +1 514 525 7566
www.mado.qc.ca
M° Beaudry. Ouvert tous les jours. Droits d'entrée certains soirs. Spéciaux pour étudiants le vendredi.

On ne la présente plus, ses spectacles de personnificateurs féminins font courir tout le Village (et pas seulement). Bref, Mado est une reine et son Cabaret un QG. On y vient pour boire un verre en fin d'après-midi… Et on reste toute la soirée, pour un spectacle de drags, une soirée karaoké et pour profiter de l'humour irrésistible de la maîtresse des lieux. Travestis, gays, lesbiennes… La population est variée et toujours de bonne humeur. La programmation se renouvelant constamment, un petit coup d'œil sur le site vous permettra de vous tenir au courant des horaires des shows. Vous avez rendez-vous avec Madeleine, elle viendra parée de ses plus belles toilettes.

■ CIRCUS

917, rue Sainte-Catherine Est
✆ +1 514 844 3626
www.circusafterhours.com
M° Berri-UQÀM. Jeudi & dimanche, 2h-8h ; vendredi, 2h-10h ; samedi, 2h-11h. Entrée : selon les soirées et les DJ invités.

Trois salles pour vous faire bouger jusqu'aux petites heures du matin au son de musiques house, trance, techno et électronique. De nombreux DJ de renom y font escale. Bref, on n'est jamais déçu par le son et l'ambiance, et côté espace, il y a de la place pour tous sur l'immense piste de danse.

■ COMPLEXE SKY

1474, rue Sainte-Catherine Est
✆ +1 514 529 6969
www.complexesky.com
M° Beaudry ou Papineau. Ouvert tous les jours de 11h à 3h. Cuisine ouverte avec repas. Cabaret, hip-hop room et Sky Club ouvert les vendredis et samedis. Notez que le Sky Club au 3e étage est temporairement fermé pour rénovation.

Ce gigantesque complexe est tout simplement délirant. Il comprend même une terrasse sur le toit, dotée aussi d'une piscine et d'un Jacuzzi. Au premier étage, on retrouve le Sky Pub où la séduisante clientèle est accueillie tous les jours avec des DJs en rotation et des spectacles de *drag queens.* Au 2e étage, le Cabaret du Sky fait discothèque chaque vendredi et samedi à partir de 22h. Au 3e étage, le Sky Club est dédié aux musiques électroniques. Et pour les amateurs de hip-hop (ils sont de plus en plus nombreux dans le Village), une salle leur est entièrement dédiée. Un grand classique de la nuit gay à Montréal, et dans tout le Québec !

■ STEREO

858, rue Sainte-Catherine Est
✆ +1 514 658 2646
www.stereo-nightclub.com
M° Berri-UQÀM. Ouvert vendredi et samedi soir et selon les événements. Droits d'entrée (possibilité d'acheter les billets en ligne).

Après l'incendie qui avait ravagé le club à l'été 2008, Stereo renaît de ses cendres. Il a célébré en grande pompe sa réouverture lors du week-end de la Fête du Travail en septembre 2009, avec nul autre que son fondateur Angel Moraes aux platines pour une soirée privée des plus éclatantes. Une scène et des places assises ont été ajoutées pour les spectacles. La piste de danse est plus grande que jamais, les équipements audio et vidéo surréalistes… Depuis 3 ans, le club a renoué avec les nuits endiablées qui ont fait la réputation du Stereo !

■ UNITY

1171, Sainte-Catherine Est
✆ +1 514 523 2777
www.clubunitymontreal.com
M° Beaudry. Vendredi, 21h30-3h ; samedi, 22h-3h. Ouverture possible d'autres soirs selon les événements. Admission gratuite vendredi avant 22h30 et samedi avant 23h (sauf les soirs d'événements spéciaux).

Le Club Unity semble ne jamais désemplir. Cette discothèque comporte trois étages, deux salles, un salon V.I.P. et une terrasse sur le toit offrant une vue magnifique. La musique va du hip-hop à la house en passant par tous les rythmes susceptibles de vous faire danser jusqu'à plus soif. Surtout fréquenté par les 18-35 ans, le *Main Room* du Unity a des airs de fête perpétuelle. Ce club est une valeur sûre du Village.

L'OUEST

Lac et fôret à l'automne.

LAURENT
NOTRE DÉCOR,
450 224-7007 1 800 561-6673 (CAN-EU)

DES.com
TRE SCÉNARIO!
TOURISME
LAURENTIDES
Québec
bonjourquebec.com
Canada

Laurentides

Paradis des skieurs et des mordus de la nature, les Laurentides désignent le massif montagneux de la rive nord du fleuve Saint-Laurent. La région des Laurentides fait partie des Basses-terres du Saint-Laurent et du Bouclier canadien. On y trouve les plus vieilles roches du monde (datant d'un milliard d'années). Cette région, qui couvre près de 22 000 km², s'étend du sud au nord, de la rivière des Mille-Îles aux grands territoires au nord de Mont-Laurier et, d'est en ouest, des limites de la région de Lanaudière à celles de l'Outaouais. Elle est la principale destination touristique internationale du Québec, appelée plus communément « le Nord ». Vous y viendrez d'abord pour les activités sportives saisonnières qu'elle offre en abondance, et pour la quiétude de ses innombrables lacs et montagnes couvertes de forêts. Les citadins y font leur pèlerinage hebdomadaire en allant respirer cette campagne qui n'est qu'à quelque trente minutes du centre-ville de Montréal. Les mordus, et ils sont légion, « montent dans le Nord » comme ils disent, pour le week-end au chalet, ou pour de courts séjours dans leur résidence secondaire. Les touristes qui en ont fait l'expérience savent, quant à eux, qu'elle recèle des trésors d'activités pour tous et ce, en toute saison. La nature y est d'une grande et généreuse beauté, et la population toujours croissante des Laurentides se préoccupe de la protéger en en faisant une des régions les plus vertes de la province.

Les immanquables de la région des Laurentides

- **Le parc linéaire** le P'tit Train du Nord.
- **Oka,** renommée pour sa plage très populaire et pour son délicieux fromage.
- **Le parc national du Mont-Tremblant** et la station de montagne haut de gamme très bien équipée.
- **L'animation nocturne** et les restaurants de Saint-Sauveur.
- **Un séjour en pourvoirie** dans les Hautes-Laurentides.

Des Laurentides, on se plaît à dire qu'elles sont la Terre promise du fameux Roi du Nord (et grand défricheur devant l'Éternel), le curé Antoine Labelle. Et il est vrai que le Québec lui doit l'exploitation de la région des Pays-d'en-Haut. Labelle (sous-ministre de la Colonisation au gouvernement provincial dans les années 1850) sut convaincre le gouvernement de l'époque d'investir dans la colonisation, comme en avaient rêvé les premiers propriétaires terriens, les seigneurs de France du XVIIe siècle. Toutefois, la grande responsable de l'exceptionnel développement touristique de cette région est la pratique du ski et de la villégiature.

Géographie

La région des Laurentides est divisée en trois territoires : les Basses-Laurentides ou Portes des Laurentides, du nord de l'île Jésus (Laval) jusqu'à Saint-Jérôme, en sont la porte d'entrée ; les Pays-d'en-Haut, un nom plus familièrement utilisé par les habitants pour désigner le Cœur des Laurentides, s'étendent de Saint-Jérôme à Labelle ; les Hautes-Laurentides délimitent une zone de L'Annonciation (maintenant Ville de Rivière-Rouge) jusqu'au nord de Mont-Laurier.

Les Laurentides ont été habitées 4 000 ans av. J.-C. par des nomades. Des Indiens d'Amérique (Amérindiens) de la tribu des Algonquins (aujourd'hui disparue) sillonnaient ces bois au XVIIe siècle. Vers 1840, arriveront les premiers colons dans ce qu'on appelle désormais les Pays-d'en-Haut. Le réseau routier qui parcourt les Laurentides s'élabore à partir du début du XXe siècle, époque de l'exploitation forestière et agricole. Le P'tit train du Nord (construit entre 1891 et 1909), reliant Saint-Jérôme à Mont-Laurier et longeant la rivière du Nord, inaugure l'ère industrielle. L'infrastructure économique qui en découle a permis, entre autres, de développer la vocation touristique de la région. Aujourd'hui, le train n'est plus. Ce dernier corridor est aménagé en parc linéaire le P'tit train du Nord. En empruntant un parcours (230 km, l'un des plus grands d'Amérique du Nord) ponctué de villages et de gares patrimoniales le long de l'ancienne voie ferrée, vous pouvez vous adonner à une pléiade d'activités : vélo, ski de fond, motoneige, randonnée pédestre...

Les Laurentides

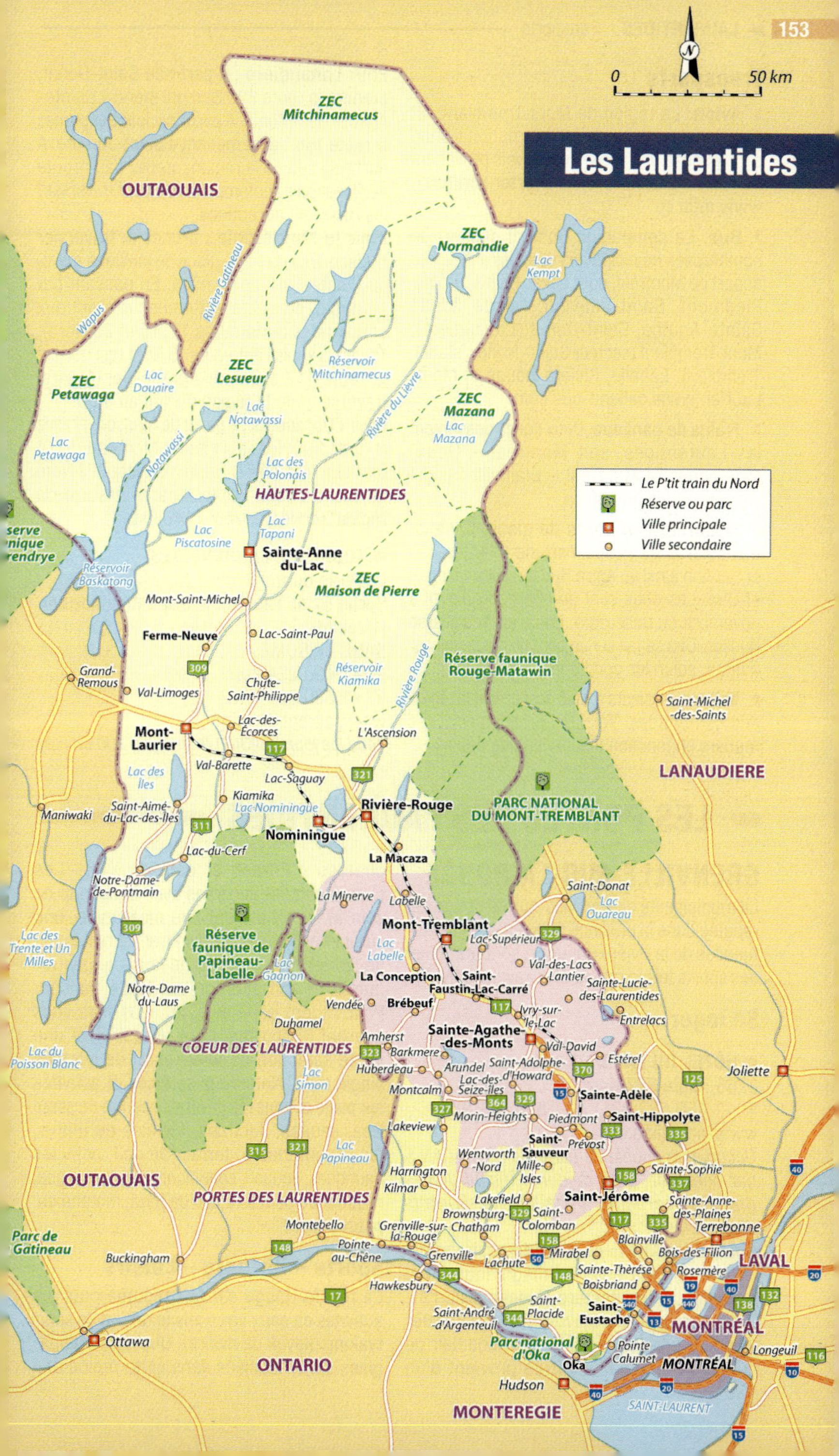

Transports

- **Avion.** La région de Mont-Tremblant est desservie par un aéroport international situé à La Macaza. Il y accueille des vols provenant de New York et Toronto (Porter Airlines). www.mtia.ca
- **Bus.** La compagnie Galland dessert de nombreuses municipalités des Laurentides au départ de Montréal, dont Laval, Saint-Jérôme, Piedmont, Saint-Sauveur, Sainte-Adèle, Sainte-Agathe, Saint-Donat (Lanaudière), Mont-Tremblant (secteur Saint-Jovite), station Tremblant, Labelle, Rivière-Rouge et Mont-Laurier. www.galland-bus.com
- **Trains de banlieue.** Deux lignes desservent les Laurentides, soit Montréal – Deux-Montagnes et Montréal – Blainville/Saint-Jérôme. www.amt.qc.ca
- **Traversiers et ponts de glace.** Il y a un traversier entre Pointe-Fortune (Montérégie) et Carillon ainsi qu'entre Hudson (Montérégie) et Oka. Les deux sont en opération d'avril à novembre ou décembre. En hiver, la traverse Hudson-Oka se fait sur un pont de glace (janvier à mars, selon les conditions climatiques).
- **Voiture.** Plusieurs routes desservent la région des Laurentides. Voici les principaux accès routiers en fonction des régions de départ.

Pour Lanaudière : à partir de Saint-Donat, prendre la route 329 Sud qui mène à Sainte-Agathe-des-Monts. À partir de Joliette, prenez la route 158 Ouest menant à Saint-Jérôme. À partir du sud de la région, prenez l'autoroute 40 Ouest puis l'autoroute 640 Ouest traversant les Basses-Laurentides.

Pour la Montérégie : prenez le traversier Hudson/Oka (pont de glace de janvier à mars) ou Pointe-Fortune/Carillon. En passant par Montréal, plusieurs autoroutes mènent aux Laurentides (autoroutes 13, 15 et 25 Nord). Toutefois seule l'autoroute 15 Nord (qui devient la route 117 à Sainte-Agathe-des-Monts) traverse toute la région du sud au nord.

Pour l'Outaouais : à partir de Masson, prenez la route 309 Nord qui mène à Mont-Laurier. À partir de Montebello, prenez la route 323 Nord qui mène à Saint-Jovite. À partir du sud de la région, prendre la route 148 Est.

■ **TOURISME LAURENTIDES**
La Porte du Nord
Sortie 51 de l'autoroute des Laurentides (15 Nord)
SAINT-JEROME
✆ +1 450 224 7007
✆ +1 800 561 6673
www.laurentides.com
Tous les jours, 8h30-17h (jusqu'à 20h en été).

LES PORTES DES LAURENTIDES

GRENVILLE-SUR-LA-ROUGE

La municipalité de Grenville-sur-la-Rouge est réputée dans la province pour les eaux tumultueuses de la rivière Rouge où sont pratiqués des sports tels le rafting et le kayak de rivière.

Se loger

■ **HÔTEL DU LAC CARLING**
2255, route 327 Nord
✆ +1 450 533 9211 / +1 800 661 9211
www.laccarling.com
Occupation double : à partir de 59.50 CAN $ par personne, petit déjeuner inclus. Accès gratuit à certaines installations. Forfaits disponibles.
Charme, raffinement et haute gastronomie vous attendent dans ce magnifique hôtel 4-étoiles. L'architecture témoigne de l'influence européenne. Œuvres d'art et antiquités viennent enrichir le tout. Un chandelier de cristal dans le hall d'entrée provient d'un château d'Europe et date du XVIIe. Les chambres sont décorées avec beaucoup de soin et les suites ont une mezzanine, une cuisinette et un salon avec foyer. Le restaurant de l'hôtel vous propose de la haute gastronomie et son saumon est fumé maison. Pour l'apéro ou le digestif, deux bars vous ouvrent les portes, dont un qui offre une vaste sélection de whiskys et de scotchs single malt. Nombreux services et activités sur place et dans les environs : centre de santé Spa, saunas, Jacuzzis, terrains de tennis, piscine intérieure, terrain de golf, activités nautiques, squash, conditionnement physique, randonnée pédestre, ski de fond, motoneige, patin à glace, etc.

Sports – Détente – Loisirs

La rivière Rouge est fort réputée pour les activités en eaux vives tels le rafting, le sportyaking (kayak de rivière). Quelques compagnies sont installées dans cette région afin de vous initier aux plaisirs des descentes en rivière. Différents forfaits sont proposés ainsi qu'une variante d'activités vous permettant de composer vous-même votre « aventure ». Voici deux bonnes adresses. Notez que l'hébergement en camping est disponible dans chacun des deux sites.

■ NOUVEAU MONDE RAFTING
25, chemin des Sept Chutes
✆ +1 819 242 2168
✆ +1 800 361 5033
www.raftingnouveaumonde.com

■ PROPULSION RAFTING
619, chemin de la Rivière-Rouge
✆ +1 800 461 3300
www.propulsion.ca

OKA

La municipalité d'Oka est géographiquement bien située, sur la rive nord du lac des Deux-Montagnes, à environ une cinquantaine de kilomètres au nord-ouest de Montréal.

■ AÉROSPORT OKA
Au parc national d'Oka
2020, chemin d'Oka
✆ +1 866 986 6677
www.aerosport.ca
En opération du 1er janvier au 31 mars, sur réservation seulement.
Vivez l'aventure avec des professionnels du cerf-volant de puissance. Aérosport a été la première école de kite à ouvrir au pays (aux îles de la Madeleine) et jouit d'une grande réputation pour la pratique des sports de vent. Muni de quatre cordes, le cerf-volant de traction développe une puissance suffisante pour tirer une personne en ski ou planche de surf. Deux types de cours de snowkite offerts (initiation, pro). Autres bases d'activités au Québec : Iles de la Madeleine (kitesurf, buggy, kayak, SUP, surf, voilier, location, vente), Lac-Brome dans les Cantons-de-l'Est (snowkite), Mont-Saint-Pierre en Gaspésie (boutique, vente).

Le Chemin du Terroir

Le Chemin du Terroir des Laurentides, inauguré en octobre 2010, est un chemin balisé de plus de 226 km sillonnant un territoire rural aux mille trésors et ce, sur quatre saisons. Une trentaine de « vedettes » se partagent le circuit dans les Basses-Laurentides et Argenteuil, allant des vignobles aux cabanes à sucre, en passant par des vignobles, des fermes et vergers, des fromageries et des boutiques gourmandes. L'art et l'histoire ont aussi leur place sur le Chemin du Terroir. Le dépliant du circuit est disponible dans les offices du tourisme et toute l'information se trouve également sur leur site Internet.

▸ **www.cheminduterroir.com**

■ BUREAU TOURISTIQUE SAISONNIER D'OKA
Quai municipal
183, rue des Anges
✆ +1 450 479 8389 / +1 450 479 8333
www.municipalite.oka.qc.ca
Ouvert tous les jours de la mi-juin à la fête du Travail.

■ MAGASIN DE L'ABBAYE D'OKA
1500, chemin d'Oka ✆ +1 450 415 0651
www.magasinabbayeoka.com
Lundi-vendredi, 10h-18h ; samedi-dimanche, 9h-18h. Centre d'interprétation de l'abbaye sur place. Dégustations organisées à la boutique.
L'abbaye cistercienne d'Oka, fondée par des moines français à la fin du XIXe siècle, se niche dans les boisés sur les hauteurs du lac des Deux-Montagnes. Ce monastère fut un haut lieu de recueillement. Appartenant à de nouveaux propriétaires désireux de développer l'aspect touristique des lieux, les religieux habitent dorénavant un nouveau monastère situé dans la région de Lanaudière.

L'ancien magasin reste ouvert à l'adresse indiquée ci-dessus, et continue à vendre, entre autres, le célèbre fromage d'Oka. De cette abbaye provient une partie de la tradition fromagère du Québec, cela depuis 1893. Autres produits à la boutique : chocolats, truffes, pâtes d'amande, confiseries, produits de boulangerie, de pâtisserie et de charcuterie, produits du terroir et d'artisans, articles religieux, etc.

PARC NATIONAL D'OKA

2020, chemin d'Oka
✆ +1 450 479 8365 / +1 800 665 6527
www.sepaq.com/pq/oka/fr/

Ouvert à l'année. Postes d'accueil : entrée principale sur la route 344, deuxième porte d'entrée à l'extrémité ouest de l'autoroute 640 (fermée en hiver). Accès quotidien adulte : 6 CAN $, enfant : 2,75 CAN $, gratuit pour les enfants de 5 ans et moins. Tarifs groupes et familles disponibles. Location d'équipement (activités nautiques, vélo, etc.), boutique et école de ski de fond.

En sillonnant le parc national d'Oka (23,7 km²), situé à proximité de la région métropolitaine, vous découvrirez une mosaïque de milieux naturels. Les espèces animales et végétales sont diversifiées. La présence historique du calvaire d'Oka constitue également une importante richesse patrimoniale (projet de mise en valeur du site et des bâtiments effectué). En effet, le sentier historique met en valeur un chemin de croix ponctué de quatre oratoires et trois chapelles datant de 1742. Le sommet du calvaire offre une vue saisissante sur la région. Vous pourrez choisir parmi un large éventail d'activités en toutes saisons. Le sentier de la Grande-Baie traverse quatre écosystèmes différents : le champ, l'érablière à caryer, l'érablière argentée et le marais. Une passerelle flottante de dimensions impressionnantes facilite l'accès au marais. Une tour de 10 m de haut a été érigée pour observer les habitants du marais.

▶ **Hébergement :** camping aménagé (857 emplacements), camping rustique à l'année, 12 tentes-roulottes, 25 tentes Huttopia « prêt-à-camper », 1 tente Huttopia nordique, gîte de 12 chambres, forfait camping d'hiver.

▶ **Activités :** observation de la faune, randonnée pédestre, baignade (plage d'Oka avec nombreuses installations, service de restauration, bar), sports nautiques au lac des Deux-Montagnes, vélo, glissade, raquettes, sentiers de randonnée pédestre sur neige, ski de fond (en soirée, sur le sentier la Pinède, illuminé), camps pour les jeunes de 5 à 13 ans (été, relâche scolaire en hiver) et une multitude d'activités découverte en toutes saisons.

POINTE-CALUMET

Pointe-Calumet est depuis fort longtemps une destination de villégiature pour les citadins. Il y a une cinquantaine d'années, 15 000 à 20 000 personnes venaient y passer le week-end, au chalet ou sur la plage. De nos jours, quand on va à Pointe-Calumet, c'est encore pour profiter des joies de l'eau avec notamment deux centres d'importance : Le Beach Club et le Super Aqua Club.

BEACH CLUB

701, 38e Rue
✆ +1 450 473 1000
www.beachclub.com

En opération de début mai à fin septembre selon les conditions météo. Lundi-vendredi, 10h-18h ; samedi-dimanche, 10h-21h. Le Cable Park ferme à 18h tous les jours. Horaire restreint en début et fin de saison. Droits d'accès quotidien au site (incluant les activités de plage), passe de saison. Tarifs pour le Cable Park (demi-journée, journée, saison). Location d'équipement et boutique sur place.

Ce site en bordure du lac, au look très tropical, est parfait pour les évasions loin de la ville. Que vous préfériez vous prélasser sur la plage ou pratiquer le « wakeboard », tout y est : terrains de volley-ball de plage, ski nautique et kneeboard, piscine, pédalos et kayaks, trampoline aquatique, jeux gonflables pour les enfants... C'est aussi un des seuls endroits au Québec équipé d'un « Cable Park » pour le wakeboard, le kneeboard et le ski nautique (système de cordes qui tire le skieur sur l'eau). DJs et week-ends Beach Party, bar terrasse et restauration sur place. N'oublions pas de mentionner qu'ils sont situés à quelques pas du Super Aqua Club (glissades d'eau) et de la plage d'Oka.

SUPER AQUA CLUB

322, montée de la Baie
✆ +1 450 473 1013
✆ +1 877 473 1013
www.superaquaclub.com

Début juin à fin août/début septembre : lundi-dimanche : 10h-19h (jusqu'à 17h en début de saison, et jusqu'à 18h en fin de saison). Tarifs variables selon la taille. Tarifs réduits après 15h et 17h.

Cet immense site en nature regroupe toboggans de toutes sortes, piscine à vagues, plage, rivières, terrains de volleyball, aires de pique-nique et de restauration.

SAINT-EUSTACHE

Porte d'entrée des Laurentides, si vous suivez la route 148, le Vieux-Saint-Eustache regorge de vieux bâtiments et de jolies boutiques. La visite de la Maison de la culture et du patrimoine, de la Maison et des jardins Chénier-Sauvé, et de l'église Saint-Eustache témoigne de l'importance de son passé.

■ LA MAISON LAVANDE, CULTURE ET PARFUMERIE

902, chemin Fresnières
✆ +1 450 473 3009 / +1 877 780 3009
www.maisonlavande.ca
Boutique ouverte à l'année (horaire variable selon la saison). Magasin général, petit bistro (ouvert pendant la floraison), grande terrasse et aires de pique-nique sur place. Visite des champs (incluant l'animation en saison et les différentes activités proposées sur le site) : 6 CAN $, gratuit pour les moins de 12 ans. Formule groupe de 15 personnes : 8 CAN $ par personne incluant l'accès au site, la visite guidée personnalisée des champs de lavande et des bâtiments patrimoniaux, la culture et l'histoire de l'entreprise, la dégustation de tisane ou de limonade à la lavande.

Inspiré d'un voyage en Provence et de ses grands champs de lavande à perte de vue, Nancie et Daniel se sont décidés à en faire autant au Québec. Aussitôt dit, aussitôt fait ! Daniel s'occupe de la culture et Nancie, de la parfumerie. Un accord parfait. La lavande est reconnue pour ses propriétés antiseptiques, bactéricides, désinfectantes, calmantes, cicatrisantes, antispasmodiques et carminatives. Il ne faut donc pas hésiter à se procurer un de leurs nombreux produits : bougies, savons, huiles de massage, produits pour le corps et la maison, huiles essentielles... Il y a même de l'eau déodorante et du shampooing pour votre compagnon à quatre pattes ! Alors qu'attendez-vous pour venir profiter des millions de fleurs de lavande et humer ce doux parfum ? Notez toutefois que les champs sont accessibles uniquement de juin au 24 décembre (aucune animation de début septembre au 24 décembre, accès gratuit au site).

■ TOURISME BASSES-LAURENTIDES

600, rue Dubois
✆ +1 450 491 4444 / +1 866 491 4449
www.basseslaurentides.com
Ouvert tous les jours à l'année, 9h-16h (jusqu'à 17h en été).

MIRABEL

C'est ici le lieu de l'ancien aéroport international Mirabel. C'est aussi une municipalité à vocation plutôt agricole et le nouveau circuit agrotouristique « Le Chemin du Terroir » vous fera faire de belles découvertes gourmandes. Le secteur de Mirabel regroupe également la plus grande concentration de cabanes à sucre de la région des Laurentides. Les férus de floriculture opteront pour la Route des Gernes d'Angélica, alors que ceux en quête d'émotions fortes iront tester leurs aptitudes de conduite au complexe de sports motorisés ICAR.

■ PAINTBALL MIRABEL

17 650, rang Sainte-Marguerite
✆ +1 450 660 6635 / +1 800 551 5389
www.paintballmirabel.com
Les contacter pour votre réservation de groupe ou pour en trouver un déjà constitué auquel vous pourrez vous joindre. Nombreux forfaits disponibles. Événements spéciaux tout au long de l'année.

Cet immense site comprend une trentaine de terrains intérieurs et extérieurs. Une belle activité d'équipe où vous développerez vos réflexes, ruses, techniques et tactiques de jeu. Tout l'équipement et les munitions peuvent être achetés sur place. Sachez que si vous constituez un groupe d'au moins 20 personnes, vous pouvez réserver le site à tout moment, même en pleine nuit !

LE CŒUR DES LAURENTIDES

Les Pays-d'en-Haut

L'expression date de 1715. On la trouve dans un rapport conjoint du gouverneur intérimaire Ramezay et de l'intendant Bégon qui parlent des « pais d'en hault ». Et il est vrai que, pendant toute la durée du régime français, les régions en amont de la colonie recouvraient tout l'arrière-pays s'étendant au nord-ouest du Saint-Laurent et au sud-ouest, jusqu'aux Grands Lacs et même jusqu'aux Rocheuses et en Louisiane. Cette vaste étendue était sillonnée par les fameux coureurs des bois. Pendant un siècle, les Pays-d'en-Haut ont représenté l'immense étendue géographique qui échappait au régime seigneurial implanté partout sur les deux rives du Saint-Laurent. Le roi Louis XV utilisait couramment l'expression Pays-d'en-Haut. Cette notion géographique assez vague évoquait alors « la liberté, l'ambiguïté, le rêve d'expansion coloniale ». C'est au Québec, vers les années 1930, que Claude-Henri Grignon, l'auteur du roman *Un homme et son péché* et de la série télévisée *Les Belles Histoires des Pays-d'en-Haut*, fit entrer l'expression dans les foyers. Elle concerne à présent le seul secteur des Laurentides compris entre Saint-Jérôme et Labelle. Cette dénomination est utilisée pour parler du Cœur des Laurentides.

MILLE-ISLES

Mille-Isles, municipalité créée officiellement en 1855, fait partie de la municipalité régionale de comté (MRC) d'Argenteuil et compte environ 1 500 habitants sur une superficie de 60 km^2. La présence de nombreux cours d'eau et de plusieurs îles justifie d'abord l'appellation de la rivière, puis la dénomination de l'entité seigneuriale, le mot *île* étant orthographié anciennement *isle*, l'accent circonflexe servant de substitut au «s» disparu en français moderne.

Se loger

■ **FIDDLER LAKE RESORT**
1000, route 329 ✆ +1 514 447 2524
✆ +1 800 721 0371
www.fiddlerlakeresort.com
Consultez le site Internet pour connaître la gamme des tarifs selon le chalet choisi. Un nombre minimum de personnes est requis pour chacun des chalets. Services de la conciergerie : chef privé, traiteur, location d'auto, réduction pour le golf, etc. Différents forfaits affaires aussi disponibles (hébergement et réunion, hébergement et golf, service de chef privé et traiteur).
Situé à quelques minutes à peine des stations de Saint-Sauveur et Morin-Heights, ce superbe centre de villégiature vous propose l'hébergement dans de luxueux chalets, tous équipés en bois rond de type scandinave, le tout en bordure du lac Fiddler. Chaque unité comprend de trois à six chambres, un toit cathédral, une grande véranda grillagée, un poêle BBQ et au moins un foyer de bois naturel (certaines en ont même deux !). Question de vous détendre, la plupart des chalets ont un jacuzzi extérieur de six places. Les autres ne sont pas en reste, car ils bénéficient aussi d'un jacuzzi mais dans une véranda 3 saisons avec, en prime, un sauna privé à l'intérieur. Rien de moins. Gageons que vous ne voudrez plus quitter les lieux ! Sur place, vous retrouverez également deux terrains de tennis, deux piscines (intérieure et extérieure), une salle de jeux, des activités nautiques et des sentiers de randonnée. Un pied-à-terre des plus magnifiques !

SAINT-HIPPOLYTE

On accède à Saint-Hippolyte par la sortie 45 de l'autoroute 15 Nord. Cette destination nature et plein air est très fréquentée, surtout en saison estivale alors que près de 12 000 villégiateurs viennent profiter des activités et des paysages de la région. En hiver, c'est un excellent point de départ pour des randonnées en motoneige.

■ AUBERGE DU LAC MORENCY

42, rue de la Chaumine
✆ +1 450 563 5546
✆ +1 800 616 5546
www.lacmorency.com
Occupation double : à partir de 59 CAN $ par personne, petit déjeuner et accès à la piscine inclus. Nombreux forfaits disponibles en toutes saisons. Entreprise d'activités d'aventure sur place (Aventures Plein Air St-Hippolyte). Important : suite à un incendie, la piscine intérieure et la salle de musculation sont inaccessibles. Informez-vous pour connaître l'avancement des travaux.

L'Auberge du Lac Morency niche dans un site enchanteur au cœur des Laurentides, à moins d'une heure de Montréal. Ses 40 chambres partagent le même site que 86 condos qui sont disponibles à la location. Les piscines intérieure et extérieure, le sauna, le centre de santé et la salle de musculation, entre autres, sont très appréciés des clients. La salle à manger, qui offre une vue magnifique sur le lac, fait office de restaurant et propose une cuisine raffinée à base de produits du terroir, accompagnée d'une carte regroupant un choix de plus de 500 vins provenant de 14 pays. Ajout récent : vignoble de 2 500 vignes sur place. Enfin, le site invite à plusieurs activités, tant à l'intérieur qu'à l'extérieur, et ce, en toutes saisons.

■ AVENTURES PLEIN AIR ST-HIPPOLYTE

42, rue de la Chaumine ✆ +1 450 563 4443
✆ +1 877 563 4443
www.aventurespleinair.com
En opération à l'année. Tarifs selon l'activité, le circuit ou le raid choisi.

Cette jeune entreprise et son équipe de choc, dont le « camp de base » se trouve à l'Auberge du Lac Morency, proposent des activités, des forfaits et des séjours multi-activités à l'année. Lors de la belle saison, une multitude d'activités s'offrent à vous : partie de pêche, sports nautiques (wakeboard, kneeboard, ski nautique et tube), excursions en quad ou en jeep (centre de location de Jeep aussi sur place)...

Le plus long parc linéaire du Canada !

■ **LE P'TIT TRAIN DU NORD**
Entre Bois-des-Filion et Mont-Laurier (230 km) ✆ +1 450 224 7007
✆ +1 800 561 6673 – www.laurentides.com/parclineaire/
Carte détaillée dans le guide touristique de Tourisme Laurentides. Ouvert suivant les secteurs de mai à octobre et de décembre à avril. Droits d'accès pour le ski de fond et la motoneige. Praticable en vélo, en rollers (certains secteurs), en ski de fond, en motoneige et bien sûr à pied, suivant la saison.
Le sentier, tout en longueur sur 230 km, suit le tracé de l'ancien train du Nord. Celui-ci, en service de 1891 à 1981, permit le développement du tourisme et de l'industrie dans les Laurentides. Depuis, les gares ont été rénovées et transformées en points de services divers et variés proposés aux cyclistes, patineurs, skieurs de fond et motoneigistes. La traversée du parc linéaire du P'tit train du Nord dans son intégralité vous fera découvrir plusieurs municipalités, logées entre rivières, montagnes et lacs. Le plus petit itinéraire suggéré relie Val-David et Val-Morin sur 5 km. Plusieurs services sont proposés : il est possible de faire transporter son vélo de Montréal à Saint-Jérôme et Mont-Laurier avec arrêt aux gares selon la demande, de planifier son itinéraire sur plusieurs jours en réservant l'hébergement pour profiter pleinement du parcours, ou encore d'utiliser le service de transport de bagages d'auberge en auberge qui vous permettra de prendre la route à vélo sans avoir à emporter vos affaires avec vous (www.autobuslepetittraindunord.com). Inoubliable !

Certaines activités peuvent être guidées ou faites de manière autonome. Des tours de ville, notamment à Québec, sont organisés en toute saison. En hiver, lorsque la neige a recouvert la région de son épais manteau blanc, les sentiers pour motoneige et VTT n'attendent que vous. Si vous êtes novice en la matière, optez pour les randonnées d'initiation guidées. Sachez qu'il est possible de combiner ces randonnées à un repas à la cabane à sucre, une excursion en traîneau à chiens ou la pêche blanche (pêche sur glace) par exemple. Pour les initiés, vous pouvez louer la motoneige sans guide ou encore vous joindre à un des raids de deux jours et plus. Vous ne trouvez pas ce que vous cherchez ? Aventures Plein Air peut vous concocter un forfait sur mesure !

SAINT-SAUVEUR

À 21 km au nord-ouest de Saint-Jérôme, le village de Saint-Sauveur se niche dans une vallée. Il est l'avant-poste de la région des lieux de villégiature, le lieu de rencontre des skieurs en hiver (capitale du ski alpin nocturne, avec un grand nombre de pistes éclairées ; à visiter : le musée du Ski des Laurentides) et le plus animé des villages laurentiens. L'animation de la rue Principale séduit et bouillonne d'activités (festivals, théâtre et bars) la nuit tombée. Plusieurs galeries d'art et de jolies maisons d'époque attireront votre attention le long de vos promenades dans la rue Principale et la rue de la Gare.

Pratique

■ **BUREAU D'ACCUEIL DES PAYS-D'EN-HAUT**
605, chemin des Frênes
Secteur Piedmont
✆ +1 450 227 3417
✆ +1 800 898 2127
www.lespaysdenhaut.com
Ouvert tous les jours à l'année de 9h à 17h (8h30 à 19h en été).

■ **BUREAU TOURISTIQUE SAISONNIER DE SAINT-SAUVEUR**
228, rue Principale
✆ +1 450 227 2564 / +1 877 528 2553
Ouvert de mi-juin à septembre.

■ **VALLÉE SAINT-SAUVEUR**
Chambre de commerce et de tourisme
30 rue Filion
✆ +1 450 227 2564 / +1 877 528 2553
www.valleesaintsauveur.com
Le site Internet de la chambre de commerce de Saint-Sauveur vous permet en quelques clics de planifier votre séjour dans la région. Hébergement, restaurants, attraits et activités, shopping, événements, services pratiques, actualités... tout y est ! Un guide touristique est également produit chaque année et il est possible de télécharger la version électronique directement sur le site web.

Se loger

■ HÔTEL MANOIR SAINT-SAUVEUR

246, chemin du Lac-Millette
✆ +1 450 227 1811
✆ +1 800 361 0505
www.manoir-saint-sauveur.com

Occupation simple ou double : à partir de 139 CAN $. Ensemble de 250 chambres, suites et condos. Forfaits disponibles. Restaurant L'Ambiance certifié « Table aux saveurs du terroir », carte des vins certifiée « SAQ carte d'Or ».

Cet hôtel de villégiature invite à la détente dans un cadre des plus élégants et luxueux. Boiseries, décor d'antan et raffinement. Nombreux services sur place : table gastronomique, bar-lounge, resto-terrasse, piscines intérieure et extérieure, bain vapeur, sauna finlandais, Jacuzzi, salle d'exercices, terrain multisports (tennis, soccer, volleyball, hockey cosom), centre de santé Spa... Tout est réuni pour un séjour des plus mémorables !

■ HÔTEL SAINT-SAUVEUR

500, chemin des Frênes
Secteur Piedmont
✆ +1 450 227 1800
✆ +1 855 297 1800
www.hotelstsauveur.ca

Hébergement en loft, studio, suite et suite supérieure (tarifs sur demande). Forfaits disponibles.

Cet hôtel, anciennement connu sous le nom Loftboutiques, est une destination vacances par excellence, à quelques pas seulement de la station de ski. Ses lofts, studios et suites sont décorés avec goût et ont tous un foyer et la climatisation. Le tout est pratique et fonctionnel. Les studios et suites ont en plus une cuisine entièrement équipée. Une excellente adresse pour ceux qui prévoient de passer quelques jours dans la région !

■ RELAIS SAINT-DENIS

61, avenue Saint-Denis
✆ +1 450 227 4766
✆ +1 888 997 4766
www.relaisstdenis.com

Occupation double : à partir de 119 CAN $. Forfaits disponibles. Restaurant de cuisine française « Le Cabaret Saint-Sauveur » sur place (brunch le dimanche).

Cet hôtel entièrement rénové offre de magnifiques suites spacieuses et très confortables. Elles sont toutes équipées d'un foyer au bois, d'un coin salon et dînette, d'un bain thérapeutique double et d'une cabine de douche en verre. Le Relais Saint-Denis est un haut lieu de la relaxation. Déjà équipé d'un centre de santé très agréable (massothérapie), il dispose aussi d'une piscine extérieure chauffée à l'année, d'un grand Jacuzzi et d'un bain vapeur, le tout avec vue sur la grande pinède.

Se restaurer

Vous découvrirez plusieurs restaurants sympathiques sur les rues Principale et de la Gare.

■ BISTRO SAINT-SAUVEUR

146, rue Principale
✆ +1 450 227 1144
www.bistrostsauveur.com
Ouvert tous les soirs à l'exception du lundi. Table d'hôte : moins de 30 CAN $. Menu à la carte aussi disponible. Apportez votre vin.
Ce charmant restaurant vous accueille dans un décor typique de bistro français. Au menu, fruits de mer et poissons, pâtes, gibier et grillades, le tout dans une ambiance décontractée. Le restaurant possède également une belle terrasse.

■ CABANE À SUCRE ARTHUR RAYMOND

444, chemin Avila
Secteur Piedmont
✆ +1 450 224 2569
www.cabanearthurraymond.com
Ouvert de fin février/début mars à fin avril, tous les jours de 11h à 20h (dès 10h le dimanche). Adulte : 16,50-19 CAN $, 6-12 ans : 9-11,50 CAN $, moins de 6 ans : 5 CAN $.
La cabane à sucre Arthur Raymond est située en plein bois, sur la colline. Repas avec animation, musique folklorique, vente de produits tirés de l'érable, sentiers pédestres. Mets à emporter aussi disponibles.

■ CRÊPERIE À LA GOURMANDISE BRETONNE

396, rue Principale ✆ +1 450 227 5434
www.creperiesaintsauveur.com
Lundi-samedi, 11h30-21h ; dimanche, 10h-21h. Fermeture annuelle de 10 jours en avril.
Située en plein cœur du vieux village, avec son immense terrasse couverte, cette magnifique maison vous accueille dans un décor chaleureux qui fleure bon la Bretagne. Au menu, une très vaste sélection de crêpes au froment ou au sarrasin, la spécialité, garnies de sucré ou de salé ainsi que des raclettes, des fondues au fromage ou chinoises... Vous risquez fort de mettre un certain temps à vous décider tellement vous voudrez goûter à tout !

■ RESTAURANT LE MARABOU

358, rue Principale ✆ +1 450 744 1210
✆ +1 450 694 1207 – www.lemarabou.com
Ouvert tous les jours dès 17h. Plats principaux : 19-60 CAN $. Menu de sushis à emporter. Belle carte des vins.
Ce dernier-né de la gastronomie et du chic urbain à Saint-Sauveur fait déjà beaucoup jaser depuis son ouverture en juin 2009. Une cuisine créative aux accents internationaux avec à la barre le réputé chef Olivier Vigneault. Que ce soit pour un verre en terrasse entre amis ou un succulent repas, cette adresse est un must lors de votre passage dans « l'Nord » !

Sortir

■ LE LOUNGE PUB AUTHENTIQUE

193, rue de la Gare ✆ +1 450 227 0166
www.publelounge.com
Ouvert tous les jours.
Le Lounge est un bar-terrasse très populaire dans la vallée de Saint-Sauveur. L'endroit idéal pour un 5 à 7 (happy hour) ! Belle sélection de cocktails et de bières importées. Groupes de musique live les mercredis et samedis.

■ THÉÂTRE D'ÉTÉ DE SAINT-SAUVEUR

22, rue Claude
✆ +1 450 227 8466 / +1 514 990 4343
www.theatrestsauveur.com
Ouvert de début juin à début septembre. Représentations : mercredi-samedi : 20h30. L'horaire peut être restreint en début et fin de saison. Billets : 40 CAN $. Forfaits disponibles.
Depuis les années 1970, ce théâtre d'été présente des pièces originales et souvent hilarantes. Récipiendaire de plusieurs prix, il mérite le détour. Attendez-vous à une soirée des plus agréables ! Salle à manger sur place (forfait souper-théâtre).

Sports – Détente – Loisirs

■ GLISSADES DES PAYS D'EN HAUT

440, chemin Avila
Secteur Piedmont
✆ +1 450 224 4014 / +1 800 668 7951
www.glissades.ca
Ouvert de décembre à mi-mars. Lundi-jeudi : 9h-17h ; vendredi-samedi : 9h-22h ; dimanche : 9h-20h. Horaire spécial pendant la période des Fêtes et la semaine de relâche. Tarifs variables selon la durée de la visite et le forfait choisi (tubes seulement, tubes et rafting).
Les glissades (toboggans) des Pays-d'en-Haut offrent 51 pistes de glissades et rafting des neiges sur deux versants, 16 km de descente, 11 000 remontées mécaniques à l'heure, 1 télésiège et 1 téléarafting. Services sur place : chalet spacieux avec foyer, restauration, casiers de rangement (payant).

■ MONTAGNE RUSSE ALPINE LE VIKING

Au Mont Saint-Sauveur
350, avenue Saint-Denis
✆ +1 450 227 4671 / +1 514 871 0101
www.montsaintsauveur.com

Ouvert d'avril à début octobre dès 11h (heure de fermeture variable selon la saison). Billet : 10 CAN $. Tarif régressif selon le nombre de billets achetés. Interdit aux moins de 3 ans. Les enfants de 3 à 8 ans doivent faire la descente avec un adulte.

La montagne russe alpine est une attraction hybride mélangeant montagnes russes et luge d'été en milieu montagnard. Ces tobbogans individuels, pouvant accueillir deux personnes, suivent un circuit incliné sur rails et les utilisateurs ont le plein contrôle sur la vitesse de descente. Grâce à ce système de rails, le tobbogan ne peut pas dérailler et la vitesse est légèrement plus élevée que sur une luge d'été. Imaginez-vous maintenant faire cette descente en forêt sur environ 1,1 km avec une vitesse moyenne maximale de 35 km/h... L'idée vous plaît ? Rendez-vous alors à la station Saint-Sauveur pour de belles sensations et surtout, beaucoup de plaisir ! Gageons que vous ne vous arrêterez pas qu'à une seule descente...

■ PARC AQUATIQUE DU MONT-SAINT-SAUVEUR

Au Mont Saint-Sauveur
350, avenue Saint-Denis
✆ +1 450 227 4671
✆ +1 514 871 0101
www.parcaquatique.com

Juin à septembre : lundi-dimanche, 10h-17h (jusqu'à 19h de fin juin à mi-août). Droits d'entrée et forfaits disponibles. Autres activités sur place : Montagne russe le Viking, Dragon (tyrolienne en siège double) et petits manèges – voir site Internet pour les horaires et tarifs de ces activités.

En été, les pistes de ski laissent la place aux activités aquatiques. Les enfants et les adultes apprécieront les glissades d'eau (toboggans). Piscines à vagues et circuits d'eau en tous genres dans la montagne. Piscine-spa. Animations pour enfants. Bar-terrasse, restaurants et tables de pique-nique. Boutique de maillots de bain, t-shirts, lunettes de soleil, etc.

■ STATION DE SKI MONT SAINT-SAUVEUR

350, avenue Saint-Denis
✆ +1 450 227 4671 / +1 514 871 0101
www.montsaintsauveur.com

Lundi-jeudi : 9h-22h ; vendredi : 9h-22h30 ; samedi : 8h30-22h30 ; dimanche : 8h30-22h. Horaire spécial pendant la période des Fêtes. Tarifs pour bloc de 4 heures, la journée et la soirée.

38 pistes, 213 m de dénivellation, ski de soirée (27 pistes éclairées), 8 remontées mécaniques, snowpark. Achat, location et réparation d'équipement de glisse. Bars, restaurants.

Shopping

Le Québec vit à l'heure des *Factory Outlets*, ce concept américain de boutiques-entrepôts de grandes marques à prix réduits. Vous trouverez les « factoreries » à l'entrée du village de Saint-Sauveur. Les produits (vêtements, chaussures, accessoires, cosmétiques, etc.) sont en principe moins chers mais moins variés que dans les commerces de la grande ville (les Cantons-de-l'Est et la région de Québec ont aussi leurs « factoreries »).

■ CHEZ BERNARD

407, rue Principale
Suite 101 ✆ +1 450 240 0000
www.chezbernard.com

Lundi-jeudi, 10h-18h ; vendredi, 10h-20h ; samedi, 9h-18h ; dimanche : 10h-17h.

Fondée en 2001 par Bernard Minguy, cette épicerie-traiteur vous mettra l'eau à la bouche ! Produits du terroir d'ici et d'ailleurs, fromages fins québécois, pains frais, plats cuisinés et produits maison, foie gras, charcuteries, huiles et vinaigres, desserts maison... La liste est longue ! D'ailleurs, sachez que les produits maisons sont disponibles partout en province (confit d'oignons, confit de figues, confit de poivrons, gelée de cidre de glace). Services de traiteur offerts : chef à domicile pour un repas entre amis, BBQ avec service clé en main (chapiteaux, tables, chaises, vaisselle, musique et repas avec service), cocktail dînatoire, boîtes à lunch et paniers cadeaux corporatifs.

L'OUEST

MORIN-HEIGHTS

Localité anglophone typique des Laurentides, Morin-Heights était déjà célèbre grâce à son studio d'enregistrement de réputation internationale (le défunt Studio Perry a accueilli, entre autres, les Rolling Stones, David Bowie et Cat Stevens qui y atterrissaient en hélicoptère). C'est un haut lieu du plein air grâce aux nombreuses activités offertes en toutes saisons (golf, équitation, vélo, ski alpin et de fond, etc.). Ce petit village pittoresque a encore son magasin général, le Marché Vaillancourt, situé sur la rue du Village. Vous y trouverez une large sélection de produits du terroir et de bières de microbrasserie, des charcuteries et pizzas faites maison... Bref, tout ce dont vous aurez besoin pour un pique-nique !

■ AUBERGE-RESTAURANT LE CLOS-JOLI
19, chemin Clos Joli
✆ +1 450 226 5401
✆ +1 866 511 9999
www.aubergeclosjoli.net
Occupation double : à partir de 100 CAN $, petit déjeuner inclus. 9 chambres avec salle de bain privée. Forfaits disponibles. Internet sans fil. Terrain de badminton, jeu de fer, piscine creusée extérieure.
Cette belle maison, toute de blanc vêtue, sise en pleine nature dans la belle région des Pays d'en Haut. Ses chambres arborent chacune un style différent et le confort est ici au rendez-vous. En plus de l'hébergement, les gourmands seront choyés avec une table proposant de savoureuses tables d'hôte 5 services et petits déjeuners aux accents du terroir. Vous pourrez déguster le tout dans la salle à manger avec foyer ou dans la petite verrière intime de 14 places. Pour la détente, piscine et badminton s'offrent à vous sur place et lors des jours plus gris, faites un brin de lecture ou prenez l'apéro dans l'un des confortables salons. Une très belle adresse !

■ STATION DE SKI MORIN HEIGHTS
231, rue Bennett
✆ +1 450 227 2020
✆ +1 514 871 0101
www.skimorinheights.com
Lundi-jeudi : 9h-16h ; vendredi : 9h-22h ; samedi : 8h30-22h ; dimanche : 8h30-17h. Horaire spécial pendant la période des Fêtes et la relâche scolaire. Tarifs pour bloc de 4 heures, la journée et la soirée.
24 pistes, 200 m de dénivellation, ski de soirée (15 pistes éclairées), 6 remontées mécaniques. Location et réparation d'équipement de glisse. Bars, restaurants, garderie.

SAINTE-ADÈLE

Située sur la montagne, plus au nord sur l'autoroute des Laurentides, Sainte-Adèle s'étale au pied d'un lac, en haut de la côte Morin. Ici est né Claude-Henri Grignon, à la fois écrivain, polémiste et journaliste, dont le roman *Un homme et son péché* a fait l'objet d'une série TV diffusée pendant un nombre record d'années. La ville abrite également l'un des complexes hôteliers les plus réputés au cœur des Laurentides : l'hôtel Le Chantecler. Ce complexe bénéficie d'un domaine skiable, Ski Chantecler.

Pratique

■ BUREAU D'ACCUEIL DES PAYS-D'EN-HAUT
1490, rue Saint-Joseph
✆ +1 450 229 3729
www.lespaysdenhaut.com
Ouvert tous les jours à l'année de 9h à 17h (8h30-19h en été).

Se loger

Confort ou charme

■ AUBERGE & SPA BEAUX RÊVES
2310, boulevard Sainte-Adèle
✆ +1 450 229 9226 / +1 800 279 7679
www.beauxreves.com
Occupation double : à partir de 109 CAN $, petit déjeuner inclus. Nombreux forfaits disponibles. Centre de santé Spa, Jacuzzi extérieurs, bain vapeur, sauna sec finlandais, ainsi qu'une multitude d'activités disponibles sur demande.
L'auberge est l'endroit idéal pour se relaxer en pleine nature. Ses chambres, en plus d'être douillettes à souhait et extrêmement confortables, offrent toutes une vue apaisante sur la rivière aux Mulets (sauf la chambre au grenier). Vous profiterez aussi des deux Jacuzzi extérieurs, des soins esthétiques, des massages et d'une table conviviale proposant un succulent et copieux petit déjeuner. Pour les autres repas, l'équipe de l'auberge se fera un plaisir de vous conseiller une bonne table dans les environs.

■ B&B À L'ORÉE DU BOIS
4400, rue des Engoulevents
✆ +1 450 229 5455 – www.aloreedubois.com
Occupation double : à partir de 114 CAN $, petit déjeuner gourmet inclus. 4 chambres et une suite. Forfaits disponibles. Terrasse avec vue sur la rivière et la forêt, jardins.
L'Orée du Bois vous accueille chaleureusement dans un environnement en pleine nature, à 5 min du village de Sainte-Adèle. Décor rustique

et raffiné, chambres spacieuses et joliment décorées. Sur la propriété, magnifiques plans d'eaux (cascades et piscine naturelle) où les activités de baignade et canoë peuvent être pratiquées (embarcation à disposition). En hiver, vous pouvez chausser raquettes et skis de fond directement depuis l'auberge.

■ GÎTE – B&B CAFÉ Ô LIT

1375, rue du Mont-Hibou ✆ +1 450 229 4068
✆ +1 514 805 4192 – www.cafeolit.com

Occupation double : à partir de 110 CAN $, petit déjeuner inclus. 4 chambres dont 2 avec salle de bain partagée. Nombreux forfaits disponibles. Deux terrasses extérieures, grand jardin, Spa naturel, salon avec foyer d'ambiance.

Marie-André et Priscilla vous accueillent les bras ouverts dans leur magnifique gîte champêtre. Tout est mis en œuvre ici pour un séjour relaxant et des plus douillets. Les quatre chambres, toutes coquettes et très bien équipées, portent le nom d'un café : cappuccino, espresso, café au lait et allongé. Après une nuit des plus reposantes, un petit déjeuner gourmand vous est servi. Vous pouvez le prendre directement à la chambre, dans la salle à manger ou sur une des terrasses lors de la belle saison. Pour vous divertir, vous pouvez flâner dans le jardin, faire une sieste dans un hamac, faire un brin de lecture au salon ou alors partir à la découverte des environs. Bref, une belle adresse pour un séjour merveilleux.

■ HÔTEL MONT GABRIEL

1699, chemin du Mont Gabriel
✆ +1 450 229 3547 / +1 800 668 5253
www.montgabriel.com

Occupation double : à partir de 109 CAN $. Forfaits disponibles. Hébergement en chambres, suites, chalets ou condos.

L'Hôtel Mont Gabriel fut construit au sommet du mont Gabriel en 1936 dans un cadre enchanteur. Décor chaleureux en bois rond et fer forgé. Chambres spacieuses, confortables et équipées. Fine cuisine, bar avec table de billard, casse-croûte extérieur en bordure de la piscine, centre de santé Spa, piscines intérieure et extérieure, Jacuzzi intérieur, sauna, salle d'exercices. Accès direct aux pistes de ski alpin, randonnée pédestre, golf, tennis ; à proximité de la plage du lac Rond (accès gratuit pour les clients), des pistes de motoneige, raquettes, ski de fond et traîneau à chiens.

Luxe

■ L'EAU À LA BOUCHE HÔTEL RESTAURANT & SPA H20

3003, boulevard Sainte-Adèle
✆ +1 450 229 2991
www.leaualabouche.com

Occupation double : à partir de 170 CAN $, petit déjeuner inclus. Forfaits disponibles. Centre de santé Spa, bains scandinaves, café-bistro.

Reconnu pour son restaurant gastronomique, L'Eau à la Bouche (voir rubrique «Se restaurer»), ce bel établissement met à la disposition de sa clientèle des chambres et suites d'une grande qualité, ainsi qu'un centre de santé Spa de premier ordre membre du réseau Spas Relais Santé.

Se restaurer

Quelques petits restaurants sympathiques sur la rue Valiquette (parallèle à la 117, à l'ouest) et la rue Morin offrent surtout l'avantage d'être beaucoup moins chers que les restaurants gastronomiques.

■ L'EAU À LA BOUCHE

À l'Hôtel Spa H20
3003, boulevard Sainte-Adèle
✆ +1 450 229 2991
www.leaualabouche.com

Ouvert tous les jours dès 18h. Plats principaux à la carte : à partir de 30 CAN $. Menu découverte : 160 CAN $ avec l'accord mets-vins. Superbe carte des vins.

Élégant restaurant situé dans un cadre exceptionnel, il offre une cuisine reflétant bien la nordicité et le terroir du pays, invitant ainsi à la gourmandise et à la découverte. Sous la gouverne de la réputée chef Anne Desjardins, ce restaurant gastronomique est réputé pour être l'une des meilleures tables de la province.

Sortir

■ BOURBON STREET CLUB

195, boulevard Sainte-Adèle
✆ +1 450 229 2905
www.bourbonstreetclub.com
Ouvert vendredi et lundi : 22h-3h. Ouvert d'autres soirs selon la programmation d'événements.
Le Bourbon Street Club est le bar-discothèque le plus renommé dans les environs. De nombreux citadins fréquentent le Bourbon car l'établissement est « in » avec une ambiance folle et jeune. La programmation musicale est variée et chaque soirée a son thème : lundi *Staff night*, vendredi *I love Friday*. Spectacles live, énorme terrasse et salon VIP.

■ THÉÂTRE D'ÉTÉ DE SAINTE-ADÈLE

1069, boulevard Sainte-Adèle
✆ +1 450 227 1389 / +1 514 990 7272
www.theatrestsauveur.com
Ouvert de début juin à début septembre. Représentations : mercredi-samedi, 20h30. L'horaire peut être restreint en début et fin de saison. Billets : 40 CAN $. Forfaits disponibles.
Situé dans l'ancienne chapelle entièrement rénovée du village, la vocation artistique des lieux s'amorça dans les années 1950 avec une pièce de Claude-Henri Grignon. Ce fut alors le début d'une belle aventure qui en fit un des premiers théâtres d'été de la province. Chaque saison estivale vous présente un petit bijou dans le but avoué de vous faire passer une excellente soirée. Salle à manger sur place (forfait souper-théâtre).

Sports – Détente – Loisirs

■ CENTRE DE PÊCHE MARTIN LE PÊCHEUR

265, avenue de la Canadienne
✆ +1 450 229 7020
www.pechealatruite.com
En opération à l'année (voir site Internet pour les dates en fonction des activités). Tarifs selon l'activité ou le forfait choisi.
Dans un site sauvage et magnifique, l'étang de pêche à la truite du centre de pêche Martin le Pêcheur met à votre disposition différents bassins qui permettent aux débutants, aux experts, adultes comme enfants, de pratiquer dans de bonnes conditions. Vous pouvez pêcher la truite mouchetée (omble de fontaine), la truite arc-en-ciel et la grosse truite arc-en-ciel dans trois étangs. Vous dégusterez votre poisson sur des aires de pique-nique aménagées dans le respect de l'environnement. En hiver, Martin le Pêcheur vous accueille pour pêcher sous la glace (pêche blanche). Matériel, appâts, éviscération et glace fournis sur place. Autres activités offertes : balade en quad, excursion en motoneige, traîneau à chiens, forfait hiver multi-activités.

■ STATION DE SKI MONT GABRIEL

1501, chemin du Mont Gabriel
✆ +1 450 227 1100
www.skimontgabriel.com
Lundi-jeudi : 9h-16h ; vendredi : 9h-22h ; samedi : 8h30-22h ; dimanche : 8h30-17h. Horaire spécial pendant la période des fêtes et la relâche scolaire. Tarifs pour bloc de 4 heures, la journée et la soirée.
18 pistes, 200 m de dénivellation, ski de soirée (9 pistes éclairées), 5 remontées mécaniques, snowpark. Achat, location et réparation d'équipement de glisse. Bars, restaurants.

ESTÉREL

C'est en 1957 que débute le rêve de deux hommes d'affaires pour l'Estérel dans le but d'en faire une « ville de vacances », une ville modèle. En 1959, la ville est créée et Fridolin Simard en devient le premier Maire. L'Estérel, située autour des lacs Masson, du Nord, Dupuis, Grenier et Castor, est fort réputée pour son centre de villégiature qui a subi, au cours des dernières années, une véritable cure de jouvence.

Se loger

■ **ESTÉREL SUITES, SPA & LAC**
39, boulevard Fridolin-Simard
✆ +1 450 228 2571
✆ +1 888 378 3735
www.esterel.com
Occupation double : à partir de 164 CAN $ par personne, repas du soir (sélection de trois restaurants), petit-déjeuner et pourboires pour les repas inclus. Autres forfaits disponibles. Trois restaurants (possibilité de manger à la table du chef), centre de santé-beauté Amerispa, terrain de golf 18-trous, tennis, lac avec plage, club nautique avec location d'embarcations, location de vélo, sentiers de randonnée, ski de fond et raquette, patinoire.
Emblème de villégiature depuis des décennies, l'Estérel a réouvert en grandes pompes en novembre 2010. En effet, un projet de transformation majeure est en cours et s'étale sur cinq phases en cinq ans, avec un investissement de 150 millions de dollars. Les nouvelles suites, toutes équipées d'un foyer et d'une cuisinette, sont magnifiques et dotées de toutes les commodités nécessaires à votre séjour. Et que dire des luxueuses suites exécutives qui ont chacune leur cachet, sans compter leurs commodités et installations haut de gamme ! Côté repas, la salle à manger propose une fine cuisine, le ROK se spécialise dans la cuisson de grillades sur pierre vive, et le 260° est un bistro bar des plus tendances. Il ne reste après qu'à profiter des activités pour se détendre un peu ou, encore, déguster un excellent vin parmi les meilleures appellations. Nouveautés prévues en 2013 : hôtel-boutique situé à côté d'Estérel avec 105 suites ultramodernes, spa nordique quatre saisons (piscine panoramique, bains à remous, saunas sec et vapeur, plage), centre de congrès.

VAL-DAVID

Paisible et pittoresque, ce village abrite un regroupement d'artistes et d'artisans de la région dont le plus célèbre est probablement M. Bernard Chaudron. Dans son atelier, situé sur le chemin de l'Île, vous pourrez choisir entre des poteries d'étain sans plomb faites à la main et des pièces de métal : argent, étain, cuivre. Val-David est le théâtre de nombreuses activités culturelles. Prenez également le temps de faire un arrêt à son marché agroalimentaire sur la rue de l'Académie (face à l'église). En opération tous les samedis de 9h à 13h de juin à début octobre.

Pratique

■ BUREAU TOURISTIQUE DE VAL-DAVID

La petite gare
2525, rue de l'Eglise
✆ +1 888 322 7030
www.valdavid.com
tourisme@valdavid.com
Horaires d'été (mi-mai à mi-octobre) : ouvert tous les jours de 9h à 17h. Horaires d'hiver (mi-décembre à mi-mars) : ouvert tous les jours de 9h à 17h. En dehors des périodes ci-dessus, horaires variables. Nous vous suggérons d'appeler avant de vous déplacer.

Se loger

Locations

■ CHALETS CHANTECLAIR

2325, route 117
✆ +1 819 326 5922
✆ +1 888 880 8848
www.chalets.ca
Prix variant selon le type de chalet, le nombre de nuits réservées, la saison, le nombre de personnes, etc. Plusieurs promotions proposées régulièrement : par exemple 3 nuits pour le prix de 2. Forfaits disponibles.
Le charme des grands espaces du Québec combiné à la belle architecture d'un chalet suisse, c'est ça qui fait la qualité des chalets Chanteclair ! Certains chalets sont dans la montagne alors que d'autres ont une belle vue sur le lac à la Truite. D'ailleurs, vous pourrez profiter pleinement de ce plan d'eau grâce à sa plage privée et aux pédalos, canots et kayaks en location sur place. Également sur le site : piscine extérieure chauffée, court de tennis, centre de pratique de golf et minigolf. Des soins de santé sont également offerts tel le massage aux pierres chaudes ou l'enveloppement à l'argile. En ce qui concerne les chalets, ils vont du studio au modèle 3 chambres. Certains ont un Jacuzzi, barbecue, cheminée, sauna. Un chalet familial dispose même d'une piscine privée !

Confort ou charme

■ AUBERGE DU VIEUX FOYER

3167, 1er Rang Doncaster
✆ +1 819 322 2686
✆ +1 800 567 8327
www.aubergeduvieuxfoyer.com
Occupation double : à partir de 89 CAN $ par personne (incluant la table d'hôte du soir et le petit déjeuner). Forfaits disponibles. Hébergement en chambres, chalets ou studios.
L'Auberge du Vieux Foyer saura vous charmer avec son site enchanteur et son décor chaleureux avec boiseries. Services sur place : cuisine raffinée avec belle carte des vins (brunch le dimanche), centre de santé Spa, terrasse, piscine chauffée extérieure, grand Spa à l'eau salée, sauna, bain nordique. Activités : pédalo, canot, terrains de jeux, vélo de montagne, accès aux pistes de ski de fond et de raquettes, patinoire, etc. Plusieurs animations ponctuent les saisons.

■ AUBERGE LE CREUX DU VENT

1430, rue de l'Académie
✆ +1 819 322 2280
✆ +1 888 522 2280
www.lecreuxduvent.com
Occupation double : à partir de 99 CAN $ en basse saison et de 109 CAN $ en haute saison, petit déjeuner inclus. Six chambres, une suite avec bain à remous et un chalet. Forfaits disponibles. Menu à la carte, table d'hôte et table d'hôte gastronomique offerts. Table aux saveurs du terroir certifiée.

Une adresse tout à fait délicieuse pour quiconque aime le confort douillet, la sérénité et la gastronomie. Des chambres confortables, portant le nom des vents du monde, et décorées dans le style des pays où ils soufflent. Une véritable petite oasis de paix en nature ! Il est également possible d'y faire un arrêt pour le repas, car il s'agit de l'une des bonnes tables de la région (table d'hôte du soir à partir de 29,50 CAN$ et menu à la carte aussi disponible, ouvert le midi pour les groupes de 10 personnes et plus sur réservation – consultez le site Internet pour connaître les horaires). Autres services offerts : ateliers gastronomiques, service traiteur, massage à la chambre, accès à une plage privée (à 1,6 km, service de navettes sur demande) et au Parc linéaire Le P'tit Train du Nord.

■ **DOMAINE DES MERVEILLES**
3914, 2e Rang Doncaster
© +1 819 322 7613
www.domainedesmerveilles.com
Occupation double : à partir de 137 CAN $, petit déjeuner inclus. Forfaits disponibles. Piscine intérieure, Jacuzzi extérieur, accès au lac. Sur demande : service de massage dans la chambre, balade en traîneau à chiens.
Situé en pleine nature, à quelque 10 min de route du cœur du village de Val-David, ce magnifique gîte en bois rond est l'adresse tout indiquée pour ceux en quête de calme et de sérénité. Les deux chambres et la suite sont douillettes à souhait et vous procureront tout le repos nécessaire après une longue journée d'activités. Sachez que sur réservation, il est possible de prendre le repas du soir sur place (fine cuisine française). Une belle adresse en retrait du brouhaha des touristes !

Se restaurer

■ **AU PETIT POUCET**
1030, route 117
© +1 819 322 2246
© +1 888 334 2246
www.aupetitpoucet.com
Salle à manger et comptoir de charcuterie : lundi-dimanche : 6h30-16h. Emballages cadeaux offerts.
Ce grand classique de la cuisine québécoise a rouvert ses portes en 2008, et le bâtiment entièrement revu a su garder son cachet rustique. Au centre, un énorme foyer de bois trône et nous réchauffe pendant la saison froide. À goûter : l'incontournable jambon fumé au bois d'érable et les petits déjeuners très copieux. Comme vous risquez fort d'en vouloir plus, faites un tour au comptoir de vente où tourtière, jambon fumé au bois d'érable, tarte au sirop d'érable, cretons, sucre à la crème et autres gourmandises « bien de chez nous » vous attendent.

L'OUEST

■ **BOULANGERIE LA VAGABONDE**
1262, chemin de la Rivière
✆ +1 819 322 3953
www.boulangerielavagabonde.com
Ouvert tous les jours de 8h à 18h. Café-terrasse. Vente de produits sur place (prêt-à-manger, café en vrac, thé en feuille, miel, etc.). Produits biologiques certifiés Québec Vrai.
Geneviève et Patrice, les heureux propriétaires, sans oublier l'artiste boulanger, Francis, vous font partager leur amour du pain artisanal. Pains choco-canneberge, aramé et sarrasin, noix de Grenoble, abricots, olives et romarin, fougasses, brioches, croissants, amandines au chocolat... Ça ouvre l'appétit ! Le midi, une variété de menus santé (sandwichs, salades...) accompagnera volontiers votre café ou thé bio équitable. Une halte gourmande et relaxante !

■ **LES ZÈBRES**
2347, rue de l'Église
✆ +1 819 322 3196
www.resto-zebres.com
Jeudi-dimanche, dès 17h. Plats principaux : à partir de 20 CAN $, menu 4 services : 55 CAN $. Menu tapas et plats pour emporter aussi disponibles.
Situé sur la rue principale du village, ce restaurant éco responsable se démarque de ses confrères : d'abord, par sa décoration épurée très contemporaine, où le beige se mélange délicatement au brun ; ensuite, par la philosophie de l'équipe, toujours ouverte à l'inventivité culinaire. Ici on aime les bonnes choses et on vous le prouve avec des menus originaux constamment renouvelés, aux saveurs délicates et aux portions généreuses. Une très bonne table à découvrir, dotée d'une belle terrasse.

Sortir

■ **LE BARIL ROULANT / COOP DE TRAVAIL LA COOPPIDUM**
2434, rue de l'Église
✆ +1 819 320 0069
www.barilroulant.ca
Lundi-dimanche, 11h-3h. Horaire réduit hors saison mais ouvert tous les jours. Programmation culturelle et musicale à l'année. Terrasse.
Fondé sous la forme d'une coopérative de travail, englobant une brasserie artisanale et un bistro, le Baril Roulant a ouvert ses portes à la mi-juin 2012. La brasserie possède une vingtaine de lignes de fûts où sont également invitées des microbrasseries québécoises. Côté boustifaille, les produits laurentiens et du reste de la province sont à l'honneur : assiettes de fromages québécois, hot-dog aux maquereaux fumés et crevettes, burger de bison avec sauce BBQ maison et bière Double Porter, tapas, etc. La cuisine, qui vient de démarrer en juillet 2012, offrira un menu bonifié sous peu. Au niveau culturel, les lieux accueillent toutes sortes d'événements allant des spectacles musicaux aux expositions d'art visuel, en passant par l'impro et les soirées de contes et poésie. Une nouvelle brasserie à mettre impérativement à votre carnet d'adresses !

À voir – À faire

■ **CENTRE D'EXPOSITION DE VAL-DAVID**
2495, rue de l'Église
✆ +1 819 322 7474
www.culture.val-david.qc.ca
Du 24 juin à la fête du Travail : lundi-dimanche : 11h-17h. Le reste de l'année : mercredi-dimanche : 11h-17h. Entrée libre. Visite commentée sur demande.
Ce centre d'exposition est un centre culturel où organismes, artistes et artisans multidisciplinaires présentent des projets éducatifs, culturels et artistiques. Expositions, rencontres avec les artistes dans leur atelier, servant aussi de galerie d'art.

■ **LES JARDINS DU PRÉCAMBRIEN DE LA FONDATION DEROUIN**
1301, Montée Gagnon
✆ +1 819 322 7167
✆ +1 877 858 1222
www.jardinsduprecambrien.com
Mi-juillet à début septembre : lundi-dimanche, 10h-17h. Début septembre à mi-octobre : les week-ends seulement. Adulte : 12 CAN $, aîné : 10 CAN $, étudiant : 8 CAN $, 6-17 ans : 5 CAN $, famille : 25 CAN $.
Très connue pour ses sentiers qui nous dévoilent les œuvres intégrées à la nature de nombreux artistes, la fondation créée en 1995 est également le lieu de résidence et de travail de l'artiste René Derouin. À l'été 2008, le site a fait peau neuve avec l'ajout de 2 km de sentiers, 5 nouvelles agoras dédiées aux rencontres entre visiteurs et artistes, et un réaménagement des sites de création. Chaque année (sauf rares exceptions) se tient un symposium international. En 2009-10, par exemple, il avait pour thème « Chemins et

tracés » en référence aux parcours formels que les artistes créent dans leurs œuvres, ainsi que leurs voyages, réels ou imaginaires.

SAINTE-AGATHE-DES-MONTS

Sainte-Agathe-des-Monts est la seule ville des Laurentides où des plages de sable côtoient des bâtiments d'une grande richesse patrimoniale et historique. En effet, le lac des Sables, qui possède une plage magnifique, constitue la principale destination pour une croisière guidée. L'été, vous vous y baignerez et ferez de la voile et l'hiver de la motoneige. Bonnes tables et petites auberges dans les principales rues de l'agglomération.

Pratique

■ **BUREAU TOURISTIQUE DE SAINTE-AGATHE-DES-MONTS**
24, rue Saint-Paul Est
✆ +1 819 326 0457
✆ +1 888 326 0457
www.sainte-agathe.org
Ouvert toute l'année.

Se loger

■ **AUBERGE AUX NUITS DE RÊVE**
14, rue Larocque Ouest
✆ +1 819 326 5042
✆ +1 888 326 5042
www.reve.ca
Occupation double : à partir de 159 CAN $, petit déjeuner inclus servi à votre chambre ou sur votre balcon privé. Sept chambres et une suite avec balcon et/ou patio couverts privés avec vue sur le lac pour six d'entre elles. Un minimum de deux nuits peut être exigé. Forfaits disponibles. Service de soins corporels offerts sur place. Plage privée accessible de votre chambre, prêt de canots, pédalos et vélos, chaises longues avec coussins, hamac, gazébo, badminton.
Une charmante auberge pas tout à fait comme les autres. En effet, elle s'adresse aux couples, en leur offrant un environnement intimiste et sécuritaire, loin du brouhaha de la ville, le tout dans un cadre enchanteur qui vous séduira dès le premier abord. Mais la grande particularité de l'établissement est que chacune de ses chambres offre une thématique et un décor bien différents. Par exemple, la chambre Napoléon & Joséphine fera rêver la princesse qui sommeille en vous (lit baldaquin, belle tapisserie...) ; la chambre Tarzan & Jane vous transportera dans un univers exotique (liane, voûte céleste étoilée au plafond, cascade d'eau dans la grotte...) ; la suite Bill & Monica fera de vous le «couple» de la Maison Blanche (clin d'œil à un couple qui n'en n'a jamais été vraiment un...). Notez que toutes les chambres sont équipées d'un bain thérapeutique double et que la plupart ont également un foyer au bois. Bref, un bel endroit pour profiter de moments privilégiés à deux !

SAINT-FAUSTIN-LAC-CARRÉ

Continuant plus au nord sur l'autoroute 15 qui rejoint la route 117, vous arrivez à ce petit village qui fait office de porte d'entrée de la belle région de Mont-Tremblant.

Se loger

Locations

■ CLUB DE GOLF ET CHALETS ROYAL LAURENTIEN
2237, chemin Lac Nantel Sud
✆ +1 819 326 5454
✆ +1 877 470 5454
www.royallaurentien.com
Tarifs variables selon le nombre de personnes et la saison. Une vingtaine de chalets en location à l'année (1 à 6 chambres). Forfaits disponibles.
Un séjour dans un magnifique chalet 4-étoiles dans la belle région de Mont-Tremblant, ça ne se refuse pas ! Entièrement équipés, ils peuvent accueillir jusqu'à 16 personnes en tout confort. Ils offrent une vue soit sur le lac soit sur le terrain de golf 4-étoiles (avis aux amateurs de ce sport !). Boiseries abondantes, bain thérapeutique double, foyer, air climatisé, cuisine équipée, BBQ et autres petits plus pour votre séjour. Certains chalets sont même équipés d'un spa ou piscine extérieurs privés. Comme valeur ajoutée, une foule d'activités est disponible sur place : golf, spa avec bains nordiques, soins corporels et massages, plage, piscine extérieure, aire de plaisance, jeux d'enfants, vélo, tennis, sentiers pédestres, patinoire, accès direct aux sentiers de motoneige, de ski de fond et raquette, etc. En résumé, tout est en place pour un séjour inoubliable. Le Royal Laurentien : là où le sport et la détente se rencontrent !

Confort ou charme

■ GÎTE DE LA GARE
362, rue de la Gare ✆ +1 819 688 6091
✆ +1 888 550 6091 – www.gitedelagare.com
Occupation double : à partir de 100 CAN $, petit déjeuner copieux inclus. Deux chambres. Forfaits disponibles.
Petit gîte douillet 4-soleils, parfait pour une halte lors d'une escapade sur le parc linéaire Le P'tit Train du Nord. Pour se relaxer lors des beaux jours, prenez un peu de soleil sur une des deux terrasses ou prélassez-vous près du ruisseau. Repas à base de produits régionaux disponible le soir sur réservation (détenteur d'un permis d'alccol).

Se restaurer

■ CABANE À SUCRE MILLETTE
1357, rue Saint-Faustin
✆ +1 819 688 2101
✆ +1 877 688 2101 – www.millette.ca
En mars et avril : mardi-vendredi : 11h30-13h30 & 17h30-19h30 ; samedi-dimanche : midi et soir. Réservations requises. Mai à février : sur réservation de groupes. Visites guidées de mai à octobre : lundi-vendredi, à 11h et 14h sur réservation (7 CAN $ par personne). Service de bar.

La Cabane à Sucre Millette vous propose à l'année la visite de l'érablière où l'on cueille la sève de l'érable de façon artisanale. Menus traditionnels à base de sirop d'érable et animation musicale dans une charmante maison en bois. Produits d'érables disponibles sur place. Musique folklorique le samedi soir avec un musicien-animateur, personnel costumé, sentiers pédestres, promenade en carriole, miniferme et autres activités.

Sports – Détente – Loisirs

■ **CENTRE TOURISTIQUE ET ÉDUCATIF DES LAURENTIDES**
5000, chemin du Lac Caribou
✆ +1 819 326 9072
✆ +1 866 326 9072
www.ctel.ca
Ouvert de mi-mai à début octobre : tous les jours de mi-juin à début septembre, du vendredi au dimanche le reste du temps. Adulte : 6,50 CAN $, aîné : 5 CAN $, étudiant : 4 CAN $, 6-12 ans : 3 CAN $, 5 ans et moins : gratuit, famille : 16 CAN $.
On vous accueille dans ce centre de la nature pour profiter des activités de plein air : randonnées (36 km de sentiers), piste d'hébertisme (méthode d'entraînement du corps développée par Georges Hébert), pêche, camping, canot-camping, location d'embarcations nautiques, randonnées guidées avec naturalistes et rallye en nature. Sur un même territoire, retrouvez tous les attraits naturels de la faune et la flore laurentiennes, avec ses forêts, lacs et montagnes.

LAC-SUPÉRIEUR

En passant par Saint-Faustin-Lac-Carré à l'est de la route, on parvient à l'un des plus beaux lacs du Nord, le lac Supérieur, particulièrement majestueux, surtout en automne lorsqu'il est enclavé entre des montagnes colorées.

Se loger

Locations

■ **CHALETS ET STUDIOS LE VENT DU NORD**
1954, chemin du Lac Supérieur
✆ +1 819 688 6140
✆ +1 877 688 6140
www.leventdunord.ca
Consultez le site Internet afin de connaître toute la gamme de tarifs. Hébergement en chalet, loft ou studio.
À proximité du Mont-Tremblant et à quelques pas des sentiers pédestres, pistes cyclables et sentiers de ski de randonnée, c'est l'endroit idéal pour les vacances en famille, en couple ou encore pour se ressourcer loin des grands centres urbains. Chaque unité comprend au moins une salle de bain complète, une cuisine entièrement équipée, un téléviseur avec câble et système VHS et DVD, un foyer naturel ou au gaz (le bois est inclus dans la location), une terrasse avec barbecue et l'accès Internet. Vous avez également accès au Spa, à la plage, au lac et au quai flottant.

Confort ou charme

■ **AVALANCHE B&B**
111, chemin de l'Avalanche
✆ +1 819 688 5222
www.avalanchebb.ca
Occupation double : à partir de 125 CAN $. Quatre chambres et une suite. Petit déjeuner gastronomique inclus. Forfaits disponibles.
Nancy et Philippe vous ouvrent les portes de leur gîte idéalement situé à 2 km du versant nord du Mont-Tremblant, et surplombant la rivière du Diable. Les chambres sont spacieuses et très lumineuses, et que dire de la suite équipée d'un bain à 2 places et d'un plancher chauffant dans la salle de bain ! Le grand confort... Une bonne adresse pour un week-end en amoureux.

L'OUEST

La Route des Soleils

Plus de 20 magnifiques gîtes et auberges de la grande région de Tremblant sont regroupés sur un circuit découverte : la Route des Soleils. Le but avoué est de faire découvrir aux visiteurs des villages pittoresques par le biais de ses établissements et attraits, ses artisans et son terroir gourmand. C'est également un bon moyen de sortir des sentiers battus dans cette région qui est souvent surpeuplée de touristes. De belles découvertes et rencontres en perspective !

▸ **Pour plus d'info :** www.laroutedessoleils.com et informez-vous sur les journées « portes ouvertes » en juin.

Luxe

■ **CÔTÉ NORD TREMBLANT**
141, chemin Tour-du-Lac
✆ +1 819 688 5201
✆ +1 888 268 3667
www.cotenordtremblant.com
Tarifs variables selon le type d'hébergement choisi (chalet ou suite-condo) et la saison. Forfaits disponibles.
Construits sur des terrains boisés, de magnifiques et luxueux chalets en rondins tout confort offrent de deux à cinq chambres à coucher. Des suites-condos d'une à trois chambres sont également disponibles en location. Côté Nord Tremblant offre aux inconditionnels de la nature et aux visiteurs en quête d'authenticité une expérience haut de gamme, une excellente table aux saveurs du terroir au bistro Caribou (en bas de la colline, coté 4-étoiles par le guide Resto Voir), ainsi que des forfaits et services variés haut de gamme. Accès au Lac Supérieur et à la rivière Boulée, piscine, tennis, sentier de randonnée, raquette et ski de fond sur place. À quelques minutes du parc national du Mont-Tremblant, de la station de ski et de nombreuses activités. Coté Nord Tremblant, votre choix pour un concept villégiature alliant nouvel art de vivre et environnement exceptionnel !

Se restaurer

■ **RESTAURANT CARIBOU**
141, chemin Tour-du-Lac
✆ +1 819 713 0533
www.cotenordtremblant.com
Situé sur le site de villégiature Côté Nord Tremblant.
Ce chalet en rondins, situé au bord du majestueux lac Supérieur, offre une belle communion avec la nature, empreinte de calme et de sérénité, dans un intérieur rustique et chaleureux. Au menu, cuisine régionale avec spécialité de gibier. Pour ceux désirant prendre leur repas dans le confort de leur chalet, des plats pour emporter sont disponibles. Encore mieux, faites appel au service du chef privé qui viendra directement vous concocter un menu succulent.

À voir – À faire

■ **PARC NATIONAL DU MONT-TREMBLANT**
3824, chemin du Lac-Supérieur
✆ +1 819 688 2281 – +1 800 665 6527
www.sepaq.com/pq/mot/fr/
Ouvert à l'année. Postes d'accueil : secteur de la Diable (poste d'accueil de la Diable de mi-mai à mi-octobre, centre de services du Lac-Monroe à l'année), secteur de la Pimbina (poste d'accueil de Saint-Donat dans Lanaudière, de mi-mai à mi-octobre et de mi-décembre à fin mars), secteur de l'Assomption (poste d'accueil de Saint-Côme dans Lanaudière, de mi-mai à mi-octobre), territoire de la Cachée (poste d'accueil de la Cachée de mi-juin à début septembre). Accès quotidien adulte : 6 CAN $, enfant : 2,75 CAN $, gratuit pour les enfants de 5 ans et moins. Tarifs groupes et familles disponibles. Location d'équipement sur place.
Le parc national du Mont-Tremblant est le plus grand parc du Québec (1 510 km²) et le premier à avoir été créé. Vous y découvrirez un immense univers de lacs (400), rivières (6), chutes, cascades et montagnes où la faune vit en toute liberté. Un large choix d'activités en toutes saisons, une plongée dans l'intimité de la nature des Laurentides. Les paysages sont majestueux. Une beauté sauvage qu'on ne se lasse pas d'admirer.

- **Hébergement :** 11 chalets de villégiature (capacité de 2 à 10 personnes), 5 nouveaux chalets Nature, 5 yourtes, 11 refuges, camping aménagé (plus de 1 000 emplacements), 4 tentes-roulottes et 34 tentes Huttopia.
- **Activités :** observation de la faune, via ferrata, baignade, activités nautiques, canot-camping, pêche à la journée ou avec hébergement, randonnée pédestre, longue randonnée avec nuit en refuge, vélo, raquette, ski de fond, ski nordique, ski alpin à la station Tremblant.

Le luxe... au naturel
CÔTÉ NORD
TREMBLANT
Réservez votre séjour dans un de nos magnifiques chalets ou suites luxueuses!
Accès au Club privé de La Pointe avec piscine, tennis, volleyball, plage, kayak, feux de camps, anneau de glace sur le lac, ski de fond et plus encore!
cotenordtremblant.com | 1 819 688.5201

MONT-TREMBLANT

Les Amérindiens de la tribu des Algonquins l'appelaient *Manitou Ewitchi Saga*, soit la montagne du redoutable Manitou. C'était leur dieu de la nature, celui qui faisait trembler les montagnes lorsque les humains perturbaient l'ordre naturel : d'où le nom de montagne tremblante. Mont-Tremblant – la municipalité du Mont-Tremblant a été fondée en 1894 – est un parc national, le premier jamais créé au Québec et qui possède un riche patrimoine naturel (400 lacs, 6 rivières et des dizaines de cascades répertoriées sur son territoire). C'est le paradis des amoureux de la nature. Mont-Tremblant abrite aujourd'hui la station de sports d'hiver la plus haute et la plus importante des Laurentides (968 m, dénivelé de la station de ski : 645 m). Sur la gigantesque montagne se déroulent des compétitions de ski de très haut niveau. Les pentes du Mont-Tremblant étaient une des destinations sportives préférées de l'ex-Premier ministre du Canada, Pierre-Elliott Trudeau. La station Tremblant, comme on l'appelle, propose une multitude d'activités quatre saisons. Elle a subi des transformations importantes. Plusieurs centaines de millions de dollars ont été investis dans un village à vocation entièrement touristique. Mont-Tremblant est appelé à devenir une station internationale digne de celle d'Aspen au Colorado ou encore de Tignes en France. D'ailleurs, un casino haut de gamme a ouvert ses portes à l'été 2009. Le Vieux-Tremblant est un village pittoresque et plein de charme qui regorge d'auberges, maisons et chalets en rondins. En été ne manquez pas de faire une halte au marché agroalimentaire situé à côté du lac Mercier (les samedis, de fin juin à début septembre). La rivière du Diable qui coule à proximité du mont est régulièrement descendue par les amateurs de rafting : elle ne porte pas son nom sans raison. Aujourd'hui, Mont-Tremblant est devenue une seule grande ville qui regroupe les municipalités de Saint-Jovite, Mont-Tremblant et Lac Tremblant-Nord.

Pratique

■ BUREAU TOURISTIQUE DE MONT-TREMBLANT

5080, montée Ryan
✆ +1 819 425 2434
✆ +1 877 425 2434
www.tourismemonttremblant.com
Ouvert à l'année.

▶ **Autre adresse :** 48, chemin de Brébeuf, ✆ +1 819 425 3300.

Se loger

De nombreux hôtels vous accueillent au bas de la montagne : Les Suites Tremblant par Intrawest, Marriott Residence Inn, Homewood Suite par Hilton, Fairmont Tremblant, Westin Resort & Spa... Pour y effectuer une réservation, il suffit de contacter les chaînes concernées. Fidèles à nos habitudes, nous vous proposons plutôt des adresses non franchisées, plus ou moins éloignées de la station.

Locations

■ SUNSTAR TREMBLANT

✆ +1 819 681 9530 / +1 888 221 1411
www.tremblantsunstar.com
Tarifs variables selon le type d'hébergement choisi et la saison. Nombreux forfaits saisonniers disponibles.
Sunstar vous permet d'organiser au mieux vos vacances sans perdre de temps. En fonction du nombre de personnes, du lieu où vous souhaitez séjourner (village ou montagne) et du type d'hébergement voulu (condo, maison de ville, maison de luxe et chalet privés), l'équipe de Sunstar trouvera ce qui vous convient parmi un choix de plus de 200 propriétés en location, chacune entièrement équipée. Plusieurs complexes offrent également une piscine ou un bain à remous, d'autres sont en bordure des pistes de ski ou d'un terrain de golf. Un service de concierges mobiles est disponible pour assurer un séjour mémorable à Tremblant à chacun des invités. Une expérience unique et un rapport qualité-prix sans pareil !

■ TREMBLANT PLATINUM

✆ +1 819 421 4411
✆ +1 800 909 3171
www.tremblantplatinum.com
Tarifs selon le type d'hébergement choisi (condo, chalet) et la saison. Service de conciergerie.
Tremblant Platinum loue des propriétés de prestige dans le domaine de la villégiature haut de gamme (chalets, maisons de ville et chalets). Les unités possèdent d'une à sept chambres et sont entièrement équipées pour un séjour en tout confort. Certaines ont même leur propre Jacuzzi ou piscine extérieure. La localisation, à quelques minutes à peine du village piétonnier, permet d'être au cœur de l'action de Tremblant et d'une foule d'activités.

Bien et pas cher

■ AUBERGE INTERNATIONALE DE MONT-TREMBLANT HI
2213, chemin du Village
✆ +1 819 425 6008
✆ +1 866 425 6008
www.hostellingtremblant.com
Ouvert à l'année. Chambre partagée : à partir de 24,75 CAN $. Chambre privée : à partir de 65,75 CAN $. Forfaits disponibles. Petit déjeuner : 6 CAN $. Salles de bains partagées. Cuisine équipée, café-bar avec foyer, billard et babyfoot, salon avec télévision, grande cour arrière avec tipi et accès au lac, prêt de canoë, stationnement, Internet sans fil gratuit, buanderie payante. Ajout récent : mini-parcours de vélo de montagne derrière l'auberge (accès gratuit, possibilité de louer un vélo à quelques minutes de l'auberge). Membre du réseau Hostelling International.
Située au cœur du vieux village et à proximité de la piste du P'tit train du Nord, l'auberge propose de nombreuses activités en toutes saisons : baignade, canot, feu de camp dans le tipi, forfaits de ski, location de raquettes, etc., ainsi qu'une programmation complète d'activités et de sorties en plein air guidées à l'année. Navette toutes les heures vers la station. N'oubliez votre carte membre HI (FUAJ) ou ISIC pour bénéficier du tarif réduit. Une adresse hautement recommandée pour les plus petits budgets et ceux qui adorent socialiser et rencontrer d'autres voyageurs !

Confort ou charme

■ AUBERGE LE LUPIN B&B
127, rue Pinoteau ✆ +1 819 425 5474
✆ +1 877 425 5474
www.lelupin.com
Occupation double : à partir de 109 CAN $, petit déjeuner gourmand inclus. Wifi gratuit. Plusieurs forfaits disponibles. Service de massothérapie à la chambre sur réservation.
L'auberge Le Lupin, fière propriété de Pierre et Sylvie, est une belle auberge en rondins située à 1 km de la station de ski Mont-Tremblant. Elle comporte neuf chambres douillettes et confortables avec salle de bain privée. L'endroit est par ailleurs joliment décoré d'objets antiques. Accès à la plage et aux sentiers pédestres et cyclistes en été, billets de ski à prix réduit en hiver.

■ GÎTE AU PETIT MARIGOT
90, chemin Clément
✆ +1 819 425 9691
www.aupetitmarigot.com
Occupation double : à partir de 115 CAN $. 5 chambres avec salle de bain privée. Copieux petit déjeuner inclus. Forfaits disponibles. Service de massothérapie sur réservation.
Situé dans un coin paisible non loin de la station de ski Mont-Tremblant, ce superbe gîte est un secret bien gardé de la région. Avec une localisation aussi stratégique, à quelques minutes seulement de tous les attraits, en plein cœur d'un grand terrain boisé, les lieux invitent au calme et à la détente.

Des chambres au salon, en passant par la salle à manger, tout est décoré avec goût et style, où le bois et la pierre contribuent à réchauffer l'atmosphère. En saison estivale, il fait bon prendre le petit déjeuner sur le grand balcon tout en admirant la faune et la flore aux abords du petit marigot (marais) dans la cour arrière. L'hiver, on profite du feu de foyer ou on enfile ses patins à glace sur le marais gelé. Un site merveilleux en toutes saisons !

■ HÔTEL DU LAC

121, rue Cuttle
✆ +1 819 425 2731 / +1 800 567 8341
www.hoteldulac.ca
Occupation double : à partir de 138 CAN $, petit déjeuner inclus. Promotions saisonnières et forfaits disponibles. Hébergement en studio, condo ou suite. Multitudes d'infrastructures, d'activités et de services sur place. Restaurant de fine cuisine, bar, bistro estival, centre de santé Spa, école de ski.
L'Hôtel du Lac, coté 4-étoiles, offre à ses visiteurs une expérience authentique depuis plus de cent ans. Accueil de qualité, équipements sportifs, piscines extérieure et intérieure, Jacuzzi extérieur, sauna, nombreuses activités et services sur place : l'hôtel respire le bien-être. Les studios disposent d'une cuisine équipée et d'une cheminée. Les condos qui surplombent l'hôtel sont spacieux et confortables. Pour les épicuriens, le restaurant de l'hôtel, Le Rosanbo, est à essayer, avec vue magnifique sur la station touristique de Mont-Tremblant. Enfin, ne manquez pas d'aller faire une pause au Spa-sur-le-Lac de l'hôtel : demandez le massage aux pierres chaudes, vous ne le regretterez pas !

■ HÔTEL VACANCES TREMBLANT

330, route 117 – Secteur Saint-Jovite
✆ +1 819 425 8677 / +1 800 667 8936
www.hotelvacancestremblant.com
Occupation double : studio à partir de 79 CAN $, mezzanine à partir de 99 CAN $. Piscine intérieure, Jacuzzi et saunas, casiers à ski avec clé, buanderie, restaurant adjacent.
Vous prévoyez des vacances dans la belle région de Tremblant tout en étant autonome ? Les studios et mezzanines de cet hôtel feront certainement votre bonheur ! Les deux types d'unités peuvent accueillir entre 4 et 6 personnes maximum et sont équipés d'une cuisinette, d'un foyer au bois, d'une télévision par câble, en plus d'avoir Internet sans fil. Sa proximité avec le centre touristique Tremblant en fait une destination de choix quatre saisons.

Luxe

■ CHÂTEAU BEAUVALLON

6385, Montée Ryan
✆ +1 819 681 6611 / +1 888 681 6611
www.chateaubeauvallon.com
Ensemble de 70 suites luxueuses et tout confort comprenant de 1 à 4 chambres. Piscines intérieure et extérieure, bain à remous quatre saisons, massothérapie, centre de conditionnement physique, vert de pratique privé, cour privée aménagée et jardins floraux, restaurant, bar et terrasses. Forfaits disponibles.
Le nom et le style architectural restent fidèles à l'auberge d'origine, construite il y a près de 70 ans. Mais la décoration intérieure ainsi que les installations témoignent d'une nouvelle époque. La rusticité de l'auberge originale de dix-sept petites chambres a fait place au raffinement. Aujourd'hui, ce magnifique hôtel comporte exclusivement des suites avec un coin cuisine très bien équipé. Chaque suite dispose de sa propre terrasse avec vue sur la piscine extérieure et le lac. Le soir, vous pouvez prendre le repas dans votre suite ou opter pour le restaurant, dont le rapport qualité-prix est excellent. Une gamme complète de services et la piscine extérieure adossée à une chute d'eau en pierres complètent l'expérience. Un gros coup de cœur ! Notez que selon le site de voyages *Expedia*, cet hôtel s'est classé en 2011 parmi les 500 meilleurs hôtels de la planète, sur un total de 130 000 établissements sélectionnés, et est le seul à Mont-Tremblant à recevoir cette prestigieuse reconnaissance.

■ LE GRAND LODGE MONT-TREMBLANT

2396, rue Labelle
✆ +1 819 425 2734
✆ +1 800 567 6763
www.legrandlodge.com
Occupation double : à partir de 150 CAN $ par personne, petit déjeuner et souper gastronomique 4 services inclus. Autres forfaits disponibles.
Le Grand Lodge, centre de villégiature et de congrès, s'impose sur les rives du lac Ouimet à 5 min de la station Mont-Tremblant. Il s'agit d'une grande et chaleureuse auberge en bois qui offre un très bon service et de multiples activités. Services et activités sur place : restaurant de fine cuisine, bar, terrasse, piscine intérieure, Jacuzzi et sauna, 4 terrains de tennis, salle de conditionnement physique, centre de santé Spa, plage privée, club des jeunes (activités supervisées pour les 5 à 12 ans), boutique de vente, location et entretien d'équipement, etc.

■ HÔTEL QUINTESSENCE

3004, chemin de la Chapelle
✆ +1 819 425 3400 / +1 866 425 3400
www.hotelquintessence.com
Occupation double : à partir de 360 CAN $ en basse saison, 415 CAN $ en saison régulière, 470 CAN $ en haute saison et 580 CAN $ pendant les fêtes. Petit déjeuner inclus. 30 suites luxueuses. Refuge aussi en location. Forfaits disponibles. En plein cœur du centre de villégiature Tremblant. Toutes les suites bénéficient d'une vue sur le lac Tremblant et sont équipées d'un foyer. Sur ces lieux d'un luxe indiscutable, plusieurs services vous sont offerts, du restaurant de l'hôtel, classé 4-diamants, en passant par la bibliothèque et le Spa.

Se restaurer

■ BISTROT LES COPAINS D'ABORD

804, rue de Saint-Jovite
Secteur Saint-Jovite ✆ +1 819 681 7869
www.copainsdabordtremblant.com
Horaire variable selon les saisons. Menu à la carte, table d'hôte et menu découverte 7-services disponibles. Service de traiteur. Cet élégant bistro, récipiendaire de nombreux prix et reconnaissance, mise sur une fine cuisine régionale d'inspiration française. Les plus épicuriens opteront pour le menu découverte qui propose un accord mets-vins des plus complexes et savoureux. Le dernier mardi du mois se tient « Les Copains de Bacchus » qui propose aux participants un mini cours de sommellerie, cinq dégustations à l'aveugle accompagnées de bouchées, et un souper en formule banquet.

■ LA FORGE BISTRO-BAR & GRILL

3041, chemin de la Chapelle
✆ +1 819 681 4900
www.laforgetremblant.com
Ouvert tous les jours à partir de 11h. Situé au pied des pistes de ski, ce restaurant présente une ambiance résolument tendance. Le grill au 2e étage, avec cuisine à aire ouverte, propose notamment des grillades sur bois d'érable avec une belle sélection de scotchs, cognacs et eau-de-vie, et une carte des vins étoffée. Le bistro-bar, situé au 1er étage, propose un menu plus simple, des groupes de musique live et des animations en saison. Grande terrasse.

■ SEB L'ARTISAN CULINAIRE

444, rue Saint-Georges
Secteur Saint-Jovite
✆ +1 819 429 6991 – www.resto-seb.com
Mercredi-lundi, dès 18h ; fermé mardi. Ouvert le midi en semaine en saison estivale. Terrasse, bar à tapas l'été, service traiteur.
Sébastien Houle, l'artiste aux commandes de ce resto et épaulé d'Ismael Osorio en cuisine, est fort réputé dans le domaine. Il suffit de jeter un regard aux prix et mentions qu'il a reçus au cours des dernières années ! Au menu, une cuisine inventive, un équilibre des saveurs et une grande authenticité régionale. Ici, les fruits marins de la côte Atlantique sont associés aux produits du terroir québécois pour un mariage des plus réussis. La carte des vins est un petit bijou et les sommeliers, Guy Bourbonnière et Cory Ciona, font également des importations privées. Bref, une adresse gastronomique tout en saveurs qui mérite franchement le détour !

LE SHACK RESTO-BAR

3035, chemin de la Chapelle
✆ +1 819 681 4700
www.leshack.com
Ouvert tous les jours.
Lieu d'après-ski festif, le Shack peut accueillir plus de 200 personnes. Cuisine américaine familiale avec hamburgers, pâtes, fish n'chips et steak dans un cadre rustique. En hiver, les barbecues extérieurs ont la cote. Pour bien débuter la journée de ski, on y sert un déjeuner buffet. En été, depuis la terrasse, vous aurez un point de vue privilégié sur les concerts de la place Saint-Bernard.

Sortir

Parce que sortir n'est pas seulement synonyme de bars et discothèques, la station Tremblant accueille un bon nombre de festivals et événements à l'année : festival du Film, festival international du Blues, Les Rythmes Tremblant, le 24h de Tremblant, Iron Man et bien d'autres encore. Des activités parallèles et *partys* sont souvent organisées en marge de ces événements. Pour connaître la liste complète : www.tremblant.ca

CASINO DE MONT-TREMBLANT

Versant Soleil
300, chemin des Pléiades
✆ +1 819 429 4150
✆ +1 877 574 2177
www.casinosduquebec.com/mont-tremblant
Lundi-jeudi, 12h-minuit ; vendredi, 12h-3h ; samedi, 11h-3h ; dimanche, 11h-minuit. Accès réservé aux 18 ans et plus. Accès par télécabine Casino Express ou par navette depuis le Chalet des Voyageurs à l'entrée de la station touristique.
16 tables de jeu avec croupiers, 3 tables de poker Texas Hold'Em, et 500 machines à sous. Une importante section est réservée aux clients « haute mise ». Restaurant Altitude (fruits de mer et grillades, 92 places + 30 en terrasse) avec programmation de spectacles, bar avec terrasse en saison, deux salons privés, forfaits disponibles.

MICROBRASSERIE LA DIABLE

117, chemin Kandahar
✆ +1 819 681 4546
www.microladiable.com
Lundi-dimanche, 11h30-2h (la cuisine ferme à 22h). Grande terrasse (140 places).
Située dans la station touristique du Mont-Tremblant, elle tient son nom de la rivière qui passe tout près des lieux. Les habitués de la station y affluent en grand nombre tous les jours car leurs bières originales, diversifiées et de très bonne qualité, savent assouvir les papilles autant internationales que locales. Des brassins spéciaux suivent également les saisons comme la bière au miel ou aux framboises, la Cream Ale, la Pilsener du printemps, ou encore la Lager bohémienne. Accompagnez une de leurs sept bières figurant à l'ardoise d'un des excellents repas préparés sur place (les grillades sont un must !) et le tout devient alors une sublime expérience gustative.

Sports – Détente – Loisirs

Mont-Tremblant est une destination golf par excellence avec plusieurs terrains réputés. Les amateurs n'auront que l'embarras du choix mais, nous vous recommandons particulièrement Le Diable et Le Géant. Sachez que le Centre d'activités Mont-tremblant proposent une multitude d'activités selon la saison : équitation, tour d'avion ou d'hélicoptère, excursion de pêche, survie en forêt, motoneige, escalade de glace, traîneau à chiens, etc. Des activités de groupes, de teambuilding et pour familles sont également au programme.

▸ **Pour plus d'information :** www.tremblant.ca et www.tremblantactivities.com

CENTRE DE SKI DE FOND MONT-TREMBLANT

539, chemin Saint-Bernard
✆ +1 819 425 5588
www.skidefondmont-tremblant.com
Ouvert tous les jours en saison de 9h à 16h. 17 CAN $ par jour (ski de fond), 9 CAN $ (raquette), 4 CAN $ (marche hivernale). Tarifs enfants et familles aussi disponibles. Location d'équipements sur place.
Le centre de ski de fond Mont-Tremblant qui abrite le domaine Saint-Bernard (principal accès au réseau de pistes) est en passe de devenir l'un des plus grands au Canada. En effet, son territoire de plus de 25 km² offre un parcours de plus de 70 km de sentiers de pas classiques, 68,5 km de sentiers de pas de patin, 18,5 km de sentiers nordiques, 32,8 km de sentiers de raquette, et 15 km de sentiers de marche. École de ski, randonnées guidées, souper en refuge sur réservation, resto-café. Forfaits disponibles. Divers événements pendant la saison : randonnées aux flambeaux, camp d'entraînement, camp de jour, compétitions, etc.

■ **CENTRE NAUTIQUE PIERRE PLOUFFE**
2900, chemin du Village
✆ +1 819 681 5634
✆ +1 888 681 5634
www.tremblantnautique.com
Ouvert de mai à octobre. Tarifs selon l'activité ou la location choisie.
Le champion canadien de ski nautique Pierre Plouffe et son équipe vous y attendent pour profiter des joies des eaux du lac Tremblant. On y loue des embarcations motorisées ou non, et des cours sont offerts pour les adultes et les enfants. Que ce soit en pédalo, en canot, en kayak, en chaloupe, en planche à voile, en catamaran ou en bateau à moteur, profitez des paysages enchanteurs qui bordent la rive. Pour ceux qui aiment les sensations fortes, essayez le ski nautique, le wakeboard ou même le surf !

■ **SCANDINAVE SPA MONT-TREMBLANT**
4280, Montée Ryan
✆ +1 819 425 5524
✆ +1 888 537 2263
www.scandinave.com
Ouvert à l'année, tous les jours de 10h à 21h (massage dès 9h). Bains scandinaves : 48 CAN $, bains et massages : à partir de 128 CAN $ (60 ou 90 minutes). Forfaits disponibles.
Une douce aventure dans un cadre enchanteur où se mêlent l'eau, l'air pur et le bois. Sauna finlandais, bain vapeur à l'eucalyptus, bains chauds et froids, chute et cascade, baignade en rivière, massages suédois, thaïlandais-yoga et aux pierres volcaniques (réservation recommandée). Également sur place : aires de détente (solarium, pavillon Zéro Gravité, hamacs, terrasses et foyer extérieur), bar santé offrant des collations saines et des jus frais. L'ultime relaxation !

■ **STATION DE SKI MONT-TREMBLANT**
1000, chemin des Voyageurs
✆ +1 819 681 3000
✆ +1 888 738 1777
www.tremblant.ca
De fin novembre à mi-avril. Ouvert tous les jours de 8h30 à 15h30/16h15 (selon le mois). Tarifs pour bloc de 4 heures ou la journée.
95 pistes, 645 m de dénivellation, 14 remontées mécaniques, snowpark. Achat, location et réparation d'équipement de glisse. Une multitude de boutiques, bars et restaurants dans la station.

Visites guidées

■ **HÉLI-TREMBLANT**
72, route 117
✆ +1 819 425 5662
✆ +1 866 425 5662
www.heli-tremblant.com
En opération à l'année.
La compagnie vous propose des tours d'hélicoptère de 10, 20, 30 et 60 minutes pour admirer le paysage d'une tout autre perspective. Des forfaits sont disponibles, dont le forfait romantique avec atterrissage directement à un restaurant de fine cuisine italienne, repas inclus, à 219 CAN $ par personne. Renseignez-vous sur le nouveau forfait « Taïga Héli Extrême » d'une durée de 2 jours. Le personnel se fera également une joie de créer un vol personnalisé en fonction de vos besoins, question de rendre cette expérience inoubliable.

LA CONCEPTION

De par sa proximité avec la station et le parc national de Mont-Tremblant, en plus d'être traversée par la magnifique rivière Rouge, La Conception est un paradis pour les amateurs de plein air et de nature.

■ **GÎTE ET JARDINS DE L'ACHILLÉE MILLEFEUILLE**
4352, route des Tulipes ✆ +1 819 686 9187
✆ +1 877 686 9187 – www.millefeuille.ca
Gîte ouvert à l'année, camping (tente et tipi) ouvert de mai à octobre. À partir de 104 CAN $ en occupation double au gîte, superbe petit déjeuner inclus. Forfaits disponibles. Activités et ateliers offerts sur place.

À 15 minutes de Mont-Tremblant, venez profiter de cette halte santé, très différente des grands hôtels et autres méga équipements de la fameuse station de ski. Ici, c'est vraiment la campagne, entretenue et protégée par Monique et Claude, des amoureux de la nature. Il faut voir leur jardin bio et leur maison, construite en bois rond, pour saisir l'importance qu'ils attachent à la protection de l'environnement. À tel point que leur auberge a été l'une des premières du Québec à être certifiée bio. Vous ne raterez surtout pas le superbe petit déjeuner, très copieux. En été, vous aurez même droit à une fleur du jardin ! Après ce festin, vous pourrez faire du canot sur la rivière Rouge, pédaler sur le chemin du P'tit train du Nord ou encore marcher dans le parc national. Toutes les informations nécessaires vous seront fournies au gîte. Un véritable lieu de ressourcement !

LABELLE

Labelle est une petite municipalité de moins de 3 000 habitants, en plein cœur de la Vallée de la Rouge, où la vie s'écoule paisiblement.

■ BLUEBERRY LAKE RESORT

4801, chemin Saint-Cyr
✆ +1 905 726 4546 / +1 855 249 1371
www.blueberrylake.com
Tarifs selon le type de chalet et la saison. Un minimum de deux nuits est exigé. Forfaits disponibles.
Un domaine privé, proposant de magnifiques et luxueux chalets en bois rond. Les chalets sont très bien équipés, avec téléviseurs à écran plat, Jacuzzi et barbecue privé, et dans certains cas, billard, table de ping-pong ou même bureau équipé avec ordinateur... Les chambres y sont spacieuses et la literie de qualité. Niveau restauration, vous aurez le choix entre le service de plats préparés livrés à votre chalet ou les services d'un chef privé pour un repas 5-étoiles servi dans votre chalet. Spa scandinave (trois salles de soins, sauna aux murs de cèdre, bain de vapeur et piscine de détente), massothérapie au chalet, nombreuses activités sur le site (tennis, volleyball, lac et piscine, patinoire éclairée, accès aux sentiers de ski de fond et motoneige, etc.), sans oublier le prêt d'équipement (canot, kayak, vélo, ski de fond, etc.). Et vous n'êtes qu'à 25 min de voiture de la station Tremblant ! Un lieu idéal pour des vacances de rêve.

■ BUREAU TOURISTIQUE SAISONNIER DE LABELLE

6422A, boulevard Curé-Labelle
✆ +1 819 686 2606
www.municipalite.labelle.qc.ca
Ouvert de mi-mai à début octobre.

■ KAYAK CAFÉ

8, rue du Camping ✆ +1 819 686 1111
www.kayak-cafe.com
Excursions : départ tous les jours entre 9h et 14h en été. Restaurant : ouvert tous les jours de 11h30 à 22h en été (horaire réduit hors saison). Forfaits famille disponibles.
Lors de la belle saison, rien de mieux pour découvrir la Vallée de la Rouge et ses rives sablonneuses qu'une excursion guidée en canot ou en kayak. Trois parcours sont disponibles, allant de 9,5 km à 23 km. Après votre randonnée, allez faire le plein d'énergie au Kayak Café qui surplombe la rivière. Au menu, des plats santé de type bistro, savoureux et très abordables. En saison estivale, vous aurez même droit à un spectacle acoustique sur la terrasse pour accompagner votre pinte de bière de microbrasserie ou votre repas. Une adresse à découvrir !

LES HAUTES-LAURENTIDES

Les Hautes-Laurentides sont un paradis pour les amoureux du plein air et des grands espaces. Moins fréquentée par les touristes que le Coeur des Laurentides, cette région vaut amplement le détour. Territoire des pourvoiries, de la chasse, de la pêche, du quad et de la motoneige, ici on respire l'air pur et on est toujours ébloui par ses charmants petits villages. Tourisme Hautes-Laurentides, dont le siège est dans la localité de Mont-Laurier, produit une foule de brochures afin de vous faire découvrir ce coin de pays : guide touristique officiel, camping, vélo, quad en sont quelques exemples.

LA MACAZA

Lieu de villégiature charmant (975 habitants) renommé pour son pont couvert construit en 1904. On y rencontre également de nombreux chevreuils en hiver.

■ **AÉROPORT INTERNATIONAL LA MACAZA-MONT-TREMBLANT**
Chemin de l'Aéroport
✆ +1 819 275 9099
www.mtia.ca
L'aéroport international de Mont-Tremblant a installé ses quartiers généraux à La Macaza, à 30 minutes au nord de la station. Été comme hiver, des vols directs provenant de New York (Newark) et de Toronto sont offerts avec Porter Airlines et permettent aux voyageurs de se rendre plus facilement à la station Tremblant. Il est possible de réserver un service de limousine entre l'aéroport et votre hôtel.

■ **RÉSERVE FAUNIQUE ROUGE-MATAWIN**
2002, chemin Lac-des-Sucreries
✆ +1 819 275 1811 / +1 800 665 6527
www.sepaq.com/rf/rom/fr/
Ouvert à l'année. Postes d'accueil : La Macaza, L'Ascension, et Saint Michel-des-Saints (Lanaudière) – tous ouverts de la mi-mai à la mi-novembre.
La réserve faunique Rouge-Matawin (1 394 km²) ravit les amateurs de plein air. Elle englobe la rivière Rouge à l'ouest (à tendance fougueuse), la rivière Matawin à l'est (à tendance mystérieuse) et plus de 450 lacs. Les pêcheurs sportifs seront comblés par la diversité de la faune aquatique. On y retrouve une forte concentration d'orignaux et de cerfs de Virginie. On compte aussi un relief de montagnes dont certaines s'élèvent à 600 m d'altitude. Une véritable fresque naturelle vivante !

▸ **Faune :** orignal, ours noir, cerf de Virginie, loup, lynx, lièvre et plusieurs espèces d'oiseaux dont la gélinotte huppée, omble de fontaine, grand brochet, truite grise, achigan et doré jaune.

▸ **Hébergement :** 12 chalets (capacité de 2 à 14 personnes), 3 camps rustiques, 9 camps prospecteurs, plus de 100 emplacements de camping, 3 tentes-roulottes.

▸ **Location d'équipement :** canots/chaloupes, gilets de flottaison, vente de glace, leurres, appâts, essence et bois.

▸ **Activités :** activités nautiques, canot-camping, chasse à l'orignal, au cerf de Virginie et au petit gibier (à la journée et avec séjour), observation de la faune, pêche (à la journée et avec séjour), motoneige (80 km de sentiers dont une partie Trans-Québec), quad.

Hébergement chez l'habitant

■ **VILLAGE D'ACCUEIL TOURISTIQUE DES HAUTES-LAURENTIDES**
3, chemin Valiquette
✆ +1 819 585 2157 / +1 877 585 2157
www.villagedaccueil.com
Tarifs selon la formule choisie (individuelle, groupe, séjours 1 et 2 nuits, activités optionnelles). Séjours sur mesure également offerts.
Ce réseau d'hébergement en famille, que l'on nomme « chambre d'hôte » en France, vous permet de vivre l'expérience québécoise à son meilleur. Le village regroupe une dizaine de municipalités des Hautes-Laurentides comme Ferme-Neuve, Mont-Laurier ou Lac-du-Cerf. Le forfait de base pour groupe, par exemple, comprend un cocktail de bienvenue, le jumelage avec une famille hôte pour une nuit, le repas du soir, le petit déjeuner et une animation folklorique avec musiciens. Une expérience inoubliable !

NOMININGUE

Traversé par le parc linéaire le P'tit train du Nord, Nominingue est un village où vous aimerez revenir. Vous y trouverez un éventail d'activités dont la plage, un terrain de golf et les sentiers récréotouristiques du parc Le Renouveau. Vous apprécierez l'hospitalité des Nomininguois, une longue tradition d'accueil.

Pratique

■ **BUREAU TOURISTIQUE SAISONNIER DE NOMININGUE**
2150, chemin Tour-du-Lac
✆ +1 819 278 3384
www.municipalitenominingue.qc.ca
Ouvert de la mi-juin à la fête du Travail.

À voir – À faire

La réserve faunique de Papineau-Labelle, près de Montpellier, dans l'Outaouais, est accessible d'ici et vaut le détour. Pour y accéder, suivre la route 321 à Nominingue ou la route 117 à La Minerve. Pour toute information sur la réserve, référez-vous à la section « Outaouais – Montpellier ».

RIVIÈRE-ROUGE

Située dans la Vallée de la Rouge, Rivière-Rouge regroupe les anciennes municipalités de L'Annonciation, Marchand et Sainte-Véronique. C'est dans ce secteur que se trouve le réservoir Kiamika, un magnifique plan d'eau aux plages sablonneuses, très fréquenté des pêcheurs friands de doré jaune, de truite moulac et de ouananiche (saumon d'eau douce originaire du Québec).

■ **POURVOIRIE CECAUREL**
16 512, chemin du Lac Kiamika
Secteur Sainte-Véronique
✆ +1 819 275 2386 – www.cecaurel.com
Tarifs selon le type d'hébergement choisi. Projet à venir : ajout d'une auberge d'une douzaine de chambres. Nouveautés : tentes Kiamika prêt-à-camper, location de ponton. Services sur place : dépanneur/boutique de pêche, marina de 40 places, essence pour bateau, motoneige et quad, restaurant-bar avec terrasse (ouvert en saison estivale).
Propriété de la famille Morin depuis des décennies, cette magnifique pourvoirie se trouve aux abords d'un réservoir d'eau naturel de 60 km² de superficie : le Kiamika. 16 chalets sont répartis sur le site dont six nouveaux chalets de bois rond. Douillets à souhait, vous vous y sentirez comme à la maison ! 70 espaces de camping 2 services pour tentes et roulottes vous permettront de vous rapprocher des nuits étoilées. Une foule d'activités de plein air vous attend, tant sur le site qu'à proximité : activités nautiques, pêche, chasse au chevreuil et au petit gibier, sentiers de ski de fond et raquette, motoneige, randonnée en traîneau à chiens (départ depuis la pourvoirie), etc. Vous avez une idée d'activité en tête ? Informez-vous auprès d'eux car ils peuvent réserver à peu près n'importe quoi ! Un excellent pied-à-terre pour découvrir la région et profiter des grands espaces !

MONT-LAURIER

La ville de Mont-Laurier est le point d'arrivée du parc linéaire Le P'tit train du Nord, 200 km après Saint-Jérôme. Elle est aussi la ville principale de la municipalité régionale du comté d'Antoine-Labelle (ou capitale des

Hautes-Laurentides) et l'étape par excellence des motoneigistes et quadistes.

■ **AUBERGE ET EXPÉDITION RÊVE BLANC**
707, chemin de Ferme Rouge
✆ +1 819 623 2628 / +1 866 523 2628
www.auberge-quebec.ca
Nombreuses activités offertes. Hébergement en chambre régulière, mezzanine, familiale ou supérieure. Forfaits disponibles. Restaurant ouvert matin et soir (midi sur réservation et possibilité de panier-repas). Spa thérapeutique, sauna, piscine extérieure, terrasses.
Le domaine Rêve Blanc est situé en pleine nature, à 2h30 de Montréal et 10 min de Mont-Laurier. Un décor en cèdre et poutres centenaires très convivial. Mais la force de Rêve Blanc, ce sont les activités proposées au rythme des saisons. En été : randonnée à cheval, location de vélo et VTT, baignade, canot, randonnée pédestre en forêt... En hiver : une meute d'une centaine de chiens, huskies et groenlandais, et des guides expérimentés vous attendent pour une aventure hivernale mémorable. Aussi offert : raquette, pêche blanche, location de motoneige et VTT.

▸ **Autre adresse :** Pour les réservation de traîneau à chiens : ✆ +1 819 499 3330 ou sans frais au ✆ +1 855 499 3330.

■ **FROMAGERIE DU P'TIT TRAIN DU NORD**
624, boulevard Albiny-Paquette
✆ +1 819 623 2250 / +1 866 816 4957
www.fromagerieptittraindunord.com
Conception de plateaux de fromages, de paniers-cadeaux et de dégustations de vins et fromages. Vente de fromages et de produits régionaux sur place (ouvert à l'année).
Fondé en 1998 par des passionnés désireux de rétablir la tradition fromagère dans les Hautes-Laurentides, le P'tit Train du Nord a su se tailler une place de choix au fil des ans. En 2001, la fromagerie est rachetée par Francine Beauséjour et Christian Pilon, actuels propriétaires, et de nouvelles recettes sont créées. On compte dorénavant une dizaine de fromages différents, parfaits compagnons de votre apéro ou d'un repas entre amis. Et que la tradition perdure !

■ **HÔPITAL DE MONT-LAURIER**
2561, chemin de la Lièvre Sud
✆ +1 819 623 1234

■ **TOURISME HAUTES-LAURENTIDES**
177, boulevard Albiny-Paquette
✆ +1 819 623 4544 – +1 888 560 9988
www.tourismehautes-laurentides.com
Ouvert toute l'année.

FERME-NEUVE

Pour se rendre à Ferme-Neuve, il faut emprunter, depuis Mont-Laurier, la route 309 Nord qui offre des paysages plutôt campagnards que forestiers. De là s'ouvrent les chemins menant à différentes pourvoiries et ZEC. C'est aussi un passage obligé si vous vous rendez au réservoir Baskatong et à sa réputée chute Windigo.

Pratique

■ **BUREAU TOURISTIQUE DE FERME-NEUVE**
94, 12e Rue ✆ +1 819 587 3882
✆ +1 877 587 3882
www.montagnedudiable.com
Ouvert toute l'année.

Se loger

Confort ou charme

■ **POURVOIRIE CLUB FONTBRUNE**
Route 17 de la montée Leblanc
À 32 km de la jonction avec la route 309
✆ +1 819 623 2663 / +1 888 831 2663
www.club-fontbrune.qc.ca
Camping 2 services : 35 CAN $ par jour pour 2 personnes. Chalets (séjour de 2 nuits minimum) : à partir de 140 CAN $ pour deux nuits. Possibilité de pension complète. Tarifs spéciaux pour les familles ou à la semaine. Forfaits disponibles. Dix-sept chalets de 2 à 12 personnes.

Sur les rives du lac Piscatosine, au nord-ouest de Ferme-Neuve, Marie-Josée et Éric vous accueillent dans un des plus beaux sites naturels de la forêt laurentienne. Tout est là pour vivre une belle expérience en nature, sans pour autant négliger un certain confort. Spa et sauna extérieurs, restaurant, casse-croûte, bar, permis de chasse et de pêche, service de guide, location d'embarcations, moteurs et accessoires, location de motoneiges, quad, raquettes, excursion en traîneau à chiens sur réservation, et bien plus encore. Raids, séjours multi-activités et activités à la carte aussi disponibles.

■ RABASKA LODGE

55, chemin de l'Oasis
Route 17 de la montée Leblanc, à 40 km de la jonction avec la route 309
✆ +1 819 623 1818
www.lerabaska.com

À partir de 280 CAN $ pour deux nuits en chalet en occupation double. Tarifs spéciaux pour les familles. Camping sauvage : 30 CAN $, avec services : 45 CAN $. Forfaits disponibles.

Ce centre de villégiature est situé aux abords du réservoir Baskatong, à proximité de la montagne du Diable (magnifique point de vue). Une quinzaine de chalets, entièrement rénovés et pouvant accueillir de 2 à 12 personnes, sont disséminés sur le territoire et offrent un confort exceptionnel, bien mérité après une belle journée au grand air. Pour les groupes de maximum 16 personnes, le chalet « Le Grand Rabaska » est tout indiqué avec quatre grandes chambres fermées, une cuisine, deux salles de bain et un foyer. La table du lodge propose une cuisine à saveurs locales dans un décor typiquement québécois. Parmi les services, notons la location de motoneiges (tarifs sur demande), raquettes, VTT, embarcations nautiques, la création d'itinéraires sur mesure, le service de guide, et une station d'essence.

Luxe

■ LE VILLAGE WINDIGO

548, chemin Windigo ✆ +1 819 587 3000
✆ +1 866 946 3446 – www.lewindigo.com

Hébergement en condos de luxe et résidences de luxe entièrement équipés. Plusieurs forfaits disponibles. Héliport sur le site.

Dans ce grand domaine, situé aux abords du réservoir Baskatong, en pleine nature sauvage, luxe et confort vous attendent, sans négliger le cachet rustique. Son restaurant offre une cuisine gastronomique dans une magnifique salle à manger en bois rond. Après une longue journée d'activités, optez pour le Jacuzzi, le sauna ou un massage. De nombreuses activités de plein air sont possibles en toutes saisons : tennis, quad, kayak, baignade, location de Commander (véhicule tout-terrain), VTT et motoneige, traîneau à chiens, patin à glace, ski de fond, etc. Un lieu magnifique pour déconnecter de la routine.

Sports – Détente – Loisirs

■ FORÊT RÉCRÉOTOURISTIQUE DE LA MONTAGNE DU DIABLE

94, 12e Rue
✆ +1 819 587 3882 / +1 877 587 3882
www.montagnedudiable.com

Droits d'accès journaliers : 5 à 7 CAN $ selon l'activité. Hébergement disponible en refuge et en camping rustique à l'année. Service de location de raquettes, transport de véhicule et de bagages.

La Forêt récréotouristique de la Montagne du Diable abrite le lac Windigo et la superbe chute du même nom. L'endroit est fréquenté par les amateurs de plein air et pour cause : on y retrouve près de 80 km de sentiers pour la randonnée pédestre ou en raquettes, 55 km de sentiers de ski nordique, 30 km de sentiers pour le ski de fond classique et pas de patin, 10 km de circuit de canot-camping, et 25 km de sentiers de vélo de montagne de style « Cross-Country ». Il est également possible d'y circuler en VTT ou en motoneige sur des sentiers balisés.

LAC-SAINT-PAUL

Lac-Saint-Paul fait partie des dernières municipalités bordant les grands territoires sauvages des Hautes-Laurentides et les zones d'exploitation contrôlée (ZEC). C'est une destination fort prisée des chasseurs, pêcheurs, quadistes et motoneigistes.

■ **POURVOIRIE MEKOOS**

Via le chemin des Pionniers
À une heure de Mont-Laurier en direction de Parent
✆ +1 819 623 2336 – www.mekoos.com
Consultez le site Internet pour connaître la gamme des tarifs et forfaits. Nombreux services et équipements disponibles sur place. Service de transport disponible entre la pourvoirie et l'aéroport (tarifs sur demande).

La pourvoirie Mekoos vous invite à découvrir une nature sauvage et abondante au cœur de la forêt canadienne. L'hébergement se fait soit en chambre douillette à l'auberge soit dans un des chalets en bois rond cotés 4-étoiles et pouvant accueillir de 4 à 16 personnes. Vous retrouverez sur place nombreux services et activités en toutes saisons (pêche, chasse, motoneige, quad, traîneau à chiens, etc.) en plus d'une excellente table proposant des mets copieux et succulents. En saison hivernale, la pourvoirie offre la possibilité de louer des motoneiges puisqu'elle a sa propre flotte sur place et elle organise également des raids et des séjours multi-activités (possibilité de forfaits sur mesure).

▸ **Autre adresse :** numéro Vert depuis la France : ✆ 0 805 080 224.

Outaouais

Grâce à son vaste territoire de 33 000 km² émaillé de 20 000 lacs et une douzaine de rivières, l'Outaouais est une destination de premier choix pour les amoureux du plein air. Parcourir le parc de la Gatineau, aller à la découverte des animaux d'Amérique du Nord au parc Oméga, et visiter le Musée canadien des Civilisations offrant la superbe vue sur Ottawa, voilà quelques-unes des activités phares que compte cette grande région, située entre l'Abitibi-Témiscamingue, l'Ontario et les Laurentides.

Transports

- **Avion.** L'aéroport international le plus près se situe à Ottawa. www.ottawa-airport.ca
- **Bus.** Autobus Voyageur (Greyhound) dessert quelques municipalités de la région dont Montebello, Gatineau et Maniwaki. www.greyhound.ca
- **Train.** La gare ferroviaire Via Rail la plus près se situe à Ottawa. www.viarail.ca
- **Traversiers.** Il existe quatre services de traversiers entre l'Ontario et la région de l'Outaouais : Ottawa (Ont.) – Gatineau, Lefaivre (Ont.) – Montebello, Fitzroy Harbour (Ont.) – Quyon, et Rockland (Ont.) – Thurso.
- **Voiture.** Plusieurs routes desservent la région de l'Outaouais. Voici les principaux accès routiers en fonction des régions de départ.

Abitibi-Témiscamingue : prenez la route 117 Sud qui traverse la réserve faunique de la Vérendrye, et ensuite la route 105 Sud qui mène à Gatineau. Autre possibilité : prenez la route 117 Nord jusqu'en Ontario (où elle devient la route 66) puis la route 11 et la route 17 jusqu'à Ottawa.

Laurentides : à partir de Mont-Laurier, prenez la route 309 ou la route 311 en direction sud (la route 309 mènent à Masson mais possibilité de prendre la route 307 Sud à Val-des-Bois qui va directement à Gatineau). À partir de Saint-Jovite, empruntez la route 323 Sud qui mène à Montebello. À partir du sud de la région, soit la route 344 Ouest soit la 148 Ouest.

Province de l'Ontario : vous prenez un traversier ou vous vous rendez jusqu'à Ottawa pour rejoindre le pont.

TOURISME OUTAOUAIS
103, rue Laurier
Secteur Hull
GATINEAU
✆ +1 819 778 2222 / +1 800 265 7822
www.tourismeoutaouais.com

GATINEAU

À l'extrémité ouest du Québec et à la limite de l'Ontario, la ville de Gatineau s'élève au bord de la rivière des Outaouais et fait face à Ottawa, la capitale du Canada dont elle constitue, en quelque sorte, le prolongement. Gatineau regroupe depuis 2002 les municipalités d'Aylmer, Hull, Gatineau, Buckingham et Masson-Angers. La prospérité de la ville remonte au XIXe siècle, à l'époque de l'exploitation de la forêt qui couvrait alors la région et dont les pins rouges et blancs étaient utilisés pour la construction navale. Aujourd'hui la ville a vu l'édification de deux vastes complexes fédéraux : la place du Portage et les terrasses de La Chaudière, ainsi que l'implantation d'un campus de l'Université du Québec. Le Casino du Lac-Leamy, énorme structure d'avant-garde édifiée au bord du lac du même nom, est un attrait majeur.

Les immanquables de la région de l'Outaouais

- **Le Musée canadien des Civilisations** à Gatineau.
- **Le parc de la Gatineau.**
- **La visite du parc Oméga** et du luxueux hôtel Fairmont à Montebello.
- **La tumultueuse rivière des Outaouais,** paradis des aficionados d'aventure en eaux vives.

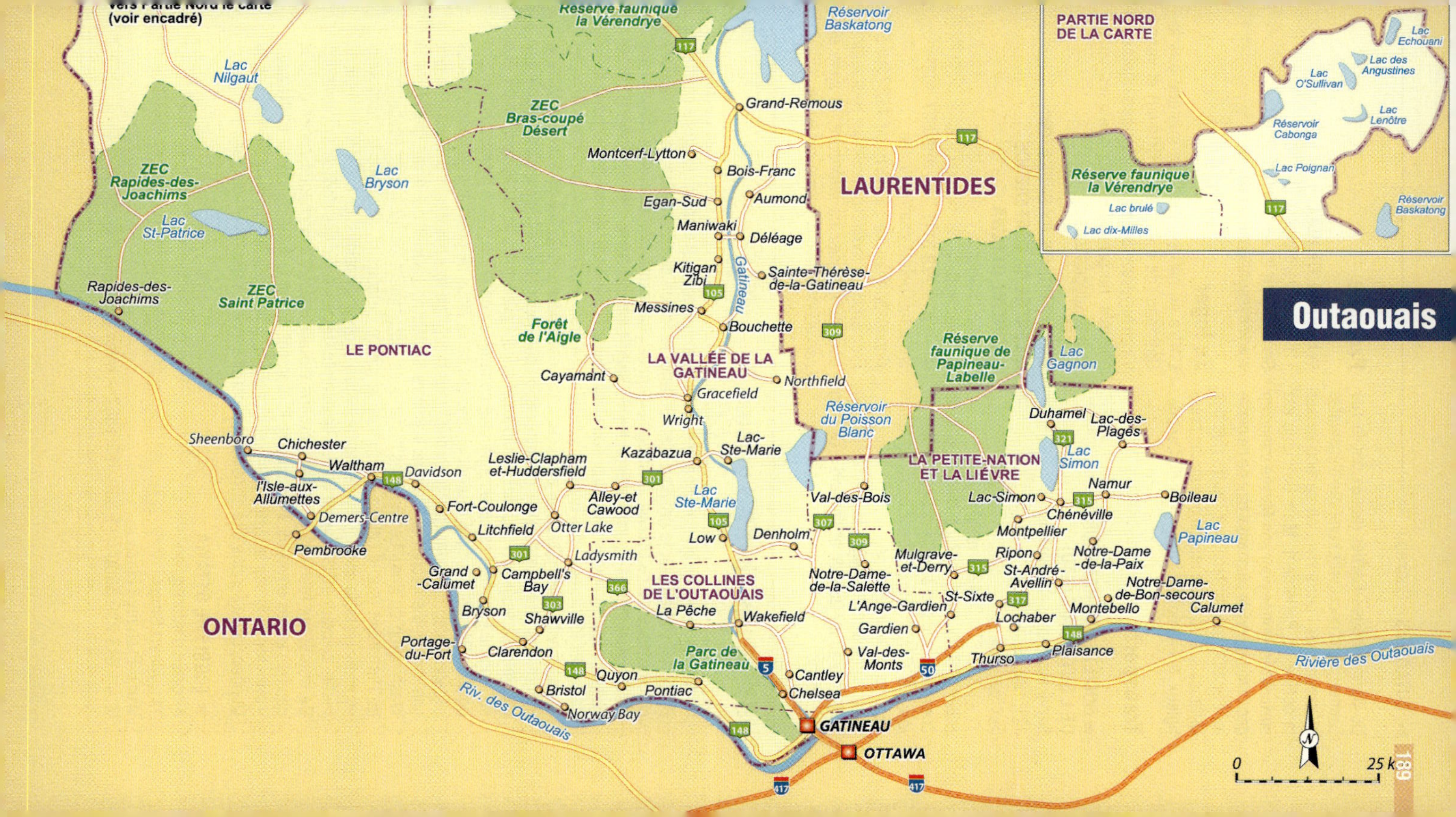
Outaouais
PARTIE NORD DE LA CARTE
Lac Echouani
Lac des Angustines
Lac O'Sullivan
Lac Lenôtre
Réservoir Cabonga
Lac Poignan
Réserve faunique la Vérendrye
Lac brulé
Lac dix-Milles
Réservoir Baskatong
117
vers Partie Nord le carte (voir encadré)
Réserve faunique la Vérendrye
Réservoir Baskatong
LAURENTIDES
Lac Nilgaut
ZEC Bras-coupé Désert
ZEC Rapides-des-Joachims
Lac Bryson
Lac St-Patrice
Rapides-des-Joachims
ZEC Saint Patrice
LE PONTIAC
Forêt de l'Aigle
LA VALLÉE DE LA GATINEAU
Réserve faunique de Papineau-Labelle
Lac Gagnon
Réservoir du Poisson Blanc
LA PETITE-NATION ET LA LIÈVRE
Lac Simon
Lac Papineau
Lac Ste-Marie
LES COLLINES DE L'OUTAOUAIS
Parc de la Gatineau
Gatineau
ONTARIO
Riv. des Outaouais
Rivière des Outaouais
Grand-Remous
Montcerf-Lytton
Bois-Franc
Aumond
Egan-Sud
Maniwaki
Déléage
Kitigan Zibi
Sainte-Thérèse-de-la-Gatineau
Messines
Bouchette
Cayamant
Northfield
Gracefield
Wright
Lac-Ste-Marie
Kazabazua
Sheenboro
Chichester
Waltham
Davidson
l'Isle-aux-Allumettes
Demers-Centre
Pembrooke
Leslie-Clapham et-Huddersfield
Alley-et Cawood
Fort-Coulonge
Litchfield
Otter Lake
Ladysmith
Low
Denholm
Val-des-Bois
Grand -Calumet
Campbell's Bay
Bryson
Shawville
Portage-du-Fort
Clarendon
Bristol
Quyon
Pontiac
Norway Bay
La Pêche
Wakefield
Cantley
Chelsea
GATINEAU
OTTAWA
Val-des-Monts
Gardien
L'Ange-Gardien
Notre-Dame-de-la-Salette
Mulgrave-et-Derry
St-Sixte
Thurso
Lochaber
Plaisance
Montebello
Notre-Dame-de-Bon-secours
Calumet
St-André-Avellin
Ripon
Notre-Dame -de-la-Paix
Montpellier
Chénéville
Lac-Simon
Namur
Boileau
Duhamel
Lac-des-Plages
105
148
301
303
307
309
315
317
321
366
5
50
417
0
25 k

Du parc Jacques-Cartier (accès par la rue Laurier), vous découvrirez une vue d'ensemble d'Ottawa, sur l'autre rive, en particulier sur la colline du Parlement. Mais Gatineau est surtout renommée pour son Musée canadien des Civilisations, le plus important de ce genre au Canada, qui fait face, sur l'autre rive des Outaouais, à un autre musée non moins prestigieux, le musée des Beaux-Arts du Canada.

Transports

■ SOCIÉTÉ DE TRANSPORT DE L'OUTAOUAIS (STO)
Service des renseignements
111, rue Jean-Proulx
Secteur Hull
✆ +1 819 770 3242 – www.sto.ca
Billet à 3,30 CAN $ (3,75 CAN $ si payé comptant dans le bus). Laissez-passer un jour : 8 CAN $. Supplément pour les lignes Express et Interzone.
Cette compagnie dessert la grande région de Gatineau au Québec et se rend à Ottawa en Ontario.

Pratique

■ HÔPITAL DE HULL
116, boulevard Lionel-Émond
Secteur Hull ✆ +1 819 966 6200
www.csssgatineau.qc.ca

Se loger

L'offre en hébergement ne manque pas à Gatineau (de même qu'à Ottawa) et vous y retrouverez toutes les grandes chaînes d'hôtels, ou presque. Voici quelques-unes de nos suggestions :

■ FOUR POINTS BY SHERATON & CENTRE DE CONFÉRENCE GATINEAU-OTTAWA
35, rue Laurier
Secteur Hull
✆ +1 819 778 6111 / +1 888 627 8089
www.fourpoints.com/gatineau
Occupation double : à partir de 152 CAN $. Promotions et forfaits disponibles. Restaurant, bar, lounge, piscine intérieure, et salle de conditionnement physique sur place.

Une visite chez les voisins

La province de l'Ontario, qui longe la région de l'autre côté de la rivière des Outaouais, mérite une visite de quelques heures, voire quelques jours si votre itinéraire le permet. Portion historique de la province de l'Ontario, la région de l'Est abrite de belles villes comme Kingston ou Ottawa, mais également de charmants villages et paysages le long du canal Rideau et du majestueux fleuve Saint-Laurent. Dans cette contrée au riche passé, vous découvrirez les plus vieux villages de la province, datant de l'époque de la traite des fourrures et des loyalistes de l'Empire-Uni. Mais l'est de la province n'est pas uniquement un lieu d'histoire et de culture, il est également un lieu de découverte de la nature. Les routes intérieures de cette région conjuguent les campagnes tranquilles aux contrées sauvages du bouclier canadien et offrent différentes activités de plein air tout au long de l'année. Les zones agricoles comme le comté de Prince Edward ou encore celui de Prescott-Russell sauront exciter vos sens. Nous ne pourrions pas passer sous silence la capitale nationale du Canada (aussi capitale des musées) : Ottawa. Elle doit son indéniable cachet au Premier ministre Sir Wilfrid Laurier qui rêvait d'en faire la Washington du Nord. Les édifices historiques, notamment les bâtiments néogothiques du Parlement (sur la colline qui domine la rivière Outaouais), ainsi que les nombreux espaces verts, la distinguent des autres villes nord-américaines. Le canal Rideau qui se faufile au cœur de la ville est un lieu de détente très apprécié des résidents et visiteurs. De nombreux festivals et manifestations culturelles ont lieu chaque année dans la capitale et ses environs. Peu importe le moment de votre visite de la ville d'Ottawa, il y aura toujours des activités pour vous captiver. Située à la frontière de l'Ontario et du Québec, cette sereine cité offre au voyageur le meilleur des deux cultures.

■ TOURISME OTTAWA
Kiosque d'information
111, Albert Street
World Exchange Plaza
✆ +1 613 239 5000 / +1 800 465 1867 – www.ottawatourism.ca/fr

Avec sa localisation dans le Vieux-Hull, face au Musée canadien des Civilisations et embrassant une vue incroyable sur Ottawa, cet hôtel tout confort entièrement rénové est aussi un point d'accès idéal pour visiter la capitale canadienne, de l'autre côté du pont. Une adresse hautement recommandée !

■ HÔTEL CHÂTEAU CARTIER

1170, chemin Aylmer
Secteur Aylmer
✆ +1 819 778 0000 / +1 800 807 1088
www.chateaucartier.com

Occupation double : à partir de 144 CAN $, petit déjeuner inclus. Forfaits disponibles. Centre de santé Spa, terrain de golf 18-trous, piscine intérieure, Jacuzzi, saunas, bains vapeur, salle de conditionnement physique, deux restaurants. Stationnement gratuit.

Ce bel hôtel 4-étoiles s'est refait une beauté pour offrir davantage de suites et de chambres rénovées, encore plus luxueuses. Grand confort, soins de santé, magnifique terrain de golf et excellentes tables (dont une de grillades brésiliennes) vous attendent dans ce très bel établissement. Malgré son éloignement par rapport au centre-ville de Gatineau, c'est une bonne adresse pour un séjour dans la région.

■ RAMADA PLAZA LE MANOIR DU CASINO

75 rue d'Edmonton
✆ +1 819 777 7538 / +1 800 296 9046
www.ramadaplaza-gatineau.com

Occupation double : à partir de 139 CAN $. Promotions et forfaits disponibles. Stationnement gratuit. Restaurant avec trois salons privés, piscine intérieure, jacuzzi, sauna, centre de santé Spa Acomodo, salle d'exercices, boutique de souvenirs.

Situé à moins de 1 km du lac Leamy et de son casino, cet hôtel 4-étoiles est une halte parfaite pour un séjour seul, en famille ou pour affaires. Que vous optiez pour la chambre classique, la classe affaires ou la suite exécutive, elles sont toutes munies d'un bain double à jets d'air et d'un foyer électrique. Et que dire de la suite exécutive sur deux étages ! Tout simplement superbe ! Les nombreuses commodités et les services de l'hôtel rendront votre séjour des plus confortables. Nous vous conseillons également la table de l'hôtel, le Risotto, un restaurant italien spécialisé dans les pâtes et grillades, à des prix plus que raisonnables. Ne reste qu'à profiter d'un petit moment de détente au centre de santé Acomodo pour conclure en beauté ce séjour.

Se restaurer

■ LES BRASSEURS DU TEMPS

170, rue Montcalm
Secteur Vieux-Hull
✆ +1 819 205 4999
www.brasseursdutemps.com
Dimanche-mardi, 11h30-minuit ; mercredi, 11h30-1h ; jeudi-samedi, 11h30-2h. Boutique de bières en bouteille et d'articles à l'effigie de la brasserie. Programmation culturelle et musicale. Terrasse. Salle privée pour les groupes sur réservation.

Les lieux sont fort conviviaux, particulièrement en été avec la magnifique terrasse aux abords du cours d'eau de la Brasserie. Pour assouvir les amateurs en quête de délices houblonnés, douze bières figurent au menu, en rotation selon les saisons et les humeurs, en plus de bières « invitées », fières représentantes de nos microbrasseries québécoises. Les indécis opteront pour « l'horloge », question de goûter à tout ! La table gourmande des BDT vaut également le détour avec ses excellents plats à saveurs locales : assiette de cochonnailles, fish & chip, burger d'agneau du Québec, foie de veau poêlé à l'anglaise, tartare de bison, poutines gourmandes... Un menu tapas est également offert (sauf le midi) ainsi que des dégustations pour les groupes d'au moins 25 personnes (bières-fromages ou bières-saucisses-charcuterie). Pour continuer l'expérience, partez à la découverte du passé brassicole régional en visitant le musée, ou profitez des groupes musicaux qui viennent fouler les planches du BDT plusieurs fois par semaine.

■ PIZ'ZA-ZA

36, rue Laval
Secteur Vieux-Hull
✆ +1 819 771 0565 – www.pizzaza.ca
Lundi-mardi, 11h30-22h ; mercredi-vendredi, 11h30-23h ; samedi, 17h-23h ; dimanche, 17h-22h. Menu à la carte : moins de 20 CAN $.

Avec plus d'une vingtaine de variétés de pizzas, des salades, des pâtes, une belle sélection de vins et de bières, le Piz'za-za saura vous accueillir comme il se doit, avec générosité et dans une ambiance décontractée. Présenté comme un resto-bar à vins, il offre également ses salons privés pour vous accueillir en toute occasion. Un lieu convivial et très plaisant au cœur du Vieux-Hull.

Sortir

■ AUX 4 JEUDIS

44, rue Laval
Secteur Vieux-Hull
✆ +1 819 771 9557 – www.4jeudis.ca
Lundi-dimanche, 14h-2h (dès 11h30 en semaine de mi-mai à fin août). Menu à la carte : moins de 20 CAN $.

Le bâtiment qui fut l'Epicerie Laflèche pendant près d'un siècle abrite depuis 30 ans ce café-bar très prisé par les travailleurs, les professionnels et les universitaires. Très présent sur la scène touristique et culturelle locale, le calendrier des événements comprend des expositions d'art visuel, des soirées thématiques et, durant la belle saison, des soirées cinéma et des concerts sur la terrasse. Pour étancher la soif des visiteurs, une carte des bières locales et importées qui plaira à tous avec une quinzaine de bières pression et plus de 45 sortes en bouteilles. D'ailleurs à chaque mois, une bière est à l'honneur et affiche un prix réduit. Pour les petits creux en saison estivale, un menu composé de salades, burgers et sandwichs gourmands vous est offert le midi du lundi au vendredi dès 11h30, et en soirée du lundi au dimanche à partir de 16h.

aux 4 jeudis
Ottawa a le Premier ministre,
nous on a Bob.
LES GRANDS PRIX DU TOURISME QUÉBÉCOIS 2008
www.4jeudis.ca
819-771-9557
44, rue Laval,
Vieux-Hull (Gatineau)

piz'za-za.
RESTAU BAR À VIN
Et juste à côté, on a le souper.
On vous attend.
36, rue Laval, Vieux-Hull (Gatineau)
819.771.0565 — www.pizzaza.ca

Le complexe Lac-Leamy

Le lac Leamy, véritable pont entre la nature et la ville, offre aux citadins, aux voyageurs et aux flâneurs un endroit propice à la détente et au divertissement. En bordure de ses eaux, vous vous adonnerez à la randonnée pédestre, au ski de fond, à la raquette, au patinage et à la baignade. Vous pouvez y louer l'équipement nécessaire à la pratique de ces activités. Si l'envie de faire une croisière vous prend, la compagnie Au Feel de l'Eau en propose plusieurs ainsi qu'un service de bateau-taxi entre Gatineau et Ottawa. Le site héberge aussi le Casino, auquel vous pouvez accéder par la voie des eaux, à partir de la rivière des Outaouais, durant la saison estivale. L'hôtel Hilton (www.hiltonlacleamy.com) Lac-Leamy a installé ses quartiers près du lac.

■ CASINO DU LAC-LEAMY
1, boulevard du Casino
✆ +1 819 772 2100 / +1 800 665 2274
www.casino-du-lac-leamy.com
Ouvert tous les jours 24h/24. 18 ans et plus. Stationnement, entrée et vestiaire gratuits. Quai d'accostage pour bateau, héliport. Navette pour s'y rendre avec la ligne d'autobus 21.
64 tables de jeu, 1 800 machines à sous, un salon de Keno, 6 restaurants, 3 bars et salons, et un théâtre. De quoi satisfaire les amoureux du jeu et des grands spectacles. En août s'y déroule une compétition d'art pyrotechnique (www.feux.qc.ca).

■ BISTRO L'AUTRE ŒIL
55, rue Principale
Secteur Aylmer
✆ +1 819 682 1221
www.lautreoeil.com
Dimanche-mercredi, 15h-minuit ; jeudi-samedi, 15h-1h. Fermé le dimanche de septembre à mai (sujet à changement). Menu d'amuse-gueules et légers repas. Terrasse.
Une adresse fort connue des amateurs de houblon et le cas échéant, à découvrir absolument. On y dénombre plus de 550 sortes de bières, allant des microbrasseries québécoises aux raretés belges, en passant par des exclusivités et d'autres divins nectars. Cela représente plus d'une trentaine de pays ! Si vous êtes avides d'en connaître davantage sur le monde de la bière, sachez que plusieurs événements sont organisés fréquemment afin de vous initier à sa fabrication, sa dégustation et son évaluation. Une halte incontournable !

■ LE PETIT CHICAGO
50 Promenade du Portage
Secteur Vieux-Hull
✆ +1 819 483 9843
www.petitchicago.ca
Samedi-mercredi, 20h-2h ; jeudi-vendredi, 16h-2h. Tarifs selon la soirée, l'événement ou le spectacle (gratuit ou moins de 20 CAN $).
Incontournable bar à spectacles du Vieux-Hull, Le Petit Chicago propose des soirées de danse, des spectacles en tous genres, dont les volets en salle de festivals, tels que le Festival de l'Outaouais Émergent ou Piknic Électronik Gatineau, des événements comme des soirées d'impro... Un excellent endroit où finir la soirée !

À voir – À faire

■ MUSÉE CANADIEN DES CIVILISATIONS
100, rue Laurier
Secteur Hull
✆ +1 819 776 7000 / +1 800 555 5621
www.civilisations.ca
Ouvert tous les jours à l'année (horaire variable selon la saison). Adulte : 12 CAN $; aîné et étudiant : 10 CAN $; 3-12 ans : 8 CAN $; famille : 30 CAN $. Entrée libre le jeudi à partir de 16h. Forfaits disponibles avec le Musée de la Guerre et IMAX.
Ce vaste complexe muséologique ultramoderne offre 16 500 m² de salles d'exposition consacrées à l'histoire du Canada depuis les Vikings, ainsi qu'aux arts et traditions des nations autochtones du Canada. Par l'impressionnante collection d'objets qu'il regroupe (plus de 3 millions), ses diaporamas, ses systèmes de projection de haute technologie et ses expositions interactives, il vise à mettre en valeur le patrimoine culturel des 275 groupes humains vivant au Canada. Vous y verrez également le musée canadien des Enfants, le musée canadien de la Poste, un théâtre IMAX et des expositions temporaires, une bibliothèque, une boutique, le nouveau Bistro Boréal (menu de type bistro), le Café Second Cup et une cafétéria.

LES COLLINES-DE-L'OUTAOUAIS

La région des Collines-de-l'Outaouais entoure la ville de Gatineau. Composée de 7 municipalités (Cantley, Chelsea, Val-des-Monts, L'Ange-Gardien, Notre-Dame-de-la-Salette, Pontiac et La Pêche), la région allie le dynamisme citadin et la quiétude de la nature : 18 % de son territoire est occupé par le parc de la Gatineau.

CHELSEA

Située à peine à 10 minutes de voiture au nord de Gatineau, la municipalité rurale de Chelsea est un havre de nature avec en son territoire, la porte d'entrée du parc de la Gatineau. C'est aussi un lieu de prédilection pour les gourmands avec de bonnes tables misant sur les produits régionaux du Québec.

Se restaurer

■ LES FOUGÈRES

783, route 105 ✆ +1 819 827 8942
www.fougeres.com
Boutique : dimanche-mercredi, 10h-20h ; jeudi-samedi, 10h-22h. Restaurant : lundi-vendredi, 11h-21h30 ; samedi-dimanche, 10h-21h30. Ouvert que les week-ends en mars. Plats principaux le midi : à partir de 15 CAN $, le soir : à partir de 30 CAN $. Table d'hôte du mois : à partir de 45 CAN $ (supplément pour l'accord mets-vins). Menu dégustation : 69-89 CAN $ (110-149 CAN $ avec le vin). Menus végétarien disponible. Table aux saveurs du terroir certifiée.
Une excellente table régionale avec un menu qui change au fil des saisons. Les fins gourmets seront comblés ! Le menu dégustation, offert avec ou sans l'accord des vins (la carte des vins est très intéressante), promet de savoureuses découvertes. Le décor est élégant, et la terrasse donne sur un magnifique jardin. Une halte gastronomique à saveur locale ! Pour ceux qui ne font que passer, ou qui aimeraient rapporter un peu de ces produits de qualité, une boutique vend sur place certaines des spécialités du menu ainsi qu'une très large sélection de plats cuisinés.

■ L'OREE DU BOIS

15, chemin Kingsmere ✆ +1 819 827 0332
www.oreeduboisrestaurant.com
Mardi-dimanche, 17h30-22h (fermé le lundi, et le dimanche de novembre à avril). Menu à la carte, végétarien et table d'hôte. Superbe cave à vin. Table aux saveurs du terroir certifiée. Événements spéciaux tout au long de l'année (menu cabane à sucre, animation gastronomique, etc.).
Une belle expérience gastronomique vous attend à L'Orée du Bois. Établi depuis 1978 dans le cadre champêtre du village de Chelsea, ce restaurant mise sur une grande collaboration avec les producteurs locaux afin d'offrir une cuisine française et régionale de proximité et de grande qualité. Les chefs, Guy Blain et Jean-Claude Chartrand, et leur équipe, vous concoctent des plats dignes des attentes des plus grands épicuriens. Sachez qu'ils cultivent leurs herbes, fument leurs poissons, aromatisent leurs huiles, et conçoivent sur place les charcuteries, les fonds, les chocolats, les pâtisseries et les vinaigres employés dans leurs recettes. Un endroit où tous les plaisirs gourmands sont permis !

Sortir

■ CHELSEA PUB

238, chemin Old Chelsea
✆ +1 819 827 5300 – www.chelseapub.ca
Ouvert tous les jours dès 11h30 (dès 11h le week-end). Programmation culturelle et musicale tout au long de l'année. Terrasse.
Occupant l'une des plus anciennes maisons du village, le Chelsea Pub est l'endroit tout indiqué pour un verre ou un bon repas après une journée de découvertes dans la région. Une carte variée et une ambiance toujours agréable, c'est la clé du succès ! Côté houblon, plusieurs microbrasseries y ont une belle vitrine, sans oublier la vedette du mois. Pour ceux qui aimeraient parfaire leurs connaissances ou découvrir de nouveaux accords, sachez que le bièrologue Mario D'Eer y organise des dégustations plus que savoureuses (sur réservation).

L'OUEST

Parcours Outaouais Gourmet

Avide de découvertes gourmandes ? Procurez-vous la carte du Parcours Outaouais Gourmet et partez à la rencontre des producteurs et artisans passionnés de la région.

▶ **www.parcoursoutaouaisgourmet.com**

Quartier résidentiel en bordure du Parc de la Gatineau.

À voir – À faire

■ PARC DE LA GATINEAU

Centre des visiteurs
33, chemin Scott
✆ +1 819 827 2020
✆ +1 800 465 1867
www.capitaleducanada.gc.ca/gatineau
Centre des visiteurs : lundi-dimanche, 9h-17h (fermé le matin du 25 décembre). Quelques routes fermées en hiver. Droits d'entrée applicables à certains endroits du parc. Hébergement disponible en camping, refuge et yourte.

Cette réserve de 363 km², coincée entre la rivière des Outaouais et celle de la Gatineau, aux collines parsemées de lacs, faisait partie du territoire des Iroquois. Elle doit son nom à Nicolas Gatineau, négociant en fourrures de Trois-Rivières qui disparut en 1683 au cours d'une expédition sur la rivière. Notez que le parc célébrera ses 75 ans en 2013. C'est dans la maison Wilson (pavillon des rencontres officielles), au bord du lac Meech, que fut signé, en 1987, le fameux accord du Lac-Meech (projet de réforme constitutionnelle au Canada visant à convaincre le Québec de signer la loi constitutionnelle de 1982). Poussez jusqu'au belvédère Champlain (altitude 335 m) pour découvrir un panorama d'ensemble de la vallée des Outaouais. Visitez aussi le domaine Mackenzie-King, légué à l'Etat en 1950 par l'ancien Premier ministre du Canada (1921-1948). Couvrant 230 ha, il comprend plusieurs bâtiments, dont la maison rustique Kingswood et la villa Moorside aménagée en salon de thé. Il offre également des sentiers aménagés pour la promenade et des jardins décorés d'éléments architecturaux récupérés sur divers sites. Les activités sont nombreuses dans le parc : vélo, canot, kayak, randonnée pédestre, baignade, pêche, camping au lac Philippe, spéléologie, ski de fond sur près de 200 km de pistes aménagées, ski alpin à la station Camp Fortune, etc.

Sports – Détente – Loisirs

■ CAMP FORTUNE

300, chemin Dunlop
✆ +1 819 827 1717
www.campfortune.com
Tarifs selon l'activité choisie et la saison.

Les amoureux de la nature ont rendez-vous à Camp Fortune où une foule d'activités les attendent en toutes saisons : vélo de montagne et de descente, et défi aérien en été ; sports de glisse en hiver.

■ LE NORDIK – SPA EN NATURE

16, chemin Nordik
Old Chelsea
✆ +1 819 827 1111
✆ +1 866 575 3700
www.lenordik.com

Ouvert tous les jours de 9h à 22h (le restaurant-bar reste ouvert jusqu'à 23h). Accès aux bains nordiques : 48 à 54 CAN $ selon le jour. Forfaits disponibles. Hébergement sur place (lodge pour 12 personnes max). Restaurant-bar, boutique.

Un site enchanteur où soins du corps et détente sont rois et maîtres. Le complexe, installé en pleine nature, vous propose des bains nordiques, de la massothérapie et des soins détente. Le restaurant vous offre une cuisine savoureuse et une carte des vins spécialement préparée par le sommelier. Tout y est pour faire le plein d'énergie. Si les lieux vous plaisent vraiment, pourquoi ne pas dormir sur place (sur réservation entière du lodge Nordik). Décidément un des plus beaux Spas du Québec et le plus grand en Amérique, à seulement 10 minutes du centre-ville de Gatineau et Ottawa. Nouveautés : nouvelle section « Panorama » avec trois saunas, un bain flottant d'eau salée (traitement Källa), une piscine panoramique et un lounge avec terrasse extérieure. À découvrir absolument !

Shopping

■ BOUCANERIE CHELSEA

706, route 105
✆ +1 819 827 1925
www.boucaneriechelseasmokehouse.com
Boutique : dimanche-vendredi, 10h-19h ; samedi, 9h-19h. Restaurant : lundi, fermé ; mardi-mercredi & dimanche, 12h-20h ; jeudi-samedi, 12h-21h. Réservation conseillée.

La Boucanerie, une entreprise éco responsable fort réputée dans la région et même au-delà, offre de savoureux produits fumés maison à l'ancienne depuis plus de 25 ans. C'est à présent James Hargreaves et Line Boyer qui en sont les propriétaires, et ces derniers misent sur les produits locaux et du terroir québécois. Cela se reflète en boutique où une foule de produits fins garnissent également les étalages. Leur restaurant, situé à quelques pas, donne dans les airs de bistro campagnard. Au programme, l'incontournable poisson et frites de la Boucanerie, le saumon et les fruits de mer fumés, sans oublier le homard et les huîtres qui figurent à la carte en saison. Le menu met aussi en avant les produits régionaux québécois et décline ses plats avec un zeste d'inspiration internationale. A mettre au carnet de route !

▶ **Autre adresse :** Resto : 528, route 105, ✆ +1 819-827-5559.

WAKEFIELD

La Pêche regroupe dorénavant une dizaine de municipalités dont Wakefield, petit village charmant en bordure de la rivière Gatineau, avec son joli pont couvert qui l'enjambe. Lieu de villégiature et de plein air, il vaut définitivement le détour, ne serait-ce que pour profiter de ses paysages et de sa quiétude.

Se loger

■ AUBERGE ET SPA LE MOULIN WAKEFIELD

60, chemin Mill
✆ +1 819 459 1838
✆ +1 888 567 1838
www.wakefieldmill.com
Occupation double : à partir de 97,50 CAN $ par personne, petit déjeuner inclus. Forfaits disponibles. Centre de santé Spa, piscine extérieure, deux cuves thermales extérieures, piscine naturelle dans la rivière, deux restaurants, salon-bar avec foyer, prêt de vélos et raquettes.

Seulement à 25 min de route d'Ottawa-Gatineau, le Moulin Wakefield offre un hébergement unique à même le parc de la Gatineau. Le site est magnifique et l'auberge vous offre de nombreuses possibilités de forfaits à combiner avec ses 40 chambres pour profiter au mieux de cet environnement de qualité. Prenez note que suite aux rénovations et à l'agrandissement, l'hôtel devrait être certifié sous peu LEED (*Leadership in Energy and Envrionmental Design*).

Sports – Détente – Loisirs

■ **ÉCO-ODYSSÉE**
52, chemin des Sources
✆ +1 819 459 2551
www.eco-odyssee.ca
Mi-mai à mi-juin & début septembre à mi-octobre : sur réservation seulement. Mi-juin à début septembre : lundi-dimanche, 9h30-15h30. Tarif des aventures : 48 CAN $ par pédalo. Aventures en ponton : 26,10 CAN $ par personne (minimum 6 personnes). Location de canot : 26,10 CAN $. Aventure en randonnée pédestre aussi offerte. Possibilité d'hébergement sur place (camping rustique et yourte).
Une aventure franchement unique : un labyrinthe d'eau avec une soixantaine d'intersections réparties sur plus de 6 km, pédalo fourni ! Au début de l'aventure, une question à propos du marais vous sera posée. À l'aide d'une carte d'aventure et du guide d'aventure, vous devrez identifier à chaque intersection du labyrinthe un élément précis qui vous indiquera la direction à prendre. Vous serez appelé à chercher des indices et à les identifier lors de votre excursion afin de résoudre une anagramme après la balade. Finalement, vous effectuerez une recherche sur un îlot thématique pour boucler votre aventure et trouver la réponse à la question initiale. Balades géo-référencées sur iPhone ou iPod Touch maintenant offertes.

■ **GREAT CANADIAN BUNGEE**
À la Carrière Morrison
Route 105 Nord ✆ +1 819 459 3714
✆ +1 877 828 8170 – www.bungee.ca
Ouvert tous les jours de mai à fin octobre. Tarifs pour le bungee et le ripride (tyrolienne). Forfaits disponibles.
Amoureux d'adrénaline, voici l'endroit de rêve pour vous ! Imaginez sauter au-dessus d'un lac émeraude dans une ancienne carrière de calcaire. Vous pouvez choisir de vous faire tremper tout le corps, la tête ou rien du tout. La tyrolienne, quant à elle, vous permet de « glisser » sur une longueur de 1 015 pieds (309 m) et la vitesse dépasse les 100 km/h. Une expérience inoubliable !

Shopping

■ **CONFISERIE WAKEFIELD**
817, chemin Riverside ✆ +1 819 459 1777
www.laconfiserie.ca
Ouvert toute l'année (horaire variable selon la saison). Livraison disponible partout au Canada.
Cette adresse est à inscrire à l'itinéraire ! La Confiserie de Wakefield prépare des confitures, des gelées, des fudges, des bonbons, des chocolats et autres petits délices, tous faits maison à base de produits authentiques. La boutique tient également des produits d'épicerie fine (vinaigrette à l'érable, miel de fleurs sauvages, sirop d'érable, épices, thés et cafés, etc.). Simplement délicieux !

LA VALLÉE DE LA GATINEAU

Au cœur de l'Outaouais, la municipalité régionale de comté (MRC) de la Vallée-de-la-Gatineau a été constituée en 1982 et regroupe 17 municipalités. Ce territoire compte deux communautés algonquines.

MANIWAKI

À 1 heure 30 de route de Gatineau, Maniwaki est, aujourd'hui encore, habitée par les premiers habitants de la région, les Algonquins. Au sud de la ville, ils vivent dans la Réserve de la rivière Désert. Fondée en 1849, Maniwaki (*Terre de Marie*, en algonquin) a toujours été le symbole de la cohabitation harmonieuse entre Français, Irlandais et Amérindiens. Il y a deux siècles, les Révérends Pères Oblats y ont fondé une mission et rapidement, marchands de bois, agriculteurs, gens de métiers et commerçants sont venus s'y installer. Puis l'industrie forestière est venue exploiter ses richesses, donnant du travail à plusieurs habitants de cette région encore vierge.
Agglomération de 8 000 habitants, Maniwaki est le centre administratif le plus important de la Vallée-de-la-Gatineau. Elle a obtenu son statut de ville de la province de Québec en 1957. Riche en bâtiments patrimoniaux, en activités passionnantes et en infrastructures dédiées à la mémoire de ses travailleurs forestiers, dont le parc des Draveurs, Maniwaki se développe aujourd'hui grâce au tourisme. Que ce soit pour la motoneige, le quad ou la randonnée en vélo (renseignez-vous sur la Véloroute des Draveurs), Maniwaki est reliée à tout un réseau régional et devient le point de départ de randonnées guidées offertes par des entreprises locales. Possibilité d'y faire une escapade d'une seule journée, au départ de Gatineau.

■ AUBERGE DU DRAVEUR

85, rue Principale Nord
✆ +1 819 449 7022 / +1 877 449 7022
www.aubergedraveur.qc.ca
Occupation double : à partir de 115 CAN $, petit déjeuner inclus. Hébergement en chambre confort, studio ou suite. Forfaits disponibles.
Le Draveur, situé en plein cœur de la ville, vous offre confort et raffinement avec de nombreux services sur place : spectacles, salle d'exercices, deux Jacuzzis (extérieur et intérieur), sauna, deux hammams, service de massothérapie, piscine intérieure, verrière, restaurant, bar, terrasses. Pour ceux qui prévoient rester plusieurs jours, optez pour les studios avec cuisinette.

■ CHÂTEAU LOGUE

12, rue Comeau
✆ +1 819 449 4848 / +1 877 474 4848
www.chateaulogue.com
Occupation double : à partir de 118 CAN$, petit déjeuner inclus. Forfaits disponibles. Restaurant-bar, terrain de golf, volleyball, piscine intérieure, centre de santé Spa, sauna, Jacuzzi, salle d'exercices, location d'embarcations nautiques, de vélos, de raquettes et de skis de fond, etc.
Un hôtel 4-étoiles tout confort, situé au bord de la rivière Outaouais dans un environnement très calme, proposant sous un même toit des services personnalisés d'hébergement et de restauration de premier ordre. Le restaurant propose tant une cuisine bistro que française. En été, la terrasse est l'endroit de prédilection pour savourer votre repas. Aussi sur place : Centre d'interprétation de la protection de la forêt contre le feu et tour à feu (système fixe de détection d'incendies).

■ RÉSERVE FAUNIQUE LA VÉRENDRYE

Route 117
✆ +1 819 438 2017
✆ +1 800 665 6527 / +1 819 354 4392
www.sepaq.com/rf/lvy/fr/
Accès via la route 105 Nord depuis Maniwaki. Accès via la route 117 Sud depuis Val-d'Or. Bureaux d'accueil en Outaouais : Accueil Sud 819 435 2216, Le Domaine 819 435 2541, et Lac Rapide 819 860 1557 ; en Abitibi Accueil Nord 819 736 7431, et accueil canot-camping 819 435 2331. Ils sont ouverts de mai à septembre et on y accède à tous par la route 117.
Cet immense territoire d'une superficie de 12 589 km² vous offre plus de 4 000 lacs et une faune et une flore d'une richesse incroyable. Un véritable paradis pour le canot-camping (plus de 800 km de parcours canotables aménagés) et la pêche (800 lacs accessibles !) Plusieurs le connaissent car la route qui mène de la région de l'Outaouais et des Laurentides à l'Abitibi passe inévitablement par là.

- **Faune :** plus de 40 espèces de mammifères, plus de 150 espèces d'oiseaux, doré jaune, brochet, achigan, truite grise, esturgeon et omble de fontaine.
- **Hébergement :** 45 chalets, plus de 1 250 emplacements de camping répartis dans 40 secteurs, et 4 tentes Hékipia.
- **Activités :** pêche (avec ou sans hébergement), chasse à l'orignal, au petit gibier (à la journée ou avec hébergement), au cerf de Virginie et à l'ours noir, canot-camping, randonnée pédestre et motoneige.

■ TOURISME VALLÉE-DE-LA-GATINEAU

186, rue King
Suite 104 ✆ +1 819 441 2295
✆ +1 866 441 2295
www.lespacedesdecouvertes.com
Ouvert toute l'année.

LA PETITE-NATION ET LA LIÈVRE

Jouxtant les Laurentides, la région de La Petite-Nation et La Lièvre propose de très agréables endroits de villégiature où la nature se décline en lacs et en forêts, pour la plus grande joie des amateurs de pêche et de chasse. Les âmes pacifiques préféreront une excursion au parc Oméga où les animaux évoluent en totale liberté ou alors, un séjour au Centre touristique La Petite Rouge à St-Émilie-de-Suffolk. On y retrouve des services de restauration, de l'hébergement en chalet et une foule d'activités de plein air en toutes saisons.

MONTEBELLO

Destination nature par excellence, les plus fortunés s'installeront dans le magnifique hôtel Fairmont Le Château Montebello.

Pratique

BUREAU TOURISTIQUE DE MONTEBELLO
502A, rue Notre-Dame
✆ +1 819 423 5602
www.ville.montebello.qc.ca
De mai à octobre, un marché d'artistes et artisans s'installe sur le site du bureau touristique, les week-ends de 10h à 15h.

Wapiti au parc Oméga de Montebello.

Se loger

AUBERGE MONTEBELLO
676, rue Notre-Dame
✆ +1 819 423 0001 / +1 877 423 0001
www.aubergemontebello.com
Occupation double : à partir de 199 CAN $, table d'hôte 4-services du soir et petit déjeuner inclus. Autres forfaits disponibles. Centre de santé Spa, piscine extérieure chauffée, sauna, Jacuzzi, salle d'exercices, restaurant. Camping et marina sur place.
Charmante ancienne résidence victorienne aux abords de la rivière des Outaouais. Bien-être, confort et fine cuisine à son restaurant Le Rouge 20 caractériseront votre séjour. Les chambres sont de styles différents et nous vous recommandons particulièrement les champêtres : spacieuses, lumineuses et très abordables. Pour clore l'expérience, vous retrouverez sur le toit un petit Spa de type scandinave (sauna et Jacuzzi à l'extérieur) offrant une vue panoramique sur la rivière. Une belle adresse !

FAIRMONT KENAUK AU CHÂTEAU MONTEBELLO
1000, chemin Kenauk
✆ +1 819 423 5573 / +1 800 567 6845
www.fairmont.fr/fr/kenauk
Pour les amoureux de la nature et du confort, Kenauk offre une expérience sans compromis au cœur de l'un des plus grands et plus anciens territoires privés de chasse et de pêche en Amérique du Nord. La faune et la flore seront au rendez-vous, avec 65 lacs (dont 25 disponibles pour la pêche) répartis sur 265 km² de superficie. Bien sûr, ce domaine d'exception n'est pas accessible à tous, car les tarifs sont élevés. Mais l'expérience reste inoubliable, et les activités très variées. Les chalets sont tout confort et disposent de lacs privés.

FAIRMONT LE CHÂTEAU MONTEBELLO
392, rue Notre-Dame
✆ +1 819 423 6341 / +1 800 441 1414
www.fairmont.fr/fr/montebello
Ensemble de 211 chambres de luxe. Forfaits disponibles. Nombreux services sur place.
Un complexe impressionnant, le plus grand de son genre en bois rond, construit en un temps record sur un site magnifique, au bord de l'eau. Vaste hôtel de luxe, le Fairmont Le Château Montebello reste un exemple unique de mariage entre nature et prestige. Avec

Manoir Papineau à Montebello.

un choix presque illimité d'activités (centre sportif, équitation, golf, tennis, canot, centre de santé Spa, piscines intérieure et extérieure, école de conduite Land Rover, curling, ski de fond, pêche blanche...), un domaine réservé à la chasse et à la pêche (Fairmont Kenauk au Château Montebello), un port privé, un service de restauration haut de gamme, nul doute que vous y trouverez votre bonheur, si bien sûr vous en avez les moyens, car les forfaits sont à la hauteur du prestige de l'endroit. Futé : le restaurant de l'hôtel offre une formule buffet des plus avantageuses le midi. Parfait pour s'offrir le luxe à moindre coût ! En été, les soirées buffet-barbecue sont un must.

À voir – À faire

La visite du Fairmont Le Château Montebello s'impose, ne serait-ce que pour prendre un verre dans l'immense lobby. Montebello offre aux visiteurs plusieurs attraits qui justifient le déplacement depuis Montréal et, à plus forte raison, une belle halte sur la route vers Gatineau.

■ CHOCOMOTIVE

502, rue Notre-Dame ✆ +1 819 423 5737
www.chocomotive.ca
Ouvert tous les jours à l'année. Petit bistro sur place, gelatos faits maison. Visites guidées tarifées pour groupes, sur réservation (10 personnes minimum).
Les « dents sucrées » ne manqueront pas de faire un arrêt à Chocomotive, une chocolaterie artisanale bio et équitable dont la centaine de produits vous fera tourner la tête. Une gamme inclut d'ailleurs des produits du terroir, voire même autochtones, dans sa confection. De quoi vous donner envie de dépenser quelques dollars ! L'entreprise est localisée dans les locaux de l'ancienne gare afin d'offrir un lieu d'interprétation du métier de chocolatier (membre du réseau ÉCONOMUSÉE). Pour les plus curieux, des ateliers privés de fabrication de chocolats fins sont offerts. Renseignez-vous directement auprès de Chocomotive pour connaître les dates et les tarifs.

■ LIEU HISTORIQUE NATIONAL DU CANADA DU MANOIR-PAPINEAU

500, rue Notre-Dame ✆ +1 819 423 6965
✆ +1 888 773 8888
www.pc.gc.ca/manoirpapineau
Fin mai à début septembre : lundi-dimanche, 10h-17h (les week-ends seulement de début septembre à mi-octobre). Adulte : 7,80 CAN $, étudiant et aîné : 6,55 CAN $, enfant : 3,90 CAN $, famille : 19,60 CAN $.
Une résidence seigneuriale parfaitement conservée et meublée d'époque, qui nous plonge au cœur de la vie de Louis-Joseph Papineau, seigneur de la Petite-Nation. Une architecture exceptionnelle et une riche collection de meubles et d'accessoires sauront vous faire remonter le temps. Le domaine conserve plusieurs des bâtiments d'époque (hangar à grains, musée familial, chapelle funéraire, maison du jardinier...). Des visites guidées y sont offertes. L'accès se fait par l'allée seigneuriale (quelques minutes à pied) ou par le Fairmont Le Château Montebello.

■ PARC OMÉGA
399, route 323 Nord ✆ +1 819 423 5487
www.parc-omega.com
Ouvert toute l'année avec un horaire variable selon la saison : ouverture le matin entre 9h et 10h, fermeture de la billetterie entre 16h (fermeture du parc à 17h) et 17h (fermeture du parc à 19h). Tarifs variables selon la saison : adulte 18-22 CAN $, aîné 17-21 CAN $, 6 à 15 ans 12-15 CAN $, 2 à 5 ans 8-9 CAN $. Voir site Internet pour tous les détails sur les horaires et tarifs. Forfaits disponibles. Casse-croûte avec terrasse, magnifiques aires de pique-nique dans les sentiers avec aires de jeux originaux en bois, boutique de souvenirs.
Attention, coup de cœur garanti ! Le parc Oméga vous propose, dans une réserve privée parfaitement entretenue, de partir à la rencontre des animaux d'Amérique du Nord dans votre voiture ! Des centaines de bêtes plus magnifiques les unes que les autres évoluent librement dans le parc et s'empressent de venir déguster les carottes que vous leur tendez (sachets disponibles à la boutique pour quelques dollars seulement). Autant vous dire qu'il s'agit là d'une expérience inoubliable pour les petits et les grands. Seuls les loups, les coyotes et les ours sont dans de larges enclos, mais c'est davantage pour vous assurer de meilleures conditions d'observation que pour des raisons de sécurité car ici, les lois de la nature sont respectées. Plusieurs animations informatives ponctuent la journée. En été, des démonstrations d'oiseaux de proie sont proposées plusieurs fois par jour. Il est possible de louer une voiturette de golf ou de laisser sa voiture au milieu du parcours pour se rendre à la ferme du parc où vous attendent d'autres espèces. Récents ajouts : la reproduction, dans les bâtiments, de la maison de l'artiste local Georges Racicot, dont les objets et meubles ont été rachetés afin de continuer à faire « vivre » l'artiste ; une ancienne cabane à sucre déjà sur place reprend du service ; et surtout, l'arrivée en 2009 de 15 caribous au parc dans un nouvel espace aménagé pour eux ! Un incontournable !

DUHAMEL

Située à quelques kilomètres de la réserve faunique Papineau-Labelle et de la région des Laurentides, Duhamel est la destination tout indiquée pour les amoureux du plein air en toutes saisons, de la pêche et de la chasse au chevreuil. Férus de randonnée pédestre et de paysages à couper le souffle, un nouveau parcours linéaire de 8 km vient d'être inauguré dans la région : la Route des Zingues. Vous pouvez vous procurer la carte des sentiers à la mairie de Duhamel ou sur le web au : www.aplg.ca/cartes/carteZingues.pdf

■ AUBERGE COULEURS DE FRANCE
Chemin du Lac Doré Nord
212 chemin des Jonquilles
✆ +1 819 743 5878
www.chaletcouleursdefrance.com

Bisons dans le parc Omega.

Ouvert de la Saint-Jean à l'Action de Grâces et du 20 décembre au 3e week-end de mars. Occupation double : à partir de 129 CAN $. Forfaits disponibles. Internet sans fil, salon, restaurant-bar, salle de sport, billard, prêt et location d'équipement de plein air, organisation de circuits guidés.

Nous avons eu un coup de foudre pour ces grands chalets en bois rond ! Pour commencer, la localisation est extraordinaire : après avoir parcouru une route quasi-déserte, vous arrivez sur les bords du Petit lac Preston, une immense et magnifique étendue d'eau. C'est sur ses berges, dans une clairière, que reposent les somptueux chalets de Couleurs de France. L'intérieur est ravissant : chaque chambre est décorée différemment mais toujours dans des coloris très chaleureux et avec des objets que les propriétaires ont rapportés de leurs nombreux voyages autour du globe. Toutes ont une terrasse privative qui donne sur le lac. Celui-ci se découvre en canot ou en pédalo (fournis). Pour profiter de la forêt aux alentours, on peut louer sur place des motoneiges, des quads, des skis de fond ou des raquettes. Pour la détente après une journée bien remplie, vous pouvez opter pour un massage (plusieurs choix proposés) ou un bain scandinave (eau chaude avec chute, sauna sec, salle de repos, foyer extérieur). Après ça, il est temps de profiter du délicieux souper, préparé sur place, bien sûr !

■ CENTRE TOURISTIQUE DU LAC-SIMON

1216, rue Principale
✆ +1 819 428 793
✆ +1 800 665 6527
www.sepaq.com/ct/sim/

En opération de mi-décembre à mi-mars et de mi-mai à mi-octobre.

Cette station de villégiature 4 saisons, située en bordure du lac Simon, est une destination familiale par excellence. Une foule d'activités y est offerte : baignade, activités nautiques, vélo, pêche, minigolf, ski de fond, pêche blanche, glissade sur tubes, motoneige, etc. L'hébergement se fait en chalet tout équipé (5-6 personnes maximum), en mini chalet (conçu pour deux adultes et deux enfants), en tente Hékipia (prêt-à-camper) ou en camping. Des forfaits sont également offerts ainsi que des services de location d'équipements et de buanderie.

MONTPELLIER

Petit village prisé par les touristes pour sa réserve faunique attenante aux lacs. On dit que les couleurs des arbres à l'automne y sont plus belles que partout ailleurs !

■ RÉSERVE FAUNIQUE DE PAPINEAU-LABELLE

Route 315
✆ +1 819 454 2011
✆ +1 800 665 6527
www.sepaq.com/rf/pal/fr/

Ouvert à l'année. Postes d'accueil : Val-des-Bois (mi-mai à mi-novembre) ; Gagnon, route 321 à Duhamel (mi-mai à mi-novembre et fin décembre à mi-mars) ; Mulet, route 315 à Montpellier (mi-mai à fin octobre). D'autres postes d'accueil sont situés à Nominingue et La Minerve dans la région des Laurentides. Pendant la période de chasse au petit gibier, consultez le site web pour connaître les conditions d'accès, sachant qu'il est restreint.

La réserve faunique (1 628 km²) a été créée en 1971 dans le but de faciliter l'accès de toute la population québécoise à des territoires de chasse, de pêche et d'activités de plein air. Elle doit son nom à Louis-Joseph Papineau, grand orateur et homme politique, et à Antoine Labelle, curé de Saint-Jérôme, surnommé le Roi du Nord. La réserve abrite une faune très riche dont une forte densité de cerfs de Virginie, d'orignaux et de castors. On compte 746 lacs, 27 rivières et ruisseaux, où abonde également une faune aquatique diversifiée, pour le plaisir des pêcheurs sportifs. Un lieu qui offre des sites très attrayants devant lesquels on ne peut que s'émerveiller.

- **Faune :** orignal, cerf de Virginie, loup, castor, renard, ours, et plusieurs espèces d'oiseaux dont la gélinotte huppée, truite grise, achigan, doré, omble de fontaine, moulac et grand brochet.
- **Hébergement :** 40 chalets isolés (dont certains accessibles par voie d'eau seulement), 3 refuges (ouverts de la mi-mai à la fête du Travail), 13 refuges (dont 12 sont des chalets convertis) pour le ski nordique, 4 camps rustiques, 4 tentes Hékipia, camping.
- **Location d'équipement :** chaloupes, canots, gilets de flottaison, vente de glace, d'appâts et de leurres, permis de chasse et pêche.
- **Activités :** canotage, canot-camping, chasse à l'orignal, au cerf de Virginie, au petit gibier et à l'ours, observation de la faune, pêche (à la journée et en séjour, forfait pêche-camping), randonnée pédestre, ski nordique, traîneau à chiens.

■ LE VICEROY AUBERGE ET SPA

533, route 315
Lac Simon ✆ +1 819 428 2827
✆ +1 888 882 6666
www.aubergeviceroy.com

Occupation double : à partir de 92 CAN $, petit déjeuner inclus. Forfaits disponibles. Restaurant, bar-billard, salon avec foyer, centre de santé Spa et bains nordiques, boutique de produits régionaux, plage privée.

Cette auberge, dirigée par deux Toulousains amoureux du Québec, est aussi isolée que confortable. Les suites avec mezzanine sont vraiment impressionnantes : vous pouvez voir le lac depuis votre Jacuzzi ! Les plaisirs de la table sont également au rendez-vous et privilégient les produits locaux. Ils sont également pourvus de bains nordiques comprenant deux bains froids, un bain tempéré, un sauna à chromothérapie, un foyer extérieur, une terrasse avec chaises longues et une salle de repos. Les bains sont en roche naturelle, une première au Canada. Une belle adresse pour se détendre après une longue journée d'activités !

SAINT-ANDRÉ-AVELLIN

Municipalité typique des campagnes du Québec, Saint-André-Avellin compte de nombreux artistes et artisans sur son territoire, à découvrir dans leurs ateliers ou lors d'événements annuels et d'expositions. Parlant d'événements, le rodéo western qui se tient en juillet est à voir ! Pour les sportifs (ou contemplatifs), plusieurs sentiers feront le bonheur des amateurs de randonnée et de vélo, et pour les plus curieux, deux grottes se visitent (Ste-Brigitte et Mont Saint-Joseph). Et si vous êtes plus du type ludique, faites un tour au musée des Pionniers afin de découvrir le passé historique du village.

■ COOPÉRATIVE AUBERGE DE JEUNESSE PETITE-NATION

35, rue Principale
✆ +1 819 983 6644
+1 877 983 6644
www.aubergepetitenation.org

Chambre partagée : à partir de 26 CAN $, chambre privée : à partir de 71 CAN $. Petit déjeuner continental inclus (en haute saison uniquement). Cuisine équipée, service de restauration et de bar, buanderie, Internet sans fil. Programmation musicale et culturelle

tout au long de l'année. Membre du réseau Hostelling International.
Cette toute nouvelle et charmante auberge de jeunesse, qui œuvre comme entreprise d'économie sociale, fut entièrement rénovée en 2009. Seule et unique auberge de ce type dans la MRC de Papineau, elle est l'endroit parfait pour socialiser et rencontrer des voyageurs des quatre coins du monde. Elle dispose d'une cinquantaine de lits répartis en chambres partagées et privées. Il est possible de préparer ses repas sur place mais le P'tit Café de l'auberge en fait de bons, composés en majeure partie de produits locaux et équitables. Pour ceux qui aimeraient se dégourdir les jambes, sachez qu'il est possible de louer sur place des vélos, des raquettes et des skis de fond.

PLAISANCE

Le village de Plaisance est situé sur la route 148 entre le village de Papineauville et la ville de Thurso. C'est entre autres la porte d'entrée du parc national de Plaisance. Au milieu du village, au feu clignotant, tournez à gauche sur la montée Papineau. Environ 2 km plus loin, tournez encore à gauche sur le chemin Malo qui mène directement au site historique des Chutes de Plaisance. Avec une dénivellation de 67 m, elles ont été témoins de l'édification du premier village industriel de la région, North Nation Mills, dorénavant disparu.

■ PARC NATIONAL DE PLAISANCE
1001, chemin des Presqu'îles
✆ +1 819 427 5334
✆ +1 800 665 6527
www.sepaq.com/pq/pla/fr/
Ouvert à l'année. Postes d'accueil : Plaisance (fin avril à mi-octobre), Thurso (mi-mai à mi-octobre). Accès quotidien adulte : 6 CAN $, enfant : 2,75 CAN $, gratuit pour les enfants de 5 ans et moins. Tarif groupe et famille disponible.
Ce parc national, d'une superficie de 28,3 km², est idéal pour une étape champêtre et contemplative. En effet, vous pourrez y admirer le spectacle des bernaches au printemps et celui de dizaines d'espèces en été dont les hérons et les balbuzards.

▶ **Hébergement :** 6 yourtes, 1 maison (jusqu'à 8 personnes), 127 emplacements de camping, espace VR, 2 tentes-roulottes et 23 tentes Huttopia.

▶ **Activités :** baignade, canot, kayak, randonnée pédestre, croisière en bateau ponton, vélo.

LE PONTIAC

Cette région, située à l'extrême ouest de l'Outaouais, est moins fréquentée des touristes mais n'en reste pas moins intéressante. Reconnue pour ses grands espaces et ses activités en eaux vives, on y respire la tranquillité. Depuis l'été 2010, un nouveau parcours de 5 km, le sentier du Rocher-à-l'Oiseau, dévoile des points de vue imprenables sur la rivière des Outaouais. Mais son grand intérêt réside dans le fait qu'on y retrouve plus de 75 pictogrammes, un des sites d'art rupestre les plus importants en Amérique du Nord. Des panneaux d'interprétation y relatent d'ailleurs l'histoire et la culture du peuple algonquin. On y accède par le chemin Shyans dans le village de Sheenboro. Notez que le site est fermé en hiver. Pour les amoureux du vélo, un cycloparc long de 92 km rallie Wyman à l'Îsle-aux-Allumettes et traverse fermes, plaines, marais, forêts et petits villages authentiques (www.cycloparcppj.org). Pour les randonneurs, le Réseau des sentiers de la MRC Pontiac a inauguré deux nouveaux sentiers en 2012. Plus d'info sur le site web de la MRC : www.mrcpontiac.qc.ca

▶ **www.tourisme-pontiac.com**

FORT-COULONGE – DAVIDSON

Le premier poste de traite des fourrures de la région fut établi à Fort-Coulonge en 1695 par Nicolas D'Ailleboust. Cette municipalité est aussi liée à l'histoire du baron forestier George Bryson (1813-1900), figure politique de la région du Pontiac à l'époque. Le patrimoine architectural de cette épopée est en partie conservé, comme en témoigne la Maison Toller. Pour en apprendre davantage sur le passé forestier du Pontiac, une visite aux chutes Coulonge et son sentier d'interprétation sur la vie des draveurs s'impose. Fort-Coulonge est aussi une destination populaire des amateurs de sports en eaux vives (rafting, kayak de rivière).

■ **AUBERGE ESPRIT RAFTING HI**
3, chemin Esprit
✆ +1 819 683 3241 / +1 800 596 7238
www.hihostels.ca
Ouvert de mai à début octobre. Près de 40 lits en chambres partagées : 21-25 CAN $. Camping : 10 CAN $. Forfaits disponibles. Internet sans fil, pub, restaurant, cuisine équipée, buanderie, plage privée, rafting, prêt de kayaks et canots, location de vélo, mur d'escalade, terrasse, massothérapie. Membre du réseau Hostelling International.
Cette auberge de jeunesse est située sur les berges de la tumultueuse rivière des Outaouais. L'auberge est fort sympathique et vous y rencontrerez des gens venus des quatre coins du monde. Mais c'est aussi et surtout un haut lieu de la descente en eaux vives. En plus du rafting offert sur place, des excursions sur d'autres rivières sont possibles ainsi que du kayak d'eaux vives, de la planche de rivière et du canotage. Des voyages d'aventure hors Canada sont aussi disponibles. Délicieux barbecues organisés sur la terrasse.

■ **CHUTES COULONGE**
100, promenade du Parc des Chutes
Mansfield
✆ +1 819 683 2770
www.chutescoulonge.qc.ca
Ouvert d'avril à fin octobre. Droits d'entrée et tarifs variables pour les activités.
Ce parc vous propose d'en apprendre davantage sur la vie et le travail des draveurs de l'époque. Sentiers, passerelles et belvédères vous mèneront partout et surtout, vous donneront une vue imprenable sur les chutes et leur canyon de 2 500 pieds. Pour les intrépides : une piste d'hébertisme (pour des activités ludiques et sportives), une tyrolienne et une via ferrata... Histoire de découvrir le canyon différemment ! Pour ceux qui aimeraient prolonger le séjour, sachez qu'il est possible de louer des chalets non loin du site (www.lescabinesdelachute.com).

■ **DOMAINE DE L'O**
35, route 148
✆ +1 819 420 3393
www.ddlo.ca
Camping : à partir de 35 CAN $, emplacement VR : 35 CAN $, tentes tout confort : 100 CAN $, cabanes : 150 CAN $. Les tarifs d'hébergement augmenteront en 2013 lorsque l'entreprise sera pleinement opérationnelle. Repas offerts sur place. Location d'embarcations nautiques et vélos, plage, soins et installations Spa (sauna infrarouge, salle de massage, jacuzzi en cèdre chauffé par feu de bois – à venir d'ici 2014), forfaits activités.
Ce tout nouveau camping écologique, situé au bout de l'île du Grand Calumet sur les rives de la rivière des Outaouais, propose une expérience d'hébergement unique dans la région, dans le respect de l'envrionnement. Les propriétaires, qui œuvrent depuis plus de 20 ans dans le domaine de l'architecture écologique, ont créé ce petit coin de paradis pour les amoureux de la nature et du plein air. Du camping traditionnel au glamping, en passant par les éco-chalets, vous serez ravis du grand confort et des services offerts. Un cyclôtel (hôtel pour cyclistes) fait également partie des projets tout comme les installations du Spa, le pavillon central et le bistro-café. Côté activités, profitez de la plage et des kayaks en saison, enfourchez votre vélo depuis le site du domaine ou encore partez en excursion de ski de fond sur leurs sentiers. Un endroit retiré, des plus paisibles, dans une région qui mérite d'être découverte !

Abitibi-Témiscamingue

Ce qui caractérise l'Abitibi-Témiscamingue ? Avant tout : ses forêts quasi infinies, ses nombreux lacs et cours d'eau bref, ses immenses espaces encore intacts. Ses grands parcs, ses pourvoiries, ses réserves fauniques et ses bases de plein air assurent des heures et des heures de détente en pleine nature. Mais aussi : deux vagues migratoires successives. Elles ont dessiné le portrait de cette immense région, à peine centenaire, éloignée des grands centres : d'abord, celle des coureurs des bois et des défricheurs, puis celle des prospecteurs attirés par la ruée vers l'or. Fière de son histoire, l'Abitibi-Témiscamingue est une région dynamique qui accueille les visiteurs dans ses musées, ses visites minières et industrielles. En pénétrant dans la Cité de l'Or, vous découvrirez la mine Lamaque : celle qui fut autrefois la mine d'or la plus riche du Québec, est fermée depuis 1985. Une expédition qui se déroule à 300 pieds sous terre ! Au Musée minéralogique, vous admirerez une étonnante collection de minéraux tandis qu'au Centre thématique fossilifère, vous en apprendrez plus sur la géologie du Témiscamingue. En visitant le lieu historique national du Fort-Témiscamingue, vous pénétrerez dans un important carrefour de traite de fourrures du XVIIIe siècle, situé face au lac Témiscamingue. Pour bien profiter des grands espaces de la région, vous vous devez d'entrer dans ses territoires naturels préservés.

Le parc national d'Aiguebelle et ses paysages de falaises rocheuses façonnées par les passages de glacier et les coulées de lave fascinent. La réserve faunique La Vérendrye, un territoire naturel de près de 14 000 km^2 recensant plus de 4 000 lacs et rivières est un paradis pour la pêche et le canotage. La beauté sauvage de l'Abitibi-Témiscamingue se contemple à vélo, sur la ligne du Mocassin, un sentier multifonctionnel aménagé sur d'anciennes voies ferroviaires entre Ville-Marie et Laverlochère. Pour partir à la rencontre de cette région, nous vous proposons deux petits circuits : la Route des prospecteurs et des défricheurs qui vous invite à découvrir comment la région s'est initialement développée autour de l'or, puis la Route des pionniers qui exploite les thèmes de l'eau et de la forêt.

Transports

- **Avion.** Air Canada et Pascan Aviation desservent Rouyn-Noranda et Val-d'Or. Air Creebec dessert quant à elle que Val-d'Or.
- **Bus.** Autobus Maheux dessert quelques municipalités de la région, dont Amos, La Sarre, Rouyn-Noranda et Val-d'Or, et assure une liaison avec la Baie-James ainsi que l'Est ontarien. www.autobusmaheux.qc.ca
- **Train.** Le train Via Rail « l'Abitibi » dessert Senneterre en passant par la Mauricie. Trois départs par semaine dans chaque sens. www.viarail.ca
- **Voiture.** Plusieurs routes desservent la région de l'Abitibi-Témiscamingue. Voici les principaux accès routiers en fonction des régions de départ.

Baie-James : à partir de Chibougamau, prenez la route 113 Sud. À partir de Matagami, la route 109 Sud.

Laurentides : suivez la route 117 Nord, passant par Val-d'Or et Rouyn-Noranda.

Les immanquables de la région de l'Abitibi-Témiscamingue

- **La Cité de l'or et le village minier de Bourlamaque** à Val-d'Or où vous découvrirez comment vivaient et travaillaient les miniers au début du siècle.
- **Le Refuge Pageau** à Amos, pour partir à la rencontre de ce passionné et des animaux qu'il héberge.
- **La réserve faunique La Vérendrye** qui se classe 2e plus grand territoire naturel sous gestion de la Sépaq.
- **Fort-Témiscamingue,** ce lieu historique qui retrace la vie dans un poste de traite.

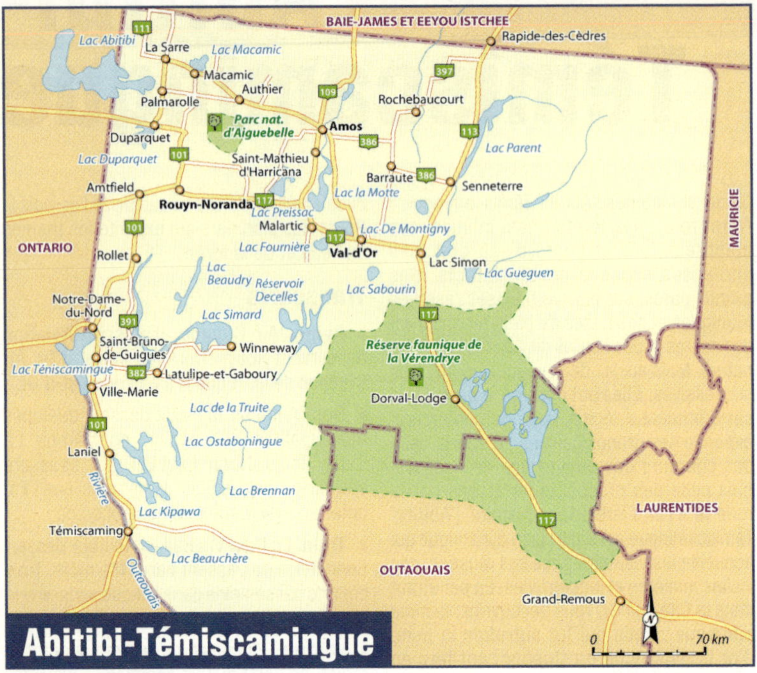

Mauricie : seul le train dessert la région à partir de La Tuque.

Outaouais et province de l'Ontario : à partir de Gatineau, prenez la route 105 Nord puis la route 117 Nord. Pour atteindre la région du Témiscamingue, la route 148 Ouest puis traversez en Ontario. De là, la route 17 Nord (transcanadienne) jusqu'à North Bay puis la route 17 Nord qui devient la route 101 Nord au Québec.

■ **TOURISME ABITIBI-TEMISCAMINGUE**
155, avenue Dallaire, bureau 100
ROUYN-NORANDA
✆ +1 819 762 8181 / +1 800 808 0706
www.tourisme-abitibi-temiscamingue.org

LA ROUTE DES PROSPECTEURS ET DÉFRICHEURS

Cette route parcourt l'important patrimoine minier de l'Abitibi. La richesse des sous-sols a créé une importante vague d'immigration dans la région, après la crise économique de 1929. Le circuit proposé se déroule sur un peu plus de 300 km. Vous en trouverez une carte plus détaillée dans les offices de tourisme, notamment à Val-d'Or, la ville de départ.

VAL-D'OR

En 1935, les prospecteurs découvrent l'or qui fait en sorte que la ville s'érige et grandit rapidement. Aussitôt, la forêt, seconde force naturelle, voit l'arrivée des défricheurs. De ces ressources naissent le commerce, l'industrie et le tourisme, pour tout dire, la vie. Pour avoir une superbe vue, rendez-vous au parc Belvédère situé à l'angle des boulevards Pins et Sabourin. Vous arriverez à la tour Rotary, haute de 18 m, et à un sentier aménagé de 1 km. En ville, à l'angle des boulevards Lamaque et Sigma, vous verrez l'église orthodoxe russe érigée en 1954. Les amoureux de l'art parcoureront quant à eux la Route des chercheurs d'arts, alors que les férus de patrimoine architectural et d'histoire suivront un des cinq parcours d'Héritage

Val-d'Or (information à l'office du tourisme pour ces deux routes). Finalement, pour les chaudes journées d'été, la plage municipale Rotary du lac Blouin est tout indiquée (entrée payante).

Transports

■ AÉROPORT RÉGIONAL DE VAL-D'OR

250, rue de la Météo
✆ +1 819 825 6963 – www.arvo.qc.ca

Pratique

■ HÔPITAL DE VAL-D'OR

725, 6e Rue
✆ +1 819 825 5858 – www.csssvo.qc.ca

■ OFFICE DU TOURISME ET DES CONGRÈS DE VAL-D'OR

1070, 3e Avenue Est
✆ +1 819 824 9646 / +1 877 582 5367
www.tourismevaldor.com
Ouvert toute l'année.

Se loger

■ HÔTEL FORESTEL

1001, 3e Avenue Est ✆ +1 819 825 5660
✆ +1 800 567 6599 – www.forestel.ca
Occupation double : à partir de 135 CAN $. Promotions et forfaits disponibles.
Cet établissement tout confort est le plus gros complexe hôtelier de la région. Autant vous dire que vous trouverez tous les services nécessaires à votre séjour : restauration complète, bar, centre de congrès, salle d'exercices, terrasse intérieure en saison estivale, et bien plus encore. Prenez note que l'hôtel subit une cure de rajeunissement (rénovation des aires communes et du centre des congrès, agrandissement et réfection de 45 chambres, etc.). Toutefois, les mesures nécessaires sont prises afin d'assurer le confort et la tranquillité des clients pendant cette période.

À voir – À faire

■ CITÉ DE L'OR ET VILLAGE MINIER DE BOURLAMAQUE

90, avenue Perreault
✆ +1 819 825 1274 / +1 855 825 1274
www.lacitedelor.com
Exposition : tous les jours de juin à fin août, mercredi-dimanche en septembre et octobre, vendredi-dimanche le reste de l'année. Visites guidées du 21 juin à la fête du Travail : lundi-dimanche (plusieurs départs par jour). Le reste de l'année : sur réservation de groupes seulement. Visite complète : adulte, 38 CAN $; aîné et étudiant, 30,25 CAN $; 6-11 ans, 18,25 CAN $; famille, 101,50 CAN $ (tarifs pour la visite sous terre ou en surface, pour l'audioguide Bourlamaque, le rallye GPS et l'exposition aussi disponibles). Durée de la visite : 4h.
Un site classé historique tout à fait incontournable ! Découvrez la vie du mineur à partir de l'exploitation d'une mine jusqu'à la transformation de la matière pour obtenir un lingot. Pour ce faire, après vous être équipé comme il se doit, vous descendrez dans une mine à 91 m sous terre et vous assisterez à l'explication du travail des mineurs, du dynamitage, des techniques de forage, verrez de vraies foreuses, et apprendrez bien d'autres informations sur l'univers des mines d'or. Après la remontée, la visite continue à travers une exposition et la découverte des installations hors terre. À la sortie du complexe, ne manquez pas la visite du village où vivaient les mineurs à l'époque. Nouveautés : géocaching/géorallye avec GPS, audioguide pour le village minier, circuit touristique souterrain bonifié avec simulations du travail des mineurs d'autrefois, exposition « De l'Or plein les veines ».

■ MUSÉE MINÉRALOGIQUE DE L'ABITIBI-TÉMISCAMINGUE ET MINIÈRE OSISKO

À 26 km de Val-d'Or
650, rue de la Paix
MALARTIC ✆ +1 819 757 4677
www.museemalartic.qc.ca
Visites commentées du 15 juin au 15 septembre : lundi-dimanche, 9h-17h. Le reste de l'année : lundi-vendredi, 9h-12h & 13h-17h ; samedi-dimanche : sur réservation. Adulte : 9 CAN $, aîné et étudiant : 7 CAN $, 5-12 ans : 5 CAN $, famille : 23 CAN $. Durée : 1h. Visite de la minière Osisko : juin à septembre du mardi au dimanche. Adulte : 17 CAN $, aîné et étudiant : 14 CAN $, famille : 50 CAN $. Ces tarifs comprennent l'entrée au musée.
Situé un peu à l'ouest de Val-d'Or, ce musée des Sciences naturelles s'adresse à toute la famille. Le visiteur est invité à parcourir différentes étapes d'un voyage peu banal qui lui fera découvrir le monde magnifique de la géologie et des minéraux. La projection d'un spectacle multimédia reconstitue la transformation du paysage géologique de la terre, et de nombreux objets et cartes vous apprendront tout ce que vous voulez savoir sur la minéralogie dans la région. Complétez votre expérience avec une visite d'Osisko, la plus grosse mine d'or à ciel ouvert au pays. Nouveautés : jeux interactifs, simulateur de tremblements de terre, station de dynamitage, véritable roche lunaire.

■ RÉSERVE FAUNIQUE LA VÉRENDRYE

Route 117
MANIWAKI
✆ +1 819 438 2017
Voir page 199.

AMOS

Saviez-vous qu'Amos possède une des eaux les plus pures au monde ? En effet, il y a 12 000 ans, les glaciers y ont créé des eskers lors de leur passage. Amos, qui célébrera ses 100 ans en 2014, est une ville de services et plusieurs attraits s'y trouvent, dont le fameux refuge pour animaux Pageau, un incontournable.

Pratique

■ MAISON DU TOURISME AMOS-HARRICANA

892, route 111 Est
✆ +1 819 727 1242 / +1 800 670 0499
www.ville.amos.qc.ca
Ouvert toute l'année.

Se loger

■ AMOSPHÈRE COMPLEXE HÔTELIER

1031, route 111 Est
✆ +1 819 732 7777 / +1 800 567 7777
www.amosphere.com
Occupation double : à partir de 99 CAN $. Forfaits disponibles.
Un peu en retrait du centre d'Amos, vous trouverez ici tous les services d'un grand hôtel et niveau confort, tout a été pensé. De nombreux services sont disponibles afin d'agrémenter votre séjour : resto-bar, table de billard, deux Spa extérieurs 4 saisons, salle de conditionnement physique. Si vous n'êtes que de passage pour le repas, le restaurant sur place, ouvert tous les jours, propose des spécialités de steaks et fruits de mer et des mets régionaux. De quoi faire le plein d'énergie avant de reprendre la route !

À voir – À faire

■ ABITIBIWINNI AVENTURE ET CULTURE

10, rue Tom Rankin
PIKOGAN
✆ +1 819 732 3350
www.abitibiwinni.com
À 3 km au nord d'Amos via la route 109.
Abitibiwinni vous propose de faire connaissance avec la nation algonquine de Pikogan par le biais, entre autres, d'une boutique d'artisanat, d'expositions (tous les jours de la mi-juin à la mi-août, 4 CAN $ par adulte et 3 CAN $ par enfant de 6 ans et plus) et de visites commentées. Des excursions guidées sont également offertes et vous plongeront au cœur des traditions passées : repas traditionnels algonquins, interprétation du mode de vie ancestral, coucher sous la tente prospecteur ou tipi, sans oublier les randonnées en canot.

■ REFUGE PAGEAU

4241, chemin Croteau
À 8 km à l'est d'Amos
✆ +1 819 732 8999
www.refugepageau.ca
Juillet à début septembre : lundi-dimanche, 10h-16h. En septembre et octobre : visite guidée tous les jours à 10h30 (aussi à 13h30 en semaine) ; visite libre le week-end de 13h à 16h. Le reste de l'année : sur réservation. Adulte : 14 CAN $, 12-17 ans : 11,50 CAN $, 7-11 ans : 8 CAN $, 2-6 ans : 6,50 CAN $, famille : 36 CAN $.
Ce refuge d'animaux blessés ou égarés, tenu par un passionné, a pris de l'ampleur au fil des ans, jusqu'à devenir un attrait majeur de la région. Certains animaux y sont hébergés le temps de leur rétablissement, d'autres sont nés sur place, et y passeront une vie paisible. Le refuge ouvre ses portes au public pour le plus grand plaisir des amateurs de la faune, et vous y verrez des loups, des orignaux, des oursons, des lynx et bien d'autres espèces.

■ LE VIEUX-PALAIS

101, 3e Avenue Est ✆ +1 819 732 4497
www.palais-maisonauthier.com
Mercredi-dimanche, 11h-17h. Adulte et aîné : 4 CAN $, gratuit pour les enfants et les étudiants. Boutique sur place.
L'ancien palais de Justice d'Amos, déclaré édifice du patrimoine, est désormais le site du palais des Arts Harricana accueillant également un volet histoire et patrimoine. Une série d'expositions met en valeur les œuvres d'artistes locaux ainsi que le passé de ce bâtiment historique datant de 1922.

ROUYN-NORANDA

Au début des années 1900, la région de Rouyn-Noranda n'était qu'une vaste forêt sauvage traversée de rivières et parsemée de nombreux lacs pratiquement inaccessibles. Un prospecteur de la Nouvelle-Écosse, Edmund Horne, s'aventure sur les rives du lac Osisko pour la première fois en 1911. Il reviendra, à deux reprises encore, fouiller le sol et découvrira finalement des gisements de cuivre d'une richesse inouïe. De partout, des gens vont affluer, gonflés d'espoir et d'enthousiasme. Une mine s'installe, des cabanes de bois apparaissent ici et là sur les bords du lac et on parle bientôt d'un village. De nos jours, Rouyn-Noranda est le cœur urbain et la capitale régionale de l'Abitibi-Témiscamingue. Plusieurs festivals de renommée ainsi que des installations culturelles, telles le nouveau Centre d'exposition situé au centre-ville, plairont aux visiteurs, sans oublier une nature généreuse à proximité.

Transports

■ AÉROPORT RÉGIONAL DE ROUYN-NORANDA

80, avenue de l'Aéroport
✆ +1 819 762 8171

Pratique

■ BUREAU TOURISTIQUE DE ROUYN-NORANDA

1675, avenue Larivière
✆ +1 819 797 3195 / +1 888 797 3195
www.tourismerouyn-noranda.ca
Ouvert toute l'année.

■ HÔPITAL DE ROUYN-NORANDA

4, 9e Rue
✆ +1 819 764 5131 – www.csssrn.qc.ca

Se loger

■ LE NORANDA (HÔTEL GOUVERNEUR)

41, 6e rue
✆ +1 819 762 2341 / +1 866 562 2341
www.lenoranda.com
Occupation double : à partir de 112 CAN $. Forfaits disponibles. Resto-bar à vin, centre de santé Spa, bains nordiques.
Sans doute le meilleur hôtel en ville, coté 4-étoiles. Vous y retrouverez tout le confort des grands établissements de la chaîne Gouverneur, un service irréprochable, et des chambres très bien décorées et équipées. Le Cellier, resto-bar à vin de l'hôtel, vous accueille pour prendre un verre au bar dans une ambiance de type lounge. Il mise sur une cuisine bistro, asiatique et française et ses grillades sur feu de bois d'érable ont la cote. Une excellente adresse à Rouyn !

Se restaurer

Plusieurs adresses dignes d'intérêt sont situées sur les rues Principale et Perreault.

■ LA ROSE DES VENTS

19, rue d'Évain ✆ +1 819 768 8833
www.restaurantlarosedesvents.com
Ouvert du mercredi au samedi dès 18h (sauf exception). Forfait avec hébergement disponible.
Récipiendaire régional aux Grands Prix du tourisme québécois 2012, catégorie restauration-développement de produits régionaux, le ton est ici donné. Fière propriété d'un couple de bourlingueurs gourmands issus du domaine de la restauration, Bonny Rochefort et Jérôme Sauvey, ce restaurant propose une carte axée sur les saveurs régionales. Les succulents produits abitibiens y occupent une place de choix, variant au gré des saisons et des arrivages. Au menu, par exemple, le gratin d'escargots au cheddar de la fromagerie La Vache à Maillotte, la déclinaison de foie gras de canard avec pain brioché de la boulangerie St-Honoré, le pavé de saumon avec crème au basilic et gnocchis de pomme de terre, ou encore la côte de daim avec sauce au moût de raisin et pommes de terre douces. Les desserts sont tout aussi savoureux ; et que dire de l'assiette de fromages québécois, servis avec craquelins et compote de fruits maison ? Une belle référence en matière de fine cuisine dans la région !

Sortir

■ LE TRÈFLE NOIR

145, avenue Principale ✆ +1 819 762 6611
www.letreflenoir.com
Lundi-jeudi, 15h-1h ; vendredi-samedi, 15h-3h. Prix spéciaux entre 16h et 19h. Programmation gourmande, culturelle et musicale. Informez-vous sur les ateliers de dégustation et les brassins publics.
Il est originaire du Centre-du-Québec et sa conjointe, de l'Abitibi. Ensemble, Alexandre Groulx et Mireille Bournival partagent un rêve : celui de s'installer en Abitibi et d'y implanter la première brasserie artisanale de la région. À la fin juin 2009, le projet se concrétise et plus d'une centaine de personnes font la file pour l'ouverture officielle. Sur la trentaine de recettes élaborées par la brasserie, une vingtaine de bières sont en rotation avec une constante d'au moins six à huit aux pompes ainsi qu'une présence régulière de bière en cask. De la blanche belge au stout à l'avoine, il y a en a pour tous les goûts ! Pour les petits creux, un menu de grignotines, dont plusieurs faits maison, met en valeur les produits des artisans du terroir et accompagnera à merveille votre pinte de délices houblonnés.

À voir – À faire

■ MAGASIN GÉNÉRAL DUMULON – 1924

191, avenue du Lac
✆ +1 819 797 7125
www.maison-dumulon.ca
De la mi-juin à septembre : lundi-dimanche, 8h30-17h (visites guidées à 9h, 10h30, 13h30 et 15h). Le reste de l'année : mercredi-dimanche, 10h-18h (visite guidée sur réservation). L'entrée est libre, mais la visite guidée est payante. Programmation culturelle tout au long de l'année.
Fidèlement reconstitué, ce site historique, géré par la Corporation de la Maison Dumulon, regroupe un magasin général, un bureau de poste ainsi que la résidence familiale de l'époque. La visite guidée vaut d'ailleurs vraiment le détour ! Mais ne quittez pas les lieux sans un arrêt à la boutique cadeaux, véritable vitrine des artisans et producteurs agroalimentaires de la région. Vous y trouverez de tout pour tous les goûts et toutes les bourses, y compris des répliques d'objets d'autrefois. Paniers-cadeaux de produits régionaux faits sur mesure.

■ PARC NATIONAL D'AIGUEBELLE

À 50 km de Rouyn-Noranda
Route d'Aiguebelle
Mont-Brun
✆ +1 819 637 7322
✆ +1 800 665 6527
www.sepaq.com/pq/aig/fr
Ouvert toute l'année. Postes d'accueil : Centre de services Mont-Brun (route 117 puis route 101, ouvert à l'année), Centre de services Taschereau (route 111, ouvert de mi-mai à septembre). Accès quotidien adulte : 6 CAN $, enfant : 2,75 CAN $, gratuit pour les enfants de 5 ans et moins. Tarif groupe et famille disponible.
Le parc national d'Aiguebelle recèle de paysages magnifiques et diversifiés. Recouvrant une superficie de 268,3 km², vous y verrez les traces du passage des glaciers, des coulées de lave et des roches vieilles de 2,7 milliards d'années ! Une passerelle longue de 64 m et suspendue à 22 m de hauteur au-dessus du lac La Haie vous offrira un panorama exceptionnel. La faune y est abondante et on y retrouve la plus forte concentration d'orignaux en Abitibi ainsi que des centaines et centaines de barrages de castors.

▶ **Hébergement :** camps rustiques, chalets, camping d'été et d'hiver, espace VR, 8 tentes Huttopia (prêt-à-camper).

▶ **Activités :** canot, kayak, rabaska, location d'embarcations nautiques, canot-camping, kayak-camping, pêche à la journée, observation de la faune, randonnée pédestre, raquette et ski nordique (à la journée ou en séjour).

Sports – Détente – Loisirs

■ CENTRE ÉDUCATIF FORESTIER DU LAC JOANNÈS / PARC-AVENTURE JOANNÈS

10 068, chemin de l'Aventure
✆ +1 819 762 8867
www.ceflacjoannes.com
Du 24 juin à la fête du Travail : lundi-dimanche, 10h-17h. Ouvert les week-ends de 10h à 17h de début janvier à fin mars. Accès au site / activités animées : 5 CAN $ par personne. Location de raquettes : 5 CAN $ par personne. Pour toute information sur les horaires et tarifs du parc aérien D'Arbre en Arbre : www.parcsarbreenarbre.com. Dépanneur, aire de pique-nique et pavillon d'accueil (salle d'exposition, salle d'animation, cuisine) sur place.
Au cœur de la réserve de biodiversité Vaudray-Joannès se trouve cet endroit exceptionnel sur l'interprétation des écosystèmes forestiers. En plus des expositions au pavillon d'accueil, une foule d'activités sont proposées : un minigolf en forêt, des sentiers d'interprétation, des sentiers de vélo de montagne et de raquette, une piste d'hébertisme, un labyrinthe de 4,5 km, un parc d'aventure D'Arbre en Arbre, etc.

Visites guidées

■ CIRCUIT D'INTERPRÉTATION HISTORIQUE DU VIEUX-ROUYN ET DU VIEUX-NORANDA

✆ +1 819 797 3195
✆ +1 888 797 3195
De mai à mi-novembre. Durée : 1 à 2 heures selon le circuit choisi. Gratuit.
Le circuit total comprend 13 stations dans le Vieux-Noranda et 7 dans le Vieux-Rouyn. Partez à la découverte de bâtiments datant des débuts de la colonisation tels le Foyer Saint-Raphaël et l'hôpital Youville. À pied, à vélo, en patins à roues alignées ou en voiture, de belles histoires vous attendent. Le plan des circuits est disponible au bureau touristique.

LA ROUTE DES PIONNIERS

Cette route d'environ 323 km débute à Rouyn-Noranda pour se terminer à Témiscaming. Tout en suivant les berges du lac Témiscamingue, elle vous fera découvrir des paysages très ruraux, empreints de douceur. Ville-Marie, située au premier tiers du parcours, est une halte conseillée pour passer la nuit.

NOTRE-DAME-DU-NORD

Cette petite municipalité de 1 125 habitants, communément appelée « le Nord », est l'hôte d'industries manufacturières et agroalimentaires. Mais en août, la ville revête une toute autre allure avec l'incontournable Rodéo du camion (www.elrodeo.com). Depuis 30 ans, les « poids lourds » s'y donnent rendez-vous pour la compétition de tirs de camions lourds avec et sans charge, le concours de beauté de camions, la parade des camions et autres activités. Un événement qui a du poids !

■ AU REPOS DU BOULEAU

110, rue du Lac ✆ +1 819 723 2607
www.aureposdubouleau.com
Occupation double : 80-90 CAN $. Quatre chambres avec salle de bain privées. Petit déjeuner inclus. Forfaits disponibles.
Directement posé sur les berges du lac Témiscamingue, ce gîte, propriété d'un couple de géologues, est un véritable havre de paix pour un séjour nature et détente. Les chambres de cette belle maison canadienne sont simples avec une décoration qui leur donne un air champêtre. Lors des beaux jours, profitez de la terrasse en bord de lac ou du grand jardin pour savourer votre café du matin.

■ BUREAU TOURISTIQUE DE NOTRE-DAME-DU-NORD

5, rue Principale ✆ +1 819 723 2500
nddn@mrctemiscamingue.qc.ca
Ouvert du 24 juin à la fête du Travail.

■ CENTRE THÉMATIQUE FOSSILIFÈRE

5, rue Principale
✆ +1 819 723 2500
www.fossiles.qc.ca
Du 24 juin à début septembre : lundi-dimanche, 10h30-18h. Ouverture possible toute l'année sur réservation. Adulte : 5 CAN $, 6-12 ans : 2,50 CAN $. Durée : 1h30.
L'exposition principale recrée le milieu marin du Témiscamingue datant de 420-480 millions d'années avec roches et fossiles d'animaux fantastiques. Petits et grands réaliseront de courtes expériences scientifiques. Le Centre propose également des safaris fossiles, des excursions et une école de fouille.

VILLE-MARIE

Ville-Marie est la plus ancienne localité de l'Abitibi-Témiscamingue. Ce toponyme honore la protection de la congrégation des Oblats de Marie-Immaculée et souligne le rôle déterminant de cette communauté religieuse dans la colonisation de la région du Témiscamingue. Ville-Marie a été érigée en paroisse en 1886, en village en 1896 et en ville en 1962. À l'extrémité est de la rue Notre-Dame-de-Lourdes, vous trouverez une grotte aménagée à l'image de celle du même nom en France. À la mi-août, des centaines de pèlerins s'y donnent rendez-vous. Un belvédère offre une superbe vue sur la ville et le lac Témiscamingue ; des sentiers d'interprétation se trouvent sur le site.

Pratique

■ BUREAU TOURISTIQUE DE VILLE-MARIE

1, rue Industrielle
✆ +1 819 629 2918 / +1 866 538 3647
www.tourismetemiscamingue.ca
Ouvert toute l'année.

Se loger

■ COMPLEXE RÉCRÉOTOURISTIQUE LA BANNIK

862, chemin du Vieux-Fort
Duhamel-Ouest ✆ +1 819 622 0922
✆ +1 877 322 0922 – www.bannik.ca
Tarifs et forfaits sur demande.
La Bannik sise sur un site exceptionnel et trempe ses pieds dans le lac Témiscamingue. Pour le repos, 106 emplacements de camping, avec ou sans services, sont répartis sur le site et pour plus de confort, des chalets de luxe (6 à 8 personnes) sont en location. Ces derniers sont tous équipés (foyer au salon) et construits en bois, dont deux sur deux étages. Trois chalets plus rustiques disposent des services de base (2 à 4 personnes). Services et activités sur place : restaurant ouvert à l'année, quai, plage avec trampoline et glissade, location d'embarcations nautiques, sentiers pédestres et de vélo de montagne, terrains de jeux, location de cabanes à pêche, sentiers de ski de fond, de raquette et de motoneige.

■ **DOMAINE TEMIKAMI**
128, rue Geneviève
Duhamel-Ouest
✆ +1 819 629 3618 / +1 866 898 3618
www.temikami.com
Consultez le site Internet afin de connaître toute la gamme des tarifs. Espace VR pour ceux séjournant sur place dans leur véhicule récréatif. Forfaits disponibles. Restaurant Coucoushee, centre de santé Spa, jacuzzi, sauna et hammam, et salle d'exercices sur place.
Situé directement aux abords du lac Témiscamingue, ce grand domaine de villégiature vous permet de louer un chalet en bois de type cottage, une chambre à l'auberge ou même le tipi pour un séjour mémorable. Le charme des lieux est très rustique mais ne néglige en rien le grand confort. Un sauna et un Spa invitent à la détente après vos journées en plein air. Bref, le confort d'un chez-soi au beau milieu de la nature !

À voir – À faire

■ **LIEU HISTORIQUE NATIONAL DU CANADA DU FORT-TÉMISCAMINGUE**
834, chemin du Vieux-Fort
Duhamel-Ouest
✆ +1 819 629 3222
✆ +1 888 773 8888
www.pc.gc.ca/temiscamingue
Mi-juin à début septembre : lundi-dimanche, 9h-17h (13h-21h le jeudi de fin juin à début septembre). Le reste de l'année : sur réservation. Adulte : 4,90 CAN $, aîné : 4,15 CAN $, jeune : 2,90 CAN $, famille : 11,70 CAN $.
Situé à 6 km de Ville-Marie, par la route 101 Sud, le Fort-Témiscamingue fut un important poste de traite des pelleteries pendant plus de deux cents ans. Il témoigne notamment de l'importante rivalité qui existait aux XVIIe et XVIIIe siècles entre Français et Anglais pour l'exploitation du Réservoir Pelletier de la baie d'Hudson. Faites une visite guidée pour bien profiter des attraits naturels et des vestiges archéologiques de la région. Tout est fait pour que votre visite soit des plus plaisantes : animations variées, film, aires de pique-nique sur le lac et sentiers d'interprétation.

■ **MAISON DU FRÈRE-MOFFET**
7, rue Notre-Dame-de-Lourdes
✆ +1 819 629 3533
www.maisondufreremoffet.com
De mai à octobre (en dehors de la période ou des heures d'ouverture) : sur réservation. De la mi-juin à la fête du Travail : lundi-dimanche, 10h-18h. Droits d'entrée : 2-10 CAN $ selon l'âge et le nombre d'activités. Tour de ville en vélo-taxi disponible.
Érigée en 1881 par les Oblats pour leur ferme établie par le frère Joseph Moffet, fondateur du Témiscamingue agricole, cette maison reçut le statut de monument historique classé en 1978. Construite en pièce sur pièce, elle offre un témoignage éloquent de l'art de bâtir des artisans d'autrefois.

TÉMISCAMING

Bâtie à flanc de montagne, cette municipalité est une des trois seules villes planifiées de la province. Elle fut en effet conçue selon le modèle des cités-jardins britanniques et on peut encore de nos jours y admirer l'architecture anglo-saxonne.
Avis aux amateurs de randonnées et de vélo : une piste linéaire vous conduit à la chute du ruisseau Gordon et de là, un sentier mène à un belvédère offrant une vue sur le centre-ville et la rivière des Outaouais. Sachez aussi qu'un projet de parc national, Opémican, est en cours dans la région, afin de « protéger et mettre en valeur un territoire constitué d'écosystèmes forestiers exceptionnels, de paysages grandioses ainsi que d'un site patrimonial témoignant de l'histoire du flottage du bois sur le grand bassin hydrographique de la rivière des Outaouais ». Plus d'info au : www.opemican.com

■ **MUSÉE DE LA GARE**
15, rue Humphrey
✆ +1 819 627 1846
www.museedelagare.com
23 juin à la fête du Travail : lundi-dimanche, 10h-18h. Le reste de l'année : sur réservation. Entrée incluant la visite guidée : 5 CAN $, gratuit pour les 7 ans et moins, 2 CAN $ pour l'exposition temporaire seulement. Bureau d'accueil touristique sur place (ouvert selon le même horaire).
Construite en 1927, cette gare se distingue par son style et son architecture. En 1966, elle fut restaurée et transformée en musée afin de mettre en valeur le patrimoine architectural et industriel de la ville de Témiscaming, ainsi que les personnages marquants ayant façonné son histoire.

LA RIVE SUD DU SAINT-LAURENT

Ferme du Bas-Saint-Laurent

Montérégie

La Montérégie est un vaste territoire de plus de 10 000 km² où dominent collines et vallées. Le nom Montérégie trouve son origine dans les collines appelées montérégiennes qui émergent de la plaine. Les monts Rigaud, Saint-Bruno, Saint-Hilaire, Rougemont, Yamaska et Saint-Grégoire forment une ligne imaginaire entre l'île de Montréal et les Appalaches. Bordée de lacs et de rivières, la Montérégie possède un réseau hydrographique important qui fut le témoin privilégié de plusieurs batailles historiques. La rivière Richelieu, qui traverse la Montérégie du nord au sud, servait autrefois de voie navigable pour le commerce avant de voir construire, sur ses berges, des fortifications qui servirent à défendre la population des attaques militaires. La vallée du Richelieu constitue un axe majeur reliant Montréal à New York. Prenant sa source dans l'État de New York, la rivière se jette dans le Saint-Laurent au niveau de Sorel. Baptisée rivière des Iroquois par Champlain et colonisée dès le début du XVIIIe siècle, la vallée du Richelieu est aussi, du point de vue agricole, l'une des régions les plus riches du Québec. En raison de la situation stratégique de la vallée, de nombreux forts y ont été construits aux premiers temps de la présence française : fort Chambly, fort Saint-Jean, fort Lennox (sur l'île aux Noix) et le Blockhaus de la rivière Lacolle. À l'origine destinés à protéger Montréal des incursions des Iroquois, ils ont ensuite pour mission de contenir les attaques des troupes anglaises en 1759, puis américaines de 1775 à 1776. Au XIXe siècle, la vallée développe ses échanges commerciaux avec les États-Unis, facilités par un système de canaux. Elle joue aussi un rôle majeur dans la rébellion des Patriotes (1837-1838), conduite par Louis-Joseph Papineau, contre le gouvernement britannique afin d'obtenir l'autodétermination. Après une victoire à Saint-Denis, les insurgés seront battus à Saint-Charles avant d'être écrasés définitivement à Saint-Eustache. Le chemin des Patriotes (route 133) rappelle cet épisode douloureux de l'histoire du Québec.

Profitez d'une des nombreuses croisières pour apprécier le calme des cours d'eau et découvrir la faune et la flore des marais du secteur du lac Saint-Pierre et des nombreuses îles de la région. La Montérégie est la troisième région en importance au Québec en ce qui concerne le nombre de sites historiques, de musées et de centres d'interprétation. Venez visiter les différents sites patrimoniaux de la région et découvrir l'essentiel de l'histoire du patrimoine historique canadien : de la présence autochtone aux guerres de conquête de la Nouvelle-France, de la récente histoire industrielle du Québec à la Bataille des Patriotes.

Les immanquables de la région de la Montérégie

- **Les sites historiques nationaux** qui vous raconteront l'histoire de la région.
- **Le parc Safari** à Hemmingford, surtout si vous voyagez avec des enfants.
- **Les nombreux vergers,** pour l'autocueillette de pommes et la dégustation de cidres.
- **La Toile Cyclable,** un réseau de plus de 1 000 km au cœur des régions urbaines et champêtres.
- **La Vallée-du-Richelieu,** à découvrir pour son histoire et ses magnifiques villages.

Transports

- **Bus.** L'AMT gère de nombreux organismes de transport joignant les régions en périphérie de Montréal. Vous pourrez consulter le site Internet pour connaître la liste des municipalités desservies. www.amt.qc.ca
- **Trains de banlieue et grandes lignes.** Trois lignes de train de banlieue de l'AMT desservent la Rive-Sud : Montréal – Vaudreuil/Hudson, Montréal – Mont-Saint-Hilaire, et Montréal – Candiac. www.amt.qc.ca
La ligne Montréal-Québec de Via Rail effectue des arrêts à Saint-Lambert et Saint-Hyacinthe en Montérégie. www.viarail.ca
- **Traversiers.** De nombreux traversiers et bacs desservent la Montérégie. Ils sont tous en service de la mi-avril à la mi-novembre, à l'exception de la ligne Sorel – Saint-Ignace-de-Loyola qui fonctionne à l'année. Pour connaître la liste de tous les traversiers, consultez le site Internet de l'office du tourisme régional. La compagnie Navark effectue également des liaisons maritimes entre Valleyfield – Les Côteaux, Montréal/Longueuil – parc national des Îles-de-Boucherville, et Lachine – Châteauguay (www.navark.ca).

Montérégie

LANAUDIERE
CENTRE-DU QUEBEC
LAURENTIDES
LAVAL
MONTREAL
RIVE-SUD
ONTARIO
SUROÎT
RIVIERE RICHELIEU
MONTEREGIE-EST
CANTONS DE L'EST
U.S.A
vers Ottawa
vers Sherbrooke
Hawkesbury
Pointe-Fortune
Rigaud
Mt Rigaud
Hudson
Oka
St-Lazare
Ste-Marthe
Vaudreuil-Dorion
Notre-Dame-de-l'Ile-Perrot
Pointe-des-Cascades
Coteau-du-Lac
St-Polycarpe
Les Côteaux
St-Zotique
Rivière-Beaudette
Grande-Ile
St-Timothée
Melocheville
Beauharnois
Salaberry-de-Valleyfield
Châteauguay
Kahnawake
Sainte-Catherine
St-Constant
St-Isidore
Mercier
St-Rémi
Ste-Martine
St-Louis-de-Gonzague
Allen's Corner
Ormstown
Ste-Barbe
St-Anicet
Huntingdon
Dewittville
Godmanchester
Ste-Agnès-de-Dundee
Réserve de faune du Lac St-François
Fleuve St-Laurent
Herdman
Rockburn
Franklin
St-Antoine-Abbé
Havelock
Covey Hill
Colline Covey
Hemmingford
St-Chrysostome
St-Patrice-de-Sherrington
St-Bernard-de-Lacolle
Lacolle
St-Valentin
Napierville
St-Jacques-le-Mineur
L'Acadie
St-Philippe
La Prairie
Brossard
St-Lambert
Longueuil
Boucherville
Varennes
Verchères
Calixa-Lavallée
Contrecoeur
St-Antoine-sur-Richelieu
St-Roch-de-Richelieu
Sorel-Tracy
St-Joseph-de-Sorel
Ste-Anne-de-Sorel
Yamaska
Ste-Victoire-de-Sorel
St-David
Massueville
Saint-Ours
St-Dénis
Saint-Jude
St-Charles-sur-Richelieu
St-Marc-sur-Richelieu
Ste-Julie
Parc du Mt St-Bruno
McMasterville
St-Bruno-de-Montarville
Beloeil
Mont-St-Hilaire
Rés. de la Biosphère
Otterburn Park
St-Jean-Baptiste
St-Mathias
Chambly
Richelieu
Marieville
Rougemont
Mt Rougemont
St-Césaire
Ste-Angèle-de-Monnoir
Mont-St-Grégoire
Mt St-Grégoire
St-Luc
St-Jean-sur-Richelieu
Iberville
St-Alexandre
Ste-Brigide-d'Iberville
L'Ange-Gardien
St-Paul-d'Abbotsford
Mt Yamaska
Granby
Waterloo
Lac Brome
Cowansville
R. aux Brochets
Henryville
St-Paul-de-l'Ile au Noix
Venise-en-Québec
Lac Champlain
St-Hyacinthe
St-Barnabé
St-Simon
Ste-Hélène-de-Bagot
St-Liboire
Ste-Rosalie
Upton
St-Théodore-d'Acton
Acton Vale
Roxton Falls
St-Valérien-de-Milton
St-Darnase
St-Pie
Drummondville
Rivière des Milles îles
Lac des deux montagnes
Lac St-Louis
Saint-Laurent
Châteauguay
R. à la Tortue
0
18 km

Voiture. Plusieurs routes desservent la région de la Montérégie. Voici les principaux accès routiers en fonction des régions de départ.

Cantons-de-l'Est : à partir de Sherbrooke, Magog, Orford et Bromont, prenez l'autoroute 10 Ouest. À partir de Waterloo ou Granby, prenez la route 112 Ouest.

Centre-du-Québec : à partir de Drummondville, prenez l'autoroute 20 Ouest ou la route 122 Ouest. À partir du fleuve, prenez la route 132 Ouest.

Lanaudière : prenez le traversier de Saint-Ignace-de-Loyola à Sorel.

Laurentides : prenez le traversier Oka-Hudson ou passez par la région de Montréal.

Montréal : de nombreux ponts et tunnels relient la métropole à la Montérégie : pont de l'Ile-aux-Tourtes, pont Galipeau, pont Honoré-Mercier, pont Champlain, pont Victoria, pont Jacques-Cartier et le pont-tunnel Louis-Hippolyte-Lafontaine.

Outaouais : prenez le traversier Carillon-Pointe-Fortune.

TOURISME MONTÉRÉGIE

Quartier Dix30
8940, boulevard Leduc
BROSSARD
✆ +1 450 466 4666 / +1 866 469 0069
www.tourisme-monteregie.qc.ca

La nouvelle Maison du tourisme, inaugurée en mai 2011 au cœur du quartier Dix30, est équipée à la fine pointe de la technologie : zones « expériences – produits », bornes interactives, écrans multimédias et bornes télévisuelles, service de réservations/forfaits, section de produits régionaux et cave à cidres, coin lounge avec foyer... Bref, l'endroit parfait pour planifier votre séjour en Montérégie !

LE SUROÎT

RIGAUD

En arrivant d'Ottawa, Rigaud est une des premières municipalités que vous croiserez sur votre chemin. La station récréotouristique du mont Rigaud fera la joie des petits et grands, été comme hiver. Pour une expérience typiquement québécoise, une visite et un repas à la Sucrerie de la Montagne s'impose. L'Auberge des Gallant et son centre de santé sont aussi très réputés dans la région.

Se loger

AUBERGE DES GALLANT

1171, chemin Saint-Henri
Secteur Sainte-Marthe
✆ +1 450 459 4241
✆ +1 800 641 4241
www.gallant.qc.ca

Occupation double : à partir de 140 CAN $ incluant le petit déjeuner et l'accès à certains services/activités. Forfaits disponibles. Nombreux services et activités sur place dont : centre de santé Spa, Jacuzzi extérieur, sauna, piscine extérieure chauffée à l'eau salée, restaurant de cuisine régionale (classé 4 étoiles par le guide Debeur).

Avis aux amateurs de nature et de confort : cette grande auberge champêtre, située sur le mont Rigaud, vous servira de point de chute pour une foule d'activités. Sur place : sentiers de ski de fond et de raquette, observation des nombreux cerfs de Virginie, baignade, randonnée pédestre... Dans les environs, vous pourrez aller faire du ski alpin, aller à la cabane à sucre (propriété de l'auberge, située à Très-Saint-Rédempteur), tester votre courage dans un parcours d'arbre en arbre... Après toutes ces aventures, reposez-vous dans une de leurs chambres confortables et si une bonne nuit ne suffit pas pour vous remettre de vos émotions, essayez un des soins du centre de santé.

Se restaurer

SUCRERIE DE LA MONTAGNE

300, chemin Saint-Georges
✆ +1 450 451 0831
www.sucreriedelamontagne.com

Ouvert à l'année, réservation nécessaire. Repas offert le midi et le soir. Adulte : 27-31 CAN $, 7-12 ans : 17-18 CAN $, 3-6 ans : 11-12 CAN $.

Plus qu'une simple cabane à sucre, c'est un véritable site du patrimoine québécois : le lieu, une authentique érablière traditionnelle, vous convie à venir déguster un festin du temps des sucres avec animation folklorique. Vous pouvez également visiter la cabane à sucre et la boulangerie en pierre des champs. Service de bar, hébergement sur place avec ou sans forfait repas, magasin général (produits de l'érable, artisanat).

Sports – Détente – Loisirs

■ ARBRASKA, LA FORÊT DES AVENTURES

85, rue Bourget
✆ +1 450 451 5527 / +1 877 886 5500
www.arbraska.com
Mai à fin août : lundi-dimanche, départs avec réservation toutes les 30 minutes. Septembre à mi-novembre et de mi-mars à fin avril : sur réservation pour un minimum de 4 personnes (départ unique à 13h, possibilité de plusieurs départs le week-end). Adultes : 32,18 CAN $, 8-13 ans : 23,92 CAN $, 5-7 ans : 22,18 CAN $. Parcours de nuit : tarif unique de 34,79 CAN $. Tarifs pour le géocaching et le rallye GPS. Forfaits disponibles.
Equipé d'un baudrier, il faut braver ses peurs pour traverser la forêt, en se baladant de cime en cime. Tyroliennes, ponts suspendus, filets à grimper, parcours extrêmes, via ferrata… Plus de 8 parcours avec 135 jeux et 34 tyroliennes, dont le parcours extrême « La Rafale », le plus haut et plus long parcours de la province. Autant dire que ceux qui ont le vertige devront s'abstenir, mais les amateurs de sensations fortes et de verdure seront ravis !

■ CENTRE DE SKI MONT RIGAUD

321, rue des Érables
✆ +1 450 451 0000 / +1 514 990 1286
www.skimontrigaud.com
Lundi-dimanche : 9h-21h. Tarifs pour bloc de 4, 3, 2 ou 1 heure, la journée et la soirée. Billets multijours (10 billets).
9 pistes, 120 m de dénivellation, ski de soirée (9 pistes éclairées), 3 remontées mécaniques, snowpark. Boutique d'accessoires de ski, location d'équipement de glisse. Cafétéria, bistro. Activités en saison estivale : parc de tyroliennes et hébertisme à la cime des arbres, trampolines-bungy, tour d'escalade de plus de 10 m de hauteur, sentiers cross-country et vélo parc.

COTEAU-DU-LAC

Principale porte d'entrée des importations du Haut-Canada pendant longtemps, des fortifications furent érigées en 1812 afin de protéger la voie fluviale. Le lieu historique national relate ces faits de manière divertissante et ludique.

■ LIEU HISTORIQUE NATIONAL DU CANADA DE COTEAU-DU-LAC

308A, chemin du Fleuve
✆ +1 450 763 5631 / +1 888 773 8888
www.pc.gc.ca/coteau
De fin mai à début septembre : lundi-dimanche, 10h-17h. Adulte : 3,90 CAN $, aîné et étudiant : 3,40 CAN $, 6-16 ans : 1,90 CAN $, famille : 9,80 CAN $.
Vous verrez sur le site le premier canal à écluses du pays ainsi qu'une authentique fortification britannique du début du XIXe siècle. Ce fut un lieu majeur du développement du transport fluvial. Jardin archéologique, animations thématiques et visites guidées sur place.

■ PLAGE DE SAINT-ZOTIQUE

105, 81e Avenue
Saint-Zotique
✆ +1 450 267 3003
www.st-zotique.com
De mi-juin à fin août : lundi-dimanche, dès 9h. Droits d'entrée. Tarifs groupes disponibles. Argent comptant seulement.
Question de se rafraîchir un peu lors de nos chaudes journées d'été, faites un arrêt à cette immense plage. Nombreuses activités sur place : pataugeoire avec jets d'eau, volleyball, soccer, tennis, terrains de jeux pour enfants, location de kayaks, canots et pédalos, casse-croûte et petits barbecues. Des animations sont disponibles sur réservation.

SALABERRY-DE-VALLEYFIELD

Capitale de la région du Suroît, Valleyfield vit au rythme de l'eau. Elle possède notamment la 2e plus grande marina de la province, s'ouvrant sur la baie du lac Saint-François, et en juillet s'y déroule l'événement incontournable des Régates (courses d'hydroplanes... à voir !). Pour les amoureux de la nature, deux parcs régionaux se trouvent à proximité, dont un avec de belles plages sablonneuses.

■ TOURISME SUROÎT

1155, boulevard Mgr-Langlois
✆ +1 450 377 7676 / +1 800 378 7648
www.tourisme-suroit.qc.ca
Ouvert toute l'année.

■ VIEUX CANAL DE BEAUHARNOIS

Au centre-ville ✆ +1 450 373 7131
www.vieuxcanal.com
Ce canal, rouvert à la plaisance, est un lieu tout à fait charmant lors de la belle saison. La promenade qui le longe est bordée de plusieurs terrasses et le soir venu, des spectacles musciaux sont présentés du vendredi au dimanche sur une scène flottante.

SAINT-ANICET

Saint-Anicet est une petite municipalité située sur la rive sud du lac Saint-François, à proximité de Montréal et des États-Unis. En été, profitez de la plage du parc historique Jules-Léger, des terrains de golf (club de golf de Saint-Anicet et club de golf du Marais) ou encore des activités de plein air à la Réserve nationale de faune du lac Saint-François à Dundee (à quelques kilomètres au sud-ouest). Si l'histoire des Premières nations vous intéresse, rendez-vous au Centre d'interprétation du site archéologique Droulers-Tsiionhiakwatha.

■ CENTRE D'INTERPRÉTATION DU SITE ARCHÉOLOGIQUE DROULERS-TSIIONHIAKWATHA

1800, chemin Leahy
✆ +1 450 264 3030 / +1 866 690 3030
www.sitedroulers.ca
Mi-mai au 23 juin : mardi-dimanche, 9h-16h. 23 juin à fin août : mardi-dimanche, 10h30-18h. En septembre : lundi-vendredi, sur réservation ; samedi-dimanche, 9h30-16h. Le reste de l'année : sur réservation seulement. Adulte : 6 CAN $, aîné-étudiant-enfant : 5 CAN $, moins de 6 ans : gratuit, famille : 15 CAN $. Aire de pique-nique, boutique de souvenirs.
Sur ce site de grand intérêt, on retrouve les vestiges du plus important village iroquoien jamais mis au jour dans la province. Vers 1450, environ 500 Iroquoiens du Saint-Laurent ont aménagé un village le long de la rivière La Guerre dans l'actuelle municipalité de Saint-Anicet. Question d'en apprendre davantage sur le mode de vie et les traditions des Iroquois, des visites guidées vous feront découvrir ce village reconstitué avec ses maisons-longues et son jardin traditionnel, sans oublier l'exposition *Kionhekwa*. En juillet et août, des activités familiales sont proposées le week-end telles la dégustation de mets traditionnels ou encore la fabrication de poupées en feuilles de maïs. Pour une expérience des plus authentiques, il est possible de passer la nuit dans une maison-longue avec au programme des ateliers, de l'animation, une viste du centre, etc. Franchement unique !

BEAUHARNOIS

La ville de Beauharnois, qui regroupe également Maple Grove et Melocheville, est bien connue pour sa centrale hydroélectrique qui attire nombreux visiteurs chaque année.

■ CENTRALE HYDROÉLECTRIQUE DE BEAUHARNOIS

80, rue Edgard-Hébert
Secteur Melocheville
✆ +1 800 365 5229
www.hydroquebec.com/visitez
De fin mai à début septembre : lundi-dimanche, visites guidées à 9h30, 11h15, 13h et 14h45. Le reste de l'année : sur réservation, selon disponibilité. Gratuit.
C'est l'une des plus grandes centrales hydroélectriques au monde : la visite guidée vous fera découvrir son architecture, les phases de sa construction, les étapes de l'électrification de la région montréalaise et ses turbines-alternateurs réparties sur près d'un kilomètre.

LA RIVE-SUD

SAINT-BRUNO-DE-MONTARVILLE

La seigneurie de Montarville a célébré son 300e anniversaire en 2010. Saint-Bruno est une ville résidentielle mais sa montagne et sa station de ski, où se trouve d'ailleurs une des meilleures écoles de snowboard de la province, attirent visiteurs et citadins en quête d'un peu de calme et de nature.

PARC NATIONAL DU MONT-SAINT-BRUNO

330, rang des 25 Est
✆ +1 450 653 7544
✆ +1 800 665 6527
www.sepaq.com/pq/msb/fr

À 20 km de Montréal. Autoroute 20, sorties 98 et 102 ou autoroute 30, sortie 121. Ouvert à l'année. Horaires variables en fonction des saisons. Accès quotidien adulte : 6 CAN $, enfant : 2,75 CAN $, gratuit pour les enfants de 5 ans et moins. Tarifs groupes et familles disponibles. Boutique nature, location d'équipement, école de ski de fond, salon de thé dans le vieux moulin et casse-croûte sur place.

Le parc national du Mont-Saint-Bruno (5,9 km²) fait partie de la région naturelle des collines montérégiennes. Véritable havre de paix à quelques kilomètres de la ville, il abrite une faune riche et diversifiée ainsi que 5 lacs, un verger de plus de 850 pommiers et un moulin historique. Vous viendrez pour vous ressourcer aussi bien en été qu'en hiver. Aucun hébergement sur place. Notez qu'un agrandissement du parc fait partie des projets de la Sépaq.

Activités : autocueillette de pommes (de fin août à mi-octobre), observation de la faune, randonnée pédestre, activités de découverte guidées, ski de fond, raquette, randonnée pédestre sur neige, ski alpin à la station Ski Saint-Bruno au nord-ouest du parc.

STATION DE SKI SAINT-BRUNO

550, Rang des Vingt-cinq Est
✆ +1 450 653 3441
www.skisaintbruno.ca

En opération de mi ou fin novembre à avril. Lundi-dimanche, 8h30-22h (dès 8h le week-end). Tarifs à la journée (1h, 2h, 3h, 4h, 5h, 6h) et à la soirée (2h ou la soirée complète). Livrets de 10 billets aussi disponibles. Accès au Snöpark pour la journée : ajouter 7,22 CAN $ au prix du billet.

15 pistes, 2 versants, ski de soirée (15 pistes éclairées), 134 m de dénivelé, 8 remontées mécaniques, snowpark (un des meilleurs du Québec). Location et réparation d'équipement de glisse, boutique d'accessoires, restaurant, pub.

BOUCHERVILLE

Fondée en 1667 par Pierre Boucher, Boucherville est l'une des dix plus vieilles villes du Québec. Elle est dorénavant une des banlieues aisées de Montréal mais elle a su garder sa partie historique, le Vieux-Boucherville. Une visite de ce quartier vous fera découvrir de très belles maisons ancestrales bordant des rues étroites, ainsi qu'une église classée monument historique.

PARC NATIONAL DES ÎLES-DE-BOUCHERVILLE

55, île Sainte-Marguerite
✆ +1 450 928 5088
✆ +1 800 665 6527
www.sepaq.com/pq/bou/fr/

Ouvert à l'année, de 8h au coucher du soleil (de novembre à avril, le parc ferme à 16h30). Poste d'accueil : centre de découverte et de services de l'île Sainte-Marguerite (autoroute 25, sortie 1 au tunnel Louis-H-Lafontaine). Service de navette fluviale. Accès quotidien adulte : 6 CAN $, enfant : 2,75 CAN $, gratuit pour les enfants de 5 ans et moins. Tarifs groupes et familles disponibles.

En plein cœur du fleuve et à proximité de Montréal, cet îlot de verdure couvre une superficie de 8,14 km². Les cinq îles sont reliées par une piste cyclable de 21 km et des sentiers qui permettent de les arpenter. Marais, chenaux, forêts… Un vrai havre de paix à quelques minutes de la ville. Il reste que le meilleur moyen de les découvrir est en kayak de mer. Aucun hébergement dans le parc (hôtel sur l'ile Charron, à quelques pas du parc).

Activités : tour d'observation, canot, kayak de mer, rabaska, randonnée pédestre et à vélo, pêche, volleyball sur sable, terrain de golf à proximité, raquette, ski nordique et randonnée pédestre sur neige. Location d'embarcations nautiques, de vélos et de raquettes.

LA RIVIÈRE RICHELIEU

En longeant la vallée du Richelieu, riche en histoire et en architecture patrimoniale, vous découvrirez de magnifiques villages pittoresques : Saint-Charles, Saint-Denis, Saint-Marc, Saint-Antoine, Saint-Ours et Calixa-Lavallée. Le Vieux-Belœil et le Vieux-Saint-Hilaire sont aussi à découvrir. Une nouvelle route touristique a été inaugurée à l'été 2010 : la route du Richelieu. D'une longueur de 265 km, elle emprunte les deux rives et s'étend de Lacolle, à la frontière américaine, jusqu'à Sorel-Tracy, à l'embouchure du fleuve Saint-Laurent. La route se poursuit aussi du côté américain dans l'état de New York afin de mettre en évidence les hauts faits de l'histoire qui ont jalonné le développement entre les États-Unis et le Canada. Pour plus d'information :

- **www.routedurichelieu.com**

SOREL-TRACY

Au confluent du Richelieu et du Saint-Laurent, c'était au XVIIIe siècle une ville de garnison, destinée à repousser une éventuelle invasion américaine et visant à protéger les loyalistes. Le Carré Royal, ancienne Place d'Armes, a été transformé en parc, devant lequel se dresse l'église anglicane Christ Church, de style néogothique. L'animation se concentre dans la rue du Roi, à deux pas du fleuve, avec ses boutiques, ses restaurants, ses cafés et son vieux marché, tandis que la rue Augusta mène à un parc en bordure du fleuve offrant des vues sur le Saint-Laurent, le port et la marina. À 8 km à l'est de Sorel, l'église Sainte-Anne-de-Sorel a été décorée de superbes fresques par le peintre Suzor Côté.

BIOPHARE

6, rue Saint-Pierre
✆ +1 450 780 5740 / +1 877 780 5740
www.biophare.com
Juillet et août : lundi-dimanche, 10h-17h. Le reste de l'année : mercredi-vendredi, 10h-17h ; samedi-dimanche, 13h-17h. Adulte : 7,50 CAN $, 7-17 ans : 3,50 CAN $, 6 ans et moins : gratuit. Expositions, activités culturelles et éducatives. Forfaits avec croisières à thème, historique ou nature, disponibles. Plusieurs autres forfaits disponibles.
Géré par la Corporation soreloise du patrimoine régional, ce musée se veut un lieu de documentation, de diffusion et de promotion des différentes valeurs patrimoniales propres à la région de Sorel-Tracy, de la MRC de Pierre-de-Saurel et à la réserve de la biosphère du Lac-Saint-Pierre. De mai à septembre, des croisières guidées d'une durée de 3 heures vous feront découvrir cette réserve de la biosphère. Il est également possible de faire une croisière d'une heure sur la rivière Richelieu (sur réservation).

CROISIÈRES DES ÎLES DE SOREL

1665, chemin de Chenal-du-Moine
Secteur Sainte-Anne-de-Sorel
✆ +1 450 291 9990 / +1 800 361 6420
www.croisieresilesdesorel.com
De mi/fin juin à début septembre. Départ à 14h tous les jours sauf le lundi et mardi (fermé). Départ additionnel à 17h du mercredi au samedi (forfait avec souper disponible). Adulte : 34,95 CAN $, aîné : 32,95 CAN $, 6-15 ans : 14,95 CAN $, famille : 84,85 CAN $. Forfaits disponibles. Si paiement sur place, argent comptant seulement.
Les îles de Sorel (île du Moine, île de Grâce, île d'Embarras), disséminées dans le Saint-Laurent à l'endroit où le fleuve s'élargit pour former le lac Saint-Pierre, sont pour la plupart uniquement accessibles par bateau et constituent un véritable paradis pour les ornithologues, les chasseurs et les pêcheurs. La croisière vous invite à venir découvrir la faune et la flore remarquables des îles en naviguant au cœur de la Réserve mondiale de biosphère de l'Unesco.

LOUP ROUGE, ARTISAN BRASSEUR

44, rue Prince
✆ +1 450 551 0660
www.artisanbrasseur.com
Ouvert du lundi au samedi dès 15h (horaire sujet à changement). Fermeture de la cuisine à 21h. Service de traiteur personnalisé.
Cette coopérative de travail se veut un acteur dans le développement économique et social de sa région en favorisant une grande collaboration avec les partenaires locaux. Ces trois comparses bièrophiles désiraient inscrire Sorel-Tracy sur la route des Bières mais également, créer un lieu d'échange et de discussion, de découvertes gustatives et intellectuelles. Découvertes gustatives d'abord avec un menu d'excellentes bières brassées maison et des bons petits plats comme la pizza végé, le sandwich saucisse-choucroute-moutarde, ou encore l'assiette gourmande.

Découvertes intellectuelles ensuite avec des projections de films de répertoire et de documentaires sociaux, de conférences sur des sujets variés, des expositions, sans oublier bien sûr des spectacles musicaux avec des artistes de la relève et d'autres plus connus.

■ **TOURISME RÉGION DE SOREL-TRACY**
92, chemin des Patriotes
✆ +1 450 746 9441
✆ +1 800 474 9441
www.tourismesoreltracyregion.com
Ouvert toute l'année.

SAINT-DENIS-SUR-RICHELIEU

Un monument dédié aux Patriotes rappelle leur victoire sur les troupes du colonel Gore en 1837. Pour le 150e anniversaire de la Rébellion, une plaque a été apposée en 1987 avec ces paroles de René Lévesque : « *Ils ont lutté pour la reconnaissance nationale de notre pays, pour sa liberté politique et pour l'obtention d'un système de gouvernement démocratique* ». À côté, l'église du XVIIIe siècle abrite la cloche de la Liberté, à l'intérieur richement sculpté, qui appelait les Patriotes au combat.

■ **MAISON NATIONALE DES PATRIOTES**
610, chemin des Patriotes
✆ +1 450 787 3623
www.mndp.qc.ca
Mai à fin septembre : mardi-dimanche, 11h-18h. Octobre au 23 décembre : mercredi-dimanche, 13h-17h. Le reste de l'année, sur réservation de groupe uniquement. Adulte : 8 CAN $, aîné : 6 CAN $, étudiant : 4 CAN $, 9-13 ans : 2 CAN $, famille : 15 CAN $. Boutique sur place.
La Maison nationale des Patriotes propose des expositions et une projection audiovisuelle au sujet du combat des patriotes mené par Louis Joseph Papineau et des batailles de Saint-Denis, Saint-Charles et Saint-Eustache. Animations historiques, visite patrimoniale de l'auberge et du village, programmation culturelle, activités spéciales et forfaits aussi offerts.

SAINT-MARC-SUR-RICHELIEU

Un village magnifique, posé aux abords du Richelieu et réputé pour le charme de ses auberges. Il est d'ailleurs classé parmi les plus beaux villages du Québec et avec raison.

■ **AUBERGE HANDFIELD & SPA**
555, rue Richelieu
✆ +1 450 584 2226 / +1 514 990 0468
www.aubergehandfield.com
Occupation double : à partir de 156,50 CAN $, petit déjeuner inclus. Forfaits disponibles. Piscine extérieure, Jacuzzi, sauna sec, salle d'exercices, centre de santé Spa, marina avec services, restaurant, bar-terrasse.
Cette auberge de charme accueille des visiteurs depuis plus de 65 ans et les lieux restent fort populaires. Les chambres, réparties dans quatre pavillons, marient luxe, confort et décoration rustique et raffinée. La table de l'auberge est réputée et propose une cuisine du terroir, sans oublier le fameux brunch du dimanche. L'auberge possède également une cabane à sucre d'antan qui fera le bonheur de tous à la fin de l'hiver (ouverte à l'année sur réservation de groupes). Pour les moments de dorlotement, le Spa Les Thermes vous convie à des soins de massothérapie, d'algothérapie, d'hydrothérapie et d'esthétique.

■ **HOSTELLERIE LES TROIS TILLEULS & SPA GIVENCHY**
290, rue Richelieu ✆ +1 514 856 7787
✆ +1 800 263 2230 – www.lestroistilleuls.com
Occupation double : à partir de 191 CAN $, petit déjeuner inclus. Forfaits disponibles. Piscine intérieure, saunas finlandais, Spa Givenchy, salle d'exercices, cabine de bronzage, terrains de tennis, galerie d'art, restaurant, Irish Bar.
Un haut lieu touristique et gastronomique dont la réputation n'est plus à faire. En bordure de la rivière Richelieu, profitez d'un hébergement de luxe à la décoration soignée, d'une table de haute gastronomie, d'un centre de santé offrant toute une gamme de soins pour votre bien-être, le tout dans un site exceptionnel et relaxant.

MONT-SAINT-HILAIRE

Patrie des célèbres peintres Ozias Leduc et Paul-Emile Borduas, Mont-Saint-Hilaire est un centre artistique réputé. Au-dessus de la localité se dresse le mont Saint-Hilaire, qui fait partie des collines montérégiennes et dont les versants sont couverts de pommiers (c'est un haut lieu de la pomme).

Pratique

■ **TOURISME VALLÉE-DU-RICHELIEU**
1080, chemin des Patriotes Nord
✆ +1 450 536 0395 / +1 888 736 0395
www.vallee-du-richelieu.ca
Ouvert toute l'année.

Les circuits gourmands de la Montérégie

Le Circuit du Paysan

Cette route de près de 200 km sillonne le sud de la région, près de la frontière américaine, et fut la première route signalisée de la Montérégie. Non seulement vous mènera-t-elle dans un décor des plus champêtres mais en plus, elle vous fera découvrir les excellents produits du terroir ainsi que les traditions et l'histoire de cette contrée. Artisans, vignerons, maîtres cidriculteurs, agriculteurs, éleveurs, chefs cuisiniers et aubergistes vous en feront goûter de toutes les couleurs.

- **Pour plus d'information :** www.circuitdupaysan.com – Vous pouvez commander la carte en ligne ou vous la procurer dans l'un des bureaux touristiques de la région.

La route des Cidres

Il s'agit d'un parcours à la découverte des producteurs artisanaux spécialisés dans le cidre et toutes ses déclinaisons. Vous voyagerez à travers des milliers de pommiers, des champs fleuris, enveloppé par ces odeurs et ces couleurs particulières, et pourrez rencontrer des producteurs devenus maîtres dans l'art de traiter la pomme sous ses plus savoureuses formes. Une exploration de choix en une quinzaine d'étapes inoubliables.

- **Pour plus d'information :** www.tm-routedescidres.qc.ca – La carte du parcours y est disponible mais vous vous la procurerez aussi dans un des bureaux touristiques de la région.

Manifestations

Deux événements à ne pas manquer pour les amoureux du cidre :

- **Journées crêpes et cidres (en mai) :** visites des cidreries et dégustations gratuites de leurs produits dérivés accompagnés de crêpes. Le tout alimenté par nombre d'animations pour toute la famille.
- **Le Mondial des Cidres de Glace du Québec (en février) :** une vingtaine de producteurs de cidres ainsi que des fromagers et artisans des produits du terroir seront présents. Dégustations et volet gastronomie, conférences, sculptures sur glace et autres activités spéciales. Une bonne partie de la programmation se déroule à l'extérieur. www.mondialcidresdeglace.com

La route des Vins

Cette nouvelle route agrotouristique regroupe une quinzaine de vignobles de la région. Au menu : visite des domaines, dégustation de produits, échange avec les viticulteurs, etc. Une belle manière de découvrir le savoir-faire et la passion de ces gens dévoués au terroir régional.

- **Pour plus d'information :** www.tourisme-monteregie – La carte du parcours y est disponible mais vous vous la procurerez aussi dans un des bureaux touristiques de la région.

Se restaurer

Pour les petits creux, faites un tour du côté du Vieux-Beloeil, de l'autre côté de la rivière Richelieu, par le pont de la route 116 Ouest. Les rues Laurier et Richelieu, à quelques pas de l'église, recèlent de bons petits bistros, aux tables gourmandes et terrasses avec vue sur la rivière et la montagne. Nos coups de cœur : brunch à la Fourchette Gourmande ou à la Crêperie du Vieux-Beloeil, repas du midi sur la terrasse chez Janick, apéro au Septembre, souper au Bleu Moutarde ou chez Jozéphil.

■ **MANOIR ROUVILLE-CAMPBELL**
125, chemin des Patriotes Sud
✆ +1 450 446 6060 / +1 866 250 6060
www.manoirrouvillecampbell.com
Ouvert tous les jours à l'année. Table d'hôte du midi : à partir de 15 CAN $, le soir : à partir de 50 CAN $. Menu à la carte aussi offert midi et soir. Superbe carte des vins (cellier de plus de 5 000 bouteilles). Brunch gourmand du dimanche : 38 CAN $. Table aux saveurs du terroir certifiée. Pub-terrasse avec menu de type bistro (moins de 25 CAN $ le plat).

Cours de cuisine, hébergement et forfaits disponibles sur place.
Ce superbe manoir, situé en bordure de la rivière Richelieu, est un véritable temple de la gastronomie où règnent fine cuisine française et nouvelles tendances culinaires. Sa table est en effet très réputée et la carte des vins en fera sourire plus d'un. Le chef exécutif Jean Lapierre, ayant notamment œuvré au renommé Club Atwater pendant plusieurs années, fait des merveilles avec les produits du terroir pour concevoir des plats parfumés et créatifs, avec une touche bien française. Les saisons et les arrivages guident l'équipe dans la conception de ces savoureux menus constamment renouvelés. L'endroit idéal pour se faire plaisir !

À voir – À faire

■ CENTRE DE LA NATURE DU MONT SAINT-HILAIRE

422, chemin des Moulins
✆ +1 450 467 1755
www.centrenature.qc.ca
Site et accueil ouverts à l'année (horaire variable selon la saison). Adulte : 5 CAN $, aîné : 4 CAN $, 6-17 ans : 2 CAN $. Location d'équipement à l'accueil. Activités spéciales organisées au fil des saisons.
Le mont Saint-Hilaire fut désigné Réserve de biosphère en 1978 par l'Unesco, une première au Canada. Son propriétaire, l'université McGill, s'est engagé à préserver la montagne et effectue des recherches sur place en offrant, par ailleurs, des activités d'éducation et de loisirs. Des sentiers de randonnée permettent de gagner certains sommets du mont d'où se découvre une vue étendue sur la vallée du Richelieu, le Saint-Laurent et Montréal. C'est aussi un lieu idéal pour la pratique du ski de fond et de la raquette en hiver. Par curiosité, si vous rencontrez quelqu'un venant de la région, demandez-lui quelques légendes sur le mont, certaines vous feront frissonner !

Sports – Détente – Loisirs

■ SPA MONT-ST-HILAIRE

641 chemin de la Montagne
✆ +1 514 666 6772
www.spamontst-hilaire.com
Lundi-dimanche, 10h-21h (massothérapie et soins esthétiques dès 9h). Bains nordiques : 34-48 CAN $, massothérapie : à partir de 84 CAN $ pour 60 min et 119 CAN $ pour 90 min. Forfaits disponibles. Bistro-boutique sur place.
Nous mettons plusieurs adresses de Spa dans ce guide, mais celui-ci mérite une mention particulière. Tout d'abord, sa localisation : un site au pied de la montagne, avec jardins, zones de détente en forêt ou en jardin, et tranquillité assurée. Les lieux, qui nous feraient presque croire que nous sommes invités dans une belle villa, ont de quoi séduire. Ensuite, l'accueil : plutôt que de nous expliquer brièvement les lieux et services, on nous offre une visite guidée personnalisée. Finalement, contrairement à d'autres Spa, on propose ici les peignoirs gratuitement, ainsi que le thé à volonté, ce qui n'est pas à négliger. Un bel endroit pour se dorloter et profiter de la nature environnante !

Shopping

■ LA CABOSSE D'OR

973, chemin Ozias-Leduc
Otterburn Park
✆ +1 450 464 6937
www.lacabossedor.com
Début juin à mi-août : lundi-mercredi, 9h-18h ; jeudi-samedi, 9h-22h ; dimanche, 9h-21h. Le reste de l'année : samedi-mercredi, 9h-18h ; jeudi-vendredi, 9h-21h. Visite commentée pour les groupes de 25 personnes et plus.
L'équipe de la Cabosse d'Or confectionne la praline et le chocolat à partir d'anciennes méthodes de fabrication. En plus des nombreuses gâteries proposées à la boutique, un musée avec vitrine sur l'atelier, un mini-golf chocolaté, un chic salon de thé, un comptoir de crèmes glacées et sorbets maison, ainsi qu'une terrasse sont à votre disposition sur place.

ROUGEMONT

Région gourmande par excellence et paradis de la pomme, Rougemont et les municipalités environnantes sont propices aux balades champêtres et ce, en toutes saisons. Cidreries, vignobles, ventes à la ferme, autocueillette, savonnerie artisanale, piste cyclable, golf, théâtre... Bref, vous trouverez amplement de quoi occuper vos journées. Adeptes du temps des sucres, La Cabane Chez-Nous, située sur le rang des Dix Terres à Rougemont, vous réserve une expérience des plus authentiques, à condition de ne pas dédaigner les toilettes sèches. D'une capacité de 100 places, sise en pleine forêt, elle vous fera vivre un véritable retour dans le temps. Pour des plus amples informations sur la région :

► **www.regionrougemont.info**

CHAMBLY

L'histoire de cette jolie ville est intimement liée à celle de son fort, dorénavant lieu historique national. Son canal, creusé en 1843 pour la navigation commerciale, est également devenu un lieu historique et sert à la navigation de plaisance. Pour ceux qui aimeraient découvrir l'histoire de cette charmante municipalité, un circuit patrimonial avec audioguide se fait tant à vélo qu'à pied. La location des audioguides est disponible au bureau touristique.

Amoureux des produits houblonnés, Chambly est également un haut lieu de la bière avec en son territoire une microbrasserie, une brasserie artisanale, un restaurant apprêtant des mets à la bière, et un festival annuel en plein air.

Pratique

■ BUREAU TOURISTIQUE DE CHAMBLY
1900, avenue Bourgogne
✆ +1 450 658 0321
www.ville.chambly.qc.ca
Ouvert de fin mai à mi-octobre.

Se restaurer

■ FOURQUET FOURCHETTE
1887, avenue Bourgogne
✆ +1 450 447 6370 / +1 888 447 6370
www.fourquet-fourchette.com
Mi-mai à mi-septembre : lundi-samedi, 11h30-fermeture ; dimanche, 10h30 (brunch) -fermeture. Le reste de l'année : lundi-mercredi, groupes seulement sur réservation ; jeudi-samedi, 11h30-fermeture ; dimanche, 10h30 (brunch) -fermeture. Soupers-spectacles en saison estivale.

Le temple de la gastronomie québécoise à la bière ! L'appendice culinaire du Fourquet Fourchette est une halte incontournable, que l'on soit ou non amateur de bières. Et si vous ne l'êtes pas, vous le deviendrez ! Dans un bâtiment donnant sur le bassin de Chambly de la rivière Richelieu, à l'atmosphère évoquant le XVIIe siècle, vous allez vivre quelques beaux moments de gastronomie et d'histoire. Dans la salle de l'Abbaye, qui rend hommage au travail des moines dans l'évolution de la bière, ou encore dans la salle Jean Talon, intendant de la Nouvelle-France et un des premiers brasseurs en Amérique du Nord, vous dégusterez des plats cuisinés où l'harmonie des saveurs et des goûts vous fera vivre une expérience unique. À la carte, des plats extraordinaires comme la salade tiède de pétoncles et de saumon fumé à la « Raftman », le ragoût de caribou à la gelée de cèdre et à la « Trois pistoles », ou encore le pot-au-feu du Bas du Fleuve à la « U ». En pleine saison, vous pourrez déguster votre repas en compagnie de leur chansonnier (du dimanche au jeudi), et le vendredi et samedi, vous aurez droit à une animation Nouvelle-France en salle. Pour votre plaisir, faites un saut à leur boutique où vous trouverez des plats ou des produits dérivés de la bière, ainsi que des produits du terroir.

Sortir

■ BEDONDAINE & BEDONS RONDS
255, rue Ostiguy ✆ +1 450 447 5165
www.bedondaine.com
Lundi, fermé ; mardi-mercredi, 15h-minuit ; jeudi-samedi, 11h30-1h ; dimanche, 11h30-23h. Programmation culturelle et musicale. Terrasse.

L'intérieur est un véritable petit musée, avec les horloges de compagnie de bières d'une autre époque, la collection de bouteilles et barils de bois, les plateaux, et les panneaux de réclames qui ornent les murs. Au total, plus de 26 000 items anciens et actuels, composent la collection du musée dont environ 1/5 décore le salon de dégustation. Côté houblon, plus de 60 bières sont brassées avec amour annuellement ou encore en édition limitée. Vous hésitez ? Essayez leur palette de dégustation et pour les plus curieux, profitez des visites de l'atelier de production. Les amateurs de produits plus corsés seront ravis par la sélection de Scotchs Single Malt qui compte plus de 140 références. Pour les petits creux, sandwichs sur pain baguette artisanal, pizzas, *nachos* de luxe, croque-en-bouche, assiette de terrines et plateau de fromages viendront assouvir votre faim.

À voir – À faire

■ LIEU HISTORIQUE NATIONAL DU CANADA DU CANAL-DE-CHAMBLY
1751, avenue Bourgogne
✆ +1 450 658 6525 / +1 888 773 8888
www.pc.gc.ca/canalchambly
Ouvert tous les jours à l'année du lever du soleil à 23h. Gratuit. Pour les horaires de navigation aux écluses, consultez le site Internet.

Maintenant utilisé par les bateaux de plaisance, ce canal fut ouvert à la navigation commerciale en 1843. Sa particularité : les écluses sont en escaliers et fonctionnent encore manuellement. Une piste cyclable longe le canal sur 20 km.

■ LIEU HISTORIQUE NATIONAL DU CANADA DU FORT-CHAMBLY

2, rue de Richelieu
✆ +1 450 658 1585 / +1 888 773 8888
www.pc.gc.ca/fortchambly
Avril à mi-mai et début septembre à mi-octobre : mercredi-dimanche, 10h-17h. Mi-mai à début septembre : lundi-dimanche, 10h-17h (jusqu'à 18h de fin juin à début septembre). Adulte : 5,65 CAN $, aîné : 4,90 CAN $, jeune : 2,90 CAN $, famille : 14,20 CAN $.
Restauré par le gouvernement canadien, le fort Chambly a été construit par les Français en 1711, au pied des rapides de la rivière Richelieu, voie d'eau reliant Montréal à New York. Inspiré des principes de fortifications à la Vauban, il attendait de pied ferme les attaquants des colonies anglaises. Franchissez ses murailles et découvrez la vie des soldats et des habitants de la seigneurie de Chambly, vers 1750. Les week-ends, assistez à des tirs de mousquet, et les dimanches de juillet et août, revivez l'époque de la Nouvelle-France en compagnie d'artisans et de personnages costumés. Le fort Chambly, un véritable témoin de la présence française en Amérique !

MONT-SAINT-GRÉGOIRE

Mont-Saint-Grégoire est une municipalité de près de 3 000 habitants et est facilement repérable à distance grâce à sa petite montagne en forme de pyramide. On y va surtout pour ses vergers, ses cidreries et ses nombreuses érablières.

■ ARBRASKA, LA FORÊT DES AVENTURES

45, chemin du Sous-Bois
✆ +1 450 358 8999 / +1 877 886 5500
www.arbraska.com
Mai à fin août : lundi-dimanche, départs avec réservation toutes les 30 minutes. Septembre à mi-novembre et mi-bar à fin avril : sur réservation pour un minimum de 4 personnes (départ unique à 13h, possibilité de plusieurs départs le weekend). Adultes : 32,18 CAN $, 8-13 ans : 23,92 CAN $, 5-7 ans : 22,18 CAN $. Parcours de nuit : tarif unique de 34,79 CAN $. Tarifs pour le Géocaching et le Rallye GPS. Forfaits disponibles.
Equipé d'un baudrier, il faut braver ses peurs pour traverser la forêt, en se baladant de cimes en cimes. Tyroliennes, ponts suspendus, filets à grimper, parcours extrêmes, via ferrata… Plus de 8 parcours avec plus de 90 jeux et 17 tyroliennes. Autant dire que ceux qui ont le vertige devront s'abstenir, mais les amateurs de sensations fortes et de verdure seront ravis !

■ VERGER ET CIRDRERIE DENIS CHARBONNEAU

575, rang de la Montagne
✆ +1 450 347 9184
www.vergersdc.qc.ca
Kiosque à l'année, tous les jours de 8h à 19h. Autocueillette de juin à fin octobre. Repas champêtre : à l'année sur réservation pour des groupes de 35 personnes et plus. Crêperie : à l'année le week-end de 9h à 16h et également en semaine en septembre et octobre. Cabane à sucre «Érablière Charbonneau» au 45 chemin du Sous-Bois.
Propriété de la famille Charbonneau depuis le début des années 1980, les lieux vous permettront de faire une pause gourmande pour une visite des vergers, une dégustation de cidres ou encore un repas à la crêperie ou à la table champêtre. Vous pourrez cueillir vous-mêmes des fruits (pommes, fraises, framboises, bleuets, poires, citrouilles, etc.) ou encore vous en procurer au kiosque et faire le plein de produits dérivés à la boutique. Les plus jeunes seront captivés par les animaux de la petite ferme et aimeront certainement faire une balade en carriole en saison, sans oublier la maison hantée à l'automne. Une belle journée en perspective !

SAINT-JEAN-SUR-RICHELIEU

Son histoire remonte au XVIIe siècle, à l'époque des guerres iroquoises, au cours desquelles les Français ont bâti une série de fortins (dont le fort Saint-Jean, datant de 1666) le long de la rivière Richelieu. Après la guerre d'Indépendance américaine, de nombreux loyalistes se sont établis dans la région et plus particulièrement dans cette localité, appelée un temps Dorchester, qui a constitué un nœud d'échanges important avec New York et le lac Champlain dans l'État du Vermont. Saint-Jean a été, au XIXe siècle, la capitale de la vaisselle de table en faïence et en grès (pièces de collection Farrar). Aujourd'hui cette production industrielle survit grâce à la poterie sanitaire.
Côté touristique, cette destination mérite une visite grâce à sa vitalité culturelle, ses nombreuses activités nautiques, ses circuits cyclables et pédestres, sans oublier que la ville prend des airs de fête en août lors du festival des Montgolfières, un incontournable.

Pratique

■ OFFICE DU TOURISME ET DES CONGRÈS DU HAUT-RICHELIEU
31, rue Frontenac
✆ +1 450 542 9090 / +1 888 781 9999
www.a20minutes.com
Ouvert toute l'année. Boutique Le Terroir, location de vélos, visites guidées.

Se loger

■ AUBERGE HARRIS
576, rue Champlain
✆ +1 450 348 3821 / +1 800 668 3821
www.aubergeharris.com
Occupation double : à partir de 95 CAN $. Forfaits disponibles. Piscine extérieure chauffée, salle d'exercices, sauna, aire de jeux pour enfants, foyer extérieur. Services et salles pour réunions et réceptions. Internet haute vitesse sans fil.
Située sur un magnifique site en bordure de la rivière Richelieu, l'Auberge Harris bénéficie d'une localisation centrale à proximité des services et attraits de la ville. Ses chambres et suites douillettes et spacieuses sont munies de tous les services et certaines offrent une cuisinette ou un bain à remous. Avis aux cyclistes : l'auberge dispose d'un accès direct aux pistes cyclables et il est possible de louer un vélo sur place. Jetez d'ailleurs un coup d'oeil aux forfaits pour cyclistes. Ils comprennent tous entre autres des cartes des circuits vélo (aussi disponibles en téléchargement sur leur site web). Une excellente adresse dans la région, tant pour les touristes que la clientèle affaire !

À voir – À faire

■ MUSÉE DU FORT SAINT-JEAN
15, rue Jacques-Cartier Nord
✆ +1 450 358 6500
www.museedufortsaintjean.ca
Mi-mai à début septembre : mercredi-dimanche, 10h-17h. Sur réservation le reste de l'année. Adulte : 4 CAN $, aîné : 3 CAN $, 6-12 ans : 2 CAN $, famille : 10 CAN $.
Ce musée évoque plus de trois siècles d'histoire militaire du fort, des guerres iroquoises à la rebellion des Patriotes en 1837.

■ MUSÉE DU HAUT-RICHELIEU
Place du Marché
182, rue Jacques-Cartier Nord
✆ +1 450 347 0649
www.museeduhaut-richelieu.com
En été : dimanche-vendredi, 11h-17h ; samedi, 9h-17h. Le reste de l'année : mardi-samedi, 11h-17h ; dimanche, 13h-17h. Adulte : 5 CAN $, étudiant et aîné : 4 CAN $, 6-12 ans : 2,50 CAN $, famille : 12 CAN $.
Ce musée rappelle l'histoire militaire, sociale, économique et politique de cette vallée des forts et présente également une collection unique de céramique (cette région en fut jadis la capitale canadienne). Boutique-cadeaux sur place.

Visites guidées

■ CROISIÈRES RICHELIEU SAINT-JEAN
115, rue du Quai ✆ +1 514 861 1111
✆ +1 877 346 2498
www.croisieresrichelieu.ca
Juin à fin septembre (horaire variable selon le mois). Croisière historique 3G (1h30) : adulte 30 CAN $, aîné 28,50 CAN $, 15 ans et moins 11,95 CAN $ (premier enfant gratuit). Croisière et visite du Fort-Lennox : adulte 36 CAN $, aîné 33 CAN $, 15 ans et moins 14,57 CAN $ (premier enfant gratuit). Plusieurs forfaits disponibles.
Entreprise œuvrant dans le domaine maritime depuis plus de 40 ans. Une excellente manière de découvrir les attraits et l'histoire de la région !

SAINT-PAUL-DE-L'ÎLE-AUX-NOIX

L'anedocte entourant le nom de cette municipalité est plutôt rigolote : le premier habitant devait remettre au sieur de Noyan, municipalité située de l'autre côté de la rivière Richelieu, une « pochée de noix » en guise de rente annuelle...

■ BLOCKHAUS DE LA RIVIÈRE LACOLLE
1, rue Principale
✆ +1 450 246 3227
✆ +1 450 291 3166
www.ileauxnoix.com
Fin mai à la Fête du Travail : lundi-dimanche, 10h-17h30 ; les week-ends jusqu'à la mi-octobre. Entrée libre.
Ce bâtiment en rondins, construit par les Anglais en 1781 au bord de la rivière Lacolle, affluent du Richelieu, faisait partie du système de défense élevé contre les Américains. C'est le seul bâtiment militaire de ce genre subsistant au Québec. Il a été restauré par le gouvernement pour abriter une exposition sur l'histoire militaire de ce fortin.

■ **BUREAU TOURISTIQUE DE SAINT-PAUL-DE-L'ÎLE-AUX-NOIX**
1, rue Principale
✆ +1 450 246 3227
www.ileauxnoix.com
Ouvert en saison estivale uniquement.

ÎLE-AUX-NOIX

L'île doit son nom aux noyers qui jadis y poussaient à profusion. Elle a été fortifiée par les Français dès 1759, au cours de la guerre de Sept Ans, contre les Anglais. Puis l'île a été abandonnée par les Français et occupée par les Américains de 1775 à 1776, avant de devenir, pour les Anglais, un important poste défensif et stratégique de premier ordre puisqu'il contrôlait l'accès de la vallée à son point le plus méridional.

■ **LIEU HISTORIQUE NATIONAL DU CANADA DU FORT-LENNOX**
Point de départ pour le traversier
1, 61e Avenue
Saint-Paul-de-l'Île-aux-Noix
✆ +1 450 291 5700 / +1 888 773 8888
www.pc.gc.ca/fortlennox
Accès via Saint-Paul-de-l'Île-aux-Noix.
Ouvert de début mai à mi-octobre (consultez le site Internet pour connaître les heures d'ouverture selon la période). Adulte : 7,80 CAN $, aîné : 6,70 CAN $, 6-16 ans : 3,90 CAN $, famille : 19,50 CAN $. Accès par traversier (compris dans le prix d'entrée).
Bâti entre 1819 à 1829, le fort Lennox est aujourd'hui un lieu historique national. Il doit son nom à Charles Lennox, gouverneur de l'Amérique du Nord britannique, qui en avait ordonné la construction. En forme d'étoile à cinq branches et entouré de fossés, cet ouvrage est typique de l'architecture militaire du XVIIIe siècle. Il reconstitue la vie quotidienne d'une garnison anglaise au XIXe siècle. Vous visiterez notamment le logis des officiers, la caserne, la prison, la poudrière, les entrepôts. Animation d'époque les week-ends en juillet et en août.

HEMMINGFORD

Hemmingford se trouve à quelques kilomètres au nord de l'État de New York. Son parc récréatif familial, le parc Safari, vaut à lui seul le déplacement. Et pendant que vous y êtes, rapportez quelques souvenirs des cidreries de la région (Cidrerie artisanale du Minot, La Face Cachée de la Pomme, Vergers céologiques Phillion).

■ **PARC SAFARI**
280, Rang Roxham
Secteur Saint-Bernard-de-Lacolle
✆ +1 450 247 2727
www.parcsafari.com
Ouvert de fin mai à mi-octobre (consultez le site Internet pour connaître les heures d'ouverture selon la période). Droits d'entrée selon la période et l'âge. Forfaits disponibles.
Ce vaste parc, qui a célébré ses 40 ans 2012, abrite quelque 500 animaux de 75 espèces provenant des cinq continents. Promenez-vous dans la savane africaine et découvrez la rivière aux hippopotames. Le site comprend un secteur destiné aux safaris en voiture, un jardin zoologique et permet une promenade à pied dans la jungle pour observer les singes sur leur île, les lions, tigres et ours du haut des passerelles, etc. Spectacles et animations, manèges, grand parc aquatique, promenades à dos de chameau et de poney. Grand choix de restauration sur place. Boutiques. Développement d'envergure prévu au cours des prochaines années pour en faire une destination touristique, éducative et récréative pour toute la famille, dans un concept de «petit Disney».

LA RIVE SUD DU SAINT-LAURENT

Retrouvez l'index général en fin de guide

Cantons-de-l'Est

C'est la Nouvelle-Angleterre du Québec et c'est la route des loyalistes. Vers 1862, avec l'arrivée massive des Canadiens français, il a fallu trouver un équivalent français à *Eastern Townships*, la traduction « Cantons de l'Est » a été adoptée, par analogie avec les circonscriptions électorales suisses. Rebaptisée Estrie depuis 1946, la région administrative a officialisé ce nom en 1981. Depuis 1996, le toponyme d'origine est utilisé pour désigner la région touristique qui couvre un territoire plus large que la région administrative. Ses premiers habitants ont été les Abénaquis auxquels on doit bon nombre de toponymes tels Coaticook, Memphrémagog, Massawippi... Cette terre reste leur territoire de chasse et de pêche pendant tout le régime français et jusqu'à la déclaration d'Indépendance américaine en 1776. À cette période, les loyalistes, demeurés fidèles à la Couronne britannique, ont dû s'exiler des États-Unis. Une bonne partie d'entre eux s'installe au Canada, sur ces terres que le gouvernement britannique leur concède. L'arrivée massive de réfugiés irlandais, fuyant le rattachement britannique, contribue à faire des Cantons-de-l'Est une terre anglophone. Puis, au fil des années, les employés, majoritairement des francophones qui travaillent à l'exploitation des industries de la région, se sont établis à leur tour. C'est ainsi que, à partir du début du XXe siècle, le français s'est imposé dans les Cantons-de-l'Est.

Situés au sud-est de Montréal, les Cantons-de-l'Est longent la frontière des États-Unis. Ils commencent dans les plaines et montent jusqu'aux Appalaches. De vallons en vallées, de collines en montagnes, les forêts de feuillus et de conifères se succèdent ou se côtoient. Vous vous rendrez dans les Cantons-de-l'Est pour ses paysages bucoliques, sa température légèrement au-dessus de la moyenne, ses magnifiques lacs, ses montagnes skiables, et pour le petit côté nostalgique et dépaysant de sa belle architecture d'influence anglo-saxonne. Royaume du silence et de grande paix, les Cantons-de-l'Est ne sont pas seulement très écologiques, ils offrent en prime tous les attraits d'une région vinicole et gastronomique.

Les immanquables de la région des Cantons-de-l'Est

- **Les belles auberges de North Hatley** (allez voir le Manoir Hovey).
- **La route des vins** de la région Brome-Missisquoi.
- **L'observatoire du mont Mégantic.**
- **Le zoo de Granby.**
- **Les chants grégoriens et les fromages** de l'abbaye de Saint-Benoît-du-Lac.
- **Les activités de plein air :** les sports nautiques en été et le ski en hiver.

Transports

- **Bus.** Transdev Limocar dessert plusieurs municipalités de la région sur sa ligne Montréal-Sherbrooke : Granby, Bromont, Waterloo, Eastman, Magog, Omerville et Deauville (www.transdev.ca). Veolia Transport relie Montréal à Mansonville avec des arrêts notamment à Farnham, Cowansville, Sutton et Lac Brome (www.veoliatransport.qc.ca).
- **Voiture.** Plusieurs routes desservent la région des Cantons-de-l'Est. Voici les principaux accès routiers en fonction des régions de départ.

Centre-du-Québec : à partir de Drummondville, prenez l'autoroute 55 ou la route 143 Sud en direction de Sherbrooke, ou la route 139 Sud en direction de Granby et Sutton. À partir de Victoriaville, prenez la route 166 Ouest en direction de Richmond ou la route 161 Sud en direction de Lac-Mégantic.

Chaudière-Appalaches : à partir de Thetford Mines, la route 112 Ouest en direction de Sherbrooke. À partir de Beauceville, empruntez la route 108 Ouest en direction du parc de Frontenac et les régions de Sherbrooke et Magog.

Montréal et Montérégie : autoroute 10 Est qui traverse les Cantons jusqu'à Sherbrooke. La route 116 Est traverse aussi les Cantons. À partir de Chambly, la route 112 Est en direction de Granby, Magog et Sherbrooke.

■ TOURISME CANTONS-DE-L'EST
20, rue Don-Bosco Sud
SHERBROOKE
✆ +1 819 820 2020 / +1 800 355 5755
www.cantonsdelest.com

Cantons-de-l'est

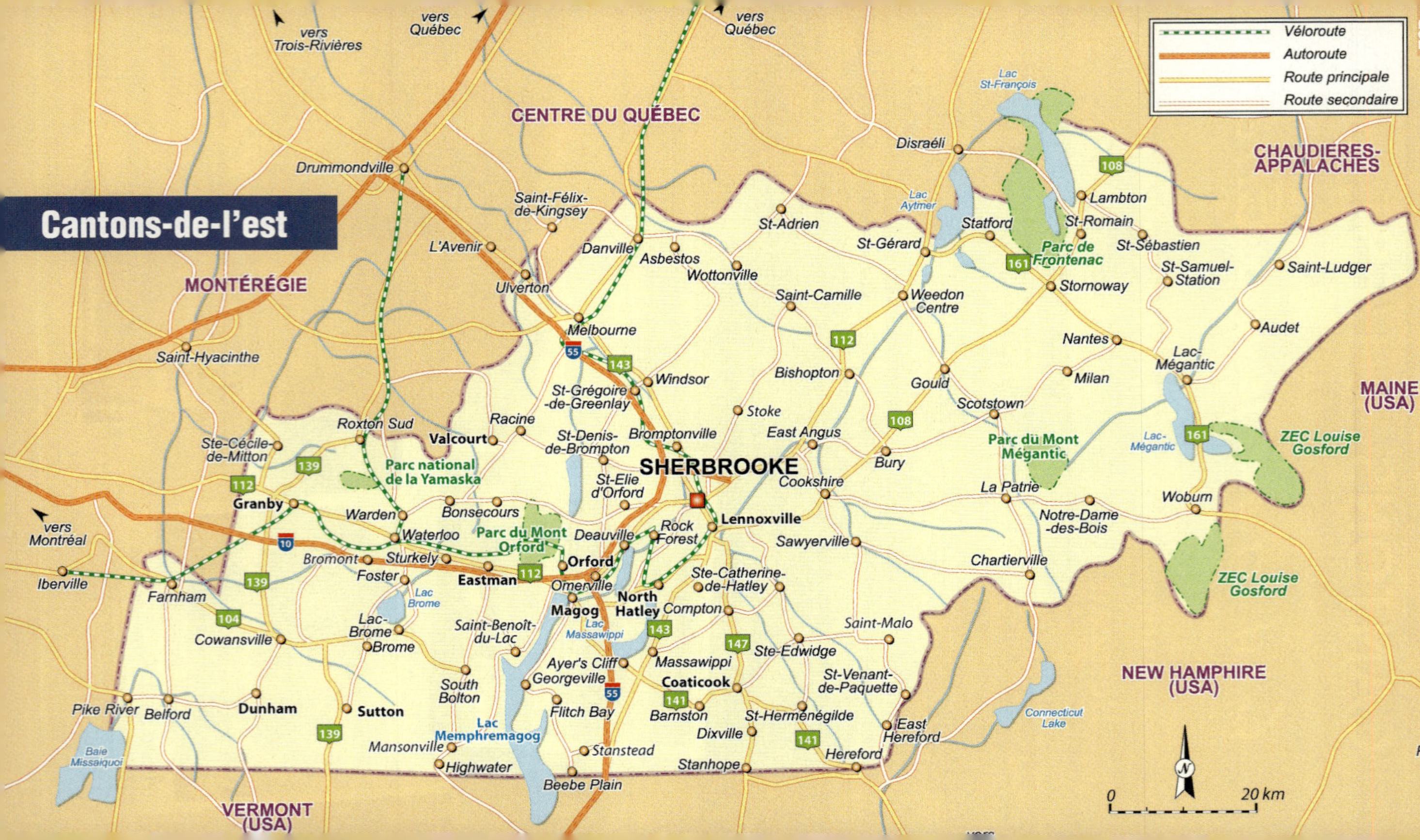

BROMONT

La ville de Bromont, nichée au pied du mont Brome, a été fondée par une famille d'entrepreneurs en 1964. Dans ce site d'activités de plein air, vous pouvez marcher en montagne, jouer au golf, vous baigner, pratiquer l'équitation et faire du vélo de descente. Bromont est aussi, en hiver, une station de ski réputée et fort courue. À voir : la rue Shefford et ses commerces sympas dans le Vieux-Bromont.

Pratique

■ BUREAU TOURISTIQUE DE BROMONT

15, boulevard de Bromont
✆ +1 450 534 2006 / +1 877 276 6668
www.tourismebromont.com
Ouvert toute l'année.

Se loger

■ AUBERGE SPA LE MADRIGAL

46, boulevard Bromont ✆ +1 450 534 3588
✆ +1 877 534 3588 – www.lemadrigal.ca
Occupation double : à partir de 120 CAN $, petit déjeuner 3 services inclus. Forfaits et tarifs long séjour disponibles. Bar et terrasse, salons, jacuzzi extérieur, sauna. Table d'hôte du soir 4 services à partir de 44 CAN $ (cuisine méditerranéenne – menu à la carte aussi offert), menu terrasse en saison.
Charmante auberge de campagne située dans un paisible sous-bois, dont la cuisine raffinée du chef Jean Fortin, fort de ses années passées en Italie et en France, se savoure pleinement. Des forfaits permettent de combiner le séjour avec des soins dans le très agréable centre de santé Spa. Soins à la carte aussi disponibles.

■ DOMAINE CHÂTEAU-BROMONT

90, rue de Stanstead
✆ +1 450 534 3433 / +1 888 276 6668
www.chateaubromont.com
Tarifs selon le lieu d'hébergement (hôtel ou auberge). Forfaits disponibles. Piscines et Jacuzzi intérieurs et extérieurs, salle d'exercices, centre de santé Spa et hammam oriental, terrain de golf, atrium central avec foyer, deux restaurants, bistro-lounge, terrasses panoramiques, activités sur place, et encore plus.
Situé en face du mont Brome, le domaine est composé d'une auberge 3-étoiles, d'un hôtel 4-étoiles et d'un superbe terrain de golf 18-trous. Un passage au restaurant Les Quatre Canards ainsi qu'au Spa Bromont (hammam oriental, sauna, massothérapie, soins du corps) s'impose si vous souhaitez conclure votre séjour en beauté ! Concernant ce restaurant, il propose une cuisine française et à saveur régionale. La spécialité de la maison, le canard du lac Brome, est déclinée sous toutes ses formes pour le plus grand bonheur de nos papilles en extase. Ajoutée à cela, une très belle sélection internationale de plus de 500 vins, avec une collection d'importations privées et de vins régionaux.

▶ **Autre adresse :** Auberge et golf : 95, rue Montmorency.

Sports – Détente – Loisirs

■ BALNEA SPA, RÉSERVE THERMALE

319, chemin du Lac Gale
✆ +1 450 534 0604 / +1 866 734 2110
www.balnea.ca
Lundi-mercredi, 11h-20h ; jeudi-dimanche, 10h30-21h. Accès aux bains : 50-60 CAN $ selon la période, 35 CAN $ en soirée à partir de 17h. Tarifs d'accès réduits si combinés à un soin. Forfaits disponibles.
Plusieurs forfaits très originaux sont proposés dans ce bain finlandais : vous pouvez combiner l'entrée au site avec une leçon d'équitation et un massage, ou un massage, un cours de yoga et un repas santé, pour ne citer que quelques exemples. Sur place : saunas panoramiques, chute thermale, bains à remous, bain turc, bassin naturel, sweat lodge, club de plage, lac privé, lounges, salles de repos, terrasses, 22 km de sentiers et café-bistro santé. Les soirées cultes présentent des films au cinéSpa.

■ PARC AQUATIQUE SKI BROMONT

150, rue Champlain
✆ +1 450 534 2200 / +1 866 276 6668
www.skibromont.com/aqua/fr/
Ouvert de début/mi-juin à fin août/début septembre dès 10h (fermeture entre 16h et 18h30 selon la période). 1,37 m et plus : à partir de 26 CAN $; 1,36 m et moins et aîné : à partir de 21 CAN $, 3-5 ans : à partir de 14 CAN $.
Plus d'une vingtaine d'activités pour vous faire délirer et surtout, vous rafraîchir durant la chaude saison : rafts, cordes à Tarzan, glissades d'eau, piscine à vagues chauffée, sans oublier les jeux pour les tout-petits. Nouvelles attractions : Les Serpents (glissoire quadruple à sensations fortes) et La Tornade (très longue glissoire translucide avec partie en tunnel). Autres activités sur le site : luge de montagne, piste cyclable, balade en télésiège. Boutique, casse-croûte, bar-terrasse, bar laitier et kiosque de Queues de Castor sur place.

■ **SKI BROMONT.COM**
150, rue Champlain
✆ +1 450 534 2200
✆ +1 866 276 6668
www.skibromont.com
Lundi-jeudi & dimanche, 8h30-22h ; vendredi-samedi, 8h30-22h30 (horaire variable pendant les fêtes, la semaine de relâche et la fin de saison). Tarifs à la journée, à la soirée, et par bloc de 4 heures. Nuits Blanches organisées pendant la saison (ski de 19h à 2h, après-ski au bar jusqu'à 3h).
Ski Bromont est un parc multiactivités qui s'adapte aux quatre saisons. En hiver, vous profiterez des plaisirs de la glisse dans des conditions exceptionnelles d'enneigement avec 450 acres skiables, 155 pistes et sous-bois répartis sur 7 versants, 86 pistes éclairées en soirée, un dénivelé de 385 m, 9 remontées mécaniques et un tapis roulant, et les fameux snowparks avec sauts, box et rails. Ski Bromont est le plus grand domaine skiable éclairé en Amérique du Nord. En été, parc aquatique, vélo de montagne avec 19 pistes de descente (nouvelle piste pour débutants et deux pistes faciles pour s'initier), parc de vélo et parcours de 4 Cross).

GRANBY

Carrefour industriel, culturel et touristique d'importance, connue pour son zoo et son Festival international de la chanson, la ville doit son nom au marquis de Granby (ville d'Angleterre), duc de Rutland et baron de Belvoir, propriétaire d'un vaste territoire que lui avait offert le roi George III. C'est la deuxième ville la plus peuplée, après Sherbrooke.

Pratique

■ **BUREAU TOURISTIQUE DE GRANBY**
Place de la Gare
111, rue Denison Est
✆ +1 450 372 7056
✆ +1 800 567 7273
www.tourismegranbyregion.com
Ouvert de mai à octobre.

Se loger

■ **UNE FLEUR AU BORD DE L'EAU B&B**
90, rue Drummond
✆ +1 450 776 1141
✆ +1 888 375 1747
www.unefleur.ca
Occupation double : 70-100 CAN $, 4 chambres dont certaines avec salle de bain partagée. Petit déjeuner inclus. Forfaits disponibles. Remise pour vélos.
Cette charmante maison rose framboise est entourée d'un jardin fleuri et dispose d'une terrasse ainsi que d'une piscine extérieure. Les chambres sont douillettes et l'accueil de Carole et Michel est des plus chaleureux. La demeure est à proximité du centre-ville, du lac Boivin et du parc.

■ **ST-CHRISTOPHE HÔTEL-BOUTIQUE & SPA**
255, rue Denison Est
✆ +1 450 405 4782
✆ +1 877 405 4782
www.hotelstchristophe.com
Occupation double : à partir de 234 CAN $, table d'hôte du soir 4 services, petit déjeuner et accès à la piscine/jacuzzi inclus. Autres forfaits disponibles. Accès direct à la piste cyclable.
Situé sur les bords du lac Boivin, le St-Christophe vous héberge dans des chambres à la décoration raffinée et au confort étudié. Architecture et décoration sont de type Renaissance française. Une fois sur place, n'hésitez pas à profiter de leur centre de santé Spa, de la piscine intérieure à l'eau salée, du Jacuzzi et du restaurant, Le Picollo, qui vous propose une cuisine aux saveurs méditerranéennes. Un très bel établissement, idéalement situé à l'entrée de Granby.

Se restaurer

■ **L'IMPÉRIAL**
320, boulevard Leclerc,
local 28
✆ +1 450 994 1922
www.restaurantimperial.ca

L'ouest des Cantons-de-l'Est à vélo

Découvrir l'ouest des Cantons-de-l'Est en vélo est un bon moyen de profiter du paysage grâce à l'excellent réseau de pistes cyclables. La piste de « l'Estriade » et son réseau de 97 km, menant de Granby à Waterloo, est très prisée des familles.

▶ **Pour télécharger la carte et avoir plus d'infos sur le circuit :** www.estriade.net

Mercredi-vendredi, 11h30-13h30 ; mardi-samedi, 17h30-22h30. Menu midi : moins de 20 CAN $, table d'hôte du soir : moins de 30 CAN $, à la carte : 15-40 CAN $ le plat. Belle carte des vins.
Un nouveau resto qui fait déjà bien jaser ! Au menu, une cuisine du marché et de saison qui met en vedettes nombeux producteurs agroalimentaires québécois. Sans chichis et constamment renouvelée, la table de ce resto est un hymne aux saveurs : maquereau des Iles avec betteraves et crème raifort, confit de canard et ragoût d'escargots aux légumes, bœuf braisé en raclette avec purée et persillade... Belle ambiance bistro, déco efficace et plats préparés avec amour font le succès de cette nouvelle adresse gourmande !

■ LA MAISON CHEZ NOUS

847, rue Mountain
✆ +1 450 372 2991
www.lamaisoncheznous.com
Mercredi-dimanche, dès 17h. Table d'hôte 5 services : à partir de 35 CAN $. Apportez votre vin. Table aux saveurs du terroir certifiée.
Propriété de deux passionnés et gourmands jusqu'au bout des ongles, Sophie Desrochers et Daniel Lacroix, ce restaurant gastronomique mise sur le gibier et la cuisine régionale. Daniel, diplômé de l'ITHQ, est aux commandes en cuisine et vous propose une découverte du terroir haute en saveur qui reflète les récoltes et les saisons. Au menu, pourquoi ne pas débuter avec le carpaccio de bison aux jeunes pousses et copeaux de Grana Padano, ou encore le foie gras poêlé aux pommes et dattes, émulsion de cidre de glace... Suivent ensuite les plats de résistance où figurent, entre autres, le sanglier, l'agneau, le faisan, le lapin et les arrivages de la mer. Il ne reste plus alors qu'à sombrer dans la gourmandise avec l'un des succulents desserts que l'on peut accompagner d'une assiette de fromages fins québécois. Une adresse champêtre qui ne déçoit jamais et qui mérite amplement ses trois étoiles au guide Debeur.

À voir – À faire

■ PARC NATIONAL DE LA YAMASKA

1780, boulevard David-Bouchard
Roxton Pond
✆ +1 450 776 7182 / +1 800 665 6527
www.sepaq.com/pq/yam/fr/
Ouvert à l'année. Accès quotidien adulte : 6 CAN $, enfant : 2,75 CAN $, gratuit pour les enfants de 5 ans et moins. Tarifs groupes et familles disponibles. Location d'équipement sur place.
Le parc national de la Yamaska (12,9 km²) est connu des vacanciers pour sa beauté. Les innombrables activités d'observation de la nature, organisées par le parc, rythment leurs journées et leurs soirées. Témoin de l'histoire du territoire du parc, le réservoir Choinière est bordé de forêts et de prairies qui donnent refuge à plusieurs espèces animales, dont des libellules. Le lac s'anime avec kayaks et canots par beau temps. Les amateurs d'activités hivernales apprécieront les paysages au relief doux et vallonné du parc situé dans la chaîne des Appalaches. Nouveauté : ajout d'un Centre de découverte et de services avec comptoir d'accueil, boutique nature, aire de découverte, et dépanneur, ainsi que l'aménagement d'un amphithéâtre.

▸ **Hébergement :** 5 nouveaux chalets Nature, 1 refuge (max. 4 personnes), 162 emplacements de camping, 2 tentes-roulottes et 20 tentes Huttopia.

▸ **Activités :** observation de la faune, baignade, kayak, canot, pédalo, pêche (permis de pêche du Québec et droits d'accès obligatoires), randonnée pédestre et à vélo, randonnée à raquettes et ski nordique.

■ ZOO DE GRANBY

525, rue Saint-Hubert
✆ +1 450 372 9113
✆ +1 877 472 6299
www.zoodegranby.com
Horaire variable selon les saisons (parc aquatique et manèges fermés en hiver). Tarifs selon la saison et l'activité choisie.
Près de 1 000 animaux regroupés en plus de 225 espèces attendent votre visite : des lions, des flamants roses, des crocodiles, des éléphants et des singes et d'autres encore. De plus, le zoo possède une miniferme avec tous les animaux de la basse-cour (lapins, chèvres, cochons, poneys). La savane africaine quant à elle vous promet un safari inoubliable. Ajout récent : le pavillon Odyssée Pacifique Sud, un véritable périple en mer du Sud. Pour finir la journée en beauté, passez par le parc aquatique Amazoo et profitez de sa piscine à vagues et de ses bassins de jeux. La température de l'eau y est en permanence à 26 °C. Aires de pique-nique et de restauration, boutiques, location de poussettes, aires de jeux et manèges.

▸ **Autre adresse :** 1050, boulevard David-Bouchard (arrivée des visiteurs en été)

Les routes à découvrir

Afin de tirer pleinement avantage de tout ce que la région des Cantons-de-l'Est a à vous offrir, différentes routes touristiques et gourmandes vous permettront d'explorer de magnifiques villages et de sortir parfois des sentiers battus. Procurez-vous les cartes routières auprès des bureaux touristiques.

- **Le chemin des Cantons.** Avec ce circuit de 27 étapes plus 8 hors route, totalisant 418 km, vous verrez défiler sous vos yeux les patrimoines américains et britanniques. Les villages incontournables : Lac-Brome, Stanstead, Way's Mills, Lennoxville, Dudswell, Danville et Richmond. www.chemindescantons.qc.ca

- **La route des vins.** La Route des vins sillonne la région de Brome-Missisquoi, de Farnham à Lac-Brome (Knowlton) et relie une dizaine de municipalités sur un circuit de 120 km. La région possède d'autres vignobles qui ne sont pas sur ce circuit mais qui n'en valent pas moins le détour. Vous les trouverez sur la liste du site Internet de l'association touristique régionale. www.laroutedesvins.ca

- **Cafés de Village, Créateurs de Saveurs & Chefs Créateurs.** Ce nouveau réseau, qui compte pour l'instant une quinzaine d'établissements, regroupe des cafés surtout fréquentés par les gens du coin. Le but avoué est de permettre aux visiteurs de prendre le pouls de la vie quotidienne du village visité tout en offrant une restauration santé, des produits locaux et saisonniers, sans oublier les bières et vins des Cantons (dans le cas où l'établissement détient un permis d'alcool). De plus, chaque café a un étalage de produits du terroir, dont plusieurs arborant la bannière « Créateurs de Saveurs » (entreprises agroalimentaires des Cantons), question de faire découvrir les bons produits de la région.Ces « Créateurs de Saveurs », et ils sont plus d'une soixantaine, comprennent des fromagers, des boulangers, des vignerons et brasseurs, des chocolatiers, des producteurs maraîchers, des éleveurs et bien d'autres encore. Leurs savoureux produits sont disponibles en épiceries, dans les marchés publics, dans les Cafés de Village, sur les bonnes tables et dans huit bureaux touristiques de la région. Repérez le logo et le tour est joué ! Pour ajouter à la découverte gourmande, une vingtaine de restaurants, regroupés sous la bannière « Chefs Créateurs », mettent en avant les produits régionaux, notamment ceux des Créateurs de Saveurs ainsi que les vins des Cantons. www.createursdesaveurs.com & www.cantonsdelest.com

- **La route des Sommets.** L'Est de la région compte plusieurs sommets dont certains de plus de 1 000 m. Cette route vous conduira à des panoramas exceptionnels où les beautés de la nature et les activités de plein air vous attendent. www.routedessommets.com

- **La Véloroute des Cantons.** La Route Verte #1, qui mène de Montréal à Québec, traverse une bonne partie de la région et vous fera découvrir des paysages bucoliques. Profitez-en pour faire une halte dans les nombreux gîtes, auberges et centre de villégiature.

KNOWLTON (LAC-BROME)

Knowlton, principale localité de l'agglomération du lac Brome et membre de l'Association des plus beaux villages du Québec, est connue pour son héritage loyaliste avec son architecture victorienne et son atmosphère anglo-saxonne. Sa renommée tient également au fameux canard du Lac Brome que l'on célèbre en grande pompe en septembre. Le village s'anime et des festivités ont lieu un peu partout. Au cœur du village de Knowlton, vous aimerez aussi musarder dans les rues bordées de galeries d'art, de boutiques d'artisanat, d'antiquités et d'articles déco. Pour les repas, nous vous conseillons les bonnes tables des auberges, mais également Café Guidos et Le Knowlton Pub. Les gourmands marqueront un arrêt à la boutique Domenica ou à la boulangerie Panissimo.

■ AUBERGE KNOWLTON

286, chemin Knowlton
✆ +1 450 242 6886
www.aubergeknowlton.ca
Occupation double : à partir de 142 CAN $. Douze chambres dont une suite de deux pièces. Petit déjeuner inclus. Forfaits disponibles.
Construite en 1849 en plein cœur du village, l'Auberge Knowlton est le plus ancien établissement hôtelier des Cantons-de-l'Est. De plus, elle est située à 20 minutes des pistes de ski du mont Orford et à proximité de la route des vins. Le restaurant Le Relais propose des spécialités régionales dont le fameux canard du lac Brome. Notez que lors de la réservation d'une chambre, vous obtenez 10 % de rabais sur la table d'hôte ou le plat principal du soir au restaurant de l'auberge.

■ AUBERGE QUILLIAMS

572, chemin Lakeside
✆ +1 450 243 0404
✆ +1 888 922 0404
www.aubergequilliams.com
Occupation double : à partir de 83 CAN $ par personne, petit déjeuner inclus. Forfaits disponibles.
Cette hôtellerie de charme se situe dans un lieu privilégié, entre le lac Brome et la réserve faunique Quilliams. Ses chambres et suites, entièrement rénovées à l'hiver 2008, vous charmeront par leur grand confort et leur décoration très soignée. Elles ont toutes un balcon privé et les grandes suites ont une mezzanine. Le restaurant de l'auberge vous propose une table très raffinée où fine cuisine française et cuisine du terroir se marient à la perfection. Grande cave à vins. Plusieurs activités et services sont offerts sur place : piscines intérieure et extérieure, Jacuzzi à eau salée, sauna, centre de santé Spa Aviva, plage privée et accès au lac, location de canots et kayaks, exploration guidée des marais…

■ AUBERGE & SPA WEST BROME

128, route 139
West Brome
✆ +1 450 266 7552
✆ +1 888 902 7663
www.awb.ca
Occupation double : à partir de 175 CAN $, petit déjeuner inclus. Forfaits disponibles. Bar, piscine intérieure, sauna finlandais, Jacuzzi extérieur et activités sur place. Centre de santé Spa et bistro ouvert à tous.
Un séjour dans une belle auberge champêtre, ça ne se refuse pas ! De la chambre classique à la suite entièrement équipée comme à la maison, toutes sont spacieuses avec une touche de luxe et un confort inégalable. En ce qui concerne le restaurant sur place, le nouveau Bistro West Brome, le chef Emmanuel Godin et sa brigade concoctent un menu qui varie au fil des saisons et des arrivages avec une nette prédominance de produits régionaux : lapin de Stanstead, pintade de la Ferme Kégo, canard du lac Brome, cerf des Appalaches, saumon fumé maison... Une superbe carte des vins accompagne le tout. Bref, une belle adresse pour un week-end en amoureux ou pour déconnecter de la routine.

■ BUREAU TOURISTIQUE DE LAC-BROME

696, rue Lakeside
✆ +1 450 243 1221
www.ville.lac-brome.qc.ca
Ouvert toute l'année.

DUNHAM

Constituée en 1867, la municipalité de Dunham (le canton du même nom a été proclamé en 1796) possède un patrimoine typique de l'époque loyaliste. Les nombreuses maisons de pierre et de brique qui bordent la rue principale ainsi que les églises datent de plus de 150 ans. Dunham est le berceau de la viticulture au Québec et la route des vins offre une découverte intéressante des vignobles et du savoir-faire des vignerons qui élaborent des vins de qualité.

Pratique

■ BUREAU TOURISTIQUE DE DUNHAM

3638, rue Principale
✆ +1 450 295 2273
www.ville.dunham.qc.ca
Ouvert en saison estivale uniquement.

Se loger

■ AUBERGE DES VIGNOBLES

110, rue du Collège
✆ +1 450 295 2476 / +1 877 295 2476
info@gitesetaubergesdupassant.com
Occupation double : à partir de 115 CAN $. Huit chambres. Petit déjeuner inclus. Forfaits disponibles. Salon avec foyer, grand parc privé.
Situé au cœur des vergers et des vignobles, ce gîte, anciennement connu sous le nom Auberge aux Douces Heures, propose de belles chambres très ensoleillées dans une résidence victorienne de toute beauté. Chaque pièce offre un magnifique cachet d'antan, tant dans la décoration que l'ameublement.

Se restaurer

■ LE TIRE-BOUCHON DE L'ORPAILLEUR

1086, chemin Bruce (route 202)
✆ +1 450 295 3335
www.tire-bouchon-orpailleur.ca
Ouvert tous les jours de mi/fin juin à mi-octobre de 11h30 à 16h. Plats principaux à la carte : 25 CAN $ et moins. Superbe terrasse, boutique gourmet sur place. Service de traiteur.
Le vignoble de l'Orpailleur propose plusieurs vins, tels le blanc élevé en fût de chêne, le vin de glace, la mistelle ou le rosé. Le vignoble fait partie du réseau Économusée et vous pourrez en apprendre davantage sur le monde de Bacchus. Des dégustations et des visites guidées du vignoble y sont également offertes. Question d'apprécier leurs produits à leur juste valeur, le restaurant du vignoble sert des mets appropriés qui créent des mariages judicieux, tous apprêtés avec un vin de l'Orpailleur. Lors des chaudes journées d'été, vous pouvez aussi profiter de la terrasse simplement pour prendre un verre.

Sortir

■ BRASSERIE DUNHAM

3809, rue Principale, local 104
✆ +1 450 295 1500
www.brasseriedunham.com
En été : mercredi, 16h-minuit ; jeudi-samedi, 12h-minuit ; dimanche, 12h-21h. Le reste de l'année : jeudi-samedi, 16h-minuit ; dimanche, 12h-18h. Programmation culturelle et musicale à l'année.
Située en plein cœur de ce charmant village, sur la Route des vins, la brasserie Dunham a vu le jour en mars 2010, alors que la microbrasserie Brasseurs & Frères fut rachetée par trois acteurs de la scène brassicole québécoise. Au moins une dizaine de bières figurent à l'ardoise, telles la Pale Ale Américaine, brassée avec des houblons américains, ou la Wit, une blanche de blé de type belge. Une magnifique terrasse, située dans une cour intérieure, peut accueillir jusqu'à 60 personnes lors de la belle saison. Le pub est aussi devenu une vitrine de la culture locale en proposant vernissages et expositions d'art visuel, spectacles musicaux et bien plus encore.

À voir – À faire

■ UNION LIBRE CIDRE & VIN

1047, chemin Bruce (route 202)
✆ +1 450 295 2223
www.unionlibre.com
Mai à fin décembre : lundi-dimanche, 10h-17h. Le reste de l'année : sur rendez-vous. Différents forfaits de dégustations et de visites offerts. Boutique sur place.
En parcourant la route des vignobles de Dunham, faites un arrêt chez Union Libre, anciennement connu sous le nom de Cidrerie Fleurs de Pommiers. Cette cidrerie-vignoble produit entre autres le fameux cidre de feu. Contrairement au cidre de glace, issu du gel, ce produit naît de la chaleur. Franchement différent, à découvrir ! Autres produits : cidres de glace et cidres effervescents. Avec l'acquisition du domaine en 2010 par deux jeunes couples, les lieux ne font pas que du cidre mais également du vin. Ils ont d'ailleurs planté 1,1 hectare de cépages blancs : chardonnay, riesling, pinot gris, gewurztraminer, seyval et vidal. Le but : la création d'un vin de glace dont la première cuvée sera prête en 2013. On a hâte ! Bref, un bel endroit et une pause gourmande, champêtre.

SUTTON

Constituée en 1802, la municipalité du canton de Sutton est appréciée pour ses paysages de campagne paisible. Les randonneurs apprécieront les quelque 50 kilomètres de sentiers du Parc d'environnement naturel de Sutton. Vous avez aussi accès à la Réserve naturelle Montagnes Vertes qui s'étend sur 460 hectares dans les monts Sutton. En hiver,

raquettes et ski de fond sont bienvenus. Le mont Sutton est très renommé pour la qualité de ses pistes de ski et l'aménagement de ses sous-bois.
Le cœur du village, sur la rue Principale, est quant à lui propice à la balade et aux découvertes : boutiques gourmandes, petits cafés, bonnes tables, boutiques déco, chocolaterie et confiserie, etc. Vous remarquerez également que plusieurs drapeaux de la Suisse trônent au cœur du village. En effet, nombreux expatriés vivent à Sutton et la fête nationale du 1er août y est célébrée en grande pompe.
Pour découvrir l'histoire et l'architecture de Sutton, procurez-vous les dépliants des circuits patrimoniaux au bureau touristique.

Pratique

■ BUREAU TOURISTIQUE DE SUTTON

24-A, rue Principale Sud
✆ +1 450 538 8455 / +1 800 565 8455
www.infosutton.com
Ouvert toute l'année.

Se loger

■ AUBERGE DES APPALACHES

234, chemin Maple
✆ +1 450 538 5799 / +1 877 533 5799
www.auberge-appalaches.com
Occupation double : à partir de 108,70 CAN $, petit déjeuner inclus. 14 chambres (dont des chambres économiques à prix réduit). Forfaits disponibles. Coin foyer, verrière, bar, terrasse, piscine extérieure, site de feu de camp, terrains de jeux, accès direct aux sentiers pédestres. Restaurant : ouvert du vendredi au mardi dès 18h.
Charmante auberge champêtre à l'architecture montagnarde située dans les contreforts des monts Sutton. Les propriétaires vous réservent un accueil chaleureux et se feront un plaisir de vous faire découvrir les montagnes environnantes, qu'ils connaissent si bien. D'ailleurs, ils offrent également la location de raquettes en hiver. Côté restauration, l'auberge propose une cuisine bistro à tendance française mettant en vedette les produits régionaux (les vendredis, ne manquez pas l'incontournable fish'n'chips à la britannique !). La carte des vins est en grande partie composée des crus de la région Brome-Missisquoi. Plusieurs événements se déroulent à cette auberge : Sutton en Blues (mi-octobre à mi-novembre), Plein Feux sur les vins de glace (en janvier, souper gastronomique 5 services avec accord de 5 vins de glace), etc. Une très belle adresse !

■ AU DIABLE VERT

169, chemin Staines
Secteur Glen Sutton ✆ +1 450 538 5639
www.audiablevert.ca
Hébergement en appartements de montagne tous équipés, en refuges de bois rond, en refuges rustiques, en refuges dans les arbres, en refuges perchés, en tentes prospecteur et en camping. Nombreux forfaits et choix d'activités disponibles.
Le Diable Vert est bien plus qu'une auberge. C'est une station de montagne spécialisée dans le tourisme durable d'où partent des sentiers de randonnée pédestre, de vélo, de ski de fond ou de raquette. Vous pouvez aussi faire du kayak et en automne, assister à des cours sur les champignons avant d'aller les cueillir, par exemple. La pêche guidée en rivière est également disponible. Un lieu assez unique en son genre !

■ DOMAINE TOMALI-MANIATYN

377, chemin Maple ✆ +1 450 538 6605
www.maniatyn.com
Occupation double : à partir de 130 CAN $ en basse saison et de 155 CAN $ en haute saison. Cinq suites dont 4 équipées d'un salon et d'un coin cuisine. Petit déjeuner santé inclus. Notez qu'un séjour de 2 nuits est exigé les week-ends en haute saison. Forfaits disponibles.
Une magnifique demeure dans laquelle, alliés au rouge de la décoration, la brique et le bois se marient à merveille, le tout dans un très beau site naturel propice aux balades. Sur place, vous pourrez profiter de la piscine (une partie à l'intérieur et l'autre à l'extérieur) et dans les environs, d'une foule d'activités de plein air en toutes saisons.

Se restaurer

■ BISTRO BEAUX LIEUX

19, rue Principale Nord
✆ +1 450 538 1444
www.bistrobeauxlieux.com
Ouvert du jeudi au dimanche dès 17h. Ouvert le reste de la semaine sur réservation de groupe. Plats principaux à la carte : moins de 30 CAN $. Table d'hôte : à partir de 30 CAN $. Terrasse arrière.
Le chef Christian Beaulieu et sa brigade concoctent une cuisine créative et inspirée, à l'image du terroir québécois. Chaque plat est une harmonie de saveurs et la carte des vins qui accompagne le tout est merveilleuse, avec une belle sélection de vins de la région. Une adresse gourmande, toute en simplicité.

À voir – À faire

■ PARC D'ENVIRONNEMENT NATUREL SUTTON

1000, chemin Réal
✆ +1 450 538 4085
www.parcsutton.com
Ouvert à l'année. Droits d'accès quotidien : adulte 5 CAN $, étudiant 4 CAN $, 6-17 ans 3 CAN $, famille 15 CAN $.
Pas moins de 52 kilomètres de sentiers aménagés dans les monts Sutton pour une foule d'activités de plein air. Plusieurs activités et événements y sont organisés tout au long de l'année. Possibilité d'hébergement sur place en refuge ou en camping.

Sports – Détente – Loisirs

■ PLEIN AIR SUTTON (ARBRE SUTTON)

429, chemin Maple
✆ +1 450 538 6464
✆ +1 855 334 6464
www.pleinairsutton.com
Ouvert de mi-mai à début novembre (horaire restreint en début et fin de saison). Adulte : 31,89 CAN $, junior et étudiant : 29,24 CAN $, petits aventuriers : 16,39 CAN $. Réservation obligatoire. Sentiers pédestres. Ouvert en hiver (tarifs selon l'activité et la durée). Hébergement en camping ou refuge sur place. Forfaits disponibles.
Une façon très originale de découvrir la forêt d'érables de Sutton. Vous évoluez d'arbre en arbre en marchant sur des ponts suspendus mais aussi, en vous envolant dans les airs grâce à des tyroliennes. Une magnifique façon de contempler les couleurs de l'automne. La saison hivernale fait place à des sentiers de ski de fond, de ski hors-piste et de raquette (location d'équipement sur place).

■ STATION DE SKI MONT SUTTON

671, chemin Maple
✆ +1 450 538 2545
✆ +1 866 538 2545
www.montsutton.com
Lundi-vendredi, 9h-16h ; samedi-dimanche, 8h30-16h. Tarifs à la matinée, l'après-midi et la journée. Service de location et réparation d'équipement de glisse, 4 chalets en montagne dont 3 avec foyer, boutique Sports Experts, navettes, service de restauration et bar, et garderie. Festival des couleurs à l'automne, 80 km de randonnée pédestre, programmation d'activités à l'année. Hébergement en camping ou refuge en saison estivale.
Le mont Sutton est une belle station de ski, très complète et bénéficiant d'un enneigement exceptionnel, où petits et grands trouveront ce qu'ils recherchent. Elle possède un snowpark, 60 pistes d'une grande variété dont 45 % dans les sous-bois très bien entretenus et 204 jonctions. Les débutants s'entraîneront sur 16 pistes faciles, les habitués progresseront sur 19 pistes difficiles alors que les experts montreront leur talent sur 10 pistes très difficiles et 15 autres extrêmes. Le mont Sutton propose également plusieurs sentiers de ski de fond et de raquette.

SAINT-BENOÎT-DU-LAC

Saint-Benoît-du-Lac comprend une seule chose : son abbaye. La « municipalité » fut constituée en 1939 et est administrée par les moines qui y vivent.

■ ABBAYE DE SAINT-BENOÎT-DU-LAC

1, rue Principale
✆ +1 819 843 4080 / +1 819 843 2861
www.st-benoit-du-lac.com
L'abbaye, qui a célébré ses 100 ans en 2012, fait partie de la congrégation bénédictine de Solesmes en France et abrite un monastère de vie contemplative où vivent une soixantaine de moines (les visiteurs peuvent être accueillis pour de courts séjours spirituels, à noter que les dames sont reçues dans une maison voisine tenue par des religieuses). Plus prosaïquement, c'est ici que sont fabriqués une dizaine de fromages et des cidres réputés au Québec. Sur place, des vergers (autocueillette possible), une érablière et une boutique proposant les spécialités de l'abbaye ainsi que des objets de piété.

EASTMAN

Officiellement bâti en 1888, le village a porté les noms de Bolton Forest (1865), Dingman's Flats (1868) et finalement Eastman, en hommage à l'un des pionniers du canton de Bolton, John Eastman. Le village est renommé pour son lac d'Argent, son théâtre d'été La Marjolaine, et sa célèbre exposition annuelle et vente d'antiquités en octobre. Plus récemment, une savonnerie artisanale, la Savonnerie des Diligences, y a installé ses quartiers généraux.

■ BUREAU TOURISTIQUE D'EASTMAN

21, rue Lapointe
✆ +1 450 297 2911
www.muneastman.ca
Ouvert toute l'année.

■ **ENTRE CIMES ET RACINES**
80, chemin Simard
via chemin Bellevue
✆ +1 450 297 0770
✆ +1 866 297 0770
www.entrecimesetracines.com
Occupation simple ou double : à partir de 85 CAN $. Onze écogîtes répartis en forêt. Forfaits disponibles. Ouvert toute l'année.
Un lieu parfait pour un contact unique avec la nature où votre hébergement se fait dans des écogîtes répartis sur un domaine de 71 hectares. Certains sont bien équipés tandis que d'autres offrent un aménagement rustique avec poêle à bois. Le point commun : toilettes sèches pour tous, parfois à l'extérieur, parfois annexées au chalet. Le Campanile, bâtiment d'accueil, est équipé de toilettes et douches. Activités sur le site : sentiers de randonnée, ski hors piste, location de raquette, labyrinthe de 4 km, etc. Des week-ends thématiques sont aussi organisés. Avis aux amateurs du *Seigneur des anneaux* : un écogîte troglodyte, construit en partie sous terre, a tout d'une maison de hobbit.

■ **SPA EASTMAN**
895, chemin des Diligences
✆ +1 450 297 3009
✆ +1 800 665 5272
www.spa-eastman.com
Hébergement réparti dans 7 pavillons dont un refuge en forêt profonde. Forfaits disponibles.
Le Spa Eastman est plus qu'un centre de santé. Dans un cadre champêtre avec une vue imprenable sur le mont Orford, on vous y invite à la détente grâce aux nombreux soins et cures proposés sur place, dans un hébergement confortable et calme, tout en savourant une cuisine raffinée axée sur les produits biologiques et naturels (ouvert au grand public). Massothérapie, soins corporels et esthétiques, cures toniques et programmes de mise en forme font aussi partie des services offerts sur place, avec les plus hauts standards de qualité. Jardins, sentiers pédestres, lac privé, piscine intérieure, hammam, complètent les installations de ce haut lieu du bien-être. Ajouts récents : une section de balnéothérapie avec deux bains chauds extérieurs, un bain nordique, un hammam, un circuit Kneipp d'hydrothérapie pour les jambes, une salle de détente, trois chambres, une cuisine plus grande et une salle de 100 places pour les conférences.

► **Autre adresse :** 666, rue Sherbrooke Ouest, 16e étage, Montréal, ✆ +1 514 845 8455.

VALCOURT

L'histoire de cette petite ville a été profondément marquée par le génie créateur de Joseph-Armand Bombardier, dont la famille s'est installée à Valcourt vers 1814. Les habitants profitent encore des retombées économiques de l'usine Bombardier (BRP), implantée en 1942. D'ailleurs, si vous êtes de passage dans la région en février, ne ratez pas le Grand Prix Ski-Doo, la plus prestigieuse compétition de motoneiges au Québec.

■ **MUSÉE J. ARMAND BOMBARDIER**
1001, avenue J.-A.-Bombardier
✆ +1 450 532 5300
www.museebombardier.com
Du 1er mai à la fête du Travail : lundi-dimanche, 10h-17h. Le reste de l'année : fermé le lundi. Adulte : 7 CAN $, étudiant et aîné : 5 CAN $, famille : 15 CAN $. Profitez du forfait musée/usine BRP, fabricant de véhicules récréatifs motorisés. Réservation obligatoire, il faut être âgé de 14 ans et plus pour visiter l'usine (visite guidée de la chaîne d'assemblage de motoneiges et de motomarines selon la saison). Le musée est accessible en motoneige. Boutique sur place et aire de pique-nique.
Un étonnant musée qui présente la vie et l'œuvre de l'inventeur de la célèbre motoneige Ski-Doo®, Joseph-Armand Bombardier. Voyez son premier véhicule à neige construit à l'âge de 15 ans ainsi qu'une collection exclusive composée d'une soixantaine de véhicules Bombardier. Entrez dans le garage original de l'inventeur, là où tout a commencé en 1926, et montez à bord d'une authentique autoneige B12. Vous y retrouverez également une vaste collection de motoneiges provenant de diverses époques et de toutes les contrées hivernales du monde. De plus, chaque année, une nouvelle exposition s'ajoute à la visite. Un musée qui vaut le détour !

ORFORD

Pendant longtemps, ce canton resta faiblement peuplé, en raison de son relief montagneux ne facilitant pas la tâche des agriculteurs de l'époque. De nos jours, la municipalité d'Orford est surtout connue pour son parc national qui compte sur son territoire la station de ski Mont-Orford, le Club de golf et le Centre d'arts Orford.

Se loger

■ AUBERGE AUX 4 SAISONS D'ORFORD

4940, chemin du Parc
✆ +1 819 868 1110 / +1 877 768 1110
www.4saisonsorford.com
Occupation double : à partir de 125 CAN $. Forfaits disponibles. Centre de santé Spa Dôme de Morphée sur place.
Cette auberge 4-étoiles est située au pied du mont Orford, à 5 km de Magog, et offre un hébergement de grande qualité (chambres de différentes catégories, suites, suites condo et un chalet). Toute la famille est invitée à vivre une expérience de détente et de plein air dans une ambiance décontractée. Sur place, vous trouverez un bistro (les petits déjeuners sont excellents sans oublier les spécialités dignes des bistros français), un burger pub (l'endroit parfait pour l'après-ski), une épicerie fine (possibilité d'apporter les plats cuisinés dans les chambres), une salle de cinéma maison et une salle de conditionnement physique. Ski-in-Ski-out directement depuis les pistes.

■ AU CHANT DU COQ

2387, chemin du Parc
✆ +1 819 843 2247
www.chantducoq.com
Occupation double : à partir de 95 CAN $. Quatre chambres. Petit déjeuner gourmand inclus. Un minimum de deux nuits est requis les week-ends de mi-juillet à septembre. Forfaits disponibles. Belle petite cour arrière.
Ce petit gîte douillet est situé dans une belle maison de campagne typique des Cantons. Les chambres ont une allure très champêtre avec de beaux meubles de bois anciens. Les petits déjeuners très copieux sont préparés avec des produits de la région. En plus d'être à proximité de nombreux sites d'activités, la piste cyclable de la Route Verte passe juste derrière le gîte.

■ ESTRIMONT SUITES & SPA

44, avenue de l'Auberge
✆ +1 819 843 1616 / +1 800 567 7320
www.estrimont.ca
Forfait escapade gourmande : à partir de 139 CAN $ par personne en occupation double (table d'hôte du soir 5 services, hébergement en suite avec foyer et cuisinette, petit déjeuner, accès aux bains scandinaves). Plusieurs promotions et forfaits disponibles.
L'établissement a été presque entièrement réaménagé pour le confort de la clientèle, et le résultat est à la hauteur des attentes. Les suites sont spacieuses et très bien agencées : la plupart possèdent un foyer et une cuisinette toute équipée, et certaines d'entre elles ont un Spa privé. Pour les repas, un bistro est ouvert midi et soir et la salle à manger, avec vue sur le mont Orford, propose une table d'hôte très réputée où la fine cuisine est à l'honneur. Pour se gâter, le centre de santé offre des soins corporels, d'esthétique et des massages. Également : Jacuzzi extérieurs creusés dans la pierre, douche nordique, bain polaire avec chute d'eau, sauna finlandais, piscines intérieure et extérieure, yourte de détente, terrains de tennis et de volleyball, salle d'exercices. Une adresse chic et abordable, qui saura satisfaire les plus exigeants.

À voir – À faire

■ CENTRE D'ARTS ORFORD

3165, chemin du Parc
✆ +1 819 843 3981 / +1 800 567 6155
www.arts-orford.org
Ouvert toute l'année.
Dans un site enchanteur, au pied du mont Orford, cette académie de musique et d'arts visuels organise de nombreuses expositions et des concerts. Une promenade dans le jardin extérieur, parsemé de sculptures d'une vingtaine d'artistes internationaux, dure près d'une heure. En saison estivale, le centre organise le très réputé Festival Orford. Hébergement possible en chambre (à l'année) ou en refuge en forêt (été seulement).

■ PARC NATIONAL DU MONT-ORFORD

3321, chemin du Parc
✆ +1 819 843 9855 / +1 800 665 6527
www.sepaq.com/pq/mor/fr/
Ouvert à l'année. Postes d'accueil : centre de services du secteur du Lac-Stukely (ouvert à l'année), secteur du Lac-Fraser (ouvert de début juin à début septembre, chemin Alfred-Desrochers jusqu'à la route 220, direction Bonsecours jusqu'à l'entrée du parc). Accès quotidien adulte : 6 CAN $, enfant : 2,75 CAN $, gratuit pour les enfants de 5 ans et moins. Tarifs groupes et familles disponibles. Location d'équipement sur place.
Le parc national du Mont-Orford (58,4 km^2) offre une diversité végétale avec ses forêts de feuillus et d'érables, de vastes étangs, marécages et lacs ainsi que montagnes et collines. Les amateurs de plein air seront comblés par un large éventail d'activités, été comme en hiver, en totale harmonie avec la nature.

▶ **Hébergement :** camping d'été et d'hiver, 2 tentes-roulottes et 20 tentes Huttopia, 5 nouveaux chalets Nature, 3 refuges, Centre de villégiature Jouvence et Auberge du Centre d'arts Orford.

▶ **Activités :** baignade, activités nautiques, randonnée pédestre et longue randonnée avec nuit en camping rustique, escalade, vélo, golf (à proximité), ski de fond, randonnée pédestre sur neige et en raquettes. Sports de glisse à la station de ski Mont-Orford.

Sports – Détente – Loisirs

■ STATION DE SKI MONT-ORFORD

4380, chemin du Parc ✆ +1 819 843 6548
✆ +1 866 673 6731 – www.orford.com
Ouvert de fin novembre/mi-décembre à fin mars/mi-avril. Accès aux pistes tous les jours de 8h30 à 16h. Tarifs à la demi-journée, la journée ou bloc de 2 heures (14h-16h, express).
Composé de trois montagnes et quatre versants, le mont Orford possède un dénivelé de 589 m et offre 61 pistes pour skieurs et surfeurs. Snowpark avec parcours (sauts, bosses, virages inclinés), 9 remontées mécaniques. Location d'équipement, boutique d'accessoires, service de restauration, garderie. Sentiers de raquette et ski de fond, yourtes de repos au sommet. Plusieurs activités offertes également durant les autres saisons.

MAGOG

Magog, sa vue sur le lac Memphrémagog – « vaste étendue d'eau » dans la langue abénaquis–, le mont Orford à l'arrière-plan, l'importante marina au premier plan, les auberges, les boîtes à spectacles. C'est ici que vous vous arrêtez ! Magog, abréviation de Memphrémagog, est le point stratégique des attraits touristiques des Cantons-de-l'Est. Un point central de la région duquel on part pour mieux y revenir. Petite histoire dont vous entendrez sûrement parler : le monstre légendaire du lac, Memphré, aurait été vu plus de 225 fois et ce, depuis 1798. Peut-être l'apercevrez-vous durant votre séjour... Pour le voir de plus près, profitez des nombreuses croisières offertes sur le lac !

Pratique

■ BUREAU TOURISTIQUE MEMPHRÉMAGOG

2911, chemin Milletta
✆ +1 819 843 2744 / +1 800 267 2744
www.tourisme-memphremagog.com
Ouvert toute l'année.

Se loger

■ HÔTEL ET SPA ÉTOILE-SUR-LE-LAC

1200, rue Principale ✆ +1 819 843 6521
✆ +1 800 567 2727 – www.etoilesurlelac.ca
Occupation double : à partir de 89 CAN $ par personne en basse saison et 99 CAN $ en haute saison, petit déjeuner inclus. Forfaits disponibles. Location de condos disponibles (minimum 3 nuits). Piscine extérieure chauffée, Jacuzzi extérieur, sauna finlandais, centre de santé Spa, terrasse avec vue sur le lac. Nombreuses activités sur place et dans les environs.
Situé directement aux abords du lac Memphrémagog et de la piste cyclable, cet hôtel vous offre confort, gastronomie et soins de santé pour un séjour des plus agréables. L'hébergement se fait en chambre, studio ou suite mais il est également possible de louer un condo tout équipé. Le restaurant de l'hôte, L'Ancrage, est ouvert à tous, midi et soir, et propose une fine cuisine accompagnée d'une belle carte des vins avec une sélection d'importation privée.

■ À L'ANCESTRALE B&B

200, rue Abbott ✆ +1 819 847 5555
www.ancestrale.com
Occupation double : à partir de 115 CAN $. Cinq chambres. Petit déjeuner bio inclus. Repas du soir offert sur réservation (apportez votre vin). Forfaits disponibles.
Charmante auberge de style victorien, située en plein cœur de Magog, proposant de belles chambres douillettes et lumineuses. Sur place : salon des invités, beau jardin avec Jacuzzi ouvert à l'année et cascade d'eau. Service de massothérapie sur réservation.

■ LA MAISON DE VILLE

353, rue Saint-Patrice Ouest
✆ +1 819 868 2417
www.lamaisondeville.ca
Occupation double : à partir de 137 CAN $, minimum deux nuits du fin juin à fin octobre (tarif dégressif en fonction du nombre de nuits). 4 chambres avec salle de bain privée. Petit déjeuner inclus. Repas du soir 4-services en formule «apportez votre vin». Forfaits et ateliers culinaires disponibles.
Ce magnifique bed & bistro vous accueille dans une maison centenaire où vous serez chouchouté par le proprio et chef en cuisine, Simon Beaupré. Le design épuré et contemporain de la maison est d'une beauté à la fois relaxante et chaleureuse. Une belle réussite ! Lors des beaux jours, profitez de la superbe terrasse pour prendre votre petit déjeuner ou l'apéro. Une excellente adresse pour un séjour de qualité.

Se restaurer

■ AUX JARDINS CHAMPÊTRES

1575, chemin des Pères
✆ +1 819 868 0665
✆ +1 877 868 0665
www.auxjardinschampetres.com
Menu dégustation 6 services : à partir de 45 CAN $ selon la saison. Soupers-concerts : à partir de 75 CAN $ par personne (incluant le menu dégustation 6 services et le spectacle). Apportez votre vin. Table aux saveurs du terroir certifiée. Hébergement et forfaits disponibles sur place.
Cette magnifique maison bleue reflète l'architecture typique des Cantons. En plus de l'hébergement douillet, la table de ce gîte du passant rend hommage au terroir régional. En effet, elle met en valeur les produits régionaux tels que les fromages de l'abbaye Saint-Benoît-du-Lac, le foie gras de la ferme La Girondine, de la viande de cerf des fermes d'élevage Highwater, l'agneau de la ferme Le Seigneur des Agneaux, etc. Les fruits et légumes de saison proviennent soit des producteurs maraîchers de la région soit directement de leur jardin. L'ambiance est chaleureuse et le service impeccable. Une adresse hautement recommandée ! *Note importante : au moment de la rédaction, le gîte était à vendre sous un concept clé en main. Les lieux devraient donc garder leur vocation première, mais informez-vous avant de vous présenter sur place.*

■ LA MEMPHRÉ

12, rue Merry Sud
✆ +1 819 843 3405
www.lamic.ca
Lundi-dimanche, 11h30-fermeture (selon l'affluence). La cuisine ferme à 22h.
Cette brasserie artisanale est tenue par Todd Pouliot et Jennifer D'Arcy, deux Magogois de souche. Vous tomberez littéralement en amour avec ce resto-pub de type anglais. Aux abords du lac Memphrémagog, le tout prend forme dans une maison ancestrale datant des années 1850. Vous pourrez profiter de l'ambiance festive dans un décor contemporain-rustique, d'une musique lounge et d'une grande terrasse extérieure avec une magnifique vue sur le lac. La Memphré vous offre un menu très varié qui convient à tous les budgets : fondues suisses, burgers gourmands, grillades, paninis, salades repas et bien d'autres délices vous y attendent ! De plus, vous y retrouverez une variété d'une vingtaine de bières, dont près d'une dizaine brassées sur place. Bonne dégustation !

Sortir

■ LE VIEUX CLOCHER

64, rue Merry Nord
✆ +1 819 847 0470
www.vieuxclocher.com
Tarifs des billets variables.
Dans une vieille église rénovée, le Vieux Clocher propose spectacles d'humour, récitals d'orchestre, jazz, rock... Ce lieu, qui a vu les débuts de nombreux artistes, reste une salle légendaire où les vieux routiers rodent leur spectacle.

À voir – À faire

■ SAVON DES CANTONS

1540, chemin des Pères
✆ +1 819 868 0161 / +1 877 868 0161
www.savondescantons.com
Boutique sur place et en ligne. Mai et octobre : jeudi-dimanche, 10h-17h (démonstration gratuite à 11h). Juin à fin septembre : lundi-dimanche, 9h-18h (démonstration gratuite tous les jours à 11h et 15h). Novembre à fin avril : samedi-dimanche, 11h-17h.
Ici on trouve des savons de toutes les couleurs et toutes les odeurs, entièrement fabriqués et découpés à la main. Centre d'interprétation, boutique et producteur, l'entreprise propose deux gammes distinctes : des savons à la glycérine végétale 100 % pure et des savons à l'huile d'olive. Autres produits disponibles : soins du visage et du corps, matières premières pour la fabrication, produits pour peaux sensibles et de bébé, soins pour hommes, bougies, accessoires, etc. Des activités sont également offertes sur place, telles que des démonstrations de fabrication de savon artisanal, et un bar à savons qui vous permet de fabriquer les vôtres à la glycérine végétale en une heure (15 CAN$ par personne de plus de 7 ans – fermé de décembre à fin avril).

Visites guidées

■ ESCAPADES MEMPHRÉMAGOG

Parc de la Baie-de-Magog
Quai MacPherson
✆ +1 819 843 7000 / +1 888 422 8328
www.escapadesmemphremagog.com
De juin à octobre, du mercredi au dimanche + mardi de mi-juillet à fin août. Durée de 2, 3 ou 3.5 heures. Différents forfaits selon le

départ (brunch-croisière, dîner-croisière, 4 à 6, souper-croisière), repas gastronomique, bar et musique. En soirée, présentation d'un spectacle tridimensionnel et multimédia projeté sur un écran d'eau.

Évadez-vous sous le signe du raffinement à bord du catamaran Le Grand Cru. Luxe, élégance et gastronomie sont au rendez-vous pour vous faire vivre une expérience inoubliable sur le lac Memphrémagog. Grande salle à manger pouvant accueillir jusqu'à 170 convives, bar avec cellier exclusif et salon privé, pont supérieur avec divans et fauteuils.

GEORGEVILLE

Ne manquez pas d'aller faire un tour à l'extrémité sud du lac Memphrémagog, à Georgeville. Dans l'atmosphère du village qui rappelle le XIXe siècle, le cinéaste Denys Arcand a tourné des scènes de son célèbre film *Le Déclin de l'empire américain*. Beaucoup de bruit pour un village tranquille, hors du circuit, mais qui abrite de belles résidences. Un arrêt à son magasin général vaut le détour.

STANSTEAD

Stanstead fait partie de l'Association des plus beaux villages du Québec et avec raison. De magnifiques résidences datant du XIXe siècle bordent les rues et allez voir la maison Carrollcroft sur la rue Dufferin, qui héberge le musée Colby Curtis. Elle donne dans le style des villas à l'italienne.

■ BLEU LAVANDE

891, chemin Narrow (route 247)
Fitch Bay
✆ +1 819 876 5851 / +1 888 876 5851
www.bleulavande.ca

Boutique : mi-mai à début/mi-octobre, lundi-dimanche, 10h-17h ; le reste de l'année, communiquez avec eux. Visites guidées : début juin à début septembre, lundi-dimanche, 10h-17h ; les week-ends jusqu'à début/mi-octobre. Visite libre tous les jours de mai à octobre. Haute saison : adulte 7 CAN $, moins de 17 ans gratuit ; basse saison : adulte 3,50 CAN $, moins de 17 ans gratuit. Forfaits disponibles. Ateliers culinaires, service de massothérapie.

Bleu Lavande est le résultat d'efforts, de recherches et de persévérance. L'entreprise offre divers produits fins élaborés à partir de l'huile essentielle. Parmi ceux-ci, vous trouverez une gamme pour les soins du corps, d'autres pour votre maison, votre jardin, pour les hommes, les bébés et même pour les animaux. Une gamme pour les plaisirs culinaires a également été développée, celle-ci présentant des produits gourmands originaux mettant bien sûr en vedette la lavande. Si vous passez dans la région, n'hésitez pas à partir à la découverte de ce fabuleux site ! Un centre d'interprétation, une boutique et des aires de pique-nique sont aménagés afin de faire de votre visite un moment inoubliable. Ils ont également un bistro sur place, le Bistro du Domaine, qui propose un menu où la lavande est omniprésente. Notez aussi que des concerts de musique de chambre en plein air se tiennent les mardis, en plus des vendredis Bleu Jazzés.

■ DUFFERIN HEIGHTS COUNTRY CLUB

4113, route 143
✆ +1 819 876 2113 / +1 855 876 2113
www.clubdufferinheights.com

Ouvert lors de la belle saison (dates d'ouverture et de fermeture selon la température). Restaurant et boutique sur place.

Un parcours de golf prestigieux situé dans les Appalaches et reconnu pour sa vue magnifique sur la région et les lacs Massawippi et Memphrémagog.

AYER'S CLIFF

C'est le meilleur accès au lac Massawippi, au sud. Dans ce petit village, jadis anglo-saxon, des fanfares jouent encore dans l'un des derniers kiosques à musique du Québec.

■ RIPPLECOVE I HÔTEL SUR LE LAC

700, rue Ripplecove
✆ +1 819 838 4296
✆ +1 800 668 4296
www.ripplecove.com

Occupation double : à partir de 185 CAN $ en basse saison et 269 CAN $ en haute saison, petit déjeuner inclus. Forfaits disponibles. Nombreuses activités sur place : prêt de vélo, terrain de tennis, piscine extérieure chauffée, accès au lac, randonnée hivernale en calèche, pêche sur glace, etc.

Cette magnifique auberge, classée 5-étoiles, est un haut lieu du luxe et du raffinement. Sa table gastronomique, cotée 4-diamants, est irréprochable et nous vous conseillons le menu Découverte Signature qui se décline en 7 services. La carte des vins qui accompagne le tout est merveilleuse et pour les amateurs de spiritueux, un pub jouxte la salle à manger. Pour conclure ce séjour en beauté, profitez du Jaccuzi extérieur ou des soins offerts au centre de santé Spa. Une adresse d'exception !

NORTH HATLEY

Appelé joyau des Cantons-de-l'Est, North Hatley se trouve à la pointe nord du lac Massawippi. Le lieu, colonisé par les loyalistes, est reconnu pour la qualité de son accueil, pour ses gîtes mais surtout, pour sa beauté. De belles galeries d'art, des boutiques d'artisanat et d'antiquités lui donnent un indéniable cachet. Des aristocrates et des industriels y ont construit de somptueuses demeures. Vous ne manquerez pas de les apprécier : elles comptent aujourd'hui parmi les plus célèbres auberges du Québec.

■ BUREAU TOURISTIQUE DE NORTH HATLEY

300, rue Mill
✆ +1 819 780 2759
www.northhatley.net
Ouvert en saison estivale uniquement.

■ MANOIR HOVEY

575, chemin Hovey
✆ +1 819 842 2421
✆ +1 800 661 2421
www.manoirhovey.com
Membre de la chaîne Relais & Châteaux. Occupation double (prix par personne) : 85 CAN $ à 851 CAN $ selon le type de chambre/suite. Chalet en location à la semaine (possibilité de deux nuits seulement en basse saison). Nombreux forfaits disponibles.
Le Manoir Hovey est un élégant établissement, rénové en grande partie suite à l'incendie survenu en février 2011. Il est situé au bord d'une plage privée avec accès direct au lac. Il est ainsi nommé en l'honneur du capitaine Ebenezer Hovey, découvreur du lac Massawippi. Décor raffiné et chaleureux. Fine cuisine à base de produits régionaux et carte des vins très étoffée. Jardin, terrasse, piscine extérieure, deux plages, salle d'exercices, massothérapie, pub. Activités : kayak, canoë, pédalo, tennis, vélo, patin à glace, raquette, etc. Un vrai bijou que cet hôtel qui vous laissera assurément un bon souvenir. À découvrir pour son hébergement, mais aussi pour sa table réputée.

■ MANOIR LE TRICORNE

50, chemin Gosselin
✆ +1 819 842 4522
www.manoirletricorne.com
Occupation double : à partir de 135 CAN $. Petit déjeuner inclus. Service de massothérapie.
Nicole et Jean-Yves, des hôtes hors pair, ont fait de cette jolie maison victorienne un havre de paix alliant poésie et gourmandise. Les chambres offrent un cachet très champêtre et certaines sont équipées d'un foyer ou bain à remous. Le domaine s'étend sur plus de 36 hectares et offre une vue incomparable sur le lac Massawippi et la chaîne des Appalaches (la piscine extérieure offre cette même vue…). Un endroit très propice aux activités comme la baignade, la randonnée pédestre ou en raquette, ou un pique-nique en pleine nature. Une belle adresse romantique !

■ PILSEN PUB

55, rue Main
✆ +1 819 842 2971
www.pilsen.ca
Lundi-dimanche, 11h30-3h (l'horaire peut être restreint hors saison).
Le Pilsen (aussi connu sous le nom de Massawippi) a été, au milieu des années 1980, parmi les premières microbrasseries de la province. La brasserie déménagea en 1986 et les nouveaux propriétaires du bâtiment gardèrent le nom de ce qui allait devenir un pub-restaurant. En 2006, quatre épicuriens se sont portés acquéreurs du Pilsen afin de perpétuer l'excellence de sa table avec une carte des vins et bières bien étoffée, à déguster, si vous êtes de passage dans ce petit village enchanteur en été, sur une de leurs magnifiques terrasses. Vous pouvez même y accoster directement votre bateau !

COATICOOK

Cette autre municipalité des Cantons-de-l'Est est située en plein cœur de la région laitière et vous propose des expériences gourmandes mémorables chez ses nombreux producteurs agroalimentaires.

■ BUREAU TOURISTIQUE DE COATICOOK

137, rue Michaud
✆ +1 819 849 6669
✆ +1 866 665 6669
www.tourismecoaticook.qc.ca
Ouvert en saison estivale uniquement.

■ PARC DE LA GORGE DE COATICOOK

Accueil pour la randonnée pédestre et la gorges
135, rue Michaud
✆ +1 819 849 2331 / +1 888 524 6743
www.gorgedecoaticook.qc.ca
Ouvert à l'année (voir le site Internet ou téléphoner pour connaître les heures de chaque service et activités). Droits d'entrée variables selon les activités.

Produits de la ferme de la vallée de Coaticook

Cette région recèle de petits trésors agroalimentaires et nous vous proposons d'entreprendre un circuit de découverte à la rencontre de sympathiques producteurs. Fermes, vergers, vignobles, boulangeries, fromageries, auberges champêtres et bien d'autres font partie de ce regroupement. Pour en savoir davantage sur les activités proposées et les entreprises participantes, consultez le site Internet.

▸ **www.produitsdelaferme.com**

Phénomène naturel créé par l'érosion de la rivière, la gorge de Coaticook atteint 50 m de profondeur. Sur le site du Parc de la Gorge, outre le pont couvert rénové selon les principes de 1887 (suite à une inondation en 1998), une passerelle de 169 mètres est suspendue dans le vide. Il s'agit du plus long pont piétonnier suspendu au monde (selon le Livre Guinness des Records). À voir aussi, tour d'observation, chute, cascades…

▸ **Activités :** sentiers pédestres, vélo de montagne, équitation, ornithologie, miniferme, raquette de montagne, glissades, patin à glace, relais motoneige et VTT, escalade de glace (en partenariat avec ChamoX, www.chamox.com). 168 emplacements de camping et deux refuges sont proposés. Nombreux services sur place.

▸ **Autre adresse :** camping, équitation, vélo, fermette, jardin : 400, rue Saint-Marc.

COMPTON

Cette petite municipalité de 2 800 habitants, lieu natal de Louis Stephen Saint-Laurent, Premier ministre du Canada de 1948 à 1957, marque un bel arrêt entre Coaticook et Sherbrooke. Un lieu historique national du Canada rend d'ailleurs hommage à cet homme politique. Vous pourrez visiter sa maison, découvrir le magasin général paternel et les habitudes de vie des ruraux au tournant du XXᵉ siècle. Compton est aussi un paradis pour les gourmands avec sa grande variété de produits du terroir régional. À l'automne, vous pourrez faire de l'autocueillette au Verger Le Gros Pierre ou encore, découvrir le terroir lors de l'événement gourmand Les Comptonales qui se tient à la fin septembre. Pour les petits creux, quelques auberges champêtres vous ouvrent leurs portes, sans oublier l'incontournable bistro Le Cinquième Élément qui concocte une cuisine créative à base de produits régionaux.

▸ **www.compton.ca**

SHERBROOKE

Ainsi nommée en l'honneur de John Coape Sherbrooke, gouverneur du Canada, Sherbrooke est la capitale régionale des Cantons-de-l'Est. Cette ville accueillante qui s'étale sur plusieurs collines est, à ce titre, un centre industriel, économique, commercial et universitaire réputé. Les rues King et Wellington où vous trouverez tout, ou presque, en constituent l'épicentre.
Pour des produits frais du terroir québécois, rendez-vous à la Place du Marché (anciennement la rue Minto) en bordure de la Promenade du Lac-des-Nations. Les saveurs et bonnes odeurs du marché de la gare vous y attendent ! Récemment, la ville a inauguré un nouveau circuit pédestre patrimonial autoguidé de 5,6 km avec des stations archéologiques et une dizaine de fresques murales de type trompe-l'oeil. Une véritable galerie d'art à ciel ouvert ! Renseignez-vous auprès de l'office du tourisme.

Pratique

■ **CENTRE HOSPITALIER UNIVERSITAIRE DE SHERBROOKE – HÔTEL-DIEU**
580, rue Bowen Sud
✆ +1 819 346 1110 / +1 866 638 2601
www.chus.qc.ca

■ **DESTINATION SHERBROOKE**
Bureau administratif
1300, boulevard de Portland
Domaine Howard, pavillon 1
✆ +1 819 560 4280 / +1 855 560 4280
www.destinationsherbrooke.com
Ouvert toute l'année.

▸ **Autre adresse :** bureau d'information touristique : 785 rue King Ouest, ✆ +1 819 821 1919 ou sans frais ✆ +1 800 561 8331.

■ **TOURISME CANTONS-DE-L'EST**
20, rue Don-Bosco Sud
✆ +1 819 820 2020
Voir page 230.

Se loger

■ DELTA SHERBROOKE HÔTEL ET CENTRE DES CONGRÈS

2685, rue King Ouest
✆ +1 819 822 1989 / +1 800 268 1133 / +1 800 890 3222
www.deltasherbrooke.com
Occupation double : à partir de 139 CAN $. Promotions et forfaits disponibles. Plusieurs services et installations sur place.
Un établissement de haute qualité où rien n'est laissé au hasard. Les chambres sont ultra spacieuses, confortables à souhait et dotées de toutes les commodités. Repos garanti ! Parmi les autres services de l'hôtel, notons un restaurant de cuisine continentale, un bar, une minipiscine intérieure à l'eau salée, un Club Santé Spa Relais Détente, un Jacuzzi, un bain vapeur, une salle d'exercices... Bref, vous ne manquerez de rien. Un gage de qualité pour une halte bien méritée !

■ GRAND TIMES HOTEL

1, rue Belvédère Sud
✆ +1 819 575 2222 / +1 888 999 3499
www.grandtimeshotel.ca
Occupation double : à partir de 156 CAN $, petit déjeuner inclus. Forfaits et promotions disponibles. Bar lounge avec superbe sélection de vins, piscine intérieure, salle d'exercices, service de massothérapie, grande terrasse extérieure.
Ce nouvel établissement, ouvert depuis l'été 2010, revêt le charme urbain de la ville de New York. Dès qu'on franchit la porte, on est subjugué par la beauté et le design des lieux, les œuvres d'art et surtout, par la vue imprenable sur le lac des Nations. Toutes les chambres ont un décor résolument tendance et vont de la catégorie Grand Confort à Appartement sur le lac. Nous vous recommandons d'ailleurs de débourser quelques dollars de plus pour une chambre avec vue sur le lac. Côté restauration, un petit déjeuner continental de style buffet est offert et vous trouverez également un comptoir de viennoiseries et sandwichs. La nouvelle adresse « in » à Sherbrooke !

■ HÔTEL LE PRÉSIDENT

3535, rue King Ouest
✆ +1 819 563 2941 / +1 800 363 2941
www.hotel-le-president.com
Occupation double : à partir de 99 CAN $. Promotions et forfaits disponibles. Piscine intérieure, jacuzzi, terrasse extérieure.
Bien qu'éloigné du centre-ville de Sherbrooke, cet hôtel 3-étoiles bénéficie d'un accès facile et rapide aux grands axes routiers, à quelques pas de la rivière Magog et du boisé de la Sauvagine. Cet établissement tout confort offre près de 120 chambres avec toutes les commodités nécessaires, dont Internet haute vitesse sans fil gratuit. S'il n'y a pas de restaurant sur place, le petit déjeuner est offert en semaine dès 6h30 et 7h le week-end. À ne pas manquer : le délicieux brunch du dimanche au coût modique de 18,95 CAN$ (disponible de 11h à 14h). Une adresse à très bon rapport qualité-prix !

■ AU MARQUIS DE MONTCALM GÎTE & SPA

797, rue Général-De Montcalm
✆ +1 819 823 7773 / +1 866 421 7773
www.marquisdemontcalm.com
Occupation double : à partir de 109 CAN $. Deux chambres et trois suites. Petit déjeuner inclus. Forfaits disponibles.
Située dans le quartier patrimonial de la ville, cette maison plus que centenaire propose une expérience de luxe à prix abordable. Les chambres, toutes lumineuses, sont joliment décorées avec une touche champêtre. Le matin venu, il est temps de passer dans la belle salle à manger pour le petit déjeuner gourmand qui respire le terroir et la fraîcheur. Un gîte fort douillet, parfaitement localisé, qui a accueilli des personnalités comme Paul Piché, Vincent Perez et David Duchovny.

Se restaurer

■ AUGUSTE RESTAURANT

82, rue Wellington Nord
✆ +1 819 565 9559
www.auguste-restaurant.com
Mardi-vendredi, 11h30-14h30 ; mardi-samedi, 17h-23h. Menu midi : moins de 30 CAN $, menu soir : à partir de 25 CAN $. Menu La Tablée (minimum 2 personnes) : 60 CAN $ (85 CAN $ avec l'accord mets-vins). Menu couche-tard offert après 21h. Service de traiteur. Grande cave à vins.
Danny St-Pierre, qui œuvra aux cuisines chez Toqué et fut le chef exécutif du restaurant Derrière les fagots, est maintenant copropriétaire, avec Anik Beaudoin, de ce merveilleux restaurant. Tartare de bœuf ou de truite des bobines, poisson du marché, boudin noir croustillant, risotto truffé aux champignons et épinards, et foie de veau de lait poêlé ne sont que quelques exemples du délicieux menu. Des produits frais du terroir apprêtés avec goût en toute simplicité !

■ **LE BOUCHON**
107, rue Frontenac
✆ +1 819 566 0876
www.lebouchon.ca
Lundi-vendredi, 11h30-14h30 ; lundi-samedi, dès 17h30. Table d'hôte du midi : 30 CAN $ et moins, du soir : à partir de 35 CAN $. Terrasse. Service de traiteur.
En plein cœur du quartier historique, ce bistro propose de la fine cuisine française dotée d'une touche d'originalité et de terroir. La carte des vins est très bien garnie et le serveur se fera un plaisir de vous suggérer une bonne bouteille pour parfaire l'harmonie mets-vin. Belle sélection de vins au verre.

■ **RESTAURANT LO RÉ**
17 rue Peel
✆ +1 819 822 4177
www.restaurantlore.com
Dimanche-lundi, fermé ; mardi-samedi, 11h30-14h & 17h30-21h. Menu midi : à partir de 15 CAN $. Plats principaux à la carte le soir : à partir de 20 CAN $, table d'hôte : à partir de 30 CAN $. Belle carte des vins. Service de traiteur. Épices maison en vente dans plusieurs régions du Québec.
Stéphane Lo Ré, ancien chef du Ritz Carlton de Montréal et maintenant Chef-propriétaire de cette adresse gourmande, n'en est pas à son galop d'essai. Son parcours professionnel, tant en Amérique du Nord qu'en Europe, a de quoi réjouir nos papilles ! Ce restaurant-traiteur, qui fait dans la fine cuisine du marché, est une ode aux produits régionaux québécois : canard du Lac Brome, bœuf des Cantons, lapin du Québec, porc de la Ferme Nica, charcuteries de Scotstown, fromages de la Fromagerie de la Gare... sans oublier les épices maison qui viennent relever les plats. Pour clore le repas, nous vous recommandons le café gourmand (café accompagné de plusieurs petits desserts légers). Une table chaudement recommandée !

■ **LA TABLE DU CHEF**
11, rue Victoria
✆ +1 819 562 2258
www.latableduchef.ca
Lundi-vendredi, 11h30-14h ; mardi-samedi, 17h30-21h. Menu midi : à partir de 15 CAN $, table d'hôte du soir : à partir de 35 CAN $. Menu dégustation : 63 CAN $ (ajouter 42 CAN $ pour l'accord mets-vins). Salons privés. Service de traiteur, chef à domicile, plats à emporter.
C'est dans un cadre merveilleux que le réputé chef Alain Labrie a décidé d'ouvrir un restaurant, avec son épouse. En effet, ils ont élu domicile dans un ancien presbytère du centre-ville de Sherbrooke. Ils y préparent des plats originaux, inspirés de la cuisine française. En été, profitez de la terrasse et de sa superbe vue sur le Lac des Nations.

Sortir

■ **BOQUÉBIÈRE**
50, rue Wellington Nord
✆ +1 819 542 1311
www.boquebiere.com
Lundi-mercredi, 15h30-fermeture ; jeudi-samedi, 15h30-3h ; dimanche, 19h-fermeture (septembre à fin mai – fermé le dimanche en saison estivale). Programmation culturelle et musicale.
La microbrasserie Boquébière est l'endroit parfait pour un 5 à 7 ou un repas entre amis. Elle arbore un look contemporain aux accents rustiques empruntés au monde de l'antiquaire ; la bière, brassée avec amour et patience, est délicieuse ; et le menu bistro est composé de produits locaux. Aux pompes, une dizaine de bières originales, brassées avec des produits du terroir, sont disponibles en tout temps dont des saisonnières et des cuvées spéciales. IPA, Ambrée d'épeautre, Rousse de seigle ou encore Porter fumé à l'érable sont autant de petits délices à découvrir sur place. Pour compléter le tout, chaque soir apporte son lot d'événements allant des Lundis Douteux (www.douteux.org) aux spectacles présentés en collaboration avec le Théâtre Granada, les samedis soirs, en passant par les dimanches de la ligue d'improvisation l'Abordage.

■ **THÉÂTRE GRANADA**
53, rue Wellington Nord
✆ +1 819 565 5656
www.theatregranada.com
Tarifs des billets variables.
Lieu de rassemblement des Sherbrookois depuis 1929, construit à la base comme cinéma, le Granada est une salle de spectacles fort réputée et accueille bon nombre d'artistes d'ici et d'ailleurs. Humour, musique et conférences se partagent les planches de la salle Sylvio-Lacharité. Consultez le site Internet pour connaître toute la programmation.

À voir – À faire

■ **MUSÉE DE LA NATURE ET DES SCIENCES DE SHERBROOKE**
225, rue Frontenac
✆ +1 819 564 3200 / +1 877 434 3200
www.naturesciences.qc.ca

Du 24 juin à la fête du Travail : lundi-dimanche, 10h-17h. Le reste de l'année : mercredi-dimanche, 10h-17h. Adulte : 7,50-12 CAN $, étudiant et aîné : 6,50-10 CAN $, 4-17 ans : 5-8 CAN $, famille : 20-35 CAN $.

Une belle activité pour toute la famille où le monde des sciences et de la nature sera expliqué par le biais d'expositions, d'ateliers et de jeux interactifs. Boutique sur place.

■ MUSÉE DES BEAUX-ARTS DE SHERBROOKE

241, rue Dufferin
✆ +1 819 821 2115
www.mbas.qc.ca
Du 24 juin à la fête du Travail : lundi-dimanche, 10h-17h. Le reste de l'année : mardi-dimanche, 12h-17h. Visite commentée le mardi à 14h. Adulte : 10 CAN $, aîné : 8 CAN $, étudiant et enfant de 6 ans et plus : 7 CAN $, famille : 20 CAN $.

Le Musée des Beaux-arts abrite une collection d'œuvres des XIXe et XXe siècles ainsi que des œuvres des artistes des Cantons-de-l'Est. Boutique sur place.

■ SOCIÉTÉ D'HISTOIRE DE SHERBROOKE

275, rue Dufferin
✆ +1 819 821 5406
www.histoiresherbrooke.com
Juillet et août : mardi-vendredi, 9h-17h ; samedi-dimanche, 10h-17h. Le reste de l'année : mardi-vendredi, 9h-12h et 13h-17h ; samedi-dimanche, 13h-17h. Adulte : 7 CAN $, aîné : 6 CAN $, étudiant : 5 CAN $, 7-12 ans : 4 CAN $, famille : 12 CAN $.

Un voyage dans le temps qui permet de revivre le développement de la ville, de sa colonisation à nos jours. Découvrez également l'histoire de l'horloge et le fonctionnement de son mécanisme qui sonne toutes les heures (visite gratuite). Autres services/activités : Centrale Frontenac, service d'archives privées, activités grand public, ateliers et conférences.

Visites guidées

■ ORFORD EXPRESS TRAIN TOURISTIQUE

Marché de la Gare
806, Place de la Gare
✆ +1 819 575 8081
✆ +1 866 575 8081
www.orfordexpress.com
En opération de mi-mai à fin octobre et en décembre. Départs du mercredi au dimanche selon le circuit choisi. Tarifs variables. Forfaits disponibles.

Ce magnifique train à vocation touristique, doté d'une voiture lounge panoramique, réalise un beau circuit de découverte dans les Cantons-de-l'Est. Il se rend en effet jusqu'à Eastman en passant par Magog. À bord une animation culturelle et musicale ponctue le voyage. Plusieurs forfaits sont proposés : p'tit plaisir gourmand (69-84 CAN$ par adulte), souper à la brunante (88-103 CAN$), brunch du week-end (74-89 CAN$) ou animation sans repas (50-50 CAN$). Depuis 2010, les trains de Noël (29 sorties dont 3 spéciales pour les enfants) sont offerts en décembre. Notez que le vendredi, pour les trois premiers circuits, le train se rend dans la vallée de Coaticook.

LAC-MÉGANTIC

Vous viendrez dans cette région reculée pour ses deux parcs nationaux et son observatoire. Au centre-ville, près de la marina, profitez du parc des Vétérans qui est magnifique le soir. Côté hébergement et loisirs, le complexe Baie-des-Sables propose l'hébergement en camping, chambre et chalet et une multitude d'activités de plein air feront votre bonheur en toute saison, dont le parc aérien d'Arbre en Arbre.

■ BUREAU TOURISTIQUE DE LAC-MÉGANTIC

5490, rue de la Gare
✆ +1 819 583 5515 / +1 800 363 5515
www.tourisme-megantic.com
Ouvert toute l'année.

■ CROISIÈRES COUDRIER LAC-MÉGANTIC

Marina de Lac-Mégantic
3517, boulevard Stearns
✆ +1 888 600 5554
www.croisierescoudrier.qc.ca
De mi-mai à mi-octobre. Plusieurs croisières et départs disponibles. Tarifs selon la croisière ou le forfait choisi. Réservation recommandée.

Les Croisières Coudrier offrent depuis plusieurs années déjà des croisières sur le fleuve Saint-Laurent. Aujourd'hui elles continuent de plus belle avec des parcours sur le lac Mégantic. Ce bateau confortable et sécuritaire, d'une capacité de 72 places avec vue panoramique, vous propose un voyage guidé à travers l'histoire de cette magnifique région.

■ PARC NATIONAL DU MONT-MÉGANTIC

189, route du Parc
Notre-Dame-des-Bois
✆ +1 819 888 2941 / +1 800 665 6527
www.sepaq.com/pq/mme/fr/

Ouvert à l'année. Postes d'accueil : centre de découverte et services sur la route du Parc (ouvert à l'année), secteur de Franceville (mi-mai à mi-octobre). Accès quotidien adulte : 6 CAN $, enfant : 2,75 CAN $, gratuit pour les enfants de 5 ans et moins. Tarifs groupes et familles disponibles. Location d'équipement sur place.
Le parc national du Mont-Mégantic (54,85 km²) est situé dans le petit village enchanteur de Notre-Dame-des-Bois (ne pas confondre avec la ville de Lac-Mégantic, située à environ 50 km au nord-est du parc). Il est constitué de monts (plus de 1 000 m d'altitude), vallées, crêtes et collines. Ces sommets sont accessibles en randonnée pédestre et à raquette. Vous pouvez apercevoir les montagnes blanches du New Hampshire et du Maine et les montagnes vertes du Vermont. Le milieu naturel abrite une faune et une flore très diversifiées, dont plus de 125 espèces d'oiseaux et une vingtaine d'espèces de mammifères, dont l'orignal et le cerf de Virginie. La présence de l'ASTROLab, le centre de découverte en astronomie dédié au grand public, permet de combiner les activités de la terre et celles des étoiles (www.astrolab.qc.ca). D'ailleurs au mois d'août, c'est la grande fête des étoiles filantes (perséides) et plusieurs activités sont organisées à l'ASTROLab. Une belle découverte en perspective.
Nouveauté : ouverture du nouveau secteur Franceville avec centre d'accueil, dépanneur, terrain de camping (42 sites), 3 chalets dans les arbres (www.chaletsarbres-montmegantic.com), sentier de randonnée de 12 km (8 km pédestres, 4 km polyvalents).

▶ **Hébergement :** camping d'été et d'hiver, 4 refuges (2 à 10 personnes), 1 camp rustique (max. 4 personnes), 4 tentes de prospecteur (6 personnes), 5 tentes Huttopia.

▶ **Activités :** observation de la faune, randonnée pédestre, longue randonnée avec nuit en refuge ou tente de prospecteur, ski de fond, ski nordique, randonnée en raquettes (sortie aux flambeaux le soir). Activités de découverte.

■ LES VICTORINES DU LAC

1886, route 161 Sud
✆ +1 819 583 6904 / +1 866 494 6904
www.victorines.qc.ca
Occupation double : à partir de 120 CAN $ en basse saison et 140 CAN $ en haute saison. Forfaits disponibles.
Cette auberge champêtre gastronomique d'une vingtaine de chambres, située au bord du lac Mégantic, offre à ses hôtes une vue magnifique. Les chambres sont lumineuses. La décoration est assez sobre avec des meubles de bois qui accompagnent les lits en laiton. Vous trouverez ici tout le calme et la tranquillité désirés. L'auberge propose même des soins de massothérapie et l'accès à un Spa extérieur. Vous pourrez également goûter aux délices concoctés par le Chef qui mise sur une cuisine gastronomique fraîche et savoureuse. Une halte des plus champêtres !

LAMBTON

Porte d'entrée du parc national de Frontenac, le site pittoresque de ce qui deviendrait le village de Lambton fut découvert en 1837 par Alexis Poulin, lors d'une excursion de chasse. Son nom fut accordé en l'honneur de l'homme d'état anglais, John Georges Lambton, comte de Durham et Gouverneur Général du Canada en 1838.

■ PARC NATIONAL DE FRONTENAC

599, chemin des Roy
Sainte-Praxède
✆ +1 418 486 2300 / +1 800 665 6527
www.sepaq.com/pq/fro/fr/
Ouvert à l'année. Postes d'accueil (mi-mai à mi-octobre, autoperception à l'année) : au nord, Saint-Daniel (accès par la route 267) ; au sud, Sainte-Praxède (accès par la route 263). Accès quotidien adulte : 6 CAN $, enfant : 2,75 CAN $, 5 ans et moins : gratuit. Tarifs groupe et famille disponibles. Location d'équipement sur place.
Situé en périphérie du Grand lac Saint-François, magnifique plan d'eau de 51 km², le parc de Frontenac a conservé toute la qualité de son milieu naturel. Plus de 192 espèces d'oiseaux et plus de 30 espèces de mammifères, voilà de quoi plaire aux amoureux de la nature ! Les activités nautiques sont à l'honneur ainsi que les randonnées pédestres et à bicyclette. Ajouts récents : nouveau Centre de découverte et des services au secteur sud, ajout de tentes Huttopia, construction d'une piste cyclable au secteur sud, deux nouveaux parcours nautiques, activité d'exploration guidée des marais de la baie aux Rats-Musqués.

▶ **Hébergement :** 8 chalets (2 à 16 personnes), un camp rustique, camping, Espace RV, 2 tentes-roulottes, 16 tentes Huttopia.

▶ **Activités :** canot, kayak, pédalo, chaloupe, canot-camping, randonnée pédestre et à vélo, pêche (doré, brochet, perchaude, ouananiche et achigan), raquette et observation de la faune.

Centre-du-Québec

Abénaquis, Français, Irlandais, Ecossais et loyalistes anglais ont marqué le Centre-du-Québec de leur présence, laissant en héritage un riche patrimoine. Au Village Québécois d'Antan, aux abords de la rivière Saint-François, vous plongerez dans les traditions des années 1810 à 1910 en visitant quelque 60 bâtiments typiques du Québec d'autrefois. Vous pourrez aussi visiter la demeure d'un illustre Premier ministre, au lieu historique national de Sir-Wilfrid-Laurier, ainsi que la maison natale du peintre-graveur Rodolphe Duguay (l'un des maîtres de la gravure au Canada). La région propose 25 circuits cyclables qui permettent de découvrir la splendeur des paysages en traversant allègrement villes, forêts et milieux agricoles, dont le parc linéaire des Bois-Francs et le Circuit des Traditions. Printemps et automne, les oies des neiges créent l'événement en faisant halte par centaines de milliers à Baie-du-Febvre, en bordure du lac Saint-Pierre (Réserve de biosphère de l'Unesco). Le Centre-du-Québec abrite la capitale mondiale de l'érable, Plessisville, ainsi que la capitale provinciale de la canneberge, Saint-Louis-de-Blandford. En automne, vous pourrez visiter les immenses champs de canneberges du Centre d'interprétation de la canneberge.

Transports

- **Bus.** Autobus Voyageur dessert quelques municipalités de la région dont Drummondville, Kingsey Falls, Plessisville, Princeville, Saint-Cyrille-de-Wendover, Saint-Germain-de-Grantham, Vicotriaville et Warwick. www.greyhound.ca
- **Train.** Le train de Via Rail dessert Drummondville notamment sur les lignes Montréal-Québec ou Montréal-Gaspé. www.viarail.ca
- **Voiture.** Plusieurs routes desservent la région du Centre-du-Québec. Voici les principaux accès routiers en fonction des régions de départ.

Cantons-de-l'Est : au départ de Sherbrooke, prenez l'autoroute 55 Nord. Notez qu'une multitude de routes desservent la région à partir des Cantons-de-l'Est selon votre point de départ.

Chaudière-Appalaches : prenez la route 116 ou 132 Ouest, ou l'autoroute 20 Ouest. À partir de Thetford Mines, la route 112 Ouest puis la 165 Nord.

Mauricie : à partir de Trois-Rivières, l'autoroute 55 Sud et traverser le pont Laviolette.

Montréal-Montérégie : à partir de Montréal, prenez l'autoroute 20 Est ou la route 116 Est. À partir de Sorel-Tracy, la route 132 Est.

■ **TOURISME CENTRE-DU-QUÉBEC**
20, boulevard Carignan Ouest
PRINCEVILLE
✆ +1 819 364 7177 / +1 888 816 4007
www.tourismecentreduquebec.com

BAIE-DU-FEBVRE

En plein cœur du pays de l'oie blanche, Baie-du-Febvre est reconnu pour ses aires fauniques et aquatiques d'une grande richesse. Au printemps, près de 500 000 oies blanches font une halte sur la plaine inondée avant de reprendre leur migration. Un grand parc linéaire thématique sera d'ailleurs aménagé dans le secteur avoisinant la halte d'observation de l'oie blanche et le Centre d'interprétation de Baie-du-Febvre. Parmi les ajouts, notons des aires de repos, d'accueil et d'observation, ainsi qu'un amphithéâtre extérieur. A ne pas rater : « Regard sur l'Oie blanche » (en avril, exposition d'art visuel sur le lac Saint-Pierre) et « La Grande Tablée des Oies » (en octobre, souper gastronomique 8 services).

Les immanquables de la région du Centre-du-Québec

- **Assister au festival** Le Mondial des cultures à Drummondville.
- **Visiter le Village québécois d'Antan** à Drummondville.
- **Découvrir et goûter aux fromages fins** du Québec au Festival des fromages de Victoriaville.
- **Remonter le temps** sur les Chemins de découvertes Craig et Gosford.
- **Parcourir la route des Antiquaires** (www.routedesantiquaires.ca – journée portes ouvertes vers la fin avril-début mai).
- **Partir à la découverte de l'érable** grâce à son circuit patrimonial (www.mrc-erable.qc.ca).

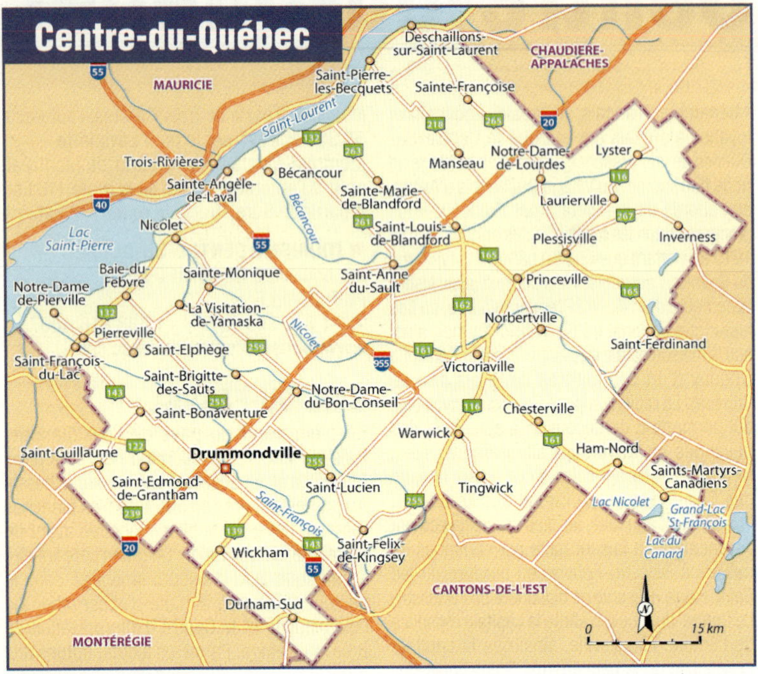

■ RÉSERVE MONDIALE DE LA BIOSPHÈRE DU LAC-SAINT-PIERRE

420, route Marie-Victorin
✆ +1 450 783 6466
www.biospherelac-st-pierre.qc.ca
Plusieurs activités tout au long de l'année.
Déclarée par l'Unesco « Réserve de biosphère », la réserve du lac Saint-Pierre est la plus grande plaine d'inondation du Saint-Laurent. Près de 90 % de son territoire est demeuré à l'état naturel et vous pouvez y observer 288 espèces d'oiseaux dont l'oie des neiges au printemps. C'est également la plus importante héronnière en Amérique du Nord. Ce dernier bassin d'eau douce du Saint-Laurent compte 103 îles et 27 espèces de plantes rares.

ODANAK

Odanak, qui signifie « au village », est une réserve indienne abénaquise d'un peu moins de 500 personnes, située sur la rive est de la rivière Saint-François, à 32 km à l'est de Sorel. Elle a son propre Conseil, comme toutes les communautés des Premières Nations, mais partage aussi quelques-unes de ses responsabilités avec le Grand Conseil Waban-Aki qui s'occupe également de la communauté de Wôlinak.
Fondé vers 1670 par les Abénaquis vivant dans la vallée du Connecticut, ce village s'appelait à l'origine Arsikantegouk, signifiant « rivière à la cabane vide », qui est le nom de la rivière Saint-François dans cette langue. Quand la mission abénaquise située sur la rivière Chaudière se déplaça à Odanak, le village et la rivière prirent le nom de cette dernière, « Saint-François ». On l'appelle Odanak seulement depuis le début du XXe siècle. Parmi les attraits de cette municipalité, notons le Musée des Abénakis, le plus vieux musée dédié à la culture autochtone au Québec.

■ MUSÉE DES ABÉNAKIS

108, rue Waban-Aki ✆ +1 450 568 2600
www.museedesabenakis.ca
Lundi-vendredi, 10h-17h ; samedi-dimanche, 11h-17h. L'horaire peut être restreint hors saison. Adulte : 8,50 CAN $, aîné : 7,50 CAN $, étudiant : 6,50 CAN $, 4-12 ans : 5,50 CAN $, famille : 20 CAN $. Forfaits disponibles. Restauration traditionnelle et boutique sur place.
Plus ancien musée de la province dédié aux autochtones, celui-ci présente l'histoire de la nation abénaquise, peuple millénaire, mais

également son univers culturel et spirituel. Si vous consitutez un groupe d'au moins 15 personnes, nous vous recommandons sans hésiter le forfait Wabanakii Mikotan qui comprend la visite des expositions du musée, le spectacle multimédia « La création du Monde », la visite de l'église et de la chapelle d'Odanak, un repas traditionnel (sagamité, bannique, poisson fumé froid ou ragoût de wapiti – selon la saison, salade, légumes, dessert, thé/café), la démonstration de vannerie par une artisane de la communauté, et des contes et légendes. Pour un léger supplément, il est possible d'ajouter des ateliers (fabrication de colliers ou de capteurs de rêves).

Drummondville

Ville à vocation industrielle en plein territoire agricole dans la région du Centre du Québec, Drummondville fait figure de véritable carrefour géographique, à l'intersection des autoroutes 20 et 55, à environ 1 heure de route de Montréal, Québec, Trois-Rivières et Sherbrooke. Cette situation particulière, avec la rivière Saint-François pour en compléter le potentiel, aura permis à cette municipalité de devenir un pôle industriel majeur.

Fondée en 1815 par le lieutenant-colonel Frederick George Hériot, sous les ordres du gouverneur Sir Gordon Drummond, Drummondville était, à l'origine, une garnison agro-militaire (colonisation agricole corollaire à la conquête), peuplée d'ex-officiers et de soldats démobilisés après la guerre de 1812, afin de couper la voie de la rivière Saint-François en cas d'invasion américaine. Celle-ci fut le véritable moteur de la ville. C'est au tournant du XXe siècle, avec l'arrivée de l'industrie lourde et la construction de barrages hydroélectriques sur la rivière, que l'essor tant attendu finit par éclore. La construction d'une gigantesque poudrière en 1915 stimula cet élan naissant. Puis, avec l'industrie textile, Drummondville prendra bientôt le surnom de « ville de la soie ». Aujourd'hui, il s'agit d'un centre majeur.

Pratique

■ HÔPITAL SAINTE-CROIX

570, rue Hériot ✆ +1 819 478 6464
www.csssdrummond.qc.ca

■ TOURISME DRUMMOND

1350, rue Michaud
✆ +1 819 477 5529 / +1 877 235 9569
www.tourisme-drummond.com
Ouvert toute l'année.

Se loger

■ CAMPING DES VOLTIGEURS

575, rue Montplaisir
✆ +1 819 477 1360
✆ +1 800 665 6527
www.sepaq.com/ct/vol/
Ouvert de mi-mai à mi-septembre. À partir de 29,75 CAN $ l'emplacement, à partir de 93 CAN $ pour le prêt-à-camper (2 à 4 personnes). Forfaits disponibles dont un partenariat avec le Village québécois d'Antan. Plusieurs services sur place.
Situé aux abords de la rivière Saint-François, ce camping est idéal pour un séjour en famille ou entre amis. Près de 300 emplacements et 10 tentes Hékipia sont répartis dans un immense espace de nature et chaque site est équipé d'une table à pique-nique et d'une aire de feu. Plusieurs activités sont offertes sur le site : piscine extérieure avec pataugeoire, pétanque, volleyball, aires de jeux pour enfants, 5 km de pistes cyclables, etc.

■ HÔTEL & SUITES LE DAUPHIN

600, boulevard Saint-Joseph
✆ +1 819 478 4141
✆ +1 800 567 0995
www.le-dauphin.com
Occupation double : à partir de 99 CAN $. Forfaits disponibles. Restaurant, bistro-bar, piscine intérieure avec Spa intégré, centre de santé Relais-Détente, salle d'exercices, terrasse avec service de bar.
L'entreprise familiale de Jean-Yves Milot a de quoi séduire. Les chambres sont spacieuses et d'un grand confort et les suites ressemblent aux suites appartements des grands hôtels. Le personnel est accueillant et aux petits soins. Le Dauphin abrite un bar d'ambiance et le restaurant Le Globe-Trotter, un rendez-vous avec la fine cuisine internationale. De nombreux forfaits couvrant la presque totalité des attraits régionaux sont disponibles à des prix très intéressants.

■ À LA BONNE VÔTRE

207, rue Lindsay
✆ +1 819 474 0008 / +1 866 474 0008
www.alabonnevotre.ca
Occupation double : à partir de 89 CAN $. Quatre chambres. Petit déjeuner inclus. Restaurant : lundi-mercredi, 11h-21h ; jeudi-vendredi, 11h-22h ; samedi, 17h-22h ; dimanche, fermé. Table d'hôte le midi : 25 CAN $ et moins, le soir : 25 CAN $-55 CAN $. Table aux saveurs du terroir certifiée. Service de traiteur. Terrasse.

Très belle auberge en plein cœur du centre-ville, À la Bonne Vôtre propose à la fois des chambres douillettes à très bon prix, et une cuisine du marché originale et savoureuse. Le chef mise sur les produits locaux et varie sa carte selon les arrivages : poitrine de canard du lac Brome glacé au vinaigre balsamique et à l'ail, escalopes de veau du Québec sautées avec sauce moutarde à l'ancienne, pièce de cerf de la Ferme Le Ranch du cervidé de Saint-Guillaume... Une table qui respecte bien son terroir !

Se restaurer

■ BISTRO DE LA GARE
248, rue Lindsay
✆ +1 819 477 0877
www.bistrodelagare.ca
Ouvert tous les jours. Menu à la carte le midi en semaine : environ 10 CAN $. Terrasse sur le toit.
Le Bistro de la Gare, c'est définitivement l'adresse branchée en ville. Le midi, un menu bistro propose différents petits plats (salades, sandwichs, gratins, pita pizzas...). Vers 16h-17h, les lieux s'emplissent pour le rituel « ô combien important » du 5 à 7 ! Le soir on y sort car c'est aussi le bar par excellence. Soirées thèmes et spectacles musicaux viennent ponctuer la programmation.

■ RESTAURANT LE GLOBE-TROTTER
600, boulevard Saint-Joseph
✆ +1 819 478 4141 / +1 800 567 0995
www.globe-trotter.ca
Lundi-vendredi, 6h30-14h & 16h30-22h ; samedi, 7h-14h & 16h30-22h ; dimanche, 7h30-14h & 16h30-21h. Plats principaux à la carte : 15-40 CAN $, table d'hôte : à partir de 25 CAN $. Cinq salons privés (sur réservation).
Le restaurant de l'Hôtel & Suites Le Dauphin propose une fine cuisine internationale avec des spécialités de grillades, poissons et fruits de mer. Une belle carte des vins accompagne le tout. Le dimanche, un brunch est offert dès 11h (22 CAN $) et dès 17h, un buffet de fondue chinoise est servi au prix modique de 20 CAN $. Adjacent au restaurant se trouve le bistro-bar Menus Plaisirs, l'endroit idéal pour un repas rapide ou un 5 à 7 entre amis.

Sortir

■ LOOBA CAFÉ
234, rue Hériot
✆ +1 819 478 2109
www.loobacafe.com
Ouvert tous les jours. Spéciaux en semaine.
Un lieu idéal pour vos fins d'après-midi entre amis ou collègues avec un menu tapas, un bon choix de bières de microbrasserie et de martinis. Le midi, il est possible d'y casser la croûte avec un choix de paninis, sandwichs, salades et pizzels.

■ PUB LE ST-GEORGES
250, rue Hériot ✆ +1 819 475 3500
Lundi-dimanche, 13h-3h. Menu de type pub (saucisses européennes, nachos, etc.). Internet sans fil gratuit.
Situé en plein cœur du centre-ville, le St-Georges est un incontournable pour les amoureux du jazz et du blues (concerts en été). Des groupes rock et chansonniers québécois sont de passage les samedis soir. Vous y retrouverez une très grande sélection de bières dont plusieurs provenant d'importations privées, et une carte des scotchs et vins élaborée, le tout à déguster sur leur magnifique terrasse chauffée, ouverte d'avril à novembre.

À voir – À faire

■ VERGER DUHAIME... NATURELLEMENT !
405, route 239
Saint-Germain-de-Grantham
✆ +1 819 395 2433
www.vergerduhaime.com
Ouvert tous les jours de mi-juillet à mi-novembre. Le reste de l'année : sur réservation. Boutique et aire de pique-nique sur place. Dégustation des divers produits, balade en tracteur et visites de groupes possibles.
Le grand verger de Jacques Duhaime offre environ 25 variétés de pommes provenant de ses 5 000 pommiers nains. L'autocueillette s'effectue de la mi-août à mi-octobre et il est possible d'entreposer gratuitement sa cueillette jusqu'en décembre. Une sélection appréciable de produits du terroir y est disponible, de même que la gamme complète des produits dérivés de la pomme : tartinades, caramels, coulis, gelées... Ces produits haut de gamme sont composés exclusivement de produits naturels et sont exempts de sucre additionné ou d'agents de conservation. Certaines tartinades de l'entreprise sont même relevées d'un soupçon d'alcool, par exemple du champagne. Bonne dégustation !

■ VILLAGE QUÉBÉCOIS D'ANTAN
1425, rue Montplaisir
✆ +1 819 478 1441 / +1 877 710 0267
www.villagequebecois.com
Début à mi-juin : mercredi-dimanche, 10h-17h30. Mi-juin à fin août : lundi-dimanche,

10h-17h30. Fin août à mi-septembre : vendredi-dimanche, 10h-17h30. Dernière admission à 16h. Activités hors saison en octobre, décembre, mars et avril. Adulte : 24 CAN $, aîné : 22 CAN $, 13-17 ans : 18 CAN $, 4-12 ans : 14 CAN $, famille : 60 CAN $. Tarifs famille intergénérationnelle, grands-parents/petits-enfants, forfait visite et repas aussi disponibles. Deux restaurants ouverts midi et soir (mets typiquement québécois). Possibilité d'apporter son lunch. Boutique de souvenirs.

Pour cette reconstitution fidèle d'un village québécois du XIXe siècle, près de quarante maisons, d'origine ou reconstruites selon les plans d'époque, ont été réimplantées sur le site. Durant l'été, le village s'anime, les métiers traditionnels renaissent. De plus, plusieurs hangars abritent une collection impressionnante de meubles, d'outils et d'instruments du Québec d'autrefois. Sur le site, la Ferme d'Antan poursuit le voyage pédagogique, où jeunes et moins jeunes renoueront avec l'agriculture non industrielle. En décembre, le village est illuminé et une foule d'activités, allant du Marché de Noël au conte, en passant par la balades en carriole ou sleigh, vous y attendent. Au printemps, la cabane à sucre annonce le retour de la belle saison. Nouveautés : parc de jeux d'eau (compris dans le droit d'entrée), belvédère en bordure de la rivière Saint-François, maison de la commère (la seule du Village où les visiteurs peuvent s'asseoir à la table de la cuisine et au salon), maison du maquillage et du clown-jongleur pour les enfants, nouveau concept d'animation participative pour toute la famille, visite du Village en costume d'époque (sur réservation).

Sports – Détente – Loisirs

■ **D'ARBRE EN ARBRE DRUMMONDVILLE**
526, rang Sainte-Anne
✆ +1 819 397 4544 / +1 877 397 4544
www.parcsarbreenarbre.com
Du 24 juin à la fête du Travail : ouvert tous les jours. En mai, juin, septembre et octobre : sur semaine sur réservation de groupe, les week-ends pour le grand public. Ouvert à l'année pour les groupes. Adulte : 32 CAN $, 12-17 ans : 29,50 CAN $, enfant : 16,50 CAN $. Forfaits disponibles. Réseau dans plusieurs villes du Québec : Havelock, Lac-Mégantic, Mirabel, Rouyn-Noranda, Saint-Félicien, Saint-Pacôme et Shawinigan.

Amateurs de nature et de sensations, rendez-vous dans ce parcours, d'un arbre à l'autre par les airs ! Plusieurs parcours sont élaborés, d'une difficulté variable, et des tyroliennes, ponts suspendus et via ferrata viennent compléter cette journée d'activités. Programme d'animation et sentier de découverte. Possibilité de pique-niquer sur place. Ajouts récents : ajout d'ateliers dans le parcours aérien, d'un parc de tyroliennes et d'un sentier d'hébertisme au sol. Autres activités sur le site : escalarbre, sentiers pédestres et de vélo, glissades sur tube, et raquette.

Invernesss

Le village d'Inverness a été fondé par des immigrants écossais arrivés en 1829 et de nombreux témoignages de ce passé sont encore présents. Le circuit guidé « la Route Celtique » vous invite à suivre les traces des premiers colons écossais, irlandais et loyalistes (www.larouteceltique.org).

La région de l'érable

Le temps des sucres est un rituel saisonnier au Québec. Dès que la lune se montre favorable ou dès que se lève un vent de sud-ouest, l'acériculteur entaille l'écorce des érables. Il recueille ainsi une eau légèrement sucrée qui se transforme, après ébullition, en un sirop délicatement parfumé. S'inspirant des Amérindiens, qui s'en servaient pour la cuisson du gibier, les pionniers français en ont fait la base de plats savoureux apprêtés sur feu de bois. Aujourd'hui, petits et grands raffolent de ces mets qui composent les copieux repas servis dans les cabanes à sucre : soupe aux pois, fèves au lard, jambon au sirop, oreilles de crisse (fritures de lard salé), omelettes et, comme desserts, tartes au sucre, crêpes et grands-pères (boules de pâte pochées dans le sirop), suivis de la traditionnelle tire d'érable sur la neige. La plupart des érablières proposent des animations, dégustations et services de restauration sur place, en général en mars et en avril. D'ailleurs, à la fin avril ou début mai se tient le Festival de l'Érable de Plessisville, capitale mondiale de l'érable (marché public, démonstrations culinaires, circuit de dégustations, musée de l'érable, etc.).

▸ **www.erable.ca/tourisme**

■ CORPORATION DES CHEMINS CRAIG ET GOSFORD
✆ +1 800 360 2989
✆ +1 877 335 7141
www.craig-gosford.ca
Accès depuis l'autoroute 20 en prenant la route 265 Sud jusqu'à Plessisville puis la route 267 Sud jusqu'à Inverness.
Ce circuit de découverte vous mène sur les chemins historiques qui ont colonisé la région au XIXe siècle. Facilement identifiables grâce aux panneaux de signalisation, ces chemins traversent une douzaine de municipalités de la région et vous feront découvrir différentes activités et attraits au gré des saisons. Des visites guidées pour groupes sont disponibles sur réservation.

SAINT-LOUIS-DE-BLANDFORD

Berceau des Bois-Francs, région nommée ainsi en raison de ses érables et autres variétés de bois dur, c'est dans cette municipalité que s'est établi le premier colon de la région, Charles Héon. C'est également la capitale provinciale de la canneberge avec une quinzaine de producteurs répartis sur le territoire.

À voir – À faire

■ CANNEBERGE EN FÊTE (CENTRE D'INTERPRÉTATION DE LA CANNEBERGE)
Accueil au Centre récréatif Bieler
80, rue Principale
✆ +1 819 364 5112
www.canneberge.qc.ca
Mi-septembre à mi-octobre : mardi-dimanche, 10h-16h. Adulte : 10 CAN $, aîné et 13-17 ans : 9 CAN $, 6-12 ans : 6 CAN $ (gratuit pour les plus jeunes), famille : 25 CAN $. Durée de la visite : 3h. Belvédère, aires de détente, service de restauration. Membre de l'Association de l'agrotourisme et du tourisme gourmand. Membre de la Route des trouvailles gourmandes du Centre-du-Québec.
En pleine capitale de la canneberge, ce centre d'interprétation, attrait majeur des circuits agroalimentaires de la région, vous explique tout ce qu'il y a à savoir sur ce petit fruit, de sa plantation à la récolte. L'équipe offre aux visiteurs une restauration gourmande mettant en valeur la canneberge, des démonstrations culinaires par des chefs réputés, des dégustations gratuites de canneberges fraîches et transformées, ainsi que la vente de produits de la canneberge et de petits fruits dans un nouveau marché intérieur (entrée libre). Autres activités disponibles sur place : visite commentée avec excursion aux champs, salle d'exploration avec activités interactives, randonnée écologique guidée de 8 km, tour en hélicoptère.

■ PARC RÉGIONAL DE LA RIVIÈRE GENTILLY
1000, chemin des Flamants
Sainte-Marie-de-Blandford
✆ +1 819 298 2455 / +1 800 944 1285
www.rivieregentilly.com
Prenez la route 263 Nord jusqu'à Sainte-Marie. Accessible à l'année. Tarification pour l'accès au parc et certaines activités. Hébergement en camping (rustique et aménagé), camp prospecteur et chalet rustique 4 saisons. Nombreux services sur place.
Un arrêt s'impose pour ceux désirant faire des activités de plein air ou tout simplement se relaxer dans un cadre magnifique. Sentiers pédestres, équestres et de vélo de montagne, rivière pour la pêche et chutes, belvédères d'observation, sentiers de raquette et ski de fond hors pistes sont à votre disposition pour une belle expérience en pleine nature.

BÉCANCOUR

La ville de Bécancour est constituée de la fusion de plusieurs municipalités, dont Gentilly où se trouve la seule centrale nucléaire en opération au Québec. Mais suite à l'élection du 4 septembre 2012, le nouveau parti au pouvoir, le Parti québécois, a décidé de fermer définitivement la centrale à l'expiration de son permis d'exploitation, soit le 31 décembre 2012. Le démantèlement devrait prendre une dizaine d'années. Une histoire à suivre... Bécancour se situe à quelques minutes en voiture du pont Laviolette qui mène à Trois-Rivières et la région de la Mauricie.

■ CENTRE DE LA BIODIVERSITÉ DU QUÉBEC

1800, avenue des Jasmins
Secteur Sainte-Angèle-de-Laval
✆ +1 819 222 5665
✆ +1 866 522 5665
www.biodiversite.net
Ouvert tous les jours à l'année de 10h à 17h. Animation commentée tous les jours de fin juin à début septembre, les week-ends le reste de l'année. Adulte : 12,50 CAN $, étudiant et aîné : 10,50 CAN $, 3-17 ans : 7,50 CAN $, famille : 38 CAN $. Différents forfaits et activités à la carte disponibles. Biotrain en fonction de début juin à fin octobre. Boutique et aire de pique-nique sur place. Programmation d'événements spéciaux.
Ce centre s'est donnée comme mission de « sensibiliser et éduquer jeunes et adultes à l'existence et à la conservation des espèces biologiques du Québec ainsi qu'au développement durable de la planète ». En compagnie d'un guide, partez à la rencontre de spécimens vivants de toutes sortes : serpents, tortues, grenouilles, loutres, ratons laveurs, etc. Le centre intérieur comprend différentes zones de découverte, dont un corridor sensoriel. À l'extérieur, vous retrouverez huit écosystèmes de la forêt traversés par 4 km de sentiers, un verger, une miniferme, un bateau et un marais. Le biotrain effectue le circuit extérieur lors de la belle saison.

■ FERME DU JOUAL VAIR

3225, route 261
Secteur Sainte-Gertrude
✆ +1 819 297 2107
www.fermedujoualvair.com
Ouvert tous les jours de mai à novembre. Tarifs selon l'activité choisie. Forfais disponibles.
Ces pionniers du tourisme équestre vous proposent des randonnées allant d'une heure à une journée, ainsi que des vacances à cheval de 2 à 5 jours. Ces circuits d'évasion sont bien structurés et comprennent l'hébergement et les repas. Les cavaliers ayant une expérience de base pourront jouer aux apprentis cowboys pendant une journée où ils devront rassembler, trier et conduire le bétail. Il est également possible de prendre le week-end « expédition équestre » incluant deux jours et deux nuits.

■ MOULIN MICHEL DE GENTILLY

675, boulevard Bécancour
Secteur Gentilly
✆ +1 819 298 2882
✆ +1 866 998 2882
www.moulinmichel.qc.ca
Fin juin à début septembre : lundi-dimanche, 11h-16h. Mi-septembre à mi-octobre : samedi-dimanche, 11h-16h. Droits d'accès et visite guidée : 5 CAN $ par personne, 10 CAN $ par famille. Accès gratuit au site le week-end à l'achat d'un repas à la Crêperie champêtre. Programmation d'activités et d'événements.
Construit à l'époque de la Nouvelle-France, en bordure du fleuve, il est l'un des rares moulins à farine ayant conservé sa vocation d'origine. Les visites guidées couvrent le moulin, la meunerie, l'architecture et les expositions. Pour les petits creux, la Crêperie champêtre offre un menu composé de crêpes et galettes de sarrasin, accompagnés de produits régionaux. Elle est ouverte les week-ends en saison estivale entre 11h et 14h (le dimanche seulement en septembre). Sur le site, vous croisez un belvédère, un sentier pédestre, des aires de pique-nique, un café-terrasse, et une boutique d'artisanat et de produits régionaux avec bien entendu, une belle sélection de produits dérivés du sarrasin.

■ TOURISME MRC DE BÉCANCOUR

1005, boulevard Port-Royal
Secteur Saint-Grégoire
✆ +1 819 233 4636
✆ +1 888 233 4676
www.tourismebecancour.com
Ouvert toute l'année.

Chaudière-Appalaches

L'histoire de la région est particulièrement riche. Une excursion au lieu historique national du Canada de la Grosse-Île-et-le-Mémorial-des-Irlandais, au milieu du fleuve Saint-Laurent, vous permettra de saisir l'ampleur du drame qu'a connu cette station de quarantaine, longtemps principale porte d'entrée des immigrants au Canada. Au Domaine Joly-De Lotbinière, vous découvrirez une ancienne seigneurie située au cœur d'un immense jardin romantique, alors qu'à la Seigneurie des Aulnaies, vous serez plongé dans l'atmosphère d'un manoir victorien entouré de magnifiques jardins et d'un moulin. De plus, au Village des défricheurs, vous en apprendrez davantage sur la vie rurale de la fin du XIXe et du début du XXe siècle. La région Chaudière-Appalaches abrite une partie du parc national de Frontenac, aux abords du magnifique lac Saint-François, un lieu de nature sauvage idéal pour l'observation des oiseaux (plus de 144 espèces), les activités nautiques de toutes sortes, ainsi que la randonnée pédestre et à bicyclette. Au parc des Chutes-de-la-Chaudière, vous pourrez admirer des cascades d'une hauteur de 35 m. Dans les environs de Thetford Mines, pays des mines et des lacs, vous n'aurez qu'à vous joindre à l'une des visites minières du Musée minéralogique pour plonger au cœur de l'une des plus vastes mines à ciel ouvert.

Transports

- **Bus.** Autobus Voyageur dessert quelques municipalités de la région dont Beaumont, Berthier-sur-Mer, Joly, L'Islet, Lévis, Montmagny, Saint-Jean-Port-Joli et Saint-Nicolas. www.greyhound.ca
- **Train.** Le train de Via Rail dessert Charny et Montmagny. www.viarail.ca
- **Traversiers.** La Société des traversiers du Québec effectue la liaison entre Lévis et Québec de nombreuses fois par jour et ce, à l'année. Une autre liaison est offerte entre Montmagny et l'Isle-aux-Grues d'avril à décembre. www.traversiers.gouv.qc.ca
- **Voiture.** Plusieurs routes desservent la région de Chaudière-Appalaches. Voici les accès routiers en fonction des régions de départ.

Bas-Saint-Laurent : rejoindre la route 132 ou l'autoroute 20 Ouest.

Cantons-de-l'Est : à partir de Magog-Sherbrooke, prenez la route 112 Est. À partir de Lac-Mégantic, la route 204 Est. De Lennoxville, la route 108 Est.

Centre-du-Québec : la route 132 Est longeant le fleuve. À partir de Drummondville, prendre l'autoroute 20 Est. À partir de Victoriaville, la route 116 Est.

Québec : prenez l'autoroute 73 Sud et traversez le pont, ou encore prenez le traversier entre Québec et Lévis.

TOURISME CHAUDIÈRE-APPALACHES
800, autoroute Jean-Lesage
Secteur Saint-Nicolas
LÉVIS
© +1 418 831 4411 / +1 888 831 4411
www.chaudiereappalaches.com

Les immanquables de la région de Chaudière-Appalaches

- **Le lieu historique national de la Grosse-Île-et-le-Mémorial-des-Irlandais,** ancienne porte d'entrée du Canada pour de nombreux immigrants.
- **Le Musée minéralogique et minier** qui présente l'histoire géologique, minière et sociale de la région de Thetford.
- **Le Domaine Joly-De Lotbinière** à Sainte-Croix, renommé pour son magnifique jardin.
- **La Seigneurie des Aulnaies** à Saint-Roch-des-Aulnaies, un beau manoir victorien.
- **Le Circuit Saint-Laurent,** trois itinéraires et quatre régions pour mieux découvrir le fleuve (www.circuitsaint-laurent.com).

Sur les traces de l'histoire et du patrimoine de la région

■ **CORPORATION DES CHEMINS CRAIG ET GOSFORD**
✆ +1 800 360 2989 / +1 877 335 7141
www.craig-gosford.ca
Ce circuit de découverte vous mène sur les chemins historiques qui ont colonisé la région au XIXe siècle. Facilement identifiables grâce aux panneaux de signalisation, ces chemins traversent une douzaine de municipalités de la région et vous feront découvrir différentes activités et attraits au gré des saisons. Des visites guidées pour groupes sont disponibles sur réservation.

■ **MANOIR D'IRLANDE**
175, chemin Gosford
Irlande
✆ +1 418 428 2874 / +1 877 447 2027
www.manoirdirlande.com
À 16 km à l'ouest de Thetford Mines. Ouvert de mi-avril à janvier. Occupation double : à partir de 72 CAN $ par personne, repas du soir et petit déjeuner inclus. Qautre chambres et une suite (trois avec salle de bain privée). Autres forfaits disponibles et repas du soir sur réservation.
Ancien presbytère patrimonial en pierre de 1840, ce gîte vous accueille sur le circuit historique des chemins Craig et Gosford. Un grand salon avec foyer, des chambres à coucher au décor du XIXe siècle, une belle salle à manger, un superbe petit coin où vous vous accorderez un moment de détente.

THETFORD MINES

Les exploitations minières ont forgé l'identité de la région autour de la ville de Thetford Mines. Les visiteurs y trouveront des lacs et des forêts ainsi que des petits villages tranquilles.

Pratique

■ **HÔPITAL DE THETFORD MINES**
1717, rue Notre-Dame Est
✆ +1 418 338 7777
www.centresantethetford.ca

■ **TOURISME RÉGION DE THETFORD**
2600, boulevard Frontenac Ouest
✆ +1 418 423 3333 / +1 877 335 7141
www.tourismeregionthetford.com
Ouvert toute l'année.

Se loger

■ **AUBERGE LA BONNE MINE**
1425, rue Mooney Ouest
✆ +1 418 338 2056 / +1 877 338 2056
www.aubergelabonnemine.com
Occupation double : à partir de 90 CAN $. 4 chambres et une suite. Petit déjeuner inclus. Forfaits disponibles. Jacuzzi 4 saisons, sauna, jardins aménagés, terrasse.
Située à environ 4 km du centre de Thetford-Mines, cette maison construite en 1924 offre un cadre reposant et chaleureux. Chaque chambre offre un cachet d'antan et la suite est composée de deux chambres et un salon/salle à manger. Sur place, le restaurant, ouvert à tous, propose une fine cuisine européenne aux accents du terroir.

À voir – À faire

■ **MUSÉE MINÉRALOGIQUE ET MINIER**
711, boulevard Frontenac Ouest
✆ +1 418 335 2123 / +1 855 335 2123
www.museemineralogique.com
Fin juin à début septembre : lundi-dimanche, 9h30-18h. Le reste de l'année : lundi-vendredi, 9h30-16h30 ; samedi-dimanche, 13h-17h. Adulte : 9,25 CAN $, aîné : 8,25 CAN $, étudiant : 4,75 CAN $, 6 ans et moins : gratuit, famille : 25 CAN $. Boutique sur place.
Musée axé sur l'activité minière, les minéraux et les sciences de la Terre. Retour aux origines de notre planète à travers une collection unique au monde de plus de 350 minéraux. Des jeux interactifs, des présentations multimédias ainsi qu'une visite du musée-mine à ciel ouvert combleront votre curiosité. Et pourquoi pas une excursion géologique...

VISITE MINIÈRE PATRIMONIALE

Départ des visites depuis le Musée minéralogique et minier
711, boulevard Frontenac Ouest
✆ +1 418 423 3333 / +1 877 335 7141
www.museemineralogique.com
Début juillet à début septembre : départ tous les jours à 13h30. Minimum de 10 personnes requis pour un départ. Réservation conseillée. Adulte et aîné : 21,95 CAN $, 7-17 ans : 11,95 CAN $., 6 ans et moins : 5 CAN $. Le tarif comprend l'entrée au musée.
Une visite hors de l'ordinaire qui vous plongera dans les profondeurs du monde minier de la région. L'une d'elles, la mine King, est désormais accessible à tous. Découvrez l'histoire de ce berceau de l'industrie minière, lieu de découverte de la « pierre à coton », les anecdotes qui ont ponctué son évolution, l'empire de la famille King, le fonctionnement des opérations sous terre, l'incendie, la fusion... Vous y visiterez les bâtiments historiques, les montagnes artificielles et les puits, ferez une tournée sur les terrains des premières mines d'amiante au Canada (mines King-Beaver-Bell, aujourd'hui fermées) et une cueillette de minéraux exceptionnels. Unique !

Sports – Détente – Loisirs

STATION RÉCRÉOTOURISTIQUE DU MONT ADSTOCK

120, route Mont Adstock
Adstock
✆ +1 418 422 2242
www.skiadstock.com
À 23 km au sud-est de Thetford Mines. Remontées mécaniques ouvertes en saison hivernale (jeudi-dimanche, 9h-16h et tous les jours pendant la semaine de relâche). Tarifs à la journée et demi-journée. Golf ouvert t ous les jours de mai à octobre (www.golfadstock.com).
Cette station récréotouristique offre une vingtaine de pistes de ski alpin ainsi qu'un snowpark sur un dénivelé de 335 mètres. Des sentiers sont également aménagés pour les randonnées en raquette. Location d'équipement, glissade sur tube, restauration, bar, relais motoneige, halte-garderie. En saison estivale, elle fait place à un magnifique parcours de golf 18-trous (normale 72). Pour ceux qui aimeraient prolonger le plaisir, de beaux chalets de bois sont offerts en location à l'année.

LA BEAUCE

La Beauce s'inscrit géographiquement dans la vallée de la Chaudière. Région agricole, elle possède un riche passé et propose de nombreuses activités de plein air dont le cyclotourisme.

www.destinationbeauce.com

SAINT-ÉPHREM-DE-BEAUCE

Saint-Éphrem-de-Beauce se transforme chaque année en lieu de pélerinage pour des dizaines de milliers de festivaliers venus profiter des spectacles musicaux offerts en plein air lors du fameux Woodstock en Beauce, en juin.

WOODSTOCK EN BEAUCE

Rang 8 Nord
✆ +1 877 411 5151
Voir page 61.

SAINT-GEORGES

Centre économique, industriel et culturel de la Beauce, Saint-Georges est la deuxième ville en importance dans la région de Chaudière-Appalaches, desservant un bassin régional de 50 000 personnes. Les services, activités et attraits y sont nombreux.

DOMAINE DE LA SEIGNEURIE

Accès par la 1ère Avenue
✆ +1 418 228 5555
Situé dans la zone urbaine de Saint-Georges, ce site récréotouristique de 80 hectares regroupe une île et une forêt aménagées, ainsi qu'un sentier pédestre et cyclable qui traverse la rivière Chaudière et la rivière Pozer. Au total, ce sont trois sites (le parc de l'Ile, le parc Veilleux et le parc des Sept Chutes) qui sont reliés par des sentiers.

MAISON DU TOURISME DU CLD DE BEAUCE-SARTIGAN

13 055, boulevard Lacroix
✆ +1 418 227 4642 – +1 877 923 2823
www.destinationbeauce.com
Ouvert toute l'année.

LA TABLE DU JUNIOR

10 735, 1ère Avenue ✆ +1 418 227 0888
www.latabledujunior.com

Lundi-vendredi, 11h30-14h ; lundi-samedi, dès 17h30. Menu midi : 10-25 CAN $ (enlever 4 CAN $ pour le plat seulement), à la carte : 15-45 CAN $. Table d'hôte du soir et menu tapas aussi offerts. Plats à emporter (possibilité de vin à emporter avec le plat).

Succédant à la Table du Père Nature, réputée pour sa fine cuisine française recherchée, la Table du Junior ne risque en rien de décevoir les fins gourmets. Les nouveaux propriétaires, José Bédard (le Junior) et Emilie Gauthier Saucier (la Chef), vous présentent un menu dans la continuité gastronomique de l'établissement, en y ajoutant une touche internationale. La cave à vins en séduira plus d'un. La relève se veut prometteuse !

LE SUD DE LA RÉGION

SAINT-PROSPER

Voisin de la Beauce, Saint-Prosper est surtout réputé pour son illumination féerique durant le temps des fêtes en décembre. On dit même que c'est le village le plus illuminé du Québec !

VILLAGE DES DÉFRICHEURS ET FORÊT LÉGENDAIRE

3821, route 204
✆ +1 418 594 6009
✆ +1 866 594 6009
www.village-des-defricheurs.qc.ca

Mi-mai à fin juin & début à fin septembre : sur réservation de groupe seulement. Fin juin à fin août : lundi-dimanche, 11h-18h. Fin août à début septembre : visite libre en semaine de 9h à 16h, visite guidée le week-end de 11h à 18h. Visite village des défricheurs ou forêt légendaire : adulte 10 CAN $, aîné 9 CAN $, 6-18 ans 8 CAN $, famille 30 CAN $. Possibilité de combiner les deux activités (20 % de rabais). Sensiblement les mêmes tarifs pour les feux follets.

Avec l'aide de guides costumés, vous découvrirez la vie rurale du XIXe siècle en visitant une douzaine de bâtiments (école, bureau de poste, maisons…). Une exposition permanente est consacrée aux contes et légendes en Beauce. La forêt légendaire propose un jeu grandeur nature où le visiteur est mis à contribution (durée d'environ 2h30). Armé de son carnet de route, seul ou en équipe de 2 à 6, il doit parcourir la forêt et éclaircir les mystères de ce lieu. Soirées de contes et légendes au fanal avec les personnages des feux follets.

SAINT-PHILÉMON

Entouré des montagnes Alléghanys, cette municipalité vit principalement de ses richesses naturelles (agriculture, acériculture, chasse, pêche, etc.). Le parc régional Massif du Sud est une excellente destination quatre saisons pour les amoureux du plein air.

PARC RÉGIONAL MASSIF DU SUD

300, route du Massif
✆ +1 418 469 2228
www.massifdusud.com

Ouvert à l'année. Tarifs d'accès au parc. Possibilité de louer la ville médiévale pour les groupes. Service de navette et de transport de bagages.

Ce parc régional d'une superficie de 119 km² présente 20 sommets dont deux des plus hauts de la région (917 m). De vastes panoramas (accessibles aussi en voiture), des torrents et cascades, un canyon et des forêts anciennes vous attendent. Les activités de plein air y sont nombreuses : 107 km de sentiers pédestres, 35 km pour vélo hybride ou cross-country, géocaching, randonnées des sommets, ateliers de découverte et d'interprétation, etc. La piste d'hébertisme comprend une dizaine de jeux dont un pont de corde, un château labyrinthe et une tyrolienne. L'hiver fait place à la station de ski qui compte une trentaine de pistes (www.massifdusud.net). Mordus de poudreuse, un forfait permet d'emprunter un « catski » afin d'aller skier hors-piste dans l'arrière-pays ! Des sentiers de ski de fond et de raquette sont également aménagés. L'hébergement se fait en camping, tente prospecteur, refuge, yourte, tente Boréale, studio, condo ou chalet sur le site même du parc.

SAINT-PAUL-DE-MONTMINY

Cette petite municipalité de moins de 900 habitants se situe au cœur des Appalaches, au pied de la montagne Grande Coulée. Un excellent pied-à-terre pour les amoureux de la nature et du plein air.

APPALACHES LODGE-SPA-VILLÉGIATURE

1, rue de la Coulée
✆ +1 418 469 0100
✆ +1 866 661 0106
www.appalachesspa.com

Occupation simple ou double : à partir de 110 CAN $. 42 chambres réparties dans 7 pavillons en bois rond. Possibilité de louer un pavillon complet. Forfaits disponibles.
Blotti en montagne, au cœur du parc régional des Appalaches, ce centre de villégiature offre l'hébergement grand confort, des installations de bains nordiques, un centre de santé Spa et un grand éventail d'activités. Le pavillon d'accueil propose des services de restauration et de bar et un centre complet de location d'équipement vous permettra de profiter pleinement de la nature environnante.

SAINTE-LUCIE-DE-BEAUREGARD

Petit village de 300 habitants se distinguant par ses joyaux naturels et ses sites panoramiques, dont le mont Sugar Loaf. C'est aussi une des portes d'entrée pour le parc régional des Appalaches.

■ PARC RÉGIONAL DES APPALACHES
105, rue Principale
✆ +1 418 223 3423
✆ +1 877 827 3423
www.parcappalaches.com
Ouvert à l'année. Tarifs variables selon les activités mais accès gratuit à la majorité des sentiers. Hébergement possible en camping, refuges et chalets. Forfaits disponibles. Service de navette et de transport de bagages.
Composé de 11 sites naturels, ce parc offre un éventail d'activités pour les petits et les grands. Un réseau de 120 km de sentiers vous permettra d'admirer la faune, la flore et la beauté des paysages. Chutes, rivières, cascades, eskers, tourbières, montagnes, un lieu parfait d'évasion.

▶ **Activités :** canot, kayak, canot-camping, ponton, rabaska, plages et baignade, vélo, pêche, randonnées pédestres et en raquettes, traîneau à chiens, trottinettes des neiges, activités d'interprétation pour les groupes scolaires et les camps de jour.

SAINT-JUST-DE-BRETENIÈRES

En bordure de la frontière américaine, ce village est entre autres un des points d'entrée du parc régional des Appalaches. Le centre Villégiature et Pourvoirie Daaquam propose un hébergement en chalets ou à l'auberge ainsi qu'une gamme d'activités variées selon les saisons. Et ceux qui seront de passage dans la région en janvier ne voudront pas rater l'International de traîneau à chiens où les « mushers » des quatre coins du monde viennent s'affronter dans ce décor unique.

▶ **www.saintjustdebretenieres.com**

LE LONG DE LA ROUTE 132

La région compte parmi les plus pittoresques villages du Québec et cet itinéraire part à leur découverte en longeant le fleuve Saint-Laurent.

SAINTE-CROIX

Situé à l'entrée ouest de la région Chaudière-Appalaches, ce village vit principalement de la villégiature, de l'industrie du meuble, de l'industrie métallurgique, de l'agriculture et du secteur tertiaire.

■ DOMAINE JOLY-DE LOTBINIÈRE
7015, route de Pointe Platon
✆ +1 418 926 2462
www.domainejoly.com
Mi-mai à mi-octobre : lundi-dimanche, 10h-17h. Certains services et activités ne sont ouverts que le week-end de mi-mai à mi-juin et de septembre à mi-octobre. Adulte : 14 CAN $, aîné : 13 CAN $, étudiant : 8 CAN $, moins de 7 ans : gratuit, famille : 20-33 CAN $. Centre d'interprétation de la Maison de Pointe Platon, café-terrasse, sentiers pédestres, boutique.
Le jardin du domaine Joly-De Lotbinière est reconnu comme étant l'un des plus beaux du pays. La diversité des espèces de fleurs impressionnera même les initiés. Le mobilier de la maison date des années 1920. Des ateliers éducatifs et culturels, des symposiums d'art ou des concerts de musique champêtre rythment la saison.

SAINT-ANTOINE-DE-TILLY

Saint-Antoine-de-Tilly est membre de l'Association des plus beaux villages du Québec, un réseau de communautés villageoises au patrimoine authentique, situées dans des paysages remarquables.

■ **BUREAU TOURISTIQUE DE SAINT-ANTOINE-DE-TILLY**
3837, route Marie-Victorin (route 132)
✆ +1 418 728 2205
www.tourismelotbiniere.com
Ouvert en saison estivale uniquement.

■ **DU CÔTÉ DE CHEZ SWANN**
3897, chemin de Tilly
✆ +1 418 886 1313
www.creperiechezswann.com
Pâques au 24 juin & septembre-octobre : jeudi-dimanche, 11h-16h. 24 juin à fin août : tous les jours de 11h à 20h. Le reste du temps : le week-end seulement ou sur réservation. Terrasse. Service de traiteur.
Cette petite maison a su garder son cachet d'antan de vieille maison de campagne. On y sert de délicieuses crêpes bretonnes préparées selon la méthode traditionnelle, avec des farines biologiques de blé ou de sarrasin et garnies de produits locaux. Crêpes repas, crêpes dessert… De quoi faire gronder l'estomac ! Accompagnez le tout d'un de leurs délicieux cafés.

■ **MANOIR DE TILLY**
3854, chemin de Tilly ✆ +1 418 886 2407
✆ +1 888 862 6647 – www.manoirdetilly.com
Occupation double : à partir de 115 CAN $, petit déjeuner inclus. Forfaits disponibles.
Cette demeure seigneuriale de 1786 vous promet un séjour mémorable dans le charme et le raffinement. Son immense cour arrière est un véritable havre de paix surplombant le majestueux fleuve. Sa table, de nombreuses fois primées, vous réserve de belles découvertes avec une cuisine française à saveur du terroir (à ne rater sous aucun prétexte même si vous n'y passez pas la nuit). Ne manquez pas non plus de profiter du centre de santé Spa du manoir où massages et soins corporels vous assurent le bien-être total.

LÉVIS

La richesse du patrimoine bâti dans le Vieux-Lévis, Saint-Nicolas et Saint-Romuald est un incontournable et vous offre des siècles d'architecture à découvrir. En saison estivale, une navette touristique effectue les liaisons entre les différents points d'intérêt du Vieux-Lévis. Des tours guidés à la chandelle sont également offerts. À voir absolument : la terrasse de Lévis, en bas de la rue William Tremblay, certainement le plus beau panorama sur la vieille ville de Québec. Pour les gourmands, la petite avenue Bégin possède plusieurs adresses d'intérêt : le restaurant L'Intimiste, la glacerie à l'européenne des Chocolats Favoris (coup de cœur pour la crème glacée molle trempée dans le chocolat belge !), et l'épicerie fine Aux P'tits Oignons.

Pratique

■ **HÔPITAL HÔTEL-DIEU DE LÉVIS**
143, rue Wolfe
✆ +1 418 835 7121
www.hdl.qc.ca

■ **TOURISME LÉVIS**
✆ +1 418 838 6026
www.tourismelevis.com
Deux bureaux d'information touristique saisonniers (de mi-mai à mi-octobre) : Parc des Chutes-de-la-Chaudière (autoroute 73, sortie 130) et Traverse de Lévis (5995, rue Saint-Laurent). Relais d'information touristique : Centre de congrès et d'expositions de Lévis (ouvert tous les jours 24h/24 – aucun personnel sur place).

Se loger

■ **AUBERGE ARTISTIQUE LA VISITATION**
6104, rue Saint-Georges
✆ +1 418 837 9619
www.aubergeartistique.com
Occupation double : à partir de 85 CAN $. Quatre chambres. Petit déjeuner gourmet inclus. Forfaits disponibles. Terrasse et jardin. Service de massothérapie à la chambre sur réservation. Abri sécuritaire pour vélos et motos.
Une magnifique maison alliant le charme d'autrefois à la modernité de l'art contemporain. Les chambres sont grandes, ensoleillées, décorées avec soin, comme chaque pièce de l'auberge. Et par-ci par-là, des œuvres de l'artiste sculpteur-muraliste Germain Desbiens égayent les lieux (son atelier est d'ailleurs ouvert au public de 9h à 17h en semaine, au 109 Côte du Passage). L'été, les œuvres se transportent aussi à l'extérieur dans le grand jardin de l'auberge. Une adresse douillette pour un voyage hors du temps !

■ **FOUR POINTS BY SHERATON LÉVIS**
5800, rue J. B. Michaud
✆ +1 418 838 0025 / +1 888 838 0025
www.fourpointslevis.com
Occupation double : à partir de 105 CAN $. Promotions et forfaits disponibles. Restaurant de cuisine internationale, bar, piscine extérieure chauffée, salle d'exercices, Jacuzzi, solarium, massage en chambre. À deux pas du club de golf de Lévis.

Tout récent tout beau, ce complexe est à la fine pointe de vos besoins d'agrément. Relié au nouveau Centre des congrès de Lévis, il est l'endroit parfait où séjourner lorsque vous effectuez un déplacement d'affaires, pour organiser une réunion ou un congrès, ou tout simplement pour les vacances. Tous les services d'un grand hôtel sont offerts et les chambres sont d'un confort exceptionnel.

Se restaurer

■ COSMOS CAFÉ

5700, rue J.B. Michaud
✆ +1 418 830 8888 – www.lecosmos.com
Lundi-vendredi, dès 6h30 ; samedi-dimanche, dès 8h. Compter maximum 15 CAN $ le matin, moins de 20 CAN $ le midi, et à partir de 20 CAN $ le soir.
Le plus matinal des Cosmos (autres adresses à Québec et Sainte-Foy) a ouvert ses portes à l'intérieur du tout nouveau Centre de congrès et d'expositions de Lévis. Au menu : grillades, burgers, tartares, salades… C'est maintenant un des lieux très tendance de la rive-sud de Québec. Décoration design, salon VIP, musique lounge, ambiance très « jeune cadre professionnel ». Du jeudi au samedi soir, l'endroit se transforme en supperclub, nouvelle formule à la mode, avec DJ, piste de danse et spectacles musicaux.

▸ **Autres adresses :** Québec : 575, Grande Allée Est, +1 418 640 0606 • Sainte-Foy : 2813, boulevard Laurier, +1 418 652 2001

■ L'INTIMISTE RESTAURANT ET LOUNGE

35, avenue Bégin
✆ +1 418 838 2711 – www.lintimiste.ca
Lundi-vendredi, 11h-14h ; mardi-dimanche, 17h-22h. Menu midi : 20 CAN $ et moins, table d'hôte le soir : à partir de 30 CAN $. Salon privé, lounge, terrasse.
Ambiance feutrée et musique classique cadrant parfaitement avec le décor du Vieux-Lévis. Sa fine cuisine gastronomique met en vedette gibiers, grillades et fruits de mer, avec une forte prédominance de produits locaux. Sa carte des vins a été primée à quelques reprises et au lounge, vous retrouverez une grande sélection de whiskys, portos, martinis et bières importées.

À voir – À faire

■ LIEU HISTORIQUE NATIONAL DU CANADA DES FORTS-DE-LÉVIS

41, chemin du Gouvernement
✆ +1 418 835 5182 / +1 888 773 8888
www.pc.gc.ca/levis
Fin mai à fin juin : lundi-vendredi, 10h-17h. Juillet à début septembre : lundi-dimanche, 10h-17h. Adulte : 3,90 CAN $; aîné : 3,40 CAN $; jeunes : 1,90 CAN $, famille : 9,80 CAN $.
Ce fort constitue le tout premier maillon d'une chaîne de trois forts, construits sous la supervision des ingénieurs militaires britanniques entre 1865 et 1872. Cette ligne de forts vient compléter le système défensif de Québec pour faire échec à l'invasion possible des Américains par voie terrestre. Depuis 1855, le chemin de fer relie Lévis au Maine. Plus élevé que la Citadelle de Québec, le fort Numéro-Un domine toute la région et offre un panorama spectaculaire sur la ville de Québec, l'île d'Orléans et la Côte-de-Beaupré. Par contre, pour la petite histoire, ce fort n'a jamais servi. Exposition et visites commentées offertes.

■ MAISON ALPHONSE DESJARDINS

6, rue du Mont-Marie
✆ +1 418 835 2090 / +1 866 835 8444
Lundi-vendredi, 10h-12h & 13h-16h30 ; samedi-dimanche, 12h-17h. Entrée libre. Visite guidée offerte gratuitement, à l'année.
Cette maison néogothique fut la demeure d'Alphonse Desjardins. À la fin du XIXe siècle, alors que les services de crédit sont peu accessibles, cet homme a eu l'idée de fonder une coopérative d'épargne et de crédit, devenue avec le temps, la plus grande institution financière de nature coopérative au Canada. Une reconstitution historique permet de pénétrer dans l'intimité de la famille Desjardins en 1906. De plus, vous trouverez l'exposition permanente « L'empreinte d'un couple » dans la maison voisine.

■ PARC DES CHUTES-DE-LA-CHAUDIÈRE

Autoroute 73, sortie 130
Mai à octobre : ouvert tous les jours du matin au coucher du soleil. Accès gratuit.
Les chutes, hautes de 35 m et alimentant une petite centrale hydroélectrique, sont surplombées par de nombreux belvédères offrant des points de vue saisissants. Pour traverser la rivière, empruntez la passerelle suspendue. Activités et services sur le site : 4,5 km de sentiers pédestres, 1,5 km de pistes cyclables, concerts en plein air, aires de pique-nique et aire de jeux pour enfants.

Visites guidées

■ CROISIÈRES AML

Quai Paquet ✆ +1 866 856 6668
www.croisieresaml.com
Coûts : circuits à prix variables.

Embarquez à bord du Louis Jolliet pour une découverte du majestueux fleuve Saint-Laurent, de la chute Montmorency, de l'Île d'Orléans... Des croisières de jour et de soir sont offertes avec des thématiques convenant à chaque groupe d'âge. AML organise également des soupers-croisières, des brunchs en plus des nombreux forfaits adaptés aux groupes. L'entreprise opère aussi à Montréal, Québec, Rivière-du-Loup et au fjord du Saguenay avec notamment des sorties en Zodiac pour l'observation des baleines à Baie-Sainte-Catherine et à Tadoussac.

BERTHIER-SUR-MER

Ici, le fleuve devient estuaire. En vous promenant au quai et à la marina, le panorama s'ouvre sur l'archipel de l'Isle-aux-Grues, l'Île d'Orléans et le mont Sainte-Anne, situé juste en face dans la région de Québec. Berthier-sur-Mer est également le point de départ de croisières vers le site historique de Grosse-Île.

■ CROISIÈRES LACHANCE

110, rue de la Marina
✆ +1 418 259 2140
✆ +1 888 476 7734
www.croisiereslachance.ca
De mai à mi-octobre, horaire et tarif variables selon la croisière choisie. Différents forfaits offerts. Nolisement disponible pour événements spéciaux.

Les Croisières Lachance offrent plusieurs excursions pour découvrir les plus beaux sites de la Côte-du-Sud et du fleuve : lieu historique national de la Grosse-Île, Isle-aux-Grues (guidée ou en escapade vélo), ornithologie sur l'Île-au-Canot (possibilité de séjourner sur place), grands feux Loto-Québec à Québec, observation des petits pingouins au printemps... Bref, de tout pour tous les goûts et à prix très raisonnables !

■ LIEU HISTORIQUE NATIONAL DU CANADA DE LA GROSSE-ÎLE ET-LE-MÉMORIAL-DES-IRLANDAIS

Départ avec les Croisières Lachance
110, rue de la Marina
✆ +1 418 234 8841
✆ +1 888 773 8888
www.pc.gc.ca/grosseile
Ouvert de mai à mi-octobre. Les croisières Lachance organisent des départs quotidiens. Tarifs (traversée en bateau et visite guidée) : adulte 49,50 CAN $, 6-16 ans 28 CAN $, 5 ans et moins gratuit. Durée : environ 5 heures. Autres départs possibles : de Québec ou l'île d'Orléans avec Croisières Coudrier et de la Baie de Beauport avec Croisières Fleuve-Océan.

Grosse Île, ancien lieu d'arrivée des bateaux venus déposés des immigrants, notamment d'Europe et surtout d'Irlande, fut pendant longtemps une station de quarantaine. Une exposition retrace l'importance de l'immigration au Canada, plus particulièrement via la porte d'entrée de Québec, du début du XIXe siècle jusqu'à la Première Guerre mondiale. Une autre relate les événements tragiques vécus par les immigrants irlandais, spécialement lors de l'épidémie de typhus de 1847. La dernière exposition insiste sur l'aspect médical et humain de ce qui était vécu dans une station de quarantaine. Une visite passionnante pour qui veut en savoir plus sur le peuplement de ce nouveau pays.

MONTMAGNY

Située en bordure du fleuve, cette ville compte plus de 360 ans d'histoire, à découvrir notamment dans le Vieux-Montmagny qui a su conserver plusieurs de ses bâtiments patrimoniaux. En été, ses rues piétonnes, ses terrasses et son animation en font un lieu très sympathique.

Montmagny est également la Capitale de l'oie blanche en raison des fortes migrations de grandes oies blanches au printemps et à l'automne. D'ailleurs, une visite au Centre des migrations vous en apprendra davantage sur le sujet.

■ AIR MONTMAGNY
640, boulevard Taché Est
✆ +1 418 248 3545
www.airmontmagny.com
En opération à l'année. Tarifs selon le forfait choisi.
En plus d'assurer la traversée pour l'Isle-aux-Grues, des vols touristiques commentés sont également offerts : les ponts de Québec, la Côte-du-Sud, les côtes du Saint-Laurent (Côte-de-Beaupré/Côte-du-Sud), l'archipel de l'Isle-aux-Grues, Manic-5. Nouveauté : forfait à Grosse-Île. Autres services : vol nolisé pour les affaires ou pour le plaisir, survol de la région de votre choix, photographie aérienne, observation (oie blanche, paysages automnaux, archipel de l'Isle-aux-Grues).

■ L'ISLE-AUX-GRUES ET SON ARCHIPEL
✆ +1 418 241 5117
www.isle-aux-grues.com
Depuis Montmagny : accès par traversier d'avril à fin décembre (Société des traversiers du Québec) et à l'année en avion (Air Montmagny). D'autres croisiéristes, tels Lachance ou Coudrier, offrent des excursions à l'Isle-aux-Grues en saison estivale.
L'Isle-aux-Grues est située à la hauteur de Montmagny, dans un archipel composé de 21 îles et îlots. Elle est la plus importante des îles en superficie : 10 km de long et 4 km de large, si l'on compte les battures qui la relient à l'Ile-aux-Oies. L'Isle-aux-Grues compte 150 insulaires et est d'ailleurs la seule à être habitée à l'année. Les visites guidées de l'île, le nouveau circuit Sur les traces de Riopelle, le musée, Le Grenier de l'Isle, ou la plateforme d'observation font partie des attractions. La Pointe-aux-Pins, zone écologique protégée, est le lieu idéal pour les randonnées pédestres. Faites également un tour à la fromagerie S.C.À. de l'Isle-aux-Grues où vous ferez de bonnes petites trouvailles. Si l'envie vous prend de séjourner sur place, Les Maisons du Grand Héron sont le lieu de prédilection. Vous pourrez passer la nuit en auberge, dans une maison, une yourte ou une roulotte. Des forfaits fort intéressants y sont proposés.

■ TOURISME CÔTE-DU-SUD
45, avenue du Quai ✆ +1 418 248 9196
✆ +1 800 463 5643 – www.cotedusud.ca
Ouvert toute l'année.

L'ISLET

Membre de l'Association des plus beaux villages du Québec. C'est un très joli village sur le bord du Saint-Laurent et à proximité des plateaux des Appalaches.

■ AUBERGE DES GLACIS
46, route Tortue
Secteur Saint-Eugène
✆ +1 418 247 7486 / +1 877 245 2247
www.aubergedesglacis.com
Forfait « aventure gastronomique » : à partir de 126 CAN $ par personne en occupation double (dégustation de thé Kusmi en fin de journée, souper 5 services, nuitée, petit déjeuner). Seize chambres dont deux suites. Plusieurs forfaits disponibles. Service de massothérapie sur réservation. Grand parc avec 2 km de sentiers aménagés et un lac pour la baignade. Restaurant : ouvert tous les soirs à l'année. Table gastronomique du soir 5 services, brunch le dimanche (sur réservation pour les visiteurs), repas du midi pour groupe sur réservation. Table aux saveurs du terroir certifiée, membre de la Route Gourmande de L'Islet et des Créatifs de l'érable. 45 places en salle à manger. Superbe carte des vins.
Récemment rénovée et agrandie, cette auberge de charme niche dans un magnifique parc de 5 hectares. En après-midi, on vous proposera de déguster des thés Kusmi, le thé des Tsars, accompagnés de quelques pâtisseries, à savourer dans la verrière ou sur la terrasse. Du côté du restaurant, le Chef fait des merveilles. Sancerrois de naissance, Québécois d'adoption, Olivier Raffestin combine ces deux traditions gastronomiques. Misant sur les produits régionaux (table gourmande concoctée à partir de 55 produits de la région), avec un mélange d'audace et de raffinement, la grande réputation de la table de l'auberge dépasse les frontières de la région. Sa grande spécialité est la quenelle lyonnaise, de quoi faire gronder l'estomac ! Une adresse hautement recommandée !

■ MUSÉE MARITIME DU QUÉBEC
55, chemin des Pionniers Est (route 138)
✆ +1 418 247 5001 – www.mmq.qc.ca
De l'Action de grâce à fin mai : lundi-vendredi, 10h-16h sur réservation. De fin mai au 24 juin et de la fête du Travail à l'Action de grâce : lundi-

dimanche, 10h-17h. Du 24 juin à la fête du Travail : lundi-dimanche, 9h-18h. Adulte : 12 CAN $, aîné : 10 CAN $, étudiant : 8 CAN $, 13-17 ans : 6 CAN $, 12 ans et moins : gratuit. Forfaits disponibles. Boutique et café-terrasse sur place.
Le village de L'Islet a fourni de grands navigateurs au Québec dont l'un des plus célèbres d'entre eux, le capitaine Bernier, pionnier des explorations polaires au Canada et légendaire navigateur. Très bien conçues, deux des expositions permanentes lui sont consacrées. Vous passerez également par la chalouperie et visiterez un brise-glace. Ajouts récents : bateaux-musées restaurés, cours de construction de bateaux de bois.

■ **LA SALICORNE CAFÉ**
16, chemin des Pionniers Ouest (route 138)
L'Islet-sur-Mer © +1 418 247 1244
www.lasalicorne.eresto.net
Ouvert de fin avril à fin décembre (horaires variables selon la saison). Menu à la carte : moins de 20 CAN $, table d'hôte le soir : 30 CAN $ et moins. Terrasse.
Ce charmant café-restaurant offre une vue imprenable sur le Saint-Laurent. Sa carte propose une cuisine inspirée des saveurs du monde et met l'emphase sur les produits régionaux. Un menu du jour y est offert ainsi que des tables d'hôte dès 17h30. Chaque saison apporte également des plats vedettes. Le tout est accompagné par une belle carte des vins et bières et les amoureux du thé pourront choisir entre 30 différentes sortes. Avant de quitter les lieux, faites un arrêt à leur boutique où vous trouverez, entre autres, les épices de cru de Philippe de Vienne, les thés de la maison Camellia Sinensis, des huiles, vinaigres, sels et accessoires de cuisine.

SAINT-JEAN-PORT-JOLI

Capitale de la sculpture et des métiers d'art (prochaine Biennale de la sculpture sur bois à l'été 2014), Saint-Jean-Port-Joli est un petit village où le temps semble s'être arrêté. Nombreuses galeries d'art et boutiques d'artisans jalonnent les rues du village. Quelques musées y ont également élu domicile : Musée de la mémoire vivante, Musée des Anciens Canadiens, L'Épopée de la Moto. L'agrotourisme y est également présent avec notamment un vignoble, une ferme d'élevage de bisons et des entreprises maraîchères. Les gourmands ne manqueront pas de faire un arrêt au Moule à Sucre, à la poissonnerie Port-Joli et aux Gâteries de la Mie. Une très belle destination !

Pratique

■ **BUREAU TOURISTIQUE DE SAINT-JEAN-PORT-JOLI**
20, avenue de Gaspé Ouest
© +1 418 598 3747 / +1 800 278 3555
www.guidesaintjeanportjoli.com
Ouvert en saison estivale uniquement.

Se loger

Bien et pas cher

■ **CAMPING ET CHALETS DE LA DEMI-LIEUE**
589, avenue de Gaspé Est
© +1 418 598 6108 / +1 800 463 9558
www.campingunion.com
Camping et chalet de début mai à fin septembre. Camping : à partir de 27,49 CAN $, supplément de 5 CAN $ pour accès fleuve (rabais pour les cyclistes). Rabais et promotions offerts. Chalet : à partir de 109 CAN $. Piscine chauffée et pataugeoire, restaurant, salle communautaire, buanderie, activités, jeux divers et pour enfants et nombreux autres services. Situé sur une site exceptionnel, le regard s'ouvrant sur le majestueux fleuve Saint-Laurent, le camping et les chalets Demi-Lieue sont une destination de villégiature par excellence. Plus de 300 emplacements de camping, allant d'aucun à 3 services, sont répartis sur le site et sont tous pourvus d'une table et d'un emplacement pour feu de camp. De jolis petits chalets en pin véritable, nichés à plus de 50 m en haut d'une falaise, sont aussi disponibles en location pour la nuit ou la semaine.

Entièrement équipés, ils offrent tous trois lits (deux doubles et un simple), une cuisinette avec salon, une salle de bain avec douche, et une mezzanine. Peu importe le type d'hébergement choisi, vous aurez toujours accès aux installations, activités et services. Une super adresse à quelques minutes à peine en voiture des principaux attraits de Saint-Jean-Port-Joli !

Confort ou charme

■ AUBERGE LA BELLE ÉPOQUE B&B

63, avenue de Gaspé Est
✆ +1 418 598 9905
www.auberge-labelleepoque.com
Occupation double : à partir de 80 CAN $. 12 chambres dont plusieurs avec salles de bain privées. Petit déjeuner inclus. Remise pour vélos.
Cette magnifique demeure victorienne, datant de 1893 et située au cœur du village, fut à l'époque un grand magasin général. Elle n'a rien perdu de son cachet d'antan avec ses plafonds à caissons, ses escaliers d'époque, ses boiseries et ses meubles anciens... Tout a été parfaitement conservé, ce qui donne une âme bien particulière à cet établissement. Et que dire des chambres ! ? Dans la même philosophie, elle offre une déco champêtre avec une petite touche de modernité et de contemporain. Un lieu riche en histoire, de grand confort, parfait pour un séjour dans la région.

■ LA MAISON DE L'ERMITAGE

56, rue de l'Ermitage
✆ +1 418 598 7553 / +1 877 598 7553
www.maisonermitage.com
Occupation double : à partir de 80 CAN $, petit déjeuner inclus. 5 chambres dont une suite (deux chambres partagent une salle de bain). Jacuzzi, remise pour vélos et skis, rampe de mise à l'eau, petite ferme.
Magnifique maison de style victorien située en retrait de la route principale avec un accès direct au fleuve... Le bonheur ! Chaque chambre offre un décor champêtre avec une belle luminosité et quatre d'entre elles ont une vue sur le Saint-Laurent. Une belle grande terrasse vous permet de relaxer, l'endroit idéal où prendre son café le matin. Une superbe halte en toutes saisons !

Se restaurer

■ CAFÉ LA COUREUSE DES GRÈVES

300, route de l'Église ✆ +1 418 598 9111
coureuse@globetrotter.net
Ouvert tous les jours de 8h à 22h. Menu midi : moins de 20 CAN $, plats principaux à la carte : 10-25 CAN $, table d'hôte le soir : à partir de 20 CAN $. Réservation suggérée. Terrasse, salle privée, service de traiteur.
Ce restaurant de type café-bistro, en activité depuis une trentaine d'années, offre une cuisine fine et gastronomique dans une ambiance des plus champêtres. La carte est composée en grande partie de produits du terroir avec une nette préférence pour la cuisine régionale, française et provençale. Il y en a pour tous les goûts, selon les saisons, les arrivages et les envies du chef. Le menu est constamment réinventé, innové pour y ajouter de nouvelles pincées de couleurs et de saveurs. Un sommelier est également à votre disposition pour vous guider dans vos accords mets-vins. Ne quittez pas les lieux sans avoir lu la légende de la « coureuse des grèves » qui figure en première page du menu...

SAINT-ROCH-DES-AULNAIES

On y trouve une concentration de maisons ancestrales qui en étonnera plus d'un ! La vue sur le fleuve est très belle, notamment depuis le Havre du Quai, une halte routière disposant d'une aire de pique-nique et d'une table d'observation pour profiter du paysage enchanteur.

■ SEIGNEURIE DES AULNAIES

525, de la Seigneurie
✆ +1 418 354 2800 / +1 877 354 2800
www.laseigneuriedesaulnaies.qc.ca
Ouvert tous les jours de début juin à début septembre de 9h30 à 18h (les week-ends seulement de 10h à 18h de mi-mai à début juin et de début septembre à mi-octobre). Adulte : 12,50 CAN $, aîné : 11,50 CAN $, étudiant : 10 CAN $, 12 ans et moins : gratuit, famille : 20-30 CAN $.
C'est la plus grande attraction du Québec dédiée au régime seigneurial. Le manoir de style victorien date de 1853 et ses galeries sont ornées de dentelles. Des personnages en costume d'époque animent la visite guidée et vous feront revivre cette époque. Vous y découvrirez entre autres la meunerie, toujours en opération depuis 300 ans. À la fin de la visite, vous pourrez vous « perdre » dans des petits sentiers secrets menant à des jardins et à la rivière, ou alors faire une halte au resto-terrasse (excellente et copieuse cuisine traditionnelle) ou à la boulangerie. Cette dernière offre un très grand choix de produits cuisinés avec leur farine biologique moulue sur des meules de pierre.

Bas-Saint-Laurent

C'est la destination des grands espaces. Au crépuscule (on dit la brunante au Québec), vous admirerez les plus beaux couchers de soleil du monde. Vous y verrez parfois l'aube s'étirer dans un rouleau de brume dense et dérouler sa ouate infinie depuis les caps de Charlevoix, au nord, sur la rive opposée du fleuve. Une vision troublante. Le Bas-Saint-Laurent est aussi le chemin qui mène à la péninsule gaspésienne et à son célèbre rocher, aux Provinces Maritimes et à l'océan Atlantique. C'est une région dite de passage qui vaut la peine d'être découverte puisque tout le monde y revient toujours : à partir de la ville de Québec, prenez la direction de l'autoroute 20 Est, qui longe le fleuve sur sa rive sud et finit quelques kilomètres plus loin, après Rivière-du-Loup. Vous constaterez que ce qu'on appelle plus communément le « Bas-du-Fleuve » présente parfois un horizon si vaste qu'on a du mal à l'embrasser du regard. Le Bas-du-Fleuve commence à La Pocatière, dans la région de Kamouraska, qui signifie en algonquin « là où il y a des joncs au bord de l'eau ». Et effectivement, les Amérindiens ont laissé dans cette partie du pays de nombreuses traces de leur existence, ne serait-ce que dans la toponymie de villes, villages et régions, comme Rimouski, Pohénégamook, Témiscouata, Cacouna. Durant le trajet, chaque virage, chaque apparition du fleuve, attirera votre regard. Si le symptôme persiste, et si c'est vous qui conduisez, abandonnez l'autoroute et faites un détour par la route 132 qui longe le littoral. Ce chemin, moins fréquenté hors saison vous permettra de mieux apprécier ce qu'il y a de plus caractéristique au Québec : l'espace de l'immense tableau dans lequel sont figés les montagnes, les plaines, les forêts, la mer et ses archipels. Emplissez bien vos yeux, et surtout vos poumons. Ici, vous respirez de l'air pur. Le Bas-du-Fleuve est composé de grandes plaines, de forêts et de lacs qui longent au sud la chaîne de montagnes appelées Appalaches, et au nord, le fleuve Saint-Laurent, qu'on appelle ici la mer.

Histoire

Les Vikings visitaient déjà la région. Les Basques aussi, qui venaient y chasser la baleine et le marsouin. Et les Portugais n'étaient pas en reste. Le Bas-du-Fleuve commença à être habité par les immigrants dès le XVIIe siècle. Plusieurs tribus amérindiennes y étaient installées, notamment les Abénaquis qui, chaque année, descendaient les rivières pour aller faire du troc dans les anses et les baies du littoral.

RÉGION TOURISTIQUE
DE CHARLEVOIX
Tadoussac
Fleuve Saint-Laurent
170
138
La Malbaie
362
Saint-Siméon
Notre-Dame-des-Sept-Douleurs
Île Verte
Trois-Pistoles
Rivière-Trois Pistoles
Cacouna
Route des Navigateurs
20
Rivière-du-Loup
Notre-Dame-du-Portage
Saint-André
Saint-André
132
Îles de Kamouraska
Saint-Germain
Saint-Alexandre
-de-Kamouraska
Kamouraska
230
Saint-Joseph
-de-Kamouraska
Saint-Denis
Sainte-Hélène
Rivière-Ouelle
Saint-Pascal
289
Saint-Philippe-de-Néri
Saint-Pacôme
Mont-Carmel
La Pocatière
230
Saint-Bruno
Saint-Roch-
des-Aulnaies
Saint-Gabriel
Saint-Onésime
d'Ixworth
287
Rivière Ouelle
Rivière du Loup
Rivière Maine
Lac de l'Est
QUÉBEC
MAINE
185
291
Rivière des Trois Pistoles
293
Withworth
Saint-Pierre-de-Lamy
Saint-Honoré
Rivière Saint-François
Saint-Louis-du-Hal Hal
Cabano
Saint-Elzéar
Notre-Dame-du-Lac
Pohénégamook
232
Saint-Eusèbe
MAINE
Rivière-Bleue
Packington
289
Saint-Marc-
du-Lac-Long
Saint-Jean-
de-la-Lande
NOUVEAU-BRUNSWICK
Tourville
Sainte-Perpétue
RÉGION TOURISTIQUE
CHAUDIÈRE-APPALACHES
ÉTATS-UNIS

Bas-Saint-Laurent
Île du Bic
Parc national du Bic
Le Bic
Rimouski
Pointe-au-Père
Sainte-Luce
Sainte-Flavie
Mont-Joli
RÉGION TOURISTIQUE DE LA GASPÉSIE
Sainte-Angèle
Saint-Fabien
Route des Navigateurs
Saint-Anaclet
Saint-Siméon
132
Saint-Valérien
298
Saint-Gabriel
234
Saint-Marcellin
Les Hauteurs
La Rédemption
Sainte-Françoise
296
Réserve Duchénier
232
Saint-Charles Garnier
Saint-Médard
Saint-Guy
La Trinité-des-Monts
Réserve Duchénier
Esprit-Saint
Sainte-Rita
295
Lac-des-Aigles
Biencourt
232
Squatec
Réserve faunique de Rimouski
Lac Témiscouata
Lejeune
Auclair
Saint-Just-du-Lac
Lots-Renversés
295
Dégelis
QUÉBEC
NOUVEAU-BRUNSWICK
QUÉBEC
NOUVEAU-BRUNSWICK
Bas Saint-Laurent
0
20 km

Les immanquables de la région du Bas-Saint-Laurent

- **Le parc national du Bic.**
- **Les couchers de soleil** depuis Rivière-du-Loup.
- **Les bonnes tables** et les produits gourmands de Kamouraska.
- **Rimouski et ses musées sur la mer.**

Cependant, ce n'est que lorsque les premiers établissements français s'implantèrent sur la côte (vers 1680, on trouve déjà des postes de traite à Rivière-du-Loup, Bic, Cabano et Notre-Dame-du-Lac) que les visites des Amérindiens devinrent plus fréquentes. Elles avaient pour objet la traite des fourrures et le commerce (interdit) de l'alcool. Au XVIIIe siècle, les premiers colons envahissent les Basses-Terres et défrichent le territoire. L'intérieur des terres ne sera peuplé que plus tard, vers 1850. Si les premiers colons sont francophones, on note tout de même, à partir des années 1820, la présence de quelques familles écossaises, venues avec le seigneur Mac Nider développer la région de Métis. Mais les Écossais seront tellement encerclés par les francophones que, vers 1871, ils auront pratiquement disparu. La crise économique des années 1930 amènera la deuxième vague de peuplement de la région. Cinquante ans plus tard, on observe malheureusement, comme dans plusieurs autres régions du Québec éloignées des grands centres, un exode important des jeunes générations vers les villes. Ainsi certaines parties du Québec se voient-elles privées des éléments essentiels à leur survie.

Transports

- **Bus.** Orléans Express dessert plusieurs municipalités du Bas-Saint-Laurent dont Rivière-du-Loup, Trois-Pistoles et Rimouski. www.orleansexpress.com
- **Train.** Via Rail relie Montréal à La Pocatière, Rivière-du-Loup, Trois-Pistoles et Rimouski en direction de Gaspé. www.viarail.ca
- **Traversiers.** Il existe de nombreuses traverses dans la région. La Compagnie de Navigation des Basques assure la liaison entre Trois-Pistoles et Les Escoumins (Côte-Nord). Le CNM Évolution relie Rimouski à Forestville (Côte-Nord) et la Société des traversiers du Québec, Rivière-du-Loup à Saint-Siméon (Charlevoix). Finalement, le Relais Nordik est un navire semi-cargo semi-passagers qui dessert une dizaine de localités de la Côte-Nord au départ de Rimouski.
- **Voiture.** Plusieurs routes desservent la région du Bas-Saint-Laurent. Voici les principaux accès routiers en fonction des régions de départ.

Charlevoix : prenez le traversier de Saint-Siméon à Rivière-du-Loup.

Chaudière-Appalaches : prenez la route 132 ou l'autoroute 20 Est.

Côte-Nord : prenez le traversier soit de Forestville à Rimouski soit des Escoumins à Trois-Pistoles. Gaspésie : si vous arrivez de la Haute-Gaspésie ou de la vallée de la Matapédia, prenez la route 132 Ouest.

Province du Nouveau-Brunswick : à partir d'Edmunston, prendre la route 2 devenant la route 185 Nord au Québec. À partir de Lac Baker, la route 120 devenant la route 289 Nord au Québec.

■ **TOURISME BAS-SAINT-LAURENT**
148, rue Fraser
2e étage
RIVIERE-DU-LOUP ✆ +1 418 867 3015
✆ +1 800 563 5268 – www.bassaintlaurent.ca
Si la région commence officiellement à La Pocatière, il est bon de savoir que les Québécois incluent dans le Bas-du-Fleuve Montmagny, Saint-Jean-Port-Joli et les autres petits villages précédents alors que, pour le gouvernement, ils font partie de la région Chaudière-Appalaches.

LA ROUTE DES NAVIGATEURS

Cette route qui suit le fleuve couvre dorénavant trois régions du Québec, soit le Centre-du-Québec, Chaudière-Appalaches et le Bas-Saint-Laurent, s'étirant de Baie-du-Febvre à Sainte-Luce sur 470 km. Vous trouverez des panneaux indicateurs vous signalant que vous êtes sur la bonne voie. Cette route s'anime avec les Ports d'attache (attraits incontournables qui mettent en valeur le caractère maritime de la région) et les Escales (attraits complices de la région qui agrémentent votre route).

La brochure est disponible dans les bureaux touristiques ainsi qu'en téléchargement sur le site Internet.

- **www.routedesnavigateurs.ca**

KAMOURASKA

« *Là où il y a jonc au bord de l'eau* » : c'est ainsi que les Amérindiens désignaient cet endroit béni des dieux. C'est l'un des plus anciens villages de la côte sud et par conséquent un des plus pittoresques. Le berceau d'un peuple, comme on se plaît à le dire. Ici commence la mer. L'eau douce est maintenant salée. Arthur Buies, célèbre journaliste québécois, disait : « Aller à l'eau salée, veut dire aller à Kamouraska. » À marée basse, vous pouvez traverser à pied vers les îles. Elles forment un archipel qui comprend la Grande Ile, l'île de la Providence, l'île Brûlée, l'île aux Corneilles, l'île aux Patins, le Rocher, la Caye et quelques autres îlots. Ces îles constituent le terrain de prédilection des chasseurs d'oiseaux de la région qui y traqueront surtout des canards et des outardes. Impossible à visiter mais visible, quoique en retrait de la route, à la sortie ouest du village, à votre gauche, la maison Langlais, avec ses quatre cheminées. Elle a été le lieu de tournage, en 1972, du film *Kamouraska* de Claude Jutra, tiré du célèbre récit de la romancière québécoise Anne Hébert. L'actrice Geneviève Bujold en était l'héroïne. Kamouraska est également synonyme de gourmandise et de métiers d'art : chocolaterie, boulangerie, magasin général et épicierie fine, fermes, savonnerie, galeries d'art, boutique de métiers d'art, musée, etc. Bref, de quoi remplir vos journées... et dégarnir votre porte-monnaie si vous succombez à la tentation...

Pratique

■ BUREAU TOURISTIQUE DE KAMOURASKA

69A, avenue Morel
✆ +1 418 492 1325 – www.kamouraska.ca
Ouvert en saison estivale uniquement.

Se loger

■ AUBERGE DES ÎLES

198, avenue Morel ✆ +1 418 492 7561
www.aubergedesiles.ca
Ouvert à l'année mais sur réservation seulement de mi-octobre à mi-avril. Occupation double : à partir de 90 CAN $. 5 chambres dont 3 avec salle de bain privée. Petit déjeuner inclus. Bar-terrasse, solarium. Aussi sur place : La boudeuse (atelier de bois et vitraux).
Cette magnifique maison ancestrale, toute de bleu vêtue, a littéralement les pieds dans le fleuve. Ses petites chambres arborent toutes un cachet champêtre, tant dans le mobilier que la déco, et offrent une vue imprenable sur le fleuve. En plus du petit déjeuner, il est possible de prendre les repas du midi et du soir sur place, tous préparés avec les produits de la région. Notez que la salle à manger, récemment réaménagée, est ouverte à tous. Bref, un bon rapport qualité-prix pour une adresse des plus charmantes.

■ LA GRAND VOILE, AUBERGE ET CENTRE DE SANTÉ

168, avenue Morel ✆ +1 418 492 2539
www.lagrandvoile.ca
Occupation double : à partir de 125 CAN $ en basse saison et 148 CAN $ en haute saison. Cinq chambres avec balcon privé. Petit déjeuner inclus. Repas du soir offert sur réservation (fin octobre à mi-décembre & mi-février à début avril seulement). Forfaits disponibles.
En bordure du fleuve, ce havre de paix et de soins de santé vous ouvre ses portes à l'année. Les chambres sont douillettes et très accueillantes. N'hésitez pas à consulter la liste des soins offerts : les tarifs sont plus qu'avantageux et nous vous garantissons la détente totale. Notez qu'il est possible de prendre rendez-vous pour des soins corporels et de la massothérapie sans séjourner à l'auberge. Question de relaxer avant de quitter les lieux, une salle de repos et une terrasse (avec une vue fabuleuse sur le fleuve) sont à votre disposition, fruits et tisanes compris.

Saveurs et gourmandises

Cette belle région du Québec vous ouvre les portes des saveurs agroalimentaires à découvrir absolument lors de votre séjour. Que ce soit des boutiques ou marchés, des confitures et chocolats, des pâtisseries et boulangeries, des produits de l'érable ou du miel, des fromages, des fines herbes et condiments, des viandes et gibiers, des poissons et fruits de mer, des alcools et cafés, sans oublier les bonnes tables de la région, recherchez avant tout le logo *Saveurs du Bas-Saint-Laurent*, gage de qualité et surtout, de belles découvertes en perspective. Visitez leur site Internet (www.saveursbsl.com) ou procurez-vous leur dépliant auprès des établissements membres ou dans les bureaux d'information touristique.

Se restaurer

■ L'AMUSE-BOUCHE

6, rue Chassé ✆ +1 418 492 1892
magenkamou@sympatico.ca
Fin mai à début septembre : ouvert tous les jours, midi et soir. Début septembre à mi-octobre : ouvert du vendredi au dimanche, midi et soir. La cuisine ferme toujours vers 21h30. Terrasse.
Sur le bord du fleuve, ce restaurant dispose d'une vue merveilleuse. Un conseil : en été, allez-y vers 19h30, afin de dîner devant le soleil couchant. Ce restaurant du Magasin Général propose une formule originale : diverses tapas aux saveurs locales. La carte comprend trois chapitres pour un total de près d'une cinquantaine de plats possibles : produits du jardin, de la mer et du pré. Les desserts sont délicieux.

Visites guidées

■ ZODIAC AVENTURE KAMOURASKA

Embarquement au quai municipal
✆ +1 418 863 3132
www.zodiacaventure.com
En opération de mai à septembre. Départs en fonction des marées. Tarifs selon l'excursion choisie.
À bord d'un Zodiac 10 passagers, partez à la découverte des îles de Kamouraska (durée : 1 heure 30) ou de la côte charlevoisienne avec escales à La Malbaie et Sainte-Irénée (environ 8 heures). En plus des merveilleux paysages, vous aurez sûrement la chance d'apercevoir des mammifères marins et des colonies d'oiseaux. Une expérience fort plaisante !

Shopping

■ BOULANGERIE NIEMAND

82, avenue Morel
✆ +1 418 492 1236
www.boulangerieniemand.com
Mai au 21 juin & de la Fête du Travail à fin octobre : jeudi-dimanche. 21 juin à la Fête du Travail : lundi-dimanche. La boulangerie est toujours ouverte de 8h à 18h. Une gamme de produits de Noël est disponible en décembre sur réservation.
Cette délicieuse boulangerie occupe les locaux d'une résidence de style victorien datant de 1900. Elle se spécialise dans la confection de pains au levain, de biscuits et de viennoiseries, composés de grains de culture locale et de farine intégrale moulue sur place, le tout toujours frais du jour cuit sur la sole (la sole est une des composantes du four à pain traditionnel). Depuis ses débuts en 1995, Niemand mise sur la fraîcheur et la saine alimentation en développant des produits à haute valeur nutritive. Leurs différentes expérimentations mariant les saveurs locales à la tradition européenne ont donné naissance à des produits originaux permettant ainsi de diversifier et d'élargir la gamme de produits offerts. Question de vous gâter, une sélection de végépâtés, de confitures et marmelades, de biscuits sablés pur beurre, de vinaigres à base de fruits et bien d'autres produits faits sur place n'attendent que vous.

■ CHOCOLATERIE LA FÉE GOURMANDE

167, avenue Morel
✆ +1 418 492 3030
www.lafeegourmande.ca
24 juin à début septembre : lundi-dimanche, 10h-20h. Le reste de l'année : fermeture à 18h. Boutique en ligne. Hébergement et forfaits disponibles sur place.
Rouverte en avril 2011 et tenue par un jeune couple fort motivé, cette chocolaterie boutique est un temple du péché mignon. Les chocolats sont faits par un Français qui fait le déplacement de Québec. Ce sont principalement des ganaches, trempés à la fourchette, et ils en proposent une trentaine de sortes, ainsi que des truffes, des tablettes enrobées... Concept marrant, il est possible de compléter un menu à chocolat (un peu comme dans les restos à sushi) pour faire sa sélection. Un espace est dédié aux ateliers de dégustation (disponibles en tout temps en saison estivale, sur réservation le reste du temps). Deux belles chambres modernes et bien aménagées y sont aussi proposées, dont une munie d'un bain vapeur de style hammam.

■ MAGASIN GÉNÉRAL DE KAMOURASKA

98, avenue Morel
✆ +1 418 492 2882
Mi à fin mai : samedi-dimanche, 9h-18h. Juin à fin octobre : lundi-dimanche, 9h-18h. Comptoir de dégustation de produits du terroir, terrasse avec vue sur le fleuve.
Situé au cœur du village, le Magasin Général fera le plaisir des gourmands et des amoureux d'artisanat. Dans une immense maison, rénovée dans le but de recréer l'ambiance des années 1930, vous pourrez vous procurer tous les meilleurs produits de la région : conserves,

tartinades, marmelades, produits fumés, charcuteries, fromages, etc., ainsi que des items pour la cuisine, la maison et la déco. Le restaurant L'Amuse-Bouche, à deux pas de là sur le bord de l'eau, sert ces délicieux produits.

SAINT-ANDRÉ

Ce petit village qui contemple les îles Pèlerins qui lui font face offre une des plus belles vues sur le fleuve. Les îles abritent des milliers d'oiseaux (un centre de documentation des battures est ouvert de juin à août). Saint-André s'est spécialisé dans la pêche à l'anguille qui s'attrape, à marée basse, avec des filets à fascines. Cette technique d'origine amérindienne, vieille de deux siècles, est encore en usage, bien qu'elle tende à disparaître au profit de la pêche aux filets. Les fascines sont constituées d'un entrelacs, entre des perches verticales plantées sur le rivage, de branches d'épinette et d'aulne qui forment une haie difficile à franchir. À marée basse, l'anguille est prise au piège dans une des deux nasses en forme d'entonnoir, situées dans un angle de la haie et qui mènent directement au panier du pêcheur.

La plus vieille église du Bas-du-Fleuve (1806), classée par les Monuments historiques, est située au 128, rue Principale. Ses murs conservent encore leur crépi d'origine.

■ SOCIÉTÉ D'ÉCOLOGIE DE LA BATTURE DU KAMOURASKA (SEBKA)

273, route 132 Ouest
✆ +1 418 493 9984 – www.sebka.ca
En opération de mi-mai à mi-octobre. Tarification pour les activités et l'hébergement.
La SEBKA est un parc avec accès au fleuve et aux marais salés communément appelés « battures ». Plusieurs activités s'offrent à vous : kayak de mer (excursion guidée), escalade (autonome, initiation avec instructeur), randonnée pédestre. Hébergement possible sur le site (camping avec vue sur le fleuve et cabines).

NOTRE-DAME-DU-PORTAGE

C'était le dernier parcours terrestre – ou portage – avant le fleuve (lorsque l'on arrivait du lac Témiscouata, à l'intérieur des terres), ce qui explique son nom. Cette route était suivie depuis toujours par les Amérindiens venant des Provinces Maritimes. À l'arrivée des Blancs, le sentier est devenu une route postale et un sentier militaire. Les pourtours du littoral de ce coin de pays, avec ses galets, ses baies et ses anses, rappellent vaguement les côtes bretonnes. Notre-Dame-du-Portage est très fréquentée en saison. Sa situation géographique, au bord du fleuve, en fait un centre de villégiature fort recherché.

À voir, ou plutôt à essayer : une piscine d'eau salée, près du quai (sur lequel on peut encore pêcher l'éperlan, 555, route du Fleuve). Ouverte au public en saison (juin à août), elle a déjà fait les délices de plusieurs générations.

■ AUBERGE DU PORTAGE

671, route du Fleuve
✆ +1 418 862 3601
✆ +1 877 862 3601
www.aubergeduportage.qc.ca
Ouvert de fin avril à fin octobre/début novembre. Occupation double : à partir de 132 CAN $ par personne, incluant la nuit, les trois repas et l'accès à toutes les activités sur le site. Autres forfaits et tarifs à la semaine disponibles. Chalets tous équipés aussi disponibles en location (minimum 4 personnes). Brunch et buffet le dimanche.
Construite au début du siècle dernier, sa vocation d'auberge et de centre de villégiature se confirme dans les années 1930, avec l'arrivée de touristes fortunés attirés par les bains de mer de la région. Sur place, outre ses jolies chambres et sa table gastronomique, vous disposerez des services suivants : centre de santé Spa, ateliers (yoga, Taï Chi, etc.), piscine chauffée à l'eau salée, Jacuzzi intérieur et extérieur, hammam, salle d'exercices, accès à la plage, vélos, kayaks, terrains de tennis, boutique et plus encore.

■ AUBERGE SUR MER

363, route du Fleuve
✆ +1 418 862 0642
✆ +1 888 622 0642
www.aubergesurmer.ca
Ouvert de mi-mai à mi-octobre. Occupation double : à partir de 60 CAN $ (chambre seulement) et 160 CAN $ (table d'hôte du soir et petit déjeuner inclus). Forfaits disponibles. Boutique de cadeaux sur place.
Cette jolie auberge au charme d'antan a les pieds dans le fleuve. Sa table est très réputée dans la région avec un accent mis sur les produits locaux. Un endroit parfait pour se détendre, prendre un excellent repas avec une vue imprenable sur le Saint-Laurent, ou encore pour se faire dorloter dans la salle de massage. Les plus sportifs profiteront du service de location de vélos et kayaks.

RIVIÈRE-DU-LOUP

Considérée comme une ville étape, Rivière-du-Loup mène à la Gaspésie, aux Provinces Maritimes et à Charlevoix (grâce à son traversier). La ville est bâtie dans un site enchanteur, au flanc des monts Notre-Dame, face au massif laurentien. Ses trois collines abritent les paroisses de Saint-Ludger et Saint-François-Xavier. Saint-Patrice est une station balnéaire qui a reçu des gens aussi illustres que les Premiers ministres Louis Saint-Laurent et John A. McDonald, dont vous pouvez admirer les résidences. La ville doit son nom à la rivière qui la traverse. Les historiens pensent toutefois qu'elle a été baptisée d'après un vaisseau français, Le Loup, contraint d'hiverner dans l'estuaire de la rivière en 1659. La région n'a vraiment connu son essor qu'au XIXe siècle avec l'expansion des chemins de fer. Cette petite ville a aussi connu son heure de gloire quand le Transcanadien s'y arrêtait. Aujourd'hui, elle vit au rythme du trafic fluvial sur le Saint-Laurent. L'économie est dominée par la transformation de la tourbe et par la production de bois de pulpe (par opposition au bois d'œuvre) destiné à la pâte à papier. Le traversier mène de Rivière-du-Loup à Saint-Siméon, sur la rive nord. Bien que les bélugas (ou marsouins) soient plus fréquemment visibles près de la rive nord du fleuve, il n'est pas rare, pendant cette traversée, d'en apercevoir quelques spécimens près de Rivière-du-Loup.

Pratique

■ **CENTRE HOSPITALIER RÉGIONAL DU GRAND-PORTAGE**
75, rue Saint-Henri
✆ +1 418 868 1000
www.csssriviereduloup.qc.ca

■ **OFFICE DU TOURISME ET DES CONGRÈS DE RIVIÈRE-DU-LOUP**
189, boulevard de Hôtel-de-Ville
✆ +1 418 862 1981
✆ +1 888 825 1981
www.tourismeriviereduloup.ca
Ouvert toute l'année.

Se loger

■ **AUBERGE INTERNATIONALE DE RIVIÈRE-DU-LOUP HI**
46, rue Hôtel-de-Ville ✆ +1 418 862 7566
www.aubergerdl.ca
Ouvert toute l'année. Chambre partagée : à partir de 22 CAN $, chambre privée : à partir de 52 CAN $. Chambre familiale aussi disponible. Petit déjeuner inclus. Services : repas du soir (environ 10 CAN $), cuisine, Internet, salon, coin lecture, terrasse, foyer extérieur, entreposage pour les vélos, quelques emplacements de camping, activités et excursions, forfaits disponibles. Membre du réseau Hostelling International.
Entièrement rénovée, cette auberge « verte » se trouvant dans une magnifique maison patrimoniale vous offre confort, calme et convivialité. Membre d'Aventure-Écotourisme Québec, l'auberge fait la promotion d'un tourisme écologiquement responsable. Son programme d'activités et de sorties guidées vous fera découvrir les joyaux de la région.

■ **HÔTEL UNIVERSEL**
311, boulevard de l'Hôtel-de-Ville
✆ +1 418 862 9520 / +1 800 265 0072
www.hoteluniverselrdl.com
Occupation double : à partir de 68,64 CAN $ par personne, petit déjeuner inclus (léger supplément si nuitée un samedi). Nombreux forfaits disponibles. Garages pour motos et motoneiges.
Situé à l'entrée ouest de la ville, ce grand hôtel 4-étoiles est un vaste complexe offrant près de 200 chambres et suites tout confort, deux restaurants, une piscine intérieure, un centre de santé Spa, un Jacuzzi, un sauna et une salle d'exercices. Les installations et les nombreux services, tant sur place qu'à proximité, en font un haut lieu de séjour pour les vacances.

Se restaurer

■ **CHEZ ANTOINE**
433, rue Lafontaine
✆ +1 418 862 6936 – www.chezantoine.ca
Ouvert le midi en semaine et tous les soirs dès 17h (sauf le dimanche). Table d'hôte du midi : à partir de 15 CAN $, le soir : à partir de 30 CAN $. Très belle carte des vins, terrasse. Service de traiteur. Table aux saveurs du terroir certifiée.
Réputée comme étant l'une des meilleures tables de la région, cette belle maison centenaire offre de plus une ambiance chic classique, décorée de nappes blanches traditionnelles et de couleurs boisées. La salle à manger est intime et vous pourrez profiter également de la terrasse lors de la belle

saison. La cuisine est classée gastronomique, et elle mise sur les produits locaux. Dans une quête de perfectionnement et de raffinement, le chef inscrit au menu des viandes biologiques, des poissons frais et des abats. La carte des vins est composée de plus de 400 références et un sommelier saura vous guider dans l'accord de vos mets.

■ L'INNOCENT – CAFÉ ET GALERIE D'ART
460, rue Lafontaine ✆ +1 418 862 1937
✆ +1 418 714 2098
www.innocent-cafe.com
Mercredi-samedi, 9h-21h ; dimanche, 9h-14h. Fermé lundi-mardi. Plats principaux : moins de 15 CAN $. Spectacles, vernissages et autres événements gratuits. Possibilité d'hébergement sur place.
Le concept alliant café-bouffe au milieu artistique local fait fureur depuis quelques années. Tout en offrant un menu dont les produits sont à riche saveur régionale, des artistes d'ici, tous genres confondus, utilisent également les lieux comme moyen de diffusion de leurs créations. Le résultat est toujours riche en découvertes !

À voir – À faire

■ CIRCUITS PATRIMONIAUX ET ARTISTIQUES
La maison du tourisme propose différents itinéraires de découverte d'œuvres d'art public, d'architecture et de quartiers patrimoniaux. Il existe également trois circuits d'exploration (Douce harmonie terre et mer, Riche et généreuse nature, Raconte-moi ton histoire) permettant de découvrir de magnifiques panoramas, de rencontrer les artistes locaux, et de savourer les produits régionaux. Cartes disponibles au bureau touristique.

■ COUCHER DE SOLEIL SUR LE FLEUVE SAINT-LAURENT
Selon un magazine américain, ce serait l'un des plus beaux du continent. On y verrait un pont d'or : quand le soleil se couche, il dépose une traînée de petites lumières scintillantes qui traverse le Saint-Laurent.

■ PARC DES CHUTES DE RIVIÈRE-DU-LOUP
Prenez la rue Frontenac vers l'ouest, à partir de la rue Lafontaine (rue principale du centre-ville), puis la route de la Chute à droite. Au sommet du belvédère, vous découvrez une chute d'eau de 30 m de haut. C'est la huitième et dernière cascade de la rivière du Loup. Ces cataractes n'ont rien de naturel, elles servent seulement à la production d'électricité. Le sentier qui les contourne offre une vue plongeante sur le fleuve.

■ LA POINTE
C'est ainsi qu'on nomme la presqu'île qui, en bas de la ville, s'avance d'est en ouest dans le Saint-Laurent. Sa plage de galets était autrefois très fréquentée pour la baignade. En roulant vers le quai, dans la rue Mackay, vous verrez, dans le premier virage, peinte sur le rocher, la célèbre tête d'Amérindien qui épie le fleuve. Elle était déjà là il y a quelque trente ans.

■ STATION EXPLORATOIRE DU SAINT-LAURENT
Chalet de la Côte-des-Bains, Parc de la Pointe
80, rue Mackay ✆ +1 418 867 8796
✆ +1 418 867 8882 – www.romm.ca
Ouvert de début/mi-juin à début/mi-septembre : lundi-dimanche, 9h30-17h. Mai et début/mi-septembre à mi-octobre : sur réservation de groupes de 10 personnes et plus. Adulte : 7,50 CAN $, étudiant et ainé : 6 CAN $, 6-17 ans : 4 CAN $, famille : 18 CAN $.
Les biologistes du Réseau d'observation de mammifères marins (ROMM) ont mis sur pied ce centre où deux expositions permanentes vous feront découvrir les nombreux secrets de la biodiversité marine. Collection de squelettes, laboratoire d'expérimentation pour les jeunes, aquarium du Saint-Laurent avec bassin tactile, station d'observation, activités d'interprétation, boutique souvenirs, terrasses et aire de pique-nique.

■ LE VIEUX SAINT-PATRICE
Autrefois lieu de villégiature par excellence des personnalités du monde politique, ce quartier vous dévoilera une cinquantaine de villas d'été toutes très bien conservées et d'une grande richesse architecturale.

Visites guidées

■ CROISIÈRES AML
Embarquement à la marina de Rivière-du-Loup ✆ +1 866 856 6668
www.croisieresaml.com
De mi-juin à mi-septembre, embarquement à 9h et 13h. Durée : 3h30. Adulte : 69 CAN $, étudiant et aîné : 64 CAN $, 6-12 ans : 33 CAN $, famille : 169 CAN $.

La croisière guidée « Des baleines et des îles » vous fera parcourir le fleuve Saint-Laurent sur 25 km à la rencontre de mammifères et oiseaux marins, entre les phares et les îles, pour une excursion nature des plus mémorables. L'entreprise opère aussi à Montréal, Québec/Lévis et au fjord du Saguenay avec notamment des sorties en Zodiac pour l'observation des baleines à Baie-Sainte-Catherine et à Tadoussac.

ÎLES DU BAS-SAINT-LAURENT

L'archipel des Pèlerins tire son nom du mirage provoqué par la rencontre des masses d'air chaud et froid qui, déformant le profil de ces quatre îles, les fait ressembler à des pèlerins coiffés d'une cagoule. Les 7,5 km de longueur sont colonisés par de petits pingouins, nombreux et actifs. Mais l'espace est disputé par d'autres variétés d'oiseaux : grands hérons, guillemots à miroir, etc. Hélas – ou heureusement – on ne peut pas débarquer sur les Pèlerins.

■ SOCIÉTÉ DUVETNOR

Embarquement à la marina de Rivière-du-Loup
✆ +1 418 867 1660 – www.duvetnor.com
En opération de début/mi-juin à fin septembre. Tarifs variables selon l'activité ou le forfait. Réservation obligatoire.
Duvetnor, reconnue pour l'excellente qualité de ses prestations, est une corporation sans but lucratif, vouée à la conservation des milieux naturels dans le Bas-Saint-Laurent. Elle offre un ensemble de services dans les îles et les sanctuaires d'oiseaux suivants : l'archipel des îles du Pot-à-l'Eau-de-Vie, l'île aux Lièvres, l'archipel des îles Pèlerins et l'île aux Fraises. Ses activités : différentes excursions en mer, randonnée pédestre, camping sauvage, nuitée en auberge, maisonnettes ou au phare de l'île du Pot-à-l'Eau-de-Vie.

L'ISLE VERTE

L'Isle-Verte est une municipalité de près de 1 500 habitants en bordure du fleuve. En face se situe l'Île Verte. Contrairement aux autres îles du Bas-du-Fleuve, cette dernière est habitée à l'année (25 habitants, 150 insulaires intermittents). Jacques Cartier, qui y débarqua lors de son deuxième voyage en 1553, a nommé « Isle Verte » ce site effectivement bucolique. L'île est accessible en traversier ou en bateau taxi (depuis la municipalité de l'Isle-Verte, située sur les terres), en fonction des marées et exceptionnellement à pied, une fois par été lors de l'activité « La traversée de la bouette », ainsi qu'en hiver, à la lueur des flambeaux. L'hiver, un pont de glace, praticable en motoneige, relie l'île à la côte, et si la glace n'est pas assez solide, on y va en hélicoptère. Les amateurs d'observation des oiseaux, de randonnées ou de cyclisme (location sur place au motel restaurant L'Entre-Deux Marées) seront ravis par la beauté des paysages de cette île. En saison estivale, le poste d'accueil de la Réserve nationale de faune présente une exposition permanente gratuite sur les tourbières, la sauvagine, la flore et les habitats de la Réserve.

■ MUNICIPALITÉ DE L'ISLE-VERTE ET L'ÎLE VERTE

www.ileverte-tourisme.com
Sites web pratiques pour planifier votre séjour dans la région.

■ POSTE D'ACCUEIL DE LA RÉSERVE NATIONALE DE FAUNE DE LA BAIE DE L'ISLE-VERTE

Maison Girard
371, route 132 ✆ +1 418 898 2757
Ouvert de mi-juin à mi-septembre. Entrée libre, coût variable selon le forfait. Randonnée guidée sur réservation.
Cette maison ancestrale est un pôle de découverte du parc marin du Saguenay – Saint-Laurent et une station de mer du réseau des Haltes maritimes de la route des Navigateurs. En plus de l'exposition permanente, des activités et forfaits sont proposés : sentiers pédestres (5 km), interprétation de la faune et de la flore des marais, baguage de canards, randonnées guidées, etc.

TROIS-PISTOLES

C'est le pays des légendes. On raconte qu'un marin aurait perdu son gobelet d'argent dans la rivière, vers 1620, et se serait écrié : « Voilà trois pistoles à l'eau » (monnaie de l'époque). Ainsi aurait été baptisée la ville. Le traversier mène de Trois-Pistoles à Les Escoumins, sur la rive nord.

Pratique

■ BUREAU TOURISTIQUE DE TROIS-PISTOLES
Carrefour d'accueil du Parc marin Saguenay – Bas-Saint-Laurent
51, route 132
Notre-Dame-des-Neiges de Trois-Pistoles
✆ +1 418 851 3698
www.notredamedesneiges.qc.ca
Ouvert en saison estivale uniquement. Information touristique à l'année à la Fromagerie des Basques.

Se loger

■ AUBERGE LE BOCAGE DES TROIS-PISTOLES
124, route 132 Est ✆ +1 418 857 2828
aubergelebocage@hotmail.ca
Ouvert de mi-juin à mi-octobre. Occupation double : à partir de 94 CAN $, petit déjeuner 3 services inclus. Cinq chambres climatisées. Wifi gratuit.
Cette magnifique petite seigneurie datant de plus de 250 ans vous accueille dans le charme et le confort. À proximité de nombreuses activités de plein air, c'est une destination de choix. Question de faire le plein d'énergie le soir, profitez de la savoureuse table d'hôte servie dans la salle à manger avec une vue imprenable sur le fleuve. Une halte mémorable !

À voir – À faire

■ EXCURSIONS À L'ÎLE AUX BASQUES
Marina de Trois-Pistoles
✆ +1 418 851 1202 – www.provancher.qc.ca
De juin à septembre selon les marées, en septembre sur réservation. Durée de la visite : 3h. Les frais sont payables à M. Jean-Pierre Rioux, gardien de l'Île aux Basques. Location de chalets sur l'île, disponibles seulement pour les membres de la société et leurs invités.
Au XVe siècle, les Basques, grands chasseurs de baleines devant l'Éternel, ont bâti ici de grands fourneaux pour extraire l'huile des cétacés. Visite des vestiges restaurés en fonction des marées. C'est également un lieu de refuge pour les oiseaux migrateurs. Les visites guidées et les randonnées pédestres d'observation de la faune sont organisées par la Société Provancher d'histoire naturelle du Canada.

■ PARC DE L'AVENTURE BASQUE EN AMÉRIQUE
66, rue du Parc
✆ +1 418 851 1556 / +1 877 851 1556
www.aventurebasque.ca
Centre d'interprétation ouvert tous les jours en saison estivale de 10h à 18h (visites guidées à 11h, 13h et 15h). Hors saison : sur réservation de groupe. Adulte : 6 CAN $, aîné : 5 CAN $, étudiant : 4 CAN $, 12 ans et moins : gratuit, famille : 12 CAN $. Durée de la visite : 45-60 minutes. Bistro-terrasse avec vue sur le fleuve (ouvert tous les jours dès 10h en été seulement).
Ce site retrace la venue des Basques dans la région, vers la fin du XVIe siècle. Vous pourrez même jouer à la pelote basque, le sport par excellence du pays Basque en Europe, ou assister à un vrai match. Des événements sont organisés sur le site dont le Défi de la force basque (concours d'hommes forts) et le Tournoi international de pelote basque.

La 132 de Kamouraska à Rimouski : un parcours gastronomique

Sur la route 132, qui longe le fleuve, vous ne pourrez manquer les divers panneaux vous indiquant poissonnerie, fromagerie, fumoir, fraises... En été, vous y trouverez de délicieux produits locaux, comme le poisson fumé (saumon, hareng, truite...), le homard, le fromage en grain et autres. Un conseil : faites quelques arrêts afin de constituer un pique-nique que vous dégusterez dans le parc national du Bic ou sur l'Île Verte !

Shopping

■ FROMAGERIE DES BASQUES
69, route 132 Ouest
✆ +1 418 851 2189
www.fromageriedesbasques.ca
Ouvert tous les jours, 24 heures sur 24. Bar laitier et terrasse sur place.
Cette entreprise artisanale doit son nom à l'île des Basques située non loin de Trois-Pistoles. Parmi les produits, le fromage qui fait « kwick-kwick » conserve sa côte de popularité mais on y fabrique également des fromages à pâte molle ou demi-ferme en croûte fleurie et lavée, du cheddar vieilli, du fromage suisse de type gruyère, du fromage fumé à l'érable (un délice sur barbecue...), etc. Question de compléter vos emplettes, vous trouverez sur place des produits de l'érable, des herbes salées, des produits régionaux, ainsi que des pâtisseries, pains et brioches maison.

LE BIC

C'est le plus grandiose panorama du Bas-du-Fleuve. Une légende raconte qu'à la Création, l'ange chargé de distribuer les îles et les montagnes a vidé à cet endroit le reste de son sac. En sont sorties des îles d'une grande beauté. Il y a aujourd'hui un village et un parc. Bic est probablement un diminutif de bicoque, ou bien encore une erreur de typographie : on aurait dû lire Pic... En août, un festival de musique de chambre se tient au parc du Bic et dans des chapelles et églises des environs. Un beau concept alliant musique et nature !

Se loger

■ AUBERGE DU MANGE GRENOUILLE
148, rue Sainte-Cécile ✆ +1 418 736 5656
www.aubergedumangegrenouille.qc.ca
Ouvert du 1er mai à la fin octobre. Occupation double : à partir de 89 CAN $, petit déjeuner inclus. Menu table d'hôte : 42-54 CAN $. Menu dégustation 7 services : 80 CAN $ (ajoutez 60 CAN $ avec l'accord de vin).). Superbe carte des vins (buvette cave à vin sur place – à ne pas manquer !). Table aux saveurs du terroir certifiée. Boutique-cadeaux sur place.
Sans aucun doute une des plus belles auberges de la région. L'édifice rouge, avec son grand jardin et sa vue imprenable sur les îles, intrigue les flâneurs. Les chambres sont à la fois luxueuses, champêtres et très romantiques. La cuisine, d'une qualité remarquable, reçoit régulièrement des lauréats. Bref, cette auberge devient une destination plus qu'un lieu où passer la nuit. Une escale d'exception, une invitation au rêve !

■ REFUGE DU VIEUX LOUP DE MER
3250, route 132 Ouest
✆ +1 418 725 5214 / +1 418 750 5915
www.vieuxloupdemer.com
Sept chalets accueillant de 2 à 6 personnes (cinq ne sont disponibles que de mai à octobre). Tarifs pour 2 nuits : 370-675 CAN $. Location hebdomadaire aussi disponible. Lauréat régional 2010 du prix Coup de cœur du public – Préservation du patrimoine.
Ces merveilleux chalets en bordure du fleuve sont un choix tout indiqué pour des vacances inoubliables dans la région du Bic. Tout est là, même la literie, les serviettes de bain, le téléphone, la télévision et l'Internet sans fil, sans oublier la vue panoramique sur le Saint-Laurent. Vous vous croirez à la maison ! À proximité d'une foule d'activités et de sites de plein air, c'est la destination pour les amoureux de la nature.

Se restaurer

■ CHEZ SAINT-PIERRE
129, rue du Mont-Saint-Louis
✆ +1 418 736 5051 – www.chezstpierre.ca
Ouvert de mai à décembre (fermé en novembre). Mardi-dimanche, 11h30-14h (fin juin à début septembre). Mercredi-dimanche, 17h-21h30 (le mardi en été seulement). Table d'hôte du midi : à partir de 15 CAN $, le soir : à partir de 35 CAN $. Réservation recommandée. Terrasse ensoleillée.
Après une escapade dans le magnifique et verdoyant parc naturel du Bic, régalez-vous au restaurant Chez Saint-Pierre, situé en plein cœur du village. Colombe Saint-Pierre, chef réputée, est une autodidacte passionnée et amoureuse de la vie, et donc de la cuisine. Elle désire que les gens prennent conscience des richesses que leur offre leur propre patrimoine alimentaire, et elle reflète sa personnalité à travers ses créations. Ici, les moindres ressources du terroir sont utilisées, dont les herbes, champignons et fleurs sauvages qui viennent agrémenter les plats. Quelques exemples du menu : magret de canard mariné à la truffe en tartare mi-cuit au balsamique 12 ans d'âge, salade de marguerite et bœuf séché maison ; queue de homard croustillante aux zestes de citron, pinces confites au pastis, mayonnaise aux câpres et anchois ; *panna cota* à l'angélique, ganache de chocolat blanc à la rose sauvage... Ça creuse l'appétit, non ?

À voir – À faire

■ GALERIE DU BIC
191, rue Sainte-Cécile ✆ +1 418 736 5113
www.galeriedubic.com
Ouvert tous les jours de juin à mi-octobre, de 10h à 17h30. À l'année : selon l'horaire établi ou sur rendez-vous. Entrée libre.
Charmante maison centenaire qui surplombe le havre du Bic. Œuvres d'artistes professionnels, hautement reconnus. Peintures, sculptures et photographies sous le thème principal du fleuve, ses eaux, ses ciels et ses rives.

■ PARC NATIONAL DU BIC
3382, route 132 Ouest
✆ +1 418 736 5035 / +1 800 665 6527
www.sepaq.com/pq/bic/fr/
Ouvert à l'année. Postes d'accueil : Rivière-du-Sud-Ouest, (route 132, mi-mai à l'Action de Grâces et mi-décembre à fin mars)), entrées du Cap-à-l'Orignal (route 132, mi-mai à l'Action de Grâces, autoperception à l'année) et Havre-

du-Bic (route 132, mi-juin à la fête du Travail). Accès quotidien adulte : 6 CAN $, enfant : 2,75 CAN $, gratuit pour les enfants de 5 ans et moins. Tarifs groupes et familles disponibles. Location d'équipement sur place.
Situé dans l'estuaire maritime du Saint-Laurent, le parc national du Bic (33,2 km²) se compose de caps, baies, anses, îles et montagnes. Le pic Champlain (baptisé par Champlain en 1603) est la plus haute montagne de ce parc qui comporte également le cap Enragé, l'île du Massacre, l'île Brûlée (ou l'île Ronde), la baie des Roses, la pointe aux Anglais, l'île Bicquette, l'anse à Mouille-Cul et l'anse des Pilotes. L'environnement est calme et paisible. Vous y apprécierez les bruits et les odeurs de la mer ainsi que le vent marin et les magnifiques couchers de soleil. Vous pourrez y voir s'ébattre des phoques gris et des phoques communs et observer les milliers d'oiseaux marins, dont l'eider à duvet, venant nicher. La mer, la forêt et la prairie rendent ce havre de nature exceptionnel.

- **Hébergement :** camping aménagé et rustique (171 emplacements – camping d'hiver disponible), Esapce VR, 8 yourtes, 7 tentes-roulottes et 21 tentes Huttopia, igloos (2 à 4 personnes).
- **Activités :** balade de découverte du parc en minibus, excursion en kayak de mer, bicyclette (15 km), randonnée pédestre (25 km), randonnée guidée, observation de la faune. En hiver, trottinette des neiges, ski nordique (plus de 20 km de sentiers balisés, non tracés), balade en raquettes (30 km), randonnée pédestre sur neige (5 km).

RIMOUSKI

Rimouski, qui signifierait « cabane à chien » ou « terre à l'orignal » dans la langue des autochtones, est la métropole du Bas-du-Fleuve, sa capitale administrative et culturelle. Les origines de la ville, située sur trois monts, au bord du fleuve Saint-Laurent, remontent aux Indiens Micmacs qui campaient sur le bord de la rivière qu'ils scrutaient attentivement. Le traversier mène de Rimouski à Forestville, sur la rive nord. Le Relais Nordik dessert quant à lui 11 localités de la Côte-Nord.

Pratique

■ CENTRE HOSPITALIER RÉGIONAL DE RIMOUSKI

150, avenue Rouleau
✆ +1 418 724 3000
www.chrr.qc.ca

■ OFFICE DU TOURISME ET DES CONGRÈS DE RIMOUSKI

50, rue Saint-Germain Ouest
✆ +1 418 723 2322
✆ +1 800 746 6875
www.tourisme-rimouski.org
Ouvert toute l'année.

Se loger

■ HÔTEL RIMOUSKI ET CENTRE DE CONGRÈS

225, boulevard René-Lepage Est
✆ +1 418 725 5000
✆ +1 800 463 0755
www.hotelrimouski.com
Occupation double : à partir de 142 CAN $, petit déjeuner inclus. Forfaits disponibles.
L'Hôtel Rimouski est un établissement situé au centre-ville à quelques pas de la rue Saint-Germain où se trouvent tous les bons restos, cafés et bars. Ses chambres sont très confortables et le service est impeccable. Parmi les services sur place, notons un restaurant, un bar, un centre de santé Spa, un Jacuzzi et un sauna, une salle d'exercices, une piscine intérieure avec glissade d'eau, et un minigolf extérieur.

■ LA MAISON BERUBÉ

1216, boulevard Saint-Germain Ouest
✆ +1 418 723 1578
maisonberube@globetrotter.net
Occupation double : 95 CAN $. Deux chambres. Petit déjeuner inclus.
Charmante maison avec chambres douillettes et joliment décorées. Durant la belle saison, possibilité de participer aux travaux de la ferme sur place. Activités offertes : visite libre, observation nature et faune, randonnée pédestre, aire de jeux, observation des activités de transformation, soin des animaux, etc.

■ RÉSIDENCES DE L'UNIVERSITÉ DU QUÉBEC À RIMOUSKI (UQAR)

329A, Allée des Ursulines
✆ +1 418 723 4311
logement.uqar.ca
Ouvert de mi-mai à mi-août (réservation obligatoire). Chambre pour une personne : 34-38 CAN $. Petit appartement pour deux personnes : 95 CAN $. Tarifs à la semaine disponibles.
Dans l'optique du voyage à petit budget, les chambres et logements de l'université sont un excellent choix. L'université jouit d'une localisation centrale et offre plusieurs services : literie et serviettes fournies, buanderie, stationnement gratuit, etc.

Se restaurer

■ BISTRO L'ARDOISE

152, rue Saint-Germain Est
✆ +1 418 732 3131
www.bistrolardoise.com
Ouvert le midi jeudi et vendredi dès 11h30, et le soir du mardi au samedi dès 17h30. Plats principaux à la carte : à partir de 20 CAN $.
Ce charmant bistro français vous propose une cuisine du Vieux Continent à partir de produits du terroir québécois. Ses spécialités sont les poissons frais et fumés, les fruits de mer, le gibier, l'agneau et les grillades. Belle carte des vins. Avis aux gourmands : on retrouve une épicerie fine sur les lieux, avec une belle sélection d'épices maison, des plats à emporter, de la charcuterie, et des conserves préparées sur place (ouvert tous les jours sauf le dimanche).

■ LA BRÛLERIE D'ICI

91, rue Saint-Germain Ouest
✆ +1 418 723 3424
www.bruleriedici.com
Lundi-mercredi, 7h-23h ; jeudi-vendredi, 7h-1h ; samedi, 8h-1h ; dimanche, 8h-23h. Terrasses. Internet sans fil gratuit.
Voici l'endroit idéal pour un bon café équitable accompagné de viennoiseries. Cette maison de torréfaction offre également des sandwichs chauds et froids, des soupes maison, des petits déjeuners, des gâteaux, une grande variété de thés en vrac, etc.

■ CENTRAL CAFÉ

31, rue de l'Évêché Ouest
✆ +1 418 722 4011
www.centralcaferimouski.com
Lundi-samedi, 11h-22h ; dimanche, 16h-22h. Menu à la carte : moins de 20 CAN $. Terrasse. Situé entre la pâtisserie-chocolaterie Aux Bienfaits et l'Auberge de l'Évêché.
Le Central Café propose une cuisine de type bistro, végétarienne et italienne. Les incontournables de la maison sont les escalopes de veau poêlées, le sauté de poulet Satay, le poulet Général Tao et le filet de flétan à la gremolata.

Sortir

■ LE BIEN, LE MALT

141, avenue Belzile
✆ +1 418 723 1339
www.lebienlemalt.com
Dimanche-mercredi, 15h-23h ; jeudi-samedi, 15h-1h. Horaire extensible l'été en fonction de l'achalandage. Plusieurs forfaits disponibles pour les groupes, spéciaux pour les étudiants. Terrasse. Programmation culturelle et musicale à l'année.
Née du plaisir brassicole et du désir de partager son goût pour les produits québécois, la brasserie artisanale Le Bien, le Malt a ouvert ses portes en 2008 à deux pas du fleuve. Des bières d'inspiration anglaise y sont brassées à partir d'un maximum d'ingrédients québécois. Six bières régulières figurent à l'ardoise, dont la savoureuse Noctambule, un stout aux arômes de café, ainsi que quelques bières invitées. Des produits uniques sont également de passage selon l'humeur du brasseur, Denis Thibault. Pour les indécis, optez pour un plateau de dégustation (6 verres de 5 onces), à accompagner d'une de leurs assiettes gourmandes composées de fromages, charcuteries et poissons, le tout complété par une carte d'alcools et spiritueux mettant à l'honneur les produits locaux.

■ COMPLEXE BAR CHEZ PULL

45, rue Saint-Germain Est
✆ +1 418 723 2152
www.barchezpull.com
Le St-Germain Pub & Lounge / Pull Steak House : mardi-dimanche, 17h-22h. Cactus Show Bar : samedi-dimanche, 22h-3h. Pull Nightclub (discothèque) : mercredi-samedi, 22h-3h.
Le Complexe Bar Chez Pull regroupe un resto, un lounge, un bar à spectacles et une discothèque. Spectacles, chansonniers, soirées à thèmes et bonne bouffe, l'ambiance y est toujours garantie et les bons spéciaux aussi !

■ COOPÉRATIVE DE SOLIDARITÉ PARADIS

274, rue Michaud
✆ +1 418 725 1750
www.coop-paradis.com
Horaires et tarifs variables selon les représentations / événements (voir site Internet pour connaître tout la programmation).
Le Paradis est un lieu de création et de diffusion multidisciplinaire fondé par cinq organismes culturels de la région désireux de rendre la culture accessible à tous. Expositions, recontres musicales, ateliers, concerts, contes, improvisation et projections de courts et longs métrages font entre autres partie de la programmation.

À voir – À faire

■ CANYON DES PORTES DE L'ENFER

1280, chemin Duchénier

Saint-Narcisse-de-Rimouski
✆ +1 418 735 6063
www.canyonportesenfer.qc.ca
Au sud-est de Rimouski, par la route 232, direction Saint-Narcisse (30 km). Mi-mai à fin juin et fin août à mi-octobre : lundi-dimanche, 9h-17h. Fin juin à fin août : lundi-dimanche, 8h30-18h30. Adulte : 9,50 CAN $, 5-17 ans : 5 CAN $, famille : 24 CAN $.
Des parois encaissées, mesurant jusqu'à 90 m de hauteur, creusées par la rivière Rimouski et dominées par une passerelle impressionnante. Sur place : sentiers pédestres et de vélo de montagne, parcours de géocachette, campement de draveurs reconstitué et animé, habitat du castor, service de restauration (fin juin à début septembre) et aires de pique-nique. Possibilité de camping sauvage de fin juin à début septembre (réservation requise).

■ EXCURSION À L'ÎLE SAINT-BARNABÉ

Marina de Rimouski
1, route du Quai
✆ +1 418 723 2280 / +1 418 723 2322
✆ +1 800 746 6875
www.ilestbarnabe.com
En service de mi-juin à début septembre. Départs aux 30 minutes de 9h à 14h30 et retour aux 30 minutes jusqu'à 18h15. Adulte : 17,50 CAN $, 6-17 ans : 11,25 CAN $, moins de 5 ans : gratuit, famille (1 adulte et 1 enfant) : 24 CAN $ (8,50 CAN $ par enfant supplémentaire).
L'excursion à l'île Saint-Barnabé vous permettra d'apercevoir Rimouski sous un autre angle. Rencontre avec les hérons et les phoques, peut-être même les orignaux. Randonnée pédestre (12 km), programme d'interprétation (panneaux, pavillon), chantier-école d'archéologie en août, géocaching, aires de pique-nique, 12 emplacements de camping rustique.

■ MUSÉE RÉGIONAL DE RIMOUSKI

35, rue Saint-Germain Ouest
✆ +1 418 724 2272
www.museerimouski.qc.ca
Mi-juin à début septembre : lundi-dimanche, 9h30-18h. Le reste de l'année : mercredi-dimanche, 12h-17h (jusqu'à 20h le jeudi). Adulte : 5,50 CAN $, aîné-étudiant-enfant : 4 CAN $, famille : 12 CAN $. Entrée gratuite le dimanche hors saison.
Situé face à la mer, ce musée est installé dans la première église de pierres de l'Est du Québec. Expositions d'art contemporain, histoire régionale et sciences. Sur place : boutique, animation et aires d'interprétation.

■ RÉSERVE FAUNIQUE DE RIMOUSKI

112, route de la Réserve Rimouski
Saint-Narcisse-de-Rimouski
✆ +1 418 735 2226 / +1 800 665 6527
www.sepaq.com/rf/rim/fr/
Postes d'accueil : poste principal à 1 km au sud de la jonction des routes 232 et 234 (horaire variable selon la saison), Lac Rimouski (mi-mai à mi-novembre) à l'intérieur de la réserve. Location d'équipement sur place.
Autrefois le lieu de clubs privés de pêche et de chasse, cette réserve (731 km²) a conservé sa vocation première. Elle compte de nombreux lacs (47) et plusieurs ruisseaux et rivières. Une grande diversité biologique et de nombreux sites aménagés pour l'observation de la faune en font une destination de choix.

- **Faune :** orignal, castor, cerf de Virginie, coyote, lièvre d'Amérique, gélinotte huppée, tétras du Canada, aigle à tête blanche, balbuzard, omble de fontaine, touladi et moulac.
- **Hébergement :** camping aménagé et rustique (17 emplacements), 22 chalets (2 à 8 personnes).
- **Activités :** chasse et pêche (avec ou sans hébergement), chaloupe, canot et kayak (location sur place), observation de la faune.

Visites guidées

■ NAVIGATION BORÉALIS

Marina de Rimouski ✆ +1 418 725 9530
www.navigationborealis.com
En service de juin à fin septembre. Réservation obligatoire. Durée : 2h ou 3h30. Adulte : à partir de 45 CAN $, 12 ans et moins : à partir de 20 CAN $.
Sur un navire de 45 pieds, partez pour une belle excursion maritime à la rencontre des phoques, des îles du Bic, du site du naufrage de l'Empress of Ireland. Superbe vue de Rimouski au large et excursion au coucher de soleil. Autres activités sur demande : plongée sous-marine, sortie thématique.

POINTE-AU-PÈRE

Pointe-au-Père, un district de Rimouski, fut l'un des centres d'aide à la navigation les plus importants au pays. Une station de pilotage y fut opérée pendant un siècle, soit de 1859 à 1959, ainsi qu'un bureau de la quarantaine et un télégraphe Marconi. Quatre phares y furent construits de manière successive et le dernier est dorénavant un lieu historique national. Le site historique maritime et son sous-marin Onondaga, qui participa à des missions de l'OTAN, sont des attractions majeures.

■ **PLACE LEMIEUX**
1560, rue du Phare
✆ +1 418 724 288
✆ +1 866 440 2888
www.placelemieux.com
Marché ouvert tous les jours de mai à fin septembre de 8h à 22h. Horaire restreint hors saison. Restaurant : horaire variable selon la saison.
Une poissonnerie de grande renommée qui fait aussi office de restaurant. Fraîcheur garantie ! Si vous n'avez pas le temps de déguster sur place, la maison propose des emballages spéciaux pour la conservation. Hébergement possible sur place au Motel de la Pointe.

■ **SITE HISTORIQUE MARITIME DE LA POINTE-AU-PÈRE**
1000, rue du Phare
✆ +1 418 724 6214
www.shmp.qc.ca
Début juin à mi-octobre : lundi-dimanche, 9h-18h (fermeture de la billetterie à 17h). Tarifs pour le musée et/ou le phare et/ou le sous-marin.
Depuis 2009, le sous-marin Onondaga, ancienne propriété de la marine canadienne, est accosté pour y rester ! Venez découvrir le quotidien d'une soixantaine d'hommes qui vivaient confinés pendant des mois dans ce sous-marin. Visite audioguidée, possibilité d'une expérience nocturne sur place. Sans nul doute l'une des attractions majeures de la région ! C'est aussi le deuxième plus haut phare du Canada et un lieu historique. À côté, le site historique maritime propose une exposition permanente sur l'histoire locale et l'environnement maritime régional. On y raconte le naufrage du bateau *Empress of Ireland*, qui s'est échoué près des côtes en 1914 et où plus de 1 000 voyageurs ont trouvé la mort. Ce fut l'une des plus grandes tragédies maritimes en temps de paix. Une des expositions permet de visionner de magnifiques et terribles images prises à l'intérieur de l'épave. Nouveauté : exposition multimédia sur l'*Empress of Ireland* avec William Clark, rescapé de ce naufrage et de celui du Titanic, afin de souligner les 100 ans de ces deux tragédies.

SAINT-GABRIEL-DE-RIMOUSKI

Petite municipalité de 1 260 habitants située à 25 km au sud-est de Rimouski et à quelques kilomètres de la Gaspésie.

■ **DOMAINE VALGA**
300, chemin des Ecorchis
✆ +1 418 739 4200
www.domainevalga.com
Tarif par personne à l'auberge : 75 CAN $ (petit déjeuner inclus) et 95 CAN $ (pension complète). En chalet : 185 CAN $ par nuit et 900 CAN $ pour une semaine. En hiver, forfait motoneige, autres forfaits disponibles avec location de motoneige et activités.
Située près d'un lac, au milieu d'une magnifique forêt ancestrale, une auberge en bois rond, unique dans le Bas-Saint-Laurent, fidèle à l'image qu'on se fait de la typique « cabane au Canada », vous attend pour un séjour des plus douillets. Vous vous sentirez comme à la maison avec les savoureux petits plats et l'accueil chaleureux des propriétaires. Deux chalets avec accès au lac sont également disponibles en location. Nombreuses activités de plein air sont offertes en été (kayak, canoë, baignade, randonnée pédestre) et en hiver (ski alpin, ski de fond, randonnée en traîneau à chiens ou en motoneige, etc.). Pour les plus aventureux, venez vous amuser au parc de sentiers aériens « Forêt de maître corbeau » (ouvert à l'année, sur réservation en hiver pour les groupes de 6 personnes et plus). Plaisir garanti !

LA ROUTE DES FRONTIÈRES

La route 289 qui part de Saint-André près de Kamouraska vous mène aux frontières du Nouveau-Brunswick, tout en frôlant l'État américain du Maine. Cette région du Bas-du-Fleuve se voue à l'exploitation agricole, forestière et minière et renferme une foule de richesses naturelles et historiques qui ne demandent qu'à être découvertes. Plusieurs installations culturelles et récréatives la jalonnent. Depuis 2010, cette route se raconte en baladodiffusion (téléchargement des capsules sur le site Internet). Nouveauté : un circuit «Culture et patrimoine» pour permettre aux visiteurs de mieux connaître les dix municipalités qui font partie de cette route.

www.routedesfrontieres.com

POHÉNÉGAMOOK

Grande destination des amoureux de la nature, c'est un endroit paisible où se côtoient admirablement, repos, activités de découverte et sportives. Pohénégamook signifie « hivernage » ou « refuge » et son lac du même nom est censé cacher le cousin de Nessy (le célèbre monstre du Loch Ness). Ceux qui ont vu ce monstre canadien (et ils sont nombreux) l'appellent Ponik et le décrivent comme une bête fabuleuse. Le croiserez-vous ? Férus d'histoire et de patrimoine, renseignez-vous sur le nouveau circuit « Nos croix et leurs origines » qui rassemble les douze dernières croix de chemin dans les environs de la ville.

POHÉNÉGAMOOK SANTÉ PLEIN AIR
1723, chemin Guérette
✆ +1 418 859 2405 / +1 800 463 1364
www.pohenegamook.com
Hébergement en maison de campagne, en condotel de luxe, en chambre dans l'auberge-pavillon, en chalet, en maisonnette, en chambre dans un grand chalet, et en camping. Service de location de motoneiges en hiver. Nombreuses activités et forfaits en toutes saisons, location d'équipements. Centre de santé et Spa nordique. Restaurant, bar, boutique souvenirs/dépanneur.
Un centre de villégiature très complet, tant au niveau de l'hébergement que des activités et ce, dans un cadre merveilleux, sur les bords du lac Pohénégamook. Une adresse que nous vous recommandons, que ce soit pour se détendre dans le Spa après une longue journée, ou pour participer à l'une des nombreuses activités de plein air ou d'intérieur.

DE RIVIÈRE-DU-LOUP AU NOUVEAU-BRUNSWICK

À Rivière-du-Loup, prenez la route 185 Sud qui s'enfonce dans les terres vers le lac Témiscouata (terme autochtone signifiant « pas profond partout ») avant de se rendre à la frontière du Nouveau-Brunswick.

TÉMISCOUATA-SUR-LE-LAC (CABANO)

Cabano est le carrefour touristique, commercial et industriel de la région du Témiscouata. Nombreuses activités en tous genres vous y attendent : activités nautiques (location sur place), baignade dans le lac, croisières, centre de santé Spa, circuit historique, chasse et pêche, motoneige, festival hivernal, etc. Pour les mordus de vélo et de randonnée pédestre, le parc linéaire interprovincial Petit Témis vous offre une soixantaine de kilomètres longeant les rives du lac Témiscouata et de la rivière Madawaska.

AUBERGE DU CHEMIN FAISANT
12, Vieux Chemin
✆ +1 418 854 9342
✆ +1 877 954 9342
www.cheminfaisant.qc.ca
Occupation double : à partir de 200 CAN $ (menu dégustation 8 services le soir et petit déjeuner inclus). Six chambres. Autres forfaits disponibles. Terrasse. Galerie-boutique d'artiste peintres originaires de la région.
Réputée pour sa table gastronomique et de fine cuisine régionale, cette superbe auberge située au cœur de la région du Témiscouata vous séduira. Chacune de ses chambres offre une thématique différente et sa fine cuisine du terroir envoûtera tous vos sens. Ici, on mise sur l'équilibre des goûts, des saveurs, des couleurs et des textures, sans oublier l'accord mets-vins pour une expérience des plus épicuriennes.

En effet, la cave à vin fera sourire les connaisseurs, avec un choix qui s'étend à quelque 150 étiquettes pour un total d'environ 1 000 bouteilles. Une adresse hautement réputée !

■ **BUREAU TOURISTIQUE DE CABANO**
270, rue Commerciale Nord
✆ +1 418 854 9406 / +1 877 253 8364
www.temiscouatasurlelac.ca
Ouvert en saison estivale uniquement.

■ **FORT INGALL**
81, chemin Caldwell ✆ +1 418 854 2375
✆ +1 866 242 2437 – www.fortingall.ca
Fin juin à début septembre : ouvert tous les jours de 9h à 17h. Horaire restreint en juin et de septembre à mi-octobre. Adulte : 9 CAN $, aîné-étudiant-enfant : 7 CAN $, moins de 5 ans : gratuit, famille : 20 CAN $. Tarifs réduits pour les visites libres.
Construit à la suite d'une mésentente frontalière entre le Canada et les États-Unis en 1839, il sombra dans l'oubli et ses vestiges furent retrouvés lors d'une fouille archéologique à la fin des années 1960. La reconstruction fidèle eut lieu dans les années 1970. De nos jours, le Fort comprend huit bâtiments situés à l'intérieur d'une palissade de bois. Des expositions et visites guidées vous permettent de mieux comprendre la vie des soldats dans le contexte géopolitique de cette époque. Hébergement possible sur le site.

■ **PARC NATIONAL DU LAC-TÉMISCOUATA**
150, rue Saint-Joseph
Squatec
✆ +1 418 855 5508 / +1 800 665 6527
www.sepaq.com/pq/tem/
Ouverture du parc prévue en 2013. Postes d'accueil : borne d'autoperception sur la route touristique au Petit lac Touladi à Squatec, secteur Le Montagnais pour les chalets à louer (750, route 295, Dégelis). Accès quotidien adulte : 6 CAN $, enfant : 2,75 CAN $, gratuit pour les enfants de 5 ans et moins. Tarifs groupes et familles disponibles.
Ce dernier-né du réseau des parcs nationaux du Québec est situé dans la plus vaste des régions naturelles sises au sud du fleuve Saint-Laurent : la région des monts Notre-Dame. Articulé autour du plus grand et du plus majestueux lac de la région, le lac Témiscouata, ce territoire est doté d'atouts naturels remarquables et d'une richesse exceptionnelle sur le plan archéologique. Pour l'instant, 10 chalets tous équipés sont en location et peuvent accueillir jusqu'à 4 personnes chacun. Ils se trouvent dans l'annexe sud du parc, sur le site de l'ancien Centre de plein air Le Montagnais, et on y accède par la municipalité de Dégélis. Lorsque tous les travaux seront terminés, plusieurs activités seront offertes : baignade, activités nautiques, pêche, randonnée pédestre, vélo, raquette, ski de fond.

DÉGÉLIS

Que ce soit en vieux français ou « madawaska » en micmac, le sens du mot est bien le même : « ne gèle pas ». Et effectivement, la force du courant à l'embouchure de la rivière empêche la glace de se former. La ville, bâtie près de la frontière américaine et à proximité du Nouveau-Brunswick, est une des plus importantes portes d'entrée au Québec. Son économie repose sur l'exploitation des scieries.

▶ **www.ville.degelis.qc.ca**

AUCLAIR

Cette petite municipalité d'à peine 500 habitants est située au sud du parc national du Lac-Témiscouata, près du Grand lac Squatec. Elle est surtout connue pour le Domaine Acer qui produit des liqueurs d'érable alcoolisées, un incontournable de la région.

■ **DOMAINE ACER**
145, route du Vieux Moulin
✆ +1 418 899 2825
www.domaineacer.com
Boutique sur place ouverte à l'année sauf les 3 semaines après Noël. Fin mars à fin avril et du 24 juin à début septembre : tous les jours de 9h à 17h (jusqu'à 18h en été). Le reste du temps : en semaine seulement. Visites commentées et dégustations offertes de fin mars à mi-octobre : 4 CAN $ par personne (12 CAN $ pour la visite prestige).
Natif du Bas-Saint-Laurent, Vallier Robert est l'artisan acériculteur derrière tous les fabuleux produits du Domaine Acer. Ayant grandi dans une famille qui exploitait une érablière, son objectif est de créer des produits innovateurs qui ne feront pas de l'érable qu'un produit saisonnier. Aujourd'hui, c'est avec sa femme Nathalie Decaigny, Belge d'origine, et ses quatre enfants qu'il développe ses produits et son entreprise. Le Domaine Acer offre toute une gamme de boissons alcoolisées à la sève d'érable, ainsi que des produits fins, tels que des sirops, des beurres, des sucres, des gelées et des chocolats. Comme il fait partie du réseau ÉCONOMUSÉE, il est possible d'avoir une visite commentée de l'entreprise et de ses installations

GASPÉSIE – ÎLES DE LA MADELEINE

Fou de bassan.

Gaspésie

La péninsule gaspésienne est l'une des destinations privilégiées du Québec. Qui plus est, elle fut classée comme l'une des 20 meilleures destinations 2011 par le National Geographic, rien de moins. Quand on dit Gaspésie, on pense aussitôt homard, saumon, crevette. On pense aussi rocher Percé, île Bonaventure, fous de Bassan, baie des Chaleurs, Forillon, Jardins de Métis, forêts de conifères, rivières, caps, anses, grèves, fossiles et agates. Immense avancée dans l'océan où se confrontent sans cesse la mer et les montagnes vieilles de plusieurs millions d'années, territoire des Micmacs, les Indiens de la mer, qui l'occupent depuis plus de 2 500 ans. Sur cette terre, tous ont fait halte : les Acadiens, les loyalistes, les Bretons, les Basques, les Anglais, les Jersiais, les Écossais.

Comprise entre l'estuaire du Saint-Laurent, le Nouveau-Brunswick et le golfe du Saint-Laurent, la Gaspésie est dominée au nord par les monts Chic-Chocs, aux versants couverts de l'épaisse forêt boréale. Ses parcs naturels (Gaspésie, Forillon) et ses réserves d'oiseaux (fous de Bassan de l'île Bonaventure) jouissent d'une réputation internationale. Du côté de l'estuaire, son littoral est parsemé de paisibles villages de pêcheurs, tandis que sa pointe orientale, rocheuse, découpée et brossée par les flots, est particulièrement sauvage et spectaculaire, notamment à Forillon et à Percé. Au sud, les hautes terres, dépourvues de lacs, sont profondément entaillées par des rivières qui se jettent dans la baie des Chaleurs. Protégée des vents polaires, cette région bénéficie effectivement d'un microclimat méridional. Au large, dans le golfe, les grès rouges des Appalaches ont subsisté aux îles de la Madeleine, archipel isolé et battu par les vents qui fait encore partie du Québec.

Vous vous devez de faire le tour complet de la Gaspésie. Nous vous suggérons donc d'amorcer ce tour à Sainte-Flavie, en suivant la route 132 Est, qui longe d'abord le littoral de l'estuaire du Saint-Laurent, puis la pointe de Forillon, Gaspé, Percé, la baie des Chaleurs, jusqu'à Matapédia où vous fermerez la boucle en remontant la vallée du même nom. Le rocher Percé sera ainsi un peu plus long à atteindre. Une façon de faire durer le plaisir et de humer avec bonheur le grand air marin du large.

Plus vous avancerez, plus vous serez conscient de la magie de progresser entre la falaise sans fin et la mer. Un goût de Bretagne, un zeste de Norvège, c'est déjà l'annonce du Canada atlantique.

Et pourtant, la Gaspésie rayonne d'une splendeur typiquement québécoise, encore mystérieuse, même pour ceux qui prétendent bien la connaître. La Gaspésie s'éveille à la mi-juin et se rendort fin octobre (la majorité des musées et boutiques ferment alors et les activités cessent pour le reste de l'année, hormis pour la motoneige).

Gaspésie
Golfe Saint-Laurent
Estuaire du Saint-Laurent
RÉGION TOURISTIQUE DE MANICOUAGAN
Godbout
Baie-Comeau
0
35 km
Mont-Louis
Petite Vallée
Grande Vallée
Mont-Saint Pierre
La Martre
LA HAUTE-GASPÉSIE
Sainte-Anne-des-Monts
Cap-Chat
Les Méchins
Saint-Octave-de-l'avenir
Grosses-Roches
LA CÔTE
Matane
Saint-Ulric
Métis-sur-Mer
Les Jardins de Métis
Sainte-Flavie
Grand-Métis
Mont-Joli
Sainte-Luce
Sayabec
Lac Towago
Lac Matapédia
Amqui
Causapscal
Routhierville
Lac Inférieur
Lac Supérieur
Réserve faunique de la rivière Matapédia
RÉGION TOURISTIQUE DU BAS SAINT-LAURENT
VALLÉE DE LA MATAPÉDIA
Réserve faunique de Matane
Réserve faunique de Dunière
Parc national de la Gaspésie
Réserve faunique des Chic-Chocs
Rivière Madeleine
Murdochville
L'Anse-à-Valleau
Rivière-au-Renard
Cap-des-Rosiers
Gaspé
Rivière Saint-Jean
Rivière Bonaventure
Cap Bon-Ami
Saint-Georges-de-Malbaie
Barachois
LA POINTE
Percé
Île Bonaventure
L'Anse-à-Beaufils
Ste-Thérèse-de-Gaspé
Grande-Rivière
Golfe Saint-Laurent
Chandler
Réserve faunique de Port-Daniel
Port-Daniel
LA BAIE-DES-CHALEURS
New Richmond
Caplan
Bonaventure
Paspébiac
New Carlisle
Baie des Chaleurs
Carleton
Miguasha
Parc national de Miguasha
Cascapédia
Escuminac
Lieu historique national du Canada
La bataille de la Ristigouche
Pointe-à-la-Croix
Campbellton
Saint-Alexis-de-Matapédia
NOUVEAU-BRUNSWICK
Restigouche (Partie sud-est)
132
198
299
11
17
Gaspésie

Le Québec

Le Québec maritime vous donne rendez-vous avec un fleuve immense et unique, le Saint-Laurent. Imaginez 3 000 kilomètres de littoral bordant une terre riche de 15 parcs nationaux et réserves fauniques!

Préparez-vous à faire des rencontres mémorables: 13 espèces de baleines, des milliers d'oiseaux marins, des caribous, des orignaux, des ours et, bien sûr, des habitants chaleureux qui partageront avec vous leur joie de vivre et leur culture maritime unique.

maritime
GRANDS ESPACES, GRANDES ÉMOTIONS

Les immanquables de la région de la Gaspésie

Curiosités naturelles

- **Jardins de Métis.**
- **Parc de la Gaspésie.**
- **Parc national de Forillon.**
- **Le rocher Percé et l'île Bonaventure** (fous de Bassan).
- **Parc de Miguasha** (fossiles).

Évocations du passé

- **Site historique de Paspébiac** (pêche à la morue).
- **Musée Acadien du Québec** à Bonaventure.
- **Lieu historique national de la Bataille-de-la-Ristigouche.**

Musées et sites d'interprétation incontournables

- **Exploramer, à Saint-Anne-des-Monts.**
- **Musée de la Gaspésie, à Gaspé.**
- **Bioparc de la Gaspésie,** à Bonaventure.

C'est pendant la saison brève de l'été que tout le monde s'y rend. Les hivers y sont moins froids qu'on ne l'imagine, et les étés plus doux aussi, en partie à cause du vent constant qui vient de l'océan. Enfin, bien qu'il soit possible de se rendre en Gaspésie par autobus ou en voyage de groupe organisé, il est toujours préférable d'en faire le tour en voiture. Autre solution : se rendre jusqu'à Gaspé en train et y louer une voiture.

Transports

Un conseil : ayez toujours en tête que les distances au Québec sont importantes. Gaspé se trouve à près de 1 000 km de Montréal.

- **Avion.** Air Canada dessert les aéroports de Mont-Joli et Gaspé. Pascan Aviation dessert également Mont-Joli ainsi que Bonaventure, alors que Air Liaison dessert uniquement Mont-Joli..
- **Bus.** Orléans Express dessert toute la Gaspésie sauf Murdochville. www.orleansexpress.com
- **Train.** Le train Le Chaleur dessert entre autres Percé et Gaspé. Départs de Montréal et de Gaspé trois fois par semaine. Pas de service sur la rive nord entre Mont-Joli et Gaspé. Le train coupe par la vallée de la Matapédia et suit le littoral sud de la péninsule jusqu'à Gaspé. www.viarail.ca
- **Traversiers.** La Société des traversiers du Québec offre une liaison entre Matane et Baie-Comeau/Gobout (Côte-Nord). Le CTMA Vacancier, en opération de mi-juin à fin septembre, propose une croisière hebdomadaire entre Montréal et les îles de la Madeleine avec escales à Chandler en Gaspésie et à Québec. www.ctma.ca
- **Voiture.** Plusieurs routes desservent la région de la Gaspésie. Voici les principaux accès routiers en fonction des régions de départ.
Bas-Saint-Laurent : suivez la route 132 Est. Cette route fait tout le tour de la péninsule gaspésienne et revient par la vallée de la Matapédia.
Côte-Nord : prenez le traversier soit de Baie-Comeau soit de Godbout en direction de Matane.
Nouveau-Brunswick : prenez la route 11 et la route 134 passant par Bathurst qui mène à Campbellton et puis le pont qui traverse en Gaspésie. La route 17 qui arrive de l'ouest du Nouveau-Brunswick mène également à Campbellton.

■ **ASSOCIATION TOURISTIQUE RÉGIONALE DE LA GASPÉSIE**
1020, boulevard Jacques-Cartier
MONT-JOLI
✆ +1 418 775 2223 / +1 800 463 0323
www.tourisme-gaspesie.com

■ **GARDE CÔTIÈRE, DÉTRESSE MARITIME ET ENVIRONNEMENTALE**
✆ +1 800 363 4735
Pour les urgences seulement.

■ **HEURES DES MARÉES ET MÉTÉO MARITIME**
✆ +1 418 269 3282

VISITEZ LES ATTRACTIONS INCONTOURNABLES DE LA GASPÉSIE
WWW.ATTRAITSGASPESIE.COM
Attractions Incontournables Gaspésie
jardins de métis
reford gardens
FINE FLEUR DE LA GASPÉSIE
Jardins historiques, 3 000 variétés
Jardins ludiques et interactifs
Le potager d'Elsie - Nouveau
Musée et expositions
Restaurants
Grand-Métis
418 775-2222
www.jardinsdemetis.com
Le Bioparc...
Le jardin animalier
de la Gaspésie
30 espèces animales indigènes
Insectarium
Chalets en bord de mer
BIOPARC
GASPÉSIE
Bonaventure | www.bioparc.ca
LA MER À DÉCOUVRIR
Parc aquarium et bassins tactiles
Activité de cueillette de poissons
Excursions en mer
Fourchette bleue
Musée
Exploramer
La mer à découvrir ★ Discovering the sea
Sainte-Anne-des-Monts | www.exploramer.qc.ca

LA CÔTE

SAINTE-FLAVIE

Sainte-Flavie, bourg agricole, est la porte d'entrée de la péninsule gaspésienne. Ici la route se sépare en deux. Vous reviendrez du grand tour par la route du sud.

AUBERGE CENTRE D'ART MARCEL GAGNON

564, route de la Mer
✆ +1 418 775 2829 / +1 866 775 2829
www.centredart.net
Mai à fin septembre : lundi-dimanche, 7h30-22h (jusqu'à 21h hors saison). Entrée libre. Boutique et galerie d'art sur place. Auberge : à partir de 69 CAN $ en occupation double en basse saison et 89 CAN $ en haute saison, petit déjeuner inclus. Forfaits disponibles. Restaurant : plats à la carte à partir de 10 CAN $, table d'hôte à partir de 24 CAN $.
L'attrait principal du musée, l'énigmatique Grand Rassemblement, vous fera immanquablement penser à l'île de Pâques en plus petit et en plus québécois. Marcel Gagnon, le fondateur du Centre, a installé, à l'extérieur de sa maison et jusque dans le fleuve, plus de 100 sculptures grandeur nature, dressées au grand vent et figées dans le temps. La galerie d'art, quant à elle, regroupe les œuvres de quatre artistes peintres et une boutique souvenirs permet de se procurer des livres et poèmes de Marcel Gagnon, différents souvenirs ainsi que des bijoux artisanaux faits à la main sur place.

Gaspésie gourmande : « mettez l'accent sur le goût ! »

Parce que découvrir une région par sa table et ses produits régionaux est toujours une excellente idée, Gaspésie Gourmande vous en fera goûter de toutes les couleurs. Boulangeries et pâtisseries, viandes et charcuteries, brûleries et herboristeries, bières artisanales et alcool du terroir, sans oublier les poissons et fruits de mer qui font la réputation de la région, tout y est et beaucoup plus encore. Visitez leur site Internet (www.gaspesiegourmande.com) ou procurez-vous leur magazine auprès des commerçants participants ou des bureaux touristiques.

Les amateurs de belles vues et d'atmosphère chaleureuse seront ravis d'apprendre qu'un restaurant et une auberge de dix chambres les accueillent sur place, dans la galerie d'art. Le restaurant, ouvert du matin au soir, propose des spécialités locales comme le homard frais, la darne de saumon, l'assiette du capitaine, le cipaille canadien, etc.

CAPITAINE HOMARD

180, route de la Mer ✆ +1 418 775 8046
www.capitainehomard.com
Ouvert de fin avril à début septembre : lundi-dimanche, 11h-23h. Plats principaux à la carte : 10-40 CAN $.
Une halte obligée, un incontournable de la région depuis 1968 ! Le Capitaine Homard, comme son nom l'indique, vous prépare ses spécialités de fruits de mer et de poissons, le homard demeurant toutefois maître des lieux. Les prix sont excellents, les portions généreuses et la vue magnifique. Une boutique, qui ressemble plus à un musée, contient souvenirs, artisanat et œuvres d'artistes locaux. Poissonnerie et jeux pour enfants sur place. Possibilité de louer un chalet ou des emplacements de camping sur le site.

HYDROMELLERIE DU VIEUX MOULIN

141, route de la Mer✆ +1 418 775 8383
www.vieuxmoulin.qc.ca
Lundi-dimanche, 9h-21h. Visite et dégustation gratuite à l'hydromellerie. Emballages et paniers-cadeaux disponibles. Musée historique sur l'histoire de la Nouvelle-France et des Premières nations (2,50 CAN $ par personne). Durée de la visite : 40 minutes (musée), 20 minutes (hydromellerie).
Installée dans un ancien moulin à farine datant de 1830, l'entreprise fut créée il y a une trentaine d'années afin d'y confectionner du miel. Quinze ans plus tard, la création de l'hydromel se met en place et présente plusieurs saveurs : sec, doux, bleuet, framboise, pomme et mousseux (méthode champenoise et méthode traditionnelle). Au rez-de-chaussée, vous trouverez des informations pratiques sur l'historique de la production, et aussi une cinquantaine de produits fins de la ruche : miels de toutes sortes, pollens, tartinades (marmelades, confitures, gelées, caramels...), coulis, moutardes, ketchups et confits, vinaigrettes, bonbons, savons, chandelles, etc.

■ MOTEL LE GASPÉSIANA

460, route de la Mer
✆ +1 418 775 7233
✆ +1 800 404 8233
www.gaspesiana.com
Occupation double : à partir de 79 CAN $. Forfaits disponibles. Table d'hôte le midi : à partir de 10,95 CAN $, le soir : à partir de 28,95 CAN $. Service de massothérapie et de soins de santé offert sur place. Prêt de vélos.
Idéalement situé en front de mer, à proximité de nombreux services et attraits. Les chambres sont très bien équipées et leur décoration et coloris variés rendent les lieux fort accueillants. Le restaurant du motel propose des petits déjeuners copieux (pain doré, assiettes santé, œufs bénédictines, etc.), un brunch le dimanche, un menu du jour le midi et des tables d'hôte le soir. Une très bonne adresse à la « porte » de la Gaspésie !

GRAND-MÉTIS

Grand-Métis et Métis-sur-Mer sont aujourd'hui encore des destinations privilégiées de la bourgeoisie anglaise de Montréal. Métis est une forme récente de l'orthographe Mitis (nom de la rivière), mot micmac dont la signification reste obscure. Le père Pacifique pense qu'il vient du terme micmac *Miti Sipo*, qui signifie « rivière du peuplier ». D'après monseigneur Guay, cette appellation viendrait du mot micmac *mistik*, qui veut dire « bouleau ». Pierre-George Roy, pour sa part, prétend que Métis signifie « tremble » ou « bouleau » car la rivière Mitis est bordée de ces arbres. On dit encore que mitis est une déformation du mot *métioui* ou *mitiwee* employé par les Micmacs et les Malécites pour désigner un lieu de réunion. Quoi qu'il en soit... En 1886, Lord Mount Stephen, président fondateur du Canadian Pacific, achetait au seigneur de Grand-Métis des terres situées au confluent de la rivière Mitis et du Saint-Laurent pour y pratiquer la pêche. Sa nièce, Elsie Meighen Reford, hérite du domaine en 1918 et le transforme en jardins de 1926 à 1954.

■ JARDINS DE MÉTIS

200, route 132 Est
✆ +1 418 775 2222
www.jardinsdemetis.com
Juin et septembre/début octobre : lundi-dimanche, 8h30-18h (dernière entrée à 17h). Juillet et août : lundi-dimanche, 8h30-19h (dernière entrée à 18h). Adulte : 18 CAN $, aîné : 17 CAN $, étudiant : 16 CAN $, 14-18 ans : 10 CAN $, 13 ans et moins : gratuit. Programmation d'événements spéciaux, brunchs musicaux, thés littéraires. Boutique sur place.
Ces jardins à l'anglaise, d'une superficie de 17 hectares, bénéficient d'un microclimat exceptionnel. Ils comprennent plus de 3 000 espèces de fleurs et de plantes ornementales, parmi lesquelles certaines sont très rares. L'ensemble est composé d'une quinzaine de jardins distincts où poussent plantes annuelles et plantes vivaces : le massif floral comprend des pivoines, des lupins, des bégonias ; les rocailles présentent la flore des régions montagneuses ; le jardin des rhododendrons fleuri au début de l'été abrite en juillet, le rare pavot bleu originaire d'Himalaya, emblème floral des Jardins de Métis ; viennent enfin le jardin des pommetiers et le jardin des primevères. Depuis 2000, un Festival international de jardins est organisé chaque année. Des œuvres avant-gardistes, venues du monde entier y sont présentées de fin juin à fin septembre/début octobre.

■ VILLA ESTEVAN
Aux Jardins de Métis
200, route 132 Est
✆ +1 418 775 2222
www.jardinsdemetis.com
Restaurant de fine cuisine, musée.
Au centre des jardins s'élève un immense manoir de 37 pièces, le pavillon de pêche de Lord Mount Stephen que sa nièce avait fait agrandir. Il est aujourd'hui transformé en musée. À l'étage, on visite une nouvelle exposition présentant des objets de la vie courante d'Elsie Reford et des photographies prises par Robert Wilson Reford. Au rez-de-chaussée, on retrouve un restaurant et un café. Le restaurant est installé dans la salle à manger de la villa où l'on s'est efforcé de recréer l'atmosphère d'antan. Menu à la carte, menu midi/table d'hôte, brunch du dimanche et soirées thématiques y sont offerts et le chef, Pierre-Olivier Ferry, propose des menus aux couleurs et saveurs des jardins. Une excellente table !

MÉTIS-SUR-MER

Grand-Métis et Métis-sur-Mer étant des municipalités voisines, référez-vous à l'introduction de Grand-Métis pour de l'information sur ces deux endroits.

■ AUBERGE DU GRAND FLEUVE
131, rue Principale
✆ +1 418 936 3332
✆ +1 866 936 3332
www.aubergedugrandfleuve.qc.ca
Ouvert de début juin à début octobre. Occupation double : à partir de 214 CAN $, table d'hôte du soir et petit déjeuner inclus.
Auberge très soignée, très calme, avec vue sur le fleuve. Les littéraires apprécieront l'accent mis sur les livres et l'accès à une grande bibliothèque. La salle à manger, tout comme les autres pièces, est décorée avec chaleur. Son restaurant, ouvert le soir, offre une cuisine française raffinée, déclinant poissons et fruits de mer. Bref, une adresse à retenir.

■ DOMAINE ANNIE-SUR-MER
387, chemin Patton
✆ +1 418 936 3563
✆ +1 877 338 3683
www.domaineanniesurmer.com
Ouvert de début mai à fin septembre. Hébergement en motel (8 chambres) : à partir de 105 CAN $, en auberge (6 chambres) : à partir de 100 CAN $, en chalet (9, minimum de deux nuits exigé) : à partir de 90 CAN $ (tarif à la semaine disponible). Un minimum de deux nuits peut être exigé le week-end. Camping de 150 sites sur place : à partir de 26,49 CAN $. Piscine chauffée (en saison), sentier avec tour d'observation, parc de jeu pour enfants et nombreux services.
Les nouveaux propriétaires du Camping Union, anciennement connu sous le nom « Auberge Métis-sur-Mer », ont conservé tout ce qui fait le charme des lieux dans ce havre de calme et de tranquilité en milieu naturel. Pour profiter de ce cadre ultra-relaxant, un centre de santé propose des soins de massothérapie et de réflexologie afin de vous permettre de décrocher totalement. Un Jaccuzzi et un sauna sont également à votre disposition. Côté restauration, le Café-resto du Phare offre un menu assez varié avec des pizzas sur pita, sandwichs, salades et pâtes. Un excellent pied-à-terre pour visiter les attraits de la « porte de la Gaspésie » et prendre quelques jours de vacances bien mérités !

▶ **Autre adresse :** camping : 394 route 132, ✆ +1 418 936 3825, www.campingunion.com, annie@campingunion.com

MATANE

L'origine du nom de la ville viendrait d'un mot indien d'origine micmac signifiant « vivier de castor ». Port industriel, centre commercial et administratif, Matane possède un chantier naval et l'usine de transformation de crevettes la plus importante du Québec. Donc, vous n'aurez pas d'autre choix que de déguster ces petits crustacés décapodes de toutes les façons possibles. Allergiques s'abstenir ! Sachez que le traversier mène de Matane à Baie-Comeau et de Matane à Godbout, sur la rive nord (traversée : environ 2h20).

Pratique

■ **BUREAU TOURISTIQUE DE MATANE**
968, avenue du Phare Ouest
✆ +1 418 562 1065 / +1 877 762 8263
www.tourismematane.com
Ouvert en saison estivale uniquement.

Se loger

■ **QUALITY INN & SUITES MATANE**
1550, avenue du Phare Ouest
✆ +1 418 562 6433✆
✆ +1 800 463 2466
www.qualityinnmatane.com
Occupation double : à partir de 110 CAN $. Promotions et forfaits disponibles. Service de location de vélos sur place.
Situé à quelques pas du traversier pour la Côte-Nord, cet hôtel à l'accueil charmant vous propose des chambres dotées de tous les services dont vous aurez besoin pour un séjour des plus reposants. Un restaurant se trouve sur place ainsi qu'un bar avec foyer, une piscine extérieure, une terrasse, des jeux extérieurs pour enfants, une salle de conditionnement de physique et un sauna. Facile d'accès, il offre un excellent rapport qualité-prix et constitue une halte parfaite tant pour une nuit que pour un repas.

▸ **Autre adresse :** numéro vert depuis la France : 0 800 900 382.

■ **RIOTEL MATANE**
250, avenue du Phare Est
✆ +1 418 566 2651
✆ +1 877 566 2651
www.riotel.com
Occupation double : à partir de 80 CAN $ au pavillon et 109 CAN $ à l'hôtel. Forfaits disponibles dont « homard à volonté » offert de mi-mai à mi-juillet.
Cet hôtel 4-étoiles a tout pour vous plaire ! Ses

chambres tendances, entièrement équipées, offrent une ambiance feutrée et luxueuse avec un mobilier fabriqué par un ébéniste de la région. Si vous désirez économiser tout en ayant accès aux services de l'hôtel, optez pour une chambre en pavillon (style motel). Les services sur place sont nombreux : Jacuzzi extérieur, piscine chauffée extérieure, bain vapeur, feux de grève tous les soirs d'été, terrain de tennis et salle d'exercices, bar avec foyer… Les deux restaurants de l'hôtel ne sont pas en reste ; Le Grand Bleu, ouvert à l'année, propose une cuisine raffinée et des ingrédients de premier choix, tandis que La table du capitaine, ouvert en saison estivale seulement, propose une cuisine décontractée, avec spécialité de homard et de produits de la mer… Un hôtel parfait pour une étape de choix à Matane !

■ **HÔTEL-MOTEL BELLE PLAGE**
1310, rue Matane-sur-Mer
✆ +1 418 562 2323 / +1 888 244 2323
www.hotelbelleplage.com
En opération de début/mi-mai à début/mi-octobre. Occupation double : à partir de 69 CAN $. Plusieurs forfaits disponibles. Internet haute vitesse sans fil.
Établissement confortable situé à deux pas du traversier pour la Côte-Nord, au bord du fleuve Saint-Laurent, directement sur la plage. Depuis les chambres, la vue sur le coucher de soleil est magnifique. D'ailleurs, toutes les chambres, sauf celles de la catégorie intermédiaire, ont une porte patio avec blacon privé. Le restaurant, ouvert uniquement pour le petit déjeuner et le soir, est une halte gastronomique réputée servant une excellente cuisine, surtout à base de fruits de mer. Leurs fumoirs permettent de préparer des petits délices sur place : saumon en tranches ou filet, truite en filet, crevettes et pétoncles, et selon disponibilité, esturgeon et mousse de saumon (en vente sur place et emballés sous vide).

À voir – À faire

■ **POSTE D'OBSERVATION POUR LA MONTÉE DU SAUMON DE MATANE**
260, avenue Saint-Jérôme
✆ +1 418 562 7006
La rivière Matane est le lieu de pêche le plus renommé du coin. À la saison propice, on traque le saumon en plein centre. Près de l'hôtel de ville, la passe migratoire du barrage Mathieu-d'Amours permet aux saumons de remonter le cours de la rivière de juin à octobre (vous pouvez observer leur montée derrière les vitres). Le centre d'observation du barrage présente également une exposition sur les barrages et les ponts de la rivière Matane. Parc des îles de la Rivière Matane : situé à côté du barrage, il offre une plage, la location d'embarcations nautiques, une aire de pique-nique, une aire de jeux et un minigolf.

■ **RÉSERVE FAUNIQUE DE MATANE**
Route 195 Sud
40 km au sud-est de Matane
✆ +1 418 562 3700 / +1 418 224 3345
✆ +1 800 665 6527
www.sepaq.com/rf/mat/fr/
Postes d'accueil : John (juin à fin octobre) à 40 km au sud-est de Matane par la route 195, l'Étang-à-la-Truite (juin à la fête du Travail) dans la réserve. Hors saison, les droits d'accès sont en vente au bureau de Matane (257, rue Saint-Jérôme).
Créée en 1962, la réserve faunique de Matane est un territoire de 1 282 km² reconnu pour sa richesse faunique exceptionnelle. Les paysages grandioses englobent montagnes, vallées profondes et de majestueux cours d'eau. On y retrouve la plus grande concentration d'orignaux au Québec, un centre d'interprétation et différentes randonnées guidées permettent de mieux connaître ce cervidé. La réserve faunique

de Matane demeure une référence pour les amateurs de chasse, de pêche et de plein air.

Faune : orignal, cerf de Virginie, ours noir, renard, coyote, plusieurs petits mammifères et une multitude d'espèces d'oiseaux dont l'aigle doré, le grand pic et le pygargue à tête blanche.

Hébergement : terrains de camping aménagés et rustiques, camp rustique, chalets (plus de 20), Auberge de montagne des Chic-Chocs.

Activités : chasse à l'orignal et au petit gibier, chasse printanière à l'ours noir, observation de la faune (à pied ou en kayak), pêche (à la journée et avec séjour), pêche au saumon, kayak, canyoning, randonnée pédestre, centre d'interprétation de l'orignal, safari photo à l'orignal. Location d'équipement et vente de permis de chasse et pêche au poste d'accueil ou au bureau administratif à Matane.

LA HAUTE-GASPÉSIE

CAP-CHAT

À 2 km à l'ouest des Méchins, un rocher rappelle la forme d'un chat accroupi. Il aurait, dit-on, inspiré le nom de la localité. C'est ici que le fleuve devient golfe du Saint-Laurent. Le parc éolien Le Nordais, le plus important du Canada, d'une puissance de 100 MW, compte 133 éoliennes, que vous ne manquerez pas de remarquer dans ce paysage.

AUBERGE DE MONTAGNE DES CHIC-CHOCS

Bureau d'accueil
10, rue Notre-Dame Est
Sur le territoire de la réserve faunique de Matane
✆ +1 800 665 3091
www.sepaq.com/ct/amc/

Présentez-vous au bureau d'accueil de Cap-Chat (en bordure du fleuve). Le transport est assuré depuis le bureau jusqu'à l'auberge. Plusieurs forfaits disponibles. Informez-vous sur le nouveau service de transport nolisé offert en saison hivernale depuis la rive-sud de Montréal et Québec.

Perchée à 615 m d'altitude dans la réserve faunique de Matane, la première auberge de montagne dans l'est du Canada vous réserve une expérience. Au cœur d'une nature immense et presque intacte, une auberge chaleureuse de dix-huit chambres où rien n'est négligé par le chef aubergiste et son équipe pour vous assurer confort, plaisir et quiétude. Libre à vous d'explorer cet environnement montagnard lors d'une randonnée, d'une partie de pêche, d'une sortie en ski de haute route, ou d'une activité plus contemplative. Loin du quotidien, dans une atmosphère des plus conviviales, les échanges et les discussions prennent place autour d'un savoureux repas. Rencontres mémorables et souvenirs impérissables garantis !

ÉOLE CAP-CHAT

Route 132
✆ +1 418 786 5719
www.eolecapchat.com

Fin juin à mi-septembre : lundi-dimanche, 9h30-17h30. En dehors de cette période, sur réservation. Droits d'entrée. Durée de l'activité : 1h30.

Située à 3 km à l'ouest du pont de Cap-Chat, visite de la plus puissante et la plus haute éolienne à axe vertical du monde (110 m). Elle est entièrement automatique. La visite de l'intérieur de la structure vous permettra de comprendre son système de fonctionnement et d'apprécier les perspectives qu'offrent les énergies nouvelles. Vous verrez aussi des éoliennes à axe horizontal. Exposition, ateliers de découverte, événements spéciaux, boutique de souvenirs.

VALMONT PLEIN AIR BISTRO-BAR

10, rue Notre-Dame Est
✆ +1 418 786 1355
www.valmontpleinair.com

Établissement saisonnier.

Un très joli bistro à saveur régionale où grillades, poissons, salades et autres petits plats sont apprêtés avec originalité, dont la fameuse poutine aux crevettes. Belle sélection de bières québécoises et importées, que vous dégusterez sur la terrasse lors des beaux jours. Valmont organise également des activités de plein air : observation de l'orignal, kayak de rivière et de mer (location seulement), et randonnée pédestre (support à la logistique seulement). Vente et initiation au cerf-volant également ! Hébergement sur place : 6 chalets colorés (4 à 6 personnes) avec vue sur la mer et le massif des Chic-Chocs sont disponibles en location à l'année.

SAINT-OCTAVE-DE-L'AVENIR

Cette colonie fut fondée suite au crash boursier de 1929 par le Mgr Octave Caron, curé de Cap-Chat. Dans les années 1930, les familles s'installent peu à peu et le premier bureau de poste voit le jour en 1934. S'ajoutent aussi magasins, forges, moulins à scie, moulin à bardeaux, etc. L'été 1945, une partie de la colonie est ravagée par un grave incendie et s'ensuit le premier exode. Malgré les efforts et la volonté de continuer le développement, un second incendie d'ampleur fait rage en 1958 et l'exode s'accélère. En avril 1970, un arrêté ministériel permet la fermeture de 10 villages dits non-viables, dont Saint-Octave, et la relocalisation de leur population. Ce lieu-dit est maintenant l'hôte d'un site récréotouristique : le Village Grande Nature Chic-Chocs.

■ VILLAGE GRANDE NATURE CHIC-CHOCS
951, route Saint-Octave
✆ +1 418 786 2349 / +1 800 530 2349
www.villagegrandenaturechic-chocs.com
Auberge : à partir de 99 CAN $. Chalets : à partir de 189 CAN $. 16 chambres en auberge, 6 chalets canadiens (4 à 6 personnes), 3 chalets scandinaves (4 personnes), 1 loft (en location pour les groupes), camping. Forfaits disponibles. Service de location de motoneiges, de raquettes, de skis de fond et de vélos de montagne. Restaurant (ouvert au groupes seulement en été), bar-bistro, salle d'exercices, jacuzzis extérieurs 4 saisons, piscine intérieure, sauna, massothérapie.
Ce centre de villégiature 4 saisons offre des séjours en pleine nature pour les amants du plein air. Le restaurant sur place propose des petits déjeuners consistants pour bien démarrer la journée, un menu bistro en été, du jeudi au dimanche (11h à 20h30/21h), et une table d'hôte le soir en hiver (à partir de 29,95 CAN $ pour la table d'hôte). Plusieurs activités de plein air sont offertes sur place et à proximité.

SAINTE-ANNE-DES-MONTS

Terre d'aventure où mer et montagnes se rencontrent, nichée au creux d'une anse, la ville de Sainte-Anne-des-Monts est un véritable terrain de jeux pour les amateurs de plein air et de grands espaces. C'est également la porte d'entrée pour le parc national de la Gaspésie. Sentiers et promenades longent le fleuve et la rivière à saumon, constituant une belle balade à toute heure de la journée, surtout au coucher du soleil qui teint alors en rouge et orangé le ciel et le fleuve.

Pratique

■ BUREAU TOURISTIQUE DE SAINTE-ANNE-DES-MONTS
96, boulevard Sainte-Anne Ouest
✆ +1 418 763 1242
www.vacanceshaute-gaspesie.com
Ouvert uniquement en saison estivale.

Se loger

■ AUBERGE CHÂTEAU LAMONTAGNE
170, 1ère Avenue Est
✆ +1 418 763 7666
Occupation double : à partir de 115 CAN $. 7 chambres dont une suite. Petit déjeuner buffet inclus. Menu bistro gastronomique disponible dès 17h. Soins détente offerts sur réservation.
Construite en 1873 et classée monument historique, cette superbe auberge fut autrefois la maison de la première femme poète au Québec, Blanche Lamontagne. Les lieux n'ont rien perdu de leur cachet : moulures, planchers de bois, poutres en bois, lustres, mobilier d'époque... Les chambres sont tout simplement magnifiques, sans rien de superflu, et que dire de la suite avec son plafond cathédrale, ses poutres de bois, son foyer et son bain à remous ! En ce qui concerne la salle à manger, elle offre une vue incomparable sur la mer. Son chef, Jérôme Paquet, et son équipe vous proposent un menu à l'ardoise qui marie les produits locaux et les saveurs du monde. En été, nous vous conseillons de prendre l'apéro ou le digestif sur la grande terrasse surplombant la mer. Une belle adresse pour mener la vie de château à un prix très abordable !

■ AUBERGE FESTIVE SEA SHACK
12 km à l'est de Sainte-Anne-des-Monts
292, boulevard Perron Est
Ruisseau Castor
✆ +1 418 763 2999 / +1 866 963 2999
www.aubergefestive.com
Ouvert à l'année. Hébergement en dortoir, yourte, chalet, tipi ou camping. Consultez leur site Internet pour connaître la gamme des tarifs. Cuisine équipée, café-bistro Le Rorqual Vert, grande terrasse avec BBQ, bar sur la plage, scène extérieure pour les spectacles, babyfoot, poste Internet, Jacuzzi, patinoire aménagée en hiver, boutique/coin dépanneur, transport pour groupe, navette, activités, Eskamer (kayak de mer et canyoning). Membre du réseau Hostelling International.

En bordure de mer, ce petit coin de paradis vous offre une expérience dont vous vous souviendrez longtemps. Non seulement c'est l'endroit idéal pour les activités de plein air en toutes saisons, mais c'est aussi un haut lieu festif avec les soirées réputées du Tiki Bar Le Barbu. Relaxez-vous dans le Jacuzzi sur la plage, laissez-vous bercer dans un des nombreux hamacs, ou savourez une bonne pinte de bière de la microbrasserie gaspésienne Pit Caribou au bar de l'auberge (sans oublier les spéciaux du 4 à 8). Un lieu franchement unique qui mise sur l'environnement, la convivialité et la bonne humeur. Sea Shack Tabarnak !

■ GÎTE DU MONT-ALBERT

2001, route du Parc (route 299)
✆ +1 418 763 2288 / +1 866 727 2427
www.sepaq.com/pq/gma/
À 42 km de Sainte-Anne-des-Monts, dans le Parc national de la Gaspésie.
L'auberge ferme de fin octobre au lendemain de Noël, et du jour de Pâques jusqu'à début/mi-juin. Certains chalets restent disponibles à la location toute l'année, réservation à l'avance. Consultez leur site Internet pour connaître la gamme de tarifs. Forfaits disponibles. Restaurant gastronomique ouvert à tous, bistro, bar, terrasse, piscine extérieure, sauna, massothérapie. Nombreuses activités disponibles. Informez-vous sur le nouveau service de transport nolisé offert en saison hivernale depuis la rive-sud de Montréal et Québec.
Le Gîte du Mont-Albert est une élégante demeure blanche de style montagnard datant de 1950. Située dans un écrin de montagnes, elle offre des paysages à couper le souffle. Réputée pour sa table gastronomique et son hospitalité, c'est une adresse dont on entend beaucoup parler.

À voir – À faire

■ EXPLORAMER

1, rue du Quai ✆ +1 418 763 2500
www.exploramer.qc.ca
Ouvert tous les jours de début juin à mi-octobre de 9h à 17h. Droits d'entrée pour l'aquarium et le musée : adulte 13,50 CAN $, étudiant 11 CAN $, 6-17 ans 8,25 CAN $, famille 32,75 CAN $. Excursions en mer, activité de cueillette de poissons et différents forfaits combo disponibles.
Exploramer, récipiendaire du Phénix de l'Environnement 2010, vous invite à la découverte de l'écosystème et de la biodiversité du Saint-Laurent. Sur place : aquariums avec collections vivantes, expositions, animation, tour d'observation, boutique d'artisanat et café-resto certifié « Fourchette bleue ». Pour ceux qui veulent en connaître davantage, montez à bord du JV Exploramer où vous assisterez entre autres à la levée de casiers de pêche. Vous pouvez aussi opter pour l'activité de cueillette de poissons à marée basse où, muni de bottes-pantalons, vous suivrez, les pieds dans la mer, un guide afin de découvrir ce qui se cache dans la zone sous-marine. Joignez-vous à nos guides-naturalistes pour « Une journée dans la mer » incluant la visite du parc aquarium, du musée, des bassins tactiles, une excursion en mer et l'activité de cueillette de poissons. Du plancton aux baleines, vous découvrirez à quel point la vie dans le Saint-Laurent est riche et diversifiée.

■ PARC NATIONAL DE LA GASPÉSIE

1981, route du Parc
À 40 km de Sainte-Anne-des-Monts
✆ +1 418 763 7494 / +1 800 665 6527
www.sepaq.com/pq/gas/fr/

Le programme « Fourchette bleue, pour une saine gestion des ressources marines »

A l'initiative d'Exploramer, qui l'a lancé en 2009, ce programme de certification encourage les restaurants et les poissonneries du Québec à offrir des saveurs méconnues parmi les nombreuses espèces comestibles du Saint-Laurent, dans une perspective de développement durable et de protection de la biodiversité. En encourageant la diversification de la consommation de produits marins, on veut réduire la surpêche de certaines espèces, et mettre en avant des produits moins connus : laminaires, oursins verts, chair de phoque... Il y en a pour tous les goûts ! Le logo Fourchette bleue vous permettra d'identifier les produits certifiés dans les établissements partenaires, qui seront sans doute de plus en plus nombreux avec le temps. Une façon futée de consommer et de découvrir les richesses du Saint-Laurent !

▸ **Pour info :** www.exploramer.qc.ca/fr/fourchette-bleue

Ouvert à l'année. Depuis Sainte-Anne-des-Monts, prendre la route 299 (entrée nord) ; depuis New Richmond, la route 299 vers le nord sur 92 km (entrée sud). Postes d'accueil : centre de découverte et de services, à l'entrée nord, à côté du Gîte du Mont-Albert ; 2 postes pour le camping. Accès quotidien adulte : 6 CAN $, enfant : 2,75 CAN $, 5 ans et moins : gratuit. Tarifs groupe et famille disponibles. Location d'équipement sur place.

Situé en plein cœur de la péninsule gaspésienne, le parc national de la Gaspésie (802 km²) est une véritable mer de montagnes qui offre un panorama grandiose. Le parc compte 25 sommets de plus de 1 000 m dont les monts Albert (1 154 m) et Jacques-Cartier (1 268 m). Ces sommets, parmi les plus hauts de l'Est du pays, sont célèbres pour leur végétation subarctique identique à celle du Grand Nord québécois. On retrouve, sur le même territoire, une diversité d'espèces vivantes unique au Québec dont l'orignal, le cerf de Virginie et le caribou de la Gaspésie. Les monts Chic-Chocs sont appréciés des amateurs de plein air. Sans oublier l'excellent service de l'auberge le Gîte du Mont-Albert, nichée au cœur du parc.

- **Centre de découverte et des services** (mi-mai à mi-octobre et du 26 décembre à Pâques) : exposition permanente sur la géologie du parc, sa végétation subarctique et sa faune particulière. S'y tiennent des conférences et des projections de films. Boutique de location et de vente de matériel de camping et de plein air. Renseignez-vous ici pour préparer votre excursion.
- **Hébergement :** Auberge le Gîte du Mont-Albert, 27 chalets, 4 camps rustiques en hiver, 17 refuges, camping aménagé, camping d'hiver au camping Mont-Albert, espace VR, 2 tentes-roulottes, 7 tentes Huttopia.
- **Activités :** randonnée pédestre de courte ou longue durée (guidée ou non), canot, kayak, canot-camping, pêche à la journée ou avec hébergement, pêche au saumon. Hiver : raquette, ski de fond, ski nordique, télémark, surf des neiges ou ski de haute route. De nombreuses entreprises offrent d'autres activités que celles mentionnées. Consultez le site Internet de Tourisme Gaspésie.

Sports – Détente – Loisirs

■ ESKAMER AVENTURE

Sur le site de l'Auberge festive Sea Shack
292, boulevard Perron Est
✆ +1 418 763 2299 / +1 866 963 2999
www.eskamer.ca

Ouvert de mai à octobre. Kayak de mer : à partir de 40 CAN $, canyoning : à partir de 35 CAN $, combo : 125 CAN $. Tous les équipements nécessaires sont fournis. Expéditions et forfaits sur mesure disponibles. Hébergement sur place à l'Auberge festive Sea Shack.

Partenaire de l'Auberge Festive Sea Shack depuis 2005, Eskamer Aventure offre des sorties guidées quotidiennes en kayak, encadrées par des professionnels et enseignants. Demi-journée, journée complète ou expéditions guidées de plusieurs jours, à vous de choisir. Pour les plus aventureux, le canyoning de Ruisseau-Castor, des Sauteux ou de Beaulieu vous fera vivre des émotions fortes. Marche, saut, nage et grimpe dans une dizaine de bassins et cascades… À essayer !

LA MARTRE

Le site doit son nom à l'animal qui fréquente sa rivière. Pensez à monter au phare rouge octogonal en bois datant de 1906, ouvert à la visite. Expositions dans le bâtiment rouge annexe sur les phares et balises. Du promontoire, une vue superbe sur l'océan.

■ MUSÉE DES PHARES

10, avenue du Phare
✆ +1 418 288 5698
cielbleu@globetrotter.net

Mi-juin à mi-septembre : lundi-dimanche, 9h-17h. Droits d'entrée. Durée de la visite : 1 heure.

On visite ce phare érigé en 1906 dont la structure en bois est unique. Une exposition permanente présente le développement des phares de 1700 à nos jours.

MONT-SAINT-PIERRE

Point de départ pour la visite du parc national de la Gaspésie et de la réserve faunique des Chic-Chocs (secteur du mont Jacques-Cartier), Mont-Saint-Pierre fait partie des plus beaux villages de Gaspésie. Capitale du vol libre aux paysages exceptionnels, il est le village préféré de bien des habitués du tour de Gaspésie. Avec sa longue anse ceinturée de montagnes abruptes et sa vaste plage de galets, c'est l'endroit idéal pour cacher un trésor, en même temps qu'une halte reposante. L'été, les ailes multicolores des parapentes et des deltaplanes viennent habiller le ciel.

- **www.tourisme-mont-saint-pierre.com**

■ **RÉSERVE FAUNIQUE DES CHIC-CHOCS**
116, rue Prudent-Cloutier (Route 132)
✆ +1 418 797 5214 / +1 800 665 6527
www.sepaq.com/rf/chc/
Poste d'accueil ouvert à l'année à Mont-Saint-Pierre (bureau administratif).
La Réserve faunique des Chic-Chocs (1 129 km²) se divise en deux parties bien distinctes : la majeure partie du territoire (1 048 km²) située au sud et à l'est du parc national de la Gaspésie, l'autre partie (81 km²) au nord du parc. Elle est créée en 1949 afin de préserver un territoire exceptionnel pour la faune et permettre une meilleure utilisation du territoire. Le vénérable père Le Clerk s'exclamait à la fin du XVIe siècle : « Un pays plein de montagnes, de bois, et de rochers ». En effet, ce lieu englobe des montagnes impressionnantes de plus de 800 m dont les monts Blanche-Lamontagne (940 m), Vallières-de-Saint-Réal (940 m), Hog's Back (830 m) et le mont Brown (920 m). La forêt est couverte de sapinières à épinette noire et à bouleaux blancs, et on trouve une végétation typique de la toundra sur les sommets les plus élevés. On compte 42 lacs et de nombreux ruisseaux et rivières. Une véritable nature harmonieuse au sein de la chaîne des Appalaches.

▸ **Faune :** orignal, ours noir, lièvre d'Amérique, porc-épic, la gélinotte huppée et plusieurs espèces d'oiseaux chanteurs, truite mouchetée et grise.

▸ **Hébergement :** 15 chalets.

▸ **Location d'équipement :** chaloupes, moteurs hors-bord, gilets de flottaison et literie, vente des droits d'accès pour la chasse et la pêche.

▸ **Activités :** chasse à l'orignal et au petit gibier, chasse printanière à l'ours, observation de la faune, pêche à la truite mouchetée (omble de fontaine) et à la truite grise (touladi), à la journée et avec séjour, randonnée pédestre, équitation, cueillette de champignons et petits fruits, découverte de la géologie, ski nordique et sports de glisse, raquette.

■ **VALLÉE TACONIQUE**
77, rue Pierre-Mercier
✆ +1 418 797 2177 / +1 866 797 2177
www.valleetaconique.ca
En opération de mi-décembre à mi-avril. Différents forfaits disponibles. Réservation obligatoire.
Amoureux de la glisse en hors piste (freeriders), ceci est pour vous ! Imaginez descendre des pentes relativement abruptes en pleine poudreuse sur 4 400 m dans le cadre magique de la Haute-Gaspésie... Le tout est encadré par des professionnels et le transport en montagne est inclus (catski). Un niveau intermédiaire à expert est requis pour l'activité.

■ **VUE DU CIEL**
66, rue Prudent-Cloutier
✆ +1 418 797 2025
www.deltaplanetandem.ca
Tarif : 225 CAN $. Durée du cours : 1h30 dont 10 à 20 minutes en vol. Réservation recommandée.
Si l'expérience du vol vous tente, cette entreprise vous propose, de mai à novembre, de vivre l'expérience d'un vol d'initiation en deltaplane tandem.

MONT-LOUIS

Situé à mi-chemin entre Mont-Saint-Pierre et L'Anse-Pleureuse, ce petit village tire son nom de Louis XV qui concède les premières terres de l'endroit. Des postes de pêche sont construits dès 1697 mais les soldats du général Wolfe brûlent tout en 1758 lors de la conquête de la Nouvelle-France par les Anglais. De nos jours, Mont-Louis est réputé pour son havre de pêche et son usine de transformation du poisson, Cusimer. Pour les gourmands, voici deux adresses de qualité.

■ **ATKINS ET FRÈRES**
1, rue Chanoine-Richard
✆ +1 418 797 5059
✆ +1 877 797 5059
www.atkinsetfreres.com
Boutique sur place ainsi qu'au Marché Jean-Talon (Montréal) et au Marché du Vieux-Port (Québec). Mi-juin à début septembre : lundi-dimanche, 8h-18h. Horaire variable hors saison.
Ne quittez pas Mont-Louis sans avoir fait l'arrêt obligatoire chez Atkins et Frères. Des poissons et fruits de mer fumés à chaud (pavé fondant de saumon de l'Atlantique, bouchées de saumon au sirop d'érable, pavé rôti de truite arc-en-ciel, filets de maquereau fumé cajun ou au citron, calmar fumé confit...), à froid (saumon de l'Atlantique tranché, rillettes de truite et crevettes fumées, rillettes de saumon fumé à la coriandre...). De quoi mettre l'eau à la bouche ! Il est possible de déguster sur place les produits avant de faire ses emplettes. Les produits fins Atkins et Frères sont aussi disponibles dans de nombreux points de vente à travers la province.

■ **LA BROUE DANS L'TOUPET**
20, 1ère Avenue Est
✆ +1 418 797 2008
www.labrouedansltoupet.com
Lundi-vendredi, 11h-22h ; samedi-dimanche, 16h-22h. Ouverture du bar : mercredi-samedi, jusqu'à minuit. L'horaire peut varier en fonction de l'achalandage et de la saison. Plats principaux à la carte : à partir de 12 CAN $, table d'hôte : à partir de 40 CAN $.
Un incontournable qui plaira à tous les budgets ! Une cuisine gourmande et des plats plus raffinés où les produits régionaux sont à l'honneur. Parfait pour le lunch, les 5 à 7 sur la terrasse ou un souper en salle face à la mer.

LA POINTE

Vous entrez maintenant dans la région la plus connue de la Gaspésie, le berceau du Canada, où mer et montagnes se côtoient en une parfaite harmonie. La beauté du parc Forillon n'a pas nui à sa réputation, pas plus d'ailleurs que la croix qu'a plantée, à Gaspé, un certain Jacques Cartier le 24 juillet 1534. C'est aussi le pays du rocher Percé, bloc troué, gigantesque, de 5 milliards de tonnes de calcaire, qui ne cesse de fasciner. On s'arrête ici quelques jours, pour le repos de l'âme. Quant au corps, les activités sont suffisamment nombreuses pour l'entretenir. Enfin, on trouve dans cette région les plus belles catalognes (étoffe alternant des bandes de tissu multicolores) du Québec (et aussi les moins chères).

PETITE-VALLÉE

La renommée de ce village tient à son festival en chanson. De fil en aiguille, Petite-Vallée est devenue un pôle culturel régional important.

■ **VILLAGE EN CHANSON DE PETITE-VALLÉE**
4, rue de la Longue Pointe
✆ +1 418 393 2222 / +1 418 393 2592
www.villageenchanson.com
Du 22 juin au 1er septembre : lundi-dimanche, 12h-17h (jusqu'à minuit les jours de spectacles). Entrée gratuite au café.
Petite-Vallée est reconnue notamment pour son festival de chanson. Le Village en Chanson, c'est un camp de vacances spécialisé pour les jeunes et les moins jeunes. Il y a aussi le Théâtre de la Vieille Forge qui diffuse plus de 60 soirées culturelles pendant sa saison estivale. Au Café de la Vieille Forge, on prend plaisir à déguster un espresso ou une bonne bière de microbrasserie québécoise.

Regroupement des municipalités fusionnées de Gaspé

La nouvelle ville de Gaspé regroupe 17 villages, s'étendant sur 150 km de côte, de l'Anse-à-Valleau jusqu'à Douglastown, pour une superficie de 1 447 km². Certains villages sont inclus dans le territoire du parc national de Forillon.

POINTE-À-LA-RENOMMÉE

Pointe-à-la-Renommée est un site historique niché dans le village de l'Anse-à-Valleau. C'est LE point d'intérêt de l'endroit.

■ **SITE HISTORIQUE DE POINTE-À-LA-RENOMMÉE**
Information au bureau touristique
884, boulevard l'Anse-à-Valleau
L'Anse-à-Valleau ✆ +1 418 269 3310
cldans@hotmail.com
Ouvert tous les jours de 9h à 17h, de mi-juin à début octobre. Entrée libre.
Centre stratégique de communication lors des deux guerres mondiales, Marconi y a installé la première station radiomaritime en Amérique du Nord. Le phare, que l'on visite, a parcouru des centaines de kilomètres : inauguré à l'Anse-à-Valleau, il a séjourné vingt ans à Québec avant de retrouver son site initial en 1997. Expositions, sentiers de randonnée.

RIVIÈRE-AU-RENARD

À moins de 10 km du parc Forillon, le port de Rivière-au-Renard, appelé « capitale des pêches », abrite des gros bateaux de pêche ainsi que des usines de transformation de poisson. Les amateurs de produits de la mer s'approvisionneront en crevettes, homards et autres dans les petites poissonneries jalonnant le port. Lors des beaux jours, profitez de la plage La Sablière pour faire un brin de baignade ou de farniente.

■ **BARDEAU ET BATEAU**
17, rue de la Langevin
✆ +1 418 269 1212
marymay.bernatchez@gmail.com
En opération de début juin à début septembre. Droits d'entrée.
Ici vous pourrez participer à des activités d'interprétation à l'ancienne scierie à vapeur, dernière de ce genre dans l'est de la province. Sur ce même site, le Centre d'interprétation des pêches fera revivre l'évolution des techniques d'hier à aujourd'hui. Faites ensuite un petit tour à la boutique d'artisanat, question de rapporter un petit souvenir.

L'ANSE-AU-GRIFFON

Plusieurs légendes locales entourent le nom de cette municipalité. Certains disent que ce serait le nom du bateau qui longea les côtes au XVIIIe siècle alors que pour d'autres, le nom ferait allusion à la couleur des fonds marins (l'Anse « aux gris-fonds »). La plus populaire raconte que le Diable serait apparu, répondant à l'appel de naufragés en détresse. Il aurait laissé la marque de ses griffes sur le flanc de la petite embarcation où ils s'étaient réfugiés. À vous de décider !

■ **CENTRE CULTUREL LE GRIFFON**
557, boulevard du Griffon
✆ +1 418 892 0115
www.lanseaugriffon.ca
Ouvert à l'année (horaire variable selon la saison). Café de l'Anse : Table aux saveurs du terroir certifiée. Terrasse en bord de mer. Programmation culturelle et musicale à l'année.
Situé dans un entrepôt frigorifique datant de 1942 et restauré en 2000, témoin du patrimoine maritime gaspésien, le Griffon fait rimer culture et cachet maritime. Il abrite le Café de l'Anse (bons petits plats à saveur du terroir), une exposition sur l'époque des coopératives de pêcheurs, un centre d'accès Internet (fort utile !), une boutique de produits d'artisans, un atelier-galerie d'art, et une salle multifonctionnelle où sont présentés des spectacles et des activités. Tout sous un même toit !

■ **GRIFFON AVENTURE**
829, boulevard Griffon
✆ +1 418 360 6614
www.griffonaventure.com
En opération de mi-mai à mi-septembre. Tarifs selon l'activité choisie. Forfaits disponibles. Service de navette, location d'équipement (kit nautique ou à la pièce, camping). Hébergement disponible sur place (refuge, tente prospecteur, tipi, camping rustique). Membre du réseau Hostelling International.
Griffon Aventure propose des activités de pleine nature comme le canyoning (site exceptionnel avec des fosses vert émeraude, des glissades d'eau naturelles et plusieurs chutes – une activité unique !), le rafting (grande spécialité de l'entreprise) et le canot de rivière (groupes seulement). Des formations sur mesure et des forfaits scolaires sont aussi proposés. Après votre activité, détendez-vous au bar et si la soirée devient vraiment festive, pourquoi ne pas loger sur place ! Vous aurez le choix entre des refuges logeant de 4 à 7 personnes, un refuge dortoir (capacité de 8 personnes), une tente prospecteur (capacité de 4 personnes), un village amérindien en tipi, ou une dizaine de sites de camping rustique situés dans la partie boisée. Une adresse hautement recommandée !

■ **MANOIR LE BOUTILLIER**
578, boulevard du Griffon
✆ +1 418 892 5150
www.lanseaugriffon.ca
Mi-juin à mi-octobre : lundi-dimanche, 9h-17h. Adulte : 7 CAN $, étudiant et aîné : 5 CAN $, moins de 12 ans : gratuit, famille : 16 CAN $.
Construite vers 1850 par John Le Boutillier, grand marchand de morue originaire de l'île de Jersey, cette belle et grande demeure est ouverte à la visite (visite commentée offerte). Elle présente une exposition sur son histoire et celle de son propriétaire. Vous pourrez faire une halte au salon de thé pour y déguster des desserts d'époque accompagnés de café, espresso ou thé. L'inévitable boutique de métiers d'art et produits du terroir donne quelques idées de cadeaux. Le soir, on peut assister à une pièce de théâtre à la Grange Chouinard.

CAP-DES-ROSIERS

À Cap-des-Rosiers se trouve l'entrée nord de la zone de conservation du parc Forillon. Un conseil : mieux vaut arriver le matin à Cap-des-Rosiers, le soleil éclairant les falaises du Cap-Bon-Ami. De l'entrée du secteur nord, vous accédez au Cap-Bon-Ami. De là part un des sentiers de randonnée menant à la tour d'observation du mont Saint-Alban, endroit idéal pour admirer les oiseaux marins. En quittant la zone de conservation, on peut visiter le phare de Cap-des-Rosiers, le plus haut du pays.

GRANDE-GRAVE

Grande-Grave, compris dans le parc national Forillon, est un site patrimonial d'importance, protégé depuis la création du parc en 1970. Il revêt un caractère historique par sa commémoration de l'activité humaine qui s'y est produite : pêche, agriculture et industrie du bois. Dès 1608, Grande-Grave figure comme un poste de pêche saisonnier stratégique pour la Nouvelle-France. En 1792, la compagnie Janvrin, de Jersey en Angleterre, s'installe à Grande-Grave, qui deviendra un site majeur du commerce de la morue. Puis en 1845, William Hyman rachète la compagnie de pêche du Normand Francis Ahier et fait de Grande-Grave son principal établissement de pêche. Il deviendra maire en 1858 et fera construire sa maison en 1864 à laquelle sera rattachée le Magasin général de la compagnie en 1918. Ce magasin est devenu un lieu historique qui se visite en saison estivale.

■ CROISIÈRES BAIE DE GASPÉ

Quai de Grande-Grave
Boulevard de Grande-Grève
✆ +1 418 892 5500 / +1 866 617 5500
www.baleines-forillon.com
En opération de début juin à fin septembre/début octobre. 1 à 4 croisières par jour selon la période. Adulte : 60 CAN $, aîné et étudiant : 55 CAN $, 4-15 ans : 35 CAN $, moins de 4 ans : gratuit, famille : 140 CAN $. Forfaits disponibles.
À bord du Narval III, d'une capacité de 48 passagers, partez à la rencontre des baleines. Un guide-interprète vous expliquera tout ce qu'il y a à savoir sur ces mammifères marins. Jusqu'à sept espèces différentes peuvent être observées dans la baie de Gaspé et le golfe du Saint-Laurent, dont le rorqual bleu, le plus grand mammifère au monde.

■ MAGASIN GÉNÉRAL HYMANS & SONS

Site historique de Grande-Grave
Boulevard de Grande-Grève
Parc national du Canada Forillon
✆ +1 418 368 5505 / +1 888 773 8888
www.pc.gc.ca/forillon
Début juin à début octobre : lundi-dimanche, 10h-17h (fermé mardi-mercredi de début septembre à début octobre). Entrée libre (droits d'accès à payer pour entrer dans le parc national).
La visite du Magasin général Hyman et Sons et son entrepôt explique tout sur l'importance de la pêche à la morue dans la région, son commerce et la vie des pêcheurs. Vous découvrirez les liens qui unissaient les compagnies et les pêcheurs, la vie parfois difficile de ces derniers et l'étendue du commerce international de cette richesse exceptionnelle.

CAP-AUX-OS

Cap-aux-Os se situe à proximité de l'entrée sud du parc Forillon. C'est un havre pour les activités nautiques avec notamment plusieurs compagnies basées sur place (kayak de mer, plongée) et sa plage est des plus agréables, surtout que l'eau peut être vraiment chaude en plein été. Le soir, il arrive que des feux de grève s'y improvisent.

■ AUBE AVENTURE

2172, boulevard Grande-Grève
✆ +1 418 892 0003 / +1 418 360 4073
www.aubeaventures.com
En opération en saison estivale. Tarifs selon l'activité choisie. Formations offertes (kayak de mer, canot, voile, sauvetage en eau vive). Hébergement en yourte et camping disponible.
Aube Aventure se spécialise dans les randonnées en kayak de mer. Des expéditions de 2, 3 ou 4 jours sont offertes pour les plus motivés. Des cours d'initiation à la voile vous feront découvrir l'immensité de la baie de Gaspé (demi-journée ou journée complète). Dans tous les cas, vous aurez fort probablement la chance de croiser des mammifères marins !

■ AUBERGE INTERNATIONALE FORILLON (AUBERGE DE JEUNESSE)

2095, boulevard Grande-Grève
✆ +1 418 892 5153 / +1 877 892 5153
www.aubergeforillon.com
Ouvert de mai à mi-octobre et pendant la période des Fêtes. Chambre partagée (4, 6 ou 8 places) : 25 CAN $, chambre privée en occupation double : 50 CAN $. Chalet en location pour 3 nuits minimum (tarif à la semaine aussi disponible). Cuisine équipée, buanderie, boutique, restaurant (ouvert de juin à septembre), terrasse, location de vélos. Forfaits disponibles de mi-juin à mi-septembre.
Cette sympathique auberge, très connue des voyageurs français, est située à l'entrée sud du parc Forillon, face à la mer. À quelques pas se trouve une magnifique plage (très animée en soirée avec feu de grève). Vous pouvez faire vos courses à proximité mais nous vous conseillons le restaurant de l'auberge, membre de Gaspésie Gourmande, qui est d'ailleurs ouvert à tous (prenez l'assiette de homard frais ou le saumon au beurre d'agrumes !).

Le soir, plusieurs tables d'hôte sont proposées et l'accent est mis sur l'excellence des produits locaux. De nombreuses activités sont offertes par l'auberge : observation des ours, castors et phoques, diaporama sur Forillon, forfaits kayak de mer et croisière aux baleines. Gilles et son équipe vous y attendent !

■ PLONGÉE FORILLON
2103, boulevard Grande-Grève
✆ +1 418 892 5888
www.plongeeforillon.com
En saison estivale. Réservation requise. Plongée en apnée : adulte 70 CAN $. Plongée bouteille : tarifs variables selon le nombre de plongées et l'équipement requis. Notez que seuls les plongeurs certifiés peuvent faire de la plongée bouteille. Location d'équipement, vente d'équipement usagé.
Vivez l'expérience unique de plongée en apnée avec les phoques (aucune expérience requise). Vous partirez en mer à bord d'un Zodiac 12 passagers et découvrirez la riche faune et flore marines de Forillon dans une eau cristalline. Tout l'équipement est fourni et vous serez bien encadré par des professionnels certifiés. Une expérience à vivre !

GASPÉ

C'est ici qu'en juillet 1534 Jacques Cartier plante sa croix, prenant symboliquement possession du Canada au nom du roi de France. Gaspé viendrait du mot *gespeg* qui signifie, en langue micmac, « fin des terres, bout, extrémité ». Gaspé regroupe 17 villages, s'étendant de l'Anse-à-Valleau jusqu'à Douglastown, sur une superficie de 1 447 km². Certains villages sont inclus dans le territoire du parc national de Forillon. Le centre-ville de Gaspé constitue un bon point de chute pour la visite des attraits des environs et pour la pratique de nombreuses activités : randonnées, kayak de mer, voile, plongée sous-marine, équitation, observation des baleines et des phoques... La région de Gaspé est connue pour sa pêche au saumon qui abonde dans les rivières York, Dartmouth et Saint-Jean. Depuis peu, Gaspé est dotée d'un tout nouveau port d'escale afin d'accueillir les navires de croisière internationale. Pour en apprendre davantage à propos des croisières sur le Saint-Laurent et les ports d'escale, visitez le site Internet suivant : www.croisieresaintlaurent.com

Transports

■ AÉROPORT DE GASPÉ
60, rue de l'Aéroport ✆ +1 418 368 2104

Pratique

■ CHAMBRE DE COMMERCE ET DE TOURISME DE GASPÉ
27, boulevard York Est
✆ +1 418 368 8525
www.cctgaspe.org
Ouvert toute l'année.

■ HÔPITAL HÔTEL-DIEU DE GASPÉ
215, boulevard York Ouest
✆ +1 418 368 3301
www.cssscotedegaspe.ca

Se loger

■ HÔTEL DES COMMANDANTS
178, rue de la Reine
✆ +1 418 368 3355
✆ +1 800 462 3355
www.hoteldescommandants.com
Occupation double : à partir de 125 CAN $. Ensemble de 70 chambres et suites. Forfaits disponibles.
L'Hôtel des Commandants, coté 4-étoiles, dispose de chambres et suites plus que confortables, d'un centre de santé Spa et d'une belle vue sur la mer. Restaurant au menu terre et mer, resto-pub avec 7 écrans HD, cinéma, théâtre d'été.

■ LOGIS-VACANCES – CÉGEP DE GASPÉ
94, rue Jacques-Cartier
✆ +1 418 368 2749
www.cgaspesie.qc.ca/gaspe
Ouvert de mi-juin à mi-août. Chambre simple : 35 CAN $, double : 48 CAN $, appartement : 91-118 CAN $. Location long terme offerte. Literie et serviettes incluses. Activités payantes disponibles dans le centre sportif : piscine, mur d'escalade, gymnase, salle d'exercices.
En saison estivale, le CÉGEP (établissement d'études pré-universitaires) loue des chambres ayant accès à une cuisine commune et à une salle de bain partagée ou des appartements avec une cuisine, salle de bain, petit salon et chambres. Buanderie, salle de billard et ping-pong, salon avec télévision.

Se restaurer

■ BRISE-BISE
135, rue de la Reine
✆ +1 418 368 1456
www.brisebise.ca
Lundi-dimanche, dès 11h. Compter 10-30 CAN $.

Au cœur du centre-ville, le Bistro Resto Brise-Bise, bâtisse jaune au paravent rouge, jouit d'une belle vue sur la rivière York. On y sert une cuisine de style bistro (sandwichs, pâtes et pizzas, salades repas, burgers, grillades...) et bien évidemment, du poisson et des fruits de mer (homard, crabe, moules, pétoncles et bien d'autres encore selon les arrivages). Essayez la pizza au saumon fumé ou encore la poutine aux crevettes fraîches. Terrasse et glaces en vente au Brise Glaces juste à côté. Volet culturel : expositions et concerts en soirées.

AUBERGE LA MAISON WILLIAM WAKEHAM

186, rue de la Reine
✆ +1 418 368 5537
✆ +1 418 368 5792
www.maisonwakeham.ca
Lundi-vendredi, 11h30-14h ; lundi-dimanche, dès 17h30. Brunch du dimanche dès 9h. Horaire restreint hors saison et fermeture annuelle de janvier à mi-mars (parfois un peu plus). Réservation conseillée. Table aux saveurs du terroir certifiée. Bar à tapas et lounge terrasse. Service de traiteur. Hébergement et forfaits disponibles sur place.

Si vous voulez tenter une expérience gastronomique des plus honorables, c'est à la Maison Wakeham qu'il faut aller. La cuisine y est savoureuse et les produits du terroir apprêtés à merveille : nems au canard confit et salsa de mangues, acras de morue avec aïoli maison, ravioli ouvert au crabe des neiges, pétoncles de la Gaspésie... Pour couronner le repas, tous les desserts et glaces sont faits maison. Le rapport qualité-prix est plus que correct, le service excellent et la carte des vins bien étoffée.

CAFÉ DES ARTISTES

101, rue de la Reine
✆ +1 418 368 3366
www.bruleriedcafedesartistes.net
Lundi-vendredi, 7h-22h30 ; samedi-dimanche, 8h-22h30. Salle d'exposition consacrée aux artistes gaspésiens.

Cette petite brûlerie propose toute une gamme de cafés, à déguster sur place ou à emporter. La Brise du Matin (petits déjeuners) est servie jusqu'à 11h (14h le dimanche). Dès 11h, c'est le Cri de la Mouette qui est disponible (menu à la carte) où se côtoient des pâtes fraîches maison, des paninis, des salades et autres. À accompagner de bière gaspésienne Pit Caribou !

À voir – À faire

PARC NATIONAL DU CANADA FORILLON

Bureau administratif
122, boulevard Gaspé
✆ +1 418 368 5505 / +1 888 773 8888
www.pc.gc.ca/forillon
Services et activités principalement offerts de juin à octobre. Centres d'accueil : Penouille et l'Anse-au-Griffon (fin mai/début juin à début septembre). Adulte : 7,80 CAN $, aîné : 6,80 CAN $, jeune : 3,90 CAN $, famille : 19,60 CAN $.

Il constitue le principal attrait de Gaspé. On y entre à Saint-Majorique et on ressort à Rivière-au-Renard (ou l'inverse). Pour explorer tout le parc, nous conseillons de consacrer d'abord une journée en voiture pour découvrir les villages et les principaux attraits du secteur, puis une journée ou plus pour profiter à pied de la zone de conservation du parc. Pour les activités hivernales, il faut prendre contact avec le parc. Le mot *forillon* signifie petit phare. Ce parc national a été conçu sous le thème de l'harmonie entre l'homme, la terre et la mer en 1970. Outre la configuration de son paysage constitué de falaises abruptes, de plages de galets et de grottes, il offre le très grand attrait de sa faune et de sa flore. Le lynx, le castor, l'orignal, le renard roux et l'ours y vivent en harmonie avec la nature. Les différentes forêts (mixtes, de conifères ou de feuillus), les marais d'eau douce, les prairies et la végétation des dunes vous enchanteront. On y observe d'importantes colonies d'oiseaux de mer ainsi que différentes espèces de phoques et de baleines dont le rorqual à bosse, le petit rorqual et le dauphin à flanc blanc.

▸ **Hébergement :** 3 terrains de camping aménagés et rustiques (environ 360 emplacements, à partir de 25,50 CAN $ par nuit – Réservations : ✆ +1 877 737 8783 – www.pccamping.ca). Le camping Cap-Bon-Ami sur les falaises offre une vue imprenable. Autres hébergements : prêt-à-camper (tentes-roulottes, yourtes), camping sauvage (aucun frais, mais inscription obligatoire au centre d'accueil ou poste de perception), abris dortoirs (max. 4 personnes, 15 CAN$ par personne).

▸ **Activités :** randonnée pédestre, vélo, équitation, croisières de découverte et observation des baleines, kayak de mer, baignade, pêche en eau salée, plongée sous-marine et en apnée, aires de pique-nique, activités d'interprétation, ski de randonnée, raquette, traîneau à chiens.

■ MUSÉE DE LA GASPÉSIE

80, boulevard de Gaspé
✆ +1 418 368 1534
www.museedelagaspesie.ca
info@museedelagaspesie.ca
Juin à fin octobre : lundi-dimanche, 9h-17h. Le reste de l'année : lundi, fermé ; mardi-vendredi, 10h-17h ; samedi-dimanche, 13h-17h. Adulte : 10 CAN $, aîné et étudiant : 8 CAN $, 6-17 ans : 5 CAN $, 5 ans et moins : gratuit. Tarifs pour groupes et familles aussi disponibles. Boutique sur place.
Institution muséale régionale, le Musée de la Gaspésie est l'endroit par excellence où (re) découvrir l'histoire de cette fabuleuse péninsule. L'exposition permanente « Gaspésie... le grand voyage ! » ainsi que les nombreuses expositions temporaires qu'on y présente reposent sur l'histoire, l'art, le patrimoine et la culture des Gaspésiens. Le Musée abrite aussi le Centre d'archives de la Gaspésie, ouvert à tous, où l'on peut consulter et utiliser les fonds régionaux d'archives entre autres pour la recherche généalogique. De plus, l'institution muséale édite le Magazine Gaspésie, doyen des magazines d'histoire au Québec, qui saura vous charmer par la qualité de son contenu et la variété des thématiques abordées.

■ SITE D'INTERPRÉTATION DE LA CULTURE MICMAC DE GESPEG

783, boulevard Pointe-Navarre
✆ +1 418 368 7449
✆ +1 418 368 7568
✆ +1 866 870 6005
micmacgespeg@globetrotter.net

Juin à septembre : lundi-dimanche, 9h-17h. Adulte : 8 CAN $, aîné : 7 CAN $, étudiant : 6 CAN $, 5 ans et moins : gratuit, famille : 18 CAN $. Visites guidées plusieurs fois par jour. Durée de la visite : 1h30.
Les visites guidées, animations, expositions et dégustations de Gespeg vous introduiront à la culture traditionnelle des Micmacs de la Gaspésie au XVIe siècle. *Gespeg, le bout des terres*, vous convie à la découverte du mode de vie traditionnel. Dans un décor exceptionnel, guides et animateurs micmacs vous font découvrir la vie au quotidien en l'an 1675. Atelier d'artisanat, exposition sur la culture micmac d'hier à aujourd'hui. La visite, très ludique, plaira aux enfants comme aux adultes.

Sports – Détente – Loisirs

■ PLAGE DE HALDIMAND

Route 132
A 10 minutes du centre-ville, en direction de Percé.
Superbe plage de sable fin, surveillée.

■ SOCIÉTÉ DE GESTION DES RIVIÈRES DE GASPÉ

25, boulevard York Est
✆ +1 418 368 2324 – www.zecgaspe.com

À côté de l'office de tourisme.
Consultez leur site Internet pour connaître les tarifs des permis selon la zone.
La période de pêche commence à la fin mai et se termine à la fin septembre. Vous y achèterez les droits quotidiens pour pêcher le saumon dans les rivières York, Darmouth et Saint-Jean. Vous pouvez peser et laver vos prises sur place. Possibilité de prendre un guide. Hébergement, restauration, activités et forfaits au Pavillon St-Jean (www.pavillonsaint-jean.ca).

SAINT-GEORGES-DE-MALBAIE

Pendant la Seconde Guerre mondiale, Saint-Georges-de-Malbaie a été un poste de défense en prévision d'une éventuelle attaque allemande. Vous pouvez visiter le site des fortifications sur la route 132, en direction de Percé.

■ AUBERGE ET GOLF FORT-PRÉVEL

2053, boulevard Douglas
✆ +1 418 368 2281
✆ +1 888 377 3835
www.sepaq.com/ct/pre/fr
Le long de la route 132.
Hébergement en camping, auberge, pavillon, motel, maison et chalet (début juin à début septembre). Forfaits disponibles. Terrain de golf 18-trous (fin mai à fin septembre).
Un magnifique établissement qui surplombe la mer, très confortable, en plein cœur d'un terrain de golf. Accès à la piscine extérieure et à une plage. Le tout se trouve sur les vestiges d'une ancienne batterie côtière datant de la Seconde Guerre mondiale, élevée pour contrer les sous-marins allemands qui menaçaient alors les navires de ravitaillement en route vers l'Europe. Restaurant Le Bastion (une excellente table de la région avec spécialités de bouillabaisse et saumon fumé du chef), resto-golf, service de bar, location d'équipement de golf et boutique.

PERCÉ

Percé doit son nom à un spectaculaire rocher, percé sous l'effet de l'érosion marine, qui se dresse tout près de la côte. Ses dimensions dépassent l'imagination : on a calculé qu'il pesait environ 5 millions de tonnes et qu'il est là, les pieds dans l'eau, depuis 350 millions d'années. Son site exceptionnel ne cesse d'inspirer les artistes et d'attirer les touristes du monde entier. Jacques Cartier a débarqué à Percé en 1535, puis les pêcheurs européens se sont installés sur son littoral dès le XVe siècle. L'île Bonaventure, située au large de Percé mais bien visible, est un sanctuaire d'oiseaux migrateurs qui accueille environ 250 000 oiseaux (mouettes, guillemots marmettes, macareux, cormorans, goélands, petits pingouins), dont 110 000 forment la colonie de fous de Bassan. Un spectacle unique qu'il faut voir de près. Ajoutez à cela le mont Sainte-Anne, juste derrière l'église, avec sa grotte, sa crevasse et ses failles, et vous aurez une idée des richesses offertes par ce coin de Gaspésie.
Longtemps isolé, Percé s'est développé grâce au tourisme. Il est devenu un lieu de villégiature bien équipé et renommé pour sa gastronomie. Mieux vaut réserver son hébergement si on prévoit de s'y rendre entre la mi-juillet et la mi-août. Certains jours, vous aurez même du mal à marcher parmi la foule de vacanciers. Vrai petit village touristique, une foule de lieux d'hébergement, de restaurants, de boutiques souvenir et d'artisanat sillonnent la route principale. Pour une petite sortie sympathique en soirée : le bar-terrasse Au P'tit Bateau est « la place qui bouge » en ville.

Pratique

■ BUREAU TOURISTIQUE DE PERCÉ

142, route 132 Ouest
✆ +1 418 782 5448
✆ +1 855 782 5448
www.perce.info
Ouvert en saison estivale uniquement.

Se loger

L'offre en hébergement ne manque pas à Percé et on retrouve de tout à tous les prix. Comme il nous est impossible d'en faire la liste complète, voici quelques bonnes adresses. Chose certaine : réservez à l'avance !

Locations

■ LE CHALET DES FAILLES

65, route des Failles ✆ +1 418 782 5222
✆ +1 418 782 6205
www.chaletperce.ca
Location à la semaine : à partir de 700 CAN $. Tarifs quotidiens disponibles en basse saison. Forfaits disponibles.
Cette grande maison jaune toute équipée vous propose deux chambres et l'accès à un magnifique terrain surplombant la mer. Les

plafonds voûtés sont tous en bois et le mobilier donne à la maison un air de campagne. Deux autres chalets sont disponibles en location à Percé : la Maison Birmingham (5 chambres, à partir de 850 CAN $ la semaine), et la Grangette (2 chambres, à partir de 500 CAN $ la semaine). Des lieux parfaits pour vos vacances familiales ou en amoureux !

■ NATURE OCÉAN – CHALETS CAMPING
400, route 132 Ouest
✆ +1 418 782 2400
✆ +1 877 682 2400
www.natureocean.com
Ouvert toute l'année. Chalets (3 à 8 personnes) : 70-195 CAN $ par jour et 550-1095 CAN $ pour une semaine. Caravanes et tentes : 28-39 CAN $ (7e nuitée offerte gratuitement).
Chalets très coquets, construits tout en bois, par le propriétaire lui-même. Tous les chalets sont entièrement équipés : frigo, vaisselle, four, micro-onde, cafetière, TV et DVD, Internet sans fil gratuit, etc. En plus, la plupart ont une vue directe sur le rocher Percé. Un endroit privilégié pour se détendre.

Autre adresse : 1307, route 132 Ouest, Cap d'Espoir – à 10 minutes de route de Percé (chalets directement sur la plage, location à la semaine).

■ AU PIC DE L'AURORE
1, route 132 Ouest
✆ +1 866 882 2151 / +1 418 782 2151
www.percechalet.com
Ouvert de début/mi-mai à fin octobre. Consultez leur site Internet afin de connaître la gamme des tarifs pour les chalets, la maison, les chambres en motel, les studios, et les appartements. Location à la nuit et à la semaine. Réservation en ligne avec garantie du meilleur tarif. Expositions et boutique d'art sur place.
Depuis les hauteurs de Percé, confortablement installé sur le balcon de votre chalet, la perspective sur le rocher et l'océan est unique. Les vacances débutent bien ! Les nombreuses formules d'hébergement vous offrent différentes gammes de service allant de la chambre régulière au chalet entièrement équipé. Sur place, un bar-café est ouvert tous les jours de juin à mi-octobre.

Bien et pas cher

■ AUBERGE DE JEUNESSE LA MAISON ROUGE
125, route 132 Ouest
✆ +1 418 782 2227
www.lamaisonrouge.ca
Ouvert de mi-mai à mi-octobre. Chambre partagée (27 lits) : 25 CAN $ (location de draps : 5 CAN $), chambre privée (7) : à partir de 75 CAN $ en occupation simple ou double. wi-fi gratuit, buanderie, location de vélo, vente de billets pour les activités à Percé.
À deux pas du fameux rocher Percé se trouve cette jolie auberge toute rouge. Le tout se divise en deux pavillons. Les chambres partagées sont situées dans l'ancienne grange où on retrouve une cuisine équipée, une salle à manger et une grande terrasse. Les chambres privées sont dans la maison d'à côté à l'allure de petit gîte. Sur place, cuisine tout équipée, salle à manger, solarium, terrasse. Un bel endroit un peu à l'extérieur du centre touristique sur un immense terrain où rencontres et bon temps sont au menu.

■ GÎTE DU PRESBYTÈRE
47, rue de l'Église
✆ +1 418 782 5557 / +1 866 782 5557
www.perce-gite.com
Ouvert du 15 avril au 30 novembre. Occupation simple ou double : à partir de 72 CAN $. Cinq chambres et suites. Petit déjeuner inclus.

Un vrai coup de cœur pour ce gîte, un tout petit peu à l'extérieur de la zone dans laquelle se concentrent les touristes. Michel, le propriétaire, a décoré cet ancien presbytère avec un soin merveilleux : dentelle, plats de faïence, jetés de lit fleuris, couleurs pastel. On s'y sent vraiment très bien.

Confort ou charme

■ HÔTEL LA CÔTE SURPRISE

367, route 132 Ouest
✆ +1 418 782 2131 / +1 866 782 2131
www.hotelcotesurprise.com
En opération de juin à mi-octobre & de début février à mi-mars pour la saison de motoneige. Occupation double : à partir de 79 CAN $. Forfaits disponibles. 36 chambres et suites réparties dans 3 pavillons. Restaurant ouvert matin et soir (informez-vous sur les dates d'ouverture de ce dernier), pub avec foyer et terrasse. Service de navette pour les voyageurs arrivant en train ou autobus.
Surplombant la mer avec une vue incomparable sur le rocher Percé et l'île Bonaventure, cet établissement vous propose un cadre enchanteur, un accueil des plus chaleureux, et plusieurs services et commodités pour un séjour mémorable. Les chambres et suites, réparties dans trois pavillons, offrent toutes une superbe vue panoramique et certaines sont dotées d'un balcon ou d'une terrasse, question d'en profiter. Le restaurant propose de bons petits déjeuners et, le soir venu, l'ardoise affiche une cuisine du terroir d'inspiration française et plusieurs spécialités maison. Un pub se trouve également sur place et propose un menu pour les petits creux, une carte des alcools, dont des bières gaspésiennes, une table de billard et des écrans géants pour la diffusion d'événements sportifs. Une adresse hautement recommandée !

■ HÔTEL LE MIRAGE

288, route 132 Ouest
✆ +1 418 782 5151
✆ +1 800 463 9011
www.hotellemirageperce.com
Ouvert de juin à mi-octobre. Occupation double : à partir de 109 CAN $, petit déjeuner inclus. Piscine extérieure chauffée, terrain de tennis. Forfaits et excursions disponibles.
Situé un peu en retrait du centre touristique de Percé, dans un cadre paisible et verdoyant, cet hôtel est tout indiqué pour ceux cherchant à profiter pleinement des paysages et de l'air salin. Les chambres sont spacieuses, lumineuses et ont toutes une vue imprenable sur le rocher Percé. Au matin, le petit déjeuner est servi dans une salle aux grandes baies vitrées… La vue est tout simplement magnifique. Une adresse à retenir !

■ HÔTEL MOTEL BLEU BLANC ROUGE

104, route 132 Ouest
✆ +1 418 782 2142
✆ +1 877 782 2142
Ouvert de juin à début octobre. Occupation simple ou double : à partir de 65 CAN $ en unité de motel. Chalet : à partir de 70 CAN $. Salon commun, tv cablée avec convertisseur, Internet sans fil.
Un établissement familial, bien tenu, qui vous propose l'hébergement en motel ou en chalet. Ces derniers sont bien équipés et ont une petite cuisine. Certaines chambres ont une vue sur le rocher Percé. Très bon rapport qualité-prix.

■ RIOTEL PERCÉ

261, route 132 Ouest
✆ +1 418 782 2166
✆ +1 800 463 4212
www.riotel.com

Ouvert de mi-mai à mi-octobre. Occupation double : à partir de 69 CAN $. Ensemble de 86 chambres à l'hôtel et 12 unités au pavillon de la montagne. Forfaits disponibles dont « homard à volonté » offert de mi-mai à mi-juillet. wi-fi gratuit, poste Internet, terrasse, Jacuzzi extérieur, accès direct à la plage, salle d'exercices.

Un hôtel 3-étoiles très confortable et fort bien tenu. Les chambres, aux murs recouverts de bois, sont très chaleureuses et confortables. La plupart ont une vue imprenable sur le rocher Percé et l'île Bonaventure. Le panorama depuis la salle à manger du restaurant Bonaventure sur Mer est à couper le souffle. On peut y déguster les savoureux produits des artisans régionaux, en profitant d'un service attentionné, ou encore y prendre le petit déjeuner en face du rocher… Une adresse de choix, pour laquelle il est recommandé de réserver en saison !

Luxe

■ HÔTEL LA NORMANDIE

221, route 132 Ouest ✆ +1 418 782 2112
✆ +1 800 463 0820
www.normandieperce.com

Ouvert de mi-mai à mi-octobre. Occupation simple ou double : 99-399 CAN$. 45 chambres et suites tout confort. Forfaits disponibles.

Cet hôtel de charme 4-étoiles est une destination privilégiée alliant grand confort et gastronomie. Ses chambres, entièrement rénovées, sont douillettes à souhait et plusieurs possèdent une porte patio avec balcon donnant une vue superbe sur la mer, le rocher et l'île Bonaventure. Sa table est fort réputée et met en valeur les produits de la mer (dont le fameux feuilleté de homard au champagne) ainsi que les volailles, viandes et grillades, le tout apprêté avec justesse. Une carte des vins étoffée vient compléter l'expérience.

Se restaurer

Tout comme l'hébergement, il existe une multitude de restaurants. Certains situés dans les hôtels sont ouverts au public. Voici nos préférés.

■ AUBERGE LA TABLE À ROLAND

190, route 132 Ouest ✆ +1 418 782 2606
✆ +1 866 782 2606
www.aubergelatablearoland.com

Ouvert tous les jours à l'année.

Ouvert toute la journée, du petit déjeuner au repas du soir, la Table à Roland propose des poissons et des fruits de mer, mais aussi une cuisine régionale et canadienne, le tout dans une atmosphère des plus familiales. Étant un des rares établissements ouverts à l'année à Percé, il devient le point de rendez-vous de nombreux motoneigistes en hiver. Possibilité d'hébergement au Motel L'Églantier juste à côté (près d'une vingtaine d'unités modernes avec vue sur le rocher, forfaits disponibles).

■ MANOIR DE PERCÉ

212, route 132 Ouest
✆ +1 418 782 2022 / +1 800 463 0858
www.manoirdeperce.com

Ouvert de mi-mai à mi-octobre. Forfait repas pour un soir : 46 CAN $ par personne (souper gastronomique et petit déjeuner complet – à ajouter au prix de la nuitée). Belle carte des vins et alcools du terroir. Hébergement et forfaits disponibles. Bar, salle de repos, Internet sans fil gratuit et poste Internet, buanderie, billetterie pour excursions en mer. Situé en plein cœur de Percé, à proximité de tous les attraits, cet hôtel offre une quarantaine de chambres confortables, toutes avec vue sur le rocher et l'île Bonaventure.

Vous serez charmé par son accueil chaleureux ainsi que par sa table gourmande de grande réputation. Les spécialités de la maison : saumon fumé maison, bouillabaisse gaspésienne, grillades, grand choix de poissons et de fruits de mer. A ce propos, profitez du forfait « homard à volonté » offert de fin août à fin septembre. Le rapport qualité-prix est excellent. Et que dire des petits déjeuners copieux ! Une très belle adresse !

■ LE CAFÉ DE L'ATLANTIQUE

Dans le même bâtiment que La Maison du Pêcheur
155, Place du Quai ✆ +1 418 782 5331
www.restoquebec.com/maisondupecheur
Ouvert du 24 juin à début septembre : tous les jours dès 8h. Compter 10-25 CAN $.
Des plats plus simples et servis plus rapidement qu'à la Maison du Pêcheur, dont il partage les installations. Une bonne ambiance nocturne fait le succès de ce café bistro proche de la mer. Essayez le homard'œuf (œuf bénédictine au homard) au petit déjeuner. Si vous êtes gourmand comme nous, vous en prendrez tous les matins !

■ LA MAISON DU PÊCHEUR

155, Place du Quai
✆ +1 418 782 5331
www.restoquebec.com/maisondupecheur
Ouvert de juin à mi-octobre : lundi-dimanche, 11h-14h30 et 17h-22h. Le midi : 20 CAN $ et moins, table d'hôte du soir : 35-50 CAN $, plats principaux à la carte : 15-50 CAN $.
Georges Mamelonet, ancien maire de Percé et propriétaire des lieux, est un Français installé en Gaspésie depuis une trentaine d'années et qui défend bec et ongles les produits québécois. La pêche, à défaut d'être miraculeuse, est toujours bonne. Tous les jours, il va chercher pour vous du homard dans des viviers sous-marins. Les langues de morue au beurre d'oursin que l'on dégustera après un potage d'algues marines, par exemple, est une des spécialités de la maison. L'assiette du pêcheur pour deux est généreuse et délicieuse. Outre les fruits de mer et le poisson, le restaurant apprête aussi bien, avec des légumes de la région essentiellement bio, l'entrecôte à la bordelaise ou le filet mignon. Les pizzas au feu de bois d'érable sont délicieuses. Également au menu, fromages québécois en provenance des îles de la Madeleine et d'autres régions du Québec. Pour terminer, craquez pour l'un des desserts qui trônent au centre du restaurant. Un incontournable dont vous repartirez avec le sourire ! Pour l'anecdote : renseignez-vous sur l'histoire des lieux (le tournage du film *La Maison du Pêcheur*, d'Alain Chartrand, a d'ailleurs débuté à l'automne 2012 et relate l'histoire de l'été 1969 à Percé).

Le fou de Bassan

On l'appelle le roi du plongeon. Il est originaire de Bassan, en Écosse. C'est un oiseau blanc et jaune safran, aux pattes palmées. Gros comme une poule, il se nourrit de poissons qu'il a la particularité d'attraper en plongeant tête la première du haut des airs. Dans l'est du pays, on trouve également des fous de Bassan aux îles de la Madeleine, à Terre-Neuve et sur l'île d'Anticosti.

Sortir

La vie nocturne estivale de Percé est animée par plusieurs spectacles, ayant souvent lieu à la Saline, un grand espace en face du quai, appartenant à la Sépaq. La programmation de la Vieille Usine, à l'Anse-à-Beaufils, demeure l'une des meilleures du coin.

À voir – À faire

■ LA GRANDE CREVASSE

Divers sentiers, dont un qui va au mont Sainte-Anne. C'est une profonde entaille dans la roche rouge.

■ MONT SAINTE-ANNE

Carte disponible gratuitement à l'office du tourisme.
Derrière l'église, plusieurs sentiers grimpent au sommet, à 320 mètres d'altitude, où se dresse la statue de Sainte-Anne. Belvédères aménagés offrant des vues aériennes sur le rocher Percé, la baie, le village. On ira aussi voir la grotte (à 1 km à partir de la bifurcation) qui abrite un joli bassin moussu dans lequel se déversent les eaux d'une petite chute.

■ MUSÉE LE CHAFAUD

142, route 132 Ouest
✆ +1 418 782 5100
www.musee-chafaud.com
Du 21 juin au 21 septembre : lundi-dimanche, 10h-20h. Adulte : 5 CAN $, étudiant et aîné : 3,50 CAN $, 12 ans et moins : 2 CAN $, famille : 13 CAN $.
Ce musée, situé dans un magnifique bâtiment avec vue sur la mer, œuvre à la diffusion et à la mise en valeur du patrimoine percéen.

La ville et surtout le rocher ont inspiré et continuent à inspirer de nombreux artistes. Le musée accueille des expositions temporaires. La magnifique figure de proue, quant à elle, reste là toute l'année.

■ PARC NATIONAL DE L'ÎLE-BONAVENTURE-ET-DU-ROCHER-PERCÉ

4, rue du Quai
✆ +1 418 782 2240 / +1 800 665 6527
www.sepaq.com/pq/bon/fr

Accès quotidien adulte : 6 CAN $, enfant : 2,75 CAN $, 5 ans et moins : gratuit. Tarifs groupes et familles disponibles. Informez-vous sur les sorties nocturnes.Pour le tour de l'île et du rocher Percé en bateau, rendez-vous à la billetterie du quai : environ 20-25 CAN $. Trois compagnies, disposant chacune de nombreux bureaux, partent très régulièrement pour l'île Bonaventure. Elles s'approchent du rocher puis font le tour de l'île Bonaventure, avant de vous laisser au quai. Retours fréquents également. Futé : pour le service et la qualité du tour guidé, on vous recommande les croisières Julien Cloutier. Les droits d'accès vous permettent de faire le tour de l'île Bonaventure et de visiter les différents édifices d'interprétation sur le quai. Ils sont consacrés à l'histoire, la géologie et la nature du rocher Percé et de l'île Bonaventure. Plusieurs fois par semaine, à 19h30, des conférences ont lieu à la Saline, permettant d'approfondir ces thèmes (complexe Charles Robin, 4, rue du Quai à Percé).

Situé à l'extrémité de la péninsule gaspésienne, le parc national de l'île-Bonaventure-et-du-Rocher-Percé (5,8 km²) se distingue par son riche patrimoine naturel et historique. Le paysage est sculpté par la mer. Les Appalaches se prolongent dans les eaux du golfe, laissant apparaître l'île Bonaventure d'un côté avec ses effluves champêtres et la gigantesque muraille comme le rocher Percé. Il s'agit d'un véritable kaléidoscope de couleurs, paysages et odeurs. Le parc abrite un sanctuaire de 250 000 oiseaux migrateurs, dont les petits pingouins, les mouettes trydactyles, les guillemots marmettes, les macareux et une colonie des fous de Bassan, la plus importante concentration en Amérique du Nord. Le rocher Percé mesure 471 m de long et 85 m de haut. Il est constitué de calcaire formé au fond de l'océan il y a des millions d'années. Il était jadis rattaché au continent et percé de plusieurs arcades. En 1845, une de ces arcades s'est effondrée, laissant le pilier que l'on voit aujourd'hui.

Pour des raisons de sécurité, il est interdit de se rendre sans guide de la Sépaq au rocher Percé. Vous avez deux options. Faire une sortie encadrée où vous devez acquitter les droits d'accès réguliers de la Sépaq. Sinon, vous pouvez choisir une sortie guidée où l'on vous racontera l'histoire de la formation du rocher et de la faune et de la flore environnantes. Vous devez alors acquitter les droits d'accès de la Sépaq plus un léger supplément pour la visite guidée.

Un restaurant vous accueille à l'entrée de l'île Bonaventure, juste en face du quai : le resto des Margaulx. Sa soupe du pêcheur est reconnue comme étant une des meilleures de la région. Il est aussi possible d'y déguster une « torpille » au homard et au crabe qui vous donnera de l'énergie pour une petite marche ! Le parc est divisé en plusieurs secteurs :

- **Secteur historique Charles Robin (rue du Quai à Percé) :** avant de vous aventurer plus loin dans le parc, prenez le temps de visiter le centre de découverte. Il vous offre la possibilité de découvrir le patrimoine historique et naturel, tant faunique que géologique, de la région de Percé. Salle d'exposition et documentaire sur les fous de Bassan.
- **Secteur de l'île Bonaventure :** l'un des plus gros refuges d'oiseaux migrateurs, dont la plus importante colonie de fous de Bassan en Amérique du Nord. Visitez la maison Le Boutillier qui raconte l'histoire des pêches.
- **Secteur du rocher Percé :** c'est là que vous admirerez la cathédrale de pierre et que vous vous adonnerez à des activités d'écologie marine à marée basse. Attention : 300 tonnes de roche tombent du rocher Percé chaque année. Pour des questions de sécurité, il est interdit de s'en approcher sauf lors des sorties avec la Sépaq.
- **Secteur marin :** randonnée guidée en kayak de mer et plongée sous-marine, en partenariat avec le club nautique de Percé.

Sports – Détente – Loisirs

■ CLUB NAUTIQUE DE PERCÉ

199, route 132 Ouest
✆ +1 418 782 5403
www.percenautic.com

Horaires et tarifs variables selon l'activité choisie.

Le club nautique vous propose un très large choix d'activités : piscine (fermée temporairement, en attente de rénovation), randonnées en kayak de mer en partenariat avec

Avolo Plein Air (contactez directement cette compagnie pour la réservation), plongée sous-marine (initiation, plongée de nuit, location d'équipement, cours avec certification). Une bonne adresse pour ceux désirant profiter des plaisirs de l'eau !

■ **PÊCHE EN HAUTE MER – LES TRAVERSIERS DE L'ÎLE**
Billetterie
9, rue du Quai
✆ +1 418 782 5526 / +1 866 782 5526
www.croisieresgaspesie.com
Cette compagnie de croisières offre des excursions de pêche au homard avec interprétation. Vous participerez à la levée des casiers à homards avec les pêcheurs et qui sait, vous pourrez peut-être même apercevoir des baleines et des phoques... On vous recommande toutefois de réserver à l'avance. Le départ se fait au quai de Percé à 17h (durée de 1h30) et il est possible de prendre un forfait souper de homard.

▸ **Autre adresse :** autre billetterie : 224, route 132 Ouest.

Visites guidées

■ **CROISIÈRES JULIEN CLOUTIER**
9, rue du Quai
✆ +1 418 782 2161 / +1 418 782 5606
✆ +1 877 782 2161
www.croisieres-julien-cloutier.com
En activité de mi-mai à fin octobre. Croisières aux baleines (environ 2h30) : adulte 55 CAN $, 13-17 ans 35 CAN $, 6-12 ans 20 CAN $. En Zodiac : 70 CAN $ par adulte (65 CAN $ si jumelé avec le forfait du tour de l'île). Excursion tour de l'île (environ 1h15) : adulte 25 CAN $, 6-12 ans 7 CAN $.
Cette entreprise propose des croisières d'observation des baleines ainsi que des excursions autour du rocher Percé et de l'île Bonaventure (avec ou sans escale). Ajout récent : un Zodiac de 25 places permettant un contact plus vrai que nature lors de l'observation des baleines. Possibilité d'excursions spécialisées sur demande, pour les groupes seulement.

Shopping

■ **ATELIER-BOUTIQUE WAZO**
6, rue de la Porte
✆ +1 418 782 5700
www.espacewazo.com
Juin à fin septembre : lundi-dimanche, 8h30-21h30. Le reste de l'année : sur rendez-vous.
Pour ceux qui aimeraient rapporter un souvenir plus particulier, faites un tour à l'atelier-boutique Wazo qui confectionne de magnifiques bijoux et objets décoratifs. Son artiste-créateur, Martin Boucher Arsenault, fabrique des pièces uniques en utilisant divers métaux, différentes pierres et autres matières. Tout simplement magnifique !

L'ANSE-À-BEAUFILS

Ce petit village concentre de nombreuses activités de qualité. Pour commencer, allez récolter des agates sur la plage, faites un tour au Magasin Général puis visitez la Vieille Usine. Et pendant que vous êtes dans le coin, allez juste à côté à la microbrasserie Pit Caribou.

■ **MAGASIN GÉNÉRAL HISTORIQUE AUTHENTIQUE 1928**
32, rue à Bonfils
✆ +1 418 782 2225
✆ +1 418 782 5286
www.magasinhistorique.com
Ouvert tous les jours de 10h à 17h de mi-juin à fin septembre. Horaire restreint hors saison. Visites guidées en continu. Droits d'entrée (tarif famille disponible), gratuit pour les moins de 8 ans.

Une visite ludique qui retrace la vie des pêcheurs de morue, à travers leurs habitudes de consommation : ce qu'ils achetaient, comment ils le payaient, tout est raconté avec conviction et passion par Rémi Cloutier, le propriétaire. Il partagera avec vous les petites et grandes histoires de son magasin général authentique de 1928, et de son bureau, entrepôt et vieux salon de barbier.

■ MICROBRASSERIE PIT CARIBOU

27, rue de l'Anse
✆ +1 418 782 1444
www.pitcaribou.com
Boutique sur place. Fin juin à début septembre : lundi-samedi, 10h-18h ; dimanche, 12h-16h. Le reste de l'année : lundi-vendredi, 8h-17h ; fermé le week-end. Terrasse en bord de mer.
Créée en juin 2007, cette microbrasserie toute gaspésienne produit des bières artisanales dans le havre de pêche de ce petit village situé à 8 km de Percé. Pit Caribou brasse quatre bières, fruits d'un brassage traditionnel à la main, sans compter les éditions limitées variant selon les saisons et l'humeur des brasseurs, dont la nouvelle série L'Étoile du Brasseur, brassées en saison hivernale. Leurs bières sont disponibles en bouteilles de 500 ml et en cruchons de 1,9 litre chez les détaillants spécialisés de la province. On retrouve également les bières Pit Caribou en fût dans la région gaspésienne, sans oublier certains bars à bières spécialisés dans les centres urbains. Mais, avec leur nouvelle terrasse, profitez-en pour vous rafraîchir le gorgoton avec leurs délicieux nectars !

■ LA VIEILLE USINE

55, rue à Bonfils
✆ +1 418 782 2277
www.lavieilleusine.qc.ca
Ouvert tous les jours de juin à fin septembre. Salle d'exposition ouverte de 9h à 18h, entrée libre. Salle de spectacles de 130 places. Café-bistro avec événements (jam, spectacles de la relève musicale, vernissages, etc.). Atelier-boutique. Terrasse sur le quai.
La reconversion de l'usine à poissons est une grande réussite. Dans ce bâtiment restauré à merveille, des expositions d'art et des spectacles de grande qualité côtoient un café-bistro où les plats sont frais et peu onéreux. Des sentiers de randonnées pédestres partent de l'usine, le long d'une rivière que l'on traverse en nacelle.

SAINTE-THÉRÈSE-DE-GASPÉ

L'économie de cette petite municipalité d'à peine plus de 1 000 habitants repose essentiellement sur les pêcheries. Les bateaux que vous verrez accoster ou partir au large témoignent de l'importance de cette industrie. D'ailleurs, une importante usine de transformation de poissons est installée non loin de la berge : Gaspé Cured. Elle distribue entre autres du hareng, du turbot, des pétoncles et bien sûr, de la morue séchée. Ne ratez pas une visite à l'économusée sur le salage et séchage de la morue à la gaspésienne.

■ LELIÈVRE, LELIÈVRE ET LEMOIGNAN, ÉCONOMUSÉE DU SALAGE ET SÉCHAGE DE POISSONS

52, rue des Vigneaux ✆ +1 418 385 3310
Économusée ouvert de mi-juin à mi-septembre : lundi-samedi, 9h-17h ; fermé dimanche. Le reste de l'année : sur réservation seulement. Visite guidée : 5 CAN $ par personne, gratuit pour les moins de 12 ans. Poissonnerie ouverte tous les jours en été de 8h-18h, 9h-17h30 le reste de l'année.
Une visite chez cette entreprise gaspésienne spécialisée dans la transformation de la morue salée/séchée vous permettra d'assister aux différentes opérations, grâce à la mezzanine aménagée dans l'usine, en plus de voir une exposition sur le passé et le présent de cette production traditionnelle en Gaspésie. À ne pas manquer : les vigneaux où sèche la morue, et la boutique de la poissonnerie.

CHANDLER

La première pulperie (usine de fabrication de pâte à papier) gaspésienne s'y est installée en 1913. Elle a fermé depuis, laissant derrière elle des travailleurs mécontents et un taux de chômage élevé. On ne peut pas manquer de voir cette usine, appelée Gaspésia, abandonnée, près de l'eau. Autre curiosité : Unisol, un cargo péruvien cassé en deux, échoué près de la grève en 1983, les manœuvres dans ce port demandent beaucoup d'habileté… Au niveau des activités plus réjouissantes, rendez-vous au bout du quai. On y rencontre de très nombreux pêcheurs de maquereaux. Chandler marque aussi le point d'escale du CTMA Vacancier reliant Montréal aux îles de la Madeleine.

▶ **La Pointe de Pabos ou Pabos Mills** réunit sur un même lieu plein air et archéo-aventure. Quoique un peu éloignée de la route

132, l'entrée de la pointe est bien indiquée par la signalisation. Sur le site se trouvent également trois plages dont une de sable fin. Un peu plus au nord se trouve une ZEC pour la pêche aux saumon, truite et autres poissons de la région.

Pratique

■ BUREAU TOURISTIQUE DE CHANDLER

Route 132
✆ +1 418 689 3185
www.villedechandler.com
Ouvert en saison estivale uniquement.

Se loger

■ BASE PLEIN AIR DE BELLEFEUILLE

70, route de la Plage
✆ +1 418 689 6727
✆ +1 888 689 6727
www.basedebellefeuille.com
Chalet (4-5 personnes) : 117 CAN $ la nuit en semaine et 127 CAN $ la nuit le week-end. Condo (6 personnes) : 170 CAN $ la nuit en semaine et 180 CAN $ la nuit le week-end. Tarif dégressif pour la nuitée supplémentaire. Aussi sur le site : chalets de 12 à 15 personnes et cabines pour 12 personnes. Forfaits vacances familles aussi disponibles (7 nuits). Restaurant adjacent sur le site du Parc du Bourg de Pabos.
Pour un beau séjour en famille ou entre amis, c'est la destination idéale. Des chalets, condos et cabines sont disponibles en location à la journée et à la semaine. La base propose aussi des animations et des activités de plein air pour un séjour vivifiant et mémorable. Accès à la plage.

Sortir

■ CAFÉ LA MUTINERIE

Marina de Chandler
500, rue Ernest-Whittom
✆ +1 418 689 2024
www.mutinerie.ca
Horaire variable selon la saison.
Ce nouveau café culturel, situé en bord de mer, propose toutes sortes d'activités et d'événements, allant de la projection de courts-métrages aux documentaires, en passant par des ateliers, des expositions et des spectacles pour tous. Il est aussi possible d'y casser la croûte matin et midi à un prix plus qu'abordable, que ce soit pour un petit repas sur le pouce ou un plat du jour plus consistant. Une belle nouveauté dans la région !

À voir – À faire

■ PARC DU BOURG DE PABOS

75, route de la Plage
✆ +1 418 689 6043
www.lebourgdepabos.com
Centre d'interprétation et d'archéologique ouvert de mi-juin à mi-septembre : lundi-dimanche, 9h-17h. Visite guidée : adulte 9,50 CAN $, étudiant et aîné 8 CAN $, moins de 10 ans gratuit, famille : 18 CAN $. Tarif réduit pour les visites autonomes. Camping ouvert de mi-mai à fin septembre.
Le parc du Bourg de Pabos renferme les résultats de fouilles archéologiques des années 1980. Les guides costumés vous feront découvrir la vie des pêcheurs de cette seule seigneurie française à exploiter la pêche de façon commerciale. Véritable musée à ciel ouvert, ce sont plusieurs époques qui défilent devant vous. Visite autonome possible. À marée haute, excursion en Zodiac à l'île Beauséjour. Restauration sur place (ouvert tous les jours, horaires variables selon la période). Goûtez aux boulettes de morue, un pur délice !

▸ **Le site comprend également un camping :** (120 emplacements, 20-34 CAN $), quelques roulottes en location (85 CAN $), et un tipi (45 CAN $). Forfaits, tarifs à la semaine et au mois disponibles. C'est un terrain très boisé où chacun bénéficie d'un grand espace et d'intimité. Nombreux services sur place. Barbecue à chaque emplacement. Accès à la plage.

■ SITE MARY TRAVERS DITE « LA BOLDUC »

342, route 132
Secteur Newport
✆ +1 418 777 2401
www.labolduc.qc.ca
Ouvert tous les jours de mi/fin juin à mi-septembre. Droits d'entrée. Durée : environ 1h15.
Reportez-vous aux paroles des chansons de Mary Travers dite « La Bolduc » qui sont un véritable plaisir ! Drôles et colorés, ses mots ont donné de la joie aux Québécois au cours des années maigres qui ont suivi la crise économique de 1929. La visite vous plonge dans l'atmosphère de l'époque avec coutumes régionales d'autrefois et folklore gaspésien. Expositions (nouvelle exposition permanente), animation, thé d'accueil, audioguide, boutique, terrasse, aires de pique-nique.

Sports – Détente – Loisirs

■ **LES TROIS RIVIÈRES PABOS**
Accueil
10, boulevard Pabos
✆ +1 418 689 4912
✆ +1 888 374 8437
www.troisrivierespabos.com
En opération de mi-juin à fin septembre. Tarifs à la journée ou en forfait avec hébergement dans un camp. Droit de passage : 9 CAN $, service de guide : 200 CAN $ pour 2 pêcheurs par jour, accompagnement au camp : 20 CAN $. Location de VTT et canoë, d'équipement et accessoires de pêche.
Amateurs de pêche, voici votre camp de base dans la région. Comme son nom l'indique, trois rivières s'offrent à vous pour la pêche au saumon, à la truite et la pêche en estuaire : Petit Pabos, Grand Pabos Ouest et Grand Pabos Nord. Pour ceux qui aimeraient y passer quelques jours, trois camps sont disponibles en location, dont deux sur la rivière Petit Pabos et un sur la rivière Grand Pabos Nord. Bonne pêche !

PORT DANIEL-GASCONS

Ce petit village fort tranquille est construit autour d'une belle baie. Vous ne manquerez pas de visiter la Maison LeGrand, une belle demeure bien restaurée. Ce musée est consacré aux commis-voyageurs et aux mille objets qu'ils proposaient à leurs clients. La qualité de l'hébergement de Port Daniel est remarquable. Les amateurs de randonnée et de pêche apprécieront la réserve faunique.

■ **RÉSERVE FAUNIQUE DE PORT-DANIEL**
262, route du Parc
✆ +1 418 396 2789 / +1 418 396 2232
✆ +1 800 665 6527
www.sepaq.com/rf/pod/fr/
À 8 km de Port-Daniel. Poste d'accueil sur la route 132 (ouvert de mi-mai à mi-octobre).
Les paysages de la réserve faunique de Port-Daniel, émaillés de lacs et de rivières, cachent une faune singulièrement variée. Vous accéderez à ce discret petit coin de paradis sans même vous éloigner des sentiers battus puisqu'il se trouve à 8 kilomètres seulement de la mer. Vingt-cinq lacs et quelques ruisseaux abritent l'omble de fontaine tandis que la rivière Port-Daniel reçoit les montaisons du saumon de l'Atlantique. Plusieurs mammifères dont l'orignal, le cerf de Virginie, l'ours, le lièvre, le castor, le renard, le pékan, le loup-cervier, la loutre, la martre et le porc-épic parcourent la forêt de la réserve. Vous pourrez observer aussi des oiseaux des milieux marins, marécageux et forestiers dont le grand héron, le bihoreau à couronne noire, la gélinotte huppée, le tétras du Canada et de grandes variétés de canards.

▶ **Hébergement :** 38 emplacements de camping aménagés, 5 camps rustiques (2 à 4 personnes), chalets.

▶ **Activités :** randonnée pédestre, observation de la faune, cueillette de fruits sauvages, pêche à la journée ou avec hébergement, chasse au cerf de Virginie, petit gibier, ours noir et orignal. Location de canne à pêche, chaloupe, moteur électrique, BBQ, vêtement de flottaison individuel. Vente d'appâts, de bois de chauffage, de permis et droits d'accès.

LA BAIE-DES-CHALEURS

Après la pointe gaspésienne commence la route qui mène à la baie des Chaleurs. Jacques Cartier la nomme ainsi, en 1534, parce qu'il y fait très chaud. Le fait est que la baie des Chaleurs bénéficie d'une température qui favorise l'agriculture et l'exploitation forestière, plus que la pêche. L'eau en été y est réellement confortable et la baignade très agréable. Le passé y est resté très présent : les réfugiés acadiens de 1755 se sont solidement implantés dans la baie, de même que les loyalistes. La région compte aussi pas mal de Basques et de Jersiais venus, au XVIIe siècle, pêcher la morue. Les falaises rouges, les barachois (lagunes protégées par un banc de sable), les rivières à saumon, les petits villages de l'arrière-pays, l'accueil chaleureux de la population invitent à s'y arrêter. Après Percé, les paysages de crêtes, de caps et d'escarpements vont disparaître progressivement, faisant place à plus de douceur.

▶ **www.baiedeschaleurs.ca**

PASPÉBIAC

Ses habitants sont d'origine basque. De là vient leur charmant accent. Le mot Paspébiac serait un dérivé du mot micmac « Ipsigiag » qui signifie « batture rompue », ce que suggère la forme du havre où est située la localité.

■ **SITE HISTORIQUE DU BANC-DE-PÊCHE-DE-PASPÉBIAC**
3e Rue ✆ +1 418 752 6229
www.shbp.ca
Début juin à fin septembre : lundi-dimanche, de 9h-17h. Adulte : 10 CAN $, aîné et étudiant : 8 CAN $, 6 ans et moins : gratuit, famille : 18-24 CAN $. Plusieurs visites guidées par jour. Boutique de souvenirs des artisans de la région.
Les onze bâtiments du site appartenaient aux deux plus importantes compagnies exportatrices de morue salée séchée au monde. En 1767, ils firent de Paspébiac la capitale de la morue, après y avoir établi un des premiers postes de pêche sédentaire de Gaspésie. Des guides en costume d'époque y restituent l'ambiance du XVIIe et du XIXe siècles, avec des animations de métiers traditionnels, comme la construction d'une barge, la fabrication de filets de pêche... Restaurant l'Ancre sur place : ouvert de fin mai à fin septembre, tous les jours midi et soir (horaire restreint en début et fin de saison, apportez votre vin), brunch le dimanche.

BONAVENTURE

Bastion acadien de la baie des Chaleurs, la ville de Bonaventure a été fondée en 1760 suite à la déportation des Acadiens des villages du sud des Provinces Atlantiques (Beaubassin, Port-Royal, Grand-Pré). La ville vient d'ailleurs de célébrer ses 250 ans en 2010. Compte tenu de la diversité et de la qualité de ses activités et de son hébergement, Bonaventure constitue une bonne localité où vous arrêter pour passer quelques jours.

Transports

■ **AÉROPORT DE BONAVENTURE**
193, route de la Rivière
✆ +1 418 534 2101

Pratique

■ **BUREAU TOURISTIQUE DE BONAVENTURE**
97, avenue Port-Royal
✆ +1 418 534 4014
www.tourismebonaventure.com
Ouvert de juin à début octobre.

Se loger

■ **RIOTEL BONAVENTURE**
98, avenue de Port-Royal
✆ +1 418 534 3336 / +1 877 534 3336
www.riotel.com
Ouvert de mi-mai à mi-octobre. Occupation double à partir de 79 CAN $. Forfaits disponibles dont « homard à volonté » offert de mi-mai à mi-juillet. wi-fi gratuit et poste Internet.
Le Riôtel Bonaventure a littéralement les pieds dans la mer ! Construit en 1906, cet établissement a longtemps été nommé Le Château Blanc, avec sa tourelle et ses grands balcons. Les chambres sont dotées de terrasses-balcons donnant sur la mer. Les chambres exécutives ont été entièrement rénovées en 2009 et offrent un décor et un confort des plus contemporains. Parmi les services, notons une plage privée avec accès à la baignade, une grande terrasse avec vue sur la mer, le restaurant Côté Mer qui met en valeur les produits de la Gaspésie, et un pub avec menu bistro.

Se restaurer

■ **POISSONNERIE DU PÊCHEUR**
230, route 132 Est ✆ +1 418 534 2434
Ouvert tous les jours de 9h à 21h, de mi-avril à début octobre. Apportez votre vin. Brunch le dimanche. Spéciaux du midi : à partir de 10,95 CAN $, plats principaux à la carte : moins de 35 CAN $, table d'hôte : à partir de 25 CAN $. Réservation conseillée. Terrasse, expositions d'art visuel.
Cette entreprise familiale fait la vente au détail de poissons et fruits de mer frais, congelés, salés et fumés (glace et emballage gratuits pour les voyageurs). On y retrouve également une gamme de produits maison comme la soupe de poisson. De plus, une salle à manger est annexée à la poissonnerie et connaît un franc succès. La qualité des plats de la mer et leur fraîcheur permettent de faire salle comble tous les soirs.

À voir – À faire

■ **BIOPARC DE LA GASPÉSIE**
123, rue des Vieux-Ponts
✆ +1 418 534 1997 / +1 866 534 1997
www.bioparc.ca
Ouvert tous les jours de début juin à mi-octobre. De mi-juillet à mi-août, de 9h à 18h, et le reste de la saison, de 9h à 17h. Ouvert pour la relâche scolaire en mars. Le reste de l'année sur réservation. Adulte : 17 CAN $, aîné : 15 CAN $, 3-14 ans : 10,25 CAN, famille : 48 CAN $. Possibilité d'hébergement en chalet sur le bord de la mer.
Cinq écosystèmes de la Gaspésie y sont présentés : le milieu marin, le barachois,la rivière, la forêt boréale et la toundra.

Une trentaine d'espèces animales indigènes et plus de 70 espèces végétales vivent dans leur écosystème respectif. Ours, orignaux, phoques, etc., tous sont au rendez-vous, pour le plus grand plaisir des petits et des grands ! Un insectarium présentant plus de 1 000 spécimens naturalisés et une vingtaine d'espèces vivantes a récemment été aménagé, et une petite ferme a également ouvert ses portes sur le site. Bref, le Bioparc est une excellente façon de découvrir la biodiversité gaspésienne, et d'ailleurs de façon ludique, en compagnie de guides naturalistes et d'animaliers passionnés.

■ LA GROTTE DE SAINT-ELZÉAR

136, chemin Principal
Saint-Elzéar ✆ +1 418 534 3905
✆ +1 877 524 7688
www.lagrotte.ca
A 18 km de Bonaventure, point de départ pour la visite.
Ouvert tous les jours de mi-juin à mi-octobre. Départs à 8h, 10h, 13h et 15h (un seul départ à 13h en début et fin de saison). Durée de la visite : 3h. Réservation obligatoire. Adulte : 37 CAN $, 6-17 ans : 27 CAN $. Les enfants ne sont admis qu'à partir de 6 ans.
Au départ de Bonaventure, partez dans l'arrière-pays pour visiter la plus vieille grotte du Québec. Elle aurait près d'un demi-million d'années. On peut y observer de nombreuses concrétions stalactites, stalagmites et autres. Munissez-vous de vêtements chauds et de chaussures de sport, le reste étant fourni sur place.

■ MUSÉE ACADIEN DU QUÉBEC

95, avenue Port-Royal
✆ +1 418 534 4000
www.museeacadien.com
24 juin à fin août : lundi-dimanche, 9h-18h. Septembre à mi-octobre : lundi-dimanche, 9h-17h. Le reste de l'année : lundi-vendredi, 9h-12h & 13h-16h ; samedi-dimanche, 13h-16h30 (fermé le samedi de mi-octobre à début mai). Adulte : 9,25 CAN $, aîné : 7,25 CAN $, étudiant : 6,25 CAN $, 5 ans et moins : gratuit, famille : 15,51 à 24,75 CAN $. Audioguide : 3,75 CAN $.
Ce musée d'histoire et d'ethnologie relate la vie fascinante et émouvante des Acadiens du Québec, ils sont environ un million. Une très intéressante exposition permanente, « Une Acadie québécoise », présente de façon originale l'histoire des Acadiens de la province au temps de leur déportation lors de la conquête anglaise, leur implantation et leur contribution à la société québécoise. Boutique d'art, de métiers d'art, d'artisanat et du terroir gaspésien. Spectacles extérieurs d'artistes de la région et des Provinces Maritimes tous les mercredis soir, en juillet et août.

Sports – Détente – Loisirs

■ CIME AVENTURE

200, chemin Athanase-Arsenault
✆ +1 418 534 2333 / +1 800 790 2463
www.cimeaventures.com
Ouvert de mi-mai à mi-octobre. Forfaits disponibles.
Superbe base de plein air, le long de la rivière Bonaventure, où l'eau est absolument magique. Randonnées guidées et location de canot et kayak pour quelques heures ou plusieurs jours. Nouveauté : location de radeaux pneumatiques. Possibilité d'hébergement sur place : camping, yourte, tipi, écologis et chalet. Zone Spa (Jacuzzi, sauna, bains nordiques, piscine). Resto-pub, ouvert tous les jours de 7h30 à 21h (horaires restreints en basse saison), avec une belle vue sur la rivière et des spectacles quelques soirs par semaine. L'ambiance est conviviale et nous le répétons, l'eau est magnifique !

■ EXCURSIONS L'OMIRLOU

Quai de Bonaventure
Rue Beaubassin
✆ +1 581 886 0472 / +1 418 534 2955
www.lomirlou.com
Ouvert de mai à fin septembre. Plusieurs départs par jour selon l'excursion choisie. Adulte : 40-50 CAN $, enfant : 25 CAN $. Certains départs demandent un minimum de 4 personnes.
Sylvain Arsenault vous accueille à bord et vous entraîne dans son quotidien de pêcheur côtier. Chaque année, il installe plus de 200 cages à homards au large de Bonaventure et vous offre la chance de l'accompagner pour participer à la levée des casiers et aux manœuvres de l'équipage. Soyez prêts à vous lever tôt par contre : le départ se fait à 4h du matin ! Il est également possible de faire une excursion de pêche récréative (maquereau, plie, etc.). Pour ceux qui aimeraient rapporter un souvenir unique en son genre, faites un tour à l'atelier L'Omirlou (154, chemin de la Rivière). Line Arsenault, l'artiste en chef, part régulièrement recueillir des étoiles de mer à bord du bateau du capitaine Arsenault et confectionne des pièces d'art exclusives.

NEW RICHMOND

Anglophone, autrefois industrielle et commerciale, cette ville fondée par les loyalistes a grandi avec l'exploitation forestière. On voit de belles demeures cossues dans le centre-ville et, à flanc de montagne, de vastes fermes que l'on atteint par une allée bordée de grands arbres. Depuis le centre-ville, la vue sur la baie est très belle. L'ensemble affiche un caractère très écossais.

■ BUREAU TOURISTIQUE DE NEW RICHMOND
401, route 299
A la jonction de la route 132
© +1 418 392 7075
www.villenewrichmond.com
Ouvert en saison estivale uniquement.

■ HÔTEL LE FRANCIS
210, chemin Pardiac
© +1 418 392 4485 / +1 800 906 4485
www.hotelfrancis.qc.ca
Occupation double : à partir de 130 CAN $. Forfaits disponibles. Jacuzzi extérieur, piscine chauffée avec terrasse, prêt de vélos, sentiers pédestres.
Un hôtel 4-étoiles, en bordure de la rivière Cascapédia, qui se distingue par son accueil très chaleureux. Tenu par une famille, on s'y sent vite chez soi. De nombreuses chambres ont une vue sur la rivière et elles sont toutes décorées avec style et élégance. Sur place, le Resto Bayou, ouvert en haute saison (l'hiver, sur réservation de groupe), vous accueille dans une ambiance chaleureuse avec un menu à la carte et des tables d'hôte. Le Pub Bayou est ouvert à l'année et offre des plats à saveur cajun, des burgers, etc. Une très bonne adresse.

■ STATION TOURISTIQUE PIN ROUGE
1250, chemin St-Edgar
8 km à partir de la route 132
© +1 418 392 5134
© +1 866 992 5134
www.pinrouge.com
Chalet 1 chambre : 99 CAN $, 2 chambres : 159-179 CAN $. Chalet à aire ouverte : 175-195 CAN $. Autres tarifs pendant la période des fêtes et les semaines de relâche en hiver. 32 chalets nouvellement aménagés. Tarification pour le ski alpin (plus d'une vingtaine de pistes, dénivelé 450 m), la raquette, le ski de fond, la glissade sur tube et le patinage.
Cette station touristique vous offre l'hébergement dans de beaux chalets situés au pied des pistes de ski. Coquets, chaleureux et bien aménagés, on y passerait des semaines. Il y a amplement de quoi faire sur place en toutes saisons : baignade, jeux d'eau, vélo de montagne, randonnée pédestre, ski alpin et de fond, randonnée en raquettes, glissade sur tube, patin à glace et plus encore. Services sur place : service de restauration santé, bar, location d'équipements, école de ski, journées thématiques, etc. Une destination vacances à découvrir absolument.

CARLETON-SUR-MER

Jacques Cartier est le premier visiteur à s'être arrêté à Carleton le 9 juillet 1534 et s'est exclamé : « la baye de Chaleur ! » (la baie de chaleur). Suite à la fameuse dispersion, les Acadiens vinrent s'établir à Carleton en 1766. Aujourd'hui la station balnéaire de Carleton-sur-Mer est surtout un point de passage, mais n'hésitez pas à y rester quelques jours car l'endroit regorge de bonnes adresses pour vous tenir bien occupé dans ce beau coin de pays.

Pratique

■ BUREAU TOURISTIQUE DE CARLETON-SUR-MER
Quai des Arts
774, boulevard Perron
© +1 418 364 3544
www.carletonsurmer.com
Ouvert en saison estivale uniquement.

Se loger

Ceux qui aiment camper trouveront un site idéal près du barachois (barre à choir : langue de sable protégeant une lagune). Certains jours, des sternes et des hérons se posent par milliers sur la pointe Tracadigash (autrefois la ville s'appelait Tracadièche, qui signifie « lieu où les hérons sont nombreux »). Vous n'oublierez pas le spectacle de la brunante sur le sable fin de la baie.

■ AUX 4 VENTS
725, boulevard Perron
© +1 418 364 3885 – www.aux4vents.ca
Comptez 130 CAN $ la nuit sans la location du canot ou 170 CAN $ avec la location du canot (il faut bien se rendre !). Tarifs dégressifs selon le nombre de nuitées. Les tarifs sont pour deux adultes ou deux adultes et deux enfants.
Un concept d'hébergement totalement inusité a fait son apparition sur le barachois il y a quelques années, au large de Carleton : des yourtes flottantes. Sur chacun des îlots, vous retrouverez tout le confort nécessaire : lit très confortable, literie, articles de cuisine, brûleur et propane, BBQ extérieur, radio-satellite Sirius, eau potable, chauffage d'appoint, toilette au compost (douches et buanderie au camping municipal), terrasse flottante de 20 pieds par 12 pieds (6 m par 3,65 m). À essayer absolument !

■ CAMPING CARLETON

Banc de Larocque ✆ +1 418 364 3992
www.carletonsurmer.com/tourisme
Ouvert de juin à fin septembre. Compter 21-47 CAN $ par emplacement, selon la date et le nombre de services. Environ 300 emplacements.
Situé sur un bras de mer, ce camping offre une vue sans pareil sur la baie. Il est parfait pour les camping-cars et caravanes avec de grands emplacements. Buanderie, sanitaires, plage non surveillée, terrain de jeux pour enfants, salle communautaire, Internet sans fil sur une grande partie du site.

■ HOSTELLERIE BAIE BLEUE

482, boulevard Perron ✆ +1 418 364 3355
✆ +1 800 463 9099 – www.baiebleue.com
Occupation double : à partir de 112 CAN $. Forfaits disponibles. Piscine extérieure chauffée, terrain de tennis, terrain de golf 18-trous, bar-terrasse au bord de la plage.
L'Hostellerie Baie Bleue, annexée au Centre des congrès régional, a fait peau neuve et offre des chambres et suites grand confort. Si vous désirez vous faire plaisir lors d'une excursion dans la région, optez pour une de leurs merveilleuses suites design avec mur de briques, portes françaises, foyer au salon. Notez que les chambres ont une vue soit sur la mer soit sur la montagne. La table de l'hôtel, ouverte en saison estivale et nouvellement sous la gouverne du réputé chef gaspésien Paul Hachey, fait honneur aux produits frais du terroir régional en proposant une fine cuisine créative accompagnée d'une superbe carte des vins. Également sur place : le Pub St-Joseph avec sports sur écrans géants, pool de hockey, soirées thématiques, spectacles...

Se restaurer

■ BISTRO LE PIC-ASSIETTE

681, boulevard Perron
✆ +1 418 364 2211
bistrolepicassiette@globetrotter.net
En opération de mai à octobre : mardi-samedi, 17h-21h (heure de fermeture de la cuisine). Membre de Gaspésie Gourmande et certifié Fourchette bleue. Terrasse. Expositions et spectacles musicaux d'artistes locaux.
Un petit bistro qui offre une magnifique vue sur le Barachois et une très belle sélection de bons produits régionaux, tout en favorisant le côté biologique et équitable. Le tout est servi sous forme de tapas et accompagné éventuellement d'une bonne bière de microbrasserie québécoise. Bonne carte des vins.

Sortir

■ MICROBRASSERIE LE NAUFRAGEUR

586, boulevard Perron ✆ +1 418 364 5440
www.lenaufrageur.com
En été : lundi-dimanche, 12h-minuit. Le reste de l'année : dimanche-mardi, fermé ; mercredi-samedi, 15h-minuit. Terrasse, micro-marché (produits agroalimentaires et métiers d'art de la région).
Difficile de rater cette belle construction de bois en plein cœur de Carleton. En plus d'être les lieux de brassage du Naufrageur, c'est également un pub où vous pourrez savourer nombreux délices houblonnés, au verre, à la pinte ou en format de dégustation de 8 mini-verres appelé la « rose de vents ». Pour les petits creux, on vous conseillera d'aller à la boulangerie La Mie Véritable située à deux pas et de ramener le tout à la micro. Ici c'est le genre « apportez votre nourriture » ! Côté culturel, des événements tels des spectacles, jam et projections de films se tiennent au fil des semaines. Un arrêt obligé à Carleton et si vous aimez leur bière à ce point, pas de souci, des bouteilles sont en vente.

À voir – À faire

■ ORATOIRE DU MONT SAINT-JOSEPH

837, rue de la Montagne
✆ +1 418 364 3723
✆ +1 418 364 2256
www.montsaintjoseph.com
Mi-juin à septembre : lundi-dimanche, 9h-19h. En septembre : lundi-dimanche, 9h-17h. Adulte : 6 CAN $, aîné et étudiant : 5 CAN $, famille : 14 CAN $. Boutique et galerie d'art sur place.
L'Oratoire du Mont Saint-Joseph domine, depuis 1935, les 555 m du mont Saint-Joseph. On y découvre sa belle mosaïque, ses verrières et ses pièces de marbre. Vue magnifique sur la baie, la côte gaspésienne et le Nouveau-Brunswick. Le sommet du mont Saint-Joseph est le point de départ et d'arrivée de plusieurs randonnées.

■ PARC NATIONAL DE MIGUASHA

Site naturel du patrimoine mondial de l'Unesco
231, route Miguasha Ouest
Nouvelle (22 km de Carleton)
✆ +1 418 794 2475 / +1 800 665 6527
www.sepaq.com/pq/mig/fr/
En quittant la route 132, parcourir 6,3 km à partir de Nouvelle ou 9 km à partir d'Escuminac. Musée : juin à mi-octobre, lundi-dimanche, 9h-17h. Le reste de l'année : lundi-vendredi, 8h30-12h et 13h-16h30. Accès quotidien

adulte : 6 CAN $, enfant : 2,75 CAN $, 5 ans et moins : gratuit. Tarifs groupe, famille et combo pour le musée et le parc disponibles. Compter environ une demi-journée de visite.
Un rendez-vous avec la paléontologie ! Le parc national de Miguasha (87,3 ha), classé Site naturel au patrimoine mondial de l'Unesco, préserve un lieu fossilifère, unique à l'échelle de la planète. Les poissons et les plantes fossiles des falaises témoignent d'un milieu marin datant de 378 millions d'années. Leur état de conservation exceptionnel attire les chercheurs du monde entier. Ce parc provoque l'émerveillement des grands et petits. Il est conseillé de suivre la visite guidée (juin à octobre), qui parcourt le musée puis les falaises. Restaurant avec une magnifique terrasse (début juin à mi-septembre), boutique, aires de pique-nique.

Activités : visite guidée du musée d'Histoire naturelle et randonnée pédestre le long de la falaise (1,5 km).

Sports – Détente – Loisirs

AQUA-MER THALASSOTHÉRAPIE
868, boulevard Perron
✆ +1 418 364 7055
✆ +1 800 463 0867
www.aquamer.ca
Thalassothérapie : début mai à début novembre. Spa : mi-février à fin décembre. Consultez leur site Internet pour connaître la gamme de soins et forfaits santé. Piscine intérieure à l'eau de mer, activités, boutique de la mer, soins esthétiques et capillaires.
Premier centre de thalassothérapie en Amérique du Nord, Aqua-Mer vous offre les bienfaits du climat marin, des algues, des boues et de l'eau de mer avec une gamme des soins personnalisés qui vous vivifiera. Les forfaits sont disponibles avec ou sans hébergement, pour une journée ou plus. Au programme des activités : exercices sur la plage, randonnées, alimentation saine et soins.

POINTE-À-LA-CROIX

Un grand pont relie Pointe-à-la-Croix à la ville de Campbellton au Nouveau-Brunswick. Une croix, autrefois plantée par les Micmacs sur une pointe de la rivière Ristigouche, a inspiré le nom de cette localité. C'est ici qu'a été reconstituée la bataille de la Ristigouche, dernier affrontement entre la France et l'Angleterre.

LIEU HISTORIQUE NATIONAL DU CANADA DE LA BATAILLE-DE-LA-RISTIGOUCHE
Route 132 ✆ +1 418 788 5676
✆ +1 888 773 8888
www.pc.gc.ca/restigouche
Début juin à début septembre : lundi-dimanche, 9h-17h. Sur réservation le reste de l'année. Adulte : 3,90 CAN $, aîné : 3,40 CAN $, jeune : 1,90 CAN $, famille : 9,80 CAN $.
L'épave du Machault, un des navires de la dernière flotte de ravitaillement venue à la rescousse de la Nouvelle-France au printemps 1760, a livré ses secrets et d'authentiques pièces et objets. L'exposition permet aux visiteurs de revivre cette terrible bataille navale où 400 soldats français, aidés de quelques Acadiens et d'une poignée d'Indiens, ont dû faire face à 1 700 soldats britanniques. Un décor recrée l'intérieur du navire et un film d'animation retrace l'affrontement naval.

RESTIGOUCHE

Son nom micmac signifie « rivière divisée comme la main ». Cette réserve amérindienne, la plus importante de Gaspésie, est réputée pour son artisanat et ses beaux articles de cuir. Devant le monastère de Sainte-Anne-de-la-Restigouche (une très ancienne mission desservie par les capucins), la coque du Machault est bien visible. L'église de Restigouche est particulière. Elle a brûlé onze fois jusqu'au jour où une relique pieuse, un fragment d'os du bras de Sainte Anne, y a été déposée. Depuis, tout va bien !

LA VALLÉE DE LA MATAPÉDIA

Les bucoliques apprécieront l'aménagement de la route 132, toujours elle, qui emprunte la vallée de la Matapédia et relie la baie des Chaleurs à l'estuaire du Saint-Laurent. Sur près de 70 km, vous suivrez une piste indienne. Elle est longée au sud par la « rivière aux 222 rapides », surnom de la Matapédia. Le paysage, agricole et forestier, regorge de rivières à saumon (pêche libre), de lacs, de ponts couverts et de maisons historiques. Cette région très peu fréquentée, a pris l'habitude d'être simplement traversée, d'autant plus que les débâcles printanières y font parfois des ravages. Et pourtant, il y a tout de même quelques escapades dignes d'être signalées.

www.lamatapedia.ca

ROUTHIERVILLE

C'est ici que vous trouverez le plus long pont couvert (80 m) de la Gaspésie, classé monument historique en 2009 et restauré en 2011.

SAINT-ALEXIS-DE-MATAPÉDIA

Au cœur de la région des cinq plateaux, Saint-Alexis constitue une bonne halte entre la vallée de la Matapédia et la baie des Chaleurs. Le point de vue sur la rivière depuis le plateau de Saint-Alexis vaut le détour.

■ GÎTE ET OBSERVATION DE L'OURS NOIR J.-A. DUFOUR

170, rue Principale
✆ +1 418 299 3040
www.gitescanada.com/5141.html
Occupation double : 70 CAN $. Cinq chambres avec salles de bain partagées. Petit déjeuner inclus. Forfaits disponibles.
Plongez dans les incroyables aventures de chasse des Dufour, qui vous les raconteront, trophées à l'appui. Des forfaits aventure vous permettront d'aller observer le castor, de descendre la rivière en canot ou kayak, d'aller à la chasse ou à la pêche mais surtout de vivre, le « safari ours », l'activité la plus populaire sans conteste. Une expérience à faire ! En ce qui concerne le gîte, la maison est impeccablement propre et les chambres charmantes. Le petit déjeuner, avec ses produits du terroir, clôt un séjour fort agréable.

CAUSAPSCAL

Du terme amérindien *Goesôpsiag* ou *Gesapsgel* signifiant « courant de la pointe rocheuse », « cailloux brillants au fond », selon le père Pacifique. Ses rivières à saumon et ses paysages bucoliques sont réputés. Toutefois, près des moulins à bois, ça sent franchement mauvais ! C'est la faute des enfers, cheminées coniques où brûlent les résidus de la transformation du bois.

■ AUBERGE DE LA COULÉE DOUCE

21, rue Boudreau ✆ +1 418 756 5270
✆ +1 888 756 5270
www.lacouleedouce.com
Occupation double : à partir de 89 CAN $. Occupation double en chalet : 149 CAN $, en grand chalet : 169 CAN $. Forfait disponible. Restaurant sur place (hors saison estivale, contactez-les avant de vous y rendre).
Une halte parfaite pour se « la couler douce » ! L'hébergement est proposé selon deux formules : en chambre douillette à l'auberge ou en petit chalet tout équipé. Pour les fringales, le restaurant propose des spécialités de poissons et de fruits de mer, mais également de nombreux plats de cuisine régionale. Sa spécialité : le filet de saumon de l'Atlantique. Profitez-en également pour goûter aux confitures et pâtisseries faites maison. Une halte reposante et gourmande au cœur de la Matapédia.

■ BUREAU TOURISTIQUE DE CAUSAPSCAL

5, rue Saint-Jacques Sud
✆ +1 418 756 6048
www.causapscal.net
Ouvert en saison estivale uniquement. Hors saison : accueil et information au Site historique Matamajaw (53C, rue Saint-Jacques Sud, ✆ +1 418 756 5999).

■ SITE HISTORIQUE MATAMAJAW

53C, rue Saint-Jacques
✆ +1 418 756 5999
www.sitehistoriquematamajaw.com
Mi-juin à début septembre : mardi-dimanche, 9h30-16h30. En septembre : sur réservation de groupe seulement. Adulte : 8 CAN $, étudiant et aîné : 7 CAN $, famille : 22 CAN $. Forfait combo avec la visite de la Maison Dr Joseph-Frenette disponible.
Visite de cet ancien club privé de pêche du début du siècle, unique en son genre au Québec. Expositions, présentations audiovisuelles. Une fosse aménagée permet d'observer le saumon de l'Atlantique dans son milieu naturel. Salon de thé, galerie d'art, boutique de métiers d'art et d'artisanat, et aire de pique-nique sur place.

AMQUI

Cette pointe du lac Matapédia est le centre industriel, commercial et agricole du comté. Le nom d'Amqui proviendrait du mot micmac *amgoig*, qui signifie « moitié mûr » ou encore « lieu d'amusement et de plaisirs ». Selon d'autres hypothèses, Amqui viendrait du mot algonquin *ankwi*, qui voulait dire « camarade d'homme », « beau-frère d'homme ».

Pour revenir au point de départ de votre tour de la Gaspésie, vous pouvez prendre la route 195 vers Matane, ou continuer vers le nord-ouest en direction de Mont-Joli (près de Sainte-Flavie).

■ AUBERGE AMBASSADEUR

266, boulevard Saint-Benoît Ouest
✆ +1 418 629 6464 – +1 888 588 6464
www.auberge-ambassadeur.com
Occupation double : à partir de 89 CAN $. Nombreux forfaits disponibles.

Un hôtel 3-étoiles d'une quarantaine de chambres et suites (dont six avec bain thérapeutique), le tout dans une ambiance détendue à deux pas du centre d'Amqui. Plusieurs services sont à votre disposition sur place : restaurant, bar, lits solaires, service de massothérapie, salle de conditionnement physique, buanderie... Bien pratique pour les amateurs de motoneige et VTT, le sentier transcanadien passe tout près de l'hôtel et vous pouvez entreposer votre bolide en toute sécurité dans leur garage.

■ AUBERGE BEAUSÉJOUR

71, boulevard Saint-Benoît Ouest
✆ +1 418 629 5531 – +1 866 629 5531
www.auberge-beausejour.com
Occupation double : à partir de 82 CAN $ en basse saison et de 97 CAN $ en haute saison. Petit déjeuner inclus. Forfaits disponibles. Service de massothérapie sur réservation. Restaurant : lundi-vendredi, 11h-14h ; lundi-dimanche, dès 17h. Menu à la carte, table d'hôte et table gastronomique.

Cette auberge centenaire, entièrement rénovée dans le respect de ses origines, compte neuf chambres douillettes. Sa table mise sur les produits frais saisonniers de la région gaspésienne et axe ses menus sur les parfums et saveurs régionales sans négliger l'aspect santé. Leurs spécialités : le saumon de la Matapédia et le magret de canard. On y retrouve également le saumon fumé d'Atkins et Frères. Avant de quitter les lieux, un arrêt à leur magasin général rempli de produits régionaux, d'antiquités et de souvenirs s'impose, sans oublier les chocolats, les glaces italiennes (gelati) et les smoothies faits sur place... Un paradis pour l'épicurien qui sommeille en vous !

■ BUREAU TOURISTIQUE D'AMQUI

606, route 132 Ouest
✆ +1 418 629 5715
www.ville.amqui.qc.ca
Ouvert en saison estivale uniquement.

■ MICROBRASSERIE LA CAPTIVE

140, boulevard Saint-Benoît Ouest
✆ +1 418 631 1343 – www.lacaptive.ca
Lundi-mercredi, 8h-23h ; jeudi-samedi, 8h-1h ; dimanche, 10h-22h. Cuisine ouverte tous les jours de 11h à 21h. Programmation culturelle et musicale à l'année.

La microbrasserie La Captive est située au cœur du secteur touristique d'Amqui, dans un ancien bâtiment municipal ayant abrité le poste de police, la prison, l'hôtel de ville, la caserne de pompier et la bibliothèque municipale. Elle partage ses locaux avec la boulangerie artisanale Grains de Folie. Au menu, une belle sélection de bières maison, allant de la blanche à la noire, en passant par la Pilsener et la brune d'inspiration anglaise. Pour les petits creux, l'ardoise propose des mises en bouche, des salades-repas, des sandwichs gourmands, des burgers décadents, des pizzas fines et des quiches. Il ne reste plus qu'à vous divertir avec les spectacles musicaux ou d'humour, les soirées de contes, les expositions d'arts visuels et autres événements organisés sur place.

Îles de la Madeleine

Décalage horaire

Les Iles de la Madeleine vivent à l'heure des Provinces maritimes. Il y a une heure de décalage avec le Québec continental. Lorsqu'il est 12h au Québec, il est 13h sur l'archipel des Îles de la Madeleine.

Cet archipel d'une douzaine d'îles, d'une superficie totale de 222 km², est situé à quelques centaines de kilomètres au large de la péninsule de Gaspésie et du Nouveau Brunswick. Vu du ciel, c'est un croissant de lune coloré, tombé tout droit en plein golfe du Saint-Laurent. « Aux Îles », comme on dit, tout est accentué : la langue, les falaises rouges, les dunes de sable et les couleurs éclatantes des maisons. C'est un dépaysement total, surtout quand on vient en hiver et que l'archipel est pris par les glaces. En été, la géographie se prête au farniente et à la méditation, pour peu que le vent tombe. Les îles se laissent parcourir en voiture ou à vélo, puisqu'elles sont reliées par un mince – et immuable – cordon de sable. En allant du nord au sud, on rencontre l'île de la Grande Entrée, Grosse Île, l'île de Pointe aux Loups, l'île du Havre aux Maisons, l'île du Cap aux Meules et l'île du Havre Aubert, qui constituent l'essentiel de l'archipel. Deux autres îles, assez grandes, se détachent : l'île Brion, inhabitée, au nord de l'archipel et l'île d'Entrée, visible de toutes les autres îles habitées, un bon point de repère à l'est de Havre-Aubert. Le rocher aux Oiseaux, l'île aux Loups Marins, l'île aux Cochons et le rocher du Corps Mort s'ajoutent à quelques autres encore pour parachever l'ensemble. À cause de la faible amplitude des marées, de la situation des Îles de la Madeleine sur des hauts-fonds et de l'action bénéfique du Gulf Stream, la température de l'eau des lagunes et de la mer atteint parfois 21 °C. C'est bien plus agréable de s'y baigner que le long des berges du Saint-Laurent. Par contre, les vents, on l'a dit, sont forts et changeants, parfois violents, heureusement beaucoup plus en hiver qu'en été, ce qui enchantera les mordus des sports de voile qui feront fi de ces inconvénients. Enfin, pour les gourmets, les îles de la Madeleine sont vraiment le paradis du homard.

Histoire

Jacques Cartier, de retour en France en 1534, baptise les îles « les Areynes », ce qui signifie « sable ». Il appelle le rocher

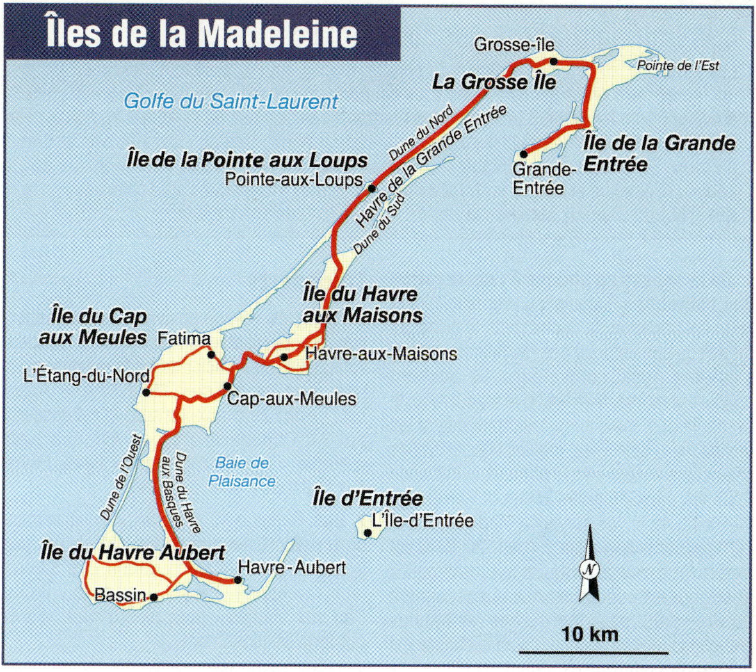

aux Oiseaux, « l'île Margault », et dit de l'île Brion que c'est « un endroit privilégié dont un arpent vaut mieux que toute la Terre-Neuve ». Mais Jacques Cartier n'est pas le découvreur des Îles. Bien d'autres peuples ont foulé les dunes avant lui, et notamment les Amérindiens micmacs. Le nom des Îles de la Madeleine aurait été attribué à l'archipel en 1663 en l'honneur de Madeleine Fontaine, l'épouse du premier seigneur des Îles, François Doublet de Honfleur. Mais c'est Samuel de Champlain qui, en 1629, nomme sur une carte La Magdeleine, l'actuelle île du Havre-Aubert. Sous l'occupation française, les Îles passent entre plusieurs mains. Visité périodiquement par les Amérindiens micmacs, qui le nommaient Menagoesenog « îles balayées par les vagues », l'archipel se sépare de l'île de Terre-Neuve et passe sous la juridiction du Bas-Canada en 1774, lors de la signature de l'acte de Québec. En 1798, Isaac Coffin obtient les Îles en concession et soumet ses habitants au paiement de la tenure seigneuriale. À cette domination féodale s'ajoute celle des marchands sur les pêcheurs. Les persécutions dont les Madelinots sont victimes expliquent leur émigration continuelle vers d'autres cieux. Ils fondent ainsi plusieurs villages de la Côte-Nord : Blanc-Sablon (1854), Havre-Saint-Pierre, Natashquan (1855) et Sept-Îles (1872). C'est en 1895 seulement qu'une loi du Québec leur permettra de racheter leurs terres et de se suffire à eux-mêmes. Les Îles sont un pays de navigateurs, de pêcheurs, dont la vie maritime regorge d'histoires de naufrages, toutes plus terribles les unes que les autres. Peut-être les entendrez-vous, on les raconte encore aujourd'hui.

Les Acadiens trouvent un pays. L'épisode du Grand Dérangement, qui a déchiré tragiquement le peuple acadien en 1755, est à l'origine de la dispersion des familles, jusque dans le Sud des États-Unis. Quelques-unes ont pu échapper à l'horreur : en 1793, 120 familles acadiennes réfugiées à Saint-Pierre-et-Miquelon se sont installées sur les Îles, sous la tutelle marchande de Richard Gridley, venu chasser le morse et exploiter les pêcheries. Comme les Acadiens sont de bons agriculteurs et de bons pêcheurs, ils sont devenus les vrais artisans de la colonisation de l'archipel et ils y ont apporté l'accent d'Acadie.

Les immanquables des Îles de la Madeleine

Les Îles de la Madeleine rivalisant de beauté, il nous est impossible de trancher. Donc au lieu de faire une sélection, nous vous donnons un conseil : que ce soit en voiture ou en vélo, parcourez les 85 km de routes qui traversent les îles du nord au sud ! L'archipel est divisé en quatre régions, du sud au nord : l'île du Havre Aubert et l'île d'Entrée ; l'île du Cap aux Meules ; l'île du Havre aux Maisons et l'île de Pointe aux Loups ; Grosse Île et l'île de la Grande Entrée. Les plus touristiques sont celles du Havre Aubert et de Cap aux Meules. La route 199 relie les Îles entre elles.

De la chasse au phoque à l'observation des blanchons. Depuis les premiers temps de la colonisation, la pêche reste le principal moyen de subsistance des Madelinots, même s'ils sont aussi cultivateurs. Ils pêchent toujours la morue, le sébaste, le maquereau, le flétan, la plie, mais aussi les crustacés et les mollusques : pétoncles, moules bleues, crabes des neiges et bien sûr, le homard, qui abonde dans les eaux du golfe. Pendant l'hiver, qui dure cinq mois, les Îles de la Madeleine sont cernées par la banquise. Il y fait -20 °C. C'est justement sur cette banquise que les phoques gris (appelés « loups marins ») descendent du Groenland pour mettre bas les fameux blanchons (bébés phoques) dont la chasse est aujourd'hui interdite. Durant deux siècles, la chasse aux phoques a été la principale activité des populations des Îles de la Madeleine et de la côte nord du Québec. Le phoque était alors l'unique ressource leur permettant de survivre à l'hiver. La viande de phoque leur procurait de la nourriture et les peaux, de l'argent destiné à l'entretien des bateaux et à l'achat des filets de pêche. Les chasseurs utilisaient un canot dont le dessous était recouvert d'une feuille métallique afin de mieux glisser sur la glace et de résister aux chocs. Aujourd'hui, si la chasse aux phoques est encore autorisée, elle répond à des quotas qui varient chaque année (de 2 à 6 phoques par chasseur). Les Madelinots subissent, depuis plusieurs années, une baisse des prix dramatiques. L'accroissement de la population des phoques provoque de nouvelles controverses depuis que certains experts dénoncent la voracité des phoques adultes qui consommeraient environ 1,5 tonne de poissons par an, le gagne-pain des pêcheurs des Îles en somme ! La preuve reste à faire, mais Greenpeace s'en mêle... Autrement dit, si vous êtes « aux Îles » en mars, à la saison de la mouvée (naissance des blanchons), profitez des voyages d'observation qui sont organisés sur les glaces. Et, de grâce, évitez de parler de Brigitte Bardot et de Greenpeace !

Transports

Avion. Le voyage en avion reste très cher, mais si vous réservez suffisamment à l'avance, vous pouvez bénéficier de tarifs raisonnables. L'aéroport des Îles de la Madeleine se trouve sur l'île de Havre-aux-Maisons et est desservi par Air Canada et Pascan Aviation (voir rubrique « Transports » dans « Île du Havre aux Maisons » pour plus d'info).

Bus. Depuis avril 2010, un nouveau service de transport hebdomadaire est assuré par la compagnie locale Autobus Les Sillons (voir rubrique « Transports » dans « Île du Cap aux Meules » pour plus d'info). www.autobuslessillons.com

Train – Bus. Nous vous souhaitons bonne chance si vous choisissez cette option car il s'agit d'un vrai casse-tête. Cependant, il est possible de prendre le train Via Rail jusqu'au Nouveau-Brunswick, suivi d'un bus Acadian jusqu'à Charlottetown à l'Île-du-Prince-Édouard. Le service de navette East Connection assure ensuite la liaison entre la capitale de l'île et Souris d'où vous prendrez le traversier de CTMA.

Voiture – Traversiers. Il faut se rendre à Souris (Île du Prince-Édouard) et prendre le traversier de CTMA jusqu'aux Îles de la Madeleine. Les voitures sont acceptées sur le traversier et il faut réserver au moins un mois à l'avance, surtout en juillet-août. On peut aussi partir de Montréal : le CTMA Vacancier effectue une croisière hebdomadaire depuis Montréal (*voir rubrique « Transports » dans « Île du Cap aux Meules » pour plus d'info*). Différents forfaits-croisière sont aussi disponibles (vélo, saveurs, aventure, art & culture). www.ctma.ca

ASSOCIATION TOURISTIQUE RÉGIONALE DES ÎLES DE LA MADELEINE
128, chemin Principal
ÎLE DU CAP AUX MEULES
✆ +1 418 986 2245 / +1 877 624 4437

www.tourismeilesdelamadeleine.com
Bureau touristique à la même adresse. Ouvert tous les jours de juin à fin septembre et en semaine le reste de l'année.

■ GARDE CÔTIÈRE, DÉTRESSE MARITIME ET ENVIRONNEMENTALE
✆ +1 800 363 4735
Voir page 294.

ÎLE DU HAVRE AUBERT ET ÎLE D'ENTRÉE

L'Île du Havre Aubert, c'est l'île du sud. La majorité des habitants sont francophones, contrairement à la petite Île d'Entrée, située plus à l'est, qu'on atteint en bateau et où l'on parle plutôt anglais. L'Île du Havre Aubert offre une bonne cuisine, un peu de culture, des boutiques et des cafés, des collines arrondies et de coquettes maisons traditionnelles, tout ce qu'il faut pour flâner. La Montagne est une région de hauteurs boisées. Havre-Aubert et Bassin sont les deux localités principales de l'île.

Île du Havre Aubert

Au sud-est de l'île, Havre-Aubert a été longtemps le chef-lieu des Îles de la Madeleine. C'est ici que tout a commencé. Des vestiges amérindiens témoignent encore de sa préhistoire. Aujourd'hui, on y vient pour admirer les Demoiselles, de drôles de buttes aux formes arrondies. On les découvrira le long d'une belle route panoramique, bordée de maisons traditionnelles. Le Site historique de la Grave avec une petite plage de galets au charme unique mérite le déplacement.
L'île compte trois belles grandes plages : la plage de Havre-Aubert (Sandy Hook, 12 km), la plage de l'Ouest (3,8 km) et la plage du Cap (13 km).

Île d'Entrée

C'est la seule île qui n'est pas reliée aux autres. On y séjourne quelques heures ou quelques jours, pour profiter de son calme, de sa nature vierge, de ses sentiers saisissants le long des falaises. L'île est habitée par un peu plus d'une centaine d'anglophones d'origines irlandaise et écossaise qui y vivent isolés toute l'année. On y accède en une heure en prenant le bateau de Cap-aux-Meules. Les voitures ne sont pas autorisées à bord. Big Hill est le plus haut sommet des Îles de la Madeleine (174 m). Pour l'atteindre, vous suivrez le chemin Main, puis le chemin Post Office, et traverserez les champs en suivant le sentier. Du sommet, vous découvrirez une belle vue sur l'archipel. Il est possible de manger et de dormir dans les petites pensions de l'île, mais il faut réserver.

Transports

■ TRAVERSIER ÎLE D'ENTRÉE N.M. IVAN QUINN
✆ +1 418 986 3278
✆ +1 877 787 7483
www.traversiers.gouv.qc.ca
Point de départ pour l'Île d'Entrée : Port de Cap-aux-Meules.
Traverser du lundi au samedi (mardi, jeudi et samedi de janvier à fin avril). Durée : 1 heure. Tarif (aller simple) : adulte 16 CAN $, aîné 13,50 CAN $, 5-11 ans 10,25 CAN $. Départs de Cap-aux-Meules à 7h30 et 15h ; départs du port de l'île d'Entrée à 9h et 16h30. Dimanche sur réservation.

Se loger

■ AUBERGE CHEZ DENIS À FRANÇOIS
404, chemin d'en Haut
Havre-Aubert
✆ +1 418 937 2371
www.aubergechezdenis.ca
Occupation double : à partir de 80 CAN $ en basse saison et 110 CAN $ en haute saison. Dix chambres. Petit déjeuner inclus. Restaurant ouvert également au public en soirée sur réservation. Repas de midi disponible pour les groupes.
On reconnaîtra facilement cette jolie maison jaune, de loin sur la route. Quand on pénètre à l'intérieur, l'ambiance chaleureuse et l'accueil plus que sympathique nous séduit immédiatement. Les chambres sont très coquettes et vraiment spacieuses. Son menu du soir vous mettra l'eau à la bouche et vous pouvez composer vous-même votre table d'hôte. Une belle découverte à faire !

■ HÔTEL DE LA GRAVE
930, chemin de la Grave
Havre-Aubert
✆ +1 418 937 4724
✆ +1 418 937 0307
www.hoteldelagrave.com
Occupation double : 150 CAN $ en basse saison et 180 CAN $ en haute saison. 5 chambres. Petit déjeuner inclus. Un minimum de 3 nuits est exigé en haute saison. Autre propriété aux Îles : Au Pied de la Butte Ronde à Havre-aux-Maisons.

Ce petit gîte douillet, qui a ouvert ses portes à l'été 2010 à l'entrée du Site historique de la Grave, propose cinq magnifiques chambres à la déco très contemporaine, toutes avec salle de bain privée. Située à quelque 200 pieds (60 m) de la mer, c'est dire que chaque chambre offre une vue incomparable. Sur place, vous retrouverez également un lounge, un coin-bibliothèque et une belle terrasse. Sur le même site, deux jolies maisonnettes sont disponibles en location (à partir de 140 CAN $ par jour, tarif à la semaine aussi offert).

Se restaurer

■ BOULANGERIE ARTISANALE LA FLEUR DE SABLE

102, route 199
Havre-Aubert
✆ +1 418 937 2224
www.lafleurdesable.com
En été : ouvert tous les jours de 8h à 18h. Hors saison : mercredi-dimanche, 9h30-17h.
La Fleur de Sable est spécialiste du pain artisanal, des viennoiseries 100 % beurre et des pâtisseries. Parmi ses créations, notons le pain à la bière des Îles, la fougasse au hareng fumé des Îles et olives noires, la brioche aux canneberges sauvages des Îles... De quoi avoir hâte du petit-déjeuner ! Sachez que la boulangerie façonne ses pains de manière traditionnelle, plusieurs étant entièrement biologiques et donc exempts de sucre, gras, additifs et agents de conservation. De plus, le levain est fait sur place et la farine utilisée est non blanchie et non traitée. Aussi sur place : prêt-à-manger à emporter (sandwichs, pizzas, cafés...), exposition d'artistes des Îles.

■ CAFÉ DE LA GRAVE

969, route 199
Havre-Aubert
✆ +1 418 937 5765
cafedelagrave@live.fr
Ouvert tous les jours dès 11h30 de fin avril à fin octobre. Brunch le dimanche (ouvert dès 9h). Programmation culturelle et musicale.
Situé sur le site historique de La Grave, ce café-bistro occupe les lieux d'un ancien magasin général madelinot. Dans une ambiance chaleureuse et amicale, vous y découvrirez un menu des plus savoureux : burger de chevreuil avec confit d'oignon et cheddar des Îles, galettes de morue salée, chaudrée de palourdes dans le pain, « pot-en-pot » au poisson... Pour les plus petites faims, une sélection de sandwichs et de grignotines est offerte. Que ce soit donc pour une pause café, un déjeuner ou un repas plus consistant, cette adresse mythique vaudra toujours le détour.

À voir – À faire

■ AQUARIUM DES ÎLES

982, route 199
Havre-Aubert
✆ +1 418 937 2277
info@aquariumdesiles.ca
Mi-juin à début septembre : lundi-dimanche, 10h-17h (jusqu'à 18h de mi-juillet à mi-août). Ouvertures nocturnes ponctuelles. Animateurs sur place. Adulte : 8 CAN $, 6-17 ans : 5 CAN $. Tarif famille disponible.
L'occasion d'observer plusieurs espèces de crustacés, de poissons et de mollusques qui vivent autour des îles, et d'en manipuler certains spécimens dans le bassin tactile. Les phoques du Groenland évoluent dans un bassin extérieur. Nouvelle exposition vivante portant, entre autres, sur les structures d'élevage de la mariculture. Expositions temporaire.

■ LES ARTISANS DU SABLE, ÉCONOMUSÉE DU SABLE

907, route 199
Havre-Aubert
✆ +1 418 937 2917
www.artisansdusable.com
Fin juin à début septembre : lundi-dimanche, 10h-21h. Le reste de l'année : lundi-samedi, 10h-17h30 ; dimanche, fermé. Entrée libre. Carré de sable pour les enfants dans la boutique. Créations d'artistes locaux en vente sur place (verre soufflé, gravures, bijoux, etc.). Kiosque de location de Stand-up Paddleboards (sorte de planche de surf à pagaie) sur place en été.
Des artistes locaux travaillent le sable pour en tirer toutes sortes de formes et de couleurs étonnantes. De superbes réalisations originales, que l'on peut transporter grâce à une technique qui permet de rendre le sable dur comme de la pierre. S'agissant d'en apprendre davantage sur le sable, la boutique est un véritable milieu de découverte. On peut entre autres observer une vaste collection de sable des quatre coins de la planète, ou découvrir pourquoi le sable des Îles de la Madeleine « chante » lorsqu'on marche dessus. Une fois par semaine, et quand la température le permet, on peut assister à la construction d'un château de sable devant la boutique.

■ BASSIN

Partie sud de l'île. La route panoramique serpente entre les maisons de la Pointe à Marichite jusqu'à l'Étang-des-Caps. Vous ferez un arrêt au phare de l'Anse à la Cabane, sur le cap du sud, à la plage de la Dune de l'Ouest où vous assisterez à de très beaux couchers de soleil, enfin aux hautes falaises de grès rouge de l'Étang-des-Caps. Au large, vous verrez le Corps Mort, un rocher solitaire. C'est dans cette partie que se trouve la plus grande forêt de l'île, qui se prête bien aux randonnées pédestres.

■ DUNE DE SANDY HOOK

Havre-Aubert

Accès par le Chemin du Sable. Vous pouvez vous baigner dans les eaux de cette immense dune ou encore, participer au concours annuel des châteaux de sable qui a lieu en août sur cette même plage et qu'il ne faut surtout pas manquer.

■ LA GRAVE

Havre-Aubert

Vient du mot *grève*, signifiant « terrain caillouteux et sablonneux ». C'est, à l'extrémité de l'île du Havre-Aubert, une plage de galets classée site historique depuis 1983 et dotée d'un petit port de plaisance qui compte plusieurs boutiques et restaurants. C'est aussi un lieu de rencontres et d'échanges où s'alignent cafés et boutiques d'artisanat, dans de vieilles maisons traditionnelles qui ont conservé leur revêtement de bardeaux de cèdre. Au mois d'août s'y déroule une compétition d'envergure : le Concours de construction de p'tits bateaux. En trois heures et avec un budget maximal de 200 CAN $, chaque équipe construit son prototype sur lequel elle naviguera à la voile et à la rame.

■ MUSÉE DE LA MER

1023, route 199
Havre-Aubert
✆ +1 418 937 5711
www.museedelamer-im.com

Du 24 juin à la fête du Travail : lundi-vendredi, 9h-18h (jusqu'à 20h le mercredi) ; samedi-dimanche, 10h-18h. Le reste de l'année : lundi-vendredi, 9h-12h & 13h-17h ; samedi, fermé ; dimanche, 13h-17h. Adulte : 8 CAN $, aîné et 6-12 ans : 5 CAN $, famille : 20 CAN $.

À l'extrémité de la route panoramique 199, sur le Cap Gridley qui domine La Grave, se trouve ce musée qui vient de subir une cure de rajeunissement avec d'importants travaux qui l'ont aussi rendu plus « vert ». Sa nouvelle exposition permanente, « Laboureurs du Golfe », propose une incursion dans l'histoire des îles. Le musée présente également l'évolution de la navigation à l'aide de maquettes de bateaux et de phares, de photographies et objets maritimes, de récits sur la pêche, la chasse et les naufrages, sans oublier les expositions temporaires qui se relayent au cours de l'année. À voir : la Place à palabre qui sera tenue toutes les semaines, avec café et galettes.

■ MUSÉE HISTORIQUE DE L'ÎLE D'ENTRÉE

Chemin Post Office
Île d'Entrée
✆ +1 418 986 6622
✆ +1 418 985 2116
cami@magdalenislands.ca

Ouvert tous les jours de juin à septembre de 8h30 à 16h30. Entrée : 3 CAN $ par personne, gratuit pour les 5 ans et moins.

Installé dans une ancienne habitation familiale, ce musée relate l'histoire de l'occupation de l'île. Plusieurs objets personnels ont été donnés par les membres de la petite communauté : équipements d'agriculture et de pêche, collection de souvenirs d'anciens combattants, objets ménagers, etc.

■ LE SITE D'AUTREFOIS

3106, chemin de la Montagne
Bassin
✆ +1 418 937 5733
www.sitedautrefois.com

De mi-juin à mi-septembre : lundi-dimanche, 9h-17h (10h à 16h en septembre). Animation à toutes les heures, dernière à 16h. Adulte : 10 CAN $, 6-18 ans : 4 CAN $, 5 ans et moins : gratuit.

Situé le long de la route panoramique, le Site d'Autrefois vous invite à découvrir les us et coutumes de la culture insulaire et acadienne. Vous aurez la chance en quelques heures de partager la vie d'un pêcheur madelinot au cœur de son village d'antan.

Sports – Détente – Loisirs

■ BAIE DU HAVRE AUX BASQUES

Bassin

Le Havre aux Basques est un des endroits de prédilection du kitesurf et autres sports de voile. Vous y verrez souvent des minicampements aménagés à l'improviste le long des dunes avec des voiles de toutes les couleurs survolant la mer.

■ **CENTRE NAUTIQUE L'ISTORLET**
100, chemin de l'Istorlet
Havre-Aubert ✆ +1 418 937 5266
✆ +1 888 937 8166 – www.istorlet.com
Ouvert de mi-juin à septembre. Forfaits, camps d'été et stages linguistiques disponibles. Service de location d'embarcations, randonnées guidées.
Cette base de plein air offre toute une gamme d'activités et de forfaits vacances : voile, planche à voile, kayak de mer, kayak de surf, excursions en bateau pneumatique, plongée avec les phoques, sorties ornithologiques et bien d'autres. Possibilité d'hébergement sur place : dortoirs, chambres, studios et camping rustique. Cafétéria.

Shopping

■ **ATELIER-BOUTIQUE LIMAÇON**
994, route 199
Havre-Aubert ✆ +1 418 937 2112
www.martinfournier.ca
Ouvert de début juin à fin septembre.
Situé au cœur du quartier historique de la Grave, cet atelier expose les œuvres de Martin Fournier, artisan joaillier. Spécialiste dans la conception de bagues de toutes formes, on y retrouve également de beaux pendentifs et boucles d'oreilles faits à partir des pierres des Îles. Aussi en boutique : sélection d'objets en bois, de jeux et de produits exclusifs. Pour des idées cadeaux futées, le Limaçon vous est recommandé.

■ **LES COCHONS TOUT RONDS**
33, chemin de l'École
Havre-Aubert ✆ +1 418 937 5444
www.cochonstoutronds.com
Ouvert tous les jours en saison estivale. Hors saison : communiquez avec eux.
Les Cochons Tout Ronds offre une production traditionnelle et artisanale de différentes pièces de viandes : jambon cru (séché, salé et affiné pendant plus d'un an), saucisson sec, coppa, lonzo, chorizo, rosette, terrine, rillettes, confit... Que ce soit pour une dégustation sur place ou simplement pour en acheter, l'adresse vaut le détour. Sinon, sachez que vous trouverez leur kiosque notamment au Marché du Vieux-Port à Québec ainsi qu'au Marché Jean-Talon et au Marché Atwater à Montréal.

Arrimage

Pour les amoureux de la culture et des arts, ce site vous aidera à planifier vos sorties culturelles sur les îles : arts de la scène, arts visuels, littéraires et médiatiques, patrimoine et métiers d'art.

▶ **www.arrimage-im.qc.ca**

ÎLE DU CAP AUX MEULES

Son nom vient de la présence de pierres à meule qu'on trouve sur le cap qui surplombe le port. C'est l'île la plus peuplée de l'archipel et la seconde en taille. Elle concentre les services administratifs : l'école, l'hôpital, le centre thermique Hydro-Québec. Il est possible d'en voir toutes les beautés en empruntant les itinéraires panoramiques qui la traversent. C'est dans la ville de Cap-aux-Meules, petit port très fréquenté, que vous débarquerez en arrivant de Souris (Île-du-Prince-Édouard) ou de Montréal. D'ici vous embarquerez pour des excursions de pêche ou d'observation des falaises, quand vous ne déciderez pas tout simplement d'y séjourner. Autres lieux de séjour : Fatima et Étang-du-Nord.
L'île compte trois belles grandes plages : plage de la Martinique (13 km), plage de la Dune de l'Ouest (8,7 km) et la plage de la Dune-du-Nord (16,5 km).

Transports

■ **AUTOBUS LES SILLONS**
Siège social
284, chemin Les Caps
Fatima ✆ +1 418 986 3886
www.autobuslessillons.com
Depuis avril 2010, un nouveau service de transport hebdomadaire est assuré par la compagnie locale Autobus Les Sillons. Le trajet relie Québec (départ le vendredi à 21h30), Rivière-du-Loup, Dégelis, Fredericton, Moncton et Charlottetown aux îles. Il est possible de partir de Montréal via Orléans Express avec une connexion à Québec. Les tarifs en aller simple ou aller-retour (départ des îles le jeudi matin) incluent les frais de traversier. Plusieurs forfaits et tours guidés des plus beaux sites des Îles sont également proposés.

■ **CTMA**
Siège social
435, chemin Avila-Arseneau
Cap-aux-Meules
✆ +1 418 986 3278 / +1 888 986 3278
www.ctma.ca

Liaison par bateau entre Souris (Île-du-Prince-Édouard) et Cap-aux-Meules (Îles de la Madeleine), toute l'année. Le nombre de départ varie selon les époques de l'année : deux par jour à certaines périodes de l'été, à trois par semaine en décembre. Tarifs par adulte, aller simple : 30,75 CAN $ en basse saison et 47,75 CAN $ en haute saison. Le coût pour la voiture en aller simple varie de 62,50 CAN $ à 89 CAN $ selon la saison. Réservation indispensable en haute saison. Se présenter 1 heure avant le départ. Le trajet de Souris dure 5 heures.

On peut aussi partir de Montréal : le CTMA Vacancier effectue une croisière une fois par semaine (450 passagers), depuis Montréal avec escales à Chandler en Gaspésie et à Québec. Départ de Montréal le vendredi après-midi, arrivée à Cap-aux-Meules le dimanche matin. Retour : départ le mardi soir, arrivée le vendredi matin. De mi-juin à fin septembre. Plusieurs croisières thématiques sont proposées au courant de la saison (croisière gourmande, musicale, sur les traces des explorateurs du Saint-Laurent, etc.) ainsi que des forfaits (vélo, aventure, saveurs des îles, etc.).

■ LE PÉDALIER

545, chemin Principal
Cap-aux-Meules ✆ +1 418 986 2965
www.lepedalier.com
Lundi-mercredi, 9h-17h30 ; jeudi-vendredi, 9h-21h ; samedi, 9h-17h.
Location de vélos. Vente de vélos, vêtements, chaussures et équipement.

Pratique

■ CLSC DE CAP-AUX-MEULES

420, chemin Principal
Cap-aux-Meules
✆ +1 418 986 2572 / 811
www.csssdesiles.qc.ca

■ HÔPITAL DE L'ARCHIPEL

430, chemin Principal
Cap-aux-Meules ✆ +1 418 986 2121
www.csssdesiles.qc.ca

Se loger

Pour répondre à la demande en haute saison, les Madelinots ouvrent leurs portes aux visiteurs. Des dizaines de petits motels et hôtels vous attendent, mais certains établissements méritent l'attention. Ces établissements se situent dans divers villages de l'Île du Cap aux Meules.

> ## La Folle Virée Gourmande
>
> Cet événement propose des soirées gastronomiques thématiques et uniques. Chaque restaurant participant présente tout en folie un chef et un menu spécial inspiré du jumelage avec un ou deux producteurs membres du « Bon goût frais des Îles », ainsi que d'un artisan en métier d'art. Cet événement haut en saveur se tient de la mi-juin à début juillet.

■ AUBERGE MADELI

485, chemin Principal
Cap-aux-Meules
✆ +1 418 986 2211
✆ +1 800 661 4537
www.hotelsilesdelamadeleine.com
Occupation simple ou double : à partir de 105 CAN $. 64 chambres et suites confortables et équipées. Forfaits disponibles.
L'Auberge Madeli est un établissement de tout confort, le deuxième en importance des Îles de la Madeleine, situé à proximité de tous les services. Elle invite ses clients à fréquenter le restaurant attenant La Patio, auquel on accède par un couloir intérieur. Également dans le même bâtiment : salle de quilles et de billard.

■ CHÂTEAU MADELINOT

323, chemin Principal
Cap-aux-Meules
✆ +1 418 986 3695
✆ +1 800 661 4537
www.hotelsilesdelamadeleine.com
Ouvert de juin à fin septembre et de fin février à mi-mars (forfait observation des phoques). Occupation simple ou double : à partir de 105 CAN $. 122 chambres et suites confortables et équipées. Réservez à l'avance pour une chambre avec vue. Forfaits disponibles.
L'hôtel Château Madelinot offre le confort, une bonne qualité de services ainsi qu'une superbe vue sur la mer. Accès à la plage directement derrière l'hôtel et malgré les galets, vous profiterez pleinement de la sérénité des lieux et de l'eau chaude. Sur place : restaurant, piscine intérieure, Jacuzzi et sauna. Expérience à vivre : le forfait « Observation des phoques » en hiver, un must !

■ **CORPORATION DU PARC DE GROS-CAP**
74, chemin du Camping
L'Étang-du-Nord
✆ +1 418 986 4505
✆ +1 800 986 4505
www.parcdegroscap.ca
Ouvert du 1er juin au 30 septembre (le reste de l'année sur réservation). Chambre partagée : à partir de 23 CAN $, chambre privée : à partir de 50 CAN $, chambre familiale : à partir de 70 CAN $. Petit déjeuner inclus. Camping : à partir de 22 CAN $, prêt-à-camper : 89 CAN $. Cuisine, salon, buanderie, casiers, terrasse, kayak de mer/voile et animations, accès à la plage. Pour le camping : bloc sanitaire, buanderie, abri, terrain de jeux, accès à la plage, kayak de mer/voile et animations. Membre du réseau Hostelling International.
L'auberge de jeunesse, colorée, accueillante, surplombe la mer qui vous renvoie un air marin. Sur place, ne ratez pas les excursions en kayak de mer pour découvrir les grottes et les oiseaux de mer. La dernière excursion de la journée vous fera admirer le coucher du soleil dans un panorama exceptionnel. Son personnel dévoué vous parlera du mode de vie des Madelinots, des secrets les mieux gardés des Îles et vous aurez peut-être droit à quelques anecdotes et légendes de la région… Ajouts récents : cinq chalets entièrement équipés de type prêt-à-camper, rénovation du pavillon de services et de deux abris du terrain de camping, acquisition de trois trimarans, installation de panneaux d'interprétation.

Se restaurer

■ **LA FACTRIE – CAP SUR MER**
521, chemin du Gros-Cap
L'Étang-du-Nord
✆ +1 418 986 2710
Restaurant ouvert de mai à septembre : lundi-dimanche, 11h-22h. La poissonnerie est ouverte à l'année : lundi-dimanche, 10h-19h.
Ce restaurant, de type cafétéria, est le rendez-vous des Madelinots et des friands des produits de la mer. Une décoration typique, colorée, avec des photos des Iles. On y mange du poisson et des fruits de mer frais, en particulier du homard, la grande spécialité, ainsi que le pot-en-pot aux fruits de mer et l'assiette du pêcheur. C'est le paradis du poisson dans son environnement naturel ! A la poissonnerie, homards, moules, pétoncles, morues, maquereaux, buccins, crevettes, crabes des neiges et autres délices, dont des sushis et des pizzas, vous éveilleront les papilles. Des mets savoureux, des prix plus que corrects et un accueil chaleureux en font une adresse hautement recommandée.

■ **LES PAS PERDUS**
169, chemin Principal
Cap-aux-Meules
✆ +1 418 986 6002
www.pasperdus.com
Ouvert à l'année (horaire variable selon la saison). Terrasse.
Comment décrire ce lieu invitant aux multiples facettes ? D'abord, un petit resto sympa au menu savoureux. Ensuite, un bistro où il fait bon prendre un verre entre amis qui propose une carte de bières locales dont celles de la microbrasserie À l'Abri de la Tempête. Autres services disponibles : un bar et une salle de spectacles au calendrier chargé de belles découvertes (à quelques pas du resto), un café Internet et une petite boutique où l'on retrouve les T-shirts de l'auberge-bistro ainsi que de jolis produits en verre soufflé d'Isoline Vallée, une artiste de la région. Possibilité d'hébergement sur place.

Le bon goût frais des îles

Sans être réellement un circuit, ce regroupement de producteurs, restaurateurs et détaillants se font un devoir de mettre en avant les produits madelinots. Cette appellation, apposée sur les produits sélectionnés, est un gage de qualité, d'authenticité et de fraîcheur. La liste des entreprises participantes est disponible sur le site Internet et vous permettra de faire votre propre circuit des saveurs. Vous pouvez même commander en ligne un panier gourmand des meilleurs produits des îles. À ne pas manquer : La Fête aux saveurs de la mer, en juin, au site de la Côte à L'Étang-du-Nord. Comme le slogan le dit si bien : « *Aux Îles de la Madeleine, terre et mer sont si proches... Goûtez-y !* ».

- **www.lebongoutfraisdesiles.com**
- **Boutique :** 4-184, chemin Principal, Cap-aux-Meules

Autre adresse : Galerie – Bar – Salle de spectacles : 185, chemin Pirncipal, Cap-aux-Meules, ✆ +1 418 986 5151.

LA TABLE DES ROY
1188, chemin La Vernière
L'Étang-du-Nord ✆ +1 418 986 3004
www.latabledesroy.com
Ouvert de juin à fin septembre : lundi-samedi, dès 18h. Plats principaux : 20-50 CAN $. Réservation recommandée. Très belle carte des vins.
Une table qui respecte son terroir et associe les produits de la mer à ceux de la terre. La Chef, qui vous accueille dans sa maison, connaît les produits régionaux et les apprête avec justesse et finesse, toujours selon les arrivages. On retiendra particulièrement les ris de veau, le homard et la bouillabaisse qui vous feront découvrir les richesses marines et terriennes de ces îles paradisiaques. Nous ne pourrions passer sous silence la succulente sélection d'entrées et les irrésistibles desserts...

Sortir

Outre les soirées qui s'improvisent sur la plage, on trouvera des endroits sympas pour boire un verre entre amis ou assister à un spectacle de musique live. Les deux meilleures adresses de l'île sont sans conteste le restaurant Les Pas Perdus et le bar Le Central (ouvert à l'année, sur le chemin Principal). Ce dernier est surtout fréquenté par une clientèle locale qui vient profiter du 5 à 7 très couru. Des spectacles ont lieu à l'occasion.

À L'ABRI DE LA TEMPÊTE
286, chemin Coulombe
L'Étang-du-Nord ✆ +1 418 986 5005
www.alabridelatempete.com
Ouvert tous les jours de mi-mai à fin septembre. Ouvert en période hivernale pour des événements. Visite des installations brassicoles et dégustation offerte tous les jours de fin mai à fin septembre (à l'année pour les groupes sur réservation). Items à l'effigie de la microbrasserie en vente sur place.
La microbrasserie artisanale tient un pub sur le lieu même de ses installations brassicoles. Question d'accompagner ses savoureuses bières, dont plusieurs ont reçu les grands honneurs, elle offre des petites assiettes garnies de produits madelinots. Prenez note que même si le pub n'est pas ouvert en permanence en dehors de la saison estivale, il accueille à l'occasion des événements spéciaux.

SALON DE THÉ LE FLÂNEUR
1944, chemin l'Étang-du-Nord
L'Étang-du-Nord
✆ +1 418 986 6526
Ouvert à l'année (toujours fermé le mercredi). Galerie d'art, boutique et four à pain traditionnel sur place aussi sur place.
Dans une ambiance artistique et hétéroclite, ce salon vous proposera une carte de thé diversifiée qui saura satisfaire les amoureux de cette boisson. Le Flâneur est l'endroit idéal pour ceux qui souhaitent prendre une pause entre amis tout en profitant d'une vue panoramique sur le port de l'Étang-du-Nord. Pour ceux qui ont la dent sucrée, nous vous suggérons fortement d'accompagner votre thé d'un scone maison garnie de confiture aux fruits rouges spécialité du flâneur, ou alors d'un succulent gâteau maison.

À voir – À faire

Le port de Cap-aux-Meules est très actif grâce à la pêche et au transit vers le continent. La marina ravira les amateurs de voile. Pour des promenades plus sauvages, on peut longer le sentier du littoral, à côté du quai. Il longe la falaise et mène à une petite plage.
Ailleurs sur l'île, plusieurs points d'intérêt valent le détour :

- **Monter à la Butte-au-Vent,** le point culminant de l'île, et admirer le point de vue sur l'ensemble de l'archipel.
- **Le port de pêche de L'Étang-du-Nord** (pêche au homard) et son imposante sculpture figurant des pêcheurs. Visiter la centrale thermique d'Hydro-Québec.
- **Suivre la route panoramique du chemin de Gros-Cap** et arriver à Cap sur Mer (anciennement Les Pêcheries Gros-Cap) : homarderie, magasin de vente de poissons et restaurant-cafétéria La Factrie où l'on peut déguster, en saison, du homard frais pour moins de 20 CAN $ (vous choisissez la taille de votre homard selon votre appétit). Vous pourrez ensuite, par temps calme, explorer les grottes du cap en canot. De Gros-Cap, le panorama embrasse le croissant des Îles et l'île d'Entrée, séparée.
- **L'église de La Vernière (route 199) :** Cette belle construction en bois, dont la blancheur immaculée se détache sur les champs environnants, est classée monument historique du Québec. Elle date de 1876 et son architecture est typique des Provinces Maritimes.

Admirer les falaises rouges de Belle-Anse, érodées par la mer, qui en a sapé les pans. Longez ces falaises jusqu'au Cap-au-Trou, où les vagues acharnées ont creusé la falaise de grès friable et où des arches sont apparues. Promeneurs, prenez garde, vous approcher du rebord peut être dangereux !

Sentier d'interprétation du barachois : Long de 3,5 km, aller-retour, il démarre derrière les dunes de la plage du Barachois, traverse tout d'abord un marais d'eau douce, puis un milieu saumâtre et enfin un marais salé. Le long du sentier, on pourra observer la flore et les oiseaux, dont le rare pluvier siffleur. L'ammophile à ligules courtes, appelé « foin des dunes » aux Îles de la Madeleine, a pour propriété de fixer la dune.

PARC DU SITE DE LA CÔTE

499, chemin Boisville Ouest
L'Étang-du-Nord
✆ +1 418 986 5085
cdpalacote@yahoo.ca

Aux abords du port de pêche de l'Étang-du-Nord se trouve un site réunissant une foule de petites surprises et attraits. La Place du Marché contient quelques boutiques dont l'incontournable Au Gré du Vent. Une collection de cerf-volants de toutes sortes est en vente et si vous en êtes à vos premiers pas, demandez-leur une petite formation. Pour les petits creux, le resto-terrasse Café la Côte offre des repas du matin au soir. En saison, les soirées s'animent souvent de spectacles en plein air gratuits et des événements y sont organisés tel le Symposium de peinture figurative. Une belle halte à deux pas des sentiers cyclopédestres.

Sports – Détente – Loisirs

AÉROSPORT

1390, chemin de Lavernière
L'Étang-du-Nord
✆ +1 418 986 6677 / +1 866 986 6677
www.aerosport.ca

Forfaits disponibles.

Vivez l'aventure avec des professionnels du cerf-volant de traction (kitesurf). Aérosport a été la première école de kite à ouvrir au pays et jouit d'une grande réputation pour la pratique des sports de vent. Muni de quatre cordes, le cerf-volant de traction développe une puissance suffisante pour tirer une personne en buggy, ski, snowboard ou planche de surf. Autres activités disponibles : surf, *standup paddleboard,* sorties en kayak de mer ou voilier, et vente et location d'équipements. Autres bases d'activités au Québec : Oka (snowkite), Lac-Brome dans les Cantons-de-l'Est (snowkite), Mont-Saint-Pierre en Gaspésie (boutique, vente).

VERT ET MER

84, chemin des Vigneau
Fatima
✆ +1 418 986 3555 / +1 866 986 3555
www.vertetmer.com

Tarifs selon l'activité ou le forfait choisi.

Référence en écotourisme aux Îles, c'est l'adresse à retenir pour découvrir les sites uniques de l'archipel. Expéditions guidées en kayak de mer, à vélo et en randonnée pédestre, ParaskiFlex (hiver), et plus encore. Hébergement en yourte.

Visites guidées

EXCURSIONS EN MER

Kiosque à la marina de Cap-aux-Meules
70, chemin Principal
✆ +1 418 986 4745
www.excursionsenmer.com

Tarifs selon l'excursion choisie.

Un voyage aux Îles ne peut être complet sans les découvrir par la mer. Plusieurs escapades sont proposées en compagnie de guides qualifiés : grottes et falaises, Île d'Entrée, Île Brion et/ou Rocher aux Oiseaux, observation d'oiseaux marins et de phoques, partie de pêche, interprétation du milieu. Des bateaux et Zodiac sont disponibles, avec des départs fréquents en saison. Réservation obligatoire.

Shopping

HERBORISTERIE L'ANSE AUX HERBES

187, chemin Belle-Anse
Fatima
✆ +1 418 986 3936
www.anseauxherbes.ca

Boutique ouverte de mi-juin à mi-octobre : lundi-dimanche, 9h-17h. Hébergement disponible sur place.

Une herboristerie artisanale qui vous prodigue ses secrets pour mieux et bien vivre. Toutes les herbes sont cultivées naturellement, puis séchées et transformées directement sur place. Pour chouchouter votre corps, optez pour les plantes aromatiques et médicinales, les onguents, les huiles de massage. Et pour accompagner le tout, des tisanes, des assaisonnements, des moutardes, des huiles aromatisées de homard et des huiles d'olive aromatisées sont aussi offerts.

ÎLE DU HAVRE AUX MAISONS

Située au nord-est de l'Île du Cap aux Meules, c'est la plus belle. On y accède par la route 199. Une route panoramique dessine la pointe de l'île du côté est. Empruntez-la. Elle vous mènera à de magnifiques panoramas (Cap Alright et le chemin des Montants). Une marina, des petits quais, des rochers rouges dominant la mer, une petite baie, avec l'Île du Cap aux Meules en arrière-plan, composent le paysage, tout près de l'Île aux Cochons. Une île où nichent des espèces variées d'oiseaux parmi les bleuets de la dune (en saison, il n'y a qu'à se baisser). L'aéroport des Îles de la Madeleine fait face à la lagune du Havre, au nord-ouest de l'île. Une éolienne expérimentale y a été bâtie par Hydro-Québec.

Transports

■ AÉROPORT DES ÎLES DE LA MADELEINE

1-210, chemin de l'aéroport
✆ +1 418 986 3785

Se loger

■ DOMAINE DU VIEUX COUVENT

292, route 199
✆ +1 418 969 2233
www.domaineduvieuxcouvent.com
Occupation double : à partir de 150 CAN $ en basse saison, 175 CAN $ en moyenne saison et 200 CAN $ en haute saison. Dix chambres. Petit déjeuner inclus. Forfaits disponibles. Restaurant sur place (Le Réfectoire).

Dans un bâtiment de pierres grises, situé face à la mer, les convives dorment dans l'une des dix chambres au décor moderne et épuré. Le confort et le charme de cet hôtel rajoute cette touche magique au charme envoûtant des Îles de la Madeleine. Seul hôtel du genre aux Îles, le Vieux Couvent est une adresse qui vous laissera bouche bée.

■ LA MAISON DES FALAISES

162, chemin des Échoueries
✆ +1 418 969 4782 / +1 418 937 0130
lucieaucoin@gmail.com
Ouvert de mi-juin à mi-septembre. Occupation double : à partir de 140 CAN $, petit déjeuner inclus. Patio avec vue sur la mer, BBQ, espace pour faire un feu extérieur.

Ce charmant petit gîte situé au sommet d'une falaise envoûtante propose à sa clientèle trois jolies chambres aux couleurs rafraîchissantes. Que vous optiez pour Le Phare, L'île d'Entrée ou encore pour La Suite, vous serez sans aucun doute séduit par les nombreuses attentions que Lucie réserve à ses visiteurs. Le matin on déguste avec plaisir le petit déjeuner gourmet en admirant une vue à couper le souffle. Sans l'ombre d'un doute, vous dormirez dans un des lieux les plus douillets et préservés des Îles de la Madeleine.

■ LA MAISON D'ÉVA-ANNE

326, chemin de la Pointe-Basse
✆ +1 418 969 4053 – www.eva-anne.com
Occupation double : à partir de 75 CAN $ en basse saison et de 98 CAN $ en haute saison. Quatre chambres dont deux avec salle de bain partagée. Petit déjeuner inclus. Forfaits vélo disponibles, location de vélo sur place.

Construite à la fin du XIXe siècle, la Maison d'Éva-Anne a conservé son charme d'antan. Elle vous accueille chaleureusement et vous offre des chambres douillettes, avec vue sur la mer. Sur place, un comptoir de vente offre des produits du terroir madelinot et les viandes de veau des Nathaël. La maison achète ce veau de la fromagerie Pied-de-Vent et le nourrit ensuite à l'orge et aux drêches avant de le vendre aux autres commerces.

Se restaurer

■ RESTAURANT LE RÉFECTOIRE DU VIEUX COUVENT

292, route 199 ✆ +1 418 969 2233
www.domaineduvieuxcouvent.com
Ouvert le matin au public de fin juin à septembre, de 7h30 à 10h30 (réservé aux clients de l'hôtel le dimanche et en basse saison). De mai à mi-juin et mi-septembre à fin octobre : lundi-dimanche, 18h-21h. Mi-juin à mi-septembre : lundi-dimanche, 17h-22h. Plats principaux le soir : 15-40 CAN $, en table d'hôte 4 services : ajoutez 16 CAN $ au prix du plat principal.

La vue offerte est magnifique et le cadre superbe. La mer et l'Ile d'Entrée vous accompagnent dans ce restaurant qui ne désemplit jamais. Et pour cause : la cuisine de la chef Évangéline Gaudet est conviviale, innovatrice et tellement délicieuse. Les poissons et les fruits de mer locaux sont à l'honneur et apprêtés avec originalité. Les produits régionaux sont cuisinés avec succès, parfois sous une version moderne comme le burger au veau des Nathaël, homard et Tomme des Demoiselles. Très belle carte des vins et bières des Îles.

À voir – À faire

■ FROMAGERIE DU PIED-DE-VENT, ÉCONOMUSÉE DU FROMAGE AU LAIT CRU

149, chemin de la Pointe-Basse
✆ +1 418 969 9292
piedvent@tlb.sympatico.ca
Boutique de vente sur place. Juin à fin septembre : lundi-dimanche, 8h-18h. Le reste de l'année : lundi-dimanche, 11h-17h. Entrée libre.
À l'origine de cette fromagerie, un amour pour la crème de lait cru des Îles de la Madeleine. En 1998, un troupeau de petites vaches noires arrive sur les Îles et l'aventure du Pied-de-Vent commence. Ce troupeau est nourri à partir de fourrage des Îles, ce qui confère au Pied-de-Vent, un fromage à croûte légèrement lavée, son goût si particulier. Entre le moment de la traite et celui de la fabrication, il ne s'écoule que douze heures. Puis la Tomme des Demoiselles a fait son apparition sur les tablettes, un fromage à pâte ferme pressée de six mois d'affinage. D'autres fromages, dont le Meuleron, et produits, comme la crème fraîche des Îles, sont confectionnés sur place. Une visite s'impose donc dans cette fromagerie où les fondateurs vous transmettront avec bonheur tout l'amour de leur terroir. Sachez qu'en effet, depuis l'été 2010 et grâce notamment à une subvention du gouvernement provincial, la fromagerie a rejoint le réseau ÉCONOMUSÉE. Un incontournable des Îles !

■ LE FUMOIR D'ANTAN, ÉCONOMUSÉE DU FUMAGE DE POISSONS

27, chemin du Quai ✆ +1 418 969 4907
www.fumoirdantan.com
Avril à mi-juin et en septembre : lundi-vendredi, 8h-17h. Mi-juin à septembre : lundi-dimanche, 9h-18h. Le reste de l'année : sur réservation. Visite guidée et dégustation : 4 CAN $ par personne, gratuit pour les 5 ans et moins.
Une quarantaine de fumoirs se trouvaient sur l'île. Suite à la surproduction du hareng dans les années 1970, ils ont presque tous fermé. En 1996, la famille Arseneau reprit le fumoir du grand-père et lui redonna vie. Aujourd'hui, cette entreprise propose des harengs fumés nature ou marinés, ainsi que des saumons, pétoncles et maquereaux fumés, selon la méthode traditionnelle des Madelinots. L'histoire des « boucaneries » (fait de boucaner, de fumer de la viande ou du poisson) est relatée avec le support de photographies et d'objets anciens. Les produits sont vendus sur place et se retrouvent sur les marchés.

Sports – Détente – Loisirs

■ PLAGE DE LA DUNE DU SUD

Accès par la route 199
La Plage de la Dune du Sud est une superbe plage, bordée de falaises de grès rouge creusées de grottes, et fréquentées par les oiseaux de mer, notamment les goélands argentés et les sternes.

Shopping

■ LE BARBOCHEUX

475, chemin Cap-Rouge
✆ +1 418 969 2114
www.bagossedesiles.com
Boutique de vente sur place. Juin à fin septembre : lundi-dimanche, 10h-18h. Le reste de l'année : lundi-samedi, sur appel.
Ne quittez pas les Îles sans avoir goûté à la fameuse bagosse, la « bière des Îles » comme l'appelle les gens du coin, déclinée en deux saveurs. C'est un vin de fruit artisanal très apprécié. Autres produits : une boisson de type porto faite à base de bleuets et d'airelles, et une liqueur de framboise. Les quatre produits du Barbocheux évoquent chacun à leur manière l'histoire et les traditions des Madelinots. D'ailleurs, ne manquez pas de lire le fameux proverbe inscrit sur la bouteille...

ÎLE DE LA POINTE AUXLOUPS

C'est un hameau d'une cinquantaine de maisons. C'est là qu'on achète les coques et les mollusques, pêchés dans le sable à l'intérieur des lagunes. Les plus belles plages des Îles se trouvent de part et d'autre de Pointe-aux-Loups. La Dune du Nord, long cordon de sable entre la mer et la lagune de la Grande Entrée, la relie à Grosse-Île. Avant de vous baigner, faites très attention au vent et aux courants.

GROSSE ÎLE ET ÎLE DE LA GRANDE ENTRÉE

Grosse Île

Grosse Île est à majorité anglophone, d'ascendance écossaise. Nombre de ses pêcheurs sont devenus mineurs. À l'entrée du village, on distingue les structures de la mine de sel (Seleine), mais elle est fermée au public.En suivant la route panoramique, vous passerez East Cape pour longer la Réserve nationale de faune de la Pointe-de-l'Est. La petite route entre East Cape et Old Harry vous y mènera, mais il est préférable de se faire accompagner d'un guide (se renseigner à la maison du tourisme).

Île de la Grande Entrée

La capitale du homard accueille le Festival du homard en juillet, sans oublier l'incontournable événement entourant la mise à l'eau des cages, et l'arrivée du homard nouveau à la début mai. On y pratique également la culture de la moule bleue. Grande-Entrée a été un port de pêche important à la fin du XIXe siècle. La pointe de l'île offre un spectacle saisissant. En été, des dizaines de bateaux de pêcheurs côtiers, aux couleurs vives, dansent le long des quais. Grande-Entrée, où la route s'arrête, propose une pension, et quelques boutiques et commerces.

Se loger

■ LA SALICORNE

377, route 199
Grande-Entrée
✆ +1 418 985 2833 / +1 888 537 4537
www.salicorne.ca

Consultez leur site Internet pour connaître la gamme des tarifs des séjours, forfaits (certains incluent le transport aller-retour aux îles), excursions et activités offerts. Sites de camping sur place. Restaurant du terroir ouvert pour les 3 repas (ouvert également au public). Réservation requise pour le repas du soir.

Anciennement le Club Vacances les Îles, la Salicorne conserve sa vocation d'offrir des séjours d'exception en axant dorénavant ses services et ses installations sur le concept d'une auberge. Ses chambres, nouvellement rénovées et décorées, sont sublimes et le mobilier de bois est l'œuvre d'un artisan local. Les forfaits sont variés et permettent aux vacanciers de vivre de véritables moments d'aventure selon les rythmes et besoins de chacun. Certaines activités sont originales et vous ouvriront sur des horizons jusque-là inaccessibles. Que ce soit pour dormir ou tout simplement acheter un forfait, une activité ou une excursion, la Salicorne est l'adresse idéale aux Îles de la madeleine.

À voir – À faire

En traversant le village de Old Harry, sur l'île de la Grande-Entrée, vous trouverez la plage de la Grande-Échouerie, immense étendue de sable bordée de dunes et de falaises de grès rouge, à laquelle on accède par un intéressant sentier d'interprétation, qui fait passer d'une forêt rabougrie de sapins baumiers et d'épinettes blanches à la dune retenue par l'ammophile à ligules courtes. La plage suit le littoral sud de cette réserve qui s'avance dans l'Atlantique, au nord-est de l'archipel. Cette étendue infinie est aussi l'observatoire des phoques gris. Ils viennent parfois tout près, sortent le nez de l'eau. Une échouerie désignait jadis un lieu rocheux où les morses, se prélassaient au soleil, entassés les uns contre les autres. À Old Harry, petit port de pêche, on faisait l'abattage et le dépeçage de ces énormes bêtes pour tirer l'huile de leur épaisse couche de graisse. Les morses ont aujourd'hui disparu. Grande-Entrée marque la fin de la route panoramique 199.

■ CENTRE D'INTERPRÉTATION DU PHOQUE (À LA SALICORNE)

377, route 199
Grande-Entrée
✆ +1 418 985 2833 / +1 888 537 4537
www.loup-marin.com

Juin à septembre : lundi-dimanche, 10h-18h. Le reste de l'année : lundi-vendredi, 10h-16h. Adulte : 7,50 CAN, 5-17 ans : 4 CAN $, famille : 20 CAN $. Aucun frais d'entrée si séjour à la Salicorne.

Vous y découvrirez le monde de ces mammifères marins qui peuplent le golfe du Saint-Laurent : leur habitat, leur mode de vie, leur migration, leur nourriture et la façon dont on les chassait. Visionnement du diaporama « Histoires de glaces », où vous apercevrez des blanchons sur la banquise.

▶ **Note importante :** un écomusée des pêches verra le jour en 2013 à Grande-Entrée et le projet comprend notamment la réorganisation de l'espace pour la création d'un lieu de services central, la relocalisation du Centre d'interprétation du phoque et l'aménagement d'une aire d'observation de la mise à l'eau des bateaux au port de pêche.

■ COMPLEXE HISTORIQUE ET PATRIMONIAL DE C.A.M.I.

787, chemin Principal
Grosse-Île
✆ +1 418 985 2116 – www.micami.org

En saison : lundi-dimanche, 8h30-16h30. Hors saison : lundi-vendredi, 8h30-16h30. Entrée libre.

Ce musée, situé dans une ancienne école et à quelques pas du port, raconte la vie des anciens de la communauté, à travers des photos et des objets d'époque. Aussi sur place : le parc commémoratif et le musée des Vétérans.

LANAUDIÈRE ET MAURICIE

Matawinie, lever de soleil.

PHOTO : MICHEL JULIEN

1 POURVOIRIE NÉMISKAU

ESCALE NATURE HAUT DE GAMME

La pourvoirie Némiskau vous permettra de vivre une expérience toute en sensations. Que ce soit pour la pêche sportive ou pour la découverte de la nature, vous serez transporté dans une ambiance chaleureuse et un confort digne de ce que vous méritez.

→ **La Tuque**
1 866-714-1124
nemiskau.com
Du 3 mai au 15 octobre 2013

2 CLUB ODANAK

ÊTRE EN COMMUNION AVEC LA NATURE

Là où les lacs, rivières, collines et forêts offrent une surenchère de paysages exceptionnels. Situé sur les terres ancestrales de la nation Atikamekw, vous serez séduit par l'authenticité des valeurs traditionnelles autochtones et québécoises qu'on y découvre.

→ **La Tuque | 819 523-8420**
clubodanak.com
★★★

3 FESTIVAL WESTERN DE ST-TITE

UNE ATMOSPHÈRE DIGNE DU FAR WEST!

Saint-Tite vous accueille pour vivre un grand événement western. Dix jours de sensations fortes, dix rodéos professionnels, de la danse country à son meilleur et une ambiance sans pareil!

→ **Saint-Tite**
00 800 49 037 83 76
festivalwestern.com
Du 6 au 15 septembre 2013
46e édition

Lanaudière

La région de Lanaudière doit son nom à l'histoire. Il perpétue le souvenir de Marie-Charlotte de Lanaudière, fille du Seigneur de Lavaltrie et épouse de l'homme d'affaires Barthélemy Joliette, descendant du célèbre explorateur Louis Jolliet. Il évoque la lignée des seigneurs de Lanaudière qui ont contribué, durant sept générations, à la défense et au développement de la colonie française, ce pays et cette région d'Amérique. Son surnom de Région Verte représente plus qu'une description physique : c'est un symbole qui rappelle, entre autres, la quiétude, la paix et le calme de la nature. La région de Lanaudière fait partie des régions centrales du Québec. Elle est située entre le fleuve Saint-Laurent et le massif laurentien, entre la Mauricie et les Laurentides. La région est constituée de trois ensembles géographiques distincts : la plaine au sud, parsemée de villes et villages agricoles, regroupe un riche patrimoine de lieux historiques ; le piémont au centre est devenu le terrain de jeux des « villégiateurs » et des vacanciers grâce à ses nombreux lacs et ses attraits naturels ; et le plateau laurentien, tout au nord, où se retrouve le pays forestier est le royaume de la pêche et des aventures de plein air. Lanaudière comprend deux réserves fauniques, Rouge-Matawin et Mastigouche, et les deux tiers du parc national du Mont-Tremblant sont situés sur son territoire. Plus au nord, à environ une heure de route de Saint-Michel-des-Saints, on arrive à la réserve autochtone Manawan où vivent les Atikamekws.

L'archipel du lac Saint-Pierre est un milieu lacustre unique qui rappelle les bayous louisianais. À l'intérieur de cet archipel d'îles, où les chenaux découpent le territoire en casse-tête chinois, se retrouve la plus vaste héronnière du Québec. Fait important : les îles de Berthier qui forment, avec les îles de Sorel, l'archipel du Lac Saint-Pierre, ont été reconnues officiellement par l'Unesco comme Réserve de la biosphère.

La région de Lanaudière se caractérise par ses chutes et ses cascades. Parmi les plus importantes, signalons, à Rawdon, les chutes-Dorwin, désormais célèbres, situées sur la rivière Ouareau, auxquelles est associée la légende indienne du sorcier Nippissingue. À la jonction des rivières Noire et l'Assomption, le parc régional des Chutes-Monte-à-Peine-et-des-Dalles présente la plus puissante chute de la région métropolitaine. La construction de trois nouveaux ponts et six belvédères d'observation ainsi que la mise en place de nombreux escaliers et passerelles facilitent l'accès à cette nature généreuse.

Plus au nord, une zone en altitude est au carrefour des bassins versants des rivières l'Assomption, Mattawin et Du Diable. Ce territoire de moyennes montagnes est délimité par Sainte-Emélie-de-l'Energie, Saint-Zénon, Saint-Côme et la partie est du parc national du Mont-Tremblant. Cette topographie de sources crée un milieu d'eau fraîche qui explique la concentration de pourvoiries de pêche à la truite mouchetée, une autre caractéristique de Lanaudière.

Transports

- **Bus.** Le Conseil régional de transport de Lanaudière (CRTL) assure la liaison entre plusieurs municipalités de la région ainsi qu'avec Montréal pour les circuits 31,32, 55 et 125 (attention : les départs se font depuis la station de métro Radisson à Montréal et non la gare routière centrale). Pour plus d'info : www.jembarque.com. Orléans Express dessert quelques municipalités de la région dont Berthierville, Lanoraie, Lavaltrie et Repentigny. www.orleansexpress.com

Les immanquables de la région de Lanaudière

- **Séjournez à l'Auberge du Lac Taureau** à Saint-Michel-des-Saints, située sur un superbe plan d'eau, le lac Taureau.
- **Amusez-vous à Arbraska,** la forêt des aventures, ou détendez-vous au Spa La Source Bains Nordiques de Rawdon.
- **Redécouvrez la Formule 1** au Musée Gilles-Villeneuve à Berthierville.
- **Profitez du Festival de Lanaudière** à Joliette, au mois de juillet.

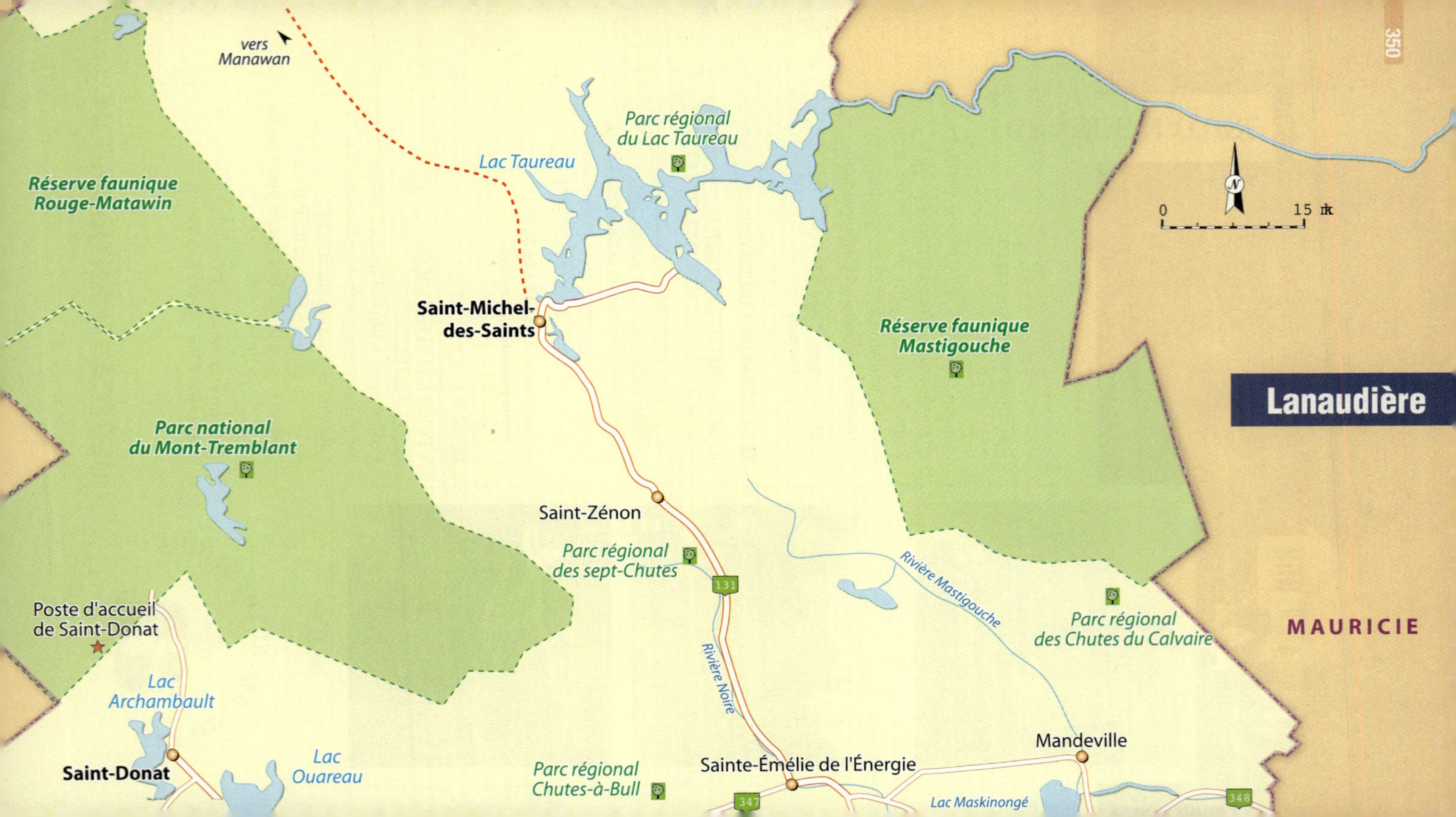
Lanaudière
MAURICIE
0
15 km
vers Manawan
Réserve faunique Rouge-Matawin
Lac Taureau
Parc régional du Lac Taureau
Réserve faunique Mastigouche
Saint-Michel-des-Saints
Parc national du Mont-Tremblant
Saint-Zénon
Parc régional des sept-Chutes
131
Rivière Mastigouche
Parc régional des Chutes du Calvaire
Rivière Noire
Poste d'accueil de Saint-Donat
Lac Archambault
Saint-Donat
Lac Ouareau
Parc régional Chutes-à-Bull
Sainte-Émélie de l'Énergie
Mandeville
347
Lac Maskinongé
348

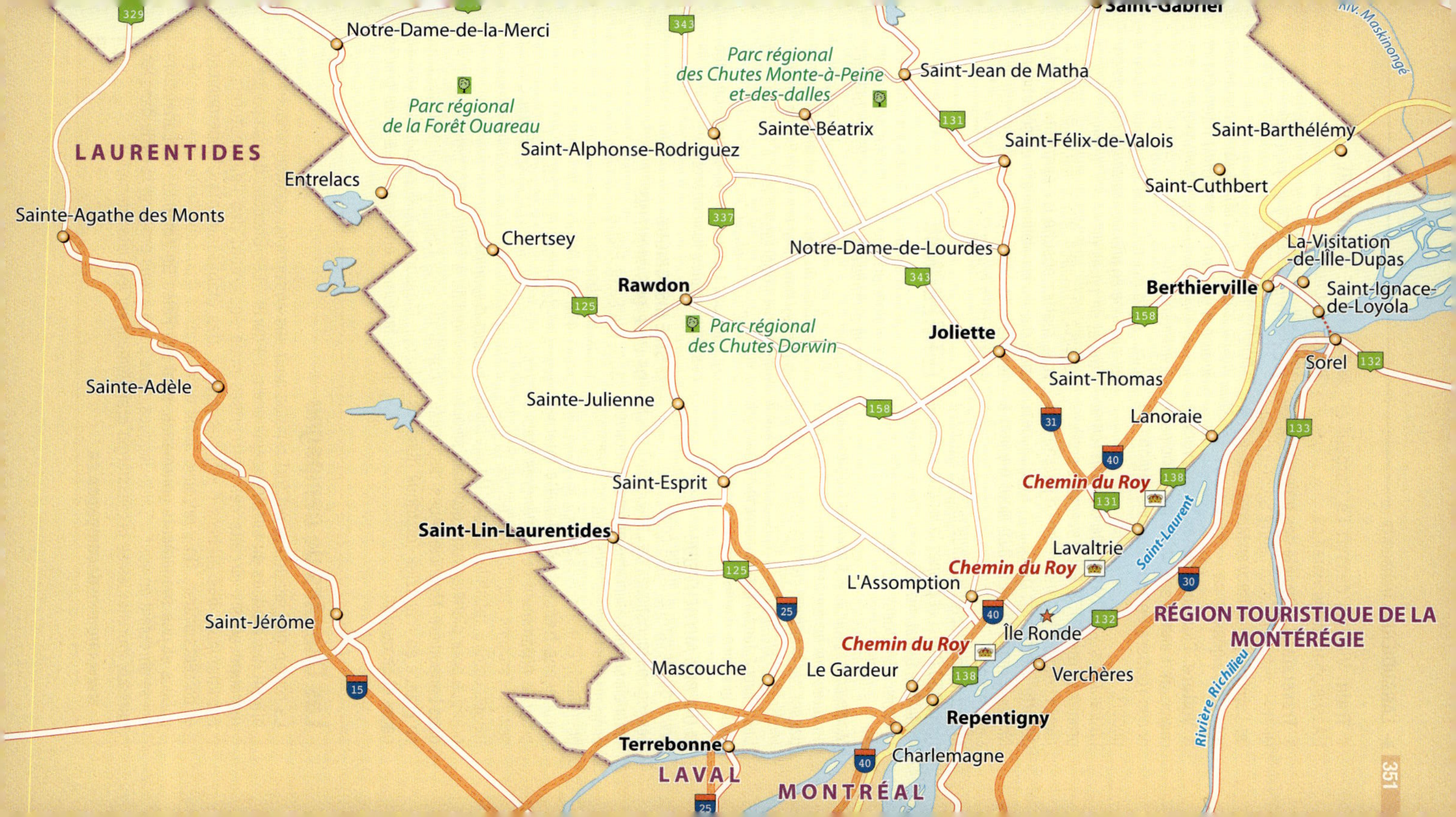
LAURENTIDES
Notre-Dame-de-la-Merci
Parc régional de la Forêt Ouareau
Parc régional des Chutes Monte-à-Peine et-des-dalles
Saint-Jean de Matha
Sainte-Béatrix
Saint-Alphonse-Rodriguez
Saint-Félix-de-Valois
Saint-Barthélémy
Saint-Cuthbert
Saint-Gabriel
Riv. Maskinongé
Entrelacs
Sainte-Agathe des Monts
Chertsey
Notre-Dame-de-Lourdes
La-Visitation-de-l'Île-Dupas
Berthierville
Saint-Ignace-de-Loyola
Rawdon
Parc régional des Chutes Dorwin
Joliette
Sorel
Saint-Thomas
Sainte-Adèle
Sainte-Julienne
Lanoraie
Chemin du Roy
Saint-Esprit
Saint-Lin-Laurentides
Lavaltrie
Saint-Laurent
L'Assomption
Île Ronde
RÉGION TOURISTIQUE DE LA MONTÉRÉGIE
Saint-Jérôme
Mascouche
Le Gardeur
Verchères
Repentigny
Rivière Richelieu
Terrebonne
Charlemagne
LAVAL
MONTRÉAL
329
343
131
337
125
158
31
40
138
132
133
30
25
15

▶ **Train.** Via Rail dessert Le Gardeur et L'Assomption. www.viarail.ca

▶ **Traversier.** La Société des traversiers du Québec assure la liaison entre Saint-Ignace-de-Loyola et Sorel-Tracy en Montérégie. www.traversiers.gouv.qc.ca

▶ **Voiture.** Plusieurs routes desservent la région de Lanaudière. Voici les principaux accès routiers en fonction des régions de départ.
Laurentides : au départ de Saint-Jérôme, prenez la route 158 Est traversant entièrement la région de Lanaudière en passant par Joliette. Au départ de Sainte-Agathe-des-Monts, prenez la route 329 Nord menant à Saint-Donat.
Mauricie : au départ de Shawinigan, suivez la route 350 Ouest et prenez la jonction avec la route 348 Ouest. Au départ de Trois-Rivières, la route 138 Ouest ou l'autoroute 40 Ouest traversant la région.
Montérégie : prendre le traversier à Sorel-Tracy en direction de Saint-Ignace-de-Loyola ou passer par Montréal selon le point de départ.
Montréal : l'autoroute 25 Nord se rend jusqu'à Saint-Esprit, tandis que l'autoroute 40 traverse toute la région d'ouest en est.

■ **QUÉBEC AUTHENTIQUE**
www.quebecauthentique.com
Les régions touristiques de Lanaudière et de la Mauricie se sont associées afin de promouvoir conjointement leurs attraits naturels, culturels, gourmands et historiques auprès de la clientèle européenne francophone. Le site Internet propose notamment des itinéraires établis selon les saisons et différents thèmes (grande nature, culture, urbanité, terroir). Un site bien pratique pour planifier votre prochain séjour dans Lanaudière-Mauricie ! Aussi disponible en France en magazine (distribué dans les gares et aéroports).

■ **TOURISME LANAUDIÈRE**
3568, rue Church
RAWDON
✆ +1 450 834 2535 / +1 800 363 2788
www.lanaudiere.ca
Le site Internet de l'office du tourisme est équipé d'un tout nouvel outil interactif et dynamique. Il permet la sélection de forfaits et d'offres en ligne pour la planification d'un séjour selon vos intérêts et vos besoins. L'offre est déclinée en une quinzaine d'icônes d'activités et de types de séjour, à savoir si vous voyagez en couple, en famille ou entre amis. Vous mettez ensuite les éléments de votre choix dans une « valise » afin de sélectionner des forfaits correspondant à ce que vous désirez faire pendant vos vacances.

TERREBONNE

C'est en 1673 que les titres de propriété de la Seigneurie de Terrebonne sont remis, pour la première fois, à un citoyen français, André Daulier-Deslandes. Vingt ans après la construction du premier pont de Terrebonne, un pont en bois inauguré en 1834, on retrouve deux villes importantes sur le territoire : un pôle commercial, Terrebonne, et un pôle agricole, Saint-Louis-de-Terrebonne. En 1985, ces deux entités fusionneront.

■ **SITE HISTORIQUE DE L'ÎLE-DES-MOULINS**
866, rue Saint-Pierre
Vieux-Terrebonne
✆ +1 450 471 0619
www.ile-des-moulins.qc.ca
Horaire variable selon la saison. Entrée gratuite au parc, tarification pour les activités/visites. Forfaits disponibles.
Les moulins à farine et à carder la laine, construits sous l'administration du seigneur Joseph Masson au XIXe siècle, font revivre leurs fantômes en offrant des tours guidés

Les Chemins de campagne

La région de Lanaudière est fort réputée pour ses entreprises agrotouristiques qui offrent des produits du terroir exceptionnels. La carte « Les Chemins de campagne » regroupe en six circuits ces entreprises mais également des lieux naturels et patrimoniaux, des ateliers d'art, des jardins, des établissements d'hébergement et de restauration. On y retrouve aussi un calendrier d'autocueillette, des marchés publics et des événements gourmands, dont Les Fêtes Gourmandes de Lanaudière qui se déroulent en août à Saint-Jacques. Vous pouvez vous procurer la carte dans les bureaux touristiques ou la télécharger gratuitement sur leur site Internet.

▶ **www.cheminsdecampagne.ca**

Site historique de l'Île-des-Moulins.

costumés et de l'animation historique sous différents thèmes pendant l'année. Les nombreuses activités au fil des saisons feront le bonheur des petits et grands : tour de bateau-ponton, soirées de contes, spectacles, expositions, théâtre, activités animées, chasse aux trésors, patin à glace à l'écluse des Moulins, carnaval d'hiver, etc. Finalement, ne quittez pas le site sans une visite à la Maison Bélisle. Construite en 1760, elle présente différentes expositions dont « Il était une fois... Terrebonne ».

■ TOURISME DES MOULINS

5000, côte Terrebonne
✆ +1 450 964 0681 / +1 866 964 0681
www.tourismedesmoulins.com
Ouvert toute l'année.

L'ASSOMPTION

Cette petite ville en banlieue de Montréal est bien connue pour son collège établi en 1830 : le collège l'Assomption. De nombreuses maisons anciennes bordent ses rues et il semblerait que cette ville soit le berceau de la fameuse ceinture fléchée, une production textile unique tissée à la main et qui fait partie des emblèmes historiques de la province. En décembre, un marché de Noël s'installe en plein cœur du centre-ville. C'est l'occasion parfaite pour rencontrer les artisans et producteurs de la région, en plus de faire le plein de découvertes gourmandes et de trésors de métiers d'art.

■ L'ÉRABLIÈRE D'AUTREFOIS

560, montée Saint-Marie
✆ +1 450 588 0165
www.erablieredautrefois.com
Ouvert en mars et avril pour la cabane à sucre. Repas champêtre à l'année sur réservation de groupe de 10 personnes et plus. Réservation requise en tout temps.

Cette adresse est un pur ravissement pour les gourmands. À l'aube du printemps, la cabane à sucre s'anime et de copieux repas sont cuits sur le poêle à bois selon la tradition. Tout est à volonté et bien entendu, le tout se termine avec la tire sur neige. Pensez toutefois à apporter votre boisson. Tout au long de l'année, une savoureuse table champêtre est proposée aux groupes. Le menu est composé de produits de leur élevage de cerfs, des récoltes de leur potager et leur érablière, sans oublier les produits régionaux. Sur place, une boutique vend les viandes de cerfs et les produits de l'érable. Des activités sont également offertes : randonnée pédestre, ski de fond et raquette.

ÎLE RONDE

Juste en face de Saint-Sulpice se trouve l'Île Ronde et des excursions en bateau permettent d'aller visiter cette seigneurie datant de 1709. Abandonnée depuis 1960, c'est en 1986 que les travaux débutèrent pour revitaliser cette île et en faire un lieu de villégiature hors du commun. On y retrouve maintenant un vignoble (Domaine de l'Île Ronde) et la Seigneurie de l'Île Ronde (3 km de sentiers, gîte, salle de réception, brunch, croisière).

www.ileronde.com

■ DOMAINE DE L'ÎLE RONDE
✆ +1 450 589 8628 / +1 888 844 6625
www.domainedelileronde.com
En opération de mi-mai à fin octobre. Vente de produits sur place. Les traversées en bateau se font depuis Saint-Sulpice (quai municipal sur la rue Notre-Dame), départ à toutes les heures entre 10h et 18h. Prévoir au moins 4h sur place. Menu terrasse offert du mercredi au dimanche.
Le Domaine de l'Île Ronde est un vignoble produisant des vins blancs, rouges et rosés ainsi que des vins fortifiés. Des forfaits sont offerts et incluent, par exemple, le transport aller-retour en bateau, la visite guidée du vignoble avec dégustation et une assiette du terroir (possibilité de créer vous-même votre forfait). Un quai est à la disposition de plaisanciers ainsi qu'une piste d'atterrissage pour les aviateurs.

RAWDON

Créée par des « squatters » irlandais, suivi d'Écossais, d'Anglais et de Loyalistes, ce n'est qu'en 1840 que les francophones sont devenus majoritaires dans cette municipalité. Par la suite, vers 1920, les communautés ethniques slaves sont venues s'y installer. Rawdon conserve encore de nos jours cette belle mosaïque ethnique et pour la souligner, une place publique multiculturelle y a été aménagée.

À voir également : le parc des Cascades et les chutes Dorwin, associées à la légende du sorcier Nipissingue.

Pratique

■ BUREAU TOURISTIQUE DE RAWDON
Parc des Chutes Dorwin
3102, 1ère Avenue
✆ +1 450 834 2551
www.rawdon.ca
Ouvert en saison estivale uniquement.

Se loger

■ AUBERGE LAETUS LE JOYEUX
4333, chemin du Lac Brennan
✆ +1 450 834 2364
www.laetus.org
Occupation double : à partir de 110 CAN $. Huit chambres. Petit déjeuner aux produits bio inclus. Souper table d'hôte 4 services sur réservation : 28 CAN $. Forfaits disponibles. Cuisine à disposition pour la préparation des repas.
Cette auberge de charme en rondins de bois sise au sein d'une forêt de 25 ha. Le calme et la nature sont ici au rendez-vous. Les chambres sont très coquettes, tout comme chaque pièce de la maison qui rend un beau cachet. Après vos activités, venez profiter du grand salon avec foyer ou piquez un brin de lecture sur le bord de l'étang. Haut lieu de ressourcement, plusieurs activités et soins sont proposés à l'année : soins énergétiques, expression artistique, communication animale, spiritualité amérindienne, etc. Un endroit idéal pour décrocher du quotidien et prendre soin de soi !

■ CHALETS DES PINS
5749, rue Vincent-Massey
✆ +1 450 834 3401 / +1 877 834 3401
www.chaletsdespins.com
Tarif variable selon le chalet et la saison.

Le Chemin du Roy

Première route carrossable au pays, le Chemin du Roy servait alors à la livraison du courrier et au transport des voyageurs, reliant ainsi Québec à Montréal. En suivant cette route (138) de Repentigny à Québec, c'est plus de trois siècles d'histoire qui défileront sous vos yeux. Profitez-en par la même occasion pour séjourner dans de merveilleux gîtes ruraux. En suivant la signalisation routière symbolisée par une couronne, c'est une belle découverte du patrimoine architectural, historique et social de la région, berceau de la colonisation, qui vous attend.

www.lecheminduroy.com

Six beaux chalets de bois, accueillant de 2 à 10 personnes, vous attendent pour un séjour au beau milieu d'une nature généreuse. Certains chalets disposent même d'un foyer et d'une baignoire à remous... Parfait pour relaxer après l'effort ! Disponible en location toute l'année, chaque saison apporte son lot d'activités : baignade dans le lac, canot, pédalo, raquette, patin à glace... Les lieux sont tout simplement magnifiques, authentiques et si paisibles !

À voir – À faire

PARC DES CASCADES

6669, route 341 ✆ +1 450 834 4149

Ouvert tous les jours de mi-juin à début septembre (les week-ends de mi-mai à mi-juin et de début septembre à mi-octobre). Adulte : 5 CAN $, 7-14 ans : 3 CAN $. Aire de pique-nique, casse-croûte, BBQ, location d'embarcations nautiques.

La rivière Ouareau déferle sur les roches et se brise en une multitude de cascades à son arrivée à Rawdon. Un endroit où il fait bon se reposer et apprécier la beauté du paysage.

PARC DES CHUTES DORWIN

3074, route 337

✆ +1 450 834 2596

Ouvert tous les jours de mi-juin à début septembre (les week-ends de mi-mai à mi-juin et de début septembre à mi-octobre). Adulte : 5 CAN $, 7-14 ans : 3 CAN $.

Rendez-vous sur le site enchanteur des Chutes Dorwin. Vous pourrez y observer, à partir de quatre belvédères, la féerie de la chute dont s'inspire une légende amérindienne. Des sentiers écologiques sont aménagés afin de vous faire découvrir les beautés de la forêt luxuriante. Aire de pique-nique sur place.

Sports – Détente – Loisirs

ARBRASKA, LA FORÊT DES AVENTURES

4131, rue Forest Hill

✆ +1 450 834 5500 / +1 877 886 5500

www.arbraska.com

Mai à fin août : lundi-dimanche, départs avec réservation toutes les 30 minutes. Septembre à mi-novembre et de mi-mars à fin avril : sur réservation pour un minimum de 4 personnes (départ unique à 13h, possibilité de plusieurs départs le week-end). Adultes : 32,18 CAN $, 8-13 ans : 23,92 CAN $, 5-7 ans : 22,18 CAN $. Ces tarifs sont valables pour le parcours ou la via ferrata. Parcours de nuit : tarif unique de 34,79 CAN $. Tarifs pour l'Escalarbre, le géocaching et le rallye GPS. Forfaits disponibles.

Equipé d'un baudrier, il faut braver ses peurs pour traverser la forêt, en se baladant de cimes en cimes. Tyroliennes, ponts suspendus, filets à grimper, parcours extrêmes, via ferrata... Plus de 9 parcours et 4 mini-jeux de niveaux de difficulté variés, comprenant plus de 120 jeux incluant 22 tyroliennes (dont une tyrolienne géante de 350 pieds). Autant dire que ceux qui ont le vertige devront s'abstenir, mais les amateurs de sensations fortes et de verdure seront ravis !

DOMAINE SAM-CALM

6125, rue Vincent-Massey

✆ +1 450 834 8388 – www.samcalm.com

Tarif selon l'activité choisie. Volet corporatif, camp de jour, camp d'été et forfaits disponibles.

Ce beau domaine de 89 hectares vous propose des vacances entre amis ou en familles, avec une foule d'activités qui plairont à tous les âges et tous les goûts : équitation (la grande spécialité !), hébertisme, randonnée pédestre ou à vélo de montagne, baignade, ski de fond, ski joëring, raquette et traîneau à cheval. De plus, des services d'hébergement (auberge rustique 4-étoiles, petit déjeuner inclus) et de restauration (BBQ, table d'hôte et menu du terroir) sont offerts aux petits comme aux grands groupes. Un superbe endroit pour décrocher !

LA SOURCE BAINS NORDIQUES

4200, rue Forest Hill

✆ +1 450 834 7727 / +1 877 834 7727

www.lasourcespa.com

Lundi-mercredi : 10h-20h ; jeudi-dimanche : 10h-21h. Accès aux bains : 42 CAN $, 25 CAN $ en soirée (à partir de 17h lundi-mercredi et 18h le jeudi). Massothérapie (incluant l'accès aux bains) : à partir de 110 CAN $ (60 min) et de 145 CAN $ (90 min). Promotions et forfaits disponibles. Bistro sur place.

Quoi de plus relaxant que de passer une journée dans des bains nordiques ? En passant du chaud au froid, la détente absolue est assurée. Plusieurs bains, cascades, salles de repos, hammam et sauna... Tout est là pour satisfaire les plus exigeants ! Un nouveau pavillon de détente a été inauguré en 2009 et comprend notamment de vastes salles de massage, une salle complètement vitrée pour le bavardage, et la Salle Noire et ses chaises zéro-gravité uniques au pays. Entouré par la nature, au pied des falaises et rochers, on passe ici un moment des plus agréables.

NOTRE-DAME-DE-LA-MERCI

Porte d'entrée du parc régional de la forêt Ouareau, Notre-Dame-de-la-Merci est située au cœur de la forêt des Laurentides, à quelques kilomètres au sud de Saint-Donat et du parc national du Mont-Tremblant. Une excellente destination nature et plein air !

KABANIA

2233, chemin des Merles
✆ +1 819 424 0721
www.kabania.ca
Occupation double en cabane sur pilotis : à partir de 80 CAN $, 20 CAN $ par personne additionnelle (10 CAN $ pour les enfants de 4 à 11 ans). Occupation double en cabanita dans les arbres : 55 CAN $. Literie : 10 CAN $. Spectacles en plein air en saison estivale.
Ce nouveau site d'hébergement écotouristique en séduira plus d'un. Imaginez passer la nuit dans une belle cabane en bois sur pilotis... C'est ce que propose Kabania, du camping de luxe ! Chaque unité est munie d'éclairage par énergie solaire, d'un poêle à bois, d'un lit double, d'une mezzanine avec lit simple, d'un hamac et d'une table. La phase 2 a permis la création de cabanitas dans les arbres (été seulement), un hybride entre une cabane et une tente. Ces petites unités comprennent un lit double, une table bistro sur la terrasse et un hamac. Parmi les services sur le site, notons un espace commun qui abrite les toilettes et les douches, une cuisine équipée pour préparer vos petits plats, et un salon-terrasse avec hamacs et bibliothèque pour relaxer. Plusieurs activités peuvent être pratiquées sur place en toutes saisons : baignade, volleyball de plage, randonnée pédestre, patin à glace sur le petit lac, raquette (location sur place) et ski de fond au parc régional de la forêt Ouareau, etc. Une nouvelle adresse écoresponsable et franchement différente !

SAINT-DONAT

Vous trouverez toujours de quoi occuper vos loisirs à Saint-Donat, été comme hiver, avec d'innombrables possibilités d'activités pour tous les âges. Cet ancien village forestier est une autre porte d'entrée du parc national du Mont-Tremblant (secteur de la Pimbina, activités quatre saisons, hébergement et location d'équipement sur place). En été, allez profiter des spectacles gratuits offerts en plein air au parc des Pionniers, les jeudis à 18h30, et à la place de l'Église, les samedis à 20h.

Le parc des Pionniers est aussi l'hôte de la plage municipale avec surveillance (tous les jours de 10h à 18h). De mai à octobre, il est également possible de faire une croisière sur le lac Archambault. Finalement, si vous êtes de passage dans la région à la fête du Travail, le festival Rythmes et Saveurs envahit la municipalité pendant trois jours où se cotoient des spectacles musicaux, des arts de la rue et des découvertes gourmandes.

Pratique

BUREAU TOURISTIQUE DE SAINT-DONAT

536, rue Principale
✆ +1 819 424 2833
✆ +1 888 783 6628
www.saint-donat.ca
Ouvert toute l'année.

Se loger

MANOIR DES LAURENTIDES & SES CONDOS

290, rue Principale
✆ +1 819 424 2121
✆ +1 800 567 6717
www.manoirdeslaurentides.com
Tarifs variables selon l'hébergement choisi et la saison. Forfaits disponibles. Animation familiale en été et pendant les Fêtes, piscine extérieure, plage privée, marina avec location d'embarcations, terrains de jeux, spectacles, nombreuses activités à l'année. Salle à manger sur place.
En bordure du lac Archambault, une trentaine de magnifiques résidences de tourisme (condos) sont offertes en location pour des séjours de deux nuits et plus (3 nuits minimum lors de congés fériés). Elles sont entièrement équipées : deux chambres, un divan-lit, deux salles de bain (dont une avec bain à remous), une cuisine, un salon avec foyer au bois, laveuse-sécheuse, et plus encore. La section hôtel, quant à elle, comprend près d'une cinquantaine de chambres coquettes avec balcon, vue sur le lac ou le village, alors que le motel compte près d'une vingtaine d'unités. Ces dernières offrent un coin salon avec foyer et un divan-lit. Il est aussi possible de louer une unité avec, en plus, deux chambres et une cuisinette. Notez que, de janvier à mi-mars, seuls les condos sont disponibles pour location. Une halte de choix dans un cadre enchanteur !

Sortir

O DIVIN BISTRO
416, rue Principale
✆ +1 819 424 2006 – www.odivin.ca
Horaire variable selon la saison. Grande terrasse ensoleillée. Programmation musicale et culturelle à l'année.
Ce charmant bistro à la déco fort tendance, fière propriété d'Alexandre Therrien, est l'endroit idéal où se la couler douce entre amis, été comme hiver. À l'ardoise, plus de 25 sortes de bières locales et importées, une superbe carte des vins (détaillant de verres Riedel, avis aux intéressés !) et des cocktails pour tous les goûts. Il est possible d'y casser la croûte, avec une belle sélection de tapas et gueuletons légers. S'ajoutent à tout cela une programmation de spectacles et d'événements, dont l'incontournable bar de glace en hiver, sans oublier les dégustations thématiques, la diffusion d'événements sportifs sur écran plat... Une belle découverte de notre équipe !

Sports – Détente – Loisirs

Classé dans le top 10 au Palmarès des municipalités de plein air par le magazine *Gop Plein Air* en 2011, Saint-Donat a amplement de quoi offrir aux amateurs du style. En plus du parc national, on y retrouve une multitude d'installations de plein air : le sentier de la Montagne Noire (randonnée pédestre, raquette, ski de randonnée nordique), le sentier national pour la randonnée pédestre, le kayak et le canot sur les lacs Ouareau et Archambault, la piste La Donatienne pour le ski de fond et la raquette, le sentier l'Inter-Vals pour le vélo de montagne et le patin à glace, les stations de ski Mont Garceau et La Réserve, l'escalade de glace au lac Sylvère, le vélo de route sur les circuits entourant les deux lacs et le chemin Le Nordet (superbe circuit reliant Saint-Donat à Lac-Supérieur), le vélo de montagne sur d'anciens sentiers forestiers, la baignade au lac Archambault (deux plages cotées « A »). En hiver, les nombreux sentiers de motoneige profitent d'un enneigement exceptionnel (la vue depuis le sommet de la Montagne Noire est incroyable !). Vous pourrez vous procurer les cartes des sentiers et obtenir toutes les informations concernant les loisirs et le plein air à l'Office du Tourisme.

PARC NATIONAL DU MONT-TREMBLANT
3824, chemin du Lac-Supérieur
Lac-Supérieur ✆ +1 819 688 2281
Voir page 174.

Shopping

BOULANGERIE SAINT-DONAT
413, rue Principale
✆ +1 819 424 2220 / +1 877 324 2220
www.boulangeriestdonat.com
Ouvert tous les jours de 8h30 à 17h30 (fermeture à 19h le vendredi). Coin resto, terrasse.
Cette authentique boulangerie mise sur des recettes issues du terroir, préparées avec des produits naturels. Les préférées sont les tartes au sucre à la crème, les gâteaux aux carottes, les festifs aux canneberges, les tourbillons et les pets de sœur, les authentiques bretzels alsaciens, sans oublier les viennoiseries, les biscuits, les carrés aux dattes... Mais plusieurs autres produits suivent le fil des saisons, comme la tourtière au porc ou les gâteaux aux fruits. De plus, confitures, marinades, charcuteries, fromages et autres produits gourmands « décorent » la boutique. Et pendant que vous êtes sur place, profitez de leur terrasse ensoleillée pour savourer un petit café au lait ou un délicieux sandwich fait sur place !

SAINT-CÔME

Saint-Côme est une des portes d'entrée du parc national du Mont-Tremblant. Même si plusieurs activités s'offrent à vous en été (randonnée, canot, kayak, etc.), c'est en hiver que les lieux sont les plus fréquentés en raison, notamment, de la station de ski Val Saint-Côme et du bon réseau de sentiers de motoneige.

AUBERGE VAL SAINT-CÔME
200, rue de l'Auberge
✆ +1 450 883 0655 / +1 877 778 2663
www.aubergevalsaintcome.com
Occupation double : à partir de 110 CAN $, petit déjeuner inclus. Chambres de luxe, suites avec foyer et bain à remous, et condos disponibles. Forfaits disponibles. Terrain de golf et station de ski.
Située sur les pistes de la station de ski de Val Saint-Côme, l'auberge est le point de départ pour de nombreuses activités en toutes saisons. Parmi les services offerts, notons entre autres le restaurant, le bistro-bar, le centre de santé Sensoria, la piscine intérieure avec vue sur la montagne, le salon avec foyer, et la belle terrasse extérieure. Vous êtes plusieurs ? Il est possible de louer un des condos équipés accueillant jusqu'à 8 personnes.

BUREAU TOURISTIQUE DE SAINT-CÔME
1661-A, rue Principale
✆ +1 450 883 2730 / +1 866 266 2730
www.stcomelanaudiere.ca
Ouvert toute l'année.

AU CANOT VOLANT
2058, rang Versailles
✆ +1 450 883 8886
www.canotvolant.ca
En opération de mai à octobre. Tarifs variables selon l'activité ou le cours choisi. École de formation en canotage, kayak de mer, et sauvetage en eau vive sur place.
Venez vivre une expérience trépidante dans la région : descentes guidées ou autonomes (canot, kayak de mer, kayak récréatif, rando-canot, rafting), canot-camping et location d'équipements. Forfaits clés en main et expéditions de plusieurs jours offerts. Un magnifique chalet de bois tout équipé, d'une capacité de 12 personnes, peut être loué en toutes saisons, sauf l'été.

CHEZ ROGER L'ERMITE
335 48e avenue Rivière-de-la-Boule
✆ +1 514 993 3567
www.chezrogerlermite.ca
Tarif selon le type d'hébergement choisi. Un minimum de deux nuits peut être requis selon la période. Activités sur place et dans les environs. Cueillette d'oeufs sur place pour le petit déjeuner.
Chez Roger L'Ermite est un petit complexe en nature d'écogîtes, aux différents niveaux de confort, et de camping sauvage. Martin Paradis, fier propriétaire des lieux, a construit de main de maître ces habitations uniques et écologiques, faites avec la récupération de bois. Chaque unité a sa particularité : l'Arbogîte Le Bercail (perché sur un promontoire de roche, habitation 4 saisons, sans électricité ni eau courante, max. 6 personnes), l'Arbogîte La Mélodie (panneaux solaires pour alimenter l'éclairage et le frigo, cuisinière au propane, max. 6 personnes), le Refuge La Vue (nombreuses fenêtres de plus de 2 m de haut avec une vue panoramique, poêle à bois, toilette à compost, panneau solaire pour l'éclairage, max. 6 personnes) et La Nichette, petite habitation de 2 m x 6 m érigée sur poteaux, sans électricité ni eau courante, max. 3 personnes).

SAINTE-ÉMÉLIE-DE-L'ÉNERGIE

Située à l'entrée d'une ancienne vallée glaciaire où coule la tumultueuse rivière Noire, cette municipalité compte plusieurs installations de plein air et de villégiature quatre saisons.

AUBERGE DU VIEUX MOULIN
200, chemin du Vieux Moulin
✆ +1 450 884 0211 / +1 866 884 0211
www.auberge-lanaudiere.com
Occupation double : à partir de 140 CAN $, petit déjeuner inclus. Location de chalet : à partir de 225 CAN $ par nuit (4 à 6 personnes), 250 CAN $ (7 à 14 personnes). Tarifs à la semaine disponible. Forfaits disponibles. Production de sirop d'érable sur place.
Cette auberge familiale propose une vingtaine de chambres et suites rénovées tout confort à ses hôtes. Elle met également à leur disposition des tipis amérindiens et deux chalets de quatre chambres, le tout dans une atmosphère des plus champêtres. Un nouveau pavillon vient d'ailleurs d'être inauguré, avec quatre superbes suites offrant notamment un foyer au bois, un bain sur pattes et tout le confort des meilleurs hôtels. De récentes rénovations ont aussi permis l'ajout d'une piscine intérieure, de Jacuzzi extérieur et intérieur, d'un bain vapeur et d'un sauna sec, d'une chute nordique, ainsi que d'un centre de santé Spa. Pour le repas du soir, des menus table d'hôte sont concoctés avec amour par le chef Yves Marcoux, ainsi que sa fille Joannie, et servis par sa partenaire Sylvie. Nombreuses activités de plein air sur place en formule tout-inclus et ce, en toutes saisons.

BUREAU TOURISTIQUE DE SAINTE-ÉMÉLIE-DE-L'ÉNERGIE
350, rue Belleville ✆ +1 450 886 0688
www.ste-emelie-de-lenergie.qc.ca
Ouvert en saison estivale uniquement.

SAINT-ZÉNON

Fondée en 1866 par l'abbé Provost, un des promoteurs de la conquête du Nord, Saint-Zénon est une des municipalités les plus hautes en altitude au Québec. Elle compte de nombreuses pourvoiries pour s'adonner à la pêche, tant l'été que l'hiver. C'est également un haut lieu de la motoneige.

Retrouvez l'index général en fin de guide

■ **POURVOIRIE AU PAYS DE RÉAL MASSÉ**
6000, chemin du Pays
✆ +1 450 884 5502 – www.realmasse.com
Tarif selon le forfait choisi. Ensemble de 24 chambres dont 6 suites avec bain à remous, 18 chalets (8 avec foyer), 1 camp rustique. Permis de chasse et pêche, service de location de motoneiges, essence disponible sur place. Salle à manger, bar.
Cette pourvoirie, créée en 1928, est la fière propriété de Réal Massé et sa famille depuis 1986. Lieu de prédilection des chasseurs et pêcheurs en quête de grosses proies, ainsi que des motoneigistes l'hiver, c'est également un centre de villégiature incomparable. De nombreuses activités de plein air y sont offertes, directement sur la propriété, et les forfaits proposés prennent tout en charge, question de vous laisser pleinement profiter de vos vacances.

SAINT-MICHEL-DES-SAINTS

Situé aux abords de l'immense lac Taureau (superficie de 90 km²), Saint-Michel-des-Saints regorge de centres de villégiature et d'auberges chaleureuses. Les activités de plein air sont nombreuses en toutes saisons, sans compter le parc régional du Lac Taureau, ce qui lui confère à juste titre la réputation d'un magnifique terrain de jeux pour les amants de la nature.

Pratique

■ **CHAMBRE DE COMMERCE DE LA HAUTE-MATAWINIE**
521, rue Brassard ✆ +1 450 883 1334
www.haute-matawinie.com
Ouvert toute l'année.

Se loger

■ **AUBERGE DU LAC TAUREAU**
1200, chemin Baie-du-Milieu
✆ +1 450 833 1919 / +1 877 822 2623
www.lactaureau.com
Forfait : à partir de 143 CAN $ par personne en occupation double (table d'hôte 4 services du soir, hébergement en chambre standard forestière, petit déjeuner, accès à la piscine intérieure, au sauna et au Jacuzzi, activités de saison selon la disponibilité). Nombreux forfaits et activités offerts. Service de location de motoneiges (avec ou sans guide, possibilité de forfait avec location) et essence disponible sur place.
Superbe complexe hôtelier fait de bois et situé sur les rives du lac Taureau, au cœur de la nature. C'est un endroit agréable, été comme hiver, pour venir profiter d'une foule d'activités de plein air dans les meilleures conditions. Du ski de fond au survol de la région en hydravion, en passant par le tir à l'arc, la pêche et les soins pour le corps, tout y est ! Pour ceux qui recherchent la détente, optez pour les soins offerts au centre de santé Spa, les saunas, le Jacuzzi, la piscine intérieure ou tout simplement, la plage lors de la belle saison. Une expérience à vivre : le forfait « Grande nature au pays de Atikamekw » vous transportera au cœur de la communauté autochtone de Manawan pour une expérience authentique d'apprentissage, d'aventure et d'échange culturel.

■ **CANADAVENTURE**
1, chemin de la Baie-du-Poste
✆ +1 450 833 1478
www.canadaventure.net
CanadAventure est l'une des plus importantes organisations de pourvoirie et de tourisme d'aventure au Canada.

▸ **Auberge CanadAventure.** En formule Bed & Breakfast, demi-pension ou pension complète. Occupation double : à partir de 125 CAN $. Plusieurs forfaits proposés. Salon, salle de détente avec bibliothèque, écran géant et billard, bar, salle à manger, Spa extérieur, sweat lodge, location d'équipements.
Située sur la rive nord du lac Taureau, à 25 km au nord de Saint-Michel-des-Saints, cette auberge est la porte d'entrée des grands espaces. Entièrement construite de billots de pin blanc, l'auberge offre tout le confort moderne dans le décor d'autrefois. Vous pourrez pratiquer dans les alentours chasse, pêche, golf, équitation, motomarine, chaloupe, canot, kayak, quad et VTT, motoneige, traîneau à chiens, raquette, ski de randonnée...

▸ **Les chalets du lac Taureau.** Situés au bord du lac Taureau, endroit idéal pour la pratique de la chasse, de la pêche, du quad, du vélo et bien sûr des activités nautiques : baignade (plages de sable fin à perte de vue), voile, canot, motomarine, etc. Et quand l'hiver a tout recouvert de son épais manteau blanc, c'est le tour des amateurs de raquette, de ski de randonnée, de traîneau à chiens et de motoneige de s'en donner à cœur joie. Chaque chalet est équipé d'une salle de bain complète avec douche et bain à remous, d'une cuisine fonctionnelle avec poêle, réfrigérateur, vaisselle, etc., d'un grand salon avec foyer, et de 1, 2 ou 3 chambres. Les chalets peuvent être loués à la journée (minimum 2 jours) ou à la semaine. Vous avez accès aux mêmes activités sur le site.

Division excursionniste. CanadAventure a produit et opéré plus de 5 000 raids et circuits en motoneige au cours des 24 dernières années. Une vingtaine de forfaits sont proposés cet hiver, allant des petits circuits d'initiation aux raids de niveau extrême, et permettent de découvrir plusieurs belles régions de la province. Des forfaits sur mesure et des séjours multi-activités sont également disponibles sur demande. Notez que CanadAventure organise également forfaits quad tout-inclus d'une durée d'un à cinq jours, ainsi que des forfaits pour la chasse à l'ours et au caribou. De quoi occuper toutes les saisons !

Autre adresse : numéro vert depuis la France : ✆ 0 800 917 110.

Sports – Détente – Loisirs

EXPLORATION NATURE QUÉBEC

✆ +1 514 266 8984
www.explorationnaturequebec.com
Tarifs selon le forfait choisi. Le prix du forfait inclut le guide accompagnateur à partir St-Michel-des-Saints, le transport entre le terminus d'autobus de St-Michel-des-Saints et le camp de base, trois repas par jour (incluant les collations), l'équipement de camping et le matériel de rivière, toutes les activités et les frais d'entrée sur les sites.

Jean-Pierre Simard, votre guide expérimenté et qualifié, est un passionné pur et dur de canot-camping depuis plus d'une vingtaine d'années. Question de partager sa passion et son expérience, il vous propose des forfaits tout-inclus sur les plus belles rivières de la région. D'une durée d'une journée ou plus, ou encore sur mesure, vous vivrez l'expérience du plus ancien moyen de transport au pays.

SAINT-ALPHONSE-RODRIGUEZ

Destination récréotouristique aux nombreuses activités de plein air. Au centre du village, noyau paroissial, plusieurs maisons à valeur patrimoniale.

LES CHALETS D'ÉMÉLIE

521, avenue du Lac Pierre Nord
✆ +1 450 883 1550
✆ +1 866 683 1550
www.chalets-emelie.com
Chalets de 1 à 3 chambres, disponibles à l'année, pour la nuit, le week-end, la semaine, au mois ou plus. Communiquez avec eux ou visitez leur site Internet pour connaître les tarifs et les forfaits offerts.
Une belle adresse pour les amoureux de la nature. Sur place, une magnifique plage privée sur les bords du lac Pierre et activités nautiques (embarcations sur place), un anneau

Manawan, authenticité et pleine nature

Manawan est située dans le nord de la région de Lanaudière, à environ 270 km de Montréal et 87 km de Saint-Michel-des-Saints, accessible par une route forestière. Cette communauté autochtone de la nation atikamekw propose aux visiteurs de vivre du tourisme équitable et durable avec des expériences authentiques dépaysantes d'apprentissage, d'aventures et d'échanges culturels dans un cadre naturel exceptionnel. Des forfaits de plusieurs jours sont offerts en été, automne et hiver sur le site traditionnel Matakan en bordure du lac Kempt, et il est possible d'inclure le transfert depuis Montréal (supplément).
Au programme : balade en canot rabaska, atelier de démonstration de construction d'un canot en écorce, pêche blanche, raquette, motoneige, découverte culturelle de la communauté de Manawan, initiation à la langue et à l'histoire atikamekw, repas traditionnel, et plus encore. Nouveautés et projets à venir : mariage traditionnel amérindien sur l'île de l'Amour (une expérience unique !), nouvel hôtel de 10 chambres (ouverture prévue à l'hiver 2012-13), construction en cours d'un nouveau site amérindien «Amiskw» (ouverture prévue en 2014). Vous pouvez réserver votre séjour directement auprès de Tourisme Manawan ou d'agences de voyages comme Authentik Canada et Exploratours. Pour plus d'info sur Manawan :

TOURISME MANAWAN

Bureau administratif, 161, rue Simon-Ottawa
✆ +1 819 971 1190 / +1 877 971 1197 – www.voyageamerindiens.com

de marche/patin à glace de près de 4 km et des sentiers multifonctionnels balisés pour vos activités en toutes saisons. De plus, vous êtes à proximité de nombreuses attractions et sites d'activités extérieures. Nouveauté : Spa nordique (sauna sec, bain d'eau froide, Spa nature et deux aires de repos).

SAINT-JEAN-DE-MATHA

Saint-Jean-de-Matha est le village où Louis Cyr, l'homme le plus fort du monde à la fin du XIXe siècle, a vécu ses dernières années. Un musée lui est d'ailleurs dédié. Adeptes de randonnée pédestre, rendez-vous au belvédère de l'Auberge de la Montagne Coupée pour un panorama à couper le souffle. Via la route 337, vous pouvez également rejoindre le parc régional des chutes Monte-à-Peine-et-des-Dalles. Pour les mordus de ski de fond, sachez que l'Auberge de la Montagne Coupée possède l'un des plus grands centres en Amérique du Nord.

■ CENTRE DE VILLÉGIATURE ET DE CONGRÈS DE LANAUDIÈRE

2650, route Louis-Cyr
✆ +1 450 886 9321
www.cvc-lanaudiere.com
Tarifs et horaires selon l'activité choisie.
Ce centre de villégiature regroupe le club de golf Saint-Jean-de-Matha (parcours classé médaille d'or par *Canada Golf Magazine*), une auberge et un théâtre d'été. L'hiver venu, les lieux font place aux glissades sur tubes, un incontournable, au patin à glace, au ski de fond, à la raquette et à la balade en traîneau à chevaux.

■ MAGASIN DE L'ABBAYE VAL NOTRE-DAME

220, chemin de la Montagne Coupée
✆ +1 450 960 2891
✆ +1 877 960 2891
www.abbayevalnotredame.com
Lundi-samedi, 9h-17h ; dimanche, 10h-17h. Section librairie, cadeaux et articles religieux. Boutique en ligne.
Propriété des moines cisterciens qui occupent cette toute nouvelle abbaye depuis 2009, ce magasin est leur principale source de revenus. En effet, les moines fabriquent toute une gamme de savoureux produits disponibles sur place : chocolats, gâteaux aux fruits ou aux dattes, miels, caramels, beurres d'arachides, de noisettes ou d'amandes, savons... Sans oublier le fameux fromage d'Oka, toujours fabriqué à partir de la recette mise au point en 1893 par les moines. Des produits gourmands du terroir lanaudois et d'autres monastères canadiens sont également en vente à la boutique.

■ LA MONTAGNE COUPÉE, AUBERGE ET CENTRE DE VILLÉGIATURE

1000, chemin de la Montagne Coupée
✆ +1 450 886 3891
✆ +1 800 363 8614
www.montagnecoupee.com
Occupation double : à partir de 111 CAN $ par personne, table d'hôte 4 services et petit déjeuner inclus. Nombreux forfaits offerts. Table aux saveurs du terroir certifiée. Piscine intérieure à l'eau salée, salle d'exercices, bains saunas.
L'Auberge de la Montagne Coupée, du haut de son sommet, offre un panorama exceptionnel. Sa table gastronomique de renommée évolue constamment avec les nouvelles tendances culinaires tout en gardant l'essence d'une cuisine savoureuse au menu du terroir. Détente et sérénité vous attendent au centre de santé. Optez pour un des forfaits Spa Santé pour une belle expérience. Pour profiter pleinement du paysage, plusieurs activités vous sont proposées en toutes saisons. A savoir : l'auberge est maintenant un site officiel de nidification en milieu naturel du faucon pélerin. À vos jumelles !

■ MUSÉE LOUIS-CYR

185, rue Laurent
✆ +1 450 886 1666
www.maisonlouiscyr.org
Jeudi-dimanche, 10h-16h. Fermé le jeudi hors saison estivale. Entrée libre (dons à la discrétion du visiteur).
Musée dédié à l'homme le plus fort du monde, dont la force n'a jamais été égalée. Sa famille, son cirque et ses records y sont racontés lors de la visite commentée. Grande nouveauté : le musée sera relocalisé dans l'ancienne maison habitée par l'homme fort lui-même (215, rue Sainte-Louise) et prendra le nom de « Maison Louis-Cyr ». En plus de l'exposition actuelle (revue et corrigée !), vous y retrouverez une exposition spéciale sur la vie de Donat Gadoury, un autre homme fort lanaudois bien connu. Une belle vitrine sera aussi accordée aux artistes et artisans de la région. L'ouverture est prévue à l'été 2013, mais le musée de la rue Laurent reste ouvert pendant les travaux de restauration.

JOLIETTE

Capitale régionale de Lanaudière, cette ville d'industries, de culture et de services fut fondée dans les années 1820 par Barthélémy Joliette. En été s'y tient le plus grand festival de musique classique au pays. La place Bourget, entièrement réaménagée et située en plein centre de la ville, rassemble de nombreux commerces et restaurants, ainsi qu'une place d'animation où ont lieu plusieurs événements.

LE BALTHAZAR

67, Place Bourget Sud
✆ +1 450 867 4999 – www.lebalthazar.ca
Lundi-dimanche, 15h-3h. Terrasse.

Fier représentant de l'industrie brassicole québécoise, on ne trouve ici que des produits bien de chez-nous (plus d'une soixantaine !), à savourer à l'unité ou en palette de dégustation. Question de mettre vos sens en éveil, un menu composé de produits locaux et parfaitement adapté à la bière vous est offert (rillette de canard et croûtons, fondue d'artichaut et cheddar fort, panini saucisse forte, champignons sautés et cheddar fort, etc.). Côté programmation, plusieurs spectacles musicaux et événements spéciaux viennent ponctuer les semaines, sans oublier les ateliers et dégustations organisés à l'épicerie Le Balthazar située à deux pas.

Autres adresses : autre bar Le Balthazar : 195, Promenade du Centropolis à Laval ; épicerie Le Balthazar Saveurs Québécoises : 60, Place Bourget Nord à Joliette.

MUSÉE D'ART DE JOLIETTE

145, rue du Père-Wilfrid-Corbeil
✆ +1 450 756 0311
www.museejoliette.org
Mardi-dimanche : 12h-17h (jusqu'à 20h le jeudi de mi-octobre à mi-décembre). Adulte : 10 CAN $, étudiant et aîné : 8 CAN $, 6-12 ans : 6 CAN $, moins de 6 ans : gratuit, famille : 25 CAN $.

Une occasion exceptionnelle où vous pourrez admirer des œuvres d'art de grande qualité s'échelonnant du XIIIe siècle à nos jours. La collection compte près de 9 000 œuvres : tableaux, sculptures, œuvres sur papier, de même qu'un important volet d'art religieux du Moyen Âge européen. Panorama complet de la production des peintres canadiens des XIXe et XXe siècles.

OFFICE DU TOURISME ET DES CONGRÈS DE LA RÉGION DE JOLIETTE

500, rue Dollard ✆ +1 450 759 5013
www.tourismejoliette.com
Ouvert toute l'année.

BERTHIERVILLE

Ce village-relais, situé à proximité du traversier pour la Montérégie, compte un attrait de taille : le musée Gilles-Villeneuve, entièrement dédié au pilote automobile québécois.

BUREAU TOURISTIQUE DE BERTHIERVILLE

Chapelle des Cuthbert
461, rue de Bienville
✆ +1 450 836 7336
www.mrcautray.com
Ouvert en saison estivale uniquement.

MUSÉE GILLES-VILLENEUVE

960, avenue Gilles-Villeneuve
✆ +1 450 836 2714 / +1 800 639 0103
www.museegillesvilleneuve.com
Lundi-dimanche : 9h-17h. Adulte : 9,75 CAN $, aîné : 7 CAN $, étudiant : 6 CAN $, forfaits famille et groupe disponibles.

L'ambiance de la course est palpable pendant la visite de ce musée consacré à Gilles Villeneuve et à son fils, Jacques, ainsi que son frère Jacques, grand pilote de motoneige depuis des décennies. Souvenirs de Grand Prix, trophées, voitures de course rappellent leurs exploits. Simulateur F1 et boutique de souvenirs complètent cette visite. Notez que l'année 2012 a marqué les 30 ans du décès de Gilles Villeneuve. Plusieurs activités et événements commémoratifs ont été organisés au cours de l'année sous le thème « 30 ans. Gilles Villeneuve. Jamais oublié ».

Mauricie

À mi-chemin entre Montréal et Québec, cette région se trouve au cœur de la zone habitée du Saint-Laurent. La Mauricie englobe un immense territoire s'étendant du sud au nord à partir du Saint-Laurent. Ses paysages sont modelés par le Bouclier canadien qui couvre la Haute-Mauricie, par la plaine littorale qui borde le Saint-Laurent et par les Appalaches qui effleurent sa partie sud. La Mauricie, c'est essentiellement la nature dans toute sa beauté majestueuse et plus particulièrement l'alliance de l'eau, de la montagne et de la forêt. La région fut habitée très tôt par plusieurs nations amérindiennes. Ainsi les Abénaquis étaient concentrés sur la rive sud du Saint-Laurent, les Algonquins sur la rive nord, et les Atikamekw en Haute-Mauricie. Puis les colons français se sont établis le long du Chemin du Roy, tandis que les loyalistes anglais se sont installés dans le Sud. La toponymie est, à cet égard, instructive : Maskinongé a une origine algonquine (son nom signifie « brochet », et ce poisson abonde dans le lac Saint-Pierre et la rivière du même nom), Odanak est abénakise (musée des Abénakis, sur la route 132), Warwick anglaise, Saint-Stanislas française. Les noms des lieux et des municipalités remontent, pour la plupart, aux anciennes seigneuries de la Nouvelle-France. Ils témoignent de l'influence religieuse ou rappellent les faits et les personnages de l'histoire française et anglaise.

En 1634, Champlain envoie le sieur de Laviolette fonder Trois-Rivières (la deuxième plus ancienne ville du Canada, après Québec). Très vite, l'accroissement démographique est tel qu'une partie de la population traverse le fleuve pour exploiter les terres agricoles du comté de Bécancour, sur la rive sud. En 1730, la découverte d'un gisement de fer entraîne l'implantation de la première industrie sidérurgique du Canada : les Forges-du-Saint-Maurice. Elles produisent des chaudrons de fonte, des outils et même des canons. Le Chemin du Roy (aujourd'hui la route 138), inauguré en 1737, fut la première route carrossable du Canada qui reliait la colonie de Trois-Rivières à la ville de Québec. Sa construction, qui dut vaincre de nombreux obstacles – escarpements, marécages, pentes – favorisa l'essor commercial de la Nouvelle-France. Auparavant, le transport des fourrures se faisait par la rivière Saint-Maurice. Plus tard, sous le régime anglais, se développent Drummondville et les Bois-Francs (région appelée maintenant Centre-du-Québec). Depuis 1967, les deux rives du Saint-Laurent sont reliées par le pont Laviolette, le seul entre Montréal et Québec. Sur le plan industriel, la Mauricie regroupe les secteurs de la pâte à papier et de l'aluminium. Le parc industriel de Bécancour (Centre-du-Québec) participe activement au dynamisme régional grâce à ses grandes entreprises (ABI, Narco). Berceau de l'hydroélectricité québécoise, la région compte de nombreuses centrales hydroélectriques échelonnées sur la rivière Saint-Maurice. La production agricole y est également importante.

Mais la Mauricie est aussi une région de détente où les activités de plein air sont légion. On peut y pratiquer la randonnée équestre, les sports nautiques, le vélo, le canot, le quad, la motoneige... On peut facilement s'y rendre le temps d'un week-end pour se relaxer dans un endroit paisible. On y retrouve un parc national, deux réserves fauniques, un immense territoire de chasse, de pêche et de plein air.

Les immanquables de la région de la Mauricie

- **Dormir dans la charmante auberge Le Baluchon** à Saint-Paulin.
- **Visiter le Musée québécois de culture populaire** avec sa visite expérience dans la vieille prison, et le nouveau Centre d'histoire de l'industrie papetière Boréalis, tous deux à Trois-Rivières.
- **Suivre la route des Rivières,** qui longe entre autres la rivière Saint-Maurice pour de magnifiques panoramas.
- **Découvrir la Cité de l'énergie** à Shawinigan.
- **Faire des randonnées dans le parc national** du Canada de la Mauricie.
- **Partir à la recherche des lutins** et autres personnages de l'univers du conteur Fred Pellerin à Sainte-Élie-de-Caxton.
- **Passer une nuit dans le chalet en rondins de l'Hôtel Sacacomie** de Saint-Alexis-des-Monts.

Mauricie
vers le Réservoir du Gouin
La Bostonnais
vers Lac-Edouard
La Tuque
Carignan
0
10 km
Rivière-aux-Rats
RÉGION TOURISTIQUE
DE QUÉBEC
Trois-Rives
Réserve faunique
Saint-Maurice
Rivière-Matawin
Saint-Roch-de-Mékinac
Sainte-Thècle
Lac-aux-Sables

Réserve faunique Mastigouche
Parc national de la Mauricie
Saint-Ignace-du-Lac
Saint-Zénon
RÉGION TOURISTIQUE DE LANAUDIÈRE
Sainte-Émilie-de-l'Énergie
Sainte-Émilie
Saint-Jean-de-Matha
Saint-Félix-de-Valois
Notre-Dame-de-Lourdes
Berthierville
Maskinongé
Louiseville
Yamachiche
Saint-Sévère
Saint-Barnabé
Saint-Paulin
Saint-Alexis-des-Monts
Saint-Étienne-des-Grès
Saint-Boniface
Saint-Mathieu-du Parc
Shawinigan
Hérouxville
Saint-Tite
Saint-Sévérin-de-Proulxville
Saint-Prosper
Sainte-Anne-de-le-Perade
Saint-Narcisse
Notre-Dame-du-Mont-Carmel
Rivière Saint-Maurice
Deschaillons-sur-Saint-Laurent
Batiscan
Saint-Pierre-les-Becquets
Champlain
Fleuve Saint-Laurent
Gentilly
Trois-Rivières
RÉGION TOURISTIQUE DU CENTRE-QUÉBEC
Saint-Grégoire
Saint-Célestin
Nicolet
Lac Saint-Pierre
Saint-Wenceslas
Baie-du-Febvre
Sainte-Eulalie
40
30
55

Transports

▶ **Bus.** Orléans Express dessert plusieurs municipalités de la région dont Trois-Rivières, Shawinigan, Grand-Mère et La Tuque. www.orleansexpress.com

▶ **Train.** Le train Via Rail relie Montréal à Shawinigan et La Tuque. www.viarail.ca

▶ **Voiture.** Plusieurs routes desservent la région de la Mauricie. Voici les principaux accès routiers en fonction des régions de départ.
Centre-du-Québec : prenez l'autoroute 55 Nord qui se rend jusqu'à Grand-Mère en passant par Trois-Rivières et Shawinigan. Elle devient ensuite la route 155 montant jusqu'au Lac-Saint-Jean.
Montréal et Lanaudière : prenez l'autoroute 40 Est ou la route 138 Est menant toutes deux à Trois-Rivières.
Québec : même chose que pour Montréal et Lanaudière mais en direction Ouest.
Saguenay-Lac-Saint-Jean : au départ de Chambord au Lac-Saint-Jean, prenez la route 155 Sud traversant entièrement la région de la Mauricie.

■ QUÉBEC AUTHENTIQUE
Voir page 352.

■ TOURISME MAURICIE
1882, rue Cascade, Shawinigan
✆ +1 819 536 3334 / +1 800 567 7603
www.tourismemauricie.org
Le nouveau site de l'office du tourisme, les « Ambiances Vacances » de la Mauricie, vous permet d'organiser votre séjour dans la région selon huit styles préétablis : bain de nature, balades et trouvailles, groove urbain, pulsion plein air, foules en fête, sourires garantis, pure évasion, et pied citadin. La sélection d'hébergements, de restos, d'attraits et d'événements se fait alors selon ces styles pour des vacances à votre goût. Faites le test en ligne pour connaître votre ambiance vacances !

LA RIVE DU SAINT-LAURENT

TROIS-RIVIÈRES

Fondée en 1634 par Laviolette, la capitale régionale de la Mauricie a célébré ses 375 ans en 2009 et a reçu, cette même année, le titre de « Capitale culturelle du Canada ». Trois-Rivières tire son nom des trois chenaux que forme la rivière Saint-Maurice à son embouchure.
Favorisée par sa situation géographique (elle est reliée à Montréal, à Québec mais aussi à Sherbrooke et à la rive sud du Saint-Laurent grâce au Pont Laviolette), Trois-Rivières possède une grande activité maritime. Le fleuve coule près du centre-ville et les navires font partie du paysage urbain.

Histoire

À l'époque de la Nouvelle-France, plusieurs explorateurs vécurent à Trois-Rivières, dont Jean Nicolet et Nicolas Perrot. Les conquêtes de Pierre Radisson sont à l'origine de la fondation de la Compagnie de la baie d'Hudson en 1670.
Pierre Gaultier de Varennes, sieur de La Vérendrye, né à Trois-Rivières, fut le premier Européen à atteindre les montagnes Rocheuses (un monument lui est dédié à l'est du parc portuaire). Trois-Rivières est le berceau de la famille Duplessis, célèbre grâce à Maurice Duplessis, qui fut Premier ministre du Québec pendant dix-huit ans, de 1936 à 1939 et de 1944 à 1959.

La ville aujourd'hui

Trois-Rivières bénéficie d'un rayonnement culturel et artistique assumé et les attractions de renommée y sont nombreuses, sans compter le côté patrimonial et historique du Vieux-Trois-Rivières.
Avec des établissements hôteliers pour tous les budgets, des bonnes tables, des cafés sympathiques et plusieurs lieux pour prendre un verre ou faire la fête, Trois-Rivières est une destination à découvrir, pour un week-end ou plus.

Pratique

■ CENTRE HOSPITALIER RÉGIONAL DE TROIS-RIVIÈRES
731, rue Sainte-Julie
✆ +1 819 697 3333
www.chrtr.qc.ca

■ TOURISME TROIS-RIVIÈRES
1457, rue Notre-Dame Centre
✆ +1 819 375 1122
✆ +1 800 313 1123
www.tourismetroisrivieres.com
Ouvert toute l'année.

Se loger

AUBERGE INTERNATIONALE DE TROIS-RIVIÈRES HI

497, rue Radisson
✆ +1 819 378 8010 / +1 877 378 8010
www.hihostels.ca
Chambre partagée : à partir de 24 CAN $. Chambre privée : à partir de 55 CAN $. Chambres familiales et tarif groupe disponibles. Membre du réseau Hostelling International.
Située au centre-ville, à 500 m de la gare routière, l'auberge de jeunesse, propre et bien équipée, dispose de chambres privées et partagées, et offre une ambiance de petit gîte québécois. Parmi les services offerts, notons une cuisine tout équipée, une buanderie, une cour arrière avec terrasse, Internet sans fil et un ordinateur avec accès Internet gratuit. Sur place, l'équipe de l'auberge se fera un plaisir de vous renseigner sur les activités à faire et les attraits de la région. De plus, c'est l'endroit idéal pour rencontrer des voyageurs des quatre coins de la planète.

DELTA TROIS-RIVIÈRES

1620, rue Notre-Dame Centre
✆ +1 819 376 1991 / +1 800 268 1133
www.deltatroisrivieres.com
Occupation double : à partir de 139 CAN $. 159 chambres et suites. Promotions et forfaits disponibles. Centre de santé Spa, piscine intérieure, jacuzzis et saunas, salle de conditionnement physique, centre de créativité pour les enfants, restaurant, bar.
Cet hôtel offre tous les services et le confort qui font la réputation des membres de la chaîne hôtelière Delta. Il est situé en plein centre-ville et donc près de nombreuses attractions et commerces.

MANOIR DEBLOIS

197, rue Bonaventure
✆ +1 819 373 1090 / +1 800 397 5184
www.manoirdeblois.com
Occupation simple ou double : à partir de 100 CAN $. Cinq chambres. Petit déjeuner compris. Forfaits disponibles.
Gîte touristique 5-soleils logé dans le quartier historique du vieux Trois-Rivières, le Manoir DeBlois est une demeure érigée en 1828, dont les pièces recèlent un mobilier d'époque. Un cadre d'autrefois mais un confort contemporain car les chambres disposent de l'air climatisé et de la télévision par câble. Ajoutez-y un accueil chaleureux et vous obtiendrez une bien belle étape lors d'une escale trifluvienne.

HÔTEL GOUVERNEUR TROIS-RIVIÈRES

975, rue Hart
✆ +1 819 379 4550 / +1 888 910 1111
www.gouverneur.com
Occupation double : à partir de 116 CAN $. Près de 130 chambres. Promotions et forfaits disponibles.
Établissement de tout confort situé en plein cœur du quartier historique, face au Musée québécois de culture populaire et à quelques pas de la magnifique promenade du parc portuaire. Services sur place : restaurant Le Rouge Vin, piscine extérieure, service de Spa, salle d'exercices et Internet sans fil gratuit...

Se restaurer

CABANE À SUCRE CHEZ DANY

195, rue de la Sablière,
Secteur Pointe-du-Lac
✆ +1 819 370 4769 / +1 800 407 4769
www.cabanechezdany.com
Ouvert à l'année sur réservation. Produits d'érable disponibles et visite de l'érablière.
Dany Néron vous reçoit dans une charmante maison en bois où il vous propose des menus traditionnels à base de sirop d'érable, le tout servi à volonté. Dans une ambiance chaleureuse et familiale, les rythmes traditionnels interprétés par les musiciens rendent l'atmosphère très festive. N'oubliez pas de conclure ce copieux repas avec de la tire sur neige. Une adresse incontournable !

POIVRE NOIR

1300, rue du Fleuve
✆ +1 819 378 5772 – www.poivrenoir.com
Ouvert le midi de 11h30 à 14h et le soir dès 17h30 du mardi au dimanche (fermé le midi le week-end hors saison). Menu midi : 20-25 CAN $. Menu du soir à la carte : 30-45 CAN $ le plat. Table d'hôte 3 services le dimanche : 39 CAN $. Menu dégustation 5 services : 109 CAN $ (70 CAN $ sans le vin). Bar & lounge, terrasse donnant sur le fleuve.
Au cœur du parc portuaire, les yeux sur le fleuve, le Poivre Noir offre une cuisine d'inspiration française aux saveurs du monde. Les recettes sortent, pour la plupart, de l'imagination du jeune chef José Pierre Durand, et sont composées avec les meilleurs ingrédients, ce qui donne un charme si singulier au menu. Grande attention portée aux accords des mets et des vins, très réussis. Le cadre est élégant, les œuvres qui décorent les murs soulignent un mobilier moderne et distingué. Sans nul doute la meilleure table en ville.

■ **LE SACRISTAIN**
300, rue Bonaventure ✆ +1 819 694 1344
www.lesacristain.com
Lundi-vendredi : 10h-16h/17h selon la saison. Ouverture prolongée les vendredis pour les soirées tapas et mezzés (dès 17h30). Menu du jour : 20 CAN $ et moins. Menu à la carte : 10 CAN $ et moins. Terrasse. Service de traiteur et de boîte à lunch.
Bien installée dans l'ancienne église wesleyenne, la sandwicherie Le Sacristain offre des repas diététiques avec une touche d'inspiration méditerranéenne. Les propriétaires des lieux accordent une grande importance à la qualité des produits offerts mais également, à la décoration de leur petit restaurant. Le style de l'ancien lieu de culte est bien conservé, notamment grâce à de magnifiques vitraux restaurés accrochés au plafond.

Sortir

■ **CAFÉ-BAR LE ZÉNOB**
171, rue Bonaventure ✆ + 1 819 378 9925
le_zenob@hotmail.com
Lundi-dimanche, 16h-3h. Ouverture plus tôt en saison estivale. Terrasse avant (40 places) et superbe cour arrière avec foyer à l'année (75 places).
Fondé en 1984, prenant ainsi la relève du Café L'Octave, le Zénob est un lieu emblématique de la scène littéraire et culturelle de Trois-Rivières. Bien installé au rez-de-chaussée d'une maison ancestrale au cœur du vieux quartier, Le Zénob a accueilli de tout temps artistes, écrivains et penseurs québécois et étrangers. En plus d'être le quartier général du Festival international de la Poésie (fin septembre-début octobre), les lieux accueillent à l'année des spectacles musicaux, du théâtre, des lectures de poésie, des expositions d'œuvres d'artistes locaux, etc. Une adresse incontournable pour les amoureux du style !

■ **GAMBRINUS**
3160, boulevard des Forges
✆ +1 819 691 3371 – www.gambrinus.qc.ca
Lundi-vendredi, 11h-1h ; samedi, 15h-1h ; dimanche, fermé. Forfaits de dégustation disponibles. Programmation culturelle et musicale. Terrasse.
Situé à proximité de l'Université et du Cégep de Trois-Rivières, Gambrinus a acquis au fil des ans une réputation notoire, tant auprès des jeunes étudiants qui se rencontrent ici après les cours qu'auprès des bièrophiles en quête d'une bonne pinte. Des recettes maison y sont brassées avec amour et patience au grand bonheur des amateurs de houblon. Pour les petits creux, Gambrinus propose une cuisine très variée, dont quelques plats à la bière maison : moules, grillades, hamburgers, braisés du roi, sandwichs chauds, nachos, salades... et la fameuse poutine ! Finalement, des spectacles musicaux, des expositions d'art visuel et autres événements se relayent au fil des mois. Un lieu chaleureux, fort sympathique où la bonne bière coule à flots !

■ **LE P'TIT PUB**
106, rue des Forges
✆ +1 819 375 1211 – ptitpub@ptitpub.ca
Lundi-dimanche : 13h-3h. Terrasse.
LA boîte à chansons de la région ! Soirées karaoké les mardis et mercredis, chansonniers et groupes musicaux divers du jeudi au dimanche, bref, une belle ambiance chaleureuse qui nous invite à la fête et aux rencontres. En semaine, profitez des tarifs spéciaux sur l'alcool entre 16h et 19h.

À voir – À faire

Visites guidées

■ **CROISIÈRES M/S JACQUES-CARTIER**
Lieu d'embarquement
1515, rue du Fleuve ✆ +1 819 375 3000
✆ +1 800 567 3737 – www.croisieres.qc.ca
En opération fin mai à mi-septembre. Tarifs selon la croisière choisie.
Découvrez le paysage mauricien en longeant les rives du Saint-Laurent et du Saint-Maurice. Nombreuses croisières offertes, avec ou sans repas : Montréal, lac Saint-Pierre, Pointe-du-Lac, Québec et île d'Orléans, fjord du Saguenay, Saint-Jean-Port-Joli... Nouvelles

Carte musées de Trois-Rivières

Elle vous donne accès aux principaux attraits de la ville, dont le nouveau centre d'interprétation BORÉALIS, la Vieille Prison, le Musée québécois de culture populaire et le Site historique national du Canada des Forges-du-Saint-Maurice, en plus de vous procurer plusieurs autres avantages comme un bon café dans une galerie d'art franchement unique... Le tout pour une trentaine de dollars seulement ! Valide de la mi-mai à la mi-octobre.

Découvrir Trois-Rivières autrement

Informations disponibles au bureau d'information touristique :

- **Tour de ville pédestre** avec guide historique.
- **Tour de peur** avec Les Barbares Obliques.
- **Circuits thématiques :** Promenade de la poésie, Circuit Histoires de Quatiers, Circuit en Art, Rallye pédestre...
- **Événements et festivals de calibre international en été :** Festival International Danse Encore, Grand Prix de Trois-Rivières, Festival international de la poésie, Mondial des amuseurs publics, Biennale d'estampe contemporaine ou celle de sculpture contemporaine, Festivoix, etc.

croisières : excursion matinale avec déjeuner-brunch, excursion commentée à la découverte de la zone urbaine trifluvienne, et souper-croisière avec musique, danseurs et projections de vidéo-clips sur grand écran.

Centre-ville

■ BORÉALIS, CENTRE D'HISTOIRE DE L'INDUSTRIE PAPETIÈRE

200, avenue des Draveurs
✆ +1 819 372 4633 – www.borealis3r.ca
Sortie 201 de l'autoroute 40 (suivre les indications touristiques). Fin mai à fin septembre : lundi-dimanche, 10h-18h. Le reste de l'année : mardi-dimanche, 10h-17h. Adulte : 9,25-13,25 CAN $, étudiant et enfant : 6,25-10,25 CAN $, moins de 6 ans : gratuit, famille : 26-36 CAN $. Visite libre, guidée, expérience ou familiale.
Situé dans un bâtiment historique, au confluent de la rivière Saint-Maurice et du fleuve Saint-Laurent, Boréalis présente des expositions interactives de calibre international sur l'exploitation de la forêt boréale québécoise à travers l'industrie papetière de la région, symbole de la prospérité économique mauricienne. Autres activités et services sur le site : tour d'observation grandiose, rallye souterrain générateur d'émotions fortes, ateliers de fabrication de papier artisanal pour toute la famille, boutique-concept, service de restauration, terrasse, et plus encore !

■ MUSÉE QUÉBÉCOIS DE CULTURE POPULAIRE ET VIEILLE PRISON DE TROIS-RIVIÈRES

200, rue Laviolette ✆ +1 819 372 0406
www.culturepop.qc.ca
Du 24 juin à la fête du Travail : tous les jours, 10h-18h. Le reste de l'année : mardi-dimanche, 10h-17h. Adulte : 10 CAN $, aîné : 9 CAN $, étudiant : 8 CAN $, 5-17 ans : 6 CAN $, famille : 12,50-25 CAN$. Forfait prison-musée disponible.
Le Musée québécois de culture populaire vous ouvre les portes de la vieille prison de Trois-Rivières ; construite en 1822 par François Baillairgé, elle constitue le meilleur exemple du style palladien au Québec. Des ex-détenus vous font découvrir l'univers carcéral d'hier à aujourd'hui. Visite guidée de l'intérieur de la prison (état originel des cellules, chapelle, aire commune, parloir, cachots). A faire : devenez membre d'un jury comme dans les années 1920 dans « Verdict attendu » (en juillet et août). Vous serez appelé à vous prononcer, débattre et rendre un verdict sur un fait criminel commis à Trois-Rivières au début du XXe siècle. Du côté du musée, plusieurs expositions permettent de découvrir la culture populaire des Québécois. Une salle est dédiée exclusivement aux enfants.

■ PARC PORTUAIRE

La promenade sur la terrasse Turcotte en bordure du Saint-Laurent offre de magnifiques points de vue sur le fleuve, le port et le pont Laviolette. C'est aussi le lieu de départ et d'arrivée des bateaux de croisière.

■ LA RUE DES FORGES

Animée de restaurants et de boutiques, elle relie le port au parc Champlain, square agrémenté de bassins et d'arbres qu'encadrent les structures de béton ultramodernes du centre culturel et de l'Hôtel de Ville. Le centre culturel, construit en 1967 pour fêter le centenaire de la Confédération canadienne, abrite un théâtre, une bibliothèque et une galerie d'art. Dans le square s'élève la statue de Benjamin Sulte (1841-1923), historien renommé du Canada français. De l'autre côté du square se dresse la cathédrale dotée d'un clocher recouvert de cuivre, monument d'inspiration gothique avec des éléments de style Westminster. À l'intérieur on remarquera les vitraux réalisés en 1923 par Guido Nincheri, d'origine florentine.

Trois-Rivières Ouest

MOULIN SEIGNEURIAL DE POINTE-DU-LAC

11 930, rue Notre-Dame Ouest
Secteur Pointe-du-Lac
✆ +1 819 377 1396 / +1 877 377 1396
www.moulin-pointedulac.com
Fin mai à fin septembre/début octobre : lundi-dimanche : 10h-17h. Adulte : 3,50 CAN $, étudiant et aîné : 2,50 CAN $, moins de 8 ans : gratuit.
En 1721, René Godefroy de Tonnancour, seigneur de Pointe-du-Lac, fait construire, sur la rivière Saint-Charles, un moulin seigneurial. Le grain y est moulu jusqu'en 1965. Il accueille de nos jours des concerts, expositions et autres manifestations culturelles. Visites commentées, démonstration du fonctionnement des mécanismes du moulin, boutique de souvenirs, sentier pédestre de 7 km.

Cap-de-la-Madeleine

SANCTUAIRE DE NOTRE-DAME-DU-CAP

626, rue Notre-Dame Est
✆ +1 819 374 2441
www.sanctuaire-ndc.ca
Ouvert tous les jours. Voir site Internet pour l'horaire des célébrations et les activités spéciales. Gratuit.
C'est le troisième lieu de pèlerinage du Québec, dédié à la Vierge Marie à la suite de deux miracles. Le premier eut lieu en 1879, ce fut la formation du pont de glace sur le fleuve, qui permit, aux paroissiens du père Désilets de transporter, de la rive opposée, les pierres nécessaires à l'agrandissement de l'église. Le second fut le prodige de la statue de Notre-Dame qui ouvrit les yeux lorsque le père Désilets consacra le petit sanctuaire le 22 juin 1888. En 1955, une nouvelle basilique fut édifiée : la basilique Notre-Dame-du-Rosaire, bel édifice de plan octogonal, conçu par l'architecte Adrien Dufresne. La tour centrale conique mesure 78 m de hauteur. Une statue de la Vierge haute de 7 m orne la façade. L'intérieur, aux couleurs bleu et or de la Vierge, peut accueillir 1 800 personnes. La basilique est renommée pour son orgue, un des plus imposants du pays, mais surtout pour ses vitraux aux superbes coloris, œuvres de Jan Tillemans (1915-1980), père oblat d'origine hollandaise, qui les réalisa, dans la tradition médiévale, de 1956 à 1964. Chaque vitrail comprend une rosace de 8 m de diamètre et cinq lancettes. À côté de la basilique, visitez le petit sanctuaire, l'ancienne église de 1714 qui est aussi la plus vieille chapelle en pierre du Québec. La statue miraculeuse se trouve sur un autel de bois doré. L'ensemble occupe un parc qui surplombe le Saint-Laurent.

Sports – Détente – Loisirs

MAÏKAN AVENTURE

2206, boulevard des Chenaux
✆ +1 819 694 7010 / +1 877 694 7010
www.maikan.ca
Au départ de Trois-Rivières, prenez l'autoroute 40 Est ou la route 138 Est en direction de Sainte-Anne-de-la-Pérade.
Amoureux de plein air et des grands espaces, c'est l'adresse qu'il vous faut. Depuis 25 ans, cette entreprise propose des cours et de la formation en canot, kayak, escalade, stage de haute montagne, avalanche, télémark et ski de fond. En toute saison, des forfaits sont disponibles pour vous conduire aux quatre coins de la province... ou presque ! Sur place, une boutique de plein air tentera les amateurs, mais vous pouvez également opter pour la location d'équipement. L'hiver, amusez-vous sur leur structure d'escalade de glace… Pas aussi facile que cela en a l'air !

PARC DE L'ÎLE SAINT-QUENTIN

Accès par le pont Duplessis ou sortie 201 de l'autoroute 40
✆ +1 819 373 8151 / +1 866 370 8151
www.ilesaintquentin.com
Mai à début septembre : lundi-dimanche : 9h-22h. Début septembre à novembre & fin décembre à mars : lundi-vendredi : 11h-16h30 ; samedi : 9h-21h ; dimanche : 9h-16h30. Hors saison, le parc est accessible au public sans aucun service. Adulte : 4,50 CAN $, aîné : 4 CAN $, 3-12 ans : 1,50 CAN $, voiture : 3 CAN $. Service de restauration, camping, location d'équipements récréatifs.
Située au confluent de la rivière Saint-Maurice et du fleuve Saint-Laurent, cette oasis de verdure et de paix offre, entre autres, une belle plage, un Playa Club, lounge et zone Spa VIP, des sites aménagés pour le pique-nique, une piscine extérieure et une pataugeoire, des sentiers pédestres, une piste cyclable, des terrains de jeux, du cinéma en plein air, etc. Vous pourrez même explorer la rivière Saint-Maurice en canot rabaska, accompagné d'un guide. En hiver, ski de fond, raquette, patin à glace, hockey, glissades, lounge extérieur avec foyer géant, etc.

Les environs

■ CAMPING, CABINES ET CHALETS LAC ST-MICHEL

11 650, rue du Clairon
✆ +1 819 374 8474
www.campingunion.com
Camping, cabine et chalet de début mai à fin septembre. Camping : à partir de 26,49 CAN $, supplément de 5 CAN $ pour accès rivière. Rabais et promotions offerts. Cabine : à partir de 85 CAN $, chalet : à partir de 95 CAN $. Piscine surveillée, lac artificiel, buanderie, activités, jeux divers et pour enfants et nombreux autres services.
Situé tout au nord de la ville de Trois-Rivières, en bordure de la rivière Saint-Maurice, ce centre de villégiature en plein air propose 150 sites aménagés de camping ainsi que des chalets et cabines pouvant accueillir jusqu'à 5 personnes. Le site, d'une grandeur de 15 hectares, a de quoi séduire par sa nature environnante, sa programmation d'activités variées et ses services qui feront de votre séjour une expérience des plus agréables.

■ LIEU HISTORIQUE NATIONAL DU CANADA LES FORGES-DU-SAINT-MAURICE

10 000, boulevard des Forges
✆ +1 819 378 5116
✆ +1 888 773 8888
www.pc.gc.ca/forges
Route 55 Nord, sortie 191. Mi-mai à mi-juillet & mi-août à début septembre : mercredi-dimanche, 9h30-17h. Mi-juillet à mi-août : lundi-dimanche : 9h30-17h. Dernière admission 30 min avant la fermeture. Adulte : 3,90 CAN $, aîné : 3,40 CAN $, jeune : 1,90 CAN $, famille : 9,80 CAN $.
Ce sont les vestiges de la première entreprise sidérurgique du Canada créée en 1730 et qui a fonctionné pendant plus de 150 ans. Visites commentées, centre d'interprétation de la Grande Maison et du haut fourneau, expositions d'objets, spectacle son et lumière avec maquette du village, circuit piétonnier, aire de pique-nique. Programmation d'activités spéciales en saison estivale.

SAINTE-ANNE-DE-LA-PÉRADE

Au confluent de la rivière Sainte-Anne et du fleuve Saint-Laurent, Sainte-Anne-de-la-Pérade tire son nom de la Seigneurie qui l'a vue naître. Vous y admirerez ses rues pittoresques, ses vergers en fleurs ainsi que l'architecture patrimoniale des maisons Dorion, Gouin-Bruneau et Rivard-Lanouette. En hiver, un village féerique s'installe sur la rivière Sainte-Anne pour la pêche aux petits poissons des Chenaux. Pour les gourmands, nous vous recommandons une visite à la Fromagerie F.X. Pichet, aux Boissons du Roy ou encore au Verger Barry.

■ BUREAU D'INFORMATION TOURISTIQUE DES CHENAUX

8, rue Marcotte
✆ +1 418 325 1750
www.sainteannedelaperade.net
Ouvert toute l'année.

■ PÊCHE AUX PETITS POISSONS DES CHENAUX

Bureau administratif
8, rue Marcotte
✆ +1 418 325 2475
www.associationdespourvoyeurs.com
Horaire de pêche : le jour de 8h à 18h, nuit de 20h à 6h. Tarifs en semaine : adulte 25 CAN $, 6-12 ans 12,50 CAN $, moins de 6 ans gratuit. Le week-end : adulte 28 CAN $, 6-12 ans 14 CAN $, moins de 6 ans gratuit. Un minimum de 50 CAN $ au total est exigé en semaine et 112 CAN $ le week-end.
Une vieille tradition québécoise qui réunit plus de 500 chalets chauffés sur la glace de la rivière Sainte-Anne. Activités : pêche au poulamon, patin à glace, balade en tramway, glissades, animation pour les enfants et événements spéciaux.

LA VALLÉE DU SAINT-MAURICE

Montagnes, forêts et lacs innombrables caractérisent cette vallée qui doit son nom à un certain Maurice Poulain de la Fontaine qui l'explore en 1668. La rivière prend sa source au nord dans le réservoir Gouin, passe à La Tuque et se jette dans le Saint-Laurent au bout de 560 km, à la hauteur de Trois-Rivières. L'importance économique de la vallée remonte au XVIIIe siècle avec l'exploitation des gisements de fer. Au XIXe siècle, c'est l'essor de l'industrie forestière. Au XXe siècle, l'hydroélectricité se développe à Shawinigan et à Grand-Mère, où se sont également installées des usines de pâte à papier et de produits chimiques. La rivière sert encore de voie de transport des billots de bois ou bois de flottage.

SAINT-ÉTIENNE-DES-GRÈS

Située à 25 km au nord-ouest de Trois-Rivières et à 18 km au sud-ouest de Shawinigan, en bordure de la rivière Saint-Maurice, Saint-Etienne-des-Grès est une municipalité d'environ 4 000 habitants du comté de Maskinongé. Le nom « des Grès » tire son origine des roches qui composent le sol des environs.

HYDRAVION AVENTURE

Hydrobase de Saint-Étienne-des-Grès
428, rang des Grès
✆ +1 819 609 9358
www.hydravion.ca
En opération à l'année. Tarifs selon l'excursion ou le forfait choisi.
En hydravion ou en hydraski, peu importe la saison ou la destination, Hydravion Aventure vous promet une excursion des plus mémorables. L'entreprise possède une flotte unique d'hydravions amphibies, du légendaire De Havilland Beaver aux modernes Cessna, qui lui permet de vous transporter de n'importe quel aéroport international vers les quais des plus beaux lodges au Québec. Du vol panoramique au combo vol et restaurant, en passant par l'excursion en Ontario avec nuitée ou encore la découverte du fleuve et du fjord (croisière aux baleines incluses !), vous trouverez ici chaussure à votre pied. Des circuits tout inclus d'une semaine sont également offerts. Une équipe aux petits soins, des plus professionnelles, et qui connaît sacrément bien son territoire, c'est tout cela Hydravion Aventure !

SHAWINIGAN

On l'appelait jadis la Ville Lumière car elle fournissait presque toute l'énergie électrique de la ville de Montréal. Les chutes de la Saint-Maurice furent exploitées à des fins hydroélectriques dès la fin du XIXe siècle. Elles sont impressionnantes (50 m de hauteur), surtout au printemps, au moment du dégel. Une seule grande municipalité unit maintenant Shawinigan-Sud, Grand-Mère, Saint-Gérard-des-Laurentides, Saint-Jean-des-Piles, Lac-à-la-Tortue, Saint-Georges-de-Champlain : Shawinigan. Le territoire de Shawinigan possède notamment le parc national de la Mauricie, magnifique joyau naturel, et la Cité de l'Énergie relatant cent ans d'histoire industrielle du Québec.

LA CITÉ DE L'ÉNERGIE

1000, avenue Melville
✆ +1 819 536 8516 / +1 866 900 2483
www.citedelenergie.com
De début/mi-juin à fin septembre : lundi-dimanche : 10h-18h (dernière entrée pour une visite complète à 15h). Ouvert à l'année sur réservation de groupe. Adulte : 18 CAN $, aîné : 17 CAN $, étudiant : 16 CAN $, 6-12 ans : 11 CAN $, moins de 6 ans : gratuit, famille : 40-43 CAN $. Autres tarifs pour le spectacle, les expositions temporaires, la tour d'observation seulement, et la visite partielle.
Parc thématique qui comprend la deuxième plus haute tour d'observation au Québec (qui offre une vue saisissante sur la ville et ses alentours), des expositions interactives très bien conçues, et des spectacles multimédias, La Cité de l'Énergie vous invite à la découverte de l'aventure industrielle et centenaire de Shawinigan, et vous permet même de visiter l'intérieur d'une centrale en activité. La Cité de l'Énergie est une étape incontournable dans la région, et vous en ressortirez agréablement surpris, d'autant que la visite ne vous ruinera pas ! Le soir, la Cité de l'Énergie présente un superbe spectacle nocturne pour toute la famille, dans un amphithéâtre extérieur tournant, couvert et chauffé : Amos Daragon (à voir absolument !). À ne pas rater : le spectacle multimédia ENERGIA, *L'Âme de la terre*, qui vous fera découvrir l'énergie que l'on retrouve dans la nature. Époustouflant ! À voir et à faire également : les Jardins de la Synergie (gratuit), la visite guidée de la ville de Shawinigan, et la croisière sur la rivière Saint-Maurice.

SHAWINIGAN
À 90 MINUTES DE QUÉBEC ET DE MONTRÉAL
La nouvelle
Cité de l'énergie
présente
ENERGIA
Hydro Québec
PARTENAIRE MAJEUR
Du 8 juin au 29 septembre 2013
AMOS DARAGON
la première aventure
Du 2 juillet au 17 août 2013
Du mardi au samedi inclusivement
Nouveau spectacle nocturne présenté beau temps mauvais temps dans un amphithéâtre extérieur couvert et chauffé.
Achat en ligne : www.spectacleamosdaragon.com
SPECTACLE GRANDIOSE POUR TOUTE LA FAMILLE
Texte et mise en scène : Bryan Perro
Musique : Jeannot Bournival
Du 8 juin au 29 septembre 2013
musée
du Premier ministre
JEAN CHRÉTIEN
LE CANADA DANS LE MONDE
Exposition consacrée aux relations internationales et au dialogue entre les cultures. Cadeaux protocolaires provenant du monde entier.
Lieu historique national du Canada de L'Ancienne-Aluminerie-de-Shawinigan
Cité de l'énergie
en collaboration avec le Musée des sciences et de la technologie du Canada présente
Tout feu tout flamme
Venez admirer la plus impressionnante collection de véhicules d'incendie au Canada.
819 536-8516
1 866 900-2483
WWW.CITEDELENERGIE.COM
Desjardins
Québec
Mauricie
SHAWINIGAN
Canada
Rio Tinto Alcan

■ **AUBERGE GOUVERNEUR SHAWINIGAN**
1100, promenade du Saint-Maurice
✆ +1 819 537 6000 / +1 888 922 1100
www.gouverneurshawinigan.com
Occupation double : à partir de 80 CAN $. Ensemble de 106 chambres et suites. Nombreux forfaits disponibles.
Établissement 4 étoiles de tout confort situé en face de la Cité de l'Énergie et de la rivière Saint-Maurice, à quelques pas des bons restos de la rue Willow. Vous profiterez de nombreux services sur place : restaurant, piscine intérieure et Jacuzzi, Spa urbain-centre de santé, location de vélo, table de billard et arcades, accès gratuit au centre sportif situé à proximité, etc. Notre meilleure adresse en ville !

■ **PARC DE L'ÎLE MELVILLE**
Île Melville
✆ +1 819 536 7155
✆ +1 866 536 7155
www.ilemelville.com
Ouvert à l'année. Horaires et tarifs variables selon l'activité et la saison. Forfaits disponibles.
Le Parc de l'Ile Melville, composé de deux îles, d'une grande forêt et d'une petite montagne, constitue un large espace bordé par la rivière Saint-Maurice. Les chutes Shawinigan, d'une hauteur de 50 m, offrent un spectacle grandiose au printemps. Ce havre naturel en pleine ville offre de nombreuses activités et services. Hébergement en camping aménagé (146 emplacements, mi-mai à mi-octobre) ou en auberge (12 chambres de 4 à 6 personnes) avec accès à la cuisine et salle à manger, au salon et aux divers services (buanderie, piscine, terrain de tennis, etc.). Autres activités sur place : aires de pique-nique, activités nautiques (location d'embarcations sur le site), randonnée pédestre, vélo, parcours aérien d'arbre en arbre, ski de randonnée, raquettes, ski alpin, etc.

■ **LE TROU DU DIABLE**
412, avenue Willow
✆ +1 819 537 9151
www.troududiable.com
Dimanche-mardi, 15h-23h ; mercredi-jeudi, 15h-1h ; vendredi-samedi, 15h-3h. Cuisine ouverte mardi-dimanche, 17h-21h.
Le Trou du Diable, c'est d'abord et avant tout une microbrasserie. Sur place, on retrouve toujours douze de ses produits en pompe, en rotation selon les saisons et les humeurs, car c'est en tout plus d'une soixantaine de bières qui sont brassées ici au fil des mois. Cette coopérative de travail offre aussi une cuisine fort colorée où mets d'ici et d'ailleurs se mélangent au grand profit de nos papilles gustatives. L'emphase est mise sur les produits d'artisans locaux : assiette de fromages québécois, cerf rouge du Québec, filet de truite de Saint-Alexis... Une foule d'événements allant d'expositions d'art visuel aux spectacles musicaux, en passant par les soirées de contes et les Lundis Douteux (www.douteux.org), sont organisés chaque semaine et pour les mordus de la bière, deux soirées « bières philosophales » se tiennent à chaque mois (en hiver seulement), sans oublier l'incontournable soirée des brasseurs, en août.

SECTEUR DE GRAND-MÈRE

C'est ici que fut installée en 1890 la première centrale hydroélectrique. Les usines de pâte à papier contribuèrent au développement de la ville. Celle-ci doit son nom à un gigantesque rocher évoquant une tête de vieille femme qui se trouvait jadis au milieu de la rivière. Gênant la construction du barrage, le rocher fut transporté dans un parc du centre-ville. Grand-Mère est la porte d'entrée du parc national de la Mauricie.

Pratique

■ **BUREAU D'ACCUEIL TOURISTIQUE DE SHAWINIGAN**
2333, 8e Rue
✆ +1 819 538 4883 / +1 800 667 4136
tourisme.gm@bellnet.ca
Ouvert toute l'année.

Se loger

■ **AIRE NATURE GRANDES-PILES**
250, chemin du Lac des Îles, Grandes-Piles
✆ +1 819 809 2535
www.airenature.com
À 17 km de Grand-Mère. Le site est ouvert de mi-mai à mi-octobre. Tarif selon le type d'hébergement choisi.
Pour ceux en quête de nature et d'activités de plein air, l'Aire Nature Grande-Piles marque un bel arrêt en route vers La Tuque. L'hébergement est offert en camping rustique, en tente prospecteur et en petit gîte de bois (max. 2 personnes, matelas sur demande, poêle à bois, accès privé au lac Clair, terrasse, site de feu, table à pique-nique). Sur place, un belvédère permet d'admirer les paysages de la région, et il est possible de faire de la randonnée pédestre (possibilité de rejoindre le Sentier national), du canot et du kayak (location sur place).

AUBERGE LE FLORES

4291, 50e Avenue
Sainte-Flore-de-Grand-Mère
✆ +1 819 538 9340 / +1 800 538 9340
www.leflores.com
Occupation double : à partir de 104 CAN $. Nombreux forfaits disponibles. Centre de santé Spa, piscine extérieure, jardin.
L'Auberge Le Florès vous accueille à la campagne dans un cadre champêtre et romantique. Les chambres sont joliment décorées avec des meubles anciens et offrent un grand confort, très souhaité après une journée d'activités. Pour couronner le tout, l'auberge possède une table gastronomique fort réputée dans la région.

À voir – À faire

PARC NATIONAL DU CANADA DE LA MAURICIE

À 20 km de Grand-Mère et de Shawinigan
✆ +1 819 538 3232 / +1 888 773 8888
www.pc.gc.ca/mauricie
Ouvert à l'année. Postes d'accueil (fermés de mi-octobre à mi-mai) : à l'est, à Saint-Jean-des-Piles (sortie 226 de la 55) ; à l'ouest, à Saint-Mathieu (sortie 217 de la 55 en direction de Saint-Mathieu-du-Parc). Adulte : 7,80 CAN $, aîné : 6,80 CAN $, 6-16 ans : 3,90 CAN $, famille : 19,60 CAN $.
C'est un territoire sauvage de lacs et de forêts de 536 km², au cœur des Laurentides. Feuillus et résineux couvrent des collines arrondies de 350 m de hauteur tout au plus. Indiens, coureurs des bois, bûcherons ont toujours parcouru cette région, attirés par ses richesses naturelles. La route panoramique de 70 km, qui serpente à travers la forêt et les rochers de granite rose du Bouclier laurentien, relie les deux points d'accès du parc. Elle longe, sur 16 km, le lac Wapizagonke, longue et étroite étendue d'eau filiforme, avant de conduire au belvédère du Passage puis au lac Édouard qui offre une ravissante plage de sable fin aménagée pour la baignade et le pique-nique. Derrière l'accueil de l'entrée ouest du parc, la vue sur la rivière Saint-Maurice est magnifique.

▸ **Hébergement :** camping semi-aménagé et dans l'arrière-pays, camping d'hiver, tentes prêt-à-camper, gîtes Wabenaki et Andrew (www.info-nature.ca).

Parc national du Canada de la Mauricie

▸ **Activités :** canot-camping (location sur place), canot, baignade, pêche récréative, randonnée pédestre et longue randonnée, vélo de montagne. En hiver, ski de fond, raquettes. Activités avec naturalistes.

■ LES PILES, VILLAGE FORESTIER

780, 5e Avenue, Grandes-Piles
✆ +1 819 538 7895 / +1 877 338 7895
www.lespiles.ca
Juin à octobre : lundi-dimanche, 9h-17h (dernier départ à 16h pour la visite). Groupes : visite sur réservation au printemps et en automne. Boutique d'artisanat sur place.
Le village de Grandes-Piles servait autrefois au transbordement du bois. Pas étonnant qu'on y retrouve maintenant un musée du bûcheron. C'est la reconstitution d'un vrai camp de bûcherons québécois du début du siècle dernier. Les vingt bâtiments en rondins et l'ameublement rustique recréent les rudes conditions de vie de ces pionniers : l'office, le camp, la limerie, la cache, l'écurie, la forge, la tour des garde-feux, la cookerie, etc. Les plus aventureux opteront pour le forfait « On monte au camp » qui leur permettront de devenir un bûcheron pour 24h. Au programme : une journée d'activités avec les guides, des repas typiques d'antan, une soirée au bord du feu avec contes et légendes et une nuit au camp.

SAINT-TITE

Bienvenue au pays des cowboys ! Saint-Tite doit sa renommée à son incontournable Festival Western mais également à son industrie du cuir, dont G.A. Boulet qui confectionne des bottes de cowboy depuis 1933, la plus importante usine du genre au pays.

■ À LA FÛT

670, rue Notre-Dame
✆ +1 418 365 4370
www.alafut.qc.ca
En été : dimanche-mercredi, 11h-21h (la cuisine ferme à 21h) ; jeudi-samedi, 11h-1h (la cuisine ferme à 22h). Le reste de l'année : dimanche-mardi, fermé ; mercredi, 16h-22h (la cuisine ferme à 21h) ; jeudi-samedi, 11h-1h (la cuisine ferme à 22h). Ouvert tous les jours durant le festival Western. Terrasse.
La maison qui abrite la microbrasserie et son resto-pub date de 1865 et son cachet architectural d'époque reste encore bien présent. C'est dans cette ambiance western que sont brassées et servies une dizaine de bières artisanales de la microbrasserie À la Fût, en plus des surprises saisonnières, des éditions limitées et des cuvées spéciales offertes selon la période de l'année. Un menu resto-pub, à l'image des cowboys et mettant en vedette les produits de la région, est offert sur place. Il suffit de penser aux différents burgers, aux côtes levées Rodéo, au fameux chili du général Zapata ou encore au délicieux Truite n' chip. A l'image de son beau village, À la Fût vous accueille dans un décor à saveur western et permet même aux cowboys de venir sur leur monture grâce à sa nouvelle attache à chevaux ! Plaisir garanti dans le pub, tout comme sur la terrasse !

TROIS-RIVES

La nouvelle municipalité de Trois-Rives, composée de Rivière-Mattawin, Saint-Joseph-de-Mékinac et Grande-Anse, se trouve sur la route qui mène à La Tuque et aux territoires du Haut-Saint-Maurice. Une nature abondante et nombreuses activités de plein air en toutes saisons vous y attendent !

■ CENTRE D'AVENTURE MATTAWIN

3911, route 155, Rivière-Matawin
✆ +1 819 646 9006 / +1 800 815 7238
www.centredaventuremattawin.com
Nombreux forfaits disponibles. Ce centre d'aventure offre des programmes de plein air où l'accent est mis sur la descente de rivières en kayak, rafting ou hydroluge. Possibilité aussi de faire des sorties de pêche, du

canyoning aux chutes Dunbar, de la randonnée pédestre, du canot, du kayakraft ou du kayak de mer, ainsi que des expéditions de 1 à 6 jours avec guides expérimentés. L'hiver fait place à des activités de motoneige, de traineau à chiens, de raquette, de pêche blanche et des séjours multi-activités. Hébergement disponible sur place (éco-chalet, éco-tente, roulotte, refuge et camping) ou à l'Auberge de la Rivière (Chez Marineau).

■ **CLUB HOSANNA**

3460, route 155, Rivière-Matawin
✆ +1 819 646 5244
www.clubhosanna.qc.ca

Ouvert toute l'année. Nombreux tarifs selon le forfait choisi (chalet, refuge). Un minimum de deux nuits peut être requis.

La Mauricie compte un grand nombre de pourvoiries, paradis des pêcheurs et des chasseurs. Au Club Hosanna, l'hébergement se fait dans près d'une vingtaine de chalets et refuges en bois ronds, tous en bordure de lac. Notez que certains refuges n'ont pas de douche. Au printemps et en été, la pêche à la truite est maîtresse des lieux, alors que l'automne fait place à la chasse aux petits gibiers et à l'orignal. En hiver, les forfaits permettent de combiner plusieurs activités de plein air tels la randonnée en raquette, la pêche blanche, le traîneau à chiens, la motoneige, etc. Forfaits sur mesure et nombreuses activités en toutes saisons également disponibles.

■ **DOMAINE MCCORMICK**

5071, route 155, Grande-Anse
✆ +1 819 523 3833 / +1 866 534 3833
www.domainemccormick.com

Ouvert toute l'année. Chalets de 2 à 8 personnes à partir de 99 CAN $ la nuit. Tarifs week-end, à la semaine et forfaits disponibles.

Cinq magnifiques chalets, tous avec Jacuzzi extérieur 4 saisons, entièrement équipés et joliment décorés, situés au bord de l'eau, pour des vacances de rêve : c'est ça le Domaine McCormick. Pour occuper vos journées, des activités sont offertes à même le site : sentiers de randonnée, terrain de volleyball de plage, canoë, baignade, raquette, patinoire extérieure... Sans compter les nombreuses possiblités d'activités de plein air dans les environs. Parfait pour les familles et les amoureux de la nature !

■ **RÉSERVE FAUNIQUE DU SAINT-MAURICE**

3774, route 155, Rivière-Matawin
✆ +1 819 646 5687 / +1 800 665 6527
www.sepaq.com/rf/stm/fr/

Poste d'accueil (mi-mai à mi-octobre) : Matawin, sur la rive droite de la rivière Saint-Maurice, à 2 km au sud du pont qui enjambe la rivière (passage tarifé par la Corporation du Pont Mékinac). Après la mi-octobre, les droits d'accès sont disponibles au bureau administratif, en face de l'accueil.

La réserve faunique du Saint-Maurice (784 km²) est un havre naturel et sauvage parsemé de nombreux cours d'eau (245 lacs et 8 rivières) où abonde la faune aquatique et terrestre. Créée en 1963, elle fut jadis un territoire réservé à des clubs de chasse et de pêche dès 1886. Elle offre un excellent potentiel de loisirs pour les pêcheurs et les chasseurs sportifs.

- **Points d'intérêt :** chutes Dunbar, rivages de sable fin au lac Normand. Une véritable nature intacte qui accueille les amateurs de plein air.
- **Faune :** orignal, ours noir, lièvre et plus de cent espèces d'oiseaux dont la gélinotte huppée, le héron et le huard.
- **Hébergement :** chalets à proximité de plans d'eau, 4 camps rustiques, camps de prospecteur, 2 tentes Hékipia, plus de 90 emplacements de camping.
- **Location d'équipement :** kayaks, chaloupes, canots, moteurs (essence et électrique), gilets de flottaison, vente d'appâts.
- **Activités :** activités nautiques, canot-camping (circuit de 22 km), chasse à l'orignal et à l'ours, chasse au petit gibier (à la journée et avec séjour), observation de la faune, pêche à la truite grise et à la truite mouchetée (à la journée et avec séjour), vélo, randonnée pédestre (plus de 40 km).

LE HAUT-SAINT MAURICE

Immense territoire d'aventures et terre natale de Félix Leclerc, la région du Haut-Saint-Mauricie est l'endroit de prédilection pour les chasseurs, pêcheurs, quadistes et motoneigistes. Bon nombre de pourvoiries sont disséminées sur les quelque 30 000 km^2 de nature, de grands espaces et de plans d'eau. On y retrouve plusieurs rivières et lacs canotables reconnus. La rivière Saint-Maurice, qui traverse toute la région, prend sa source au nord dans le réservoir Gouin. Le Haut-Saint-Maurice, communément appelé la Haute-Mauricie, est composé de l'agglomération de La Tuque et de deux communautés amérindiennes atikamekws : Weymontachie (entre La Tuque et Parent) et Obedjiwan (au nord du réservoir Gouin).

LA TUQUE

Le célèbre chanteur et auteur-compositeur québécois, Félix Leclerc est né ici (1914-1988). Cet ancien poste de traite des fourrures doit son nom à une colline en forme de bonnet de laine (tuque en québécois). Les puissantes chutes d'eau et les forêts alentour ont fait naître son usine de pâte à papier et sa centrale hydroélectrique. Pendant votre séjour, faites un arrêt au Parc des chutes de la petite rivière Bostonnais (ouvert à l'année ; bureau d'information touristique et centre d'interprétation ouverts de début mai à fin octobre).

L'accès est gratuit et vous y trouverez des sentiers et un belvédère, une chute de 35 m, un centre d'interprétation de la nature (animaux naturalisés que l'on peut retrouver dans la région : ours, loup, coyote, castor, renard, aigle, chouette, grand duc, etc., et même un orignal et un cerf de Virginie grandeur nature) et le centre Félix-Leclerc, dédié au chansonnier québécois originaire de La Tuque.

Pratique

TOURISME HAUT-SAINT-MAURICE
Parc des chutes de la petite rivière Bostonnais, 3701, boulevard Ducharme
✆ +1 819 523 5930
www.tourismehsm.qc.ca
Ouvert toute l'année.

Se loger

CLUB ODANAK
Lac Castor
✆ +1 819 523 8420
www.clubodanak.com
À 15 km de La Tuque (les contacter pour obtenir les directions routières). Consultez le site Internet pour connaître la gamme des tarifs et des forfaits offerts. Service de restauration (cuisine régionale et française), bar avec foyer.

Les pourvoiries de la relève

Dix pourvoiries de la région se sont regroupées pour mettre en valeur la faune auprès d'une clientèle de la relève : jeunes familles, jeunes couples, enfants, femmes et retraités. En offrant des sites adaptés pour tous les âges et tous les goûts, ces pourvoiries désirent initier la relève à la pêche mais aussi aux vacances en famille et entre amis. Une belle façon d'aller chercher une clientèle qui ne fréquenterait pas nécessairement ces établissements d'hébergement et de plein air. Pour plus d'info :

- **www.naturemauricie.com**

Propriété du Conseil de la Nation Atikamekw de Wemotaci, cette pourvoirie et auberge de la forêt est un véritable havre, tant pour la villégiature que pour les séjours de chasse (orignal, ours noir et petit gibier) et de pêche (omble de fontaine). L'hébergement se fait en chambre tout confort dans un des trois pavillons (possibilité de chambre avec vue sur le lac Castor et balcon privé), en chalet rustique de bois rond tout équipé (4 saisons, capacité de 6 personnes), ou encore en tipi amérindien (capacité de 15 personnes, possibilité de louer le matelas de sol et le sac de couchage). Au niveau des activités, vous n'aurez pas le temps de vous ennuyer : activités nautiques, vélo de montagne, pétanque et mini golf, ski de fond, raquette, patin à glace, traîneau à chiens (réservation requise, minimum 4 personnes), etc. Et bien évidemment, tant qu'à être sur un territoire autochtone, profitez des activités en lien avec la culture amérindienne (animation et causerie, nuit sous le tipi, visite du site autochtone, chant et tambour, etc.). Un séjour authentique au cœur de la forêt boréale !

■ DOMAINE LE BOSTONNAIS
2000, route 155 Nord
Secteur La Bostonnais
✆ +1 819 523 5127
Occupation double : à partir de 109 CAN $. Quatre chambres en chalet individuel. Petit déjeuner inclus. Repas du soir sur demande.
Ce charmant domaine en bois rond, aux abords de la rivière Bostonnais, est l'endroit tout désigné pour séjourner dans la région de la Haute-Mauricie. Chaque chalet est équipé d'une salle de bain privée, d'une balançoire et d'un foyer extérieur, et le confort ne manque pas. Les repas se prennent dans le bâtiment principal où vous trouverez également un salon et une table de billard. Activités sur le site : Jacuzzi extérieur, randonnée pédestre, kayak, randonnée en calèche (sur réservation), balade à raquettes. Forfait avec activité de traîneau à chiens disponible, pour une demi-journée ou un séjour.

■ POURVOIRIE NEMISKAU
À une heure de voiture de La Tuque
✆ +1 819 523 6789 / +1 866 714 1124
www.nemiskau.com
Ouvert de mai à fin septembre/mi-octobre. Différents forfaits offerts (plans européen, américain, familial). Service de restauration (excellent) et de bar. Permis de pêche, articles de pêche et vers à l'accueil.
Amants de la nature et fervents de la pêche à la truite, voici l'endroit tout indiqué. À 1 heure environ au nord-ouest de La Tuque, dix-neuf superbes chalets en bois ronds tout équipés, pouvant accueillir de 2 à 26 personnes et répartis sur un domaine comptant 11 lacs privés, vous y attendent pour un séjour mémorable. Une formule en chambres est également disponible en auberge ou dans les pavillons. Peu importe le forfait choisi, vous avez accès au Spa et saunas, aux canots, kayaks et pédalos, à la baignade et à l'aire de jeux pour enfants. Autres services offerts pour un léger supplément : massothérapie, services d'un guide de pêche, location d'un ponton, etc. Vous avez des besoins spécifiques ? Pas de problème car la pourvoirie peut vous concocter un forfait sur mesure. Futé : à partir du mois de juillet, les tarifs familiaux pour les séjours d'une semaine sont très attractifs.

À voir – À faire

Dès l'été 2013, la municipalité de La Bostonnais aura un tout nouveau parc : le Parc Ducharme. Au programme : un centre de valorisation des arts et de l'agroalimentaire (à l'intérieur de l'hôtel de ville – panneau d'interprétation sur les plantes comestibles, les champignons, le miel, le sirop d'érable, chasse et pêche, histoire de la municipalité de La Bostonnais), un grand aquarium autosuffisant représentant un marais, et une salle de création et de vente d'artisanat. Plusieurs dépliants éducatifs (oiseaux, cueillette des champignons, plantes sauvages comestibles) pourront être remis aux visiteurs.
À l'extérieur, dans un petit sentier pédestre, vous retrouverez plusieurs sculptures géantes d'oiseaux en bois fabriquées par un artiste de la région. Services et activités sur place : aire de jeux pour enfants, abris-tables de pique-nique, terrains de pétanque et de fer, quatre sites de camping rustique.
À noter que l'entrée au centre de valorisation, le sentier pédestre ainsi que le camping sont offerts tout à fait gratuitement.

LAC-ÉDOUARD

Édouard Jeanotte, coureur des bois originaire de Saint-Stanislas, a donné son nom à ce village. On y dénombre moins de 200 habitants mais les villégiateurs sont nombreux à s'y rendre chaque année. Son lac, le lac Édouard, comprend de nombreuses îles et presqu'îles et ses plages sablonneuses invitent volontiers à la baignade.

LA SEIGNEURIE DU TRITON

1893, chemin du triton
✆ +1 819 653 2509
✆ +1 877 393 0557 / +1 418 648 0557
www.seigneuriedutriton.com
En opération de début mai à mi-octobre. Occupation double : à partir de 125 CAN $ par personne, incluant une nuit d'hébergement, les trois repas et les activités de plein air. Hébergement en auberge ou en chalet. Nombreux forfaits disponibles (pêche à la truite, escapade gourmande, séjour en chalet, etc.).
Une auberge forestière plus que centenaire au beau milieu de l'eau (accès par bateau), où la famille et son équipe vous feront apprécier la nature à sa juste valeur. Lieu paisible au cœur de la nature, entouré d'innombrables lacs et rivières, c'est LA destination pour les activités de plein air, telles que la pêche, la chasse, le kayak, le canot, la randonnée pédestre, l'interprétation et l'observation de la faune et de la flore, etc. Pour faire le plein d'énergie, essayez la délicieuse cuisine de la pourvoirie d'inspiration traditionnelle et internationale, en salle à manger le matin et le soir, et le midi, en été, cuit sur le grill au cœur de la forêt face à un lac où le Chef et son équipe vous attendent.

VILLAGE INNUSIT

✆ +1 418 648 0557 / 1 877 393 0557
✆ +1 819 653 2509
www.seigneuriedutriton.com
À 10 km du village de Lac-Édouard. Accès par bateau à partir du stationnement privé ou par la Seigneurie du Triton qui se trouve tout près.
À partir de 89 CAN $ par personne incluant 2 repas et la nuit sous tipi (ajouter 10 CAN $ pour la pension complète). Possibilité de combiner avec un séjour à la Seigneurie du Triton.
Situé au cœur de la forêt haute-mauricienne sur le bord de la rivière Batiscan, le village Innusit vous fait vivre une aventure hors du commun. La traversée sur l'eau vous amène à un campement amérindien. Nuit sous tente tipi avec feu de camp, randonnée pédestre, balade en canot ou rabaska, cueillette de petits fruits, observation des castors, sans oublier les repas préparés sur feu de bois ! Une expérience qui vous marquera fortement par son accueil très chaleureux et par son déroulement en totale harmonie avec la nature.

RÉSERVOIR GOUIN

Le réservoir Gouin, d'une superficie de 1 570 km^2, est un regroupement de centaines de petits lacs parsemés d'îles innombrables. Il doit son nom à sir Jean-Lomer Gouin, Premier ministre du Québec de 1905 à 1920. C'est le territoire par excellence des chasseurs, pêcheurs, quadistes et motoneigistes avec bon nombre de pourvoiries situées dans les environs.

CHALETS BAIE DU SUD

✆ +1 514 667 5325 / +1 866 728 5524
www.chaletsbaiedusud.com
À partir de Parent, suivre les indications jusqu'à la pourvoirie.
En opération de mai à mi-septembre. Différents forfaits offerts (minimum de 3 nuits) incluant la nuitée et l'embarcation pour deux pêcheurs (moteur de 20 hp). Droits de pêche : 6 CAN $ par jour.
Amateurs de pêche, débutants ou aguerris, cette pourvoirie est un lieu exceptionnel. Située aux abords de l'immense réservoir Gouin, on y vient pour le brochet et le doré. D'ailleurs, à votre arrivée, on vous fournira une carte du secteur avec les meilleurs endroits de pêche. Ça promet ! L'hébergement est offert en chalets de bois rond tous équipés et pouvant accueillir jusqu'à 6 personnes en tout confort (apportez votre eau potable). Services sur place : permis, droit de pêche, essence, vers. Séjour de chasse aux petits gibiers et combinaison de chasse/pêche offerts, chasse à l'ours et à l'orignal sur demande.

L'OUEST DE LA RÉGION

SAINT-MATHIEU-DU-PARC

Saint-Mathieu-du-Parc est un point de passage obligatoire si vous comptez vous rendre au parc national de la Mauricie par l'entrée ouest.

AUBERGE & EXCURSIONS REFUGE DU TRAPPEUR, SITE MOKOTAKAN & MUSÉE DE LA FAUNE

2120, chemin Saint-François
✆ +1 819 532 2600 – +1 866 356 2600

www.bonjourmauricie.com
À partir de : 73,50 CAN $ par nuit en auberge, 25 CAN $ en tipi, 73 CAN $ en refuge. Chalet aussi en location (max 11 personnes). Forfaits disponibles. Une auberge située dans un endroit formidable. D'abord, parce que l'entrée du parc national de la Mauricie est à 500 m seulement ! Ensuite, parce que l'auberge se situe dans un vaste site qui rend hommage aux onze nations autochtones du Québec. Vous pourrez visiter, en compagnie d'un guide amérindien, une maison longue, une maison enterrée et d'autres habitats traditionnels. Vous trouverez aussi sur le site un des plus beaux musées de la Faune du Québec avec plus de 140 animaux naturalisés dans une forêt reconstituée. Avec tous les bruits de la forêt, on s'y croirait vraiment ! L'auberge organise également des soirées d'observation de l'ours noir, de l'orignal et du castor, ainsi que de nombreuses excursions de plein air guidées en toute saison (canot, traîneau à chiens, raquette, interprétation de la trappe, etc.). Un incontournable en Mauricie !

■ AUBERGE SAINT-MATHIEU DU LAC
2081, chemin Principal ✆ +1 819 532 3397
www.auberge-st-mathieu-du-lac.com
Occupation double : à partir de 89 CAN $. Dix chambres avec salle de bain privée. Forfaits disponibles. Terrasses extérieures, accès au lac et aux embarcations, centre de détente avec spa, sauna et service de massothérapie (réservation nécessaire, 65 CAN $ pour un massage d'une heure). Sise à 10 min du parc national de la Mauricie, aux abords d'un lac romantique, cette auberge subjugue par son charme à l'état sauvage. Construite par son propriétaire, sa conception artisanale, entièrement de bois avec des pièces et des meubles de création, séduit dès le premier abord. Et il faut dire que la chaleur des lieux et l'accueil hors pair de vos hôtes y jouent aussi pour beaucoup. Dix chambres tout confort sont mises à votre disposition et elles sont toutes agréablement décorées de coussins et rideaux fabriqués par Libellule, une coopérative d'artisans en impression textile de la région. La salle à manger, avec ses immenses baies vitrées, offre une vue panoramique sur le lac et les montagnes et permet d'admirer de magnifiques couchers de soleil. On y propose de savoureux petits déjeuners ainsi qu'un menu du soir aux accents du terroir : cailles farcies aux 4 gibiers, feuilleté de canard, truite ou saumon fumé... Des boîtes à lunch sont aussi disponibles sur demande. Ne reste qu'à profiter d'un moment de détente au centre Spa, sur les transats de la terrasse, ou encore des nombreuses activités de plein air, sur place et dans les environs, et ce, en toute saison.

SAINT-ÉLIE-DE-CAXTON

Cette petite municipalité a connu un véritablement engouement depuis que Fred Pellerin, conteur natif de Saint-Élie, lui a consacré plusieurs histoires fantastiques. Grâce à un audioguide, on peut découvrir les personnages de ses contes, en se promenant dans le village (en location au bureau d'information touristique). Des visites guidées en carriole sont également offertes en saison estivale. Voyez la traverse de lutins, l'arbre à paparmanes, la maison de Chez Méo-le-coiffeur ou celle de Toussaint Brodeur... « Saint-Élie-de-Caxton, ça existe vraiment ! ». À surveiller en 2013 : nouveau jardin botanique éducatif dont l'ouverture est prévue pour l'été.

■ BUREAU TOURISTIQUE DE SAINT-ÉLIE-DE-CAXTON
52, chemin des Loisirs ✆ +1 819 221 2839
www.st-elie-de-caxton.com
Ouvert en saison estivale uniquement.

■ LE ROND COIN
340, rue Saint-Louis
✆ +1 819 221 3332 – www.lerondcoin.com
Yourte (max 3 personnes), camp de bûcheron (max 4 personnes), camion romanichel (max 2 personnes) et tente caïdale (max 6 personnes) : 95 CAN $. Tente prospecteur (max

Escapade vélo dans la MRC de Maskinongé

■ LES GÎTES AU PAYS DU SARRASIN
✆ +1 819 221 3455 / +1 877 707 3455 – www.bbsarrasin.com
Attention cyclistes, ceci est tout spécialement pour vous ! Près d'une dizaine de gîtes touristiques certifiés « Bienvenue cyclistes » sont regroupés afin d'offrir un produit spécialement adapté à vos besoins. Parmi les services proposés : transport sécuritaire des bagages et/ou voiture d'un gîte à l'autre, et randonnées d'un ou plusieurs jours. Notez que ces circuits vélo peuvent être réalisés entièrement sur mesure, selon vos goûts et besoins. Une belle façon de découvrir le territoire de Maskinongé en Mauricie !

4 personnes) : 65 CAN $. Roulotte gitane (max 2 personnes) : 120 CAN $. Site de camping : 20 CAN $. Forfaits disponibles. Programmation culturelle, musicale et d'activités à l'année.
Un endroit hors du temps pour un séjour tout à fait dans l'esprit de Saint-Élie-de-Caxton. Original, unique, exotique, insolite... Les qualitifcatifs sont nombreux et l'expérience, hors du commun. Notre couple d'aubergistes, natifs de Saint-Élie, a ouvert en 2010 ce lieu d'hébergement alternatif. Yourte, camp de bûcheron, tente marocaine, roulotte gitane et autres hébergements atypiques en pleine nature n'attendent que vous. La yourte d'accueil, qui fait office de coin café, propose de bons petits plats dont sa spécialité, le *gridchise*. Savoureux ! Des spectacles et événements culturels s'y tiennent également. Comme valeur ajoutée, des soins thérapeutiques et de détente sont offerts dont une approche parent-enfant. Notez que la construction du site a mené à une relocalisation des lutins de Saint-Élie. Ils vivent maintenant au Rond Coin et peut-être aurez-vous la chance de les apercevoir dans leurs petites maisons au coin café !

CHARETTE

Située à 24 km au nord du lac Saint-Pierre et traversée par la rivière Yamachiche, à la limite séparant les terres cultivables des contreforts des Laurentides, Charette est une municipalité où la vie coule paisiblement. La cerisaie Le Temps des Cerises est l'attrait principal du village.

■ GÎTE ÉCOTOURISTIQUE À LA VIE AU VERT

4385, chemin des Cerisiers
✆ +1 819 268 4241 / +1 866 979 4241
www.alavieauvert.com
Occupation double : 95 CAN $, petit déjeuner inclus. 3 chambres avec salles de bain partagées. Forfaits disponibles. Repas du soir sur réservation seulement (25 CAN $ par personne, repas 3 services, apportez votre vin). Salons communs, foyer intérieur, remise pour vélos, skis et motoneiges.
Situé au cœur de la Mauricie, À la Vie au Vert est un agréable gîte écologique s'inscrivant dans une démarche écoresponsable (construction en bois recyclé, panneaux solaires, éolienne, cuisine du terroir...) et offre diverses possibilités de loisirs verts (randonnée, vélo, canot, etc.). L'intérieur est chaleureux et douillet, pourvu d'une vaste salle à manger et de trois adorables chambres thématiques contribuant à faire de votre séjour un souvenir mémorable ! Laurence, votre hôte, propose aussi ses créations florales et des cours de composition florale. Avis aux intéressés !

■ LE TEMPS DES CERISES

473, 1er Rang Nord ✆ +1 819 221 3055
www.letempsdescerises.ca
Centre d'interprétation ouvert de fin juin à début septembre : lundi-samedi, 11h-16h30 ; dimanche, 13h-16h30. Le reste de l'année sur réservation. Accès gratuit au site. Visite guidée et dégustation : adulte 13 CAN $, aîné et étudiant 12 CAN $, 5-12 ans 7 CAN $, famille 34 CAN $. Relais du terroir certifié. Bistro et boutique ouverts à l'année (voir site Internet pour les horaires). Programmation d'événements thématiques. Forfaits disponibles.
Première cerisaie à s'établir au Québec, on trouve sur place plusieurs variétés de griottes et 8 000 cerisiers ! Avec un climat aussi rude que le nôtre, il fallait trouver des cerisiers capables de supporter des froids allant jusqu'à -35 °C. La cerise sucrée a donc dû laisser place à la griotte, ou cerise acidulée. Cette dernière, également considérée comme un « superfruit », possède davantage de nutriments et substances phytochimiques que la plupart des fruits. Il est possible d'aller sur place cueillir des cerises et de déguster des produits dérivés de ce petit fruit.

SAINT-PAULIN

Situé à l'ouest de la région de la Mauricie, Saint-Paulin compte une auberge haut de gamme cotée 4-étoiles : l'Auberge Le Baluchon. C'est aussi dans cette municipalité que se trouve l'une des quatre plus hautes chutes de la province, la chute à Magnan.

■ AUBERGE LE BALUCHON

3550, chemin des Trembles
✆ +1 819 268 2555
✆ +1 800 789 5968
www.baluchon.com
Occupation double : à partir de 165 CAN $ (incluant l'accès aux installations sportives et à plusieurs activités). Forfaits disponibles. Hébergement réparti dans quatre auberges et un chalet. Charmante auberge au style romantique dans un environnement de pleine nature. Les chambres sont réparties dans plusieurs édifices qui ont chacun une salle de séjour, un Jacuzzi et un sauna. À cet hébergement haut de gamme s'ajoutent une table gastronomique, une piscine intérieure et de nombreuses activités sur le site : baignade, équitation, vélo, canoë-kayak, randonnée pédestre, théâtre en rivière, ski de fond, raquettes, patins à glace, glissades en luge, promenade en *sleigh ride*, etc. Pour faire une pause dans votre journée, faites une halte à l'écocafé Au Bout du Monde, allez vous faire dorloter au Spa santé ou alors, profitez des bienfaits du nouveau Spa nordique.

A noter : plan de développement de 40 MCan$ en cours (ajout de pavillons d'hébergement et de chalets, rénovation complète de toutes les chambres, aménagement d'une ferme écologique et développement d'un nouveau territoire vaste de 100 km^2, etc.).

■ **AUX BERGES DU LAC CASTOR**
3800, chemin des Allumettes
✆ +1 819 268 3339 – www.laccastor.com
Auberge (max 4 personnes par chambre) à partir de 70 CAN $. Chalets (4 à 8 personnes) à partir de 90 CAN $. Huttes (4 personnes) : à partir de 60 CAN $. Loft des bois (4 personnes) : à partir de 110 CAN $. Yourtes : à partir de 80 CAN $. Camping : 35 CAN $. Dans tous les cas, il faut rester 2 nuits le week-end. Restaurant Le P'tit Café sur place (ouvert seulement en été).
« Où la magie de l'homme rencontre la beauté de la terre. » Voici l'accroche de ce site pas tout à fait comme les autres. Conçu pour les groupes, les rassemblements, les grandes familles et leurs enfants, on y entre comme dans un village au bord d'un lac. Salle à manger panoramique, vue sur le lac et la vie faunique, grand salon avec foyer, cuisine communautaire et commodités, l'auberge est chaleureuse, fonctionnelle et peut accueillir 36 personnes dans 9 chambres avec une majorité de lits superposés. Des chalets, de tailles et de styles différents, et autres types d'hébergement sont aussi disponibles. En plus du site en pleine nature, de belles activités vous sont proposées : randonnée pédestre, canot, rabaska, kayak, pédalo, volleyball, raquette, patin à glace, etc. Idéal pour les familles et les groupes d'amis qui recherchent la nature autant que la convivialité !

SAINT-ALEXIS-DES-MONTS

Capitale de la truite mouchetée (festival avec tournoi de pêche et spectacles à la mi-juin), Saint-Alexis-des-Monts est avant tout un magnifique territoire naturel avec plus de 600 lacs.

Pratique

■ **COMITÉ TOURISTIQUE DE SAINT-ALEXIS-DES-MONTS**
10, rue Saint-Pierre
✆ +1 819 265 4110 / +1 819 265 2046
www.saint-alexis-des-monts.ca
Ouvert toute l'année.

Se loger

■ **AUBERGE DU LAC-A-L'EAU-CLAIRE**
500, chemin du Lac-à-l'Eau-Claire
✆ +1 819 265 3185 / +1 877 265 3185
www.lacaleauclaire.com
Chambre régulière en auberge ou pavillon : à partir de 155 CAN $, chambre luxueuse en auberge : à partir de 195 CAN $, suite en pavillon : à partir de 255 CAN $. Chalet 4 chambres (max 8 pers.) : à partir de 360 CAN $, chalet et condo 5 chambres (max 12 pers.) : à partir de 530 CAN $. Condo 2 chambres (max 6 pers.) : à partir de 242 CAN $. Forfaits disponibles.
Située au bord du lac du même nom, l'auberge du Lac-à-l'Eau-Claire invite à la détente dans un cadre de pleine nature. Sa table met en avant les produits régionaux pour créer des plats fins, lesquels se marieront à merveille avec un cru de leur cave à vins. Sur place, profitez des nombreuses autres activités : piscine intérieure, bain vapeur, bain nordique, Jacuzzi, salle d'exercices, soins de santé, massothérapie, quad, pêche, vélo, baignade, randonnée pédestre, en raquettes ou en ski de fond, patin à glace, motoneige, balade en traîneau à chiens, pêche blanche...

■ **HÔTEL SACACOMIE**
4000, chemin Yvon Plante
✆ +1 819 265 4444 / +1 888 265 4414
www.sacacomie.com
Occupation double : à partir de 128,50 CAN $ par personne, table d'hôte 4 services du soir et petit déjeuner inclus. Minimum 2 nuits lors d'un séjour comptant un samedi. Forfaits disponibles. Centre de santé Spa, restaurant, bar, terrasse. L'Hôtel Sacacomie est un immense chalet en rondins, niché au cœur de la forêt mauricienne et aux abords de la réserve faunique de Mastigouche. Il surplombe le lac Sacacomie, un lac majestueux dont le rivage fait plus de 42 km et s'intègre harmonieusement aux fresques naturelles. Une authentique communion avec la nature où règnent calme et sérénité. Activités en été : activités nautiques, hydravion, quad, pêche, randonnée pédestre et à cheval, baignade, interprétation amérindienne, etc. En hiver : raquettes, ski de fond, balade en traîneau à chiens ou en carriole, hydraski, pêche blanche, équitation d'hiver, motoneige, glissade sur tube, patin à glace sur le lac gelé, etc.

Se restaurer

■ **MICROBRASSERIE NOUVELLE-FRANCE**
90, Rang Rivière aux Écorces
✆ +1 819 265 4000
www.lesbieresnouvellefrance.com
Lundi-dimanche, 11h-fermeture (selon l'affluence). Table aux saveurs du terroir certifiée. Imaginez pouvoir vous retrouver dans une auberge de l'époque de la Nouvelle-France où festivités, musique, convivialité, boustifaille

et bonne bière règnent en rois et maîtres... C'est le concept même du restaurant de la Microbrasserie Nouvelle-France. Le personnel, vêtu du costume traditionnel de l'aubergiste du XVIIe siècle, vous fera découvrir une cuisine régionale servie « à la bonne franquette », sans oublier les bières de l'excellente microbrasserie. Afin de vivre pleinement l'expérience, deux forfaits sont disponibles afin d'initier les visiteurs au merveilleux monde la bière : forfait Brasseur (visite des installations de brassage avec animateur et palette de dégustation) et forfait Brasseur Gourmand (il inclut en plus des bouchées concoctées à base de bière). Avant de partir, n'oubliez pas de faire un arrêt à la petite boutique artisanale où bières, produits du terroir, chopes, artisanat et autres vous séduiront.

À voir – À faire

■ RÉSERVE FAUNIQUE MASTIGOUCHE

830, rue Sainte-Anne ✆ +1 819 265 6055
✆ +1 819 265 2098 / +1 800 665 6527
www.sepaq.com/rf/mas/fr/
À 95 km au nord-ouest de Trois-Rivières. Postes d'accueil : Pins Rouges : route 349, 24 km au nord de Saint-Alexis-des-Mont ; Catherine : routes 347 et 348, 18 km au nord de Mandeville (Lanaudière) ; Bouteille : route 131, 26 km à l'est de Saint-Zénon (Lanaudière).

Créée en 1971, la réserve faunique Mastigouche (1 553 km^2) fut jadis un territoire réservé à des clubs de chasse et de pêche dont les deux plus connus étaient les clubs Saint-Bernard (fondé en 1872) et Mastigouche (fondé en 1901). Il s'agit d'un véritable havre naturel où les nombreux plans d'eau (417 lacs et 13 rivières et ruisseaux) enlacent de jolies montagnes. Ce magnifique décor séduit les amateurs d'activités de plein air, chasseurs et pêcheurs sportifs.

- **Faune :** orignal, castor, ours, lièvre et plus de cent espèces d'oiseaux dont la gélinotte huppée, l'aigle-pêcheur et le huard.
- **Hébergement :** chalets à proximité de plans d'eau, 13 camps rustiques, 5 chalets Modik (max. 4 personnes), 4 tentes Hékipia, camping rustique, semi-aménagé et aménagé.
- **Location d'équipement :** cannes à pêche, chaloupes, canots, moteurs, gilets de flottaison, pédalos, kayaks, vélos.
- **Activités :** baignade, activités nautiques, canot-camping, chasse à l'orignal, à l'ours et au petit gibier (à la journée et avec séjour), cueillette de fruits sauvages, observation de la faune, pêche à l'omble de fontaine, au touladi, moulac et ouananiche à la journée et avec séjour, pêche-camping, randonnée pédestre, vélo, sentier de motoneige.

QUÉBEC ET CHARLEVOIX

Québec ville.

Québec

Berceau de la province du Québec, bastion de la culture française en Amérique du Nord, la ville de Québec est un bijou. C'est aussi la seule ville fortifiée d'Amérique du Nord, et son quartier ancien, le Vieux-Québec, s'inscrit désormais sur la liste du patrimoine mondial de l'Unesco. Québec, qui offre le charme européen dans un environnement américain, semble elle-même faite de contradictions et de paradoxes, à l'image de sa population aux racines amérindiennes, françaises et britanniques. Depuis la création de la Confédération en 1867, Québec est la capitale politique de la province du même nom, sa grande fierté aussi. Ici siège le Parlement, à peu de distance du Château Frontenac, massive et ô combien célèbre construction surplombant le majestueux fleuve Saint-Laurent, typique des hôtels de style château Renaissance, avec tourelles et mâchicoulis, implantés par le Canadian Pacific le long de la ligne du chemin de fer transcanadien. Le Vieux-Québec se compose d'une Haute-Ville, au sommet du cap Diamant, et d'une Basse-Ville, comprise entre la falaise et le Saint-Laurent. Il convient d'en faire la visite à pied. La flânerie est le meilleur moyen de la découvrir. Ici les voitures sont indésirables et mieux vaut les abandonner dans un des parkings souterrains de la vieille ville. À pied, mille charmes s'y dévoilent, au gré de ses étroites ruelles pavées, de ses escaliers, de ses places ombragées et de ses jardins. Les flèches élancées de ses nombreuses églises et le dôme du Grand Séminaire témoignent de l'importance de la religion catholique dans cette ancienne colonie française. Ici aussi, les manifestations abondent à longueur d'année et, plus particulièrement, durant la saison estivale. Les Fêtes de la Nouvelle-France, en août, y recréent l'atmosphère du XVIIe siècle. En février s'y déroule le célèbre Carnaval de Québec, conduit par le non moins célèbre Bonhomme Carnaval, vêtu de sa tuque (bonnet) rouge et de sa ceinture fléchée (pièce de tissu traditionnelle). Vous y verrez un grand défilé de chars, un étonnant palais de glace, un concours de sculptures sur neige et une course de canots au milieu des glaces mouvantes du Saint-Laurent. Vous irez sans doute sur le ferry (le traversier) faire tranquillement la traversée du fleuve jusqu'à Lévis (rive sud), histoire de découvrir cet ensemble remarquable coiffant le fameux cap Diamant. Vous vous baladerez très certainement dans le Vieux-Port et ferez un tour au marché couvert où sont proposées toutes sortes de spécialités québécoises, dont celles à base d'érable. Ou bien vous flânerez dans les ruelles autour du Petit Champlain, pour admirer la pittoresque et coquette rénovation de cet ancien quartier de pêcheurs de la Basse-Ville, lequel avait sombré dans l'oubli. Peut-être encore ferez-vous du lèche-vitrines dans une des innombrables boutiques d'art et d'artisanat québécois qui ont pignon sur rue dans la vieille ville, ou dans les beaux centres commerciaux du boulevard Laurier (près du pont Pierre-Laporte). Hors les murs, Québec est une cité moderne, dominée par de hautes tours, un centre politique, administratif et universitaire ainsi qu'un pôle industriel et portuaire. Bref, Québec est tout sauf banale. Vous la découvrirez avec enchantement et vous la redécouvrirez toujours avec plaisir. Il faut prendre votre temps, pour déguster les spécialités culinaires de la gastronomie québécoise d'antan, vous offrir un verre en plein air sur les nombreuses terrasses de café de la vieille ville ou de la Grande Allée (les Champs-Élysées de Québec) par une nuit de pleine lune. Et, les soirs d'été, vous ferez une balade sur la promenade en planches de la Terrasse Dufferin, au pied du Château Frontenac, pour jouir de la vue sur le fleuve ou vous laisser charmer par les chanteurs et musiciens qui s'y produisent.

Ville de Quebec et fleuve Saint-Laurent.

La communauté urbaine de Québec

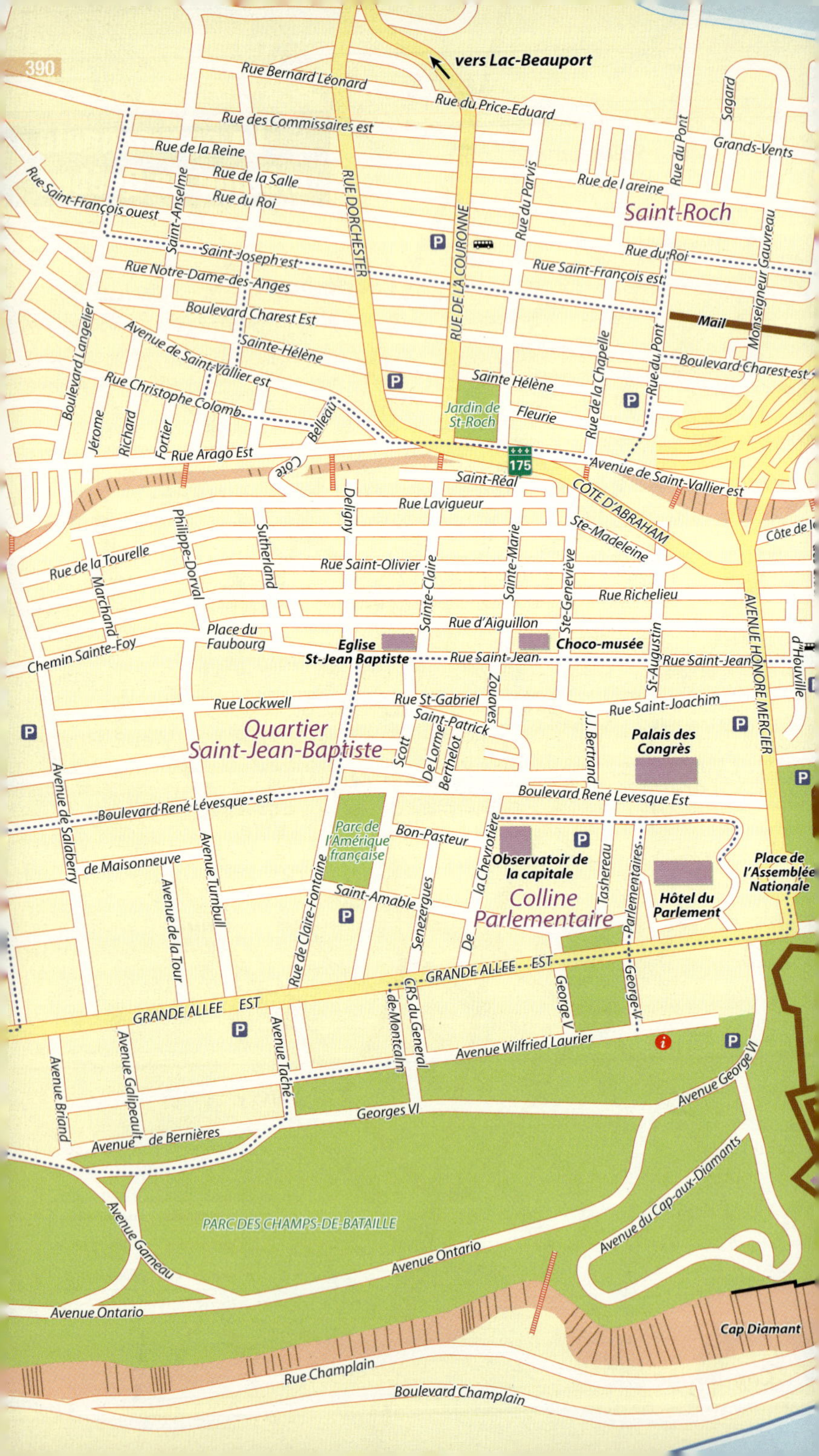
vers Lac-Beauport
Rue Bernard Léonard
Rue du Price-Eduard
Rue des Commissaires est
Rue de la Reine
Rue de la Salle
Rue du Roi
Rue Saint-François ouest
Saint-Anselme
Saint-Joseph est
Rue Notre-Dame-des-Anges
Boulevard Charest Est
Sainte-Hélène
Avenue de Saint-Vallier est
Rue Christophe Colomb
Boulevard Langelier
Jérome
Richard
Fortier
Rue Arago Est
Belleau
Côte
RUE DORCHESTER
RUE DE LA COURONNE
Rue du Parvis
Rue de l areine
Rue du Pont
Sagard
Grands-Vents
Saint-Roch
Rue du Roi
Rue Saint-François est
Mail
Monseigneur Gauvreau
Boulevard Charest est
Sainte Hélène
Jardin de St-Roch
Fleurie
Rue de la Chapelle
Rue du Pont
175
Avenue de Saint-Vallier est
Saint-Réal
Rue Lavigueur
CÔTE D'ABRAHAM
Ste-Madeleine
Côte de l
Deligny
Philippe-Dorval
Sutherland
Rue de la Tourelle
Marchand
Rue Saint-Olivier
Sainte-Claire
Sainte-Marie
Ste-Geneviève
Rue Richelieu
AVENUE HONORÉ MERCIER
Rue d'Aiguillon
Place du Faubourg
Chemin Sainte-Foy
Eglise St-Jean Baptiste
Choco-musée
Rue Saint-Jean
Rue Saint-Jean
St-Augustin
d'Youville
Rue Lockwell
Rue St-Gabriel
Zouaves
Saint-Patrick
Rue Saint-Joachim
Quartier Saint-Jean-Baptiste
Scott
De Lorme
Berthelot
J.J. Bertrand
Palais des Congrès
Boulevard René Lévesque est
Boulevard René Levesque Est
Avenue de Salaberry
Parc de l'Amérique française
Bon-Pasteur
la Chevrotière
Observatoir de la capitale
Place de l'Assemblée Nationale
de Maisonneuve
Avenue Turnbull
Avenue de la Tour
Rue de Claire-Fontaine
Saint-Amable
Senezergues
De
Colline Parlementaire
Tashereau
Parlementaires
Hôtel du Parlement
GRANDE ALLEE EST
GRANDE ALLEE EST
George V
George V
de-Montcalm
GRS du General
Avenue Wilfried Laurier
Avenue Briand
Avenue Galipeault
Avenue Taché
Georges VI
Avenue George VI
Avenue de Bernières
Avenue du Cap-aux-Diamants
PARC DES CHAMPS-DE-BATAILLE
Avenue Garneau
Avenue Ontario
Avenue Ontario
Cap Diamant
Rue Champlain
Boulevard Champlain

La ville de Québec

Vue générale de Québec au lever du soleil

Histoire

Bien avant l'arrivée des Européens, les chasseurs et pêcheurs amérindiens habitaient le village de Stadaconé, non loin du site actuel de Québec.En 1535, Jacques Cartier y accoste et donne le nom de cap Diamant au promontoire qui domine le Saint-Laurent, pensant y trouver de précieuses gemmes, avant d'en repartir, déçu. Il fonde en 1535 un petit fortin. Il quitte les nouveaux territoires, sans diamant et avec nombre de ses hommes atteints du scorbut. Il retourne au Québec en 1541, mais s'établit alors à la rade de Cap-Rouge. C'est la dernière expédition de la France pendant plus de 50 ans, puisqu'elle préfère ensuite concentrer ses expéditions vers l'Amérique du Sud.

Néanmoins, à partir des débuts du XVIIe siècle, ces territoires intéressent à nouveau la France, probablement en raison de la mode des fourrures. En 1603, Samuel de Champlain participe en tant qu'observateur à une expédition. Puis, en 1608, Pierre Dugua de Mons, détenteur du monopole du commerce de fourrure, le charge de fonder une colonie à partir de laquelle il pourra aller chercher des animaux à fourrure.

C'est ainsi que Champlain fonde Québec, le 3 juillet 1608. Il y établit un poste de traite des fourrures et y érige une première forteresse de bois. Les institutions religieuses et l'administration coloniale s'établissent dans la Haute-Ville, tandis que les marchands et les artisans habitent la Basse-Ville, qui demeurera jusqu'au milieu du XIXe siècle, le cœur économique de la cité. Très vite, Québec devient le centre politique, administratif et militaire de la Nouvelle-France. Perchée sur le promontoire du cap Diamant (98 m de hauteur), au confluent de la rivière Saint-Charles et du Saint-Laurent, la ville, surnommée « le Gibraltar de l'Amérique », occupe en effet un site stratégique qui fera l'objet de multiples offensives : elle ne subira pas moins de six sièges. Les frères Kirke, émissaires anglais, réussissent même à s'en emparer en 1629. Mais, en 1632, le traité de Saint-Germain-en Laye rend Québec à la France. Comme elle reste vulnérable en dépit de sa situation de forteresse naturelle, on décide de l'entourer de puissantes fortifications. Elles sont érigées en 1690 par le comte de Frontenac qui réussit à repousser l'assaut de l'amiral Philips. Mais, en 1759, les troupes anglaises du général Wolfe assiègent la ville. C'est ainsi que, lors de la funeste bataille des Plaines d'Abraham, le général français Montcalm est battu. La France perd sa colonie.

Conquise, Québec est cédée à l'Angleterre en 1763. Cependant le territoire francophone conserve son droit de pratiquer la religion catholique, alors interdite en Angleterre, et obtiendra en 1774, grâce à la signature de l'Acte de Québec, l'autorisation de préserver sa langue et ses coutumes. Ce qui n'empêchera pas, un an plus tard, une autre tentative d'invasion, celle des troupes américaines de Montgomery qui convoitent la perle de la « Belle Province ». Cuisant échec de l'envahisseur.

En 1791, le Canada est divisé en deux provinces : le Haut-Canada (actuel Ontario) majoritairement anglophone dont la capitale est Newark (actuelle Niagara) et le Bas-Canada (actuel Québec) dont la capitale est Québec.

En 1814, après une nouvelle guerre entre les États-Unis et la Grande Bretagne, la ville de Québec – comme plusieurs autres du Canada– est fortifiée. L'actuelle citadelle date de cette époque. Jusqu'à présent ce système de fortifications s'est avéré inutile puisque la ville n'a plus jamais été attaquée.

Au début du XIXe siècle, Québec est un port très important en raison, notamment, de la construction sur place de grands voiliers, des expéditions de bois vers l'Europe et de l'arrivée d'immigrants du Vieux Continent. Dès lors, Québec acquiert un grand poids économique et politique : elle est pendant plusieurs années la capitale du Canada-Uni (entre 1840 et 1867) puis devient la capitale de la province de Québec lors de sa création en 1867.

L'expansion que connaît Québec au cours de la première moitié du XIXe siècle ralentit considérablement lors de sa deuxième moitié : moins de chantiers navals, abolition du protectionnisme avec la Grande-Bretagne, etc. Cela a des conséquences directes sur la démographie. Montréal devient alors beaucoup plus peuplée que Québec.

Au début du XXe siècle, la ville profite de l'installation de diverses industries (textile, cordonnerie) et du développement d'un réseau ferroviaire. Puis, dans les années 1930, le nombre de fonctionnaires augmente. Les débuts du tourisme contribuent également à l'enrichissement de la ville. Dans les années 1970, Raymond Garneau, ministre des Finances du Québec, donne un nouveau souffle à la ville en lançant une politique de grands travaux. La rénovation de la place Royale et de la Colline parlementaire, et la construction de l'autoroute Dufferin-Montmorency datent de cette époque. En 1995, la création de la Commission de la Capitale-Nationale du Québec vise à faire de la ville une « vraie capitale ».

La ville aujourd'hui

La ville de Québec occupe une superficie de 455 km². Sa population est majoritairement francophone avec seulement 1,5 % d'habitants dont la langue maternelle est l'anglais. De plus en plus d'immigrants, en grande majorité Français et Colombiens, choisissent de s'installer dans la région de Québec. En 2006, ils représentaient près de 4 % de la population totale.La ville de Québec regroupe 6 arrondissements où vivent environ 515 000 habitants. Toutefois, Québec rayonne hors de sa ville : sa sphère d'influence s'étend pour former la région de la Capitale-Nationale qui couvre 19 300 km² et compte un peu plus de 750 000 habitants.Québec est desservie par un aéroport qui accueille le trafic aérien, tant national qu'international : l'aéroport Jean-Lesage situé à quelques kilomètres du centre-ville.Situé à 1 400 km de la côte Atlantique et à moins de 250 km des Grands lacs, le Port de Québec est l'un des seuls véritables havres naturels en eau profonde que l'on retrouve le long du Saint-Laurent et de la côte est américaine.

Le trafic maritime y est assuré toute l'année, même en hiver. En 2011, le Port de Québec brisa un record avec des volumes manutentionnés de près de 29 millions de tonnes de marchandises. Il a également accueilli plus de 83 000 croisiéristes, soit une baisse de 20 % par rapport à l'année record de 2010 (plus de 102 000). Bordée au sud par le fleuve qui la sépare de la région de Chaudière-Appalaches, la ville de Québec est accessible par deux ponts et un traversier. Un autre pont situé dans l'arrondissement de Beauport la relie à la magnifique Île d'Orléans. Au nord, les grands espaces des réserves fauniques des Laurentides et de Portneuf, ainsi que le parc de la Jacques-Cartier, sont des lieux de prédilection pour les amoureux de nature et plein air.

Les immanquables de Québec et ses environs

- **La vieille ville de Québec et ses superbes musées :** Musée de la civilisation, Musée des Beaux-arts et Musée de l'Amérique française.
- **La visite de l'Hôtel de Glace,** maintenant situé à quelques minutes du centre-ville.
- **La Station touristique Duchesnay** pour ses nombreuses activités en toutes saisons.
- **Les parcs nationaux et réserves fauniques :** parc national de la Jacques-Cartier, réserves fauniques des Laurentides et de Portneuf.
- **L'Île d'Orléans,** paradis gourmand et site enchanteur, royaume du chansonnier Félix Leclerc.
- **Les routes touristiques chargées d'histoire :** le Chemin du Roy (www.lecheminduroy.com) et la route de la Nouvelle-France (www.routedelanouvellefrance.com).
- **La route 360** qui quitte la 138 à partir de Beaupré. La réserve du Cap Tourmente, le Mont-Sainte-Anne et les deux canyons enchanteront les amoureux de la nature.

QUARTIERS

La ville de Québec est divisée en six arrondissements : Sainte-Foy – Sillery – Cap Rouge, La Haute-Sainte-Charles, Les Rivières, Charlesbourg, Beauport, et La Cité-Limoilou. Ce dernier est l'hôte de la majorité des attraits touristiques et des bonnes adresses branchées. Il comprend la Haute-Ville, la Basse-Ville et Limoilou, et est divisé en neuf quartiers : Saint-Sacrement, Montcalm, Saint-Jean-Baptiste, Vieux-Québec – Cap-Blanc – Colline Parlementaire, Saint-Roch, Saint-Sauveur, Vieux-Limoilou, Lairet et Maizerets. Toutefois, n'oubliez pas que le centre de la ville de Québec implique un fort dénivelé entre le port et la partie surélevée de la ville. Soyez donc prêt à faire un peu d'exercice ! Le cas échéant, vous trouverez un ascenseur au bout de la rue de la Couronne et un funiculaire dans le quartier Petit Champlain.

Le Vieux-Québec et le Port

Classé patrimoine mondial par l'Unesco en 1985, le quartier du Vieux-Québec, le plus visité de la province, s'étend en partie au niveau de l'eau et en partie sur les hauteurs stratégiques du cap Diamant. Champlain choisit la partie haute en 1620 pour installer le fort Saint-Louis. La vocation des deux parties date de cette époque : la Basse-Ville sera réservée aux commerçants et artisans tandis que la Haute-Ville sera le quartier des militaires, des fonctionnaires et des membres du clergé. Les travaux pour l'édification de l'enceinte fortifiée commencent à la fin du XVIIe siècle et se terminent en 1832 avec l'achèvement de la construction de la citadelle. Aujourd'hui, de nombreuses institutions politiques et religieuses occupent une place de choix dans la Haute-Ville : l'Hôtel de Ville, le Séminaire de Québec, le couvent des Ursulines, le monastère des Augustines, l'hôpital de l'Hôtel-Dieu. Dans la Basse-Ville, la vocation commerçante et artisanale de la ville se confirme dans le quartier du Petit Champlain qui regroupe de beaux magasins vendant de l'artisanat, essentiellement québécois. Au niveau administratif, le quartier du Vieux-Québec comprend aussi les Plaines d'Abraham (ainsi nommées en raison de la bataille au cours de laquelle la France perdit sa colonie) et la Colline parlementaire.

Saint-Jean-Baptiste et Montcalm

▶ **Saint-Jean-Baptiste.** Aux débuts du régime français, le Faubourg Saint-Jean-Baptiste faisait partie de la banlieue, notamment en raison de sa situation géographique, hors de l'enceinte fortifiée. Son véritable essor ne commence qu'au début de XIXe siècle, quand il se peuple d'artisans, de commerçants et d'ouvriers. En 1929, il prend le nom de Saint-Jean-Baptiste, en l'honneur du saint patron des Canadiens français. Le quartier connaît aujourd'hui une activité économique importante, en raison des nombreux bâtiments administratifs, notamment des ministères. La rue Saint-Jean ainsi que la Grande Allée, à la limite du quartier Saint-Jean-Baptiste, débordent de magasins, de restaurants et de bars (www.faubourgsaintjean.com).

▶ **Montcalm.** Situé dans l'arrondissement La Cité-Limoilou, il est l'un des 35 quartiers de la capitale québécoise. Il fait partie de la ville de Québec depuis l'annexion de la ville de Montcalm à la ville-centre en 1913. Nommé en l'honneur de Louis-Joseph de Montcalm, il fait partie de la Haute-ville de Québec et se situe à l'ouest des quartiers Saint-Jean-Baptiste, et Vieux-Québec – Cap-Blanc – Colline parlementaire. C'est un quartier aux fonctions principalement résidentielles et commerciales.

Saint-Roch, Limoilou et le nord

▶ **Saint-Roch.** Il s'agit d'un des plus anciens faubourgs de Québec mais surtout, du nouveau quartier à la mode que l'on surnomme aujourd'hui le « Nouvo St-Roch ». Beaucoup de galeries d'art, de résidences d'artistes, de bistros et de magasins de mode s'y côtoient. Ce quartier se développe au milieu du XVIIIe siècle avec l'avènement des chantiers navals le long de la rivière Saint-Charles. Un siècle plus tard, l'économie se concentre sur la construction de navires. Mais cette activité, ainsi que d'autres types d'industries, développées ultérieurement, déclinent. Par la suite, le quartier figure parmi les plus pauvres de la ville au cours de la deuxième moitié du XXe siècle. C'est à partir des années 1990 que commence la réhabilitation des rues principales, notamment la rue Saint-Joseph. Aujourd'hui, en raison de son passé industriel, du charme des ruelles et de la qualité des commerces, c'est un quartier qui mérite une visite (www.quartiersaintroch.com).

▶ **Limoilou.** Ce quartier est situé au nord du Nouvo St-Roch, de l'autre côté de la rivière Saint-Charles. Son nom vient du manoir où

Jacques Cartier vécut les dernières années de sa vie, en Bretagne dans l'ouest de la France. À l'origine constitué de deux petits villages, ce quartier s'est par la suite ouvert à l'expansion urbaine : il devient une municipalité en 1893 et un quartier de Québec en 1909. Suite à la fusion de 2002, l'arrondissement de Limoilou voit le jour en regroupant les quartiers de Lairet, Maizerets et Vieux-Limoilou. Ce dernier est d'ailleurs considéré comme l'équivalent québécois du Plateau Mont-Royal de Montréal. En effet, il est aujourd'hui habité par une population assez jeune et plutôt branchée. On y trouve de bons petits restos, cafés sympas et boutiques en tous genres, notamment sur la 3e Avenue. Pour un bain de soleil, le parc de l'Anse-à-Cartier, en bordure de la rivière Saint-Charles, est tout indiqué. Un parc linéaire (32 km) suit d'ailleurs cette rivière, reliant le Vieux-Port au lac Saint-Charles, en passant par Wendake (www.monlimoilou.com).

Sainte-Foy, Sillery et Cap-Rouge

Situé à l'ouest de la ville, l'arrondissement de Sainte-Foy, Sillery et Cap-Rouge dispose d'un littoral de 15 km sur le Saint-Laurent et fait la part belle à la nature et aux activités récréatives avec, notamment, le parc nautique de Cap-Rouge, le parc de la Plage-Jacques-Cartier et la promenade Samuel-De Champlain. Cette dernière, inaugurée en 2008, longe le Saint-Laurent sur près de 2,5 km et permet la pratique du vélo, du patin à roues alignées, du soccer, de la marche, du kayak... On peut également y pique-niquer, suivre le circuit d'interprétation et admirer l'art public qui jalonne la promenade. L'arrondissement compte également un riche patrimoine historique remontant aussi loin qu'en 1541, année où Jacques Cartier aurait fait une première tentative pour établir une colonie à l'embouchure de la rivière du Cap Rouge. Dans le secteur de Cap-Rouge, on retrouve pas moins de 75 constructions patrimoniales. Finalement, l'arrondissement jouit d'une économie diversifiée et solide grâce à ses boutiques et grandes surfaces ainsi que ses petits commerces de quartier (secteur du Campanile, rues Maguire, Myrand et Provancher), ses institutions scolaires (dont l'Université Laval) et ses établissements de santé.

SE DÉPLACER

L'arrivée

Avion

AÉROPORT INTERNATIONAL JEAN-LESAGE DE QUÉBEC
500, rue Principale
✆ +1 418 640 3300
✆ +1 877 769 2700
www.aeroportdequebec.com
Une dizaine de compagnies aériennes y opèrent des vols nationaux et internationaux.

▶ **Bus 78.** Aucun service de navette avec le centre-ville mais depuis août 2008, le RTC (réseau de transport de la capitale) assure une liaison en transport en commun en semaine seulement (www.rtcquebec.ca ou 418-627-2511). Aucun frais additionnels aux détenteurs des cartes mensuelles ainsi que des laissez-passer 1 jour. Le prix des billets individuels est de 2,65 CAN $ (3 CAN $ si payé comptant directement dans le bus) pour un aller simple et de 7 CAN $ pour le laissez-passer 1 jour. Note : un service de navettes reliant l'aéroport au centre-ville et à Sainte-Foy devrait être instauré en 2013.

▶ **Taxis disponibles à l'aéroport,** aucune réservation nécessaire. Coût d'un taxi : 34,25 CAN $ vers le centre-ville (le prix est fixe). Service de limousine disponible sur réservation. Service additionnel de minibus offert vers certains hôtels (contactez votre hôtel pour savoir si ce service y est offert).

Train

VIA RAIL – GARE DE QUÉBEC
Gare du Palais, 450, rue de la Gare du Palais
✆ +1 888 842 7245
www.viarail.ca
Heures d'ouverture de la gare : lundi-vendredi, 4h45-21h ; samedi-dimanche, 7h-21h. Heures d'ouverture de la billetterie : lundi-vendredi, 5h-20h30 ; samedi-dimanche, 7h-20h30.
Le train dessert quelques régions du Québec (une connexion à Montréal peut être nécessaire). Autres destinations : Halifax, Toronto, Ottawa, etc. Se déplacer en train permet de voir de beaux paysages, mais les trajets sont souvent assez lents et coûtent plus cher que le bus (ce dernier étant plus onéreux que la voiture).

Bus

■ TERMINUS D'AUTOBUS DE LA GARE DU PALAIS
320, rue Abraham-Martin
✆ +1 418 525 3000
Renseignements tarifs et horaires au numéro indiqué.
La gare routière se trouve dans le même édifice que la gare ferroviaire, à côté du marché du Vieux-Port. Pour acheter les billets de bus longue distance, le mieux est de se rendre directement sur place.

■ TERMINUS D'AUTOBUS DE SAINTE-FOY
3001, chemin des Quatre-Bourgeois
✆ +1 418 650 0087
Renseignements tarifs et horaires au numéro indiqué.
Ce terminus est situé en dehors du centre-ville : pas très pratique pour les touristes. Par contre, il est à deux pas de l'Université Laval.

Bateau

On dit qu'il ne faut pas manquer, tôt le matin, la vue sur Québec qui s'offre depuis le traversier entre Lévis et Québec. L'excursion, qui dure moins d'une heure aller-retour, vous permettra d'apprécier la Capitale, le temps de faire de magnifiques photos et d'envisager les visites à venir.

■ SOCIÉTÉ DES TRAVERSIERS DU QUÉBEC – LIGNE QUÉBEC-LÉVIS
Rue des Traversiers ✆ +1 877 787 7483
www.traversiers.gouv.qc.ca
Nombreux départs tous les jours de 6h à 2h du matin. Aller simple adulte : 3,10 CAN $. Les détenteurs de la carte OPUS de la Société de transport de Lévis ou de celle du Réseau de transport de la Capitale montent à bord gratuitement.
L'embarquement se fait sur le quai situé à deux pas du quartier Petit Champlain et de la place Royale. Service à l'année.

Voiture

L'autoroute 40 passe au nord du centre-ville d'ouest en est avant de se rallier à la route 138 dans l'arrondissement de Beauport plus à l'est. À l'entrée ouest de la ville, depuis la 40, vous pouvez choisir de bifurquer au nord pour contourner Québec tel qu'expliqué plus haut ou alors d'aller directement au centre-ville en suivant la 440 qui devient le boulevard Charest.
L'autoroute 20 longe toute la rive sud du Saint-Laurent et donne accès à Québec en prenant l'autouroute 73 Nord à Charny et en passant le pont Pierre-Laporte.

Location de voitures

Notez que ces compagnies ont plusieurs succursales dans la grande région de Québec. Référez-vous à leur site Internet pour connaître toutes les adresses.

■ AVIS
Hôtel Hilton Québec
1100, boulevard René-Lévesque Est
✆ +1 418 523 1075 / +1 800 879 2847
www.avis.ca
Agence de location de voitures.

■ BUDGET
Hôtel Hilton Québec
1110, boulevard René-Lévesque Est
✆ +1 418 523 1075 / +1 800 268 8970
www.budget.ca
Agence de location de voitures.

■ DISCOUNT
Hôtel Château Laurier
1220, Place George-V Ouest
✆ +1 418 529 2811 / +1 800 263 2355
www.discountcar.com
Agence de location de voitures.

■ HERTZ
44, Côte du Palais
✆ +1 418 694 1224 / +1 800 263 0678
www.hertz.ca
Agence de location de voitures.

■ VIA ROUTE
1060, boulevard Charest Ouest
✆ +1 418 527 1111 / +1 888 842 7688
www.viaroute.com
Agence de location de voitures.

En ville

Beaucoup des sites à visiter se concentrent dans le périmètre limité du Vieux-Québec. Comme les distances sont courtes, nous vous recommandons de découvrir ce quartier à pied. Le seul obstacle que vous pourriez rencontrer, la différence de niveau entre la Haute-Ville et la Basse-Ville, qui implique un important dénivelé. Heureusement, un funiculaire a été installé. Il y a également l'écolobus qui dessert toute la vieille ville pour le prix modique de 1 CAN $ par trajet. Pour vous rendre dans les autres quartiers de la ville, notamment aux plaines d'Abraham, à Saint-Roch/Limoilou ou dans le quartier Saint-Jean-Baptiste – Montcalm, vous pouvez marcher, prendre un bus ou un taxi.

Bus

■ RÉSEAU DE TRANSPORT DE LA CAPITALE (RTC)

720, rue des Rocailles
✆ +1 418 627 2511
www.rtcquebec.ca
Renseignements sur les trajets et les lignes de bus. Le RTC offre des services de bus (dessert toute la métropole), métrobus (dessert les centres d'activités), eXpress (service en semaine aux heures de pointe) et écolobus (dessert les attraits du Vieux-Québec). Il n'existe pas de bus de nuit à Québec.
Pour utiliser le bus, il faut dorénavant se procurer la carte à puce rechargeable Opus (6 CAN $) ou payer comptant (montant exact). Le coût : 76,75 CAN $ pour le mois. Le coût d'un passage à l'unité est fixé à 2,65 CAN $ (3 CAN $ si payé comptant directement dans le bus, 1 CAN $ pour l'écolobus) et il est également possible de se procurer un laissez-passer d'un jour au coût de 7 CAN $ ou 2 jours pour 11,50 CAN $ (sauf écolobus). Il existe un droit à la correspondance valable 90 minutes à compter de l'heure de votre passage initial. Notez que les tarifs devraient augmenter en 2013.

▶ **Écolobus.** Depuis 2008, ces autobus électriques se promènent discrètement dans les rues du Vieux-Québec. Non polluant et silencieux, l'écolobus contribue à la conservation d'un environnement de qualité dans le secteur historique de la ville. En plus de ces fabuleux critères, il en coûte à peine 1 CAN$ par trajet. Pour plus d'informations sur ce moyen de transport écolo, consultez le site web du RTC, section « services ».

▶ **Autre adresse :** 884, rue Saint-Joachim (autre centre d'information).

Taxi

Attente moyenne de 6 minutes aux heures d'affluence, près de 10 voire 15 minutes tard le soir.
Le pourboire est conseillé (15 %). Certains taxis acceptent le paiement par carte, demandez avant de monter !

■ COOP

✆ +1 418 525 5191
www.taxicoop-quebec.com
Le taxi classique mais qui propose, en plus, des tours de ville. Tarifs : entre 65 et 75 CAN $ l'heure, tout dépendant du nombre de passagers.

Vélo

■ VÉLOS ROY-O

463, rue Saint-Jean
✆ +1 418 524 0004
www.velosroyo.com
Lundi-mercredi, 8h-18h ; jeudi-vendredi, 8h-20h ; samedi-dimanche, 9h-17h. Horaire réduit d'octobre à mars. Location 24h de vélo hybride : 30 CAN $ (20 CAN $ par journée additionnelle), 4h : 20 CAN $. Casque, cadenas, trousse de réparation pour les crevaisons et carte des pistes cyclables inclus. Dépôt de 250 CAN $ (comptant ou pré-autorisation sur carte de crédit). Tarifs régressifs pour la location longue durée. Service de location d'accessoires (sacoche pour vélo, etc.).
Julien Roy et Marc-André Deshaies sont deux grands passionnés de vélo. Il n'est donc pas étonnant qu'ils aient ouvert leur propre boutique en plein cœur du Faubourg Saint-Jean. Que vous recherchiez un vélo neuf ou usagé, ou encore des accessoires (dont les marques québécoises Cocotte et Arkel), vous trouverez de tout chez Vélos Roy-O. Et que dire de son service mécanique complet, assuré par nul autre qu'Yves Sauvageau, un mécanicien qui œuvre dans le quartier depuis près de 20 ans ! Petit plus : la location long terme sur le principe de rachat. Procurez-vous un vélo usagé au prix de vente normal et la boutique vous le rachètera à moitié prix (s'il est toujours en bon état !). Fort utile pour les étudiants en échange et les « PVTistes ». Bref, une nouvelle adresse coup de cœur !

PRATIQUE

Tourisme – Culture

■ CENTRE INFOTOURISTE DE QUÉBEC

12, rue Sainte-Anne
✆ +1 877 266 5867
www.bonjourquebec.com
En face du Château Frontenac. Du 21 juin à septembre : lundi-dimanche, 8h30-19h. Le reste de l'année : lundi-dimanche, 9h-17h.
N'hésitez pas à y passer un moment pour planifier l'ensemble de votre séjour. L'accueil est très professionnel et le fonds documentaire impressionnant. On y trouve de nombreux intervenants touristiques sur place : Croisières AML et Groupe Dufour Croisières (compagnies de croisières, en saison estivale seulement), Les Promenades Fantômes, Les Tours Voir Québec et Québec Ville Tours (tours de ville, excursions touristiques commentées), Sépaq (parcs nationaux et réserves fauniques), etc.

▶ **Autre adresse :** numéro vert en France : ✆ 0 800 90 77 77 ; numéro vert en Belgique : ✆ 0 800 78 532.

■ OFFICE DU TOURISME DE QUÉBEC

835, avenue Wilfrid-Laurier
✆ +1 418 641 6290 / +1 877 783 1608
www.quebecregion.com
Ouvert tous les jours à l'année sauf le 25 décembre et le 1er janvier. Informations uniquement sur Québec. Consultez le site Internet pour connaître l'adresse des autres bureaux selon l'arrondissement. Notez que deux bureaux d'information, dont celui-ci, devraient fermer en 2013 afin d'être relocalisés au même endroit que le Centre Infotouriste.

Représentations – Présence française

■ CONSULAT DE FRANCE À QUÉBEC

25, rue Saint-Louis ✆ +1 418 266 2500
Fax : +1 418 266 2515
www.consulfrance-quebec.org
Ouvert au public : lundi-vendredi, 8h30-12h.

▶ **Autre adresse :** numéro d'urgence en dehors des heures d'ouverture : ✆ +1 418 955 8966.

■ CONSULAT HONORAIRE DE BELGIQUE À QUÉBEC

925, Grande Allée Ouest
Bureau 500 ✆ +1 418 266 3077
Fax : +1 418 688 3458
www.diplomatie.belgium.be/fr/

■ CONSULAT HONORAIRE DE SUISSE À QUÉBEC

2170, rue du Bois-Joli
✆ +1 418 527 3787 – Fax : +1 418 656 2817
www.eda.admin.ch/montreal

Argent

▶ **Banques.** Il y en a partout (ou presque !). Les agences disposent en général des distributeurs automatiques, qui acceptent pour la plupart Visa ou MasterCard (jamais les deux !). Vérifiez les symboles avant d'effectuer un retrait.

▶ **Bureaux de change.** Vous trouverez des bureaux à l'aéroport, aux gares ferroviaire et routière, dans le Vieux-Québec, dans les centres commerciaux comme les Galeries de la Capitale, et au Centre Infotouriste. Les banques offrent également un service de bureau de change. Les taux de changent varient un peu d'un endroit à l'autre, et l'on vous donnera souvent un meilleur taux pour un montant à échanger élevé.

Moyens de communication

▶ **Poste.** Les bureaux de poste se trouvent en général dans les pharmacies (Jean Coutu, Pharmaprix...). Cherchez le logo (rouge) Postes Canada. On trouve des boîtes à lettres un peu partout dans les rues (les rouges et non les grises).

▶ **Téléphone.** Les cabines sont encore relativement nombreuses dans les rues. Pas besoin d'acheter de cartes : avec 50 cents, on peut passer des appels locaux d'une durée illimitée. Les appels vers d'autres provinces sont coûteux. Pour appeler à l'étranger, mieux vaut acheter une carte prépayée (avec un code à gratter), dans une pharmacie ou chez un « dépanneur ».

Santé – Urgences

Pour joindre la police, les pompiers ou l'ambulance, composez le 911.Pour obtenir des infos santé, composez le 811.

■ CENTRE HOSPITALIER UNIVERSITAIRE DE QUÉBEC (CHUQ)

L'Hôtel-Dieu de Québec
11, Côte du Palais
✆ +1 418 525 4444 – www.chuq.qc.ca

■ HÔPITAL DU SAINT-SACREMENT

1050, chemin Sainte-Foy ✆ +1 418 682 7511
www.cha.quebec.qc.ca

SE LOGER

Locations

■ APPARTEMENTS-HÔTEL BONSÉJOURS

237, rue Saint-Joseph Est ✆ +1 418 380 8080
✆ +1 866 892 8080 – www.bonsejours.com
15 suites et studios pouvant accueillir de 1 à 6 personnes. Studio : à partir de 95 CAN $, suite : à partir de 115 CAN $. Stationnement : 9 CAN $ par jour. Forfaits disponibles.

Un concept attrayant, hors des murs du Vieux-Québec, dans le quartier Saint-Roch qui connaît un véritable boom. Les appartements permettent de s'installer pour un séjour de courte ou de longue durée en toute commodité, à proximité des principales attractions de la Capitale. De la batterie de cuisine au lecteur DVD, tout y est. L'espace est propice pour cuisiner ses petits plats, à savourer calmement dans la salle à dîner. Les chambres sont très confortables et notez que les suites junior sont munies d'un bain thérapeutique. L'accueil est agréable et personnalisé à souhait. Au rez-de-chaussée, on y trouve des commerces tout à fait charmants, dont la très réputée boucherie Eumatimi et le Café Le Nektar qui offre un délicieux espresso, du café équitable et des bières de microbrasseries.

Centrales de réservation – Réseaux

■ LES HÔTELS DU PARC

Bureau administratif, 6, rue de la Porte
✆ +1 418 694 1592
www.leshotelsduparc.com

Les Hôtels du Parc regroupent sept magnifiques établissements, allant du petit Couette & Café à l'auberge de charme, tous aménagés dans des maisons historiques datant des XVIIIe et XIXe siècles, cachet d'époque inclus. Peu importe votre choix, chaque hôtel offre des chambres tout confort, dont certaines avec une vue incroyable sur le fleuve Saint-Laurent ou le paisible parc des Gouverneurs. Certaines unités sont munies d'un foyer, d'une cuisinette, ou encore d'un bain à remous. Et c'est sans oublier l'ambiance chaleureuse, la tranquillité et le service courtois du personnel des Hôtels du Parc qui font leur grande réputation. Tous étant idéalement situés à l'intérieur des murs du Vieux-Québec, vous ne serez qu'à quelques minutes de tous les attraits d'importance, tels le Château Frontenac, la terrasse Dufferin, la Citadelle, les Plaines d'Abraham ou encore le Vieux-Port. Que demander de plus !

- **B&B des Grisons,** 1 rue des Grisons.
- **Château de Léry,** 8 rue de la Porte.
- **Château Fleur de Lys,** 15 avenue Sainte-Geneviève.
- **Jardin du Gouverneur,** 16 rue Mont-Carmel.
- **Maison du Général,** 72 rue Saint-Louis.
- **Manoir de la Terrasse et Beau Site,** 4 et 8 rue de la Porte.
- **Manoir Sainte-Geneviève,** 13 avenue Sainte-Geneviève.

Le Vieux-Québec et le Port

Dans ce quartier historique vous trouverez, bien entendu, tous les types d'hébergement : des auberges de jeunesse aux grands hôtels en passant par les B&B. C'est donc un lieu très pratique où séjourner, en raison de la proximité d'un grand nombre de sites à visiter et des nombreux bars et restaurants de qualité.

Bien et pas cher

AUBERGE INTERNATIONALE DE QUÉBEC HI

19, rue Sainte-Ursule
✆ +1 418 694 0755 / +1 866 694 0950
www.aubergeinternationaledequebec.com
Chambre partagée : à partir de 24 CAN $. Chambre privée sans salle de bain : à partir de 72 CAN $ en simple ou double (94,50 CAN $ avec salle de bain), petit déjeuner inclus. Café bistro, cuisine équipée, buanderie, salon télé, wi-fi gratuit et postes Internet, cour intérieure (BBQ l'été !), billard, baby foot, programme d'activités. Membre du réseau Hostelling International.
Une très belle auberge de jeunesse dans le centre historique de la ville. Des travaux de rénovation ont permis d'allier l'ancien et le moderne, faisant de l'auberge un lieu de séjour prisé. Les chambres privées sont vraiment agréables et les chambres partagées sont très bien entretenues. Il y règne une ambiance fort chaleureuse, et c'est l'endroit rêvé pour faire la rencontre d'autres voyageurs des quatre coins du globe. De la qualité et de nombreux services pour un prix plus qu'intéressant !

Confort ou charme

AUBERGE PLACE D'ARMES

24, rue Sainte-Anne
✆ +1 418 694 9485 / +1 866 333 9485
www.aubergeplacedarmes.com
Occupation double : à partir de 90 CAN $ en basse saison et 159 CAN $ en haute saison, petit déjeuner inclus. Forfaits disponibles. Stationnement payant à proximité. Internet sans fil gratuit et poste Internet.
Ne vous laissez pas surprendre par l'entrée qui fait double emploi : elle mène à la fois au restaurant Pain Béni et à l'hôtel. Les chambres, entièrement rénovées, sont toutes très confortables et arborent un cachet indéniable. Elles sont toutes dotées d'un téléviseur à écran plat, d'une baignoire/douche à jets et d'un plancher chauffant. La décoration y est très raffinée. Ce lieu de séjour est très bien situé, puisqu'il est à proximité des principales artères du Vieux-Québec et du Château Frontenac. L'accueil est très sympathique.

B&B CHEZ HUBERT

66, rue Sainte-Ursule
✆ +1 418 692 0958 – www.chezhubert.com
Occupation double : à partir de 80 CAN $, petit déjeuner et stationnement inclus. 3 chambres.
Ambiance cosy dans cette maison victorienne de trois étages. Tout ici reflète le bon goût, de la salle commune avec télévision (films disponibles) et fauteuils bleutés confortables, jusqu'à la salle à manger dans les tons orangés. Cette maison bénéficie aussi du calme de sa rue. Venez donc séjourner dans ce lieu que la marque du temps ne semble pas altérer.

HÔTEL CHAMPLAIN

115, rue Sainte-Anne
✆ +1 418 694 0106 / +1 800 567 2106
www.champlainhotel.com
Occupation simple ou double : à partir de 104 CAN $, petit déjeuner continental inclus. Forfaits disponibles. Bar à espresso et breuvages chauds dans le lobby 24/7. Stationnement sécurisé : 16,52 CAN $ par jour, service de valet en haute saison.
Idéalement situé en plein cœur du Vieux-Québec, l'Hôtel Champlain est sis dans un bâtiment de style épuré, pur produit de l'architecture des années 1960. Entièrement rénové au cours des dernières années, il offre de très belles chambres spacieuses au décor éclectique, de large baies vitrées ouvrant sur la vieille ville et une insonorisation impeccable. Les suites offrent en plus un foyer, un coin salon et un bain à jets doubles (une suite est munie d'une cuisinette, fort utile !). L'endroit parfait pour un pied-à-terre dans la capitale à un prix plus que raisonnable !

HÔTEL CLARENDON

57, rue Sainte-Anne
✆ +1 418 692 2480 / +1 888 222 3304
www.hotelclarendon.com

Occupation simple ou double : à partir de 119 CAN $ en basse saison et 169 CAN $ en haute saison. Forfaits disponibles. Stationnement intérieur payant, service de voiturier, centre de conditionnement physique, restaurant Le Charles Baillairgé, bar-jazz.

Le Clarendon est le plus vieil hôtel historique du Vieux-Québec ! Le bâtiment, construit à partir des plans de Charles Baillairgé, date de 1870 et est chargé d'histoire et de romantisme. Il fait partie du patrimoine socioculturel de la ville. Très bien situé, à l'intérieur des fortifications du Vieux-Québec, cet hôtel 4-étoiles est réputé pour son excellent service et ses installations de grande qualité.

■ HÔTEL COURTYARD MARRIOTT QUÉBEC

850, Place D´Youville
✆ +1 418 694 4004 / +1 866 694 4004
www.marriott-quebec.com

Occupation double : à partir de 129 CAN $. Petit déjeuner continental : 12 CAN $, américain complet : 15 CAN $. Service de stationnement à l'hôtel : 22 CAN $ par jour.

Classé 5e au pays pour la qualité de son service par le site TripAdvisor.com en 2011, ce beau grand hôtel propose un peu plus d'une centaine de chambres et suites tout confort. Elles sont toutes équipées d'un bureau et d'un fauteuil ergonomique, d'un téléviseur avec câble, d'un mini-réfrigérateur, sans oublier la célèbre literie haut de gamme de Marriott avec matelas rembourré et draps soyeux. Les suites exécutives comptent en plus un bain à remous double, un sofa, et une table et chaises pour six personnes. Parmi les services sur place, notons un restaurant de fine cuisine du marché, le Que Sera Sera, un centre de conditionnement physique et un bain à remous. Une adresse irréprochable à deux pas de tout !

■ HÔTEL DES COUTELLIER

253, rue Saint-Paul
✆ +1 418 692 9696 / +1 888 523 9696
www.hoteldescoutellier.com

Occupation double : à partir de 145 CAN $, petit déjeuner continental inclus et servi à la chambre. Promotions et forfaits disponibles. Service de massothérapie à la chambre sur réservation.

Pour plonger dans l'ambiance du Vieux-Port de Québec, rien ne vaut une nuit passée dans un ancien entrepôt, avec vue sur le fleuve. N'ayez aucune crainte : le confort est au rendez-vous dans cet hôtel-boutique 4-étoiles. Les chambres sont toutes décorées différemment dans un style contemporain avec murs d'origine. Accueil des plus charmants pour un séjour mémorable.

■ HÔTEL DU VIEUX-QUÉBEC

1190, rue Saint-Jean
✆ +1 418 692 1850
✆ +1 800 361 7787 – www.hvq.com

Occupation double : à partir de 128 CAN $, petit déjeuner continental livré à la chambre inclus (si réservation en ligne seulement). Forfaits disponibles. Session d'orientation sur le Vieux-Québec offerte sur place. Salle d'exercices, grand salon avec foyer et piano, boutique cadeaux. Stationnement souterrain à proximité et restaurant Les Frères de la Côte accessible depuis la réception de l'hôtel.

Un bel établissement hôtelier au cœur de la vieille ville, côtoyant l'animation de la rue Saint-Jean : vous voici à l'Hôtel du Vieux-Québec ! Les chambres, douillettes et confortables à souhait, sont meublées avec goût et équipées de toutes les commodités nécessaires. Le café et le thé sont offerts par la maison, c'est dire que la convivialité est bien présente. Quant à la localisation, on ne pourrait demander mieux : à proximité des sites d'intérêt et des bons restaurants.

■ **HÔTEL JARDIN STE-ANNE**
109, rue Sainte-Anne
✆ +1 418 694 1720 / +1 866 694 1720
www.jardinsteanne.com
Occupation double : à partir de 99 CAN $ en basse saison et 149 CAN $ en haute saison. Promotions en basse saison. Forfaits disponibles. Petit déjeuner continental sous forme de buffet : 6,50 CAN $. Rabais de 25 % pour les clients du Jardin Ste-Anne pour le petit déjeuner au restaurant Pain Béni situé à proximité. Service de valet en haute saison.
Un hôtel tout ce qu'il y a de plus charmant, situé au cœur du Vieux-Québec. La maison, construite en 1815, garde le charme d'antan avec la présence, dans certaines chambres, de pierres apparentes et de boiseries. Ces dernières sont d'ailleurs toutes munies d'un mini frigo. Une superbe terrasse-jardin permet de profiter pleinement de l'atmosphère champêtre du Jardin Sainte-Anne. La sérénité et le calme sont garantis !

■ **HÔTEL MANOIR D'AUTEUIL**
49, rue d'Auteuil
✆ +1 418 694 1173 / +1 866 662 6647
www.manoirdauteuil.com
Occupation simple ou double : à partir de 99 CAN $ en basse saison et 119 CAN $ en haute saison. Petit déjeuner continental inclus si vous avez réservé directement avec l'hôtel, sinon extra de 7 CAN $. Un minimum de deux nuits peut être exigé en haute saison et les week-ends. Forfaits disponibles. Internet sans-fil gratuit et stationnement payant à proximité.
Cette superbe demeure datant de 1835 est un hôtel depuis 1953. Les dix-huit chambres offrent tout le confort nécessaire dans un décor faisant honneur à l'Art nouveau et à l'Art déco. Certaines pièces ont gardé leur cachet d'origine. Les hôtes réservent un accueil convivial et personnalisé. Le manoir est situé dans le Vieux-Québec, à proximité du Parlement et du Centre des congrès.

Luxe

■ **AUBERGE SAINT-ANTOINE**
8, rue Saint-Antoine
✆ +1 418 692 2211 / +1 888 692 2211
www.saint-antoine.com
Occupation double : à partir de 209 CAN $, petit déjeuner inclus. Forfaits disponibles. 95 chambres et suites de luxe avec vue sur les fortifications et le Saint-Laurent. Literie de luxe, couette et oreiller en duvet d'oie, peignoirs, chaîne hi-fi haute qualité, minibar, téléviseur à écran plat, Internet haut débit, etc. Stationnement intérieur payant avec voiturier. Salle d'entraînement complète, service de massothérapie et d'esthétique, salle de cinéma. Service en chambre et service « bonne nuit ». Fine cuisine canadienne revisitée au restaurant Panache (si vous souhaitez manger léger ou boire un verre, l'Artefact est conseillé). Service de conciergerie impeccable.
Suite à des fouilles archéologiques entreprises en 2001 sous ses assises, cet hôtel/musée, membre de la célèbre chaîne Relais & Châteaux, vous propose une façon originale de trouver le repos et le luxe à l'intérieur des murs d'un ancien entrepôt maritime du début du XVIIe siècle et de la Maison Hunt datant de la même époque. Des chambres grand confort qui exposent les artéfacts découverts sur le site. Style contemporain du mobilier et de l'architecture en accord avec le passé. Une belle façon de découvrir la Nouvelle-France !

■ **FAIRMONT LE CHÂTEAU FRONTENAC**
1, rue des Carrières
✆ +1 418 692 3861 / +1 800 441 1414
www.fairmont.fr/fr/frontenac/
Occupation double : à partir de 229 CAN $, petit déjeuner inclus. Forfaits disponibles. Stationnement avec service valet sur place. Deux restaurants, bar, terrasse, piscine

intérieure, centre de conditionnement physique, bain à remous, deux bains à vapeur, centre de santé Spa, boutiques. Nommé en 2012 sur la prestigieuse liste annuelle des 100 meilleurs hôtels au monde parles guides Fodor's, *et parmi les 10 hôtels classés «icônes mondiales».*
L'hôtel le plus photographié au monde ne pouvait être passé sous silence. En effet, le luxe est ici bien présent à l'état le plus pur. Le hall d'entrée laisse pantois à lui tout seul. Ne parlons pas de la salle de bal complètement féerique ! Ajoutons à cela la qualité du service propre aux hôtels Fairmont et voilà qui explique aisément la légende du Château. Et nous n'avons pas encore mentionné la présence de l'excellent restaurant le Champlain, ni celle du Café de la Terrasse qui offre une vue extraordinaire sur le Saint-Laurent. En somme, luxe, calme et volupté : nous approchons du mythe. Revitalisation en cours : rénovation des 618 chambres de l'hôtel, agrandissement des étages Fairmont Or, transformation en profondeur du hall principal, agrandissement du centre de santé, restauration entièrement renouvelée, mise en valeur d'éléments patrimoniaux, etc.

■ HÔTEL 71

71, rue Saint-Pierre ✆ +1 418 692 1171
✆ +1 888 692 1171 – www.hotel71.ca
Occupation double : à partir de 219 CAN $ (tarif réduit hors saison), petit déjeuner et stationnement avec service de valet inclus (ce service n'est pas inclus dans tous les forfaits). Forfaits disponibles. Salle d'entraînement, service de massothérapie, hall spacieux avec foyer et bibliothèque, boutique, service de conciergerie très attentionné, restaurant Matto 71.
Cet établissement magnifique a pris place dans l'ancien édifice du siège social de la Banque nationale du Canada datant du XIXe siècle. La façade a été complètement restaurée avec une grande élégance, l'intérieur baigné de lumière naturelle ne dépare pas mais dans un style très contemporain. Les fauteuils devant la grande cheminée sont absolument parfaits pour les soirées d'hiver. Le mobilier est de confection québécoise dans un style épuré et très design. Du grand raffinement ! Notez que l'hôtel possède son propre restaurant, le Matto 71, qui propose une fine cuisine réconfortante. Pensez toutefois à réserver car il n'y a que 75 places. Nouveauté : loft haut de gamme de plus de 112 m^2 avec terrasse sur le toit, cuisinette, cinéma maison, foyer, etc.

■ HÔTEL LE PRIORI

15, rue Sault-au-Matelot ✆ +1 418 692 3992
✆ +1 800 351 3992 – www.hotelpriori.com
Occupation double : à partir de 129 CAN $ en basse saison et 199 CAN $ en haute saison. Forfaits disponibles.
Un refuge fier de l'héritage de son bâtiment de 1734, logé tout près du quartier Petit Champlain. Vous apprécierez l'audace de l'apport Art déco au style très contemporain. De récentes rénovations ont permis d'élargir l'offre en hébergement avec l'ajout, notamment, de superbes suites junior. Chaque chambre se pare de matériaux précieux : mur de brique, céramique, boiserie, pierres... Les lits sont très confortables et les couettes garnies à souhait. Certaines suites sont munies d'une cheminée, d'un bain thermomasseur, d'une cuisine équipée, d'un salon et d'un espace de travail. Le ton contemporain accompagne les raffinements du confort moderne. Pour agrémenter l'ensemble, le Restaurant Toast ! vous invite à découvrir une cuisine raffinée dans un cadre de qualité. De quoi profiter sans modération du jardin terrasse, qui est des plus agréables.

■ LE SAINT-PIERRE, AUBERGE DISTINCTIVE

79, rue Saint-Pierre
✆ +1 418 694 7981 / +1 888 268 1017
www.auberge-st-pierre.com
Occupation double : à partir de 179 CAN $ (tarif réduit hors saison), petit déjeuner et stationnement inclus. Forfaits disponibles. Bibliothèque avec foyer, stationnement avec service de valet (ce service est inclus gratuitement dans certains forfaits).
Un coup de cœur, cela ne s'explique pas ! Occupant les anciens locaux de la maison-mère de la première compagnie d'assurances au Québec, une multitude de détails crée un ensemble raffiné avec parquet et moulures. Ici, convivialité et simplicité typiques des auberges sont les alliées d'un service digne des grands hôtels. Les chambres sont parfaitement équipées mais surtout, elles sont décorées avec goût, faisant honneur au style d'époque avec des meubles en érable, des murs en pierre ou en brique, des couettes en plume d'oie, des couleurs vives. À partir du quatrième étage, une vue merveilleuse sur le fleuve prolonge le plaisir des yeux.

Saint-Jean-Baptiste et Montcalm

Un des quartiers qui attirent le plus d'habitants de la Capitale en raison de ses restaurants et de ses bars. On le conseille à ceux qui aiment se tenir à l'écart des lieux très fréquentés par les touristes.

Confort ou charme

■ À L'ÉTOILE DE ROSIE
66, rue Lockwell
✆ +1 418 648 1044
✆ +1 866 297 6743
www.etoilerosie.com
Occupation double : à partir de 75 CAN $ en basse saison et 95 CAN $ en haute saison, petit déjeuner inclus. 3 chambres et 2 studios. Stationnement gratuit pour la nuit et le week-end sauf en cas de déneigement.
Un solarium, des chambres décorées de façon différente et douillette, l'Étoile de Rosie est un de ces charmants « couette et café » où il fait bon vivre. La salle de bain est immense, alors même si cette dernière est à partager, on ne se sent pas à l'étroit. Pour les séjours plus longs, deux petits studios entièrement équipés sont disponibles. La rue Lockwell est à quelques minutes de marche des différents points d'intérêt de la ville.

■ AUBERGE RESTAURANT LOUIS-HÉBERT
668, Grande Allée Est
✆ +1 418 525 7812
www.louishebert.com
Occupation double : à partir de 120 CAN $, petit déjeuner et stationnement inclus. Forfait gastronomique à 195 CAN $ pour 2 personnes incluant le stationnement, la table d'hôte 5 services, et le petit déjeuner.
Une superbe auberge à l'ambiance familiale proposant sept chambres douillettes et délicieuses avec toutes les commodités requises : salle de bain privée, télé, téléphone, Internet sans fil. Le Louis-Hébert possède également une table de choix servant une fine cuisine française où gibier et fruits de mer sont à l'honneur. Le tout est accompagné d'un cadre superbe, celui d'une maison de près de trois siècles au charme indéniable avec ses boiseries, sa verrière et ses murs d'autrefois.

■ HÔTEL LE RELAIS CHARLES-ALEXANDRE
91, Grande Allée Est
✆ +1 418 523 1220
www.relaischarlesalexandre.com
Occupation double : à partir de 99 CAN $ en basse saison et 134 CAN $ en haute saison. Petit déjeuner inclus. Stationnement à l'arrière : 7,90 CAN $.
Ce petit hôtel de charme et de luxe, situé dans un bâtiment construit au début du XXe siècle, est un excellent pied-à-terre dans la Vieille Capitale de par sa localisation centrale, à proximité de tous les attraits. Les lieux ont gardé tout leur cachet avec de nombreux foyers apparents et des planchers en bois de chêne. Les chambres sont toutes très bien décorées et douillettes à souhait. Le rez-de-chaussée abrite une galerie d'art où est servi chaque matin le savoureux petit déjeuner. Un très bon rapport qualité-prix.

■ PETIT HÔTEL CAFÉ KRIEGHOFF
1091, avenue Cartier
✆ +1 418 522 3711
www.cafekrieghoff.qc.ca
Occupation double : à partir de 135 CAN $ en basse saison et 165 CAN $ en haute saison, copieux petit déjeuner inclus. Terrasse. Stationnement intérieur sur la rue voisine : 14 CAN $ pour 24h.
Une institution bien implantée sur cette rue passante et commerçante, à l'extérieur de la vieille ville mais accessible en bus ou à pied (compter 15-30 min). En plus d'un charmant café de quartier, la bâtisse abrite une superbe auberge avec sept chambres adorables, entièrement rénovées et insonorisées. Elles possèdent toutes un mobilier de style contemporain, une salle de bain privée, une télé à écran plat et un accès Internet wi-fi. Vous pourrez vous régaler des merveilleux et délicieux petits déjeuners du café. Une adresse hautement futée !

Luxe

■ HÔTEL CHÂTEAU LAURIER QUÉBEC
1220, Place George-V Ouest
✆ +1 418 522 8108 / +1 877 522 8108
www.hotelchateaulaurier.com
Occupation double : à partir de 189 CAN $ en chambre standard (chambre économique aussi disponible). Tarifs réduits hors saison. Forfaits disponibles. Piscine intérieure à l'eau salée, sauna finlandais, Jacuzzis extérieurs, grand jardin, salle d'exercices, Bioterra Spa Santé Urbain, bistro à vin électronique, restaurant, stationnement intérieur payant.
Cet hôtel, mariant magnifiquement le classicisme et la modernité, a adopté le confort comme maître mot. Dans la partie la plus ancienne de l'hôtel, les chambres sont toutes décorées avec du bois et des couleurs chaudes. Dans la nouvelle partie, elles sont plus épurées et contemporaines. Situé à deux pas du Vieux-Québec, au coin de la Grande Allée, ce grand hôtel apporte tranquillité et confort pour faire en sorte que votre séjour reste mémorable.

Saint-Roch, Limoilou et le nord

Ces quartiers proposent un choix d'hébergement de qualité, à proximité du Vieux-Québec. Le rapport qualité-prix vaut le détour !

■ AUBERGE L'AUTRE JARDIN

365, boulevard Charest Est
✆ +1 418 523 1790 / +1 877 747 0447
www.autrejardin.com

Haute saison : chambre régulière 130 CAN $, de luxe 146 CAN $, suite 198 CAN $. Hors saison : chambre régulière 96 CAN $, de luxe 116 CAN $, suite 161 CAN $. Ces tarifs sont en occupation simple. 28 chambres dont 3 suites. Petit déjeuner inclus. Forfaits disponibles. Salles de réunion, bain thérapeutique dans certaines chambres, Internet sans fil gratuit. Stationnement payant à proximité.

Située dans le quartier Saint-Roch, cette auberge est à environ 15 min de marche du Vieux-Port et à 5 min de la vieille ville. L'auberge est née d'une initiative novatrice d'économie sociale développée par Carrefour Tiers-Monde, un organisme de solidarité internationale. Résultat, un hôtel 3-étoiles, très confortable et œuvrant pour la solidarité internationale et le développement local : jolie boutique qui vend des bijoux et des vêtements issus du commerce équitable et buffet du petit déjeuner aux produits locaux. L'auberge l'Autre Jardin prouve que tourisme durable et séjours d'affaires ne sont pas nécessairement antagonistes : bureau, climatisation, Internet, téléphone et sérénité garantie dans chaque chambre ! Les chambres sont belles, décorées chaleureusement et avec personnalité. Tout le monde y trouve son compte puisque trois catégories de chambres sont proposées : régulière, luxe et suite. Quant à l'accueil, il est très doux et professionnel. À recommander sans hésitation.

■ TRYP QUÉBEC HÔTEL PUR

395, rue de la Couronne
✆ +1 418 647 2611
✆ +1 800 267 2002 – www.hotelpur.com

Occupation double : à partir de 129 CAN $. Forfaits disponibles. Accès Internet gratuit, salle d'exercices, piscine intérieure, sauna, stationnement payant avec service de valet. Restaurant «Table» sur place.

L'Hôtel Pur, nouvellement membre de la chaîne Tryp by Wyndham, est un de ces hôtels urbains qui vous plaira pour sa décoration épurée et moderne. Situé au cœur de l'activité du quartier Saint Roch, cet établissement dégage une atmosphère zen et tranquille. Les chambres sont toutes munies de fenêtres pleine hauteur ; les murs blancs et la décoration très stylée les rendent luxueuses. L'équipement offre un grand confort : matelas et duvets épais, salles de bain avec douches de style moderne, radio-réveil avec prise Ipod, téléviseur à écran plat. Cet hôtel conviendra parfaitement aux gens d'affaires comme aux voyageurs. Sur place, le resto-bar lounge Table, ouvert du matin au soir, propose une cuisine réconfortante d'inspiration asiatique et américaine.

Sainte-Foy, Sillery et Cap-Rouge

Si ce quartier se trouve un peu éloigné du centre touristique, il constitue tout de même un bon pied-à-terre pour explorer la région en raison de sa proximité avec les autoroutes et les ponts pour la rive-sud.

■ ALT HÔTEL

1200, avenue Germain des Prés
✆ +1 418 658 1224 / +1 800 463 5253
quebec.althotels.ca

Occupation simple ou double : à partir de 139 CAN $, stationnement et Internet sans fil inclus. Forfaits disponibles.

Le Alt Hôtel, établissement écoproactif, propose des chambres aux lignes stylées et contemporaines pour un prix très raisonnable. Œuvres d'art originales d'artistes québécois sur les murs, écran plat, couette de duvet d'oie, literie au confort exceptionnel, salle de douche moderne... Tout est là pour vous faire passer une nuit des plus agréables.

HÔTEL SÉPIA
3135, chemin Saint-Louis
✆ +1 418 653 4941 / +1 888 301 6837
www.hotelsepia.ca
Occupation double : à partir de 119 CAN $, petit déjeuner inclus. Forfaits disponibles. À moins de 10 min du Vieux-Québec (en voiture ou taxi, navette gratuite en saison). Internet sans fil et stationnement gratuits, piscine extérieure chauffée, salle d'exercices, restaurant.
Cet hôtel 4-étoiles constitue une étape de choix pour séjourner dans la capitale. Un peu à l'écart de la vieille ville, ses chambres très bien équipées (couette en duvet, grand espace de travail avec fauteuil ergonomique, TV à écran plat, machines à café Nespresso...) sauront satisfaire les plus exigeants, dans un style très contemporain et assurément tendance. Un établissement des plus agréables à des prix raisonnables, qui mérite le détour. Nous vous conseillons en outre de faire un tour au Galopin, le restaurant adjacent à l'hôtel, qui propose de délicieuses spécialités et de nombreux produits du terroir québécois.

SE RESTAURER

Le Vieux-Québec et le Port

En vous y promenant, vous constaterez que beaucoup de restaurants sont conçus pour les touristes. Voici une sélection d'établissements proposant une cuisine de qualité à prix raisonnables, ainsi que les grandes tables incontournables du quartier.

Sur le pouce

CAFÉ-BOULANGERIE PAILLARD
1097, rue Saint-Jean
✆ +1 418 692 1221 – www.paillard.ca
Dimanche-jeudi, 7h-19h ; vendredi-samedi, 7h-21h. Heure de fermeture plus tardive en saison estivale. Service de traiteur.
Si le palais était pourvu d'une mémoire, il serait hanté par le croissant au beurre de Paillard : une couverture croustillante et un cœur si tendre, un bon goût de beurre, c'est une merveille ! Mais celui-ci ne doit pas faire ombrage au rayon pâtisserie, à sa grande variété de macarons et autres millefeuilles confectionnés par un chef français formé dans les meilleures écoles. Les salades, les sandwichs, les boîtes repas : encore des délices ! Cette grande boulangerie propose aussi une magnifique sélection de gelato (caramel, panacotta, érable, etc.) et de sorbets (framboise, litchi, mangue, etc.) fièrement fabriqués sur place. Quant à la décoration, vous ne savez plus si vous êtes à New York ou à Paris puisque à une touche de tradition viennent s'ajouter de grandes photos ultra contemporaines.

▸ **Autre adresse :** Galeries de la Capitale, 5401 boulevard des Galeries, 1er étage.

LA PIZZ
3A, Place Royale
✆ +1 418 692 3003 – www.la-pizz.com
Mi-juin à mi-octobre : ouvert tous les jours de 11h à minuit. Le reste de l'année : lundi-mercredi, 9h30-15h ; jeudi-samedi, 9h30-21h ; dimanche, 9h30-19h. Compter de 10 à 15 CAN $.
Le secret de ces petits restos est la confection de la pâte à pizza, fine et croustillante. Un vrai régal ! En plus, la pizza est garnie et cuite sous vos yeux. Ici tous les ingrédients sont choisis minutieusement : légumes achetés au marché du Vieux-Port, saucisses merguez fabriquées de manière artisanale, fromages français d'appellation contrôlée... Le propriétaire, un Français, a expérimenté cette recette gagnante à Lille avant de s'installer à Québec. Les deux adresses possèdent une terrasse idyllique où il fait bon de se prélasser avec un verre de vin. Avis aux gourmands : leur tiramisu est l'un des meilleurs en ville !

▸ **Autre adresse :** Pizz Pasta : 33, rue Saint-Pierre, ✆ +1 418 692 4819.

Bien et pas cher

BUFFET DE L'ANTIQUAIRE
95, rue Saint-Paul
✆ +1 418 692 2661
Ouvert tous les jours de 6h à minuit (fermeture à 21h hors saison). Compter 20 CAN $ et moins. Petit terrasse.
Un restaurant comme on n'en fait plus. Repère des résidents du quartier, il fait partie intégrante du décor de la rue des antiquaires. On y sert une cuisine québécoise familiale : fèves au lard, confitures maison et plats traditionnels. Ambiance très décontractée, service chaleureux, et décoration avec mélange de photos de famille et œuvres de peintres de la région. Dans le Vieux-Québec, sans doute une des meilleures adresses pour combiner grosse faim et petit budget.

Bonnes tables

■ LE 48

48, rue Saint-Paul
✆ +1 418 694 4448 – www.le48.ca
Lundi-vendredi, 7h-23h (ou plus) ; samedi-dimanche, 8h-23h (ou plus). Menu midi et à la carte : à partir de 10 CAN $. Table d'hôte disponible en soirée. Terrasse.

On reste encore étonné par l'excellence du rapport qualité-prix de ce restaurant branché situé à quelques pas du Vieux-Port. On y déguste des grands classiques et des plats fusion. Explorez le très populaire saumon de Madagascar ou bien le tartare irlandais de bœuf. La terrasse est idéale pour la dégustation d'un assortiment de tapas piochées parmi les « tentations du 48 », comme les chips de saumon fumé et salsas cubaines, le foie gras au torchon, le tataki de bœuf, ou encore les fromages et terrines. À l'intérieur du restaurant, le décor acrobatique met en scène des voiles colorées sur fond de murs noirs, des miroirs aux moulures nouées d'arabesques, et des cubes comme sièges où se poser. Une musique du monde parfume l'atmosphère pendant que les assiettes s'élaborent devant vous.

■ CHEZ BOULAY BISTRO BORÉAL

1110, rue Saint-Jean
✆ +1 418 380 8166 – www.chezboulay.com
Lundi-dimanche, 11h30-23h. Menu midi : moins de 20 CAN $, plats principaux à la carte le soir : moins de 40 CAN $. Forfaits avec hébergement disponibles (Hôtel Manoir Victoria).

Ouvert depuis mai 2012, ce nouveau bistro fait dans la cuisine nordique, alias la gastronomie boréale. Projet du réputé chef Jean-Luc Boulay et de son acolyte Jacques Fortier, tous deux propriétaires du restaurant Le Saint-Amour, ce projet bien mûri offre une expérience gustative des plus mémorables. Aux commandes de la cuisine, le jeune chef Arnaud Marchand, finaliste de la cohorte 2010 à l'émission « Les Chefs ! » dans laquelle Jean-Luc agit à titre de juge. Inspiré du mouvement de la nouvelle cuisine nordique, concept nous venant de la Scandinavie, le menu « exprime la pureté, la fraîcheur, la simplicité et l'éthique » associés au terroir du Grand Nord : gibiers, poissons, garnitures... ainsi que des produits bien de chez nous et rythmés par les saisons et les cueillettes. Notre recommandation : les planches gourmandes (cochonailles maison, charcuteries de la mer, fromages québécois), parfaites pour le 5 à 7. Mais sincèrement, midi ou soir, le menu est un hymne aux saveurs et à l'originalité. Nouvel arrêt obligé dans le Vieux-Québec !

L'ÉCHAUDÉ

73, rue Sault-au-Matelot
✆ +1 418 692 1299 – www.echaude.com
Ouvert le midi en semaine à partir de 11h30 et tous les soirs dès 17h30. Brunch le week-end à partir de 10h30 (10h le dimanche). Menu midi : 25 CAN $ et moins. Plats principaux à la carte : 15-35 CAN $ (ajouter 12 CAN $ au plat pour la carte d'hôte, et 18 CAN $ pour la table d'hôte). À partir de 21h, menu à 21 CAN $. Superbe carte des vins. Si la petite rue Sault-au-Matelot vous avait séduit, l'Échaudé amplifiera votre affection. Le sens de l'hospitalité dirige l'établissement qui joue de plus en plus dans la cour des grands grâce à une cuisine élaborée et savoureuse et une carte des vins dictée par l'amour. Le menu met à l'honneur des produits de qualité, délicatement choisis et choyés par les accompagnements : nage de poissons et mollusques au court-bouillon de homard, boudin noir et foie gras poêlé sauce Grand Veneur, tartare de saumon, bavette de bœuf « Viande des Cantons » et beurre d'échalotes... Autant de plats apprêtés de façon subtile et servis avec une gentillesse et professionnalisme.

POISSON D'AVRIL

115, Quai Saint-André
✆ +1 418 692 1010 / +1 877 692 1010
www.poissondavril.net
Ouvert tous les jours dès 16h30. Plats principaux à la carte : 15-70 CAN $ (ajoutez 20 CAN $ au prix du plat pour une table d'hôte). Moules à volonté : 24 CAN $ (44 CAN $ en table d'hôte). Terrasse, belle carte des vins, service de traiteur.
Malgré ce que le nom pourrait laisser croire, ce restaurant ne se moque pas de vous. Le propriétaire a tout du loup de mer, gentil comme tout, et la chef est d'une créativité intarissable. En ce qui concerne le cadre, du bois, des briques, des poissons, on se croirait dans la cale d'un navire. La cuisine nous emmène vers des havres culinaires : bouillabaisse provençale, homard frais du vivier, moules à volonté, langoustines grillées, jarret d'agneau confit au romarin, filet mignon sauce forestière, surprême de volaille... Pour les plus audacieux, l'assiette du commodore restera dans les annales : au programme, demi-homard, demi-crabe des neiges, moules, crevettes, pétoncles, sans oublier le poisson du jour. Le resto de la mer à un prix terre à terre ! Notez qu'ils sont également propriétaires du Café Riviera, leur pavillon d'été situé à la marina.

RESTAURANT PAIN BÉNI

24 rue Sainte-Anne
✆ +1 418 694 9485 / +1 866 333 9485
www.painbeni.com
Mai à octobre : lundi-dimanche, 11h30-22h30. Le reste de l'année : ouvert le midi en semaine et tous les soirs dès 17h30. Menu midi : 20 CAN $ et moins. Table d'hôte le soir : ajouter 9,95 CAN $ au plat principal pour 3 services, 19,95 CAN $ pour 4 services.
Ce n'est pas souvent que les suggestions de plats inscrits sur la table d'hôte du midi nous inspirent et nous intriguent autant : flétan poché au lait de panais et vanille, fondue aux fromages du Québec et au cidre de Joe Giguère, ou foie gras au torchon aux cerises et à la réglisse. La taille de la portion est idéale, la présentation soignée et le service fort sympathique. A la carte, les produits régionaux ont la cote et l'imagination du chef est évidente. Un exemple : le boudin noir fait maison et épaule de porcelet Turlo braisé promet une alliance de saveurs et de sucré-salé des plus intéressantes. Suivant la saison, on choisira la terrasse avec vue sur le Château Frontenac ou le salon intérieur baigné de lumière naturelle.

RESTAURANT SSS

71, rue Saint-Paul
✆ +1 418 692 1991
www.restaurantsss.com
Lundi-vendredi, 11h30-minuit ; samedi-dimanche, 17h-minuit. Menu midi et menu late snack (14h-17h & 22h30-minuit) : 25 CAN $ et moins, soir : 15-45 CAN $. Belle carte des vins avec une grande sélection d'importations privées.
Ce restaurant, une création signée par les mêmes propriétaires que le Toast ! de l'hôtel Le Priori, revisite le snack de façon créative et totalement nouveau genre. Le triple S, pour Simple Snack Sympathique, prend tout son sens ici. Le Chef et sa brigade s'inspirent des saveurs du monde et les marient afin de créer des plats uniques et surprenants. Que ce soit pour un verre du côté lounge ou un repas du côté restaurant (avec foyer svp !), cette adresse tendance mais sans prétention vous réserve de belles surprises gourmandes.

Luxe

AUX ANCIENS CANADIENS

34, rue Saint-Louis
✆ +1 418 692 1627
www.auxancienscanadiens.qc.ca

Ouvert tous les jours dès midi. Menu du jour : 20-35 CAN $, formule du soir : 59 CAN $ (ajouter 20 CAN $ pour l'accord mets-vins), plats principaux à la carte : à partir de 32 CAN $.

Appelée « la Maison Jacquet », cette jolie maison, toute rouge et blanche, semble tout droit sortie du XVIIe siècle ou d'un conte de Grimm. Le nom du restaurant vient du titre d'un roman du célèbre auteur Philippe Aubert qui a habité dans cette maison. C'est un excellent restaurant de spécialités régionales où vous pourrez goûter aux plats traditionnels québécois que vous trouverez rarement ailleurs : soupe aux pois Grand-Mère, marmite de fèves au lard, aiguillettes de canard du lac Brome, tourtière du lac Saint-Jean, bourguignon de bison canadien, tarte au sirop d'érable et crème barattée. LA spécialité du chef : les trois mignons, un assortiment de wapiti, bison et cerf grillés nappés de sauce cognac et poivre rose. Agréable décor de style Nouvelle-France, avec assiettes anciennes, estampes, dans une ambiance intime. Service impeccable en costume d'époque. Bon plan le midi : le plat du jour à 19,95 CAN $, incluant un verre de vin ou de bière, particulièrement intéressant.

■ LA CRÉMAILLÈRE

73, rue Sainte-Anne ✆ +1 418 692 2216
www.cremaillere.qc.ca

Ouvert le midi en semaine de 11h30 à 14h30 et tous les soirs de 17h à 22h. Fermé lundi midi en été. Fermé dimanche de novembre à fin avril. Menu midi : moins de 25 CAN $. Plats principaux à la carte : 20-50 CAN $, suggestions du chef : 40-60 CAN $, table d'hôte gastronomique : 40-50 CAN $. Quatre salons privés. Service de valet.

Dans un cadre soigné, orné d'assiettes superbes, une cuisine toujours irréprochable se développe sous vos yeux. Les mets sont d'inspiration italienne et française mais avec une nette préférence pour la première. La cave à vins procurera, sans l'ombre d'un doute, la bouteille pour le mariage idéal. Au menu donc, confit de canard à l'aigre-doux et pommes sautées à cru, côte de veau rôtie avec poêlée de cèpes et jus aux herbes, Châteaubriand de bœuf sauce périgourdine, mais aussi pot au feu de la mer et sa rouille, et poisson frais selon l'arrivage.

■ LAURIE RAPHAËL

117, rue Dalhousie
✆ +1 418 692 4555 / +1 877 876 4555
www.laurieraphael.com

Mardi-vendredi, 11h30-14h ; mardi-samedi, 17h30-22h. Menu midi : à partir de 20 CAN $, plats principaux à la carte : 35-50 CAN $, menu gastronomique : 100 CAN $ (ajouter 65 CAN $ pour l'accord mets-vins), menu Chef Chef (3 services) : 29 CAN $ le midi, 60 CAN $ le soir. Salons privés. Boutique sur place, ateliers et démonstrations offerts. Terrasse rénovée avec plancher qui s'illumine et mobilier transparent.

Délicate, parfumée et raffinée, la table du Laurie Raphaël marie savamment les produits du terroir avec une pincée d'exotisme et des sauces qui, loin de dénaturer les éléments, les subliment. Une grande table qui excelle par sa créativité sans cesse renouvelée selon l'inspiration du moment et les arrivages, avec le réputé chef Daniel Vézina aux commandes, le tout dans un cadre enchanteur. Que demander de plus ?

■ PANACHE

10, rue Saint-Antoine
✆ +1 418 692 1022
✆ +1 888 692 2211
www.saint-antoine.com

Lundi-vendredi, 6h30-10h30 ; samedi-dimanche, 7h-12h ; lundi-vendredi, 12h-14h ; et tous les soirs de 18h à 22h. Menu midi : à partir de 20 CAN $, plats principaux à la carte le soir : à partir de 35 CAN $, menu Signature : 105 CAN $ (ajouter 95 à 130 CAN $ pour l'accord mets-vins). Superbe cave à vins.

Une cuisine qui puise ses inspirations des recettes de maman pour les réinventer et leur donner une note contemporaine. Derrière ce tour de force, se cachent le nouveau chef Julien Dumas et ses acolytes, qui tantôt traquent les fruits sauvages, tantôt les truffes. Ainsi, le canard et le foie gras proviennent de Saint-Apollinaire, le homard de la Nouvelle-Écosse, l'omble chevalier de la Gaspésie, les fromages des quatre coins de la province... Le Québec en saveurs réinventées nous est servi dans un décor qui conjugue le passé et le présent. La salle à manger ouvre un grand espace aux murs de pierres anciens, soutenu par des poutres en bois massif, équarries de façon rustique. Un terreau fertile et convivial. Nouveauté : Le Panache Mobile avec terrasse, stationné au Vignoble Sainte-Pétronille à l'Île d'Orléans en saison estivale, propose du « truck food du terroir ». Un 2e Panache Mobile a installé ses pénates au bassin Brown sur la promenade Samuel-de-Champlain. À essayer aboslument !

LE SAINT-AMOUR
48, rue Sainte-Ursule
✆ +1 418 694 0667
www.saint-amour.com
Ouvert le midi en semaine dès 11h30 et tous les soirs dès 18h (17h30 le samedi). Menu midi : 15-30 CAN $, plats principaux à la carte le soir : à partir de 40 CAN $, menu inspiration : 63 CAN $, grand menu découverte : 115 CAN $. Salles privées, service de traiteur, service de voiturier. Jardin intérieur ouvert à l'année. Superbe cave à vins.
Ce qui frappe d'emblée, c'est la fraîcheur de la décoration. Pour ce qui est de la cuisine, on peut se fier à la réputation du Saint-Amour. Gagnante de nombreux prix, on y retrouve une gastronomie comparable aux grandes tables d'Europe, mais pour bien moins cher. Jean-Luc Boulay, originaire de la Sarthe (France), exécute une cuisine différente, raffinée qui suit le rythme des saisons : pigeonneau de la ferme Turlo cuit sur coffre, poitrine rosée, cuisses farcies et confites, tombée d'épinards crémés au bacon de sanglier, jus de presse au foie gras et Xérès ; ris de veau et crevettes sauvages, ravioli à la tartuffade, champignons de saison, asperges vertes, poireaux fondants, jus corsé flambé au sucs de porto... Les noms sont aussi beaux que les mets sont savoureux. Il faut noter que les vins sélectionnés s'apprêtent parfaitement à la qualité de cette grande table. L'extase se poursuit avec les desserts, maison, il va sans dire.

LE PATRIARCHE
17, rue Saint-Stanislas
✆ +1 418 692 5488
www.lepatriarche.com
Ouvert le midi pour les groupes seulement, le soir : mardi-dimanche, à partir de 17h30 (ouvert tous les soirs en juillet et août). Plats principaux à la carte : 30-50 CAN $, ajouter 28 CAN $ au prix du plat pour une table d'hôte 5 services. Superbe cave à vins.
Tout en entrant dans la catégorie des grandes tables, le Patriarche reste humble, doux et rassurant comme sa cuisine, qui apprête poissons et gibiers. Les produits du terroir sont mis à l'honneur, notamment les gibiers : pintade, wapiti, sanglier et cerf sont entre autres à la carte. Les différentes saveurs se mélangent avec grâce dans les trilogies, comme dans le magret rôti au café avec fricassée de champignons sauvages, la cuisse à la royale laquée dans son jus, le samosa de canard confit avec pomme de terre Ratte et bacon de magret fumé. Le cadre met l'accent sur le rustique : pierres, bois, lumières tamisées... Aussi doux et judicieux que le conseil d'un patriarche.

TOAST !
17, rue du Sault-au-Matelot
✆ +1 418 692 1334
www.restauranttoast.com
Dimanche-jeudi, 18h-22h30 ; vendredi-samedi, 18h-23h. Formule succession d'entrées (30 CAN $ et moins le plat). Salon privé, jardin intérieur.
Un restaurant faisant la part belle aux produits du terroir, niché en plein cœur du Vieux-Port. Un décor beau et moderne dans une alcôve de briques centenaires, et une gastronomie recherchée qui vous est présentée par des restaurateurs expérimentés, dont le chef Christian Lemelin qui n'en est pas à son galop d'essai. Il n'en fallait pas plus pour qu'on vous invite à porter un toast avec nous à la santé de cette étape du Vieux-Québec.

Saint-Jean-Baptiste et Montcalm

Beaucoup d'habitants de la capitale se donnent rendez-vous sur Grande Allée ou sur la rue Cartier. On les comprend !

Pause gourmande

ÉRICO – CHOCOLATERIE CRÉATIVE ET MUSÉE DU CHOCOLAT
634, rue Saint-Jean
✆ +1 418 524 2122
www.chocomusee.com
Lundi-mercredi & samedi, 10h30-18h ; jeudi-vendredi, 10h30-21h ; dimanche, 11h-18h. Horaire prolongé en été.
Un lieu de savoir et de gourmandise hautement recommandé. Le petit musée, relatant l'histoire du chocolat et son processus de fabrication, est conçu de façon très ludique. Devant les yeux des curieux, les artisans façonnent les précieuses gourmandises certifiées « chocolat pur », originales et délicieuses, sous forme solide ou liquide. Les brownies sont les meilleurs du Québec, du moins c'est ce que racontent les clients. Le gâteau au chocolat classique Érico jouit du même prestige, sans oublier le chocolat chaud, décliné en une dizaine de sortes. En été, les glaces artisanales et les sorbets adoptent des saveurs aussi originales que l'Hibiscus, le tofu glacé au chocolat noir, le Chaï Bombay (thé indien, mangues, dattes et épices) ou encore le nouveau Tex-Mex (lime,

coriandre fraîche et poudre de chili). Il est également possible d'acheter des figurines moulées en chocolat et dignes d'être appelées œuvres d'art. Et pour souligner d'une façon toute personnalisée un anniversaire ou un événement spécial, ils peuvent confectionner sur mesure des pièces en chocolat ou encore imprimer une image ou une photo en haute définition sur du chocolat. Bref, une foule de produits artisanaux plus savoureux les uns que les autres. Un incontournable !

■ **TUTTO GELATO**
716, rue Saint-Jean
✆ +1 418 522 0896
www.tuttogelato.ca
Ouvert tous les jours dès 9h30 de début avril à mi-octobre (les glaces sont disponibles dès 10h30). Horaire variable selon la température ou la saison. Prix des glaces : de 2,50 CAN $ à 5,75 CAN $.
Confectionnées maison selon l'authentique méthode italienne, les glaces de Tutto Gelato sont un pur délice, à savourer dans la petite boutique ou sur la rue au soleil. Leur onctuosité est vraiment unique ! Vous y trouverez également des sorbets aux parfums très variés ainsi qu'une petite sélection de glaces au lait de soja et sans sucre. A découvrir : les « sticos », de la crème glacée sur bâtonnet. En plus de ces douceurs, le menu affiche des gâteaux, des viennoiseries, des biscuits faits maison, des granités et cafés glacés, sans oublier l'incontournable espresso de la maison. Une belle adresse aux saveurs de la Petite Italie !

Bien et pas cher

■ **BISTRO CAFÉ KRIEGHOFF**
1089, avenue Cartier
✆ +1 418 522 3711
www.cafekrieghoff.qc.ca
Ouvert dès 7h en semaine, 8h le week-end. Menu midi : moins de 20 CAN $. Plats principaux à la carte le soir : 15-30 CAN $ (ajoutez 5 CAN $ au prix du plat principal pour une table d'hôte). Terrasse. Hébergement disponible sur place.
Il y a des petits cafés que l'on apprécie autant l'hiver que l'été. Le Café Krieghoff en fait partie ! Véritable institution bien implantée sur cette rue passante depuis 1977, vous y achèterez du café maison, vous y « bruncherez, luncherez, souperez ». Parmi les spécialités du Krieghoff, notons la salade tiède de canard confit, le tartare de filet mignon, la bavette de bœuf Angus AAA, les calmars frits et la saucisse de Toulouse bio. L'hiver, c'est l'appel du chocolat chaud ou d'un dessert maison qui aura raison de vous et l'été, c'est la salade sur la terrasse. En bref, un petit café de quartier fort sympa où vous prendrez plaisir à revenir !

AU BONNET D'ÂNE

298, rue Saint-Jean
✆ +1 418 647 3031
www.aubonnetdane.com
Ouvert tous les jours de 8h à 23h. Petit déjeuner en semaine jusqu'à 11h30, 14h le week-end. Menu à la carte : 30 CAN $ et moins. Menu midi et table d'hôte du soir offerts. Terrasse, salle privée.
Ce bistro de quartier a pris place dans un ancien magasin général. Tous les matériaux ainsi que les objets de déco sont d'époque. Le menu vous permet de faire quelques révisions de vos connaissances : des entres-pains et des frites internationales pour parfaire la géographie, des salades repas pour l'écologie, des pâtes et pizzas pour le latin, et des viandes et poissons pour la biologie. Un resto bistro pour tous les âges et toutes les époques, à découvrir !

L'ACCENT

810, avenue Honoré-Mercier
✆ +1 418 521 4044
www.bistrolaccent.com
Ouvert tous les jours de 7h à 22h (minuit en saison estivale). Menu petit déjeuner à la carte : moins de 25 CAN $. Plats principaux à la carte : 10-30 CAN $, table d'hôte : ajoutez 12,95 CAN $ au prix du plat principal.
Cet endroit est tout indiqué pour se remettre d'aplomb et s'enfiler un petit déjeuner gourmand à toute heure du jour. Etudiants et gens d'affaires se prélassent devant des assiettes dignes des rois. Les possibilités sont multiples et il faut compter un certain temps pour faire son choix, tant le classique œuf bénédictin et les spectaculaires assiettes montées font le renom de ce lieu. Pour ce qui est des autres repas, le menu propose une multitude de plats savoureux aux accents internationaux : pizzas, pâtes (à noter que vous pouvez cuisiner vos pâtes avec le chef pour seulement 15,25 CAN$), sandwichs, burgers, grillades, poissons et fruits de mer, fajitas, saveurs asiatiques, asiette tex-mex, tartines, etc. Le tout à des prix fort séduisants !

Bonnes tables

AUBERGE RESTAURANT LOUIS-HÉBERT

668, Grande Allée Est
✆ +1 418 525 7812
www.louishebert.com
Ouvert tous les jours dès 7h. Plats principaux à la carte : à partir de 30 CAN $. Table d'hôte : ajouter 7 CAN $ au plat pour 3 services, 16 CAN $ pour 4 services, 28 CAN $ pour 5 services. Menu bistronomique adapté quotidiennement en fonction des arrivages du marché et de la saison aussi disponible. Verrière avec foyer et cellier vitré, salons privés, terrasse. Le Louis-Hébert permet de cumuler deux superbes expériences. La première est d'ordre gastronomique. L'auberge se taille une superbe réputation de très bonne table en servant une fine cuisine française où gibier et fruits de mer sont à l'honneur. Le tout est accompagné d'un cadre superbe, celui d'une maison de près de trois siècles au charme incontestable. Quant à la seconde expérience, elle concerne l'auberge elle-même qui propose sept chambres charmantes au décor enchanteur et douillet (voir rubrique « Se loger »).

LA PIAZZETTA

707, rue Saint-Jean ✆ +1 418 529 7489
www.lapiazzetta.ca
Ouvert tous les jours. Plats à la carte : environ 10-30 CAN $. Menu dégustation pour 2 : 60 CAN $. Belle carte des vins.
Oubliez ici les pizzas de type américain ! La Piazzetta mise en effet sur une très large sélection de fines pizzas à croûte mince où la qualité et le raffinement des ingrédients riment avec saveurs et originalité. Comme

vous pourriez prendre un certain temps à vous décider, vous pouvez opter pour une pizza « moitié-moitié », un choix décidément judicieux. Des focaccias, des roulés à l'italienne et des pâtes figurent également au menu, sans oublier les desserts gourmands. Une adresse toujours aussi populaire d'où vous ne sortirez pas déçu !

▸ **Autres adresses :** 1191, avenue Cartier, ✆ + 1 418 649 8896 • 3100, rue de la Forest, Sainte-Foy, ✆ +1 418 650 6655 • 357, rue Saint-Joseph Est, ✆ +1 418 523 7171 • 5410, boulevard de la Rive-Sud, Lévis, ✆ +1 418 835 5545. • 63, rue Saint-Paul, ✆ +1 418 692 2962 • 6975, avenue Isaac-Bédard, Charlesbourg, ✆ +1 418 628 8341

■ SAVINI RESTO-BAR / VINOTHÈQUE

680, Grande Allée Est
✆ +1 418 647 4747 – www.savini.ca
Ouvert tous les jours dès 11h. Menu midi : moins de 25 CAN $. Plats principaux à la carte : 18-37 CAN $, table d'hôte : à partir de 33 CAN $. Terrasse.
Ce resto résolument tendance est situé en plein cœur de la célèbre rue Grande Allée. Au menu, une fine cuisine italienne qui séduira le gourmet qui sommeille en vous : escalope de veau parmigiana, jarret d'agneau braisé sauce gremolata, risotto aux champignons sauvages avec foie gras et fromage parmesan... Pour accompagner ce savoureux repas, une superbe sélection de vins au verre est offerte et comprend des grands crus, des cépages d'exception et des réserves spéciales. Des salons privés sont également à votre disposition pour tout type d'événement. Bref, une adresse idéale pour un repas en amoureux, l'apéro entre amis sur la terrasse ou pour faire la fête au son des DJs en soirée. À la bonne vôtre !

■ VOO DOO SUPPERCLUB

575 Grande Allée Est ✆ +1 418 647 2000
www.voodoogrill.com
Lundi-vendredi, 11h30-3h ; samedi, 17h-3h. La cuisine ferme tous les jours à 23h. Salon privé, superbe terrasse. Soirées «supperclub» avec live band et/ou DJ du jeudi au samedi.
Au deuxième étage du complexe Maurice on retrouve le VooDoo Supperclub. Boire, manger, danser... rien n'est impossible au Voo Doo ! On s'y retrouve pour savourer un repas, pour prendre un verre en bonne compagnie, ou pour faire la fête jusqu'aux petites heures du matin. Une cuisine internationale de tous les horizons, réinventée, exclusive, riche en saveurs et en découvertes : poutines de luxe au filet mignon, au chorizo ou au canard, sans oublier l'un des 150 délicieux tartares. La plus belle terrasse sur Grande Allée vous ouvre les bras, le restaurant s'anime au gré des soirées thématiques et des prestations « live », les plats surprennent, la carte des vins ravit, les flûtes se gorgent de champagne... Bref, au Voo Doo, un monde de possibilités s'offre à vous. Le Voo Doo Supperclub : un incontournable dans la Vieille Capitale !

GRAFFITI

1191, avenue Cartier ✆ +1 418 529 4949
www.restaurantgraffiti.com
Lundi-vendredi, 11h30-14h30 et 17h-23h ; samedi, 17h-23h ; dimanche, 9h-14h30 (brunch) et 17h-23h. Menu midi : moins de 25 CAN $, plats principaux à la carte : 15-35 CAN $, table d'hôte : 30-45 CAN $. Salons privés, petite terrasse. Plus franco-italien et inventif que le Graffiti, impossible ! La critique est unanime et nos papilles le confirment, choisissez les yeux fermés, c'est excellent à tous les coups. Notre suggestion : en entrée, les raviolis de homard au beurre d'estragon et en plat, l'escalope de veau Graffiti sauce crème aux champignons et cheveux d'anges au pesto. Fondé en 1984, le Graffiti offre depuis près de 30 ans une cuisine du marché originale et en constante évolution, accompagnée de l'une des meilleures caves de la région. La décoration assez branchée et chaleureuse vous invitera régulièrement à pousser les portes de cette excellente table de la Capitale.

Saint-Roch, Limoilou et le nord

Vous dénicherez quelques adresses vraiment très intéressantes dans ces quartiers en pleine émergence.

CAFÉ DU CLOCHER PENCHÉ

203, rue Saint-Joseph Est
✆ +1 418 640 0597 – www.clocherpenche.ca
Lundi, fermé ; mardi-vendredi, 11h30-14h & 17h-22h ; samedi, 9h-14h & 17h-22h ; dimanche, 9h-14h. Brunch et menu midi : à partir de 16 CAN $, plats principaux le soir : 20-30 CAN $. De l'avis de beaucoup, c'est le meilleur rapport qualité-prix en ville ! Situé dans le quartier Saint-Roch, il bénéficie du superbe espace d'une ancienne banque, les toilettes sont d'ailleurs à l'emplacement du coffre-fort. Boiseries et vue sur le clocher penché de l'église à côté, tout est parfait pour prendre un excellent brunch. Le chef est un amoureux des produits du terroir et il transforme rapidement tout client en disciple. Une cuisine de bistro moderne et une carte des vins riche, incluant des régions, des cépages et des produits vinicoles moins connus. Le Clocher Penché, une adresse où vous ne pouvez pas vous tromper !

L'AFFAIRE EST KETCHUP

46, rue Saint-Joseph Est ✆ +1 418 529 9020
www.laffaireestketchup.net
Dimanche-lundi, fermé ; mardi-vendredi, 12h-15h ; mardi-samedi, deux services soit à 18h et à 20h30. Menu midi et plats à la carte : moins de 30 CAN $. Réservation fortement recommandée.
Tout petit soit-il (que 26 places !), ce bistro du quartier Saint-Roch est difficile à manquer. Vous en entendrez parler avant même d'y avoir mis les pieds ! Olivier Lescelleur St-Cyr et François Jobin ont ouvert les portes de leur charmant établissement en novembre 2010 et pas besoin de vous dire que les lieux sont pleins à craquer depuis. Une déco simple et efficace, un vieux poêle maison pour cuisiner, un menu du marché de type « comfort food » et composé de produits locaux qui change toutes les semaines, une belle carte des vins notamment au verre... Simplicité, originalité, finesse et rigueur sont les éléments gagnants de cette adresse qui, espère-t-on, sera là pour longtemps.

SOUPE&CIE

522, 3e Avenue
✆ +1 418 948 8996
www.soupecie.com
Ouvert tous les jours de 11h à 21h. Menu à la carte : 25 CAN $ et moins (gratuit pour les enfants de moins de 7 ans). Bubble bar sur place. Terrasse.
Ouvert depuis l'été 2008, ce charmant resto de quartier mise sur les soupes, dans toutes leurs déclinaisons : italienne, mexicaine, thaïlandaise, provençale, indienne... Un véritable tour du monde ! Il y en a même pour le dessert comme par exemple la soupe au chocolat noir, pistaches, fruits des champs, tapioca géant, muesli et menthe fraîche. Il ne faudrait pas non plus oublier les savoureux tartares dont la trilogie saumon, thon et bœuf. Tout est fait maison ici, frais du jour. Et puis si vous désirez manger le tout à la maison, vous n'avez qu'à les contacter avant de passer, question de ne pas attendre après votre commande sur place.

Sainte-Foy, Sillery et Cap-Rouge

LE CANARD GOULU

1281, avenue Maguire
✆ +1 418 687 5116
www.canardgoulu.com
Restaurant : mardi-vendredi, 11h30-16h. Soirées thématiques hors saison estivale (voir site Internet pour les dates). Ouvert le soir uniquement sur réservation de groupe de 15 à 35 personnes. Menu midi : à partir de 15 CAN $. Menu soirée thématique : 70 CAN $ (ajoutez 50 CAN $ pour l'accord mets-vins). Table aux saveurs du terroir certifiée. Boutique : ouverte tous les jours.
La ferme du Canard Goulu, située à Saint-Apollinaire dans Chaudière-Appalaches, est bien connue pour sa gamme variée de produits de canard de Barbarie : rillettes, magret fumé,

bloc de foie gras, confit, cassoulet, saucisse de canard... De quoi creuser l'appétit ! Vous serez donc heureux d'apprendre qu'elle possède un restaurant-boutique à Québec dans l'arrondissement de Sillery. Aux commandes de cette adresse gourmande, le chef vous concocte un menu tout canard aux accents du terroir. C'est un véritable voyage au cœur des saveurs que vous réserve la table du Canard Goulu ! Question de poursuivre l'expérience à la maison, faites un saut à leur boutique au rez-de-chaussée du restaurant.

SORTIR

L'offre culturelle est variée dans la ville de Québec. Les grandes institutions culturelles sont réparties dans les différents quartiers de la ville. La Grande Allée est très réputée auprès des étudiants pour ses bars et ses boîtes de nuit. Le quartier Saint-Roch attire plus les artistes et professionnels branchés. Quant au Vieux-Québec, il compte plusieurs bars à l'ambiance très sympathique et des salles de spectacles qui valent le détour.
Québec accueille aussi des grands événements de renom à l'année longue. En hiver, ne ratez sous aucun prétexte le fameux Carnaval de Québec, le plus important au monde, ainsi que le Red Bull Crashed Ice, une course de patin à glace dans la vieille ville sur un parcours avec virages en épingles, sauts et descentes. Époustouflant ! En été, le Festival Grand Rire de Québec se dédie en entier à l'humour alors que le Festival d'Été vous fera vibrer au son de spectacles musicaux d'ici et d'ailleurs. Autres manifestations intéressantes en été : le Moulin à Images dans le Vieux-Port, Les Chemins Invisibles du Cirque du Soleil, le grand spectacle de la fête nationale le 23 juin, les Grands Feux Loto-Québec sur le fleuve (spectacles de pyrotechnie) et les Fêtes de la Nouvelle-France.

Journaux. *Québec Scope*, une publication mensuelle détaillant toutes les sorties à Québec, est disponible dans de nombreux commerces. Vous trouverez aussi *Le Devoir*, *Le Journal de Québec* et *La Presse*, tous des quotidiens. Sans oublier l'hebdomadaire *Voir*, gratuit, axé sur la culture, musique et sorties dans la capitale. Aussi, le mensuel gratuit *Fugues*, pour les sorties et les activités de la communauté gay.

OFFICE DU TOURISME DE QUÉBEC
835, avenue Wilfrid-Laurier
✆ +1 418 641 6290 / +1 877 783 1608
www.quebecregion.com
Consultez le site Internet pour connaître l'adresse des autres bureaux selon l'arrondissement. Prenez que deux bureaux d'information, dont celui-ci, devraient fermer en 2013 afin d'être relocalisés au même endroit que le Centre Infotouriste.
Le site de l'office du tourisme recense une grande partie des expositions et des spectacles (www.quebecregion.com/fr/quoi_faire_activites/calendrier_evenements).

VOIR
www.voir.ca
Le site du journal *Voir* (cliquez sur l'édition Québec). Bien fait et complet.

Cafés – Bars

Le Vieux-Québec et le Port

Les bars du Vieux-Québec se caractérisent par une ambiance intimiste, très agréable.

BISTRO-BAR LE CHANTAUTEUIL
1001, rue Saint-Jean ✆ +1 418 692 2030
www.lechantauteuil.com
Ouvert tous les jours dès 12h. Grande terrasse à l'arrière. Programmation musicale et culturelle ponctuelle. Cette ancienne boîte à chansons créée en 1968 par Gilles Vigneault a vu défiler bien des artistes : Félix Leclerc, Claude Gauthier, Dorothy Berryman et même Bob Dylan, qui y a tourné un film avec Joni Mitchell. Sans doute est-ce pour cette raison que nombre d'écrivains, journalistes, peintres, comédiens et autres protagonistes de la scène culturelle viennent encore y papoter. En heureuse compagnie ou un livre à la main, ce lieu mythique sait toujours autant réconforter.

Réservation de concerts et spectacles

RÉSEAU BILLETECH
✆ +1 418 643 8131 / +1 877 643 8131
www.billetech.com
Ouvert tous les jours de 8h à 22h.
Incontournable, la façon la plus simple de réserver sa place pour plusieurs spectacles et événements en tous genres au Québec.

L'ONCLE ANTOINE

29, rue Saint Pierre ✆ +1 418 694 9176

Lundi-dimanche, 11h-3h (en été, ouverture à 10h). Terrasse.

À la tombée du jour, L'Oncle Antoine accueille surtout une clientèle d'habitués constituée des jeunes qui travaillent dans les restaurants du Petit Champlain et des alentours. Pendant l'après-midi, ce sont surtout les touristes qui viennent profiter de la terrasse de ce quartier très prisé. L'intérieur du bar, deux grandes voûtes circulaires, vaut le détour à lui seul. En hiver, le contraste de la chaleur du grand feu de cheminée avec le vent froid donne à ce petit bar une ambiance marine qu'on aime beaucoup. Pour accompagner la soixantaine de bières québécoises et importées disponibles, hot-dogs européens, nachos et autres repas légers sont servis jusqu'en début de soirée.

PUB SAINT-ALEXANDRE

1087, rue Saint-Jean ✆ +1 418 694 0015

www.pubstalexandre.com

Lundi-dimanche, 11h-3h. Spectacles musicaux en soirée.

Cet authentique pub anglais est un des lieux fort chaleureux de la vieille ville. Les boiseries d'acajou, les vieux miroirs, le foyer et le bar long d'une douzaine de mètres rendent une atmosphère feutrée. Sa carte des alcools fera grand plaisir aux amateurs de bières importées (plus de 250 marques provenant d'une vingtaine de pays) et de scotchs single malt (plus d'une quarantaine). La Belgique fait bonne figure avec superbe sélection en importation privée allant des bières trappistes aux gueuzes, sans négliger pour autant les microbrasseries québécoises. Accompagnez le tout d'une de leurs fameuses saucisses artisanales ou d'une grillade et vous comprendrez vite pourquoi cet endroit est si apprécié.

PUB SAINT-PATRICK

1200, rue Saint-Jean

✆ +1 418 694 0618

Lundi-dimanche, 11h30-fermeture (variable selon l'affluence). Terrasse.

Pour festoyer et déguster une pinte de Guinness au son des violoneux, le pub irlandais Saint-Patrick est l'endroit tout désigné, en plein cœur du Vieux-Québec. Les salles, construites dans d'anciennes voûtes datant de 1749, accueillent les visiteurs pour un repas, une bonne pinte et surtout, dans une réjouissante atmosphère. Au menu, une bonne sélection de bières (surtout du côté des importations) et de scotchs et whiskies. À noter : les vendredis et samedis soir dès 21h30, un violoniste joue des airs traditionnels d'Irlande. Un incontournable lors des festivités de la fête de Saint-Patrick !

Saint-Jean-Baptiste et Montcalm

BAR LE TEMPS PARTIEL

698, rue d'Aiguillon

✆ +1 418 522 1001

www.letempspartiel.com

Lundi-dimanche, 16h-3h. Internet gratuit, billard (gratuit le le samedi de 16h à 20h et le dimanche de 16h à 3h), programmation musicale et culturelle.

Pendant plusieurs années, la Fourmi Atomik était l'institution de la contreculture de Québec. Mais en 2001, l'édifice du bar, qui fut construit par les jésuites il y a 200 ans, s'est affaissé. Les membres de la coopérative ont alors décidé d'ouvrir le Temps Partiel qui, comme son nom l'indique, ne devait être qu'une transition. Mais un peu plus de dix ans plus tard, le Temps Partiel est toujours là ! La formule est restée la même excepté le fait que la programmation a élargi son créneau : la musique varie au goût du jour, en passant du jazz au rock garage. On y présente aussi des vidéos plutôt rares, parfois même assez lugubres (gothiques).

LE BATEAU DE NUIT

275, rue Saint-Jean

✆ +1 418 977 2626

www.bateaudenuit.com

Mardi-vendredi, 18h-3h ; samedi-lundi, 19h-3h. L'horaire pouvant varier, consultez le site Internet ou la page Facebook pour tous les détails. Programmation culturelle et musicale à l'année.

Ouvert depuis juin 2008 et situé en plein cœur du quartier Saint-Jean-Baptiste, ce bar joue la carte de la discrétion : pas d'enseigne ni rien d'évident sauf l'adresse qui nous indique être au bon endroit. Didier, breton d'origine, a créé ce bar à bières qui nous transporte littéralement dans une atmosphère digne des bars portuaires. L'ambiance est simple, conviviale et réussie, à l'image des bistros européens. Depuis l'hiver 2012, c'est Sébastien Hamelin, un passionné de bières ayant œuvré pendant trois ans à la boutique Le Monde des Bières, qui a repris le flambeau en acquérant ce bar à bières mythique. Aux pompes, huit lignes en rotation offrent des bières bien de chez nous provenant de plus d'une vingtaine de microbrasseries, dont des exclusivités que l'on ne retrouve pas ailleurs à Québec, incluant aussi des produits en cask. On y retrouve également une sélection étoffée de bières en importation privée, au grand bonheur des amateurs de houblon ! Sachez finalement que les lieux accueillent plusieurs événements, comme des spectacles musicaux, des soirées de dégustation, ou encore les mercred'IPA, par exemple. Vous avez envie d'organiser une soirée thématique ou un événement sur place ? Sébastien est ouvert à toutes vos idées !

■ L'INOX MAÎTRES BRASSEURS

655, Grande Allée Est
✆ +1 418 692 2877
www.inox.qc.ca
Lundi-dimanche, 12h-3h. Spéciaux en semaine. Terrasse.

Pendant 21 ans, la bière artisanale de l'Inox trôna fièrement dans cette jolie partie de la ville, au plus grand bonheur des amateurs. À la fin 2008, c'est le grand déménagement sur la populaire Grande Allée, dans des locaux plus spacieux et mieux adaptés au brassage de la bière. S'ensuit l'ouverture officielle au printemps 2009 et la popularité de l'Inox n'a rien perdu ! Déco stylisée, ambiance fort agréable, bières de spécialité, une cuisine « sur le pouce » avec notamment l'assiette de fromages artisanaux du Québec ou encore le hot-dog européen, des expositions d'art visuel et autres événements... On comprendra rapidement pourquoi cette place est si fréquentée. Cinq bières font partir du menu régulier de l'Inox dont la Scotiche, une brune dense et capiteuse aux effluves chocolatés, et la Trois de Pique, une rousse au goût de malt caramel. Au fil des mois, cinq saisonnières se relayent selon les humeurs et les périodes de l'année : une bière à saveur d'érable au début du printemps, une aromatisée au miel et à la canneberge pour le Carnaval, une noire pour se réchauffer lors de la froide saison... A chaque période sa bière !

■ LA NINKASI DU FAUBOURG

811, rue Saint-Jean
✆ +1 418 529 8538
www.ninkasi.ca
Lundi-vendredi, 13h-3h ; samedi-dimanche, 12h-3h. Programmation culturelle et musicale à l'année.

Ninkasi fut la première divinité associée à la bière mais c'est également une excellente adresse pour les bièrophiles de la Vieille Capitale. Située à cinq minutes des fortifications du Vieux-Québec, la Ninkasi mise sur la culture québécoise, ses bières mais aussi sur le plan artistique et événementiel. Au menu, on dénombre près de 50 sortes de bières de microbrasseries québécoises. Des vins et spiritueux fabriqués par des artisans d'ici figurent également sur la carte des alcools. L'hiver, on déguste sa pinte devant un bon match du tricolore diffusé au bar, et l'été, c'est sur la terrasse qu'on s'installe sans se faire prier. Notez qu'il est possible d'avoir la diffusion des matchs de soccer si réservation 24h à l'avance. À ne pas manquer : Les Lundis Douteux (www.douteux.org).

■ LE SACRILÈGE

447, rue Saint-Jean
✆ +1 418 649 1985
www.lesacrilege.net
Lundi-dimanche, 12h-3h. Programmation musicale et culturelle, émission de radio enregistrée en direct le mercredi dès 17h30.

Il ne faut pas passer à côté : ce bar du faubourg Saint-Jean réserve une véritable surprise à celui qui s'aventure dans son antre. La verrière et la charmante terrasse aménagée dans la cour intérieure en inspirent plus d'un, les jours de beaux temps. Les arbres matures, le vieux mur en pierre... Une impression de vacances y plane lorsque le vent glisse sur les feuilles. Une quinzaine de bières de microbrasserie y coulent à flot, sans compter la dizaine de scotch. Un sacrilège de ne pas y faire un tour !

■ SOCIÉTÉ CIGARE

575, Grande Allée Est
✆ +1 418 647 2000
aboucher@mauricenightclub.com
Lundi-dimanche, 13h-3h.

Situé à même le grand complexe du Maurice Night Club, vous entrez ici dans un lieu de détente où les volutes de fumée s'envolent et s'entrelacent. Un endroit invitant et confortable, tout de cuir vêtu, où environ 200 variétés de cigares sont répertoriées. Des dégustations de style 5 à 7 y sont organisées régulièrement autour des écrans LCD pour la clientèle de gens d'affaires et de clubbers qui fréquentent Société Cigare. L'occasion parfaite pour un mariage, avec le légendaire Jéroboam cognac centenaire Louis XIII, seul endroit en Amérique du Nord où le savourer. Bref, un lieu s'adressant tant aux amateurs qu'aux novices, car ici, les conseils sont prodigués avec moult explications. Une grande référence !

Saint-Roch, Limoilou et le nord

■ LE BAL DU LÉZARD

1049, 3e Avenue ✆ +1 418 529 3829
www.lebaldulezard.com
Lundi-dimanche, 14h-3h.
Honneur aux petits reptiles qui dansent sur les murs de ce bar de quartier. On va au Bal pour son ambiance décontractée, pour le sourire contagieux, pour les 5 à 7 et les hot-dogs européens, les œuvres exposées, les lancements, les spectacles musicaux et toute la scène artistique locale qui y brille. Tout le quartier Limoilou se retrouve ici. On adore la terrasse d'où l'on interpelle des amis pour les inviter à boire un rhum ou une bière importée. Spéciaux tous les jours de la semaine.

■ LE BOUDOIR LOUNGE

441, rue du Parvis ✆ +1 418 524 2777
www.boudoirlounge.com
Lundi-vendredi, 12h-3h ; samedi-dimanche, 16h-3h. Menu midi, à la carte et cocktail dînatoire disponibles. Soirées à thème et clubbing. Billard, terrasse.
La clientèle qui fréquente ce « boudoir » y apprécie principalement l'ambiance et le design recherché. Cet immense endroit comptant deux étages diffuse de la musique lounge-fusion, des rythmes latinos, du dubstep et autres, selon la journée et l'ambiance du moment. Les martinis et les cocktails contribuent au renom de l'endroit, sans oublier le savoureux menu qui n'est pas s'en rappeler les bistros français. Quant aux soirées clubbing, la piste de danse vibre toujours littéralement sous vos pieds. Le DJ n'a pas froid aux yeux sous l'éclairage dernier cri. Le nec plus ultra en ville !

■ LE CERCLE

228, rue Saint-Joseph est
✆ +1 418 948 8648 – www.le-cercle.ca
Lundi-mercredi, 11h30-1h30 ; jeudi-vendredi, 11h30-3h ; samedi, 10h-3h ; dimanche, 10h-1h30. Fermé le midi en semaine en saison estivale. Brunch le week-end de 10h à 14h. Menu réduit à partir de minuit. Menu midi (change tous les jours) et brunch : 20 CAN $ et moins, plats express : 10-35 CAN $; table d'hôte le soir : ajouter 8 CAN $ au prix du plat principal.
Tenant lieu de l'ancienne Galerie Rouge, Le Cercle est à la fois un bar à vin, un resto, une galerie d'art et une salle de spectacle. Ce lieu branché est le choix idéal pour prendre l'apéro, un repas léger ou pour finir la soirée entre amis. On vous offre des tapas de tous genres tellement bons que vous risquez d'oublier de souper. Les prix sont abordables et l'ambiance est superbe. Côté musique, vous y ferez de belles découvertes. Pour la programmation, consultez le site web.

■ LARGO RESTO-CLUB

643, rue Saint-Joseph Est
✆ +1 418 529 3111 – www.largorestoclub.ca
Lundi-vendredi, dès 12h ; samedi-dimanche, dès 10h30 (brunch). Spectacles de jazz deux à trois soirs par semaine. Menu midi et brunch : 20 CAN $ et moins, table d'hôte du soir : 35-40 CAN $.
Le Largo Resto-Club séduira à coup sûr les amateurs d'art et de musique ! Dans une ambiance intimiste chic et raffinée, ce club de jazz et galerie d'art sert une cuisine exquise. Le menu propose des mets aux allures méditerranéennes qui donnent l'eau à la bouche : carré de porc sur le grill aux bleuets, joue de veau à la bière rousse, poire de cerf du Québec, filet de morue et beurre aux noisettes aux herbes... Une fois rassasié, vous pourrez profiter du concert de la soirée en buvant un verre et en admirant les œuvres d'art exposées.

■ MICROBRASSERIE LA BARBERIE

310, rue Saint-Roch
✆ +1 418 522 4373 – www.labarberie.com
Lundi-dimanche, 12h-1h. Superbe terrasse verdoyante et ambiance chaleureuse. Pour les groupes de 30 personnes et plus, possibilité d'organiser des dégustations de bières et fromages avec animation (lieu à votre choix).
Ouvert depuis 15 ans, le salon de dégustation de l'excellente microbrasserie La Barberie permet aux bièrophiles de découvrir une sélection de près d'une soixantaine de bières en rotation, à raison de huit produits à la fois aux pompes en plus du service cask. Si vous voulez goûter à tout, deux formats de carrousel (huit galopins ou huit verres) viendront assouvir votre soif de découverte. Et, comble de bonheur, on peut se procurer de la bière pression en vrac à rapporter à la maison, dans un pot Masson en consigne ou à conserver en souvenir. Sachez aussi que vous pouvez apporter votre goûter en tout temps. Côté ambiance, on s'y plaît assurément et les événements organisés sont une valeur ajoutée à La Barberie : dégustations de bières et fromages sur réservation et de stouts et chocolats les 3e dimanches du mois, vernissages et expositions d'art visuel, festivités pour la Ste-Barbe (!), défi Têtes Rasées Leucan, etc. En saison estivale, prélassez-vous sur la surprenante terrasse, dont les abords sont cultivés par les Urbainculteurs, un organisme à but non lucratif voué à la promotion du jardinage et de l'agriculture urbaine.

Clubs et discothèques

■ DAGOBERT NIGHT CLUB

600, Grande Allée Est
✆ +1 418 522 0393 – www.dagobert.ca
Mercredi-dimanche, 21h30-3h. Entrée gratuite (certaines soirées payantes). Réservation de sections VIP offertes.

Le « Dag », comme disent les habitués, est le lieu de rencontre des oiseaux de nuit prêts à se trémousser toute la nuit au son de la musique. Et quelle musique ! Les DJs maison et du top 100 mondial alternent et vous servent une musique à grand renfort de technologie (écrans, lumières et sons sophistiqués). De la mezzanine, il faut voir ce spectacle et les filles ! Une façon comme une autre de dénicher le bon parti... Tous les horaires des soirées sont disponibles sur le site Internet.

■ MAURICE NIGHT CLUB

575, Grande Allée Est ✆ +1 418 647 2000
www.mauricenightclub.com
Ouvert 7 soirs. Entrée payante certains soirs. Salons VIP sur réservation. Terrasse chauffée.

Cette maison étrange, reconnaissable entre toutes, réunit sous le même toit deux lounges (Société Cigare et Charlotte Ultra Lounge), un restaurant (Voo Doo Supperclub, voir rubrique « Se restaurer ») et l'incontournable discothèque Maurice. Chez Maurice, la programmation musicale alterne house, latino, R&B et pop « top 40 ». Le décor est raffiné et mis en valeur. L'ambiance est bien là. Une clientèle élégante s'y donne rendez-vous. Dépaysement garanti dans ce haut lieu des nuits de Québec. Quant à l'origine du nom de ce complexe de la nuit, il faut savoir qu'au siècle dernier, l'édifice a accueilli le siège social et le club privé du parti politique de l'Union nationale du Premier ministre Maurice Duplessis, voilà pour la petite histoire.

Spectacles

■ LE CAPITOLE DE QUÉBEC

972, rue Saint-Jean
✆ +1 418 694 4444 / +1 800 261 9903
www.lecapitole.com
Billetterie ouverte : lundi-dimanche, 9h-21h. Tarifs variables selon les spectacles. Forfaits disponibles. Restaurants et hôtel sur place.

Une salle de spectacle qui a du cachet. Créée en 1903, puis abandonnée en 1982 et restaurée en 1992, l'architecture du Capitole est remarquable. En plein cœur de la ville, des concerts, des spectacles, des pièces de théâtre, mais aussi des événements et des conférences y sont organisés. Le Capitole reçoit des spectacles tels *Les Misérables, Elvis Story, Hommage à Johnny Cash* ou des artistes comme Marie-Mai, Roch Voisine, Jean-Pierre Ferland et beaucoup d'autres.

■ GRAND THÉÂTRE DE QUÉBEC

269, boulevard René-Lévesque Est
✆ +1 418 643 8131 / +1 877 643 8131
www.grandtheatre.qc.ca
Billetterie ouverte : lundi-samedi, 12h-18h (jusqu'à 20h30 les soirs de spectacle) ; dimanche, 12h-20h30 (seulement si spectacle). Tarifs variables selon les spectacles. Visites guidées offertes (mercredi et jeudi en après-midi, 5 CAN $ par personne, réservation au ✆ +1 418 643 8111 poste 2112).

Deux salles, Louis-Fréchette et Octave-Crémazie, accueillent des spectacles de haute qualité et variés : danse, théâtre, musique, opéra, variétés. Une immense fresque murale de l'artiste Jordi Bonet accueille le public dans le plus vieux théâtre de la ville.

■ THÉÂTRE DU PETIT CHAMPLAIN – MAISON DE LA CHANSON

68, rue du Petit Champlain
✆ +1 418 692 2631
www.theatrepetitchamplain.com
Billetterie ouverte : lundi-vendredi, 9h-16h30 ; samedi, 11h-17h. Ouvert jusqu'à 20h30 les soirs de représentation. Tarifs variables selon les spectacles.

Le Théâtre du Petit Champlain – Maison de la Chanson est peut-être une petite salle, mais elle est vraiment mignonne. À l'entrée, un bar crée un espace agréable et clair, en harmonie avec l'ambiance du quartier (terrasse en été). La programmation met l'accent sur la chanson francophone avec des artistes connus ou en voie de le devenir. De la danse et de l'humour prennent aussi place au théâtre.

■ LES VOÛTES DE NAPOLÉON

680A Grande Allée Est ✆ +1 418 640 9388
www.voutesdenapoleon.com
Ouvert tous les soirs.

Le bâtiment qui abrite cette boîte à chansons a vu défiler près de 200 ans d'histoire. Construit à la fin des années 1830, il servit d'habitation et fut transformé en restaurant, Le Bonaparte, dans les années 1970. Au sous-sol, une petite salle servit aux réceptions avant de devenir une discothèque réputée, Le Midnight Express. C'est en 1993 que le nouveau propriétaire des lieux, Michel Gagnon, décida de convertir Le Midnight en boîte à chansons. Ainsi sont nées Les Voûtes de Napoléon, dans un endroit qui n'a rien perdu de son cachet historique. Belle ambiance intimiste et spectacles de qualité !

À VOIR – À FAIRE

Visites guidées

CROISIÈRES AML

Face à la Place Royale
Quai Chouinard ✆ +1 866 856 6668
www.croisieresaml.com
Coûts : circuits à prix variables. Forfaits-croisières disponibles (croisière guidée, repas, hébergement au Fairmont).
Embarquez à bord du Louis Jolliet pour une découverte du majestueux fleuve Saint-Laurent, de la chute Montmorency, de l'Île d'Orléans... Des croisières de jour, de soir et même de nuit, sont offertes avec des thématiques convenant à chaque groupe d'âge. AML organise également des soupers-croisières, des brunchs en plus des nombreux forfaits adaptés aux groupes. L'entreprise opère aussi à Montréal, Lévis, Rivière-du-Loup et au fjord du Saguenay avec notamment des sorties en Zodiac pour l'observation des baleines à Baie-Sainte-Catherine et à Tadoussac.

PARCOURS VIVACITÉ

Départ au Bureau d'information touristique de l'office du tourisme de Québec
835, avenue Wilfrid-Laurier
L'adaptation virtuelle du Parcours VivaCité est aussi disponible par l'entremise de l'application «Les rues de Québec Mobile» sur iPhone, iPod Touch, iPad et Android. Notez que le lieu de départ changera peut-être en 2013 suite au déménagement du bureau touristique.
Un circuit piétonnier de 5,3 km balisé de pastilles incrustées au trottoir qui permet de sortir des sentiers battus et de visiter différents quartiers de la ville. Une visite urbaine qui vous fera découvrir des parcs, des places publiques, des rues populaires, des boutiques, des restaurants et plusieurs autres attraits.

LES SERVICES HISTORIQUES SIX-ASSOCIÉS

✆ +1 418 692 3033 – www.sixassocies.com
Visites disponibles en saison estivale pour les visiteurs individuels et hors saison comme à l'Halloween et durant le temps de Fêtes. Pour les groupes : visites offertes à l'année sur réservation. Divers forfaits disponibles.
Les Services historiques Six-Associés proposent des circuits touristiques intelligents et très intéressants abordant plusieurs thèmes insolites de l'histoire de la ville de Québec. Par exemple, *Le lys et le lion* propose un voyage de 400 ans d'histoire et montre comment ont cohabité les cultures anglaise et française dans la ville de Québec depuis sa fondation. *Luxure et ivrognerie* raconte

Idées de visites

Pour commencer, rendez-vous au sommet de l'Observatoire de la Capitale pour comprendre la structure de la ville.

▶ **Jour 1. Vieux-Québec – Haute-Ville.** Tous les renseignements nécessaires se trouvent dans cette rubrique. En une journée, baladez-vous sur la Terrasse Dufferin avant de franchir les portes du Château Frontenac, arpentez les rues étroites intra-muros et jetez un coup d'œil à la cathédrale et à la basilique. Puis, au choix, optez pour le musée de l'Amérique française (exposition intéressante sur les communautés francophones en Amérique du Nord) ou pour des monastères (Augustines ou Ursulines).

▶ **Jour 2. Vieux-Québec – Basse-Ville.** Commencez par le traversier pour Lévis afin d'admirer la vue depuis le fleuve. Puis reportez-vous plus loins dans cette rubrique pour des idées de visites. Promenez-vous dans les ruelles du Petit Champlain, découvrez la Place Royale, puis passez par la belle rue Saint-Paul avec un arrêt au marché du Vieux-Port et au Bassin Louise. Vous aurez ensuite du temps pour visiter le musée de la Civilisation, très intéressant.

D'autres idées :

▶ **Les Plaines d'Abraham et la Citadelle :** un beau parc et un lieu chargé d'histoire ;

▶ **Le Faubourg Saint-Jean-Baptiste :** un quartier vivant et branché, à quelques pas de la Colline parlementaire et de la réputée Grande Allée ;

▶ **Le quartier Saint-Roch :** de jolies ruelles, des galeries d'art contemporain et des bistros de quartiers sympathiques.

Quelques lieux chargés d'histoire

■ **PLACE ROYALE**

Un de ces endroits à ne pas manquer où vous sentez de façon authentique le souffle de l'histoire. C'était, à l'origine, le jardin de Champlain. Lorsque la ville se développa, la place Royale devint un marché des plus animés et, jusqu'au XIXe siècle, demeura le centre de l'activité économique de Québec. Elle est entourée de maisons anciennes du XVIIe siècle : maisons Fornel, Drapeau, Bruneau, Rageot, restaurées depuis. L'église Notre-Dame-des-Victoires, bâtie en 1688, l'une des plus anciennes églises du Québec, abrite un retable doré représentant la ville fortifiée de Québec.

■ **RUE SAINT-PAUL**

Ouverte en 1816, la rue Saint-Paul relie la vieille ville, le port et le Nouvo St-Roch. Entre 1833 et 1883, le marché Saint-Paul généra des activités économiques intenses. Toujours aussi achalandée, la rue Saint-Paul est parmi les premières rues de Québec à bénéficier des nouvelles améliorations qu'apporte le progrès : le gaz et le tramway. Aujourd'hui, cette charmante rue est renommée pour ses boutiques d'art et surtout d'antiquités.

■ **RUE SAINT-PIERRE**

C'était, au XIXe siècle, le quartier des affaires. Le nombre de banques parle de lui-même : Banque nationale, ancienne Banque Molson, Banque Impériale du Canada, Banque canadienne de Commerce. C'est pourquoi certains l'ont surnommée la « Wall Street de Québec ». Aujourd'hui, elle abrite plusieurs beaux hôtels.

l'histoire de la vie nocturne à Québec au XIXe siècle. Avec *Crimes et châtiments*, découvrez les punitions infligées aux petits et grands criminels d'autrefois, du régime français à 1900. *L'Ordre du malt* vous transporte dans le monde de David McCallum, petit-fils héritier des célèbres brasseries McCallum. Apprenez-en plus sur la consommation de cette boisson, familiarisez-vous avec les plus célèbres familles de brasseurs et apprenez les recettes et techniques de nos ancêtres. D'autres visites sont disponibles.

■ **TOURS DU VIEUX-QUÉBEC**

✆ +1 418 664 0460 / +1 800 267 8687
www.toursvieuxquebec.com
En opération toute l'année. Tarifs variables selon l'excursion choisie. Visites guidées en autobus ou à pied du Vieux-Québec. Autres excursions offertes : Sainte-Anne-de-Beaupré, Île d'Orléans, Chute Montmorency, tours combinés, safari photo aux baleines, etc.

Le Vieux-Québec et le Port

Pour découvrir Québec et son patrimoine, voici une balade ponctuée de visites de sites historiques et de musées. Pour tout voir, il vous faudra une bonne semaine, sans exagération.

▶ **Haute-Ville Intra-muros**. Le cœur du Vieux-Québec, où Champlain érigea le premier fort, conserve depuis sa fondation une vocation religieuse et administrative. Depuis 1985, la zone du Vieux-Québec dans l'enceinte des murailles est classée patrimoine mondial par l'Unesco.

▶ **Basse-Ville**. Accès par le funiculaire (2 CAN $) ou par l'escalier Frontenac. Le quartier a été joliment restauré dans les années 1970. Restaurants, cafés-terrasses, boutiques et galeries d'art foisonnent. L'animation bat son plein dans la rue du Petit Champlain et autour de la place Royale, le cœur de la Basse-Ville, qui a gardé son aspect du XVIIIe siècle.

▶ **Le Vieux-Port**. Il contribua à l'essor de la ville et joua un rôle primordial jusqu'à la fin du XIXe siècle. Aujourd'hui on y trouve l'Agora, un amphithéâtre à ciel ouvert qui propose des concerts en été, ainsi que le pavillon et le parc de l'Espace 400e où se déroulent des expositions et événements. Une promenade en planches a été aménagée le long de la marina (port de plaisance). S'y trouve également, un marché couvert, sympathique et animé, où vous dénicherez tous les produits locaux.

Funiculaire

Fatigué des escaliers entre le quartier Petit Champlain et la Terrasse Dufferin, au pied du Château Frontenac ? Alors optez pour le funiculaire (2,25 CAN $ par personne). Il fonctionne tous les jours à l'année et offre une très belle vue sur le fleuve. Info : www.funiculaire-quebec.com

© AUTHOR'S IMAGE

Château Frontenac.

■ BASILIQUE-CATHÉDRALE NOTRE-DAME DE QUÉBEC

16, rue de Buade ✆ +1 418 692 2533
www.patrimoine-religieux.com
Ouvert tous les jours à l'année de 7h30 à 16h (jusqu'à 20h30 en été). Entrée gratuite. Visites guidées tous les jours du 1er mai au 31 octobre (individuels et groupes). Hors saison : sur réservation uniquement.

La plus ancienne basilique de la partie du continent nord-américain (Mexique excepté), cathédrale depuis la fin du XVIIe siècle, chef-d'œuvre de la famille Baillairgé, est riche en œuvres d'art : à l'intérieur, superbe baldaquin doré. Elle représente sans doute l'édifice le plus « classiquement européen » de tout le pays. Frontenac, de Callières et de La Jonquière, gouverneurs successifs de la Nouvelle-France, ainsi que la plupart des évêques de Québec reposent dans la crypte. Détruite par un violent incendie au début du siècle dernier, elle fut fidèlement reconstruite. Notez qu'en 2014, ce sera le 350e anniversaire de la fondation de la paroisse Notre-Dame de Québec. Plusieurs activités spéciales sont au programme pour souligner cet événement.

■ CENTRE D'INTERPRÉTATION DE LA PLACE-ROYALE

27, rue Notre-Dame ✆ +1 418 646 3167
✆ +1 866 710 8031 – www.mcq.org
Du 24 juin à la fête du Travail : lundi-dimanche, 9h30-17h. Le reste de l'année : mardi-dimanche, 10h-17h. Adulte : 7 CAN $, aîné : 6 CAN $, étudiant : 5 CAN $, 12-16 ans : 2 CAN $, 11 ans et moins : gratuit. Entrée gratuite tous les mardis de novembre à fin mars et les samedis de 10h à 12h en janvier et février. Ateliers pour les familles.

Le Centre d'interprétation de la Place-Royale, situé dans un superbe bâtiment de la place Royale, fait revivre de façon très vivante les 400 ans d'histoire de cette place. Les expositions sont conçues de façon très ludique. Par exemple, des objets « mystères » étranges sont disséminés, chacun contenant une énigme. Un spectacle multimédia, des ateliers et activités découverte, et des visites guidées, à l'intérieur en hiver et dehors en été, contribuent au dynamisme de la visite.

■ FAIRMONT LE CHÂTEAU FRONTENAC

1, rue des Carrières
✆ +1 418 692 3861 / +1 800 441 1414
www.fairmont.fr/fr/frontenac/
Notez que depuis le 31 octobre 2011, il n'y a plus de visite guidée du Château Frontenac. Vous pouvez cependant visiter quelques parties de l'hôtel librement.

Ainsi baptisé en l'honneur du gouverneur de la Nouvelle-France, il se dresse au flanc du cap Diamant depuis 1893, à l'emplacement de l'ancienne résidence du gouverneur. En août 1943 et en septembre 1944, les Alliés se donnèrent rendez-vous au Château pour discuter de la conduite générale de la guerre et de la stratégie future. C'est lors de la première rencontre que furent déterminés la logistique et le lieu du débarquement de Normandie. Lors de la deuxième rencontre, l'après-guerre constitua l'essentiel des conversations. Aujourd'hui, le Château Frontenac, hôtel 5-étoiles propriété du groupe Fairmont, compte plus de 600 chambres, plusieurs restaurants, magasins, etc. Il faut y entrer, ne serait-ce que pour prendre une consommation au bar, pour l'ambiance et la vue sur la ville.

■ GALERIE D'ART INUIT BROUSSEAU

35, rue Saint-Louis ✆ +1 418 694 1828
www.sculpture.artinuit.ca
Lundi-dimanche, 9h30-17h30.
Une galerie superbe pour les férus d'art inuit ou tout simplement pour les curieux car cet art particulier vaut le détour. Les étagères créent des cadres qui soulignent magnifiquement toute la beauté des courbes et des couleurs des sculptures. Celles-ci ont des prix proportionnels à leur raffinement et à leur taille. Le personnel est extrêmement qualifié et ne manquera pas de vous faire découvrir les subtilités, les mythes et légendes de cette culture ancestrale.

■ MUSÉE DE LA CIVILISATION

85, rue Dalhousie ✆ +1 418 643 2158
✆ +1 866 710 8031 – www.mcq.org
Du 24 juin à la fête du Travail : lundi-dimanche, 9h30-18h30. Le reste de l'année : mardi-dimanche, 10h-17h. Adulte : 14 CAN $, aîné : 13 CAN $, étudiant : 9 CAN $, 12-16 ans : 4 CAN $, 11 ans et moins : gratuit. Entrée gratuite tous les mardis de novembre à fin mars et les samedis de 10h à 12h en janvier et février. Ateliers pour les familles.
Le bâtiment (1988) est une réalisation du célèbre architecte Moshe Safdie. À l'intérieur, le musée propose annuellement plus de dix expositions et ateliers sur des sujets actuels, historiques et parfois insolites. Il faut absolument voir l'exposition « Nous, les Premières Nations » qui décrit la vision du monde et le mode de vie des 11 nations autochtones peuplant le territoire du Québec.

■ MUSÉE DE L'AMÉRIQUE FRANÇAISE – SITE HISTORIQUE DU SÉMINAIRE DE QUÉBEC

2, Côte de la Fabrique ✆ +1 418 692 2843
✆ +1 866 710 8031 – www.mcq.org
Du 24 juin à la fête du Travail : lundi-dimanche, 9h30-17h. Le reste de l'année : mardi-dimanche, 10h-17h. Adulte : 8 CAN $, aîné : 7 CAN $, étudiant : 5,50 CAN $, 12-16 ans : 2 CAN $, 11 ans et moins : gratuit. Entrée gratuite tous les mardis de novembre à fin mars et les samedis de 10h à 12h en janvier et février.
Il s'agit du plus ancien musée du Canada. Il se situe dans un bâtiment attenant au Séminaire de Québec, fondé en 1663 par Mgr François de Laval. Le musée de l'Amérique française est issu de la tradition religieuse et éducative européenne. Dès 1806, on y présente une collection d'instruments destinés à l'enseignement des sciences, puis des collections de monnaies anciennes, de médailles, des collections de minéraux, de fossiles, de peintures, etc. Aujourd'hui le musée est tourné vers l'histoire de l'Amérique française et notamment sur le développement de la culture française sur le continent. L'exposition permanente, « Partir sur la route des francophones », nous entraîne sur les traces laissées par les francophones qui ont décidé de s'installer sur le continent nord-américain. De nombreuses activités et expositions temporaires se renouvellent continuellement.

Monastère des Ursulines

MUSÉE DES URSULINES DE QUÉBEC

12, rue Donnacona ✆ +1 418 694 0694
www.museedesursulines.com
Mai à début octobre : mardi-dimanche, 10h-17h. Le reste de l'année : mardi-dimanche, 13h-17h. Adulte : 8 CAN $, aîné et étudiant : 6 CAN $, 13-17 ans : 4 CAN $, 12 ans et moins : gratuit. Visite rapide au rez-de-chaussée : 3 CAN $ pour tous. Visites thématiques et programmation d'activités aussi offertes. Boutique sur place.
C'est le plus ancien établissement d'enseignement pour jeunes filles d'Amérique du Nord (1639). La chapelle possède une superbe décoration intérieure provenant de l'ancienne chapelle du XVIIIe siècle et abrite le tombeau de la bienheureuse Marie de l'Incarnation. C'est elle qui établit en France et au Québec l'ordre des Ursulines, fondé en Italie en 1535. Le général Montcalm a été inhumé dans la crypte en 1759. Le musée retrace l'histoire des Ursulines arrivées à Québec en 1639. Une riche collection d'objets illustre leur vie quotidienne. Des extraits de lettres de Marie de l'Incarnation et des illustrations d'archives montrent le rôle joué par cette communauté auprès de leurs pensionnaires amérindiennes.

TERRASSE DUFFERIN ET PROMENADE DES GOUVERNEURS

Cette promenade se situe au pied du Château Frontenac. C'est une longue et large terrasse de planches balayée par le vent et surplombant le Saint-Laurent. Elle offre de magnifiques vues sur la Basse-Ville et le fleuve. La nuit, quand le château est éclairé, le spectacle devient féerique. En hiver, vous ferez des glissades en luge, une attraction pour les amateurs d'adrénaline. La Terrasse Dufferin se prolonge par la Promenade des Gouverneurs, longue succession d'escaliers longeant la citadelle du côté du fleuve et qui aboutit aux Plaines d'Abraham (très belles vues). Notez que depuis juin 2011, les travaux sont terminés sur la Terrasse et le Lieu historique national du Canada des Forts-et-Châteaux-Saint-Louis a rouvert au public.

Château Frontenac.

Saint-Jean-Baptiste et Montcalm

▶ **Le quartier des Champs de bataille.** Du XVIIe au XXIe siècle, la forteresse de Québec eut en charge la défense de tout le Nord-Est de l'Amérique. De ce dispositif militaire subsistent d'importants vestiges.

▶ **Grande Allée et ses environs.** Cette grande avenue qui part de la porte Saint-Louis, dans le prolongement de la rue Saint-Louis, est appelée « les Champs-Élysées » de Québec. C'est une succession de bureaux, boutiques, hôtels, restaurants et terrasses de café où se déroule la vie nocturne.

CITADELLE DE QUÉBEC & MUSÉE ROYAL 22E RÉGIMENT

1, Côte de la Citadelle
✆ +1 418 649 2815 – www.lacitadelle.qc.ca
Ouvert toute l'année (horaires variables selon la saison). Adulte : 10 CAN $, aîné et étudiant : 9 CAN $, 17 ans et moins : 5,50 CAN $, 7 ans et moins : gratuit, famille : 25 CAN $. Stationnement extérieur gratuit. Visite guidée seulement (aucune visite libre). Visites VIP et nocturnes aussi offertes.
Située dans la Haute-Ville, au sommet du cap Diamant, sur le flanc est des fortifications, le plan de la citadelle forme une étoile caractéristique de Vauban. Ce lieu historique national est aussi connu sous le nom de « Gibraltar d'Amérique ». Depuis 1920, la citadelle est occupée par les troupes du Royal 22e Régiment. L'ancienne poudrière (1750) et l'ancienne prison militaire abritent un musée présentant une collection d'armes, d'uniformes et de décorations, du XVIIe siècle à nos jours. En tout, une vingtaine de bâtiments. Durant la saison estivale, des cérémonies militaires s'y déroulent tous les jours. En 2014, question de souligner le 100e anniversaire du Royal 22e Régiment, le musée sera entièrement renouvelé et prêt à accueillir ses premiers visiteurs.

HÔTEL DU PARLEMENT

Assemblée nationale du Québec
1045, rue des Parlementaires
✆ +1 418 643 7239 / +1 866 337 8837
www.assnat.qc.ca

Hôtel du Parlement

Entrée à l'angle de l'avenue Honoré-Mercier et de la Grande Allée Est, porte 3. Du 24 juin à la fête du Travail : lundi-vendredi, 9h-16h30 ; samedi-dimanche, 10h-16h30. Le reste de l'année : lundi-vendredi, 9h-16h30. Visites commentées (30 min). Entrée libre.

C'est le premier site historique national du Québec. De style Second Empire, l'édifice conçu en 1886 par l'architecte Eugène-Étienne Taché présente une imposante façade ornée des grands personnages ayant marqué l'histoire de la Province. Devant l'entrée principale, l'impressionnante fontaine dédiée aux Amérindiens s'orne de sculptures de l'artiste québécois du XIXe siècle, Louis-Philippe Hébert. Pour les petits creux, le restaurant Le Parlementaire, ouvert de 8h à 14h30 en semaine (à partir de 11h30 en été), propose un menu axé sur les produits québécois. Excellent rapport qualité-prix !

■ LIEU HISTORIQUE NATIONAL DU CANADA DES FORTIFICATIONS-DE-QUÉBEC

2, rue d'Auteuil
✆ +1 418 648 7016 / +1 888 773 8888
www.pc.gc.ca/fortifications

Mi-mai à mi-juin et début septembre à début octobre : lundi-dimanche, 10h-17h. Mi-juin à début septembre : lundi-dimanche, 10h-18h. Fermé de début octobre à avril. Avril à mi-mai : ouvert sur réservation. Adulte : 3,90 CAN $, aîné : 3,40 CAN $, jeune : 1,90 CAN $, famille : 9,80 CAN $. Autres tarifs pour les activités et programmes spéciaux.

Québec est la seule ville d'Amérique du Nord ayant conservé ses fortifications, ce qui lui a valu d'être proclamée joyau du patrimoine mondial par l'Unesco en 1985. Le centre d'initiation des Fortifications-de-Québec raconte plus de trois siècles d'histoire, de façon ludique et interactive. La grande muraille est pourvue d'un sentier d'orientation expliquant, à l'aide de panneaux, l'évolution du système de défense de la ville. Possibilité de faire une visite autonome des fortifications, une randonnée qui longe les 4,6 km de murs qui ceinturent le Vieux-Québec.

■ MAISON DE LA DÉCOUVERTE DES PLAINES D'ABRAHAM

835, avenue Wilfrid-Laurier
✆ +1 418 649 6157 / +1 418 648 4071
information@ccbn-nbc.gc.ca

Ouvert tous les jours de 10h à 17h (jusqu'à 17h30 en été). Admission « spécial été » pour l'Odyssée, le bus d'Abraham et la Tour Martello 1 : adulte 14 CAN $, 13-17 ans et aîné 10 CAN $, 12 ans et moins 4 CAN $. Tarifs réduits hors saison.

Le périple commence par une exposition interactive combinant une vingtaine de costumes avec des projections multimédias très intéressantes. Vous côtoierez les personnages de la Nouvelle France avant de vous plonger dans les grandes batailles de Québec, opposant le marquis de Montcalm et James Wolfe. La tour Martello 1 abrite d'ailleurs une exposition sur le génie militaire et la vie de soldat, par l'intermédiaire de huit bornes sonores. Ensuite, montez à bord du bus avec le vieil Abraham Martin qui vous racontera l'histoire des plaines, avec quelques secrets bien gardés en bonus. Une belle journée en perspective !

MUSÉE NATIONAL DES BEAUX-ARTS DU QUÉBEC

Parc des Champs-de-Bataille
✆ +1 418 643 2150 / +1 866 220 2150
www.mnba.qc.ca

Juin à début septembre : lundi-dimanche, 10h-18h (mercredi jusqu'à 21h). Le reste de l'année : mardi-dimanche, 10h-17h (mercredi jusqu'à 21h). Collection du musée gratuite, expo temporaire : adulte 15 CAN $, aîné 12 CAN $, étudiant 7 CAN $, 12-17 ans 4 CAN $, 12 ans et moins gratuit, famille 30 CAN $. Ateliers pour les familles, camps artistiques pour enfants et nombreuses autres activités culturelles.

Un bâtiment majestueux, situé dans le parc des Champs-de-Bataille, qui abrite la plus grande collection de la capitale avec sept expositions permanentes. Ne manquez pas les très belles salles consacrées à l'art inuit, dont les pièces ont été confiées au musée par Raymond Brousseau. L'immense fresque *Hommage à Luxembourg* de Riopelle, dans la salle consacrée à l'artiste, est impressionnante. L'exposition sur la figuration et l'abstraction au Québec met en avant les œuvres de Pellan, Borduas, Dallaire, etc. Enfin, trois autres salles sont consacrées à l'histoire de Québec, la ville et la province. Des tableaux et des sculptures font revivre les grands moments de son histoire et la vie de ses héros.

OBSERVATOIRE DE LA CAPITALE

Édifice Marie-Guyart
1037, rue de la Chevrotière
31e étage
✆ +1 418 644 9841 / +1 888 497 4322
www.observatoire-capitale.com

Février à mi-octobre : lundi-dimanche, 10h-17h. Le reste de l'année : fermé le lundi. Adulte : 10 CAN $, étudiant et aîné : 8 CAN $, 12 ans et moins : gratuit. Accès illimité annuel : 19,95 CAN $. Notez que des travaux de réaménagement ont eu lieu à l'hiver 2011. Boutique de souvenirs.

Monter au sommet du plus haut bâtiment de Québec (221 mètres d'altitude) permet de comprendre en un coup d'œil l'histoire de la ville et d'en prendre le pouls : le Vieux-Québec de la Nouvelle France, le fleuve Saint-Laurent, la Citadelle, les Plaines d'Abraham, le Parlement, les maisons plus modestes, etc. Inutile d'ajouter que les vastes parois vitrées de l'Observatoire vous offrent un panorama à couper le souffle. Sur place : bornes interactives à écrans tactiles, cocons d'immersion sonore, images en 3D.

PARC DES CHAMPS-DE-BATAILLE

Avenue Wilfrid-Laurier

C'est ici, sur les Plaines d'Abraham, que Wolfe et Montcalm se sont affrontés en 1759. Il en reste des souvenirs (plaques commémoratives, monuments et pièces d'artillerie), disséminés sur 125 hectares de parc boisé et de jardins. S'y trouve une belle vue de la terrasse Grey. De là, la Promenade des Gouverneurs longe la citadelle jusqu'à la Terrasse Dufferin, au pied du Château Frontenac. Les tours Martello que vous apercevez dans le parc (quatre à Québec, dont deux sur les Plaines d'Abraham) ont été érigées après la conquête anglaise, entre 1808 et 1812, pour servir d'ouvrages avancés de défense, en prévision d'une autre invasion américaine à la suite de celle de 1775. Rondes, robustes, en pierre, elles constituaient des unités de défense autonome servant à la fois de caserne, de magasin, de plate-forme de tir, et leur unique entrée à l'étage n'était accessible que par une échelle. Elles n'ont, en fait, jamais servi.

SITE PATRIMONIAL DU PARC-DE-L'ARTILLERIE

2, rue d'Auteuil
✆ +1 418 648 7016 / +1 888 773 8888
www.pc.gc.ca/artillerie

Mi-mai à mi-juin et début septembre à début octobre : lundi-dimanche, 10h-17h. Mi-juin à début septembre : lundi-dimanche, 10h-18h. Fermé de début octobre à avril. Avril à mi-mai : ouvert sur réservation. Adulte : 3,90 CAN $, aîné : 3,40 CAN $, jeune : 1,90 CAN $, famille : 9,80 CAN $.

Au XVIIe siècle, il s'agissait d'un lieu consacré à la défense de la ville de Québec. C'est pourquoi cet ancien lieu de casernement et d'entrepôt militaire fait partie aujourd'hui des Fortifications-de-Québec. Ce fut et c'est toujours un emplacement stratégique majeur. Vous y visiterez aujourd'hui, pacifiquement, la fonderie de l'Arsenal (1903), la redoute Dauphine (1712) et le logis des officiers (1818). Plusieurs autres activités sont offertes, dont la cérémonie du thé, fort intéressante et divertissante.

Saint-Roch, Limoilou et le nord

■ HÔTEL DE GLACE

9530, rue de la Faune
✆ +1 418 623 2888 / +1 877 505 0423
www.hoteldeglace-canada.com
Ouvert de début janvier à fin mars. Ouvert au public tous les jours de 10h à minuit. Adulte : 17,50 CAN $, aîné et étudiant : 15,50 CAN $, 6-12 ans : 8,75 CAN $, 5 ans et moins : gratuit, famille : 43,75 CAN $. Tarifs d'entrée réduits après 20h. Service de navette depuis Québec (réservation : +1 418 664 0460). Capacité d'hébergement : 36 chambres et suites thématiques. Plusieurs forfaits disponibles. Programmation d'activités et d'événements. Bar de Glace, chapelle (mariages), salles d'expositions thématiques, glissade, espace détente nordique avec Spa et sauna extérieur, etc.
Ce majestueux complexe de glace et de neige voit le jour en janvier et disparaît sous le soleil du printemps chaque année. Il s'agit d'une structure exceptionnelle de plus de 3 000 m² fabriquée de 12 000 tonnes de neige et de 400 tonnes de glace. Les murs sont dotés d'œuvres d'art, le mobilier, le lustre étincelant qui dominent le hall d'entrée, les colonnes et les magnifiques sculptures sont façonnées à même la glace. Le chaud et le froid se mélangent, vos sens sont en éveil, un émerveillement qui vous fera vivre une expérience hors du commun !

■ LIEU HISTORIQUE NATIONAL DU CANADA CARTIER-BRÉBEUF

175, rue de L'Espinay
✆ +1 418 648 4038 / +1 888 773 8888
www.pc.gc.ca/cartierbrebeuf
Début avril à fin mai : pour les groupes scolaires sur réservation. Fin mai à début septembre : lundi-dimanche, 8h30-12h & 13h-16h (jusqu'à 17h dès le 24 juin). Adulte : 3,90 CAN $, aîné : 3,40 CAN $, jeune : 1,90 CAN $, famille : 9,80 CAN $.
Revivre l'hivernage de Jacques Cartier et de ses compagnons en 1535-1536 est une expérience en soi. Ce centre d'interprétation, très ludique, évoque à travers ses expositions les voyages de Jacques Cartier au Canada, ses rencontres avec les Iroquois du Saint-Laurent et le rôle joué par les Jésuites, à partir de l'arrivée du missionnaire Jean de Brébeuf. Après votre visite, lors des beaux jours, nous vous conseillons vivement une petite promenade dans le quartier Limoilou (plusieurs restos et boutiques sur la 3e Avenue) et un pique-nique dans le parc de l'Anse-à-Cartier.

Sainte-Foy, Sillery et Cap-Rouge

AQUARIUM DU QUÉBEC
1675, avenue des Hôtels
✆ +1 418 659 5264 / +1 866 659 5264
www.sepaq.com/aquarium
Ouvert tous les jours (à l'exception du 25 décembre). Juin à début septembre : 10h-17h. Le reste de l'année : 10h-16h. Adulte : 16,50 CAN $, aîné : 14,50 CAN $, 3-17 ans : 8,25 CAN $, 2 ans et moins : gratuit, famille : à partir de 33 CAN $. Passeport annuel disponible. Aires de pique-nique, restaurants et boutique sur place. Possibilité d'organiser des fêtes d'enfants.
L'Aquarium du Québec est une attraction ludique et amusante pour toute la famille. Vous partirez ici à la rencontre de 10 000 animaux marins tels les poissons, les reptiles, les amphibiens, les invertébrés et les mammifères marins. Les grandes vedettes de l'aquarium, les morses, les phoques et les ours blancs, retiendront sans nul doute votre attention et vous pourrez assister à leur entraînement ou à leur repas. Belle expérience ! De nombreuses activités découvertes et animations y sont également organisées dont l'activité « animalier d'un jour » qui fera vivre l'envers du décor aux jeunes âgés de 14 ans et plus. Sur le site, vous retrouverez en plus un parcours d'Arbre en Arbre adapté pour les jeunes et des jeux d'eau, question de profiter pleinement de la belle saison. En hiver, le Festi Lumière prend la relève avec plus de 250 000 lumières qui illuminent le site et des activités qui feront le bonheur des petits et des grands. Bon plan : le brunch du dimanche matin à 25,50 CAN $ (tarif adulte) comprend la visite et le brunch sur la terrasse avec vue sur le fleuve. À voir : le nouveau pavillon dédié aux espèces exotiques (méduses colorées, minuscules hippocampes, raies, requins-marteaux...) et son tunnel Grand Océan à la découverte de l'univers de l'océan Pacifique.

SHOPPING

La capitale québécoise a de quoi faire plaisir aux amoureux du shopping ! Outre les boutiques de quartier, on retrouve un grand nombre de centres commerciaux, dont trois dans l'arrondissement de Sainte-Foy à quelques pas l'un de l'autre (Laurier Québec, Place de la Cité, Place Ste-Foy), ainsi que les Galeries de la Capitale (angle autoroute Félix Leclerc et boulevard Henri-Bourassa) et Place Fleur de Lys (à proximité des quartiers Saint-Roch et Limoilou).

Le Vieux-Québec et le Port

Comme toute ville touristique de ce monde, Québec inonde ses visiteurs de boutiques de souvenirs à son effigie et à celle de la province. Mais il reste que plusieurs boutiques d'intérêt se trouvent également dans ce quartier, notamment dans le Petit Champlain (artisanat, mode, déco, produits gourmands...), sur la rue Saint-Jean (mode, magasin général...) et aux alentours du Vieux-Port (marché gourmand, magasins d'antiquités...).

BOUTIQUE DES MÉTIERS D'ART
29, rue Notre-Dame, Place-Royale
✆ +1 418 694 0267
www.metiers-d-art.qc.ca
Ouvert à l'année (horaire variable selon la boutique).
Ces deux boutiques, gérées par le Conseil des métiers d'art du Québec (CMAQ), font la promotion de la création contemporaine des métiers d'art au Québec. Les jolies pièces exposées sont, pour la plupart, confectionnées par des artisans québécois. Il s'agit du regroupement du travail de plus d'une centaine d'artisans d'ici. Un lieu idéal pour trouver un beau cadeau et promouvoir l'artisanat local.

▶ **Autre adresse :** 7 rue Petit-Champlain, ✆ +1 418 694 3000.

MAGASIN P.A. GAGNON
34, côte de la Montagne
✆ +1 418 694 0564
En été : lundi-dimanche, 9h-21h. Le reste de l'année : lundi-dimanche, 10h-17h. Service de livraison partout en Amérique du Nord.
Située en plein cœur du quartier touristique du Vieux-Québec, cette boutique se spécialise dans l'art amérindien et inuit. Et pas n'importe lequel, au contraire ! La boutique s'approvisionne auprès d'artistes et d'artisans de la région, de trappeurs, et de communautés amérindiennes (et même aussi loin qu'en Colombie-Britannique !). Parmi les items chouchous de la clientèle, notons les sculptures inuit en pierre à savon, les capteurs de rêve, les mocassins et les peaux d'animaux. Mais les étalages regorgent aussi de magnifiques bijoux (turquoise, corail rouge, etc.), d'inuksuit (le pluriel d'inukshuk, bon à savoir !), de totems de l'ouest canadien... Impossible de quitter les lieux les mains vides ! Bref, une adresse de qualité qui valorise le travail des artisans d'ici. Un must !

■ MARCHÉ DU VIEUX-PORT DE QUÉBEC
160, Quai Saint-André
✆ +1 418 692 2517
www.marchevieuxport.com
Ouvert tous les jours (horaire variable selon la saison).
Un marché très agréable ouvert toute l'année, et qui évolue au fil des saisons. L'été on y retrouve une multitude de fleurs côtoyant des fruits et des légumes qui abondent sur les étals. À Noël, de nombreux producteurs locaux s'y donnent rendez-vous pour présenter leur spécialité : foie gras, gibiers, etc. Parmi les kiosques ouverts à l'année, notons des poissonneries, un comptoir de pâtes fraîches, une fromagerie regroupant une sélection de 150 fromages en majorité québécois, une pâtisserie fine, un magasin de bières québécoises, etc. Aussi sur place : des producteurs de vins, des fermiers travaillant la canneberge ou encore les produits de l'érable, un stand de hot-dogs avec une variété de plus de 70 saucisses, des kiosques de produits de soins corporels (savons au lait de chèvre, produits à base d'huile d'émeu, etc.), et beaucoup plus !

■ Ô PETITES DOUCEURS DU QUARTIER
51, rue du Petit-Champlain
✆ +1 418 692 4870
Ouvert à l'année (horaire variable selon la saison).
Installée dans le Petit Champlain, cette boutique est gérée par un couple européen ayant entrepris des commerces aux quatre coins du monde, Patrick Augier et Caroline Marelli. De Madagascar à la Martinique, c'est le Québec qu'ils ont choisi pour finalement s'installer. Ô Petites Douceurs du Quartier est leur charmante boutique où l'on retrouve une panoplie d'idées cadeaux pour tous les âges : toutous, confiseries, produits gourmands du Québec et gamme de produits maison, objets décoratifs d'artistes québécois et d'ailleurs, articles de cuisine, et encore plus. Un arrêt obligé dans le Petit Champlain !

Saint-Jean-Baptiste et Montcalm

Le faubourg Saint-Jean regorge de boutiques tendances, de magasins gourmands et épiceries fines. Un peu plus à l'ouest, aux environs de la rue Cartier, se trouve également une zone shopping intéressante.

Mode – Sport

■ BOUTIQUE SÉRAPHIN
738, rue Saint-Jean
✆ +1 418 522 2533
www.boutiqueseraphin.com
Lundi-mercredi & samedi, 10h-18h ; jeudi-vendredi, 10h-21h ; dimanche, 11h-17h30. Horaire prolongé en été.
Une boutique mixte remplie de T-shirts aussi équitables que design, de jeans bien coupés, de petites robes rigolotes... Bref, une bonne adresse streetwear avec plusieurs grandes marques en boutique : American Apparel, Blend, Dex, Lady Dutch, Lucky 7, Mavi Jeans, Projek Raw, Puma... Belles réductions pendant les soldes.

■ SCHÜZ
748 rue Saint-Jean
✆ +1 418 523 4560
www.schuz.ca
Lundi-mercredi & samedi, 10h-18h ; jeudi-vendredi, 10h-21h ; dimanche, 11h-17h30. Horaire prolongé en été.
Le godillot increvable, la basket marrante, les sandales design... Elles y sont (presque) toutes ! Et pourtant la boutique n'est pas bien grande. La sélection est soignée et vous serez certain de ne pas avoir la même paire que tout le monde.

■ **UN STYLE DE VIE**
833 rue Saint-Jean © +1 418 914 3117
© +1 855 624 5568 – www.unstyledevie.com
Dimanche-mercredi, 9h-18h ; jeudi-samedi, 9h-21h. Boutique en ligne également. Présentation exclusive et privée des produits masculins de la boutique sur réservation.
Sans nul doute la nouvelle boutique qui fait le plus jaser dans la capitale depuis son ouverture en février 2012. Et avec raison ! Fière propriété de Danny Kronstrom, pour qui la créativité ne connaît pas de limites, cette boutique tendance et éco-responsable de sous-vêtements et maillots de bain pour hommes est un éden pour ceux cherchant confort, variété et design. Question de promouvoir ce nouveau commerce du faubourg Saint-Jean, différents concepts inusités ont été mis sur pied : mannequins vivants en vitrine (une véritable attraction, appareil-photo recommandé !), journée de magasinage en bobette avec cadeau pour les 50 premiers clients qui osent, etc. Rien de moins. Côté marchandises, 35 % de l'inventaire est consacré aux marques québécoises telles Gregg, 3G Actualwear ou encore Pump ! On y retrouve également les marques Diesel, Calvin Klein, ES Collection, Andrew Christian, Nü (dont une sélection de culottes en bambou), G-Star Raw, pour ne nommer que celles-là. Boxers, bobettes, jocks, thongs et strings... tout y est ! Sans oublier les maillots, une petite sélection de streetwear, des chaussettes, des pyjamas et pantalons de jogging... De quoi faire plaisir à monsieur ! Et question de se dorloter, des produits raffinés de beauté et d'hygiène sont aussi en vente sur place. Bref, une équipe aux petits soins, une superbe variété de produits et un emplacement de choix font d'Un Style de Vie une boutique incontournable !

▸ **Autre adresse :** Pyramide de Sainte-Foy, 2360 chemin Sainte-Foy.

Panier gourmand

■ **ÉPICERIE EUROPÉENNE**
560, rue Saint-Jean © +1 418 529 4847
www.epicerie-europeenne.com
Lundi-mercredi, 9h-18h ; jeudi-vendredi, 9h-20h ; samedi, 9h-17h ; dimanche, fermé.
Il suffit de pousser le loquet pour succomber au parfum européen et sans contredit, la note de tête est italienne. La plupart des produits fins portent l'étiquette toscane : confiserie, petits cakes, café en grains, huiles très fines, pesto, pâte d'olives... Les fromages et les charcuteries sont, à l'image de l'Europe, très variés. Pour accompagner la chair fraîche, vous y trouverez une sélection de couteaux Laguiole. Faites également un tour dans la section de porcelaine. Elle est à découvrir ! L'épicerie dispose finalement d'un petit comptoir pour siroter son café Hausbrandt, Segafredo ou Lavazza, son thé Kusmi, ou pour goûter à leur savoureux paninis froids.

SPORTS – DÉTENTE – LOISIRS

■ **ROC GYMS – AVENTUREX**
2350, avenue du Colisée © +1 418 647 4422
© +1 800 762 4967 – www.rocgyms.com
Centre d'escalade ouvert à l'année tous les jours dès 10h. Tarification : journalière, abonnement ou carte d'admission. Promotions en soirée. Formation et accréditation en escalade, activités de groupe, corporatif et forfaits offerts.
Vous rêvez de grimper ou êtes déjà un fanatique, alors notez bien cette adresse. Ouvert en 1993 et géré par le club école

d'escalade L'Ascensation, ce centre intérieur comprend une méga salle de 12 m de hauteur avec 75 parcours modifiés régulièrement. Vous y trouverez également deux salles de blocs à grimper avec matelas et un parc d'aventure avec, entre autres, des parcours aériens, des jeux, des épreuves et des stations d'entraînement. Différents types de formations y sont offerts. Des programmes et forfaits sont également proposés aux groupes et au corporatif, sans oublier les camps de jour et d'été. Pour ceux en quête de sensations plus fortes, la filiale Aventurex propose des activités sur différents sites extérieurs. Par exemple : via ferrata, ponts suspendus et tyrolienne au Canyon Ste-Anne ; escalade, via ferrata, descente en rappel et tyrolienne aux Palissades de Charlevoix ; via ferrata des glaces aux Chutes Montmorency...
Bref, cette entreprise offre un nombre incalculable d'activités et de forfaits et ce, en toutes saisons.

GAY ET LESBIEN

Moins festive et dynamique que Montréal et son village Gai, Québec possède néanmoins quelques adresses sympas pour le public gay.

LA PIAZZETTA

707, rue Saint-Jean ✆ +1 418 529 7489
Voir la rubrique « Se restaurer – Saint-Jean-Baptiste et Montcalm »

LE 253 COUETTE & CAFÉ

253, rue de la Reine
✆ +1 418 647 0590 / +1 866 647 0590
www.le253.com
Occupation simple : à partir de 75 CAN $, double : à partir de 95 CAN $. Petit déjeuner maison inclus. Chambres spacieuses avec salle de bain partagée et une magnifique suite avec salle de bain privée. Superbe cour intérieure.
Gros coup de cœur pour ce B&B et pour ses adorables patrons ! Mario est intarissable sur les possibilités de sortie en ville et sur la communauté gay de Québec. D'ailleurs, il a longtemps participé à l'organisation de la Gay Pride locale. Michel, artiste peintre, s'occupe de la décoration pour le plus grand plaisir des convives. Chaque chambre est unique et exalte un savant mélange de créativité et de bon goût : murs discrètement travaillés au petit pinceau, jolis tissus, objets de déco originaux et, bien sûr, quelques toiles de Michel. Situé à Saint-Roch, quartier branché où les bonnes adresses poussent comme des champignons, le 253 est par ailleurs réputé pour ses petits déjeuners maison, aussi excellents que copieux.

LE DRAGUE CABARET CLUB

815, rue Saint-Augustin
✆ +1 418 649 7212 – www.ledrague.com
Café Internet : ouvert tous les jours dès 10h. Cabaret : ouvert tous les jours dès 16h (spectacles de personnificateurs féminins, karaoké et plancher de danse). Zone3 : ouverte du mercredi au samedi. Discothèque sur deux niveaux : ouverte du jeudi au samedi dès 23h.
À la fois bar, boîte, salle de spectacle, haut lieu de cruise, le Drague se présente comme un « complexe de divertissements », en plein cœur du Faubourg Saint-Jean. L'été, il y a même un bar installé dehors, donnant sur une petite rue qui peut vite se remplir le week-end et faire office de terrasse. La partie « réservée aux hommes », la Zone3, permet des contacts plus rapprochés dans un décor très cuir et latex. La programmation est aussi diversifiée que la clientèle et le planning est chargé ! Pour vous mettre l'eau à la bouche, voici un exemple de quelques soirées. Lundi : danse country ; mardi : soirée Electropop ; mercredi : soirée karaoké ; jeudi : personnificateurs féminins au cabaret et soirée « Lippésuction » au club ; vendredi : « c'est vendredi et tout est permis ». Notez que la programmation change régulièrement.

HÔTEL & SAUNA HIPPOCAMPE

31, rue McMahon
✆ +1 418 692 1521 / +1 888 388 1521
www.hotelhippocampe.com
Occupation simple ou double : à partir de 85 CAN $. Stationnement disponible sur réservation (10 CAN $ par jour), café gratuit le matin, buanderie. Sauna : ouvert tous les jours, 24/24h. Spéciaux pour étudiants. Carte fidélité disponible.
Le célèbre sauna, situé en plein cœur de la capitale nationale, propose de belles chambres aux tons chauds, exclusivement réservées aux hommes gay. L'hôtel comprend également une petite boutique érotique et propose des vidéos XXX. Sur demande, vous pouvez aussi profiter du solarium, du Jacuzzi, du bain vapeur et du sauna finlandais de l'Hippocampe. Une adresse unique en son genre à Québec et très bien située, à deux pas des restos et bars les plus branchés de la ville.

Les environs de Québec

AU NORD

WENDAKE

La visite du village de Wendake (nation huronne-wendat) se compose de plusieurs éléments et il faut lui consacrer au moins une journée entière. En 2008, la nation de Wendake a vu la finalisation de plusieurs chantiers d'importance. L'Hôtel-Musée Premières Nations y a vu le jour ainsi qu'un nouvel amphithéâtre en plein air où est notamment présenté, tout l'été, un spectacle d'envergure. Un parc linéaire longeant la rivière Saint-Charles y a également été inauguré (à ne pas manquer : la chute de la rivière Akiawenrahk, aussi appelée Kabir Kouba, située près de l'office du tourisme). Ces nouveautés intéressantes viennent compléter une offre déjà existante d'activités culturelles et sportives. D'ailleurs, des événements hauts en couleur s'y déroulent également au fil des mois : Pow-wow à la fin juin-début juillet (fête traditionnelle), spectacles à grand déploiement et musicaux à l'amphithéâtre en été, courses de traîneaux à chiens en hiver...

■ HÔTEL-MUSÉE PREMIÈRES NATIONS

5, Place de la Rencontre « Ekionkiestha' »
✆ +1 418 847 2222
✆ +1 866 551 9222
www.hotelpremieresnations.ca

Forfait couette et musée : à partir de 85 CAN $ par personne en occupation double (incluant petit déjeuner – prévoir un supplément pour le brunch du dimanche, visite du musée, stationnement et Internet sans fil). Autres forfaits disponibles. Restaurant de fine cuisine terroir du nord, bar et centre de santé Spa sur place. Musée : du 21 juin à fin octobre, tous les jours de 9h à 17h (jusqu'à 19h en été du jeudi au samedi) ; le reste de l'année, fermé lundi et mardi. Ouvert tous les jours à l'année sur réservation de groupes de 10 personnes et plus. Visites guidées également disponibles (3 départs par jour). Entrée adulte : 11 CAN $, aîné : 10 CAN $, étudiant : 9 CAN $, 7-16 ans : 5,50 CAN $, famille : 28 CAN $. Forfait découverte disponible incluant la visite du musée, de la maison Tsawenhohi, de l'église Notre-Dame-de-Lorette, de la fresque des Wendat et de la chute Kabir Kouba.

Au cœur du territoire huron-wendat, venez découvrir un hôtel 4-étoiles où l'histoire et la tradition côtoient habilement la modernité. Vous serez autant surpris par le confort des chambres que par la qualité du Restaurant La Traite. Celui-ci offre une cuisine unique, inspirée des Premières nations. Visitez aussi le Musée Huron-Wendat et découvrez-y des expositions offrant une fenêtre ouverte sur les territoires, les mémoires et les savoirs d'un peuple fier de ses racines. Notez que l'hôtel et son restaurant font partie de la « Collection d'expériences distinctives » de la Commission canadienne du tourisme. Nouveautés : maison longue traditionnelle, centre de santé Spa d'inspiration amérindienne et sentier d'interprétation le long de la rivière Akiawenrahk.

■ RESTAURANT SAGAMITÉ

10, boulevard Bastien
✆ +1 418 847 6999
www.sagamite.com

Ouvert tous les jours du matin au soir (la cuisine ferme à 22h, vendredi-samedi à 23h). Menu midi : environ 10-15 CAN $, soir : environ 25-40 CAN $. Belle terrasse en été.

Au cœur du village huron, Sagamité propose une fine cuisine typiquement autochtone, dans un cadre et une ambiance très agréables (on entend la chute de la rivière Akiawenrahk). Ne manquez pas de goûter à la Sagamité, le potage traditionnel, ou à la potence de gibiers, uniquement disponible dans ce restaurant. Le tout accompagné d'une bonne bannique (pain amérindien sans levain) et d'une Kwe, la bière blonde d'inspiration Wendat brassée par la microbrasserie Archibald de Lac-Beauport.

■ SITE TRADITIONNEL HURON "ONHOÜA CHETEK8E"

575, rue Stanislas-Koska
✆ +1 418 842 4308
www.huron-wendat.qc.ca

Ouvert tous les jours à l'année, de 9h à 17h en saison et de 10h à 16h hors saison.

Visite guidée (environ 2 heures) : adulte 12,50 CAN $, 13-17 ans 9,50 CAN $, 7-12 ans 7,50 CAN $. Forfaits disponibles et programmation d'activités payantes à l'année.
Ce village amérindien propose une fidèle reproduction du mode de vie de la nation huronne-wendat, d'hier à aujourd'hui. Vous visiterez la maison longue traditionnelle et verrez aussi un fumoir et un séchoir à viande, un hutte de sudation où l'on jette de l'eau bouillante sur des pierres, et un tipi géant en voile de bateau. Vous assisterez, entre autres, à des danses et à des démonstrations de fabrication artisanale de canots d'écorce et de raquettes à neige. Sur place, vous retrouverez également une boutique d'artisanat amérindien, une librairie spécialisée en littérature et musique amérindiennes, et le restaurant Nek8arre où vous pourrez déguster de la cuisine amérindienne traditionnelle et nouvelle. Bref, une visite incontournable lors de votre séjour à Wendake !

■ **TOURISME WENDAKE**
100, boulevard Bastien
✆ +1 418 847 1835
✆ +1 888 936 3253
www.tourismewendake.ca
De mi-juin à mi-octobre : lundi-dimanche, 8h30-17h. Le reste de l'année : lundi-vendredi, 8h30-16h30 ; fermé le week-end.
Organisme à but non lucratif visant à promouvoir le tourisme à Wendake et la culture autochtone sous toutes ses formes. Sachez que Tourisme Wendake a développé une application pour iPhone, iPod Touch et iPad (à télécharger sur le AppStore) permettant d'obtenir en un seul « clic » toute l'information sur les services, les activités, les attraits et les événements offerts à Wendake. Il est possible de localiser et d'obtenir des informations sur les produits et services touristiques, d'effectuer des réservations, voire concevoir son propre séjour dans cette communauté huronne-wendat « branchée ».

SAINT-GABRIEL-DE-VALCARTIER

Lieu d'établissement de plusieurs colons écossais et irlandais en 1817, cette municipalité est l'hôte d'une importante base militaire (Valcartier) depuis la Première guerre mondiale. Vous y retrouverez le Village Vacances Valcartier, réputé pour son immense parc aquatique et son centre de jeux d'hiver.

Québec

Arr. : arrondissement de la Ville de Québec

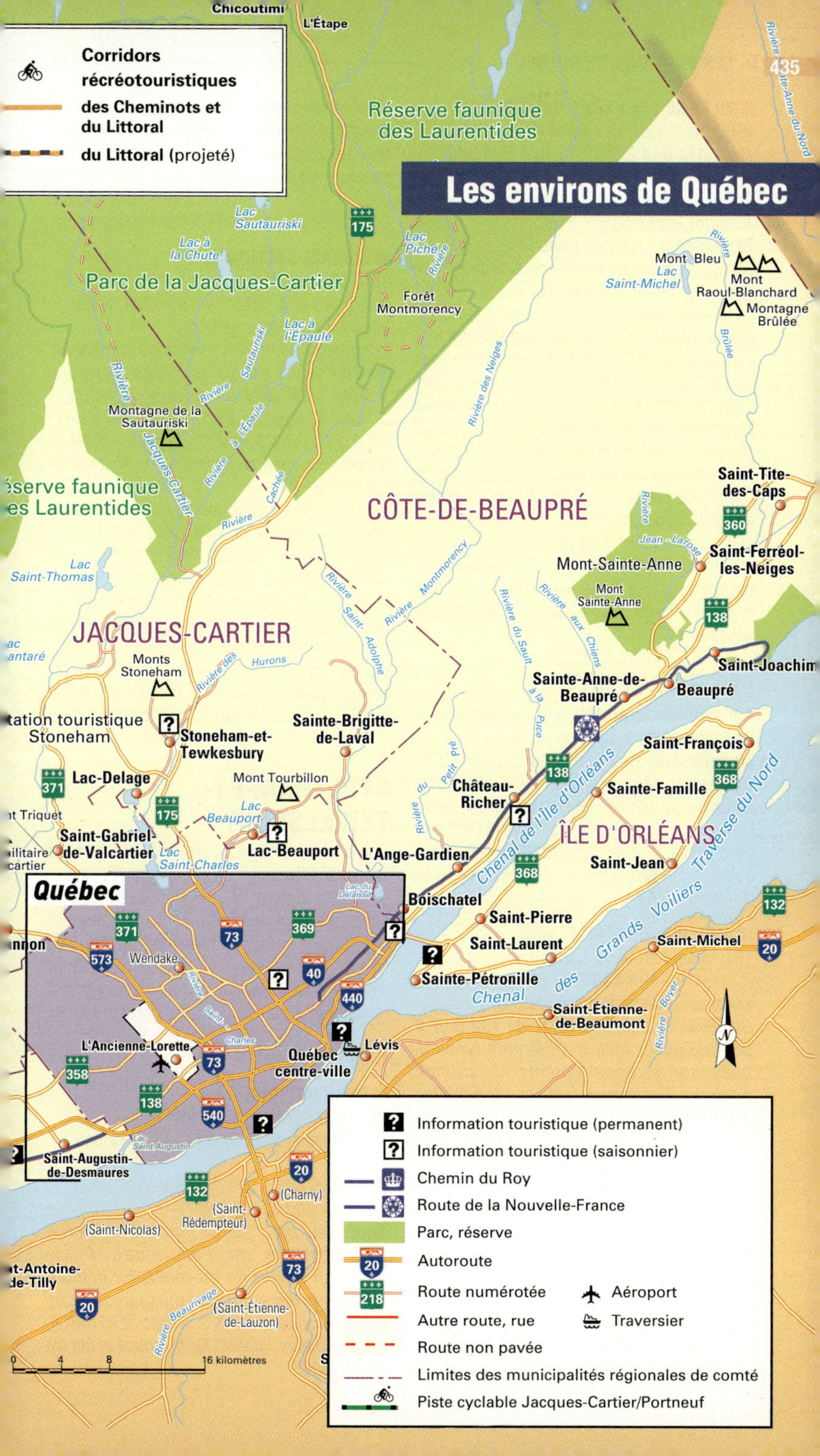
Les environs de Québec
Corridors récréotouristiques
des Cheminots et du Littoral
du Littoral (projeté)
Chicoutimi
L'Étape
Réserve faunique des Laurentides
Parc de la Jacques-Cartier
Lac Sautauriski
Lac à la Chute
Lac Piché
Forêt Montmorency
Lac à l'Épaule
Montagne de la Sautauriski
Rivière Jacques-Cartier
Rivière Sautauriski
Rivière à l'Épaule
Rivière Cachée
Rivière des Neiges
Mont Bleu
Lac Saint-Michel
Mont Raoul-Blanchard
Montagne Brûlée
Rivière Sainte-Anne-du-Nord
CÔTE-DE-BEAUPRÉ
JACQUES-CARTIER
Lac Saint-Thomas
Monts Stoneham
Station touristique Stoneham
Stoneham-et-Tewkesbury
Rivière des Hurons
Rivière Saint-Adolphe
Rivière Montmorency
Rivière du Sault à la Puce
Rivière aux Chiens
Rivière du Petit Pré
Sainte-Brigitte-de-Laval
Mont Tourbillon
Lac-Delage
Lac Beauport
Lac-Beauport
Saint-Gabriel-de-Valcartier
Lac Saint-Charles
L'Ange-Gardien
Château-Richer
Saint-Tite-des-Caps
Rivière Jean-Larose
Mont-Sainte-Anne
Mont Sainte-Anne
Saint-Ferréol-les-Neiges
Saint-Joachim
Sainte-Anne-de-Beaupré
Beaupré
Saint-François
Sainte-Famille
ÎLE D'ORLÉANS
Chenal de l'Île d'Orléans
Traverse du Nord
Saint-Jean
Boischatel
Saint-Pierre
Saint-Laurent
Sainte-Pétronille
Chenal des Grands Voiliers
Saint-Michel
Saint-Étienne-de-Beaumont
Rivière Boyer
Québec
Lac du Délaissé
Wendake
Rivière Saint-Charles
L'Ancienne-Lorette
Québec centre-ville
Lévis
Lac Saint-Augustin
Saint-Augustin-de-Desmaures
(Charny)
(Saint-Rédempteur)
(Saint-Nicolas)
Saint-Antoine-de-Tilly
(Saint-Étienne-de-Lauzon)
Rivière Beaurivage
0 4 8 16 kilomètres
175 360 138 371 368 369 73 573 40 440 358 540 20 132
Information touristique (permanent)
Information touristique (saisonnier)
Chemin du Roy
Route de la Nouvelle-France
Parc, réserve
Autoroute
Route numérotée
Aéroport
Autre route, rue
Traversier
Route non pavée
Limites des municipalités régionales de comté
Piste cyclable Jacques-Cartier/Portneuf

VILLAGE VACANCES VALCARTIER
1860, boulevard Valcartier
✆ +1 418 844 2200 / +1 888 384 5524
www.valcartier.com
Accès par le boulevard Laurentien (autoroute 73 Nord), sortie Saint-Émile, rue de la Faune. Tarifs selon l'activité choisie et la saison. Forfaits disponibles. Service de navette estivale entre Québec et le village vacances.
En toutes saisons, le village vacances propose une multitude d'activités qui répondront à tous les désirs. En été : grand parc aquatique avec jeux d'eau, glissades, piscine à vagues, rivière d'aventure tropicale... En hiver : glissades sur chambres à air et carpette, rafting sur neige, sentiers de patin à glace, karting sur glace... Aussi disponible sur le site : rafting sur la rivière Jacques-Cartier, aquabalade, location d'embarcations nautiques, hébertisme aérien et tyroliennes, camping (plusieurs services et installations de jeux et de sports), restaurants, bars et terrasses, boutiques et beaucoup plus encore. « Parce qu'une journée, ce n'est pas assez ! »

LAC-BEAUPORT

Appartenant autrefois à la seigneurie de Beauport, d'où le nom du lac et de la municipalité, Lac-Beauport était, vers 1820, une agglomération anglophone du nom de Waterloo Settlement. En bordure du lac, face à la marina, vous y verrez le parc de la Gentiane, né d'un pacte d'amitié entre la municipalité et Sévrier et Grand Bornand en Haute-Savoie (France).

AUBERGE QUATRE TEMPS
161, chemin Tour du Lac
✆ +1 418 849 4486 / +1 800 363 0379
www.aubergequatretemps.qc.ca
Occupation double : à partir de 102 CAN $, petit déjeuner inclus. Différents types de chambres et appartements entièrement équipés. Nombreux forfaits disponibles. Centre de santé Spa, sauna, Jacuzzi extérieur, piscine thérapeutique d'eau salée, plage privée. Services et salles pour réunions et événements.
Située sur les rives du lac Beauport, cette charmante auberge séduit par son décor chaleureux, ses boiseries et son environnement propice aux multiples activités estivales (planche à voile, voile, pédalo, baignade, canot, vélo...) et hivernales (ski, raquettes, motoneige, patinage, glissades..). La table de l'auberge, le restaurant Le Laké, est reconnue comme une des meilleures dans la province et mise sur une cuisine créative et du terroir. Elle fut d'ailleurs récompensée à quelques reprises au cours des dernières années. Pour conclure ce beau séjour, optez pour un des soins offerts au centre de santé Sentosa Spa. Relaxation et bien-être sont au rendez-vous !

SIBÉRIA STATION SPA
339, boulevard du Lac
✆ +1 418 841 1325 / +1 855 841 1325
www.siberiastationspa.com
Lundi-jeudi, 11h-20h ; vendredi-dimanche, 9h-20h. Accès aux bains de jour (ouverture à 20h) : 39 CAN $; le soir (17h-20h) : 27 CAN $. Massages sans accès aux bains : 70 à 200 CAN $, avec : 99 à 229 CAN $. Accès pour enfants (dimanche de 9h à midi) : 12,50 CAN $.
Un beau Spa scandinave, situé en pleine nature, à l'entrée de Lac-Beauport. Ce lieu de détente et de relaxation vous permettra de vivre pleinement l'alternance entre le chaud, le froid et le repos du corps... Vous pourrez en outre y profiter d'un massage (une dizaine de choix offerts, en plus des options « quatre-mains » et « en tandem ») pour vous évader complètement. Toutes les éléments sont ici réunis pour profiter des bienfaits de la nature dans les meilleures conditions.

STONEHAM-ET-TEWKESBURY

Son nom proviendrait de deux villages du comté de Gloucester en Angleterre. D'ailleurs, sa petite église St. Peter (1839) et son cimetière sont des témoins du peuplement des cantons par les immigrants anglophones. De nos jours, cette municipalité est surtout réputée pour sa station de ski, classée parmi les plus importantes à l'est des Rocheuses.

À voir – À faire

PARC NATIONAL DE LA JACQUES-CARTIER
103, chemin de la Vallée-de-la-Jacques-Cartier
✆ +1 418 848 3169 / +1 800 665 6527
www.sepaq.com/pq/jac/
Accès au parc par la route 175, sortie 182 (chemin du Panorama). Poste d'accueil ouvert de mi-mai à fin octobre et de mi-décembre à mi-mars. Accès quotidien adulte : 6 CAN $, enfant : 2,75 CAN $, 5 ans et moins : gratuit. Tarifs groupe et famille disponibles.

Véritable sanctuaire de la nature sauvage, le parc occupe un territoire de 670 km², constitué d'un plateau fracturé par des vallées aux versants abrupts, couvert de conifères et lacs et profondément entaillés par la rivière Jacques-Cartier. Vous y découvrirez une faune intéressante : orignal, cerf de virginie, ours noir, loup, lynx... Le parc organise des activités de découverte qui intéresseront la famille au grand complet : évasion en boréalie, randonnée guidée en canot rabaska, excursion aux champignons, recensement ornithologique, etc.

Hébergement : 9 chalets (2 à 14 personnes), 5 yourtes, camps rustiques, camping rustique et aménagé (114 emplacements – canot-camping, camping de groupe et d'hiver également offerts), espace VR, 14 tentes Huttopia.

Activités : observation de la faune, activités nautiques, randonnée pédestre, vélo, pêche à la journée ou avec hébergement, ski nordique, raquette. Location d'équipement sur place.

RÉSERVE FAUNIQUE DES LAURENTIDES

Route 175 Nord
✆ +1 418 528 6868
✆ +1 800 665 6527
www.sepaq.com/rf/lau/
Postes d'accueil : Camp Mercier (fermé au printemps) au km 94, La Loutre (ouvert été et automne) au km 135.
Située entre les régions de Québec et du Saguenay-Lac-Saint-Jean. Territoire protégé depuis 1895, la réserve faunique des Laurentides (7 861 km²) a toujours été reconnue comme un réservoir de ressources naturelles et fauniques. Elle offre un excellent potentiel récréatif avec activités nombreuses et variées pour chasseurs, pêcheurs et adeptes d'activités de plein air. En été, la villégiature et la pêche sont en vedette. En hiver, les skieurs de fond et les résidents se donnent rendez-vous au Camp Mercier. Vous y découvrirez une faune intéressante : orignal, caribou, ours noir, loup, lynx, castor, lièvre et une multitude d'espèces d'oiseaux.

Hébergement : plus de 100 chalets (2 à 14 personnes), pavillons Les Portes-de-l'Enfer et Lac-des-Neiges, tentes Hékipia (2), camping aménagé (plus de 100 emplacements).

Activités : chasse au petit gibier, à l'orignal et à l'ours (avec ou sans hébergement), pêche à la journée ou avec hébergement, pêche-camping, canot-camping, observation de l'ours noir, vélo de montagne (Camp Mercier), ski de fond, raquette, glissade sur neige, patin à glace. Location d'équipement, vente de droits d'accès et de permis.

© YUKIKO YAMANOTE – ICONOTEC
Stoneham, station de ski.

Sports – Détente – Loisirs

AVENTURES NORD-BEC STONEHAM

4, chemin des Anémones
✆ +1 418 848 3732
www.traineaux-chiens.com
De Québec, prenez l'autoroute 73 Nord en direction de Saguenay, passez la sortie 182 et faites 3km, tournez à gauche sur le chemin des Anémones. Différents forfaits offerts. Hébergement sur place en camping, yourte, cabane dans les arbres et chalet. Location d'équipement sur place.
Une multitude de forfaits sont proposés pour faire vivre l'hiver québécois dans toute sa splendeur : traîneaux à chiens, visite du chenil, raquette, repas traditionnel, coucher en chalet ou en yourte... La durée varie selon le forfait et il est possible de prendre un service payant de navette entre Québec et le site d'activités. Notez ques des activités estivales sont également offertes : visite du chenil, pêche, vélo de montagne, cani-cross, découverte de la survie...

LES EXCURSIONS JACQUES-CARTIER
860, chemin Jacques-Cartier Nord
✆ +1 418 848 7238
www.excursionsj-cartier.com
Début mai à fin octobre. Rafting panoramique (3h-3h30) : 29,95 à 39,95 CAN $ selon la journée. Deux descentes par jour : 8h et 13h. Rafting sportif (2h30-3h) : 34,95 à 48,95 CAN $ selon la journée. Mêmes heures de départ. Prévoyez en plus la location d'une combinaison isothermique. Forfaits rafting jeunesse aussi offerts. Équitation hors-piste disponible.
Pour les amoureux de l'aventure douce, l'excursion panoramique vous permet d'admirer la vallée par la rivière. Le rafting sportif, quant à lui, provoque tout un lot d'émotions. Une descente de 8 km à vous couper le souffle. Une fois l'excursion terminée, vous profiterez du site enchanteur des Excursions Jacques-Cartier. Possibilité de réserver les lieux pour un party d'entreprise donnant accès au site, canot et kayak, baignade dans le lac, beach volley, grande salle aménagée d'une capacité de 300 personnes, camping, activités sur mesure, etc.

STATION TOURISTIQUE STONEHAM
600, chemin du Hibou
✆ +1 418 848 2415 / +1 800 463 6888
www.ski-stoneham.com
Début décembre à début avril. Ouvert tous les jours de 9h à 21h30 (dès 8h30 le week-end). Fermeture à 16h dès la mi-mars. Tarifs à la journée, la demi-journée et la soirée. Billets multi-jours disponibles. Hébergement disponible sur place au Condos & Hôtel Stoneham.
39 pistes, 420 m de dénivellation, ski de soirée (19 pistes éclairées), 7 remontées mécaniques, snowpark. Achat, location et réparation d'équipement. Bars, restaurants, garderie, Zone Arctic Spa, boutiques. Plusieurs événements organisés, dont la Coupe du monde FIS de snowboard. Service de navettes payantes entre Québec et Stoneham. En été, nombreuses activités offertes (géocaching, piscine et Spa, trampoline, activités libres ou encadrées...) et club famille.

À L'OUEST

RIVIÈRE-À-PIERRE

Petite municipalité tranquille avec une population qui n'a pas fluctué depuis trente ans. Entourée de montagnes et située à quelques kilomètres de la région de la Mauricie, Rivière-à-Pierre est le point d'entrée de la Réserve faunique de Portneuf.

RÉSERVE FAUNIQUE DE PORTNEUF
229, rue du Lac Vert
✆ +1 418 323 2021
✆ +1 800 665 6527
www.sepaq.com/rf/por/fr
Accès par l'autoroute 40 Ouest, sortie 295, puis 367 Nord jusqu'à Rivière-à-Pierre (40 km au nord de Saint-Raymond). À mi-chemin entre Québec (104 km) et Trois-Rivières (100 km). Poste d'accueil de Rivière-à-Pierre ouvert toute l'année (horaires variables selon la saison).
Jadis, fief de clubs privés fortunés, la réserve faunique de Port neuf (775 km²) a été créée en 1968 dans le but de conserver la faune, d'établir des lieux de chasse, de pêche et d'activités de plein air.

▶ **Faune :** orignal, ours noir, loup, coyote, renard, castor, lièvre, de nombreuses espèces d'oiseaux dont la gélinotte huppée, le tétras du Canada (de savanes), le hibou et le héron bleu ; faune aquatique : truite mouchetée, touladi (truite grise), omble chevalier et maskinongé.

▶ **Hébergement :** 40 chalets (2 à 14 personnes), chalet Modik (4 personnes), 2 camps rustiques (max 6 personnes), 2 tentes Hékipia (prêt-à-camper), 48 emplacements de camping.

▶ **Activités :** chasse au petit gibier, à l'orignal et à l'ours, pêche à la journée et avec hébergement, forfait de pêche avec guide, cueillette en forêt, observation de la faune, randonnée pédestre, vélo, activités nautiques, canot-camping, rafting, pêche blanche, motoneige, patin à glace, glissade sur neige, ski de fond, raquette. Location d'équipement, vente de permis.

SAINTE-CATHERINE-DE-LA-JACQUES-CARTIER

Porte d'entrée de la station touristique Duchesnay, cette municipalité est traversée par une magnifique rivière à saumon, la Jacques-Cartier. Paradis des pêcheurs, cyclistes et kayakistes en été, l'endroit est tout aussi populaire en hiver grâce à son réseau bien entretenu de sentiers de motoneige.

STATION TOURISTIQUE DUCHESNAY

143, route Duchesnay
✆ +1 418 875 2122 / +1 877 511 5885
www.sepaq.com/duchesnay/

Forfait couette et café en occupation double (prix par personne) : à partir de 68 CAN $ en pavillon et de 85,50 CAN $ en auberge (hébergement, petit déjeuner, accès aux activités de la station). Un minimum de deux nuits peut être exigé selon la saison. Hébergement en auberge, en pavillon, en chalet et en refuge. Forfaits disponibles.

Ancienne école de gardes forestiers, la station touristique Duchesnay, située en bordure du lac Saint-Joseph, est gérée par la Sépaq depuis 1999. Celle-ci développe et met en valeur le potentiel touristique de ce territoire, axé sur l'environnement et le plein air. La forêt laurentienne (érables et bouleaux jaunes) couvre une superficie de 89 km². Vous y découvrirez un véritable patrimoine naturel, notamment à travers les activités proposées : activités nautiques, escalade, parcours arbre en arbre, randonnée pédestre, vélo, baignade, Segway, ski de fond, raquette, traîneau à chiens, patinage, glissade, pêche blanche, motoneige, etc. Autres services sur place : Bistro-bar Le Quatre-Temps, casse-croûte hivernal au pavillon l'Horizon, Spa scandinave Tyst Trädgård.

Station écotouristique Duchesnay

TOURISME JACQUES CARTIER

Bureau saisonnier
2, rue Jolicoeur
✆ +1 418 875 2054 / +1 877 844 2358
www.jacques-cartier.com

Ouvert tous les jours de la mi-juin à la fête du Travail.

À L'EST

BEAUPORT

Situé à quelques minutes en voiture du Vieux-Québec, l'arrondissement de Beauport renferme un secteur historique d'importance avec plus de 550 bâtiments et ensembles d'âges et de styles variés. La baie de Beauport, avec plus de 1 km de plage (baignade interdite), est un lieu très prisé des citadins grâce aux nombreuses activités offertes sur place en saison estivale (canot, kayak, voile, kitesurf, etc.).

PARC DE LA CHUTE-MONTMORENCY

Route 138
✆ +1 418 663 3330
www.sepaq.com/chutemontmorency

12 km à l'est du Vieux-Québec de Québec. Accès à la partie haute via l'avenue Royale (route 360) et à la partie basse via le boulevard Sainte-Anne (route 138). Stationnement et téléphérique payants. Forfaits disponibles. Services sur place : restaurant, café-bistro, grill-terrasse, sandwicherie, bar laitier, activités de plein air et programmation d'activités spéciales et d'événements.

Bien que moins large que les chutes du Niagara, le saut est plus haut d'une trentaine de mètres. Le site a été aménagé en vue d'offrir aux visiteurs des points de vue grandioses (téléphérique, escalier panoramique, pont suspendu, belvédères, sentiers de promenade et aires de pique-nique). La chute est encore plus spectaculaire en hiver lorsqu'elle est gelée et que s'est créé le « pain de sucre », énorme cône de glace formé par la cristallisation de la vapeur d'eau en suspension : ce dernier est en lui-même une curiosité qui attire toujours beaucoup de monde. Surplombant la chute, le Manoir Montmorency, élégante villa reconstruite comme au XVIIIe siècle, abrite un centre d'interprétation consacré à l'histoire du site, un restaurant gastronomique, un grill-terrasse et le café bistro Kent House.

■ TRAIN DU MASSIF DE CHARLEVOIX
Gare de départ
Parc de la Chute-Montmorency
✆ +1 877 536 2774
www.lemassif.com/fr/train
Excursions estivales : mi-mai à fin octobre ; hivernales : fin décembre à début avril. Horaire et tarif variables selon le forfait choisi.
Ce nouveau train touristique, reliant Québec à La Malbaie sur un circuit de 140 km, fait partie des nombreux projets de développement de la station Le Massif dans Charlevoix. Plusieurs parcours exceptionnels, entre fleuve et montagnes, sont offerts : Découverte de Baie-Saint-Paul, Evasion à La Malbaie, Souper-croisière, et Forfait train/hôtel, en saison estivale ; Excursion à la montagne, et Découverte de Baie-Saint-Paul, en hiver. A l'exception du souper-croisière, ces forfaits vous offrent la possibilité de séjourner une nuit ou plus dans la belle région de Charlevoix et de reprendre le train une autre journée. Toutes les infos concernant les circuits et activités/services connexes sont disponibles sur le site Internet. A mettre impérativement au carnet d'adresses !

ÎLE D'ORLÉANS

À 10 km au nord-est de Québec par la route 138 et accès par le pont de l'Île d'Orléans. D'une superficie de 192 km², bien visible depuis Québec, elle apparaît comme une terre plate, qui présente des érablières au nord, des chênaies au sud-ouest, des zones marécageuses au centre et des plages en bordure du fleuve. Elle n'a rien perdu de sa tranquillité pastorale qui inspira le chanteur Félix Leclerc (il y vécut jusqu'à sa mort). Avec ses églises aux clochers effilés et ses demeures normandes du XVIIIe siècle, elle perpétue l'image de la vie rurale en Nouvelle-France. La route 368 qui permet d'en faire le tour (68 km) offre de superbes vues sur la Côte-de-Beaupré et le mont Sainte-Anne, ainsi que sur les rives de la région Chaudière-Appalaches. Six localités jalonnent le parcours. Vous pourrez faire un arrêt à Saint-Laurent, le centre maritime de l'île (construction navale au XIXe siècle) ; à Saint-Jean pour visiter le Manoir Mauvide-Genest (visite guidée de mi-mai à fin octobre tous les jours de 10h à 17h), datant de 1734, de style normand, considéré comme le plus bel exemple d'architecture rurale du régime français ; au village de Sainte-Famille (la plus ancienne paroisse de l'île, fondée par Mgr de Laval en 1669) pour jeter un coup d'œil à l'église de 1748, qui se distingue par ses trois clochers et un intérieur néoclassique ; à Sainte Pétronille où les riches habitants de la capitale firent construire des villas luxueuses ; et enfin, à Saint-Pierre, dont l'ancienne église du XVIIIe siècle fut rénovée vers 1830 par Thomas Baillairgé. Mais surtout, l'Île d'Orléans est un havre de paix, un endroit bucolique, un lieu calme et magique. À n'importe quelle saison de l'année, nous vous conseillons de la découvrir.

Pratique

■ BUREAU TOURISTIQUE DE L'ÎLE D'ORLÉANS
490, côte du Pont, Saint-Pierre
✆ +1 418 828 9411 / +1 866 941 9411
www.iledorleans.com
Ouvert toute l'année.

Se loger

■ LES ANCÊTRES AUBERGE ET RESTAURANT
391, chemin Royal, Saint-Pierre
✆ +1 418 828 2718 – www.lesancetres.ca
Occupation simple ou double : à partir de 120 CAN $, petit déjeuner continental inclus. Restaurant sur place ouvert à tous dès 17h : lundi-dimanche (mai à octobre), jeudi-samedi (novembre, décembre et avril).
Sise dans un bâtisse datant de 1662, cette magnifique auberge-restaurant a définitivement gardé son cachet historique dans chaque recoin de la maison : murs de pierre, vieilles poutres apparentes, plafond bas et plancher qui craque, objets d'époque... De quoi être charmé dès le premier abord ! Les chambres, dont certaines avec foyer ou terrasse, vous offriront tout le confort et le calme (insonorisation oblige !) nécessaires pour un séjour douillet. Côté repas, le petit déjeuner est concocté avec de savoureux produits de la région et, le soir venu, une fine cuisine du terroir et des plats traditionnels vous sont servis dans une superbe salle à manger avec foyer, qui s'ouvre sur le fleuve et la Côte-de-Beaupré. Lors des beaux jours, prenez votre repas dans la verrière, ou alors, profitez des terrasses pour siroter votre apéro. Une belle adresse !

■ AUBERGE RESTAURANT LA GOÉLICHE
22, chemin du Quai, Sainte-Pétronille
✆ +1 418 828 2248 / +1 888 511 2248
www.goeliche.ca
Occupation double en chambre confort : à partir de 64 CAN $ par personne, petit déjeuner inclus ; en appartement-condo : à partir de 80 CAN $ par personne, petit déjeuner inclus. Location des condos à la semaine aussi offert. Forfaits disponibles.

© AUTHOR'S IMAGE

Ile d'Orléans

Pour les amoureux du bucolique et de l'île d'Orléans, cette auberge de charme est tout indiquée.
Elle vous propose seize chambres douillettes, des appartements-condos tous situés face au fleuve, une piscine extérieure et un service de massothérapie. De quoi vous plonger dans le plaisir le plus doux ! Quant au restaurant de l'auberge, il possède des terrasses et une verrière qui vous permettront, tout en dégustant un merveilleux repas aux saveurs locales, d'admirer la vue sur le fleuve et le Vieux-Québec (possibilité de forfait incluant le repas du soir et le petit déjeuner).

Se restaurer

AUBERGE LE CANARD HUPPÉ

2198, chemin Royal
Saint-Laurent
✆ +1 418 828 2292 / +1 800 838 2292
www.canard-huppe.com
Occupation double : à partir de 70 CAN $ par personne, petit déjeuner inclus. Forfaits disponibles. Restaurant : ouvert tous les soirs en été ; sur réservation hors saison. Plats principaux à la carte bistro : à partir de 15 CAN $. Table d'hôte : à partir de 45 CAN $. Belle carte des vins.

Une bonne raison de plus pour aller sur l'île ! Si vous en avez l'occasion, nous vous le conseillons fortement car du lever au coucher, on s'occupe de vous comme de princes, le moment du repas s'approchant des cieux. La cuisine de marché met l'accent sur les produits régionaux et sur des plats typiques mais sublimés par une originalité indéniable. Une crème brûlée au foie gras et pommes, sucre à l'anis étoilée, ou encore un magret de canard, chutney de pommes à l'orange et curry peut vous donner une idée des petites merveilles qui y sont concoctées. Couronnez le tout par une assiette des affineurs québécois et les bouchées sucrées des aubergistes afin de rendre cette expérience des plus mémorables.

CHOCOLATERIE DE L'ÎLE D'ORLEANS

150, chemin du Bout de l'Île
Sainte-Pétronille
✆ +1 418 828 2250
www.chocolaterieorleans.com
Ouvert à l'année (horaires variables selon la saison).

Aménagés dans une résidence de plus de 200 ans, cette boutique et son centre d'interprétation sauront vous charmer avec leurs effluves chocolatés. La matière première, de qualité, provient soit de France soit de Belgique. La chocolaterie la transforme en excellents produits qui sont distribués aux commerces de la région ou vendus sur place. Plus d'une vingtaine de sortes de chocolats se déclinent au gré des saisons et des fêtes : truffes, cerises, pralinés, beurre d'érable etc. L'été, les sorbets et les glaces « maison » méritent votre attention. Section café-bistro : sandwichs, salade, bar à pâtes. De mi-mai à mi-octobre, ouverture du resto-café dès 10h.

Cabane à sucre, sirop d'érable, la tire sur la neige

À voir – À faire

CIDRERIE VERGER BILODEAU

2200, chemin Royal
Saint-Pierre
✆ +1 418 828 9316
www.cidreriebilodeau.qc.ca

Ouvert de mai à octobre et sur rendez-vous de janvier à avril. Mini-ferme, aire de pique-nique. Boutique sur place. Relais du terroir certifié.

Première cidrerie à être implantée sur l'île d'Orléans, la Cidrerie Verger Bilodeau vous propose des visites guidées accompagnées de dégustations, et de l'autocueillette de mi-août à mi-octobre. Parmi les spécialités : beurre de pomme, moutarde à l'ancienne, gelée de cidre, jus de pommes, tarte aux pommes, cidre aromatisé aux petits fruits, cidre mousseux, mistelle (digestif) et cidre de glace.

Route gourmande

La Route des producteurs toqués n'est pas offerte dans une brochure, mais dans un livre. Gagnant du meilleur livre de cuisine locale au monde, cet ouvrage vous fera faire le tour de l'Ile d'Orléans en vous proposant des recettes concoctées à partir des différents produits que l'on y fabrique. Une carte ponctuée des adresses des producteurs vous est offerte, si jamais l'envie de les visiter vous prend. Agneaux, pains, produits dérivés du cassis, cidres, légumes, volailles, petits fruits, oies, canards, produits de l'érable, fromages, bières, vins et fleurs font tous partie des produits qu'on vous invite à découvrir dans ce circuit.

▸ **www.producteurstoques.com**

ESPACE FÉLIX-LECLERC

682, chemin Royal
Saint-Pierre
✆ +1 418 828 1682
www.felixleclerc.com

En été : lundi-dimanche, 9h-18h. Au printemps et en automne : lundi-dimanche, 9h-17h. En hiver (fermé pendant la période des Fêtes) : lundi-vendredi, 9h-11h (sur réservation en après-midi) ; samedi-dimanche, 9h-17h. Droits d'entrée. Restauration sur place en saison estivale. Boutique de produits dérivés.

Ce musée est dédié au célèbre chansonnier Félix Leclerc qui a donné des idées à de nombreux auteurs-compositeurs dont Georges Brassens. La visite commence par un reportage chronologique sur ses chansons et les moments forts de sa vie. Ensuite, l'exposition trace un parallèle entre son œuvre et l'histoire contemporaine du Québec. La visite se termine en suivant les sentiers pédestres autrefois parcourus par le très célèbre chansonnier. Des spectacles de musique de haute qualité s'y déroulent certains soirs.

Shopping

LE COFFRE DE L'ÎLE
1138, chemin Royal
Saint-Pierre
✆ +1 418 991 0771
www.coffredelile.com
Lundi-vendredi, 10h-18h ; samedi, 10h-16h ; dimanche, fermé. L'horaire peut être restreint hors saison. Café-bistro Saint-Pierre sur place (mêmes horaires que la boutique).
Avis aux amateurs de créations et de traditions bien de chez nous : le Coffre de l'Île est à mettre à votre carnet d'adresse. Dany et sa conjointe Pascale ont ouvert cette charmante boutique en 2011. Véritable caverne d'Ali Baba, on retrouve ici les créations d'une cinquantaine d'artisans québécois, toutes plus éclectiques les unes que les autres. Produits régionaux, joaillerie, vitraux, sculptures et peintures, articles déco et utilitaires, accessoires, meubles... La liste est longue et l'imagination des artisans d'ici, sans frontières. Pendant votre session de shopping, profitez des lieux pour prendre un bon café équitable accompagné d'une succulente viennoiserie au Café Saint-Pierre. Bref, une adresse idéale pour découvrir tout le talent québécois et acheter un superbe cadeau, pour soi ou pour un être cher.

CHÂTEAU-RICHER

Son histoire et son patrimoine remontent à 400 ans. Château-Richer fut en effet la première paroisse organisée en Amérique du Nord et plusieurs familles québécoises de souche tirent leurs origines de cette municipalité.

AUBERGE BAKER
8790, avenue Royal
✆ +1 418 824 4478 / +1 866 824 4478
www.auberge-baker.com
Occupation double : à partir de 85 CAN $ en basse saison et 99 $ en haute saison, petit déjeuner inclus. Chalet (mai à novembre) : à partir de 79 CAN $. Forfaits disponibles. Possibilité de louer une petite maison. Restaurant : ouvert tous les jours de midi à 21h30. Brunch le dimanche de 10h30 à 14h : 20 CAN $. Menu midi : à partir de 13 CAN $, plats principaux le soir : à partir de 22 CAN $ (ajouter 16 CAN $ au prix du plat pour une table d'hôte). Menu dégustation pour deux personnes : 145 CAN $. Table aux saveurs du terroir certifiée. Terrasse.

La Côte-de-Beaupré

Cette étroite bande de terre, située entre le Bouclier canadien et la rive nord du Saint-Laurent, s'étend à l'est de la ville de Québec jusqu'à Baie-Saint-Paul, où commence la côte de Charlevoix proprement dite. En face d'elle s'étend l'île d'Orléans. C'est à la vue des vertes prairies bordant le fleuve que Jacques Cartier se serait écrié : « Quel beau pré ! », d'où l'origine du toponyme. C'est là, sur ces terres fertiles, que Champlain fit bâtir sa première ferme et que les colons s'établirent à partir de 1630. L'évêque de Québec, Mgr Laval, en fut même le seigneur, en 1668, et, à sa mort, la seigneurie resta la propriété du séminaire de Québec. La région, entièrement dédiée à la mère de la Vierge, est célèbre pour ses pèlerinages à Sainte-Anne-de-Beaupré, pour le mont Sainte-Anne, station de sports d'hiver très courue des Québécois, et pour les superbes chutes du canyon Sainte-Anne.

▸ **www.cotedebeaupre.com**

Depuis plus de 75 ans, cet incontournable de la Côte-de-Beaupré accueille touristes et habitués des environs. Offrant l'hébergement et le couvert, il s'agit d'une adresse de choix pour une étape gourmande dans la région, à seulement 20 min de Québec et 10 min du Mont Sainte-Anne. Le restaurant, dont la table est réputée mais sans prétention, est composé d'une salle aux murs de pierres datant de 1840 et d'une autre plus spacieuse, avec une large fenestration. On y sert des plats typiques de la région, avec des ingrédients soigneusement sélectionnés provenant pour la plupart de notre terroir québécois. Le choix est varié, et les tables d'hôtes généreuses. Que ce soit pour un repas ou pour quelques jours, une auberge qui vaut le détour !

SAINTE-ANNE-DE-BEAUPRÉ

Sainte-Anne-de-Beaupré est mondialement connue pour sa basilique, lieu de pélerinage attirant plus de 1,5 million de visiteurs chaque année. Le Cyclorama de Jérusalem, situé à quelques pas de la basilique, est une autre attraction fort populaire.

■ **BASILIQUE SAINTE-ANNE-DE-BEAUPRÉ**
10 018, avenue Royale ✆ +1 418 827 3781
www.sanctuairesainteanne.org
Accès au site : 2 CAN $ par personne (valide jusqu'au lendemain midi). Messes quotidiennes dont l'horaire varie selon la saison. Visites guidées du musée et de la basilique (voir site Internet pour les horaires). Services sur place : auberge de la Basilique et restaurant, musée de sainte Anne, magasin du Sanctuaire.
Sur la rive nord du Saint-Laurent, face à l'Île d'Orléans, cette basilique, dont la première construction remonte au XVIIe siècle, est dédiée à la sainte patronne du Québec. De renommée mondiale, facilement repérable de la route, elle est le plus ancien lieu de pèlerinage de la province. C'est un gigantesque édifice néogothique pourvu de deux clochers entre lesquels veille la statue dorée de sainte Anne. À l'intérieur, la basilique se compose de cinq immenses nefs séparées par des colonnes à chapiteaux sculptés, et la voûte en berceau est recouverte de mosaïques relatant la vie de sainte Anne. Environ 200 vitraux à dominante bleue l'éclairent. Dans l'aile gauche du transept, la statue de la sainte tenant Marie dans ses bras attire les fidèles, qui se recueillent devant elle. Les reliques de sainte Anne sont abritées dans la chapelle située juste derrière. De nombreux témoignages de miraculés ornent les colonnes des nefs. S'y entremêlent béquilles et prothèses, souliers d'enfants et photos. Ce lieu de recueillement, respecté de tous les Québécois, connaît en été une très grande affluence. L'attrait religieux, touristique et historique de la basilique a engendré, autour d'elle, la prolifération de boutiques de bondieuseries, le tout cher et sans intérêt.

Basilique Sainte Anne de Beaupre

BEAUPRÉ

Sise entre le mont Saint-Anne et le fleuve, Beaupré est surtout une destination nature avec un éventail d'activités d'aventure et d'écotourisme.

■ **CANYON SAINTE-ANNE**
206, route 138 Est ✆ +1 418 827 4057
www.canyonsa.qc.ca
Mai au 23 juin et de la fête du Travail à mi-octobre : lundi-dimanche, 9h-17h. Du 24 juin à la fête du Travail : lundi-dimanche, 9h-18h. Dernière admission une heure avant la fermeture. Adulte : 12 CAN $, 13-17 ans : 9 CAN $, 6-12 ans : 6 CAN $, 5 ans et moins : gratuit. Forfaits disponibles. Resto-terrasse, aires de pique-nique, boutique souvenir, panneaux d'interprétation multi-langues.
En s'échappant brusquement du Bouclier canadien, la rivière Sainte-Anne, après une chute de 74 m de hauteur, se précipite en bouillonnant dans une étroite faille rocheuse dominée par des arbres centenaires. Vous y apprécierez le décor du haut de l'un des trois ponts suspendus qui jalonnent le parcours. Une passerelle haute de 60 m surplombe d'ailleurs le gouffre... Une vue saisissante, à condition de ne pas avoir le vertige ! Pendant la saison estivale, c'est un lieu idéal de randonnée et de pique-nique, sans oublier le jeu d'énigmes des esprits de la forêt, le rallye Roc-Ambolesque. Ceux en quête d'émotions plus fortes participeront au circuit Canopy Canyon où via ferrata, tyrolienne géante et autres activités d'aventure les attendent (pour info et tarifs : www.aventurex.net).

■ **MONT-SAINTE-ANNE**
2000, boulevard du Beau-Pré
✆ +1 418 827 4561 / +1 888 827 4579
www.mont-sainte-anne.com
Tarifs selon l'activité choisie et la saison. Hébergement et restauration disponibles sur place. Forfaits offerts. Navette ski-bus en saison hivernale reliant Québec/Sainte-Foy au Mont-Sainte-Anne (Info : Les Tours du Vieux-Québec, +1 418 664 0460)
Le Mont-Saint-Anne est la plus ancienne et la plus importante station de ski de la région, ce qui promet beaucoup de plaisir sur les 66 pistes, dont 17 sont éclairées en soirée. Les épreuves de la Coupe du monde de ski alpin s'y déroulent. En haut des pistes, juste avant de se jeter dans la poudreuse, admirez la vue sur le fleuve ! Outre le ski, le site est le lieu privilégié de bon nombre d'activités de plein air : randonnée pédestre, parapente, descente en vélo de montagne, disc golf,

canyoning, ski de fond, raquette, traîneau à chiens, patin à glace... Nombreux événements en toutes saisons. A surveiller : projet de parc aquatique intérieur de 70 000 pieds carrés.

LES SECRETS NORDIQUES

Réception au Club de golf Le Grand Vallon
100, rue Beaumont ✆ +1 418 827 2227
www.lessecretsnordiques.com
Tarifs selon l'activité choisie. Forfaits disponibles.
Située au Mont-Sainte-Anne, à 40 min du Vieux-Québec, cette entreprise de passionnés de la nature propose des sorties d'initiation au traîneau à chiens pour tous (individuels, groupes, familles). Vous suivrez aussi la vie des 65 chiens nordiques au village canin, en compagnie d'un guide-interprète. Une expérience inoubliable ! Autres activités offertes : ski-jöring, raquettes, cani-cross, forfaits multi-activités.

SAINT-JOACHIM

La première ferme de la Nouvelle-France fut construite dans ce joli village. Aujourd'hui, c'est un arrêt migratoire important pour les oies des neiges.

ÉGLISE DE SAINT-JOACHIM

165, rue de l'Église ✆ +1 418 827 4020
Ouverte du 15 mai au 15 octobre tous les jours de 9h à 17h. Entrée libre.
Construite en 1779, cette église compte parmi les plus anciennes du Québec.

RÉSERVE NATIONALE DE FAUNE DU CAP TOURMENTE

570, chemin du Cap-Tourmente
✆ +1 418 827 4591
www.captourmente.com
Mi-avril à fin octobre : lundi-dimanche, 8h30-17h. Début janvier à mi-mars : lundi-dimanche, 8h30-16h. Adulte : 6 CAN $, étudiant : 5 CAN $, moins de 12 ans : gratuit. Accès en hiver : 4 CAN $ par personne.
Site ornithologique majeur au pays, pour observer la grande oie des neiges en halte migratoire, au printemps et à l'automne. Autres activités : chasse à l'oie, activités d'interprétation, réseau de sentiers pour randonnée pédestre (20 km) dans un cadre superbe, avec de belles vues sur le Saint-Laurent.

SAINT-FÉRRÉOL-LES-NEIGES

Située entre fleuve et montagne, à proximité de la région de Charlevoix, cette municipalité est une excellente destination de villégiature en toutes saisons. De plus, la station Mont-Saint-Anne n'est qu'à quelques minutes de voiture.

MUNICIPALITÉ DE SAINT-FERRÉOL-LES-NEIGES

33, rue de l'Église
✆ +1 418 826 2253
www.saintferreollesneiges.qc.ca

LES SEPT CHUTES

4520, avenue Royale
✆ +1 418 826 3139 / +1 877 724 8837
www.septchutes.com
Mi-mai au 23 juin et mi-août à la fête du Travail : lundi-dimanche, 10h-16h30. Du 24 juin à mi-août : lundi-dimanche, 9h-17h45. De la fête du Travail à la mi-octobre : vendredi-dimanche, 10h-16h30. Adulte : 10,50 CAN $, aîné et étudiant : 9,50 CAN $, 6-17 ans : 7,50 CAN $, 5 ans et moins : gratuit, famille : 28,50 CAN $. Tarifs réduits après 15h.
À Saint-Ferréol-les-Neiges, les plus hautes chutes de la région exécutent une descente de plus de 130 m. De nombreux sentiers pédestres sont aménagés le long des rivières et l'un d'eux mène à une centrale hydroélectrique désaffectée et un barrage. Un centre d'interprétation à l'entrée vous renseigne sur l'histoire du site. Jeux d'eau et jeux pour enfants, restauration légère, aires de pique-nique et boutique souvenirs sur place.

ZONESPA MONT-SAINTE-ANNE

186, rang Saint-Julien
✆ +1 418 826 1772 / +1 866 353 1772
www.zonespa.com
Début avril à mi-décembre : lundi-mercredi, 10h-18h ; jeudi-dimanche, 10h-19h. Le reste de l'année : lundi-mercredi, 10h-19h ; jeudi-dimanche, 10h-21h. Accès aux bains : 37 CAN $ pour 3h (25 CAN $ pour les 5-15 ans, dimanche-mercredi, 10h-13h30). Tarif réduit en fin de journée. Massothérapie : à partir de 50 CAN $. Forfaits disponibles. Café-bistro et boutique sur place.
Un Spa nordique luxueux. Outre le sauna et hammam, vous pouvez vous prélasser autour du lac dans lequel vous vous baignerez (l'hiver, faites un trou dans la glace !), puis rincez-vous sous une douche revitalisante. Ensuite, relaxez-vous à l'intérieur (dans une grande salle baignée de lumière) ou à l'extérieur dans un bain bouillonnant. Et si après cela vous n'êtes toujours pas assez détendu, optez pour un massage : suédois, aux pierres chaudes, aux huiles précieuses relaxantes, etc. Des soins corporels (exfoliation, enveloppement, facial, soins complets de pieds...) sont aussi disponibles. Bref, nous vous garantissons un moment de pure détente, dans un cadre luxueux, pour un prix qui reste très raisonnable.

Charlevoix

Au départ de la ville de Québec, il faut choisir entre trois directions : celle du Saguenay-Lac-Saint-Jean, sur l'axe nord ; celle de la région du Bas-du-Fleuve, qu'on rejoint par les routes qui longent le fleuve au sud et filent vers la Gaspésie ; et celle, d'abord et avant tout, de la région de Charlevoix. Charlevoix est un territoire de 6 000 km^2, situé au cœur du Bouclier canadien, le plus vieux sol géologique de la terre. La chaîne de montagnes qui le caractérise, et qui se termine dans le Saint-Laurent, est celle des Laurentides, largement couverte par la forêt boréale. Une partie de sa région a été proclamée réserve mondiale de la biosphère par l'Unesco en 1988, rien de moins. Charlevoix est peuplée d'un peu plus de 30 000 habitants vivant principalement de la forêt, du tourisme et de l'agriculture.

Sa renommée, en tant que villégiature, a débuté vers la fin du XIIIe siècle, plus précisément à La Malbaie, grâce aux seigneurs écossais Malcolm Fraser et John Nairn qui, dès 1760, recevaient des visiteurs dans leur manoir. La région devient alors très populaire, avec ses pensions de famille, ses petits hôtels et ses lieux pittoresques où l'on s'adonne à la randonnée, à la pêche à la truite ou au saumon, ou encore aux bains d'eau de mer. Si bien qu'en 1899 se construit dans le secteur Pointe-au-Pic, à La Malbaie, un hôtel de 350 chambres, le Manoir Richelieu. C'est par bateaux à vapeur, appelés alors les palais flottants, que les premiers touristes débarquent en grand nombre. Depuis, un important réseau d'auberges a vu le jour. Charlevoix peut se vanter d'avoir une tradition d'accueil vieille de plus de deux cents ans. Elle est également reconnue au Québec comme étant la région gastronomique et touristique par excellence.

À partir de Québec, la route 138 Est caresse le fleuve sur sa rive nord, en lacet de Sainte-Trinité-des-Caps jusqu'à l'embouchure de la rivière Saguenay, à Baie-Sainte-Catherine. C'est l'itinéraire le plus romantique du Québec, le plus agréable et le plus pittoresque, celui dont les panoramas imprégneront vos rêves à venir. Vous risquez néanmoins d'y avoir souvent les oreilles bouchées, tant les dénivellations et les côtes, qui atteignent parfois plusieurs kilomètres de long, y sont importantes.

Mais ce drôle d'inconfort n'est rien en comparaison de la vue fascinante dont vous jouirez du haut des caps. Vous observerez la mer à loisir jusqu'au majestueux confluent Saguenay-Saint-Laurent où aura lieu l'ultime rencontre, celle de l'homme et de la baleine.

Histoire

Charlevoix doit son nom au père jésuite François-Xavier de Charlevoix, qui fut le premier historien de la Nouvelle-France. Les rives inhospitalières de la région, trop difficiles d'accès, et surtout le monopole de la traite détenu par la Ferme du Roi, au-delà de Baie-Saint-Paul, empêchaient les familles de s'y installer. Résultat, Charlevoix ne sera occupé qu'assez tard dans l'histoire, plus précisément au XVIIIe siècle. C'est vers 1675 que les premiers habitants arrivent et s'installent dans la région de Petite-Rivière.

Les immanquables de la région de Charlevoix

- **Les galeries de Baie-Saint-Paul,** repère d'artistes.
- **Le tour de l'Isle-aux-Coudres** (de préférence en vélo).
- **Jouer au casino de La Malbaie,** secteur Pointe-au-Pic.
- **Le parc national** des Hautes-Gorges-de-la-Rivière-Malbaie et celui des Grands-Jardins.
- **Les circuits Découverte :** Route du Fleuve, Route des Montagnes, Route bleue de Charlevoix, Circuit Saint-Laurent (informations disponible dans le guide touristique ou à l'office du tourisme).
- **En hiver, skier au Massif de Charlevoix,** une montagne ayant le plus haut dénivelé à l'est des Rocheuses (770 m).
- **Pour les amateurs de vélo,** Les Grands Rendez-Vous Cyclistes de Charlevoix rassemblent de nombreuses compétitions d'envergure de la fin mai à la mi-juin.

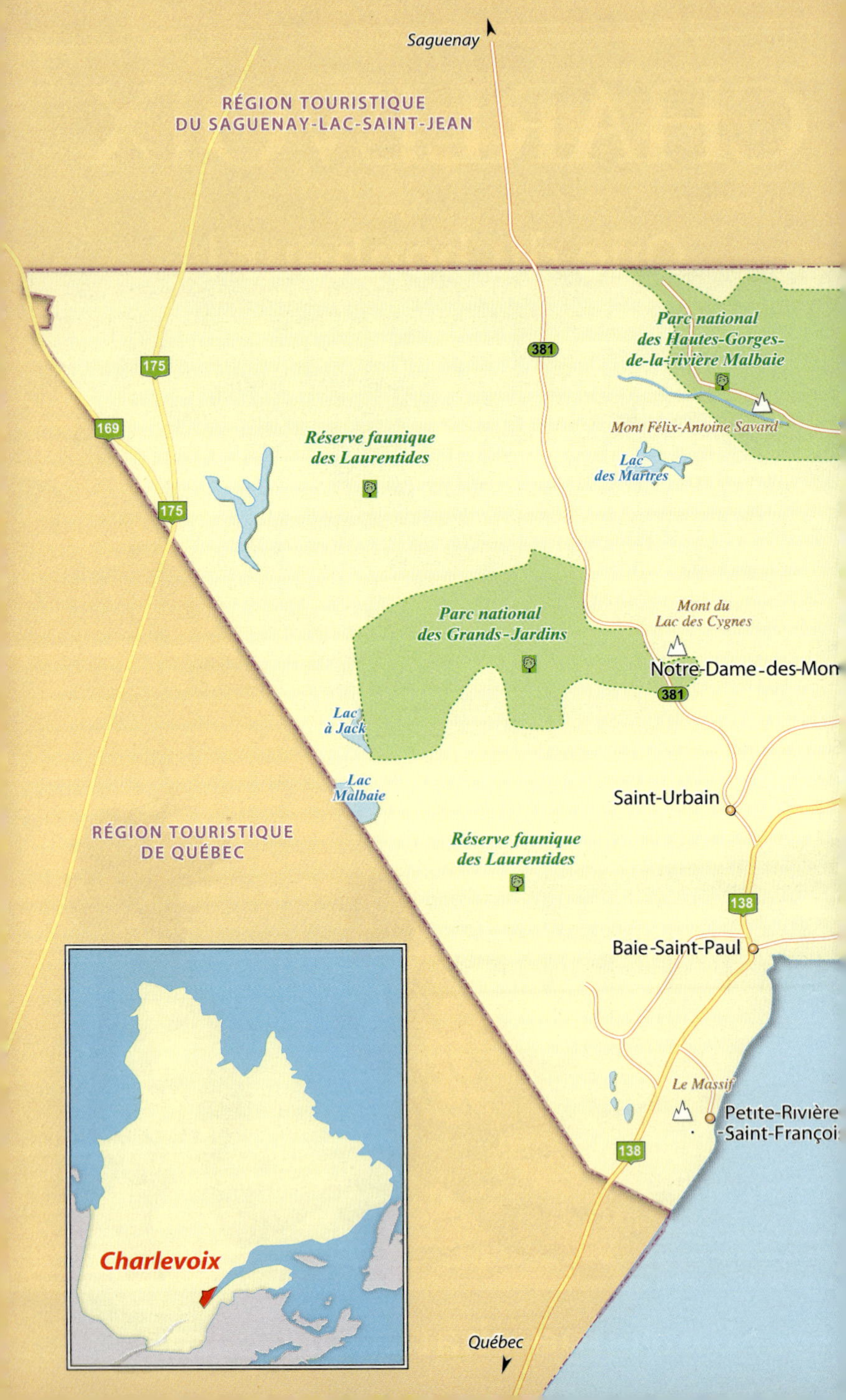
Saguenay
RÉGION TOURISTIQUE
DU SAGUENAY-LAC-SAINT-JEAN
175
169
175
381
Parc national
des Hautes-Gorges-
de-la-rivière Malbaie
Mont Félix-Antoine Savard
Lac
des Martres
Réserve faunique
des Laurentides
Parc national
des Grands-Jardins
Mont du
Lac des Cygnes
Notre-Dame-des-Mon
381
Lac
à Jack
Lac
Malbaie
Saint-Urbain
RÉGION TOURISTIQUE
DE QUÉBEC
Réserve faunique
des Laurentides
138
Baie-Saint-Paul
Le Massif
Petite-Rivière
-Saint-Françoi
138
Charlevoix
Québec

Saguenay
RÉGION TOURISTIQUE
DE MANICOUAGAN
Fjord du Saguenay
Tadoussac
Baie Sainte-Catherine
Sagard
170
138
Île Rouge
Île Verte
Parc marin
du Saguenay-Saint-Laurent
Lac
McLagan
Lac
aux Canards
Lac
Deschênes
Lac
de la Baie
des Rochers
Baie-des-Rochers
Lac
Chaud
Port-aux-Quilles
Île aux Lièvres
Lac
au Plongeon
Saint-Siméon
Traversée
Rivière du Loup
Lac
Comporté
Port-au-Persil
138
185
Mont Grand-Fonds
Port-au-Saumon
Riv. Malbaie
Saint-Fidèle
Ste-Aimé
des Lacs
Clermont
Les Pèlerins
Lac
Naim
Rivière-Malbaie
Cap-à-l'Aigle
289
Sainte-Agnès
La Malbaie
138
Pointe-au-Pic
Îles de
Kamouraska
Saint-Hilarion
230
Saint-Irénée
Mont des Éboulements
287
132
RÉGION TOURISTIQUE
DU BAS-SAINT-LAURENT
Les Éboulements
Saint-Joseph-de-la-Rive
230
FLEUVE SAINT-LAURENT
x Coudres
20
132
RÉGION TOURISTIQUE
DE CHAUDIÈRE-APPALACHES
N
0
15 km

Charlevoix

Quelques années plus tard, des familles s'établissent à Baie-Saint-Paul, puis demandent, en 1710, l'autorisation de s'implanter dans l'Isle-aux-Coudres. Les habitants promettent de respecter le monopole du roi et de ne vivre que d'agriculture et de cueillette. Pour leur part, le secteur de Saint-Irénée, occupé vers la même époque, et celui de La Malbaie, connu des coureurs de bois depuis la fin du XVIIe siècle, ne se développeront vraiment qu'après la conquête anglaise. Contrairement à Saint-Irénée qui, en 1750, compte déjà quelques centaines de familles, La Malbaie est peu peuplée. Il faudra attendre les concessions de seigneuries du gouverneur Murray pour que viennent s'installer quelques highlanders (nom donné aux soldats de Grande-Bretagne faisant partie d'un régiment dont l'uniforme est le costume traditionnel de la région des Highlands en Écosse ; désigne également les habitants de cette région) aux côtés des francophones. L'un des traits caractéristiques de la population de Charlevoix est d'être resté fidèle aux traditions. Malgré la modernité de ses valeurs urbaines, la ville a conservé un esprit qui rappelle l'ancien temps. C'est une des raisons pour lesquelles la région compte parmi les plus recherchées des touristes et des artistes. L'école de peinture de Charlevoix a connu son âge d'or de 1900 à 1940, rassemblant des artistes comme Clarence Gagnon, René Richard, Alexander Young Jackson, Patrick Morgan, Simone-Mary Bouchard, Georges-Édouard Tremblay et Robert Cauchon.

Nature

Dans *La Flore laurentienne*, le frère Marie-Victorin nous explique que la région, ayant échappé à la glaciation qui a métamorphosé tout l'Est du Canada, possède une végétation unique, vestige de l'époque préglaciaire. Les glaciations suivantes ont tout de même modelé le pays, laissant un impressionnant front rocheux aux Palissades, près de Saint-Siméon, ou encore des dépôts morainiques au lac Sainte-Agnès, près de Clermont. L'attrait ornithologique principal de la région réside, sans conteste, dans le spectacle des immenses rassemblements d'oies des neiges. Elles s'arrêtent sur les rives du Saint-Laurent au cours des migrations qui les conduisent des terres arctiques, où elles nichent, jusqu'à la côte Atlantique des États-Unis, où elles hivernent. Au printemps comme en automne, des formations nombreuses survolent les battures (partie de la côte découverte à marée basse) et viennent les couvrir de leur blancheur éclatante. C'est là, un des spectacles rares et grandioses dont la nature a généreusement gratifié le Québec.

Transports

- **Bus.** Intercar dessert toutes les municipalités de Charlevoix situées en bordure de la route 138. www.intercar.qc.ca
- **Train.** Depuis l'automne 2011, un nouveau train touristique relie Québec à La Malbaie avec quelques escales. www.lemassif.com/train
- **Traversiers.** La Société des traversiers du Québec propose trois lignes : Saint-Siméon – Rivière-du-Loup (Bas-Saint-Laurent), Baie-Sainte-Catherine – Tadoussac (Côte-Nord), et Saint-Joseph-de-la-Rive – Isle-aux-Coudres. www.traversiers.gouv.qc.ca

Paysage de Charlevoix.

Voiture. Plusieurs routes desservent la région de Charlevoix. Voici les principaux accès routiers en fonction des régions de départ.
Bas-Saint-Laurent : à partir de Rivière-du-Loup, prendre le traversier qui mène à Saint-Siméon.
Côte-Nord : suivre la route 138 Ouest et prendre le traversier qui mène de Tadoussac à Baie-Sainte-Catherine, la porte d'entrée ouest de Charlevoix.
Québec : prendre la route 138 Est qui longe le fleuve Saint-Laurent.
Saguenay-Lac-Saint-Jean : à partir de la ville de Saguenay, prendre soit la route 381 Sud qui mène à Baie-Saint-Paul, ou la route 170 Est qui mène à Saint-Siméon. Sachez qu'entre Baie-Saint-Paul et La Malbaie, vous pouvez suivre la route 362 appelée la « Route du fleuve », qui vous offrira un panorama exceptionnel sur le Saint-Laurent. Vous pourrez emprunter également la « Route des montagnes » qui relie les deux parcs nationaux de la région.

TOURISME CHARLEVOIX
495, boulevard de Comporté, La Malbaie
✆ +1 418 665 4454 / +1 800 667 2276
www.tourisme-charlevoix.com
Ouvert toute l'année.

PETITE-RIVIÈRE-SAINT-FRANÇOIS

Au terme d'une descente panoramique, vous découvrez Petite-Rivière-Saint-François, localité de 750 habitants nichée entre fleuve, rivière et montagne. Ce village est particulièrement renommé en hiver car les conditions de ski y sont excellentes. Claude Bouchard a été le premier colon à venir s'y établir en 1675 ; il s'agit du plus vieux peuplement de Charlevoix. Ce village côtier a longtemps abrité un chantier maritime pour la construction de goélettes et une cale sèche pour l'entreposage de ces voitures d'eau. Vous pouvez visiter la chapelle de Maillard et son exposition de peintures d'artistes régionaux, la chapelle Grande-Pointe et ses expositions temporaires, et pour finir, la maison ancestrale de la famille Simard au Domaine à Liguori, son architecture bicentenaire et ses expositions d'artistes et artisans locaux.

LES CHALETS DU VERSANT
Chemin du Versant
✆ +1 877 469 0909
www.versantcharlevoix.com
Magnifiques chalets tout équipés pouvant accueillir de 2 à 16 personnes. Chalets en location ou à l'achat. En plus des services et équipements mis à votre disposition (sauna, deux Jacuzzi, piscine extérieure, location de raquettes, service de navette, massothérapie, minidépanneur, café, Internet, service de traiteur et chef au chalet, etc.), l'établissement vous propose un éventail d'activités : ski de fond, motoneige, sports de glisse, patin à glace, pêche au saumon, vélo, kayak de mer, etc.

Hébergement dans la région

HÉBERGEMENT CHARLEVOIX
✆ +1 418 435 5107
✆ +1 888 435 5107
www.hebergement-charlevoix.com
Ce réseau offre un service de location pour des maisons et des chalets dans la région. Vous pouvez soit choisir la ville pour voir la liste des disponibilités ou alors utiliser le moteur de recherche qui permet de choisir également vos critères.

LE MASSIF DE CHARLEVOIX
1350, rue Principale
✆ +1 418 632 5876 / +1 877 536 2774
www.lemassif.com
Ouvert dès 9h en semaine, 8h30 le week-end. L'heure de fermeture dépend de la période (entre 15h et 16h). Tarif pour 1 jour : adulte 72 CAN $, aîné 59 CAN $, 18-25 ans 47 CAN $, 7-17 ans 31 CAN $. Tarifs à la demi-journée et carte à tout prix aussi disponibles. Service de navette depuis la région de Montréal, de Québec ou Baie-Saint-Paul.
Le Massif est la plus haute montagne skiable au Québec. Elle offre une dénivellation de 770 m et une vue panoramique à couper le souffle. Ski alpin, surf des neiges, télémark. 53 pistes et sous-bois, 6 remontées mécaniques. Accès aux pistes par la base ou par le sommet. Ski hors-piste, luge et ski de fond (sentier des Caps) aussi offerts. Nombreux services sur place dont un restaurant, deux cafétérias, une crêperie et deux pubs. Un projet de grande envergure est en cours en ce moment afin de transformer la station de ski en un complexe quatre saisons, notamment avec le nouvel hôtel La Ferme (situé à Baie-Saint-Paul). Afin de faciliter l'accès à la région, un train touristique relie Québec à La Malbaie depuis l'automne 2011. Plus d'informations sur le site Internet du Massif.

BAIE-SAINT-PAUL

Juste avant d'entreprendre la longue descente vers la baie, arrêtez-vous. Vous serez sidéré par la vue plongeante sur la vallée du Gouffre où est implantée Baie-Saint-Paul, dans le superbe paysage de sommets boisés d'un vert profond. C'est l'une des villes les plus anciennes du Québec, fondée en 1678. C'est aussi l'un des lieux les plus photographiés de la province. Devant la baie s'étend l'Isle-aux-Coudres, qui semble la fermer. De tout temps, Baie-Saint-Paul a été le refuge des artistes québécois, en particulier des peintres et des sculpteurs. Marc-Aurèle Fortin, Clarence Gagnon, Jean-Paul Lemieux et René Richard, l'écrivain Gabrielle Roy, entre autres, ont vécu ici pour imprégner leurs œuvres du charme de cette irrésistible région.

Transports

Comment y accéder et en partir

À partir de Baie-Saint-Paul, il faut choisir sa route : la route 138 file rapidement vers La Malbaie, à la limite de l'arrière-pays. La route 362 mène au traversier pour l'Isle-aux-Coudres, et passe par les petits villages du bord du fleuve, vers l'est.

Pratique

■ BUREAU TOURISTIQUE DE BAIE-SAINT-PAUL
6, rue Saint-Jean-Baptiste
✆ +1 418 665 4454 / +1 800 667 2276
www.baiesaintpaul.com
Ouvert toute l'année.

■ BUREAU TOURISTIQUE DE CHARLEVOIX
444, boulevard Mgr-de-Laval
✆ +1 418 665 4454 / +1 800 667 2276
www.tourisme-charlevoix.com
Ouvert toute l'année.

La météorite de Charlevoix

Le caractère extravagant des paysages montagneux de la région de Charlevoix est dû à l'impact causé autrefois par une météorite de 15 milliards de tonnes. Cet impact, qui s'est produit il y a 350 millions d'années, a créé un cratère qui est aujourd'hui habité et qui s'étend sur quelque 56 km, de Baie-Saint-Paul à La Malbaie.

■ HÔPITAL DE BAIE-SAINT-PAUL
74, rue Ambroise-Fafard
✆ +1 418 435 5150
www.cssscharlevoix.qc.ca

Se loger

Notez qu'il existe un site Internet qui regroupe l'ensemble de l'offre touristique en hébergement et forfaits :

▶ **www.hebergementbaiestpaul.com**

Bien et pas cher

■ LE BALCON VERT
22, côte du Balcon Vert
✆ +1 418 435 5587
www.balconvert.com
Accès par la route 362.
Ouvert de mi-mai à mi-octobre. Chambre partagée et camping : 23-25 CAN $ (pour le camping, le prix est par tente), chambre privée en occupation double : 52-55 CAN $, cabine privée avec sanitaires : 66-70 CAN $ (tarif pour 2 adultes et 2 enfants), cabine privée sans sanitaires : 56-60 CAN $ (tarif pour 2 adultes et 2 enfants), en occupation double : 52-60 CAN $.
L'auberge est bâtie sur un cap offrant une magnifique vue sur la baie. L'hébergement se fait soit en camping classique soit en petits chalets (cabines) rustiques mais très propres. Le bâtiment central comporte une grande terrasse où il fait bon contempler le paysage. Services sur place : salle communautaire, emplacement pour feu de camp, parc pour enfants, sanitaires, cafétéria, cuisine extérieure pour campeurs, auto cuisine avec terrasse, activités, spectacles gratuits, feux de joie.

■ HÉBERGEMENT AUX PORTES DU SOLEIL
29, rue de la Lumière
✆ +1 418 435 3540
✆ +1 877 435 3540
www.auxportesdusoleil.com
Occupation double : à partir de 70 CAN $ en basse saison et de 88 CAN $ en haute saison. Forfaits disponibles. Nombreux services sur place dont un service de massothérapie, Internet sans fil gratuit, billetterie pour les activités de plein air, service gratuit de navette pour la gare routière, etc.
Nicolas, Suisse d'origine et Québécois d'adoption, a fait de cette ancienne taverne un motel très chaleureux. Il est d'ailleurs, depuis quelques années, un établissement

certifié vert. Les chambres ont toutes des planchers de bois franc, un lit franchement confortable, et des couleurs qui ne sont pas sans rappeler les films de Pedro Almodovar. De plus, chaque unité a un petit coin terrasse devant la chambre, parfait pour prendre le petit déjeuner en été. Niveau repas, la table de l'auberge, ouverte en saison hivernale, offre une succulente cuisine de type cabane de haute montagne avec, au menu, raclette, fondue, papet vaudois, assiette du skieur, etc. C'est aussi le seul resto « Apportez votre vin » de la ville. Avec en prime une bonne localisation au village, à quelques pas des attraits, nous vous recommandons les lieux sans hésitation !

■ HÔTEL BAIE-SAINT-PAUL
911, boulevard Mgr-de-Laval
✆ +1 418 435 3683
✆ +1 800 650 3683
www.hotelbaiestpaul.com
Occupation double : à partir de 69 CAN $. Forfaits disponibles. Salle d'exercices et centre de massothérapie sur place. Services et salles pour réunions et événements.
Situé à proximité du centre-ville et du terrain de golf, cet hôtel vous offre toute une gamme de services pour une halte des plus reposantes. Toutes les chambres sont entièrement équipées et la suite est munie en plus d'un foyer à bois et d'un bain thérapeutique... Parfait pour se relaxer après une longue journée d'activités ! Pour les petits creux, le restaurant Le Gourmet, ouvert du matin au soir, offre une carte variée qui plaira à tous dont les fameuses fondues chinoises, la spécialité estivale. Adjacent au restaurant se trouve un bar détente avec foyer et table de billard, question de finir la journée en beauté.

■ HÔTEL GEORGES CHARLEVOIX
896, boulevard Mgr de Laval
✆ +1 418 435 3230
www.hotelsgeorges.com
En opération de mi-mai à mi-octobre. Tarif par chambre pour un maximum de 2 personnes : à partir de 59 CAN $, petit déjeuner continental inclus. Forfaits disponibles. Internet sans fil gratuit. Service de billetterie pour les attractions. Vaste terrain aménagé avec ruisseau.
Situé à la jonction de la route 362, à quelques minutes du centre-ville, cet hôtel vous offre confort, quiétude et une superbe vue sur la région. Chacune des chambres, toutes munies d'une entrée privée, sont très bien équipées, du téléviseur avec câble au mobilier de bois, sans oublier le petit frigo et la climatisation. Un petit déjeuner continental est proposé le matin, question de faire le plein d'énergie pour explorer les environs. Un excellent pied-à-terre dans la région !

Confort ou charme

■ AUBERGE CAP-AUX-CORBEAUX
62, rue du Nordet
✆ +1 418 435 5676 / +1 800 595 5676
www.cap-aux-corbeaux.com
Occupation double : à partir de 110 CAN $, petit déjeuner inclus. Wifi et stationnement gratuits. Forfaits golf, ski, traineau à chiens, excursion aux baleines, etc., disponibles. Dix chambres avec vue sur le fleuve Saint-Laurent, lit queen, salle de bain privée et téléviseur.
Une auberge au panorama unique, perchée en haut du Cap-aux-Corbeaux, offrant une vue incomparable sur le fleuve, le Massif de Charlevoix et l'Isles-aux-Coudres. Tranquillité assurée, à proximité des activités et attraits de Baie-Saint-Paul, des parcs des Grands-Jardins et des Hautes-Gorges.

■ **AUBERGE LA GRANDE MAISON**
160, rue Saint-Jean-Baptiste
✆ +1 418 435 5575 / +1 800 361 5575
www.grandemaison.com
Occupation double : à partir de 90 CAN $, petit déjeuner inclus. Forfaits disponibles. Centre de santé Spa La Cajolerie et restaurant gastronomique sur place.
Belle demeure victorienne rouge et blanche, La Grande Maison, bâtie en 1913, fut d'abord une résidence privée avant de devenir un hôpital, reconverti ensuite en hôtel dans les années 1940. Ses belles chambres colorées sont parmi les plus romantiques de la ville. Son restaurant 4-étoiles, Le Marion Grill, est très réputé et sa carte des vins a été primée Carte d'Or de 2005 à 2009.

■ **AUBERGE LA MUSE**
39, rue Saint-Jean-Baptiste
✆ +1 418 435 6839 / +1 800 841 6839
www.lamuse.com
Occupation double : à partir de 99 CAN $, petit déjeuner inclus. Forfaits disponibles. Possibilité de louer une charmante maison, La Maison Clarence (tarifs au week-end ou à la semaine). Service de massothérapie et d'esthétique sur place.
Cette auberge de charme, un peu en retrait de la rue, propose des chambres bien agréables et un éco-bistro offrant une cuisine imaginative et gastronomique, avec un soupçon de parfums du monde et un bon apport de produits locaux. Ce bistro, Chez Bouquet, mise sur une philosophie d'équilibre social, économique et environnemental, question de joindre le durable à l'agréable. Notez que l'établissement se trouve à deux pas des galeries de la rue Saint-Jean-Baptiste et des principaux commerces de la ville.

■ **LE GENÉVRIER**
1175, boulevard Mgr-de-Laval
✆ +1 418 435 6520 / +1 877 435 6520
www.genevrier.com
Hébergement en camping (435 emplacements) ou en chalet (24 chalets classiques de 2 à 8 personnes et 10 chalets scandinaves). Consultez leur site Internet pour connaître la gamme de tarifs.
Ouvert à l'année, ce centre de plein air est la solution idéale pour les familles ou les groupes d'amis. Une foule d'activités et d'animations sont offertes sur place en toute saison : baignade dans le lac, location d'embarcations nautiques, terrains de tennis et volleyball de plage, sentiers de vélo de montagne, patinoire, sentiers de ski de randonnée et raquette, glissade sur tube, etc. Service de restauration en saison estivale (les week-ends seulement hors saison et pendant les périodes de vacances), location d'équipement sur place.

■ **GÎTE FLEURY**
102, rue Saint-Joseph
✆ +1 418 435 3668
www.gitefleury.com
Occupation simple ou double : à partir de 80 CAN $. 4 chambres avec salles de bain partagées. Taxes, petit déjeuner, wifi et stationnement inclus. Forfaits disponibles.
Charmant gîte, situé au bord de la rivière du Gouffre, qui inspire au calme et à la détente. Les lieux ont gardé leur cachet d'antan avec une touche de modernité qui assurera confort à ses hôtes. Les chambres, toutes de couleurs différentes, sont douillettes à souhait. Le matin venu, un petit déjeuner fait maison et composé en grande partie de produits locaux est servi, question de faire le plein d'énergie. Ne reste qu'à profiter, en saison estivale, de la terrasse avant ou de la superbe cour arrière avec jardins et vue sur la rivière.

■ **HÔTEL LA FERME**
50, rue de la Ferme
✆ +1 418 240 4100
✆ +1 877 536 2774
www.lemassif.com/fr/ferme
Occupation double : à partir de 149 CAN $. Promotions et forfaits disponibles (possibilité de forfaits incluant le Train de Charlevoix – gare sur place). Trois restaurants (Les Labours, Le Café du Marché, Le Bercail), café-boutique, petit marché régional, bar-foyer, salle de spectacles, place publique extérieure avec animation, gym et centre de santé Spa du Verger sur place.
Tout nouvel hôtel du groupe Le Massif, bâti sur la terre des Petites-Franciscaines-de-Marie, sis sur un domaine ancestral qui s'étend à perte de vue sur des champs de culture menant au fleuve Saint-Laurent. Le complexe hôtelier, alliant urbanité et ruralité, est composé de cinq pavillons inspirés par les bâtiments de ferme d'autrefois. Niveau hébergement, plusieurs catégories de chambres sont offertes et on y retrouve même une formule auberge de jeunesse dans les Dortoirs de la Gare (12 dortoirs de 4 lits simples). Pour casser la croûte, prendre l'apéro ou savourer un repas aux accents du terroir, vous aurez l'embarras du choix sur place. Ne reste qu'à

profiter des installations du Spa nordique et du cente de santé, ou encore de la programmation riche et diversifiée (spectacles, conférences, ateliers culinaires, cours de peinture et plus encore). Une nouvelle adresse à mettre impérativement au carnet !

Se restaurer

■ CAFÉ DES ARTISTES

25, rue Saint-Jean-Baptiste
✆ +1 418 435 5585
www.lecafedesartistes.com
Lundi-dimanche, 9h30-minuit (la cuisine ouvre de 11h30 à 22h). Terrasses, expositions, événements, cabaret.
La spécialité de ce petit café sympathique, situé à côté de la Maison Otis, est la pizza européenne, mais on s'y rend aussi pour prendre un espresso ou une bière de microbrasserie. Une salle de spectacles, Le Cabaret, est installée dans les voûtes du Café et offre une excellente programmation avec des artistes bien de chez-nous.

■ MOUTON NOIR

43, rue Sainte-Anne
✆ +1 418 240 3030
www.moutonnoirresto.com
Lundi-mardi, fermé ; mercredi-dimanche, 11h-14h & 17h-22h. Plats principaux le midi : moins de 20 CAN $, à partir de 20 CAN $. Table d'hôte du soir : à partir de 30 CAN $. Terrasse.
Thierry Ferré, Breton de souche et Québécois d'adoption, est le chef-propriétaire de cette adresse gourmande, avec Emmanuelle, native de la région, qui gère de mains de maître la salle à manger. Au menu, une cuisine bistro créative qui s'inspire du Vieux Continent, avec une touche de terroir qui rend honneur aux savoureux produits québécois. Tout est simplement délicieux, de l'entrée au dessert, et sachez que le restaurant est membre des « Créatifs de l'érable »... Ça promet ! Pour accompagner le tout, les bières de la microbrasserie Charlevoix figurent à l'ardoise, ou alors, optez pour une des bouteilles de leur cave à vin.

■ LE SAINT-PUB

2, rue Racine
✆ +1 418 240 2332
www.saint-pub.com
Ouvert tous les jours dès 11h30. Plats principaux à la carte : moins de 30 CAN $. Table d'hôte et menu bistro aussi disponibles. Terrasse.
Le Saint-Pub appartient à la microbrasserie Charlevoix. Au menu, une cuisine régionale où les produits du terroir sont à l'honneur, notamment ceux de la route des saveurs de Charlevoix, ainsi que plusieurs recettes à la bière. Pour accompagner le tout, la maison propose une belle sélection de bière locale de qualité, brassée avec amour et patience, dont des saisonnières qui font leur apparition selon l'humeur des brasseurs. Malgré le déménagement de la microbrasserie, les installations du Saint-Pub sont encore utilisées pour le brassage sur place de bières exclusives au resto-pub. Un lieu à découvrir pour une bonne boustifaille dans le cadre champêtre de cette magnifique région.

À voir – À faire

La beauté des paysages de la baie, les maisons centenaires, les nombreuses galeries d'art (à ce propos, ne manquez pas le Symposium international d'art contemporain en août), et les boutiques d'artisanat méritent qu'on leur consacre du temps. Baie-Saint-Paul doit être arpentée à pied. La rue Saint-Jean-Baptiste et la rue Leclerc, face à l'église, forment l'équivalent du quartier Latin parisien. On y trouve de tout pour tous. Faire le tour de la baie à pied est très agréable.

■ BOISÉ DU QUAI

Accès par la rue Sainte-Anne

À quelques pas du quai se trouve un petit havre de nature qui, en toutes saisons, reçoit la visite d'un grand nombre de randonneurs. La faune et la flore, d'une grande diversité, cohabitent parfaitement dans cet endroit qui abritait, autrefois, une scierie, un lieu de retranchement (lieu pour les troupes se protégeant des attaques ennemies) et des caches de trésors… Profitez-en pour visiter Habitat 07, un bâtiment écologique qui vise à sensibiliser et informer la population sur les énergies nouvelles et sur les pratiques liées au développement durable. Cette maison est le poste d'accueil du Boisé du Quai.

■ LAITERIE CHARLEVOIX, ÉCONOMUSÉE DU FROMAGE

1167, boulevard Mgr-de-Laval

✆ +1 418 435 2184

www.fromagescharlevoix.com

Ouvert tous les jours à l'année. Entrée libre, visite guidée et dégustation payantes.

Cette entreprise produit des fromages depuis plus de 60 ans : fromage à pâte molle à croûte fleurie, cheddar frais du jour ou vieilli 5 ans, fromage affiné en surface à pâte cuite, etc. Prenez quelques échantillons à la boutique ; et, question d'accompagner le tout, des produits charlevoisiens garnissent aussi les étalages. C'est également un centre d'interprétation où l'on vous expliquera les différentes étapes de fabrication du fromage avec, en démonstration, des équipements anciens.

Sports – Détente – Loisirs

■ KATABATIK

210, rue Sainte-Anne

Quai de Baie-Saint-Paul

✆ +1 418 435 2066

✆ +1 418 665 2332

✆ +1 800 453 4850

www.katabatik.ca

Kayak de mer demi-journée : 57 CAN $, 1 journée : 70-105 CAN $. Expédition de 2 jours en kayak-camping aussi offerte. Excursion de kayak hivernal : 85 CAN $. Autres activités et forfaits offerts (kayak de mer + autre activité) : descente de rivière, canyoning, parapente, randonnée pédestre, zodiac, observation des baleines, hélicoptère. Service de location de vélos à Baie-Saint-Paul.

Excursions en kayak de mer sur la côte charlevoisienne avec encadrement et vêtements isothermiques. Les moniteurs sont tous de fins connaisseurs de la région et de la nature charlevoisienne. Points de service : quai de Baie-Saint-Paul, Hôtel du Capitaine à l'Isle-aux-Coudres, marina Port de Refuge à Cap-à-l'Aigle, et quai de Baie-des-Rochers à Saint-Siméon.

Visites guidées

■ CHARLEVOIX ÉCO-MOBILITÉ

50, rue de La Ferme

Sur le site de l'Hôtel La Ferme

✆ +1 418 633 2712

www.charlevoixecomobilite.com

De mai à octobre. Réservation requise. Location de vélo et vélo électrique (casque de protection et cadenas de sécurité inclus) : 20 CAN $ pour 1 heure (tarifs aussi pour heure supplémentaire, 3 et 6 heures). Tour de vélo taxi électrique : 45 CAN $ (2 circuits offerts). Balade en moto (casques, manteaux, gants et foulard inclus) : moto simple 90 CAN $, à partir de 120 CAN $ pour une moto avec sidecar pour deux personnes.

Cette entreprise, nouvellement basée à Baie-Saint-Paul, vous propose de partir à la découverte de la belle région de Charlevoix, du littoral aux frontières de l'arrière-pays. En solo ou accompagné d'un guide expérimenté, cette belle activité s'avèrera fort ludique, plaisante et surtout, respectueuse de l'environnement. Si vous partez en solo, l'équipe se fera un plaisir de vous conseiller d'excellents itinéraires selon le temps dont vous disposez. À faire absolument si vous êtes de passage dans la région !

■ HÉLI-CHARLEVOIX

Jonction des routes 138 et 381

1608, boulevard Mgr-de-Laval

✆ +1 418 435 4071

www.heli-charlevoix.com

à 10 km de Baie-St-Paul en direction Est sur la route 138

Juin à octobre, sur place de 9h30 à 19h (réservation préférable). Le reste de l'année, sur réservation. À partir de 59 CAN $.

La région de Charlevoix est une des plus magnifiques de la province et pourquoi ne pas la découvrir du haut des airs... Héli-Charlevoix vous permet de survoler des trésors naturels tels l'arrière-pays montagneux de Charlevoix, l'Isle-aux-Coudres, le cratère de Charlevoix, la côte charlevoisienne et plus encore. Vols personnalisés sur demande.

SAINT-URBAIN

Porte d'entrée du parc national des Grands-Jardins, situé dans l'arrière-pays de Charlevoix, le village de Saint-Urbain regroupe aussi plusieurs producteurs agroalimentaires d'intérêt : Les Viandes Biologiques de Charlevoix, le Centre de l'Émeu de Charlevoix et la Ferme Basque de Charlevoix. Une destination gourmande et grande nature.

■ PARC NATIONAL DES GRANDS-JARDINS

Route 381
✆ +1 418 439 1227 / +1 800 665 6527
www.sepaq.com/pq/grj/fr
À 35 km de Baie-Saint-Paul. Ouvert à l'année. Postes d'accueil : centre de services Thomas-Fortin au km 31 (fin mai à mi-octobre), Mont-du-lac-des-Cygnes au km 21 (horaire variable selon la saison). Accès quotidien adulte : 6 CAN $, enfant : 2,75 CAN $, 5 ans et moins : gratuit. Tarifs groupe et famille disponibles.
Jadis fréquenté par les chasseurs montagnais, et, vers la fin du XIXe siècle, par quelques riches Ontariens et Américains en villégiature, s'adonnant à la chasse au caribou et à la pêche à l'omble de fontaine, le parc national des Grands-Jardins, est un territoire de 310 km^2 situé au cœur de la réserve mondiale de la biosphère de Charlevoix. Paysages de taïga et de toundra, forêt d'épinettes noires avec sol recouvert de lichen. La faune est représentative des régions nordiques : orignal, ours, loup, caribou et lynx. Le sommet du mont du Lac-des-Cygnes s'élève à 980 m d'altitude et le panorama est unique.

▶ **Hébergement :** camping (57 emplacements aménagés sans services, 28 rustiques), 2 terrains de camping d'hiver, 13 chalets (dont le chalet Sainte-Anne situé sur une île, capacité de 12 personnes – offert uniquement en forfait de pêche en été, puis en villégiature les week-ends de septembre), 2 refuges (à l'année), 1 camp rustique, prêt-à-camper (11 tentes Huttopia).

▶ **Activités :** location kayak et canot, rabaska, pêche à la journée ou en séjour (permis de pêche du Québec et droits d'accès obligatoires), pêche-camping, randonnée pédestre (plus de 30 km) et longue randonnée (sentier de la Traversée de Charlevoix). En hiver : ski nordique, randonnée en raquette, pêche blanche, ski nordique (longue randonnée) avec nuit en chalet ou refuge (en collaboration avec la Traversée de Charlevoix).

■ POURVOIRIE DU LAC MOREAU ET AUBERGE DU RAVAGE

Parc national des Grands-Jardins
✆ +1 418 665 4400 / +1 418 439 3695
✆ +1 888 766 7328 – www.lacmoreau.com
Différents forfaits disponibles selon la saison et l'activité. Service de location de motoneiges (avec ou sans guide) et d'équipements de plein air.
Située entre le parc national des Hautes-Gorges-de-la-Rivière-Malbaie et le parc national des Grands-Jardins, la Pourvoirie du Lac Moreau occupe un territoire de 81 km^2 avec 32 lacs. L'Auberge du Ravage, de style scandinave, accueille chaleureusement les villégiateurs, les pêcheurs, les chasseurs et les motoneigistes. L'hébergement se fait en auberge (12 chambres) ou en chalet de bois rond (plus d'une dizaine). Cette auberge forestière 5-étoiles ne fait pas les choses à moitié ! En plus de pouvoir savourer une cuisine gastronomique sur place, vous avez accès à différentes installations (sauna finlandais, salle de relaxation, salon, bar-billard...) et à de nombreuses activités de plein air. Le luxe en pleine forêt !

■ LA TRAVERSÉE DE CHARLEVOIX

Adresse d'accueil, Route 381, km 10,6
✆ +1 418 639 2284
www.traverseedecharlevoix.qc.ca
Accès quotidien aux sentiers sans location de chalets ou refuge : 4 CAN $ par personne (à payer au bureau ou dans les poteaux de péage). Accès quotidien pour les clients des chalets ou refuges : gratuit. Consultez le site Internet pour connaître les forfaits et tarifs.
Ce sentier long de 105 km sillonne la région au cœur de la Réserve mondiale de la biosphère, entouré de montagnes atteignant 1 000 m. De courtes randonnées en vélo de montagne, à pied, en raquette ou en ski nordique permettent de découvrir des lieux d'une grande richesse naturelle. Des raids en vélo, à pied ou en ski sont également offerts et couvrent 100 km. Hébergement possible en chalet ou en refuge.

La route des saveurs de Charlevoix

Plus d'une quarantaine d'entreprises (producteurs, transformateurs et restaurateurs) vous ouvrent leur porte afin de vous faire découvrir l'excellence des produits de la région. Plusieurs activités et dégustations sont au menu. Fiez-vous au logo qui vous indiquera les bonnes adresses à visiter. Vous pouvez obtenir la liste des membres et les circuits sur le site Internet de la Route des Saveurs de Charlevoix ou vous procurer le dépliant auprès des entreprises participantes et dans les bureaux touristiques.

www.routedesaveurs.com

LES ÉBOULEMENTS

À 19 km de Baie-Saint-Paul, via la route 362. Village au nom évocateur qui rappelle le gigantesque glissement de terrain qui a suivi le terrible tremblement de terre de 1663. Les Éboulements a su cependant conserver son patrimoine architectural avec son église de pierre, son moulin seigneurial (ouvert en été, tous les jours de 10h à 17h, droits d'entrée) et ses anciennes maisons bordant la rue principale.

CHOCOLATERIE DU VILLAGE, POTERIE LINE ST-PIERRE, FORGE DU VILLAGE

194, rue du Village
✆ +1 418 635 1651 / +1 888 635 1651
lachocolaterieduvillage@bellnet.ca
Forge et poterie : ouverts du 24 juin à début septembre. Chocolaterie : ouvert tous les jours à l'année (fermé lundi-mardi d'octobre à mai). Horaire : 10h-18h. Démonstrations et visites commentées. Entrée libre.
Site pittoresque datant de 1891 qui réunit sous le même toit une chocolaterie artisanale (50 variétés de chocolats belges, fudges, créations thématiques et pièces personnalisées sur demande), une forge fonctionnelle avec ses outils d'origine et une boutique de poterie (créations décoratives et utilitaires).

SAINT-JOSEPH-DE-LA-RIVE

À quelques kilomètres des Éboulements, par la route 362. Prendre ensuite la Côte à Godin et le chemin du Quai. Avant de prendre le traversier pour l'Isle-aux-Coudres, profitez d'une belle balade sur la nouvelle Promenade des Capitaines ou allez découvrir la boutique des Santons de Charlevoix.

AUBERGE LA MAISON SOUS LES PINS

352, rue Félix-Antoine-Savard
✆ +1 418 635 2583 / +1 877 529 7994
www.maisonsouslespins.com
Occupation double : à partir de 105 CAN $. 8 chambres. Petit déjeuner inclus. Forfaits disponibles. Terrasse. Service de massothérapie et Jacuzzi extérieur.
Cette magnifique auberge, ancienne maison de capitaine, propose un voyage autour du monde au cœur même de ses chambres, dont deux se trouvent sous les combles. Québécoise, orientale, européenne, africaine... Toutes arborent une déco à la fois champêtre et contemporaine en lien avec la thématique de la chambre. Le matin venu, faites le plein d'énergie avec le petit déjeuner gourmand et le soir, savourez une fine cuisine aux accents du terroir charlevoisien (possibilité d'inclure le repas du soir en forfait). Un menu terrasse est également offert midi et soir en saison estivale. Une belle escale dans la région !

MUSÉE MARITIME DE CHARLEVOIX

305, rue de l'Église ✆ +1 418 635 1131
www.museemaritime.com
Mi-mai à mi-octobre : lundi-dimanche, 9h-17h. Mi-octobre à mi-novembre : sur réservation de groupe. Adulte : 5 CAN $, 12-17 ans : 2 CAN $, moins de 12 ans : gratuit. Boutique maritime sur place. Une visite qui permet de mieux comprendre l'histoire de la navigation et son importance dans le développement économique des régions du Québec. Situé sur l'ancien chantier naval du village.

ISLE-AUX-COUDRES

Cette petite île s'étend au large de la côte de Charlevoix, face à Baie-Saint-Paul. Le 6 septembre 1535, lors de son deuxième voyage, Jacques Cartier la baptisa ainsi à cause des couldres (coudriers), ancien nom des noisetiers, qui poussent ici en grand nombre. Vers 1728, les colons vinrent s'établir sur l'île qui, pendant longtemps, appartint au Séminaire de Québec. Les habitants pratiquaient l'agriculture et chassaient aussi le beluga, qu'ils appelaient marsouin, pour son huile. La chasse au beluga a cessé à la fin des années 1960. L'espèce, menacée de disparition, est aujourd'hui protégée. Jusqu'à la fin des années 1950, l'île abrita des chantiers navals où étaient construites les voitures d'eau – simples canots d'écorce, lourds canots, chaloupes, puis goélettes (à voile puis à moteur) – adaptées à la navigation sur les eaux du fleuve, quelquefois tumultueuses ou encombrées de glaces flottantes. Les goélettes étaient utilisées pour le cabotage et la chasse aux marsouins. C'est là que le cinéaste Pierre Perrault tourna, dans les années 1960, ses documentaires sur la chasse aux marsouins et les voitures d'eau, qui ont contribué à faire connaître l'île. Le tissage artisanal est une tradition qui a subsisté.

Transports

■ VÉLO-COUDRES
2926, chemin des Coudriers
✆ +1 418 438 2118
www.charlevoix.qc.ca/velocoudres
Ouvert tous les jours. Mai, juin et septembre : 9h-17h. Juillet et août : 8h-coucher du soleil. Service de navette gratuit entre le traversier et la boutique de début juillet à mi-août.
Comme la découverte de l'île se fait à merveille sur deux roues (ou plus !), voici notre bonne adresse pour la location de vélos de montagne ou randonnée, tandems, quadricycles et mobylettes. Vélos et accessoires pour les plus petits. Tour d'escalade sur place.

Pratique

■ BUREAU TOURISTIQUE DE L'ISLE-AUX-COUDRES
1024, chemin des Coudriers
✆ +1 418 760 1066 / +1 866 438 2930
www.tourismeisleauxcoudres.com
Ouvert en saison estivale uniquement.

Se loger

Il est fortement conseillé de réserver son hébergement à l'avance durant la saison estivale.

■ HÔTEL CAP-AUX-PIERRES
444, chemin La Baleine
✆ +1 418 438 2711 / +1 888 554 6003
www.hotelcapauxpierres.com
Ouvert de mai à mi-octobre. Occupation double : à partir de 112 CAN $, petit déjeuner inclus. Hébergement en hôtel ou en motel. Forfaits disponibles.
Un hôtel tout confort qui propose près d'une centaine de chambres dont la moitié en unités de motel. De nombreux services sont offerts sur place et en font une destination parfaite tant pour les couples que les familles : piscines intérieure et extérieure, jardin paysager avec chaises longues, grande terrasse, le tout avec vue sur le fleuve, restaurant et bar, centre de santé Spa, jeux pour petits et grands, salle de cinéma, location de vélos, et bien plus encore.

Une visite guidée... par des marsouins !

Ce outil de promotion vous fera partir à la découverte des coins secrets, des trésors, des attraits, des événements à ne pas manquer et des activités de l'île. Ce sont trois marsouins, des insulaires très colorés, qui vous guideront dans votre voiture lors de cette aventure et ils ne se priveront pas de vous conter quelques bonnes histoires et légendes du coin. L'audio-guide est disponible au bureau d'information touristique de l'île, à la Cidrerie et Vergers Pedneault et dans plusieurs établissements de Charlevoix.

■ HÔTEL DU CAPITAINE
3031, chemin des Coudriers
✆ +1 418 438 2242 / +1 888 520 2242
www.hotelducapitaine.com
Occupation double : à partir de 85 CAN $, petit déjeuner copieux inclus. Forfaits disponibles. Hébergement en auberge et en motel. Restaurant sur place. Service de réservation pour croisières aux baleines, théâtres, etc.
Charmante petite auberge en bois, propriété du capitaine Desbiens et son épouse. Ambiance chaleureuse, cuisine régionale et piscine extérieure chauffée. Avis aux amateurs de sports nautiques : excursion et service de location de kayak de mer avec Katabatik sur le site de l'hôtel.

HÔTEL-MOTEL & MUSÉE LES VOITURES D'EAU
1933, chemin des Coudriers
✆ +1 418 438 2208 / +1 800 463 2118
www.hotelmotelvoituresdeau.com
Occupation double : à partir de 50 CAN $ en chambre à l'auberge et 70 CAN $ en motel. Promotions et forfaits disponibles. Piscine extérieure à l'eau de mer salée chauffée, équipements de loisirs, location de vélos, centre d'observation et d'interprétation, boutique cadeaux, salle à manger, casse-croûte et bar salon. Musée Les Voitures d'Eau : mi-mai à mi-juin & mi-septembre à mi-octobre, le week-end seulement ; mi-juin à mi-septembre, tous les jours. Droits d'entrée.
Situé sur la pointe sud-ouest de l'île, le regard embrassant le fleuve Saint-Laurent et ses superbes couchers de soleil, cet établissement hôtelier est la fière propriété de la famille Perron. L'hébergement se fait soit en chambre tout confort (section auberge ou motel), soit en studio d'une ou deux chambres avec cuisine toute équipée, coin salon et salle à manger. A quelques pas, vous retrouverez le musée Les Voitures d'Eau. Ici, c'est tout le passé de la vie maritime sur le Saint-Laurent qui est évoqué. On y retrouve la goélette Mont-Saint-Louis que l'on peut visiter de la cale à la timonerie. Un sentier mène à une tour d'observation surplombant l'île.

▶ **Autre adresse :** Musée : 1922, chemin des Coudriers.

Se restaurer

Plusieurs petites haltes sympathiques, parfaites pour les finances limitées, sont disséminées sur toute l'île. Si vous n'avez pas envie de vous payer le grand luxe d'une table gastronomique...

À voir – À faire

Suggestion : faites un tour de l'île à vélo. On trouve des kiosques de location partout, dès la sortie du traversier.
Profitez-en pour aller voir le monument Jacques-Cartier, le phare, la croix du Cap, la roche à Caya, la Grotte de la Vierge, les moulins, le pilier (vieil indien) et la pointe du Bout d'en bas.

CIDRERIE ET VERGER PEDNEAULT, ÉCONOMUSÉE DE LA POMICULTURE
3384, chemin des Coudriers
✆ +1 418 435 2365
www.vergerpedneault.com
Ouvert tous les jours à l'année. Entrée libre. Autocueillette de début septembre à fin octobre. Groupes sur réservation. Sentier de vélo sur le site. Relais du terroir et Ferme découverte certifiés. Boutique dans la région de Manicouagan : 197-B, rue des Pionniers,

© AUTHOR'S IMAGE

Chapelle de procession Saint-Pierre, sur l'Isle-aux-Coudres.

Tadoussac, +1 418 235 1110 (ouvert de mi-mai à mi-septembre).
Le verger a été créé en 1918, avec la plantation, à titre expérimental, de 300 pommiers, sur cette terre ancestrale. Quelques générations se sont succédé pour faire des cidres, bien sûr, mais aussi divers produits dérivés de la pomme et d'autres fruits : mistelles, crèmes, vinaigres, confitures, gelées, beurres, miels et sirops. Profitez donc de votre passage sur l'île pour aller visiter le verger et la cidrerie, faire de l'autocueillette en saison, goûter à ses excellents produits et bien entendu, rapporter quelques souvenirs de la boutique. Nouveautés : présentation et dégustation commentée tous les jours de juin à octobre (5 CAN $ par personne), tour en tracteur guidé dans le verger suivi de la présentation et de la dégustation commentée (8 CAN $ par adulte, 2 CAN $ par enfant).

■ MAISON CROCHE

3094, chemin des Coudriers
✆ +1 418 438 2733
www.maisoncroche.com
Appelée également « la maison à Horace », elle est pour le moins étrange. En fait, elle défie les normes et est devenue la curiosité de l'île. La visite de l'intérieur vaut le détour avec ses objets antiques, dont le premier piano-table de l'île vieux de 200 ans.

■ LES MOULINS DE L'ISLE-AUX-COUDRES – ÉCONOMUSÉE DE LA MEUNERIE

36, chemin du Moulin
✆ +1 418 438 2184
www.lesmoulinsiac.com
Ouvert de la mi-mai à la mi-octobre, tous les jours de 10h à 17h30. Adulte : 9 CAN $, 6-18 ans : 5 CAN $, moins de 6 ans : gratuit, famille : 20 CAN $. Ateliers éducatifs sur réservation. Boutique, aire de repos.
L'un est à vent, l'autre à eau. Ces deux moulins sont en fonction et datent du début du XIXe siècle (1836 pour le premier, 1825 pour le second). On verra un meunier moudre le blé et le sarrasin avant de pétrir son pain. Un four à pain traditionnel est également fonctionnel. Dans le bâtiment d'accueil, une exposition permanente vous fera découvrir les us et coutumes de l'isle par le biais d'œuvres d'art populaire. Une autre rend hommage au cinéaste Pierre Perrault, connu pour son film documentaire *Pour la suite du monde* qui relate la vie des insulaires.

Le site est unique au Québec. A la boutique, possibilité de se procurer de la farine fraîchement moulue.

SAINT-IRÉNÉE

À 34 km de Baie-Saint-Paul, par la route 362. Pittoresque village de 700 habitants accroché à la montagne, aussi joli que la longue plage de sable fin que l'on longe pour y accéder. L'agréable cohabitation entre la montagne et le fleuve y suscite l'attention.

■ LES ATELIERS DEBLOIS

1131, rang Terrebonne (route 362)
✆ +1 418 452 3229
www.lesateliersdeblois.com
Ouvert tous les jours du 1er mai au 31 octobre de 9h à 18h (jusqu'à 17h en mai, juin et octobre). Entrée libre.
Boutique et galerie d'art. Généralement, les artistes sont au travail pendant votre visite. Joan DeBlois fait de la poterie fonctionnelle (pour la table), des pièces uniques en porcelaine, des objets décoratifs et du Raku (méthode de cuisson japonaise). Une galerie expose les œuvres du peintre Marc DeBlois.

■ **SALLE DE SPECTACLES LE DOMAINE FORGET**
5, rang Saint-Antoine
✆ +1 418 452 3535 / +1 888 336 7438
www.domaineforget.com
Accès gratuit à la propriété. Certains concerts/spectacles payants. Hébergement en studio disponible sur place.
Cette institution musicale présente des concerts et spectacles de danse. Le Domaine œuvre sur trois grands axes : l'Académie internationale de musique et de danse, le Festival international du Domaine Forget (mi-juin à fin août/début septembre) et la Saison du Domaine (désormais connu sous l'appellation « Programmation variétés » : spectacles de variétés, de musique, de théâtre et productions jeune public, au printemps et à l'automne).

LA MALBAIE

À l'embouchure de la rivière Malbaie, ce centre administratif est la ville la plus importante de Charlevoix. Samuel de Champlain baptise la baie « malle baye » (mauvaise baie) en 1608, parce que ses navires, qui y ont mouillé l'ancre, s'y sont tous échoués. Effectivement, la mer se retire complètement de la baie à marée basse. Après la conquête anglaise, elle est rebaptisée Murray Bay par John Nairn et Malcolm Fraser, deux officiers écossais, en souvenir du gouverneur James Murray qui la leur a concédée. La rivière Malbaie traverse la ville pour se jeter dans le fleuve. Suite à la loi sur les fusions de villes, les anciennes municipalités de Pointe-au-Pic, Rivière Malbaie, Sainte-Agnès, Cap-à-l'Aigle et Saint-Fidèle se sont unis pour former La Malbaie. Cette fusion explique l'organisation de nos sections.

Quartiers

Secteur Cap-à-l'Aigle

Après le pont, à 3 km à l'est du centre-ville de La Malbaie, en contrebas de la route 138. Cet endroit était habité par des aigles et c'est pourquoi Champlain lui a donné ce nom. Vouée à la culture et à l'élevage, cette localité faisait autrefois partie de la seigneurie de Mount Murray. Le village a su conserver son aspect du XIXe siècle.

Secteur La Malbaie

C'est le centre-ville de la nouvelle agglomération. De peu d'intérêt touristique, c'est par contre ici que se trouvent de nombreux services comme l'office du tourisme et l'hôpital, par exemple.

Secteur Pointe-au-Pic

Occupant, au sud de La Malbaie, le promontoire qui ferme la baie, Pointe-au-Pic est un lieu de villégiature lancé au début du XIXe siècle. Les bateaux à vapeur, que l'on surnommait palais flottants, promenaient alors dans ses parages la belle société de New York, de Toronto ou de Montréal en quête de dépaysement romantique. Le Manoir Richelieu était son lieu de rendez-vous favori. C'est là que William Howard Taft, président des États-Unis de 1909 à 1913, s'était fait construire une résidence d'été d'où il dirigeait son pays au moyen d'un simple fil télégraphique qui longeait le fleuve. Mais Taft n'est pas la seule personnalité à avoir choisi ce coin de terre pour le repos de son âme et de son corps. Du chemin des Falaises ne dit-on pas qu'il est le Malibu de La Malbaie ? Le fait est que des dizaines de familles de notables, en majorité de langue anglaise, s'y sont fait bâtir des villas cossues. En bas, de jolies maisons de bois sont adossées aux falaises, face au Saint-Laurent. L'endroit est animé de cafés et de restaurants. La principale attraction de Pointe-au-Pic n'en reste pas moins le fameux Manoir Richelieu et le casino de Charlevoix, adjacent.

Secteur Rivière-Malbaie

Située entre La Malbaie (centre-ville), Clermont et Cap-à-l'Aigle, cette municipalité porte le nom de la rivière qui la traverse de part et d'autre.

Secteur Sainte-Agnès

À 14 km du centre-ville de La Malbaie. Cette municipalité s'appelait autrefois la paroisse aux trois églises. On devine facilement pourquoi !

Pratique

■ **HÔPITAL DE LA MALBAIE**
303, rue Saint-Étienne
✆ +1 418 665 1700
www.cssscharlevoix.qc.ca

■ **TOURISME CHARLEVOIX**
495, boulevard de Comporté
✆ +1 418 665 4454
Voir page 91.

Se loger

Secteur Cap-à-l'Aigle

AUBERGE DES EAUX VIVES
39, rue de la Grève
✆ +1 418 665 4808
✆ +1 888 565 4808
www.aubergedeseauxvives.com
Occupation double : à partir de 140 CAN $. Trois chambres. Petit déjeuner 4 services inclus. Repas du soir en hiver sur réservation. Forfaits disponibles. Massothérapie et soins santé sur place par Zen Évasion Spa. Coin cuisine, pop-corn et écran cinéma à disposition.
Dans un joli cadre boisé où serpente un ruisseau, cette maison de bois offre des chambres douillettes, et une verrière et terrasse dominant le fleuve Saint-Laurent. La décoration, nouvellement refaite, est très soignée et résolument tendance. Pour les amoureux des grands espaces, sachez que l'auberge est à proximité de nombreuses activités de plein air (kayak de mer, randonnée pédestre et à raquette, pêche, observation des baleines, etc.). Une adresse hautement recommandée !

AUBERGE DES PEUPLIERS
381, rue Saint-Raphaël
✆ +1 418 665 4423
✆ +1 888 282 3743
www.aubergedespeupliers.com
Occupation double : à partir de 140 CAN $, petit déjeuner gourmand inclus. Forfaits disponibles. Massothérapie, sauna, Jacuzzi, restaurant.
L'Auberge des Peupliers est une charmante maison de la fin du XIXᵉ siècle. Décor chaleureux, chambres coquettes nouvellement rénovées. Fine cuisine inventive à base de produits du terroir.

LA MANSARDE
187, rue Saint-Raphaël
✆ +1 418 665 2750 / +1 888 577 2750
www.aubergelamansarde.com
Occupation double : à partir de 90 CAN $. Cinq chambres dont une suite de deux chambres. Petit déjeuner inclus. Forfaits disponibles.
Une belle halte romantique dans cette ravissante demeure centenaire, tout en bois et aux chambres douillettes et personnalisées. Le petit déjeuner vous convie à une expérience gustative riche en saveurs et fraîcheur où les produits de Charlevoix ont la cote.

LA PINSONNIÈRE
124, rue Saint-Raphaël
✆ +1 418 665 4431
✆ +1 800 387 4431
www.lapinsonniere.com
Occupation simple ou double : à partir de 195 CAN $ en basse saison, 275 CAN $ en haute saison. Forfaits disponibles. Terrasses, piscine intérieure chauffée, centre de santé Spa, sauna, sentier pédestre menant au fleuve, plage sauvage, terrain de tennis, galerie d'art, boutique, salon avec foyer en pierres. Restaurant haut de gamme et bar.
Élégante maison de campagne classée Relais & Châteaux, La Pinsonnière offre un confort raffiné, une table gastronomique et une vue imprenable sur le fleuve Saint-Laurent. Les menus varient selon les arrivages, les saisons et les inspirations du chef, mais comptent quelques incontournables tels l'agneau et le veau frais du Québec et les poissons fumés sur place. La cave à vins comporte près de 12 000 bouteilles, essentiellement des grands crus (visite de la cave tous les jours vers 17h30).

Secteur Pointe-au-Pic

Dans ce secteur, vous avez le choix parmi des dizaines d'auberges qui se révèleront toutes être très accueillantes.

AUBERGE DES FALAISES
250, chemin des Falaises
✆ +1 418 665 3731
✆ +1 800 386 3731
www.aubergedesfalaises.com
Occupation double : à partir de 148 CAN $, petit déjeuner inclus. Deux unités appartements aussi disponibles en location (max 8 personnes). Nombreux forfaits. Spa nordique sur place comprenant un bain scandinave, un bassin d'eau froide avec chute, un sauna finlandais, un pavillon de détente avec service de thé/tisanes, un foyer extérieur, une douche extérieure et un petit vestiaire chauffé (ouvert à tous).
Située sur les hauteurs de Pointe-au-Pic, cette auberge 4-étoiles surplombe le fleuve et la rivière Malbaie. Comprenez par là que la vue est spectaculaire ! Vous pouvez opter pour une chambre champêtre à l'auberge ou une chambre de luxe dans le pavillon. Ces dernières sont équipées d'un foyer, d'un bain à remous et d'une grande terrasse. La piscine extérieure est située plus haut et la vue est imprenable sur le Saint-Laurent. La table met en avant les excellents produits de la région.

AUBERGE DES TROIS CANARDS

115, Côte Bellevue
✆ +1 418 665 3761 / +1 800 461 3761
www.auberge3canards.com
Occupation double : à partir de 110 CAN $. Forfaits disponibles. Piscine extérieure chauffée, croquet, mini-golf, jardins et massothérapie.
Cette vaste auberge propose de belles chambres donnant sur la baie. Ambiance cossue et décontractée. Le petit déjeuner est servi dans la salle du restaurant, offrant une vue panoramique. Le restaurant gastronomique possède une solide réputation dans toute la région. Le chef Mario Chabot mise sur une cuisine régionale charlevoisienne aux accents français et son menu ne peut que vous donner envie de vivre une expérience des plus épicuriennes.

LE PETIT MANOIR DU CASINO

525, chemin des Falaises
✆ +1 418 665 0000 / +1 800 618 2112
www.petitmanoirducasino.ca
Occupation double : à partir de 130 CAN $, table d'hôte 4 services le soir et petit déjeuner inclus. Autres forfaits disponibles. Hébergement en hôtel ou pavillon.
À deux pas du Casino de Charlevoix, sur un site qui surplombe le fleuve, cet hôtel vous propose l'hébergement dans le bâtiment principal ou dans de petits pavillons. Le restaurant de l'hôtel, doté d'une verrière avec vue sur le fleuve et d'un bar-terrasse, est très abordable et offre une cuisine de type familiale. Parmi les services offerts : piscine intérieure, Jacuzzi intérieur et extérieur, salle d'exercices, service de massothérapie sur réservation (à quelques minutes de l'hôtel).

Se restaurer

CAFÉ CHEZ NOUS

1075, rue Richelieu ✆ +1 418 665 3080
www.cafecheznous.com
Ouvert tous les jours. Menu à la carte et table d'hôte du soir : 20 CAN $ et moins.
Sympathique brûlerie, dans un décor rétro, où l'on sert des menus diététiques du matin au soir. Les petits déjeuners sont savoureux (servis jusqu'à 11h en semaine, 13h le week-end et en saison estivale). Terrasse, service de traiteur, boutique à café, événements spéciaux. Possibilité d'hébergement sur place dans un des trois studios.

CHEZ TRUCHON, BISTRO-AUBERGE

1065, rue Richelieu
✆ +1 418 665 4622 / +1 888 662 4622
www.aubergecheztruchon.com
Ouvert à l'année. Plats principaux le soir : 20-35 CAN $. Table d'hôte aussi offerte. Hébergement sur place : occupation double à partir de 99 CAN $. Neuf chambres et suites. Petit déjeuner inclus si désiré. Forfaits disponibles.
Anciennement connu sous le nom d'Auberge Larochelle, cette magnifique maison de 1901 vous offrira une expérience inoubliable sous le signe de la détente, du raffinement et de la gastronomie. La table du chef Truchon est un hymne aux saveurs et aux produits locaux. Les spécialités : les tartares, le boudin artisanal, le foie gras de la Ferme Basque, les poissons frais et les fromages locaux. La carte des vins s'accordera parfaitement à cette aventure gustative. Si vous désirez séjourner sur place, des forfaits combinant l'hébergement en demi-pension sont proposés.

VICES VERSA

216, rue Saint-Étienne
✆ +1 418 665 6869 – www.vicesversa.com
Cuisine ouverte de 18h à 21h. Voir le site Internet pour connaître les jours d'ouverture. Table gastronomique en formule trois plats : 65 CAN $. Formule Grillades (incluant un plat à la carte ou un dessert) : 75 CAN $.
Quand deux chefs propriétaires rivalisent de talent pour nous offrir une cuisine aussi fine et haut de gamme, on ne peut qu'apprécier. Chacun a son poêle, son menu, et au diable la tradition ! A partir d'un même produit, les deux chefs proposent une déclinaison de plats. Votre mission gourmande : en choisir trois, peu importe l'ordre et le chef. La formule grillades est aussi fort intéressante et met en vedette des viandes du Québec, comme le cerf rouge ou le carré d'agneau de Charlevoix, par exemple. La décoration épurée et élégante, le service courtois et efficace, et la finesse des plats en font certainement une des meilleures tables de Charlevoix.

Sortir

CASINO DE CHARLEVOIX

183, rue Richelieu, Pointe-au-Pic
✆ +1 418 665 5300 / +1 800 665 2274
www.casinocharlevoix.ca
Ouvert tous les jours à l'année, du matin au soir. Accès réservé aux 18 ans et plus.
950 machines à sous, Black Jack & Black Jack Switch, Spanish 21, Roulette, Baccara, Poker 3 cartes, Poker des Caraïbes, Poker Grand Prix, Poker Paï Gow, Poker Ultimate Texas Hold'Em, Keno, Sic Bo. Tournois, événements spéciaux, restaurants, bar, bar à spectacles, forfaits disponibles.

À voir – À faire

LA FORGE-MENUISERIE CAUCHON

323, chemin de la Vallée
✆ +1 418 665 2160
www.forgecauchon.com
Juin à octobre : lundi-dimanche, 10h-17h. Adulte : 5 CAN $, 10-18 ans : 2 CAN $, moins de 10 ans : gratuit, famille : 10 CAN $. Pour les visites hors saison, contactez le ✆ +1 418 665 3152. Possibilité d'acheter des pièces forgées sur place. Aire de pique-nique.
Construite au bord de la rivière Malbaie en 1882, la forge-menuiserie Cauchon est classée monument historique depuis 1983. Elle dévoile plus de 125 ans d'histoire de forge et de menuiserie et renferme une collection de 200 outils de confection artisanale. Un forgeron y travaille tous les jours.

LA MAISON DU BOOTLEGGER

110, rang du Ruisseau-des-Frênes
✆ +1 418 439 3711
www.maisondubootlegger.com
Ouvert d'avril à décembre. Lunch et visites guidées tous les jours de 10h à 18h de juillet à septembre (les week-ends en juin et octobre). Soirée repas-spectacle dès 18h tous les jours de juin à septembre ; avril-mai et octobre à décembre selon la demande. Table d'hôte du soir : 30-50 CAN $ (visite guidée et spectacle inclus). Visite guidée de jour : adulte 8 CAN $, 6-12 ans 5 CAN $. Visite guidée de soir (gratuit si consommation sur place) : selon la demande hors saison et tous les soirs de juin à septembre.
Cette maison a été construite en 1860 dans un style architectural québécois d'inspiration bretonne. En 1933, Norie Sellar se porte acquéreur du bâtiment, le démantèle et fait bâtir la construction actuelle. La prohibition régnant, la maison devient un lieu clandestin où chaque pièce du rez-de-chaussée est réaménagée en labyrinthe. Le restaurant est à présent un véritable musée : vieilles photographies, objets et mobiliers des années 1930, chambres et salons privées dotés de bars camouflés, casino clandestin, etc. L'expérience ne saurait être complète sans le repas sur place, ne serait-ce que pour l'ambiance et les plats savoureux. D'ailleurs, ne manquez pas la spécialité de la maison : les grillades cuites dans leur barbecue au charbon de bois à l'érable aromatisé aux copeaux d'hickory. Un lieu unique !

LES JARDINS DE CAP-À-L'AIGLE

625, rue Saint-Raphaël
✆ +1 418 665 6060
www.villagedeslilas.com
De juin à l'Action de Grâces : lundi-dimanche, 9h-17h. Droit d'entrée : 6 CAN $ par personne, moins de 6 ans : gratuit.
Ouverts depuis 2003, ces magnifiques jardins vous permettent d'observer et de humer les lilas de la corporation Cap-à-l'Aigle Village des Lilas. Jardins thématiques, village de lilas, chute et ruisseau, café-terrasse, boutique de souvenirs et artisanat.

MUSÉE DE CHARLEVOIX

10, chemin du Havre
✆ +1 418 665 4411
www.museedecharlevoix.qc.ca
Juin à mi-octobre : lundi-dimanche, 9h-17h. Le reste de l'année : lundi-vendredi, 10h-17h ; samedi-dimanche, 13h-17h. Adulte : 7 CAN $, étudiant et aîné : 5 CAN $, famille : 15 CAN $.
Installé depuis 1990 dans un bâtiment au bord du fleuve, le musée de Charlevoix a pour mission de faire découvrir l'histoire, l'ethnologie et l'art populaire de la région à travers des expositions thématiques temporaires consacrées exclusivement à des artistes locaux. Galerie-boutique, terrasse extérieure.

Sports – Détente – Loisirs

■ MONT-GRAND-FONDS
1000, chemin des Loisirs
Rivière-Malbaie ✆ +1 877 665 0095
www.montgrandfonds.com
Lundi-dimanche, 9h-15h45. Tarifs à la journée et demi-journée disponibles pour le ski alpin. Tarification pour ski de fond, raquette et glissade.
Station de ski à caractère familial offrant ski alpin, ski de fond, randonnée en raquette et glissades. 335 m de dénivellation, 14 pistes dont 3 sous-bois et une pente école, 3 remontées mécaniques, snowpark. Boutique et location d'équipement, restaurant, bar.

■ RENDEZ-VOUS CHARLEVOIX
École de voile, 484, rue Richelieu
Pointe-au-Pic ✆ +1 418 665 9898
www.rendezvous-charlevoix.com
En opération de mi-juin à la fête du Travail. Forfaits composés et à la carte.
Le fleuve Saint-Laurent est un excellent terrain de jeu pour l'apprentissage de la voile. Rendez-Vous Charlevoix propose depuis quelques années des cours qui suivent les lignes directrices des brevets de la Fédération de voile du Québec. Le personnel est extrêmement qualifié, avec un ratio élève-instructeur réduit pour permettre une approche plus personnalisée et un apprentissage accéléré. Tous les niveaux sont enseignés, mais les débutants sont leur spécialité. Possibilité d'hébergement.

SAINT-AIMÉ-DES-LACS

Située dans l'arrière-pays de Charlevoix, à environ 15 km du centre-ville de La Malbaie, Saint-Aimé-des-Lacs est un lieu de villégiature et de tourisme exceptionnel. On peut en effet accéder à deux parcs nationaux réputés pour leur biodiversité et les nombreuses activités de plein air offertes. Avis ici aux amoureux de la nature !

■ AUBERGE LE RELAIS DES HAUTES-GORGES, 317, rue Principale
✆ +1 418 439 5110 / +1 800 889 7655
www.aubergehautesgorges.ca
Occupation double : à partir de 130 CAN $, petit déjeuner inclus ; 175 CAN $ avec le souper gastronomiques 5 services en plus.
Située dans un beau cadre montagneux et boisé, l'auberge donne accès au parc national des Hautes-Gorges et à ses activités de plein air. Services et activités sur place à l'auberge : 16 chambres climatisées avec téléviseur et Internet, repas matin et soir, jardins, terrasse, Spa nordique (bains chauds, froids, hammam, sauna sec, espace relaxation), galerie d'art, sentiers pédestres et de raquette (location sur place), ski hors-piste, glissade sur tube, traîneau à chiens. Un excellent pied-à-terre pour les mordus de plein air.

■ PARC NATIONAL DES HAUTES-GORGES-DE-LA-RIVIÈRE-MALBAIE
Route des Hautes-Gorges
✆ +1 418 439 1227 / +1 800 665 6527
www.sepaq.com/pq/hgo/fr
À 48 km de La Malbaie. Ouvert à l'année. Poste d'accueil : centre de découverte et de services Félix-Antoine-Savard (mi-mai à mi-octobre). Service de navette obligatoire entre le stationnement et le centre de services Les Draveurs. De décembre à fin avril, le parc demeure accessible pour pratiquer le ski de fond et la raquette. Vous devrez stationner votre véhicule à l'Auberge Le Relais des Hautes-Gorges et parcourir 17 km à pied, en ski ou en raquette pour vous rendre à l'entrée du parc. Droits d'accès à acquitter à la borne d'auto-perception. Aucun service n'est disponible pendant cette période. Accès quotidien adulte : 6 CAN $, enfant : 2,75 CAN $, 5 ans et moins : gratuit. Tarifs groupe et famille disponibles.
D'une superficie de 2 247 km², le parc national des Hautes-Gorges-de-la-Rivière-Malbaie, aire protégée de la réserve mondiale de la biosphère de Charlevoix, abrite l'une des plus impressionnantes vallées du Québec. Les monts Elie et Jérémie ainsi que la montagne des Érables dominent les vallées de la rivière Malbaie, de la rivière des Martres, du lac Noir et du ruisseau du Pont. En effet, les gigantesques parois (dénivellation de 1 000 m) qui encaissent la rivière Malbaie, la beauté des paysages et l'importante valeur écologique de ce parc rendent ce territoire exceptionnel dans l'Est du Canada.

► **Hébergement :** plus de 100 emplacements individuels (aménagés sans services et rustiques) et un camping de groupe, espace VR, 24 tentes Huttopia.

► **Activités :** croisière commentée à bord du bateau de croisière Le Menaud sur la rivière Malbaie, canot et kayak, canot (kayak) -camping, rabaska, pêche à la journée, randonnée pédestre, bicyclette, vélo de montagne (sentier reliant le parc national des Grands-Jardins au parc national des Hautes-Gorges-de-la-Rivière-Malbaie). En hiver : randonnée à ski (105 km, en collaboration avec la Traversée de Charlevoix).

SAINT-SIMÉON

Charmant petit village dans lequel il fait bon s'arrêter sur la route de Tadoussac. C'est aussi le point de départ du traversier pour le Bas-Saint-Laurent.

BUREAU TOURISTIQUE DE SAINT-SIMÉON

134, rue du Festival
✆ +1 418 638 5297 /
✆ +1 800 667 2276
www.tourismesaintsimeon.com
Ouvert en saison estivale uniquement.

PARC D'AVENTURE EN MONTAGNE LES PALISSADES

1000, route 170
✆ +1 418 647 4422
✆ +1 800 762 4967
www.rocgyms.com
Horaires variables selon la saison. Tarifs selon l'activité ou le forfait choisi. Camps de montagne disponibles. Festival de montagne de Charlevoix en juin.
Ce parc d'aventure en montagne vous propose de belles activités : deux parcours via ferrata, un pont aérien, de la descente en rappel, des parcours d'escalade (de glace en hiver), une tyrolienne, 15 km de sentiers pédestres. Possibilité d'hébergement sur place (dortoir, chalet, refuge, camping). Cuisine communautaire, café, salon, terrasse, Jacuzzi, bain nordique et sauna, location de canots.

BAIE-SAINTE-CATHERINE

Dernier arrêt à l'embouchure du Saguenay, face à Tadoussac, Baie-Sainte-Catherine regarde la mer (en prenant le traversier gratuit, vous poursuivez l'itinéraire vers Tadoussac et la Côte-Nord). Riche de son passé de pionniers, cette petite ville, construite sur un plateau de sable et d'argile, est à l'intersection de la rivière Saguenay, devenue fjord, et des eaux du Saint-Laurent. C'est d'ici que partent les plus belles croisières d'observation de baleines et d'exploration du fjord du Saguenay.

Se loger

HÔTEL MOTEL BAIE-SAINTE-CATHERINE

294, route 138
✆ +1 418 237 4271
✆ +1 877 444 7247
www.hotelmotelbsc.com

Saint-Siméon, paysage.

Ouvert de mi-mai à mi-octobre. Occupation double : à partir de 75 CAN $ en motel ou hôtel. Petit déjeuner : 5 CAN $ par personne par nuit en basse saison ; 7 CAN $ par personne par séjour en haute saison. Forfaits disponibles. Internet sans fil gratuit.
Cet établissement, situé à deux pas du fleuve, est un excellent pied-à-terre pour découvrir la région du fjord et pour partir à la rencontre des baleines (forfaits disponibles). Sur place, un restaurant propose des spécialités de fruits de mer et de poissons. Terrasse avec vue sur le Saint-Laurent.

MOTEL LE VACANCIER

329, route 138
✆ +1 418 237 4395
✆ +1 866 333 0183
www.motellevacancier.com
Ouvert de mi-mai à mi-octobre. Occupation double : à partir de 84 CAN $, petit déjeuner inclus. Hébergement en chalet ou en motel. Restaurant-terrasse sur place. Belvédère panoramique.
Cet établissement, membre du Groupe Dufour, est situé directement aux abords du fleuve. Si vous optez pour les chalets, sachez que chacun dispose d'un petit jardin avec un foyer extérieur et une très belle vue. Des sentiers mènent directement à la plage située plus bas. Billetterie et point d'embarquement des Croisières Dufour sur place.

Se restaurer

CAFÉ CHEZ SAM

300, rue Leclerc
✆ +1 418 237 4040
✆ +1 418 237 4064
www.cafechezsam.ca
Ouvert mi-mai à fin octobre, hors saison sur réservation (groupes privilégiés). Menu santé et du terroir. Menu à la carte : moins de 20 CAN $, table d'hôte : ajouter environ 12 CAN $ au prix du plat principal. Hébergement sur place : à partir de 89 CAN $ en chambre en occupation double, petit déjeuner inclus. Dortoir de 10 places aussi disponible (bâtiment situé dans la cour, 275 CAN $; dortoir 4 places : 110 CAN $). Accès Internet.
Pierre et Sonia tiennent ce charmant café qui occupe les locaux de l'ancien presbytère du village, une maison plus que centenaire. Au menu, des plats créatifs à tendance bio-équitable avec une belle valorisation des produits régionaux. L'odeur de la cuisine nous séduit dès l'arrivée. Les assiettes sont franchement gourmandes, un excellent rapport qualité-prix, et une verrière permet de savourer le tout avec une vue superbe sur le Saint-Laurent. Plus qu'un café-bistro, vous retrouverez de belles petites chambres à l'étage, plus une chambre d'appoint au rez-de-chaussée, chacune à la déco toute simple mais qui fait le boulot. L'endroit vaut le détour, le temps d'un repas ou d'une nuit (probablement plus !), et on vous y réserve un accueil des plus chaleureux. Ne quittez pas les lieux sans demander la chanson des hôtes !

À voir – À faire

CENTRE D'INTERPRÉTATION ET D'OBSERVATION DE POINTE-NOIRE

Route 138
✆ +1 418 237 4383
✆ +1 888 773 8888
www.pc.gc.ca
23 juin à début septembre : lundi-dimanche, 10h-17h. Début septembre à mi-octobre : vendredi-dimanche, 10h-17h. Adulte : 5,80 CAN $, aîné : 4,90 CAN $, 6-15 ans : 2,90 CAN $, famille : 14,70 CAN $.
À deux minutes du traversier vers Tadoussac, Pointe-Noire offre un panorama sur le fjord du Saguenay et sur l'estuaire du Saint-Laurent. Vous y observerez les bélugas et bénéficierez des précisions des guides naturalistes sur les aides à la navigation, l'histoire de la région et la rencontre du Saguenay et du Saint-Laurent.

Visites guidées

CROISIÈRES 2001

Billetterie, 542, route 138
✆ +1 418 237 4452 / +1 800 694 5489
www.croisieres2001.com
Mai-juin et septembre-octobre : 2 départs par jour (9h30 et 12h45). Juillet et août : 3 départs par jour (9h30, 12h45 et 16h). Embarquement au quai de Baie-Sainte-Catherine. Départs également possibles de Tadoussac. Tarifs sur demande. Forfaits disponibles.
Croisière de 3 heures en catamaran avec découverte d'une partie du fjord du Saguenay et observation des baleines. La présence d'une caméra vidéo sous-marine permet d'admirer la faune et la flore de cette région. Des croisières en Zodiac d'une capacité de 12 passagers sont également offertes (voir site Internet pour horaires et tarifs).

CROISIÈRES AML

Billetterie, 159, route 138
✆ +1 418 237 4274 / +1 866 856 6668
www.croisieresaml.com
Mai à fin octobre : 3 départs par jour pour l'excursion Baleines & Fjord (10h, 13h15 et 15h45). Deux départs en octobre. Embarquement au quai de Baie-Sainte-Catherine. Adulte : 69 CAN $, étudiant et aîné : 64 CAN $, enfant : 33 CAN $. Deux départs par jour pour le Zodiac. Un départ par jour pour la croisière de découverte du fjord. Forfaits disponibles à partir de Montréal et Québec.
Croisière d'interprétation et d'observation des baleines (3 heures en bateau régulier, 2 ou 3 heures en Zodiac). Croisière découverte du fjord (incluant repas typiquement québécois) : 6 heures avec escale à l'Anse-Saint-Jean et au parc national Fjord-du-Saguenay.

CROISIÈRES DUFOUR

Quai de Baie-Sainte-Catherine
✆ +1 800 463 5250 – www.dufour.ca
Safari visuel aux baleines (mi-mai à mi-octobre) : 2 départs par jour (9h45 et 13h45). Embarquement au quai de Baie-Sainte-Catherine. Adulte : 69 CAN $, étudiant et aîné : 64 CAN $, enfant : 33 CAN $. Possibilité d'être en section VIP pour un léger supplément. Croisière sportive (fin mai à mi-octobre) : 3 départs par jour (9h15, 13h15 et 16h15).
Ces excursions aux baleines d'une durée de 3 heures se font soit sur le monocoque Famille Dufour soit à bord du Tadoussac III, un Zodiac de 48 places. Croisières Dufour est également fier de s'associer aux Croisières du Fjord pour vous offrir un forfait croisière à la découverte des paysages de la région.

SAGUENAY – LAC-SAINT-JEAN

Lac au Parc National Fjord-du-Saguenay.

Saguenay – Lac-Saint Jean

La région du Saguenay-Lac-Saint-Jean, seule région de la province à posséder son drapeau distinctif et qui célébrera ses 175 ans 2013, est divisée en trois sections : le lac Saint-Jean à l'ouest, une véritable mer intérieure, le Haut-Saguenay et sa vallée au centre, et le Fjord du Saguenay au sud-est, le seul navigable en Amérique du Nord. On dit de la région du Saguenay-Lac-Saint-Jean que c'est un pays en soi, isolé derrière une chaîne de montagnes et de denses forêts, en plein centre de la carte du Québec. On dit aussi que les grandes villes comme Montréal et Québec n'en sont que des banlieues hypertrophiées !

Le Saguenay, pour sa part, est à lui seul tout un royaume. Et c'est bien ainsi que les Européens l'auraient considéré à la suite des descriptions faites par les Amérindiens. La région comprend la vallée de la rivière Saguenay, principal affluent du Saint-Laurent, composé d'eau salée en profondeur et d'eau douce en surface. Plusieurs espèces marines y ont trouvé refuge dont notamment les baleines.

Au XVIIIe siècle, les Amérindiens appelaient la rivière Saguenay « Pitchitaouitchez », c'est-à-dire, « eau qui coule entre deux chaînes de montagnes ». Plus souvent, on estime que le mot Saguenay serait formé de deux vocables amérindiens : saga et nipi qui voudraient dire « eau qui sort » ou « d'où l'eau sort ». Selon une autre hypothèse, Saguenay pourrait être un mot huron-iroquois émanant de la nation qui habitait ces rives du temps de Jacques Cartier. En 1535, leur découverte par le navigateur est l'amorce d'une longue période d'échanges commerciaux fructueux entre les Montagnais et les nouveaux arrivants. De Tadoussac à la baie d'Hudson, les rivières et les lacs constituent un remarquable réseau de circulation propice au commerce. Après la fourrure, la Compagnie de la Baie d'Hudson s'intéresse à l'exploitation du bois. En 1838, William Price recrute de solides compagnons pour explorer les abords du fjord et coloniser les terres. Le Saguenay exploitera ses forêts de pins blancs en y développant l'industrie de la pâte à papier puis celle de l'aluminium, tandis que le Lac-Saint-Jean affirmera sa vocation agricole. Aujourd'hui, la région compte près de 300 000 habitants. Le fjord est d'une beauté à couper le souffle, par son silence, ses forêts, ses montagnes, ses caps vertigineux et cette mer qui va lentement rejoindre le fleuve. Ajoutons que la rivière Saguenay, qui s'étire sur 155 km, et son fjord, un des plus longs du monde, navigable jusqu'à Chicoutimi, sont l'exutoire naturel du lac Saint-Jean, un lac d'obturation glaciaire. Le Lac-Saint-Jean est, par excellence, le pays du bleuet (baie bleue des bois, emblème de la région ; la myrtille n'en serait qu'une pâle copie). On qualifie ses habitants de « Bleuets grandeur nature ». C'est le pays des Tremblay et de Maria Chapdelaine. Il faut en faire le tour en prenant son temps. Au bout du parc des Laurentides, la ville de Saguenay est la première étape de cette région magique. Cette grande municipalité unit maintenant Chicoutimi, Jonquière, La Baie, Canton Tremblay, Shipshaw, Laterrière et Lac Kénogami.

Les immanquables de la région du Saguenay – Lac-Saint-Jean

- **Le Village historique** de Val-Jalbert.
- **Le zoo sauvage** de Saint-Félicien.
- **Les croisières sur le fjord** et les activités nautiques sur le lac Saint-Jean.
- **Le parc marin du Saguenay-Saint-Laurent et le parc national Fjord-du-Saguenay** où l'on peut faire du kayak, de la randonnée, de l'observation de baleines, etc.
- **La visite du Site de la Nouvelle-France** à Saint-Félix-d'Otis.

© Charles-David Robitaille

Transports

- **Avion.** Air Canada dessert Bagotville ; et Pascan Avation offre des vols vers Alma, Bagotville et Roberval.
- **Bus.** Intercar dessert plusieurs municipalités de la région dont Alma, Chicoutimi et Jonquière. www.intercar.qc.ca
- **Train.** Le train de Via Rail relie Montréal à Lac-Bouchette, Chambord, Hébertville-Station et Jonquière. www.viarail.ca
- **Voiture.** Plusieurs routes desservent la région du Saguenay-Lac-Saint-Jean. Voici les principaux accès routiers.

Charlevoix : au départ de Saint-Siméon, prenez la route 170 conduisant au lac Saint-Jean en passant par la route du fjord et le Haut-Saguenay. Au départ de Baie-Saint-Paul, empruntez les routes 138 et 381 qui mènent directement à la ville de La Baie.

Manicouagan : au départ de Tadoussac, prenez la route 172 qui longe la rive nord de la rivière Saguenay pour aboutir au lac Saint-Jean.

Mauricie : au départ de Trois-Rivières, prenez l'autoroute 55 qui deviendra la route 155 à Shawinigan. Cette dernière, qui longe la majestueuse rivière Saint-Maurice, est considérée comme une des plus belles routes panoramiques au Québec. Elle mène à Chambord, aux abords du lac Saint-Jean.

Québec : au départ de Québec, prenez la route 175 jusqu'à Chicoutimi (croisement avec la route 169 pour ceux qui veulent aller directement au lac Saint-Jean). Celle-ci, nouvellement aménagée et plus sécuritaire qu'à l'époque, traverse la réserve faunique des Laurentides. Une très belle route !

■ **TOURISME SAGUENAY-LAC-SAINT-JEAN**
412, boulevard Saguenay Est
Chicoutimi, Ville de Saguenay
✆ +1 877 253 8387
www.saguenaylacsaintjean.ca

LA ROUTE DU FJORD

La route du fjord présente un paysage exceptionnel de mer et de montagnes. Certes, le fjord du Saguenay, d'une époustouflante beauté, est une vallée glaciaire formée il y a des milliers d'années, soit l'un des plus longs de la planète. Véritable lieu de prédilection pour les artisans du 7e art comme pour les amoureux de la nature, ils les captivent par les saisissants paysages du cap Trinité et du cap Éternité, et par le spectacle des baleines. Pour découvrir le fjord en bateau, plusieurs croisières possibles lors de la belle saison. En hiver, il accueille les adeptes de la pêche blanche. Ce sont parfois plus de 1 500 cabanes que l'on observe, posées sur les eaux glacées du Saguenay. Installé à l'intérieur, chacun pêche près d'une cinquantaine de variétés de poisson, notamment l'éperlan, la morue, le flétan du Groenland (turbot), le sébaste et la plie. Vous pouvez louer des cabanes entre autres à Rivière-Éternité et à l'Anse-Saint-Jean. Le fjord recèle de joyaux culturels et historiques. Afin de mettre en valeur ces richesses et de les conserver, deux parcs permettent au grand public de découvrir ce milieu naturel unique : le parc marin Saguenay-Saint-Laurent et le parc national Fjord-du-Saguenay. Non loin, à Saint-Fulgence, vous trouverez également le parc national des Monts-Valin.

PETIT-SAGUENAY

Blotti dans son écrin de montagne, Petit-Saguenay séduit par sa petite rivière (13 km) longeant le village, où les pêcheurs courtisent le saumon, et par ses parterres fleuris. D'ailleurs, si vous suivez la rue Morin le long de la rivière (devient la rue du Quai), vous aboutirez au quai municipal où une vue sublime sur le fjord vous attend.

Pratique

■ **BUREAU TOURISTIQUE DE PETIT-SAGUENAY**
61-A, rue Dumas
✆ +1 418 272 3219
www.petit-saguenay.com
Ouvert en saison estivale uniquement.

Se loger

■ **AUBERGE DU JARDIN**
71, rue Dumas
✆ +1 418 272 3444 / +1 888 272 3444
www.aubergedujardin.com
Occupation double : à partir de 128 CAN $. Douze chambres. Petit déjeuner inclus. Forfaits et séjours à la carte disponibles.
L'Auberge du Jardin dispose de chambres confortables et joliment décorées. Elle vous réservera le meilleur accueil. Gastronomie

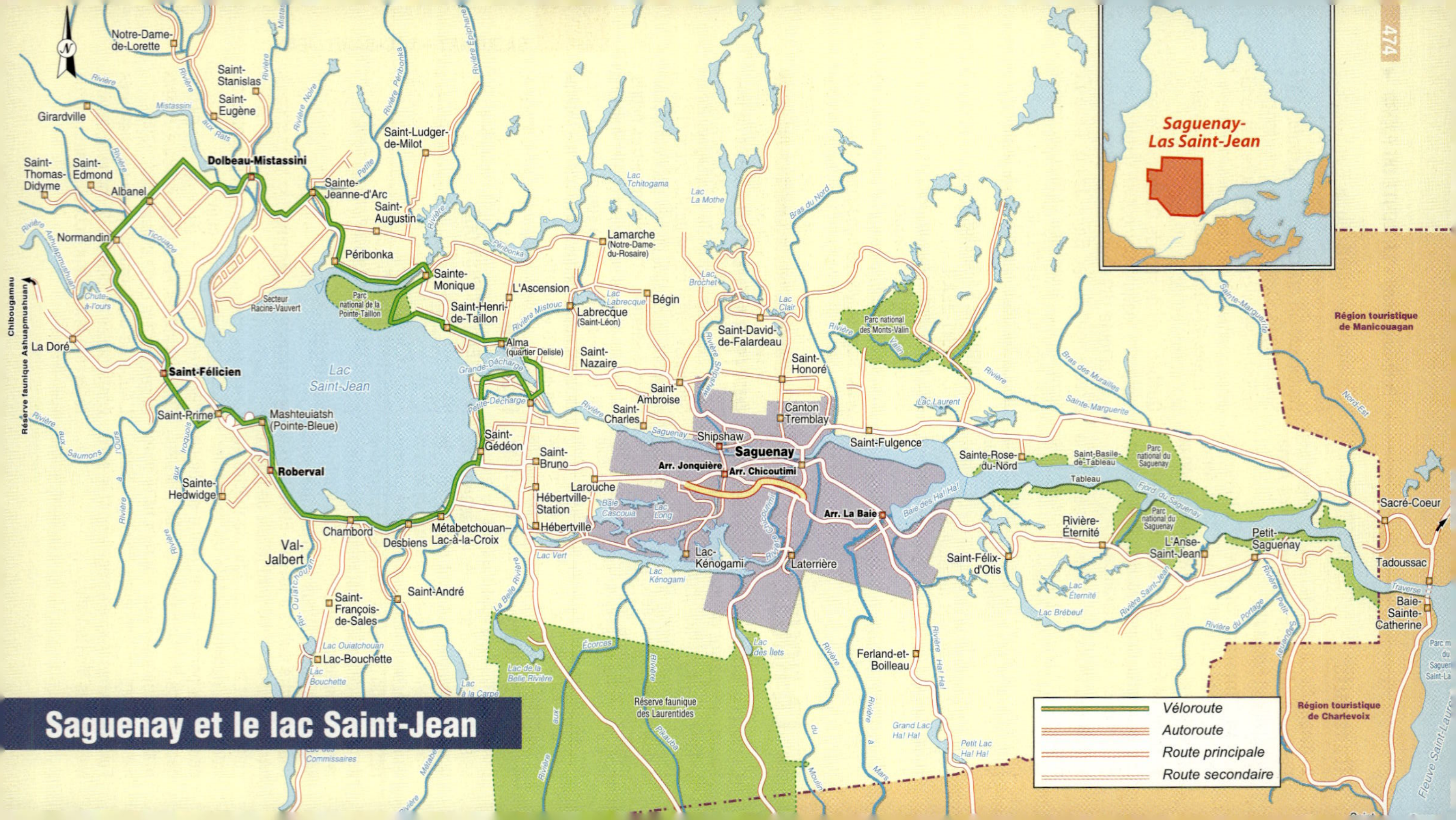
Saguenay et le lac Saint-Jean
Saguenay-
Las Saint-Jean
Véloroute
Autoroute
Route principale
Route secondaire
Région touristique de Manicouagan
Région touristique de Charlevoix
Lac Saint-Jean
Saguenay
Arr. Jonquière
Arr. Chicoutimi
Arr. La Baie
Dolbeau-Mistassini
Saint-Félicien
Roberval
Alma (quartier Delisle)
Notre-Dame-de-Lorette
Saint-Stanislas
Saint-Eugène
Girardville
Saint-Thomas-Didyme
Saint-Edmond
Albanel
Normandin
La Doré
Saint-Prime
Mashteuiatsh (Pointe-Bleue)
Sainte-Hedwidge
Val-Jalbert
Chambord
Desbiens
Métabetchouan–Lac-à-la-Croix
Saint-André
Saint-François-de-Sales
Lac-Bouchette
Sainte-Jeanne-d'Arc
Péribonka
Saint-Augustin
Saint-Ludger-de-Milot
Sainte-Monique
Saint-Henri-de-Taillon
L'Ascension
Lamarche (Notre-Dame-du-Rosaire)
Labrecque (Saint-Léon)
Bégin
Saint-Nazaire
Saint-Gédéon
Saint-Bruno
Larouche
Hébertville-Station
Hébertville
Saint-Charles
Saint-Ambroise
Shipshaw
Saint-David-de-Falardeau
Saint-Honoré
Canton Tremblay
Saint-Fulgence
Lac-Kénogami
Laterrière
Ferland-et-Boilleau
Saint-Félix-d'Otis
Sainte-Rose-du-Nord
Saint-Basile-de-Tableau
Tableau
Rivière-Éternité
L'Anse-Saint-Jean
Petit-Saguenay
Sacré-Coeur
Tadoussac
Baie-Sainte-Catherine
Traverse
Parc national de la Pointe-Taillon
Parc national des Monts-Valin
Parc national du Saguenay
Réserve faunique des Laurentides
Réserve faunique Ashuapmushuan
Chibougamau
Secteur Racine-Vauvert
Grande-Décharge
Petite-Décharge
Fjord du Saguenay
Baie des Ha! Ha!
Fleuve Saint-Laurent
Lac Tchitogama
Lac La Mothe
Lac Brochet
Lac Clair
Lac Labrecque
Lac Laurent
Lac Kénogami
Lac des Îlets
Lac Vert
Lac Long
Baie Cascouia
Lac Ouiatchouan
Lac Bouchette
Lac à la Carpe
Lac de la Belle Rivière
Lac Éternité
Lac Brébeuf
Grand Lac Ha! Ha!
Petit Lac Ha! Ha!
Rivière Mistassini
Rivière Péribonka
Rivière Mistouc
Rivière Shipshaw
Rivière Ha! Ha!
Rivière Saint-Jean
Rivière du Portage
Rivière Petit-Saguenay
Rivière Sainte-Marguerite
Bras des Murailles
Bras du Nord
Rivière Ticouapé
Chute-à-l'ours
Rivière aux Saumons
Rivière à Mars
Rivière du Moulin
Rivière Pikauba
Rivière aux Écorces
La Belle Rivière
Rivière Ouiatchouan
Rivière Chicoutimi
Nord-Est

française en harmonie avec de délicieuses saveurs régionales. Terrasse, jardin, bar, deux salons avec foyer. Activités nombreuses à proximité : kayak, canot, voile, pêche au saumon et à la truite, randonnée pédestre, motoneige, traîneau à chiens, raquette et pêche blanche sur le fjord ou le lac, etc.

■ **AUBERGE LES DEUX PIGNONS**
117, rue Dumas
✆ +1 418 272 3091 / +1 877 272 3091
www.pignons.ca
Occupation double : à partir de 86 CAN $, petit déjeuner inclus. Six chambres à l'auberge et six au pavillon. Forfaits disponibles.
Charmante maison champêtre de 1947, aux beaux planchers de bois et aux couleurs chaudes. Les gourmands réserveront leur place au restaurant spécialisé dans les produits régionaux, le gibier, les poissons et les plats traditionnels (agneau, veau, etc). Et pour découvrir la magnifique région et ses attraits, Régine et son équipe se feront au plaisir de vous conseiller.

Sortir

■ **CAFÉ BISTRO BOUTIQUE LÉZ'ARTS**
59, rue Dumas ✆ +1 418 272 3000
zabmiron@hotmail.com
Ouvert les week-ends les trois premières semaines de juin. Ouvert tous les jours dès 11h du 24 juin à l'Action de Grâces. La période d'ouverture peut varier. Menu à la carte : moins de 20 CAN $. Poste Internet et wi-fi (gratuit avec consommation, ou alors contribution volontaire).
Véritable coup de cœur pour cet endroit à multiples vocations ! Café bistro d'abord avec un menu de repas légers composé de pizzas, succulents paninis, coquilles St-Jacques et autres petits délices (à accompagner d'une bière de la région !). Bistro culturel ensuite avec une programmation artistique variée : spectacles musicaux, de danse, de théâtre et d'humour, expositions d'œuvres d'art, ateliers d'artistes... Boutique finalement avec un beau choix de produits régionaux, de céramiques, d'artisanat, etc. Joël et Élisabeth ont fait de cette grange le cœur culturel du village. Dommage qu'on ne puisse pas dormir sur place, on y resterait bien des jours !

Sports – Détente – Loisirs

■ **RIVIÈRE PETIT-SAGUENAY**
100, rue Eugène-Morin
✆ +1 418 272 1169 / +1 877 272 1169
www.petitsaguenay.com
Site saisonnier de début juin à mi-octobre. Tarifs variables selon l'activité choisie. Hébergement sur place (camping, yourte, chalet). Services sur place : vente d'articles de pêche, location de cannes à pêche au saumon et moulinet avec soie, vente de glace.
Ce site offre une gamme d'activités de plein air : pêche à la truite et au saumon (observatoire du saumon à la fosse #24), canot, randonnée pédestre, location de chalets et yourtes, sites de camping.

L'ANSE-SAINT-JEAN

L'Anse-Saint-Jean, offrant une magnifique ouverture sur le fjord du Saguenay, fait partie de l'Association des plus beaux villages du Québec. Vous trouverez l'âme des maisons ancestrales et le grand pont couvert, appelé le pont Couv'Art, qui recèle d'ailleurs d'œuvres d'art à l'intérieur. À ce fait, les amoureux d'artisanat et de produits régionaux ont rendez-vous dans deux merveilleuses boutiques : Le Coquill'Art (en face de la marina) qui distribue les produits d'environ 35 artisans d'ici, et l'atelier-boutique Rebelles des Bois (en plein cœur du village) qui conçoit des bijoux uniques en bois. Les gourmands avides de découvertes régionales iront, quant à eux, à la Pâtisserie Louise (rue Saint-Jean-Baptiste, un peu avant la marina), question de savourer une bonne tourtière !
Une foule d'activités de plein air sont offertes tout au long de l'année. L'hiver, les 31 pistes du Mont-Édouard accueillent les adeptes de la glisse sur 450 m de dénivelé. En été, profitez des cinq belvédères et de la tour d'observation érigés en haut de la montagne.

Se loger

AUBERGE DES CÉVENNES

294, rue Saint-Jean-Baptiste
✆ +1 418 272 3180 / +1 877 272 3180
www.auberge-des-cevennes.qc.ca
Occupation double : à partir de 79 CAN $ en basse saison et 99 CAN $ en haute saison, petit déjeuner inclus. Possibilité d'inclure le souper table d'hôte. Forfaits disponibles.
Cette maison patrimoniale datant de 1914 a su conserver un charme d'autrefois et offre une magnifique vue sur le pont couvert. Les chambres très douillettes, dont certaines sont équipées d'un foyer, donnent accès à une véranda et à un agréable salon avec foyer également. Le soir, sa fine table régionale apprête à merveille les poissons, les fruits de mer et le gibier québécois, et le matin venu, le petit déjeuner copieux vous donnera toute l'énergie nécessaire pour votre journée d'activités, à prendre dans la verrière lors de la belle saison. Une très belle adresse !

AUBERGE DU BOUTDUMONDE

40, chemin des Plateaux
✆ +1 418 272 9979 – www.boutdumonde.ca
Chambre partagée : adulte 25 CAN $, 8-14 ans 15 CAN $, 7 ans et moins gratuit. Chambre privée : 50 CAN $. Argent comptant seulement. Tarifs spéciaux pour séjour de longue durée et location complète de l'auberge. Forfaits disponibles.
Autrefois éco hameau communautaire, cette auberge de jeunesse écologique a su garder sa vocation de lieu d'échange. Son architecture, toute de bois et fort surprenante, lui confère un cachet d'antan. Aucun repas servi sur place mais une cuisine tout équipée vous permettra de concocter de bons repas maison. Buanderie, location de vélos et de raquettes, site de feu de camp. Attention : chemin d'accès fermé à la circulation automobile en hiver. Service de navette en motoneige (10 CAN$ par voyage) ou ascension à pied sur 1 km.

LES CHALETS ET CONDOS LES GÎTES DU FJORD

354, rue Saint-Jean-Baptiste
✆ +1 418 272 3430 / +1 800 561 8060
www.lesgitesdufjord.com
Les contacter directement ou visitez leur site Internet pour connaître la gamme des tarifs. Hébergement en condo et chalet. Forfaits disponibles. Un minimum de deux nuits peut être requis certains week-ends. Condos près du Mont Édouard aussi disponibles en location.
À quelques pas de l'anse, à flanc de montagne, un regroupement de plus d'une trentaine de chalets (2 ou 3 chambres) et de condos (1 ou 2 chambres) tous équipés offrent la possibilité d'avoir un petit chez-soi à un prix abordable. Plusieurs services offerts sont sur place dont un restaurant ouvert tous les jours dès 8h, une piscine extérieure chauffée et un Jacuzzi avec vue sur la baie et les montagnes, une grande aire pour BBQ, des terrains de jeux, une salle d'exercices, un service de massothérapie et une buanderie. Une halte de choix pour quiconque désire passer quelques jours à explorer la région.

Se restaurer

BISTRO DE L'ANSE

319, rue Saint-Jean-Baptiste
✆ +1 418 272 4222
www.bistrodelanse.com
Ouvert de fin mai à mi-octobre : lundi-dimanche, 12h-fermeture (selon l'affluence). Horaire restreint en début et fin de saison. Superbe cour arrière avec vue sur l'anse.
Ce bistro vous accueille dans son ambiance chaleureuse de petite maison d'antan, où les œuvres d'artistes locaux trônent un peu partout. Au menu, café équitable, bières de microbrasseries québécoises, produits biologiques et régionaux sont à l'honneur pour une cuisine du monde savoureuse. Côté ambiance, chansonniers et groupes viennent animer les soirées tous les samedis soirs (et parfois le vendredi aussi) et à quelques reprises pendant la saison estivale, on déménage la fête sous les étoiles. Une place qui vaut vraiment son pesant d'or ! Prenez note que le bistro est dorénavant géré par les Ateliers coopératifs du Fjord. La coop prévoit d'acquérir le bistro et d'y installer une microbrasserie régionale. Notez que le bistro conservera sa vocation première, puisque la microbrasserie se veut une valeur ajoutée. Pour suivre l'évolution du projet : www.ateliersdufjord.ca

Sports – Détente – Loisirs

L'Anse-Saint-Jean est une destination plein air par excellence ! Tout y est, du kayak de mer à la randonnée en traîneau à chiens, en passant par l'expédition de quelques heures en buggy ou encore la détente ultime en Spa nordique. On y retrouve également le Mont-Edouard, station de ski d'une trentaine de pistes où l'on peut également pratiquer le ski de fond, la raquette ou la randonnée. Depuis 2012, un cable park, Traxxion 4, se trouve sur le site de la station où les amoureux du wakeboard pourront s'en donner à cœur joie. Equipé d'un système TTS pouvant fonctionner durant toute l'année, il est même possible de faire du snowboard à traction en plein hiver ! Pour plus d'info, consultez la page Facebook de Traxxion4.

■ ÉDOUARD-LES-BAINS

1, rue de la Canourgue
✆ +1 418 272 3232 / +1 877 472 3232
www.edouard-les-bains.com
Horaires des bains variables selon les saisons. Massages sur réservation. Bains nordiques : 27-37 CAN $. Massage 60 minutes à partir de 70 CAN $. Autres soins et forfaits disponibles. Possibilité de louer les lieux en soirée (à partir de 20h) pour les groupes de 40 personnes max.
À quelques minutes de la Maison Vébron et en plein cœur du centre de villégiature Au Pied Édouard, dans le cadre enchanteur de l'Anse-Saint-Jean, ce centre de santé Spa vous remettra sur pied après une longue journée d'activité en plein air. Bains turcs, sauna infrarouge, bains nordiques, bains californiens, massages aux pierres chaudes… Une douce sensation de détente. Ajouts récents : bain à remous pour 15 personnes, bassin avec mur d'eau chaude, 4e salle de massothérapie, aire de repos en « caverne » avec lumière noire.

■ FJORD EN KAYAK

359, rue Saint-Jean-Baptiste
✆ +1 418 272 3024 / +1 866 725 2925
www.fjordenkayak.ca
En opération de mi-mai à mi-octobre. Les contacter directement ou visitez leur site Internet pour connaître la gamme des tarifs. Excursions multijours garanties avec au minimum 2 personnes. Une référence pour s'initier au kayak de mer. Vous pouvez choisir de faire des excursions guidées d'une durée de 3 heures à 5 jours (réservation obligatoire). Différents forfaits dont plusieurs avec hébergement. Autres services proposés : croisières et voile, location de kayak et de vélo.

■ HORIZON ÉVASION

444, chemin Périgny
✆ +1 418 272 1551 / +1 418 272 2765
www.horizonevasion.com
Tarifs passagers (selon la durée) : 35-75 CAN $, conducteur : 65-125 CAN $. L'entreprise participe au programme Carbone Boréal pour la compensation de gaz à effet de serre.
Imaginez pouvoir découvrir l'immensité du paysage saguenéen à bord d'un buggy biplace… C'est ce que vous offre cette toute nouvelle compagnie ! En petit groupe de 2 à 5 personnes, vous partirez en randonnée guidée (et très sécuritaire) pour 1, 2 ou même 3 heures. Tout est inclus dans la location (casques, habits de pluie, assurances, essence et droits de passage dans les ZEC). Un conseil : pensez à réserver tôt.

■ PLEIN AIR DE L'ANSE

190, chemin Périgny
✆ +1 418 272 1540
www.pleinairdelanse.com
Excursion en traîneau à chiens : 95 CAN $ la demi-journée, 195 CAN $ pour 1 jour. Excursion en raquettes : 35 CAN $ la demi-journée et 85 CAN $ pour 1 jour. Forfaits multiactivités et expéditions offerts. Possibilité d'hébergement sur place.
Paysages grandioses, vallées étroites, fjord et lacs, la nature s'étend sous vos yeux et quoi de mieux qu'une excursion en traîneau à chiens ou en raquettes pour vivre pleinement cette expérience.

Visites guidées

■ CROISIÈRES DU FJORD

Billetterie et embarquement
Quai de la marina l'Anse-Saint-Jean
✆ +1 418 543 7630 / +1 800 363 7248
www.croisieresdufjord.com
Juin à début/mi-octobre. Croisières aller-retour en bateau mouche à destination de Baie Éternité et de Sainte-Rose-du-Nord. Durée : 1h30 à 2h30 selon la croisière. Départs quotidiens à 10h et 14h30 (10h30 et 13h en juillet et août). Adulte : 45-50 CAN $, 14 ans et moins : 25 CAN $, 5 ans et moins : gratuit, famille (2 adultes et 2 enfants) : 125 CAN $. Service de navette maritime entre toutes les destinations de Croisières du Fjord en juillet et août.

RIVIÈRE-ÉTERNITÉ

C'est la principale porte d'entrée du parc national Fjord-du-Saguenay. C'est ici que le fjord est le plus profond (276 m). Ses parois verticales de 300 m sont vertigineuses, et l'on sait que les fjords sont en général aussi profonds que les caps et les montagnes qui les bordent. Sachez que Rivière-Éternité est également reconnue pour son immense village de crèches internationales. À voir !

■ AUBERGE DU PRESBYTÈRE DE RIVIÈRE-ÉTERNITÉ

412, rue Principale (route 170)
✆ +1 418 545 0676 / +1 877 549 0676
www.aubergedupresbytere.com

Lit double en chambre partagée : 47,95 CAN $. Chambre privée avec salle de bain partagée : 79,95 CAN $, avec salle de bain privée : 84,95 CAN $. Suite familiale : 89,95 CAN $. Tous ces tarifs sont en occupation double. Lit simple en chambre partagée pour une personne : 29,95 CAN $. Cuisinette équipée, terrasse avec BBQ, service de buanderie, Internet sans fil et poste Internet, service de massothérapie, consigne pour vélos et motoneiges. L'Auberge du Presbytère participe au programme Carbone Boréal pour la compensation de gaz à effet de serre.

Cette toute nouvelle auberge, gérée par la coopérative de solidarité V.E.R.T.E. (www.coopverte.com), a installé ses pénates dans un ancien presbytère réaménagé pour la cause. Véritable camp de base pour vos aventures grande nature en toutes saisons ; vous n'êtes qu'à quelques minutes du parc national Fjord-du-Saguenay. Nous vous recommandons d'ailleurs de jeter un coup d'œil aux forfaits plein air offerts en partenariat avec OrganisAction. Côté hébergement, vous pouvez opter pour un lit en chambre partagée, en chambre privée ou en suite familiale. Avec ses unités tout confort, ses nombreux services et sa localisation centrale, vous risquez fort de prolonger votre séjour !

▶ **Autres établissements gérés par la coop :** Auberge jeunesse de Saguenay – La Maison Price (Chicoutimi) et Auberge La Villa au Pignon Vert (Chicoutimi).

■ PARC NATIONAL FJORD-DU-SAGUENAY

91, rue Notre-Dame
✆ +1 418 272 1556 / +1 800 665 6527
www.sepaq.com/pq/sag/fr/

Accès quotidien adulte : 6 CAN $, enfant : 2,75 CAN $, 5 ans et moins : gratuit. Tarifs groupe et famille disponibles. Plusieurs services offerts : location d'équipement, service de guides, services alimentaires, service de transport, etc.

Le parc national Fjord-du-Saguenay, comptant parmi les plus beaux de la province, s'étend sur les deux rives du fjord et se divise en quatre secteurs d'accès : Baie-Éternité à Rivière-Éternité (ouvert à l'année sauf en novembre et en avril), Baie-Sainte-Marguerite à Sacré-Cœur (mi-mai à mi-octobre), Baie-

Pour un Saguenay branché !

■ ZAP SAGUENAY

www.zapsaguenay.org

Créé en 2011, cet organisme à but non lucratif a pour mission de fournir un accès Internet sans fil public et gratuit dans la région du Saguenay-Lac-St-Jean. Les bornes d'accès se trouvent dans des endroits publics (cafés, parcs, etc.) et on en compte pour l'instant environ une trentaine. L'objectif de Zap Saguenay est de déployer 250 points d'accès d'ici les jeux de Saguenay 2013.

Pour se connecter, rien de plus facile :

▶ **1.** Activez le wi-fi sur votre appareil.

▶ **2.** Affichez les réseaux disponibles.

▶ **3.** Connectez-vous au réseau ZAP du commerce où vous vous trouvez.

▶ **4.** Ouvrez votre fureteur, vous serez dirigé vers le portail de ZAP Saguenay.

▶ **5.** Cliquer sur le bouton Connection.

▶ **6.** Naviguez !

Sachez que des réseaux d'accès de ce genre existent dans plusieurs autres régions de la province : OG wifi (Gatineau et Ottawa), Ile sans Fil à Montréal, Zap Montérégie, Zap Sherbrooke, Centre-du-Québec sans fil, Zap Bas-Saint-Laurent, Zap Lanaudière, Zap Québec.

▶ **Pour plus d'information sur ces réseaux :** www.alliancecsf.org

de-Tadoussac (début juin à mi-octobre) et L'Anse-de-Tabatière à l'Anse-Saint-Jean (mi-mai à mi-octobre).

▸ **Hébergement :** camping (sites aménagés avec ou sans service, rustiques), espace VR, 10 chalets, camps rustiques, 5 refuges (3 en hiver), un abri trois murs, et un peu plus d'une dizaine de prêt-à-camper (6 tentes-roulottes et 7 tentes Huttopia).

▸ **Activités :** croisière sur le fjord, excursion guidée en kayak de mer et Zodiac, expédition de luxe en kayak de mer, kayak-camping, pêche à la journée ou avec hébergement (permis de pêche du Québec et droits d'accès obligatoires), randonnée pédestre (plus de 100 km de sentiers, possibilité de circuit tout inclus de 2 nuits et 3 jours), pêche blanche, ski nordique et randonnée en raquettes (sentiers balisés, non tracés) avec nuit en refuge (attention aux conditions climatiques très variables). Plusieurs autres activités découverte également offertes.

SAINT-FÉLIX-D'OTIS

Saint-Félix-d'Otis et ses environs regorgent de lacs et de rivières. Ce décor sauvage attire des cinéastes depuis plusieurs années, dont le tournage du film *Robe noire* en 1990. Sur le site de ce tournage, on a fidèlement reconstitué, avec l'aide d'historiens, la vie dans la Nouvelle-France du XVIIe siècle. La visite de ce site est d'un grand intérêt. En été, vous apprécierez la plage du camping, une des seules plages publiques de la rive sud du fjord. La route 170 descend à travers les petits villages du Bas-Saguenay qui vous donneront accès aux caps.

Calendrier culturel

Vous cherchez une bonne idée de sortie dans la région ? Un tout nouveau moteur de recherche permet de savoir tout ce qui se passe au Saguenay – Lac-Saint-Jean. En quelques clics, vous sélectionnez la municipalité, le type de sortie et les dates et hop, vous obtenez ainsi la liste des spectacles et événements. Un guide complet qui sauve bien du temps !

▸ **www.sorties.ca**

■ SITE DE LA NOUVELLE-FRANCE
370, Vieux Chemin
✆ +1 418 544 8027 / +1 888 666 8027
www.sitenouvellefrance.com
Visites commentées de juin à fin août. Départs toutes les 30 minutes pour la visite commentée, entre 9h15 et 16h30. Adulte : 16 CAN $, aîné : 15 CAN $, enfant : 7 CAN $, 5 ans et moins : gratuit, famille : 42 CAN $. Forfaits disponibles.
Un fascinant voyage dans le temps qui vous transporte au XVIIe siècle en Nouvelle-France ! Tout a été mis en œuvre pour vous faire revivre un passé authentique : habitants en costumes d'époque, bâtiments minutieusement reconstitués dans un paysage fidèle aux descriptions. Que ce soit dans un village huron, dans la ferme des Cent associés ou dans la Basse-Ville de Québec, vous serez accueilli par des acteurs talentueux qui feront de vous des personnages de l'époque de la Nouvelle-France. Un spectacle équestre de grande qualité relate l'histoire du cheval canadien, une race exceptionnelle (tarification supplémentaire, à 11h tous les jours d'ouverture).

VILLE DE SAGUENAY

La récente loi sur les fusions des municipalités a entraîné le regroupement des villes de Chicoutimi, La Baie et Jonquière, qui sont aujourd'hui réunies sous le nom de Saguenay. Mais de nombreux habitants réticents ne parlent que rarement de la ville de Saguenay, favorisant l'utilisation du nom de leur arrondissement.

Depuis l'été 2009, un autobus touristique propose trois circuits reliant les trois arrondissements de la ville de fin juin à fin août/début septembre. La majorité des attraits sont desservis. Le service, en continu de 9h30 à 16h30 à Jonquière et Chicoutimi (8h30 à 16h pour La Baie), est offert du mardi au samedi pour le coût de 10 CAN $ par personne (gratuit pour les moins de 10 ans). Il est valide pour une période de 48h et donne 20 % de rabais dans les musées. Nouveauté : 3 circuits thématiques à dates fixes le dimanche.

Afin de planifier votre séjour, ou même une fois sur place, consultez le site Internet de Saguenay Joe, un répertoire des entreprises de la ville de Saguenay. Que vous cherchiez un hébergement, un bon resto, un bar pour le 5 à 7, ou encore une épicerie ou une boutique de vêtements, tout y est, ou presque ! On y retrouve également nombreux commerces de services. Plus d'info au :

▸ **www.saguenayjoe.ca**

Quartiers

La Baie

Cette ville industrielle active (centre de transformation du bois, aluminerie) possède d'importantes installations portuaires destinées à accueillir les grands cargos en provenance d'Amérique du Sud lui apportant la bauxite nécessaire à ses alumineries. La Baie est aussi le berceau historique du Saguenay-Lac-Saint-Jean. En 1838, les membres de la société des Vingt-et-Un s'y sont installés pour coloniser la région après avoir jeté l'ancre.

▶ **À faire :** grimper au sommet de la côte qui fait face au fjord pour admirer le panorama. Descendre ensuite vers le parc Mars sur les bords de l'immense baie des Ha ! Ha ! qui doit son nom aux premiers explorateurs qui s'y seraient engagés, prenant la baie pour une rivière, et qui, se rendant compte de leur méprise, se seraient écriés : « Ha ! Ha ! ». Promenez-vous sur la jetée avant de goûter un repos bien mérité dans l'une des nombreuses auberges qui la longent. Chaque année, La Fabuleuse histoire d'un Royaume, spectacle à grand déploiement, retrace l'histoire de toute la région.

Chicoutimi

Chicoutimi signifie en montagnais « la fin des eaux profondes » à juste titre car elle se trouve au confluent de trois rivières : le Saguenay, la rivière du Moulin et la rivière Chicoutimi. En raison de sa situation au cœur d'une région où les rivières et les lacs constituent un réseau étendu de circulation, Chicoutimi a été un important poste de traite des fourrures dès 1676 avant de devenir le centre d'une industrie forestière lorsque la première scierie fut construite en 1842. Les terribles inondations de juillet 1996 resteront longtemps gravées dans les mémoires. En face de l'église du Sacré-Cœur, la petite maison blanche qui a résisté aux flots de la rivière Chicoutimi, devenue incontrôlable, symbolise le courage et la solidarité des gens d'ici. Complètement réaménagé, le secteur est aujourd'hui une zone de détente avec un jardin public.

Aujourd'hui, les visiteurs passent par Chicoutimi dans le but de visiter la pulperie et le vieux port. Entre les deux se dresse le Croissant culturel, un circuit où se mêlent culture, divertissement, ateliers d'artisans, boutiques, musées et commerces.

Jonquière

Situé tout à côté, à l'est de Chicoutimi, l'arrondissement de Jonquière est la ville qui brasse des affaires (on dit aussi « la ville pas reposante »). Elle est surtout connue pour ses usines Rio Tinto Alcan (dont la centrale hydroélectrique de Shipshaw) et Produits forestiers Résolu (anciennement AbitibiBowater), chef de file mondial dans les secteurs du papier journal et des papiers de pâte mécanique.

Se déplacer

■ **AÉROPORT DE BAGOTVILLE**
7000, chemin de l'Aéroport
La Baie ✆ +1 418 677 2651
www.aeroportbagotville.com

Pratique

Tourisme – Culture

■ **BUREAU TOURISTIQUE DE CHICOUTIMI**
295, rue Racine Est
Chicoutimi
✆ +1 418 698 3167 / +1 800 463 6565
www.saguenay.ca
Ouvert toute l'année.

▶ **Autre adresse :** 2555, boulevard Talbot.

■ **BUREAU TOURISTIQUE DE JONQUIÈRE**
3919, boulevard Harvey, Jonquière
✆ +1 418 698 3167 / +1 800 463 6565
www.saguenay.ca
Ouvert toute l'année.

■ **BUREAU TOURISTIQUE DE LA BAIE**
900, rue Mars, La Baie
✆ +1 418 698 3167 / +1 800 463 6565
www.saguenay.ca
Ouvert toute l'année.

Santé – Urgences

■ **HÔPITAL DE CHICOUTIMI**
305, rue Saint-Vallier, Chicoutimi
✆ +1 418 541 1000
www.csss-chicoutimi.qc.ca

■ **HÔPITAL DE JONQUIÈRE**
2230, rue de l'Hôpital, Jonquière
✆ +1 418 695 7700
www.csssjonquiere.qc.ca

Se loger

La Baie

■ **AUBERGE DE JEUNESSE LES MAINS TISSÉES**
7643, chemin des Chutes
✆ +1 418 544 4456
www.lesmainstissees.com

Camping : 10 CAN $ par tente + 5 CAN $ par personne. Chambre partagée : 30 CAN $ par personne. Chambre privée : 55 CAN $ en simple et 70 CAN $ en double. 4e nuitée à 50 % et 7e nuitée gratuite. Salles de bain partagées. Petit déjeuner : 5 CAN $. Cuisine tout équipée.
Cette auberge de jeunesse à caractère social et environnemental est gérée par une coopérative de travail. En plus d'offrir de l'hébergement touristique de qualité, la coop contribue également à l'insertion sociale des jeunes sans emploi de la région. Elle vise, entre autres, le retour aux études, l'intégration au marché du travail, l'augmentation de l'employabilité et l'échange interculturel de ces jeunes. Un très bel endroit avec cachet, confortable, abordable, chaleureux et amical !

■ AUBERGE DES 21
621, rue Mars
✆ +1 418 697 2121 / +1 800 363 7298
www.aubergedes21.com
Occupations double : à partir de 134 CAN $ par personne, table d'hôte du soir et petit déjeuner inclus. 31 chambres. Promotions et autres forfaits disponibles.
Sur les rives du fjord du Saguenay, l'Auberge des 21, primée pour son hébergement et sa table, vous accueille chaleureusement. Chambres douillettes au décor intimiste et romantique. Fine cuisine régionale, sélection de grands vins du monde (plus de 500 références). Piscine extérieure chauffée, centre de santé Spa et Spa nordique urbain sur place. Activités à proximité : vélo, équitation, croisières, théâtre, musées, pêche blanche, motoneige, balade en traîneau à chiens, ski de fond et alpin, etc.

■ AUBERGE DES BATTURES
6295, boulevard de la Grande-Baie Sud
✆ +1 418 544 8234 / +1 800 668 8234
www.hotel-saguenay.com
Occupation double : à partir de 92 CAN $ en chambre standard. Forfaits disponibles. Bain aéromasseur dans les chambres de luxe et les suites. Service de massothérapie. Salle de jeux, salle de cinéma, table de billard, salle d'exercices.
À 10 km de la ville en direction du parc national Fjord-du-Saguenay, l'Auberge des Battures offre une superbe vue sur le fjord, un accueil chaleureux, une table gastronomique exceptionnelle et un éventail d'activités nature : randonnée pédestre, vélo, quad, voile, kayak de mer ou de rivière, canot, motoneige, balade en traîneau à chiens, randonnée en raquettes, pêche blanche, ski de fond... À essayer : une activité de découverte de la culture autochtone portant sur les thèmes de la sagesse des anciens et de la période de la traite des fourrures.

▶ **Autre adresse :** Contact en France : ✆ 04 78 60 62 34.

Chicoutimi

AUBERGE DE SAGUENAY – LA MAISON PRICE

110, rue Price Ouest
✆ +1 418 549 0676
✆ +1 877 549 0676
www.ajsaguenay.com
Chambre partagée : 32 CAN $ (lit simple), 48 CAN $ (lit double, une ou deux personnes). Chambre privée : 80 CAN $ en simple ou en double. Bachelor (capacité de 4 personnes, 5 avec l'ajout d'un lit pliant) : 90 CAN $ en simple, 95 CAN $ en double + 15 CAN $ par personne additionnelle. Petit déjeuner : 5 CAN $. Forfaits disponibles. La Maison Price participe au programme Carbone Boréal pour la compensation de gaz à effet de serre. Auberge certifiée : 4 clés vertes et Bienvenue Cyclistes.
Cette auberge de jeunesse, qui a ouvert ses portes en avril 2010, est gérée par la Coopérative de solidarité V.E.R.T.E. (www.coopverte.com). Bien installée dans la plus vieille maison de Chicoutimi (1870), elle a su garder son charme d'antan tout en offrant un confort moderne. Les lieux sont vraiment uniques et vous y retrouverez d'ailleurs quelques artefacts du passé régional ainsi que des affiches d'interprétation du patrimoine qui relatent l'histoire des lieux. Au niveau des services, tout a été pensé : cuisine équipée, salon et salle à manger, poste Internet et wi-fi, bar avec programmation musicale et culturelle, sauna, magasin général avec produits du terroir et bijoux... Bref, avec une localisation aussi centrale et une super ambiance, l'auberge deviendra vite votre deuxième chez-soi !

▶ **Bar à Pitons (BAP).** Le chaleureux bar de l'auberge, ouvert à tous, est devenu un haut lieu culturel et musical depuis son ouverture. Une programmation de spectacles du tonnerre, des événements hyper sympas (soirées jazz & scotch, micro ouvert, lancements, etc.), une belle sélection de bières locales (dont la Pitoune, brassée exclusivement pour le BAP par la microbrasserie locale La Chouape) et de scotchs (à faire rêver les amateurs !), un petit menu de dégustation du terroir (question d'accompagner votre verre), bref un incontournable des sorties à Chicoutimi.

▶ **Autres établissements gérés par la coop :** Auberge La Villa au Pignon Vert (Chicoutimi) et Auberge du Presbytère de Rivière-Éternité (Rivière-Éternité).

AUBERGE LA VILLA AU PIGNON VERT

491, rue Jacques-Cartier Est
✆ +1 418 545 0257
✆ +1 800 499 0257
www.aubergevilla.com
Occupation simple : à partir de 70 CAN $, double : à partir de 75 CAN $. Petit déjeuner et stationnement inclus. Forfaits disponibles. La Villa participe au programme Carbone Boréal pour la compensation de gaz à effet de serre.
Située en plein cœur du centre-ville, à quelques pas de toutes les commodités et attractions, se trouve cette charmante maison d'époque gérée par la Coopérative de solidarité V.E.R.T.E. (www.coopverte.com). Le personnel rendra votre séjour des plus agréables. Produits équitables et du terroir, Internet sans fil gratuit (un poste est également à votre disposition), terrasse avec BBQ, cuisine tout équipée et prêt de vélos, sont quelques-uns des services disponibles sur place. Un petit coin de paradis où l'on se sent chez soi !

▶ **Autres établissements gérés par la coop :** Auberge de Saguenay – La Maison Price (Chicoutimi) et Auberge du Presbytère de Rivière-Éternité (Rivière-Éternité).

AUBERGE LE PARASOL

1287, boulevard Saguenay Est
✆ +1 418 543 7771
✆ +1 866 543 7771
www.aubergeleparasol.com
Occupation double : à partir de 85 CAN $. Forfaits disponibles. Piscine extérieure, jardin, restaurant avec terrasse.
Surplombant la ville et la rivière Saguenay (panorama exceptionnel !), l'auberge Le Parasol vous propose près d'une centaine d'unités tout confort, dont certaines munies d'un salon et d'une cuisinette. Fort pratique si vous prévoyez d'y séjourner quelques jours ! Elles sont toutes équipées des commodités nécessaires pour un séjour douillet et offrent une vue soit sur la ville et la rivière soit sur le jardin de l'auberge. Le restaurant sur place sert une cuisine à prix très abordables avec, à l'ardoise, des sandwichs, burgers, pâtes, grillades et poissons. Et il serait dommage de ne pas succomber aux savoureux desserts comme la mousse choco-café ou la tarte aux pommes pralinée... Un délice ! Une adresse chaleureuse, un personnel aux petits soins et, en définitive, une recommandation futée !

■ HÔTEL CHICOUTIMI

460, rue Racine Est
✆ +1 418 549 7111 / +1 800 463 7930
www.hotelchicoutimi.qc.ca
Occupation double : à partir de 117 CAN $. Nombreux forfaits disponibles.
Situé en plein cœur du centre-ville, l'hôtel Chicoutimi vous réserve une expérience inoubliable où tous vos sens seront mis à contribution. Les chambres, épurées et très tendances, ont été créées par un designer local et offrent toutes les commodités nécessaires à votre séjour (et même plus !). L'hôtel abrite trois restaurants dont le Rouge Burger Bar avec son menu de type « comfort food », son look contemporain et la diffusion d'événements sportifs. Un des restos de l'hôtel, La Galerie, a fait peau neuve et se veut une vitrine pour les artistes de la région, tant au niveau artistique que culinaire, et mise sur les produits régionaux (ouvert tous les matins, midi et soir sur réservation seulement). Parmi les nombreux services sur place : bilan de santé avec kinésiologue et nutritionniste, massothérapie, salle d'exercices, savonnerie... Notez que le nouveau concept de l'hôtel a intégré le virage vert et le développement durable, tant dans ses infrastructures que dans ses services.

■ HÔTEL DU FJORD

241, rue Morin
✆ +1 418 543 1538 / +1 888 543 1538
www.hoteldufjord.com
Occupation double : à partir de 92 CAN $ en basse saison et 105 CAN $ en haute saison, petit déjeuner continental inclus. Forfaits disponibles. Bar Le Vertige et Pub-billard sur place. Gare routière à quelques minutes à pied.
Situé à quelques pas de la rivière Saguenay, de la zone portuaire et de tous les attraits et services de la ville, l'Hôtel du Fjord est une destination de choix à Chicoutimi. Occupant les locaux de l'ancienne annexe de l'Académie commerciale, cet établissement fut restauré tout en conservant son cachet. D'ailleurs, les chambres de l'hôtel seront toutes rénovées et redécorées d'ici la saison estivale 2013. Et que dire du résultat ! Douillettes à souhait et munies de toutes les commodités nécessaires pour votre séjour, elles offrent un très grand confort et certaines ont même un balcon. Pour vous divertir, les lieux abritent le bar le Vertige et un pub-billard. Au programme : des soirées thématiques, du karaoké, des DJs, des spectacles de chansonniers, des tournois de billard, et plus encore. Pour les repas, notez que seul le petit déjeuner est offert sur place mais, avec une localisation aussi centrale, vous ne manquerez pas de choix dans les environs !

Jonquière

■ AUBERGE DES DEUX TOURS

2522, rue Saint-Dominique
✆ +1 418 695 2022 / +1 888 853 2022
www.aubergedeuxtours.qc.ca
Occupation simple ou double : à partir de 85 CAN $ (ajouter 9 CAN $ par personne pour le petit déjeuner – menu à la carte aussi disponible). Sept chambres. Forfaits disponibles. Menu midi à la carte : moins de 20 CAN $, soir (sur réservation) : à partir de 20 CAN $.
Située face à l'église Saint-Dominique, à quelques pas du parc de la Rivière-aux-Sables, cette belle maison centenaire offre une atmosphère calme et chaleureuse. De belles chambres confortables avec salle de bain privée, et l'air climatisé en été. Les petits déjeuners gourmands, réputés pour leur originalité, ne sont faits qu'avec des produits du terroir. Lors des beaux jours, sirotez votre café du matin sur la terrasse pour un moment des plus agréables.

AUBERGE VILLA PACHON
1904, rue Perron
✆ +1 418 542 3568
✆ +1 888 922 3568
www.aubergepachon.com
Occupation double : à partir de 125 CAN $. Cinq chambres et une suite. Petit déjeuner inclus. Restaurant ouvert tous les soirs. Table d'hôte : 60-83 CAN $, menu dégustation aussi disponible. Cassoulet sur réservation (45 CAN $). Renseignez-vous sur « la Route du Cassoulet du Québec » (soirées cassoulet avec Maître Pachon à différents endroits dans la province). Superbe sélection de vins au cellier. Table aux saveurs du terroir certifiée. Terrasse.
L'Auberge Villa Pachon, une élégante demeure à l'atmosphère feutrée, vous marquera par son cachet particulier. Les chambres sont spacieuses et joliment décorées. Mais, avant de passer au lit, profitez des plaisirs de la table et des talents du chef, Daniel Pachon. Parmi les nombreuses distinctions qu'il a reçues, mentionnons qu'il est membre de l'Académie Universelle du Cassoulet. Aussi étonnant que cela puisse paraître dans cette contrée fort éloignée du Sud-Ouest de la France, la spécialité ici est bien le cassoulet. Quant au reste du menu, il offre une cuisine gastronomique aux accents français mettant en valeur les produits bien de chez-nous. Une adresse hautement recommandée !

CEPAL L'AUBERGE NATURE
3350, rue Saint-Dominique
✆ +1 418 547 5728
✆ +1 800 361 5728
www.aubergecepal.ca
Occupation double : à partir de 75 CAN $ en pavillon, 105 CAN $ en auberge. Nombreux forfaits disponibles. Chalet d'une capacité de 10 personnes disponible en location. Piscine extérieure, terrains de tennis, pétanque, centre de santé & Spa nordique (ouverture prévue à l'été 2013).
Sur les rives de la Rivière-aux-Sables et au cœur d'une nature vivifiante, Cepal l'Auberge Nature propose une gamme d'activités sportives en toutes saisons. Sur place, le Resto Champêtre St-Cyriac est un vrai plaisir pour les sens et met en valeur les produits régionaux. Le Kayak Bistro, muni d'une grande terrasse, est parfait pour les plus petits budgets et offre de délicieux repas que vous accompagnerez volontiers d'une bonne bière de microbrasserie québécoise.

Se restaurer

La Baie

OPIA
865, rue Victoria
✆ +1 418 697 6742
www.restaurant-opia.com
Jeudi-vendredi, 11h-14h ; mardi-dimanche, 16h-22h. L'horaire peut varier selon la saison. Menu midi : 20 CAN $ et moins. Menu soir à la carte : 10-40 CAN $, table d'hôte : ajoutez 19 CAN $ au prix du plat principal. Menu coup de cœur aussi disponible.
Ce restaurant à la déco stylisée et aux couleurs chaudes est un endroit très renommé. Une cuisine du marché, des saveurs internationales, des produits frais de la mer, bref, un menu qui séduit et à la portée de tous les budgets. Ne repartez pas sans déguster un de leurs excellents desserts.

Chicoutimi

BOBOVORE
66, rue Racine Ouest
✆ +1 418 602 1652
www.bobovore.com
Ouvert le soir uniquement (horaire variable selon la saison). Réservation requise. Table d'hôte : 35-50 CAN $. Belle carte des vins.
Cette belle maison jaune à la toiture verte abrite le restaurant Bobovore. Les lieux ont gardé tout leur cachet, la décoration est soignée et contemporaine, et les tables sont réparties dans les différentes pièces de la maison. Au menu, une cuisine évolutive à base de produits régionaux, avec une touche d'inspiration française : confit de canard du lac Brome laqué au vinaigre balsamique et framboises ; médaillon de bison au chèvre chaud, vin rouge et romarin ; carré d'agneau à la dijonnaise et menthe... De quoi faire gronder l'estomac ! Une très belle adresse pour se faire plaisir.

CAFÉ CAMBIO
405, rue Racine Est
✆ +1 418 549 7830
www.cafecambio.ca
Lundi-dimanche, 8h-23h. Menu à la carte : moins de 20 CAN $. Petits déjeuners servis en semaine entre 8h et 11h, et jusqu'à 13h le week-end.
Ouvert depuis près de 10 ans, ce bistro culturel, géré par une coopérative de travail, se spécialise dans la torréfaction de café (vente pour emporter également). Produits bio

et du terroir, thés, cafés maison, menu varié à prix raisonnables, vous irez pour l'ambiance et la convivialité des lieux. Vernissages, expositions, concerts, débats et conférences, un calendrier d'activités qui plaira assurément à plus d'un. Aussi sur place : Le Sous-Bois, la salle culturelle du Café cambio, située juste en bas du café (info et programmation : www.cooplesousbois.wordpress.com).

■ CAFÉ DU PRESBYTÈRE

240, rue Bossé
✆ +1 418 543 6578
www.cafedupresbytere.com
Lundi-vendredi, 7h30-14h ; samedi-dimanche : 8h30-12h30. Petits déjeuners, table d'hôte le midi pour moins de 20 CAN $. Ouvert le soir pour les groupes de 15 personnes et plus ou lors des soupers-spectacles ouverts à tous. Service de traiteur.
Petit café sympa en plein cœur du quartier du Bassin où les repas santé sont rois et maîtres. Plusieurs événements et spectacles ponctuent la saison estivale et lors des beaux jours, dégustez votre repas sur leur magnifique terrasse.

■ LA CUISINE

387, rue Racine Est ✆ +1 418 698 2822
www.restaurantlacuisine.ca
Ouvert tous les jours. Menu midi : à partir de 15 CAN $, menu soir : 15-40 CAN $ à la carte, table d'hôte à partir de 30 CAN $.
Un restaurant branché et très prisé qui se spécialise dans la cuisine de type bistro (tartare de bœuf, salade tiède au canard confit, bavette de veau, etc.), en plus d'offrir un savoureux menu de grillades, pâtes, moules et mets asiatiques. Une excellente carte des vins agrémente le tout. Une adresse incontournable où l'accent est mis sur les produits du terroir régional.

■ LA VIEILLE GARDE BISTRO À VIN

461 rue Racine Est
✆ +1 418 602 1225
www.bistrolavieillegarde.com
Ouvert midi et soir (horaire variable selon la saison). Menu midi : prix unique de 16 CAN $. Menu bistro : moins de 30 CAN $. Menu tapas et table d'hôte du soir aussi disponibles. Terrasses. Activités gourmandes et de dégustation.
Ouvert depuis 2010, dans une ambiance résolument design et urbaine, ce bistro à vin à de quoi séduire les papilles et les amateurs des plaisirs de Bacchus. Voué à la bistronomie, le concept des lieux tourne autour du vin, et quel cellier ! Quelque 2 500 bouteilles représentant plus de 80 appellations en importation privée, le tout servi par de vrais connaisseurs ! Que demander de plus ? Le menu, composé de bouchées, tapas, verrines, grillades, mijotés et plats bistro s'accorde à merveille avec la carte des vins. Si vous désirez rapporter un petit souvenir, une boutique vend cafés, prêt-à-manger, produits maison et régionaux, vins d'importation privée et accessoires.

Sortir

■ LA TOUR À BIÈRES

571, rue Racine Est
✆ +1 418 545 7272
www.latourabieres.com
Mai à septembre : lundi-dimanche, 14h-3h (16h-21h pour le resto). Le reste de l'année : lundi-dimanche, 16h-3h (16h-20h pour le resto). Programmation culturelle et musicale à l'année. Terrasse.
La Tour à Bières a pignon sur la très achalandée rue Racine, réputée pour son animation, dans une magnifique maison avec des terrasses et une cour verdoyante. Au menu, des spectacles musicaux les vendredis et samedis soirs (octobre à avril), des bières maison en rotation (aussi disponibles en format de 5 à 7 verres de dégustation), et un menu de type pub avec des torpilles avec choucroute, des pizzas fines, des paninis et autres petits plats savoureux, dont la fameuse tourtière du Lac-Saint-Jean à la bière. Un lieu fort sympathique !

■ LA VOIE MALTÉE JONQUIÈRE – GASTRO-PUB

2509, rue Saint-Dominique
✆ +1 418 542 4373
www.lavoiemaltee.com
Lundi-dimanche, 11h-3h. Terrasse. Programmation culturelle et musicale aux deux adresses.
Avec maintenant trois adresses (nouvelle succursale à Québec), la Voie Maltée triple votre plaisir ! De la vingtaine des succulentes bières brassées sur place, une dizaine figure au menu et ce, bien entendu, en rotation selon les mois et les récoltes. De plus, pour satisfaire les exigences de sa clientèle, Éric, sorti tout droit des Grandes Tables du Québec, a rejoint la VM pour offrir « l'Expérience bouffe et bière » en Amérique. Une adresse toujours aussi populaire !

▶ **Autre adresse :** 777, boulevard Talbot, Chicoutimi, ✆ +1 418 549 4141.

À voir – À faire

Visites guidées

■ CROISIÈRES DU FJORD

Quai de Bagotville
Ville de Saguenay (La Baie)
✆ +1 418 543 7630
✆ +1 800 363 7248
www.croisieresdufjord.com
Début juillet à début septembre. Départ de la croisière à 10h à bord de La Marjolaine II en direction de Sainte-Rose-du-Nord avec escale de 11h15 à 13h. Départ à 13h de Sainte-Rose-du-Bord en direction des caps Trinité et Éternité et retour au quai de Bagotville à 17h30. Adulte : 55 CAN $, 14 ans et moins : 28 CAN $, 5 ans et moins : gratuit, famille (2 adultes + 2 enfants) : 138 CAN $. Service de navette maritime entre toutes les destinations de Croisières du Fjord en juillet et août.

▸ **Autre adresse :** Billetterie : 900, rue Mars.

La Baie

■ MUSÉE DE LA DÉFENSE AÉRIENNE

6513, chemin Saint-Anicet
Secteur Bagotville
✆ +1 418 677 7159
www.museebagotville.ca
Début juin à début septembre : lundi-dimanche, 9h-17h. Visite guidée de la base à 10h et à 14h (réservation conseillée). Hors saison : groupes sur réservation seulement. Adulte : 12 CAN $, aîné : 8 CAN $, étudiant : 6 CAN $, 5 ans et moins : gratuit, tarif famille disponible sur demande. Spectacle aérien biannuel en juin (prochaine édition en 2013).

L'exposition permanente vous permettra de découvrir la fascinante histoire de l'évolution de l'aviation à l'aide de stations interactives et ludiques. Le parc commémoratif présente une dizaine d'aéronefs ayant marqué l'histoire militaire du Canada. Vivez une expérience unique en roulant sur le tarmac pour visiter les diverses installations qui font de la 3e Escadre de Bagotville la seule base militaire au Canada accessible aux visiteurs durant les heures d'opération. Peut-être aurez-vous la chance de voir voler des CF-18 !

■ MUSÉE DU FJORD

3346, boulevard de la Grande-Baie Sud
✆ +1 418 697 5077 / +1 866 697 5077
www.museedufjord.com
24 juin à la fête du Travail : lundi-dimanche, 9h-18h. Le reste de l'année : mardi-vendredi, 9h-16h30 ; samedi-dimanche, 13h-17h. Adulte : 15 CAN $, aîné : 11,50 CAN $, étudiant : 11 CAN $, 6-17 ans : 8,50 CAN $, moins de 5 ans, gratuit, famille : 30-35 CAN $. Ces tarifs sont TTC. Durée moyenne de la visite : 3h. Boutique souvenirs sur place.
Situé directement sur les berges de la majestueuse baie des Ha ! Ha !, le très beau musée du Fjord est un lieu de passage recommandé à tous ceux qui prévoient passer quelques jours dans la région. En effet, il lève le voile sur tous les secrets du fjord du Saguenay. Il est simultanément un laboratoire, un lieu d'apprentissage, d'observation et de découverte. De façon interactive, les divers composants du fjord et son histoire sont expliqués. Le must, l'excursion en Zodiac dans la baie, en présence d'un plongeur scientifique. Ajouts récents : des poissons réels et virtuels se

côtoient dans un nouvel espace regroupant un aquarium d'eau salée de 53 000 litres, avec toutes les espèces vivantes du fjord, des écrans interactifs géants et des bassins de manipulation ; vivarium (espace de découverte permanent sur les insectes, arachnides, crustacés et autres petits animaux) ; histoire multimédia du Saguenay – Lac-Saint-Jean ; spectacle 3D en 5 langues.

■ PYRAMIDE DES HA ! HA !
Parc des Ha ! Ha !, Rue Mgr Dufour
✆ +1 418 697 5077 / +1 800 697 5077
www.museedufjord.com
Du 23 juin à fin août : lundi-vendredi, 9h-17h ; samedi-dimanche, 10h-17h. Adulte : 3 CAN $, aîné et étudiant : 2 CAN $, famille : 8 CAN $.
Suite au déluge de 1996, l'artiste Jean-Jules Soucy a conçu cette pyramide en aluminium recouverte de plus de 3 000 panneaux de signalisation. Une œuvre contemporaine, originale et spectaculaire. Des spectacles extérieurs gratuits s'y tiennent d'ailleurs de la fin juin à fin juillet (vendredi-samedi) ainsi que des animations familiales les dimanches dès 13h.

Chicoutimi

■ PULPERIE DE CHICOUTIMI / MUSÉE RÉGIONAL
300, rue Dubuc ✆ +1 418 698 3100
✆ +1 877 998 3100 – www.pulperie.com
Mi-juin à début septembre : lundi-dimanche, 9h-18h (dernière entrée à 17h). Le reste de l'année : mercredi-dimanche, 10h-16h. Adulte : 12 CAN $, aîné : 9,50 CAN $, étudiant : 6,50 CAN $, 5-17 ans : 4 CAN $, moins de 5 ans : gratuit. Tarifs famille disponibles. Durée moyenne de la visite : 3h. Sentiers pédestres et circuit d'interprétation avec audio-guides. Programmation d'activités et événements (théâtre d'été, brunch musical, ciné-pulpe, etc.).
C'est sur ce site impressionnant, près de la chute de la Rivière Chicoutimi, qu'a été implanté le premier complexe industriel de pulpe de bois mécanique, fondé par un Canadien français, Alfred Dubuc. Fermé en 1930, sauvé de la démolition en 1978, le bâtiment est aujourd'hui un site historique national mais également, le Musée régional du Saguenay-Lac-Saint-Jean avec une collection de plus de 26 000 objets, artefacts et œuvres. Les expositions permanentes, dont celle sur le peintre Arthur Villeneuve, interactives et très bien montées, sont des incontournables pour tous ceux et celles qui veulent en savoir plus sur l'histoire de la région et sur la production de papier au début du XXe siècle.

MUSÉE DE LA PETITE MAISON BLANCHE ET DU DÉLUGE DU SAGUENAY
Rue Bossé
✆ +1 418 549 6600
www.petitemaisonblanche.com
Ouvert tous les jours de début/mi-juin à début septembre ; les week-ends en septembre et octobre. Adulte : 4,99 CAN $, 5-12 ans : 2,63 CAN $, moins de 5 ans : gratuit, famille : 14,60 CAN $. Durée moyenne de la visite : 1 heure.
On a vu et entendu parler à travers le monde de cette petite maison qui a résisté aux terribles inondations de 1996. Les dommages ont été évalués à plus d'un milliard de dollars. Des animations, des maquettes et un film sur le déluge illustrent le tout. Ajouts récents : jeu « Où est Charlie ? » pour les enfants, audioguides, personnages robotisés.

Jonquière

CENTRE D'HISTOIRE SIR-WILLIAM-PRICE
1994, rue Price
✆ +1 418 695 7278
www.sirwilliamprice.com
Du 24 juin à la fête du Travail : lundi-dimanche, 9h-17h. Le reste de l'année : lundi-vendredi, 10h-16h. Adulte : 9,50 CAN $, aîné : 8,50 CAN $, étudiant : 8 CAN $, 5-17 ans : 5,50 CAN $, 5 ans et moins : gratuit. Tarifs familles disponibles. Possibilité de combiner le musée avec une visite à La Pulperie.
Situé dans les murs d'une chapelle de 1912, le Centre d'histoire Sir-William-Price évoque le développement industriel de la région, notamment l'histoire de l'industrie du papier. William Price fut pionnier en la matière et membre d'une des grandes dynasties d'affaires du Québec. Activités offertes : expositions permanente et temporaire, circuit d'interprétation historique dans les différents quartiers, espace boutique.

CENTRE TOURISTIQUE DU LAC-KÉNOGAMI
9000, route de Kénogami
Lac-Kénogami ✆ +1 418 344 1142
✆ +1 800 665 6527
www.sepaq.com/ct/ken/
Ouvert de début/mi-juin à début septembre. Location d'équipement, centre communautaire, casse-croûte et dépanneur. Droits d'entrée pour les visiteurs et l'accès à la plage.
Lac Kénogami signifie « Lac long » en langue montagnaise. C'est le deuxième lac de villégiature de la région (55,8 km²). Endroit par excellence pour un dépaysement en pleine nature et paradis pour les amateurs d'activités nautiques. Activités sur place : canot, kayak, pédalo, baignade, vélo, randonnée pédestre, tennis et pêche. Le Centre touristique du Lac-Kénogami met à votre disposition des chalets familiaux et mini-chalets, des tentes Hékipia (prêt-à-camper), ainsi que près de 150 emplacements de camping, sans oublier les nombreux services sur place et la magnifique plage de sable fin.

PARC ET PROMENADE DE LA RIVIÈRE-AUX-SABLES
2230, rue de la Rivière-aux-Sables
✆ +1 418 698 3000
Ouvert à l'année. Gratuit. Location d'embarcation et excursion en gondole – ✆ +1 418 546 2181.
Le havre de détente et de loisirs par excellence des Jonquiérois ! Promenades, piste cyclable, aires de jeux, location d'embarcations et jeux d'eau durant la belle saison. En hiver, une patinoire est aménagée.

Sports – Détente – Loisirs

CENTRE PLEIN AIR LE BEC-SCIE ET OKWARI AVENTURES
7400, chemin des Chutes
Ville de Saguenay (La Baie)
✆ +1 418 697 5132 – www.becscie.com
- **Bec-Scie :** adulte 3,26 CAN $. Senior, étudiant et enfant de 6 à 24 ans : 2,30 CAN $. Famille : 8,26 CAN $. Tarification journalière pour le ski de fond. Joli cadre naturel de plus de 120 km de sentiers aménagés pour les randonnées en raquettes ou en ski de fond l'hiver et le vélo de montagne ou la marche en été. Le sentier du Canyon (1,3 km) conduit à une chute impressionnante. Service de location d'équipement, restauration (en hiver seulement) et bar. Relais pour motoneige et quad.
- **Okwari Aventures :** adulte 22,15 CAN $, moins de 18 ans 12,62 CAN $, moins de 6 ans gratuit, famille 54,93 CAN $. Sur réservation seulement. Durée de l'activité : 2 heures. Du haut de deux miradors, observez des ours noirs dans leur habitat naturel. Autres activités : balade en canot rabaska, sentier d'interprétation et site autochtone.

ORGANISACTION – LE QUÉBEC HORS CIRCUITS
À l'auberge La Maison Price
110, rue Price Ouest
Ville de Saguenay (Chicoutimi)
✆ +1 418 549 0676 / +1 877 549 0676
www.organisaction.com

Tarifs selon l'activité ou le forfait choisi. OrganisAction participe au programme Carbone Boréal pour la compensation de gaz à effet de serre. Membre d'Aventure Écotourisme Québec. Ateliers sur le plein air et formations spécialisées offertes dont le programme Sans Trace Canada. Ateliers de motivation pour entreprises.

OrganisAction, une division de la Coopérative de solidarité V.E.R.T.E. (www.coopverte.com), est un organisme d'activités de plein air et de tourisme d'aventure qui vous offre plus d'un million de kilomètres carrés de nature. Activités proposées sous forme de circuits et d'expéditions (demi-journée à 8 jours) avec encadrement et prise en charge par des guides expérimentés : excursion en kayak de mer sur le fjord du Saguenay, canot-camping, éco safari, randonnée en traîneau à chiens ou en raquettes, pêche blanche, raid motoneige, etc. Possibilité d'organiser son forfait sur mesure. Service de location d'équipements.

LES ENVIRONS DE LA VILLE DE SAGUENAY

SAINT-DAVID-DE-FALARDEAU

Situé au pied du majestueux massif des Monts-Valin, Saint-David-De-Falardeau ouvre la porte à un vaste territoire d'activités de plein air et d'aventure.

CENTRE DE SKI LE VALINOUËT

200, route du Valinouët
✆ +1 418 673 6455 / +1 866 260 8254
www.valinouet.qc.ca

À Saint-David-de-Falardeau, tourner à droite sur le chemin Lévesque. Le Valinouët est à 24 km. Ouvert de mi-décembre à avril, en journée uniquement. Adulte : 39 CAN $, aîné : 34 CAN $, étudiant : 32 CAN $, enfant : 27 CAN $. Tarifs à la demi-journée également disponibles. Glissades sur tubes : à partir de 12,50 CAN $.

Situé au cœur du massif des Monts-Valin, le Valinouët bénéficie d'excellentes conditions d'enneigement : 6 m de neige par an en moyenne ! Un pur plaisir pour les amateurs de ski alpin, surf des neiges et télémark. Vous trouverez ici 28 pistes, 4 remontées mécaniques, 350 m de dénivellation. Snowpark, glissades, ski de fond et raquettes. Nombreux services sur place : hébergement, restauration, bar, garderie, services et sentiers pour motoneigistes, etc. Transport assuré depuis plusieurs municipalités des environs. Nouveauté : L'Éternal Spa installe ses quartiers généraux à la station (4 bassins d'eau chaude dont deux grands multimassages, bassin naturel d'eau froide avec chute, sauna sec, 2 yourtes avec foyer, aires de repos intérieures et extérieures, bistro, soins de santé).

LES CHIENS ET GÎTE DU GRAND NORD

18a, Lac Durand, embranchement n° 1
✆ +1 418 673 7717 – www.chiens-gite.qc.ca

Tarif selon l'activité ou le forfait choisi.

Tourisme d'aventure hivernal en traîneau à chiens et motoneige, ou tourisme estival en canot-camping et randonnée pédestre au Québec. Randonnées, excursions et expéditions en traîneau à chiens dans la région du Saguenay et dans le Grand Nord, sur la baie James et la baie d'Hudson. Les Chiens et Gîte du Grand Nord sont spécialisés dans les randonnées, raids et expéditions en traîneaux à chiens, en autonomie complète. Vous conduirez votre attelage de chiens nordiques, apprendrez à vous occuper d'eux. Vous serez plongé dans des paysages superbes : forêt boréale, taïga et grands espaces enneigés, sentiers, rivières et lacs, damés ou poudreux. Vous serez accompagné par des guides expérimentés. Différentes activités au programme : excursions en traîneau tiré par des chiens, en motoneige, raquette, pêche blanche, l'art de trapper, camping d'hiver, etc. Hébergement principalement dans des chalets en bois équipés mais rustiques, ou sous tentes. Les visiteurs sont encouragés à participer aux taches quotidiennes et à s'occuper des chiens. Initiation aux traîneaux à chiens prévue pour les débutants.

SAINT-FULGENCE

Entre eau et montagne, Saint-Fulgence est la principale destination ornithologique du Haut-Saguenay. Un arrêt aux Battures et une promenade dans les sentiers aménagés vous permettent d'observer ces nombreux oiseaux de plus près (festival de la bernache à la fin avril). Cette municipalité sert également de porte d'entrée pour le parc national des Monts-Valin.

CENTRE D'INTERPRÉTATION DES BATTURES ET DE RÉHABILITATION DES OISEAUX (CIBRO)

100, chemin Cap-des-Roches
✆ +1 418 674 2425
www.cibro.ca
Fin juin à fin août : lundi-dimanche, 8h30-17h. Mi-mai à fin juin et fin août à mi-octobre : samedi-dimanche, 9h-16h. Le reste de l'année : sur réservation de groupe. Adulte : 8-10 CAN $, étudiant et aîné : 6-8 CAN $, moins de 12 ans : 4-5 CAN $, moins de 5 ans : gratuit, famille : 30 CAN $. Activités thématiques disponibles.

De la rue piétonne, vous observerez les bernaches, ces petites oies migratrices devenues ici sédentaires (on les appelle « le club des célibataires »). Au centre de réhabilitation séjournent des oiseaux de proie en convalescence. Le Cap des Roches offre une très belle vue sur la rivière Saguenay, où elle devient fjord, et la flèche littorale, une immense pointe s'avançant dans le Saguenay, limite géologique séparant la rivière du fjord. Avec un peu de chance, vous y verrez s'ébattre des bélugas.

PARC AVENTURES CAP JASEUX

Chemin de la Pointe-aux-Pins
✆ +1 418 674 9114
✆ +1 888 674 9114
www.capjaseux.com
Ouvert de mi-mai à mi-octobre. Tarifs selon l'activité choisie. Forfaits et hébergement (maisons dans les arbres, cabines rustiques en bois rond, camping) disponibles sur place.

Vous adorez la nature et les activités de plein air ? Imaginez-vous alors sur un parcours qui vous mène d'arbre en arbre en passant par des ponts suspendus (à essayer de nuit !), de quoi redéfinir votre notion d'équilibre ! A essayer également : le circuit des tyroliennes géantes ou encore une excursion en kayak de mer sur le fjord. Et pour les plus aventureux, testez vos talents de grimpeurs sur la via ferrata.

GÎTE DE L'ARTISAN

119, chemin de la Pointe-aux-Pins
✆ +1 418 674 1344 / +1 418 557 0467
www.gitedelartisan.ca
Occupation double : à partir de 78 CAN $, petit déjeuner inclus. Grand loft tout équipé (capacité de 6 personnes) : 113 CAN $ en occupation double + 25 CAN $ par personne additionnelle. Deux chambres, petit loft et grand loft (possibilité de jumeler les deux lofts). Forfaits disponibles. Table d'hôte du soir sur réservation.

Cette superbe maison canadienne toute en bois sise sur un site verdoyant entre fjord et montagnes. Vos hôtes, Linda et Pierre, vous y accueillent comme à la maison et vous proposent un hébergement champêtre et douillet, tant dans les belles chambres de l'auberge que dans un des lofts équipés. Le matin venu, un copieux petit déjeuner vous donnera toute l'énergie nécessaire pour explorer la région des Monts-Valin. Un lieu hors du temps, magnifique en toutes saisons !

PARC NATIONAL DES MONTS-VALIN

360, rang Saint-Louis
✆ +1 418 674 1200
✆ +1 800 665 6527
www.sepaq.com/pq/mva/fr/
Ouvert à l'année. Centre de découverte et de services : fin mai à mi-octobre et mi-décembre à début avril. Accès quotidien adulte : 6 CAN$, enfant : 2,75 CAN$, 5 ans et moins : gratuit. Tarifs groupe et famille disponibles.

Dominant le paysage du Saguenay, le parc national des Monts-Valin (154 km²) possède les plus hauts reliefs de la région, dont le pic de la Hutte (980 m). Ce territoire de montagnes offre paysages, richesses cachées et majestueux points de vue. La présence d'eau et l'abondance de la faune et de la flore vous offriront de nombreuses activités en toutes saisons.

▸ **Hébergement :** chalets, 3 nouveaux chalets Nature, 1 camp rustique, 4 refuges, camping rustique et d'hiver, igloos (2 à 4 personnes).

▸ **Activités :** canot, pêche à la truite mouchetée (permis de pêche du Québec obligatoire – séjour avec hébergement possible), pêche-camping, randonnée pédestre (dont des circuits de longue randonnée), ski de fond, ski nordique et randonnée en raquettes (65 km, sentiers balisés, non tracés) avec nuit en refuge ou tente de prospecteur.

SAINTE-ROSE-DU-NORD

C'est incontestablement le plus beau et le plus pittoresque village du Saguenay. De tout temps, il a inspiré les peintres, tel Marc-Aurèle Fortin, les artistes et les rêveurs. Blanc, serein, paisible entre mer et montagne, à rendre jaloux ceux qui n'y vivent pas.
À juste titre, ce village a été sélectionné par l'Association des plus beaux villages du Québec. Partez à la découverte des sentiers du village qui vous offriront des paysages à couper le souffle.

Pratique

■ BUREAU TOURISTIQUE DE SAINTE-ROSE-DU-NORD
213, rue du Quai
✆ +1 418 675 2346
www.ste-rosedunord.qc.ca
Ouvert en saison estivale uniquement.

Se loger

■ CAMPING LA DESCENTE DES FEMMES
154, rue de la Montagne
✆ +1 418 675 2581
camping.descente-femmes@hotmail.com
Ouvert de fin mai/début juin à mi-octobre. Tarif journalier : 20 CAN $ (tente seulement) à 28 CAN $ (site avec services). Sites de camping répartis sur trois paliers.
Ce grand site de camping est situé en pleine nature dominant le fjord et le village, offrant ainsi une vue superbe. Services et activités : randonnée pédestre, baignade, service de buanderie, bloc sanitaire (douche payante) et salle communautaire.

■ POURVOIRIE DU CAP AU LESTE
551, chemin du Cap à l'Est
✆ +1 418 675 2000
✆ +1 866 675 2007
www.capauleste.com
À partir de 110 CAN $. Hébergement en chambre standard (vue sur la forêt), supérieure (vue sur le fjord), de luxe (vue sur le fjord et balcon privé), suite (vue sur le fjord, balcon privé et baignoire en coin), tipi (aucun service), et refuge (à 4 km de la pourvoirie). Forfaits disponibles.
La Pourvoirie du Cap au Leste est un lieu de séjour idéal pour les passionnés de la nature. Situé au cœur de la forêt boréale, surplombant le fjord du Saguenay à plus de 200 mètres d'altitude, le site invite à la détente et à la découverte. L'hébergement se fait en chambres de différentes catégories dans de magnifiques chalets construits dans la plus pure tradition québécoise. De nombreuses activités sont offertes sur place et dans les environs (canot, baignade, quad, motoneige, raquette, traîneau à chiens, pêche blanche, etc.). Sans oublier la cuisine inventive et raffinée, élaborée à partir des meilleurs produits régionaux, qu'on prend plaisir à savourer sur la terrasse panoramique. Si vous disposez de plusieurs jours, optez pour un de leurs séjours clés en main. Ajouts récents : aménagement d'un lac près du chalet Montagnais ; nouveau bâtiment principal avec restaurant, terrasse, salles de conférences, bar et billard, et parc de motoneiges.

RESTO-GÎTE AU PRESBYTÈRE
136, rue du Quai ✆ +1 418 675 2675
✆ +1 888 675 3675 – www.aupresbytere.com
Occupation double : à partir de 87 CAN $. Quatre chambres. Petit déjeuner inclus.
Excellente cuisine régionale recherchée (table d'hôte et menu à la carte). Accueil chaleureux, hébergement confortable et atmosphère détendue. La terrasse et la verrière du restaurant offrent une vue magnifique.

Sports – Détente – Loisirs

SENTIERS DE LA PLATE-FORME
Route de la Montagne
Gratuit.
Pour y accéder, prenez la route de la Montagne. Vous vous garez à la Plateforme (site bien indiqué). Aménagés dans les pins, les sentiers mènent à divers belvédères dominant le fjord du Saguenay. Vous choisirez le sentier selon le temps dont vous disposez. Le point d'observation le plus proche se trouve à 15 minutes du stationnement. La vue est extraordinaire.

SENTIERS DU QUAI
Rue du Quai
Gratuit.
De nombreux petits sentiers de randonnée partent depuis le quai, au centre du village. Stationnement, boutiques et restauration rapide au point de départ.

Visites guidées

CROISIÈRES DU FJORD
Quai de Sainte-Rose-du-Nord
✆ +1 418 543 7630 / +1 800 363 7248
www.croisieresdufjord.com
En juin et de début septembre à mi-octobre : départ de la croisière en bateau-mouche à 11h15 à destination de l'Anse-Saint-Jean (avec escale de 2 heures) et retour à Sainte-Rose-du-Nord à 16h. De juillet à début septembre : départ quotidien à 13h pour la croisière aller-retour à bord de La Marjolaine en direction des caps Trinité et Éternité ainsi que la statue de la Vierge (interprétation) et retour à Sainte-Rose-du-Nord à 16h. Mêmes tarifs pour ces deux croisières. Adulte : 52 CAN $, 14 ans et moins : 26 CAN $, 5 ans et moins : gratuit, famille (2 adultes + 2 enfants) : 130 CAN $. Service de navette maritime entre toutes les destinations de Croisières du Fjord en juillet et août.

▸ **Autre adresse :** billetterie : 104, rue du Quai.

LE TOUR DU LAC SAINT-JEAN

Véritable mer intérieure, le lac Saint-Jean offre 210 km de rives et des grands espaces à faire rêver l'amant de la nature qui sommeille en vous. Lieux paisibles de villégiature, activités de plein air innombrables (inauguration à l'été 2011 de la nouvelle Route de l'eau, un sentier maritime pour les petites embarcations nautiques), attraits majeurs, sites historiques, boutiques de produits régionaux, tout y est pour un séjour inoubliable au pays des bleuets. En période estivale, faites un arrêt au parc national de la Pointe-Taillon avec son accès exceptionnel au lac Saint-Jean et à la rivière Péribonka. Vous y accédez par la municipalité de Saint-Henri-de-Taillon. Un voyage dans la région est aussi une bonne raison pour en découvrir davantage sur la nation autochtone montagnaise. La communauté de Mashteuiatsh est unique dans la région et est un incontournable à mettre sur votre itinéraire.

▸ **www.lacsaintjean.com**

VÉLOROUTE DES BLEUETS
Maison du vélo d'Alma
1692, avenue du Pont Nord, Alma
✆ +1 418 668 4541 / +1 866 550 4541
www.veloroute-bleuets.qc.ca
Officiellement ouverte de la mi-mai à la mi-octobre. Service payant de navette pour les bagages (✆ +1 418 342 6651 ou +1 888 342 6651). Service également offert par Équinox Aventure. Plusieurs forfaits offerts avec les établissements hôteliers participants. Guide Véloroute disponible en ligne ou par la poste. GPS Cycloguide offert en location et en téléchargement pour IPhone et IPod Touch.
En suivant la Véloroute des Bleuets qui ceinture le lac Saint-Jean, vous découvrirez le lac et sa région de manière sportive et originale. Le circuit de 256 km entièrement asphalté parcourt le lac, traversant une quinzaine de municipalités et villages pittoresques. Il donne accès au parc national de la Pointe-Taillon, à des points d'eau, ainsi qu'à de nombreux sites et attraits touristiques. Pour de l'information sur les services disponibles ou pour se reposer, faites une halte à l'une des trois Maisons du Vélo (Alma, Roberval et Dolbeau-Mistassini). Avis aux randonneurs : vous êtes les bienvenus sur la Véloroute !

MÉTABETCHOUAN

Son nom signifie « point de rencontre » en montagnais. Vous y trouverez l'une des plus belles plages de la région : la plage le Rigolet, gratuite et surveillée.

■ CENTRE D'INTERPRÉTATION DE L'AGRICULTURE ET DE LA RURALITÉ

281, rue Saint-Louis, Secteur Lac-à-la-Croix
✆ +1 418 349 3633 / +1 877 611 3633
www.ciar-lacalacroix.com
Mi-juin à septembre : lundi-dimanche, 10h-17h. Septembre à mi-octobre : lundi-dimanche, 9h-16h. Le reste de l'année : lundi-vendredi, 9h-16h ; sur réservation le week-end. Adulte : 11 CAN $, 3-17 ans : 6,50 CAN $. 10 % de rabais aux étudiants, aînés et familles.
Au cœur d'une plaine agricole, vous découvrirez toute la richesse du patrimoine rural et de l'agriculture régionale. L'exposition permanente, *Champs du pays*, présente la richesse d'un héritage patrimonial et le savoir-faire d'une communauté qui s'est bâtie petit à petit. Aussi sur place : petite ferme, potager éducatif, verger de petits fruits, labyrinthe végétal, visites commentées et activités d'animation.

■ O'SOLEIL

505, 5e Chemin
✆ +1 418 345 8080 / +1 866 891 2551
www.osoleil.ca
Ouvert de fin mai à début septembre. Tarifs selon l'activité choisie.
En bordure du lac, O'Soleil est l'endroit idéal pour la pratique de sports nautiques (kitesurf, longboard, stand up paddleboard, kayak, canot), pour suivre des cours de kitesurf, pour louer un vélo, pour casser la croûte sur la grande terrasse, ou pour assister à un des spectacles en soirée. En plus d'offrir un produit des plus estivaux, l'équipe de la coopérative de travail s'efforce de répondre aux critères du développement durable. Le recyclage et le compostage sont de mise, les fines herbes cultivées à même leur jardin, et les produits du bistro et de la boutique 100 % québécois. Un must si vous passez par Métabetchouan !

DESBIENS

Ce petit village, tranquille et accueillant, qui fut un centre de rassemblement des nations montagnaises au XVIIe siècle, puis poste de traite des fourrures à partir de 1676 et une mission jésuite, doit son nom à Louis Desbiens, fondateur de la première papeterie, en 1896. Il est surtout connu pour sa grotte (le trou de la Fée). La rivière Métabetchouane est un des lieux de prédilection pour pêcher la ouananiche, un succulent saumon d'eau douce (*ouananiche* en montagnais signifie « le petit égaré »).

■ CENTRE D'HISTOIRE ET D'ARCHÉOLOGIE DE LA METABETCHOUANE

243, rue Hébert
✆ +1 418 346 5341
www.chamans.com
Mi-juin à la fête du Travail : lundi-dimanche, 9h-17h (dernière entrée à 16h). Hors saison : sur réservation de groupe. Adulte : 9 CAN $, aîné : 8 CAN $, 5-11 ans : 5 CAN $, famille : 25 CAN $. Toutes les visites sont guidées. Café du Poste et boutique de souvenirs sur place.
Ce centre évoque l'histoire de l'embouchure de la rivière Métabetchouane, lieu marquant d'échanges et de contacts humains de l'ère amérindienne à nos jours. Le centre propose une intéressante reconstitution d'un poste de traite de la baie d'Hudson en 1840, avec pièces archéologiques et objets de troc en exposition. L'exposition permanente permet d'ailleurs de revivre l'époque du premier poste de traite de la rivière Métabetchouane. Sur le site, la poudrière, classée par les Monuments historiques, demeure le seul vestige du régime français. Aussi sur place : four à pain (deux dégustations par semaine), reconstitution d'une chapelle en pièce sur pièce, mémorial Jean de Quen.

■ GLAMPING PARC RIVIÈRE MÉTABETCHOUANE

Chemin des Érables
✆ +1 418 342 6451
www.glampingparc.com
Ouvert à l'année. Tipi : 99 CAN $, yourte : 119 CAN $. Ces tarifs sont pour deux adultes et deux enfants, pour deux nuits minimum. Réservation recommandée.
Vous aimez la nature et le plein air mais avec un certain confort ? Le Glamping est fait pour vous ! Issu de la contraction de *Glamour* et *Camping*, le Glamping propose un hébergement alternatif tout équipé, comme à la maison. Cette nouvelle entreprise, basée sur les rives de la rivière Métabetchouane, offre des tipis et des yourtes en location. Chaque unité est équipée d'une petite cuisinière, d'un four à micro-ondes, d'un réfrigérateur, de deux lits doubles, d'un poêle à bois, d'une table avec quatre chaises, et d'un ensemble de vaisselle et ustensiles. Elles peuvent accueillir un maximum de 4 personnes. Notez que la literie est toujours sur demande (supplément).

PARC DE LA CAVERNE DU TROU DE LA FÉE

Chemin du Trou de la Fée,
7e Avenue
✆ +1 418 346 1242
www.cavernetroudelafee.ca

À 7 km au sud de Desbiens. Mi-juin à mi-août : lundi-dimanche, 9h-19h. Mi-août à l'Action de Grâce : lundi-dimanche, 10h-18h. Dernière admission 2h avant la fermeture. Adulte : 18 CAN $, moins de 12 ans : 12 CAN $. Ces tarifs sont pour la caverne et le parc. Autres tarifs : parc seulement, tyrolienne, forfait parc + tyro, forfait parc + tyro + caverne. Argent comptant. Non recommandé pour les personnes à mobilité réduite et les moins de 4 ans. Chaussures de marche obligatoires, tenue sportive et chandail conseillés. Durée : 3h à 3h30 pour la visite complète du parc et de la caverne.

Le Parc de la Caverne du Trou de la Fée est le lieu idéal pour vivre une expérience de spéléologie. La visite guidée permet de découvrir une grotte de 68 m creusée dans le granite du Bouclier canadien, vieux d'un milliard d'années. À l'extérieur, un sentier de 2 km conduit à des cascades tumultueuses, à un ancien barrage et à une centrale désaffectée. En empruntant les passerelles, dont deux nouvelles qui ont nécessité un investissement de 1,4 million de dollars, vous aurez une vue saisissante sur les chutes Martine et le canyon, et du belvédère, sur les flots bouillonnants. Vous pourrez également découvrir l'univers mystérieux des chauves-souris grâce aux spécimens en captivité. Nouveautés : visite en soirée vendredi-samedi de 18h à 21h (apportez votre lampe de poche), tyroliennes (âge minimum de 8 ans).

CHAMBORD

C'est le point d'arrivée de la route 155 et l'accueil est grandiose : le lac Saint-Jean s'ouvre ici sous vos yeux, après une longue route en forêt dans la réserve faunique des Laurentides. D'ailleurs, plusieurs parcs et aires de repos permettent de contempler cette mer intérieure. Mais la municipalité de Chambord est surtout connue pour son Village historique de Val-Jalbert, ancien village fantôme reconverti en site touristique de grand intérêt.

BUREAU TOURISTIQUE DE CHAMBORD

1811, rue Principale
✆ +1 418 342 6274
www.chambord.ca

Ouvert en saison estivale uniquement.

CHALETS & SPA LAC-SAINT-JEAN

96, chemin du Parc Municipal
✆ +1 418 342 1111
✆ +1 877 342 7933
www.chaletsetspa.com

Tarifs variables selon le type d'unité choisi. Un minimum de deux nuits peut être exigé. Tarification pour le Spa nordique. Forfaits disponibles.

Ce complexe de villégiature haut de gamme, situé sur les rives du magnifique lac Saint-Jean, vous propose l'hébergement dans des grandes unités de condos en bois rond comprenant chacune six studios, dont certains avec mezzanine. Toutes ces unités sont communicantes, l'idéal si vous faites une excursion en famille ou en groupe. Deux petits chalets d'une capacité de six personnes chacun viennent d'être ajoutés au site et un grand chalet, le Chambord, peut accueillir jusqu'à 20 personnes. Tout est d'un grand

© ISTOCKPHOTO.COM/BUZBUZZER

Village Historique de Val-Jalbert.

confort et décoré avec minutie et beaucoup de goût ! Après une longue journée d'activités, vous pouvez opter pour les installations du Spa nordique ou un massage au centre de santé... Détente garantie ! Une adresse à mettre à votre carnet de route !

VILLAGE HISTORIQUE DE VAL-JALBERT

95, rue Saint-Georges
✆ +1 418 275 3132
✆ +1 888 675 3132
www.valjalbert.com

Route 169 Nord en direction de Roberval, après la municipalité de Chambord. En mai : groupe seulement, sur réservation. De juin à mi-octobre : ouvert tous les jours de 10h à 17h (9h à 18h de mi-juin à mi-août). Visite seulement : adulte 21,74 CAN $, 6-16 ans : 10,65 CAN $, moins de 6 ans : gratuit. Forfaits disponibles. Tarifs téléphérique, famille et groupe disponibles.

Construite en 1901, la pulperie de Val-Jalbert, reprise par Alfred Dubuc, produisait chaque jour 50 tonnes de pâte à papier mécanique exportées ensuite vers les États-Unis et l'Europe. L'usine faisait vivre un village modèle de 950 personnes, doté de l'électricité et du chauffage, avant d'être à son tour victime de la grande crise et contrainte de fermer ses portes en 1927. Tributaire de l'usine, la population dut quitter les lieux. Pendant près de 60 ans, les maisons qui avaient abrité les familles des ouvriers sont restées à l'abandon, tel un village fantôme. Aujourd'hui, elles sont restaurées et animées d'habitants en costumes d'époque. Vous pouvez visiter le moulin désaffecté, le couvent et le magasin général. Il faut aussi monter au belvédère, par un escalier de 752 marches, et aller voir l'impressionnante chute Ouiatchouan. Haute de plus de 70 m, elle assurait le bon fonctionnement de l'usine. Aujourd'hui, un téléphérique permet de survoler le site. Un trolleybus dessert le village et en fait le tour. C'est un vrai dépaysement que cette remontée dans le temps, un rien nostalgique. De surcroît, le site est vraiment superbe. Sur place, restauration, camping, quelques chambres haut de gamme dans les maisons rénovées et un petit hôtel au-dessus du magasin général pour recevoir ceux que l'endroit inspire. Projets réalisés grâce au plan de développement touristique : nouveau belvédère avec plancher de verre, studio de photographie d'antan avec costumes, audioguide multilingue, présentation multimédia dans le moulin, nouveau restaurant dans le moulin, construction d'un nouveau pavillon d'accueil, nouvelles activités d'interprétation, restauration du vieux moulin et d'autres bâtiments, construction de mini-chalets, etc.

LAC-BOUCHETTE

À Chambord, prendre la route 155 Sud en direction de Lac-Bouchette, localité reconnue pour ses plans d'eau grandement appréciés et pour l'Ermitage Saint-Antoine.

■ BUREAU TOURISTIQUE DE LAC-BOUCHETTE

377, rue Commerciale ✆ +1 418 348 6725
Ouvert en saison estivale uniquement.

■ ERMITAGE SAINT-ANTOINE DE LAC-BOUCHETTE

250, route de l'Ermitage
✆ +1 418 348 6344 / +1 800 868 6344
www.st-antoine.org
Hébergement en chambre en occupation double : à partir de 110 CAN $, table d'hôte du soir avec deux verres de vin et petit déjeuner inclus. Petit chalet (1 personne) : à partir de 50 CAN $, chalet familiale (1 à 6 personnes) : à partir de 87 CAN $. Camping : 9 CAN $ par tente, à partir de 23 CAN $ avec services. Forfaits disponibles. Ateliers, retraites, conférences et soirées d'animation.
Magnifiquement situé sur le bord du lac Bouchette, l'Ermitage offre un hébergement de grande qualité à des prix très intéressants. Un exemple : forfait à partir de 185 CAN $ comprenant 2 nuits, 2 petits déjeuners et 2 repas du soir. L'Ermitage reste essentiellement un centre de pèlerinage dédié à Saint-Antoine et Notre-Dame de Lourde. Chacun y trouve un lieu propice au repos, à la méditation ou à la prière. À proximité, forêt de 240 hectares avec sentiers pédestres aménagés et une nouvelle tour d'observation. D'ailleurs un « petit Compostelle », connu sous le nom de sentier Notre-Dame-Kapatakan, s'étend sur 215 km de Rivière-Éternité à Lac-Bouchette. Au cours de ce pèlerinage, plus d'une dizaine d'étapes sont proposées pour découvrir des lieux de spiritualité, de culture et de nature. Renseignez-vous à l'Ermitage.

ROBERVAL

Roberval doit sa renommée à la célèbre Traversée internationale du lac Saint-Jean à la nage qui se déroule la dernière semaine de juillet. C'est un événement à ne pas manquer ! Activités culturelles, familiales et sportives entourent ce prestigieux marathon de nage en eau libre. En saison hivernale, le Festival d'hiver avec ses compétitions de motoneiges et le Village sur Glace sont deux événements d'ampleur qui valent le détour.

■ AÉROPORT DE ROBERVAL

1220, route de l'Aéroport
✆ +1 418 275 2344
www.ville.roberval.qc.ca

■ BOULANGERIE PERRON, ÉCONOMUSÉE DU PAIN

637, boulevard Saint-Joseph
✆ +1 418 275 1234
clement.perron@ro.cgocable.ca
Mardi-mercredi, 8h-17h30 ; jeudi-vendredi, 8h-20h ; samedi, 9h-12h ; dimanche-lundi, fermé. Visites libres de juillet à septembre du mardi au vendredi de 14h à 17h. Visites guidées pour les groupes sur réservation (5 CAN $ par personne, gratuit pour les moins de 13 ans). Entrée libre.
L'odeur de pain chaud, personne n'y résiste ! À la boulangerie Perron, l'une des plus vieilles de la ville, vous pourrez voir l'artisan à l'œuvre, du choix des matières premières jusqu'au produit final. N'oubliez pas de faire un tour à la boutique avant de partir.

■ HÔTEL CHÂTEAU ROBERVAL

1225, boulevard Marcotte
✆ +1 418 275 7511 / +1 800 661 7611
www.chateau-roberval.qc.ca
Occupation double : à partir de 116 CAN $, petit déjeuner inclus. 120 chambres et 4 suites avec bain à remous. Forfaits disponibles. Piscine intérieure et Jacuzzi dans l'atrium, salle d'exercices, bar et restaurant sur place.
Ce grand hôtel dispose de toutes les commodités nécessaires pour un séjour d'agrément ou d'affaires. Ce n'est pas pour rien que les personnalités du milieu politique et artistique y séjournent lors de leur passage dans la région. Au centre de ce grand hôtel, l'Atrium avec sa piscine et Jacuzzi fera le bonheur des familles. Côté restauration, la table de l'hôtel propose, entre autres, des spécialités régionales comme la tourtière du Lac St-Jean, le filet d'ouananiche braisé ou le steak de wapiti. Un établissement tout confort avec un très bon rapport qualité-prix.

■ MIKAHAN – VOILE LAC ST-JEAN

Marina de Roberval
✆ +1 418 815 5138
www.voilelacst-jean.com
Fin mai à début/mi-septembre. Tarifs variables selon l'activité choisie.
Pour ceux qui aimeraient « prendre le large », Voile Lac St-Jean propose la location de voilier avec ou sans capitaine ainsi que des stages de formation en croisière et des forfaits (à la journée, pêche à la ouananiche, aventure, etc.).

MASHTEUIATSH (POINTE-BLEUE)

Prononcez « mash-té-oui-atch ». Appelée jadis Ouiatchouan, la communauté autochtone fut créée en 1856 et porte le nom de Mashteuiatsh depuis 1983 (première nation de la région). Les Pekuakamiulnuatshs (Montagnais du Lac-Saint-Jean) vous accueillent selon leurs valeurs et traditions. Mashteuiatsh est l'endroit indiqué pour comprendre le mode de vie millénaire des autochtones et de nombreuses boutiques vous permettront de rapporter à la maison quelques souvenirs d'artisanat local. Un circuit patrimonial et historique permet de découvrir comment les ilnus ont adapté leur mode de vie à la sédentarisation tout en conservant les coutumes et traditions de leurs ancêtres (informez-vous au Carrefour d'Accueil Ilnu). A voir également : le site Uashassihtsh évoque les rencontres estivales sur les rives du Pekuakami (lac Saint-Jean) vers 1910-1930 ; le Grand rassemblement des Premières Nations en juillet ; Aventure Plume Blanche (découverte de la vie autochtone par diverses activités culturelles et traditionnelles).

■ AUBERGE MAISON ROBERTSON

1645, rue Ouiatchouan
✆ +1 418 275 8375
www.aubergemaisonrobertson.ca
Occupation double : à partir de 90 CAN $. Six chambres. Petit déjeuner inclus.
Cette auberge relativement récente, installée dans une maison patrimoniale qui servit de poste de traite de fourrures le siècle dernier, vous réserve une expérience authentique : cachet d'antan, objets d'époque et surtout, de magnifiques œuvres amérindiennes fabriquées dans la communauté.

■ CARREFOUR D'ACCUEIL ILNU

1516, rue Ouiatchouan
✆ +1 418 275 7200 / +1 888 222 7922
www.kuei.ca
Ouvert toute l'année.

SAINT-PRIME

Localité agricole et industrielle, Saint-Prime est reconnue mondialement pour la qualité exceptionnelle de son fromage cheddar. Un arrêt à la vieille fromagerie Perron s'impose pour déguster ce que les habitants du lac considèrent comme le meilleur cheddar. Vous pourrez également profiter de la jolie plage publique.

■ MUSÉE DU FROMAGE CHEDDAR

148, avenue Albert-Perron
✆ +1 418 251 4922 / +1 888 251 4922
www.museecheddar.org
Ouvert tous les jours de début juin à fin septembre de 10h15 à 17h30 (dès 9h15 de mi-juin à début septembre). Le reste de l'année : sur réservation pour groupes. Visite et dégustation adulte : 9,95 CAN $, étudiant et aîné : 8,95 CAN $, 6-12 ans : 6,50 CAN $, moins de 5 ans : gratuit, famille : 28,95 CAN $. Durée : 1h.
Témoin du passé, le musée du fromage cheddar, c'est la vieille fromagerie Perron transformée en lieu d'interprétation du fromage. Au programme : visite guidée, familiarisation de la fabrication artisanale et industrielle du fromage cheddar et dégustation des produits. Aussi sur place : boutique (fromages, artisanat local, articles promotionnels, livres...), aire de pique-nique.

SAINT-FÉLICIEN

Carrefour important de la région, cette petite ville industrielle posée sur les rives des rivières Ashuapmushuan, Mistassini et Ticouapé, est surtout connue pour son zoo. Le territoire de Saint-Félicien fut jadis le complice des allées et venues des Montagnais.

Pratique

■ BUREAU TOURISTIQUE DE SAINT-FÉLICIEN

1209, boulevard Sacré-Cœur
✆ +1 418 679 9888 / +1 877 525 9888
www.ville.stfelicien.qc.ca
Ouvert toute l'année.

Se loger

■ AUBERGE DES BERGES

610, boulevard Sacré-Cœur
✆ +1 418 679 3346 / +1 877 679 3346
www.auberge-des-berges.qc.ca
Occupation double : à partir de 90 CAN $ en basse saison et 116 CAN $ en haute saison, salle de bain privée, deux petits déjeuners complets inclus. Forfait Zoo sauvage de St-Félicien offert à l'année. Nombreux autres forfaits disponibles. Établissement certifié vert. Dans cette ancienne résidence des Frères Maristes, devenue une auberge de style champêtre et rétro, l'accueil est très convivial. Vous y retrouverez de grandes chambres familiales pouvant accueillir d'une à six personnes avec tout le confort désiré. Une cuisine aux saveurs du terroir certifiée avec gibiers québécois est servie en salle à manger. La nouvelle verrière et le Jacuzzi extérieur vitré vous feront profiter au maximum des levers et des flamboyants couchers de soleil sur la rivière Ashuapmushuan. Les propriétaires, Mireille et Jacques, se feront un plaisir de vous informer et de vous guider sur les sites, activités et attraits à ne pas manquer. De nombreux forfaits sont disponibles : forfaits Zoo offerts à l'année, et en hiver, charme, détente et plaisirs gastronomiques, patinage sur la rivière, chiens de traîneaux et motoneige. Jumelez plaisirs des sens et la beauté exceptionnelle du site, de la rivière et de ses îles !

■ CAMPING SAINT-FÉLICIEN

2206, boulevard du Jardin
✆ +1 418 679 1719 / +1 866 679 1719
www.campingstfelicien.com
De mi-mai à début octobre. Hébergement en camping (387 emplacements), roulotte (2), yourte (4) et chalet (20). Consultez le site Internet pour connaître toute la gamme des tarifs. Forfaits disponibles. Très grand camping 4-étoiles, pour tentes et caravanes, à deux pas du zoo sauvage. Chaque emplacement a une table de pique-nique et un foyer. Pour ceux qui veulent plus de tranquillité, optez pour la section boisée de la forêt blanche. Services et activités sur place : piscine et glissades d'eau, dépanneur, pavillon communautaire, aires de jeux, restaurant, etc.

■ HÔTEL DU JARDIN

1400, boulevard du Jardin
✆ +1 418 679 8422 / +1 800 463 4927
www.hoteldujardin.com
Occupation double : à partir de 101,95 CAN $. 75 chambres régulières, 10 suites luxueuses nouvellement rénovées. Nombreux forfaits disponibles. Services sur place : piscine intérieure à l'eau salée et Spa, salle de conditionnement physique, centre de massothérapie et de soins détente le Jardin d'Ô, théâtre d'été, bistro-bar et discothèque Le Saint-Fé. Cet établissement de tout confort est un choix idéal pour une halte dans la région. Situé à proximité de nombreux attraits, tel le Zoo de Saint-Félicien (forfait disponible), vous bénéficierez ici de tous les services d'un grand hôtel : des chambres spacieuses et fonctionnelles, dont certaines avec bain thérapeutique double, une fine cuisine régionale servie au restaurant L'Oasis, un centre de congrès entièrement équipé, des installations sportives et de détente... Une adresse fort recommandée pour un séjour mémorable à l'ouest du lac Saint-Jean, au pays des bleuets !

Sortir

■ MICROBRASSERIE LA CHOUAPE

1164, boulevard Sacré-Cœur
✆ +1 418 613 0622 – www.lachouape.com
Mi-juin à septembre : lundi-dimanche, 15h-minuit. Le reste de l'année : mercredi-samedi, 15h-minuit ; dimanche-mardi, fermé. Programmation culturelle et musicale à l'année. Terrasse. Depuis ses débuts, la microbrasserie offre la possibilité de déguster ses bières sur place grâce à son salon de dégustation aménagé sur les lieux même du brassage. Un menu de grignotines est aussi offert pour combler les petites faims et accompagner votre pinte. Les lieux servent également de café Internet et différents événements sont organisés au fil des mois : concert intimes, expositions, soupers thématiques, etc. À mettre impérativement à votre carnet d'adresses !

À voir – À faire

ZOO SAUVAGE DE SAINT-FÉLICIEN

2230, boulevard du Jardin ✆ +1 418 679 0543
✆ +1 800 667 5687 – www.zoosauvage.org
Route 167 Nord. En mai, septembre et octobre : lundi-dimanche, 9h-17h. De juin à fin août : lundi-dimanche, 9h-18h (jusqu'à 20h de mi-juillet à mi-août). Horaire d'hiver : consultez leur site Internet. Adulte : 40 CAN $, aîné et étudiant : 33,50 CAN $, 6-14 ans : 26,50 CAN $, 3-5 ans : 16,50 CAN $, moins de 3 ans : gratuit, famille : à partir de 85 CAN $. Durée de la visite : 5 heures, incluant la visite du parc et la projection de deux films. Plusieurs activités spéciales, forfait «Randonnée aventure au pays des caribous».
Les humains en cage, les animaux en liberté ! Un concept unique et l'une des grandes attractions du Québec depuis plus de 50 ans. Assis dans un train grillagé, vous ferez une balade inoubliable à travers le Canada d'est en ouest, parmi sa faune étonnante : ours noirs, grizzlis, caribous, cerfs, loups, cougars, bisons, orignaux, bœufs musqués, grues du Japon, macaques japonais, etc., mais également aigles et échassiers, tous évoluant dans leurs habitats naturels. Sans oublier les fameux sentiers de la nature et le zoo traditionnel situé sur l'Ile-aux-Bernard que traverse une rivière en cascades. Ajouts récents : tigres de l'amour, nouvel habitat des grizzlis, nouvel habitat de la Mongolie, nouveau circuit éducatif à la Petit ferme et aux jeux d'eau.

LA DORÉ

Petite municipalité prospère et dynamique. Un belvédère sur la route Saint-Joseph en direction de Normandin offre de beaux points de vue sur la rivière Ashuapmushuan.

LE MOULIN DES PIONNIERS

4205, chemin des Pionniers
✆ +1 418 256 8242 / +1 866 272 8242
www.moulindespionniers.com
Début juin à fin septembre : lundi-dimanche, 9h30-18h (jusqu'à 19h du 23 juin à la fête du Travail). Mi-mai à début juin & fin septembre à mi-octobre : sur réservation. Adulte : 15 CAN $, aîné : 12 CAN $, 13-18 ans : 11 CAN $, moins de 12 ans : gratuit, famille : 32 CAN $. Durée moyenne de la visite : 3h. Boutique de souvenirs. Parc d'amusement pour enfants aux structures ludiques recréant les activités d'autrefois. Possibilité d'hébergement sur place à l'année, en chambre à l'Auberge de la nuit Boréale, ou en dortoir dans le Grand Camp.
Situé à peine à 15 km de Saint-Félicien et dans un site des plus enchanteurs, le Moulin des Pionniers vous fait découvrir l'un des derniers moulins à scie fonctionnant à l'énergie hydraulique (en opération depuis 1889). Parmi les activités proposées : visite de la Maison de Marie (restaurant typique) avec personnages d'époque, de la petite ferme, du camp du draveur, du bâtiment thématique avec projection vidéo, de la tour d'observation (ancienne tour à feu). Des activités spéciales s'y tiennent, comme la Marche de Noël, et il est possible de pratiquer la randonnée pédestre à même le site. L'hiver, les sentiers accueillent fondeurs, adeptes de la raquette et motoneigistes.

RÉSERVE FAUNIQUE ASHUAPMUSHUAN

Km 33, route 167
✆ +1 418 256 3806 / +1 800 665 6527
www.sepaq.com/rf/ash/fr/
Les postes d'accueil (km 33 et km 113 de la route 167) sont ouverts de mi-mai à fin octobre (heures d'ouverture variables selon la saison). Location d'équipement pour la pêche et le canot-camping.
Jadis, lieu de prédilection pour la qualité et la quantité des fourrures, d'où de nombreux postes de traite localisés le long du lac Ashuapmushuan et sur les rives du lac Nicabau, ce vaste territoire de 4 487 km² possède d'innombrables ressources naturelles. La réserve faunique Ashuapmushuan « là où on observe l'orignal », offre un excellent potentiel récréatif pour pêcheurs sportifs avec ses 100 lacs à truite mouchetée, doré, brochet, truite grise (touladi) et corégone, et pour les amateurs de chasse. Activités de canotage et canot-camping sur la rivière Ashuapmushuan qui s'étire sur plus de 200 km.

- **Hébergement :** 20 chalets répartis sur 3 sites, camping, 4 camps rustiques.
- **Activités :** canot, canot-camping, chasse à l'orignal et à l'ours, chasse au petit gibier et pêche (à la journée et séjour), pêche-camping, observation de la faune, randonnée pédestre, piste d'hébertisme.

NORMANDIN

Normandin est la capitale agricole du haut du lac Saint-Jean. Le centre-ville ainsi qu'une forêt publique bien aménagée agrémenteront votre séjour. Le site de Chute-à-l'Ours vaut également le détour.

- **Accès.** Vous avez deux options pour vous rendre à Normandin : soit reprendre la route 167 Sud jusqu'à La Doré et emprunter la route Saint-Joseph, soit prendre la route 167 Sud jusqu'à Saint-Félicien et prendre la route 169 Nord. À Saint-Méthode, prendre à gauche vers Normandin.

SITE TOURISTIQUE CHUTE-À-L'OURS

101, chemin Louis-Ovide-Bouchard
✆ +1 418 274 3411 – www.chutealours.com
Notez que ce site touristique entre en phase de développement de 2012 à 2016 afin de moderniser ses installations et d'ajouter des services (jeux d'eau pour les enfants, tyroliennes, sites de glamping, éclairage de spectacles thématiques son et lumière à la chute, etc.). Le site reste toutefois ouvert à tous. Forfaits disponibles.
Que ce soit pour faire des randonnées en nature (des sentiers sont aménagés à cet effet, avec deux belvédères d'observation qui dominent toute la zone), observer la faune et la flore, ou se rafraîchir dans la piscine chauffée, ce site est idéal et facile d'accès. Il est également possible de pêcher, de faire du vélo de montagne ou de s'adonner au volleyball et à la pétanque. Les soirs d'été, du dimanche au mardi, le théâtre d'été vous promet rire et divertissement. Vous risquez donc de prolonger votre séjour. Pas de problème car l'hébergement est disponible sur le site en camping, en chalet en bois rond ou conventionnel (tous équipés et très abordables) ou en chambre de style motel. Restaurant, dépanneur et salle communautaire sur place. Une adresse futée à 15 minutes de Saint-Félicien !

GIRARDVILLE

Situé au nord du lac Saint-Jean, Girardville est un bon pied-à-terre pour profiter des activités de plein air.

AVENTURAID

2395, rang de la Pointe
✆ +1 418 258 3529
www.aventuraid.qc.ca
Consulter le site Internet pour connaître la gamme des tarifs selon les forfaits offerts. Séjours et activités à la carte aussi disponibles.
Cette entreprise familiale, membre d'Aventure Écotourisme Québec et basée au nord du lac Saint-Jean, vous propose de vivre une aventure nordique des plus authentiques. Leurs forfaits multi-activités, randonnées, canot, motoneige et traîneau à chiens vous mèneront au cœur de l'histoire et des traditions des premiers peuplements et vous feront découvrir la faune et la flore boréale. L'hébergement se fait en chalet/gîte, en camp de trappeurs, en hutte montagnaise ou en tente prospecteur. Peu importe l'activité ou le forfait que vous choisirez, soyez assuré que vous vivrez une expérience inoubliable et enrichissante au cœur d'une nature préservée, loin du brouhaha de la ville. À ne pas manquer sur place : le parc Mahikan et sa meute d'une trentaine de loups !

DOLBEAU-MISTASSINI

Traversée par les rivières Mistassini et Mistassibi, Dolbeau-Mistassini offre d'agréables plages de sable aménagées, de beaux sites naturels, ainsi qu'une série d'activités et de festivals dont l'incontournable Festival du bleuet en août. Une nouvelle microbrasserie y a établit ses pénates à la fin 2011 : le Coureur des Bois, situé sur le boulevard Wallberg.

BUREAU TOURISTIQUE DE DOLBEAU-MISTASSINI

400, boulevard des Pères
✆ +1 418 276 7646 / +1 866 276 7646
www.ville.dolbeau-mistassini.qc.ca
Ouvert en saison estivale uniquement.

PÉRIBONKA

Péribonka « là où le sable se déplace » se situe à proximité de la rivière Péribonka, du lac Saint-Jean et du Parc national de la Pointe-Taillon. On se souvient de Louis Hémon, qui a rendu célèbre ce petit village qu'il décrit dans son roman *Maria Chapdelaine*, publié en 1914. Mort en 1913 (et né à Brest en 1880), Louis Hémon n'a pas eu le temps de savourer sa gloire, puisque son œuvre fut publiée après sa mort accidentelle, survenue immédiatement après avoir présenté son manuscrit à son éditeur parisien.

AUBERGE ÎLE-DU-REPOS
105, chemin de l'Île-du-Repos
✆ +1 418 347 5649
www.iledurepos.com
Ouverte toute l'année. Camping : à partir de 20,50 CAN $. Chambre partagée : 29,75 CAN $. Chambre semi-privée : 62 CAN $ en simple, 73 CAN $ en double. Chambre privée : 75 CAN $ en simple, 89 CAN $ en double. Chalet familial : 130 CAN $. Tarifs à la semaine et plus disponibles.
L'Auberge l'Île-du-Repos est située sur une île privée et donne sur la rivière Péribonka. Ce lieu paisible en pleine forêt offre de nombreuses activités : randonnée pédestre, volleyball, baignade, plage, location d'embarcations nautiques, etc. Sur place : repas disponibles, cuisine tout équipée, salle commune, bibliothèque, buanderie et bien plus. La réputation du café-bar de l'auberge n'est plus à faire : il accueille des spectacles musicaux et événements artistiques en tous genres tout au long de l'été.

MUSÉE LOUIS-HEMON
700, route Maria-Chapdelaine
✆ +1 418 374 2177
www.museelh.ca
Du 24 juin à la fête du Travail : lundi-dimanche, 9h-17h. Le reste de l'année : mardi-vendredi, 9h-16h. Adulte : 5,50 CAN $, aîné : 4,50 CAN $, étudiant et enfant : 3,50 CAN $, moins de 5 ans : gratuit, famille : 15 CAN $. Durée moyenne de la visite : 1 heure.
Lieu historique qui évoque les émouvants passages du roman *Maria Chapdelaine* à travers des écrits et objets personnels. Sur le site, un sentier pédestre conduit les visiteurs sur les traces de Maria. Expositions et galerie d'œuvres d'artistes reconnus. Enfin, vous retrouvez la maison Samuel-Bédard (celle de Maria décrite dans le livre) qui hébergea l'auteur breton en 1912.

SAINTE-MONIQUE-DE-HONFLEUR

Situé à proximité du superbe parc national de la Pointe-Taillon, c'est un lieu de vacances idéal. Hébergement, camping, pêche en étang, location de vélos, randonnées pédestres…

CAMPING ET PLAGE BELLEY
100, chemin Belley
Saint-Henri-de-Taillon
✆ +1 418 347 3612
www.campingbelley.com
Ouvert de fin mai à mi-octobre. 321 emplacements : à partir de 36 CAN $ la nuit. Tarifs à la semaine, à la saison et pour le vélo-camping aussi disponibles. Accès à la plage pour visiteurs : 14 CAN $ par voiture. Services : casse-croûte, comptoir dépanneur, buanderie, blocs sanitaires.
Cet immense site de villégiature est la destination familiale par excellence dans la région. Réputé pour sa superbe plage et son eau chaude, les amateurs de baignade et farniente seront ici comblés. Sur le site, les activités sont si nombreuses que vous n'aurez pas le temps de vous ennuyer et pour couronner le tout, des animateurs vous prennent en charge (si désiré) entre 10h et 22h et organisent, entre autres, des jeux coopératifs, des activités sportives, etc. On vous y promet des vacances inoubliables ! Nouveautés : sites adaptés au vélo-camping liés au passage d'un nouveau tronçon de la Véloroute directement sur le site du camping ; bateau pirate de 60 pieds avec trois ponts, trois mats et plusieurs jeux pour enfants (glissades, filet à grimper, mur d'escalade, etc.).

PARC NATIONAL DE LA POINTE-TAILLON
835, rang 3 Ouest
Saint-Henri-de-Taillon
✆ +1 418 347 5371
✆ +1 800 665 6527
www.sepaq.com/pq/pta/fr/
Ouvert à l'année. Postes d'accueil : Saint-Henri-de-Taillon (au sud), route 169, rang 3 Ouest (fin mai à mi-octobre) ; Sainte-Monique (au nord), route 169 (mi-juin à mi-août) ; marina de Péribonka, route 169 (fin juin à début septembre). Accès quotidien adulte : 6 CAN $, enfant : 2,75 CAN $, 5 ans et moins : gratuit. Tarifs groupe et famille disponibles.
Le parc national de la Pointe-Taillon (92 km²) offre un accès exceptionnel au lac Saint-Jean et à la rivière Péribonka, avec ses magnifiques plages de sable fin et sa piste cyclable aménagée en pleine nature (qui fait partie du célèbre circuit la Véloroute des Bleuets). La faune y est abondante et variée : orignal, castor, bernache du Canada et oie des neiges.

▸ **Hébergement :** 2 chalets (2 à 4 personnes), 4 terrains de camping rustique et 15 tentes Huttopia, accessibles à bicyclette, en embarcation nautique ou à pied (5 tentes Huttopia sont accessibles en voiture).

▸ **Activités :** baignade (15 km de sable), location de canots, kayaks, pédalos et vélos, kayak-camping, bicyclettes (45 km), randonnée pédestre (45 km).

ALMA

Près de la source de la rivière Saguenay, cette ville fondée en 1854 doit son nom à la bataille de Crimée que les troupes franco-britanniques venaient de remporter sur l'armée russe. Tout d'abord centre agricole et forestier, son industrialisation commença avec l'implantation de la papeterie Price, puis du complexe hydroélectrique de l'Isle-Maligne et, à partir des années 1940, avec l'installation de l'aluminerie de la société Alcan, la seule usine du groupe Rio Tinto Alcan au monde à pouvoir être visitée durant la période estivale. Vie culturelle et artistique, quartiers patrimoniaux, nombreuses activités de plein air, plus de 42 km de plages... Alma est la capitale jeannoise au pays des bleuets.

Transports

AÉROPORT D'ALMA
350, chemin de l'Aéroport
✆ +1 418 669 5104
www.aeroportalma.com

Pratique

HÔPITAL D'ALMA
300, boulevard Champlain Sud
✆ +1 418 669 2000
www.santealma.qc.ca

TOURISME ALMA LAC-SAINT-JEAN
1682, avenue du Pont Nord
✆ +1 418 668 3611 / +1 877 668 3611
www.tourismealma.com
Ouvert toute l'année. Le site Internet de l'office du tourisme est une véritable mine d'informations. En plus de vous proposer des expériences (motoneige, expérience au fil de l'eau, à la découverte des plages, etc.), vous avez accès à la liste des attraits et activités, hébergements, restaurants, événements et autres bonnes adresses pour rendre votre séjour dans la région des plus agréables. Jetez également un coup d'œil aux forfaits proposés sur leur site : de belles découvertes à moindres prix !

Se loger

ALMATOIT
755, rue Price Ouest
✆ +1 418 668 4125 / +1 888 668 4125
www.almatoit.com
Occupation double : à partir de 68 CAN $. Cinq chambres, dont deux avec salle de bain partagée. Petit déjeuner inclus.
Clown à ses heures, fondateur de La RIA (troupe de théâtre d'intervention), votre hôte Jean-Guy est un personnage ! Dorénavant à la barre du gîte, il accueille les voyageurs dans une magnifique maison centenaire, entourée d'un grand jardin, et très proche de la piste cyclable et du centre-ville d'Alma. Pour les mordus de kayak de mer, Jean-Guy vous amènera en excursion avec grand plaisir. Un endroit calme, idyllique en toute saison, avec un charme incomparable.

COMPLEXE TOURISTIQUE DAM-EN-TERRE
1385, chemin de la Marina
✆ +1 418 668 3016 / +1 888 289 3016
www.damenterre.qc.ca
À 6 km d'Alma, sur la Véloroute des Bleuets. Ouvert à l'année. Hébergement en chalet, en condo, en suite-condo et en camping. Les contacter directement ou visiter leur site Internet pour connaître la gamme des tarifs. Forfaits disponibles.
En bordure de la rivière Grande-Décharge, le Complexe touristique Dam-en-Terre, sauvage et boisé, offre hébergement et un large choix d'activités. Total de plus de 200 emplacements de camping aménagés (tente, tente roulotte, caravane motorisée), location d'appartements équipés (2 à 6 personnes), location de chalets équipés (2 personnes). Activités en été : pataugeoire chauffée, sentier d'hébertisme, plage aménagée pour la baignade, location de canot, kayak, pédalo, vélo, sentiers pédestres, marina, etc. En hiver : raquettes, patinoire de 1,5 km dans un sentier boisé, etc. Croisière sur le lac Saint-Jean à bord du bateau *La Tournée*. Restaurant, théâtre.

HÔTEL UNIVERSEL ET CENTRE DES CONGRÈS D'ALMA
1000, boulevard des Cascades
✆ +1 418 668 5261 / +1 800 263 5261
www.hoteluniversel.com
Occupation double : à partir de 139 CAN $. 71 chambres et suites. Promotions et forfaits disponibles. L'Hôtel Universel, le seul coté 4-étoiles à Alma et ses environs, propose des chambres douillettes à souhait munies de toutes les commodités pour un séjour des plus confortables. D'ailleurs, de nouvelles couettes avec jetées et coussins faits par Émilie Desmeules, une designer de mode d'Alma, ont été ajoutés dans les chambres. Vous retrouverez sur place une multitude de services : bar Le Bobar, deux restaurants, salle d'exercices, centre de santé Spa, abris pour motoneiges, salon de coiffure, agence de voyages, cinq salles de cinéma et bien plus encore. Une halte de grande qualité ! Ajout récent : l'Espace d'Ambiance avec piscine intérieure à l'eau salée et Spa (possibilité de mets cuisinés sur BBQ pour les groupes).

Se restaurer

■ À L'ORÉE DES CHAMPS

795, Rang 7 Est, Saint-Nazaire
✆ +1 418 669 3038
www.aloreedeschamps.com
Horaire variable selon la saison (les contacter avant de vous y présenter). Table d'hôte pour individuels et groupes, brunch du dimanche, fêtes champêtres, méchouis, etc. Réservations obligatoires. Table champêtre certifiée. Renseignez-vous sur les nombreuses activités et services offerts sur le site. Vente de produits de l'agneau sur place.

A l'Orée des Champs est le rejeton d'une entreprise agricole et forestière établie à Saint-Nazaire depuis 1925, toujours propriété de la même famille. Unique table champêtre au Saguenay-Lac-Saint-Jean, À l'Orée des champs c'est d'abord le plaisir de la table. Pour agrémenter les week-ends, un excellent menu brunch est proposé le dimanche. Venez déguster un copieux déjeuner dans le décor magique des matins à la campagne ainsi qu'une table d'hôte délicieuse et raffinée provenant des produits de la ferme, entre autres l'agneau, la grande spécialité, apprêté de différentes façons.

■ AUBERGE BISTRO ROSE & BASILIC

600, boulevard des Cascades
✆ +1 418 669 1818
www.roseetbasilic.com
Horaire variable selon la saison. Menu midi : moins de 20 CAN $, soir à la carte : à partir de 15 CAN $, table d'hôte : à partir de 25 CAN $. Trois terrasses.

Ouverte depuis 2008, cette auberge bistro a connu un succès immédiat ! Comment en effet ne pas adorer les lieux : un accueil chaleureux, un personnel très attentif, une déco moderne et soignée et un emplacement de choix. Et que dire du menu ? Des plats santé et délicieux, préparés avec des produits du terroir sous la gouverne du chef et son équipe. Belle sélection de vins, surtout dans le rouge. Et comme si ce n'était pas assez, six magnifiques chambres au décor urbain sont disponibles à compter de 90 CAN$ la nuit, petit déjeuner inclus. Une adresse « coup de cœur » à retenir !

À voir – À faire

■ JARDIN SCULLION

1985, rang 7 Ouest
L'Ascension-de-Notre-Seigneur
✆ +1 418 347 3377 / +1 800 728 5546
www.jardinscullion.com
Ouvert tous les jours du 15 juin au 15 septembre, 8h-17h. Hors saison : sur réservation. Ouverture en soirée les jeudis et vendredis en juillet et août : formule repas et visite avec jardin éclairé (sur réservation, 58 CAN $ par adulte). Adulte : 20 CAN $, aîné et étudiant : 18 CAN $, 5-16 ans : 10 CAN $, moins de 5 ans : gratuit, famille : 55 CAN $. Forfaits disponibles.

Magnifiques jardins regroupant 2 000 espèces végétales provenant des quatre coins du globe. Empruntez le sentier de sous-bois, suivez le guide dans la tourbière et au camp forestier d'époque, admirez la fresque géante sur la biodiversité régionale, ou relaxez-vous tout simplement dans le gazebo (petit pavillon extérieur). Les tout-petits ne sont pas en reste car une miniferme et une aire de jeux les attendent. Aires de pique-nique, restaurant.

■ PARC THÉMATIQUE L'ODYSSÉE DES BÂTISSEURS

1671, avenue du Pont Nord
✆ +1 418 668 2606 / +1 866 668 2606
www.odysseedesbatisseurs.com
Mi-juin à fin septembre : lundi-dimanche, 9h-17h30 (fermeture à 16h30 de fin août à fin septembre). Le reste de l'année : lundi-vendredi, 9h-12h & 13h-16h30 ; samedi-dimanche, sur réservation de groupe. Parcours extérieur ouvert de fin mai à début octobre. Visites guidées disponibles toutes les heures. Adulte : 8,50-14 CAN $, aîné : 7,50-13 CAN $, étudiant : 6,50-12 CAN $, 6-17 ans : 3,75-7 CAN $, moins de 6 ans : gratuit. Durée : 2h30.

Le parc thématique l'Odyssée des Bâtisseurs propose une expérience vivante vous démontrant l'importance de l'eau dans le développement de la région. À travers ses expositions, vous découvrez les grands moments de la construction de la centrale Isle-Maligne. Dans les lieux d'exposition en plein air, c'est de façon très interactive que sont présentés les métiers liés à l'eau ainsi que des points importants de l'histoire de la ville. Depuis le château d'eau, la vue est fort intéressante. Possibilité de continuer sa visite en faisant une randonnée sur l'île Maligne en prenant un petit traversier. À l'intérieur du bâtiment principal, des expositions animées par des personnages en costumes vous permettront d'en savoir plus sur la région, son peuplement, et les chantiers qui ont marqué son développement. Nouveautés : spectacle plurimédia 360° dans un ancien château d'eau, une expérience multisensorielle démontrant toute la puissance et l'immensité du bassin hydrographique régional ; exposition permanente « Au-delà de l'eau ».

■ **QUARTIER PATRIMONIAL DE RIVERBEND**

À 15 minutes à pied du centre-ville d'Alma, vous découvrez ce qui fut la plus petite ville d'Amérique du Nord dans les années 1920. En effet, une trentaine de maisons d'architecture nord-est américaine furent bâties, entre 1924 et 1926, afin d'accueillir les cadres supérieurs anglophones de l'entreprise Price. Riverbend possède un héritage culturel qui fait partie du patrimoine almatois.

Sports – Détente – Loisirs

■ **ÉQUINOX AVENTURE**

Bureau administratif
447, rue Sacré-Cœur Ouest
✆ +1 418 668 7381
✆ +1 888 668 7381
www.equinoxaventure.ca
En opération à l'année. Tarif selon l'activité ou le forfait choisi.
Équinox Aventure vous propose la location d'équipements de plein air tels que vélo et accessoires, canot, kayak de mer, rabaska (grande embarcation) et pédalo. Le matériel de sécurité est inclus dans la location. Des excursions et forfaits en kayak de mer, vélo, motoneige et multi-activités sont offerts à des prix très compétitifs. Forfait sur mesure aussi disponible. Service de transport de bagages sur la Véloroute des Bleuets.

▶ **Autres adresses :** Centres de location : Complexe touristique Dam-en-Terre à Alma, ✆ +1 418 480 7226 ; Auberge des Îles à Saint-Gédéon, ✆ +1 418 720 6663.

SAINT-GÉDÉON

Saint-Gédéon-de-Grandmont a littéralement les pieds dans le lac Saint-Jean. Ses belles plages, ses campings et ses marinas font le bonheur de tous en saison estivale. Nombreuses activités de plein air sont praticables en toutes saisons comme le vélo (la Véloroute passe au cœur du village), le kayak, le golf, le ski de fond, la motoneige, la pêche blanche, etc.

■ **AUBERGE DES ÎLES**

250, rang des Îles
✆ +1 418 345 2589 / +1 800 680 2589
www.aubergedesiles.com
À partir de 110 CAN $ la chambre en basse saison, et de 135 CAN $ en haute saison. 32 chambres dans l'édifice principal (standard, supérieure et suite), 16 chambres dans le pavillon secondaire (été), et un chalet (été). Forfaits disponibles.
Aux abords de la Véloroute des Bleuets, l'Auberge des Îles déploie ses charmes dans un décor de rêve, avec le lac Saint-Jean à ses pieds. Sur place, tout est fait pour passer un séjour parfait : une vue imprenable sur le lac depuis la plupart de leurs chambres, une jolie plage très tranquille, et une multitude d'activités en toute saison (tennis, kayak, baignade, randonnée pédestre, traîneau à chiens, motoneige, ski de fond, etc.). Le restaurant de l'auberge propose une fine cuisine du terroir et sa terrasse est l'endroit de rêve pour un souper au coucher de soleil.

■ **MICROBRASSERIE DU LAC-SAINT-JEAN**

120, rue de la Plage ✆ +1 418 345 8758
www.microdulac.com
Juin à début septembre : dimanche-mercredi, 11h30-minuit ; jeudi-samedi, 11h30-2h. Le reste de l'année : lundi-mercredi, fermé ; jeudi-samedi, 11h30-1h ; dimanche, 11h30-18h. Bières pour emporter et items à l'effigie de la microbrasserie en vente sur place. Programmation culturelle et musicale. Visite des installations brassicoles et dégustation sur réservation (minimum 12 personnes). Possibilité d'ajouter l'accord avec des produits du terroir dans le forfait-visite.
La microbrasserie possède un bistro jouxtant ses installations. Sur place, vous trouverez au menu les bières régulières, quelques saisonnières de passage, des cocktails à la bière, des grignotines et de bons petits plats, comme la Trois Charcuteries Etcetera (cerf rouge fumé, terrine de sanglier à la Boutefeu, saucisson aux champignons sauvages, fromage Pikauba, confit d'oignons à la Tante tricotante et accompagnements). Notez que le menu change selon les saisons et les récoltes.

SaguenayLacSaintJean
C'est géant!
175e Saguenay-Lac-Saint-Jean 1838 - 2013
Faites partie de la Fête!
Canada
Saguenay LacSaintJean
Village historique de Val-Jalbert, photo : Jonathan Robert

SaguenayLacSaintJean
C'est géant!
Planifiez votre séjour dès maintenant.
Consultez les nombreuses suggestions, activités,
photos et cartes au saguenaylacsaintjean.ca
Saguenay
LacSaintJean
Canada
175e
Saguenay-Lac-Saint-Jean
1838 - 2013
Faites partie
de la Fête!
Photo : Jonathan Robert

LE QUÉBEC MARITIME

Bas-Saint-Laurent, Gaspésie,
Côte-Nord, Îles de la Madeleine

www.quebecmaritime.ca

TADOUSSAC ET LE NORD

Survol d'une forêt en hiver.

Côte Nord

Elle s'étire le long de l'estuaire du golfe du Saint-Laurent, de Tadoussac, à l'embouchure du Saguenay, jusqu'à Blanc-Sablon, à la frontière du Labrador. Cette longue côte se subdivise en deux régions touristiques principales : Manicouagan (de Tadoussac à Baie-Trinité) et Duplessis (de Pointe-aux-Anglais à Blanc-Sablon). La route s'arrête à Natashquan où commence la Basse-Côte-Nord peuplée de réserves indiennes, et dont les petits villages ne sont accessibles que par avion ou par bateau (accessible en motoneige l'hiver via le circuit de la Route Blanche). La Côte-Nord plaira à tous ceux qui recherchent des vacances actives, qui sont attirés par la randonnée, le kayak, la voile, la pêche au saumon et en hiver, par le ski de fond, le ski alpin, la pêche blanche et la motoneige. Les plus aventureux pourront même remonter le fleuve en kayak, de Baie Comeau à Havre-Saint-Pierre ! À l'image de l'île d'Antiscoti, la plus grande du Québec et classée parc national, la Côte-Nord est une destination nature par excellence.

Transports

- **Avion.** Plusieurs compagnies desservent la région de la Côte-Nord : Air Canada (Baie-Comeau, Sept-Iles et Fermont/Wabush), Air Labrador (Sept-Îles, Natashquan, Kegaska, La Romaine, Chevery, Tête-à-la-Baleine, La Tabatière, Saint-Augustin et Blanc-Sablon), Air Liaison (Baie-Comeau, Sept-Îles, Havre-Saint-Pierre, Fermont/Wabush, et Port-Menier à l'île d'Anticosti), Pascan Aviation (Baie-Comeau, Sept-Îles, Havre-Saint-Pierre et Fermont/Wabush), Provincial Airlines (Sept-Îles, Blanc-Sablon et Fermont/Wabush).
- **Bus.** Le Groupe Intercar dessert toutes les villes principales de Québec à Havre-Saint-Pierre. www.intercar.qc.ca
- **Traversiers.** La Compagnie de navigation des Basques relie Les Escoumins à Trois-Pistoles (Bas-Saint-Laurent). Labrador Marine assure la liaison entre Blanc-Sablonc et St. Barbe/Corner Brook (Terre-Neuve). Le Relais Nordik dessert une dizaine de localités de la région en partance de Rimouski (Bas-Saint-Laurent). La Société des traversiers du Québec propose deux lignes : Baie-Sainte-Catherine (Charlevoix) -Tadoussac et Matane (Gaspésie) -Baie-Comeau/Godbout. Finalement, le CNM Évolution relie Forestville à Rimouski (Bas-Saint-Laurent).
- **Voiture.** Plusieurs routes desservent la région de la Côte-Nord. Voici les principaux accès routiers en fonction des régions de départ.
Bas-Saint-Laurent : prendre le traversier soit de Rimouski à Forestville soit de Trois-Pistoles à Les Escoumins.
Charlevoix : prendre le traversier qui relie Baie-Sainte-Catherine à Tadoussac (la route 138 coupe de chaque côté du fjord et le service de traversier est gratuit).
Gaspésie : prendre le traversier de Matane à Baie-Comeau/Godbout.
Province de Terre-Neuve-Labrador : de Terre-Neuve : prendre le traversier qui relie St. Barbe à Blanc-Sablon. Du Labrador : prendre la route 389 Sud qui mène à Baie-Comeau (route Trans-Québec-Labrador).
Saguenay-Lac-Saint-Jean : prendre la route 172 Est qui mène à Tadoussac.

Les immanquables de la région de la Côte-Nord

- **L'observation des baleines** à Tadoussac.
- **Les centrales hydroélectriques** ouvertes au public : Manic-2 et Manic-5.
- **Les activités de plein air,** dont le kayak de mer, la voile et la plongée dans le Saint-Laurent.
- **Les monts Groulx et la Réserve du parc national de l'Archipel-de-Mingan,** dont la biodiversité est fascinante.
- **Le parc national de l'Île d'Anticosti,** très réputé pour la chasse et la pêche.

TOURISME CÔTE-NORD DUPLESSIS
312, avenue Brochu
SEPT-ILES
✆ +1 418 962 0808 / +1 888 463 0808
www.tourismeduplessis.com

TOURISME CÔTE-NORD MANICOUAGAN
337, boulevard La Salle
Bureau 304
BAIE-COMEAU
✆ +1 418 294 2876 / +1 888 463 5319
www.cotenord-manicouagan.com

MANICOUAGAN

Manicouagan est le lieu de rencontre de deux mondes, la mer et une forêt majestueuse. Ses 300 km de rivages bordés par le fleuve Saint-Laurent permettent l'observation des baleines dans une région privilégiée par le nombre de sites et d'espèces présentes. À ce fait, douze sites identifiés, s'étalant de Sacré-Cœur à Baie-Trinité, permettent l'observation des baleines depuis la côte. Un audioguide est en vente au coût de 2 CAN $ afin de vous aider à suivre le déplacement des baleines et un dépliant officiel indique l'emplacement de ces sites, accessibles gratuitement ou à peu de frais. Audioguide et dépliant disponibles dans les bureaux touristiques.

ANSE DE ROCHE

L'Anse de Roche, petit village situé à quelques minutes au nord de Sacé-Coeur, est entouré du Parc marin et du parc national Fjord-du-Saguenay, offrant ainsi un paysage grandiose. Moins connu des touristes, l'Anse de Roche est endroit calme où il fait bon venir flâner en bordure du fjord, prendre son temps et respirer de l'air pur.

■ BISTRO DU FJORD

346, chemin de l'Anse-de-Roche
✆ +1 418 236 8292
www.bistrodufjord.wordpress.com/
Note importante : le bistro a entièrement brûlé et l'équipe travaille actuellement à sa reconstruction en version améliorée. Le tout devait être opérationnel pour l'été 2013. Nous vous conseillons donc de téléphoner avant de vous y rendre.
Le Bistro du Fjord, petite entreprise éco-responsable, offre une cuisine authentique et conviviale tout en respectant les valeurs culinaires régionales. Les poissons et fruits de mer y ont la cote mais également la bavette de bison ou le filet de cerf sur charbon de bois. Si les lieux vous plaisent à ce point, l'équipe offre un service sur mesure d'hébergement et d'activités dans le secteur de la Réserve éco-touristique d'aventure fjord du Saguenay.

■ CANOPÉE LIT

303, chemin de l'Anse-de-Roche
✆ +1 418 236 9544 – www.canopee-lit.com
Ouvert à l'année. Mi-juin à mi-octobre & mi-décembre à mi-mars : 160 CAN $ par couple. Le reste de l'année : 130 CAN $ par couple. 30 CAN $ par personne additionnelle. Petit déjeuner inclus (livré à la cabane) et possibilité de panier-repas et de souper (livré à la cabane).
Pour ceux en quête d'une expérience un peu différente, Canopée Lit vous propose l'hébergement dans des cabanes perchées dans des arbres. Franchement unique ! En été comme en hiver, elles peuvent accueillir quatre personnes et sont équipées d'une salle d'eau avec douche, d'une toilette sèche, d'un coin cuisine et d'une belle terrasse ombragée. Vous cherchez à occuper vos journées ? L'équipe de Canopée Lit vous conseillera à ce sujet et pourra même réserver vos activités. Une adresse hautement recommandée pour une expérience pleine nature !

SACRÉ-COEUR

À 15 minutes de Tadoussac, Sacré-Cœur sur le fjord du Saguenay est un havre naturel exceptionnel.

■ DOMAINE DE NOS ANCÊTRES

1895, route 172 Sud ✆ +1 418 236 4886
www.ours-noir.net
Ouvert tous les jours de la fin mai à mi-octobre. 12 ans et plus : 32 CAN $, 5-11 ans : 15 CAN $, 4 ans et moins : non admis. Réservation obligatoire. Hébergement sur place au gîte du domaine : 60-67 CAN $ pour 2 personnes, 97 CAN $ pour 4 personnes. Cinq chambres. Petit déjeuner inclus.
Un des rares lieux au Québec où vous pouvez approcher des ours en liberté, en toute sécurité. Le départ s'effectue deux heures avant la tombée du jour à bord d'un autobus scolaire puis, une petite marche de deux minutes pour atteindre le poste d'observation. Un guide naturaliste est présent afin de partager ses connaissances sur ce magnifique animal qu'est l'ours noir.

Véloroute des baleines

Les paysages de la route côtière 138, entre mer et montagnes, sont magnifiques. Imaginez parcourir ce trajet à vélo ! C'est ce que vous propose la Véloroute, s'étendant sur 300 km dans la région de Manicouagan entre Sacré-Cœur/Tadoussac et Baie-Trinité. Afin de bien préparer votre excursion, vous trouverez sur ce site Internet une foule d'informations utiles : services aux cyclistes, cartes et circuits, photos et vidéos, etc. Bonne balade !

▶ **www.veloroute-des-baleines.ca**

Manicouagan

FERME 5 ÉTOILES

465, route 172 Nord
✆ +1 418 236 4833 / +1 877 236 4551
www.ferme5etoiles.com

Ouvert à l'année. Visite guidée de la ferme et des animaux de juillet à septembre à 10h, 13h et 15h. Visite libre à l'année de 8h à 18h. Adulte : 7 CAN $, 12 ans et moins : 3,50 CAN $. Hébergement sur place : chalets et unités condos, motels (avec ou sans cuisinette), chalets avec vue sur le fjord (à 7-8 km de la Ferme 5 Étoiles), grand chalet (idéal pour groupe ou famille), gîte, maison ancestrale, camp de trappeur, terrain de camping, tipis amérindiens, yourtes. Plusieurs activités et services gratuits et payants sur place. Les contacter directement pour les tarifs et différents forfaits offerts.

La Ferme 5 Étoiles vous instruit avec plaisir sur le mode de vie des animaux se promenant librement dans leur enclos (loups arctiques, bisons, chevreuils, daims, chevaux, Mô l'orignal, etc.). Les enfants peuvent caresser et nourrir les animaux de la ferme. Un large choix d'activités est proposé en toutes saisons : quad, pêche, canot, kayak de mer, vélo, observation de l'ours noir, randonnée pédestre, raquettes, ski de fond, glissade, motoneige, balade en traîneau à chiens, pêche blanche, cabane à sucre, etc. Pour vos petits creux, la table de l'auberge vous permettra de goûter et de découvrir la cuisine régionale dans une atmosphère des plus champêtres.

TADOUSSAC

Tadoussac est la capitale de l'observation des baleines. De mai à octobre, elles viennent nombreuses dans cette partie du Saint-Laurent, très riche en planctons. On les voit depuis les bateaux de croisière ou le quai. Elles attirent, bien entendu, des cars de touristes du monde entier. Séjourner à Tadoussac demeure très agréable, la baie étant grandiose et le village sympathique (il fait d'ailleurs partie de l'Association des plus beaux Villages du Québec). La petite ville se trouve sur la rive nord de l'embouchure du Saguenay, qui se jette dans l'estuaire du Saint-Laurent. Un traversier franchit l'embouchure entre Baie-Sainte-Catherine et Tadoussac. Entre le lac Saint-Jean et l'estuaire, le Saguenay forme un large fjord bordé de falaises grises très découpées, hautes d'une centaine de mètres, culminant à 510 m au Cap Éternité. Le fjord du Saguenay est protégé par un parc provincial. Le village de Tadoussac occupe un superbe site. Il est abrité au fond d'une baie sableuse entourée de collines boisées : la colline de l'Anse-à-la-Barque, la colline de l'Anse-à-l'Eau, et la pointe de l'Islet. Le nom de Tadoussac vient d'ailleurs du montagnais « totouskak » signifiant « les mamelles » en référence aux collines rocheuses et boisées à l'ouest du village. Sur les hauteurs, les arbres disparaissent et la roche nue témoigne, par ses stries, du passage des glaciers il y a des milliers d'années. De Tadoussac, part un sentier qui longe la rive du fjord. Bien avant l'arrivée de Jacques Cartier, c'était déjà un lieu d'échanges entre les Amérindiens. En 1600, Pierre Chauvin y établit le premier poste de traite des fourrures du Canada. Tadoussac se trouva alors au cœur d'un vaste réseau de communications, par rivières et portages, formé par le Saint-Laurent, le Saguenay, le lac Saint-Jean, et allant jusqu'à la baie James. Puis les Jésuites y créèrent une mission. En 1603, Champlain s'arrêta à Tadoussac qui devint un port de relâche pour les navires faisant la traversée de l'Atlantique. Le village demeura un comptoir de fourrures jusqu'en 1850.

Pratique

■ **BUREAU TOURISTIQUE DE TADOUSSAC**
197, rue des Pionniers
✆ +1 418 235 4744
✆ +1 866 235 4744
www.tadoussac.com
Ouvert de mai à fin octobre.

■ **GARDE CÔTIÈRE / DÉTRESSE MARITIME**
Quai de Tadoussac ✆ +1 800 463 4393

▸ **Autre adresse :** Renseignements nautiques (service 24h/24) : ✆ +1 800 267 6687.

Se loger

Tadoussac étant une destination très prisée, l'offre en hébergement ne manque pas. Pensez d'ailleurs à réserver longtemps à l'avance en saison estivale. Voici nos suggestions mais n'hésitez pas à consulter le guide touristique de la région pour d'autres bonnes adresses (disponible au bureau touristique).

Bien et pas cher

■ **CAMPING TADOUSSAC**
428, rue du Bateau-Passeur
(route 138)
✆ +1 418 235 4501
✆ +1 855 708 4501
www.essipit.com
Ouvert de fin mai à mi-septembre. 200 emplacements de camping : 27 CAN $ à 45,50 CAN $ par jour en fonction de la vue et du nombre de services (eau, électricité, égouts). Jeux pour enfants et terrains de volleyball, salle communautaire, buanderie.
Situé à flanc de montagne et à proximité du traversier reliant Tadoussac à Baie-Sainte-Catherine, ce camping offre la plus belle vue sur Tadoussac, au grand bonheur des campeurs. Le camping est la propriété de la communauté autochtone des Innus d'Essipit. Ces derniers vous offrent également la location de condos et chalets en villégiature sur le bord du fleuve, la pêche à la truite en pourvoirie et des croisières aux baleines en pneumatique. *Kuei*, Bienvenue !

■ **DOMAINE DES DUNES**
585, chemin du Moulin à Baude
✆ +1 418 235 4843
www.domainedesdunes.com
Ouvert à l'année. Emplacements de camping : 30 sans service pour tentes (28,34 CAN $ par tente pour 4 pers., 5 CAN $ par pers.

add.), 10 avec 3 services pour roulottes et motorisés (39,86 CAN $ par équipement pour 4 pers., 5 CAN $ par pers. add.), et tentes « prêt-à-camper » (à partir de 136 CAN $ pour 4 pers., 28 CAN $ pour la 5ᵉ pers.). Chalets de 2 à 6 personnes, à partir de 136 CAN $ en basse saison et 170 CAN $ en haute saison (occupation double, 28 CAN $ par pers. add.). Forfaits disponibles. Buanderie, sanitaires, salle communautaire, terrains de jeux. Internet sans fil dans tous les chalets. Service de location de vélos, raquettes et skis de randonnée.

Le Domaine des Dunes se trouve à 2 km du centre du village de Tadoussac, sous un boisé de bouleaux près des dunes de sable. Les chalets disposent d'une cuisine toute équipée, de deux chambres avec lit double chacune et literie, d'une salle à manger et d'un poêle à bois. En saison estivale, deux chalets pour deux personnes avec bain à remous, foyer, et vue imprenable sur le fleuve. En plus des emplacements pour tentes, roulottes et motorisés, le domaine offre également des tentes « prêt-à-camper » avec lits, cuisinette, électricité et propane. Ces dernières offrent une superbe vue sur le Saint-Laurent. En saison hivernale, le relais « Aux 3 p'tits suisses » propose à même le site un service de restauration de spécialités suisses (fondue au fromage, raclette suisse, fondue chinoise, etc.). De nombreux sentiers pédestres partent des chalets ; et diverses activités, comme les croisières aux baleines, l'observation de l'ours noir ou encore la randonnée à raquettes aux flambeaux vous sont proposées.

■ L'EAU BERGE DE JEUNESSE DE TADOUSSAC (MAISON MAJORIQUE ET MAISON ALEXIS)

158, rue du Bateau-Passeur
✆ +1 418 235 4372 – www.ajtadou.com

Ouvert à l'année. Maison Majorique : 80 lits et 50 emplacements de camping. Maison Alexis : 33 lits. Camping : 12 CAN $. Dortoir : 24 CAN $ la 1ʳᵉ nuit, 21 CAN $ les suivantes. Chambre privée avec salle de bain (2 personnes) : 60 CAN $. Possibilité de prendre le petit déjeuner (4,25 CAN $) et le repas communautaire du soir sur place (10 CAN $). Bar, service de petits repas à l'extérieur midi et soir (seul endroit à Tadoussac où l'on peut manger après 22h !), buanderie, cuisine tout équipée, Internet sans fil et bornes Internet, nombreuses activités et événements sur place en toutes saisons, service de navette pour les randonneurs (2 départs par jour pour le fjord), point d'arrivée et départ des bus et covoiturage.

La meilleure adresse pour se loger à bon marché et surtout, pour faire des rencontres mémorables dans une ambiance festive et amicale. L'auberge est un ancien gîte rural restauré, offrant des installations de qualité et une gamme d'activités, été comme hiver. À ce propos, l'auberge offre un tarif réduit sur toutes les croisières aux baleines. Après une journée bien remplie, inscrivez-vous au repas communautaire du soir, profitez des concerts au bar et allez vous « chauffer la couenne » au bord du feu de camp à Coco. Une auberge dont la réputation n'est plus à faire et un immanquable pour un excellent séjour à Tadoussac. Note : les moins fêtards opteront pour la Maison Alexis…

Confort ou charme

■ AUBERGE MAISON GAGNÉ

139, rue du Bateau-Passeur
✆ +1 418 235 4526 / +1 877 235 4526
www.aubergemaisongagne.ca
Ouvert à l'année. Occupation simple ou double : à partir de 109 CAN $ en basse saison et de 129 CAN $ en haute saison, petit déjeuner gourmand inclus. Décembre à mars : hébergement disponible sur réservation seulement. Service de billetterie et navette pour les croisières Baleines & Fjord.
Cette maison fut à l'origine construite pour les parents de Claire Gagné qui tient désormais cette auberge. On y retrouve la chaleur d'une grande maison familiale. Les chambres sont joliment décorées, le lac à l'arrière de la maison se prête à la baignade, et le sentier de randonnée longeant le fjord arrive à proximité. Vous êtes également à deux pas du traversier assurant la liaison entre Baie-Sainte-Catherine et Tadoussac.

■ LA GALOUINE AUBERGE ET RESTAURANT

251, rue des Pionniers
✆ +1 418 235 4380
www.lagalouine.com
Ouvert de mai à fin octobre. Occupation double : à partir de 192 CAN $ incluant le repas du soir, une bouteille de vin « sélection maison », la nuitée et le petit déjeuner. Autres forfaits disponibles. Restaurant, boutique souvenir et marché du terroir sur place. Stationnement gratuit. Internet sans fil.
Situé en plein cœur du village, vous ne pouvez rater cette belle maison bleue aux grandes terrasses de bois. Les chambres sont soignées, décorées de couleurs sobres mais lumineuses et offrent un excellent rapport qualité-prix. Pour les amoureux des « deux roues », sachez que sur place vous avez accès à un garage à vélo et une buanderie, parce que le vélo, ça salit parfois ! Côté boustifaille, référez-vous à la rubrique « se restaurer ».

■ HÔTEL-MOTEL LE BELUGA

191, rue des Pionniers
✆ +1 418 235 4784
www.le-beluga.qc.ca
Ouvert de mai à fin octobre. Occupation double à l'hôtel : à partir de 121 CAN $, au motel : à partir de 105 CAN $. Restaurant sur place ouvert dès 7h. Forfaits disponibles.
Une belle adresse, parfaitement localisée, à proximité de tous les attraits et services. Les chambres sont grandes, très propres et munies de toutes les commodités pour un séjour des plus confortables. D'ailleurs, les chambres de la partie hôtel ont entièrement été redécorées en 2012. Son restaurant, L'Auberge du Lac, ouvert également en saison, propose un menu très varié qui plaira à tous : pâtes, pizzas, paninis, salades, grillades et autres, que vous pourrez déguster sur la terrasse. Une belle adresse à des prix très compétitifs !

■ HÔTEL RESTAURANT GEORGES

135, rue du Bateau-Passeur
✆ +1 418 235 4393
www.hotelgeorges.com
Ouvert de mai à fin octobre. Occupation double : à partir de 89 CAN $ en basse saison et 112 CAN $ en haute saison. Toutes les

Fôret en hiver.

chambres sont munies de climatisation et d'Internet sans fil. Forfaits disponibles. Salon, bar, restaurant, baignade sur le site. Tarif préférentiel pour les activités à Tadoussac.

L'Hôtel Georges, fondé en 1839, est le premier hôtel en Amérique du Nord. Toutes les chambres profitent d'une vue sur le fjord ou sur le lac de l'Anse de l'Eau. Lors des chaudes journées d'été, profitez de la belle plage privée. Son restaurant, avec superbe vue panoramique sur le fjord, met en avant les produits de la mer, comme le homard. Vous pouvez d'ailleurs le choisir dans le vivier du restaurant. Vous y dégusterez également viandes et gibiers accompagnés d'une bonne carte des vins.

Luxe

■ **HÔTEL TADOUSSAC**
165, rue du Bord-de-l'Eau
✆ +1 418 235 4421
✆ +1 800 561 0718
www.hoteltadoussac.com
Ouvert de début mai à mi-octobre. Occupation double : à partir de 97 CAN $ par personne, petit déjeuner inclus. Forfaits disponibles.

L'Hôtel Tadoussac, situé juste en face de la plage et du fleuve, est un magnifique édifice qui ouvrit ses portes en 1865. Son toit rouge se repère de loin, et représente Tadoussac mieux qu'aucun autre édifice. Une référence en matière d'élégance et de décoration et que dire de sa table gastronomique ! Sur place, de nombreux services en font une destination de choix pour qui veut se gâter et profiter du bon temps : trois restaurants, bar, terrasse, piscine extérieure, tennis, minigolf, centre de santé Spa, club d'activités pour les enfants.

Se restaurer

Bien et pas cher

En plus de nos adresses coup de cœur pour se restaurer à moindre coût, nous vous recommandons également le Casse-croûte du Connaisseur (rue Bateau-Passeur), un des meilleurs casse-croûte de la province, ainsi que Le Pick Up Grillé (rue Bord-de-l'Eau) qui propose de délicieuses croustilles chaudes, et de bons *grilled-cheese* et burgers garnis de fromages du Québec.

Chapelle de Tadoussac.

Tadoussac.

Survol d'une forêt en hiver.

Survol d'une forêt en hiver.

■ **CAFÉ BOHÊME**

239, rue des Pionniers ✆ +1 418 235 1180

Ouvert tous les jours de fin avril à mi-octobre. Menu à la carte : 20 CAN $ et moins, table d'hôte le soir : moins de 30 CAN $, petit déjeuner : 15 CAN $ et moins. Accès Internet gratuit sur place.

Ce petit café fort sympathique sert des repas complets et propose des tables d'hôtes le soir. Au menu : savoureux paninis maison et salade, salades repas, assiette du fumoir, pizzas fines, pâtes fraîches le soir, etc. Bon choix de desserts maison (essayez l'Affogato Diabolo). Grand choix de cafés bio et équitables. La petite terrasse est bien agréable pour un déjeuner ou une pâtisserie.

■ **RESTAURANT-MOTEL CHANTMARTIN**

412, rue du Bateau-Passeur

✆ +1 418 235 4733 – +1 800 731 4733

www.chantmartin.com

Ouvert toute l'année. Terrasse. Brunch le dimanche (en hiver seulement). Possibilité d'hébergement sur place. Forfaits disponibles.

Une adresse bien connue, car c'est l'un des rares établissements ouverts à l'année ! Plus d'une vingtaine d'unités confortables toutes équipées, dont une suite familiale, sont à votre disposition pour une halte bien méritée. Le restaurant sur place prépare une bonne cuisine familiale avec des spécialités de fruits de mer (essayez l'assiette du pêcheur), des pâtes, des grillades, des pizzas… En plus des plats à la carte, un menu du jour est offert le midi et une table d'hôte le soir. Pour ceux qui se lèvent tard, pas de problème, le petit déjeuner brunch est disponible toute la journée !

Bonnes tables

■ **CHEZ MATHILDE**

227, rue des Pionniers ✆ +1 418 235 4443

Ouvert tous les jours de début juin à fin octobre. Compter 10-15 CAN $ le matin, 15-20 CAN $ le midi, et au moins 30 CAN $ le soir.

Ouvert depuis 2007, le petit resto de Mireille et Jean-Sébastien fait beaucoup parler de lui et pour cause. Les petits déjeuners sont succulents et copieux, le midi fait place à des plats de type bistro alors que le soir, une fine cuisine ravira les épicuriens. Les produits du terroir y ont évidemment leur place et le tout est apprêté avec justesse. La carte des alcools comprend entre autres les bières de la microbrasserie Unibroue ainsi que des vins d'importation privée et issus de culture biologique. Un bel endroit, parfois animé de musiciens, avec un rapport qualité-prix plus qu'excellent.

LA GALOUINE AUBERGE ET RESTAURANT
251, rue des Pionniers ✆ +1 418 235 4380
www.lagalouine.com
Ouvert tous les jours dès 7h, de mai à octobre. Menu midi : 10-30 CAN $, table d'hôte le soir : 30-40 CAN $. Terrasse. Hébergement et forfaits disponibles sur place.
Les spécialités de ce bon restaurant, situé en plein cœur du village, en face de l'église, sont les grillades et les fruits de mer. Les charcuteries, viandes et poissons fumés sur place sont aussi succulents, sans oublier les délicieuses pâtes fraîches faites maison. On vous recommande l'assiette conviviale de produits fumés, un vrai délice : saumon, truite, magret de canard, terrine, 3 confits d'oignon maison et 3 fromages régionaux. À accompagner d'une bière ou d'un bon verre de vin, sur la terrasse lors de belle saison. Pour conclure un repas des plus gourmets, prenez un des desserts aux petits fruits régionaux.

HÔTEL RESTAURANT GEORGES
135, rue du Bateau-Passeur
✆ +1 418 235 4393
www.hotelgeorges.com
Ouvert de mai à fin octobre. Hébergement et forfaits disponibles sur place.
Dans une salle à manger avec une vue magnifique sur le fjord, vous aurez probablement envie de déguster des fruits de mer. Ça tombe bien puisqu'il s'agit de la spécialité de la maison ! Choisissez votre homard directement dans le vivier. Les amateurs de viandes auront le choix entre plusieurs plats, incluant toutes sortes de gibiers. À essayer : commandez l'apéro mystère et tentez de trouver les ingrédients le composant. Pas aussi facile que ça en a l'air !

Sortir

Malgré le fait que Tadoussac soit un tout petit village, on y fait bien la fête ! Trois endroits sont à retenir pour passer une belle soirée. Tout d'abord, l'incontournable auberge de jeunesse est bien reconnue pour son bar, ses spectacles musicaux et son ambiance du tonnerre. Toutefois, question que tous puissent dormir, le bar ferme vers 1h. Juste à côté de l'auberge se trouve le Café du Fjord, pour ceux qui ont davantage la fibre danseuse. Et finalement, le Gibard, situé face à la plage dans une belle petite maison, est un endroit fort sympathique pour prendre un verre. Il accueille également des spectacles et événements artistiques. Bonne soirée !

À voir – À faire

CENTRE D'INTERPRÉTATION DES MAMMIFÈRES MARINS (CIMM)
108, rue de la Cale-Sèche
✆ +1 418 235 4701 – www.gremm.org
Ouvert tous les jours. Mi-mai à mi-juin : 12h-17h (9h-18h pendant une semaine en juin). Mi-juin à fin septembre : 9h-20h. Fin septembre à mi-octobre : 11h-18h. Adulte : 12 CAN $, aîné : 11 CAN $, 17 ans et moins : gratuit.
Visite incontournable sur la route des baleines. Exposition qui, avant ou après votre excursion, vous permettra d'en connaître davantage sur les mammifères marins fréquentant le fleuve Saint-Laurent de juin à octobre : bélugas, petits rorquals, rorquals communs, rorquals à bosse. Des films, jeux et activités diverses illustrent la vie de cet animal fascinant. Ajout récent : Jardin de la Grève (flore de la Côte-Nord et sculptures de cinq bélugas grandeur nature).

PARC MARIN DU SAGUENAY-SAINT-LAURENT
Bureau administratif – 182, rue de l'Église
✆ +1 418 235 4703 / +1 888 773 8888
www.parcmarin.qc.ca
Géré conjointement avec la Sépaq.
Le Parc marin du Saguenay-Saint-Laurent est la première aire de conservation marine au Québec. D'une superficie de plus de 1 000 km², il s'étend dans les régions du Bas-Saint-Laurent, Charlevoix, Côte-Nord et Saguenay-Lac-Saint-Jean, et a pour mandat de conserver les espèces et les écosystèmes d'une partie de l'estuaire du Saint-Laurent et du fjord du Saguenay. Véritable richesse, tant au niveau de la faune et de la flore qu'au niveau des paysages, grandioses.

PARC NATIONAL FJORD-DU-SAGUENAY
91, rue Notre-Dame
RIVIÈRE-ÉTERNITÉ ✆ +1 418 272 1556
Voir page 478.

PETITE CHAPELLE DE TADOUSSAC
Rue du Bord-de-l'Eau ✆ +1 418 235 1415
Mi-juin à début septembre : lundi-dimanche, 9h-20h. Début septembre à mi-octobre : lundi-dimanche, 9h-18h. Adulte et aîné : 3 CAN $, enfant : 1 CAN $.
Cette minuscule chapelle de bois, blanche avec un toit rouge, appelée « Chapelle des Indiens », fut élevée en 1747 par des missionnaires jésuites. Elle est considérée comme la plus vieille chapelle en bois encore existante en Amérique du Nord. On y présente la vie des missionnaires.

La Galouïne
Auberge & Restaurant
Assiette Galouïne
Croutier du Fjord
12 Chambres climatisées • Menu du midi • Salle à manger
Bistro • Terrasse • Table d'hôte • Gibiers • Fruits de mer
Crabe des neiges • Homard • Grillades • Pizzas fines
Pâtes fraîches • Saumon et Canard fumé maison
Terroir Boréal
Art Culinaire
Bleuets sauvages
Airelles sauvages
Confits • Confitures • Coulis • Sirops • Jus
« PRÊT À EMPORTER »
LAURÉAT RÉGIONAL
LES GRANDS PRIX DU TOURISME QUÉBÉCOIS 2010
Tourisme Québec
info@lagalouine.com
www.lagalouine.com
T 418 • 235 • 4380
F 418 • 235 • 4888
251, des Pionniers (face à l'église) Tadoussac (Québec) G0T 2A0

■ **POSTE DE TRAITE CHAUVIN**
157, rue du Bord-de-l'Eau
✆ +1 418 235 4657
En mai : sur réservation de groupe. Début à mi-juin et mi-septembre à mi-octobre : lundi-dimanche, 10h-12h et 13h-18h. Mi-juin à mi-septembre : lundi-dimanche, 10h-19h. Droits d'entrée minimes.
Cette structure en bois est la reconstitution du premier poste de traite érigé en 1600 par Pierre Chauvin et qui est resté en activité jusqu'en 1850. Des expositions retracent l'histoire du commerce des peaux entre Français et Montagnais. On peut voir les animaux à fourrure qui étaient chassés : martre, castor, renard roux, argenté ou blanc, ours noir, rat musqué, lynx, hermine… Vous êtes invité à toucher les fourrures. Intéressante projection sur la vie des coureurs des bois.

Sports – Détente – Loisirs

■ **AZIMUT AVENTURE**
Directement sur la plage
Rue du Bord-de-l'Eau
✆ +1 418 237 4477
✆ +1 855 843 1110
www.azimutaventure.com
Tarifs selon l'excursion ou l'expédition choisie. Possibilité de débuter l'excursion à d'autres endroits que Tadoussac. Service de location de kayak, service de navette pour ceux ayant leur propre kayak.
Partez à la découverte de la richesse des paysages et du milieu marin bien calé dans votre kayak de mer. Azimut Aventure et ses guides chevronnés vous proposent une multitude de forfaits allant de quelques heures à plusieurs jours. Tout est inclus, de la location du kayak à la formation, en passant par les réservations dans les campings du parc national Fjord-du-Saguenay. Vous êtes plus du type autonome ? Azimut offre la location de kayak incluant l'équipement de sécurité obligatoire et le service de mise à l'eau et de récupération (35 CAN $ par jour). Chez Azimut, on ne lésine pas sur la qualité, la sécurité et surtout, sur une expérience inoubliable !

■ **PROMENADE DE L'ISLET**
Accès par la rue du Bord-de-l'Eau
Un sentier fait le tour de cette pointe rocheuse couverte de pins et de sapins fermant la baie de Tadoussac. Son parcours offre des vues superbes sur l'embouchure du Saguenay et le Saint-Laurent.

Visites guidées

■ **CROISIÈRES DU FJORD**
Billetterie et embarquement
Quai de Tadoussac
✆ +1 418 543 7630 / +1 800 363 7248
www.coisieresdufjord.com
Mi-juin à fin septembre. Croisières aller-retour en bateau-mouche en direction de Cap Trinité et de la statue de la Vierge avec escale à l'Anse-Saint-Jean de 12h à 14. Durée : 5h30 à 6h30 selon la croisière. Départ quotidien à 10h (9h en juillet et août). Adulte : 67 CAN $, aîné et étudiant : 62 CAN $, 14 ans et moins : 34 CAN $, 5 ans et moins : gratuit, famille (2 adultes et 2 enfants) : 168 CAN $. Service de navette maritime entre toutes les destinations de Croisières du Fjord en juillet et août.

Shopping

■ **ATELIER-BOUTIQUE LIMAÇON**
117, rue de la Coupe-de-l'Islet
✆ +1 418 235 4900 – www.martinfournier.ca
Situé au cœur du centre historique de Tadoussac, cet atelier-boutique expose les œuvres de Martin Fournier, artisan joaillier. Spécialiste dans la conception de bagues de toutes formes, on y retrouve également de beaux pendentifs et boucles d'oreilles, sans oublier les petits chef d'œuvres d'autres artisans (céramique, ébénesterie, design textile, verre soufflé, etc.). Pour des idées cadeaux futées, le Limaçon vous est recommandé.

■ **À L'EMPORTÉE**
164B, rue Morin ✆ +1 418 235 4752
www.alemportee.com
Ouvert tous les jours de 6h30 à 18h30 en période estivale. Hors saison : les contacter pour les horaires.
Ici, on opte pour la fraîcheur, la qualité des ingrédients locaux et la saine nutrition. Un seul coup d'œil au comptoir de la boulangerie fait déjà gronder l'estomac ! Question de bien commencer la journée, nous vous conseillons fortement leurs viennoiseries pur beurre dont les chocolatines aux petits fruits... Un vrai délice ! Les sandwichs et salades faits maison, sans oublier les plats à emporter, sont également une excellente option le midi. Et pendant que vous y êtes, remplissez votre panier des succulents produits régionaux qui trônent un peu partout dans la boutique : quiches, tartes, terrines, pâtés, fromages, farines bio, confitures, tisanes, cafés bio et équitables... À ce fait, vous y trouverez le meilleur café à emporter de toute la région ! Bon appétit !

Observation des baleines

Des croisières d'interprétation et d'observation des baleines, d'une durée de 3 heures environ, sont organisées, de mai à fin octobre, au départ de Tadoussac, de Baie-Sainte-Catherine, ainsi que de Bergeronnes, un peu plus au nord. Certaines ont lieu sur des bateaux relativement importants, du haut desquels vous verrez bien les cétacés ; d'autres, sur des pneumatiques (Zodiac) offrent moins un spectacle qu'un contact imprévisible et fantomatique. Dans tous les cas, un guide explique tout sur ces mammifères. D'autres croisières encore remontent le fjord du Saguenay vers l'Anse de Roche, jusqu'à la baie Éternité. Une excursion magique à condition d'être correctement équipé. Les croisiéristes fournissent pantalon et manteau imperméables et cirés mais n'oubliez pas votre tuque (bonnet), vos gants, votre écharpe et des chaussures qui ne prennent pas l'eau. Voici les coordonnées des principaux croisiéristes organisant des safaris visuels :

Baleine à bosse.

■ **CROISIÈRES 2001**
Billetterie
318, rue des Forgerons
✆ +1 418 235 3333 / +1 800 694 5489
www.croisieres2001.com
Mai-juin et septembre-octobre : 2 départs par jour (9h15 et 12h30). Juillet et août : 3 départs par jour (9h15, 12h30 et 15h45). Embarquement au quai de Tadoussac. Départs également possibles de Baie-Sainte-Catherine. Tarifs sur demande. Forfaits disponibles.

Croisière de 3 heures en catamaran avec découverte d'une partie du fjord du Saguenay et observation des baleines. La présence d'une caméra vidéo sous-marine permet d'admirer la faune et la flore de cette région. Des croisières en Zodiac d'une capacité de 12 passagers sont également offertes (voir site Internet pour horaires et tarifs).

■ **CROISIÈRES AML**

Billetterie
177, rue des Pionniers
✆ +1 418 235 4642
✆ +1 866 856 6668
www.croisieresaml.com

Mai à fin octobre : 3 départs par jour pour l'excursion Baleines & Fjord (9h45, 13h et 15h30). Embarquement au quai de Tadoussac. Adulte : 69 CAN $, étudiant et aîné : 64 CAN $, enfant : 33 CAN $. Deux départs par jour pour le Zodiac. Un départ par jour pour la croisière de découverte du fjord. Forfaits disponibles à partir de Montréal et Québec.

Croisière d'interprétation et d'observation des baleines (3 heures en bateau régulier, 2 ou 3 heures en Zodiac). Croisière découverte du fjord (incluant repas typiquement québécois) : 6 heures avec escale à l'Anse-Saint-Jean et au parc national Fjord-du-Saguenay.

■ **CROISIÈRES DUFOUR**

Quai de Tadoussac
✆ +1 800 463 5250
www.dufour.ca

Safari visuel aux baleines (mi-mai à mi-octobre) : 2 départs par jour (9h30 et 13h30). Embarquement au quai de Tadoussac. Adulte : 69 CAN $, étudiant et aîné : 64 CAN $, enfant : 33 CAN $. Possibilité d'être en section VIP pour un léger supplément. Croisière sportive (fin mai à mi-octobre) : 3 départs par jour (9h, 13h et 16h).

Ces excursions aux baleines d'une durée de 3 heures se font soit sur le monocoque Famille Dufour soit à bord du Tadoussac III, un Zodiac de 48 places. Croisières Dufour est également fier de s'associer aux Croisières du Fjord pour vous offrir un forfait croisière à la découverte des paysages de la région.

■ **CROISIÈRES OTIS**

Bureau administratif
431, rue du Bateau-Passeur
✆ +1 418 235 4197 / +1 877 235 4197
www.otisexcursions.com

Croisière en Zodiac de 12 personnes (mai à mi-octobre). Quatre départs quotidiens à 6h30, 9h15, 13h15 et 16h45. Les premières et dernières excursions de la journée durent 2 heures, les autres 3 heures. Embarquement au quai de Tadoussac. Adulte : 64-74 CAN $, étudiant et aîné : 59-69 CAN $, 6-12 ans : 48-53 CAN $.

Excursions offertes : aux baleines, sur le fjord, interprétation de la nature, excursions avec escale, safari photo, pêche à la morue, sur mesure. Croisière en catamaran aussi disponible. Nouveauté : possibilité d'hébergement avec petit déjeuner et excursions.

Baleine.

■ **L'AQUILON MARCHÉ DU TERROIR**
251, rue des Pionniers ✆ +1 418 235 4380
www.lagalouine.com
Juin à l'Action de Grâces : lundi-dimanche, 9h-21h (parfois plus tard selon l'achalandage).
Située dans la Galouine, cette boutique-marché du terroir vous en mettra plein les sens. Produits fins (chocolats, terrines et rillettes, confits d'oignons, produits de l'érable, miels, vinaigrettes, etc.), produits du fumoir (poissons et viandes), fromages de Charlevoix, pains et desserts maison, bières de microbrasserie, artisanat et arts, et bien plus encore. Infusions et thés en dégustation sur place.

LES BERGERONNES

Lieu écotouristique par excellence pour l'observation des baleines, la pratique du kayak de mer et de la plongée sous-marine.

Pratique

■ **BUREAU TOURISTIQUE DES BERGERONNES**
505, rue du Boisé ✆ +1 418 232 6595
www.bergeronnes.net
Ouvert de juin à octobre.

À voir – À faire

■ **CENTRE D'INTERPRÉTATION ARCHÉO TOPO**
498, rue de la Mer
✆ +1 418 232 6286 / +1 866 832 6286
www.archeotopo.com
Mai et octobre : ouvert sur demande. Juin à octobre : lundi-dimanche, 9h-18h (en juillet et août, 8h-20h). Adulte : 6 CAN $, aîné : 5 CAN $, étudiant : 4 CAN $, enfant : 3 CAN $, famille : 14,50 CAN $. Coin resto, salle de jeux, boutique souvenir, librairie spécialisée et accès Internet.
Remontez le temps jusqu'à la période de la préhistoire en Côte-Nord, région privilégiée en archéologie avec plus de 1 300 sites reconnus. On apprécie tout particulièrement le spectacle multimédia qui lève le voile sur les recherches archéologiques qui ont débuté au début du siècle dernier dans la région. Ateliers de poterie, de perles et de capteurs de rêves, archéo rando, visionnement de films et plus encore.

■ **CENTRE D'INTERPRÉTATION ET D'OBSERVATION DE CAP-DE-BON-DÉSIR**
13, chemin du Cap-de-Bon-Désir
✆ +1 418 232 6751 / +1 418 235 4703
✆ +1 888 773 8888
www.parcmarin.qc.ca
Ouvert tous les jours de fin juin à début septembre, puis du mercredi au dimanche de début septembre à début octobre. Adulte : 7,80 CAN $, aîné : 6,80 CAN $, 6-15 ans : 3,90 CAN $, famille : 19,60 CAN $. Ce tarif inclut aussi l'accès au Centre de découverte du milieu marin aux Escoumins et le Centre d'interprétation et d'observation de Pointe-Noire à Baie-Sainte-Catherine.
Situé en bordure de l'estuaire maritime du fleuve Saint-Laurent, le Cap-de-Bon-Désir offre un espace privilégié pour l'observation des mammifères marins, dont le rorqual, le phoque et le béluga. Exposition sur la navigation, le littoral et le milieu sous-marin. Activités d'interprétation, phare, aire de pique-nique, boutique.

Sports – Détente – Loisirs

■ **MER ET MONDE ÉCOTOURS**
20, chemin Jalbert ✆ +1 418 232 6779
✆ +1 866 637 6663 – www.meretmonde.ca
À l'Anse à la Cave, entre Les Bergeronnes et Les Escoumins (surveillez les indications depuis la route 138).
En opération de mi-mai à début octobre. Sites de camping et prêt-à-camper à l'Anse à la Cave (location d'équipement de camping disponible sur place). Café-bistro au 87 rue principale à Bergeronnes. Forfaits disponibles.
Dans le Parc marin du Saguenay-Saint-Laurent, en été, des guides expérimentés vous emmèneront en excursions en kayak de mer. À l'Anse à la Cave, trois excursions vous sont proposées : Découverte des baleines du Saint-Laurent (demi-journée ou journée complète), Soleil-Levant destinée aux lève-tôt, et Sons et Lumières qui vous permettra d'écouter les mammifères marins à l'aide d'hydrophones. À Tadoussac, deux excursions d'une durée de 3 et 7 heures respectivement sont organisées. Pour les mordus, deux forfaits de deux jours (avec hébergement ou non) sont aussi offerts.

Visites guidées

■ **CROISIÈRES ESSIPIT**
Quai des Bergeronnes
✆ +1 418 233 2266 / +1 888 868 6666
www.essipit.com
En opération du 7 juin au 6 octobre 2013. Haute saison : du 7 au 20 juin et du 4 septembre au 6 octobre 2013. Départs : 9h, 11h30, 14h et 16h30. Basse saison : du 21 juin au 3 septembre 2013. Départs : 10h et 14h. Adulte : 56,40 CAN $, 16 ans et moins : 38,65 CAN $ (taxes & frais de réservation en sus). Durée : 2 heures.

Au départ des Bergeronnes, à 24 km à l'est de Tadoussac, naviguez au ras de l'eau pour l'observation des baleines dans l'estuaire du Saint-Laurent avec Croisières Essipit, propriété de la communauté des Innus d'Essipit. Vivez une aventure exaltante et sportive avec leurs pilotes naturalistes à la rencontre des baleines, partage de connaissances sur les mammifères marins et d'histoire en prime. À bord d'un bateau pneumatique, vous pourrez apercevoir le petit rorqual et le rorqual commun, et en août avec de la chance, le grand rorqual bleu ! Bienvenue, *Kuei* !

ESSIPIT

« Rivière aux coquillages » est le nom innu d'Essipit, une communauté de 281 habitants, située à proximité des Escoumins. Cette réserve indienne bénéficie d'un des paysages les plus pittoresques grâce à une vue exceptionnelle sur le fleuve Saint-Laurent. Les Innus (Montagnais) d'Essipit proposent aux visiteurs un choix d'hébergement en condos, en chalets ou en camping, ainsi que des activités fort intéressantes.

www.essipit.com

■ CENTRE DE RÉSERVATIONS ET BOUTIQUE D'ARTISANAT INNU ESSIPIT

46, rue de la Réserve ✆ +1 418 233 2266
✆ +1 888 868 6666 – www.essipit.com
La communauté innue d'Essipit offre toute une gamme de produits d'hébergement (condos, chalets et camping), d'activités et de services. Elle possède deux terrains de camping, dont un à Tadoussac avec 200 sites pour un contact intime avec la nature. Le Natakam est un complexe de 32 condos entièrement équipés avec une vue magnifique sur le fleuve. Plusieurs chalets tout équipés sont également offerts en location. Les amoureux de la chasse et de la pêche seront heureux d'apprendre qu'Essipit possède plusieurs pourvoiries avec tous les équipements nécessaires pour le séjour. Pour couronner le tout, des croisières aux baleines à bord de pneumatiques sont offertes au départ de Bergeronnes (à 20 km d'Essipit). Pour des vacances réussies au sein d'une communauté remplie d'histoire, Essipit est un incontournable !

LES ESCOUMINS

Le village des Escoumins demeure pittoresque dans sa baie magnifique. C'est un lieu très apprécié des amateurs de plongée sous-marine, de croisière et de randonnée pédestre. En été, les soirs de pleine lune, des concerts jazz en plein air sont organisés au Centre de découverte du milieu marin. Le traversier mène des Escoumins à Trois-Pistoles, sur la rive sud du fleuve (traversée : environ 1h30, fin mai à mi-octobre).

Pratique

■ BUREAU TOURISTIQUE DES ESCOUMINS

154, route 138
✆ +1 418 233 2663 / +1 418 233 2766
www.escoumins.ca
Ouvert en saison estivale uniquement.

Se loger

■ AUBERGE-MANOIR BELLEVUE

27, rue de l'Église
✆ +1 418 233 3325
www.manoirbellevue.com
Occupation double : à partir de 89 CAN $, petit déjeuner copieux inclus. Dix chambres dont quatre avec salle de bain privée. Tarifs préférentiels en période pré-saison et hors-saison. Forfaits disponibles. Espace d'entreposage pour nettoyer et sécher les équipements de plongée sous-marine, service de bar, salon de thé, atelier La Brocante, méthode de soins Reiki sur réservation.
Il s'agit de la plus ancienne maison du village, la maison du Bourgeois, construite avant même d'ériger la première église. Située en retrait de la route 138, cette auberge de campagne au charme d'antan présente une atmosphère feutrée, un décor élégant, sans oublier la superbe vue qui s'ouvre sur le fleuve Saint-Laurent. L'auberge possède également une pourvoirie authentique, le Grand Lac du Nord, située à Sainte-Anne-de-Portneuf où vous pourrez pratiquer la pêche à la truite mouchetée, la chasse à l'ours, à l'orignal et au petit gibier avec un hébergement en chalet. Possibilité de combiner les deux séjours.

■ COMPLEXE HÔTELIER PELCHAT

445, route 138
✆ +1 418 233 2401 / +1 888 225 3463
www.complexepelchat.com
Plusieurs forfaits disponibles. Piscine extérieure chauffée, salle d'exercices, bar avec foyer, buanderie, dépanneur, boutique souvenirs, remise sécurisée pour vélos et motoneiges. Plusieurs services pour les plongeurs et motoneigistes en saison. Service de réservation pour les croisières aux baleines.
Cette entreprise familiale a su développer un véritable havre de vacances : un complexe hôtelier avec tous les services, un motel

situé à Bergeronnes, une pourvoirie aux Escoumins (pour la saison de pêche, hébergement possible en chalet), des croisières aux baleines, et un relais motoneige dans les Monts-Valin (Relais La Chapelle). En plus, ils sont propriétaires du restaurant Le Bouleau, situé à quelques pas du complexe hôtelier. Ce dernier vous propose des fruits de mer, dont le homard vivant en saison, des grillades, des plats italiens, des repas diététiques, etc. Vous ne manquerez donc de rien !

Se restaurer

■ LE RÊVE DOUX

287, route 138 ✆ +1 418 233 3724
www.lerevedoux.com

En opération deux semaines avant Pâques jusqu'au 1er janvier. Ouvert tous les jours du 1er juin à l'Action de Grâce.

Originaires de Flandres en Belgique, Els De Schutter et Rudy Cuyers ont posé leurs valises au Québec il y a plus de dix ans. L'art culinaire a toujours été une passion pour eux : en plus d'enseigner la cuisine et d'être propriétaires de restaurants dans le « plat pays », ils ont à leur actif des cours de fabrication de chocolat et de fines pâtisseries. Alors imaginez le bonheur quand on met les pieds au Rêve Doux ! En plus de fabriquer à la main de bons chocolats de tradition belge, on trouve également sur place une boulangerie artisanale qui offre une grande variété de pains, et une gamme succulente de viennoiseries et de pâtisseries. C'est sans compter la table de ce bistro belge dont l'énorme menu fait à tout coup gronder l'estomac. Une adresse à retenir !

À voir – À faire

■ CENTRE DE DÉCOUVERTE DU MILIEU MARIN

41, rue des Pilotes
✆ +1 418 233 4414 / +1 418 235 4703
✆ +1 888 773 8888
www.parcmarin.qc.ca

Ouvert tous les jours du 23 juin à la fête du Travail et du vendredi au dimanche de la fête du Travail à mi-octobre. Adulte : 7,80 CAN $, aîné : 6,80 CAN $, 6-15 ans : 3,90 CAN $, famille : 19,60 CAN $. Ce tarif inclut aussi l'accès au Centre d'interprétation et d'observation de Cap-de-Bon-Désir aux Bergeronnes et le Centre d'interprétation et d'observation de Pointe-Noire à Baie-Sainte-Catherine. Services aux plongeurs de mai à octobre. Plongée sous-marine autonome ou guidée, location d'équipement.

Une activité incontournable ! Découverte de l'univers mystérieux du fleuve Saint-Laurent sous-marin. Un écran géant vous permet de vivre une plongée sous-marine avec des plongeurs biologistes. On est étonné de voir tant de couleurs au fond de ce fleuve, plutôt marron d'ordinaire. C'est aussi une excellente zone d'observation des mammifères marins. Activités d'interprétation, exposition permanente, amphithéâtre, spectacles de jazz en plein air les soirs de pleine lune, aire de pique-nique.

Sports – Détente – Loisirs

■ EXCURSIONS FANONS

31, rue des Pilotes ✆ +1 418 514 8787
www.excursionsfanons.com
En opération de mi-juin à mi-septembre. Tarifs : 45-50 CAN $ par personne. Un service d'acompagnement en Zodiac est offert au montant de 20 CAN $ aux membres de la famille qui ne désirent pas faire de kayak (forfait « Excursion en famille »).
Lors des excursions guidées en kayak de mer, vous découvrirez les richesses d'une nature encore sauvage. Votre sortie sera encadrée par des guides en kayak de mer ou en Zodiac. Équipement complet fourni.

BAIE-COMEAU

Nom donné en mémoire de Napoléon-Alexandre Comeau, trappeur, géologue et naturaliste de la Côte-Nord. La visite patrimoniale, circuit de 6 km, permet de découvrir le vieux Baie-Comeau et les fondations de la ville. À part cela, Baie-Comeau est surtout un point de passage pour les activités aux alentours (notamment pour la visite des barrages Manic-2 et Manic-5). Le traversier mène de Baie-Comeau à Matane en Gaspésie, sur la rive sud (traversée : environ 2h20).
Nous vous recommandons de vous arrêter à Pointe-aux-Outardes, charmant village situé à 17 km à l'ouest de Baie-Comeau et Pointe-Lebel à proximité où vous verrez des plages magnifiques avec dunes et trottoirs en bois. À Baie-Comeau, le Boisé de la Pointe St-Gilles plaira sans nul doute aux amateurs de randonnée pédestre (18 km de sentiers) et de farniente (plage Champlain).

Transports

■ AÉROPORT DE BAIE-COMEAU

210, route de l'aéroport
Pointe-Lebel
✆ +1 418 598 8285
www.mrcmanicouagan.qc.ca
À 20 km de Baie-Comeau.

Pratique

■ BUREAU TOURISTIQUE DE BAIE-COMEAU

20, avenue Cartier
✆ +1 418 296 8178
✆ +1 888 589 6497
www.ville.baie-comeau.qc.ca
Ouvert toute l'année.

▶ **Autre adresse :** bureau saisonnier : 3503, boulevard Laflèche, ✆ +1 418 589 3610.

■ HÔPITAL LE ROYER

635, boulevard Joliet
✆ +1 418 589 3701
www.csssmanicouagan.qc.ca

Se loger

■ HÔTEL LE MANOIR

8, avenue Cabot
✆ +1 418 296 3391
✆ +1 866 796 3391
www.manoirbc.com
Occupation double : à partir de 70 CAN $ par personne, petit déjeuner inclus. 60 chambres et suites. Forfaits disponibles.
Manoir de caractère construit en 1967, cet hôtel 4-étoiles se distingue par son cachet particulier et son décor élégant et raffiné. La vue qu'offrent, entre autres, plusieurs chambres et le bar sur le fleuve Saint-Laurent est tout simplement magnifique. Vous retrouverez de nombreux services sur place : restaurant (ouvert tous les jours, matin et soir), bar, grande terrasse, centre de santé adjacent, salle d'exercices, accès à la plage, location de vélos, terrain de tennis... Définitivement notre meilleure adresse à Baie-Comeau !

Se restaurer

■ L'ORANGE BLEUE

905, rue Bossé ✆ +1 418 589 8877
www.orangebleue.ca
Dimanche-mardi, 7h-22h ; mercredi-samedi, 7h-23h (les heures de fermeture sont celles de la cuisine). Service de traiteur. Petite terrasse.
Depuis maintenant dix ans, cet établissement branché est l'hôte d'un café, restaurant et pub regroupés sous un même toit. Menus aux accents français, italiens, mexicains, asiatiques (belle sélection de sushis et de mets

Barrages et centrales

Au nord des villes industrielles de Forestville et de Baie-Comeau, les rivières Betsiamites, aux Outardes et Manicouagan sont utilisées pour la production d'électricité. De 1960 à 2005 ont été construits de gigantesques barrages et 12 centrales d'une puissance de 6 millions de kW. Deux des centrales se trouvent au nord de Forestville, sur la rivière Betsiamites, une autre a été mise en service plus récemment sur la rivière Sainte-Marguerite près de Sept Îles, et celle de Toulnustouc a commencé à produire en 2006. Les huit autres aménagements sont érigés sur les rivières Manicouagan et aux Outardes. L'ensemble de ces équipements permet la production d'environ 30 % des besoins en électricité du Québec. À cela s'ajoute le premier réseau mondial de très haute tension, permettant d'acheminer l'électricité jusqu'aux consommateurs québécois et de l'exporter aux États-Unis. Opposé à l'énergie nucléaire, le Canada et plus particulièrement le Québec, avantagé par son immense réseau de rivières et de lacs, est ainsi totalement orienté vers l'hydroélectricité.

Projet en cours : Le Plan Nord, un chantier qui vient de débuter et qui s'étalera sur 25 ans, est un projet de développement durable qui intègrera le développement énergétique, minier, forestier, bioalimentaire, touristique et du transport, la mise en valeur de la faune ainsi que la protection de l'environnement et la conservation de la biodiversité. Depuis 2003, le gouvernement du Québec a relancé le développement hydroélectrique : 97 % des 4 500 MW annoncés dans la Stratégie énergétique du Québec 2006-2015 seront produits sur le territoire du Plan Nord. Le gouvernement s'engage à développer 3 500 MW d'énergie propre et renouvelable supplémentaire, soit 3 000 MW d'hydroélectricité, 300 MW d'éolien et 200 MW provenant d'autres sources d'énergie renouvelable. Une partie de ce chantier se trouvera dans la région de la Côte-Nord.

Visite de Manic-2 et Manic-5

Quatre visites guidées de Manic-2 et Manic-5 (le plus grand barrage à voûtes multiples et à contreforts du monde) tous les jours du 24 juin à fin août à 9h30, 11h30, 13h30 et 15h30 (possibilité de visite à Manic-2 hors saison pour les groupes de 15 personnes et plus). Pièce d'identité obligatoire pour entrer sur le site (permis de conduire, passeport, etc.). Pour plus d'information : www.hydroquebec.com/visitez/

thaï), californiens, sans oublier les spécialités de la région. Il y a de tout pour toutes les bourses, mais vous paierez généralement moins de 20 CAN $ le plat principal. Profitez des différentes offres spéciales qui ponctuent chaque jour de la semaine. Grande sélection de cocktails.

À voir – À faire

■ **JARDIN DES GLACIERS**
3, avenue Denonville
✆ +1 418 296 0182 / +1 877 296 0182
www.jardindesglaciers.ca
Ouvert à l'année (horaires variables selon l'activité et la saison). Droits d'entrée selon l'activité choisie. Forfaits disponibles. Boutique souvenirs, aire de restauration. Les opérations pour l'année 2013 ne sont pas confirmées, vérifiez donc si les lieux sont ouverts avant de vous y rendre.

Ce site d'interprétation traite de l'ère glaciaire, des changements climatiques et de la migration des premiers peuples. La zone spectacle qui présente *L'aventure boréale, 20 000 ans sous les glaces* est une des activités phares. La zone nature, quant à elle, vous tranformera en véritable explorateur en vous amenant sur des circuits guidés fort intéressants. Ajoutez à cela, une zone d'adrénaline qui propose des activités de kayak, d'escalade, de randonnée, une via ferrata, des tyroliennes, etc. Possibilité d'hébergement sur place en camping, tente prospecteur et yourte. Un immanquable !

▶ **Après Baie-Comeau,** continuez sur la 138 en direction de Godbout (vers Sept-Îles) ou allez vers les barrages Manic-2 et Manic-5 via la route 389. Si vous optez pour ce 2e choix, vous pourrez prolonger votre route vers le parc des monts Groulx (à 335 km au nord de Baie-Comeau).

PARC DES MONTS GROULX

À 335 km de Baie-Comeau, les monts Groulx, également appelés monts Uapashke, regroupent une trentaine de sommets culminants à plus de 1 000 m. La biodiversité est saisissante : en une journée vous passez d'une épaisse forêt boréale à la taïga clairsemée d'épinettes noires, et vous finissez par rejoindre la toundra arctique. Deux accès : km 335 ou km 365 de la route 389 Nord (route Trans-Québec-Labrador).

■ INFORMATIONS SUR LES MONTS GROULX

✆ +1 888 463 5319
www.monts-groulx.ca
Pour commander la carte topographique et obtenir des informations techniques.

■ REFUGE DU PROSPECTEUR

Au km 336
Route 389
✆ +1 514 448 4064
www.refugeduprospecteur.com
Tarifs selon l'activité ou le forfait choisi. Réservation obligatoire.
La vocation première de cette entreprise est l'hébergement et la restauration pour les groupes de travailleurs affectés à des travaux dans le secteur tout en offrant les mêmes services aux pêcheurs, randonneurs et motoneigistes. Situé aux abords de l'immense réservoir Manicouagan, au pied des monts Groulx, Le Refuge du Prospecteur propose une expérience grande nature. L'hébergement se fait en camp de prospecteur en plan américain ou européen. Plusieurs activités sont offertes : pêche, kayak, randonnée dans les monts Groulx, observation d'étoiles, d'aurores boréales et des perséides en saison, visite des impactites (roches issues de la collision de météorites avec la Terre), motoneige, voile sur ski, raquette, ski de fond. Une excellente adresse pour vivre la démesure !

GODBOUT

Godbout est un village enchanteur qui invite à communier avec la nature avec ses belles plages. Vous pouvez pêcher sur la fascinante rivière Godbout, où vous attraperez le saumon, et pratiquerez des sports nautiques. Sur le chemin Pascal-Comeau qui longe le littoral, vous retrouverez, en plus du bureau touristique, le Musée amérindien et inuit ainsi que le couette & café « Gîte Aux Berges ». Autre lieu d'hébergement fort sympathique : le Gîte LaRichardière (rue Saint-Régis).

■ BUREAU TOURISTIQUE DE GOBOUT

115, chemin Pascal-Comeau
✆ +1 418 568 7462
www.godbout.info
Ouvert en saison estivale uniquement.

POINTE-DES-MONTS

Prendre la route 138 Est et la route secondaire qui traverse un milieu écologique à peine touché par l'homme. Construite en 1898, la chapelle de Pointe-des-Monts a une vocation missionnaire amérindienne. Il s'agit d'un site exceptionnel pour l'observation des oiseaux de mer et de rivage. On peut visiter la reconstitution du campement des derniers autochtones résidant à Pointe-des-Monts jusqu'en 1890.

■ PHARE DE POINTE-DES-MONTS

1830, chemin du Vieux-Phare
✆ +1 418 939 2400
www.pharepointe-des-monts.com
Mi-juin à mi-septembre : lundi-dimanche, 9h-17h. Droits d'entrée. Forfait avec le Centre national des naufrages du Saint-Laurent disponible.
Bâti en 1830, le phare de Pointe-des-Monts est l'un des plus vieux d'Amérique. Classé par les Monuments historiques en 1964, il est aujourd'hui considéré comme un élément majeur du patrimoine maritime du pays. Exposition dans les sept étages de la tour du phare sur le travail et la vie des gardiens, la navigation et les naufrages près de Pointe-des-Monts. L'antique maison du gardien du phare est aménagée en auberge-restaurant avec quatre chambres situées à l'étage (pensez à réserver à l'avance !).

BAIE-TRINITÉ

Sur la route 138, cette petite municipalité abrite le Centre national des naufrages du Saint-Laurent. Les plages de sable blanc invitent à la promenade et à la baignade, si les conditions le permettent. En hiver, vous opterez pour la pêche sur glace.

■ CENTRE NATIONAL DES NAUFRAGES DU SAINT-LAURENT

27, route 138
✆ +1 418 939 2679
www.centrenaufrages.ca

Mi-juin à fin septembre : lundi-dimanche, 9h-18h. Droits d'entrée. Forfait avec le Phare de Pointe-des-Monts disponible.
Ce centre reconstitue les grandes tragédies ayant marqué l'histoire maritime du Québec et de la région de 1600 à nos jours. C'est en regardant un film multimédia que vous découvrirez les conditions des naufrages des navires des amiraux Phips et Walker, entre autres, non loin de Baie-Trinité. Après avoir vu le film, vous visiterez l'exposition d'artéfacts provenant de ces naufrages célèbres. Vous longerez ensuite le littoral *via* le sentier des naufragés, pour découvrir le site du naufrage du *Elizabeth and Mary*.

DUPLESSIS

La région de Duplessis, un éden de la nature, s'étend de Pointe-aux-Anglais à Blanc-Sablon. Le littoral est bordé d'interminables plages de sable fin avec quelques hameaux disséminés ici et là. La nature a sculpté des décors féeriques, dont l'immense jardin de monolithes dans l'archipel de Mingan et l'arrière-pays. Vous y verrez entre autres de nombreux villages de pêcheurs et des réserves amérindiennes. Les grands ports de Port-Cartier et Sept-Îles ont été créés dans les années 1950 pour permettre le transport du fer du principal gisement canadien, la fosse du Labrador, qui s'étend de 300 km à 600 km au nord de Sept-Îles, à la frontière des provinces du Québec et du Labrador. Les deux villes possèdent de grands ports et leurs quais en eau profonde sont accessibles toute l'année aux plus grands bateaux du monde. Une voie de chemin de fer relie Sept-Îles à Emeril (Terre-Neuve et Labrador), en passant par Schefferville (au Québec) – Transport ferroviaire Tshiuetin (www.tshiuetin.net). À noter : avec le développement du Plan Nord, il devient plus difficile de se loger (taux élevé d'occupation par les travailleurs) et nous vous conseillons donc de réserver à l'avance.

PORT-CARTIER

Ville industrielle nichée entre mer et forêt, Port-Cartier, nommée Portage-des-Mousses, puis Shelter Bay, fut d'abord une zone d'exploitation forestière (alimentation de papier journal pour son usine ontarienne et impression du *Chicago Tribune* et du *New York Daily News*) et port d'expédition de produits de minerai de fer en provenance du Nord du Québec à partir de 1957. Le centre-ville, formé d'îles et de chutes, s'arpente avec la promenade du P'tit Quai ainsi qu'avec le réseau cyclable et piétonnier reliant l'archipel. Pour ceux qui aimeraient taquiner le saumon, les parcs de la Taïga et de la Rivière-aux-Rochers sont l'endroit idéal. Pour les activités de plein air, rendez-vous à la réserve faunique de Port-Cartier-Sept-Îles et à la Base de plein air Les Goélands.

■ CAFÉ-THÉÂTRE GRAFFITI

50, chemin des Îles
Île McCormick
✆ +1 418 766 0101
✆ +1 866 766 0101
www.legraffiti.ca
Ouvert à l'année selon la programmation. Café : début juin à fin août (mercredi-dimanche, 14h à 21h – la cuisine ferme à 19h).
Plus d'une quarantaine de spectacles s'y tiennent chaque année. Films de répertoire. En été, cuisine régionale et service de bar, expositions des artistes de la région.

■ CENTRE D'INTERPRÉTATION DE L'HISTOIRE DE PORT-CARTIER

38, avenue Parent
✆ +1 418 766 4414 / +1 888 766 6944
Juin à septembre : lundi-dimanche, 9h-17h. Entrée libre.
Situé au sous-sol de l'église Sacré-Cœur, le Centre d'interprétation de l'histoire de Port-Cartier propose une découverte de l'histoire de Shelter Bay à Port-Cartier. Vous y entendrez entre autres les récits des bâtisseurs, et revivrez l'époque des grands chantiers forestiers et miniers de la région. Aussi offerts : visite de l'église et interprétation de ses vitraux, circuit patrimonial de Shelter Bay en ville.

■ RÉSERVE FAUNIQUE DE PORT-CARTIER – SEPT-ÎLES

Bureau administratif
24, boulevard des Îles, bureau 109
✆ +1 418 766 2524 / +1 418 766 4743
✆ +1 800 665 6527
www.sepaq.com/rf/spc/fr
Poste d'accueil : lac Walker (ouvert de fin mai à mi-octobre). Hors saison : présentez-vous au bureau administratif à Port-Cartier.
Vaste territoire de 6 423 km², la réserve faunique de Port-Cartier – Sept-Îles, créée en 1965, se trouve dans le secteur de la forêt boréale à proximité des villes de Port-Cartier et de Sept-Îles, d'où elle tire son nom.

Basse-Côte Nord – Duplessis

Lieu de prédilection pour la pratique des activités de plein air (dont la pêche sportive), la réserve regorge de plus de 1 000 plans d'eau, 15 rivières et de larges étendues sauvages. La truite mouchetée et le saumon abondent dans des plans d'eau encore vierges : 75 % des ressources des lacs de la réserve n'ont jamais été pêchés. Paysages majestueux dans un superbe cadre naturel.

- **Faune :** orignal, ours noir, loup, lynx, renard, lièvre, porc-épic, castor, vison, loutre, martre et une multitude d'espèces d'oiseaux, dont la gélinotte huppée et le tétras du Canada, truite mouchetée, saumon de l'Atlantique, éperlan de lac, omble chevalier et corégone.
- **Hébergement :** 10 chalets, 5 camps rustiques, 75 emplacements de camping.
- **Location d'équipement :** canots, kayaks, chaloupes, moteurs hors-bord, cannes à pêche, gilets de flottaison.
- **Activités :** activités nautiques, chasse à l'orignal, au petit gibier et à l'ours noir, observation de la faune, pêche (à la journée et avec séjour), pêche blanche, randonnée pédestre, cueillette en forêt.

■ TOURISME PORT-CARTIER
62, route 138
✆ +1 418 766 4414
✆ +1 888 766 6944
www.villeport-cartier.com
Ouvert de juin à octobre.

SEPT-ÎLES

Sept-Îles est une ville accueillante, dont le caractère maritime se reflète dans ses paysages, son patrimoine et sa culture. On appréciera de se promener dans les grands parcs ou en bordure du fleuve, de faire une excursion dans l'archipel, de goûter aux savoureux produits de la mer à la poissonnerie Fortier, et de visiter le musée d'histoire régional.

Transports

■ AÉROPORT DE SEPT-ÎLES
1000, boulevard Laure Est
✆ +1 418 962 8211

Pratique

■ HÔPITAL DE SEPT-ÎLES
45, rue du Père-Divet
✆ +1 418 962 9761
www.cssssi.qc.ca

■ TOURISME SEPT-ÎLES
1401, boulevard Laure Ouest
✆ +1 418 962 1238 / +1 888 880 1238
www.tourismeseptiles.ca
Ouvert toute l'année.

Se loger

■ AUBERGE INTERNATIONALE LE TANGON
555, avenue Cartier ✆ +1 418 962 8180
www.aubergeletangon.net
Chambre partagée : à partir de 18 CAN $, chambre privée : à partir de 26 CAN $ par personne. Cuisine équipée, buanderie, wi-fi gratuit et bornes Internet, location de vélos, salle de séjour et salon, cour aménagée, activités de septembre à mai.
À quelques pas de la baie de Sept-Îles et de toutes les attractions et bonnes adresses de la ville, l'auberge vous accueille comme à la maison. Construit en 1931, ce bâtiment est inscrit au patrimoine historique de la ville. Un peu de lecture dans la jolie cour aménagée, des soirées enjouées au rythme des musiciens, des rencontres mémorables et une foule d'activités de plein air à proximité, c'est tout cela Le Tangon. Brigitte et son équipe vous attendent dans leur magnifique coin de pays !

■ DOMAINE SANTÉ NATURE DES SEPT-RIVIÈRES
Chemin du Club de Ski
Secteur Gallix ✆ +1 418 766 2425
www.domainesantenature.com
Consultez le site Internet afin de connaître toute la gamme des tarifs. Tarif régressif selon le nombre de nuits, possibilité de location à la semaine.
Situé en plein cœur de la forêt, à proximité des pentes de ski de la station récréotouristique Gallix, ce domaine comprend trois magnifiques chalets haut de gamme en bois rond (classés 4-étoiles). Décorés avec beaucoup de goût, ils sont tous entièrement équipés, de la laveuse/sécheuse au poêle à fondue, sans oublier le foyer et le téléviseur à écran plat avec DVD. Jusqu'à 8 personnes peuvent y loger en tout confort et vous ne manquerez vraiment de rien. Avec les nombreuses activités offertes sur le site et à proximité, il ne vous reste qu'à profiter de votre Spa extérieur pour un moment de détente bien mérité. Notez que le domaine est en plein développement et qu'à termes, au moins une dizaine de chalets supplémentaires seront construits ainsi qu'un centre de santé Spa.

■ **HÔTEL SEPT-ÎLES**
451, avenue Arnaud
✆ +1 418 962 2581 / +1 800 463 1753
www.hotelseptiles.com
Occupation simple : à partir de 89 CAN $. Forfaits disponibles. Salle d'exercices sur place.
Profitez d'un séjour dans cet établissement 3-étoiles pour prendre un grand bol d'air marin. Toutes les chambres offrent une vue sur la mer et les chambres exécutives ont été rénovées en 2009 pour plus de confort et d'espace. Sur place, le restaurant Buona Sera, ouvert du matin au soir, est réputé pour sa cuisine d'inspiration française et italienne avec comme spécialité les poissons et fruits de mer.

Se restaurer

■ **EDGAR CAFÉ BAR**
490, avenue Arnaud ✆ +1 418 968 6789
edgarcafebar@gmail.com
Ouvert de fin avril à début janvier. Mi-juin à septembre : lundi-vendredi, dès 11h ; samedi-dimanche, dès 14h. Le reste du temps : mardi-dimanche, dès 16h. L'heure de fermeture varie selon l'affluence. L'horaire peut être restreint en début et en fin de saison. Terrasse. Café Santropol en vente sur place et pour emporter.
Une excellente adresse à Sept-Îles où les produits régionaux sont à l'honneur. Situé à quelques pas de la « mer », c'est l'endroit idéal pour savourer des bons petits plats du terroir. Et que dire de leur sélection de fromages québécois, d'autant plus qu'on peut les prendre pour emporter... Côté houblon, on y retrouve que des produits « bien de chez-nous ». Spectacles musicaux et autres événements y sont organisés.

Sortir

■ **PUB ST-MARC**
588, avenue Brochu ✆ +1 418 962 7770
pubstmarc@hotmail.ca
Lundi-vendredi, 11h30-13h30 & dès 16h ; samedi, dès 15h30 ; fermé dimanche. Heure de fermeture selon l'affluence. Terrasse chauffée.
C'est la place pour sortir et prendre un verre à Sept-Îles ! Ambiance décontractée, foyer intérieur, super service, belle sélection de bières en fût, spectacles musicaux. Pour les petits creux, le menu propose grillades, moules, burgers, pâtes et autres plats savoureux (tous les plats sont disponibles pour emporter). Une excellente adresse !

À voir – À faire

■ **ARCHIPEL DES SEPT-ÎLES**
Information à l'office du tourisme
1401, boulevard Laure Ouest
Au large de Sept-Îles
✆ +1 418 962 1238
✆ +1 888 880 1238
L'archipel des Sept-Îles est un lieu de ressourcement dans un cadre maritime exceptionnel. Observation des oiseaux et des mammifères marins. On y accède en prenant un bateau ou un kayak de mer depuis le port de plaisance situé au parc du Vieux-Quai. Sur l'île Grande Basque, camping et sentiers de randonnée.

■ **MUSÉE RÉGIONAL DE LA CÔTE-NORD**
500, boulevard Laure
✆ +1 418 968 2070
www.mrcn.qc.ca
Du 24 juin à la fête du Travail : lundi-dimanche, 9h-17h (jusqu'à 20h le mercredi). Le reste de l'année : mardi-mercredi, 10h-12h et 13h-17h (jusqu'à 20h le mercredi) ; jeudi-vendredi, 10h-17h ; samedi-dimanche, 13h-17h. Adulte : 7 CAN $, aîné et étudiant : 6 CAN $, 12 ans et moins : gratuit.
Le Musée régional de la Côte-Nord est un musée d'histoire et d'archéologie qui se consacre à la conservation, à l'étude et à la mise en valeur du patrimoine régional nord-côtier. La collection du Musée regroupe plus de 40 000 objets répartis dans les domaines des beaux-arts, de l'archéologie, de l'ethnologie, des sciences naturelles et de la photographie. Boutique sur place.

Sports – Détente – Loisirs

■ **STATION RÉCRÉOTOURISTIQUE GALLIX**
600, chemin de Club de Ski
Secteur Gallix
✆ +1 418 766 7547
www.skigallix.com
Ouvert de mi-décembre à début/mi-avril. Billets de remontées mécaniques pour la demi-journée, la journée ou la soirée. Tarifs pour la glissade et la raquette.
Grâce à son microclimat qui favorise d'abondantes accumulations de neige, c'est l'endroit idéal pour tous vos sports de glisse (ski alpin, télémark et planche à neige) : 21 pistes et sous-bois dont 6 éclairées en soirée, un parc à neige, 7 sentiers de raquette, 3 pistes de glissade et parc d'amusement pour enfants, service de restauration et bar, terrasse aménagée au sommet, boutique de

location, école de glisse. Service de navette avec Sept-Îles et Port-Cartier (5 CAN $ l'aller-retour).

Visites guidées

■ CROISIÈRE, EXCURSION ET PLONGÉE LE PETIT PINGOUIN

Kiosque sur la Promenade du Vieux-Quai
✆ +1 418 968 9558
exc_plongeepetitpingouin@hotmail.com
Croisières : mi-juin à mi-septembre. Réservation obligatoire. Plongée : mi-mai à mi-octobre. Les horaires peuvent être modifiés selon la température.
Le Petit Pingouin offre un service de navette vers les îles et l'île Grande-Basque, des croisières dans les îles et l'archipel de Sept-Îles, des excursions biologiques avec plongeur scaphandrier, et de la plongée sous-marine. Boutique de vente, location et réparation d'équipement de plongée sur place.

■ LES CROISIÈRES DU CAPITAINE

Kiosque sur la Promenade du Vieux-Quai
✆ +1 418 968 2173
www.lescroisieresducapitaine.com
Croisières : 45-60 CAN $ par adulte, 35-40 CAN $ par enfant (6-13 ans). Navette vers l'Île Grande Basque : adulte 25 CAN $, 6-13 ans 15 CAN $. Argent comptant seulement.
Compagnie offrant un service de croisière et de navette. Il est possible de faire des escapades sur les autres îles de l'archipel, moyennant des frais supplémentaires. En tous les cas, prévoyez de réserver à l'avance.

RIVIÈRE-AU-TONNERRE

Considéré comme l'un des plus beaux de la Côte-Nord, et avec raison, ce petit village de 370 âmes doit son nom aux grondements de sa rivière, longtemps appelée « Thunder River ». La magnifique église de bois mérite amplement une visite. Sa voûte, haute de plus de 8 m, est décorée d'une soixantaine de motifs tous taillés au canif. À partir de l'église, allez vous promener sur sa belle et longue plage pour admirer le paysage et humer un peu d'air salin. Ensuite, avant de reprendre la route, faites un tour à La Maison de la Chicoutai. Ce petit fruit oranger est cultivé depuis 400 ans au Canada. Riche en antioxydant, d'une saveur acidulée aux légères touches de mangue et d'abricot, le chicoutai est préparé en gelées, en beurre, en confitures, en gâteaux, en desserts, et depuis quelques années, en tisane. Simplement savoureux !

LONGUE-POINTE-DE-MINGAN

Situé sur la route menant à Natashquan et la Basse-Côte-Nord, Longue-Pointe-de-Mingan est un petit village tout à fait charmant, typique de la Côte-Nord, où le temps semble s'être arrêté... Parfait pour décrocher de la routine, avec des paysages uniques au Québec !

■ CENTRE D'INTERPRÉTATION DE LA STATION DE RECHERCHE DES ÎLES MINGAN

378, rue Bord de la Mer
Longue-Pointe-de-Mingan
✆ +1 418 949 2845
www.rorqual.com
Mi-juin à fin septembre : tous les jours de 9h à 18h. Adulte : 8,50 CAN $, aîné : 7 CAN $, 6-17 ans : 4 CAN $.
Participez à une visite guidée au Centre d'interprétation afin de découvrir la vie des mammifères marins du Saint-Laurent (petit rorqual, rorqual à bosse, rorqual commun et rorqual bleu). Soirées causeries et diaporamas également proposées. Il est aussi possible d'accompagner les biologistes sur l'eau dans leur travail de collecte de données (115 CAN $ par personne) ou de participer à des stages d'une semaine au sein de l'équipe.

■ EXCURSIONS FAMILLE LOISELLE

Lieu d'embarquement
207, rue Bord de la Mer
✆ +1 418 949 2307 / +1 866 949 2307
www.tourisme-loiselle.com
De juin à septembre. Forfaits hébergement-croisière disponibles.
La famille Loiselle propose un bel itinéraire pour découvrir l'archipel de Mingan et ses nombreuses îles où logent des colonies de macareux (et ils sont nombreux !) : 3h30 de visite avec 2 escales (3 départs par jour). Lors des escales, des guides de Parcs Canada vous prennent en charge et vous renseignent sur l'histoire, la faune et la flore des îles. Une activité extrêmement plaisante et enrichissante et peut-être aurez-vous la chance de voir en plus des phoques, des baleines et des pingouins. Les départs se font à Longue-Pointe-de-Mingan. Possibilité d'hébergement en camping, cabine, roulotte, condo ou maison (voir « Famille Loiselle » dans Longue-Pointe-de-Mingan).

▶ **Autre adresse :** billets et réservations : 109 et 207, rue Bord de la Mer.

■ **FAMILLE LOISELLE**
Post d'accueil
109, rue Bord de la Mer
✆ +1 418 949 2307 / +1 866 949 2307
www.tourisme-loiselle.com
Tarifs selon le type d'hébergement choisi. Forfaits hébergement-croisière disponibles. Nombreux services sur place : bloc sanitaire, buanderie, casse-croûte, boutique souvenirs, service de réservation des croisières, excursions et bateau-taxi, etc.
La Famille Loiselle vous offre la possibilité de découvrir son coin de pays dans le grand confort de ses maisons et condos, ses roulottes toutes équipées, ses petites cabines ou en camping. La plupart offre une vue imprenable sur l'archipel de Mingan et l'île d'Anticosti et nous vous avertissons, vous risquez fort bien de vous réveiller au son du souffle des baleines. D'ailleurs, elles viendront vous saluer matin et soir alors qu'elles se rapprochent du littoral... Magique ! Si le grand large vous appelle, profitez de leurs croisières dans l'archipel. Une halte des plus reposantes et hautement recommandée !

MINGAN

Son nom, d'origine basque, signifie « langue de terre ». Ce village, ancien poste de traite, regroupe des pêcheurs et une communauté de Montagnais qui vivent ici en harmonie. La rivière Mingan, propriété des Montagnais, est une rivière à saumon. On peut y admirer de magnifiques chutes (site aménagé pour le pique-nique).

HAVRE-SAINT-PIERRE

Le petit port de Havre-Saint-Pierre a été fondé en 1857 par des pêcheurs venus des îles de la Madeleine. En 1948, il s'industrialise après la découverte, à 43 km au nord, d'un gisement d'ilménite, minerai composé de titane et d'oxyde naturel de fer. De Havre-Saint-Pierre, vous pouvez vous rendre à l'archipel de Mingan et à l'île d'Anticosti. De Havre-Saint-Pierre au Labrador, les villages de pêcheurs voisinent avec les réserves indiennes des Montagnais. La route se termine à Natashquan. Le navire Nordik Express (semi-cargo-semi-passagers), fait la liaison entre Rimouski, dans le Bas-Saint-Laurent, les ports de la moyenne Côte-Nord (Sept-Îles à Natashquan) et les ports de la Basse-Côte-Nord (jusqu'à Blanc-Sablon). Après Havre-Saint-Pierre, vous vous arrêterez à Baie-Johan-Beetz (camping, hébergement, restauration), du nom du naturaliste belge qui y a fait construire une étonnante maison. Natashquan, petit village tranquille, a inspiré une chanson à Gilles Vigneault, qui vient occasionnellement trouver l'inspiration dans la maison qu'il y possède. Il faut voir, sur la pointe, les hangars de pêche traditionnels appelés « les Galets » et les chutes de la rivière Natashquan.

■ **AÉROPORT DE HAVRE-SAINT-PIERRE**
1550B, route de l'Aéroport
✆ +1 418 538 3507

■ **BUREAU TOURISTIQUE DE HAVRE-SAINT-PIERRE**
Portail Pélagie-Cormier
1010, promenade des Anciens
✆ +1 418 538 2512
www.havresaintpierre.com
Ouvert toute l'année.

■ **EXPÉDITION AGAGUK**
1062, rue Boréale
✆ +1 418 538 1588 / +1 866 538 1588
www.expedition-agaguk.com
Tarifs selon le forfait choisi.
Les mordus de kayak de mer contacteront cette agence. Des initiations et expéditions guidées sont offertes dans l'archipel mais également à l'île d'Anticosti, Natashquan et la Basse-Côte-Nord. Services conseils et de guide pour ceux possédant leur propre kayak. Forfaits et location de kayak également disponibles. Autres activités : initiation à la voile en trimaran, raids de voile-camping, kayak-camping/chalet, pêche au saumon et à la truite.

ARCHIPEL DE MINGAN

Le long de la côte, à moins de 4 km de celle-ci, la Réserve du parc national du Canada de l'Archipel-de-Mingan égrène sa trentaine d'îles et d'îlots sur 82 km. Havre-Saint-Pierre fait face à l'île du Havre, habillée de falaises rocheuses en haut desquelles trônent des conifères. Non loin de là, vous pouvez voir les deux îles à Marteau, la grosse et la petite, où se trouvent un phare et quelques maisons aujourd'hui délaissées.
Les îles de Mingan présentent une curiosité géologique : des monolithes ou « pots de fleurs » géants de 5 à 10 m de hauteur, étrangement sculptés par la mer et qui doivent leur forme à une couche supérieure de calcaire plus résistant que leur pied friable. À chacun d'eux, Roland Jomphe, le vieux poète d'Havre-Saint-Pierre, a donné un nom selon sa forme.

Certaines îles sont habitées par l'orignal ou l'ours noir et dans les mers alentour, on observe de nombreux oiseaux ainsi que des cétacés. Les oiseaux de mer (le macareux moine à bec-de-perroquet et pattes orange – emblème du parc – l'eider, le guillemot noir, la sterne arctique) ne sont pas les seuls à pêcher, c'est aussi l'activité du balbuzard, un rapace commun dans les îles.
L'archipel possède également une flore d'une remarquable diversité : fougères, orchidées, mousses et lichens, dont certaines espèces ne se trouvent qu'en climat arctique ou alpin. On trouve aussi des plantes rares comme le chardon de Minganie, répertorié en 1924 par le frère Marie-Victorin, fondateur du Jardin botanique de Montréal.

À voir – À faire

■ RÉSERVE DE PARC NATIONAL DU CANADA DE L'ARCHIPEL-DE-MINGAN
Centre d'accueil et d'interprétation
1010, promenade des Anciens
Havre-Saint-Pierre
✆ +1 418 538 3285 / +1 888 773 8888
www.pc.gc.ca/mingan
Centre d'accueil et d'interprétation de Havre-Saint-Pierre ouvert de juin à début septembre. Adulte : 5,80 CAN $, aîné : 4,90 CAN $, 6-16 ans : 2,90 CAN $, famille : 14,70 CAN $. Prévoir le transport maritime vers les îles (croisières, excursions, bateau-taxi ou kayak de mer).
La Réserve de parc national de l'Archipel-de-Mingan est constituée d'une quarantaine d'îles et de plus de deux milliers d'îlots et de récifs. Outre les spectaculaires falaises, monolithes sculptés par la mer, l'archipel abrite une faune et une flore riches et diversifiées. Paysages majestueux. Randonnée pédestre, camping, kayak de mer, croisières.

Sports – Détente – Loisirs

Note importante : Avec une telle richesse de faune et de flore, découvrir l'archipel en plongée ou en kayak s'avère une expérience mémorable. Bien entendu, à moins d'être dûment certifié, vous ne pourrez pas vous y aventurer seul.

■ EXCURSIONS FAMILLE LOISELLE
Lieu d'embarquement
207, rue Bord de la Mer
LONGUE-POINTE-DE-MINGAN
✆ +1 418 949 2307
Voir page 533.

■ EXPÉDITION AGAGUK
1062, rue Boréale
HAVRE-SAINT-PIERRE ✆ +1 418 538 1588
Voir page 534.

BASSE-CÔTE-NORD

La Basse-Côte-Nord commence là où la route s'arrête, c'est-à-dire après Natashquan. Des chapelets d'îles et d'îlots s'égrènent le long du littoral (400 km) où le sable cède la place au granite. Les paysages sont sauvages et authentiques. Quelque 6 000 habitants sont répartis dans une quinzaine de villages. On y accède par avion ou par bateau. On rencontre les villages de Kegaska, La Romaine, Harrington Harbour, Tête-à-la-Baleine, Mutton Bay, La Tabatière, Saint-Augustin, Vieux-Fort et enfin Blanc-Sablon, extrémité orientale du Québec. La route réunit Vieux-Fort à Blanc-Sablon (50 km), d'où vous gagnerez Terre-Neuve (Saint-Barbe) par le traversier (durée : 1h15) qui franchit le détroit de Belle-Isle. La Basse-Côte-Nord est dominée par la forêt boréale de conifères. Au bord des innombrables lacs et rivières poussent aussi des forêts compactes de saules et d'aulnes aux branches tortueuses. Les conifères font place à la toundra sur les collines ventées et exposées. Le littoral est formé de rochers plats, comme au Labrador. Cet écosystème particulier disparaît lorsque vous vous enfoncez vers l'intérieur de la péninsule du Labrador. Ces territoires appartiennent aux Montagnais, bien que ceux-ci aient été sédentarisés dans des réserves. À Mingan, Natashquan, La Romaine et Saint-Augustin, vivent les Montagnais du groupe des Nutshimiu-Innuats, les « hommes de la forêt et de la fourrure ». Plus au sud, les réserves de Baie-Comeau, Sept-Îles et Maliotenam (ou Mani-Utenam) sont habitées par les « hommes du large », tandis qu'au Labrador, les « hommes de la terre sans arbres » voisinent avec les Inuits.

■ VOYAGES COSTE
22, rue de l'Église
RIVIÈRE-AU-TONNERRE
✆ +1 877 573 2678 – www.voyagescoste.ca
Comptoir d'information et de réservation pour les forfaits : lundi-vendredi, 9h-17h.
Pour planifier un séjour dans la région Basse-Côte-Nord, contactez cette coopérative de solidarité en tourisme durable : autotours, circuits avec guide, réservations d'hébergement, d'activités et de transports, etc. C'est LA référence pour un voyage mémorable dans la région !

▶ **Autre adresse :** ligne verte Europe : ✆ 800 29 04 19 62.

Île d'Anticosti

Située dans l'estuaire du Saint-Laurent, à 35 km au sud de l'archipel de Mingan et à 72 km au nord-est de la Gaspésie, l'île d'Anticosti est longue de 222 km et d'une largeur maximale de 56 km. Avec ses 7 943 km², c'est la plus grande du fleuve. Elle occupe une position clé, à l'entrée de la route maritime qui pénètre au cœur du Québec et du Canada. Jadis les bateaux la redoutaient, l'évitant autant que possible, en raison de la plateforme sous-marine et rocheuse qui l'entoure, du brouillard épais et des violentes tempêtes qui jetaient les navires à la côte (naufrages du brigantin Mary en 1690, de La Renommée en 1736, du Wilcox en 1954, épaves du La Fayette Brown et du chalutier Le Calou, échoué en 1982). Sa réputation de cimetière du golfe s'accompagnait aussi de récits de naufrageurs, de détrousseurs de cadavres et de massacres à faire frémir, telle la tragédie du Granicus en 1828.

Tantôt baignée d'une lumière cristalline, tantôt enveloppée d'un manteau de brouillard opaque, l'île culmine à 312 m. Couverte de forêts de conifères ou de tourbières, sillonnée d'une centaine de rivières que remontent, chaque été, les saumons de l'Atlantique, elle constitue un territoire de prédilection pour les chasseurs. Aujourd'hui, la quasi-totalité de l'île est une réserve provinciale couvrant 4 575 km². Par rapport au continent, on enregistre 10 °C en plus l'hiver et 10 °C en moins l'été : il fait en moyenne – 11 °C en février, le mois le plus froid, et 14 °C seulement en juillet.

Flore

L'île est couverte d'une forêt mixte de conifères et de feuillus, composée d'épinettes blanches et noires, de sapins baumiers, de mélèzes laricins, de bouleaux, ainsi que de mousses, lichens et arbres nains. Les tourbières et marécages occupent le quart de la superficie de l'île. Les baies y sont nombreuses : bleuets, différentes sortes d'airelles (canneberge, airelle à gros fruits, vigne d'Ida et raisins d'ours).

Faune

Terrestre. Les ours, trop chassés, ont disparu. Beaucoup d'animaux ont été importés : renards roux, castors, lièvres d'Amérique, cerfs de Virginie, orignaux. Le cerf de Virginie s'est si bien adapté aux conditions climatiques et à la forêt boréale que sa surpopulation (plus de 166 000 têtes) a entraîné une modification de la forêt. La faune aviaire, quant à elle, rassemble près de 220 espèces dont le guillemot à miroir, la mouette tridactyle, le macareux moine et le pygargue à tête blanche.

Marine. Une dizaine d'espèces de baleines fréquentent les eaux du golfe autour d'Anticosti : petit rorqual, rorqual à bosse, rorqual commun, rorqual bleu (le plus grand animal de la planète). Ces mammifères viennent s'ébattre dans le détroit de Jacques-Cartier. Le phoque gris est très commun autour de l'île. Il atteint 300 kg et son museau long et large lui a valu le surnom de tête de cheval. L'océan est riche en crustacés (crevettes, homards, crabes) et en poissons (capelan, maquereau, hareng, flétan, morue). Les lacs abondent en truites mouchetées, les rivières côtières en truites de mer, et près d'une trentaine de rivières (dont la rivière Jupiter) possèdent le statut de rivière à saumon.

Histoire

Les fouilles archéologiques entreprises sur l'île ont révélé des traces d'occupation humaine vieilles de 3 500 ans. L'île était un terrain de chasse où s'affrontaient régulièrement les pacifiques Indiens Montagnais de la Côte-Nord, les chasseurs micmacs des régions atlantiques, les farouches Iroquois du Saint-Laurent et les Inuits du Grand Nord, leur ennemi commun. Les pêcheurs basques fréquentaient, eux aussi, les eaux d'Anticosti, riches en morue, flétan, phoque gris et baleine. Dès son premier voyage en 1534, Jacques Cartier atteste son existence. Mais c'est Champlain qui, le premier, la mentionne sous l'appellation Anticosty. Toutefois, l'île ne commença à se peupler que lorsque Louis XIV la concéda à Louis Jolliet (1645-1700), hydrographe et explorateur né à Québec d'une famille originaire de La Rochelle, à titre de récompense pour son expédition dans la baie d'Hudson. Après la conquête anglaise, Anticosti fut annexée en 1763 à Terre-Neuve, devenue elle-même colonie britannique. Cette dernière la rétrocéda à Québec en 1774, qui la rendit à Terre-Neuve en 1807. Terre-Neuve l'engloba alors dans le Grand Labrador, s'étendant à cette époque jusqu'au Nouveau-Brunswick. Au cours du XIXe siècle, l'île changea souvent de propriétaire. On y fit construire une série de phares afin de diminuer le nombre des naufrages. En 1873, l'Anticosti Company, puis d'autres sociétés comme la Stockwell Company, tentèrent de la coloniser mais sans succès. Héritier d'une fortune familiale, l'industriel français Henri Menier, le roi du chocolat, joua un rôle considérable dans l'histoire de l'île. À la recherche d'une terre vierge qui serait à la fois un investissement et un lieu où il pourrait s'adonner à sa passion, il acheta Anticosti en 1895 et entreprit de l'aménager. Il fit nommer son ami, Georges Martin-Zédé, administrateur de l'île et le chargea de faire respecter les règlements très stricts qu'il avait établis, afin de développer le village de Baie-Sainte-Claire, l'industrie du bois (bois d'œuvre, pâte à papier) et la pêche au homard. L'île devint un véritable fief féodal où les gouvernements n'avaient plus juridiction. Afin de faciliter le transport du bois, il fit édifier Port-Menier. L'industriel français dépensa sans compter pour transformer l'île en un paradis privé. Pour diversifier la faune déjà riche en ours, martres et renards, il introduisit une centaine de cerfs de Virginie, puis des castors, orignaux, caribous et lièvres. Pour combattre les moustiques, il fit assécher les marais et importa des grenouilles. Les nombreux cervidés étaient aussi destinés à attirer sur eux les moustiques et les voraces mouches noires. Pour ses séjours et ceux de ses visiteurs, Henri Menier se fit construire un pavillon de chasse. Baptisé le Château, l'édifice mélangeait architectures norvégienne et normande. L'intérieur était somptueux : vitrail en forme de fleur de lys, tapis orientaux, portes de bois sculpté, tableaux de maîtres, salle de réception, bibliothèque. Le Château était même équipé de l'électricité et de salles de bains en marbre dotées d'eau courante. À la mort d'Henri Menier, en 1913, son frère Gaston hérita de l'île. Mais ce dernier, qui avait désapprouvé les dépenses financières engagées dans l'île et qui commençait à ressentir les difficultés économiques de l'industrie chocolatière, revendit Anticosti en 1926 à l'Anticosti Corporation, consortium de plusieurs sociétés canadiennes de pâte à papier. Laissé à l'abandon, le Château Menier fut finalement détruit en 1953. L'Anticosti Corporation s'engagea dans l'exploitation forestière ce qui, avec l'arrivée de bûcherons, entraîna l'accroissement de la population locale. L'Anticosti Corporation devint, en 1966, la Consolidated Bathurst Incorporated (Consol). L'exploitation du bois ayant cessé d'être rentable, l'île fut vendue en 1974 au gouvernement du Québec. En 1982, le gouvernement découpa l'île en pourvoiries, chargées d'organiser la chasse, la pêche et les activités de plein air, et en 2001, il acquit le parc désormais géré par la Sépaq.

Transports

- **Avion.** L'aéroport de Mont-Joli est la desserte officielle pour l'Île d'Anticosti pour les compagnies Sépaq Anticosti et la Pourvoirie du lac Geneviève qui nolisent elles-mêmes les aéronefs nécessaires. La compagnie aérienne Air Liaison dessert également Port-Menier à partir de plusieurs villes du Québec (Havre-Saint-Pierre, Québec, Sept-Îles, etc.). www.airliaison.ca

Traversier. Le Relais Nordik assure la liaison avec l'Île d'Anticosti. Départ du Bas-Saint-Laurent (Rimouski) ou Côte-Nord (Sept-Îles ou Havre-Saint-Pierre). Il dessert Port-Menier une fois par semaine dans chaque sens. www.relaisnordik.com

En voiture sur l'île : L'unique route qui traverse l'île, revêtue seulement entre l'aéroport et Port-Menier (7 km), est une piste en terre battue à emprunter avec un véhicule tout-terrain.

PORT-MENIER

L'unique village de l'île, situé dans la baie Gamache, a été choisi au début du siècle en raison de son port en eau profonde. On trouve au centre du village l'Auberge Port-Menier (Sépaq – reconstruction en cours pour une réouverture en juin 2013), un magasin général, une banque, un bureau de poste, une laverie et une épicerie. En dehors de Port-Menier, deux établissements de la Sépaq proposent aussi des hébergements confortables avec repas et activités encadrées, l'Auberge de Chicotte au sud de l'île, et l'Auberge McDonald au nord, sans compter les chalets et les sites de camping.

Pratique

INFO-ANTICOSTI

7, chemin des Forestiers
✆ +1 418 535 0250 – www.ile-anticosti.com
Pour obtenir de l'info sur l'histoire, la géographie et les richesses naturelles, la vie sociale et économique, la carte de l'île et les accès, etc.

SÉPAQ ANTICOSTI

✆ +1 418 535 0156 – +1 418 890 0863
✆ +1 800 463 0863
www.sepaq.com/pq/pan/fr/
La Sépaq propose des forfaits vacances en tout inclus ou non, de l'hébergement (auberge, chalet, camping), des activités (plein air, découverte, scolaire), de la location de voiture tout-terrain. En plus du Parc national d'Anticosti, elle gère trois auberges, un poste d'accueil à Port-Menier et deux centres de services (McDonald et Chicotte-la-Mer).

Se loger

Bien et pas cher

HÔTEL DE L'ÎLE

143, rue des Forestiers
✆ +1 418 535 0279 – hoteldelile@ca.tc
À partir de 65 CAN $ la nuit. 10 chambres avec salle de bain privée.
Situé près du centre du village, à proximité du débarcadère du traversier Nordik Express, ce petit hôtel propose des chambres confortables et un restaurant ouvert de 6h30 à 20h.

Confort ou charme

Information importante concernant l'Auberge Port-Menier de la Sépaq : un incendie a complètement détruit l'auberge, et la mise en chantier de la nouvelle Auberge Port-Menier a débuté à l'automne 2012. L'auberge n'était donc pas en service avant juin 2013.

POURVOIRIE DU LAC GENEVIÈVE

Sur la rive nord de l'île
✆ +1 418 535 0294 – +1 800 463 1777
www.anticostiplg.com
Location de chalets équipés (5) : 200 CAN $ par jour, capacité 6 personnes. Tarif à la semaine disponible. Possibilité de louer un camp rustique (capacité de 4 personnes) ou une des deux maisons (capacité de 8 personnes). Nombreux forfaits offerts incluant le transport et l'hébergement, et forfaits chasse.
Cette grande pourvoirie offre de l'hébergement en chalet, maison ou camp rustique et ses forfaits promettent de belles vacances. Les forfaits vacances incluent le transport en avion, l'hébergement et le véhicule sur place. Il est possible, si vous vous rendez à l'île par vos propres moyens, de prendre seulement l'hébergement. Des forfaits de chasse au cerf de Virginie sont offerts en plan européen, américain et rustique. Ils incluent tout sauf le permis de chasse et le transport jusqu'à l'île (plus d'exclusions pour le forfait rustique).

À voir – À faire

ANSE-AUX-FRAISES

Vestiges d'un village de pêcheurs.

BAIE-DE-LA-TOUR

À 10 km de la chute de la Vauréal, prendre une route secondaire de 14 km pour y accéder. Dominée par les superbes falaises calcaires de la pointe Easton, qui tombent à pic dans la mer, cette baie offre aussi une belle plage de sable.

BAIE SAINTE-CLAIRE

Située à 15 km à l'ouest de Port-Menier, Baie-Sainte-Claire a longtemps été le plus important village de l'île. À l'origine, il s'appelait English Bay et fut rebaptisé par Henri Menier en l'honneur de sa mère. Au milieu du XIXe siècle, des pêcheurs venus de Terre-Neuve et de Nouvelle-Écosse s'y étaient installés. Martin-Zédé fut l'artisan de son développement jusqu'au jour où le village fut abandonné au profit de Port-Menier. Un four à chaux y a été reconstruit. La chasse y étant interdite, c'est aujourd'hui le lieu idéal pour observer les cerfs de Virginie.

■ **CANYON ET CHUTE DE LA VAURÉAL**

Cet impressionnant canyon de 90 m de profondeur a été creusé dans le calcaire par la rivière Vauréal, à 9 km de son embouchure. Le sentier (1 heure à pied) qui suit le lit d'un ruisseau descend dans le canyon, puis conduit au pied de la chute d'eau tombant du sommet d'une muraille de 76 m. On admirera les falaises de calcaire gris strié de schistes rouges et verts. Pique-nique, baignade possible dans le bassin de la chute.

■ **GROTTE À LA PATATE**

Découverte en 1981, non loin de la rivière du même nom. Ses dimensions sont impressionnantes : 10 m de hauteur d'entrée sur 7 m de large et 80 m de long, et une galerie longue de 600 m se rétrécissant progressivement.

■ **PARC NATIONAL D'ANTICOSTI**

✆ +1 418 535 0156 / +1 418 890 0863
✆ +1 800 463 0863
www.sepaq.com/pq/pan/fr/
Saison estivale de fin juin à la fin août. En dehors de cette période l'hébergement et les activités sont restreints. Accès quotidien adulte : 6 CAN $, enfant : 2,75 CAN $, gratuit pour les enfants de 5 ans et moins. Tarifs groupe, famille et forfaits disponibles.
Territoire insulaire de 572 km², le parc national d'Anticosti est d'une beauté sauvage et fascinante. Falaises blanches, canyons vertigineux (canyon et chute Vauréal), grottes secrètes (grotte à la Patate), de somptueuses baies (Baie-de-la-Tour). Cerfs de Virginie, saumons et phoques.

◗ **Hébergement :** auberges (3), chalets de villégiature et 3 terrains de campings (47 emplacements).

◗ **Activités :** visites et randonnées guidées, randonnée pédestre, pêche à la journée, activités de découverte.

■ **POINTE-OUEST**

À 1 km au sud de Baie-Sainte-Claire. Elle porte le premier phare de l'île. Élevé en 1858, sa lumière porte à 50 km à la ronde. Malgré une série de phares construits au XIXe siècle, les naufrages restèrent nombreux. Depuis le XVIIIe siècle, 200 navires auraient sombré dans les parages de l'île. Près de la côte, vous pouvez apercevoir l'épave du chalutier Le Calou, échoué en 1982.

Grand Nord

Le Nord du Québec est la plus vaste région touristique du Québec. Il comprend, entre les 49e et 55e parallèles, le territoire de la Baie-James – Eeyou-Istchee et, au-delà du 55e parallèle, le Nunavik. Bordée par les mers boréales, voilà l'ultime frontière où Inuits, Cris, Innus, Naskapis et quelques Blancs partagent la moitié de la superficie du Québec, avec une faune et une flore adaptées aux rudes conditions de ce pays farouche. Attirant les bâtisseurs d'ouvrages hydroélectriques, les rivières tumultueuses donnent naissance à d'énormes projets, ouverts aux visiteurs. Des monts arides s'offrent à la randonnée, gibier et poissons appellent chasseurs et pêcheurs sportifs, alors que l'immensité du territoire se prête à la découverte en quad et en motoneige. Les immenses rivières du Nord du Québec ont vu naître de colossales installations hydroélectriques. Sur la Grande Rivière sont implantées huit centrales, dont la centrale La Grande-1 et l'Aménagement Robert-Bourassa, la plus grande centrale souterraine du monde. Quelque 185 000 travailleurs ont séjourné dans la région, de 1950 à nos jours, pour bâtir ces complexes hydroélectriques. Vous découvrirez l'histoire au Site historique Parc Robert-À.-Boyd.Les réserves fauniques Assinica et des Lacs-Albanel-Mistassini-et-Waconichi forment la plus grande réserve québécoise. Le lac Mistassini est, à lui seul, une véritable mer intérieure. Le Nunavik recèle de fabuleux phénomènes naturels, dont les plus hauts sommets de l'Amérique du Nord-Est : les monts Torngat (son plus haut sommet, le mont d'Iberville, culmine à 1 646 m de hauteur). Le cratère des Pingualuit, créé par une météorite de 3,4 km de diamètre, contient une eau d'une pureté exceptionnelle. L'hiver, une excursion guidée en motoneige permet d'y accéder, avec Kangiqsujuaq comme point de départ (à 88 km). À Tasiujaq, vous admirerez des marées exceptionnelles dans le bassin aux Feuilles (en mars 2002 a eu lieu la plus grande marée jamais enregistrée dans le monde). La rivière George est reconnue à l'échelle mondiale comme un endroit de choix pour la pêche au saumon, à l'omble chevalier et à la truite. Les pourvoiries de la région offrent d'ailleurs des forfaits de chasse et de pêche haut de gamme aux amateurs.
Au Musée et Centre de transmission de la culture Daniel-Weetaluktuk, à Inukjuak au Nunavik, vous découvrirez des œuvres d'art inuit contemporaines : plus de 400 objets anciens et contemporains ainsi que la reconstitution de l'intérieur d'un igloo d'autrefois !

BAIE-JAMES – EEYOU ISTCHEE

Le territoire de la Baie-James – Eeyou-Istchee couvre 350 000 km², soit un cinquième du territoire québécois. La Baie-James est fréquentée depuis plus de 5 000 ans. Les Cris, de la famille des Algonquins, sont les premiers à s'y installer. Leur sédentarisation est la conséquence du système de poste de traite mis en place au XVIIe siècle (échange de fourrures avec les Européens). Sir Henry Hudson découvre la baie en 1610. Peu après se met en place le système d'exploitation des fourrures. C'est à cette époque (1670) que remonte la création de la Compagnie de la Baie d'Hudson, toujours en activité. Les peaux de castor demeurent l'une des principales richesses de la région jusqu'à la découverte de mines d'or à la fin du XIXe siècle. Les mines, suivant le contexte international, seront tour à tour exploitées, puis abandonnées. Néanmoins après la Seconde Guerre mondiale, avec l'avènement du chemin de fer, l'or est largement exploité. La construction des villes de Chapais, Chibougamau et Matagami remonte à cette époque. Le chemin de fer permet, à partir des années 1960, l'exploitation de la forêt. Il faut attendre le début des années 1970, pour que naisse LE grand projet de la Baie-James : la construction de plusieurs barrages hydroélectriques, dont la plus grande centrale souterraine au monde. Le projet est contesté, notamment par les Cris, comme ces derniers sont implantés sur leurs terres ancestrales. La Convention de la Baie-James et du Nord Québécois apaise les conflits et leur octroie des compensations financières et des emplois. Pays d'aventure par excellence, royaume des motoneigistes, des chasseurs et des pêcheurs – le populaire festival du doré Baie-James a lieu au début de l'été à Chapais – avec bon nombre de pourvoiries réputées, la Baie-James s'ouvre de plus en plus au tourisme. Parmi les lieux les plus appréciés des visiteurs, signalons le village cri d'Oujé-Bougoumou, lauréat de l'Unesco, le Camp Robert-Boyd à Radisson et les centrales hydroélectriques au nord de la région (Radisson, Chisasibi). Outre la baie James, qui donne elle-même accès à la baie d'Hudson, la région compte de nombreux sites naturels d'exception, comme le lac Paradis, le lac Mistassini – le plus grand lac naturel du Québec (2 335 km²) – et les réserves fauniques Assinica et des Lacs-Albanel-Mistassini-et-Waconichi.

Transports

Chibougamau, porte d'entrée de la Baie-James, se situe à près de 700 km au nord-est de Montréal. Ensuite, les distances entre chaque ville sont longues.

- **Avion.** Air Creebec dessert Chibougamau, Waskaganish, Nemaska, Eastmain, Wemindji, Chisasibi, ainsi que Whapmagoostui au Nunavik. Air Inuit dessert La Grande et plusieurs municipalités du Nunavik.
- **Bus.** Autobus Messier dessert les principales villes de la Baie-James. Intercar relie Québec à Chibougamau en passant par le Saguenay-Lac-Saint-Jean. www.intercar.qc.ca
- **Voiture.** Sans aucun doute le meilleur moyen pour se déplacer dans ce territoire immense. Les principales routes d'accès pour la Baie-James sont :
Saguenay – Lac-Saint-Jean : route 167 depuis Saint-Félicien.
Abitibi-Témiscamingue : route 113 depuis Senneterre et route 109 depuis Amos.

■ TOURISME BAIE-JAMES
1252, route 167 Sud – CHIBOUGAMAU
✆ +1 418 748 8140 / +1 888 748 8140
www.tourismebaiejames.com

■ TOURISME EEYOU ISTCHEE
203, Opemiska Meskino
OUJÉ-BOUGOUMOU
✆ +1 418 745 2220 / +1 888 268 2682
www.tourisme-cri.ca
Le site web de l'Association Crie de pourvoirie et de tourisme (ACPT) renferme une foule d'informations et d'adresses utiles pour un séjour dans cette contrée éloignée. Pour ceux qui aimeraient vivre l'expérience nordique à son meilleur, consultez la rubrique « Activités » du site web afin d'obtenir les coordonnées des pourvoyeurs et fournisseurs de la région (chasse, pêche, motoneige, activités culturelles et visites guidées).

CHIBOUGAMAU

Ses origines remontent à l'exploitation des mines d'or. Depuis son économie s'est diversifiée et Chibougamau est devenue la plus grande municipalité du Nord québécois (même si elle compte moins de 8 000 habitants). En été, vous profiterez de sa plage municipale et en hiver, de ses postes de traîneau à chiens. Pour les amoureux de culture, un institut culturel cri a ouvert ses portes en novembre 2011 à Oujé-Bougoumou (à quelques kilomètres de Chibougamau). Côté festivals, quelques grands événements viennent ponctuer les saisons. L'été, le très populaire Festival du doré Baie-James est le plus important tournoi de pêche de la province. Se déroulant au lac Opémiska, il comprend également des activités familiales et des spectacles. Puis en août se tient le Festival en Août où près de 75 artistes du Nord québécois se produisent sur une scène extérieure au cœur du centre-ville. Également au programme : spectacles professionnels, journée pour les jeunes, feux d'artifice, tournoi de volleyball plage, etc. L'hiver fait majoritairement place à des événements de motoneige (courses, randonnées de motoneiges antiques, etc.).

Les immanquables du Grand Nord

- **Le site historique Parc Robert-A.-Boyd** qui retrace la vie des travailleurs de la plus grande centrale souterraine d'hydroélectricité.
- **Les réserves fauniques** Assinica et des Lacs-Albanel-Mistassini-et-Waconichi.
- **Les Monts Torngat,** les plus élevés d'Amérique du Nord-Est.
- **Les très grandes marées** à Tasiujaq.
- **Le parc national des Pingualuit.**
- **La collection d'art inuit** au Musée et Centre de transmission de la culture Daniel-Weetaluktuk, à Inukjuak.
- **Les aurores boréales.**

Baie d'Hudson
Kuujjuarapik-Whapmagoostui
Chisasibi
Radisson
Centrale Robert-Bourassa
Réservoir La Grande 3
Sakami
Baie James
Route Transtaïga (en gravier)
Wemindji
Réservoir Opinaca
Eastmain
Waskaganish
Nemaska
Route du Nord (en gravier)
Route de la Baie James (en asphalte)
Matagami
Chibougamau
Oujé-Bougoumou
Waswanipi
Chapais
Val-Paradis
Villebois
Beaucanton
Miquelon
Desmaraisville
Lebel-Sur-Quévillon
ABITIBI-TEMISCAMINGUE

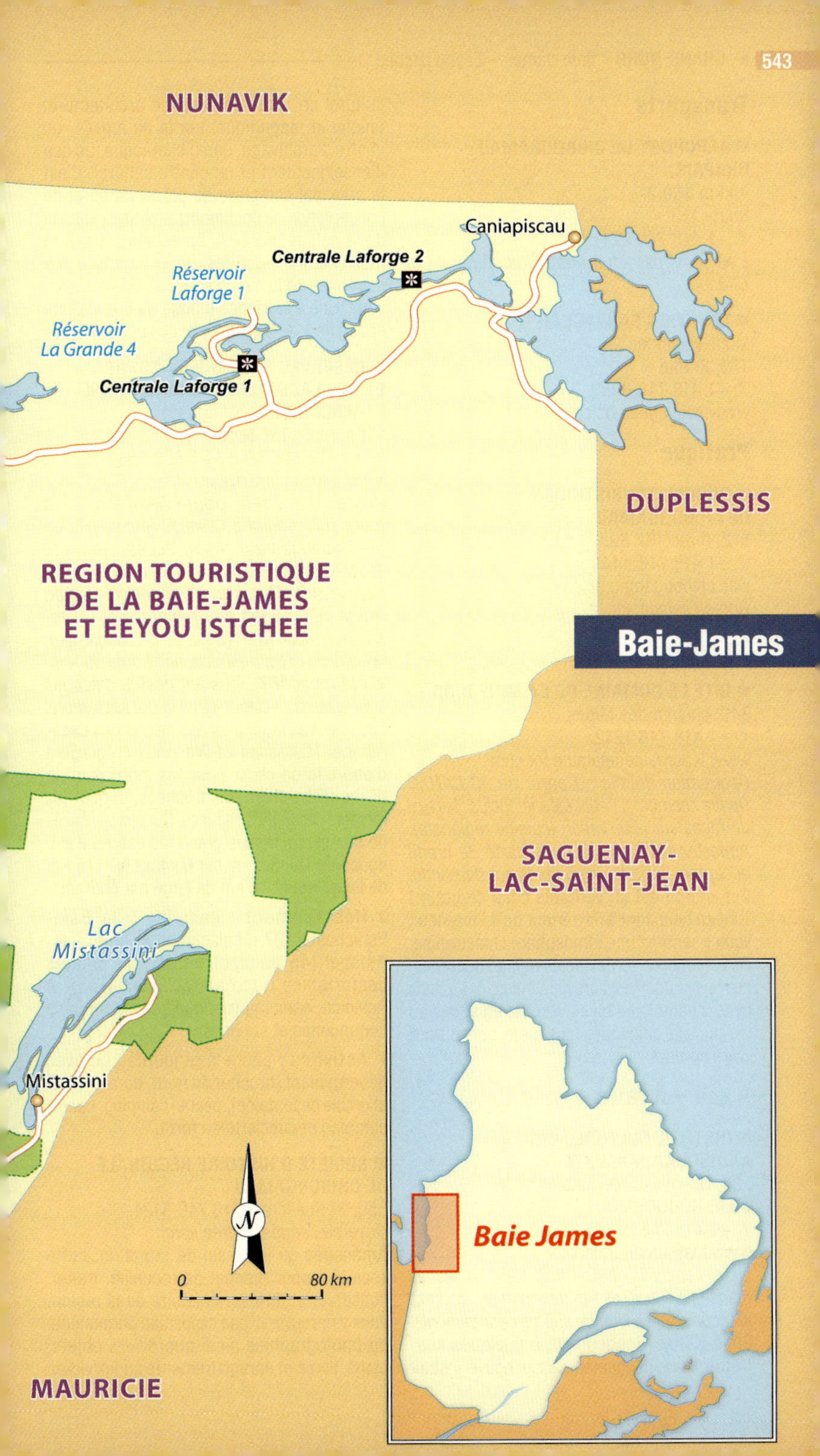
NUNAVIK
Caniapiscau
Centrale Laforge 2
Réservoir
Laforge 1
Réservoir
La Grande 4
Centrale Laforge 1
DUPLESSIS
REGION TOURISTIQUE
DE LA BAIE-JAMES
ET EEYOU ISTCHEE
SAGUENAY-
LAC-SAINT-JEAN
Lac
Mistassini
Mistassini
N
0
80 km
Baie James
MAURICIE

Transports

■ AÉROPORT DE CHIBOUGAMAU-CHAPAIS

Au km 360,2
Route 113
✆ +1 418 748 2211
L'aéroport est situé entre Chibougamau et Chapais.

■ LOCATION SAUVAGEAU

Multi-Vision Inc.
175, 3e Rue
✆ +1 418 748 6050
www.sauvageau.qc.ca

Pratique

■ BUREAU TOURISTIQUE DE CHIBOUGAMAU

512, route 167 Sud
✆ +1 418 748 4441
ville.chibougamau.qc.ca
Bureau saisonnier.

Se loger

■ GÎTE LE DOMAINE DE LA MINE D'OR

349, chemin des Mines
✆ +1 418 748 1212
www.ledomainedelaminedor.com
Occupation double : à partir de 90 CAN $. Quatre chambres. Petit déjeuner inclus. Service de repas sur réservation (cuisine régionale). Apportez votre vin. Aucune carte de crédit acceptée. Forfaits disponibles sur demande.
Cet endroit est un véritable coup de cœur ! Tout en bois, tant à l'extérieur qu'à l'intérieur, vous y sentirez une atmosphère chaleureuse. Des chambres confortables et bien décorées, des foyers pour les jours plus froids, des salons avec d'immenses baies vitrées, un accès au lac pour la baignade, tout a été pensé pour votre confort.

À voir – À faire

■ INSTITUT CULTUREL CRI AANISCHAAUKAMIKW

205, Opemiska Meskino
OUJÉ-BOUGOUMOU
✆ +1 418 745 2444
www.institutculturelcri.ca
Lundi-vendredi, 8h30-12h & 13h-17h. Visites guidées à 10h30 et 14h (réservation : tours@creeculture.ca). Horaire sujet à changements.
Situé à Oujé-Bougoumou, à quelques kilomètres de Chibougamau, ce tout nouvel institut culturel cri, avec son espace architectural unique et magnifique, abrite un musée, un centre d'archivage, une bibliothèque, un lieu d'enseignement et un centre culturel. C'est le principal complexe de préservation et de conservation de documents, médias et objets de la nation crie de la baie James. L'art, la musique, les légendes, les artéfacts et les coutumes de la nation sont ici partagés avec vous. Une expérience unique au cœur d'une nation fière de sa culture et de ses traditions !

■ RÉSERVES FAUNIQUES ASSINICA ET DES LACS-ALBANEL-MISTASSINI-ET-WACONICHI

1584, route 167 Nord
✆ +1 418 748 7748 / +1 800 665 6527
www.sepaq.com/rf/asn/
Poste d'accueil pour Assinica : la route 167 conduit à l'accueil Rupert (18 km de Chibougamau). Autre accès : la route 113 (secteur de Chapais).Postes d'accueil pour Lacs-Albanel-Mistassini-et-Waconichi : Rupert (route 167, 18 km de Chibougamau), Lac-Albanel (route 167, 178 km de Chibougamau), Waconichi et Baie-Pénicouane (route du Nord via la route 167).Tous les postes d'accueil sont ouverts de début juin à début septembre.
Les réserves fauniques Assinica et des Lacs-Albanel-Mistassini-et-Waconichi regorgent d'endroits de choix pour les mordus de la pêche recherchant des trophées, et pour les fervents des grands espaces. Sur ces territoires de démesure, le plus grand lac naturel d'eau douce du Québec, le lac Mistassini, 176 km de long, atteint 40 km de large par endroits.

▸ **Hébergement :** camping à la Baie-Pénicouane (27 emplacements) et au Lac-Albanel (45 emplacements), 11 chalets confortables (face au lac Waconichi). À Assinica, camping rustique seulement sans commodités et services.

▸ **Activités :** pêche à la journée ou avec hébergement (brochet du nord, doré, touladi et omble de fontaine), pêche-camping, canot-camping et cueillette en forêt.

■ SOCIÉTÉ D'HISTOIRE RÉGIONALE DE CHIBOUGAMAU

650, 3e Rue ✆ +1 418 748 3124
Ouvert à l'année. Entrée libre.
Aménagée au sous-sol de la mairie, cette société a pour mandat de recueillir, traiter, conserver et diffuser l'histoire de la région. Vous y retrouverez une exposition permanente de photographies ainsi que divers objets, plans, livres et enregistrements audio/vidéo.

Sports – Détente – Loisirs

■ ESACAPADE BORÉALE

1252, route 167 ✆ +1 418 770 8351
www.escapadeboreale.com
En opération à l'année. Tarif selon le service, l'événement ou forfait choisi.
Escapade Boréale a pour mission « d'organiser et de développer le tourisme d'aventure dans le Nord du Québec, en harmonie avec les communautés locales ». Au programme : des événements boréals tels La Route des Vents (7 jours de snowkite/paraski) ou le Raid Boréal (raid de motoneige sur près de 1 000 km), des escapades boréales (canot-camping, randonnée, etc.), ainsi qu'une multitude de services allant de l'offre d'escapades et circuits aventures sur mesure (guidés et auto-guidés) à la location d'équipement de plein air et de sécurité, en passant par le service de guidages cris ou jamésiens formés (motoneige, canot, kite ski, hiking, kayak de mer). LA référence pour vos aventures dans la région !

■ POURVOIRIE BROADBACK

Lac Assinica
✆ +1 819 874 3885 / +1 418 476 5368
www.broadback.ca
Séjour en forfait tout compris uniquement. Informez-vous sur ce qui n'est pas inclus dans le forfait (ex : transport jusqu'à la pourvoirie, permis de pêche provincial, etc.).
Cette pourvoirie vous propose un séjour de pêche au cœur de la réserve faunique Assinica. L'hébergement se fait en chalets rustiques équipés et bien intégrés au sein d'une nature sauvage. La table de la pourvoirie saura satisfaire les plus fins gourmets mais pensez toutefois à apportez vos boissons alcoolisées. Pendant votre séjour, un guide sera attitré par deux pêcheurs. Dorés, grands brochets du Nord et truites mouchetées vous y attendent !

WASKAGANISH

Située au sud-est de la région, sur la rive sud de la rivière Rupert, la petite ville de Waskaganish est un lieu rempli d'histoire et de traditions. C'est ici que fut implanté un des premiers postes de traite des fourrures du Canada (Compagnie de la Baie d'Hudson) et sa première communauté s'y installa il y a 330 ans. Région renommée pour ses cours d'eau, elle est le théâtre chaque année d'un événement traditionnel où les jeunes Cris, guidées par les aînés, forment une « brigade de canots » pour se familiariser avec le mode de vie cri traditionnel. Si vous êtes amateurs d'ornithologie, sachez que la ville est une des principales voies migratoires des oiseaux d'Amérique du Nord. N'oubliez donc pas votre appareil-photo !

■ KANIO-KASHEE LODGE

7, rue J.C. Watt
✆ +1 819 895 2005
Accès par la route de la Baie-James, pavée et bien entretenue, reliant Matagami à Radisson (remorque nécessaire pour les motoneiges en hiver car aucun sentier fédéré ne dessert cette partie de la région). Tarifs et forfaits sur demande. 24 chambres dont deux suites.
En logeant au Kanio Kashee, vous êtes à proximité d'une des régions les plus primitives du nord canadien, rien de moins. L'auberge, située en bordure de la rivière Rupert, est un endroit chaleureux, un camp de base pour vos activités grande nature dans la région. Parmi les services offerts, notons une navette pour l'aéroport régional, un restaurant ouvert du matin au soir avec une énorme fenestration cathédrale, une boutique d'artisanat et une salle de conférence. Une excellente adresse pour plonger au cœur de la nation crie et vivre une expérience hors du commun.

Pourvoiries

Le nord de la province est réputé pour son grand potentiel de chasse et de pêche, mais c'est également un lieu privilégié pour la pratique d'activités de plein air. Les pourvoiries de la région offrent à leurs hôtes des séjours de villégiature, des expéditions en motoneige, des safaris photo, des forfaits aventure, sans oublier la chasse et la pêche. Le choix est vaste et le produit, des plus adaptés. De nombreux services tels la location d'équipement, de chalets, le transport par hydravion, la vente de permis de chasse et de pêche, le service de restauration, etc., y sont offerts. Plusieurs forfaits sont proposés et il est possible d'inclure le transport depuis Montréal (ou d'autres villes). Dans un endroit si éloigné des grands centres, les pourvoiries sont un choix judicieux !

Complexe Pierre-Radisson

Hydro-Québec est l'une des plus grandes entreprises d'électricité du continent nord-américain. Elle produit, transporte et distribue presque toute l'électricité consommée au Québec. 98 % de sa production provient de centrales hydroélectriques, dont près de la moitié du complexe La Grande.

Au Complexe Pierre-Radisson, où l'on retrouve toutes les commodités pour les employés d'Hydro-Québec y compris les résidences, un centre d'interprétation des milieux naturels et humains du territoire de la Baie-James y a établi ses pénates. Ce centre est ouvert à l'année et l'entrée est gratuite. Les visites guidées de l'aménagement Robert-Bourassa et de la centrale La Grande-1 se font au départ du Complexe (réservation 48 heures à l'avance, pièce d'identité avec photo obligatoire). Pour plus d'information :

▸ **www.hydroquebec.com/visitez**

RADISSON

Radisson a été fondée en 1974 pour accueillir les travailleurs des grands barrages hydroélectriques. Vous vous y rendrez pour la visite du parc Robert-A.-Boyd, des centrales Robert-Bourassa et La Grande-1, et pour profiter des grands espaces.

Pratique

■ **BUREAU TOURISTIQUE DE RADISSON**
198, rue Joliet
✆ +1 819 638 8687 / +1 819 638 7777
Bureau saisonnier.

Se loger

■ **AUBERGE RADISSON**
66, avenue des Groseilliers
✆ +1 819 638 7201 / +1 888 638 7201
www.aubergeradisson.ca
Occupation double : à partir de 108 CAN $. Promotions et forfaits disponibles.
L'Auberge Radisson est située au centre-ville. Sur place, se trouve un restaurant proposant des mets du monde et fusion, mariés aux saveurs et traditions nordiques tels que le caribou, l'omble de l'Arctique et le doré. En séjournant à l'auberge, vous avez accès au Complexe Pierre-Radisson qui vous offre les services de bar, piscine et gymnase intérieurs, bureau de poste et centre d'interprétation des milieux d'Hydro-Québec.

À voir – À faire

■ **SITE HISTORIQUE PARC ROBERT-A.-BOYD**
Billetterie
65, avenue des Groseilliers
✆ +1 819 638 6673
www.sshr.qc.ca
Du 24 juin à la fête du Travail. Départ en bateau-passeur le matin (minimum 8 personnes). Admission au parc : 10 CAN $/personne, 25 CAN $/famille. Visite guidée du parc (incluant l'admission) : 20 CAN $/personne, 40 CAN $/famille. Réservations obligatoires 24h à l'avance. Chaussures de marche et tenue sportive recommandées. Boutique d'art amérindien et inuit à la même adresse que la billetterie du Parc.
Des années 1950 à l'aube de l'an 2000, 185 000 travailleurs séjournent dans la taïga québécoise pour ériger l'un des plus imposants aménagements hydroélectriques du monde : le Complexe La Grande. Pour souligner leur apport, la Société des sites historiques de Radisson a reconstitué le campement d'exploration G-68, un parc de tentes où vous revivrez le quotidien de ces héros anonymes, qui ont ouvert la voie aux bâtisseurs de l'avenir.

NUNAVIK

La région du Nunavik couvre près de 550 000 km². Ses quelque 9 500 habitants, majoritairement Inuits, vivent dans une quinzaine de villages. Le territoire du Nunavik est constellé de lacs et parcouru par d'innombrables rivières, qui se jettent pour la plupart, dans la baie ou le détroit d'Hudson, ou encore dans la baie d'Ungava. Il est recouvert, dans sa partie méridionale, de forêts plus ou moins clairsemées où dominent les conifères.

Au-delà du 58e parallèle, au nord de Kuujjuaq, les rares épinettes noires, mélèzes et pins gris disparaissent pour faire place à la toundra arctique, dont la flore rampante miniature se blottit dans les dépressions du relief pour se protéger du vent. Il n'est pas rare de voir des caribous. La langue maternelle des Inuits est l'Inuktituk, malgré le fait que la jeune génération utilise davantage l'anglais. La plupart des mots décrivent l'environnement et la façon de vivre des Inuits, et certains n'ont pas d'équivalent dans d'autres langues. C'est une grande richesse culturelle et n'hésitez pas à apprendre quelques mots avant votre séjour, le geste sera des plus appréciés !

Transports

- **Avion.** Air Inuit dessert les municipalités du Nunavik en provenance de Montréal, Québec, Rouyn-Noranda et Sept-Îles. First Air dessert Kuujjuak (au départ de Montréal) ainsi qu'une trentaine de communautés du Nunavut et des territoires du Nord-Ouest. Sur place, des compagnies privées assurent les liaisons entre les différents villages du Nunavik.

■ ASSOCIATION TOURISTIQUE DU NUNAVIK
Hôtel de Ville de Katittavik
C.P. 779, Kuujjuaq QC, JOM 1C0
KUUJJUAQ
✆ +1 819 964 2876
✆ +1 888 594 3424
www.nunavik-tourism.com
Site Internet très complet avec une multitude d'informations sur le Nunavik et le tourisme dans la région. Envoi sur demande d'une brochure intéressante sur la nature et le mode de vie des Inuits. Les amateurs de grands espaces apprécieront l'immensité et la beauté du Nunavik. Mais, en raison des distances, de l'absence de routes et des conditions climatiques extrêmes, nous vous conseillons de partir en voyage organisé. Prévoir un budget conséquent pour ce type d'expédition (minimum de 2 000 CAN $ par personne pour la semaine, vol depuis Montréal inclus).

KUUJJUAQ

Capitale de la région administrative du Nord-du-Québec, Kuujjuak compte un peu plus de 2 000 habitants dont plus de 80 % sont Inuits. Le premier contact entre les Européens et les Inuits locaux est survenu en 1811 alors que des missionnaires moraves arrivèrent à un campement inuit qui se trouvait en bordure de la rivière Koksoak. Ils y ont établi une mission afin de convertir les Inuits au Christianisme. En 1830, la Compagnie de la Baie d'Hudson y installa un poste de traite dans le but de contribuer au commerce local. Plus tard, en 1942, les Forces armées américaines érigèrent la base Crystal 1 à l'endroit actuel du village de Kuujjuaq (base qui fut cédée au gourvernement canadien après la Seconde guerre mondiale), ce qui accéléra le développement du village. Vinrent par la suite une mission catholique, un poste de soins infirmiers, une école et une station météorologique.
Aujourd'hui, le village est un centre important du Nunavik. On y retrouve un aéroport, quelques hôtels, des restaurants et des magasins ainsi qu'une banque.

Les parcs du Nunavik

Depuis quelques années, des organismes du Nunavik, en partenariat avec le gouvernement provincial, ont commencé à développer un réseau de parcs. Le but premier est de protéger les régions naturelles du Nord, car n'oublions pas que le Nunavik couvre le tiers du Québec et possède 20 des 43 régions naturelles reconnues. En 2007, le parc national des Pingaluit (« là où la terre se dresse ») a été inauguré. On y retrouve le cratère d'une météorite dont le diamètre correspond à 3,4 km avec une profondeur de 400 m. Le lac qui occupe ce cratère fait partie des plus purs au monde ! Vient ensuite le parc national Kuururjuaq, très connu des aventuriers en raison des monts Torngat, parmi les plus hauts sommets de l'Est continental de l'Amérique du Nord (mont Iberville : 1 646 m). Deux projets de parcs sont également en cours : celui de Tursujuq, situé près la côte est de la baie d'Hudson, non loin de la communauté inuite d'Umiujaq, et comprenant notamment le lac Guillaume-Delisle ; et celui des Monts-Pyramides, situé dans la vallée de la rivière George, de la rivière Ford et sur les hauts plateaux environnants.

- **Pour plus d'information :** www.parcsnunavik.ca

Transports

Comment y accéder et en partir

■ **JOHNNY MAY'S AIR CHARTERS**
✆ +1 819 964 1410 / +1 819 964 2321
✆ +1 800 661 5850
De juillet à fin septembre sur flotteurs et de novembre à fin mai sur skis, service de charter pour tout le Nunavik (voyages de pêche et de chasse, vols panoramiques et expéditions d'écotourisme, exploration minière).

■ **NUNAVIK ROTORS**
✆ +1 819 964 1185 / +1 819 964 2007
www.nunavikrotors.com
Service de transport pour personnes et marchandises en hélicoptère dans le Nunavik. Filiale de Air Inuit.

Se déplacer

Nous vous recommandons de faire affaire avec un pourvoyeur ou un producteur d'aventure afin d'organiser votre séjour et de vous déplacer au Nunavik. Les distances étant grandes, la langue différente et le climat rigoureux, nous ne conseillons à personne d'y aller seul sans préparation.

Sports – Détente – Loisirs

Voici une liste d'entreprises offrant des forfaits tout inclus au Nunavik. Ces dernières ne sont pas basées à Kuujjuak mais offrent des séjours dans cette grande région alors que d'autres sont des pourvoiries basées à différents endroits au Nunavik.

■ **AVENTURES INUIT**
Basée à Montréal
✆ +1 514 457 3319 / +1 855 657 3319
www.aventuresinuit.com
Cette entreprise vous propose des excursions et séjours guidés où vous pourrez explorer les différentes communautés de la région. Motoneige, traîneau à chiens, camping arctique, techniques de survie, interprétation culturelle, randonnée pédestre, kayak et canoë font entre autres partie des activités offertes dans les forfaits.

■ **CENTRE DE FORMATION EN SURVIE ARCTIQUE DU NUNAVIK**
Basé à Puvirnituq ✆ +1 819 988 2825
www.nastc.ca
Entreprise entièrement gérée par des Inuits proposant des séjours d'été et d'hiver dans la région de la baie d'Ungava. Il est conseillé d'être très en forme avant de s'inscrire, surtout pour les escapades hivernales (nuit en igloo, motoneige…). Il est aussi possible de s'inscrire à un des cours de survie à Puvirnituq (de base, avancé, recherche sur le terrain, orientation et navigation, etc.).

■ **CRUISE NORTH EXPEDITIONS**
Basé à Mississauga
✆ +1 647 729 3568 / +1 855 527 2842
www.cruisenorthexpeditions.com
En opération de juin à octobre (dates selon la croisière choisie).
Croisières inoubliables dans le Grand Nord (Nunavik, Nunavut, Labrador et Terre-Neuve, Groenland). Vous devez vous rendre par avion au point de départ de la croisière. La compagnie engage des guides naturalistes locaux sur place et prône le respect de l'environnement, cette région étant fragile.

■ **RAPID LAKE LODGE**
491, R.R. 1
Lyster
✆ +1 819 389 5832 / +1 418 949 2549
www.rapidlake.com
Possibilité d'organiser des forfaits de pêche, des safaris aériens, des voyages de découverte, des treks et expéditions, et des aventures multisports. Quatre types de voyages sont offerts : en petit groupe avec guide, individuel avec guide, sans guide accompagnateur, et sur mesure en autonomie complète.

■ **SAFARI NORDIK**
Basé à Blainville
✆ +1 450 971 1800 / +1 800 361 3748
www.safarinordik.com
Depuis plus de 25 ans, cette entreprise offre des forfaits de chasse au caribou, tout inclus.

■ **WEDGE HILLS LODGE**
Rivière George ✆ +1 800 561 8548
www.wedgehillslodge.com
Imaginez quelques instants pouvoir vivre un raid en motoneige dans le « vrai » Grand Nord québécois, à sillonner les plateaux de la rivière George, une des régions les plus sauvages au monde ! En compagnie de guides autochtones, vous parcourrez des territoires encore vierges aux paysages grandioses, verrez les caribous dans leur habitat naturel, taquinerez le poisson sur les lacs gelés… Un séjour d'exception au cœur de la toundra ! Vous devez constituer un groupe d'au moins quatre personnes et votre forfait tout compris comprend le transport par avion depuis Montréal, Québec ou Sept-Îles. Le trajet jusqu'à la pourvoirie se fait ensuite en hydravion. Bien entendu, ce type d'aventure n'est pas à la portée de toutes les bourses mais n'est-ce pas après tout l'expérience d'une vie ? Forfaits chasse et pêche aussi disponibles.

ORGANISER SON SÉJOUR

Panorama sur Montréal.

Pense futé

ARGENT

Monnaie

La monnaie s'exprime en dollars canadiens (CAD, $ CA, CAN $ – à ne pas confondre avec le dollar US). Pièces de 1 et 2 CAN $, et 1, 5, 10 et 25 ¢ (cents) ; billets de 5, 10, 20, 50, 100 CAN $ (ces derniers sont parfois refusés dans certains magasins). On prononce « cenne » pour cent (« je n'ai plus une cenne » veut dire « je suis fauché »). Piastre, prononcé « piasse », est synonyme de dollar. La pièce de 25 ¢ se dit aussi « un trente sous ».

Taux de change

- **En mars 2013 :** 1 CAN $ = 0,74 € ; 1 € = 1,34 CAN $.

Budget

Voici quelques estimations de prix afin de mieux vous aider à établir un budget. Une nuit en auberge de jeunesse pour une personne revient à un minimum de 20 CAN$, une nuit en camping pour deux personnes entre 18 et 30 CAN$ (un peu plus pour le camping 2 ou 3 services). Il faut compter au moins 75 CAN$ la nuit pour deux dans une chambre d'hôte. Pour un motel, compter de 75 à 90 CAN$ la nuit pour deux. Dans les hôtels plus chics, compter à partir de 99 CAN$ la chambre double. Attention, les prix sont généralement hors taxes : il faut ajouter 14,5 %.

Midi et soir, la table d'hôte désigne le menu, soit un plat accompagné généralement d'une entrée et parfois d'un dessert et du café. Il faut compter au minimum entre 6 et 10 CAN$ pour un snack, de 8 à 15 CAN$ en moyenne pour une assiette chaude garnie accompagnée d'une salade, et les tables d'hôtes de 10 à 40 CAN$. Attention, pour les repas, il faut ajouter aux 14,5 % de taxes le service de 15 %. Pour bien compter, il faut donc majorer les prix de près de 30 % !

Banques et change

Elles ouvrent généralement à 10h et ferment à 16h (la plupart restent ouvertes jusqu'à 19h-20h le jeudi soir). Certaines sont même ouvertes le week-end depuis peu.

Les banques offrent généralement un service de change, mais ne proposent pas des taux très avantageux.

© YUKIKO YAMANOTE – ICONOTEC

Monts Otish

■ **NATIONAL CHANGE**
✆ 01 42 66 65 64
www.nationalchange.com
N'hésitez pas à contacter notre partenaire en mentionnant le code PF06 ou en consultant le site Internet. Vos devises et chèques de voyage vous seront envoyés à domicile.

Moyens de paiement

Lors de votre voyage au Québec, trois modes de paiement sont à privilégier : l'argent liquide, la carte de paiement bancaire et les chèques de voyage. Pour les petites dépenses, mieux vaut se prévaloir d'argent liquide. Il faut alors posséder une carte de paiement internationale. Pour les grosses dépenses, optez pour votre carte de paiement. Une petite commission vous sera facturée, mais la limite des dépenses permises est plus élevée qu'un retrait à un ATM (vérifiez d'ailleurs votre limite de retrait avec votre banque française). Vous pouvez aussi vous prévaloir de chèques de voyage (Traveler's Cheques) en dollars canadiens. Ces derniers sont acceptés presque partout au pays et en cas de perte ou de vol, ils se remplacent facilement.

▸ **Note :** contrairement à l'Europe, vous remarquerez que certaines banques acceptent uniquement la carte VISA (Banque Royale, Banque Laurentienne...) alors que d'autres, seulement la MasterCard (Banque Nationale, Banque de Montréal...).

Cash

Vous trouverez des distributeurs automatiques (appelés ATM) un peu partout. Privilégiez les distributeurs appartenant à une banque ou une caisse populaire locale plutôt que ceux dit « indépendants ».Les cartes de paiement européennes permettent de retirer de l'argent aux distributeurs si les banques émettrices sont affiliées au réseau Cirrus ou Plus. Attention, les banques nord-américaines sont liées à Visa® ou à MasterCard®, jamais les deux : surveillez donc les logos figurant sur le guichet.

Transfert d'argent

Avec ce système, on peut envoyer et recevoir de l'argent de n'importe où dans le monde en quelques minutes. Le principe est simple : un de vos proches se rend dans un point MoneyGram® ou Western Union® (poste, banque, station-service, épicerie...), il donne votre nom et verse une somme à son interlocuteur. De votre côté de la planète, vous vous rendez dans un point de la même filiale. Sur simple présentation d'une pièce d'identité avec photo et de la référence du transfert, on vous remettra aussitôt l'argent.

Carte de crédit

▸ **Avant votre départ,** pensez à vérifier avec votre conseiller bancaire la limitation de votre plafond de paiement et de retrait. Demandez, si besoin est, une autorisation exceptionnelle pour la période de votre voyage.

▸ **En cas de perte ou de vol** de votre carte de paiement, appelez le serveur vocal du groupement des cartes bancaires Visa® et MasterCard® au (00 33) 892 705 705 ou (00 33) 836 690 880. Il est accessible 7j/7 et 24h/24. Si vous connaissez le numéro de votre carte bancaire, l'opposition est immédiate et confirmée. Dans le cas contraire, l'opposition est enregistrée mais vous devez confirmer l'annulation à votre banque par fax ou lettre recommandée.

▸ **En cas de dysfonctionnement de votre carte de paiement** ou si vous avez atteint votre plafond de retrait, vous pouvez bénéficier d'un *cash advance*. Proposé dans la plupart des grandes banques, ce service permet de retirer du liquide sur simple présentation de votre carte au guichet d'un établissement bancaire, que ce soit le vôtre ou non. On vous demandera souvent une pièce d'identité. En général, le plafond du *cash advance* est identique à celui des retraits, et les deux se cumulent (si votre plafond est fixé à 500 €, vous pouvez retirer 1 000 € : 500 € au distributeur, 500 € en *cash advance*). Quant au coût de l'opération, c'est celui d'un retrait à l'étranger.

Traveler's Cheques

Ce sont des chèques prépayés émis par une banque, valables partout, et qui permettent d'obtenir des espèces dans un établissement bancaire ou de payer directement ses achats auprès de très nombreux lieux affiliés (boutiques, hôtels, restaurants...). Ils sont valables à vie. Leur avantage principal est l'inviolabilité : un système de double signature (la deuxième étant faite par vous devant le commerçant) empêche toute utilisation frauduleuse. A la fin de votre séjour, s'il vous en reste, vous pourrez les changer contre des euros ou les restituer à votre banque qui les imputera à votre compte courant. A noter que le paiement par chèque classique est rarement possible à l'étranger. Lorsque c'est le cas, l'utilisation est compliquée et très coûteuse.

SAM BARTON
The Canadian Whisky*
SB
Distilled in Canada
SAM BARTON
IMPORTED FROM CANADA
FINEST
RESERVE
CANADIAN WHISKY
AGED 5 YEARS
SIREN 572 056 331
* Le Whisky Canadien
L'ABUS D'ALCOOL EST DANGEREUX POUR LA SANTÉ. A CONSOMMER AVEC MODÉRATION.

Pourboires, marchandage et taxes

▶ **Pourboire**. Il est habituellement de 15 %, non inclus dans l'addition. Dans les restaurants, comptez 15 % de la somme totale due, en fonction du service fourni (pour éviter ces calculs, laissez un peu plus que l'équivalent des taxes indiquées sur la facture). Donner des « sous noirs » (1 cent) revient à dire que l'on n'a vraiment pas apprécié le service. Le pourboire aux chauffeurs de taxi, aux chasseurs d'hôtel et aux coiffeurs est donné au gré du client. Pas de pourboires dans les cinémas et les théâtres.

▶ **Taxe**. Les prix de la plupart des biens de consommation et des services sont majorés d'une taxe provinciale (TVQ) de 9,5 % et d'une taxe nationale (TPS) de 5 %. N'oubliez donc pas de rajouter la TPS et la TVQ au prix de vos achats.

Duty Free

Puisque votre destination finale est hors de l'Union européenne, vous pouvez bénéficier du Duty Free (achats exonérés de taxes). Attention, si vous faites escale au sein de l'Union européenne, vous en profiterez dans tous les aéroports à l'aller, mais pas au retour. Par exemple, pour un vol aller avec une escale, vous pourrez faire du shopping en Duty Free dans les trois aéroports, mais seulement dans celui de votre lieu de séjour au retour.

BAGAGES

Que mettre dans ses bagages ?

▶ **Les étés sont chauds.** Cependant, la climatisation et les soirées fraîches à la campagne nécessitent des lainages et un coupe-vent. N'oubliez pas le maillot de bain, un sac à dos pour les randonnées pédestres et une lotion anti-moustique.

▶ **Au printemps et à l'automne**, il faut un imperméable doublé.

▶ **En hiver**, munissez-vous d'un bonnet, de moufles et d'une écharpe ainsi que d'un anorak, de vêtements chauds et de bottes fourrées.

Réglementation

▶ **Bagages en soute.** Généralement, 20 à 23 kg de bagages sont autorisés en soute pour la classe économique et 30 à 40 kg pour la première classe et la classe affaires. Si vous prenez une des compagnies *low cost*, sachez qu'elles font souvent payer un supplément pour chaque bagage enregistré.

▶ **Bagages à main.** En classe éco, un bagage à main et un accessoire (sac à main, ordinateur portable) sont autorisés, le tout ne devant pas dépasser les 12 kg ni les 115 cm de dimension. En première et en classe affaires, deux bagages sont autorisés en cabine. Les liquides et gels sont interdits : seuls les tubes et flacons de 100 ml maximum sont tolérés, et ce dans un sac en plastique transparent fermé (20 cm x 20 cm). Seules exceptions à la règle : les aliments pour bébé et médicaments accompagnés de leur ordonnance. Enfin, si vous souhaitez ramener des denrées typiquement françaises sur votre lieu de villégiature, sachez que les fromages à pate molle et les bouteilles achetées hors du Duty Free ne sont pas acceptées en cabine. Pour un complément d'informations, contactez directement la compagnie aérienne concernée.

DÉCALAGE HORAIRE

- **Québec :** moins 6 heures en été et en hiver.
- **Note :** pour les îles de la Madeleine, une partie de l'île d'Anticosti et de la Côte-Nord (à partir de Baie-Johan-Beetz), le décalage horaire n'est plus que de 5 heures.

ÉLECTRICITÉ, POIDS ET MESURES

Courant alternatif de 110 volts avec une fréquence de 60 Hz. Les fiches sont plates à l'américaine (pas rondes comme en Europe). Munissez-vous d'un adaptateur, afin de pouvoir utiliser les appareils européens tels que rasoir ou séchoir à cheveux, et vérifiez qu'ils acceptent ce voltage. Le cas échéant, munissez-vous également d'un convertisseur de courant.Bien que le Québec ait adopté le système métrique depuis plus d'une trentaine d'années, on utilise encore les anciennes mesures.

- **1 pied** = 30,48 cm (3 pieds font une verge = 0,914 cm). Il existe aussi les pieds carrés, verges carrées et acres.
- **1 mètre** = 3,28 pieds.
- **1 pouce** = 2,54 cm (il y a 12 pouces dans 1 pied).
- **10 cm** = 3,937 pouces.
- **1 livre** = 454 g (il y a 16 onces dans 1 livre). Je pèse 140 livres (63,5 kg) et je mesure 5 pieds 8 pouces (1,73 m).
- **1 kg** = 2,20 livres.
- **1 once** = 28,349 g.
- **1 kg** = 35,27 onces.
- **1 pinte** = environ 1 demi-litre.
- **1 gallon canadien** = 4,5 litres.
- **1 gallon américain** = 3,785 litres.
- **1 acre** = 0,4 hectare.
- **Quant aux pointures de chaussures**, le 38 femme correspond au 7 (qui équivaut au 39,5 pour l'homme).
- **Pour les tailles des vêtements**, le 40 femme correspond au 12 ; le 44 homme devient le 34.

FORMALITÉS, VISA ET DOUANES

Les voyageurs français, belges et suisses sont acceptés pour trois mois sans visa. Ils doivent être en possession d'un passeport encore valable six mois après le retour, d'un billet de retour et disposer d'une somme suffisante en argent pour assurer leur séjour.

- **Si vous prévoyez de passer la frontière américaine**, il vous faut désormais un passeport biométrique (ou un passeport à lecture optique en cours de validité et émis avant le 26 octobre 2005). Ce passeport permet de bénéficier du programme d'exemption de visa pour les séjours de moins de 90 jours. Car la France fait toujours partie du programme Visa Waiver Pilot (VWP), qui autorise tous les ressortissants français à entrer sur le sol américain sans visa, et ce pour un séjour d'une durée maximale de 90 jours. Depuis janvier 2009, pour bénéficier de cette exemption de visa, il est nécessaire de faire une déclaration en ligne pour les séjours touristiques aux Etats-Unis, dans le cadre du programme d'exemption de Visa (VWP). Pour cela, il vous faudra remplir le formulaire ESTA en ligne sur le site https://esta.cbp.dhs.gov et vous acquitter des frais administratifs, payants depuis septembre 2010, à hauteur de 14 US$.
- **Attention aux conditions d'entrée pour vos animaux de compagnie.** Renseignez-vous avant votre départ pour savoir comment ils pourront vous accompagner. Les animaux domestiques sont admis à condition qu'un permis d'importation canadien (délivré à la douane canadienne) ait été obtenu. Le certificat antirabique de moins d'un an et le certificat de santé (délivré dix jours avant le départ) sont obligatoires. La loi canadienne interdit de posséder plus de deux animaux domestiques (chiens, chats) par logis. En ville, les chiens sont obligatoirement tenus en laisse tout le temps. Dans les transports

publics, il faut prendre l'ami fidèle dans ses bras. Tous (pour les résidents) doivent être enregistrés à l'hôtel de ville sous peine de voir la police frapper à leur porte pour s'en assurer.

▸ **Pour en savoir plus,** vous pouvez consulter le site : www.anivoyage.fr

Obtention du passeport

Les passeports délivrés en France sont désormais biométriques. Ils comportent votre photo, vos empreintes digitales et une puce sécurisée. Pour l'obtenir, rendez-vous en mairie muni d'un timbre fiscal, d'un justificatif de domicile, d'une pièce d'identité et de deux photos d'identité. Le passeport est délivré sous trois semaines environ. Il est valable dix ans. Les enfants doivent disposer d'un passeport personnel (valable cinq ans).

▸ **Conseil futé.** Avant de partir, pensez à photocopier tous les documents que vous emportez avec vous. Vous emporterez un exemplaire de chaque document et laisserez l'autre à quelqu'un en France. En cas de perte ou de vol, les démarches de renouvellement seront ainsi beaucoup plus simples auprès des autorités consulaires. Vous pouvez également conserver des copies sur le site Internet officiel mon.service-public.fr – Il vous suffit de créer un compte et de scanner toutes vos pièces d'identité et autres documents importants dans l'espace confidentiel.

Formalités et visa

■ **ACTION-VISAS**
69, rue de la Glacière (13e)
Paris (France) ✆ 0 892 707 710
www.action-visas.com

■ **VSI**
19-21, avenue Joffre
Epinay-sur-Seine (France)
✆ 0 826 46 79 19 – www.vsi.1er.fr
Spécialiste des visas d'affaires, touristiques et de groupe, VSI se charge des vos formalités à votre place, y compris dans l'urgence. VSI facilite ainsi le voyage de chacun et garantit de partir dans le pays indiqué.

■ **WORLD VISA**
117, rue de Charenton (12e)
Paris (France) ✆ 06 09 83 82 29
www.worldvisa.fr

Douanes

Lorsque vous arrivez en France d'une destination hors de l'Union européenne, vous pouvez transporter avec vous des marchandises achetées ou qui vous ont été offertes dans un pays tiers, sans avoir de déclaration à effectuer, ni de droits et taxes à payer. La valeur de ces marchandises ne doit pas excéder, selon les cas de figure :

▸ **Voyageur de moins de 15 ans** (quel que soit le mode de transport) : 150 €.

▸ **Voyageur de 15 ans et plus,** utilisant un mode de transport autre que aérien et maritime : 300 €.

▸ **Voyageur de 15 ans et plus,** utilisant un mode de transport aérien et maritime : 430 €.

▸ **Attention :** aucune de ces sommes ne peut être cumulée par différentes personnes pour bénéficier d'une franchise plus importante pour un même objet. (Par exemple, un couple ne peut pas demander à bénéficier de la franchise pour un appareil d'une valeur de 860 €).

▸ **Si vous voyagez avec 10 000 € de devises ou plus,** vous devez impérativement les déclarer en douane et si vous transportez des objets d'origine étrangère, munissez-vous des factures ou des quittances de paiement des droits de douane : on peut vous les demander pour prouver que vous êtes en règle.

▸ **Enfin, certains produits sont libres de droits** de douane jusqu'à une certaine quantité. Au-delà de celle-ci, ils doivent être déclarés. Vous acquitterez alors les taxes normalement exigibles. Si vous choisissez de ramener du tabac, vous pouvez acheter 200 cigarettes ou 50 cigares (soit 250 grammes de tabac), mais pas les deux. Contactez la douane pour en savoir plus.

■ **DOUANES FRANCAISES**
✆ 0 811 20 44 44 – www.douane.gouv.fr

HORAIRES D'OUVERTURE

Les bureaux sont généralement ouverts du lundi au vendredi de 9h à 17h. Les commerces, quant à eux, servent habituellement du lundi au vendredi de 9h à 18h (jusqu'à 21h le jeudi et le vendredi), le samedi de 9h à 17h, et le dimanche de 10h ou midi à 17h. Notez que ces horaires peuvent varier d'une ville à l'autre.

INTERNET

La grande majorité des hôtels et des B&B ont des ordinateurs avec accès à Internet disponibles pour leurs clients et/ou offrent une connexion wi-fi. Les villes comptent assez peu de commerces avec des postes d'accès à Internet mais beaucoup sont équipés en wi-fi. Les bureaux d'information touristique ont parfois un poste Internet à disposition. En tous les cas, il faut compter entre 3 et 5 CAN $ pour une heure de connexion.

JOURS FÉRIÉS

La plupart des banques, écoles et services administratifs et gouvernementaux sont fermés :

- **Le 1er janvier :** jour de l'An.
- **Le vendredi saint :** le vendredi précédant le dimanche de Pâques.
- **Le lundi de Pâques :** le lundi suivant le dimanche de Pâques.
- **Le lundi précédant le 25 mai :** fête de la Reine – et sa concurrente québécoise, la journée nationale des Patriotes.
- **Le 24 juin :** fête nationale du Québec, Saint-Jean-Baptiste.
- **Le 1er juillet :** fête de la Confédération canadienne (anniversaire de la fondation du Canada).
- **Le 1er lundi de septembre :** fête du Travail.
- **Le 2e lundi d'octobre :** Action de grâces.
- **Le 11 novembre :** jour du Souvenir.
- **Les 25 et 26 décembre :** Noël.

LANGUES PARLÉES

Au Québec, le français est parlé partout, que ce soit dans les commerces, les institutions publiques, etc. Dans certains restaurants « ethniques », vous devrez parfois parler anglais.

POSTE

Le service de la poste restante est assuré dans la majorité des bureaux de poste (le courrier y est conservé 15 jours). En 2013, affranchir une lettre normale coûte 63 ¢ à l'intérieur du Canada, 1,10 CAN$ pour les Etats-Unis et 1,85 CAN $ pour l'international (comptez 5 à 7 jours ouvrables pour la France). Un service de télécopieur est également disponible. Les bureaux de poste ouvrent habituellement en semaine de 9h à 17h. Certains magasins, telles les pharmacies, disposent de centres postaux ouverts généralement plus tard ainsi que le week-end.

QUAND PARTIR ?

Climat

Le Québec est magnifique en toute saison, mais selon vos intérêts, certains moments de l'année sont à privilégier.

- **Amoureux de la nature :** les amants de la nature et du plein air trouveront assurément leur bonheur en tout temps, mais l'été et l'hiver se prêtent davantage aux activités extérieures. Toutefois, la magie des couleurs à l'automne (septembre et octobre) vaut le détour.
- **Esprits festifs :** l'été, le Québec vit au rythme des festivals en tous genres, particulièrement en juin et en juillet à Montréal et Québec. Même si de nombreux grands festivals offrent une programmation à l'année, l'été devient un prétexte pour transformer les rues, esplanades et parcs en de véritables lieux de fêtes populaires à ciel ouvert.
- **Avides de traditions québécoises :** pour vivre une expérience totale au cœur des plus pures traditions québécoises, l'hiver est tout indiqué. Randonnées en raquette, en traîneau à chiens ou en motoneige, pêche blanche, hockey, carnaval d'hiver de Québec... De belles activités en perspective. C'est également la saison idéale pour goûter aux mets traditionnels comme la tourtière, le cipaille, le ragoût de boulettes et autres plats consistants qui vous aideront à tenir le coup pendant les grands froids. Dès le mois de mars, une sortie à la cabane à sucre s'impose.

■ MÉTÉO CONSULT
www.meteo-consult.com
Sur ce site vous trouverez les prévisions météorologiques pour le monde entier. Vous connaîtrez ainsi le temps qu'il fait sur place.

Haute et basse saisons touristiques

- **Haute saison touristique :** mi-mai à mi-octobre, mi-décembre à janvier, et février.
- **Basse saison touristique :** mi-octobre à mi-décembre, janvier, mars et avril à mi-mai.

SANTÉ

Rien à craindre au Québec. Vérifiez seulement que vos vaccins classiques sont à jour.

Conseils

Pour vous informer de l'état sanitaire du pays et recevoir des conseils, n'hésitez pas à consulter votre médecin. Vous pouvez aussi vous adresser à la Société de médecine des voyages du centre médical de l'Institut Pasteur au ✆ 01 40 61 38 46 (www.pasteur.fr/sante/cmed/voy/listpays.html) ou vous rendre sur le site du Cimed (www.cimed.org), du ministère des Affaires étrangères à la rubrique « Conseils aux voyageurs » (www.diplomatie.gouv.fr/voyageurs) ou de l'Institut national de veille sanitaire (www.invs.sante.fr).

Centres de vaccination

Pour plus d'informations, vous pouvez consulter le site Internet du ministère de la Santé (www.sante.gouv.fr) pour connaître les centres de vaccination proches de chez vous.

■ CENTRE DE VACCINATIONS INTERNATIONALES AIR FRANCE
148, rue de l'Université (7e)
Paris (France)
✆ 01 43 17 22 00
vaccinations@airfrance.fr
Ouvert du lundi au vendredi de 8h45 à 18h – nocturne le jeudi jusqu'à 20h – le samedi de 8h45 à 16h. Fermeture les dimanches et jours fériés uniquement.

- **Autre adresse :** 3, place Londres, bâtiment Uranus 95703 Roissy Charles-de-Gaulle. ✆ 01 74 29 32 36 ou 01 48 64 98 03. Ouvert de 13h30 à 16h du lundi au vendredi, uniquement sur rendez-vous.

■ INSTITUT PASTEUR
209, rue de Vaugirard (15e)
Paris (France)
✆ 0 890 710 811
✆ 03 20 87 78 00
www.pasteur.fr

Moustiques et anti-moustiques

Les moustiques, appelés maringouins, et les mouches noires (brûlots) constituent un vrai fléau en pleine nature, surtout dans les zones humides (et elles sont légion !). Les maringouins vous harcèlent, passant à l'attaque au coucher du soleil, tandis que les cruelles et minuscules mouches noires, actives le jour, vous dévorent littéralement, allant jusqu'à vous prélever des lambeaux de chair sur la nuque, sous les cheveux, leur endroit de prédilection. Ces charmantes bébêtes sont particulièrement virulentes du début du printemps jusqu'à fin juin.Si l'on envisage de faire du camping, il est donc impératif, même l'été, de se munir d'un anti-moustique puissant, que l'on achètera sur place dans n'importe quelle pharmacie ou supermarché et qui, pour être efficace, doit contenir du DEET à 50 % comme Deep Woods®, Régions sauvages® ou Watkins®, réputé comme étant le meilleur sur le marché. Attention, ces produits sont corrosifs pour les yeux et ne conviennent pas aux enfants ! En revanche, des produits de type OFF ! , d'efficacité moindre, peuvent être employés par tous.Pour ceux et celles qui se sentent concernés par la sauvegarde de l'environnement, les produits de la marque Druide® sont efficaces et écologiquement responsables. S'enduire les parties découvertes du corps toutes les 4 heures au maximum. Comme les moustiques sont attirés par les couleurs foncées, le port de vêtements clairs aide grandement à les éloigner.

L'Institut Pasteur, créé en 1888 par Louis Pasteur, est une fondation privée à but non lucratif dont la mission est de contribuer à la prévention et au traitement des maladies, en priorité infectieuses, par la recherche, l'enseignement, et des actions de santé publique. out en restant fidèle à l'esprit humaniste de son fondateur Louis Pasteur, le centre de recherche biomédicale s'est toujours situé à l'avant garde de la science, et a été la source de plusieurs disciplines majeures : berceau de la microbiologie, il a aussi contribué à poser les bases de l'immunologie et de la biologie moléculaire. Le réseau des Instituts Pasteur, situé sur les 5 continents et fort de 8500 collaborateurs fait de cette institution une structure unique au monde. Sur le site internet, vous pouvez consulter la liste des vaccins obligatoires pays par pays.

▸ **Autre adresse :** 1, rue du Professeur Calmette 59019 Lille.

En cas de maladie

Un réflexe : contacter le Consulat de France. Il se chargera de vous aider, de vous accompagner et vous fournira la liste des médecins francophones. En cas de problème grave, c'est aussi lui qui prévient la famille et qui décide du rapatriement. Pour connaître les urgences et établissements aux standards internationaux : consulter les sites www.cimed.org – www.diplomatie.gouv.fr et www.pasteur.fr

Assistance rapatriement – Assistance médicale

▸ **Assurance – Assistance médicale**. Sachez tout d'abord qu'il est possible de bénéficier des avantages de la Sécurité sociale, même à l'étranger. A l'international, des garanties de sécurité sociale s'appliquent et sont mises en œuvre par le Centre des liaisons européennes et internationales de Sécurité sociale (www.cleiss.fr) chargé d'aiguiller les ressortissants dans leurs démarches. Mais cette prise en charge a ses limites. C'est pourquoi souscrire à une assurance maladie peut s'avérer très utile. Les prestations comprennent la plupart du temps le rapatriement, les frais médicaux et d'hospitalisation, le paiement des examens de recherche ou le transport du corps en cas de décès.

▸ **Rapatriement sanitaire par les opérateurs de cartes bancaires**. Si vous possédez une carte bancaire Visa® et MasterCard®, vous bénéficiez automatiquement d'une assurance médicale et d'une assistance rapatriement sanitaire valables pour tout déplacement à l'étranger de moins de 90 jours (le paiement de votre voyage avec la carte n'est pas nécessaire pour être couvert, la simple détention d'une carte valide vous assure une couverture). Renseignez-vous auprès de votre banque et vérifiez attentivement le montant global de la couverture et des franchises ainsi que les conditions de prise en charge et les clauses d'exclusion. Si vous n'êtes pas couvert par l'une de ces cartes, n'oubliez surtout pas de souscrire une assistance médicale avant de partir.

Médecins parlant français

■ CABINET DES DR MYRIAM, VICTOR ET YAËL ABIKHZER
5950, chemin de la Côte-des-Neiges
Bureau 350
MONTRÉAL
✆ +1 514 733 9192
staff5950@live.ca

■ DR JEAN-MARIE RODRIGUE
Centre Médical Berger
1000, chemin Sainte-Foy
QUÉBEC
✆ +1 418 688 1385

Hôpitaux – Cliniques – Pharmacies

Hôpitaux et cliniques. Toutes les régions du Québec ont des hôpitaux, des cliniques, des CLSC (centre local de services communautaires). Les centres spécialisés se trouvent dans les grandes villes. Vous trouverez la liste des hôpitaux dans la section « pratique » de chaque moyenne et grande ville de ce guide, ainsi que sur le site Internet du ministère de la Santé et des Services sociaux du Québec (www.msss.gouv.qc.ca).

Pharmacies. Les médicaments ne sont pas vendus prêts à l'emploi, dans des flacons étiquetés par les laboratoires, comme en Europe. Ici, c'est le pharmacien qui se charge de la préparation du flacon, en le remplissant du nombre exact de comprimés prescrits par le médecin, et qui reporte la posologie de l'ordonnance (prescription) sur l'étiquette, ce qui évite le gaspillage et l'abus de médicaments. Si on pense avoir besoin de médicaments délivrés sur ordonnance, mieux vaut donc emporter l'ordonnance avec soi. Les pharmacies se présentent comme des supermarchés de parapharmacie, avec un comptoir « Prescriptions » tenu par un pharmacien. Quelques grandes chaînes au Québec : Jean Coutu, Familiprix, Pharmaprix, Uniprix. Les magasins à grande surface offrent également, dans la plupart des cas, un service de pharmacie sur place.

Urgences

Partout au Canada, le 911 est le numéro d'appel d'urgence pour contacter une ambulance, les pompiers ou la police. Ce numéro est gratuit, qu'il soit composé sur un téléphone fixe, un portable ou depuis une cabine téléphonique. Le 911 est accessible 24h/24.

SÉCURITÉ ET ACCESSIBILITÉ

Dangers potentiels et conseils

L'indice de criminalité du Québec est considéré comme étant l'un des plus bas de toutes les provinces du Canada, voire d'Amérique du Nord. Le métro est sûr, d'une façon générale, même le soir.

Pour connaître les dernières informations sur la sécurité sur place, consultez la rubrique « Conseils aux voyageurs » du site du ministère des Affaires étrangères (www.diplomatie.gouv.fr/voyageurs). Sachez cependant que le site dresse une liste exhaustive des dangers potentiels et que cela donne parfois une image un peu alarmiste de la situation réelle du pays.

Femme seule en voyage

De façon générale, les femmes voyageant seules ne rencontreront pas de problèmes particuliers.

Voyager avec des enfants

Vos marmots sont les bienvenus en voyage et tout est fait pour bien les accueillir. La plupart des chambres d'hôtels ont deux lits doubles et proposent même des lits pour bébés. Plusieurs établissements hôteliers ont également des chambres et tarifs familiaux. Pour vos repas, vous trouverez des chaises d'appoint dans la majorité des restaurants, même les chaînes de restauration rapide, et ils proposent très souvent des menus enfants. Côté réductions, les compagnies aériennes, ferroviaires et lignes de bus offrent toutes des tarifs réduits pour vos petits, voire même des gratuités s'ils sont en bas âge. Les attractions offrent également des tarifs familiaux et, le cas échéant, des réductions aux enfants.

Pour planifier vos prochaines vacances familiales au Québec : www.bonjourquebec.com/qc-fr/famille.html

Voyageur handicapé

Si vous présentez un handicap physique ou mental ou que vous partez en vacances avec une personne dans cette situation, différents organismes et associations s'adressent à vous.

■ ACTIS VOYAGES

www.actis-voyages.com
Voyages adaptés pour le public sourd et malentendant.

■ ADAPTOURS

www.adaptours.fr

■ AILLEURS ET AUTREMENT

www.ailleursetautrement.fr
Pour des personnes souffrant de handicap physique et/ou mental.

■ ASSOCIATION DES PARALYSÉS DE FRANCE

www.apf.asso.fr
Informations, conseils et propositions de séjours, en partenariat avec Evénements et Voyages.

■ COMPTOIR DES VOYAGES

2-18, rue Saint-Victor (5e)
Paris ✆ 0 892 239 339
www.comptoir.fr
Fauteuil roulant (manuel ou électrique), cannes ou béquilles, difficultés de déplacement... Quel que soit le handicap du voyageur, Comptoir des Voyages met à sa disposition des équipements adaptés et adaptables, dans un souci de confort et d'autonomie. Chacun pourra voyager en toute liberté.

■ ÉVÉNEMENTS ET VOYAGES – ADAPTOUR

www.evenements-et-voyages.com
Sports mécaniques, sports collectifs, festivals et concerts, Événements et Voyages propose à ses voyageurs d'assister à la manifestation de leur choix tout en visitant la ville et la région. Grâce à son département dédié aux personnes handicapées, Événements et Voyages permet à ces derniers de voyager dans des conditions confortables.

■ HANDI VOYAGES

12, rue du Singe
Nevers ✆ 0 872 32 90 91
✆ 09 52 32 90 91
✆ 06 80 41 45 00
handivoyages.free.fr
Cette association assure l'aide aux personnes à mobilité réduite dans l'organisation de leurs voyages individuels ou en petits groupes. Elle propose un service d'aide à la recherche d'informations sur l'accessibilité mais aussi la mise en relation avec des volontaires compagnons de voyage. En outre, dans le cadre de l'opération « Des fauteuils en Afrique », Handi Voyages récupère du matériel pour personnes à mobilité réduite et le distribue en Afrique.

■ KÉROUL

4545, avenue Pierre-De Coubertin
MONTRÉAL
✆ +1 514 252 3104
www.keroul.qc.ca
Au Québec, l'organisme Kéroul a pour mission de rendre le tourisme et la culture accessibles aux personnes à capacité physique restreinte. Il travaille en concertation avec les gouvernements et les entreprises privées au niveau de l'évaluation et de la certification. Les cotes d'accessibilité sont : adapté, partiellement accessible, non accessible, accessible aux personnes ayant une déficience visuelle, et accessible aux personnes ayant une déficience auditive.
La Route Accessible est une route touristique qui oriente la clientèle vers des établissements qui sont accessibles et qui offrent un meilleur service d'accueil aux personnes en situation de handicap. Leur personnel est d'ailleurs formé et certifié *Service Complice*.
Pour connaître la liste des établissements coup de cœur, procurez-vous *La Route Accessible du Québec* disponible dans les bureaux d'information touristique québécois, ou par commande en ligne sur leur site Internet : www.larouteaccessible.com.
Pour en savoir plus sur Kéroul et ses services aux voyageurs, consultez le site Internet de l'organisme.

■ OLÉ VACANCES

www.olevacances.org
Olé Vacances propose d'accompagner des personnes adultes handicapées mentales.

Voyageur gay ou lesbien

Le Québec, et plus particulièrement Montréal, est une destination de choix pour les touristes gays. La ville de Montréal possède son propre village gay qui est l'hôte de nombreux événements festifs et communautaires tout au long de l'année. En 2006, la métropole a même accueilli les Outgames (jeux olympiques gays) où 12 000 athlètes de 35 disciplines se sont donné rendez-vous. Pour ceux qui craignent de ne pas retrouver cette tolérance à l'extérieur des grands centres, sachez que de nombreux établissements à travers la province sont tenus par des gays ou alors sont « gay friendly ». Quoique moins nombreux et visibles, vous retrouvez le drapeau arc-en-ciel à plusieurs endroits en région : établissements hôteliers, restaurants, bars, boutiques, etc. Voici quelques sites Internet dignes d'intérêt :

- **www.touristiquementgay.com/destinations/canada**
- **www.bonjourquebec.com/qc-fr/voyagergai.html**
- **www.guidearcenciel.com**
- **www.guidegaiduquebec.com**

TÉLÉPHONE

Comment téléphoner ?

- **De la France vers le Canada :** 00 + 1 + code régional + les 7 chiffres du numéro local.
- **Du Canada vers la France** : 011 + 33 + le numéro du correspondant sans le 0.
- **D'une région à l'autre au Québec ou depuis/vers le Canada et les États-Unis** : 1 + code régional + les 7 chiffres du numéro local.
- **En local au Québec** : les 10 chiffres du numéro local.
- **Les numéros de téléphone** débutant par 1 800, 1 855, 1 866, 1 877 et 1 888 sont l'équivalent des numéros verts en France, donc gratuits.

Téléphone mobile

Sur place, les compagnies de téléphone comme Rogers et Telus vendent des puces prépayées ou en forfait mensuel et vous obtiendrez alors un numéro de téléphone local. Par contre, si vous n'avez pas de mobile ou alors qu'il n'est pas compatible avec le réseau nord-américain, vous pouvez toujours acheter un téléphone avec une puce ou un abonnement si vous prévoyez de séjourner au Québec quelques mois.

- **Utiliser son téléphone mobile :** si vous souhaitez garder votre forfait français, il faudra avant de partir, activer l'option internationale (généralement gratuite) en appelant le service clients de votre opérateur.
- **Qui paie quoi ?** La règle est la même chez tous les opérateurs. Lorsque vous utilisez votre téléphone français à l'étranger, vous payez la communication, que vous émettiez l'appel ou que vous le receviez. Dans le cas d'un appel reçu, votre correspondant paie lui aussi, mais seulement le prix d'une communication locale. Tous les appels passés depuis ou vers l'étranger sont hors forfait, y compris ceux vers la boîte vocale.

Cabines et cartes prépayées

Pour les appels interurbains et outre-mer, optez pour une carte d'appel prépayée. Vous les trouverez partout, même dans les dépanneurs, au coût de 5, 10 ou 20 CAN $. Pour les appels locaux, sachez qu'ils sont gratuits à partir d'un poste fixe. Toutefois, il en coûte 50 ¢ par appel dans une cabine téléphonique. Pour évitez de trimbaler des tonnes de pièces de monnaie, il existe des cartes prépayées à puce que l'on trouve également dans de nombreux points de vente. Sinon, vous pouvez toujours utiliser votre carte bancaire pour un appel, mais les frais sont faramineux. À éviter autant que possible ! Pour ce qui est des téléphones publics, vous les trouverez dans la rue, les centres commerciaux, les hôtels, les restaurants et bars, etc.

S'informer

À VOIR – À LIRE

Cartographie et bibliographie

Beaux livres

- ***Le Québec, 50 sites incontournables,*** d'Henri Dorion, Yves Laframboise et Pierre Lahoud, Éditions de l'Homme, 2008.
- ***Québec vu du ciel,*** d'Henri Dorion et Pierre Lahoud, Éditions de l'Homme, 2001.

Contes

- ***Mille ans de contes,*** Québec, Éditions Milan, 2008.
- ***Comme une odeur de muscles,*** contes du village, de Fred Pellerin, Éditions Planète Rebelle, 2003.

Histoire

- ***Québec, un détroit dans le fleuve,*** Collectif, Casterman, 2008 (bande dessinée).
- ***Le Roman du Québec,*** de Daniel Vernet, Éditions du Rocher, 2008.
- ***Tout savoir sur le Québec,*** Éditions Ulysse, 2008.

Cartographie

On peut aisément trouver des cartes routières et des plans aux offices du tourisme, aux comptoirs d'informations touristiques, dans les librairies, les pharmacies et les stations-service.

Les cartes Cartotek Géo sont claires et détaillées.

Guides Petit Futé

- ***Québec,*** guide Country, Nouvelles Éditions de l'Université.
- ***Montréal,*** guide City, Nouvelles Éditions de l'Université.
- ***City Trip Montréal,*** spécial week-end et court séjour, Nouvelles Éditions de l'Université.
- ***Ville de Québec,*** guide City, Nouvelles Éditions de l'Université.
- ***Bières au Québec,*** guide thématique, Les Éditions Néopol.
- ***Produits régionaux et circuits agro-touristiques du Québec,*** guide thématique, Les Éditions Néopol.
- ***Motoneige au Québec,*** guide thématique, Les Éditions Néopol.
- ***Guide de l'immigration au Québec,*** guide Immigrant Québec, Les Éditions Néopol.
- ***Trouver son premier emploi au Québec,*** guide Immigrant Québec, Les Éditions Néopol.
- ***Étudier au Québec,*** guide Immigrant Québec, Les Éditions Néopol.

AVANT SON DÉPART

Le rôle principal de l'ambassade est de s'occuper des relations entre les Etats, tandis que la section consulaire est responsable de sa communauté de ressortissants. Ainsi, pour tout problème concernant les papiers d'identité, la santé, le vote, la justice ou l'emploi, il faut s'adresser à la section consulaire de son pays. En cas de perte ou de vol de papiers d'identité, le consulat délivre un laissez-passer pour permettre uniquement le retour dans le pays d'origine, par le chemin le plus court. Il faut, bien entendu, avoir préalablement déclaré la perte ou le vol auprès des autorités locales.

Ambassades et consulats

■ **AMBASSADE DU CANADA À PARIS**
37, avenue Montaigne (8e) – Paris (France)
✆ 01 44 43 29 16 (service des visas)
www.france.gc.ca
Section consulaire ouverte du lundi au vendredi de 9h-12h sauf jours fériés.

■ **DÉLÉGATION GÉNÉRALE DU QUÉBEC**
66, rue Pergolèse (16e)
Paris (France) ✆ 01 40 67 85 00
Fax : 01 40 67 85 59 – www.quebec.fr

Cette délégation représente le Québec sur le territoire français en ce qui a trait aux affaires politiques, économiques et commerciales, l'investissement, la presse et les affaires publiques, la coopération, les affaires culturelles, etc.

Office du tourisme

■ **BONJOUR QUÉBEC – MINISTÈRE DU TOURISME**
C.P. 79 – QC, H3C 2W3
MONTRÉAL
✆ +1 514 873 2015 / +1 877 266 5687
www.quebecoriginal.com
C'est votre sésame pour le Québec ! Un site idéal pour vous aider à préparer votre séjour. Que voir, que faire, où dormir ? Vous pouvez obtenir des conseils personnalisés, recevoir des brochures touristiques et communiquer avec des conseillers avant de partir. On vous informe, sept jours sur sept. Sur place, les centres Infotouriste sont situés au cœur des centres-villes de Montréal et de Québec. Ils vous offrent de nombreux services dont visites commentées, location de voitures, bureau de change, réservation de vos hébergements...

▸ **Autre adresse :** numéro vert en France : ✆ 0 800 90 77 77. Numéro vert en Belgique : ✆ 0 800 78 532.

Associations et institutions culturelles

■ **ASSOCIATION QUÉBEC-FRANCE**
24, rue Modigliani (15e)
Paris
✆ 01 45 54 35 37
Fax : 01 45 57 69 44
www.france-quebec.asso.fr
Le siège national est fermé au public. Divers programmes : emplois d'été intermunicipalités, stages personnalisés.

■ **OFFICE FRANCO-QUÉBÉCOIS POUR LA JEUNESSE**
11, passage de l'Aqueduc
Saint-Denis
✆ 01 49 33 28 50
www.ofqj.org
L'OFQJ accompagne et oriente les jeunes âgés de 18 à 35 ans dans leurs démarches de mobilité au Québec.

© STÉPHANE SAVIGNARD

Arrivée des vols internationaux à l'aéroport Pierre-Elliott Trudeau.

ORGANISER SON SÉJOUR

SUR PLACE

Ambassades et consulats

■ **CONSULAT DE FRANCE À MONTRÉAL**
1501, avenue McGill College
10e étage, bureau 1000
MONTRÉAL ✆ +1 514 878 4385
Voir page 106.

■ **CONSULAT DE FRANCE À QUÉBEC**
25, rue Saint-Louis
QUÉBEC ✆ +1 418 266 2500
Voir page 398.

Associations et institutions culturelles

■ **UNION FRANÇAISE**
429, rue Viger Est
MONTRÉAL
✆ +1 514 845 5195
www.unionfrancaise.ca
Organisme de bienfaisance au service de la communauté française de Montréal. Plusieurs activités culturelles y sont organisées.

Tourisme

■ **CENTRE INFOTOURISTE DE MONTRÉAL**
1255, rue Peel
MONTRÉAL
✆ +1 514 873 2015
Voir page 106.

■ **CENTRE INFOTOURISTE DE QUÉBEC**
12, rue Sainte-Anne
QUÉBEC
✆ +1 877 266 5867
Voir page 398.

MAGAZINES ET ÉMISSIONS

Télévision

■ **ESCALES**
✆ 01 49 22 20 01 – www.escalestv.fr
Chaîne thématique.
Depuis avril 1996, Escales est une des chaînes dédiées à l'évasion et de la découverte par le voyage. Rattachée au groupe AB, la programmation est constituée de séries documentaires et de rediffusions d'émissions axées aussi bien sur le national et ses régions, que des destinations lointaines à travers de nombreux thèmes (agenda, bons plans, art de vivre, bien-être, aventure, croisière mais aussi gastronomie, loisirs, nature, patrimoine, culture, etc.). Escales s'est entre autres donné pour objectif de servir de guide aux touristes voyageurs ; objectif largement atteint.

■ **FRANCE 24**
www.france24.com
Chaîne d'information en continu, France 24 apporte 24h/24 et 7j/7, un regard nouveau à l'actualité internationale. Diffusée en 3 langues (français, anglais, arabe) dans plus de 160 pays, la chaîne est également disponible sur internet (www.france24.com) et les mobiles, pour vous accompagner tout au long de vos voyages.

■ **LIBERTY TV**
www.libertytv.com
Cette chaîne non cryptée propose des reportages sur le monde entier et un journal sur le tourisme toutes les heures. La « télé des vacances » met aussi en avant des offres de voyages et promotions touristiques toutes les 15 minutes.

Sites Internet

■ **AVENTURE ÉCOTOURISME QUÉBEC**
www.aventure-ecotourisme.qc.ca
L'association Aventure Ecotourisme Québec regroupe les professionnels du tourisme d'aventure de la province.

■ **BONJOUR QUÉBEC**
www.bonjourquebec.com
Site officiel de l'office du tourisme du Québec.

■ **DESTINATION QUÉBEC**
www.destinationquebec.com
Site de l'office du tourisme provincial où les internautes peuvent partager leurs photos et souvenirs de la Belle Province.

■ **GOUVERNEMENT DU QUÉBEC**
www.gouv.qc.ca
Site officiel du gouvernement du Québec.

■ **MINISTÈRE DES RELATIONS INTERNATIONALES**
www.mri.gouv.qc.ca
Présentation du Québec, les possibilités d'affaires, d'études… Site officiel du ministère des Relations internationales du Québec.

■ **PARCS CANADA**
www.pc.gc.ca
Site officiel des parcs nationaux du Canada.

■ **PARCS ET RÉSERVES FAUNIQUES DU QUÉBEC (SÉPAQ)**
www.sepaq.com
Site officiel des parcs nationaux et réserves fauniques du Québec sous l'égide de la Sépaq (Société des Établissements de Plein Air du Québec).

■ **PETIT FUTÉ CANADA**
www.petitfute.ca
Site de notre filiale au Canada.

■ **QUÉBEC MARITIME**
www.quebecmaritime.ca
Portail de cet organisme de promotion touristique ciblant les marchés hors Québec. Québec Maritime regroupe les régions du Bas-Saint-Laurent, de la Gaspésie, des Îles de la Madeleine, et de Manicouagan et Duplessis sur la Côte-Nord. Le site Internet contient une foule d'informations ainsi que des bonnes adresses pour planifier votre séjour dans une ou plusieurs de ces régions et ce, peu importe la saison.

■ **QUÉBEC VACANCES**
www.quebecvacances.com
Un site québécois suggérant une foule de forfaits, de destinations, d'hébergements, d'activités, d'événements.

■ **LA TOILE DU QUÉBEC**
www.toile.com
Répertoire des sites web québécois. Fort utile !

■ **TOURISME AUTOCHTONE QUÉBEC**
tourismeautochtone.com
Un site fort utile pour ceux désirant découvrir la culture autochtone du Québec. Nations, histoire et culture, légendes et traditions, tout y est ! Question de planifier votre séjour ou votre expérience, vous y trouverez une foule d'excellentes adresses (hébergement, restauration, arts et culture, nature et aventure), le tout classé par nation ou région. Votre porte d'entrée sur les Premières nations et les Inuits !

■ **URBANIA**
www.urbania.ca
«Anticonformiste, provoquant, graphiquement audacieux, décalé, déjanté, délirant...», ainsi se décrit ce magazine web et papier. Il s'attarde aux gens et à leurs histoires, tourne et retourne les sujets, sort des sentiers battus pour ceux qui ont soif d'un média intelligent et fougueux. Le magazine papier est disponible dans de nombreux points de vente à travers la province.

Découvrir le monde avec LibertyTV
LibertyTV est une chaîne non cryptée sur Astra 19,2° Est (12 552 Mhz, polarisation verticale)
Cinéma du monde
Les coulisses du voyage
la télé des vacances
numericable
canal 82
orange
canal 110
CANALSAT
canal 45
SFR
canal 177
Bbox
canal 117
Maroc Telecom
DARTY BOX
canal 155
proximus
Alice
canal 72
France CitéVision
canal 144
free
canal 154
canal 4
Monaco telecom
canal 145
ASTRA
Mobistar
libertyTV
LibertyTV vous propose:
- des reportages sur le monde entier pour choisir vos prochaines vacances.
- des offres de vacances aux meilleurs prix toutes les 15 minutes.
- un journal sur le tourisme toutes les heures.
- des comparaisons sur toutes les destinations de vacances.
- les meilleures promotions de vacances en permanence.
0892 700 313 (0,34 €/min)
www.libertytv.fr

Comment partir ?

PARTIR EN VOYAGE ORGANISÉ

Voyagistes

Spécialistes

Vous trouverez ici les tour-opérateurs spécialisés dans votre destination. Ils produisent eux-mêmes leurs voyages et sont généralement de très bon conseil car ils connaissent la région sur le bout des doigts. A noter que leurs tarifs se révèlent souvent un peu plus élevés que ceux des généralistes.

■ **66° NORD**
2, rue Vaubecour
Lyon (France) ✆ 04 78 92 30 80
Fax : 04 78 28 22 80 – www.66nord.com
Ce spécialiste propose un circuit de 9 jours au Québec, L'Appel du Grand Nord. Vous passerez les deux premiers jours à Québec, avant de partir à la découverte des lacs, forêts et rivières des environs en traîneau à chiens. Egalement, si vous êtes amateur de randonnées panoramiques, optez pour L'Escapade québecoise : 11 jours de marche sur des routes champêtres et montagneuses entre Montréal et Québec. Nombreux autres circuits offerts dans la Belle Province.

■ **AGENCE DU VOYAGE A CHEVAL**
1, rue Eugène Cusenier
25290 Ornans (France) ✆ 03 81 62 02 96
www.agenceduvoyageacheval.com
remy@agenceduvoyageacheval.com
L'Agence du Voyage à Cheval est spécialiste du voyage à cheval en France et dans le monde entier, avec pour spécificité la relation locale authentique, le respect de l'environnement et du cheval. Toujours à la recherche de nouveautés, dans toutes les disciplines et pour tous les âges, le crédo de l'agence est de « répondre aux désirs des cavaliers pour faire de leur randonnée équestre une expérience inoubliable ». L'agence propose une importante offre randonnée équestre, tout comme un engagement permanent pour le tourisme responsable et la préservation de l'environnement. Trois mots d'ordre : authenticité, paysages à couper le souffle, liberté à cheval. Plusieurs séjours sont proposés au Québec : en hiver, on pourra combiner randonnées à cheval dans les forêts d'érables enneigées autour de Québec et traîneau à chiens. En septembre on sellera sa monture pour partir à l'assaut des Appalaches et assister au festival Rodéo western de Saint-Tite.

■ **ALLIBERT**
37, boulevard Beaumarchais (3e)
Paris (France) ✆ 0 825 090 190
Fax : 01 44 59 35 36
www.allibert-trekking.com
Le tour-opérateur propose plusieurs voyages à destination du Québec : « Québec, la belle province » propose de découvrir l'essentiel du Québec avec les grandes villes et aussi l'observation des baleines sur le Saint-Laurent (randonnée niveau 3). « Histoire de caribous » (15 jours) est un circuit de découverte ludique pour les familles, avec des sorties d'observation et de nombreuses activités.

■ **AMERIKASIA**
48, rue Franklin
Lyon (France) ✆ 04 78 42 98 82
Fax : 04 78 38 31 95 – www.amerikasia.fr
Amerikasia possède une large gamme de séjours au Québec. Week-end à Montréal, circuit liberté grâce à la location d'une voiture, séjour neige, etc. De Toronto à Québec, des chutes du Niagara à Montréal, les formules disponibles sont très nombreuses : nuits en tipi, en pourvoirie, en « couette et café ». Brochure sur demande par téléphone ou sur le Web. Pour le Québec, Amerikasia propose notamment un séjour 3 étoiles dans un des meilleurs Spa de la région. Bains scandinaves, sauna mais aussi activités comme la motoneige, les chiens de traîneau et autres soirées thématiques pendant 8 jours.

■ **AMERIK AVENTURE**
23, Rue La Condamine (17e)
Paris (France) ✆ 09 75 17 11 30
www.amerikaventure.com
Depuis 1996, Amerik Aventure vous propose à travers les Amériques, des circuits d'écotourisme et de découvertes culturelles accompagnés de guides naturalistes (francophones) parmi les meilleurs au pays. Ils offrent des départs réguliers (au moins deux départs par mois) en petits groupes (maximum 14 voyageurs avec guide et chauffeur), tout au long de l'année.

Tous les départs sont garantis (nonobstant le nombre d'inscrits, chaque voyage à lieu). Ils proposent également des voyages autotours et des circuits guidés privatifs développés sur mesure, selon les critères des voyageurs.

■ ATALANTE

41, boulevard des Capucines (2e)
Paris (France)
✆ 01 55 42 81 00 / 04 72 53 24 80
Fax : 01 55 42 81 01 - 04 72 53 24 81
www.atalante.fr
Ce tour-opérateur vous propose aussi bien des raids, des expéditions, des trekkings, des randonnées que des voyages d'observation. Séjours à la carte. Plusieurs circuits sont programmés pour le Québec soit en hiver, soit en été. « Entre chien et loup » : 9 jours d'aventure dont 5 en conduite d'attelage de chiens de traîneau ; « Appel du Grand Nord en famille » : une immersion de 9 jours dans la nature (avec ski, pêche blanche, raquettes...) ; ou encore « Aventures douces au Québec » : 11 jours pour vivre au sein des communautés amérindiennes et des trappeurs. En été également, « Au fil de la Mistassibi » est l'un des plus beaux parcours canotables du Québec avec ses 9 jours en canoë.

- **Autre adresse :** 36 quai Arloing 69009 Lyon

■ AVENTURES & CIE

5, rue Georges Desplas (5e)
Paris
✆ 01 83 56 05 26
Fax : 01 76 50 85 96
www.aventures-et-cie.com
Aventures & Cie vous offre une occasion de découvrir le Québec de manière originale, grâce à différents circuits. Séjour hivernal à motoneige, balade en traîneau à chiens, quad sur la « piste amérindienne »... A vous de choisir !

■ AVENTURIA

42, rue de l'Université
Lyon
✆ 04 78 69 35 06
www.aventuria.com
Spécialiste du Québec et du Canada depuis une vingtaine d'années, ce tour-opérateur crée et propose tout une gamme de programmes originaux pour votre séjour au Québec. En hiver : raids en motoneige dans le vrai Grand Nord du plus facile au plus sportif, réveillon de Noël et du jour de l'an au Québec, séjours multi-activités dans des pourvoiries de charme

(motoneige, traîneau, raquettes, pêche sous la glace...), raids en traîneau à chiens... En été, vous construirez votre itinéraire idéal avec des conseillers en voyage expérimentés et vous personnaliserez totalement votre séjour à l'aide d'une sélection d'étapes de charme et de modules d'escapade. Découverte individuelle à votre rythme, hébergements authentiques ou luxueux, découverte de la faune avec des guides naturalistes, ethno tourisme chez les Amérindiens : tout est à la carte ! Brochure sur demande par téléphone ou sur le Web.

▶ **Autres adresses :** Agences Paris Raspail (✆ 01 44 10 50 50), Paris Opéra (✆ 01 44 50 58 40), Bordeaux (✆ 05 56 90 90 22), Lille (✆ 03 20 06 33 77), Marseille (✆ 04 96 10 24 70), Nantes (✆ 02 40 35 10 12), Strasbourg (✆ 03 88 22 08 09)

■ BACK ROADS

14, place Denfert-Rochereau (14e)
Paris ✆ 01 43 22 65 65
Fax : 01 43 20 04 88
www.backroads.fr
Vols à prix réduits, location de voitures, de camping-cars, hôtels et hébergements toutes catégories, autotours, circuits en camping ou en autocar, trekking, rencontre des Amérindiens, randonnées équestres, rafting et canoë-kayak, observation de la nature, motoneige et traîneau à chiens, raquettes, ski alpin et ski de fond. Back Roads, c'est une large gamme de prestations pour composer son séjour au Canada et plus particulièrement au Québec.

■ ENERGY TRIP

10, rue des Grands-Jardins
Plaisir
✆ 01 30 55 10 29
✆ 06 07 09 31 68
www.energy-trip.com
Créée par un passionné de la vie sauvage, du voyage et de la découverte, l'agence Energy Trip propose quatre séjours à destination du Québec : un safari découverte en traîneau à chiens (avec hébergement en chalets de bois rond), un autotour « Aventures sur mesure dans le Grand Nord québécois », et enfin, un raid en canoë sur la Mistassibi.

■ GRAND NORD – GRAND LARGE

15, rue du Cardinal-Lemoine (5e)
Paris
✆ 01 40 46 05 14
Fax : 01 43 26 73 20
www.gngl.com
Ce spécialiste des voyages en terres polaires propose de nombreuses formules de voyages au Québec : autotours, motoneige, randonnées en kayak, en canoë, observation des bébés phoques, des baleines, des oiseaux, ski de fond sans portage, ski de randonnée, ski alpin, raquettes, conduite d'attelage (traîneau à chiens), location de chalets dans les parcs et réserves fauniques... Toutes ces expéditions sont programmées avec soin par des spécialistes. Voyages à la carte également. Possibilités d'achat de billets d'avion et de location de voitures.

■ GROUPE QUEBEC AVENTURE

Eragny
✆ 01 34 93 43 71
Fax : 01 34 93 99 37
www.quebec-aventure.com
Propriétaire de l'auberge Le Viceroy, à 2 heures de route de Montréal, et de la pourvoirie du Rabaska plus au nord, dans les Hautes-Laurentides, cette agence organise depuis plus de 15 ans des « séjours touristiques d'aventure ». En hiver, l'équipe propose plusieurs circuits en motoneige ou en traîneau à chiens, idéals pour les vacances en famille. Egalement des circuits à la carte. En été, le Groupe Québec Aventure programme des stages d'hydravion, des séjours de golf, de rafting ou de quad (et pratique de scooter des mers en activité complémentaire.)

■ LA MAISON DES ÉTATS-UNIS

3, rue Cassette (6e)
Paris
✆ 01 53 63 13 43
Fax : 01 42 84 23 28
www.maisondesetatsunis.com
La Maison des Etats-Unis, une marque du Groupe Monde des Amériques, affiche un panel de vols secs, de circuits accompagnés (« Grands sites » pour les regroupements sur place avec départ garanti mais sans maximum de participants et « Maison » pour 16 participants autour d'itinéraires inédits), d'autotours, de voyages à la carte et une sélection de voyages individuels, à deux, en famille ou entre amis, aux dates de départ de votre choix. Deux autotours sont proposés : l'un s'arrête au légendaire hôtel Sacacomie, et pour ce qui est de l'autre (8 jours), vous serez à la tête d'un attelage de cinq chiens pour un parcours initiatique.

NOMADE AVENTURE

40, rue de la Montagne-Sainte-Geneviève (5e)
Paris
✆ 0 825 701 702
Fax : 01 43 54 76 12
www.nomade-aventure.com

Nomade Aventure, spécialiste des randonnées, propose une « balade québécoise, entre faune, fjords et chemise à carreaux » mêlant randonnées dans les grands parcs du Québec (Forillon, Bic, fjord du Saguenay) et découverte des grandes villes de Québec et Montréal. Un séjour en canoé et un tour de la Gaspésie à moto sont aussi possibles. L'originalité de Nomade Aventure réside dans le fait que quasiment tous les voyages sont accompagnés d'un guide local francophone, à même de faire partager à un groupe de voyageurs la culture et les valeurs du pays visité.

▶ **Autres adresses :** 10, quai de Tilsitt 69002 Lyon • 12, rue de Breteuil 13001 Marseille • 43, rue Peyrolières 31000 Toulouse

NORD ESPACES

35, rue de la Tombe Issoire (14e)
Paris
✆ 01 45 65 00 00
Fax : 01 45 65 32 22
www.nord-espaces.com

Nord Espaces est spécialiste des destinations nordiques et programme des séjours au Québec été comme hiver. En été, la Gaspésie est à l'honneur dans un circuit accompagné de deux semaines « des chutes du Niagara à la Péninsule gaspésienne », ou dans le combiné croisière et auto-tour de 15 jours « splendeurs du fleuve Saint-Laurent ». En hiver, un séjour de 8 jours sur la banquise des îles de la Madeleine permet d'aller observer les bébés phoques. Sinon, on ira pratiquer la moto-neige, le traîneau à chiens et les raquettes du côté du fjord du Saguenay

Plusieurs circuits individuels avec voiture de location sont également possibles au Québec.

OBJECTIF NATURE

63, rue de Lyon (12e)
Paris
✆ 01 53 44 74 30
Fax : 01 53 44 74 35
www.objectif-nature.com

Objectif Nature est LE spécialiste du voyage d'observation de photographie de la nature et de la faune sauvage. En effet, chez Objectif Nature, ce sont des femmes et des hommes de terrain (photographes animaliers, naturalistes, ornithologues…) qui conçoivent, organisent, accompagnent les safaris dans une trentaine de pays sur tous les continents. Au Québec, Objectif Nature propose un séjour « Au cœur des Laurentides » de 11 jours en combiné avec d'autres régions du Canada. Au programme de ce safari découverte : visite du Mont-Tremblant, réserve faunique des Laurentides, kayak de mer à Saguenay et une croisière à la rencontre des mammifères marins.

TERRE CANADA

2, rue de Boissy
Saint-Leu-la-Forêt
✆ 01 34 18 18 18
Fax : 01 34 18 16 16
www.terrecanada.com
Samedi sur rendez-vous.

Le spécialiste des voyage au Canada à la carte propose de nombreuses formules en autotours et circuits accompagnés. Ces voyages se déclinent en chasse, pêche ou découverte. En été, les forfaits quad remplacent les forfaits motoneige de l'hiver. De nombreux séjours sont proposés pour le Québec ; parmi eux, « Carnaval de Québec » ou « Aventures natures au Québec » pendant 7 jours, au bord de l'immense réservoir du lac Taureau et logé dans une auberge forestière.

TERRES D'AVENTURE

30, rue Saint-Augustin (2e)
Paris
✆ 0 825 700 825
Fax : 01 43 25 69 37
www.terdav.com

Les voyages de Terres d'Aventure se déclinent en petits groupes de 10 à 15 personnes accompagnés d'un professionnel du tourisme. Au choix, séjour raquettes, voyages à pied, séjours haute montagne, randonnées liberté, voyages découverte, en famille... Le spécialiste de la randonnée présente un large panel, de quoi satisfaire tous les voyageurs, y compris ceux que la marche ne passionne pas, grâce à des balades plus tranquilles alliées aux visites culturelles. « Baleines et orignaux du Québec », « Raid grand blanc au Québec »,... L'éventail d'offres pour cette destination est large, de la randonnée liberté au séjour en famille.

▶ **Autre adresse :** 6, rue Saint-Victor 75005 Paris.

■ **VACANCES AIR TRANSAT**

✆ 0 825 12 12 12

www.vacancesairtransat.fr

Né au Canada, Vacances Transat est le leader sur l'Amérique du nord (Canada & USA). De nombreux séjours et circuits sont organisés pour découvrir le Québec en toutes saisons.

■ **VACANCES CANADA**

4, rue Gomboust (1er)

Paris

✆ 01 40 15 15 15

www.vacancescanada.com

Spécialiste du Canada depuis une vingtaine d'années, Vacances Canada propose toutes sortes de prestations pour le Québec : voyages à la carte, location de voitures, billets d'avion, location de chalets et réservation d'hôtels, circuits accompagnés, forfaits week-end (« vol + hôtel »)... Promotions régulières sur le site.

■ **VOYAGE À THÈME**

6, rue Jean Maridor (15e)

Paris

✆ 01 44 26 07 37

Fax : 01 44 26 07 29

www.voyageatheme.com

Aventure, Nature, Culture, Trekking, Découverte, Gastronomie, Histoire… Comme son nom l'indique, ce voyagiste ne propose que des voyages à thème à destination de nombreux pays. L'idéal pour découvrir de nouveaux horizons. Possibilité de voyages sur mesure et de voyages à la carte. Par exemple : un séjour au Québec en hydravion pour observer d'en haut les couleurs de l'été indien, ou bien un séjour dans les îles de la Madeleine pour observer les bébés phoques.

■ **VOYAGEURS DU MONDE**

55, rue Sainte Anne (2e)

Paris ✆ 01 42 86 16 00

www.voyageursdumonde.com

Juste 1 800 m² consacrés aux voyages ! Depuis plus de trente ans, Voyageurs du Monde construit pour vous un univers totalement dédié au voyage sur mesure et en individuel, grâce aux conseils pointus transmis par des spécialistes qualifiés sur leur destination de cœur ou d'origine. Vous bénéficiez de leur aide pour la préparation du voyage mais aussi durant toute la durée du voyage sur place. Tous les circuits peuvent être effectués avec des enfants car tout est question de rythme. Vous invitez votre petite tribu familiale, enfants, petits-enfants, VDM vous propose des tarifs étudiés au cas par cas, des découvertes pour les adultes et des activités ludiques pour les enfants. Choisissez parmi la bonne centaine de voyages sur mesure proposés.

Généralistes

Vous trouverez ici les tour-opérateurs dits « généralistes ». Ils produisent des offres et revendent le plus souvent des produits packagés par d'autres sur un large panel de destinations. S'ils délivrent des conseils moins pointus que les spécialistes, ils proposent des tarifs généralement plus attractifs.

■ **ABCVOYAGE**

www.abcvoyage.com

Regroupe les soldes de tous les voyagistes avec des descriptifs complets pour éviter les surprises. Les dernières offres saisies sont accessibles immédiatement à partir des listes de dernière minute. Le serveur est couplé au site www.airway.net qui propose des vols réguliers à prix réduits, ainsi que toutes les promotions et nouveautés des compagnies aériennes.

■ **AZUREVER**

5 rue Daunou (2e)

Paris

✆ 01 73 75 89 63

www.azurever.com

Azurever est un site internet dédié au tourisme et plus particulièrement aux activités que vous pouvez faire, lors de vos voyages ou chez vous. C'est un catalogue de plus de 7000 activités variées à faire partout dans le monde. Ces activités sont dénichées, comparées et sélectionnées par des spécialistes pour vous faire profiter au maximum des trésors cachés de chaque destination. A l'image de la visite matinale ou de la visite nocturne de la ville, plusieurs visites et activités originales sont proposées pour découvrir Séville.

■ **EXPEDIA FRANCE**

✆ 0 892 301300

www.expedia.fr

Expedia est le site français n° 1 mondial du voyage en ligne. Un large choix de 500 compagnies aériennes, 105 000 hôtels, plus de 5 000 stations de prise en charge pour la location de voitures et la possibilité de réserver parmi 5 000 activités sur votre lieu de vacances. Cette approche sur mesure du voyage est enrichie par une offre très complète comprenant prix réduits, séjours tout compris, départs à la dernière minute…

■ **GO VOYAGES**
✆ 0 899 651 951
www.govoyages.com
Go Voyages propose le plus grand choix de vols secs, charters et réguliers, au meilleur prix, au départ et à destination des plus grandes villes. Possibilité également d'acheter des packages sur mesure « vol + hôtel » et des coffrets cadeaux. Grand choix de promotions sur tous les produits sans oublier la location de voitures. La réservation est simple et rapide, le choix multiple et les prix très compétitifs.

■ **HAVAS VOYAGES**
✆ 0 826 081 020
www.havas-voyages.fr
Avec plus de 500 agences, c'est le troisième réseau français d'agences de voyages. Havas voyages propose des séjours avec un bon rapport qualité prix. Des promotions toute l'année, l'exception de ce réseau est l'offre de « premières minutes ». Des conseillers sont à votre écoute pour des séjours exceptionnels.

■ **LASTMINUTE**
✆ 04 66 92 30 29 – www.lastminute.fr
Des vols secs à prix négociés, dégriffés ou publics sont disponibles sur Lastminute. On y trouve également des week-ends, des séjours, de la location de voiture... Mais surtout, Lastminute est le spécialiste des offres de dernière minute permettant ainsi aux vacanciers de voyager à petits prix. Que ce soit pour un week-end ou une semaine, une croisière ou simplement un vol, des promos sont proposées et renouvelées très régulièrement.

■ **NOUVELLES FRONTIÈRES**
✆ 0 892 237 700
www.nouvelles-frontieres.fr
Nouvelles Frontières, un savoir faire incomparable depuis 45 ans. Des propositions de circuits, d'itinéraires à la carte, des séjours balnéaires et d'escapades imaginés et construits par des spécialistes de chaque destination. Des agences expertes.

■ **OPODO**
✆ 0 899 653 656
www.opodo.fr
Pour préparer votre voyage, Opodo vous permet de réserver au meilleur prix des vols de plus de 500 compagnies aériennes, des chambres d'hôtels parmi plus de 45 000 établissements et des locations de voitures partout dans le monde. Vous pouvez également y trouver des locations saisonnières ou des milliers de séjours tout prêts ou sur mesure ! Des conseillers voyages à votre écoute 7 jours/7 de 8h à 23h du lundi au vendredi, de 9h à 19h le samedi et de 11h à 19h le dimanche.

■ **PROMOVACANCES**
✆ 0 899 654 850
www.promovacances.com
Promovacances propose de nombreux séjours touristiques, des week-ends, ainsi qu'un très large choix de billets d'avion à tarifs négociés sur vols charters et réguliers, des locations, des hôtels à prix réduits. Egalement, des promotions de dernière minute, les bons plans du jour. Informations pratiques pour préparer son voyage : pays, santé, formalités, aéroports, voyagistes, compagnies aériennes.

■ **SELECTOUR**
✆ 0 892 239 238
www.selectour.com
Voyagez l'esprit libre, telle est la devise de l'agence. Les vendeurs de Selectour vous accueilleront dans l'une des 550 agences de voyages et mettront tout en œuvre pour satisfaire vos envies. Des options de voyages variées, des promotions, des dernières minutes tout a fait remarquables dans des lieux idylliques avec des formules tout compris. Un point important, vous pouvez vous appuyer sur des avis d'experts pour chaque destination sur le site internet.

■ **THOMAS COOK**
✆ 0 826 826 777
www.thomascook.fr
Tout un éventail de produits pour composer son voyage : billets d'avion, location de voitures, chambres d'hôtel... Thomas Cook propose aussi des séjours dans ses villages-vacances et les « 24 heures de folies » : une journée de promos exceptionnelles tous les vendredis. Leurs conseillers vous donneront des conseils utiles sur les diverses prestations des voyagistes.

Réceptifs

Il s'agit de tour-opérateurs présents dans le pays : de fait, ils connaissent extrêmement bien la zone.

■ **AUTHENTIK CANADA**
352, rue Emery
MONTRÉAL
✆ +1 514 769 0101 ✆ +1 877 769 0101
www.authentikcanada.com
N° vert en France : 0 805 080 113 – N° vert en Belgique : 0 800 262 32 – N° vert en Suisse : ✆ 0 800 898 601.

Nouvelles
Frontieres
Nos spécialistes
vous garantissent
les plus beaux
souvenirs du monde !

Une agence spécialiste du Canada et qui connaît sacrément bien son territoire ! Authentik propose des séjours et circuits qui plairont à tous les publics : individuels, familles, couples et groupes. Parmi les forfaits disponibles, notons les itinéraires en voiture, les séjours de motoneige ou de ski et les voyages romantiques pour les couples. Authentik peut s'occuper de vous louer un camping-car qui est disponible depuis plusieurs points de chute au Canada. Au Québec, on apprécie les divers séjours en pourvoirie et l'originalité des activités proposées comme les rencontres avec un trappeur, la pêche sur glace, les bains nordiques, etc. Les séjours s'adaptent aux goûts et aux besoins de chacun. Authentik a remporté plusieurs prix prestigieux en raison de la qualité de ses services.

■ GLOBE-TROTTER AVENTURE CANADA
1142, rue Notre-Dame
Secteur Lachine
MONTRÉAL
✆ +1 514 634 5000 / +1 888 598 7688
www.aventurecanada.com
N° vert depuis la France : 0 800 916 672 – N° vert depuis la Belgique : 0 800 775 46 – N° vert depuis la Suisse : 0 800 838 078.
Cette agence s'est donné pour mandat le projet ambitieux de réaliser les rêves des globe-trotters désirant découvrir le Québec ou le Canada. Avec une multitude de forfaits et de circuits pour tous les goûts, sans compter les nombreux autres services (sur mesure, location de voiture et de camping-car, vols secs...), la grande qualité des produits offerts leur a permis de se tailler une place de choix sur le marché. En toutes saisons, des forfaits de rêve vous transporteront au cœur des magnifiques régions du pays. Vous voulez « goûter » à toutes les activités pratiquées en hiver ou en été ? Les séjours multi-activités sont la solution parfaite avec, au menu : ski de fond, raquette, motoneige, traîneau à chiens, pêche blanche, canot, camping, randonnée, équitation, etc. Vous trouverez assurément votre bonheur parmi les forfaits proposés !

■ LE MONDE EST MON VILLAGE
MONTRÉAL
✆ +33 9 70 44 08 14 / +1 514 507 8799
✆ +1 514 814 3307
www.lemondeestmonvillage.com
Un nouveau concept parmi les professionnels du voyage. Le Monde est mon Village est une agence de coaching en organisation de voyages. Johann, le créateur, est un globe-trotter infatigable. Il vous aide à préparer votre voyage aux quatre coins du monde, que vous soyez un voyageur indépendant ou que vous ayez l'habitude de réserver dans une agence, qu'il saura dénicher pour vous dans son carnet d'adresses. N'hésitez pas à l'interroger pour votre prochain voyage, il saura vous dégotter des coins et des prestations hors des sentiers battus.

Sites comparateurs et enchères

Plusieurs sites permettent de comparer les offres de voyages (packages, vols secs, etc.) et d'avoir ainsi un panel des possibilités et donc des prix. Ils renvoient ensuite l'internaute directement sur le site où est proposée l'offre sélectionnée.

■ EASYVOYAGE
www.easyvoyage.com
Le concept d'Easyvoyage.com peut se résumer en trois mots : s'informer, comparer et réserver. Des infos pratiques sur quelque 255 destinations en ligne (saisonnalité, visa, agenda...) vous permettent de penser plus efficacement votre voyage. Après avoir choisi votre destination de départ selon votre profil (famille, budget...), Easyvoyage.com vous offre la possibilité d'interroger plusieurs sites à la fois concernant les vols, les séjours ou les circuits. Enfin grâce à ce méta-moteur performant, vous pouvez réserver directement sur plusieurs bases de réservation (Lastminute, Go Voyages, Directours, Anyway... et bien d'autres).

■ ILLICOTRAVEL
www.illicotravel.com
Illicotravel permet de trouver le meilleur prix pour organiser vos voyages autour du monde. Vous y comparerez les billets d'avion, hôtels, locations de voitures et séjours. Ce site très simple offre des fonctionnalités très utiles comme le baromètre des prix pour connaître les meilleurs prix sur les vols à plus ou moins 8 jours. Le site propose également des filtres permettant de trouver facilement le produit qui répond à tous vos souhaits (escales, aéroport de départ, circuit, voyagiste…).

■ KELKOO
www.kelkoo.fr
Ce site vous offre la possibilité de comparer les tarifs de vos vacances. Vols secs, hôtels, séjours, campings, circuits, croisières, ferries, locations, thalassos : vous trouverez les prix des nombreux voyagistes et pourrez y accéder en ligne grâce à Kelkoo.

■ **LILIGO**
www.liligo.com
Liligo interroge agences de voyage, compagnies aériennes (régulières et low cost), trains (TGV, Eurostar...), loueurs de voiture mais aussi 250 000 hôtels à travers le monde pour vous proposer les offres les plus intéressantes du moment. Les prix sont donnés TTC et incluent donc les frais de dossier, d'agence... Le site comprend aussi deux thématiques : « week-end » et « ski ».

■ **LOCATIONDEVOITURE.FR**
© 0 800 73 33 33 / 01 73 79 33 32
www.locationdevoiture.fr
Notre coup de cœur, le site compare toutes les offres de 8 courtiers en location de voitures : des citadines aux monospaces en passant par les cabriolets et 4x4, vous avez vraiment le choix. En plus du prix, l´évaluation de l´assurance et les avis clients sont affichés pour chacune des offres. Plus qu´un simple comparateur, vous pouvez réserver en ligne ou par téléphone. C'est la garantie du prix et du service !

■ **PRIX DES VOYAGES**
www.prixdesvoyages.com
Ce site est un comparateur de prix de voyages, permettant aux internautes d'avoir une vue d'ensemble sur les diverses offres de séjours proposées par des partenaires selon plusieurs critères (nombre de nuits, catégories d'hôtel, prix, etc.). Les internautes souhaitant avoir plus d'informations ou réserver un produit sont ensuite mis en relation avec le site du partenaire commercialisant la prestation. Sur Prix des Voyages, vous trouverez des billets d'avion, des hôtels et des séjours.

■ **SPRICE**
www.sprice.com
Un site qui gagne à être connu. Vous pourrez y comparer vols secs, séjours, hôtels, locations de voitures ou biens immobiliers, thalassos et croisières. Le site débusque aussi les meilleures promos du Web parmi une cinquantaine de sites de voyages. Un site très ergonomique qui vous évitera bien des heures de recherches fastidieuses.

■ **VOYAGER MOINS CHER**
www.voyagermoinscher.com
Ce site référence les offres de près de 100 agences de voyages et tour-opérateurs parmi les plus réputés du marché et donne ainsi accès à un large choix de voyages, de vols, de forfaits « vol + hôtel », de locations, etc. Il est également possible d'affiner sa recherche grâce au classement par thèmes : thalasso, randonnée, plongée, All Inclusive, voyages en famille, voyages de rêve, golf ou encore départs de province.

Agences de voyage

■ **ALMA VOYAGES**
573, route de Toulouse
Villenave-d'Ornon (France)
© 05 56 87 58 46 / 0820 20 20 77
www.alma-voyages.com
Ouvert de 9h à 21h.
Voilà une agence de voyages bien différente des autres. Chez Alma Voyages, les conseillers sont formés et connaissent les destinations. Eh oui, ils ont la chance de partir cinq fois par an pour mettre à jour et bien conseiller. D'ailleurs, chaque client est personnellement suivi par un agent attitré qui n'est pas payé en fonction de ses ventes... mais pour son métier de conseiller. Vous pourrez choisir parmi une large offre de voyages : séjour, circuit, croisière ou circuit individuel. Faites une demande de devis pour votre voyage de noces ou un voyage sur mesure, comme vous en rêviez. Cerise sur le gâteau, Alma voyage pratique les meilleurs prix du marché et travaille avec des partenaires prestigieux comme Fram, Kuoni, Club Med, Beachcombers, Jet Tour, Marmara, Look Voyages... Si vous trouvez moins cher ailleurs, Alma Voyages s'alignera sur ce tarif et vous bénéficierez en plus, d'un bon d'achat de 30 € sur le prochain voyage. Surfez sur leur site ou contactez-les au © 0820 20 20 77 (coût d'un appel local) de 9h à 21h et préparez vos valises... Bon voyage !

PARTIR SEUL

En avion

Départ de Paris pour Montréal :

- **Haute saison** (été et temps des Fêtes) : de 600 € à 1 500 €
- **Basse saison** (le reste de l'année) : de 350 € à 1 000 €

À noter que la variation de prix dépend de la compagnie empruntée mais, surtout, du délai de réservation. Pour obtenir des tarifs

intéressants, il est indispensable de vous y prendre très en avance. Pensez à acheter vos billets six mois avant le départ !
Toutefois, les billets d'avion pour Montréal au départ de la France font l'objet de nombreuses promotions tout au long de l'année, même pendant la période estivale, notamment avec des départs moins de 30 jours à l'avance.

Principales compagnies desservant la destination

■ AIR CANADA
11 bis, rue Scribe (9e)
Paris ✆ 0 825 880 881
www.aircanada.com
Air Canada propose un vol quotidien direct vers Montréal depuis Paris Charles de Gaulle ainsi que des vols avec correspondance à Toronto. Réservations et informations en ligne.

■ AIR FRANCE
✆ 36 54 – www.airfrance.fr
Air France dessert quotidiennement Montréal en vol direct. Des vols avec correspondance sont également disponibles. Réservations et informations en ligne.

■ AIR TRANSAT
✆ 0 825 120 248 (0,15 €/min d'un poste fixe) – www.airtransat.fr
Au moins un vol quotidien et direct au départ de Paris Charles de Gaulle à destination de Montréal. En saison, des départs sont aussi offerts depuis Bordeaux, Lyon, Marseille, Nantes, Nice et Toulouse. Notez qu'Air Transat a été élue meilleure compagnie aérienne spécialisée en voyages vacances au monde lors des World Airline Awards de 2012.

■ CORSAIR
✆ 0 820 042 042 – www.corsair.fr
Corsair assure des vols directs de Paris en direction de Montréal. Possibilité de départ en province avec connexion à Paris avec TGV Air. Notez que le Québec est une destination saisonnière pour la compagnie.

Sites comparateurs

Ces sites vous aideront à trouver des billets d'avion au meilleur prix. Certains d'entre eux comparent les prix des compagnies régulières et *low cost*. Vous trouverez des vols secs (transport aérien vendu seul, sans autres prestations) au meilleur prix.

■ BILLETSDISCOUNT
www.billetsdiscount.com

■ EASY VOLS
www.easyvols.fr

■ JET COST
www.jetcost.com

■ PARTIRPASCHER
www.partirpascher.com

Location de voitures

■ ALAMO – RENT A CAR
✆ 0 825 16 22 10 / 0 891 700 200
www.alamo.fr
Actuellement, Alamo possède plus de 1 million de véhicules au service de 15 millions de voyageurs chaque année, répartis dans 1 248 agences implantées dans 43 pays. Des tarifs spécifiques sont proposés, comme Alamo Gold aux Etats Unis, le forfait de location de voiture tout compris incluant les assurances, les taxes, les frais d'aéroport, un plein d'essence et les conducteurs supplémentaires. Alamo met tout en œuvre pour une location de voiture sans soucis.

■ AUTO ESCAPE
✆ 0 892 46 46 10 / 04 90 09 51 87
www.autoescape.com
En ville, à la gare ou dès votre descente d'avion. Cette compagnie qui réserve de gros volumes auprès des grandes compagnies de location de voitures vous fait bénéficier de ses tarifs négociés. Grande flexibilité. Pas de frais de dossier, pas de frais d'annulation, même à la dernière minute. Des informations et des conseils précieux, en particulier sur les assurances.

■ AUTO EUROPE
✆ 0 800 940 557 – www.autoeurope.fr
Réservez en toute simplicité sur plus de 8 000 stations dans le monde entier. Auto Europe négocie toute l'année des tarifs privilégiés auprès des loueurs internationaux et locaux afin de proposer à ses clients des prix compétitifs. Les conditions Auto Europe : le kilométrage illimité, les assurances et taxes incluses dans de tout petits prix et des surclassements gratuits pour certaines destinations.

■ AVIS
✆ 0 820 05 05 05 – www.avis.fr
Avis a installé ses équipes dans plus de 5 000 agences réparties dans 163 pays. De la simple réservation d'une journée à plus d'une semaine, Avis s'engage sur plusieurs critères, sans doute les plus importants. Proposition d'assurance, large choix de véhicules de l'économique au prestige avec un système de réservation rapide et efficace.

LOCATION DE VOITURES AU QUEBEC
BSP-AUTO.COM
01 43 46 20 74
Ma location de voiture pour les vacances avec bsp-auto.com c'est :
- La garantie du meilleur tarif
- Une offre tout compris
Km illimités
Assurances incluses
Annulations et modifications sans frais
- La moins chère des options "0 franchise"
Je ne paie ma location que 5 jours avant le départ
Réservations gratuites
Tel: 01 43 46 20 74
Des conseillers spécialisés 7/7
REMISE EXCEPTIONNELLE AVEC LE CODE : PETITFUTE
www.bsp-auto.com

■ **BSP AUTO**
✆ 01 43 46 20 74
www.bsp-auto.com
Ouvert tous les jours de 9h à 22h. Devis gratuit. A partir de 28 € par jour pour une durée de 7 jours en catégorie A.
La plus importante sélection de grands loueurs dans les gares, aéroports et centres-villes. Les prix proposés sont les plus compétitifs du marché. Les tarifs comprennent toujours le kilométrage illimité et les assurances. Les bonus BSP : réservez dès maintenant et payez seulement 5 jours avant la prise de votre véhicule, pas de frais de dossier ni d'annulation, la moins chère des options zéro franchise. Réduction spéciale aux lecteurs de ce guide avec le code «petit futé».

■ **DEGRIFAUTO**
✆ 01 45 19 76 45
www.degrifauto.fr/
Dégriftour – Location de voiture est une marque du groupe Last Minute Network Limited, spécialisé dans la location de voiture à prix dégriffé partout dans le monde.

■ **HERTZ**
✆ 0 810 347 347
www.hertz.com
Vous pouvez obtenir différentes réductions si vous possédez la carte Hertz ou celle d'un partenaire Hertz. Le prix de la location comprend un kilométrage illimité, des assurances en option, ainsi que des frais si vous êtes jeune conducteur. Toutes les gammes de voitures sont représentées.

■ **HOLIDAY AUTOS FRANCE**
✆ 0 892 39 02 02
www.holidayautos.fr
Avec plus de 4 500 stations dans 87 pays, Holiday Autos vous offre une large gamme de véhicules allant de la petite voiture économique au grand break. Holiday Autos dispose également de voitures plus ludiques telles que les 4x4 et les décapotables.

SÉJOURNER

Se loger

Au Québec, les formules d'hébergement sont nombreuses, allant de l'hôtel classique au ranch ou au chalet, en passant par les B&B, les motels, les grandes chaînes internationales, les auberges de jeunesse, les Gîtes du Passant et les campings.Les bureaux du tourisme du pays distribuent gratuitement des listes d'établissements avec leurs tarifs, adresses, numéros de téléphone et services proposés. Il est conseillé de réserver, surtout en été.

■ **COUCHSURFING**
www.couchsurfing.org
Grâce au CouchSurfing, vous voyagez dans le monde entier en logeant gratuitement chez l'habitant. Il suffit de s'inscrire sur des sites Internet spécialisés pour accéder aux offres des membres prêts à mettre à disposition un couchage pour quelques nuits. Échange de bons procédés oblige, vous devez accepter en contrepartie (en principe) d'accueillir chez vous celle ou celui qui vous reçoit. Soyez rassuré, des systèmes de contrôle existent sur les sites : notation des membres, numéro de passeport exigé à l'inscription, etc. CouchSurfing est le service d'hébergement en ligne regroupant le plus d'adhérents. Les participants ont accès à des hébergements volontaires dans plus de 200 pays.

■ **EASYROOMMATE**
✆ 01 78 40 14 40
www.easyroommate.com
Un site de colocation plutôt sympathique pour trouver une coloc' d'une durée plus ou moins longue (par semaine ou par mois) triée par pays. La bonne alternative pour ne pas rentrer dans une chambre d'hôtel morne, et vivre dans une maison ou un appartement avec des personnes qui rendront le séjour plus agréable.

■ **HOSTELBOOKERS**
fr.hostelbookers.com
Depuis 2005, cette centrale de réservation en ligne permet de planifier son séjour à prix corrects dans le monde entier. Afrique, Asie, Europe, Amérique… Hostelbookers est spécialisé dans les logements peu onéreux (auberges de jeunesse ou *hostels*…) mais proposant des services et un cadre plutôt soignés. Pour chaque grande ville, le site propose une sélection pointue d'enseignes partenaires et vous n'aurez plus qu'à choisir l'adresse la plus pratique, la mieux située, ou tout simplement la moins chère. Une plateforme bien pratique pour les baroudeurs.

■ **HOTELS INSOLITES**
www.hotels-insolites.com
Sur ce site, des endroits jamais imaginés, comme un phare, un train décoré dans le style année folles, dans un campement de mineurs, une forteresse militaire, un aquarium, un ballon dirigeable, un tonneau (si si !), et la liste est longue. Les prix sont très différents : d'une vingtaine à des centaines d'euros. Le site délivre toutes les infos nécessaires pour les lieux qui sont dispersés à travers le monde, avec numéros de téléphones, adresses…

■ **TROC MAISON**
1249, route de l'Eglise
Lalonquette (France)
✆ 05 59 02 02 02 / 09 70 40 64 99
www.trocmaison.com
Le slogan du site : « Echangez… ça change tout ». Un site pour échanger son logement (studio, appartement, villa…). Numéro 1 du troc de maison, le prix est de 7,95 € par mois pour l'accès aux offres. Une aubaine quand on pense que 50% du budget vacances des Français passe dans le logement. Propriétaire d'un appartement, trouvez l'échange idéal qui conviendrait au propriétaire de la maison désirée. Le choix est large : 40 000 offres dans 148 pays.

Hôtels

▶ **Grandes chaînes**. Dans les grandes villes et lieux de séjour : Best Western, Delta, Gouverneur, Holiday Inn, Radisson, etc. Comptez entre 99 CAN $ (standard) et 170 CAN $, voire plus (luxe).

▶ **Hôtels et motels**. Le long des grandes routes et sur les voies d'accès aux villes : Comfort Inn, Quality Hotel et Suites, Days Inn, etc. Comptez 90 CAN $ pour une chambre standard. N'oubliez pas qu'à partir de trois personnes, le prix d'un motel (environ 75 CAN $) est avantageux et qu'à quatre, les motels peuvent être moins chers que les auberges de jeunesse. On les trouve dans chaque village de campagne.

Chambres d'hôtes

Plutôt que d'aller à l'hôtel, souvent impersonnel, il est plus sympathique de se loger chez l'habitant dans les Bed & Breakfast, appelés « couette et café » au Québec, où le petit déjeuner vous sera servi dans une ambiance plus conviviale. Les Gîtes du Passant ne sont pas une appellation générale, mais une enseigne pour des chambres d'hôtes, situées à la ville comme à la campagne et offrant tout une gamme de confort (à partir de 65 CAN $ la chambre double avec petit déjeuner). Le réseau de ces gîtes est régulièrement contrôlé par l'Association de l'agrotourisme et du tourisme gourmand qui attribue cette enseigne (www.terroiretsaveurs.com).

Auberges de jeunesse

■ **HI-CANADA – AUBERGES DE JEUNESSE DU SAINT-LAURENT**
3514, avenue Lacombe
MONTRÉAL
✆ +1 514 731 1015 / +1 866 754 1015
www.hihostels.ca
Auberges gérées par cette association en Ontario : Toronto, Niagara Falls, Ottawa et Maynooth. 12 auberges membres au Québec.
Cette association à but non lucratif propose aux voyageurs de tout âge un réseau d'étapes bon marché (environ 25-30 CAN $ la nuit pour une personne en chambre partagée, chambre privée et familiale aussi disponibles), situées à proximité des sites touristiques, en ville comme en région. Vous retrouverez les 12 auberges québécoises membres du réseau dans ce guide. Réduction pour les adhérants sur l'hébergement et auprès des partenaires locaux (renseignez-vous à l'auberge lors de votre arrivée).

Campings

Le Québec compte près d'un millier de terrains de camping, des plus rustiques aux plus luxueux. La majorité des terrains de camping du Québec sont équipés des « trois services », soit les raccords pour l'eau, l'électricité et l'égout. Les terrains de camping n'offrant aucun raccord sont vraiment plus rustiques et, en ce sens, ils s'adressent principalement aux campeurs sous la tente. Tous les emplacements des terrains de camping québécois sont équipés d'une table à pique-nique et, sauf exception, d'un endroit pour faire un feu de camp. D'habitude, les terrains de camping comptent une épicerie de dépannage, un casse-croûte, un terrain de jeux et un lieu de baignade. Certains établissements mettent à la disposition des campeurs des abris « cuisine » et des salles de jeux ou de lecture. De plus en plus de terrains de camping proposent à leur clientèle l'accès à Internet, d'une façon ou d'une autre. Un produit en émergence sur les terrains de camping : le prêt-à-camper. Cette formule permet de louer un emplacement sur lequel est déjà installée une tente, une tente-caravane ou une caravane. Tous les terrains de camping du Québec sont classifiés en faisant référence tant à la qualité des infrastructures de l'établissement qu'aux activités et services offerts. Les terrains de camping sont classifiés sur une échelle de 0 à 5-étoiles et évalués tous

les deux ans. La classification des terrains de camping comprend deux volets distincts. Le premier porte sur la qualité des infrastructures, le deuxième sur la nature de celles-ci et l'offre de services complémentaires. Pour en connaître davantage sur la classification ou pour trouver un terrain de camping classifié du Québec, consultez le site : www.guidecamping.ca.Il est possible de louer de l'équipement de camping au Québec. Ainsi, nul n'a besoin de s'encombrer d'un matériel qui pourrait devenir rapidement superflu. Beaucoup de boutiques spécialisées en plein air offrent du matériel en location : tente, sac de couchage, réchaud, etc. Il est également possible de louer un camping-car pour découvrir le Québec. Il faut compter environ 1 500 CAN $ par semaine pour la location de ce type d'équipement (le prix varie beaucoup selon la saison). Au Québec, le plus important regroupement de campeurs, la Fédération québécoise de camping et de caravaning (FQCC), offre la possibilité de louer ce genre de véhicule via son agence de voyages. On y propose une gamme de VR (camping-car) allant de 5,7 m à 9,3 m. Pour information : www.fqcc.ca/location-vr.php. Il n'est pas nécessaire de détenir un permis de conduire spécial pour prendre le volant d'un VR (camping-car) au Québec. Toutefois, ces derniers sont bien évidemment soumis au code de la route, ce qui vaut aussi pour les passagers qui doivent demeurer attachés sur leur siège. Le nombre de ceintures de sécurité détermine le nombre de passagers réglementaires à bord du VR. Le climat du Québec est caractérisé par ses quatre saisons très marquées qui peuvent parfois se succéder au cours d'une même semaine. Juillet est le mois le plus ensoleillé suivi de près par juin et août. Toutefois, les nuits peuvent être fraîches tout au long de la belle saison. La majorité des terrains de camping du Québec sont ouverts de la mi-juin à la mi-septembre. Toutefois, de plus en plus de campings devancent et prolongent la saison en mai et en octobre. Les campeurs sous la tente qui sont équipés chaudement et les caravaniers au volant de leur VR (camping-car) auront grand plaisir à découvrir le Québec à ces périodes. En effet, le printemps et l'automne offrent un achalandage moindre et une nature différente. Seulement 6 % des terrains de camping débutent leur saison en avril et 2 % d'entre eux ne ferment qu'en novembre.Sur le territoire du Québec se trouvent deux parcs nationaux du Canada où il est possible de camper : le parc national du Canada Mauricie et le parc national du Canada Forillon. Pour en connaître davantage sur les possibilités de camping dans ces deux endroits : www.pc.gc.ca. D'autre part, le Québec possède plus d'une vingtaine de parcs nationaux où il est également possible de faire du camping. Une quinzaine de parcs nationaux offrent des possibilités de camping en formules « prêt-à-camper », ainsi que des réserves fauniques et les campings des centres touristiques. Vous trouverez l'offre totale de l'hébergement en camping sur : www.sepaq.com
Au cours des quinze dernières années, la pratique du camping au Québec est devenue de plus en plus populaire. Il est donc fortement recommandé de réserver à l'avance son emplacement de camping afin de ne pas être déçu.

■ **CAMPING QUÉBEC**
2001, rue de la Métropole
Bureau 700
LONGUEUIL
✆ +1 450 651 7396 / +1 800 363 0457
www.campingquebec.com

■ **FÉDÉRATION QUÉBÉCOISE DE CAMPING ET DE CARAVANING**
1560, rue Eiffel
Bureau 100
BOUCHERVILLE
✆ +1 450 650 3722 / +1 877 650 3722
www.fqcc.ca
La Fédération québécoise de camping et de caravaning (FQCC) est le plus grand regroupement de campeurs et de caravaniers au Québec et au Canada. Que ce soit pour obtenir de l'information, pour économiser, pour mieux planifier ses vacances en camping, pour réserver un voyage auprès de l'agence ou pour voyager en sécurité, la FQCC est une référence de choix.

Bons plans

▶ **Universités et Cégep**. Pendant les vacances d'été, certains établissements louent des chambres privées ou dortoirs pour une somme modique. Nous en recommandons plusieurs dans nos pages.

Se déplacer

Avion

Plusieurs régions du Québec sont desservies par vol intérieur, mais les tarifs ne sont pas du tout bon marché. Au contraire ! Il en coûte très souvent moins cher pour un vol Paris-Montréal que Montréal-Iles de la Madeleine... Si toutefois vous désirez prendre un vol vers Toronto ou une autre grande ville canadienne, les tarifs sont beaucoup plus abordables, mais sachez qu'au pays, il n'y a pas de vols « low cost » comme en Europe.

■ **AIR CANADA**
✆ +1 888 247 2262 – www.aircanada.com
Destinations desservies au Québec : Rouyn-Noranda, Val-d'Or, Montréal, Québec, Bagotville, Chibougamau, Mont-Joli, Gaspé, îles de la Madeleine, Baie-Comeau, Sept-Îles.

■ **AIR CREEBEC**
✆ +1 819 825 8375 / +1 800 567 6567
www.aircreebec.ca
Dessert Montréal, Val d'Or, Chibougamau, Waskaganish, Nemaska, Eastmain, Wemindji, Chisasibi et Whapmagoostui.

■ **AIR INUIT**
✆ +1 800 361 2965 – www.airinuit.com
De Montréal, Québec et Sept-Îles aux municipalités du Nunavik.

■ **AIR LABRADOR**
✆ +1 800 563 3042
www.airlabrador.com
Dessert Sept-Îles, Natashquan, Kegaska, La Romaine, Chevery, Tête-à-la-Baleine, La Tabatière, Saint-Augustin et Blanc-Sablon. Dessert également St. Anthony à Terre-Neuve et plusieurs municipalités du Labrador.

■ **AIR LIAISON**
✆ +1 418 589 8972 / +1 888 589 8972
www.airliaison.ca
Dessert Baie-Comeau, Bonaventure, Havre-Saint-Pierre, Mont-Joli, Montréal, Port-Menier, Québec, Rouyn-Noranda, Sept-Îles et Wabush (Labrador).

■ **FIRST AIR**
✆ +1 800 267 1247
www.firstair.ca
Dessert une trentaine de communautés des Territoires du Nord-Ouest, du Nunavut et du Nunavik au départ d'Edmonton, Winnipeg, Ottawa et Montréal.

■ **PASCAN AVIATION**
✆ +1 888 885 8777
www.pascan.com
Dessert Val-d'Or, Rouyn-Noranda, Wabush/Fermont, Gatineau/Ottawa, Montréal/Saint-Hubert, Québec, Bagotville, Alma, Roberval, Baie-Comeau, Sept-Îles, Havre-Saint-Pierre, Mont-Joli, Bonaventure et les îles de la Madeleine, ainsi que Saint John au Nouveau-Brunswick.

■ **PROVINCIAL AIRLINES**
✆ +1 800 563 2800
www.provincialairlines.com
Dessert Montréal, Sept-Îles et Blanc-Sablon ainsi que le Labrador et Terre-Neuve.

Bateau

Le Québec dispose d'un vaste réseau de traversiers (ferries).

■ **COMPAGNIE DE NAVIGATION DES BASQUES**
✆ +1 418 851 4676 / +1 877 851 4677
www.traversiercnb.ca
Effectue la traversée entre Les Escoumins (Côte-Nord) et Trois-Pistoles (Bas-Saint-Laurent). Saisonnier (fin mai à début octobre), 1 à 3 départs par jour. Aller simple adulte : 18,75 CAN $, voiture 41,75 CAN $.

■ **RELAIS NORDIK**
✆ +1 418 723 8787 / +1 800 463 0680
www.relaisnordik.com
Hebdomadaire, d'avril à fin janvier. Départ de Rimouski (Bas-Saint-Laurent) ou de la Côte-Nord (dessert 11 localités). Navire semi-cargo semi-passagers, réservation obligatoire. Différents tarifs et forfaits offerts.

■ **SOCIÉTÉ DES TRAVERSIERS DU QUÉBEC**
✆ +1 877 787 7483
www.traversiers.gouv.qc.ca
Découvrez la province « d'une rive à l'autre » grâce à près d'une quinzaine de traverses reliant les villes et municipalités en bordure du fleuve Saint-Laurent, du fjord du Saguenay et du golfe. Pensez à sortir votre appareil-photo !

■ **TRAVERSE RIMOUSKI-FORESTVILLE – CNM ÉVOLUTION**
✆ +1 418 725 2725 / +1 800 973 2725
www.traversier.com
Effectue la traversée entre Rimouski (Bas-Saint-Laurent) et Forestville (Côte-Nord). Saisonnier (début mai à fin septembre), 2 à 3 traversées par jour. Aller simple adulte : 22 CAN $, voiture 43 CAN $.

Bus

Le réseau qui dessert les régions du Québec est bien organisé. Ces bus ne sont peut-être pas luxueux, mais très confortables tout de même. Possibilité d'acheter un RoutPass de 7, 14 ou 18 jours donnant droit à des trajets illimités, valable au Québec et en Ontario (mais pas pour se rendre à l'aéroport Montréal-Trudeau). Le forfait de 18 jours comprend le Québec, l'Ontario et New York (412 CAN $). Info : www.routpass.com ou ✆ +1 800 661 8747.

▸ **À Montréal,** tous les bus à destination du Québec, de l'Ontario et de New York partent de la Station Centrale, 505, boulevard de Maisonneuve Est (angle des rues Berri et Maisonneuve), située au métro Berri-UQÀM.

EspaceBus.ca

Depuis quelques années, le voyage en groupe s'est réinventé. Avec de nouvelles formules souples, offrant liberté et évasion totale, sans les tracas de la conduite et de l'organisation du séjour, EspaceBus vous propose des escapades hors du commun et surtout, adaptées à tous les goûts. Plusieurs thématiques sont offertes : expérience urbaine, art de vivre et culturel ; fleur et jardin ; villégiature, nature et aventure douce ; etc.

Mais EspaceBus c'est également le planificateur de vos déplacements le plus complet. Il centralise toute l'information des transporteurs ce qui vous permet en quelques clics d'obtenir votre itinéraire, sa durée et son coût. Toutefois, le site n'est pas encore transactionnel et vous devez alors contacter le transporteur en question pour effectuer votre réservation. Mais somme toute, vous sauverez beaucoup de temps en utilisant ce nouvel outil web tout simplement génial.

▶ **www.espacebus.ca**

▶ **Au Québec**, la principale compagnie de transport interurbain est Orléans Express.

■ **INTERCAR**
✆ +1 800 806 2167 / +1 888 861 4592
www.intercar.qc.ca
Dessert Montréal, Québec, Charlevoix, le Saguenay-Lac-Saint-Jean et la Côte-Nord (jusqu'à Havre-Saint-Pierre).

■ **ORLÉANS EXPRESS**
✆ +1 514 395 4000 / +1 888 999 3977
www.orleansexpress.com
Orléans Express dessert la grande région de Montréal, le Centre-du-Québec, la Mauricie, la grande région de Québec, le Bas-Saint-Laurent et la Gaspésie ainsi que le Nouveau-Brunswick, la Nouvelle-Écosse et l'île du Prince-Édouard par le biais de sa filiale *Acadian*.Les liaisons régionales sont effectuées par d'autres compagnies dont Intercar et Transdev.

■ **TRANSDEV LIMOCAR**
✆ + 1 819 829 2299
www.transdev.ca
Transdev assure la liaison entre Montréal et Sherbrooke (Cantons-de-l'Est). Une quinzaine d'arrêts en Montérégie et dans les Cantons.

Train

■ **AMTRAK – GARE DE MONTRÉAL**
Gare centrale de Montréal
895, rue de la Gauchetière Ouest
MONTRÉAL ✆ +1 800 842 7245
Voir page 101.

■ **VIA RAIL – GARE DE MONTRÉAL**
Gare centrale de Montréal
895, rue de la Gauchetière Ouest
MONTRÉAL
✆ +1 514 989 2626
Voir page 101.

Voiture

Pour une longue durée, l'achat d'une voiture est tout indiqué. Il est possible de trouver des véhicules fiables à très bas prix (la moitié des prix français). Mais ceux qui prévoient de revendre en Californie ou dans l'Ouest canadien une voiture achetée au Québec doivent s'attendre à quelques difficultés. Le sel et les mauvaises conditions climatiques qui endommagent les carrosseries donnent à ces véhicules une mauvaise réputation.

▶ **Conseils futés.** Une adhésion à l'Automobile Club (Association française des automobilistes) n'est pas dénuée d'intérêt. On se portera à votre secours en cas d'ennui mécanique ou même de simple panne d'essence et on vous fournira en toute occasion cartes, atlas routiers et conseils.

Nos amis les bêtes

La faune québécoise est riche en animaux sauvages : ratons laveurs, mouffettes, écureuils, renards, lièvres, ours, loups, coyotes, porcs-épics, cerfs, chevreuils, caribous, marmottes… Les panneaux routiers indiquant le passage éventuel d'animaux (pictogrammes) ne sont donc pas là pour vous distraire. Attention au gros et au petit gibier qui décident de sortir de leur tanière pour prendre l'air devant votre voiture ! Tout l'été, on aperçoit malheureusement des cadavres de petits animaux.

Formalités. Si vous avez l'âge requis (21 ans, parfois 25 ans) et le permis de conduire français rose à trois volets depuis au moins un an, vous pouvez louer une voiture (carte de crédit uniquement) pour un séjour touristique inférieur à 90 jours (pour les séjours de plus de trois mois, le permis de conduire international est exigé). L'assurance automobile est obligatoire. Ne circulez jamais sans votre permis, les papiers de la voiture et le contrat de location.

Essence. L'essence (sans plomb) se vend au litre et son prix varie selon les compagnies (Ultramar, Pétro-Canada, Esso...) et d'une région à l'autre (comptez entre 1,25 et 1,45 CAN $ le litre). Les stations-service sont nombreuses, sauf dans les régions isolées (Hautes-Laurentides, Côte-Nord).

Autoroutes et routes. L'autoroute transcanadienne, symbolisée par une feuille d'érable, traverse tout le Canada. La chaussée des autoroutes est généralement bien entretenue au Québec, mais dans le nord, les routes ne sont pas toujours revêtues. En hiver, les autoroutes sont en général déblayées, mais la conduite demande des réflexes particuliers et les pneus neige sont dorénavant obligatoires du 15 décembre au 15 mars. L'autoroute est gratuite. La limitation de vitesse est de 100 km/h sur les autoroutes, de 90 km/h sur les routes régionales et de 50 km/h (parfois moins) en ville. Le port de la ceinture de sécurité est obligatoire pour tous les passagers et le siège-auto pour les plus jeunes. Le taux maximal d'alcoolémie toléré est de 0,08 g/l, la conduite avec des facultés amoindries mène à l'amende, voire plus (contrôles fréquents). Les permis de conduire français, belge et suisse sont valables trois mois. Pour plus de renseignements : www.saaq.gouv.qc.ca

Code de la route et signalisation. Il est sensiblement le même qu'en Europe. La conduite se fait à droite. Le sens unique est indiqué par une flèche pointant vers la direction autorisée. Les feux de circulation sont placés de l'autre côté de l'intersection des rues et l'arrêt doit être complet. De la même manière, les panneaux « arrêt » aux quatre coins des carrefours doivent être respectés. Il n'y a pas de priorité à droite au Québec : la priorité échoit au premier arrivé. Il est permis de tourner à droite au feu rouge partout sauf à Montréal ou dans le cas où un panneau indique que c'est interdit. L'arrêt total est également obligatoire lorsqu'on suit ou qu'on croise un bus scolaire (toujours jaune) arrêté dont les clignotants rouges fonctionnent. Au feu de circulation, priorité au sens de la flèche lumineuse verte qui indique dans quelle direction on peut rouler (parfois bon pour les virages à droite). On ne peut garer son véhicule que dans le sens de la circulation. Sur les routes étroites, il faut utiliser les aires sur le bord de la route pour laisser passer les véhicules plus rapides. Les limitations de vitesse draconiennes sont tout à fait justifiées sur les routes côtières. Attention aux énormes camions qui roulent toujours à la vitesse maximale...

Stationnement. Au Québec, on dit stationnement et non parking. En ville, notamment à Montréal et à Québec, se garer est souvent difficile et, avant d'arrêter son véhicule, il faut lire parfois trois ou quatre panneaux pour savoir si l'on est sur le bon trottoir, dans la bonne tranche horaire et ainsi éviter la contravention (assez chère) ou pire, la mise en fourrière ! Les parcomètres sont voraces de pièces de 25 cents ou de 1 CAN $. Heureusement, les parcomètres sont peu à peu remplacés par des bornes qui acceptent les cartes de crédit. En région, pas de problème. Attention : il est formellement interdit de stationner devant une borne d'incendie ! En cas d'erreur, soyez assuré que vous aurez, dans les 5 minutes suivantes, votre contravention. Les villes sont quadrillées et surveillées en permanence. Les petites voitures municipales tournent sans cesse et celles de la police stationnent au coin des rues, munies de radars. Attention, la vitesse en ville est limitée à 50 km/h : si vous dépassez cette limitation, gare à l'addition.

Camping-car. Pour partir en famille ou à plusieurs, le camping-car (ou motorhome) peut être une bonne solution. Il est fortement conseillé de le réserver plusieurs semaines avant le départ auprès d'une agence de voyages, de Camping Québec ou de la FQCC. Nombreuses formules : circuit en boucle, trajet simple, kilométrage illimité ou non. Permis international exigé le plus souvent.

■ CAA QUÉBEC – SERVICE ROUTIER D'URGENCE

✆ +1 514 861 1313 / +1 800 222 4357
www.caaquebec.com
Services pour les membres des clubs automobiles seulement (CAA) : remorquage, déverrouillage des portes, survoltage... Si vous possédez un téléphone mobile canadien, composez directement *222.

■ **REMORQUAGE D'URGENCE**
✆ 310 4141
Concerne les autoroutes seulement.

■ **TRANSPORTS QUÉBEC**
État des routes et travaux
✆ 511 / +1 888 355 0511
www.quebec511.info
Ce service, qui dépend du ministère des Transports, opère toute l'année et concerne les grands axes routiers et les routes aux frontières du Québec. Le répondeur est mis à jour dès qu'il y a modification de l'état de la chaussée (*idem* pour le site Internet). Il est possible d'avoir un préposé en ligne (jour et nuit) qui répondra à des questions directes après les messages enregistrés. Aussi, pour tout renseignement d'ordre général concernant la route, pour connaître une distance entre deux villes, demander un itinéraire ou poser toute question relative au ministère des Transports : www.mtq.gouv.qc.ca

Taxi

Dans les grandes villes, on peut héler les taxis dans la rue. Cependant, l'usage est de les demander par téléphone. Le compteur commence à tourner quand le véhicule démarre avec vous à bord, pas avant. Dans les aéroports, les gares ferroviaires et routières, ils sont disponibles immédiatement. Prix de la course en fonction de la distance et n'oubliez pas le pourboire (15 %).

Deux-roues

Malgré les distances, les cyclistes sont de plus en plus nombreux à sillonner les routes. Parfois, et pas seulement dans les villes, une voie spéciale leur est réservée. La Route verte offre plus de 4 900 km de pistes cyclables reliant pratiquement toutes les régions du Québec, d'ouest en est et du nord au sud, du Témiscamingue jusqu'à la Gaspésie et de l'Abitibi aux Cantons-de-l'Est. Une magnifique façon de découvrir le Québec !

▸ **www.routeverte.com**

Auto-stop

Au Québec, le stop (on dit « faire du pouce ») est efficace et le plus souvent agréable. Formellement interdit sur les autoroutes, c'est un bon moyen pour rencontrer des gens du cru, mais, en raison des grandes distances, votre tâche sera ardue.Les panneaux d'affichage des universités et des auberges de jeunesse regorgent de propositions de voyages. C'est une des façons les plus économiques de se déplacer. Deux systèmes centralisés de covoiturage existent dans les villes, Allo-Stop et Amigo Express, avec de nombreux points de service dans la province. Moyennant un modeste abonnement, on vous met en relation avec des personnes désireuses de prendre des passagers pour une destination et à un moment donné, en échange d'une contribution aux coûts du transport. Notez qu'Allo-Stop offre quelques destinations en Ontario, quant à Amigo Express, il est possible de se rendre dans les autres provinces canadiennes et aux États-Unis.

■ **ALLO-STOP**
✆ +1 514 985 3032
✆ +1 418 658 0000
www.allostop.com
Heures d'ouverture variables selon le bureau. Adhésion annuelle : 7 CAN $ (automobiliste et passager). Tarifs variables selon la destination.
Pionnier dans le covoiturage au Québec, Allo-Stop met en relation les automobilistes et les passagers désirant voyager de façon économique, sécuritaire et écologique. Les frais de transport sont pré-établis par l'organisme selon le parcours. Cela revient moitié moins cher que l'autobus. Nombreuses destinations proposées au Québec (quelques destinations hors Québec également).
Il existe des bureaux dans plusieurs villes au Québec, dont Montréal, Québec, Sherbrooke (Cantons-de-l'Est), Drummondville (Centre-du-Québec), Charny (Chaudière-Appalaches), Rimouski (Bas-Saint-Laurent), Chicoutimi et Jonquière (Saguenay-Lac-Saint-Jean).

■ **AMIGO EXPRESS**
✆ +1 514 721 8290
✆ +1 877 264 4697
www.amigoexpress.com
Réservation par téléphone : samedi et lundi-mardi, 9h-18h ; mercredi-vendredi et dimanche, 9h-21h. Par Internet : 24h/24. Adhésion annuelle : 7,50 CAN $ par passager et automobiliste. Tarifs variables selon la destination. Une trentaine de points de service au Québec.
Une autre compagnie de covoiturage desservant le Québec mais également, dans le reste du pays et les États-Unis. En réservant via le site Internet, vous avez accès à une foule d'informations sur les conditions du trajet (fumeur ou non, animaux/enfants bienvenus ou non, etc.) ainsi qu'à l'évaluation des passagers ayant voyagé avec ce conducteur.

Rester

CITOYENNETÉ ET IMMIGRATION CANADA
www.cic.gc.ca
Informations sur l'immigration au Canada.

IMMIGRANT QUÉBEC
www.immigrantquebec.com
Immigrant Québec, organisme à but non lucratif créé en 2006, s'est donné pour mission d'informer, sur l'immigration et la vie dans la Belle Province, toute personne étrangère désireuse de s'y installer, de façon permanente ou temporaire, ou d'y étudier. Par le biais de son site Internet, Immigrant Québec offre gratuitement de l'information documentée et un point d'accès unique à un ensemble de références, ressources et services s'adressant aux immigrants : les démarches administratives, les formalités, le travail, l'immobilier, etc. Un site incontournable et fort complet. Immigrant Québec produit également une collection de guides gratuits et organise le Salon de l'immigration et de l'intégration au Québec.

IMMIGRATION-QUÉBEC
www.immigration-quebec.gouv.qc.ca
Informations sur l'immigration dans la Belle Province *via* le site officiel du ministère de l'Immigration et des Communautés culturelles du Québec.

ÉTUDIER

Il existe des ententes entre les universités françaises et québécoises (renseignez-vous auprès de votre fac). Visitez le site Internet de la CREPUQ (Conférence des recteurs et des principaux des universités du Québec) pour plus d'informations sur les échanges étudiants (www.crepuq.qc.ca). Le site de l'ambassade canadienne vous donnera également des détails à ce sujet (www.france.gc.ca).
Pour étudier ou poursuivre vos études supérieures, il vous faut prendre contact avec le service des relations internationales de votre université. Préparez-vous alors à des démarches longues. Mais le résultat d'un semestre ou d'une année à l'étranger vous fera oublier ces désagréments tant c'est une expérience personnelle et universitaire enrichissante. C'est aussi un atout précieux à mentionner sur votre CV.

AGENCE POUR L'ENSEIGNEMENT FRANÇAIS À L'ÉTRANGER
19-21, rue du Colonel Pierre Avia (15e)
Paris
✆ 01 53 69 30 90
www.aefe.fr
Sous la tutelle du ministère des Affaires étrangères, l'AEFE est chargée de l'animation de plus de 250 établissements à travers le monde.

Autre adresse : 1, allée Baco, BP 21509 – 44015 Nantes Cedex 1 ✆ 02 51 77 29 03.

CAMPUS FRANCE
www.campusfrance.org/fr
Rubrique sur le programme BFE (boursiers français à l'étranger). Obtenir une bourse d'études supérieures à l'étranger.

CIDJ
www.cidj.asso.fr
La rubrique « Partir en Europe » sur le serveur du C.I.D.J. fournit des informations pratiques aux étudiants qui ont pour projet d'aller étudier à l'étranger.

CONSEIL FRANCO-QUÉBÉCOIS DE COOPÉRATION UNIVERSITAIRE
www.cfqcu.org
Le CFQCU s'occupe de la coordination institutionnelle entre les organismes et ministères français et québécois concernés par la coopération universitaire. Sa mission est de soutenir cette coopération, notamment en établissant un dialogue permanent entre la France et le Québec dans ce secteur.

ÉDUCATION NATIONALE
www.education.gouv.fr
Sur le serveur du ministère de l'Education nationale, une rubrique « International » regroupe les informations essentielles sur la dimension européenne et internationale de l'éducation.

■ **MINISTÈRE DES AFFAIRES ÉTRANGÈRES**
www.diplomatie.gouv.fr
Les informations mises à disposition dans l'espace culturel du serveur du ministère des Affaires étrangères sont également précieuses.

INVESTIR

Vous désirez créer une entreprise au Québec ? Vous êtes déjà propriétaire d'une entreprise qui désire prendre de l'expansion ? Petites, moyennes, grandes entreprises ou gens d'affaires immigrants, sachez que les gouvernements du Canada et du Québec vous soutiennent dans vos démarches. Accords commerciaux, fiscalité, finances, structures juridiques, permis de travail, découvrez toutes les possibilités d'affaires au pays.

■ **CHAMBRE DE COMMERCE FRANÇAISE AU CANADA**
1819, boulevard René-Lévesque Ouest
Bureau 202
MONTRÉAL ✆ +1 514 281 1246
Fax : +1 514 289 9594
www.ccfcmtl.ca

■ **INVESTISSEMENT QUÉBEC**
✆ +1 866 870 0437
www.investquebec.com
Plusieurs bureaux en Amérique du Nord et un à Paris à la Délégation générale du Québec.
Site d'investissement au Québec, institution financière et agence de développement économique.

■ **MISSION ÉCONOMIQUE – UBIFRANCE**
1501, avenue McGill College
Bureau 1120
MONTRÉAL
✆ +1 514 670 4000
Fax : +1 514 670 4001
www.ubifrance.fr
Forte d'une équipe biculturelle d'une trentaine de professionnels de l'export répartis sur trois sites (Toronto, Montréal et Vancouver), la Mission économique – UBIFRANCE Canada accompagne les entreprises françaises dans leurs projets de développement sur le marché canadien.

TRAVAILLER – TROUVER UN STAGE

■ **ASSOCIATION QUÉBEC-FRANCE**
24, rue Modigliani (15e)
Paris
✆ 01 45 54 35 37
Voir page 563.

■ **ASSOCIATION TELI**
2, chemin de Golemme
Seynod
✆ 04 50 52 26 58
www.teli.asso.fr
Le Club TELI est une association loi 1901 sans but lucratif d'aide à la mobilité internationale créée il y a 20 ans. Elle compte plus de 4 300 adhérents en France et dans 45 pays. Si vous souhaitez vous rendre à l'étranger, quel que soit votre projet, vous découvrirez avec le Club TELI des infos et des offres de stages, de jobs d'été et de travail pour francophones.

■ **BUREAU INTERNATIONAL JEUNESSE**
18, rue du Commerce
1000 Bruxelles
BRUXELLES – BRUSSEL (Belgique)
✆ +32 2 548 38 88
www.lebij.be
Trois programmes avec le Québec : cursus, curriculum et contact.

■ **CAPCAMPUS**
www.capcampus.com
Capcampus est le premier portail étudiant sur le Net en France et possède une rubrique spécialement dédiée aux stages, dans laquelle vous trouverez aussi des offres pour l'étranger. Mais le site propose également toutes les informations pratiques pour bien préparer votre départ et votre séjour à l'étranger.

■ **MAISON DES FRANÇAIS DE L'ÉTRANGER**
48, rue de Javel (15e)
Paris ✆ 01 43 17 60 79
www.mfe.org
M°/RER Javel.
Ouvert de 14h à 17h du lundi au vendredi.

La Maison des Français de l'étranger (MFE) est un service du ministère des Affaires étrangères qui a pour mission d'informer tous les Français envisageant de partir vivre ou travailler à l'étranger et propose le *Livret du Français à l'étranger* et 80 dossiers qui présentent le pays dans sa généralité et abordent tous les thèmes importants de l'expatriation (protection sociale, emploi, fiscalité, enseignement, etc.). Egalement consultables : des guides, revues et listes d'entreprises et, dans l'espace multimédia, tous les sites Internet ayant trait à la mobilité internationale.

■ OFFICE FRANCO-QUÉBÉCOIS POUR LA JEUNESSE
11, passage de l'Aqueduc
Saint-Denis
✆ 01 49 33 28 50
Voir page 563.

■ RECRUTEMENT INTERNATIONAL
www.recrutement-international.com
Site spécialisé dans les offres d'emploi à l'étranger, le recrutement international, les carrières internationales, les jobs et stages à l'international.

■ SERVICE DE COOPÉRATION ET D'ACTION CULTURELLE
Consulat de France à Québec
25, rue Saint Louis
QUÉBEC
✆ +1 418 266 2500
www.consulfrance-quebec.org
Le service culturel du Service de Coopération et d'Action Culturelle (SCAC) met en relation des acteurs des paysages culturels français et québécois afin de pérenniser et renforcer la relation franco-québécoise.

■ VOLONTARIAT INTERNATIONAL
www.civiweb.com
Si vous avez entre 18 et 28 ans et êtes ressortissant de l'Espace économique européen, vous pouvez partir en volontariat international en entreprise (VIE) ou en administration (VIA). Il s'agit d'un contrat de 6 à 24 mois rémunéré et placé sous la tutelle de l'ambassade de France. Tous les métiers sont concernés et vous bénéficiez d'un statut public protecteur. Offres sur le site Internet.

■ WEP FRANCE
81, rue de la République (2e)
Lyon
✆ 04 72 40 40 04
www.wep-france.org
Wep propose plus de 50 projets éducatifs originaux dans plus de 30 pays, de 1 semaine à 18 mois. Année scolaire à l'étranger, programmes combinés (1 semestre scolaire avec 1 projet humanitaire ou 1 chantier nature ou 1 vacances travail), projets humanitaires mais également stages en entreprise en Europe, Australie, Nouvelle-Zélande, Canada et Etats-Unis, et Jobs & Travel (visa vacances travail) en Australie et Nouvelle-Zélande : voici un petit aperçu des nombreuses possibilités disponibles.

ORGANISER SON SÉJOUR

Index

A

B

C

D

E

F

G

H

I

J

K

L

M

N

O

P

T

U

V

W

Z

petit futé
Plus de 550 000 adresses,
réservation d'hôtels au meilleur prix,
jeux concours, avis des internautes...
www.petitfute.com
© Fotolia